Norbert Neu

Die bilanzsteuerliche Behandlung
des Finanzvermögens

D1727332

Besteuerung der Unternehmung

Herausgeber: Prof. Dr. Gerd Rose

Norbert Neu

Die bilanzsteuerliche Behandlung des Finanzvermögens

Ein Gesamtüberblick auf betriebswirtschaftlicher Basis

GABLER

Die Deutsche Bibliothek – CIP-Einheitsaufnahme

Neu, Norbert:
Die bilanzsteuerliche Behandlung des Finanzvermögens :
ein Gesamtüberblick auf betriebswirtschaftlicher Basis
/ Norbert Neu. - Wiesbaden : Gabler, 1994
    (Besteuerung der Unternehmung ; Bd. 21)
    Zugl.: Köln, Univ., Diss., 1993
    ISBN 3-409-15007-2
NE: GT

Der Gabler Verlag ist ein Unternehmen der Verlagsgruppe Bertelsmann International.

© Betriebswirtschaftlicher Verlag Dr. Th. Gabler GmbH, Wiesbaden 1994
Lektorat: Claudia Splittgerber

Höchste inhaltliche und technische Qualität unserer Produkte ist unser Ziel. Bei der Produktion und Auslieferung unserer Bücher wollen wir die Umwelt schonen: Dieses Buch ist auf säurefreiem und chlorfrei gebleichtem Papier gedruckt. Die Wiedergabe von Gebrauchsnamen, Handelsnamen, Warenbezeichnungen usw. in diesem Werk berechtigt auch ohne besondere Kennzeichnung nicht zu der Annahme, daß solche Namen im Sinne der Warenzeichen- und Markenschutz-Gesetzgebung als frei zu betrachten wären und daher von jedermann benutzt werden dürften.

Druck und Buchbinder: Lengericher Handelsdruckerei, Lengerich / Westf.
Printed in Germany

ISBN 3-409-15007-2

Geleitwort

Das hier vorgelegte Buch von Dr. Norbert Neu befaßt sich mit einer Thematik, die in vielen Einzelheiten schon Gegenstand betriebswirtschaftlicher und steuerrechtlicher Bilanzerörterungen sowie höchstrichterlicher Entscheidungen war, aber eine geschlossene, auf eigenständiger Konzeption beruhende Gesamtdarstellung noch nicht erfahren hatte. Diese gelingt dem Verfasser nun unter Verarbeitung von mehr als 1000 Schrifttumsquellen und mehr als 400 Judikaten.

Nach einer Einführung, die dem Leser die besondere (freilich nicht ausschließliche) Kompetenz der Betriebswirtschaftslehre für die Bearbeitung bilanzsteuerlicher Fragen verdeutlicht, wird aus finanzwirtschaftlicher und kostentheoretischer Sicht das Finanzvermögen betriebswirtschaftlich abgegrenzt und unter Zugrundelegung dreier Analyseebenen beeindruckend sorgfältig klassifiziert. Auf dieser, dem theoretischen Stand der Diskussion in der Betriebswirtschaftslehre voll entsprechenden Basis entwickelt Norbert Neu dann die Bilanzierung des Finanzvermögens dem Grunde und der Höhe nach im einzelnen. Er geht dabei von den Aktivierungsgrundsätzen in Handels- und Steuerbilanz aus, prüft die Wirtschaftsguteigenschaft von Finanzierungtiteln und widmet sich - was auch von besonderem praktischen Nutzen ist - der Entstehung und dem Untergang solcher Wirtschaftsgüter. Behandelt werden die subjektive Zurechnung von Finanzierungtiteln, u.a. für Treuhandverhältnisse, Factoring und Forfaitierung, Nießbrauch sowie Wertpapierpensions- und Wertpapierleihgeschäfte, ferner die Zugehörigkeit von Finanzierungstiteln zum Betriebsvermögen sowohl bei Einzelunternehmungen als auch Personengesellschaften und Kapitalgesellschaften. Aus den Grundlagen heraus erfolgt die Ableitung der Bewertungsmaßstäbe und der daraus resultierenden Wertansatzentscheidungen für die Objekte des Finanzvermögens im einzelnen, wobei der Verfasser auch schwierigsten Problemen nicht ausweicht. Kein erkenntnisförderlicher Gesichtspunkt ist unberücksichtigt geblieben. Die Transparenz der - ohnehin in sehr guter wissenschaftlicher und dennoch flüssiger Sprache verfaßten - Darlegungen konnte durch zahlreiche informative Abbildungen (Tabellen, Übersichten) noch gesteigert werden.

Der Verfasser des Buches verbirgt in den Diskussionen mit Ansichten des Schrifttums seinen eigenen Standpunkt nicht, stellt aber die Gegenmeinungen, die er kritisiert, deutlich und fair heraus. Seine Argumentationen beeindrucken durch die kreative Verknüpfung von "rein betriebswirtschaftlichen" und "bilanzorientierten" Aspekten.

Ich bin davon überzeugt, daß das Buch mindestens dreierlei bewirken wird: Es wird erstens wesentlich zur Weiterentwicklung von Grundsätzen der Bilanzierung des Finanzvermögens beitragen; zweitens wird es künftige Überlegungen in der Diskussion davor bewahren, sich zu sehr auf bloße Bilanzgesichtspunkte konzentrierte, d.h. betriebswirtschaftlich-finanzwirtschaftliche Gegebenheiten nicht ausreichend zur Kenntnis nehmende Argumente zu stützen; es wird drittens aber auch in einer Fülle von Einzelfragen bei praktischen Problemlösungen hilfreich sein. Deshalb bin ich glücklich, diesen wertvollen Beitrag zur Betriebswirtschaftlichen Steuerlehre und zum Steuerrecht als Band 21 meiner Schriftenreihe der Öffentlichkeit zugänglich machen zu können.

GERD ROSE

Vorwort

Das Finanzvermögen stellt eine Vermögenskategorie dar, die in dieser Abgrenzung dem Bilanzrecht unbekannt ist. Der Betriebswirtschaftslehre ist der Terminus jedoch durchaus geläufig: Seine Bestandteile stellen als "Finanzierungstitel" bezeichnete Nominalgüter dar, die aus Sicht des Titelinhabers erwartete zukünftige Einzahlungen, aus Sicht des Titelemittenten erwartete zukünftige Auszahlungen darstellen. Da die Analyse von Zahlungsströmen zu den ureigensten Aufgaben der Ökonomie gehört, erscheint die Untersuchung reizvoll, in welchem Umfang betriebswirtschaftlich gleich strukturierte Sachverhalte auch bilanzsteuerlich gleich abgebildet werden können.

Diese Arbeit entstand während meiner Tätigkeit als wissenschaftlicher Mitarbeiter am Lehrstuhl für Allgemeine Betriebswirtschaftslehre und Betriebswirtschaftliche Steuerlehre der Universität zu Köln. Meinem Doktorvater, Herrn Prof. Dr. Dr. h.c. Gerd Rose, danke ich herzlich für seine fachliche und persönliche Unterstützung. Mein Dank gilt auch Herrn Prof. Dr. Norbert Herzig für die Übernahme des Korreferats.

Besonders bedanken möchte ich mich schließlich bei meiner Frau Andrea, die für die mit der Dissertationserstellung verbundenen Einschränkungen der gemeinsamen persönlichen Freizeit großes Verständnis aufgebracht hat. Sie hat überdies erhebliche Teile der Manuskripte und Überarbeitungen mit Ausdauer und Gründlichkeit geschrieben sowie redaktionell überarbeitet.

NORBERT NEU

INHALTSÜBERSICHT

INHALTSVERZEICHNIS

ABKÜRZUNGSVERZEICHNIS

a.A.	anderer Ansicht
Abs.	Absatz
AcP	Archiv für civilistische Praxis (Zeitschrift)
A/D/S	Adler/Düring/Schmaltz (Kommentar)
AG	Aktiengesellschaft; auch: Die Aktiengesellschaft (Zeitschrift)
AktG	Aktiengesetz
Anm.	Anmerkung
AO	Abgabenordnung
Art.	Artikel
AStG	Außensteuergesetz
Aufl.	Auflage
BB	Betriebs-Berater (Zeitschrift)
BBK	Beck'scher Bilanzkommentar
BdF (BMF)	Bundesminister(-ium) der Finanzen
BerlinFG	Berlinförderungsgesetz
BewG	Bewertungsgesetz
BFA	Bankenfachausschuß
BFH	Bundesfinanzhof
BFH/NV	Sammlung amtlich nicht veröffentlichter Entscheidungen des Bundesfinanzhofs
BFuP	Betriebswirtschaftliche Forschung und Praxis (Zeitschrift)
BGB	Bürgerliches Gesetzbuch
BGBl	Bundesgesetzblatt
BGH	Bundesgerichtshof
BGHZ	Entscheidungen des Bundesgerichtshofs in Zivilsachen (Entscheidungssammlung)
BHR	Bonner Handbuch Rechnungslegung
BIS	Bank for International Settlements
BKB	Der Bankbetrieb (Zeitschrift)
BörsG	Börsengesetz
bspw.	beispielsweise
BStBl	Bundessteuerblatt
BVerfG	Bundesverfassungsgericht

BVerfGE	Entscheidungen des Bundesverfassungsgerichts (Entscheidungssammlung)
BWL	Betriebswirtschaftslehre
bzgl.	bezüglich
bzw.	beziehungsweise
CLR	Columbia Law Review (Zeitschrift)
c.p.	ceteris paribus
DB	Der Betrieb (Zeitschrift)
DBA	Doppelbesteuerungsabkommen
DBW	Die Betriebswirtschaft (Zeitschrift)
DDR-IG	Gesetz zum Abbau von Hemmnissen bei Investitionen in der Deutschen Demokratischen Republik einschließlich Berlin (Ost) (DDR-Investitionsgesetz)
D/E/J/W	Dötsch/Eversberg/Jost/Witt (Kommentar)
DepotG	Gesetz über die Verwahrung und Anschaffung von Wertpapieren (Depotgesetz)
ders.	derselbe
dies.	dieselbe(n)
d.h.	das heißt
Diss.	Dissertation (mit Fakultätszusatz: jur., rer. pol.)
DM	Deutsche Mark
DMBilG	DM-Bilanz-Gesetz
DStR	Deutsches Steuerrecht (Zeitschrift)
DStZ	Deutsche Steuer-Zeitung
DStZ/A	Deutsche Steuer-Zeitung, Ausgabe A
DTB	Deutsche Terminbörse
EFG	Entscheidungen der Finanzgerichte (Entscheidungssammlung)
EG	Europäische Gemeinschaften
Einf.	Einführung
ErbStG	Erbschaftsteuer- und Schenkungsteuergesetz
EStDV	Einkommensteuer-Durchführungsverordnung
EStG	Einkommensteuergesetz
EStR	Einkommensteuer-Richtlinien
etc.	et cetera

f.	folgende
FAJ	Financial Analyst(s) Journal
ff.	fortfolgende
FG	Finanzgericht
FinMin	Finanzminister(-ium)
FLF	Finanzierung - Leasing - Factoring (Zeitschrift)
Fn.	Fußnote
FördergebietsG	Gesetz über Sonderabschreibungen und Abzugs- beträge im Fördergebiet (Fördergebietsgesetz)
FR	Finanz-Rundschau (Zeitschrift)
FS	Festschrift
GbR	Gesellschaft bürgerlichen Rechts
GE	Geldeinheiten
GenG	Gesetz betreffend die Erwerbs- und Wirtschaftsgenossen- schaften
GewStG	Gewerbesteuergesetz
GewStR	Gewerbesteuer-Richtlinien
ggf.	gegebenenfalls
G/H/E/K	Geßler/Hefermehl/Eckardt/Kropff (Kommentar)
GmbH	Gesellschaft mit beschränkter Haftung
GmbHG	Gesetz betreffend die Gesellschaften mit beschränkter Haftung
GmbHR	GmbH-Rundschau (Zeitschrift)
GoB	Grundsätze ordnungsmäßiger Buchführung
GrEStG	Grunderwerbsteuergesetz
GrS	Großer Senat
GüKG	Güterkraftverkehrsgesetz
GWB	Gesetz gegen Wettbewerbsbeschränkungen
H/B/N/B	Hartmann/Böttcher/Nissen/Bordewin (Kommentar)
HBR	Harvard Business Review
HdJ	Handbuch des Jahresabschlusses
HdR	Handbuch der Rechnungslegung
HFA	Hauptfachausschuß
HFR	Höchstrichterliche Finanzrechtsprechung (Entscheidungssammlung)
HGB	Handelsgesetzbuch
H/H/R	Herrmann/Heuer/Raupach (Kommentar)

h.L.	herrschende(r) Lehre
h.M.	herrschende(r) Meinung
Hrsg.	Herausgeber
hrsg.	herausgegeben
HuR	Handwörterbuch unbestimmter Rechtsbegriffe
HWB	Handwörterbuch der Betriebswirtschaft
HWF	Handwörterbuch der Finanzwirtschaft
HWPlan	Handwörterbuch der Planung
IASC	International Accounting Standards Committee
i.d.R.	in der Regel
IDW	Institut der Wirtschaftsprüfer
i.f.	im folgenden
incl.	inclusive
Inf	Die Information über Steuer und Wirtschaft (Zeitschrift)
InstFSt	Institut "Finanzen und Steuern"
i.S.d.	im Sinne der (des)
i.S.v.	im Sinne von
i.V.m.	in Verbindung mit
JbFSt	Jahrbuch der Fachanwälte für Steuerrecht
JDStJG	Jahrbuch der Deutschen Steuerjuristischen Gesellschaft
JfB	Journal für Betriebswirtschaft (Zeitschrift)
JoF	Journal of Finance
JoFE	Journal of Financial Economics
JoPE	Journal of Political Economy
jr.	junior
JuS	Juristische Schulung (Zeitschrift)
JZ	Juristenzeitung
KAGG	Gesetz über Kapitalanlagegesellschaften
KapErhG	Gesetz über die Kapitalerhöhung aus Gesellschafts- mitteln und über die Verschmelzung von Gesellschaften mit beschränkter Haftung
KapErhStG	Gesetz über steuerliche Maßnahmen bei Erhöhung des Nennkapitals aus Gesellschaftsmitteln
KG	Kommanditgesellschaft
KGaA	Kommanditgesellschaft auf Aktien

KO	Konkursordnung
KÖSDI	Kölner Steuerdialog (Zeitschrift)
K/S	Kirchhof/Söhn (Kommentar)
KStG	Körperschaftsteuergesetz
KStR	Körperschaftsteuer-Richtlinien
KWG	Gesetz über das Kreditwesen
L/B/M	Littmann/Bitz/Meincke (Kommentar)
Lifo	Last in first out
L/S/B	Lademann/Söffing/Brockhoff (Kommentar)
LSP	Leitsätze für die Preisermittlung aufgrund von Selbstkosten
m.a.W.	mit anderen Worten
m.E.	meines Erachtens
m.W.	meines Wissens
m.w.N.	mit weiteren Nachweisen
NB	Neue Betriebswirtschaft (Zeitschrift)
n.F.	neue Folge; neue Fassung
NJW	Neue Juristische Wochenschrift (Zeitschrift)
Nr.	Nummer(n)
NRW	Nordrhein-Westfalen
NWB	Neue Wirtschafts-Briefe (Zeitschrift)
NZB	Nichtzulassungsbeschwerde
o.ä.	oder ähnliches
ÖBA	Österreichiches Bankarchiv (Zeitschrift)
OFD	Oberfinanzdirektion
OHG	Offene Handelsgesellschaft
o.J.	ohne Jahr
PublG	Gesetz über die Rechnungslegung von bestimmten Unternehmen und Konzernen (Publizitätsgesetz)
Rev.	Revision
RFH	Reichsfinanzhof
RFHE	Entscheidungen des Reichsfinanzhofs (Entscheidungssammlung)

RG	Reichsgericht
RGZ	Entscheidungen des Reichsgerichts in Zivilsachen (Entscheidungssammlung)
RIW	Recht der internationalen Wirtschaft (Zeitschrift); früher: AWD (Außenwirtschaftsdienst)
rkr	rechtskräftig
Rn.	Randnummer(n)
RStBl	Reichssteuerblatt
Rz.	Randziffer(n)
S.	Seite
SAG	Schweizerische Aktiengesellschaft (Zeitschrift)
sog.	sogenannte, sogenannter, sogenanntes
Sp.	Spalte(n)
Stb	Der Steuerberater (Zeitschrift)
Stbg	Die Steuerberatung (Zeitschrift)
StbJb	Steuerberater-Jahrbuch
StbKonRep	Steuerberaterkongreßreport (seit 1977)
StBp	Die Steuerliche Betriebsprüfung (Zeitschrift)
StEK	Steuererlasse in Karteiform
StKonRep	Steuerkongreßreport (bis 1976)
StRK	Steuerrechtsprechung in Karteiform
StStud	Steuer und Studium (Zeitschrift)
StuW	Steuer und Wirtschaft (Zeitschrift)
StVj	Steuerliche Vierteiljahresschrift (Zeitschrift)
StWa	Steuer-Warte (Zeitschrift)
Tz.	Textziffer(n)
u.a.	unter anderem
UmwG	Umwandlungsgesetz
UmwStG	Gesetz über steuerliche Maßnahmen bei Änderung der Unternehmensform
Univ.	Universität
UR	Umsatzsteuer-Rundschau (Zeitschrift)
UrhG	Urheberrechtsgesetz
usf.	und so fort
UStG	Umsatzsteuergesetz
UStR	Umsatzsteuer-Richtlinien

u.U.	unter Umständen
v.a.	vor allem
VAG	Versicherungsaufsichtsgesetz
VG	Verwaltungsgericht
vgl.	vergleiche
VStG	Vermögensteuergesetz
VStR	Vermögensteuer-Richtlinien
WG	Wechselgesetz
WPg	Die Wirtschaftsprüfung (Zeitschrift)
WZG	Warenzeichengesetz
z.B.	zum Beispiel
ZfB	Zeitschrift für Betriebswirtschaft
ZfbF	Zeitschrift für betriebswirtschaftliche Forschung
ZfgK	Zeitschrift für das gesamte Kreditwesen
ZfhF	Zeitschrift für handelswissenschaftliche Forschung
ZfSt	Zeitschrift für die gesamte Staatswissenschaft
ZGR	Zeitschrift für Unternehmens- und Gesellschaftsrecht
ZHR	Zeitschrift für das gesamte Handels- und Wirtschaftsrecht
ZIP	Zeitschrift für Wirtschaftsrecht
ZonenRFG	Gesetz zur Förderung des Zonenrandgebietes (Zonenrandförderungsgesetz)
z.T.	zum Teil
z.Z.	zur Zeit

SYMBOLVERZEICHNIS

AW	Allgemeiner Wert
B	Bezugskurs
GW (mod.)	Gemeiner Wert (modifiziert)
K	Kurs der Altaktien
m	Anzahl der Altaktien
MAW	Modifikationen des Allgemeinen Werts
n	Anzahl der jungen Aktien
p	Diskontierungszinssatz
q	$1 + p$
SW	Spezieller Wert
SW_{FT}	Spezieller Wert eines Finanzierungstitels
t	(Zahlungs-) Zeitpunkt (Laufindex)
T	Letzter Zahlungszeitpunkt
TW	Teilwert
TZ	Titelinduzierte Zahlungen
VZ	Verbundzahlungen
X	Wert des Bezugsrechts
ZBR	Zahlungen aufgrund von Bezugsrechten
ZER	Zahlungen aufgrund von Einwirkungsrechten
ZGR	Zahlungen aufgrund von Gestaltungsrechten
ZLV	Zahlungen aufgrund von Leistungsverpflichtungen
ZW	Zusatzwert

1. TEIL : EINFÜHRUNG

1. Kapitel : Problemstellung
§ 1 : Darstellung und Abgrenzung des Untersuchungsgegenstands
I. Darstellung des Untersuchungsgegenstands

Das Bilanzsteuerrecht stellt eine Materie dar, die keiner Wissenschaftsdisziplin eindeutig zugeordnet werden kann. Zwar sind bilanzsteuerliche Fragestellungen im Ergebnis Rechtsfragen, die demzufolge von der Rechtswissenschaft mit Hilfe der juristischen Methodenlehre zu bearbeiten sind. Insbesondere kommt die Steuerrechtswissenschaft in Betracht, die "sich mit den juristischen Fragen der das Gebiet materiell und formell regelnden Normen"[1] beschäftigt. Andererseits wird das Verständnis der Bilanz im Rechtssinne erheblich durch betriebswirtschaftliche Erkenntnisse - insbesondere die betriebswirtschaftlichen Bilanztheorien - beeinflußt. Auch bringt es die Zuordnung der der Bilanz zugrunde liegenden Theorie und Technik des betrieblichen Rechnungswesens zur Betriebswirtschaftslehre mit sich, daß sich die juristische Ausbildung für bilanzsteuerrechtliche Fragestellungen bestenfalls am Rande zuständig fühlt[2]. Es liegt daher nahe, das Bilanzsteuerrecht als Untersuchungsgebiet der Betriebswirtschaftlichen Steuerlehre zu qualifizieren, die allgemein an dem beschriebenen Schnittpunkt angesiedelt wird[3]. Eine Alleinzuständigkeit kann hieraus jedoch nicht hergeleitet werden. So wird das Bilanzsteuerrecht sowohl in Standardwerken zur Betriebswirtschaftlichen Steuerlehre[4] als auch in juristischen Lehrbüchern[5] dargestellt, sind diesbezügliche Fragestellungen Gegenstand sowohl wirtschaftswissenschaftlicher als auch rechtswissen-

---

1   ROSE, Steuerlehre, 1992, S. 21.

2   So klammern die akademischen Ausbildungspläne der rechtswissenschaftlichen Fakultäten im Spezialgebiet "Handelsrecht" gewöhnlich das dritte Buch des HGB ("Handelsbücher") aus. Entsprechend schwierig gestaltet sich dann die Vermittlung bilanzsteuerlicher Kenntnisse im Wahlfach Steuerrecht. Auch führende Steuerrechtler weisen darauf hin, "daß Steuerrechtsanwendung Rechtsstaatsverwirklichung und Rechtsstaatsbewährung in reinster Form ist" und es "angesichts dessen ... erstaunlich [ist], daß der Normaljurist das Steuerrecht bestenfalls für eine Art Geheimwissenschaft, schlimmstenfalls für eine höhere Form der Buchhalterei hält" (CREZELIUS, Steuerrecht, 1991, S. V, beide Zitate; Klammerzusatz vom Verfasser). Eine unzureichende steuerrechtliche Ausbildung der (im Steuerwesen tätigen) Juristen wird von Vertretern der Betriebswirtschaftslehre bereits seit langem beklagt (vgl. ROSE, Steuerpraxis, FR 1966, S. 468 f.). Zu den diesbezüglichen - zwischenzeitlich z.T. umgesetzten - Reformbestrebungen vgl. BIRK, Stellenwert, StuW 1992, S. 88-91.

3   Vgl. zum wissenschaftlichen Standort der Betriebswirtschaftlichen Steuerlehre ROSE, Steuerlehre, 1992, S. 21.

4   Siehe nur HABERSTOCK, Steuerlehre, 1989; WÖHE, Steuerlehre I/2, 1992.

5   Vgl. insbesondere KNOBBE-KEUK, Unternehmenssteuerrecht, 1991; siehe auch CREZELIUS, Steuerrecht, 1991.

schaftlicher Dissertationen[6]. Auch ein Blick in die Fachzeitschriften zeigt, daß hinsichtlich der Zuordnungsentscheidung durchaus Unsicherheiten bestehen[7]. Dabei wird zudem deutlich, daß bilanzsteuerliche Fragen im Steuerrecht eine Sonderstellung einnehmen[8].

Das Bilanzsteuerrecht steht damit offenbar in einem eigentümlichen Spannungsverhältnis zwischen den beiden genannten Wissenschaftsdisziplinen, das eine interdisziplinäre Zusammenarbeit derselben notwendig macht. Dies gilt insbesondere dann, wenn, wie hier, nicht typisch betriebswirtschaftliche Fragestellungen - wie etwa das Aufzeigen von Gestaltungsmöglichkeiten zwecks Ausweis eines möglichst niedrigen oder möglichst hohen Steuerbilanzgewinns[9] - diskutiert werden, sondern Fragen des Ansatzes und der Bewertung von Wirtschaftsgütern, also letztlich Rechtsfragen[10], den Untersuchungsgegenstand darstellen.

Die vorliegende Arbeit beschäftigt sich mit der Bilanzierung des Finanzvermögens und damit mit einem Teilbereich, in dem dieses Spannungsverhältnis besonders deutlich wird. Dies ergibt sich bereits daraus, daß das Finanzvermögen in dieser Abgrenzung dem Bilanzrecht unbekannt ist. Betrachtet man etwa die handelsrechtliche Bilanzgliederung des § 266 HGB, so werden dort lediglich Teilmengen wie etwa "Finanzanlagen" oder "Forderungen" genannt. Die einschlägigen steuer-

---

6   Dabei gibt es keine sachliche Kompetenzabgrenzung. Bspw. wird der Problemkreis "Gewinnrealisationszeitpunkt" nicht nur von betriebswirtschaftlichen Autoren untersucht (siehe EULER, Gewinnrealisierung, 1989; LEMM, Forderungsbilanzierung, 1981), sondern ist auch Gegenstand juristischer Arbeiten (siehe GELHAUSEN, Realisationsprinzip, 1985; LÜDERS, Gewinnrealisierung, 1987). Auch die Abgrenzung des Wirtschaftsgutbegriffs, um einen zweiten Anwendungsfall zu nennen, wird sowohl aus ökonomischer Sicht (siehe MAY, Wirtschaftsgut, 1970) als auch aus rechtswissenschaftlicher Perspektive (siehe M. WEBER, Wirtschaftsgut, 1969) diskutiert.

7   Werden Beiträge in Fachzeitschriften inhaltlich geordnet, so erscheinen Veröffentlichungen zum Bilanzrecht zum Teil unter der Rubrik "Betriebswirtschaftslehre" (so in den Periodika "Der Betrieb" oder "Deutsches Steuerrecht"), zum Teil unter der Überschrift "Bilanzrecht" (so im "Betriebs-Berater"), wobei in allen Fällen nicht danach differenziert wird, ob es sich um Probleme der handels- und/oder steuerrechtlichen Gewinnermittlung handelt.

8   Dies zeigt sich darin, daß Publikationen zum Bilanzrecht in allen Fachzeitschriften getrennt von Abhandlungen der Sparte "Steuerrecht" erscheinen. Im übrigen weisen auch die akademischen Ausbildungspläne der wirtschaftswissenschaftlichen Fakultät der Universität zu Köln dem Bilanzsteuerrecht eine Sonderstellung zu, indem sie ausschließlich dieses Untersuchungsgebiet, nicht jedoch das - dem Wahlfach Betriebswirtschaftliche Steuerlehre zugeordnete - übrige Steuerrecht als Pflichtveranstaltung der Allgemeinen Betriebswirtschaftslehre vorsehen.

9   Siehe hierzu die grundlegende (betriebswirtschaftliche) Arbeit von J. BAUER, Rechnungspolitik, 1981.

10   Dies gilt nach h.M. auch für die Gewinnung der Grundsätze ordnungsmäßiger Buchführung (GoB); siehe unten, 2. Kapitel, § 1, Punkt II.A, S. 10.

lichen Vorschriften kennen ausschließlich "Beteiligungen"[11] und "Anteile an Kapitalgesellschaften"[12]. Juristisch gesehen ist die im Titel zum Ausdruck kommende Zusammenfassung von Bilanzierungsobjekten mithin wenig aussagekräftig. Der Betriebswirtschaftslehre ist der Terminus jedoch durchaus geläufig: Wie zu zeigen sein wird, lassen sich seine Bestandteile als Ansprüche einer Person(engruppe) auf Zahlungen einer anderen Person(engruppe) interpretieren und sind insoweit als homogen zu qualifizieren. Da die Analyse von Zahlungsströmen zu den ureigensten Aufgaben der Ökonomie gehört, erscheint es daher reizvoll, zu untersuchen, ob und, wenn ja, in welchem Umfang (betriebs)wirtschaftlich gleich strukturierte Sachverhalte auch bilanzsteuerlich gleich abgebildet werden können.

Ziel der Arbeit ist folglich eine betriebswirtschaftlich fundierte, systematische und umfassende Darstellung der steuerlichen Bilanzierungsgrundsätze für den Ansatz und die Bewertung des Finanzvermögens. Eine solche Untersuchung erscheint nicht zuletzt deshalb sinnvoll, weil - wie im dritten Teil der Arbeit immer wieder zu erkennen sein wird - das bilanzrechtliche Regelwerk der §§ 238 ff. HGB sowie der §§ 4 ff. EStG zum großen Teil erkennbar auf materielle Vermögenswerte und damit auf die Abbildung des eigentlichen Leistungserstellungsprozesses bzw. des güterwirtschaftlichen Bereichs zugeschnitten ist. So läßt sich bspw. die Frage nach dem wirtschaftlichen "Eigentümer" (zivilrechtlich) sinnvoll nur für Sachen stellen, ist die Problematik, ob "Gegenstände ... dauernd dem Geschäftsbetrieb dienen" (§ 247 Abs. 2 HGB) dann schwierig zu lösen, wenn es sich bei diesem "Gegenstand" etwa um eine Beteiligung handelt, wirken die Begriffe "Anschaffungskosten" oder "Herstellungskosten" im Zusammenhang mit Ausleihungen oder Forderungen fremdartig.

Den aus den (betriebswirtschaftlichen) Besonderheiten des Finanzvermögens resultierenden speziellen Bilanzierungsproblemen wurde für den Wirtschaftszweig der Kreditinstitute in jüngerer Zeit durch eine entsprechende Ergänzung des Handelsgesetzbuches partiell Rechnung getragen[13]. Die steuerliche Bilanzierung der Nicht-Bankunternehmen blieb von dieser Fortentwicklung jedoch weitestgehend unberührt[14], so daß insoweit weiterhin ein Klärungsbedarf besteht.

---

11 Siehe etwa § 6 Abs. 1 Nr. 2 Satz 1 EStG.

12 Siehe etwa § 6 Abs. 1 Nr. 5 Satz 1 Buchstabe b EStG.

13 Gesetz zur Durchführung der Richtlinie des Rates der Europäischen Gemeinschaften über den Jahresabschluß und den konsolidierten Abschluß von Banken und anderen Finanzinstituten (Bankbilanzrichtlinie-Gesetz) vom 30.11.1990, BGBl I 1990, S. 2570. Daraus entstanden sind die §§ 340 bis 340o HGB.

14 Die angesprochenen Neuregelungen stellen nach herrschender Ansicht im wesentlichen die Kodifizierung bankenspezifischer GoB dar, die nicht ohne weiteres auf andere Wirtschafts-

Der hier unternommene Versuch der Entwicklung von Grundsätzen ordnungsmäßiger Buchführung für das Finanzvermögen wurde bisher noch nicht unternommen. In der Literatur finden sich ausschließlich Monographien, die die bilanzielle Behandlung einzelner Bestandteile des Finanzvermögens (z.B. Beteiligungen[15], Forderungen[16]) bzw. einzelner Teilaspekte (z.B. die Bestimmung des Gewinnrealisierungszeitpunkts bei Forderungen aus Lieferungen und Leistungen[17]) diskutieren. Es fehlt jedoch an einer systematischen Entwicklung der Bestimmungsfaktoren, die für die Bilanzierung des Finanzvermögens im allgemeinen entscheidend sind. Im Unterschied zu anderen - im übrigen auch aus betriebswirtschaftlicher Feder stammenden - Monographien, die ebenfalls eine Gruppe von Bilanzierungsobjekten zum Gegenstand haben[18], wird die diesbezügliche Abgrenzung darüber hinaus, wie bereits oben erwähnt, nicht aus bilanzrechtlicher, sondern aus betriebswirtschaftlicher Sicht vorgenommen mit der Folge, daß der ökonomischen Analyse und Systematik hier wesentlich breiterer Raum eingeräumt wird.

II. Abgrenzung des Untersuchungsgegenstands

In der vorliegenden Untersuchung wird unterstellt, daß die bilanzierende Unternehmung kein Bankgeschäft betreibt. Sie ist mit Gewinnerzielungsabsicht tätig und ermittelt ihren steuerlichen Gewinn nach § 5 Abs. 1 EStG i.V.m. §§ 238 ff. HGB[19]. Sämtliche Betriebsteile befinden sich im Geltungsbereich des Grundgesetzes. Darüber hinaus werden nur Bilanzierungsprobleme in der "regulären", unter "normalen" Verhältnissen aufzustellenden Steuerbilanz diskutiert; Sonderprobleme bei der Erstellung von Umwandlungs-, Einbringungsbilanzen etc. bleiben mithin

---

zweige übertragen werden können (siehe nur PRAHL, Vorschriften, WPg 1991, S. 402 f.).

15 Siehe etwa GSCHREI, Beteiligungen, 1990; LEUNIG, Beteiligungen, 1970; SCHIEBLER, Beteiligungen, 1986; E. WEBER, Beteiligungen, 1980.

16 Siehe bereits KNELLER, Bilanzierung, 1926; KONITZER, Reichsmark, 1938.

17 Siehe etwa EULER, Gewinnrealisierung, 1989; GELHAUSEN, Realisationsprinzip, 1985; LEMM, Forderungsbilanzierung, 1981; LÜDERS, Gewinnrealisierung, 1987.

18 Untersucht wird etwa die Bilanzierung von Vorräten i.S.d. § 266 Abs. 2, Pos. B.I HGB (FÜLLING, Vorräte, 1976), Anlagegegenständen i.S.d. § 266 Abs. 2, Pos. A.I und II HGB (K.H. HUSEMANN, Anlagegegenstände, 1976), Forderungen i.S.d. § 266 Abs. 2, Pos. B.II HGB (SCHÄFER, Forderungen, 1977) oder immateriellen Anlagewerten i.S.d. § 266 Abs. 2, Pos. A.I HGB (siehe etwa LAMERS, Werte, 1981). Ähnlich strukturiert sind die in der zweiten Abteilung des Handbuchs des Jahresabschlusses in Einzeldarstellungen (HdJ) aufgeführten Abhandlungen.

19 Zu den Besonderheiten bei der Gewinnermittlung solcher Unternehmen, die nicht nach Handelsrecht verpflichtet sind, Bücher zu führen, vgl. nur PICKERT, GoB, DStR 1989, S. 374-378; WICHMANN, Gewinnermittlungsvorschrift, BB 1990, S. 1448-1450.

außen vor[20]. Und schließlich bleibt unerörtert, wie die Bestandteile des Finanzvermögens den Bilanzpositionen des § 266 HGB zugeordnet werden können, da
Ausweisfragen steuerlich grundsätzlich ohne Belang sind[21].

Eine letzte Einschränkung des Untersuchungsgegenstands besteht schließlich darin,
daß ausschließlich die Steuerrechtsfolgen der Bilanzierung des Finanzvermögens
diskutiert werden. Dagegen wird nicht der Versuch unternommen, dem
Bilanzierenden insoweit Gestaltungsempfehlungen an die Hand zu geben[22].

§ 2 : Die Bedeutung des Finanzvermögens in der Steuerbilanz

Die Frage der bilanziellen Behandlung finanzieller Ansprüche hat im Zeitablauf
kontinuierlich an Bedeutung gewonnen. Das hat seinen Grund vor allem im ständig
zunehmenden Umfang der entsprechenden Bilanzpositionenen am Gesamtvermögen der Unternehmen (siehe Abbildung 1):

Abbildung 1

Die Bedeutung des Finanzvermögens in der Steuerbilanz

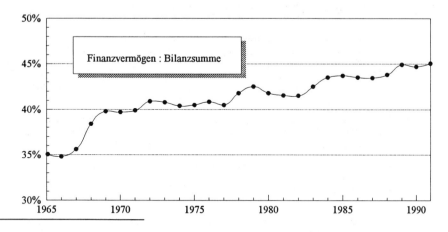

---

20 Vgl. dazu ARIANS, Sonderbilanzen, 1984. Auch auf spezifische Bilanzierungsfragen in
    der D-Markeröffnungsbilanz wird nicht eingegangen (vgl. dazu aus handelsrechtlicher
    Sicht etwa BUDDE/FORSTER 1990, DMBilG Anmerkungen zu §§ 11, 13 und 14).

21 BUDDE/KOFAHL in BBK 1990, HGB § 266 Anm. 35.

22 Siehe bereits den Hinweis oben in Punkt I, S. 2. Zur diesbezüglichen Einordnung des
    Themas in das Aufgabengebiet der Betriebswirtschaftlichen Steuerlehre siehe auch unten,
    2. Kapitel, § 2, Punkt III, S. 29 ff. Im 4. Teil der Arbeit werden lediglich einige Hinweise
    auf mögliche Ansatzpunkte für eine gestaltende Beratung gegeben.

Abbildung 1 zeigt, daß der Anteil des Finanzvermögens[23] an der Bilanzsumme der von der Deutschen Bundesbank statistisch ausgewerteten Jahresabschlüsse von 35,4 % im Jahre 1965 auf 45 % im Jahre 1991 angestiegen ist[24].

Zu der dargestellten Entwicklung dürfte insbesondere die zunehmende Konzernierung der Unternehmungen beigetragen haben[25]. Die rechtliche Verselbständigung ehemals unselbständiger Unternehmungsteile bzw. externes Unternehmenswachstum via Beteiligungserwerb hat nämlich zur Folge, daß in der Obergesellschaft (im Gegensatz zur Einheitsunternehmung) bezüglich der Vermögenswerte der Untergesellschaft Beteiligungen und keine Sachwerte ausgewiesen werden. Überdies führen konzerninterne Leistungsaustausch- und Kreditverhältnisse zu auch bilanziell bedeutsamen Gläubiger-Schuldner-Beziehungen; in der Einheitsunternehmung tritt diese Konsequenz aufgrund der rechtlichen Unselbständigkeit der Unternehmensteile naturgemäß nicht zutage. Da die einzelne Konzernunternehmung und nicht der Konzern selbst Steuersubjekt ist[26], hat die Konzernbildung mithin eine "Aufblähung" der Steuerbilanzsummen um konzerninterne finanzielle Ansprüche zur Folge[27].

Ein weiterer Grund für die zunehmende Bedeutung des Finanzvermögens in den (Steuer-) Bilanzen der Unternehmungen kann (zumindest temporär) in der Attraktivität der durch Finanzinvestitionen erzielbaren Renditen bei gleichzeitig sinkenden Margen und Marktsättigungstendenzen im Grundgeschäft gesehen werden.

---

23 Die Deutsche Bundesbank subsumiert unter das - von ihr so bezeichnete - "Forderungsvermögen" Kassenmittel, Forderungen, Wertpapiere und Beteiligungen (siehe etwa DEUTSCHE BUNDESBANK, Jahresabschlüsse, 1983, S. 12). Bis auf die erste Position, die in Abbildung 1 demzufolge nicht berücksichtigt wurde, sind Forderungs- und Finanzvermögen im wesentlichen identisch (siehe auch unten, 2. Teil, 1. Kapitel, S. 32 ff.).

24 DEUTSCHE BUNDESBANK, Jahresabschlüsse, 1983, S. 12 f.; DIES., Monatsberichte November 1983 bis November 1992. Bei den ausgewerteten Jahresabschlüssen handelt es sich zu etwa 90 % um Steuerbilanzen (DIES., Jahresabschlüsse, 1983, S. 5).

25 Der Erwerb von Konzernbeteiligungen hat unter den externen Wachstumsmöglichkeiten eines Unternehmens die eindeutig größte Bedeutung erlangt (siehe dazu etwa KÜTING, Wachstumspolitik, 1980, S. 273-278; KÜTING/KUHN, Verschuldungseffekt, BB 1990, S. 2443).

26 Zur Problematik der steuerlichen Behandlung von Konzernen und zur Forderung nach einer einheitlichen Konzernbesteuerung siehe insbesondere HARMS/KÜTING, Konzernbesteuerung, BB 1982, S. 445-455; KÜTING, Einheitsbesteuerung, DB 1990, S. 489-497; DERS., Plädoyer, BB 1991, Beilage 4, S. 7-10.

27 Dabei ist zu berücksichtigen, daß die Statistik der Deutschen Bundesbank auch organschaftlich verbundene Betriebe als eigenständige Unternehmen aufführt (DEUTSCHE BUNDESBANK, Jahresabschlüsse, 1983, S. 5, Fn. 1). In der handelsrechtlichen Konzernbilanz wird der "Aufbläh-Effekt" durch die Konsolidierungsgrundsätze weitgehend vermieden (siehe dazu etwa VON WYSOCKI/WOHLGEMUTH, Konzernrechnungslegung, 1986, S. 22 f., 166-175).

Dabei wurde der Zuwachs des Finanzvermögens gefördert bzw. z.T. überhaupt erst ermöglicht durch den etwa seit Mitte der achtziger Jahre insbesondere an den internationalen Geld-, Kredit- und Kapitalmärkten beobachtbaren Trend zur "securitization", d.h. zur Verbriefung und Handelbarkeit von schuldrechtlichen Ansprüchen[28]. Die Substitution von Buchforderungen durch wertpapiermäßig unterlegte Finanzkontrakte bedeutete den Übergang von indirekten zu direkten Finanzbeziehungen zwischen Investor und Sparer, da (zumindest partiell) auf die Zwischenschaltung von Finanzintermediären verzichtet wurde. Dies hat zur Folge, daß Nicht-Bankunternehmungen verstärkt als Kreditgeber anderer Unternehmungen fungieren, was wiederum zu entsprechenden bilanziellen Konsequenzen führt.

Die bisher genannten Faktoren sind vornehmlich für große Unternehmungen bedeutsam. Im wesentlichen werden auch nur diese von Abbildung 1 erfaßt, da ausschließlich die von der Deutschen Bundesbank statistisch ausgewerteten Bilanzen berücksichtigt sind, die den Zweiganstalten der Landeszentralbanken im Zusammenhang mit dem Rediskontgeschäft eingereicht werden[29]. Der Anteil des Finanzvermögens in den Bilanzen von Klein- und Kleinstunternehmen dürfte i.d.R. weitaus geringer sein, insbesondere da (auf Kapitalgesellschaftsanteilen beruhende) Konzernierungen selten sind und Geldanlagefazilitäten im Regelfall im Privatvermögen gehalten werden[30].

---

28 Siehe etwa BIS, Innovations, 1986, S. 129-140; DEUTSCHE BUNDESBANK, Monatsbericht April 1986, S. 25-35.

29 DEUTSCHE BUNDESBANK, Jahresabschlüsse, 1983, S. 5.

30 Denkbar ist allerdings die Aufnahme von Kapitalanlagen in das Betriebsvermögen durch "Willkürung" (siehe dazu im einzelnen unten, 3. Teil, 1. Kapitel, § 5, Punkt I.A.2, S. 306 ff.). Die Entscheidung ist in erster Linie unter steuerlichen Gesichtspunkten zu treffen (zu den diesbezüglich anzustellenden Überlegungen vgl. den kurzen Überblick im 4. Teil).

2. Kapitel : Besteuerung, Bilanzierung und Betriebswirtschaftslehre (Betriebswirtschaftliche Steuerlehre)

Zu Beginn dieser Arbeit wurde darauf hingewiesen, daß das Bilanzsteuerrecht eine Affinität sowohl zur Wirtschafts- als auch zur Rechtswissenschaft aufweist. Darauf aufbauend wird an dieser Stelle zum einen der Frage nachgegangen, wie das Interesse der Betriebswirtschaftslehre am Bilanzsteuerrecht und speziell an der hier zu untersuchenden Fragestellung gerechtfertigt bzw. konkretisiert werden kann. Zum anderen ist die Steuerbilanz ein Instrument zur Ermittlung der Einkünfte i.S.d. § 2 EStG[1] und schließt sich damit den Fragen nach der Steuerpflicht, dem Objekt der Einkommen- bzw. Körperschaftsteuer sowie der Bestimmung der steuerpflichtigen Einkünfte an[2]. Folglich soll zunächst auf das Zusammenwirken von (Ertrags-) Besteuerung und Bilanzierung eingegangen werden.

§ 1 : Besteuerung und Bilanzierung
I. Leistungsfähigkeitsprinzip und Einkünftedualismus

Das systemtragende Prinzip des deutschen Einkommensteuerrechts ist der Grundsatz, daß die Besteuerung nach der wirtschaftlichen Leistungsfähigkeit ausgerichtet wird[3], die durch die (monetäre) Größe (zu versteuerndes) Einkommen gemessen werden soll[4]. Da die wirtschaftliche Leistungsfähigkeit durch für betriebliche bzw. berufliche Zwecke verwendete Mittel geschmälert wird, impliziert dies, daß nicht das Roheinkommen, sondern das nach Abzug der Erwerbsaufwendungen

---

1   Nach betriebswirtschaftlicher Diktion gehört das Bilanzsteuerrecht damit zum Gebiet der "Ertragsteuern", denen "die Abhängigkeit der Steuerbemessungsgrundlage vom wirtschaftlichen Ergebnis (Gewinn, Ertrag, Überschuß, Erfolg)" gemeinsam ist (ROSE, Ertragsteuern, 1992, S. 25). Das Bilanzsteuerrecht nimmt jedoch auch hinsichtlich dieser Zuordnungsentscheidung eine Sonderstellung ein (siehe auch oben, 1. Kapitel, § 1, Punkt I, S. 1). Dies zeigt sich bspw. darin, daß eines der bekanntesten steuerbetriebswirtschaftlichen Lehrbücher zum Einkommensteuerrecht (bis zur fünften Auflage) den Titel "Einkommensteuer und Steuerbilanz" trug; nach dem Vorwort zur ersten Auflage richtet sich das Buch "in seinem steuerbilanziellen Teil, der zu den Grundlagen der Allgemeinen Betriebswirtschaftslehre gehört, an alle Studenten der Wirtschaftswissenschaften", ansonsten werden jedoch "die Studenten der Betriebswirtschaftlichen Steuerlehre angesprochen" (BIERGANS, Einkommensteuer, 1978, S. VII, beide Zitate).

2   Siehe nur die Vorgehensweise bei TIPKE/LANG, Steuerrecht, 1991, S. 191 ff.

3   BVerfG 1 BVL 10/80 vom 22.2.1984, BVerfGE Bd. 66 Nr. 14, S. 223; TIPKE/LANG, Steuerrecht, 1991, S. 57-61, m.w.N.

4   TIPKE/LANG, Steuerrecht, 1991, S. 59. Diese Aussage gilt prinzipiell auch für Körperschaften (vgl. WINTER in H/H/R 1993, KStG vor § 7 Rn. 1).

verbleibende Reineinkommen die Besteuerungsgrundlage darstellt (sog. "objektives Nettoprinzip")[5].

Auf die rechtliche Bestimmung des Steuerobjekts Einkommen übten zunächst die Quellentheorie, dann die Reinvermögenszugangstheorie den stärksten Einfluß aus[6]: Während die Quellentheorie zwischen den als Einkommen zu qualifizierenden laufenden Einkünften und den nicht zum Einkommen gehörenden Wertveränderungen im Stammvermögen (Quellenvermögen) unterscheidet, wird nach der Reinvermögenszugangstheorie der Zugang von Reinvermögen während einer gegebenen Periode (einschließlich der unrealisierten Wertsteigerungen) als Einkommen erfaßt[7].

Der zwischen den beiden Theorien bestehende Wesensunterschied prägt den Dualismus der Gewinneinkünfte einerseits (§ 2 Abs. 2 Nr. 1 EStG) und der Überschußeinkünfte andererseits (§ 2 Abs. 2 Nr. 2 EStG), wobei sich die Gewinneinkünfte im wesentlichen an der Reinvermögenszugangstheorie, die Überschußeinkünfte an der Quellentheorie orientieren[8]. Das Instrument zur Messung des Reinvermögenszugangs einer Periode ist die Steuerbilanz[9].

II. Die Steuerbilanz als modifizierte Reinvermögenszugangsrechnung zur Messung der wirtschaftlichen Leistungsfähigkeit

Die Steuerbilanz ist ein Hilfsmittel zur Ermittlung der betrieblichen Einkünfte, d.h. des Gewinns[10], der definiert ist als "Unterschiedsbetrag zwischen dem Betriebsvermögen am Schluß des Wirtschaftsjahrs und dem Betriebsvermögen am Schluß des vorangegangenen Wirtschaftsjahrs, vermehrt um den Wert der Ent-

---

5   TIPKE, Privatsphäre, StuW 1979, S. 194. Das objektive (oder berufliche) Nettoprinzip wird ergänzt durch das sog. "subjektive (oder private) Nettoprinzip", wonach notwendige private Aufwendungen ebenfalls der Besteuerung entzogen werden (TIPKE/LANG, Steuerrecht, 1991, S. 209-212).

6   Zur Entwicklung des steuerrechtlichen Einkommensbegriffs siehe insbesondere LANG, Einkommensteuer, 1988, S. 36-43.

7   Die Ursache des Theorienstreits ist insbesondere in dem Umstand zu sehen, daß aus fiskalischen Gründen nicht das Totaleinkommen während der gesamten Erwerbszeit, sondern periodisch und sukzessiv das Jahreseinkommen der Besteuerung zugrunde liegt (zu diesem sog. "Periodizitätsprinzip" vgl. etwa TIPKE/LANG, Steuerrecht, 1991, S. 198 f.).

8   TIPKE/LANG, Steuerrecht, 1991, S. 201.

9   Zum Begriff der Steuerbilanz und zur Unterscheidung in derivative und originäre Steuerbilanz siehe § 60 Abs. 1 EStDV; siehe auch KNOBBE-KEUK, Unternehmenssteuerrecht, 1991, S. 17-20.

10   § 2 Abs. 2 Nr. 1 EStG.

nahmen und vermindert um den Wert der Einlagen"[11]. Diese Definition läßt vermuten, daß die Steuerbilanz eine Reinvermögenszugangsrechnung darstellt. Tatsächlich jedoch folgt die steuerliche Gewinnermittlung nicht der reinen, sondern einer "modifizierten" Reinvermögenszugangstheorie. Art und Umfang dieser Modifikationen werden in erster Linie durch die handelsrechtlichen Grundsätze ordnungsmäßiger Buchführung (GoB) festgelegt, die über das Maßgeblichkeitsprinzip auch für die steuerliche Gewinnermittlung von Bedeutung sind. Ergänzend ist das steuerliche Normengefüge zu beachten, das abweichende bzw. ergänzende Bestimmungen vorsieht.

A. Rechnungslegungszwecke und GoB-System

Nach § 243 Abs. 1 HGB ist der Jahresabschluß nach den Grundsätzen ordnungsmäßiger Buchführung aufzustellen. Bei den GoB handelt es sich um einen unbestimmten Rechtsbegriff, der interpretations- und ausfüllungsbedürftig ist. Da deren Gewinnung nach heute nahezu unbestrittener Auffassung grundsätzlich deduktiv, d.h. im Hinblick auf eine übergeordnete Regelungsabsicht des Gesetzgebers, vorgenommen wird[12], unterscheidet sich diese Aufgabe im Prinzip nicht von der Auslegung anderer Gesetzesnormen[13], die ebenfalls teleologisch, d.h. nach der Zwecksetzung, die der Gesetzgeber ihnen jeweils zugedacht hat, auszulegen sind[14]. Nach Inkrafttreten des Bilanzrichtliniengesetzes, das die Kodifizierung einer Vielzahl von GoB mit sich gebracht hat, steht jedoch nicht mehr die deduktive Gewinnung von GoB als nicht kodifizierte Normen, sondern die Auslegung und Systematisierung bereits kodifizierter Normen im Vordergrund[15]. Dabei besteht das Problem, daß einerseits eine teleologische GoB-Interpretation die Existenz eines eindeutigen Jahresabschlußzwecks bzw. eines widerspruchsfreien Systems von Jahresabschlußzwecken voraussetzt, andererseits sich der (die) Jahresabschlußzweck(e) wieder aus den GoB ergibt (ergeben), m.a.W., daß "die Ermittlung der GoB und die Ermittlung der Jahresabschlußzwecke zwei interdependente Prozesse sind"[16].

---

11   § 4 Abs. 1 Satz 1 EStG.

12   Grundlegend DÖLLERER, Grundsätze, BB 1959, S. 1217-1221. Siehe auch BAETGE in HdR 1990, Kapitel II, Rn. 68-179; BEISSE, Bilanzrecht, StuW 1984, S. 6-8. A.A. insbesondere D. SCHNEIDER, Deduktion, StuW 1983, S. 141-160.

13   JÜTTNER, Imparitätsprinzip, 1993, S. 6.

14   LARENZ, Methodenlehre, 1991, S. 328; TIPKE/LANG, Steuerrecht, 1991, S. 94.

15   GROH, Betätigung, StuW 1989, S. 231; KNOBBE-KEUK, Unternehmenssteuerrecht, 1991, S. 35.

16   BAETGE in HdR 1990, Kapitel II, Rn. 97. Vgl. auch MOXTER, Zweck, 1987, S. 363.

Der Zirkel, wonach die Auslegung der Bilanzierungsgrundsätze und Einzelnormen voraussetzt, daß ihre Auslegung bereits erfolgt ist, wird von MOXTER in der Weise durchbrochen, daß die gesetzlichen Jahresabschlußzwecke in ein System gebracht werden, das sich in einem primären Sinn und Zweck des Jahresabschlusses erschöpft, der in der vorsichtig-objektivierten Bestimmung des als ausschüttbar geltenden Gewinns gesehen wird[17]. Aus dieser Zwecksetzung heraus läßt sich die auf der Folgeseite in Abbildung 2 gezeigte Systemstruktur ableiten[18]. Eine tiefgehende Erläuterung der dargestellten GoB-Struktur würde den Rahmen dieser Arbeit bei weitem sprengen[19]. Eine thesenförmige Zusammenfassung ergibt folgendes Bild[20]:

---

17 MOXTER, Betrachtungsweise, StuW 1989, S. 232-241; DERS., Bilanztheorie, 1984, S. 156-165; DERS., Zweck, 1987, S. 365-368. Zur Problematik der Bestimmung des Zwecks (bzw. der Zwecke) des Jahresabschlusses sowie zur Darstellung und Analyse (auch) anderer GoB-Systeme (insbesondere derer von BAETGE und LEFFSON), welche die Ziele Dokumentation und Rechenschaftslegung mehr in den Vordergrund stellen, vgl. den Überblick bei JÜTTNER, Imparitätsprinzip, 1993, S. 47-83. Für die von MOXTER vertretene Auffassung spricht insbesondere, daß sie am ehesten mit der Zielsetzung der Steuerbilanz (siehe dazu unten, Punkt B, S. 14 ff.) harmoniert, für die - über das Maßgeblichkeitsprinzip - die handelsrechtlichen GoB einschlägig sind (vgl. MOXTER, Betrachtungsweise, StuW 1989, S. 236).

18 Die Abbildung wurde entnommen aus JÜTTNER, Imparitätsprinzip, 1993, S. 111. Das GoB-System beruht im wesentlichen auf dem Ansatz von MOXTER; Darstellungsweise, Systemstruktur und Terminologie gehen jedoch auch auf eigene Überlegungen JÜTTNERS zurück.

19 Vgl. im einzelnen JÜTTNER, Imparitätsprinzip, 1993, S. 99-110, m.w.N.

20 Vgl. zu im folgenden nicht explizit angesprochenen GoB, die nur eine flankierende Rolle spielen, JÜTTNER, Imparitätsprinzip, 1993, S. 42-46. Zum von JÜTTNER nicht erwähnten Nominalwertprinzip vgl. BEISSE, Wesen, FR 1975, S. 472-477.

Abbildung 2

Grundsätze ordnungsmäßiger Buchführung

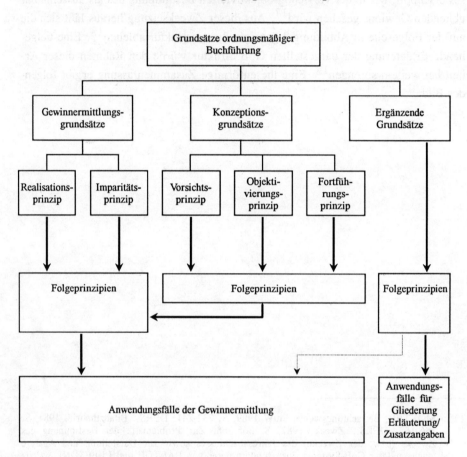

(1) Eckpfeiler der Gewinnermittlung sind die Gewinnermittlungsgrundsätze Realisationsprinzip und Imparitätsprinzip. Wird angenommen, daß das *Realisationsprinzip* sowohl für positive als auch für negative Erfolgsbeiträge gilt[21], so ist es die zentrale Norm für Ansatz- und Bewertungsfragen in der Bilanz. Für die Frage der Aktivierung[22] bedeutet dies, daß in einem Geschäftsjahr anfallende Ausgaben, die erst Umsätze späterer Perioden alimentieren, im betrachteten Geschäftsjahr nicht erfolgswirksam werden, sondern durch Aktivierung zu neutralisieren sind (Erfolgsneutralitätsprinzip), und daß Einnahmen, die einem realisierten Ertrag nachfolgen, durch Aktivierung zu antizipieren sind (Erfolgswirksamkeitsprinzip). Im Hinblick auf den Ansatz der Höhe nach sind erfolgsneutralisierende Aktiva grundsätzlich in Höhe der zugehörigen Ausgaben zu bewerten (Anschaffungs- bzw. Herstellungskostenprinzip). Aus dem Erfolgswirksamkeitsprinzip folgt, daß Ausgaben grundsätzlich nach Maßgabe der Alimentierung von Umsätzen zu verrechnen sind.

Die durch das Realisationsprinzip festgelegte zeitliche Zuordnung von Erfolgsbeiträgen wird durchbrochen durch das *Imparitätsprinzip*. Danach sind alle Risiken und Verluste, die bis zum Abschlußstichtag entstanden sind, zu berücksichtigen. Sind dem Verlust bestimmte Aktiva zuzuordnen, so wird die Verlustantizipation durch Abschreibung, andernfalls durch Bildung einer Rückstellung für drohende Verluste aus (einzelnen) schwebenden Geschäften vorgenommen.

(2) Da der Gewinn vorsichtig, objektiviert und unter der Fortführungsprämisse ermittelt werden soll, können Vorsichts-, Objektivierungs- und Fortführungsprinzip als Konzeptionsgrundsätze bezeichnet werden. Die originäre Bedeutung des *Vorsichtsprinzips* liegt dabei zum einen in der vorsichtsbedingten Eingrenzung von Schätzungsspielräumen, zum anderen in der Einengung der Freiheitsgrade, die bei der Anwendung der Gewinnermittlungsgrundsätze als solche, z.B. bei der Bestimmung des maßgeblichen Ertragsrealisationszeitpunkts, zwangsläufig verbleiben müssen. Um die Festlegung der Ergebnishöhe dem Ermessen des Bilanzierenden zu entziehen und eine intersubjektive Nachprüfbarkeit zu gewährleisten, ist des weiteren das *Objektivierungsprinzip* zu beachten, das sich bereits in der Konzeption der Gewinnermittlung, nämlich in der grundsätzlichen Anbindung des auszuweisenden Gewinns an relativ

---

21   Vgl. dazu insbesondere MOXTER, Realisationsprinzip, BB 1984, S. 1784. Die Frage ist strittig (a.A. insbesondere SIEGEL, Metamorphosen, 1992, S. 585-605), soll hier jedoch nicht diskutiert werden.

22   Vor dem Hintergrund der hier interessierenden Problematik können Passivierungsfragen weitgehend vernachlässigt werden; siehe aber weiter unten im Text.

gut zu objektivierende, realisierte Umsätze niedergeschlagen hat. Zusätzlich grenzt es die insoweit bestehenden Freiheitsgrade ein. Schließlich präzisiert das *Fortführungsprinzip* die Art der Ausschüttungsbemessung. Danach ist nicht der Betrag ausschüttbar, der entzogen werden kann, ohne das Gläubigerzugriffsvermögen im Zerschlagungsfall zu mindern, sondern der Betrag, der gewährleistet, daß den Gläubigern in zukünftigen Perioden zum Schuldendienst der Gewinn dieser Perioden, ohne Minderung durch bereits erkennbare Risiken und Verluste, zur Verfügung steht.

(3) Die ergänzenden Grundsätze sind dadurch gekennzeichnet, daß sie entweder die Gewinnermittlung nicht berühren und ihre Bedeutung somit auf die Bereiche Gliederung bzw. Erläuterung beschränkt bleibt, oder daß sie im Konfliktfall zurückzutreten haben. Die insoweit einschlägigen Grundsätze der Klarheit, der Übersichtlichkeit, der Wesentlichkeit und der Bewertungsstetigkeit sind hier demzufolge nur von untergeordneter Bedeutung.

B. GoB-System und steuerliche Gewinnermittlung

Während Hierarchie und Struktur der handelsrechtlichen Jahresabschlußzwecke kontrovers diskutiert werden, besteht über die überragende Zielsetzung der steuerlichen Gewinnermittlung Einigkeit: "Die Aufgabe der Steuerbilanz beschränkt sich darauf, den einkommensteuerlich zu erfassenden Gewinn zu bestimmen"[23]. Nach § 5 Abs. 1 Satz 1 EStG ist insoweit auf die handelsrechtlichen Grundsätze ordnungsmäßiger Buchführung zurückzugreifen. Damit wird offensichtlich unterstellt, daß mit Hilfe der GoB ein Gewinn bestimmt wird, der ohne Gefährdung der Unternehmung ausgeschüttet werden kann, und daß dieser Gewinn prinzipiell auch geeignet ist, das für die Steuerzahlung disponible Einkommen mitzubestimmen[24]. Allerdings sieht das Steuerrecht ergänzende Bestimmungen vor, die zum einen unmittelbar den Ansatz oder die Bewertung von Wirtschaftsgütern betreffen und

---

23 MOXTER, Bilanztheorie, 1984, S. 156. Daneben wird die Steuerbilanz allerdings zunehmend zur Duchsetzung konjunktur- und sozialpolitischer Ziele eingesetzt (vgl. G. WÖRNER, Steuerbilanz, 1987, S. 75). Die diesbezüglichen Steuerrechtsnormen (siehe etwa § 6 Abs. 1 Nr. 4 Sätze 2 und 3 EStG, §§ 4, 6 FördergebietsG) sind für die Bilanzierung des Finanzvermögens jedoch im Regelfall nicht von Bedeutung und können daher im wesentlichen vernachlässigt werden.

24 TIPKE/LANG, Steuerrecht, 1991, S. 280. Die Berechtigung dieser Annahme soll hier nicht problematisiert werden (kritisch hierzu bspw. F.-W. WAGNER, Steuerbilanz, 1983, S. 41-44). Die Identität der primären Bilanzzwecke von Handels- und Steuerbilanz wird bspw. auch befürwortet von BEISSE, Bilanzgesetzgebung, StVj 1989, S. 298-301; EULER, Verlustantizipation, ZfbF 1991, S. 191; MELLWIG, Bilanzrechtsprechung, BB 1983, S. 1615-1618; MOXTER, Bilanzsteuerrecht, StuW 1983, S. 301 f.

zum anderen eine (außerbilanzielle) Modifikation des mit Hilfe der Steuerbilanz ermittelten Gewinns bezwecken. Das Zusammenwirken von Handels- und Steuerrecht, von Bilanzierung und Besteuerung wird durch Abbildung 3 veranschaulicht:

Abbildung 3

Bilanzierung und Einkommensermittlung

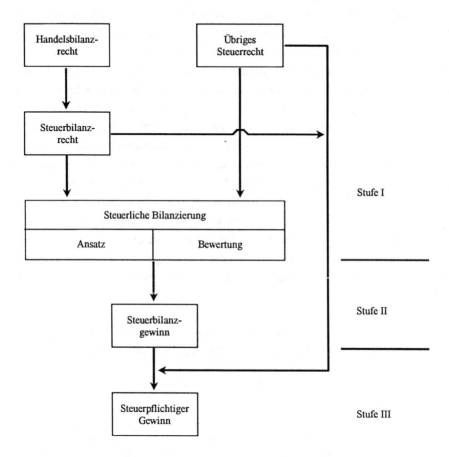

Abbildung 3 zeigt, daß für die steuerliche Bilanzierung sowohl das Handels- als auch das Steuerbilanzrecht Bedeutung besitzt. Hinsichtlich des Verhältnisses dieser beiden Rechtsgebiete sind drei Schichten zu unterscheiden[25]. Schicht I besteht aus reinem Handelsbilanzrecht; die hierunter zu subsumierenden (z.B. Gliederungs-) Vorschriften sind für die steuerliche Bilanzierung nicht von Belang. Von zentraler Bedeutung ist dagegen Schicht II, die aus deckungsgleichem Handels- und Steuerbilanzrecht besteht und damit den Geltungsbereich des bereits erwähnten Maßgeblichkeitsprinzips bezeichnet. Schicht III schließlich ist reines Steuerbilanz-

---

25   Die Schichtenbildung ist zurückzuführen auf BEISSE, Bilanzrecht, StuW 1984, S. 5.

recht; zu erwähnen ist bspw. die Vorschrift des § 5 Abs. 4 EStG[26]. Schicht II und III werden in Abbildung 3 durch den Pfeil aus dem Rechteck "Steuerbilanzrecht" symbolisiert, der die vom Handelsbilanzrecht herrührenden Einflüsse auf das Steuerbilanzrecht einschließt.

Bei der Lösung bilanzsteuerlicher Probleme ist jedoch nicht nur das Bilanzrecht, sondern auch das übrige Steuerrecht heranzuziehen. Geht man von der wohl üblichen Diktion aus, daß zum Steuerbilanzrecht nur die in § 2 Abs. 2 Nr. 1 EStG genannten Ansatz- und Bewertungsvorschriften (§§ 4 - 7k EStG) zählen, so reichen die genannten Gesetzesquellen in einigen Fällen nicht aus. Zu nennen sind bspw. die für Mitunternehmerschaften bestehenden besonderen Bilanzierungsgrundsätze. So ist als Rechtsgrundlage für die Bilanzierung des Sonderbetriebsvermögens (zumindest auch) die Vorschrift des § 15 Abs. 1 Satz 1 Nr. 2 EStG anzusehen[27], die jedoch systematisch nicht unter die Gewinnermittlungsvorschriften, sondern unter die Einkünftequalifizierung und Einkünftezurechnung zu subsumieren ist bzw. den Grundtatbestand und nicht den Höhentatbestand betrifft[28]. Es ist m.E. unzutreffend, diese Regelungen Schicht III zuzurechnen[29], weil sie zwar die steuerliche Bilanzierung betreffen, selbst aber keine bilanzsteuerlichen Normen sind. Es kann hier nicht der Frage nachgegangen werden, ob eine solche Erweiterung des bilanzrechtlichen Normengefüges zulässig oder gar geboten ist; jedenfalls handelt es sich um einen Fremdkörper, der zu schwerwiegenden systematischen Problemen führt.

Ist die bilanzsteuerliche Behandlung der Sachverhalte eines Veranlagungszeitraums mit Hilfe der genannten Normgruppen geklärt (Stufe I in Abbildung 3), so ist die-

---

[26] In einem nicht veröffentlichten Vorbescheid des BFH werden die reinen Steuerbilanznormen allerdings in die Nähe von - auch handelsrechtlich verbindlichen - Gob gerückt (vgl. die Anmerkung von HERZIG, Umweltschutz, DB 1993, Heft 28, S. I).

[27] So auch BLÜMICH/STUHRMANN 1993, EStG § 15 Anm. 327; G. SÖFFING in L/S/B 1993, EStG § 15 Anm. 344. Zu einer Darstellung der im Schrifttum vertretenen Auffassungen hinsichtlich der einschlägigen gesetzlichen Normen (genannt werden neben § 15 Abs. 1 Satz 1 Nr. 2 EStG auch § 4 Abs. 1 EStG unmittelbar, § 4 Abs. 1 i.V.m. § 5 EStG unmittelbar, §§ 4, 5 EStG mittelbar und § 15 Abs. 1 Satz 1 Nr. 2 EStG unmittelbar) vgl. AUTENRIETH, Sonderbetriebsvermögen, DStZ 1992, S. 276. Zur diesbezüglich diffusen Haltung der höchstrichterlichen Rechtsprechung siehe ebenda.

[28] Vgl. hierzu BIERGANS, Einkommensteuer, 1992, S. 8 ff. Als weiteres Beispiel sei die Aktivierung von Schadensersatzrenten genannt. Nach der Rechtsprechung kommt eine Aktivierung nur insoweit in Frage, als der Anspruch den entgangenen Gewinn des jeweiligen Geschäftsjahres betrifft, da sonst der Zustand nicht wiederhergestellt werden könnte, der bestehen würde, wenn der zum Schadensersatz verpflichtende Umstand nicht eingetreten wäre (siehe die Nachweise bei JANSEN in H/H/R 1993, EStG § 5 Anm. 1399a). Es sind dies offensichtlich Erwägungen, die ihre Grundlage nicht im Bilanzrecht haben, da weder die handelsrechtlichen GoB noch die §§ 4, 5 EStG eine solche Auslegung zulassen.

[29] So aber BEISSE, Bilanzrecht, StuW 1984, S. 5.

ses Ergebnis aus ertragsteuerlicher Sicht nur insoweit von Bedeutung, als es mit Hilfe des eingangs beschriebenen Betriebsvermögensvergleichs einen steuerlichen Gewinn oder Verlust zur Folge hat (Stufe II). Dieser wird durch nicht abziehbare Betriebsausgaben sowie steuerfreie Einnahmen - die diesbezüglichen Normen sind z.T. Steuerbilanzrecht, z.T. übriges Steuerrecht[30] - modifiziert; das Ergebnis ist der steuerpflichtige Gewinn (Stufe III)[31], der bei einkommensteuerpflichtigen Subjekten im Rahmen der jeweiligen (Gewinn-) Einkunftsart in die Einkommensteuerveranlagung eingeht.

§ 2 : Die Aufgabe der Betriebswirtschaftslehre (Betriebswirtschaftlichen Steuerlehre) bei der Ermittlung des steuerlichen Reinvermögenszuwachses

I. Systematik

A. Grundeinstellungen der Betriebswirtschaftslehre zum Bilanzrecht

Das Bilanzrecht wird von der Literatur wegen der dort angewandten wirtschaftlichen Betrachtungsweise[32] im "Grenzgebiet zwischen Jurisprudenz und Betriebswirtschaftslehre"[33] angesiedelt[34]. Gegenüber diesem Spannungsverhältnis sind aus Sicht der Betriebswirtschaftslehre nach BEISSE grundsätzlich drei Einstellungen denkbar (siehe auch Abbildung 4)[35]:

---

30 Zum Steuerbilanzrecht zählt insbesondere § 4 Abs. 5 EStG. Als zum übrigen Steuerrecht zählende Vorschrift ist etwa § 3c EStG zu nennen. Auch zwischenstaatliche Abkommen können - über § 2 AO - die Rechtsgrundlage solcher Modifikationen sein; beispielhaft sei die häufig vereinbarte Steuerfreiheit von Betriebstättengewinnen erwähnt.

31 Siehe auch die Staffelrechnung bei BIERGANS, Einkommensteuer, 1992, S. 169.

32 Siehe dazu unten, Punkt II.A, S. 24 ff.

33 MOXTER, Rechtsprechung, 1982, S. 1; ähnlich GLADE, Erkenntnisse, FR 1975, S. 468.

34 Siehe auch oben, 1. Teil, 1. Kapitel, Punkt I, S. 1 f.

35 Vgl. zu den folgenden Ausführungen BEISSE, Bilanzrecht, StuW 1984, S. 11.

Abbildung 4

Betriebswirtschaftslehre und Bilanzrecht

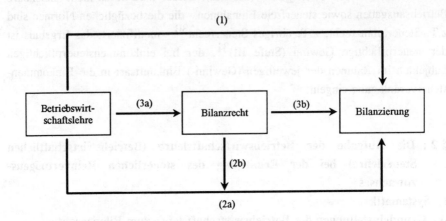

Die reine (absolute) betriebswirtschaftliche Theorie[36] ignoriert die Bedingungen des jeweils geltenden Bilanzrechts. Das Ziel ist die Entwicklung von Modellen und Systemen von zeitloser und rechtsunabhängiger Richtigkeit. Diese Richtung wird durch den Pfeil mit der Nummer 1 angedeutet, der das (das rechtliche Normensystem andeutende) mittlere Rechteck unbeachtet läßt.

Die Pfeile mit der Nummer 2 sollen die zweite mögliche Einstellung der Betriebswirtschaftslehre gegenüber dem Bilanzrecht verdeutlichen. Die sog. "ökonomische Analyse des Bilanzrechts"[37] nimmt das Rechtliche als Datum, um auf dieser Basis betriebswirtschaftlich fundierte Bilanzierungsempfehlungen zu geben[38]. Der aus dem linken Kästchen stammende Pfeil (2a) berührt die mittlere Figur mithin nicht; allerdings sind die aus dieser herrührenden Einflüsse (2b) zu berücksichtigen.

Die dritte Richtung schließlich will gezielt auf Auslegung und Fortbildung bilanzrechtlicher Normen Einfluß ausüben. Durch Mitwirkung bei Gesetzesvorhaben und durch Kritik am geltenden Recht (Vorschläge de lege ferenda) sowie durch

---

36 Siehe dazu insbesondere MOXTER, Grundfragen, 1957, S. 46-49, 54-59.

37 Siehe etwa F.-W. WAGNER, Steuerbilanz, 1983, S. 44-47; WÖHE, Wertfreiheit, 1983, S. 5-20.

38 Die ökonomische Analyse des Bilanzrechts im Sinne von D. SCHNEIDER (siehe D. SCHNEIDER, Deduktion, StuW 1983, S. 141-160) will dagegen wohl betriebswirtschaftliche Lehrmeinungen als solche unmittelbar in die Rechtsfindung hineintragen und läßt sich mithin nicht in das dargestellte System integrieren, da sie eine Vermengung der zweiten mit der dritten Position darstellt (BEISSE, Bilanzrecht, StuW 1984, S. 11).

Einwirkung auf die Rechtsprechung zur Forcierung einer richterlichen Rechtsfort-bildung (Vorschläge de lege lata) sollen betriebswirtschaftliche Erkenntnisse in das Bilanzrecht Eingang finden. Der unmittelbare "Angriffspunkt" der Betriebs-wirtschaftslehre ist daher das Bilanzrecht (Pfeil 3a), das betriebswirtschaftlich un-termauerte rechtliche Bilanzierungsvorschriften schaffen soll (Pfeil 3b).

B. Die Hauptaufgabengebiete der Betriebswirtschaftlichen Steuerlehre und das Bilanzsteuerrecht

Die Teildisziplin der Allgemeinen Betriebswirtschaftslehre, die sich mit der "Schnittmenge" von Betriebswirtschaftslehre und Steuerrecht (einschließlich Bi-lanzsteuerrecht) befaßt, ist die Betriebswirtschaftliche Steuerlehre[39]. Allgemein werden ihr drei Betätigungsfelder zuerkannt[40]:

(1) Die *Betriebswirtschaftliche Steuerwirkungslehre*[41] beschäftigt sich mit der Gesamtheit der elementaren Steuerwirkungen[42], die aus einer bestimmten Disposition entstehen können. Ihre Aufgabe besteht darin, "... allen in Be-tracht kommenden Aktionen, durch die betriebswirtschaftliche Sachverhalte gesetzt oder verändert werden, die entsprechenden dispositionsbezogenen Steuerwirkungen zuzuordnen"[43]. Dabei sind die dispositionsbezogenen Steu-erwirkungen zum einen von der Realisation eines bestimmten Sachverhalts, zum anderen von dessen steuerrechtlicher Wertung abhängig[44]. Die so er-mittelten Steuerrechtsfolgen sind zu quantifizieren und deren zwangsläufig be-stehenden Ungewißheitsrahmen möglichst exakt Rechnung zu tragen.

(2) Die *Betriebswirtschaftliche Steuerplanungslehre*[45] transformiert die von der Betriebswirtschaftlichen Steuerwirkungslehre erarbeiteten Ursache-Wirkungs-

---

39 ROSE, Steuerlehre, 1992, S. 25.

40 ROSE, Steuerlehre, 1992, S. 16-20. Von WÖHE wird die Untersuchung des Einflusses der Besteuerung auf das betriebliche Rechnungswesen als vierte Aufgabe der Betriebswirt-schaftlichen Steuerlehre angesehen (WÖHE, Steuerlehre I/1, 1988, S. 28).

41 Siehe hierzu insbesondere ROSE, Steuerwirkungslehre, 1982, S. 221-245.

42 Die elementaren Steuerwirkungen bestehen aus Liquiditäts-, Vermögens- und Organisa-tionswirkungen (ROSE, Steuerlehre, 1992, S. 15 f.).

43 ROSE, Steuerlehre, 1992, S. 17.

44 Zur Systematisierung des steuerrechtlichen Wertungsbereichs in Beurteilungs-, Options- und Formalbereich siehe ROSE, Steuerlehre, 1992, S. 17.

45 Zum Begriff der Steuerplanung siehe auch ROSE, Steuerplanung, HWPlan 1989, Sp. 1866-1876.

Beziehungen in Ziel-Mittel-Relationen: Ist eine bestimmte Steuerwirkung das Ergebnis einer bestimmten Disposition, so läßt sich im Umkehrschluß generell die Aussage gewinnen, daß zur Erreichung dieser Steuerwirkung jene Disposition getroffen werden sollte. Von der Betriebswirtschaftlichen Steuerwirkungslehre unterscheidet sich die Betriebswirtschaftliche Steuerplanungslehre jedoch nicht nur in der Blickrichtung; zusätzlich ist zu beachten, daß ggf. eine Reihe unterschiedlicher Dispositionen gleiche Steuerkonsequenzen haben können. Überdies ist eine steuerbezügliche Zielfunktion zu formulieren.

(3) Die Aufgabe der *wertend-normativen Betriebswirtschaftlichen Steuerlehre* liegt in der Wahrnehmung rechtsorientierter Gestaltungsaufgaben, etwa in Form von Steuerrechtsänderungsempfehlungen oder Stellungnahmen zu Steuerrechtsänderungsprojekten, soweit betriebliche Sachverhalte betroffen sind. Dabei wird das Ziel verfolgt, "... der Legislative, Judikative oder Exekutive betriebswirtschaftliche Erkenntnisse bzw. betriebswirtschaftliches Instrumentarium zu einer (zweck-) gerechten Ausgestaltung des Steuerrechts nutzbar zu machen"[46].

Beschäftigt sich die Betriebswirtschaftliche Steuerlehre mit bilanzsteuerlichen Fragestellungen, so gilt nach Ansicht des Verfassers auch hier die beschriebene Dreiteilung[47]:

(1) Steht am Anfang der Überlegungen eine unternehmerische Maßnahme (bspw. der Erwerb einer Maschine), deren steuerbilanzielle Konsequenzen zu diskutieren sind, so ist diese Aufgabe der *Betriebswirtschaftlichen Steuerwirkungslehre* zuzuordnen[48]. Dabei wird die Untersuchung häufig bereits auf der ersten Stufe, d.h. zu dem Zeitpunkt abgebrochen, in dem die Frage des Ansatzes und der Bewertung des Bilanzierungsobjekts geklärt ist. Zusätzlich können jedoch die sich daraus ergebenden Konsequenzen für den Steuerbilanzgewinn (Stufe II) bzw. steuerpflichtigen Gewinn (Stufe III) von Interesse sein[49]. Da bilanzrechtliche Normen, wie alle gesetzlichen Vorschriften, regelmäßig auslegungsbedürftig sind, ist jedoch zuvor eine Beurteilung

---

46   ROSE, Steuerlehre, 1992, S. 19 f.

47   Siehe aber WÖHE, Steuerlehre I/1, 1988, S. 28.

48   Eine unternehmerische Maßnahme ist allerdings keine notwendige Voraussetzung zur Analyse von Steuerwirkungen; führt bspw. die Verschärfung des Umweltrechts zu einer Dekontaminationspflicht des Steuerpflichtigen hinsichtlich seines Fabrikgrundstücks, so sind in erster Linie exogene Faktoren ursächlich für eine entsprechende Bilanzierungsmaßnahme (hier: Rückstellungsbildung).

49   Zu der genannten Stufenbildung siehe oben, § 1, Punkt II, S. 14 ff.

vorzunehmen, wie ein bestimmter Sachverhalt (bilanz)rechtlich zu würdigen ist. Darüber hinaus sind die rechnungspolitischen Wahlrechte des Optionsbereichs zu berücksichtigen[50].

(2) Aufbauend auf den Erkenntnissen der Betriebswirtschaftlichen Steuerwirkungslehre kann die *Betriebswirtschaftliche Steuerplanungslehre* dem Steuerpflichtigen Handlungsanweisungen an die Hand geben. Hier ist in erster Linie das weite Feld der Bilanzpolitik zu nennen[51]. So gibt die Betriebswirtschaftliche Steuerplanungslehre zur Erreichung eines bestimmten Ziels, etwa der Steuerbarwertminimierung, Ratschläge hinsichtlich der Sachverhaltsgestaltung oder der Ausnutzung rechnungspolitischer Wahlrechte. Dabei kann häufig ein Alternativenbündel vorgeschlagen werden.

(3) Wird die *wertend-normative Betriebswirtschaftliche Steuerlehre* im Bereich des Bilanzsteuerrechts tätig, so besteht ihre Aufgabe v.a. darin, dem Gesetzgeber betriebswirtschaftliche Erkenntnisse zur Ermittlung des "wahren", "vollen" Gewinns zu vermitteln. Insofern können die von der Betriebswirtschaftslehre entwickelten Bilanztheorien dem Gesetzgeber Anstöße geben[52]. Aber auch im Detail sind Aktivitäten der Betriebswirtschaftslehre denkbar. Beispielhaft sei die Wahl der Abschreibungsmethode genannt: Wird dem Werteverzehr eines bestimmten Wirtschaftsguts aus betriebswirtschaftlicher Sicht am ehesten durch die (in der Steuerbilanz nicht zulässige) progressive Abschreibungsmethode Rechnung getragen, so ist es eine legitime Aufgabe der Betriebswirtschaftslehre, dem Gesetzgeber eine entsprechende Änderung des § 7 EStG anheim zu stellen. Im weiteren Sinne kann sogar jede Auslegung von Bilanzrechtsnormen unter das Aufgabengebiet der wertend-normativen Betriebswirtschaftlichen Steuerlehre subsumiert werden, da hiermit regelmäßig - bewußt oder unbewußt - Anregungen an die Organe der Gesetzgebung, der Rechtsprechung und der Finanzverwaltung verbunden sind[53]. Die

---

50   Zur Abhängigkeit des Steuerzugriffs von der Realisation des Sachverhalts einerseits und der steuerrechtlichen Wertung des Sachverhalts andererseits vgl. ROSE, Steuerlehre, 1992, S. 5-11, 17.

51   Siehe hierzu J. BAUER, Rechnungspolitik, 1981; PFLEGER, Bilanzpolitik, 1988; WÖHE, Bilanzpolitik, 1992.

52   So hat die höchstrichterliche Rechtsprechung zeitweise angenommen, die dynamische Bilanzlehre SCHMALENBACHS (siehe dazu SCHMALENBACH, Bilanz, 1962) treffe den Zweck der Gewinnermittlung (siehe etwa BFH VI 317/63 U vom 29.1.1965, BStBl III 1965, S. 181). Diese Auffassung ist jedoch revidiert worden (zum Verhältnis des BFH zu den betriebswirtschaftlichen Bilanztheorien siehe GROH, Bilanztheorie, StbJb 1979/80, S. 121-139; zu den diesbezüglichen Auswirkungen des Bilanzrichtliniengesetzes siehe DERS., Wende, BB 1989, S. 1588).

53   ROSE, Steuerlehre, 1992, S. 20.

Übergänge zur Betriebswirtschaftlichen Steuerwirkungslehre, die im Wertungsbereich ebenfalls mit Auslegungsproblemen konfrontiert ist, sind mithin in dieser Hinsicht fließend.

C. Kompatibilitäten und Inkompatibilitäten von Grundeinstellungen der Betriebswirtschaftslehre und Hauptaufgabengebieten der Betriebswirtschaftlichen Steuerlehre

In den Fällen, in denen sich die Betriebswirtschaftliche Steuerlehre mit bilanzsteuerrechtlichen Fragestellungen beschäftigt, ist zu prüfen, inwieweit die in Punkt A dargestellten Grundeinstellungen der Betriebswirtschaftslehre zum Bilanzrecht mit den in Punkt B erläuterten Hauptaufgabengebieten der Betriebswirtschaftlichen Steuerlehre kompatibel sind. Als Erklärungshilfe dient Abbildung 5[54]:

Abbildung 5

Betriebswirtschaftslehre und Betriebswirtschaftliche Steuerlehre - Kompatibilität von Grundeinstellungen und Hauptaufgabengebieten

Hauptaufgabengebiete / Grundeinstellungen			Betriebswirtschaftliche Steuerwirkungslehre	Betriebswirtschaftliche Steuerplanungslehre	Wertendnormative Betriebswirtschaftliche Steuerlehre
Bilanzrecht ist unbeachtlich			nicht kompatibel	nicht kompatibel	nicht kompatibel
Bilanzrecht ist beachtlich	Bilanzrecht ist nicht gestaltbar		(kompatibel)	kompatibel	nicht kompatibel
	Bilanzrecht ist gestaltbar	Auslegung de lege lata	kompatibel	kompatibel	kompatibel
		Fortbildung de lege ferenda	(kompatibel)	(kompatibel)	kompatibel

---

54   Auf die Einkästelung wird unten eingegangen werden (siehe Punkt III, S. 30, Fn. 95).

Die Matrix in Abbildung 5 zeigt zeilenweise die Grundeinstellungen der Betriebswirtschaftslehre gegenüber dem Bilanzrecht, die Hauptaufgabengebiete der Betriebswirtschaftlichen Steuerlehre sind spaltenweise abgebildet. Es ist erkennbar,
daß keines der drei Hauptaufgabengebiete mit der Annahme eines "rechtsfreien
Raums" vereinbar ist: Eine Steuerlehre ohne Steuer, ohne ein (steuer-) rechtliches
Normengefüge ist nicht denkbar und kann mithin vernachlässigt werden.

Wird die Existenz steuerlicher Vorschriften berücksichtigt und nicht nur der Ge-
setzesbefehl, sondern auch dessen Auslegung durch Gerichte und Verwaltung als
Datum akzeptiert, so ist diese Grundeinstellung per definitionem nicht mit dem
Grundanliegen der wertend-normativen Betriebswirtschaftlichen Steuerlehre vereinbar. Dagegen liegen die Voraussetzungen sowohl einer Betriebswirtschaftlichen
Steuerwirkungslehre als auch einer Betriebswirtschaftlichen Steuerplanungslehre
vor. Die größte Übereinstimmung ist dabei mit der Betriebswirtschaftlichen Steuerplanungslehre festzustellen, da bei dieser die Auslegung von Rechtsnormen regelmäßig in den Hintergrund tritt, während im Rahmen der Betriebswirtschaftlichen Steuerwirkungslehre der Wertungsbereich einen wesentlichen Bestandteil
darstellt. Die entsprechenden Felder in Abbildung 5 sind daher fett beschrieben,
während die nicht völlig kompatiblen Kombinationen einfach gedruckt und zudem
eingeklammert sind.

Die wertend-normative Betriebswirtschaftliche Steuerlehre ist in erster Linie dann
angesprochen, wenn eine Rechtsfortbildung de lege ferenda bezweckt wird. Da
dann allerdings auch eine Auseinandersetzung mit den aus ihren Empfehlungen resultierenden Steuerrechtswirkungen notwendig ist, ergibt sich als Folgewirkung
notwendigerweise eine - allerdings abgeschwächte - Kompatibilität mit der Betriebswirtschaftlichen Steuerwirkungslehre. Auch eine darauf aufbauende Steuerplanungslehre wäre theoretisch denkbar. In einer weiteren Abgrenzung fällt eine
Rechtsauslegung de lege lata ebenfalls in den Aufgabenbereich der wertend-normativen Betriebswirtschaftlichen Steuerlehre. Auf die insoweit bestehenden
Abgrenzungsprobleme zur Betriebswirtschaftlichen Steuerwirkungslehre wurde
bereits hingewiesen[55].

---

55   Siehe oben, Punkt B, S. 19 f.

II. Die Aufgabe der Betriebswirtschaftslehre bei der Lösung bilanzsteuerrechtlicher Probleme

A. Die Bedeutung betriebswirtschaftlicher Erkenntnisse im Bilanzsteuerrecht im allgemeinen

Die Betriebswirtschaftslehre ist die Lehre vom Wirtschaften in Betrieben[56]. Wirtschaften ist dabei als Vorbereiten, Durchführen und Kontrollieren von Entscheidungen zu verstehen, die sich auf ökonomische Aspekte beziehen[57]. Zu den Aufgaben der Betriebswirtschaftslehre zählt es folglich auch, "alle im Betrieb auftretenden Geld- und Leistungsströme, die vor allem - aber nicht ausschließlich - durch den Prozeß der betrieblichen Leistungserstellung und -verwertung (betrieblicher Umsatzprozeß) hervorgerufen werden, mengen- und wertmäßig zu erfassen und zu überwachen"[58]. Das so definierte betriebliche Rechnungswesen dient der Unternehmensleitung als Informationsinstrument für unternehmerische Entscheidungen. Die Betriebswirtschaftslehre hat sich daher bereits seit langem bemüht, die Anforderungen an solche (internen) Rechnungen zu präzisieren. Ein Ergebnis stellen die betriebswirtschaftlichen Bilanztheorien dar. Insofern sind Bilanzierungsprobleme originär betriebswirtschaftliche Probleme. Allerdings ist die "Bilanz im Rechtssinne"[59] (d.h. Handels- und Steuerbilanz) nicht das Resultat einer bestimmten Bilanztheorie; sie ist keine betriebswirtschaftliche Bilanz[60]. Betriebswirtschaftliche Erkenntnisse können daher nicht unmittelbar auf sie übertragen werden. Diese Beurteilung trifft insbesondere für die Handelsbilanz zu, da diese ein Bündel von Zielen verfolgt, die zum Teil von denen der betriebswirtschaftlichen Bilanz abweichen. Dagegen steht die Steuerbilanz den betriebswirtschaftlichen Bilanzen näher. Mit beiden Rechenwerken wird der "wahre", "volle"[61], betriebswirtschaftlich angemessene[62] Gewinn ermittelt, der (aus steuerlicher Sicht) die wirtschaftliche Leistungsfähigkeit korrekt widerspiegeln soll[63].

---

56 Zum Gegenstand der Betriebswirtschaftslehre vgl. RAFFEE, Gegenstand, Vahlens Kompendium der BWL 1993, v.a. S. 8-10.

57 WÖHE, Einführung, 1990, S. 1 f.

58 WÖHE, Einführung, 1990, S. 955.

59 Siehe hierzu DÖLLERER, Gedanken, JbFSt 1979/80, S. 195-205.

60 Der BFH hat diese Aussage plakativ so formuliert: "Die Bilanz im Rechtssinne ist keine Kostenrechnung" (BFH I R 195/72 vom 17.7.1974, BStBl II 1974, S. 684). Siehe dazu auch DÖLLERER, Gedanken, JbFSt 1979/80, S. 195-205.

61 BFH GrS 2/68 vom 3.2.1969, BStBl II 1969, S. 291; siehe auch BEISSE, Bilanzrecht, StuW 1984, S. 4.

62 G. WÖRNER, Steuerbilanz, 1987, S. 75.

63 JACOBS, Ertragsteuerbilanz, 1971, S. 115; siehe auch BEISSE, Bilanzrecht, StuW 1984, S. 4; MOXTER, Bilanzsteuerrecht, StuW 1983, S. 301; DERS., Gewinnermittlung, 1982, S. 230; PFEIFFER, Bilanzfähigkeit, StuW 1984, S. 328. Wie bereits erwähnt, wird die

Selbstverständlich bedeutet diese prinzipielle Zielharmonie noch keine Einigkeit hinsichtlich der zutreffenden steuerlichen Bemessungsgrundlage bzw. Gewinnermittlungsmethode[64]. Es ist vielmehr völlig unstreitig, daß die Steuerbilanz bereits aufgrund ihrer Konzeption als eine auf Einzelvermögenswerten beruhende Reinvermögenszugangsrechnung nicht den ökonomisch "richtigen" Gewinn ermitteln kann[65]. Die Ursache hierfür ist in erster Linie in den GoB zu sehen, die als rechtliches Korsett eine Deformation des ökonomischen Gewinns bewirken[66].

Das skizzierte Spannungsverhältnis zwischen dem für betriebswirtschaftlich richtig Gehaltenen und dem bilanzsteuerrechtlich Zulässigen wird in der Literatur als Gegensatz der betriebswirtschaftlichen gegenüber der rechtlichen Betrachtungsweise apostrophiert[67]. Ein Beispiel für die bestehenden Auffassungsunterschiede stellt die Eliminierung von Geldwertschwankungen dar, die einerseits betriebswirtschaftlich anerkannt, andererseits in der Steuerbilanz aufgrund des Nominalwertprinzips nicht zulässig ist[68].

Zur Lösung dieses Konflikts wird es im Rahmen dieser Arbeit als Aufgabe der Betriebswirtschaftslehre angesehen, innerhalb der herrschenden rechtlichen Rahmenbedingungen die verbleibenden Freiräume zu nutzen und betriebswirtschaftliche Erkenntnisse bei der Frage des Ansatzes und der Bewertung in der Steuerbilanz einzubringen, wohl wissend, daß niemals der betriebswirtschaftlich "richtige" Gewinn ermittelt werden kann. Die Beachtung betriebswirtschaftlicher Erkenntnisse in dem hier verstandenen Sinne ist damit verwandt mit der vielzi-

---

Steuerbilanz jedoch in zunehmendem Maße als Instrument staatlicher Wirtschaftspolitik eingesetzt; betriebswirtschaftliche Gesichtspunkte werden dabei häufig (bewußt) außer Kraft gesetzt. Die bereits vor über 25 Jahren getroffene Feststellung, der Gesetzgeber sei "offensichtlich zur Zeit nicht geneigt, sich auf dem Steuergebiet entscheidend an außerpolitischen und damit auch an betriebswirtschaftlichen Grundsätzen auszurichten" (ROSE, Steuerpraxis, FR 1966, S. 469), ist insoweit immer noch aktuell.

64 F.-W. WAGNER, Steuerbilanz, 1983, S. 42; siehe auch PFEIFFER, Bilanzfähigkeit, StuW 1984, S. 328.

65 Der zumindest von der Zielsetzung einer allokationsneutralen Besteuerung her ökonomisch "richtige" Gewinn wäre die "Differenz zwischen den auf zwei aufeinanderfolgende Zeitpunkte diskontierten Barwerten zukünftiger Einnahmenüberschüsse" (F.-W. WAGNER, Steuerbilanz, 1983, S. 47). Es ist offensichtlich, daß die Steuerbilanz zur Ermittlung dieser Größe vollständig ungeeignet ist. Zum Verhältnis von betriebswirtschaftlichem und steuerrechtlichem Gewinnbegriff siehe auch WÖHE, Steuerlehre I/2, 1992, S. 11-14.

66 BEISSE spricht von einer "Transformation" durch den "Filter" GoB (BEISSE, Bilanzrecht, StuW 1984, S. 13).

67 BEISSE, Bilanzrecht, StuW 1984, S. 13; DERS., Handelsbilanzrecht, BB 1980, S. 644; DÖLLERER, Gedanken, JbFSt 1979/80, S. 203.

68 BEISSE, Bilanzrecht, StuW 1984, S. 13. Vgl. aus betriebswirtschaftlicher Sicht insbesondere das Konzept der "organischen Tageswertbilanz" bei F. SCHMIDT, Tageswertbilanz, 1951.

tierten "wirtschaftlichen Betrachtungsweise"[69], von der das Steuerrecht[70], insbesondere aber das Bilanzsteuerrecht dominiert wird, wie die Rechtsprechung stets betont hat[71]. Dabei wird der Begriff in doppelter Bedeutung verwendet[72].

Zum einen wird die wirtschaftliche Betrachtungsweise als Form der teleologischen Methode der Rechtsfindung gleichgesetzt. In diesem Sinne ist sie eine juristische Methode, nämlich eine Anwendungsform der teleologischen Richtung der Rechtswissenschaft und -praxis. Sie wird daher nicht als Gegensatz zur, sondern als Ausprägung der rechtlichen Betrachtungsweise interpretiert und bildet den Gegensatz zu einer rechtsformalistischen Betrachtung[73]. Zwischen rechtlicher und wirtschaftlicher Betrachtungsweise existiert insoweit kein Unterschied. Die wirtschaftliche Betrachtungsweise in diesem Sinne ist keine Domäne der Betriebswirtschaftslehre. Es ist nicht ersichtlich, in welcher Form die Betriebswirtschaftslehre hier Hilfestellung geben kann[74].

---

69 Sie wird in der Literatur scharf von der "betriebswirtschaftlichen Betrachtungsweise" abgegrenzt (vgl. BEISSE, Betrachtungsweise, StuW 1981, S. 1-14, v.a. S. 3 f.; DERS., Bilanzrecht, StuW 1984, S. 13 f.; DERS., Handelsbilanzrecht, BB 1980, S. 643 f.; DÖLLERER, Gedanken, JbFSt 1979/80, S. 203 f.; MELLWIG, Bilanzrechtsprechung, BB 1983, S. 1613-1615). Umfassend und kritisch zur sog. wirtschaftlichen Betrachtungsweise STÜDEMANN, Betrachtungsweise, FR 1984, S. 545-556; URBAS, Betrachtungsweise, 1987.

70 GROH, Betätigung, StuW 1989, S. 229 f. Dies gilt jedoch auch für andere Rechtsgebiete wie etwa das Kartellrecht (BEISSE, Betrachtungsweise, StuW 1981, S. 6 f.; GROH, Bilanztheorie, StbJb 1979/80, S. 125).

71 Siehe etwa BFH I R 15/68 vom 24.6.1969, BStBl II 1969, S. 581. Zu diesem Grundsatz und dessen historischer Entwicklung vgl. URBAS, Betrachtungsweise, 1987, S. 114-154. Zur wirtschaftlichen Betrachtungsweise in der Rechtsprechung des BFH vgl. ROSE, Betrachtungsweise, FR 1968, S. 433-437.

72 BEISSE, Betrachtungsweise, StuW 1981, S. 1 f.; DERS., Bilanzrecht, StuW 1984, S. 11-13; DÖLLERER, Gedanken, JbFSt 1979/80, S. 201-205; MELLWIG, Bilanzrechtsprechung, BB 1983, S. 1613.

73 BEISSE, Bilanzrecht, StuW 1984, S. 12. Die "wirtschaftliche Betrachtungsweise bleibt in diesem Sinne der rechtlichen Betrachtungsweise untergeordnet" (MOXTER, Bilanzsteuerrecht, StuW 1983, S. 300) bzw. "betrifft in erster Linie ein Auslegungsproblem" (URBAS, Betrachtungsweise, 1987, S. 155).

74 So auch BEISSE, Bilanzrecht, StuW 1984, S. 12. A.A. wohl GLADE, der bspw. aus den seiner Ansicht nach wirklichkeitsfremden Anforderungen des BFH an die Ordnungsmäßigkeit der Buchführung auf eine mangelnde Berücksichtigung betriebswirtschaftlicher Erkenntnisse schließt (GLADE, Erkenntnisse, FR 1975, S. 469). Es ist jedoch nicht erkennbar, welche "betriebswirtschaftlichen Erkenntnisse" notwendig sind, um festzustellen, daß der Verlust einer Eingangsrechnung (aufgrund der zu erwartenden Mahnung durch den Rechnungsaussteller) für die Ordnungsmäßigkeit der Buchführung nicht von ausschlaggebender Bedeutung ist (so das Beispiel von GLADE, ebenda). Realitätssinn und Praxisnähe mögen bei Ökonomen besonders häufig anzutreffen sein; ein diesbezügliches Monopol der Betriebswirtschaftslehre gibt es jedoch nicht.

Nach einer anderen Interpretation bedeutet "wirtschaftliche Betrachtungsweise", daß im (Bilanz-) Steuerrecht enthaltene Termini (z.B. der Begriff "Wirtschaftsgut") zwecks Rechtsanwendung wirtschaftlich zu deuten und tatsächliche Vorgänge nach ihrem wirtschaftlichen Inhalt zu würdigen sind, bspw. ein Bilanzansatz daraufhin zu prüfen ist, ob dem Steuerpflichtigen wirtschaftliche Vorteile oder Lasten zugerechnet werden können[75]. Nur die Zugrundelegung der letztgenannten Auffassung kann einen Hinweis auf die Bedeutung der Betriebswirtschaftslehre für die Lösung bilanzsteuerlicher Fragen geben. Sie erscheint jedoch zu eng. Im folgenden soll daher der Frage nachgegangen werden, in welcher Weise diese Interpretation für die Bilanzierung des Finanzvermögens konkretisiert bzw. erweitert werden kann.

B. Die Bedeutung betriebswirtschaftlicher Erkenntnisse für die steuerliche Bilanzierung des Finanzvermögens im besonderen

Im Hinblick auf die steuerliche Bilanzierung des Finanzvermögens besteht vom Grundsatz her kein Unterschied zu anderen Bilanzierungsobjekten. Da bilanzsteuerliche Probleme zum Aufgabengebiet der Ökonomie im allgemeinen bzw. der Betriebswirtschaftlichen Steuerlehre im besonderen zählen[76], ist mithin auch eine Zuständigkeit für die hier zu untersuchenden Fragestellungen zu bejahen. Zusätzlich sind jedoch Besonderheiten zu beachten, die nachdrücklich für eine Bearbeitung des Themas durch die Betriebswirtschaftslehre sprechen.

Der betriebswirtschaftliche Charakter der Problemstellungen in der vorliegenden Arbeit zeigt sich zunächst in ihrem Untersuchungsgegenstand. Wie bereits oben[77] erwähnt, handelt es sich beim Finanzvermögen nicht um eine juristische (handelsrechtliche, steuerrechtliche) Vermögenskategorie. Die ihre Bestandteile verbindenden Elemente sind nicht dem Gesetz zu entnehmen, sondern wirtschaftlicher Natur. Die Abgrenzung der Thematik ist ausschließlich betriebswirtschaftlich legitimiert. Entsprechendes gilt für die im zweiten Teil der Arbeit vorzunehmende Strukturierung und Systematisierung, die zwar rechtliche Abgrenzungskriterien in die Überlegungen einbezieht, im Kern jedoch das Resultat einer ökonomischen Analyse ist. Die aus der Disaggregation entstehenden Gütergruppen werden dann

---

75 Siehe etwa BFH GrS 2/68 vom 3.2.1969, BStBl II 1969, S. 293; BFH IV R 201/74 vom 9.2.1978, BStBl II 1978, S. 370. Vgl. auch die angeführten Beispiele in MOXTER, Betrachtungsweise, StuW 1989, S. 237-240, sowie die kurzgefaßte BFH-Sichtweise bei ROSE, Betrachtungsweise, FR 1968, S. 434.

76 Siehe oben, 1. Kapitel, § 1, Punkt I, S. 1 f.

77 Siehe 1. Kapitel, Punkt I, S. 2 f.

in einem zweiten Schritt gedanklich noch einmal disaggregiert, wobei auch insoweit betriebswirtschaftliche Aspekte dominieren. Die aus diesen Überlegungen gewonnenen Erkenntnisse können dann im bilanzrechtlichen Teil der Arbeit verwertet werden, indem sie eine zweckentsprechende Struktur und Sichtweise der zu behandelnden Bilanzierungsprobleme vorzeichnen.

Des weiteren wird im Rahmen der bilanzrechtlichen Diskussion in vielen Fällen auch unmittelbar auf die zuvor gewonnenen Ergebnisse zurückgegriffen. Im Hinblick auf den Ansatz dem Grunde nach gilt dies in erster Linie für die Bestimmung der Wirtschaftsguteigenschaft in sachlicher und zeitlicher Hinsicht. Die betriebswirtschaftlichen Vorüberlegungen können jedoch auch für die Frage der subjektiven Zurechnung sowie der Zugehörigkeit zum Betriebsvermögen nutzbar gemacht werden. Eine besondere Rolle spielen betriebswirtschaftliche Erkenntnisse für die Bewertung, insbesondere für die Ermittlung des steuerlichen Teilwerts[78]. Zum einen sind Bewertungsfragen ganz allgemein als typisch betriebswirtschaftliche Problemstellungen zu charakterisieren[79]. Insbesondere gilt dies für das Finanzvermögen: Wer, wenn nicht der Betriebswirt, könnte, losgelöst von technischen Details und damit unabhängig von fachkundigen Sachverständigen (wie etwa bei der Bewertung von Sachanlagen), den Wert einer Obligation oder Aktie bestimmen[80]? Darüber hinaus sind betriebswirtschaftliche Methoden anwendbar[81]: Mit welchen Hilfsmitteln, wenn nicht mit diesen - zu nennen sind hier insbesondere die Kapital- und Erwartungswertbildung - könnte diese Wertermittlung vonstatten gehen[82]?

Aus den vorstehenden Überlegungen, die durch die weitere Vorgehensweise im Verlauf der Arbeit verdeutlicht werden, ist ersichtlich, daß der Betriebswirtschaftslehre bei Fragen der Bilanzierung des Finanzvermögens eine überragende Bedeutung zukommt. Dies wird auch darin deutlich, daß die Erkenntnisse einer Reihe wirtschaftswissenschaftlicher Teildisziplinen berücksichtigt werden[83], so

---

78 Siehe auch bereits ROSE, Steuerpraxis, FR 1966, S. 467.

79 STÜTZEL, Wert, HWB 1976, Sp. 4424 f.; vgl. auch die Darstellung in GROSSFELD, Anteilsbewertung, 1987, S. 6 f.

80 Insoweit ist auch in der Literatur die Bedeutung der Betriebswirtschaftslehre völlig unstreitig (vgl. BEISSE, Handelsbilanzrecht, BB 1980, S. 644; MELLWIG, Bilanzrechtsprechung, BB 1983, S. 1614). Zum Erfordernis der Berücksichtigung außerrechtlicher Erkenntnisse bei der Rechtsfindung im allgemeinen vgl. URBAS, Betrachtungsweise, 1987, S. 43-45.

81 Zur grundsätzlichen Anwendbarkeit betriebswirtschaftlicher Methoden auf dem Gebiet der Betriebswirtschaftlichen Steuerlehre vgl. ROSE, Steuerlehre, 1992, S. 27-30.

82 So insbesondere im 3. Kapitel des zweiten Teils.

83 Die nachfolgenden Verweise beziehen sich stets auf den zweiten Teil der Arbeit.

der Finanzierungstheorie[84], der Investitionstheorie[85], der Kostentheorie[86], der Entscheidungstheorie[87], der Preistheorie[88], der Markttheorie[89], der Theorie der Unternehmensbewertung[90] sowie der Wertpapieranalyse[91]. Damit gibt es nach Ansicht des Verfassers im Bilanz(steuer)recht keine andere Vermögenskategorie und generell wohl nur wenige steuerliche Probleme, die in einem solchen Umfang den Rückgriff auf die Betriebswirtschaftslehre notwendig werden lassen bzw. erlauben.

III. Einordnung des Themas

Bei der Abgrenzung des Untersuchungsgegenstands wurde bereits deutlich gemacht, daß es nicht Ziel der Arbeit ist, dem Bilanzierenden Gestaltungsempfehlungen - insbesondere zur Ausübung von rechnungspolitischen Wahlrechten - an die Hand zu geben[92]. Mithin steht nicht eine angenommene (erwünschte) Steuerwirkung, die mit Hilfe einer zu bestimmenden Handlung erzielt werden soll, sondern eine betriebliche Disposition (der Erwerb von Finanzvermögen) bzw. das Ergebnis einer solchen Handlung am Anfang der Überlegungen. Im Hinblick auf die in Abbildung 3[93] dargestellte Stufenbildung stehen dabei in erster Linie die unmittelbaren Bilanzierungsfolgen der Stufe I zur Diskussion. Dagegen werden Aussagen hinsichtlich der Auswirkungen der Bilanzierungsmaßnahmen auf den Gewinn (Stufe II) vernachlässigt. Zumindest kursorisch soll jedoch auf die Ausnahmefälle hingewiesen werden, in denen eine gewinnbeeinflussende Maßnahme ausnahmsweise nicht zu einer entsprechenden Modifikation des steuerpflichtigen Gewinns - auf Stufe III - führt.

Mit der Untersuchung ist eine - betriebswirtschaftlich fundierte - Diskussion der Steuerrechtsfolgen des Erwerbs von Finanzvermögen bezweckt. Obwohl eine an Einzelwerten orientierte bilanzsteuerliche Gewinnermittlung aus den oben

---

84 Siehe insbesondere 1. Kapitel, § 1.

85 Siehe insbesondere 1. Kapitel, § 1.

86 Siehe insbesondere 1. Kapitel, § 2.

87 Siehe insbesondere 3. Kapitel, § 1, Punkt II.

88 Siehe insbesondere 3. Kapitel, § 1, Punkt III.

89 Siehe insbesondere 2. Kapitel, § 2, Punkt III.

90 Siehe insbesondere 3. Kapitel, § 3, Punkt II.B.

91 Siehe insbesondere 3. Kapitel, § 1 und § 2.

92 Siehe oben, 1. Kapitel, § 1, Punkt II, S. 4 f.

93 Siehe oben, S. 15.

genannten Gründen betriebswirtschaftlich nicht überzeugen kann, wird keine Fortentwicklung des geltenden Bilanzrechts angestrebt. Vielmehr bleibt der Verfasser innerhalb des geltenden Rechtssystems. Da dieses jedoch unbestimmt und demzufolge auszulegen ist, wird insoweit "juristische Arbeit im eigentlichen Sinne"[94] geleistet, so daß die Untersuchung in die dritte der von BEISSE vorgestellten Grundeinstellungen der Betriebswirtschaftslehre zum Bilanzrecht einzuordnen ist.

Im Hinblick auf das Aufgabengebiet der Betriebswirtschaftlichen Steuerlehre ist in erster Linie die Betriebswirtschaftliche Steuerwirkungslehre angesprochen[95]. Zwar ist auch eine Affinität zur wertend-normativen Betriebswirtschaftlichen Steuerlehre vorhanden, da die Auslegung von Steuerrechtsnormen stets auch eine Anregungsfunktion erfüllt. Jedoch steht diese nicht im Vordergrund. Die hier erarbeiteten Ergebnisse sollen vielmehr primär als Entscheidungshilfe für den Bilanzierenden dienen, auf deren Grundlage dann auch eine gestaltende Beratung möglich ist. Norminterpretationen bergen allerdings stets ein Unsicherheitselement in sich[96]. Folglich ist es für den Steuerpflichtigen nicht gleichgültig zu wissen, ob eine bestimmte - hier: die vom Verfasser vertretene - Norminterpretation von der Rechtsprechung, der Finanzverwaltung bzw. der Fachliteratur geteilt wird oder nicht. Mithin wird großer Wert darauf gelegt, anderslautende Auffassungen zu Wort kommen zu lassen, aber auch Bestätigungen der eigenen Meinung anzuführen.

---

94 BEISSE, Bilanzrecht, StuW 1984, S. 11. Wenn die herrschende Rechtslage beachtet wird, so ist dies nicht als Kompetenzüberschreitung der Betriebswirtschaftslehre anzusehen. Zu Recht bemerkt MELLWIG, daß sich auch der Betriebswirt vor dem Hintergrund seines Faches zu Bilanzierungsfragen äußern wird, ohne dabei den rechtlichen Rahmen zu vernachlässigen, so wie ein Jurist sich mit gleichen Fragen befaßt, ohne wirtschaftliche Aspekte zu übersehen: "Wenn der Bundesfinanzhof für sich eine wirtschaftliche Betrachtungsweise beansprucht, sich eine wirtschaftliche Problemwürdigung zutraut, so sollte er der Betriebswirtschaftslehre Entsprechendes zugestehen" (MELLWIG, Bilanzrechtsprechung, BB 1983, S. 1615).

95 Die Einordnung des Themas in das Schema der Abbildung 5 ist durch eine Einkästelung kenntlich gemacht (siehe oben, S. 22).

96 ROSE, Steuerlehre, 1992, S. 12 f.

3. Kapitel : Gang der Untersuchung

Die vorliegende Arbeit besteht aus zwei Hauptteilen, die von einer Einführung, zu der auch dieses Kapitel zählt, und von einigen abschließenden Bemerkungen im 4. Teil eingerahmt werden.

Der erste Hauptteil (= *zweiter Teil* der Arbeit) ist rein betriebswirtschaftlicher Natur. Im ersten Kapitel wird einführend eine Abgrenzung und Charakterisierung des Finanzvermögens auf der Grundlage finanzierungs-, investitions- und kostentheoretischer Erkenntnisse vorgenommen. Das sich anschließende zweite Kapitel ist der Entwicklung von Beurteilungsmerkmalen gewidmet, die eine Systematisierung des Finanzvermögens ermöglichen und Anhaltspunkte für dessen Bilanzierung geben sollen. Auf der Grundlage dieser Ergebnisse wird im dritten Kapitel dann das Problem der betriebswirtschaftlichen Bewertung und Bepreisung der Bestandteile des Finanzvermögens angesprochen. Nach einigen grundsätzlichen Überlegungen zur Wert- und Preisermittlung steht die Bewertung verschiedener Typen von Bestandteilen des Finanzvermögens im Mittelpunkt der Überlegungen. Sie werden ergänzt durch eine Darstellung der wesentlichsten Möglichkeiten zur Verringerung der dabei zu berücksichtigenden Risiken. Abschließend wird auf denkbare Abweichungsursachen eingegangen, die zwischen ausgewählten Bewertungsparametern bestehen können.

Aufbauend auf der im zweiten Teil gelegten ökonomischen Basis, beschäftigt sich der *dritte* Teil der Arbeit konkret mit der steuerbilanziellen Behandlung des Finanzvermögens. Nach der Logik der Bilanzierungsentscheidung werden im ersten Kapitel zunächst Ansatzfragen erörtert. Ausgehend von den allgemeinen Aktivierungsgrundsätzen steht die Wirtschaftsguteigenschaft der Bestandteile des Finanzvermögens, daran anschließend stehen Fragen der subjektiven Zurechnung sowie der Zugehörigkeit zum Betriebsvermögen zur Diskussion. Das zweite Kapitel beschäftigt sich in einem Grundlagen-Abschnitt mit der Konkretisierung des Bewertungs- bzw. Bepreisungsobjekts sowie der Bestimmung und Auswahl der in Frage kommenden Bewertungs- bzw. Bepreisungsmaßstäbe. Ein Ergebnis dieser Vorüberlegungen besteht darin, daß für die Bewertung (Bepreisung) im wesentlichen nur die Wertmaßstäbe Anschaffungskosten und Teilwert in Frage kommen. Mit Hilfe der im zweiten Teil der Arbeit erörterten Systematisierungskriterien werden daher nachfolgend die Anschaffungskosten und der Teilwert der Bestandteile des Finanzvermögens bestimmt.

2. TEIL : DAS FINANZVERMÖGEN
AUS BETRIEBSWIRTSCHAFTLICHER SICHT

1. Kapitel : Betriebswirtschaftliche Abgrenzung und Charakterisierung des Finanzvermögens

§ 1 : Das Finanzvermögen aus finanzwirtschaftlicher Sicht

I. Die finanzielle Sphäre als Betätigungsfeld der betrieblichen Finanzwirtschaft

Im Mittelpunkt der Tätigkeit von Unternehmungen steht die Erstellung von Gütern und Dienstleistungen für den Markt. Die damit verbundenen Aktivitäten umfassen die Beschaffung von Produktionsfaktoren, die eigentliche Leistungserstellung (die Produktion) sowie die Leistungsverwertung (den Absatz)[1]. Sie stellen den Kern der Unternehmenstätigkeit dar und werden mit dem Begriff "güterwirtschaftlicher Bereich"[2] gekennzeichnet.

Der Betriebsprozeß kann jedoch nur dann ablaufen, wenn finanzielle Mittel zur Beschaffung der Faktoreinsatzgüter zur Verfügung stehen und durch den Absatz der erstellten Leistung vom Markt wieder zurückgewonnen werden: Der güterwirtschaftliche Prozeßablauf muß finanziert werden[3]. Somit steht dem güterwirtschaftlichen Bereich die "finanzielle Sphäre"[4] der Unternehmung gegenüber.

Die finanzielle Sphäre hat einerseits einen vollständig anderen Charakter als der güterwirtschaftliche Bereich, da er zu diesem nicht in dem Funktionszusammenhang steht, der die drei güterwirtschaftlichen Teilbereiche miteinander verknüpft[5]. Auch sind die Untersuchungsobjekte unterschiedlich: Während für den Leistungsbereich Güterströme charakteristisch sind, umfaßt der Finanzbereich Vorgänge, die ihren Niederschlag in Einzahlungen und Auszahlungen finden[6]. Andererseits sind Leistungs- und Finanzsphäre eng miteinander verzahnt, da die

---

1 GUTENBERG, Finanzen, 1980, S. 1.

2 GUTENBERG, Finanzen, 1980, S. 1; ein Synonym ist der Terminus "Leistungsbereich" (H. HAX, Finanzierung, Vahlens Kompendium der BWL 1993, S. 399).

3 WÖHE/BILSTEIN, Unternehmensfinanzierung, 1991, S. 1.

4 GUTENBERG, Finanzen, 1980, S. 1; bedeutungsgleich ist der Ausdruck "Finanzbereich" (H. HAX, Finanzierung, Vahlens Kompendium der BWL 1993, S. 399).

5 GUTENBERG, Finanzen, 1980, S. 1.

6 WÖHE/BILSTEIN, Unternehmensfinanzierung, 1991, S. 1.

Beschaffung von Produktionsfaktoren Auszahlungen zur Folge hat und der Leistungsabsatz Einzahlungen auslöst[7].

Die finanzielle Sphäre ist das Aufgabenfeld der betrieblichen Finanzwirtschaft. Ihre primäre Aufgabe besteht darin, dafür Sorge zu tragen, daß der verfügbare Finanzmittelbestand einer Unternehmung (= Zahlungsmittelbestand + Einnahmenzuflüsse) zu keinem Zeitpunkt das Volumen der zwingend fälligen Ausgaben unterschreitet[8]. Darüber hinaus hat die betriebliche Finanzwirtschaft die Finanzmittelbeschaffung entsprechend der Fristigkeiten der beabsichtigten Finanzmittelbindungen sowie Finanzmittelverwendungen in Real-, insbesondere aber Nominalgüter sicherzustellen[9].

II. Nominalgüter als Objekte der betrieblichen Finanzwirtschaft

Die finanzielle Sphäre einer Unternehmung ist dadurch gekennzeichnet, daß ausschließlich Nominalgüter Gegenstand von Entscheidungen sind, während in der güterwirtschaftlichen Sphäre (körperliche und unkörperliche) Realgüter als Entscheidungsobjekte an ihre Stelle treten[10]. Eine Systematisierung der Güterarten zeigt Abbildung 6[11]:

---

7   GUTENBERG, Unternehmung, 1929, S. 56.

8   EILENBERGER, Finanzwirtschaft, 1991, S. 9. Bei einem Verstoß gegen diese Forderung ist das Unternehmen illiquide; Illiquidität stellt bei Personenunternehmen und Kapitalgesellschaften einen Konkursgrund dar (vgl. § 102 KO).

9   EILENBERGER, Finanzwirtschaft, 1991, S. 9. Ein weiteres (hier nicht interessierendes) Betätigungsfeld (neben der Finanzmittelbeschaffung und -verwendung) ist die schnelle und rationelle Abwicklung des Zahlungsverkehrs; zusätzliche Problemstellungen ergeben sich, wenn das Unternehmen grenzüberschreitend und in fremden Währungen tätig ist (EILENBERGER, a.a.O., S. 9 f.).

10 EILENBERGER, Finanzwirtschaft, 1991, S. 3.

11 KOSIOL, Einführung, 1968, S. 138; ähnlich CHMIELEWICZ, Wirtschaftsgut, ZfbF 1969, S. 86 f. Zu einer abweichenden Strukturierung vgl. STÜDEMANN, Betriebswirtschaftslehre, 1990, Rn. 737-751. Unter Gütern werden hier ausschließlich (knappe) wirtschaftliche Güter verstanden (zum Gutsbegriff vgl. insbesondere STÜDEMANN, a.a.O., Rn. 374-444); nach der Terminologie STÜDEMANNS stellen Nominalgüter allerdings keine wirtschaftlichen Güter im eigentlichen Sinne, sondern lediglich "nominelle Repräsentanten" von wirtschaftlichen Gütern dar (ebenda, Rn. 397).

Abbildung 6

Gütersystematisierung

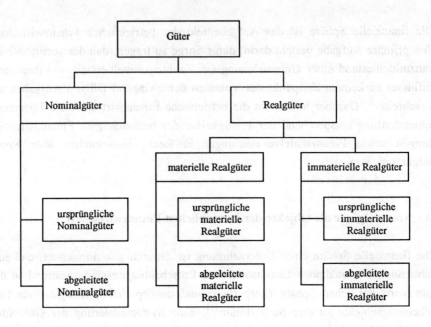

Nominalgüter sind durch einen in Geld ausgedrückten Nennwert (Geldbetrag) gekennzeichnet[12]. Sie stellen entweder selbst Geld dar (ursprüngliche Nominalgüter) oder sind Ansprüche auf Geld (abgeleitete Nominalgüter)[13]. Zu der Kategorie der ursprünglichen Nominalgüter wird zweckmäßigerweise neben dem Bargeld (Münzen und Banknoten) auch das Buchgeld (Giralgeld) gerechnet[14]. Abgeleitete Nominalgüter können auch als Ansprüche auf ursprüngliche Nominalgüter (Bargeld und Buchgeld) definiert werden. Ihnen stehen stets Verpflichtungen anderer Wirtschaftssubjekte gegenüber[15].

---

12 KOSIOL, Einführung, 1968, S. 136.

13 EILENBERGER, Finanzwirtschaft, 1991, S. 3; KOSIOL, Einführung, 1968, S. 136; ausführlich und umfassend hierzu STÜDEMANN, Nominalrepräsentanten, 1976, S. 257-280.

14 KOSIOL, Buchhaltung, 1977, S. 138; DERS., Einführung, 1968, S. 136. Aus volkswirtschaftlicher Sicht bilden die ursprünglichen Nominalgüter damit die Geldmenge M 1 (siehe etwa DEUTSCHE BUNDESBANK, Aufgaben, 1989, S. 86). EILENBERGER zählt das Buchgeld jedoch zu den abgeleiteten Gütern (EILENBERGER, Finanzwirtschaft, 1991, S. 2).

15 KOSIOL, Einführung, 1968, S. 137.

Realgüter sind die Objekte des betrieblichen Transformationsprozesses und können in materielle Güter einerseits und immaterielle Güter andererseits unterteilt werden[16]. Sie treten gleichfalls sowohl als ursprüngliche als auch als abgeleitete Güter auf: Im ersten Fall handelt es sich um die (materiellen oder immateriellen) Objekte an sich (z.B. Gebäude, Maschinen, Patente); in der zweiten Kategorie werden hingegen Ansprüche auf ursprüngliche (Real-) Güter erfaßt[17].

Die Zuordnung von Vermögenswerten zu den Real- oder Nominalgütern bereitet im allgemeinen keine Schwierigkeiten. Ein Problem stellt jedoch die zutreffende Charakterisierung von Anteilen an Bruchteilsgemeinschaften dar. Aus juristischer Sicht ist der Anteil an einer Bruchteilsgemeinschaft gleichzusetzen mit dem (Mit-) Eigentum an den Vermögenswerten der Gemeinschaft[18]. Erwirbt bspw. die Bruchteilsgemeinschaft "A und B" ein Grundstück, so besitzt jeder Gemeinschafter einen (ideellen) Anteil dieser Immobilie. Einen selbständigen "Anteil" an einer Bruchteilsgemeinschaft (analog zum Anteil an einer Gesamthandsgemeinschaft[19]) gibt es nicht. Er stellt vielmehr einen (An-) Teil des Gemeinschaftsvermögens dar und ist folglich in dem angeführten Beispiel dem Realvermögen zuzuordnen.

Während mithin die Rechtswissenschaft "Anteile" an Bruchteilsgemeinschaften einerseits und Anteile an Gesamthandsgemeinschaften andererseits unterschiedlich beurteilt[20], erscheint diese Differenzierung bei wirtschaftlicher Betrachtungsweise in manchen Fällen unbefriedigend. Dies gilt insbesondere für Anteile an offenen Investmentfonds, die juristisch Miteigentumsanteile an dem betreffenden Sondervermögen darstellen[21]. Bei dieser Sichtweise wären bspw. Anteile an einem offe-

---

16   EILENBERGER, Finanzwirtschaft, 1991, S. 3; KOSIOL, Einführung, 1968, S. 136.

17   EILENBERGER, Finanzwirtschaft, 1991, S. 3; KOSIOL, Einführung, 1968, S. 136 f.; ein Beispiel für ein abgeleitetes Realgut ist die geleistete Anzahlung auf eine Maschine.

18   Siehe bspw. FLUME, Personengesellschaft, 1977, S. 113; KÜBLER, Gesellschaftsrecht, 1990, S. 28.

19   Anteile an Gesamthandsgemeinschaften werden eindeutig dem Nominalvermögen zugerechnet (siehe nur EILENBERGER, Finanzwirtschaft, 1991, S. 4).

20   Die Unterschiede werden in der juristischen Literatur unterschiedlich akzentuiert. Wie hier FLUME, Personengesellschaft, 1977, S. 110-124; zur Darstellung des Meinungsstands siehe ebenda.

21   BECKMANN in INVESTMENTHANDBUCH 1993, KAGG § 6 Rn. 2. Der Anleger ist nicht an der Kapitalanlagegesellschaft selbst, sondern an einem Sondervermögen beteiligt, das die Gesellschaft von ihrem eigenen getrennt zu halten hat und in Wertpapiere ("Wertpapierfonds"), Beteiligungen und Wertpapieren ("Beteiligungsfonds") oder Immobilien ("Immobilienfonds") investiert ist (vgl. §§ 8-37 KAGG).

nen Immobilienfonds (zumindest zum Teil[22]) dem Real- und nicht dem Nominalvermögen zuzuordnen und würden damit behandelt wie das Miteigentum des A an
dem zusammen mit B erworbenen Grundstück in oben angeführtem Beispiel.

Wirtschaftlich gesehen bestehen jedoch zwischen den beiden genannten Bruchteilsgemeinschaften gravierende Unterschiede: Insbesondere wird sich der Miteigentü-
mer A als Grundbesitzer und nicht als Anteilsinhaber verstehen. Er selbst wird das
betreffende Grundstück mitbebauen, mitbewohnen oder mitvermieten. Seine Beziehung zu der (mit-) erworbenen Immobilie ist unmittelbar. Sie wird durch die
"Zwischenschaltung" der Bruchteilsgemeinschaft "A und B" nicht oder bestenfalls
geringfügig unterbrochen. Im Gegensatz dazu versteht sich der Inhaber eines Anteils an einem offenen Immobilienfonds nicht als Bauherr, sondern als Kapitalanleger. Dies wird daran deutlich, daß er hinsichtlich der Auswahl, Unterhaltung,
Vermietung usw. der Grundstücke des Sondervermögens keinen Einfluß nehmen
kann und im Regelfall auch nicht will. Der Anteil an einem Sondervermögen ist
mithin - wirtschaftlich gesehen - am ehesten mit nicht stimmberechtigten Anteilen
an einer Gesellschaft zu vergleichen, die mit dem ihr anvertrauten Geld Immobilien (oder Wertpapiere, Beteiligungen etc.) erwirbt und ihre Gesellschafter an dem
Erfolg ihrer Geschäftstätigkeit via Gewinnausschüttungen partizipieren läßt[23].

Folgt man der hier vertretenen wirtschaftlichen Betrachtungsweise, so sind Investmentzertifikate der Gruppe der Nominalgüter zuzuordnen, während die
"Anteile" an der genannten Bruchteilsgemeinschaft "A und B" als Realvermögen
zu qualifizieren sind. In der Realität sind neben diesen beiden Extremfällen eine
Vielzahl von Zwischenformen denkbar, wobei die Verselbständigung des jeweiligen "Anteils" und damit die Zugehörigkeit zum Nominalvermögen umso eher zu
bejahen ist, je größer die Distanz zwischen dem Investor und den Vermögenswerten der Bruchteilsgemeinschaft ist. Im weiteren Verlauf der Arbeit sollen jedoch
aus Praktikabilitätsüberlegungen heraus ausschließlich die klar abgegrenzten, unter
das Gesetz über Kapitalanlagegesellschaften fallenden Investmentzertifikate unter
das Nominalvermögen subsumiert werden[24]. Alle anderen Formen des Bruchteils-

---

22 Aus Liquiditätsgründen ist die Kapitalanlagegesellschaft verpflichtet, von jedem Grund-
    stücks-Sondervermögen einen Betrag, der mindestens 50 % des Wertes des Sondervermö-
    gens entspricht, in leicht liquidierbarem Finanzvermögen zu unterhalten (§ 35 KAGG).

23 Diese "gesellschaftsrechtliche Lösung" wurde in der Bundesrepublik nur deshalb nicht ge-
    wählt, weil das Aktienkapital einer solchen "Kapitalanlagegesellschaft", bedingt durch die
    Konzeption von - dem KAGG zugrundeliegenden - open-end fonds (siehe hierzu
    LAUX/OHL, Immobilienfonds, 1988, S. 20), variabel sein müßte; dies ist in der
    Bundesrepublik (im Gegensatz etwa zu den USA) jedoch nicht erlaubt (BECKMANN in
    INVESTMENTHANDBUCH 1993, KAGG § 6 Rn. 2; LAUX/OHL, a.a.O.).

24 Ähnlich BÖCKING, Zero-Bonds, ZfbF 1986, S. 952.

eigentums werden dagegen nicht als selbständige Vermögenswerte, sondern lediglich als anteiliges Vermögen der Kategorie gezählt, zu welchem die im gemeinsamen Eigentum befindlichen Gegenstände gehören; sie sind für die weiteren Überlegungen mithin nicht von Interesse.

III. Das Finanzvermögen als Summe von Finanzierungstiteln
A. Finanzierungstitel im engeren Sinne

Das Finanzvermögen ist i.d.R. - je nach Sichtweise - das Ergebnis einer Außenfinanzierungsmaßnahme[25] bzw. einer Finanzinvestition[26]. Dabei führt die Durchführung einer Außenfinanzierungsmaßnahme dazu, daß dem Unternehmen von externen Dritten Finanzmittel zur Verfügung gestellt werden. Aus Sicht des Kapitalgebers stellt sich der gleiche Vorgang als Finanzinvestition dar. Als Ergebnis dieser Finanzinvestition entstehen bei ihm abgeleitete Nominalgüter.

Als Gegenleistung für die Überlassung von Finanzmitteln erhält der Kapitalgeber ein Bündel von Rechten, mit denen in gewissen Fällen auch Pflichten verbunden sind[27]. So erhält der Kreditgeber mit Auszahlung der Darlehenssumme normalerweise das Recht auf Zins- und Tilgungszahlungen, stehen einem Aktionär ein Anspruch auf Dividende und Liquidationserlös sowie Bezugs- und (i.d.R.) Mitspracherechte zu. Werden Investmentzertifikate in wirtschaftlicher Betrachtungsweise als Anteile an der betreffenden Kapitalanlagegesellschaft interpretiert[28], so verschaffen diese ihrem Inhaber einen Anspruch auf einen Teil des Anlageerfolgs der Gesellschaft bzw. des jeweiligen Sondervermögens.

---

25   Der Begriff "Finanzierung" ist schillernd und wird in der Literatur unterschiedlich definiert (vgl. KÖHLER, Finanzierungsbegriff, ZfB 1969, S. 435-456; D. SCHNEIDER, Investition, 1992, S. 7-13; VORMBAUM, Finanzierung, 1990, S. 24-30). Hier soll darunter allgemein "die Summe der Tätigkeiten [bezeichnet werden], die darauf gerichtet sind, den Betrieb in dem entsprechenden Umfang mit Geld und anderen Vermögensteilen auszustatten, der zur Realisation der betrieblichen Ziele erforderlich ist" (GROCHLA, Finanzierung, HWF 1976, Sp. 414; Klammerausdruck vom Verfasser). Zur Differenzierung nach Innen- und Außenfinanzierungsmaßnahmen vgl. nur WÖHE/BILSTEIN, Unternehmensfinanzierung, 1991, S. 12-19.

26   Der Investitionsbegriff ist ähnlich umstritten wie der Finanzierungsbegriff (vgl. HEINEN, Investition, BFuP 1957, S. 16-31 und 85-98; KRUSCHWITZ, Investitionsrechnung, 1993, S. 3 f.; D. SCHNEIDER, Investition, 1992, S. 7-13). Zur Differenzierung nach Real- und Finanzinvestitionen vgl. KERN, Investitionsrechnung, 1976, S. 12 f.; PERRIDON/STEINER, Finanzwirtschaft, 1993, S. 27.

27   H. HAX, Finanzierung, Vahlens Kompendium der BWL 1993, S. 407; siehe auch FRANKE/HAX, Finanzwirtschaft, 1990, S. 332 f.

28   Siehe oben, Punkt II, S. 35 ff.

Diese dem Kapitalgeber zustehende Gesamtheit von Rechten (und Pflichten) wird in der Finanzierungstheorie als "Finanzierungstitel" bezeichnet[29]. Der Kapitalgeber gilt dabei als "Titelinhaber", das kapitalnehmende Unternehmen als "Titelemittent"[30]. Dabei wird in der Literatur stets implizit davon ausgegangen, daß nur Unternehmen als Emittenten von Finanzierungstiteln in Frage kommen[31]. In dem hier interessierenden Zusammenhang erscheint es jedoch zweckmäßig, auch Privatpersonen in den Kreis der potentiellen Titelemittenten aufzunehmen. Die "Außenfinanzierungsmaßnahme" einer Privatperson besteht dann bspw. in der Inanspruchnahme eines Zahlungsziels beim Erwerb von Konsumgütern.

Die beschriebene zahlungsorientierte Sichtweise des Titelerwerbs (Erwerb des Finanzierungstitels gegen Geldzahlung) läßt sich auch dann aufrechterhalten, wenn ein Geldfluß nicht stattfindet. In diesen Fällen kann der an sich einheitliche Vorgang gedanklich in zwei Schritte zerlegt werden[32]: Leistet bspw. ein Gesellschafter eine Sacheinlage, so läßt sich diese Transaktion zur Veranschaulichung in eine Geldanlage des Gesellschafters und einen gleichzeitig erfolgenden Kauf des Vermögenswertes durch das Unternehmen aufspalten. Verkauft eine Unternehmung Waren auf Ziel, so entsteht der Finanzierungstitel "Forderung" (aus Lieferungen und Leistungen) gegenüber dem Abnehmer: Obwohl keine Geldbewegung stattgefunden hat, läßt sich der Forderungserwerb finanzwirtschaftlich interpretieren, wenn er als Barverkauf mit anschließender Kreditgewährung verstanden wird. Ähnliche Überlegungen gelten für die Kapitalerhöhung aus Gesellschaftsmitteln, bei der den Aktionären durch Umwandlung von offenen Rücklagen in (i.d.R.) stimmberechtigtes Kapital sog. "Gratisaktien" zugeteilt werden[33]. Auch diese Transaktion läßt sich monetär darstellen, indem sie in eine Gewinnausschüttung mit anschließender Kapitalerhöhung gegen Einlage ("Schütt aus-Hol zurück-Verfahren") aufgesplittet wird.

Die für das Wesen eines Finanzierungstitels konstitutive Bedeutung der Entstehung von Nominalvermögen beim Kapitalgeber bringt es mit sich, daß nicht jede Außenfinanzierungsmaßnahme des Emittenten die Entstehung von Finanzierungstiteln zur Folge hat. Diese Feststellung gilt für einige Fälle der externen Finanzierung,

---

29   H. HAX, Finanzierung, Vahlens Kompendium der BWL 1993, S. 407; siehe auch EILEN-
      BERGER, Finanzwirtschaft, 1991, S. 9; FRANKE/HAX, Finanzwirtschaft, 1990, S. 332.

30   FRANKE/HAX, Finanzwirtschaft, 1990, S. 333.

31   So ist bspw. bei H. HAX stets vom "Erwerb eines Finanzierungstitels der Unternehmung"
      die Rede (H. HAX, Finanzierung, Vahlens Kompendium der BWL 1993, S. 407).

32   FRANKE/HAX, Finanzwirtschaft, 1990, S. 11; H. HAX, Finanzierung, Vahlens Kom-
      pendium der BWL 1993, S. 401.

33   §§ 207-220 AktG.

die EILENBERGER[34] neben der Kredit- und Beteiligungsfinanzierung als dritte Gruppe mit "Andere Formen der Außenfinanzierung" umschreibt. Dazu zählt er die Subventionsfinanzierung, die Finanzierung durch Anzahlungen sowie das Leasing als kapitalsubstitutive Finanzierungsform[35]. Während der Subventionsanspruch als Finanzierungstitel im weiteren Sinne zu qualifizieren ist[36], führen die zwei letztgenannten Finanzierungsformen auf Seiten des "Kapitalgebers" nicht zur Entstehung von Nominalgütern und damit auch nicht zur Generierung von Finanzierungstiteln. So stellen geleistete Anzahlungen Ansprüche auf Güter oder Leistungen dar und sind mithin dem (abgeleiteten) Realvermögen zuzuordnen. Beim Leasing findet keine unmittelbare Finanzmittelzuführung in Form von Nominalgütern von außerhalb der Unternehmung statt. Die Beschaffung der benötigten Menge an Nominalgütern wird vielmehr substituiert durch die direkte Anschaffung des Realguts von einem Dritten, der die eigentliche Finanzierung der Investition vornimmt[37].

B. Finanzierungstitel im weiteren Sinne

Aus finanzierungstheoretischer Sicht ist die Gegenleistung des Titelerwerbers von konstitutiver Bedeutung für die Entstehung eines Finanzierungstitels. In dem hier interessierenden Zusammenhang ist es jedoch notwendig, zusätzlich aus einseitigen Vermögenszugängen entstehende Ansprüche (im folgenden als "Finanzierungstitel im weiteren Sinne" bezeichnet) in die Überlegungen einzubeziehen: Sie entstehen ohne Gegenleistung (z.B. ein Schadensersatz- oder Subventionsanspruch), durch Kürzung früherer Verpflichtungen (z.B. ein Steuererstattungsanspruch) oder durch Aufhebung früherer Vermögensabgänge (z.B. das Aufleben einer bereits verloren geglaubten Forderung)[38]. In diesen Fällen liegt weder eine Finanzinvestitionsmaßnahme des Titelerwerbers noch eine Außenfinanzierungsmaßnahme des Titelemittenten vor. Da der aus einem einseitigen Vermögenszugang resultierende Anspruch jedoch unzweifelhaft als Nominalgut zu

---

34 EILENBERGER, Finanzwirtschaft, 1991, S. 180 und 215-219.

35 Die Reichweite des Finanzierungsbegriffs wird in der Literatur jedoch unterschiedlich weit gefaßt; einige Autoren nennen nur einen Teil der genannten Sonderformen (i.d.R. das Leasing), andere beziehen zusätzliche Finanzierungsfazilitäten mit ein (siehe etwa VORM-BAUM, Finanzierung, 1990, S. 361 f. und S. 373-392; WÖHE/BILSTEIN, Unternehmensfinanzierung, 1991, S. 191 ff., 213 ff.).

36 Siehe unten, Punkt B.

37 EILENBERGER, Finanzwirtschaft, 1991, S. 217.

38 Vgl. hierzu SCHÄFER, Forderungen, 1977, S. 16. Die Unterscheidung zwischen Finanzierungstiteln im engeren und im weiteren Sinne entspricht damit in etwa der zivilrechtlichen Differenzierung zwischen vertraglichen und gesetzlichen Schuldverhältnissen.

qualifizieren ist und sich hinsichtlich seiner betriebswirtschaftlichen Eigenschaften - läßt man die Entstehungsursache außer Betracht - nicht prinzipiell von den Finanzierungstiteln im engeren Sinne unterscheidet, sind sie im Rahmen dieser Arbeit ebenfalls zu berücksichtigen.

§ 2 : Das Finanzvermögen aus kostentheoretischer Sicht
I. Die Vermögenskategorien in der Theorie der Kostenrechnung

Die Kostenrechnung dient der unternehmensinternen Abbildung von Güterverzehrs- und Gütererstellungsprozessen und ist ein Hilfsmittel der Unternehmensführung zur zielentsprechenden Abbildung, Gestaltung und Kontrolle des Faktorkombinationsprozesses[39].

Aus der Kostendefinition als "bewerteter sachzielbezogener Güterverzehr einer Periode"[40] läßt sich schlußfolgern, daß sich die Kostenrechnung i.d.R. mit Stromgrößen beschäftigt. Bestandsgrößen, wie etwa das Finanzvermögen, sind aus kostentheoretischer Sicht nur selten von Bedeutung. Eine wesentliche Ausnahme ist die Ermittlung der Kapitalkosten.

Nahezu alle Unternehmungen setzen zur Realisation ihres unternehmerischen Sachziels Vermögenswerte ein (z.B. Maschinen, Gebäude, Vorräte). Die Summe dieser Vermögenswerte wird als betriebsnotwendiges[41] bzw. sachzielnotwendiges[42] Vermögen bezeichnet. Die Summe der nicht unmittelbar dem unternehmerischen Sachziel dienenden Vermögenswerte stellt dann das betriebsfremde bzw. sachzielfremde Vermögen dar.

Das zum Erwerb des Vermögens erforderliche Kapital wird der Unternehmung durch Eigner und Gläubiger zur Verfügung gestellt. Diese erhalten eine Nutzungsgebühr für die Kapitalüberlassung, die als Zins bezeichnet wird. Wie sich bereits aus der Kostendefinition ergibt, stellen die zu zahlenden Zinsen bei der kapitalaufnehmenden Unternehmung jedoch nur insoweit Kostenbestandteile dar, als das Ka-

---

39   KLOOCK/SIEBEN/SCHILDBACH, Leistungsrechnung, 1991, S. 13.

40   KLOOCK/SIEBEN/SCHILDBACH, Leistungsrechnung, 1991, S. 26.

41   So die übliche Terminologie (siehe etwa MELLEROWICZ, Kosten, 1973, S. 423).

42   So die Terminologie von KLOOCK/SIEBEN/SCHILDBACH (Leistungsrechnung, 1991, S. 101); der Begriff "sachzielnotwendig" erscheint treffender, da der enge Bezug zur eigentlichen Leistungserstellung des Unternehmens besser ersichtlich wird.

pital zur Finanzierung des sachzielnotwendigen Vermögens verwendet wurde[43]. Dadurch soll sichergestellt werden, daß die Kostenrechnung nicht mit der Verzinsung von Kapitalbeträgen belastet wird, die für nicht sachzielnotwendige Engagements aufgebracht und eingesetzt wurden[44].

Regelmäßig ist jedoch der Umfang des sachzielnotwendigen Kapitals nicht bekannt, da eine Finanzierungsmaßnahme grundsätzlich nicht einem bestimmten Vermögenswert zugeordnet werden kann[45]. Als Hilfsgröße zum sachzielnotwendigen Kapital wird daher das sachzielnotwendige Vermögen errechnet[46]. Aus Vereinfachungsgründen wird es i.d.R. aus der Handelsbilanz[47] ermittelt, indem vom (um das sogenannte Abzugskapital modifizierten) Bruttovermögen das sachzielfremde Vermögen subtrahiert wird[48].

II. Das Finanzvermögen als sachzielnotwendiges oder sachzielfremdes Vermögen

Die Frage, zu welcher kostentheoretischen Vermögenskategorie (sachzielnotwendiges oder sachzielfremdes Vermögen) das Finanzvermögen zu rechnen ist, läßt sich nicht allgemein beantworten.

Zunächst ist die Zuordnungsentscheidung vom Sachziel der Unternehmung abhängig. Es ist unmittelbar einsichtig, daß die Qualifikation bei Bankunternehmungen grundsätzlich anders als bei Industriebetrieben vorzunehmen ist.

Bleiben, wie hier, die Besonderheiten von Finanzinstitutionen außer Betracht, so ist in der Literatur unstreitig, daß die Forderungen aus Lieferungen und Leistungen sachzielnotwendig sind[49]. Gleiches gilt im übrigen für die zu den ursprüngli-

---

43 KLOOCK/SIEBEN/SCHILDBACH, Leistungsrechnung, 1991, S. 101.

44 HUMMEL/MÄNNEL, Kostenrechnung, 1986, S. 80.

45 JOA, Zinsen, DB 1963, S. 667; KLOOCK/SIEBEN/SCHILDBACH, Leistungsrechnung, 1991, S. 101.

46 KLOOCK/SIEBEN/SCHILDBACH, Leistungsrechnung, 1991, S. 101 f.

47 KLOOCK/SIEBEN/SCHILDBACH, Leistungsrechnung, 1991, S. 101 f.; MELLERO-WICZ, Kosten, 1973, S. 425; allerdings läßt sich aus der Handelsbilanz das "korrekte" Vermögen grundsätzlich weder dem Grunde noch der Höhe nach ableiten (ebenda).

48 KLOOCK/SIEBEN/SCHILDBACH, Leistungsrechnung, 1991, S. 102 f. Zum Abzugskapital vgl. auch EBISCH/GOTTSCHALK 1977, LSP Nr. 44 Anm. 3; JOA, Zinsen, DB 1963, S. 701.

49 Siehe etwa GROCHLA, LSP, DB 1954, S. 503; JOA, Zinsen, DB 1963, S. 668; KLOOCK/SIEBEN/SCHILDBACH, Leistungsrechnung, 1991, S. 102.

chen Nominalgütern zählenden liquiden Mittel[50]; sie werden jedoch von einigen Autoren dann unter das sachzielfremde Vermögen subsumiert, falls ihre Höhe "über den zur Abwicklung des Zahlungsverkehrs erforderlichen Bestand hinausgeht"[51].

Die Mehrzahl der Autoren rechnen (verbriefte und unverbriefte) Ausleihungen und Beteiligungen dem sachzielfremden Vermögen zu[52]. In Teilen des Schrifttums[53] werden jedoch dann Bedenken geäußert, wenn mit ihnen unternehmenspolitische Zielsetzungen verfolgt werden: Das "entscheidende Merkmal der Betriebsnotwendigkeit einer Beteiligung [ist] das betriebliche Bedürfnis ..., mittels kapitalmäßiger Bindung auf ein anderes Unternehmen Einfluß zu gewinnen bzw. aus dessen Tätigkeit Vorteile zu erzielen ... . Nicht betriebsnotwendig ist eine Beteiligung dann, wenn feststeht, daß bei ihrem Fortfall die Leistungserstellung (die der Betriebszweck ist) nicht nennenswert ungünstig beeinflußt würde"[54]. Schließlich wird dargetan, daß die Charakterisierung der genannten Finanzierungstitel, insbesondere Beteiligungstitel, nicht vom Zweck der Beteiligung, sondern von der Art der Leistungsverrechnung zwischen Mutter- und Tochtergesellschaft abhängig ist[55]. Eine Einbeziehung von Beteiligungen in das sachzielnotwendige Vermögen ist danach höchstens unter der Voraussetzung denkbar, daß die abhängige Gesellschaft auf die Leistungen für die Muttergesellschaft keine Kapitalkosten und auch keine Gewinne berechnet[56].

---

50 KLOOCK/SIEBEN/SCHILDBACH, Leistungsrechnung, 1991, S. 102; MELLEROWICZ, Kosten, 1973, S. 430.

51 MOEWS, Leistungsrechnung, 1989, S. 100.

52 GROCHLA, LSP, DB 1954, S. 503; KLOOCK/SIEBEN/SCHILDBACH, Leistungsrechnung, 1991, S. 102; MOEWS, Leistungsrechnung, 1989, S. 100; SCHWEITZER/KÜPPER, Kostenrechnung, 1986, S. 154.

53 Siehe etwa HABERSTOCK, Kostenrechnung, 1987, S. 109; ZIMMERMANN, Kostenrechnung, 1985, S. 63.

54 EBISCH/GOTTSCHALK 1977, LSP Nr. 44 Anm. 6; Zusatz in eckigen Klammern vom Verfasser.

55 JOA, Zinsen, DB 1963, S. 668; MELLEROWICZ, Kosten, 1973, S. 429.

56 MELLEROWICZ, Kosten, 1973, S. 429.

2. Kapitel : Betriebswirtschaftliche Analyse und Systematisierung des Finanzvermögens

§ 1 : Ansätze zur Analyse des Finanzvermögens

I. Homogenität und Heterogenität des Finanzvermögens

Die im folgenden vorzunehmende betriebswirtschaftliche Untersuchung des Finanzvermögens hat zum Ziel, die verbindenden und trennenden Merkmale dieser Vermögenskategorie herauszuarbeiten, um ihre Bestandteile auf dieser Grundlage sinnvoll strukturieren zu können. Es wurde bereits oben darauf hingewiesen, daß sie eine Reihe von Gemeinsamkeiten aufweisen. Insbesondere handelt es sich stets um abgeleitete Nominalgüter, die aus Sicht des Titelinhabers (Titelemittenten) erwartete zukünftige Einzahlungen (Auszahlungen) darstellen. Daraus kann bspw. geschlußfolgert werden, daß die wirtschaftliche Lage des Emittenten, die Faktoren "Zeit", "Zins" und "Risiko" - in erster Linie bei der Wertermittlung - zu beachten sein werden.

Auf der anderen Seite ist das Finanzvermögen äußerst heterogen zusammengesetzt. Dies hat bereits die Differenzierung nach Finanzierungstiteln im engeren und im weiteren Sinne deutlich gemacht. Darüber hinaus wurde darauf hingewiesen, daß das Finanzvermögen, je nach Ausprägung, unter das sachzielnotwendige oder das sachzielfremde Vermögen zu subsumieren ist. Dies läßt vermuten, daß aus betriebswirtschaftlicher Sicht nicht von "dem" Finanzvermögen auszugehen sein wird. Da nach dem hier vertretenen bilanzrechtlichen Verständnis ökonomisch relevante Unterschiede auch bilanziell bedeutsam sind, soll daher im folgenden, aufbauend auf den bereits erarbeiteten Merkmalen, eine systematische Untersuchung der Eigenschaften von Finanzierungstiteln vorgenommen werden, um die Ergebnisse dann im dritten Teil der Arbeit nutzbar machen zu können.

II. Die Bildung von Analyseebenen

Das Problem der Bilanzierung eines Finanzierungstitels entsteht im Zeitpunkt seines "Erwerbs". Unter dem Begriff "Erwerb" sollen i.f. sämtliche (entgeltlichen und unentgeltlichen) Formen des Übergangs von (allen oder einigen) Rechten aus einem Finanzierungstitel vom "Veräußerer" auf den "Erwerber", der damit zum Titelinhaber wird, verstanden werden. Der Terminus wird überdies auch in den Fällen verwendet, in denen ein Finanzierungstitel im weiteren Sinne allein durch Verwirklichung eines gesetzlichen Tatbestands entsteht, wie dies etwa für eine Schadensersatzforderung charakteristisch ist. Dabei sind "originärer" und "derivativer" Erwerb zu unterscheiden: Im ersten Fall entsteht der fragliche Finanzierungstitel durch eben diesen Übertragungsakt, während im zweiten ein bereits existierendes Nominalgut Gegenstand des Kontrakts zwischen Erwerber und Veräußerer ist. Ein Beispiel für die erste Alternative ist die Zeichnung einer Aktie, etwa bei Gründung der Gesellschaft. Dagegen liegt ein derivativer Erwerb vor, wenn dieser Anteil über die Börse von einem Dritten erworben wird, da der Finanzierungstitel in diesem Fall nicht durch diese Transaktion generiert wird, sondern bereits vorher existent war.

Im Fall des originären Erwerbs übernimmt der Emittent auch die Funktion des Veräußerers. Wurde ein Finanzierungstitel aber derivativ erworben, sind Emittent und Veräußerer i.d.R. nicht identisch, sondern zwei voneinander verschiedene Personen. Da jedoch in jedem Fall allein der Emittent aus dem Finanzierungstitel gegenüber dem Erwerber berechtigt und verpflichtet ist, sind bei dieser letztgenannten Konstellation grundsätzlich mindestens drei Personen in den Vertrag über den Finanzierungstitel involviert. Darüber hinaus werden neben den Beteiligten i.e.S. (Erwerber, Emittent, Veräußerer) häufig zusätzlich Externe (z.B. Makler)[1] zu berücksichtigen sein. Die Fragestellungen, die sich mit den Charakteristika der Beteiligten sowie mit ihrem Verhältnis zueinander beschäftigen, sollen unter den Begriff *"Subjektebene"* subsumiert werden.

Zwischen Erwerber und Emittent bzw. Veräußerer wird ein Vertrag (Kontrakt) geschlossen[2]. Gegenstand dieses Kontrakts und damit Kontraktobjekt ist die Veräußerung bzw. der Erwerb eines Finanzierungstitels. Sowohl aus dem Kontrakt als auch aus dem Kontraktobjekt ergeben sich für die beteiligten Parteien Rechte und Pflichten. Der Problemkomplex, der sich mit dem Finanzierungstitel bzw. dem Vertrag über denselben beschäftigt, wird als *"Objektebene"* bezeichnet.

Schließlich ist zu berücksichtigen, daß nicht ausschließlich die persönlichen Verhältnisse der Vertragsparteien und die zwischen ihnen getroffenen Vereinbarungen relevant sind. Vielmehr ist zusätzlich zu prüfen, ob für den betreffenden Finanzierungstitel ein (Sekundär-) Markt existiert und welchen

---

1 Dabei können Externe sowohl Zahlungsempfänger (insbesondere beim Anfall von Nebenkosten) als auch (potentielle) Zahlungspflichtige sein. Zahlungspflichtige sind Externe etwa dann, wenn der Finanzierungstitel vom Titelinhaber vor Fälligkeit veräußert wird und der Kaufpreis zu entrichten ist; ein weiteres Beispiel sind Bürgen oder Garanten, die im Fall der Zahlungsunfähigkeit des Hauptschuldners für die Einhaltung der vertraglichen Verpflichtungen einzustehen haben.

2 Bei Finanzierungstiteln im weiteren Sinne ist die Existenz vertraglicher Beziehungen zwischen den Beteiligten zu verneinen; der Anspruch ergibt sich in diesen Fällen aus gesetzlichen Bestimmungen (bspw. aus § 823 BGB für Schadensersatzforderungen).

Organisationsgrad er aufweist. Dieser Aspekt ist insbesondere bei der Veräußerung des Titels relevant und wird der "*Marktebene*" zugeordnet.

Die auf der Folgeseite dargestellte Abbildung 7 verdeutlicht die drei Untersuchungsbereiche Subjekt-, Objekt- und Marktebene graphisch. Sie zeigt im oberen Teil die Subjektebene. In den kleinen Rechtecken sind die Beteiligten erkennbar, wobei die zwischen ihnen möglicherweise bestehenden Beziehungen durch einfache Linien symbolisiert werden. Für die Objektebene stehen die fett eingezeichneten Pfeile, die Rechte und Pflichten aus dem Kontrakt bzw. dem Kontraktobjekt versinnbildlichen. Der untere Teil der Abbildung schließlich stellt die Marktebene dar. Der eingezeichnete Kreis ist der Handelsort des betreffenden Finanzierungstitels. Links und rechts davon sind die Marktteilnehmer (d.h. Anbieter und Nachfrager) angedeutet.

Abbildung 7

Die Analyseebenen

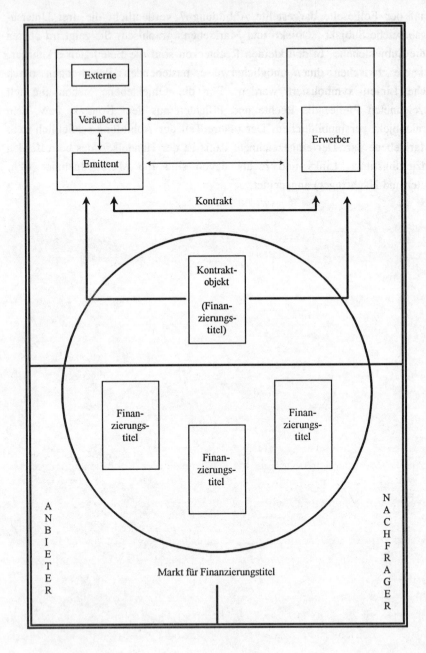

§ 2 : Darstellung der Analyseebenen

I. Die Subjektebene

A. Die Kontraktbeteiligten

Wie bereits erläutert, kommen als Kontraktbeteiligte der Erwerber und der Emittent sowie ggf. ein vom Emittenten verschiedener Veräußerer - diese Personen stellen die Kontraktbeteiligten im engeren Sinne dar - und Externe in Betracht (siehe Abbildung 8):

Abbildung 8

Die Kontraktbeteiligten

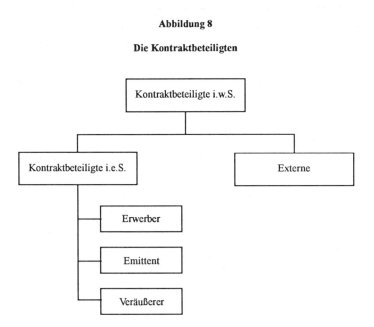

Für eine ökonomische Charakterisierung der dargestellten Kontraktbeteiligten kann eine Vielzahl von Beurteilungskriterien herangezogen werden. Vor dem Hintergrund der steuerbetriebswirtschaftlichen Zielsetzung der Arbeit erscheint es sinnvoll, sie auf die von ROSE entwickelten "betriebskonstitutionsbezogenen Eigenschaften" der Besteuerung hin zu untersuchen[3]. Von besonderer Bedeutung ist diese Analyse für den Titelerwerber bzw. -inhaber sowie den Titelemittenten.

Im Hinblick auf den *Titelerwerber (-inhaber)* wurde bereits zu Beginn der Arbeit klargestellt, daß es sich um eine (bilanzierende) Unternehmung handelt, deren sämtliche Betriebsteile sich im Inland befinden (Eigenschaft

---

3   Vgl. ROSE, Steuerlehre, 1992, S. 5.

"Standortbezogenheit")[4]. Eine nähere Untersuchung der unter das Merkmal "Betriebsartbezogenheit" zu subsumierenden Eigenschaften[5] führt zu dem Ergebnis, daß insbesondere die Frage nach der Rechtsform ("Rechtsformabhängigkeit") des Erwerbers zu stellen ist. Dabei ist nach Einzelunternehmen, Personengesellschaften und Kapitalgesellschaften zu differenzieren. Diese Unterscheidung kann hier - im betriebswirtschaftlichen Teil der Arbeit - kaum nutzbar gemacht werden; jedoch sind in der bilanzrechtlichen Analyse bspw. divergierende Handels- und/oder Steuerrechtsnormen zu beachten. Weiterhin wurde einführend der Aspekt der "Formalzielabhängigkeit" auf mit Gewinnerzielungsabsicht tätige Unternehmen und die "Sachzielabhängigkeit" auf Nichtbankunternehmen eingeschränkt. Hinsichtlich des letztgenannten Kriteriums ist zur Begründung darauf hinzuweisen, daß für Kreditinstitute zum einen das Finanzvermögen eine völlig anders geartete wirtschaftliche Bedeutung besitzt[6] und darüber hinaus - bilanzrechtlich gesehen - von den allgemeinen Regeln abweichende Bilanzierungsvorschriften gelten. Die weiteren Elemente des Merkmals Betriebsartbezogenheit - "Betriebsgrößenabhängigkeit" sowie "Rechtsorganisationsabhängigkeit" - können hier vernachlässigt werden[7].

Eine entsprechende Charakterisierung des *Titelemittenten* macht eine extensive Auslegung des Begriffs der betriebskonstitutionsbezogenen Eigenschaften notwendig, da als Vertragspartner des Erwerbers nicht nur Unternehmen (Betriebe), sondern auch Privatpersonen zugelassen wurden[8]. Vor diesem Hintergrund ist zunächst der Standort (Wohnsitz) dieses Kontraktbeteiligten zu bestimmen. Insbesondere ist bedeutsam, ob der Emittent im Inland oder im Ausland domiziliert. Diese Unterscheidung ist deshalb von Bedeutung, weil (monetäre) Ansprüche gegenüber einer in einem ausländischen Rechtsgebiet ansässigen Person eine andere Qualität besitzen - etwa hinsichtlich ihrer Durchsetzbarkeit - als Forderungen gegenüber inländischen Vertragspartnern. Auch ist bei grenzüberschreitenden Geschäftsbeziehungen zu berücksichtigen, daß der Finanzierungstitel ggf. in Fremdwährung denominiert ist; daraus resultieren bspw. Umrechnungs- und Prognoseprobleme. Dagegen ist, wie oben, die Trägerpersonenbezogenheit hier nicht von Interesse. Von der Gruppe der unter die

---

4   Siehe oben, 1. Teil, 1. Kapitel, § 1, Punkt II, S. 4 f.

5   Unbeachtlich ist hier der Gesichtspunkt der Trägerpersonenbezogenheit.

6   Siehe oben, 1. Kapitel, § 2, Punkt II, S. 41.

7   Es wurde allerdings im ersten Teil der Arbeit (1. Kapitel, § 2, S. 7 ff.) darauf hingewiesen, daß die quantitative Bedeutung des Finanzvermögens in der Steuerbilanz durchaus (auch) von der Betriebsgröße beeinflußt wird.

8   Siehe oben, 1. Kapitel, § 1, Punkt III.A, S. 38.

Betriebsartbezogenheit fallenden Eigenschaften ist insbesondere die Rechtsformabhängigkeit zu nennen. Dies ergibt sich bereits aus dem Umstand, daß die Emission bestimmter Formen von Finanzierungs- (v.a. Beteiligungs-) Titeln je nach Rechtsform ausgeschlossen sein kann. Außerdem ist zu berücksichtigen, daß die Haftung der Träger des emittierenden Unternehmens und damit die Möglichkeit des Erwerbers, die Geltendmachung seiner monetären Ansprüche durch Zugriff auf unternehmensexternes Vermögen zu befriedigen, rechtsformabhängig ist. Im Hinblick auf die Haftungssubstanz kann auch die Betriebsgröße von Bedeutung sein.

B. Das Verhältnis der Kontraktbeteiligten zueinander

Eine isolierte Betrachtung der am Kontrakt beteiligten Personen ist für die weiteren Überlegungen nicht ausreichend. Vielmehr ist ergänzend auf die zwischen ihnen bestehenden Beziehungen einzugehen. Folgende Ausprägungen sind denkbar (siehe Abbildung 9):

Abbildung 9

Das Verhältnis der Kontraktbeteiligten

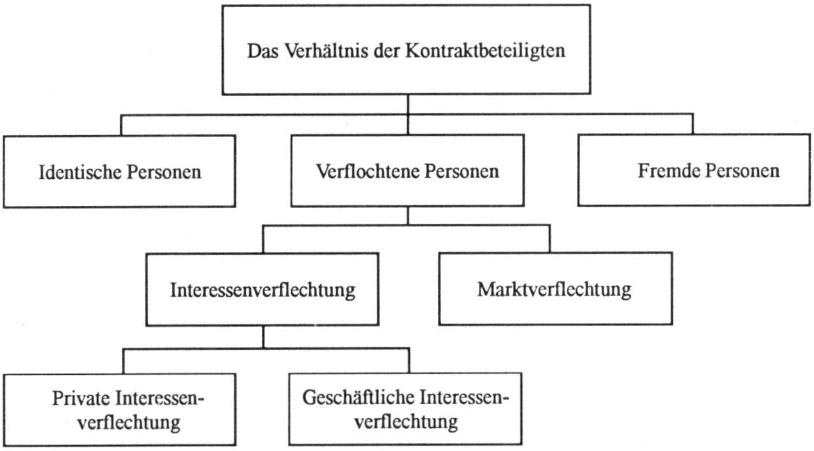

Läßt man die i.d.R. insoweit nicht bedeutsamen Externen außer Betracht[9], sind die Beziehungen zwischen Erwerber und Veräußerer, Erwerber und Emittent

---

9 Die Beziehung zwischen einem Externen und dem Emittenten kann allerdings u.U. von Interesse sein; so ist bspw. die Bürgschaft einer 100%igen Tochter des Emittenten anders zu beurteilen als die entsprechende Verpflichtung eines fremden Unternehmens.

sowie Emittent und Veräußerer daraufhin zu untersuchen, ob es sich um identische, verflochtene oder einander fremde Personen handelt.

1. Die Kontraktbeteiligten als identische Personen

Ausgangspunkt der Analyse des Beziehungsmerkmals "Identität" ist die Differenzierung nach originärem und derivativem Erwerb.

Im Fall des *originären Erwerbs* sind Veräußerer und Emittent per definitionem identisch, Emittent bzw. Veräußerer und Erwerber hingegen grundsätzlich wesensverschieden. Ausnahmen vom letztgenannten Grundsatz stellen die Fälle dar, in denen eine Unternehmung eigene Anteile hält[10], die an einer Kapitalerhöhung aus Gesellschaftsmitteln teilnehmen[11]. Der Emittent ist dann nicht nur Veräußerer, sondern gleichzeitig auch Erwerber.

Beim *derivativen Erwerb* sind Erwerber und Veräußerer stets zwei verschiedene Personen. Dies gilt grundsätzlich auch für das Verhältnis von Erwerber und Emittent, es sei denn, eine Unternehmung erwirbt eigene Anteile[12] oder Anleihen. Veräußerer und Emittent sind ebenfalls regelmäßig wesensverschieden; eine Ausnahme stellt der Verkauf eigener Anteile dar.

Die mögliche Identität von Emittent (bzw. Veräußerer) und Titelinhaber beim originären sowie von Titelinhaber und Emittent beim derivativen Erwerb gibt Anlaß zu der Frage, ob in solchen Fällen überhaupt ein Finanzierungstitel vorliegt.

---

10 Nach der reinen Rechtskonstruktion betrachtet kann eine Gesellschaft nicht Inhaber ihrer eigenen Anteile und damit ihr eigener Gesellschafter sein (siehe nur BARZ in GROSS-KOMMENTAR 1973, AktG 1965 § 71 Anm. 1). Zivilrechtlich ist eine Kapitalgesellschaft aufgrund ihrer Rechtsfähigkeit jedoch dazu in der Lage; Personengesellschaften und Genossenschaften steht diese Möglichkeit dagegen nicht offen (siehe MITTERMÜLLER, Aktien, ZfhF 1955, S. 413 f.).

11 Siehe § 215 Abs. 1 AktG und § 12 Abs. 1 KapErhG. Eine Zeichnung eigener Anteile im Rahmen einer Kapitalerhöhung gegen Einlagen ist dagegen unzulässig (§ 56 Abs. 1 AktG). Für die GmbH existiert keine entsprechende Vorschrift; die aktienrechtliche Regelung wird nach h.M. jedoch analog angewendet (ZÖLLNER in BAUMBACH/HUECK 1988, GmbHG § 55 Anm. 17, m.w.N.).

12 Der Erwerb eigener Aktien ist nur in bestimmten Fällen und bis zu einer bestimmten Größenordnung zulässig (vgl. § 71 AktG). Der Erwerb eigener GmbH-Anteile ist dagegen in geringerem Umfang gesetzlich eingeschränkt (vgl. § 33 GmbHG). Kein Erwerb in diesem Sinne ist die Kaduzierung (§ 21 GmbHG, § 64 AktG) sowie die Amortisation (§ 34 GmbHG), da die Gesellschaft die entsprechenden Anteile in diesen Fällen endgültig aus dem Verkehr zieht (HEFERMEHL/BUNGEROTH in G/H/E/K 1983, AktG § 71 Anm. 23-27; HUECK in BAUMBACH/HUECK 1988, GmbHG § 33 Anm. 4).

Diese Frage ist zu verneinen: Finanzierungstitel wurden oben[13] als die Gesamtheit von Rechten (und Pflichten) definiert, die dem Titelinhaber als Gegenleistung für die Überlassung von Kapital an den Emittenten bzw. durch einseitigen Vermögenszugang zustehen. Ein Rechtsverhältnis kann jedoch nur zwischen verschiedenen Personen bestehen, da niemand sein eigener Schuldner sein kann[14]. Dem Inhaber eigener Anteile stehen konsequenterweise denn auch keinerlei Rechte aus diesem Titel zu[15]. Dieser Auffassung steht auch nicht entgegen, daß die Ansprüche aus dem Emittenten gehörenden Inhaberpapieren nach höchstrichterlicher Rechtsprechung[16] nicht endgültig untergehen, sondern lediglich ruhen. Hierfür sind wohl in erster Linie Praktikabilitätsgründe maßgeblich[17].

2. Die Kontraktbeteiligten als verflochtene Personen

Handelt es sich bei den Beteiligten nicht um identische Personen, so ist in einem zweiten Schritt das Beziehungsmerkmal "Verflechtung" zu untersuchen. Dabei sind zwei Ausprägungen zu unterscheiden, die als (1) "Interessenverflechtung" und (2) "Marktverflechtung" bezeichnet werden sollen und sowohl isoliert als auch gleichzeitig auftreten können.

(1) Der Begriff *"Interessenverflechtung"* wird für die Fälle verwendet, in denen zwischen den Kontraktbeteiligten kein Interessengegensatz, sondern (zumindest partiell) ein Interessengleichlauf besteht. Die Interessenverflechtung kann ihre Ursache zum einen in verwandtschaftlichen Bindungen zwischen den jeweils Betroffenen haben (*"private Interessenverflechtung"*). Eine weitere (und wesentlichere) Ursache stellen gesellschaftsrechtliche Beziehungen dar (*"geschäftliche Interessenverflechtung"*), die im Regelfall durch Finanzierungstitel begründet werden. Die Verflechtung kann dazu führen, daß Konditionen vereinbart werden, welche einen Vertragspartner - isoliert betrachtet - bewußt benachteiligen bzw. bevorzugen; aufgrund der

---

13 Siehe 1. Kapitel, § 1, Punkt III.A, S. 38.

14 PALANDT/HEINRICHS 1993, BGB Überblick vor § 362 Anm. 2.c; STAUDINGER/KADUK 1978, BGB Einleitung zu § 362 Anm. 19-60.

15 Vgl. § 71b AktG. Für die GmbH gibt es keine entsprechende Vorschrift; § 71b AktG ist nach h.M. jedoch analog anzuwenden (HUECK in BAUMBACH/HUECK 1988, GmbHG § 33 Anm. 18; ROWEDDER 1990, GmbHG § 33 Anm. 28 ff.; WESTERMANN in SCHOLZ 1993, GmbHG § 33 Anm. 32 ff.).

16 RG IV 179/34 vom 1.4.1935, RGZ 147, S. 243; siehe auch PALANDT/HEINRICHS 1993, BGB Überblick vor § 362 Anm. 2.c.aa; STAUDINGER/KADUK 1978, BGB Einleitung zu § 362 Anm. 40-46.

17 STAUDINGER/KADUK 1978, BGB Einleitung zu § 362, Anm. 43.

zwischen ihnen bestehenden Beziehungen wird dieser (Opportunitäts- oder effektive) Verlust jedoch durch andere ökonomische oder außerökonomische Vorteile ausgeglichen[18].

(2) Der Begriff "*Marktverflechtung*" soll leistungswirtschaftliche Beziehungen jedweder Art zwischen Erwerber und Emittent umschreiben. Der Emittent kann etwa Abnehmer, Lieferant oder Konkurrent des Titelinhabers sein. Da auch Privatpersonen als Titelemittenten zugelassen sind, ist bspw. auch eine arbeitsvertragliche Beziehung zwischen den Beteiligten denkbar. Im Gegensatz zu einer geschäftlichen Interessenverflechtung ist das Verhältnis der Beteiligten untereinander vom Grundsatz her jedoch auf einen Interessenkonflikt angelegt. Oder juristisch ausgedrückt: Im Fall der in Punkt (1) genannten geschäftlichen Interessenverflechtung ist der Abschluß eines Vertrages über einen Finanzierungstitel regelmäßig ein Insichgeschäft i.S.d. § 181 BGB, da der Titelinhaber als Vertreter des Titelerwerbers oder umgekehrt handelt und damit eine Interessenkollision vorprogrammiert ist. Dagegen maximieren marktverflochtene Personen jeweils ihren eigenen, individuellen Vorteil[19]. Schließen diese jedoch einen Vertrag über einen Finanzierungstitel ab, so werden - zur Pflege der Geschäftsverbindung - möglicherweise Konditionen vereinbart, die nur durch die Lieferanten-, Abnehmerstellung etc. erklärlich sind, wobei durchaus nicht nur bereits vorhandene, sondern auch geplante potentielle Beziehungen ausschlaggebend sein können.

3. Die Kontraktbeteiligten als fremde Personen

Sind die Kontraktbeteiligten weder identisch noch (in obigem Sinne) verflochtene Personen, so stehen sie sich als einander fremde Dritte gegenüber. Die Systematik der Beziehungsmerkmale ist mithin abschließend.

---

18 Außerökonomische Gesichtspunkte spielen in erster Linie bei einer privaten Interessenverflechtung eine Rolle. Jedoch können auch hier wirtschaftliche Überlegungen ausschlaggebend sein; beispielhaft sei das Motiv der Steuerentlastung (Stichwort: Übertragung von Einkunftsquellen) genannt.

19 Die Unterscheidung läßt sich zivilrechtlich näherungsweise in der Weise formulieren, daß im Regelfall nur bei einer Interessenverflechtung einseitig verpflichtende Verträge denkbar sind, während zwischen fremden Dritten grundsätzlich (wirtschaftlich ausgewogene) gegenseitige Verträge i.S.d. §§ 320 ff. BGB abgeschlossen werden.

II. Die Objektebene

A. Der Kontrakt und das Kontraktobjekt

Die Objektebene besteht aus zwei Unterebenen: Auf der Unterebene "*Kontrakt*" werden Fragen behandelt, die sich aus dem Vertrag über den jeweiligen Finanzierungstitel ergeben. So ist etwa zu prüfen, ob und, wenn ja, in welchem Umfang der Erwerber eine Gegenleistung zu erbringen hat. Die Unterebene "*Kontraktobjekt*" ist das Schlagwort für die Problemstellungen, die im Vertragsgegenstand, d.h. dem Finanzierungstitel selbst, wurzeln. Es wird bspw. untersucht, welche Zahlungen der Emittent aus dem Finanzierungstitel zu leisten hat, welche Arten von Rechten dem Titelinhaber zustehen usw. Abbildung 10 verdeutlicht die beiden Ebenen schaubildlich am Beispiel eines derivativen Erwerbs:

Abbildung 10

Kontrakt und Kontraktobjekt

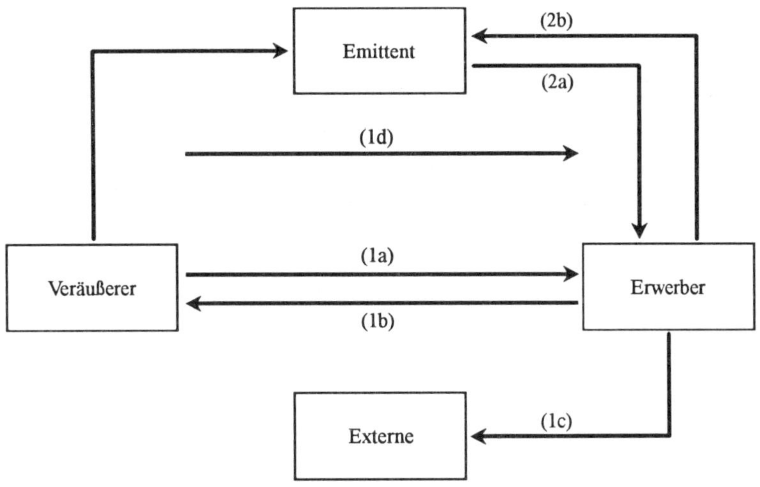

Mit Überlassung des Finanzierungstitels an den Erwerber (1a) hat letzterer seinerseits an den Veräußerer (1b) sowie u.U. an Externe (1c) eine Leistung zu erbringen. Gleichzeitig gehen Rechte und Pflichten aus dem Finanzierungstitel vom Veräußerer auf den Erwerber über (1d). Von diesem Zeitpunkt an hat der Emittent Leistungen nur noch an den Erwerber zu erbringen (2a) bzw. von demselben zu erwarten (2b). Die Leistungen mit der Ziffer "1" ergeben sich aus dem Kontrakt, die mit der Ziffer "2" aus dem Kontraktobjekt.

Die Unterscheidung zwischen den beiden Ebenen wird besonders deutlich im Fall des derivativen Erwerbs, da hier Veräußerer und Emittent verschiedene Personen sind, die Kontraktebene mithin die Vereinbarungen zwischen Erwerber und Veräußerer, die Kontraktobjektebene die zwischen Erwerber und Emittenten beschreibt. Handelt es sich dagegen um einen originären Erwerb, so ist die hier gewählte Differenzierung in Kontraktebene einerseits und Kontraktobjektebene andererseits nur ein theoretisches Konstrukt. Gewährt bspw. ein Unternehmen ein Darlehen, so kann dieser Vorgang nur gedanklich in zwei Schritte aufgespalten werden: Der erste Schritt besteht in der Generierung eines Finanzierungstitels "Darlehen" durch eine entsprechende Vereinbarung, in der Zins-, Tilgungs-, Besicherungsmodalitäten usf. festgelegt werden (Kontraktobjektebene). In einem zweiten Schritt wird dann ein Vertrag über die Überlassung des Finanzierungstitels vom Emittenten an den Erwerber geschlossen (Kontraktebene). Das beschriebene Procedere ist auch in praxi anzutreffen, wenn der betreffende Finanzierungstitel in einem Wertpapier (z.B. einer Obligation) verbrieft ist, dessen Konditionen in den Anleihebedingungen (d.h. auf der Kontraktobjektebene) festgelegt werden. Auf der Kontraktebene ist dann insbesondere die Höhe, Fälligkeit usw. des Kaufpreises zu ermitteln.

Zum besseren Verständnis erscheint es hilfreich, auf der Objektebene einführend eine erste Grobstrukturierung der möglichen Kontrakte bzw. Kontraktobjekte vorzunehmen. Zu diesem Zweck wird daher zunächst der Kontrakt- bzw. Kontraktobjekt-Typus bestimmt. An diese erste Orientierungshilfe schließen sich dann Detailüberlegungen an (siehe Abbildung 11):

Abbildung 11

Strukturierung der Objektebene

		Grobstrukturierung	Feinstrukturierung
O B J E K T E B E N E	Kontrakt	Kontrakttypus	Kontraktrechte und -pflichten
	Kontrakt-objekt	Kontraktobjekt-typus	Kontraktobjekt-rechte und -pflichten

B. Der Kontrakt
1. Der Kontrakttypus

Die vom Titelerwerber abgeschlossenen Kontrakte sollen nach dem bereits mehrfach erwähnten Kriterium differenziert werden, ob der fragliche Finanzierungstitel durch den Erwerbsvorgang generiert wird (originärer Erwerb) oder ob ein Vertrag über ein bereits bestehendes Nominalgut geschlossen wird (derivativer Erwerb). Abbildung 12 zeigt die beiden Kontrakttypen noch einmal schaubildlich:

Abbildung 12

Der Kontrakttypus

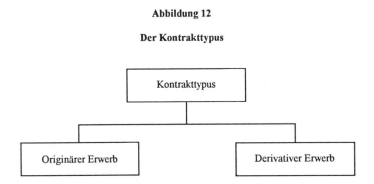

2. Die Leistungsverpflichtungen aus dem Kontrakt

Aus dem Abschluß des Kontrakts entstehen den beteiligten Vertragspartnern Leistungsverpflichtungen. Sie sollen nach den Beurteilungsmerkmalen (1) Existenz, (2) Art, (3) Bedingtheit, (4) Zeitpunkt und (5) Höhe systematisiert werden (siehe Abbildung 13):

Abbildung 13

Beurteilungsmerkmale der Leistungen der Kontraktbeteiligten aus dem Kontrakt

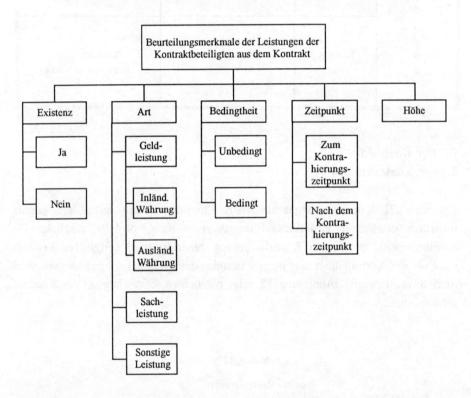

Die dargestellten Beurteilungsmerkmale sind zunächst aus Sicht des Titelerwerbers zu untersuchen. Daran anschließend wird die Position des Vertragspartners eingenommen; hierbei kann es sich, je nach Kontrakttyp, um den Titelemittenten (originärer Erwerb) oder um einen von diesem verschiedenen Veräußerer handeln (derivativer Erwerb). In beiden Fällen können die Rechte und Pflichten gegenüber dem jeweiligen Vertragspartner oder gegenüber externen Personen bestehen. Da die letztgenannte Personengruppe insoweit jedoch nur von geringer Bedeutung ist, soll auf sie nicht explizit eingegangen werden.

a. Leistungsverpflichtungen des Titelerwerbers

Im Kontrakt zwischen Erwerber und Veräußerer kann eine Gegenleistung für die Überlassung des Finanzierungstitels vereinbart werden, notwendig ist dies jedoch nicht. Dabei soll der Begriff der Gegenleistung sämtliche, in dem Vertrag über den Finanzierungstitel vereinbarten Leistungen des Erwerbers umschreiben. Ist die (1) Existenz einer so definierten Gegenleistung des Erwerbers zu bejahen, so ist, wie erwähnt, zusätzlich deren (2) Art, (3) Bedingtheit, (4) Zeitpunkt sowie letztlich (5) Höhe zu ermitteln.

(1) Hinsichtlich des Kriteriums "*Existenz*" ist zunächst zwischen Finanzierungstiteln im engeren und im weiteren Sinne zu unterscheiden. Für Finanzierungstitel im weiteren Sinne ist charakteristisch, daß sie durch einen einseitigen Vermögenszugang entstehen; eine Gegenleistung des Titelerwerbers im Rahmen des (einzig relevanten) originären Erwerbs[20] ist grundsätzlich nicht zu erbringen[21]. Im Gegensatz dazu ist für die Entstehung und damit den originären Erwerb eines Finanzierungstitels im engeren Sinne die Leistung des Titelerwerbers von konstitutiver Bedeutung[22]. Wurde der Titel jedoch derivativ erworben, so ist durchaus denkbar, daß eine Gegenleistung des Titelerwerbers nicht vorgesehen ist. In diesem (letztgenannten) Fall handelt es sich um eine Schenkung, die ihre Ursache im Regelfall in einer Verflechtungsbeziehung zwischen Erwerber und Veräußerer haben dürfte[23].

(2) Hinsichtlich der *Art* der Leistung des Erwerbers ist zwischen Geldleistungen, Sachleistungen[24] und sonstigen Leistungen zu differenzieren. Handelt es sich um eine Geldleistung, so ist zu prüfen, in welcher Währung diese zu erbringen ist. Eine sonstige Leistung kann auch (zum Teil) in der Übernahme einer

---

20 Der Fall des derivativen Erwerbs eines Finanzierungstitels im weiteren Sinne (z.B. der Ankauf einer Schadensersatzforderung) weist gegenüber der gleichen Transaktion bei Finanzierungstiteln im engeren Sinne keine Besonderheiten auf.

21 Die nachfolgend diskutierten Kriterien Art, Bedingtheit, Zeitpunkt und Höhe sind folglich nur für den Erwerb von Finanzierungstiteln im engeren Sinne von Bedeutung.

22 Eine (scheinbare) Ausnahme stellt die Emission von Gratisaktien dar; siehe bereits oben, 1. Kapitel, § 1, Punkt III.A, S. 38.

23 Theoretisch denkbar ist natürlich auch der Fall, daß der Finanzierungstitel tatsächlich wertlos ist.

24 Der Begriff der Sachleistung soll hier, dem allgemeinen Sprachgebrauch folgend, nicht nur die Übertragung von Sachen i.S.v. § 90 BGB, sondern von Gegenständen im zivilrechtlichen Sinne, d.h. von Sachen und Rechten, umfassen.

Verpflichtung bestehen. Werden bspw. nicht voll eingezahlte Anteile[25] derivativ erworben, so hat der Erwerber zusätzlich zur Kaufpreiszahlung die Verpflichtung zu übernehmen, zu gegebener Zeit den ausstehenden Betrag an den Emittenten zu zahlen[26].

(3) U.U. ist die Leistung des Erwerbers aus dem Kontrakt an eine *Bedingung* geknüpft. Beim originären Erwerb hat dies häufig zur Folge, daß auch der entsprechende Finanzierungstitel erst mit Eintritt der Bedingung entsteht. Ein bedingter derivativer Erwerb berührt den Bestand des Titels dagegen nicht; der Eintritt der Bedingung ist jedoch möglicherweise entscheidend für den Zeitpunkt des Übergangs der Verfügungsmacht über den Titel vom Veräußerer auf den Erwerber.

(4) Schließlich ist der *Zeitpunkt* der Gegenleistung zu beachten. Wie bereits mehrfach erwähnt, ist im Falle des originären Erwerbs die Erbringung der Gegenleistung i.d.R. die entscheidende Voraussetzung für die Entstehung eines Finanzierungstitels im engeren Sinne; Entstehungs- und (Gegen-) Leistungszeitpunkt sind mithin identisch. Allerdings muß auch in diesen Fällen die Gegenleistung zu diesem Zeitpunkt nicht unbedingt voll erbracht sein; so ist bei der Emission von Aktien, GmbH-Anteilen oder Anleihen u.U. lediglich ein Teilbetrag zu zahlen[27]. Handelt es sich um einen derivativen Erwerb, so ist der (Gegen-) Leistungszeitpunkt frei vereinbar.

(5) Die Bestimmung der *Höhe* der Gegenleistung ist unproblematisch, wenn sie zum Zeitpunkt des Titelerwerbs vollständig, als Geldleistung und überdies in heimischer Währung zu erbringen ist. Abweichungen von diesem Idealfall erfordern mehr oder weniger aufwendige Berechnungen. Neben der absoluten Höhe der Gegenleistung ist zusätzlich ihr Verhältnis zum Nennbetrag zu

---

25 Die aus der Emission nicht voll eingezahlter Anteile entstehenden "ausstehenden Einlagen" können bei der AG Bar- oder Sacheinlagen und bei Sacheinlagen auch ein vereinbartes Agio umfassen (§ 36a Abs. 2 AktG). Bei der GmbH können die ausstehenden Einlagen dagegen nur Bareinlagen betreffen, da Sacheinlagen vor der Anmeldung der Gesellschaft zum Handelsregister oder der Kapitalerhöhung zu bewirken sind (§§ 7 Abs. 3, 56a GmbHG). Vgl. hierzu auch SARX in BBK 1990, HGB § 272 Anm. 14.

26 Um den Schuldner der Einzahlungsverpflichtung identifizieren zu können, müssen teileingezahlte Aktien daher als Namensaktien ausgestattet sein (vgl. §§ 10 Abs. 2, 67 Abs. 1 AktG).

27 Zu teileingezahlten Anteilen siehe oben, Punkt (2). Ob und, wenn ja, wann die restliche Gegenleistung erbracht werden muß, ist einzelfallabhängig. Zur Konstruktion der teileingezahlten Anleihen ("partly-paid bonds") siehe etwa BIS, Innovations, 1986, S. 164; LÖFFLER, Anleihen, 1987, S. 319 f.

ermitteln. Je nach Relation (Kaufpreis größer, kleiner oder gleich Nennwert) sind der Erwerb über, unter oder zu pari zu unterscheiden[28].

b. Leistungsverpflichtungen des Titelemittenten (Veräußerers)

Liegt der Kontrakttyp des originären Erwerbs vor, so ergibt sich für den Emittenten die vertragliche Verpflichtung, dem Erwerber den betreffenden Finanzierungstitel zur Verfügung zu stellen. Handelt es sich um einen derivativen Erwerb, so trifft den Veräußerer die gleiche Obliegenheit.

Eine Analyse von Existenz, Art, Bedingtheit, Zeitpunkt und Höhe der gegenüber dem Erwerber[29] zu erbringenden Leistung aus dem Kontrakt erübrigt sich, da diese Beurteilungskriterien entweder völlig eindeutig sind wie Existenz und Art[30] oder aber bereits beim Erwerber diskutiert wurden wie Bedingtheit und Zeitpunkt[31]. Beachtung findet lediglich die Höhe der Leistung, die, da sie nicht in Geld, sondern eben in einem Finanzierungstitel besteht, zunächst in Geld umzurechnen ist[32].

C. Das Kontraktobjekt
1. Der Kontraktobjekttypus
a. Grundformen

Nach der Art der dem Finanzierungstitel zugrunde liegenden Rechtsbeziehungen sind Beteiligungstitel und Forderungstitel zu unterscheiden[33]. Der Inhaber eines Beteiligungstitels hat die Rechtsstellung eines Eigentümers, Teilhabers oder

---

28 Als Nennwert gilt dabei der Geldbetrag, der im Fall von Forderungstiteln die Basis für die Verzinsung angibt bzw. (bei Beteiligungstiteln) auf den einzelnen Teil am gezeichneten Kapital entfällt (BEYER/BESTMANN, Finanzlexikon, 1989, S. 201 "Nennwert").

29 Aus dem Abschluß des Vertrags können sich auch für den Veräußerer bzw. Emittenten Leistungsverpflichtungen - etwa aus Nebenkosten - gegenüber Externen ergeben.

30 Die Leistung des Emittenten (Veräußerers) besteht in allen Fällen in der Zurverfügungstellung eines Finanzierungstitels. Hinsichtlich der konkreten Ausgestaltung des Titels wird auf die Ausführungen im nachfolgenden Punkt C verwiesen.

31 Die Merkmale Bedingtheit und Zeitpunkt sind in erster Linie in Relation zur Leistung des anderen Vertragspartners zu sehen; insofern kann auf die entsprechenden Ausführungen in Punkt a verwiesen werden.

32 Mithin ist eine Wertermittlung erforderlich; siehe dazu unten, 3. Kapitel, S. 97 ff.

33 FRANKE/HAX, Finanzwirtschaft, 1990, S. 332 f.; H. HAX, Finanzierung, Vahlens Kompendium der BWL 1993, S. 407.

Gesellschafters[34]. Ein Forderungstitel liegt hingegen vor, wenn der Titelinhaber die Rechtsposition eines Gläubigers einnimmt[35].

α. Beteiligungstitel

Der Charakter von Beteiligungstiteln wird in erster Linie durch die Rechtsform der Unternehmung geprägt[36]. Die Rechtsform legt die Ausgestaltung des Beteiligungstitels jedoch nicht endgültig fest. So kann eine Unternehmung zum einen unterschiedliche Typen von Finanzierungstiteln emittieren, wie dies bspw. bei der Kommanditgesellschaft sogar gesetzlich vorgesehen ist. Zum anderen können Beteiligungstitel des gleichen Typs (innerhalb der gesetzlichen Grenzen) mit unterschiedlichen Rechten und Pflichten ausgestattet sein[37]. Darüber hinaus ist zu berücksichtigen, daß Anteile an inländischen Gesellschaften von Beteiligungen an ausländischen bzw. supranationalen Gesellschaftsformen zu unterscheiden sind, da insoweit andere Rechtsordnungen mit auch wirtschaftlich anderen Konsequenzen zur Geltung kommen.

Beteiligungstitel weisen jedoch allgemein einige charakteristische betriebswirtschaftliche Merkmale auf[38]. Insbesondere sind ihre Inhaber im Regelfall an Gewinnen und Verlusten sowie, spätestens im Fall ihres Ausscheidens, an den stillen Reserven des Titelemittenten beteiligt. Infolgedessen stehen dem Titelinhaber grundsätzlich auch Mitwirkungsrechte bei Unternehmensentscheidungen zu. Und schließlich wird das Kapital im Regelfall nicht für eine ex ante vereinbarte Dauer, sondern unbefristet zur Verfügung gestellt.

---

34 H. HAX, Finanzierung, Vahlens Kompendium der BWL 1993, S. 407. Dazu wird in der Finanzierungstheorie auch der Rechtstitel des Alleineigentümers einer Unternehmung gezählt (ebenda); diese Variante ist in dem hier zu diskutierenden (bilanzrechtlichen) Zusammenhang jedoch irrelevant, da die "Beteiligung an einem Einzelunternehmen" nicht von der Person des Einzelunternehmers getrennt, mithin auch nicht bilanziert werden kann. Sie bleibt daher im folgenden unberücksichtigt.

35 H. HAX, Finanzierung, Vahlens Kompendium der BWL 1993, S. 407.

36 H. HAX, Finanzierung, Vahlens Kompendium der BWL 1993, S. 407; PERRIDON/STEINER, Finanzwirtschaft, 1993, S. 281-286.

37 H. HAX, Finanzierung, Vahlens Kompendium der BWL 1993, S. 407; so kann eine Aktiengesellschaft bspw. Stamm- und Vorzugsaktien ausgeben, können Kommanditisten einer KG unterschiedliche Mitspracherechte haben.

38 Vgl. H. HAX, Finanzierung, Vahlens Kompendium der BWL 1993, S. 408; siehe auch PERRIDON/STEINER, Finanzwirtschaft, 1993, S. 279; WÖHE/BILSTEIN, Unternehmensfinanzierung, 1991, S. 127.

ß. Forderungstitel

Forderungstitel entstehen durch Kreditgeschäfte[39] oder durch einseitige Vermögenszugänge[40]. Demzufolge sind Titelinhaber und Titelemittent (lediglich) schuldrechtlich miteinander verbunden[41]. Aus dieser (juristischen) Abgrenzung zur externen Eigenfinanzierung ergeben sich bedeutsame wirtschaftliche Konsequenzen. Sie zeigen sich in den charakteristischen Merkmalen von Forderungstiteln[42], die im Wege einer Negativabgrenzung zu den betriebswirtschaftlichen Eigenschaften von Beteiligungstiteln umschrieben werden können[43]. So erhält der Inhaber eines Forderungstitels grundsätzlich keine gewinnabhängige, sondern eine feste Verzinsung und ist auch nicht an den stillen Reserven der Unternehmung beteiligt. Darüber hinaus stellt er dem Titelemittenten grundsätzlich nur befristet Kapital zur Verfügung und ist von den dort ablaufenden Entscheidungsprozessen ausgeschlossen.

b. Mischformen

Die Zuordnung von Finanzierungstiteln zu den Beteiligungs- oder Forderungstiteln bereitet dann Schwierigkeiten, wenn ein Titel charakteristische betriebswirtschaftliche Merkmale sowohl der einen als auch der anderen Gruppe aufweist[44]. Diese "Mischformen" aus Eigen- und Fremdfinanzierung können auf zweierlei Arten zustandekommen[45]. Zum einen handelt es sich um solche Finanzierungsmöglichkeiten, die durch graduelle Abstufung eines oder mehrerer der genannten Beurteilungskriterien entstehen, sog. Zwischenformen. Eine weitere Möglichkeit besteht in der chronologischen Kombination von Eigen- und Fremdfinanzierung in ihrer reinen Form; in diesem Fall spricht man von Kombinationsformen.

---

39   H. HAX, Finanzierung, Vahlens Kompendium der BWL 1993, S. 408.

40   SCHÄFER, Forderungen, 1977, S. 16.

41   WÖHE/BILSTEIN, Unternehmensfinanzierung, 1991, S. 127.

42   H. HAX, Finanzierung, Vahlens Kompendium der BWL 1993, S. 408; PERRI-DON/STEINER, Finanzwirtschaft, 1993, S. 279; WÖHE/BILSTEIN, Unternehmens-finanzierung, 1991, S. 127.

43   Es sind insoweit selbstverständlich nur idealtypische Tendenzaussagen möglich; siehe kritisch hierzu D. SCHNEIDER, Investition, 1992, S. 47-51.

44   HAHN, Kapitalformen, 1971, S. 30 f.; H. HAX, Finanzierung, Vahlens Kompendium der BWL 1993, S. 408.

45   Vgl. i.f. STÖRRLE, Mischformen, 1971, S. 380.

α. Zwischenformen

Durch die graduelle Abstufung des "Beteiligungs-" bzw. "Forderungscharakters" eines Titels lassen sich eine Vielfalt von Zwischenformen der Finanzierung konstruieren[46]. Der besseren Übersicht wegen sollen hier lediglich fünf Stufen die Nähe zu den Beteiligungs- bzw. Forderungstiteln andeuten[47]. Die wichtigsten Finanzierungstitel sind den einzelnen Stufen in Abbildung 14 zugeordnet[48]:

Abbildung 14

Finanzierungstitel - Zwischenformen

Stufe	Kontraktobjekttyp	Finanzierungstitel
1	Reine Beteiligungstitel	• OHG-Anteil • Komplementär-Anteil an KG und KGaA • Kommandit-Anteil • GmbH-Anteil • Stammaktie • Genossenschaftsanteil
2	Beteiligungstitel mit Sondergestaltung bestimmter Rechte und Pflichten (Eigenkapital mit ökonomischen Fremdkapital-Teilcharakter)	• stimmrechtslose Vorzugsaktie • stille Beteiligung • Investmentzertifikat
3	Ausgeprägte Zwischenformen der Praxis	• Genußschein • Partiarisches Darlehn • Gewinnobligation
4	Forderungstitel mit Sondergestaltung bestimmter Rechte und Pflichten (Fremdkapital mit ökonomischem Eigenkapital-Teilcharakter)	• Gesellschafterdarlehen • Großkredit
5	Reine Forderungstitel	alle übrigen Kreditformen

Abbildung 14 soll lediglich einen Anhaltspunkt für die Zuordnung der diversen Formen von Finanzierungstiteln zu den einzelnen Kontraktobjekttypen geben und erhebt keinen Anspruch auf Vollständigkeit. Ohne im einzelnen auf die Besonderheiten der Zwischenformen einzugehen, sollen im folgenden die wesentlichen Spezifika der in den Stufen 2 bis 4 aufgeführten Finanzierungstitel herausgestellt werden.

---

46 STÖRRLE, Mischformen, 1971, S. 380.

47 In Anlehnung an STÖRRLE, Mischformen, 1971, S. 380 f.

48 Abbildung 14 wurde modifiziert und ergänzt übernommen aus STÖRRLE, Mischformen, 1971, S. 381.

- *Stimmrechtslose Vorzugsaktien* nehmen insofern eine Sonderstellung ein, als sie dem Titelinhaber im Regelfall keinerlei Mitwirkungsrechte bei Unternehmensentscheidungen zugestehen[49]. Als Ausgleich werden ihre Inhaber regelmäßig bei der Dividendenverteilung bevorzugt.

- *Stille Beteiligungen* bestehen an stillen Gesellschaften, die, wie die Gesellschaft bürgerlichen Rechts oder die Handelsgesellschaften (OHG, KG), zu den Personengesellschaften zählen[50]. Allerdings unterscheiden sie sich von diesen erheblich. Insbesondere ist die stille Gesellschaft eine reine Innengesellschaft und tritt mithin "als solche" nicht in Erscheinung. Auch geht die Einlage des "Stillen" in das Vermögen des Geschäftsinhabers über, so daß es ein gesamthänderisch gebundenes Gesellschaftsvermögen nicht gibt und der Stille lediglich über einen schuldrechtlichen Anspruch verfügt[51]. Weiterhin kann die Beteiligung am Verlust (nicht am Gewinn[52]) und an den stillen Reserven des Tätigen abbedungen sein[53]. Schließlich stehen dem Stillen regelmäßig lediglich Kontroll- und keinerlei Entscheidungs- und Mitwirkungsrechte zu[54].

- *Investmentzertifikate* wurden oben[55] in wirtschaftlicher Betrachtungsweise als Anteile an der jeweiligen Kapitalanlagegesellschaft interpretiert. Konsequenterweise werden sie vom Verfasser hier den Beteiligungstiteln zugerechnet. Für diese Qualifikation spricht zum einen, daß die Kapitalüberlassung i.d.R. unbefristet ist[56]. Des weiteren ist die Höhe der Verzinsung letztlich bei jedem Sondervermögen, also auch bei einem ausschließlich in Anleihen investierenden Rentenfonds, von der Anlagepolitik usw. der Kapitalanlagegesellschaft

---

49 Zu Vorzugsaktien siehe etwa PERRIDON/STEINER, Finanzwirtschaft, 1993, S. 293 f.; WÖHE/BILSTEIN, Unternehmensfinanzierung, 1991, S. 47-52; das Stimmrecht kann jedoch u.U. wieder aufleben (siehe § 140 Abs. 2 AktG).

50 Zur stillen Gesellschaft siehe §§ 230-237 HGB; siehe auch etwa KÜBLER, Gesellschaftsrecht, 1990, S. 108-113.

51 § 230 Abs. 1 HGB.

52 § 231 Abs. 2 HGB.

53 Wird die Beteiligung an den stillen Reserven ausgeschlossen, so handelt es sich um eine "typische" stille Beteiligung (siehe etwa REUSCH, Gesellschaft, 1989, S. 20). Aus gesellschaftsrechtlicher Sicht ist umstritten, ob die typische stille Gesellschaft "verantwortliches Kapital" (Eigenkapital) oder "Leihkapital" (Fremdkapital) darstellt (für die erste Alternative etwa BAUMBACH/DUDEN/HOPT 1989, HGB § 230 Anm. 6 B; für die zweite REUSCH, Gesellschaft, 1989, S. 20; K. SCHMIDT, Gesellschaftsrecht, 1991, S. 1542).

54 § 233 HGB; im Innenverhältnis kann selbstverständlich eine abweichende Regelung getroffen werden.

55 Siehe 1. Kapitel, § 1, Punkt II, S. 36.

56 In jüngster Zeit wurden jedoch auch Investmentzertifikate mit fester Laufzeit aufgelegt.

abhängig und damit variabel. Dies ergibt sich bereits aus dem gesetzlich fixierten Gebot der Risikostreuung[57] und der damit verbundenen Notwendigkeit, das anvertraute Kapital auf mehrere Anlageobjekte zu verteilen. Insbesondere das Fehlen von Mitspracherechten[58] läßt jedoch eine Eingruppierung in Stufe 2 notwendig erscheinen.

- *Genußscheine*[59] verkörpern Ansprüche auf einen Anteil am Gewinn, u.U. auch am Liquidationserlös des emittierenden Unternehmens. Dem Titelinhaber stehen jedoch keinerlei Mitgliedschaftsrechte (z.B. Stimmrechte) zu. Die konkrete Zuordnung der Genußscheine zu den Beteiligungs- oder Forderungstiteln wird zusätzlich durch die fehlende gesetzliche Regelung seiner Ausgestaltung und die Vielfalt der in der Realität anzutreffenden Formen erschwert[60].

- *Partiarische Darlehen* und *Gewinnobligationen* zeichnen sich durch die (für Forderungstitel allgemein unübliche) Verpflichtung des Emittenten zur Zahlung einer (zumindest zum Teil) gewinnabhängigen Verzinsung aus[61]. Hinsichtlich ihrer übrigen betriebswirtschaftlichen Merkmale sind sie jedoch eindeutig der Gruppe der Forderungstitel zuzuordnen.

- Die Besonderheit von *Gesellschafterdarlehen* und *Großkrediten* liegt darin, daß der Gläubiger aufgrund seiner gesellschaftsrechtlichen bzw. wirtschaftlichen Stellung gegenüber dem Unternehmen in der Lage sein kann, bei Unternehmensentscheidungen mitzuwirken[62]. Dies wird besonders deutlich am Beispiel der Gewährung eines Kredits durch den einzigen Gesellschafter an "seine" GmbH. Jedoch ist u.U. auch die Hausbank eines Unternehmens, das bei dieser hoch verschuldet und auf die Aufrechterhaltung der Kreditlinie angewiesen ist, in der Lage, die Geschäftspolitik des Titelemittenten nachhaltig zu beeinflussen[63].

---

57 §§ 1 Abs. 1, 8 Abs. 2 und 3, 25e, 28 KAGG.

58 Ist ein Teil eines Sondervermögens in Aktien investiert, so übt die Investmentgesellschaft und nicht der Zertifikatsinhaber das Stimmrecht aus (§ 10 Abs. 1 KAGG).

59 Siehe dazu etwa POUGIN, Genußrechte, 1985, S. 275-290; siehe auch bereits SCHMALENBACH, Aktiengesellschaft, 1950, S. 64-82.

60 STÖRRLE, Mischformen, 1971, S. 383-385.

61 PERRIDON/STEINER, Finanzwirtschaft, 1993, S. 321 f.; WÖHE/BILSTEIN, Unternehmensfinanzierung, 1991, S. 186 f.; je nach Ausgestaltung sind mithin partiarisches Darlehen und stille Beteiligung nur schwierig auseinanderzuhalten (siehe dazu etwa K. SCHMIDT, Gesellschaftsrecht, 1991, S. 1545 f., m.w.N.).

62 STÖRRLE, Mischformen, 1971, S. 378.

63 H. HAX, Finanzierung, Vahlens Kompendium der BWL 1993, S. 412.

ß. Kombinationsformen

Bei den Kombinationsformen zwischen Eigen- und Fremdfinanzierung geht es um das Recht des Kapitalgebers, seine der Unternehmung als Fremdkapital zur Verfügung gestellten Mittel in Eigenkapital umwandeln zu können[64]. Zu diesen Kombinationsformen rechnen insbesondere die Wandelschuldverschreibung und die Optionsanleihe. Beide, nur bei Aktiengesellschaften zulässige[65], Finanzierungsinstrumente stellen zum Zeitpunkt ihrer Ausgabe Forderungstitel dar. Der Titelinhaber kann jedoch innerhalb eines bestimmten Zeitraums dem Emittenten gegenüber erklären, daß er dessen Aktien erwerben will. Als Gegenleistung übergibt der Wandelobligationär der Unternehmung die Wandelanleihe; i.d.R. ist darüber hinaus eine Zuzahlung zu leisten[66]. Während die Wandelanleihe bei dieser Transaktion untergeht, steht dem Inhaber einer Optionsanleihe neben dem Gläubigerrecht zusätzlich das (durch einen von der Optionsanleihe trennbaren Optionsschein verbriefte) Recht auf Erwerb von Aktien des emittierenden Unternehmens zu[67]. In diesem Fall entsteht durch Ausübung des Optionsrechts neben dem Forderungstitel ein zusätzlicher Beteiligungstitel (siehe Abbildung 15).

Abbildung 15

Finanzierungstitel - Kombinationsformen

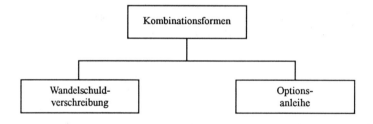

---

64   STÖRRLE, Mischformen, 1971, S. 381.

65   Siehe § 221 AktG.

66   PERRIDON/STEINER, Finanzwirtschaft, 1993, S. 313-317; WÖHE/BILSTEIN, Unternehmensfinanzierung, 1991, S. 168-180.

67   PERRIDON/STEINER, Finanzwirtschaft, 1993, S. 317-321; WÖHE/BILSTEIN, Unternehmensfinanzierung, 1991, S. 180-186.

2. Die Rechte und Pflichten aus dem Kontraktobjekt

Die Emission bzw. der Erwerb eines Finanzierungstitels führt dazu, daß dem Titelinhaber[68] und dem Titelemittenten Rechte und Pflichten zustehen. Hier sollen die vier Kategorien Leistungsverpflichtungen, Informations- und Einwirkungsrechte, Gestaltungsrechte sowie Bezugsrechte unterschieden werden. Die wesentlichsten Merkmale sind in Abbildung 16 dargestellt:

Abbildung 16

Rechte und Pflichten aus dem Kontraktobjekt

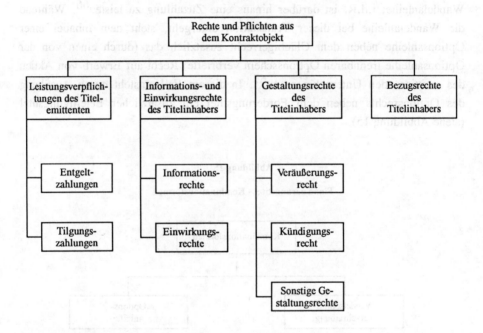

a. Leistungsverpflichtungen des Titelemittenten

Zu den konstitutiven Eigenschaften eines Finanzierungstitels gehört die Anwartschaft des Inhabers auf Zahlungen des Emittenten. Da Externe als Zahlungsempfänger im wesentlichen ausscheiden, ist diesbezüglich ausschließlich auf den Titelinhaber einzugehen. Diese Leistungsverpflichtungen sollen hier danach differenziert werden, ob sie das Entgelt für die Überlassung des Kapitals in

---

68 Auf der Kontraktobjektebene soll grundsätzlich vom Titelinhaber und nicht vom Titelerwerber die Rede sein, da der Erwerbsvorgang auf dieser Stufe bereits abgeschlossen ist.

Form von Zinsen, Dividenden o.ä. darstellen oder aber als Rückzahlung (Tilgung) der zur Verfügung gestellten Mittel aufzufassen sind. In beiden Fällen sind die Kriterien Existenz, Art, Bedingtheit, Zeitpunkt und Höhe zu unterscheiden (siehe Abbildung 17):

Abbildung 17

Leistungsverpflichtungen des Emittenten aus dem Kontraktobjekt

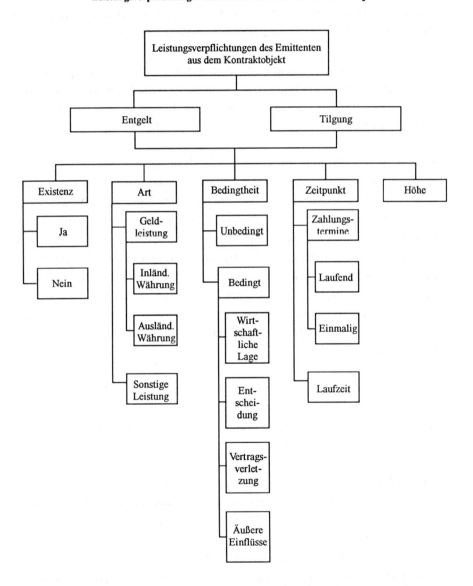

α. Entgeltzahlungen

(1) Zunächst ist zu prüfen, ob überhaupt ein Entgelt für die Überlassung von Kapital vereinbart wurde oder nicht (Merkmal *"Existenz"*). Eine fehlende Entgeltvereinbarung ist insbesondere bei miteinander verflochtenen Personen denkbar bzw. läßt auf eine Verflechtung schließen.

(2) Ist die Existenz eines Entgelts zu bejahen, so ist die *Art* des Entgelts zu bestimmen. Dabei sind Geldleistungen (mit einer weiteren Differenzierung nach Währungen) und sonstige Leistungen zu unterscheiden.

(3) Ein weiterer wichtiger Aspekt ist die *Bedingtheit* der Entgeltzahlung. Es ist zu prüfen, ob die Entgeltzahlungen des Emittenten zeitlich und/oder wertmäßig eindeutig determiniert oder aber insoweit vom Eintritt gewisser Bedingungen abhängig sind[69].

Eine in dieser Hinsicht unbedingte Verpflichtung des Emittenten ist ein schuldrechtlicher Anspruch des Titelinhabers, der zum Erhalt von Entgeltzahlungen zu festen Fälligkeitszeitpunkten berechtigt. Diese Beschreibung trifft im Normalfall auf Forderungstitel zu; der Emittent hat zu im vorhinein bestimmten Zeitpunkten und in bekannter Höhe Zinszahlungen zu leisten. Wie das Beispiel Bundesschatzbriefe zeigt, sind deterministische Zahlungsreihen nicht unbedingt gleichbleibende Zahlungsreihen; vielmehr können auch vertraglich variierende Entgelthöhen vereinbart werden[70]. Unbedingte Ansprüche sind auch nicht notwendigerweise sichere Ansprüche, da ein zahlungsunfähiger Schuldner auch seinen unbedingten Verpflichtungen nicht nachkommen kann.

Bedingte Ansprüche des Titelinhabers auf Entgeltzahlungen können von einer Reihe von Faktoren abhängig sein. Hier sollen die wirtschaftliche Lage, Entscheidungen und Vertragsverletzungen des Emittenten sowie äußere Einflüsse unterschieden werden.

Zunächst können Höhe und/oder Zeitpunkt von Entgeltzahlungen von der wirtschaftlichen Lage des Emittenten bestimmt werden. Dies ist regelmäßig bei Beteiligungstiteln der Fall. Aber auch bei Forderungstiteln besteht die

---

69   Vgl. i.f. FRANKE/HAX, Finanzwirtschaft, 1990, S. 335-343.

70   Bundesschatzbriefe zeichnen sich durch im vorhinein festgelegte steigende Zinssätze aus (HARTER/FRANKE/HOGREFE/SEGER, Wertpapiere 1990, S. 239).

Möglichkeit einer bedingten (gewinnabhängigen) Verzinsung. Dies gilt bspw., wie bei der Typisierung der Kontraktobjekte dargestellt, für die Gewinnschuldverschreibung, den Genußschein und das partiarische Darlehen. Zusätzlich können in diesen Fällen jedoch häufig auch Entscheidungen des Emittenten (bei gegebener wirtschaftlicher Lage) eine Rolle spielen. Bei festverzinslichen Forderungstiteln kann die Gefahr der Zahlungsunfähigkeit bspw. durch eine zu großzügige Gewinnausschüttungspolitik erhöht werden. Im Fall von Beteiligungstiteln oder gewinnabhängig verzinsten Forderungstiteln hat der Emittent weitreichendere Möglichkeiten, Zeitpunkt und Höhe der Entgeltzahlungen zu steuern. Zu nennen sind bspw. bilanzpolitische Maßnahmen, mit denen die Größe "Jahresüberschuß" und damit (ceteris paribus) die Höhe und der Zeitpunkt der Entgeltzahlungen auf Beteiligungstitel beeinflußt werden.

Des weiteren ist zu berücksichtigen, daß bestimmte Ansprüche des Titelinhabers (erst) bei einer Vertragsverletzung des Emittenten entstehen. Kommt der Emittent nämlich seinen vertraglichen Verpflichtungen nicht nach und wurden im Kontrakt für diesen Fall Vorkehrungen durch die Bestellung von Sicherheiten getroffen, so können die insofern bestehenden (subsidiären) Ansprüche des Titelinhabers erst nach Eintritt der im Vertrag genannten Bedingungen geltend gemacht werden. Es liegt in der Natur der Sache, daß diese Bedingungen ausschließlich bei Forderungstiteln von Bedeutung sind.

Schließlich können Höhe und/oder Zeitpunkt der Entgeltzahlungen von äußeren Einflüssen abhängig sein. Zu erwähnen ist etwa die Entscheidung des Heimatlandes eines ausländischen Emittenten, keine grenzüberschreitenden Zahlungen mehr zuzulassen (sog. "Länderrisiko")[71]. Auch Entscheidungen des anonymen Marktes bzw. der Gesamtheit der Marktteilnehmer sind zu beachten. Ist ein Finanzierungstitel bspw. in Fremdwährung denominiert oder wurden Zinsanpassungsklauseln[72] vereinbart, so haben Änderungen der Parameter Wechselkurs und Zins Auswirkungen auf die Höhe der Entgeltzahlungen.

(4) Die nächste Komponente des Beurteilungskriteriums "Entgelt" stellen die *Zeitpunkte* der Entgeltzahlungen dar. Dabei ist zwischen laufenden und ein-

---

71 Siehe dazu etwa BÜSCHGEN, Bankbetriebslehre, 1991, S. 728.

72 Zinsanpassungsklauseln (Zinsgleitklauseln) führen dazu, daß sich der Zinssatz eines Darlehens oder einer Anleihe an die Marktzinsentwicklung anpaßt; ein Beispiel stellen die bereits erwähnten Floating Rate Notes dar.

maligen Entgeltansprüchen zu unterscheiden. Laufende Entgeltzahlungen stellen den Regelfall bei Anleihen oder Darlehen dar; Zinsen werden in diesen Fällen meist halbjährlich oder jährlich gezahlt. Eine einmalige Entgeltzahlung wird i.d.R. am Ende der Laufzeit des Forderungstitels geleistet. Dies gilt bspw. für Wechsel, bei denen der Inhaber nur einen um den vereinbarten Zins (Diskont) verminderten Betrag zahlt, vom Emittenten am Ende der Laufzeit jedoch den Nominalwert vergütet bekommt. Auf dem gleichen Prinzip beruht der Zerobond[73], eine nominell zinslose Anleihe mit i.d.R. langer Laufzeit, die abgezinst ausgegeben und bei Fälligkeit zum Nennwert getilgt wird. Im Gegensatz zu den traditionellen Anleihen werden die Zinsen mithin nicht periodisch gezahlt, sondern thesauriert und dadurch mitverzinst. Eine ähnliche Konzeption weist der Bundesschatzbrief (Typ B) auf. Im Gegensatz zum (typischen)[74] Zerobond wird bei ihm der Zinsertrag jedoch nicht durch Ab-, sondern durch Aufzinsung errechnet.

(5) Die Bestimmung der absoluten *Höhe* des Entgelts ist i.d.R. unproblematisch. Handelt es sich jedoch um Entgeltzahlungen in Fremdwährung oder werden sie in anderer Form als in Geld erbracht, so sind entsprechende Berechnungen anzustellen.

ß. Tilgungszahlungen

(1) Versteht man unter "Tilgung" ganz allgemein die Rückzahlung des vom Erwerber zur Verfügung gestellten Kapitals durch den Emittenten, so ist deren *Existenz* stets zu bejahen: Eine endliche Lebensdauer des emittierenden Unternehmens unterstellt, sind Finanzierungstitel nämlich stets spätestens bei Einstellung der Unternehmenstätigkeit zu tilgen. Interpretiert man Tilgung jedoch als planmäßige und (zumindest dem Verfahren nach) ex ante zeitlich fixierte Kapitalrückzahlung, so gilt diese Aussage für Beteiligungstitel regelmäßig nicht. Eine Ausnahme gilt dann, wenn das Unternehmen von vornherein für eine bestimmte Zeit gegründet wurde. Forderungstitel hingegen

---

73 Siehe dazu etwa BÜSCHGEN, Finanzinnovationen, ZfB 1986, S. 307-314; LÖFFLER, Anleihen, 1987, S. 231-235.

74 Neben den "typischen" Zerobonds, die weit unter pari begeben werden ("issued with discount"), sind gelegentlich auch Kapitalzuwachsanleihen anzutreffen ("capital growth bonds").

haben grundsätzlich eine begrenzte Laufzeit. Die Ausnahme stellen sog. "perpetual bonds" dar, die ohne Endfälligkeit begeben werden[75].

(2) Die Tilgung eines Finanzierungstitels wird regelmäßig als Geldleistung vereinbart (Beurteilungsmerkmal "*Art*")[76]. Es bleibt lediglich zu untersuchen, in welcher Währung die Kapitalrückzahlung zu erfolgen hat. Dieser Aspekt wurde bereits bei der Analyse der (Kontrakt-) Leistung des Erwerbers sowie der Entgeltzahlungen des Emittenten behandelt. Er ist jedoch auch an dieser Stelle zu erwähnen, da bei bestimmten Anleiheformen, den sog. "Doppelwährungsanleihen" ("dual currency bonds")[77], die Zahlungswährung des Erwerbers von der Währung verschieden ist, in der der Emittent seine Entgelt- oder Tilgungsleistungen zu erbringen hat.

(3) Auch beim Beurteilungskriterium "Tilgung" ist die Komponente "*Bedingtheit*" von Bedeutung. Analog zu den Überlegungen hinsichtlich dieses Merkmals bei den Entgeltzahlungen des Emittenten ist zu untersuchen, ob die Tilgungsleistung zeitlich und/oder wertmäßig ex ante fixiert oder vom Eintritt gewisser Bedingungen abhängig ist. Da Beteiligungstitel, wie oben erläutert, nicht in strengem Sinne getilgt werden, ist dieses Kriterium nur bei Forderungstiteln zu untersuchen.

I.d.R. ist die Kapitalrückzahlung des Emittenten unbedingt, da die Rückzahlungsmodalitäten meist eindeutig festgelegt sind (Beispiel: Rückzahlung am Ende der Laufzeit). Die Tilgung kann jedoch auch hinsichtlich Höhe und/oder Zeitpunkt bedingter Natur sein. Wie oben soll dabei nach der wirtschaftlichen Lage, Entscheidungen und Vertragsverletzungen des Emittenten sowie äußeren Einflüssen differenziert werden.

Während die wirtschaftliche Lage des Emittenten bei Forderungstiteln u.U. für Höhe und/oder Zeitpunkt der Entgeltzahlungen von Bedeutung sein kann, ist sie für die Tilgung allgemein unbeachtlich. Eine Ausnahme stellen Forderungen dar, auf die unter der Bedingung verzichtet wurde, daß im Fall der wirtschaftlichen Gesundung des Schuldners Zins- und Tilgungsleistungen

---

75 FINSTERWALDER in OBST/HINTNER 1993, S. 1113. Es handelt sich dabei stets um zinsvariable Anleihen (Floating Rate Notes). Diese (seltene) Variante soll im weiteren Verlauf der Arbeit jedoch außerhalb der Betrachtung bleiben.

76 Theoretisch wäre auch eine Tilgung in Sach- und Dienstleistungen denkbar; solche Konstruktionen werden hier jedoch vernachlässigt.

77 Siehe dazu etwa BÜSCHGEN, Finanzinnovationen, ZfB 1986, S. 315 f.; LÖFFLER, Anleihen, 1987, S. 258-267.

wieder aufgenommen werden; der Gläubiger erhält in diesen Fällen einen sog. Besserungsschein[78].

Der Rückzahlungstermin kann des weiteren durch Entscheidungen des Emittenten beeinflußt werden. Es sind dies bspw. die Fälle, in denen dem Emittenten ein Kündigungsrecht und damit die Befugnis zur Bestimmung des Tilgungszeitpunkts eingeräumt wird[79]. Verletzt der Emittent seine vertraglichen Verpflichtungen zur Erbringung von Zins- und/oder Tilgungsleistungen (Merkmal: "Vertragsverletzung des Emittenten"), so steht dem Titelinhaber i.d.R. ebenfalls ein "Kündigungsrecht" zu; dies hat u.U. die Eröffnung des Konkurs- oder Vergleichsverfahrens zur Folge. Der Titelinhaber muß sich dann i.d.R. mit einer niedrigeren Tilgungszahlung zu einem nicht vereinbarten Termin zufrieden geben. Was die äußeren Einflüsse anbelangt, so sind, wie beim Kriterium "Entgelt", Wechselkursschwankungen und das Länderrisiko zu beachten. Der Höhe nach von äußeren Einflüssen abhängige Tilgungsansprüche liegen auch bei indexierten Anleihen ("index linked bonds") vor, bei denen der Rückzahlungsbetrag an bestimmte Sachwerte (z.B. Gold, Silber, Rohöl) oder einen Index (z.B. Börsenindex, Preisindex) gekoppelt ist[80]. Auch der Tilgungszeitpunkt kann vom Eintritt einer Bedingung abhängig sein, so etwa bei Anleihen, deren Fälligkeit durch Losentscheid bestimmt wird. Zu nennen sind auch aleatorische Forderungen, deren Laufzeit vom Leben des Berechtigten, des Verpflichteten oder einer anderen Person abhängig ist[81].

(4) Was schließlich den *Zeitpunkt* der Tilgung anbelangt[82], so sind ausschließlich Forderungstitel mit unbedingter Tilgungsverpflichtung zu analysieren. Dabei sind gesamtfällige und in Raten zu tilgende Forderungstitel zu unterscheiden. Letztere können zum einen danach differenziert werden, ob die

---

78   FRANKE/HAX, Finanzwirtschaft, 1990, S. 399 f.

79   Konstruktionen dieser Art treten insbesondere bei Anleihen auf (sog. "callable bonds"; siehe dazu etwa BRENNAN/SCHWARTZ, Bonds, JoFE 1977, S. 70 f.). Das Kündigungsrecht ist i.d.R. mit der Befugnis zur Konvertierung der Anleihebedingungen verbunden. Mit der Kündigung bzw. Konvertierung stellt der Schuldner den Gläubiger vor die Wahl, einer Zinsherabsetzung, einer Laufzeitveränderung und/oder einer Änderung des Tilgungsverfahrens zuzustimmen oder die bare Auszahlung des Tilgungsbetrags zu verlangen (BEYER/BESTMANN, Finanzlexikon, 1989, S. 163 "Konvertierung").

80   LÖFFLER, Anleihen, 1987, S. 309-312. Auf diese Variante wird nicht näher eingegangen.

81   Aleatorische Forderungen bleiben im weiteren Verlauf der Arbeit unberücksichtigt, da Leibrentenansprüche im Betriebsvermögen einer bilanzierenden Unternehmung nur eine geringe Bedeutung besitzen (NIEPOTH, Renten, 1992, S. 131 f.).

82   Siehe dazu LÖFFLER, Anleihen, 1987, S. 125-128.

Tilgungsperiode erst nach Ablauf einer tilgungsfreien Zeit oder unmittelbar nach Emission beginnt, zum anderen danach, ob eine Annuitäten- oder eine Ratentilgung vereinbart wurde. Neben dem Tilgungsprocedere ist die Laufzeit des Titels zu bestimmen.

(5) Für die Bestimmung der (absoluten) *Höhe* der Tilgungszahlung gelten die für die Entgeltzahlungen des Emittenten angestellten Überlegungen analog. Hinsichtlich des Verhältnisses der Rückzahlungshöhe zum Nennwert lassen sich (wie bei der Gegenleistung des Erwerbers) Zahlungen unter, über und zu pari unterscheiden, je nachdem, ob der Tilgungsbetrag unter oder über dem Nennwert liegt bzw. diesem entspricht.

b. Leistungsverpflichtungen des Titelinhabers

Die Leistungsverpflichtungen des Titelinhabers aus dem Kontraktobjekt sind in Abbildung 16 aufgrund ihrer vergleichsweise geringen Bedeutung und der besseren Übersichtlichkeit wegen nicht eingezeichnet. In der Regel stehen dem Emittenten gegenüber dem Titelinhaber nämlich keine Ansprüche aus dem Kontraktobjekt zu. Die Forderungen des Veräußerers bei derivativem bzw. des Emittenten bei originärem Erwerb haben ihre Ursache vielmehr regelmäßig in dem Vertrag über den Finanzierungstitel, nicht im Finanzierungstitel selbst[83]. Es bestehen jedoch auch Ausnahmen. Zu nennen sind insbesondere teileingezahlte Anteile oder Beteiligungstitel mit Nachschußverpflichtungen, deren Inhaber zu weiteren Einzahlungen an den Emittenten aufgefordert werden können[84].

Neben dem Emittenten kommen auch Externe als (potentielle) Empfängergruppe von kontraktobjektbedingten Leistungen des Titelinhabers in Betracht. Zu nennen sind insbesondere die Gläubiger der Unternehmung (des Emittenten). Sie können zum einen dann Ansprüche geltend machen, wenn der Titelinhaber von Gesetzes wegen für Verbindlichkeiten des Emittenten persönlich und unbeschränkt haftet[85]. Zu Zahlungen an den genannten Personenkreis kann sich der Titelinhaber aber auch vertraglich (z.B. durch Bürgschaftsübernahme) verpflichten.

---

83 Dies gilt in erster Linie für die regelmäßig vereinbarte Verpflichtung des Erwerbers zur Zahlung des Kaufpreises.

84 Vgl. §§ 26-28 GmbHG, § 105 GenG.

85 Für die insoweit relevanten Anteile der persönlich und unbeschränkt haftenden Gesellschafter einer GbR, OHG, KG und KGaA vgl. § 735 BGB, §§ 128, 161 Abs. 2 HGB, § 278 Abs. 1 AktG; ähnliche Zahlungsverpflichtungen ergeben sich ggf. auch bei nicht voll eingezahlten Anteilen (vgl. etwa § 171 Abs. 1 HGB).

c. Informations- und Einwirkungsrechte des Titelinhabers

α. Informationsrechte

Für eine rationale Ausübung der noch darzustellenden Einwirkungs- und Gestaltungsrechte benötigt der Titelinhaber Informationen. Die gesetzlichen Informationspflichten des Emittenten bestehen in erster Linie in der Veröffentlichung des Jahresabschlusses und knüpfen an verschiedene Merkmale wie Rechtsform, Unternehmensgröße oder Branche an[86]. Kommt der Emittent seiner Veröffentlichungspflicht nach, so sind diese Informationen grundsätzlich der gesamten Öffentlichkeit zugänglich. Dagegen führt die Geltendmachung von Auskunftsrechten durch den Titelinhaber dazu, daß nur dieser die entsprechenden Informationen erhält[87]. Auskunftsrechte stehen jedem Inhaber eines Beteiligungstitels zu. Ist ein Gesellschafter zur Geschäftsführung befugt, erhält er ohnehin Kenntnis von der wirtschaftlichen Entwicklung der Unternehmung. Andernfalls bestehen gesellschaftsrechtliche Vorkehrungen, um ein Mindestmaß an Auskunfts-, Kontroll- und Einsichtsrechten zu gewährleisten[88]. Inhaber von Forderungstiteln werden grundsätzlich nicht in dieser Weise geschützt; vertraglich können jedoch abweichende Regelungen getroffen werden.

ß. Einwirkungsrechte

Neben Informationsrechten besitzt der Titelinhaber möglicherweise Einwirkungsrechte, die ihm gestatten, auf die Geschäftspolitik des Emittenten Einfluß zu nehmen. Dadurch kann der Titelinhaber die Qualität des Titels gemäß seinen Präferenzen beeinflussen[89]. Einwirkungsrechte[90] stehen grundsätzlich den Inhabern von Beteiligungstiteln zu, je nach Kontraktobjekttyp und dessen Ausgestaltung jedoch in unterschiedlichem Maße[91].

Während Einwirkungsrechte bei Beteiligungstiteln regelmäßig zu bejahen sind, treten sie bei Forderungstiteln nur in Ausnahmefällen auf. So kann ein Kreditgeber

---

86 Siehe insbesondere §§ 325 ff. HGB, § 9 PublG, § 25a KWG.

87 FRANKE/HAX, Finanzwirtschaft, 1990, S. 354 f.

88 Siehe etwa §§ 118, 166 HGB, § 131 Abs. 1 AktG, § 51a GmbHG, § 48 Abs. 3 GenG.

89 FRANKE/HAX, Finanzwirtschaft, 1990, S. 351.

90 Zur weiteren Differenzierung von Einwirkungsrechten siehe FRANKE/HAX, Finanzwirtschaft, 1990, S. 351-354.

91 Da der Umfang der Einwirkungsrechte für die Systematisierung des Finanzvermögens von erheblicher Bedeutung ist, soll dieser Gesichtspunkt in einem eigenen Abschnitt diskutiert werden (siehe unten, § 3, Punkt I, S. 84 ff.).

die Vergabe eines Kredits an bestimmte Auflagen knüpfen, die der Kreditnehmer zu erfüllen hat. Diese Auflagen können auf die Geschäftspolitik des Emittenten direkt einwirken (etwa, wenn der Kreditvertrag Vorschriften für die Geschäftspolitik enthält) oder indirekt Einfluß nehmen (etwa, indem die Mitwirkung des Kreditgebers in einem Geschäftsorgan vereinbart wird). Schließlich stellt auch das Gestaltungsrecht "Kündigung" ein Instrument zur Beeinflussung der Geschäftspolitik des Emittenten insbesondere in den Fällen dar, in denen dem Emittenten eine Refinanzierung schwerfällt[92].

d. Gestaltungsrechte des Titelinhabers

Als Gestaltungsrechte des Titelinhabers werden seine "Handlungsmöglichkeiten bezeichnet, die ihm erlauben, seine Rechte und Pflichten aus dem Titel gegenüber dem Emittenten zu verändern"[93]. Dabei sollen i.f. das Veräußerungsrecht, das Kündigungsrecht und sonstige Gestaltungsrechte unterschieden werden[94] (siehe auch oben, Abbildung 16, S. 66).

α. Das Veräußerungsrecht

Ob und unter welchen Bedingungen die Veräußerung eines Finanzierungstitels durch den Erwerber zulässig ist, wird im Gesetz, Gesellschaftsvertrag und sonstigen Verträgen zwischen dem Emittenten bzw. dem Veräußerer und dem Erwerber geregelt[95]. Grundsätzlich steht es dem Inhaber frei, seine ihm gegen den Emittenten zustehenden Rechte auf einen Dritten zu übertragen. Es gibt jedoch auch Ausnahmen. So kann die Veräußerung eines Forderungstitels durch eine Vereinbarung zwischen Emittent/Veräußerer und Erwerber ausgeschlossen sein[96]. Eine solche Vereinbarung ist auch bei Beteiligungstiteln denkbar. Veräußerungsverbote sind hier jedoch selten. Praktisch bedeutsamer ist die

---

92 FRANKE/HAX, Finanzwirtschaft, 1990, S. 351 f. Aus Sicht des Schuldners handelt es sich in diesen Fällen regelmäßig um Fremdkapital mit ökonomischem Eigenkapital-Teilcharakter (siehe oben, Punkt 1.b.α, S. 62 ff.).

93 FRANKE/HAX, Finanzwirtschaft, 1990, S. 346.

94 FRANKE/HAX, Finanzwirtschaft, 1990, S. 346-350.

95 FRANKE/HAX, Finanzwirtschaft, 1990, S. 346.

96 Denkbar sind auch gesetzliche Veräußerungsverbote; so ist bspw. der Körperschaftsteueranrechnungsanspruch, der zu den Forderungstiteln im weiteren Sinne zählt, nicht abtretbar (siehe Abschnitt 213f Abs. 4 EStR).

Verfügungsbeschränkung, daß der Übergang des Titels an die Zustimmung Dritter gebunden ist[97].

ß. Das Kündigungsrecht

Eine Alternative zur Veräußerung eines Finanzierungstitels ist seine Kündigung. Während beim Titelverkauf alle mit dem Titel verbundenen Rechte und Pflichten bestehen bleiben und danach lediglich von einer anderen Person geltend gemacht werden, führt eine Kündigung zu deren Erlöschen. Das Kündigungsrecht bei Forderungstiteln kann entweder zu einem bestimmten Zeitpunkt oder am Ende eines Zeitraums ausgeübt werden[98]. Beteiligungstitel sind im Regelfall nicht mit einem Kündigungsrecht ausgestattet; die bedeutendste Ausnahme stellen die Geschäftsguthaben bei Genossenschaften dar[99].

γ. Sonstige Gestaltungsrechte

Zu den Rechten des Titelinhabers können auch sonstige Gestaltungsrechte (Optionen) zählen. Ihre Ausübung führt zu einer Änderung der Rechtsnatur, also zu einer Wandlung des Titels[100]. Die wichtigsten Formen von Optionen sollen hier danach differenziert werden, ob sie untrennbar mit dem Finanzierungstitel verbunden oder von diesem lösbar sind. Dabei kann das Recht des Titelinhabers jeweils darin bestehen, vom Emittenten die Lieferung eines Vermögenswertes zu verlangen; mit der Option kann jedoch auch (lediglich) eine Variation der im Grundsatz unverändert bleibenden Leistungen des Emittenten gefordert werden (siehe Abbildung 18):

---

97 Dies gilt insbesondere für Anteile an Personengesellschaften (siehe dazu FLUME, Personengesellschaft, 1977, S. 345-377). Zu Besonderheiten bei vinkulierten Namensaktien vgl. § 68 Abs. 2 AktG, von Teilen eines GmbH-Geschäftsanteils § 17 GmbHG sowie zu Anteilen an Genossenschaften § 76 GenG.

98 Vgl. im einzelnen BRENNAN/SCHWARTZ, Bonds, JoFE 1977, S. 67-70. Zu nennen sind etwa die von der Bundesrepublik Deutschland emittierten Bundesschatzbriefe (siehe HARTER/FRANKE/HOGREFE/SEGER, Wertpapiere, 1990, S. 238-241). Es besteht selbstverständlich auch die Möglichkeit, entsprechende Vereinbarungen individuell zu treffen.

99 Siehe §§ 65-67b GenG.

100 FRANKE/HAX, Finanzwirtschaft, 1990, S. 349.

Abbildung 18

Systematisierung sonstiger Gestaltungsrechte

Vom Finanzierungs-titel trennbar ? / Inhalt des Optionsrechts	Anspruch auf Lieferung eines Vermögenswerts	Anspruch auf Variation der Leistung des Emittenten
ja	(1)	(2)
nein	(3)	(4)

(1) Das wohl bekannteste Beispiel für den Fall, daß der Titelinhaber ein vom Finanzierungstitel lösbares Recht auf Zurverfügungstellung eines Vermögenswerts besitzt, ist die Optionsanleihe[101]. Die Optionsanleihe ist bei Emission mit einem trennbaren Optionsschein verbunden, der den Titelinhaber gegen Zahlung des sog. Basispreises zum (originären) Erwerb von Aktien der die Optionsanleihe emittierenden Unternehmung berechtigt. Neben diesem aktienorientierten "Grundmodell" gibt es auch Optionen, die, als Annex von Anleihen, zum Bezug weiterer Obligationen berechtigen (sog. debt warrants)[102]. Als weitere Bezugsobjekte werden in der Praxis Rohstoffe, Edelmetalle oder Devisen vereinbart[103].

(2) Vom Finanzierungstitel trennbare Optionsrechte des Titelinhabers zur Variation der vom Emittenten geschuldeten Leistungen sind dem Verfasser nicht bekannt. Eine solche Konstruktion erscheint auch kaum denkbar, da ein Dritter wohl kaum auf die zwischen dem Emittenten und dem Inhaber des "reinen" Titels bestehenden vertraglichen Beziehungen Einfluß nehmen kann.

---

101 Siehe zu diesem Kontraktobjekttyp (Variante "Kombinationsform") oben, Punkt 1.b.ß, S. 65.

102 LÖFFLER, Anleihen, 1987, S. 179-193; RÖLLER, Fremdfinanzierung, 1988, S. 297; zu weiteren Varianten von Optionsanleihen siehe auch BÜSCHGEN, Bankbetriebslehre, 1991, S. 133 f.

103 RÖLLER, Fremdfinanzierung, 1988, S. 297. Vor allem in jüngerer Zeit wurden Optionen auch isoliert, d.h. nicht in Verbindung mit einer Anleihe emittiert. Diese sog. "naked warrants" verleihen dem Inhaber i.d.R. das Recht auf derivativen Erwerb von Aktien oder Anleihen (BÜSCHGEN, Bankbetriebslehre, 1991, S. 134). Da der Emittent dieser Optionsscheine mithin entsprechende Wertpapiere besitzen muß, spricht man auch von gedeckten Optionsscheinen oder "covered warrants".

(3) Das klassische Beispiel eines vom Finanzierungstitel nicht trennbaren Optionsrechts zur Lieferung eines Vermögenswerts ist die Wandelschuldverschreibung. Wie bereits oben[104] erwähnt, kann der Titelinhaber die Wandelschuldverschreibung (gegen Zuzahlung) in andere Vermögenswerte, nämlich in Aktien des emittierenden Unternehmens, umtauschen. Dieses Recht ist jedoch nicht selbständig veräußerbar, sondern kann nur zusammen mit der "reinen" Anleihe übertragen werden.

(4) Optionsrechte, die untrennbar mit dem Finanzierungstitel verbunden sind, können dem Titelinhaber schließlich auch die Befugnis verleihen, vom Emittenten eine Variation der grundsätzlich unveränderten Leistungsmodalitäten zu verlangen. Die Möglichkeiten sind dabei nahezu unbegrenzt. Um eine Vorstellung von der Gestaltungsvielfalt zu vermitteln, sollen einige wenige Anwendungsfälle genannt werden[105]. Zu erwähnen ist etwa die Befugnis des Inhabers einer Währungsoptionsanleihe ("currency option bond"), Zinszahlungen in der Anleihewährung oder wahlweise in einer anderen Währung zu einem festgelegten Wechselkurs zu verlangen. Ein anderes Beispiel stellen bestimmte Formen von variabel verzinslichen Anleihen ("Floating Rate Notes") dar: "Flip-Flop Floating Rate Notes" können vom Inhaber in kürzer laufende Anleihen mit niedrigerem Zins umgewandelt werden, "convertible Floating Rate Notes" geben dem Anleger das Recht auf Umwandlung in eine festverzinsliche Anleihe, "undated Floating Rate Notes" sind ohne Rückzahlungstermin ausgestattet, bieten dem Anleger jedoch die Option, die Papiere in Floating Rate Notes mit fester Laufzeit, aber ungünstigeren Konditionen einzutauschen.

---

104 Siehe Punkt 1.b.ß, S. 65.
105 Vgl. im einzelnen LÖFFLER, Anleihen, 1987, S. 203-217.

e. Bezugsrechte des Titelinhabers

Das Bezugsrecht eines Aktionärs[106] bezeichnet den gesetzlichen, allerdings abdingbaren Anspruch der bisherigen Gesellschafter auf Bezug junger Aktien entsprechend ihrem Anteil am Grundkapital, das ihnen die Möglichkeit gibt, eine Veränderung der Machtverhältnisse zu erschweren[107]. Es entsteht konkret mit der wirksamen Fassung des Kapitalerhöhungsbeschlusses[108]. Anwendungsfälle sind die Kapitalerhöhung gegen Einlage (§§ 186 Abs. 1, 203 Abs. 1 AktG) sowie die Emission von Gewinnobligationen, Genußscheinen, Wandel- und Optionsanleihen (§ 221 Abs. 4 AktG).

III. Die Marktebene
A. Der Organisationsgrad als Beurteilungskriterium eines Marktes

Wie oben erläutert[109], steht dem Inhaber eines Finanzierungstitels i.d.R. ein Veräußerungsrecht zu. Der Wert dieses Veräußerungsrechts ist abhängig vom Organisationsgrad des Marktes, auf dem der entsprechende Finanzierungstitel gehandelt wird, denn der Organisationsgrad wird an der Höhe der Transaktionskosten gemessen, die der Handel von Finanzierungstiteln auf diesem Markt hervorruft[110]. Da ein höherer Organisationsgrad sinkende Transaktionskosten mit sich bringt und damit den in Geldeinheiten ausgedrückten Nutzen des Veräußerers erhöht, gewinnt das Veräußerungsrecht des Emittenten mithin mit wachsendem Organisationsgrad an Wert. Dabei kann eine Senkung der Transaktionskosten mit einer Reihe von Mitteln erreicht werden[111].

---

106 Ein gesetzlich normiertes Bezugsrecht für GmbH-Gesellschafter gibt es nicht (§ 55 Abs. 2 GmbHG); in der Literatur wird jedoch zunehmend von einem ungeschriebenen Anspruch der Altgesellschafter ausgegangen (siehe LUTTER/HOMMELHOFF 1991, GmbHG § 55 Rn. 7; ROWEDDER/ZIMMERMANN 1990, GmbHG § 55 Anm. 30-34).

107 WÖHE/BILSTEIN, Unternehmensfinanzierung, 1991, S. 74-80. Kritisch zur herkömmlichen (positiven) Beurteilung dieses "Verwässerungsschutzes" mit Hinweis auf das insoweit anders geartete amerikanische Recht KÜBLER/MENDELSOHN/MUNDHEIM, Kosten, AG 1990, S. 461-475.

108 HEFERMEHL/BUNGEROTH in G/H/E/K 1989, AktG § 186 Anm. 14, m.w.N.

109 Siehe Punkt II.C.2.d.α, S. 75 f.

110 FRANKE/HAX, Finanzwirtschaft, 1990, S. 367.

111 Siehe im folgenden FRANKE/HAX, Finanzwirtschaft, 1990, S. 367-369; siehe auch HARTER/FRANKE/HOGREFE/SEGER, Wertpapiere, 1990, S. 38 f.; H. SCHMIDT, Wertpapierbörsen, 1988, S. 5-28.

Als erstes Instrument ist die Standardisierung der gehandelten Titel zu nennen. Dies bedeutet, daß zum einen die Ausgestaltung des Titels selbst vereinheitlicht wird und gesetzlichen Bestimmungen unterliegt. Zum anderen bedeutet Standardisierung auch Austauschbarkeit und Homogenität der einzelnen Stücke eines Titels. Wird für einen solchen Titel auf dem Markt dann ein einheitlicher Preis festgestellt, so braucht der potentielle Erwerber nicht zu befürchten, von seinem Handelspartner übervorteilt zu werden. Es entfällt somit das Problem der Auswahl zwischen verschiedenen Handelspartnern. Hoch standardisierte Finanzierungstitel sind bspw. Aktien; Rechte und Pflichten sind weitgehend gesetzlich normiert[112]. Als Beispiel für wenig standardisierte Titel sind Anteile an Personengesellschaften zu nennen. Dies hat seine Ursache v.a. in der Gestaltungsfreiheit der Vertragspartner, da das Gesetz insofern weitgehend dispositiver Natur ist[113].

Als weiteres Instrument zur Verringerung von Transaktionskosten ist die Beschränkung der Haftung des Titelinhabers zu nennen, die den Interessenten aufgrund der damit verbundenen Risikobegrenzung in gewissem Umfang von aufwendigen und zeitraubenden Nachforschungen entlastet. Die Standardisierung der Vertragstypen (etwa durch unwiderrufliche Fixierung der Zeitpunkte für Leistung und Gegenleistung) trägt, aus ähnlichen Gründen wie bei der Standardisierung der Titel, ebenfalls zu einer Verringerung der Transaktionskosten bei. Ein bedeutsamer Aspekt ist weiterhin die Vereinfachung der Eigentumsübertragung. In Wertpapieren verbriefte, auf den Inhaber lautende Finanzierungstitel sind insofern besonders positiv zu beurteilen, da das Eigentum durch einfache Einigung und Übergabe übergehen kann[114]. Das andere Extrem stellen GmbH-Anteile dar, deren Übertragung einer notariellen Beurkundung bedarf[115]. Als weitere Maßnahmen seien die zeitliche und örtliche Konzentration des Handels, eine strenge Regelung des Preisermittlungsverfahrens, die Sicherung der Erfüllung von geschlossenen Verträgen, die Publizierung des Marktgeschehens sowie die Verpflichtung des Emittenten zur Publizität genannt[116]. Diese Instrumente dienen in erster Linie der Senkung von Informationskosten.

---

112 Siehe etwa §§ 8-12 AktG.

113 Siehe insbesondere § 109 HGB.

114 Wertpapiere können jedoch auch als Order- oder Rektapapiere ausgestaltet sein (siehe zum Wertpapierbegriff im einzelnen DELORME, Wertpapiere, HWF 1976, Sp. 1828-1834; zur Abgrenzung vom Terminus "Effekten" vgl. KOLBECK, Effekten, HWB 1974, Sp. 1223-1231).

115 § 15 Abs. 3 GmbHG.

116 FRANKE/HAX, Finanzwirtschaft, 1990, S. 368 f.

B. Der Organisationsgrad der Märkte für Finanzierungstitel

Die bisherigen Ausführungen haben deutlich gemacht, daß der Begriff Finanzierungstitel eine Vielzahl von Formen und Typen umfaßt. Die vorgefundene Vielfalt legt den Schluß nahe, daß es nicht einen einzigen Markt, sondern mehrere Märkte für Finanzierungstitel gibt. Allerdings kann es nicht Aufgabe dieser Arbeit sein, der Frage nach der "richtigen" Marktabgrenzung nachzugehen[117]. Es soll hier vielmehr genügen, die (Teil-) Märkte für Finanzierungstitel danach zu systematisieren, ob sie (eher) hoch organisiert oder (eher) wenig organisiert sind[118].

Der Prototyp des hoch organisierten Marktes ist die Börse, mit der Käufer und Verkäufer zusammengeführt werden. Im Gegensatz dazu muß beim "Individualhandel" jeder Käufer und Verkäufer seinen Marktpartner selbst suchen und den Kontakt mit ihm herstellen[119].

1. Der Börsenhandel

Die an einer Börse gehandelten Titel (insbesondere Aktien und Anleihen[120]) sind hoch standardisiert. Eine über den gezahlten Kaufpreis hinausgehende Haftung des Titelinhabers kommt bei Anleihen, wie bei allen Forderungstiteln, nicht in Frage und ist auch bei Aktien ausgeschlossen. Da börsennotierte Aktien und Anleihen regelmäßig in Inhaberpapieren verbrieft sind, ist die Eigentumsübertragung unproblematisch. Der Handel ist zeitlich und räumlich konzentriert. Zur Senkung von Informationskosten tragen zusätzlich die (mehrfache) Publikation des Marktgeschehens und die Publizitätsverpflichtung der Emittenten bei. Erwähnenswert ist, daß sich der Börsenhandel mit Beteiligungstiteln auf "einzelne" Aktien beschränkt; dagegen sind "Aktienpakete", etwa eine 20%ige Beteiligung an

---

117 Siehe dazu etwa JACOB, Preispolitik, 1963, S. 27-32.

118 FRANKE/HAX, Finanzwirtschaft, 1990, S. 367-372.

119 Zur Differenzierung in Börsenhandel und Individualhandel (bzw. in börsenmäßigen Absatz und Einzelabsatz) siehe JACOB, Preispolitik, 1963, S. 39-43; VORMBAUM, Finanzierung, 1990, S. 32-34. Die von JACOB ebenfalls zum börsenmäßigen Handel gerechneten Auktionen (JACOB, a.a.O., S. 41) können hier vernachlässigt werden; es ist hier überdies irrelevant, ob die Preisbildung durch Aushandeln oder durch Preis- und/oder Mengenfestsetzung durch Käufer oder Verkäufer zustandekommt (vgl. dazu JACOB, a.a.O., S. 42 f.; KRELLE, Preistheorie, 1976, S. 2 f.).

120 Unter die börsengehandelten Finanzierungtitel sollen hier auch Investmentzertifikate subsumiert werden, da die (ggf. allerdings eingeschränkte) Rücknahmegarantie zu einem ähnlich hohen Fungibilitätsgrad führt.

einer Gesellschaft, im Regelfall nur im Wege des Individualhandels veräußerbar[121].

Die Form des Handels und die Strenge der Zulassungsvorschriften sind abhängig vom jeweiligen Börsensegment[122]. In der Bundesrepublik existieren zur Zeit drei bzw. vier (vertikale[123]) Börsensegmente[124]: Die strengsten Zulassungsbedingungen gelten für den amtlichen Handel[125]; so muß bspw. das emittierende Unternehmen vor Börseneinführung mindestens drei Jahre bestanden haben, der Kurswert der einzuführenden Aktien mindestens 2,5 Millionen DM und die Mindeststreuung des Kapitals im Publikum mindestens 25 % betragen. Nur im amtlichen Handel wird, abweichend von der Umgangssprache, unter staatlicher Aufsicht ein Kurs festgesetzt, "welcher der wirklichen Geschäftslage des Verkehrs an der Börse entspricht"[126]. Im nichtamtlichen Handel hingegen werden keine Kurse, sondern lediglich Preise ermittelt. Am Geregelten Markt, für den im Vergleich zum amtlichen Handel weniger strikte Zulassungsbedingungen und Publizitätsanforderungen charakteristisch sind[127], wird die Preisfeststellung jedoch zumindest amtlich beaufsichtigt. Beim Freiverkehr erfolgt die Preisfeststellung dagegen nach näherer Bestimmung durch die jeweilige Börsenordnung ohne staatliche Aufsicht[128]. Er wird in erster Linie zwischen Kreditinstituten und freien Maklern abgewickelt. Während der sog. geregelte Freiverkehr während der Börsenzeit in der Börse abgewickelt wird, findet der Handel im sog. ungeregelten Freiverkehr ausschließlich telefonisch statt ("Telefonverkehr")[129]. Im Gegensatz zum amtlichen Handel und zum Geregelten Markt werden im Freiverkehr im übrigen keine Kurse bzw. (Einheits-) Preise, sondern Spannenpreise veröffentlicht, d.h. es wird jeweils die Spanne zwischen

---

121 Siehe auch BELLINGER/VAHL, Unternehmensbewertung, 1992, S. 343.

122 Siehe dazu HARTER/FRANKE/HOGREFE/SEGER, Wertpapiere, 1990, S. 54 ff.; H. SCHMIDT, Wertpapierbörsen, 1988, S. 36-39.

123 Horizontale Börsensegmente entstehen durch Aufgliederung der vertikalen Marktsegmente in weitere Teilmärkte, z.B. in Kassa-, Termin- und Optionsmarkt (BEYER/BESTMANN, Finanzlexikon, 1989, S. 48 "Börsensegmente"; siehe auch H. SCHMIDT, Wertpapierbörsen, 1988, S. 45-96).

124 HARTER/FRANKE/HOGREFE/SEGER, Wertpapiere, 1990, S. 54-58; H. SCHMIDT, Wertpapierbörsen, 1988, S. 36-39.

125 §§ 36-49 BörsG.

126 § 29 Abs. 3 BörsG.

127 §§ 71-77 BörsG.

128 § 78 BörsG.

129 HARTER/FRANKE/HOGREFE/SEGER, Wertpapiere, 1990, S. 57 f.; HIELSCHER in OBST/HINTNER 1993, S. 1171 f.

Angebot und Nachfrage angegeben, innerhalb derer sich die Abschlüsse des Tages bewegt haben[130].

2. Der Individualhandel

Der Individualhandel ist dadurch gekennzeichnet, daß jedes einzelne Unternehmen sich seinen Marktpartner suchen und Verbindung mit ihm aufnehmen muß[131]. Auf diese Organisationsform sind insbesondere kleinere Unternehmen angewiesen, da die Einrichtung eines hoch organisierten Marktes in Form einer Börse erhebliche Kosten verursacht und die bezweckte Verminderung der Transaktionskosten sich nur dann erreichen läßt, wenn die täglich umgesetzten Titel ein erhebliches Volumen repräsentieren[132].

Einen geringen Organisationsgrad weist sowohl der Handel in nicht börsen-gehandelten Beteiligungs- als auch Forderungstiteln auf. Die mangelnde Marktgängigkeit von Anteilen als persönlich haftender Gesellschafter einer OHG, KG oder KGaA läßt sich bereits auf die unbeschränkte und unbeschränkbare Haftung des jeweiligen Titelinhabers zurückführen. Der Handel in GmbH- und Kommandit-Anteilen wird insbesondere durch die mangelnde Standardisierung und die schwerfällige Form der Eigentumsübertragung behindert. Ein Markt für Genossenschaftsanteile existiert nicht, da die Mitgliedschaft in einer Genossenschaft nicht veräußerbar ist[133].

Ein Handel in nicht börsengehandelten Forderungstiteln ist ebenfalls nicht üblich. Der Hauptgrund dürfte in der mangelnden Standardisierung der entsprechenden Kontrakte liegen, da nicht nur die Modalitäten von Zins- und Tilgungsleistungen, sondern auch die Art der Sicherheitsleistung individuell vereinbart werden (können)[134].

---

130 HIELSCHER in OBST/HINTNER 1993, S. 1172.

131 JACOB, Preispolitik, 1963, S. 42.

132 FRANKE/HAX, Finanzwirtschaft, 1990, S. 371.

133 FRANKE/HAX, Finanzwirtschaft, 1990, S. 372.

134 FRANKE/HAX, Finanzwirtschaft, 1990, S. 371.

§ 3 : Systematisierung des Finanzvermögens

Zum Abschluß der betriebswirtschaftlichen Analyse werden die Bestandteile des Finanzvermögens auf zwei bereits in § 2 herausgestellte Merkmale hin untersucht, die aus ökonomischer Sicht von besonderer Bedeutung sind. Das Resultat ist eine Zuordnung zur Gruppe der "engagierten" oder "distanzierten" Finanzierungstitel einerseits sowie der "Renditetitel" oder "Verbundtitel" andererseits.

I. Engagierte und distanzierte Finanzierungstitel
A. Begriffserläuterungen

Die Differenzierung nach engagierten und distanzierten Finanzierungstiteln findet ihre Begründung im Umfang der dem Titelinhaber zustehenden Einwirkungsrechte. Die Bedeutung dieser Termini soll mit Hilfe von Abbildung 19 erläutert werden:

Abbildung 19

Der Umfang der Einwirkungsrechte:
Engagierte und distanzierte Finanzierungstitel

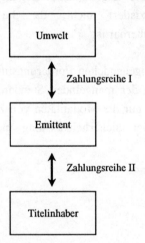

Engagierte Finanzierungstitel zeichnen sich dadurch aus, daß ihr Inhaber auf die Zahlungsreihen zwischen Umwelt[135] und Emittent (Zahlungsreihe I) sowie

---

135 Zur Umwelt zählen hier alle Personen, die nicht Emittent oder Titelinhaber sind, also auch der Veräußerer.

zwischen Emittent und seiner Person (Zahlungsreihe II) Einfluß nehmen kann[136]. Zur Ausübung dieses Einflusses benötigt der Titelinhaber (Mit-) Entscheidungs-, (Mit-) Gestaltungs-, kurz: Einwirkungsrechte[137]. Engagierte Finanzierungstitel zeichnen sich mithin dadurch aus, daß sie ihrem Inhaber Einwirkungsrechte in nennenswertem Umfang vermitteln. Die rationale Ausübung dieser Rechte erfordert ein aktives, unternehmerisches Engagement, der Titelinhaber ist mithin weniger Kapitalanleger denn Unternehmer. Der Titel selbst ist lediglich die äußere Form, in der sein Inhaber im Wirtschaftsleben auftritt[138]. Dies wird besonders deutlich am Beispiel einer 100%igen Beteiligung an einer GmbH. Ihr Inhaber kann sowohl Zahlungsreihe I als auch (und besonders) Zahlungsreihe II planen und steuern. Er nimmt wirtschaftlich die gleiche Stellung ein wie ein Ein-zelunternehmer, der die unmittelbare Verfügungsgewalt über die seinem Unternehmen gehörenden Vermögenswerte besitzt[139]. Für den alleinigen Gesellschafter einer GmbH ist folglich der durch den Titel verkörperte Produktionsapparat und nicht der Titel selbst von Interesse.

Distanzierte Finanzierungstitel geben ihrem Inhaber dagegen nicht die Möglichkeit zur Einflußnahme auf die in Abbildung 19 dargestellten Zahlungsreihen. Während es für den Inhaber eines engagierten Titels folglich darum geht, die jeweiligen Zahlungsströme zu gestalten und zu planen, kann sie der Eigner eines distanzierten Titels lediglich prognostizieren[140]. Wirtschaftlich gesehen ist daher bspw. ein Kleinaktionär als Kapitalanleger, nicht als Unternehmer anzusehen.

B. Die Zuordnung der Kontraktobjekttypen zu den engagierten oder di-stanzierten Finanzierungstiteln

Die Zuordnung der diversen Kontraktobjekttypen zu einer der beiden be-schriebenen Formen von Finanzierungstiteln ist nur selten völlig eindeutig. I.d.R.

---

136 Ähnliche Gedanken finden sich bei DIRRIGL, Bewertung, 1988, S. 28 f. Siehe auch ROSE/GLORIUS, Unternehmungsformen, 1992, S. 105-108.

137 Siehe dazu oben, § 2, Punkt II.C.2.c.ß, S. 74 f.

138 ELMENDORFF, Streubesitz, WPg 1966, S. 548.

139 ELMENDORFF, Streubesitz, WPg 1966, S. 548. Der Erwerb sämtlicher Anteile an einem Unternehmen wird für die Ableitung von Gewährleistungsansprüchen denn auch dem Er-werb des von dieser Gesellschaft gehaltenen Unternehmens gleichgestellt (BGH VIII ZR 142/74 vom 12.11.1975, BGHZ 65, S. 246); wird dagegen eine bis zu etwa 60%ige Beteiligung erworben, so handelt es sich um einen Rechtskauf (BGH VIII ZR 64/79 (KG) vom 2.6.1980, NJW 1980, S. 2409).

140 DIRRIGL, Bewertung, 1988, S. 29. Zum Verhältnis von Planung und Prognose siehe unten, 3. Kapitel, § 1, Punkt II.B.2, S. 111 ff.

kann lediglich festgestellt werden, daß eher die charakteristischen Merkmale der einen oder der anderen Gattung vorliegen[141]. Mit dieser Einschränkung erscheinen jedoch einige generalisierende Bemerkungen erlaubt.

Es wurde bereits darauf hingewiesen, daß Forderungstitel ihrem Inhaber nur in Ausnahmefällen Einwirkungsrechte vermitteln. Sie sind demzufolge prinzipiell den distanzierten Finanzierungstiteln zuzuordnen. In die gleiche Kategorie fallen Anteile an offenen Investmentfonds, da nicht der Titelinhaber, sondern die Kapitalanlagegesellschaft die Rechte aus den verwalteten Titeln ausübt[142]. Zum gleichen Ergebnis führt eine Analyse der einem Genossen zustehenden Einwirkungsrechte aus einem Genossenschaftsanteil, da er aufgrund der gesetzlich vorgeschriebenen Stimmrechtsbeschränkung die Geschäftspolitik der Gesellschaft nur in äußerst eingeschränktem Umfang beeinflussen kann[143]. Der gesetzliche Regelfall des Kommanditanteils fällt ebenfalls in diese Kategorie, da dem Kommanditisten im wesentlichen lediglich Kontrollrechte zustehen[144].

Anteile als persönlich haftender Gesellschafter an einer OHG, KG oder KGaA sind hingegen aufgrund der mit ihnen verbundenen Geschäftsführungsrechte bzw. Geschäftsführungspflichten[145] als engagierte Titel zu bezeichnen. Ihren Inhabern stehen sogar grundsätzlich (wie einem Einzelunternehmer) Alleinentscheidungsrechte zu; allerdings kann ein anderer Gesellschafter der Handlung des ersten widersprechen[146].

Eine differenziertere Betrachtungsweise ist bei der Analyse von Aktien und GmbH-Anteilen notwendig. Die Zuordnungsentscheidung hat in erster Linie auf den Abstimmungsmodus und den Beteiligungsgrad abzustellen. Mit steigender Beteiligungsquote erhöht sich nämlich regelmäßig der Einfluß des Gesellschafters auf sowie seine Verantwortlichkeit für die Geschäftspolitik der Unternehmung[147], wandelt sich die Qualität des Anteils vom distanzierten zum engagierten Finanzierungstitel. Abbildung 20 verdeutlicht das Gesagte graphisch:

---

141 Dies ergibt sich bereits aus dem (nur partiell gesetzlich eingeschränkten) Prinzip der Vertragsfreiheit.

142 Siehe insbesondere §§ 9 Abs. 1, 10 Abs. 1 KAGG.

143 § 43 Abs. 3 Satz 1 GenG; zu Ausnahmen siehe Sätze 2-8 der Vorschrift.

144 Vgl. § 166 HGB.

145 Siehe insbesondere §§ 114 Abs. 1, 161 Abs. 2 HGB, § 278 Abs. 2 AktG.

146 §§ 115 Abs. 1, 161 Abs. 2 HGB, § 278 Abs. 2 AktG.

147 §§ 12 Abs. 1 Satz 1, 134 Abs. 1 Satz 1 AktG, § 47 Abs. 2 GmbHG; auf die Ausnahmen (stimmrechtslose Vorzugsaktien, Mehrstimmrechtsaktien, Höchststimmrechtsaktien) sei hingewiesen.

Abbildung 20

**Die Qualifizierung von Aktien und GmbH-Anteilen als engagierte
oder distanzierte Finanzierungstitel**

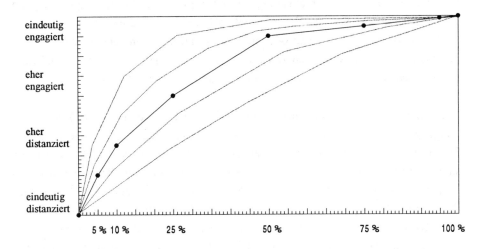

Abbildung 20 zeigt, daß der Anteil an einer inländischen AG oder GmbH[148] bei einer Beteiligungsquote nahe 0 % eindeutig als distanziert zu qualifizieren ist. In diesem Fall bestehen nahezu keine Einflußmöglichkeiten auf die in Abbildung 19 gezeigten Zahlungsströme[149]. Im anderen Extremfall (100 %) ist der Finanzierungstitel jedoch eindeutig der Kategorie der engagierten Titel zuzuordnen.

Die Festlegung einer exakten (Beteiligungs-) Grenze, ab der die Zuordnung zu der einen oder anderen Gruppe vorzunehmen ist, ist jedoch nicht möglich. Diesem Umstand wird in Abbildung 20 durch die lediglich ordinale und dazu noch unbestimmte Skalierung der Ordinate sowie die die "Trendlinie" umhüllende Wolke Rechnung getragen.

---

148 Bei Auslandsbeteiligungstiteln ist die jeweiligen nationale Rechtsordnung zugrunde zu legen.

149 Siehe dazu auch SCHMALENBACH, Beteiligungsfinanzierung, 1966, S. 171 f. Daß daran häufig auch kein Interesse besteht, wird z.B. an der gesetzlich vorgesehenen (siehe § 135 AktG) und in praxi rege genutzten Institution des Depotstimmrechts deutlich.

Die Unbestimmtheit des Kurvenverlaufs hat ihre Ursache zum einen darin, daß die Einwirkungsrechte aus einem Beteiligungstitel nicht nur von der absoluten Beteiligungsquote, sondern auch von deren Verhältnis zu den Beteiligungsquoten der anderen Gesellschafter abhängig ist. Ist bspw. eine 30%ige Beteiligung zu charakterisieren, so fällt das Ergebnis unterschiedlich aus, je nachdem, ob sich die restlichen 70 % in Streubesitz oder in einer Hand befinden. Des weiteren ist zu beachten, daß der Gesellschaftsvertrag bzw. die Satzung vom gesetzlichen Regelfall abweichende Quorums bestimmen kann[150].

Die dargestellte Kurve weist unzweifelhaft eine (nicht unbedingt streng) monotone Steigung auf. Ein weiteres charakteristisches Merkmal ist in den eingezeichneten Sprungstellen zu erkennen; hier ändert sich der Charakter des Titels nicht mehr stetig, sondern (mehr oder weniger) abrupt. Die Sprungstellen sind bei den Beteiligungsquoten von 5, 10, 25, 50, 75, 95 und 100 % zu erkennen[151], die hier den Stimmanteilen entsprechen sollen. Die wichtigsten Regelungen des AktG und GmbHG für den Umfang der Einwirkungsrechte des Titelinhabers sind auf der Folgeseite in Abbildung 21 dargestellt[152]. Darüber hinaus sind die genannten Grenzen partiell auch für andere handels- bzw. gesellschaftsrechtliche Regelungsbereiche[153], z.T. auch steuerlich[154] von Bedeutung.

---

150 Siehe beispielhaft § 133 Abs. 1, 2. Halbsatz, Abs. 2 AktG.

151 In der Literatur finden sich häufig lediglich die Stufengrenzen 25, 50, 75 und 100 % (siehe etwa H. FISCHER, Bewertung, 1992, Rz. 342 f.; HELBLING, Unternehmensbewertung, 1993, S. 481; ELMENDORFF nennt als weitere Gruppe "Aktien im Streubesitz" (ELMENDORFF, Bewertung, WPg 1966, S. 548); ähnlich wie hier BELLINGER/VAHL, Unternehmensbewertung, 1992, S. 343; ROSE/GLORIUS, Unternehmungsformen, 1992, S. 105-108.

152 Vgl. hierzu auch ROSE/GLORIUS, Unternehmungsformen, 1992, S. 105-108.

153 Siehe etwa § 290 Abs. 2 Nr. 1 HGB, § 16 Abs. 1 AktG.

154 Zu nennen sind insbesondere die steuerlichen Schachtelprivilegien bei einer Beteiligungsquote von mindestens 10 % (§ 102 BewG, §§ 9 Nr. 2a, 7, 8 und 12 Abs. 3 Nr. 2a, 4, 5 GewStG, § 13 AStG); bei einem Anteil von mehr als 25 % gilt die Beteiligung als "wesentlich" im Sinne des § 17 EStG (siehe auch § 1 Abs. 2 Nr. 1 AStG) und erfüllt damit die Voraussetzung für den Haftungstatbestand des § 74 AO. Das Überschreiten der 50%-Grenze führt bei Erfüllung weiterer Bedingungen zur Entstehung einer steuerlichen Organschaft (§ 14 Nr. 1 KStG, § 2 Abs. 2 Satz 2 GewStG, § 2 Abs. 2 Nr. 2 UStG) und ist Voraussetzung für die Hinzurechnungsbesteuerung nach § 7 AStG. Eine 100%ige Beteiligung gilt einkommensteuerlich (§ 16 Abs. 1 Nr. 1 2. Halbsatz EStG) - nicht jedoch gewerbesteuerlich (Abschnitt 40 Abs. 1 Satz 2 Nr. 1 Satz 14 GewStR mit Ausnahmeregelung für einbringungsgeborene Anteile; dagegen ROSE, Betriebsvermögen, FR 1993, S. 253-258) - als Teilbetrieb und löst bei ihrem Erwerb (bzw. der Vervollständigung einer geringeren Beteiligung auf 100 %) Grunderwerbsteuer aus, falls der Gesellschaft Grundstücke gehören (§ 1 Abs. 3 GrEStG).

Abbildung 21

Beteiligungsquote und Einwirkungsrechte des Aktionärs bzw. GmbH-Gesellschafters

Quote (Q)	Bedeutung für den Umfang der Einwirkungsrechte des Aktionärs	Bedeutung für den Umfang der Einwirkungsrechte des GmbH-Gesellschafters
Q = 100 %	- Möglichkeit der aktienrechtlichen Eingliederung (§ 319 Abs. 1 AktG) - Notwendige Mehrheit für Umwandlung einer AG mit mindestens 50 Aktionären in eine GmbH (§ 369 Abs. 2, 3 AktG)	
Q = 95 %	- Notwendige Mehrheit für Eingliederungsbeschluß der einzugliedernden Gesellschaft (§ 320 Abs. 1 AktG)	
Q = 90 %	- Notwendige Mehrheit für Umwandlung einer AG mit weniger als 50 Aktionären in eine GmbH (§ 369 Abs. 3 AktG) - Notwendige Mehrheit für Beschluß zur verschmelzenden Umwandlung in eine Personenunternehmung (§§ 9, 15 UmwG)	- Notwendige Mehrheit zur Ausschaltung der Minderheitsrechte (§ 50 GmbHG) - Notwendige Mehrheit für Beschluß zur verschmelzenden Umwandlung in eine Personenunternehmung (§ 24 UmwG)
Q = 75 %	- Notwendige Mehrheit für Satzungsänderung (§ 179 Abs. 2 AktG) - Notwendige Mehrheit für Eingliederungsbeschluß bei zukünftiger Hauptgesellschaft (§ 319 Abs. 2 AktG) - Notwendige Mehrheit für den Abschluß von Unternehmensverträgen bei beiden Gesellschaften (§ 293 Abs. 1, 2 AktG) - Notwendige Mehrheit für Verschmelzungsbeschluß (§§ 340c Abs. 2, 353 Abs. 1, 354 AktG) - Notwendige Mehrheit für Umwandlung einer AG in eine KGaA (§ 362 Abs. 2 AktG)	- Notwendige Mehrheit für Satzungsänderung (§ 53 Abs. 2 GmbHG) - Notwendige Mehrheit für Verschmelzungsbeschluß (§§ 20 Abs. 2, 32 Abs. 2 KapErhG) - Notwendige Mehrheit für Umwandlung einer GmbH in eine AG oder KGaA (§§ 376 Abs. 2, 392 AktG; § 53 GmbHG)
Q > 50 %	- Regelmäßiges Beschlußquorum (§ 133 Abs. 1 AktG) - Notwendige Mehrheit zur Bestellung eines Sonderprüfers (§ 142 Abs. 1 AktG)	- Regelmäßiges Beschlußquorum (§ 47 Abs. 1 GmbHG)
Q = 10 %	- Notwendige Mehrheit für die Geltendmachung von Minderheitsrechten (§ 309 Abs. 3 AktG) - Notwendige Mehrheit zur Beantragung eines Sonderprüfers bei Gericht (§ 142 Abs. 2 AktG)	- Notwendige Mehrheit für die Geltendmachung von Minderheitsrechten (§ 50 GmbHG) - Notwendige Mehrheit zur Erhebung einer Auflösungsklage (§ 61 Abs. 2 GmbHG) - Notwendige Mehrheit für die Bestellung von Liquidatoren durch das Gericht (§ 66 Abs. 2 GmbHG)
Q = 5 %	- Notwendige Mehrheit zur Einberufung der Hauptversammlung (§ 122 Abs. 1 AktG)	

II. Renditetitel und Verbundtitel
A. Begriffserläuterungen

Nach dem Zweck des Titelerwerbs bzw. nach der Bedeutung des Titels für das Unternehmen des Erwerbers sollen Renditetitel einerseits und Verbundtitel andererseits unterschieden werden[155]. Als Erklärungshilfe dient Abbildung 22:

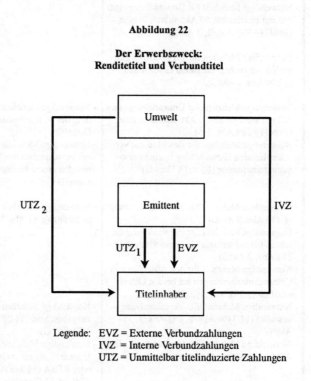

Abbildung 22

Der Erwerbszweck:
Renditetitel und Verbundtitel

Legende: EVZ = Externe Verbundzahlungen
IVZ = Interne Verbundzahlungen
UTZ = Unmittelbar titelinduzierte Zahlungen

Liegt die Bedeutung eines Finanzierungstitels für seinen Erwerber bzw. Inhaber lediglich in der verzinslichen Anlage von Mitteln, so soll die Bezeichnung *"Renditetitel"* gewählt werden. Für den Titelinhaber sind dann ausschließlich die unmittelbar titelinduzierten, d.h. direkt aus dem (Vertrag über den) Finanzierungstitel herrührenden Zahlungen relevant. Sie fließen zum einen (UTZ_1) zwischen Titelinhaber und Emittent (wie etwa der Kaufpreis bei originärem Erwerb oder Entgelt und Tilgung), zum anderen (UTZ_2) zwischen Titelinhaber

---

155 Ähnlich (allerdings mit abweichender Terminologie und ausschließlich für Beteiligungen) BUSSE VON COLBE, Beteiligungen, HWB 1974, Sp. 533-536; HAUSER, Beteiligung, o.J., S. 49, 64; LEUNIG, Beteiligungen, 1970, S. 25 f. Siehe auch die Darstellung der in der betriebswirtschaftlichen Literatur vertretenen Auffassungen zum bilanzrechtlichen Beteiligungsbegriff bei HOFBAUER, Abgrenzung, BB 1976, S. 1347 f., m.w.N.

und Umwelt (Beispiele: Kaufpreis bei derivativem Erwerb oder Veräußerungserlös). Der Titelerwerb wird in diesen Fällen häufig durch das Vorhandensein freigesetzter Mittel induziert sein.

Der Inhaber eines *Verbundtitels* hingegen ist nicht ausschließlich (und häufig nicht in erster Linie) an den genannten Zahlungsströmen interessiert. Für ihn stehen vielmehr die mittelbar titelinduzierten Leistungen, die sog. internen und externen "Verbundzahlungen" (IVZ, EVZ) im Vordergrund, die ihre eigentliche Ursache nicht im Titelerwerbsvorgang selbst haben, sondern lediglich infolge der Titelinhaberschaft geleistet werden und eine Verflechtungsbeziehung zwischen den Vertragspartnern voraussetzen[156]. Dies soll an einem Beispiel verdeutlicht werden, in dem zwischen Titelinhaber- und -emittent die Verflechtungsbeziehung "Konkurrenz" besteht.

Die Unternehmen U1 und U2 seien die beiden einzigen Hersteller des Produkts X und stehen in intensivem Preiswettbewerb zueinander. Sämtliche Anteile von U2 befinden sich in der Hand des V. Beide Gesellschaften erzielen jeweils einen Gewinn in Höhe von 100.000 DM p.a., der stets vollständig und unmittelbar ausgeschüttet wird. Erwirbt nun U1 von V sämtliche Anteile an U2, so sind für U1 nicht nur (und nicht in erster Linie) die "normalen" Gewinne des U2 und die daraus resultierenden Dividenden (UTZ_1) von Interesse. Vielmehr ist zu berücksichtigen, daß das Produkt X aufgrund der durch den Titelerwerb erreichten Monopolstellung jetzt zu einem höheren Preis verkauft werden kann[157], der zu einer Verdoppelung der jährlichen Gewinne von U1 und U2 führen möge. Übertragen auf Abbildung 22 bedeutet dies: Der Titelerwerb führt nicht nur zur Zahlung des Kaufpreises an V (UTZ_2) sowie zur Einnahme von 100.000 DM Dividenden p.a. (UTZ_1). Vielmehr erhöhen sich darüber hinaus die Gewinne von U2 sowie von U1, letztere zum einen aufgrund höherer Gewinnausschüttungen von U2 (EVZ), zum anderen aufgrund besserer Verkaufskonditionen im eigenen (Grund-) Geschäft (IVZ).

Die dargestellte Wirkung des Titelerwerbs wird als "Verbundeffekt" (Synergieeffekt) bezeichnet[158] und nach externen und internen Verbundeffekten

---

156 Siehe oben, § 2, Punkt I.B.2, S. 51 f.

157 Der im Monopolfall im Cournot'schen Punkt erzielbare Preis ist c.p. höher als in einer (homogenen) Oligopolsituation; eine endliche Preiselastizität der Nachfrager unterstellt, bedeutet dies höhere Erlöse (siehe dazu nur SCHUMANN, Theorie, 1992, S. 283 ff., 327 ff.

158 Siehe etwa EISENFÜHR, Verbundeffekt, ZfbF 1971, S. 467-479; KÜTING, Analyse, BFuP 1981, S. 175-189; LEUNIG, Beteiligungen, 1970, S. 72.

differenziert[159]. Dabei sind externe Verbundeffekte die aus den durch den Titelerwerb ausgelösten Mehrgewinnen des Titelemittenten resultierenden Mehrausschüttungen (EVZ), während die durch den Titelerwerb ausgelösten Mehrgewinne des Titelinhabers im eigenen Grundgeschäft (IVZ) den internen Verbundeffekt darstellen. Unter den Begriff des internen Verbundeffekts werden hier auch die sogenannten "strategischen Unternehmensmehrwerte"[160] subsumiert. Hierunter werden die Vorteile verstanden, die aus Folgeprojekten im Rahmen der Strategieverwirklichung erwartet werden. Ist bspw. die Akquisition eines Objekts A Voraussetzung für den preisgünstigen Erwerb des Akquisitionsobjekts B, so ist dieser Vorteil bei A zu berücksichtigen, auch wenn von A Synergieeffekte im eigentlichen Sinne nicht zu erwarten sind[161].

B. Die Zuordnung der Kontraktobjekttypen zu den Rendite- oder Verbundtiteln

Die Zuordnung eines Finanzierungstitels zur Gruppe der Rendite- oder Verbundtitel ist davon abhängig, ob zwischen Titelemittent und Titelinhaber über die durch den in Rede stehenden Finanzierungstitel begründete Verbindung hinaus noch weitere vertragliche oder ähnliche Beziehungen bestehen oder sie sich als einander fremde Personen gegenüberstehen.

Hinsichtlich einiger zur Gruppe der *Beteiligungstitel* zählenden Kontraktobjekte ist die Zuordnungsentscheidung eindeutig. So können Investmentzertifikate nicht zu den Verbundtiteln gerechnet werden, da der Titelinhaber regelmäßig in keiner unmittelbaren Markt- oder ähnlichen Beziehung zum Emittenten steht. Umgekehrt ist bei Genossenschaftsanteilen aufgrund des in § 1 Abs. 1 GenG verankerten genossenschaftlichen Förderungsprinzips[162] quasi von Gesetzes wegen eine Verflechtung anzunehmen. Auch dem Erwerb eines Anteils mit persönlicher Haftung an einer OHG, KG oder KGaA wird ebenfalls häufig eine Verflechtungsbeziehung zugrundeliegen, da der Anteil aufgrund der bilanzrechtlichen Thematik annahmegemäß eine betriebliche Funktion erfüllen soll und wegen der den Personengesellschaften eigentümlichen engen Bindung

---

159 Siehe etwa LEUNIG, Beteiligungen, 1970, S. 72.

160 SIEBEN, Unternehmensmehrwerte, 1991, S. 191.

161 Vgl. im einzelnen SIEBEN/DIEDRICH, Unternehmensakquisitionen, ZfbF 1990, S. 794-809.

162 § 1 Abs. 1 GenG definiert Genossenschaften als Gesellschaften, "welche die Förderung des Erwerbs oder der Wirtschaft ihrer Mitglieder ... bezwecken".

zwischen Gesellschaft und Gesellschafter eine Verquickung der Geschäftsbereiche wahrscheinlich ist. Dies gilt jedoch nicht in allen Fällen und insbesondere dann nicht, wenn der Inhaber sich lediglich auf die Geschäftsführer-Funktion beschränkt, wie dies etwa für den Komplementär einer GmbH & Co. KG zutrifft.

Während bei den bisher genannten Fällen eine recht eindeutige Zuordnungsentscheidung getroffen werden konnte, ist dies bei GmbH-Anteilen und Aktien nicht möglich. GmbH-Anteile werden tendenziell der Gruppe der Verbundtitel zuzuordnen sein. Völlig offen ist die Zuordnungsentscheidung dagegen bei Aktien. Eine gewisse Hilfe bietet die Tatsache, daß die Vereinbarung günstigerer Absatzpreise, Einkaufskonditionen o.ä. unter Umständen den Interessen etwaiger anderer (Minderheits-) Gesellschafter zuwiderläuft. Folglich muß der Titelinhaber im Regelfall einen nennenswerten Einfluß auf die Geschäftspolitik des Emittenten ausüben können[163]. M.a.W.: Mit dem Erwerb eines Kapitalgesellschaftsanteils kann ein Verbundeffekt im Regelfall nur dann erreicht werden, wenn es sich um eine engagierte Beteiligung handelt. Danach werden insbesondere börsennotierte Kleinanteile regelmäßig der Gruppe der Renditetitel zugeordnet werden können. In allen anderen Fällen kann jedoch eine Entscheidung nur im Einzelfall getroffen werden.

Ein Wirtschaftssubjekt kann auch beim Erwerb eines *Forderungstitels* an mittelbar titelinduzierten Zahlungen interessiert sein. Dies trifft bspw. auf Darlehen zu, die ein Unternehmen seinen Mitarbeitern gewährt. In diesen Fällen steht weniger die "eigentliche" Verzinsung des Kapitals in Form unmittelbar titelinduzierter Entgeltleistungen im Vordergrund; dies ergibt sich bereits aus dem Umstand, daß Arbeitgeberdarlehen häufig zinslos oder zu einem marktunüblich niedrigen Zins vergeben werden. Der Arbeitgeber (Titelinhaber) ist vielmehr an den positiven Auswirkungen dieser Maßnahme auf die Motivation und Betriebstreue der Mitarbeiter, die Stellung der Unternehmung am Personalmarkt etc. interessiert. Der monetäre Gegenwert dieser Vorteile kann als mittelbar titelinduzierte Zahlung interpretiert werden. Ähnliche Überlegungen gelten für (ebenfalls häufig zinsgünstige) Darlehen an Kunden, die ein Unternehmen zur Absatzförderung im Rahmen des Marketing-Mix einsetzt[164]. Auch in diesem Fall ist weniger die "eigentliche" Rendite des ausgeliehenen Kapitals bedeutsam; die Kreditvergabe ist vielmehr im Zusammenhang mit der zwischen Emittent und Titelinhaber beste-

---

163 Der Gleichbehandlungsgrundsatz des § 53a AktG kann Verbundvorteile des Haupt- zu Lasten des Kleinaktionärs wohl nicht vollständig ausschließen (vgl. PILTZ, Rechtsprechung, 1989, S. 208).

164 Siehe dazu etwa MEFFERT, Marketing, 1986, S. 349-352.

henden Kundenbeziehung zu sehen und erklärlich. Sie sind mithin (wie die Arbeitgeberdarlehen) den Verbundtiteln zuzurechnen.

Zu untersuchen bleibt die Konstellation, daß zwischen Gläubiger und Schuldner keine Markt-, sondern eine Interessenverflechtung besteht. In diesen Fällen kann eine Charakterisierung als Verbundtitel durchaus zutreffend sein, so bspw. dann, wenn ein Gesellschafter seiner Gesellschaft ein unverzinsliches Darlehen gewährt, um eine Wertsteigerung seines Anteils sowie höhere Gewinne bzw. Dividendenzahlungen - und damit mittelbare Vorteile - zu erreichen. Ist die Gesellschaft dagegen Gläubiger und der Gesellschafter Schuldner, so bereitet die Zuordnungsentscheidung Schwierigkeiten, da mittelbare Vorteile als Ausgleich für den Zinsverzicht mangels (selbstverständlich durchaus denkbarer) Marktverflechtung nicht ersichtlich sind und eine Renditeerzielungsabsicht offensichtlich ebenfalls nicht bejaht werden kann. Die gleiche Problematik entsteht bei Vorliegen einer persönlichen Interessenverflechtung, etwa bei Verwandtendarlehen. Um die Systematik überschaubar zu halten, werden Finanzierungstitel dieser Art jedoch nicht (wie im Grunde notwendig) einer eigenen Kategorie[165], sondern der Gruppe der Verbundtitel zugeordnet, da der Gläubiger mit der Darlehensvergabe mittelbare Vorteile zu erreichen versucht. Weil die Darlehensvergabe jedoch keine mittelbaren Vorteile für den Kreditgeber selbst, sondern nur für Dritte (Gesellschafter, Angehörige) verspricht, soll diese Gruppe von Finanzierungstiteln als "nichtunternehmerische Verbundtitel" bezeichnet werden.[166]

---

165 So HEINE, der "Darlehen im Interesse des Unternehmens" von "Darlehensvergaben aus Gründen, die nicht den Zielen des Unternehmens dienen", unterscheidet, wobei er die erste Kategorie im übrigen nach "Darlehen zur ertragbringenden Anlage freigesetzter Mittel" einerseits sowie "Darlehen zur Erlangung eines wirtschaftlichen Vorteils" andererseits differenziert (HEINE, Ausleihungen, WPg 1967, S. 365 f.). Für die bei HEINE zu diskutierende spezielle Gruppe von Forderungstiteln erscheint dieser Ansatz durchaus sinnvoll; da im Rahmen dieser Arbeit jedoch umfassend sämtliche Formen von Finanzierungstiteln systematisiert werden sollen, wird hier die oben beschriebene Konzeption gewählt.

166 Wird ein Gesellschafts- oder Verwandtendarlehen dagegen normal verzinslich gewährt, so kann nicht automatisch unterstellt werden, daß die Kreditvergabe außerbetriebliche Gründe hatte. Vielmehr kann das Motiv des Gläubigers dann durchaus betrieblicher Natur sein (Renditeerzielungsabsicht), der Forderungstitel mithin der Gruppe der (unternehmerischen) Renditetitel zuzuordnen sein. In diesen Fällen kann eine Entscheidung nur im Einzelfall getroffen werden.

III. Engagierte und distanzierte Rendite- bzw. Verbundtitel

Die Verbindung der in Punkt I und II vorgestellten Systematisierungsmerkmale läßt vier Kombinationsmöglichkeiten zu, die in Abbildung 23 dargestellt sind:

Abbildung 23

Der Umfang der Einwirkungsrechte und Erwerbszweck:
Engagierte/distanzierte Verbund- bzw. Renditetitel

Erwerbszweck / Einwirkungsrechte	Verbundtitel	Renditetitel
engagierte Titel	engagierte Verbundtitel (A)	engagierte Renditetitel (C)
distanzierte Titel	distanzierte Verbundtitel (B)	distanzierte Renditetitel (D)

Die Zuordnung der diversen Kontraktobjekttypen zur Kategorie A, B, C oder D läßt sich incidenter den Ausführungen in Punkt I und II entnehmen. Eine kurze Zusammenfassung ergibt folgendes Bild:

Anteile als persönlich haftender Gesellschafter einer OHG, KG oder KGaA sind grundsätzlich der Kategorie A zuzurechnen, da sie sowohl einen wesentlichen Einfluß auf die Geschäftspolitik des Emittenten gestatten als auch häufig zum eigentlichen Geschäft des Titelinhabers beitragen werden. Genossenschaftsanteile vermitteln zwar keine nennenswerten Einwirkungsrechte; aufgrund des gesetzlich fixierten Förderungsauftrags stellen sie jedoch Verbundtitel dar und sind mithin der Kategorie B zuzurechnen.

Zur Gruppe der distanzierten Renditetitel (Kategorie D) zählen unzweifelhaft Investmentzertifikate und (i.d.R.) Forderungstitel. Auf die Ausnahmen (z.B. Arbeitnehmerdarlehen) wird hingewiesen. Tendenziell sind Kommanditanteile in gleicher Weise einzuordnen, da ihren Inhabern von Gesetzes wegen lediglich

Kontrollrechte zustehen und Verbundeffekte häufig nicht zu berücksichtigen sind. Je nach Ausgestaltung können sie jedoch auch zu einer anderen Kategorie hintendieren.

Schließlich kann eine Entscheidung hinsichtlich der Charakterisierung von Aktien und GmbH-Anteilen nur im Einzelfall getroffen werden: Während ein nur wenige Prozentbruchteile umfassender Anteil (insbesondere an einer Publikums-AG) eindeutig der Kategorie D zuzurechnen ist, kann eine Mehrheits- oder gar 100%ige Beteiligung je nach Geschäftsstruktur der Beteiligten unter die engagierten Verbund- oder Renditetitel zu subsumieren sein.

3. Kapitel : Betriebswirtschaftliche Bewertung und Bepreisung des Finanzvermögens
§ 1 : Grundlagen
I. Allgemeiner Wert, spezieller Wert und Preis
A. Wert

Die Bestimmung des (ökonomischen) Werts[1] eines Gutes gehört mit zu den schwierigsten Problemen, mit denen sich betriebswirtschaftliche Theorie und Praxis auseinanderzusetzen haben[2]. Auch im Bilanzrecht ist diese Aufgabenstellung von erheblicher Bedeutung. Dies zeigt bereits die Fülle der in den entsprechenden gesetzlichen Vorschriften verwendeten Wertbegriffe[3]. Ohne im einzelnen auf den v.a. im älteren Schrifttum ausgetragenen "Wertestreit" einzugehen[4], sollen an dieser Stelle daher einige grundlegende Überlegungen zum Wert eines Gutes (speziell: eines Finanzierungstitels) angestellt werden.

1. Der Wertbegriff

Es ist heute unumstritten, daß es einen "objektiven" Wert im Sinne der klassischen Wertelehre[5], einen Wert "an sich", nicht gibt, da der Wert eines Gutes nicht in gleicher Weise festgestellt werden kann wie etwa dessen Gewicht oder dessen Größe[6]. Während die letztgenannten Eigenschaften nämlich tatsächlich "objektiv", d.h. unabhängig von der Person des Urteilenden, bestimmt werden können, ist dies bei der Wertbestimmung nicht der Fall. Aussagen über den Wert einerseits sowie Gewicht, Größe etc. andererseits haben vielmehr eine verschiedenartige logische Struktur[7]. Dies hat seine Ursache darin, daß aus ökonomischer Sicht nicht das Gut selbst als ein bereits mit naturwissenschaftlichen Begriffen (abschließend)

---

1 Zum Begriff des ökonomischen Werts siehe etwa STÜDEMANN, Betriebswirtschaftslehre, 1990, Rn. 808-826; siehe auch VIEL/BREDT/RENARD, Bewertung, 1975, S. 12-14, m.w.N.

2 STÜDEMANN, Betriebswirtschaftslehre, 1990, Rn. 829.

3 So kennt das HGB bspw. den Barwert (§ 253 Abs. 1 Satz 2), den beizulegenden Wert (§ 253 Abs. 2 Satz 3, Abs. 3 Satz 2), den sich aus dem Börsen- oder Marktpreis ergebenden Wert (§ 253 Abs. 3 Satz 1) oder den steuerlich zulässigen Wert (§ 254); das EStG spricht vom Teilwert (§ 6 Abs. 1 Nr. 1 Satz 3 EStG).

4 Siehe dazu etwa den Überblick bei WITTMANN, Wertbegriff, 1962, S. 9-31; siehe auch ENGELS, Bewertungslehre, 1962, S. 6-21, 34-44; STÜTZEL, Wert, HWB 1976, Sp. 4420-4425.

5 Siehe dazu etwa ENGELS, Bewertungslehre, 1962, S. 6-8.

6 ENGELS, Bewertungslehre, 1962, S. 6; MOXTER, Gewinnermittlung, 1982, S. 29.

7 ENGELS, Bewertungslehre, 1962, S. 6.

beschreibbarer Gegenstand, sondern stets nur als Inbegriff jener Handlungsmöglichkeiten und -befugnisse interessiert, die dem Inhaber der Sache kraft der gegebenen Rechtsordnung zukommen (z.B. Verbrauch, Nutzung, Veräußerung)[8]. Insofern ist der Wert stets ein subjektiver Wert und kann als "Grad der Brauchbarkeit eines Mittels zur Erfüllung eines Zwecks"[9] definiert werden.

Bei der Ermittlung des "ökonomischen Werts" wird gewöhnlich eine Eingrenzung der die "Brauchbarkeit" des betreffenden Gutes beeinflussenden Faktoren in der Weise vorgenommen, daß alle irrationalen Momente ausgeklammert werden, die in der Wertschätzung selbst liegen (z.B. Prestige, Macht)[10]. Darüber hinaus wird häufig von einer bestimmten Hypothese hinsichtlich der verfolgten Zielgrößen des Bewertenden ausgegangen[11], nämlich der, "daß der Entscheidungsträger im Hinblick auf die … Investitionsobjekte 'Erlebnisse' nur mit den sich in seinem Geldbeutel vollziehenden Zu- und Abflüssen verbindet"[12]. Die Eingrenzung der den Wert eines Finanzierungstitels beeinflussenden Faktoren auf die aus dem Bewertungsobjekt herrührenden Zahlungsströme steht damit im Einklang mit der Vorgehensweise der traditionellen Investitionsrechnungsverfahren im allgemeinen[13] und der Interpretation von Finanzierungstiteln als Ergebnisse von (Finanz-) Investitionen im besonderen[14].

Diese - auch hier eingenommene - Sichtweise ist nicht zwingend, auch nicht bei der Bewertung von (insbesondere engagierten) Finanzierungstiteln. So kann ein Konzern bspw. mehr an den Umsätzen einer Tochterunternehmung als an den

---

8   STÜTZEL, Wert, HWB 1976, Sp. 4404.

9   STÜTZEL, Wert, HWB 1976, Sp. 4404.

10   MELLEROWICZ, Wert, 1952, S. 13; siehe auch BARTKE, Unternehmensbewertung, WPg 1961, S. 286; MÜNSTERMANN, Wert, 1966, S. 27 f.; SCHMALENBACH, Wert, ZfhF 1918, S. 129-151, v.a. S. 131.

11   SIEBEN, Beratungsfunktion, 1977, S. 63; DERS., Unternehmensbewertung, HWB 1993, Sp. 4323.

12   SIEBEN, Unternehmenserfolg, 1988, S. 362, für das Gebiet der Unternehmensbewertung; so auch MOXTER, Gewinnermittlung, 1982, S. 35. Der Wert eines Guts richtet sich folglich nach Höhe (und Unsicherheit) des (ökonomischen) Einkommens, das aus ihm bezogen werden kann (BODARWE, Kapitalisierungszinsfuß, WPg 1963, S. 309; H. HAX, Zukunftserfolgswert, 1975, S. 326; KÄFER, Unternehmung, 1946, S. 74).

13   Siehe etwa M. BITZ: "Die im Mittelpunkt der betriebswirtschaftlichen Investitionstheorie stehenden Investitionskalküle beschränken sich dabei üblicherweise auf die Erfassung der finanziellen Konsequenzen eines Projektes und sehen dementsprechend vor, die auf denselben Zeitpunkt bezogenen Input-/Output-Größen jeweils durch die mit ihnen verbundenen Ein- und Auszahlungen zu kennzeichnen" (M. BITZ, Investition, Vahlens Kompendium der BWL 1993, S. 459, im Original z.T. fett gedruckt).

14   Siehe oben, 1. Kapitel, § 1, Punkt III.A, S. 37.

Gewinnausschüttungen interessiert sein, etwa weil das Konzernergebnis in einer bestimmten Art und Weise beeinflußt werden soll[15].

2. Allgemeiner Wert und spezieller Wert

Die Abhängigkeit der Werthöhe von den Nutzenvorstellungen des Bewertenden legt es nahe, zwischen einem allgemeinen und einem speziellen Wert zu unterscheiden[16]. Der *allgemeine Wert*[17] eines Gutes ist ein Maß, den das Gut für einen "typisierten", "normalen" Inhaber besitzt[18]. Er ist Ausdruck für einen unter "normalen" Umständen erzielbaren Preis[19] und daher nur durch Abstraktion von den besonderen Eigenschaften und Interessen des Bewertungssubjekts in bezug auf das Bewertungsobjekt zu ermitteln[20]. Der *spezielle Wert* dagegen schließt die genannten Besonderheiten auf der Ebene des Bewertungssubjekts mit ein.

---

15 SIEBEN, Unternehmenserfolg, 1988, S. 362.

16 Siehe etwa JAENSCH, Wert, 1966, S. 6-11, m.w.N.; MOXTER, Gewinnermittlung, 1982, S. 29 f. Dort wird zwischen "objektivem" und "subjektivem" Wert unterschieden; da der Begriff "objektiver Wert" aus den oben genannten Gründen jedoch mißverständlich ist, wird vom Verfasser das Begriffspaar "allgemein/speziell" präferiert. Inhaltlich ergeben sich durch diese terminologische Variante jedoch keine Abweichungen. Zur Problematik des Begriffs "objektiver Wert" siehe auch ALBACH, Teilwertlehre, StbJb 1965/66, S. 313; siehe auch ENGELS, Bewertungslehre, 1962, S. 39: "Diese Werte sind aber nicht objektiv ..., sondern Konventionen".

17 Der "allgemeine Wert" entspricht im wesentlichen dem "gemeinen Wert" des Steuerrechts nach § 9 BewG (MOXTER, Gewinnermittlung, 1982, S. 33); vgl. hierzu auch SCHMALENBACH, Wert, ZfhF 1918, S. 129-151; WALB, Wertarten, ZfhF 1940, S. 1-4. Zu den verwandten Begriffen objektivierter Wert und Marktwert vgl. BUSSE VON COLBE, Bewertung, JDStJG 1984, S. 42-46; MOXTER, a.a.O., S. 28-34.

18 MOXTER, Gewinnermittlung, 1982, S. 30. Kritisch zu diesem Ansatz BRETZKE, Wertkonventionen, WPg 1975, S. 125-131; siehe auch MÜNSTERMANN, Wert, 1966, S. 23 f.

19 BARTKE, Unternehmensbewertung, WPg 1961, S. 286.

20 Zum Teil wird denn auch der Ausdruck "kollektiver Wert" verwendet (GUDEHUS, Bewertung, 1959, S. 98). Es ist jedoch noch einmal zu betonen, daß der allgemeine Wert zwar ein objektivierter, "normaler", dennoch letztlich aber subjektiver Wert ist. Darauf hat bereits SCHMALENBACH hingewiesen: "In dieser Auffassung liegt keineswegs, daß wir den Wert als eine absolute Eigenschaft ansehen. Nützlich und selten sind die Dinge nur in Beziehung auf irgendwen. Aber man darf die Relationen nicht durcheinanderwerfen. Ein Gut, das für meine Wirtschaft großen Wert hat, ist für mich wertvoll; es ist insoweit subjektiv wertvoll. Schätze ich das Gut entsprechend ein, so ist es subjektiv wertvoll in meiner subjektiven Schätzung. Nehme ich an, daß das Gut für jedermann sehr wertvoll sei, so ist es objektiv wertvoll in subjektiver Schätzung" (SCHMALENBACH, Bilanz, 1962, S. 5). Umgekehrt darf das subjektive Element nicht überbetont werden: Der Wert "ist keine rein subjektive Erscheinung, nicht das Ergebnis rein subjektiver Schätzung. Ein Gut hat nicht deshalb Wert, weil der Mensch es schätzt, sondern weil ein Gut Wert hat, wird es vom Menschen geschätzt. Der auf der Nützlichkeit und Seltenheit eines Gutes beruhende Wert ist das Primäre; die Hochschätzung des Gutes ist nur der Reflex seines Wertes in der

Die Unterschiede zwischen allgemeinem und speziellem Wert sollen anhand eines bereits an anderer Stelle[21] verwendeten Beispiels verdeutlicht werden:

Es soll der allgemeine Wert einer 100%igen Beteiligung am Unternehmen U2 ermittelt werden, das bisher einen jährlichen Gewinn von 100.000 DM erzielt hat und c.p. auch in Zukunft erzielen wird. Ein unabhängiger Sachverständiger errechnet daraus (mit Hilfe eines hier nicht interessierenden Verfahrens) einen Unternehmenswert von einer Million DM. In die Berechnung haben dabei lediglich die aus dem Finanzierungstitel selbst herrührenden, unmittelbar titelinduzierten Zahlungen Eingang gefunden. Für einen fremden Dritten sind auch nur diese relevant, da für ihn andere Vorteile aus dem Unternehmenskauf nicht erkennbar sind.

Wird dagegen der Wert des Unternehmens U2 für den Interessenten U1 ermittelt, so sind neben den unmittelbar titelinduzierten Zahlungen die mittelbaren Vorteile zu berücksichtigen, im Beispiel die aus dem Titelerwerb resultierende Verdopplung der Gewinne von U2 und von U1. Der speziell für U1 relevante Wert des Unternehmens U2 möge unter den getroffenen Annahmen mit drei Millionen DM zu veranschlagen sein. Dabei wurden sowohl die aus der Beteiligung des U1 herrührenden Mehrgewinne (hier gleich Mehrausschüttungen[22]) des U2 (EVZ) als auch der positive Einfluß des Titelerwerbs auf die eigene Absatzlage des U1 (IVZ) berücksichtigt.

Bei der Ermittlung des für einen speziellen (potentiellen) Interessenten relevanten "speziellen" Werts eines Finanzierungstitels werden mithin die besonderen Beziehungen zwischen Titelemittent und -inhaber in den Kalkül einbezogen. Bestehen keine "besonderen Beziehungen", m.a.W. sind Titelinhaber und Emittent keine verflochtenen, sondern einander fremde Personen, so ist der spezielle Wert eben gleich dem allgemeinen Wert. Daraus erhellt, daß es für das Unternehmen U2 eine Vielzahl spezieller Werte gibt, bei denen mittelbar titelinduzierte Zahlungen zu berücksichtigen sind. Dahingegen gibt es, vollkommene Information unterstellt, nur einen allgemeinen Wert[23].

Seele des Menschen, also eine sekundäre Erscheinung" (K. HAX, Gewinnbegriff, 1926, S. 1).

21   Siehe oben, 2. Kapitel, § 3, Punkt II.A, S. 91 ff.

22   Auf die Frage, ob für die Wertberechnung die Gewinne oder die Ausschüttungen des Unternehmens U2 entscheidend sind, wird hier nicht eingegangen (siehe dazu unten, § 2, Punkt II.B.1.b, S. 130 f.).

23   JAENSCH, Wert, 1966, S. 9. In praxi gelangt man allerdings ebenfalls zu mehreren allgemeinen Werten; dies liegt jedoch nicht am theoretischen Konzept, sondern am unterschiedlichen Informationsgrad der Gutachter oder an der Verwendung unterschiedlicher Bewertungsverfahren (ebenda).

Allgemeiner und spezieller Wert stehen nicht beziehungslos nebeneinander. Der spezielle Wert läßt sich vielmehr (formal) als Summe aus dem (in gewisser Hinsicht modifizierten) allgemeinen Wert und dem Zusatzwert auffassen (SW = Spezieller Wert; AW = Allgemeiner Wert; MAW = Modifikationen des allgemeinen Werts; ZW = Zusatzwert)[24]:

$$\text{(I)} \quad SW = AW + MAW + ZW$$

Mit dem Summanden "MAW" wird der Tatsache Rechnung getragen, daß sich die Zahlungen aus einem Finanzierungstitel in der Hand eines bestimmten Erwerbers anders entwickeln können als im Normalfall. Die Einschätzung der zukünftigen Ertragsentwicklung durch den konkreten Erwerber kann daher von der Einschätzung des Marktes abweichen. An die Stelle der "allgemeinen" Ertragserwartungen sind folglich die spezifischen Ertragserwartungen des Inhabers oder Kaufinteressenten zu setzen[25], die sich im Beispiel in den verflechtungsbedingten Mehrausschüttungen (EVZ) niedergeschlagen haben.

Der von BREZING[26] geprägte Begriff "Zusatzwert" umfaßt die Vorteile, die sich aus dem Titelerwerb für das eigene Geschäft des Erwerbers ergeben. Im Beispiel hatte sich die Monopolstellung auch unmittelbar auf die Ertragslage des U1 ausgewirkt; dieser Effekt wird durch den Summanden "ZW" berücksichtigt und ist in Abbildung 22 (S. 90) durch das Symbol "IVZ" versinnbildlicht.

B. Preis

In einer entwickelten Volkswirtschaft, in der Geld als Tauschmittel verwendet wird, ist der Preis die Zahl an Geldeinheiten, die für eine Mengeneinheit eines Gutes zu entrichten ist[27] bzw. bei Veräußerung eines Gutes tatsächlich erzielt wird[28]. Solange ein tatsächlicher Austausch nicht stattfindet, liegen keine Preise,

---

24 Ähnlich (verbal) BREZING, Beteiligungen, StbJb 1972/73, S. 356-362.

25 BREZING, Beteiligungen, StbJb 1972/73, S. 358 f.

26 BREZING, Beteiligungen, StbJb 1972/73, S. 356.

27 SCHUMANN, Theorie, 1992, S. 10.

28 STÜTZEL, Wert, HWB 1976, Sp. 4404-4406; siehe auch MELLEROWICZ, Unternehmung, 1952, S. 14.

sondern nur Werte vor[29]. Im Zeitpunkt der Bewertung findet grundsätzlich nie ein tatsächlicher Austausch von Gütern statt; folglich geht es bei der Bewertung immer darum, die Nutzenvorstellungen in Geld auszudrücken, mithin um eine Wert-, nicht um eine Preisermittlung[30].

Die Höhe des Preises ist abhängig von Angebot und Nachfrage nach dem entsprechenden Gut - und umgekehrt[31]. Dabei wird bei Anbietern und Nachfragern regelmäßig die Absicht der Gewinn- bzw. Nutzenmaximierung unterstellt. Mit dieser Prämisse sind die tatsächlichen Aktionen und Reaktionen der Marktteilnehmer bzw. die Höhe der Preise jedoch noch nicht eindeutig festgelegt[32]. Die beobachtbaren Verhaltensweisen und Ergebnisse werden nämlich zusätzlich vor allem durch die Zahl und/oder Größe der Marktpartner, d.h. die jeweils vorherrschende Marktform, determiniert[33], wobei diese in enger Beziehung zum Organisationsgrad des Marktes steht, auf dem das entsprechende Gut (hier: der Finanzierungstitel) gehandelt wird[34].

Für börsengehandelte Finanzierungstitel ist eine Vielzahl von Anbietern und Nachfragern charakteristisch. Da darüber hinaus im Regelfall räumliche, sachliche und zeitliche Präferenzen vernachlässigt werden können und eine hohe Markttransparenz besteht, kommt dieses Marktsegment dem Ideal der vollständigen (und vollkommenen) Konkurrenz sehr nahe[35]. Bei rationalem Verhalten der Marktteilnehmer führen diese Eigenschaften dazu, daß es auf dem betrachteten Markt nur einen Preis gibt[36]. Dieser Preis ist von dem einzelnen Anbieter und Nachfrager nicht beeinflußbar; die Marktteilnehmer können mithin nur als Mengenanpasser handeln: Der erzielbare Marktpreis, d.h. der Marktwert, ist grundsätzlich gleich dem realisierten Marktpreis[37].

---

29 ALBACH, Teilwertlehre, StbJb 1965/66, S. 313.

30 ALBACH, Teilwertlehre, StbJb 1965/66, S. 313. Zum Verhältnis von Wert und Preis siehe auch ENGELS, Bewertungslehre, 1962, S. 37-39; JONAS, Bemerkungen, ZfB 1954, S. 18-20; MELLEROWICZ, Wert, 1952, S. 27 f.; MÜNSTERMANN, Wert, 1966, S. 11-13; SCHMALENBACH, Wert, ZfhF 1918, S. 137-140; WITTMANN, Wertbegriff, 1962, S. 31-40.

31 WOLL, Volkswirtschaftslehre, 1987, S. 75.

32 WOLL, Volkswirtschaftslehre, 1987, S. 76.

33 Zur Marktformenlehre siehe insbesondere STACKELBERG, Volkswirtschaftslehre, 1951, S. 231-256.

34 Siehe dazu oben, 2. Kapitel, § 2, Punkt III, S. 79 ff.

35 SCHUMANN, Theorie, 1992, S. 211 ff.

36 Es herrscht das sog. "Gesetz der Preisunterschiedslosigkeit" ("law of indifference").

37 MOXTER, Gewinnermittlung, 1982, S. 31.

Anders verhält es sich hingegen mit nicht börsengehandelten Aktien, Aktienpaketen, GmbH-Anteilen, Anteilen an Personengesellschaften und Buchforderungen: Aufgrund ihrer Heterogenität und Singularität wird die Marktsituation i.d.R. dadurch gekennzeichnet sein, daß ein Verkäufer einem oder mehreren Interessenten gegenübersteht, infolgedessen entweder die Marktform des bilateralen Monopols oder des beschränkten Angebotsmonopols vorliegt[38]. In diesen Fällen gibt es keinen einheitlichen Preis; er muß vielmehr unter Berücksichtigung der (subjektiven) Wertvorstellungen und der Stärke der einzelnen Vertragspartner ausgehandelt werden[39].

II. Grundzüge der Wertermittlung bei Finanzierungstiteln
A. Der Bewertungsansatz und die idealtypische Bewertungskonzeption

Finanzierungstitel (im engeren Sinne) stellen das Ergebnis von (Finanz-) Investitionen dar. Konsequenterweise können bei der Wertermittlung auch investitionstheoretische Erkenntnisse und Rechenverfahren Anwendung finden[40]. Darüber hinaus geben die betriebswirtschaftliche Wertpapieranalyse[41] sowie die Theorie der Unternehmensbewertung[42] Hilfestellung.

Im folgenden soll zunächst (in Punkt 1) eine Systematisierung der von der Wertpapieranalyse für fungible Finanzierungstitel entwickelten Bewertungsansätze vorgenommen werden, um die in dem hier interessierenden Zusammenhang irrelevanten Verfahren auszuscheiden. Daran anschließend wird in Punkt 2 das im Rahmen dieser Arbeit anwendbare und aus investitionstheoretischer Sicht "richtige" (idealtypische) Bewertungskonzept vorgestellt.

1. Bewertungsansätze mit und ohne Portefeuille-Bezug

Die in der Literatur vorgeschlagenen Ansätze zur Bewertung von fungiblen Finanzierungstiteln (Wertpapieren) können danach differenziert werden, ob der einzelne

---

38   Siehe nur JAENSCH, Wert, 1966, S. 18 f.

39   JAENSCH, Wert, 1966, S. 18. Das Gesetz der Preisunterschiedslosigkeit gilt mithin nicht.

40   SPREMANN, Investition, 1991, S. 363.

41   Zum Aufgabengebiet der Wertpapieranalyse vgl. BÜSCHGEN, Wertpapieranalyse, 1966; UHLIR, Wertpapieranalyse, HWB 1993, Sp. 1011-1023.

42   Vgl. im einzelnen MOXTER, Unternehmungsbewertung, 1983.

Finanzierungstitel (isoliert) oder aber eine Gruppe (ein Portefeuille) von Finanzie-rungstiteln das Bewertungsobjekt darstellt[43].

Im ersten Fall handelt es sich um (isolierte) Ansätze ohne Portefeuille-Bezug. An-knüpfungspunkt für die Bewertung ist bspw. die einzelne Aktie oder die einzelne Obligation, deren Wert unter Rückgriff auf die verschiedensten Einflußfaktoren berechnet wird. Dagegen beurteilen Ansätze mit Portefeuille-Bezug risikotragende Wertpapiere aufgrund zwischen den einzelnen Wertpapierrenditen beobachtbaren Beziehungen (speziell: Kovarianzen) nur im Portefeuille[44]. Hintergrund der letzt-genannten Ansätze[45] ist die Überlegung, daß für einen Anleger nicht nur die aus einem Finanzierungstitel zu erzielende Rendite, sondern auch die diesem inhären-ten Risiken von Bedeutung sind. Portefeuille-orientierte Modelle stellen daher auf das Verhältnis der Renditen einzelner Wertpapiere bzw. Wertpapierportefeuilles und der Rendite des Marktportefeuilles ab und streben die Bildung eines optimalen Portefeuilles unter Berücksichtigung der Risikopräferenz des Anlegers an ("Diversifikation")[46].

Es ist offenkundig, daß in dem hier interessierenden bilanzrechtlichen Zu-sammenhang ausschließlich Bewertungsansätze ohne Portefeuille-Bezug einen Beitrag zur (bilanziellen) Bewertung von Finanzierungstiteln leisten können. Dies ergibt sich aus dem Umstand, daß sowohl in der Handels- als auch in der Steuer-bilanz einzelne Vermögenswerte bilanziert werden. Das bedeutet, daß auch der Wert eines Finanzierungstitels isoliert und ohne Berücksichtigung der Wertbezie-hungen zu anderen Vermögenswerten zu ermitteln ist[47].

2. Der Barwertansatz als investitionstheoretisch "richtiger" Bewertungsansatz

Die Bestimmung des Werts eines Wirtschaftsguts ist in der Betriebswirt-schaftslehre insbesondere im Rahmen von Investitionsentscheidungen bedeutsam. Zur Feststellung der Vorteilhaftigkeit einer Investition werden in der Literatur die

---

43   UHLIR/STEINER, Wertpapieranalyse, 1991, S. 104 f.

44   UHLIR/STEINER, Wertpapieranalyse, 1991, S. 134.

45   Zu nennen sind insbesondere das Markt-Modell und das Capital-Asset-Pricing-Model (vgl. dazu etwa UHLIR/STEINER, Wertpapieranalyse, 1991, S. 169 ff., m.w.N.).

46   Vgl. dazu insbesondere die Ausführungen von MARKOWITZ, Portfolio, JoF 1952, S. 77-91; siehe auch UHLIR/STEINER, Wertpapieranalyse, 1991, S. 169 ff.

47   Vgl. § 252 Abs. 1 Nr. 2 HGB i.V.m. § 5 Abs. 1 Satz 1 EStG. Siehe allerdings die Über-legungen im 3. Teil, 2. Kapitel, § 1, Punkt II.C.3.b.ß, S. 367.

verschiedensten Investitionsrechnungsverfahren genannt[48]. Ein weit verbreiteter und theoretisch gut fundierter Ansatz ist die Kapitalwertmethode[49]. Sie geht davon aus, daß die Ein- und Auszahlungen, die durch ein bestimmtes Investitionsobjekt hervorgerufen werden, im Zeitablauf nach Größe, zeitlichem Anfall und Dauer unterschiedlich sein können. Aus der Höhe der Zahlungen sowie den Faktoren Zeit und Zins wird dann der Wert des Investitionsobjekts errechnet[50].

a. Die titelinduzierten Zahlungen

Bei der Bewertung von Finanzierungstiteln werden annahmegemäß ausschließlich Zahlungsströme, d.h. die dem Titelinhaber zufließenden geldwerten (Netto-) Vorteile berücksichtigt[51]. Diese "titelinduzierten Zahlungen" (Symbol: TZ) können entweder unmittelbar oder mittelbar aus dem Finanzierungstitel herrühren.

Unmittelbar titelinduzierte Zahlungen ergeben sich aus dem Finanzierungstitel selbst. Zu nennen sind insbesondere die Leistungsverpflichtungen des Emittenten. Zusätzlich sind in vielen Fällen Gestaltungs- und/oder Einwirkungs- und/oder Bezugsrechte des Titelinhabers zu berücksichtigen. Bei den mittelbar titelinduzierten Zahlungen handelt es sich um die bereits erwähnten Verbundzahlungen. Sie ergeben sich nicht unmittelbar aus dem Kontraktobjekt, sondern gehen lediglich infolge der Titelinhaberschaft ein. Die titelinduzierten Zahlungen setzen sich mithin aus den unmittelbar titelinduzierten Zahlungen aufgrund von Leistungsverpflichtungen (ZLV), Einwirkungsrechten (ZER), Gestaltungsrechten (ZGR) und Bezugsrechten

---

48 Zu den elementaren Investitionsrechnungsverfahren unter sicheren Umweltzuständen vgl. M. BITZ, Investition, Vahlens Kompendium der BWL 1993, S. 461-486; KERN, Investitionsrechnung, 1976, S. 37-63.

49 BLOHM/LÜDER, Investition, 1991, S. 58-61; PERRIDON/STEINER, Finanzwirtschaft, 1993, S. 58-62; SPREMANN, Investition, 1991, S. 354-356.

50 Das Unsicherheitsmoment wird hier noch vernachlässigt; siehe dazu unten, Punkt B, S. 109 ff. Damit wird keine vollkommene Voraussicht unterstellt, deren Annahme zu logischen Widersprüchen führen würde, sondern "vollkommene Information". Dies bedeutet, "daß im Hinblick auf eine durchzusprechende Situation dem Individuum, dessen Aktionen festgelegt werden sollen, volle Kenntnis der möglichen Bewegungen der am Modell beteiligten Veränderlichen gegeben sein soll" (WITTMANN, Information, 1959, S. 22); siehe zur Problematik der vollkommenen Voraussicht auch KRELLE, Risiko, ZfSt 1957, S. 632.

51 Dies bedeutet, daß die vom Titelinhaber zu erbringenden kontraktobjektbedingten Leistungen gegenüber dem Emittenten zu subtrahieren sind. Zusätzlich sind die titelinduzierten Steuerzahlungen an den Fiskus als "externe Person" zu berücksichtigen. Vgl. zur Einbeziehung von Steuern in den Investitionskalkül im allgemeinen BLOHM/LÜDER, Investition, 1991, S. 119-136; KERN, Analyse, ZfbF 1985, S. 867-881; D. SCHNEIDER, Investition, 1992, S. 173 ff.

(ZBR) sowie aus Verbundzahlungen (VZ) zusammen. Analytisch läßt sich das Gesagte wie folgt darstellen:

(II) $\quad$ TZ = ZLV + ZER + ZGR + ZBR + VZ

Die Summe der titelinduzierten Zahlungen ist jedoch nicht identisch mit dem Wert des Finanzierungstitels. Es ist vielmehr zusätzlich das Zeitmoment zu berücksichtigen.

In der Betriebswirtschaftslehre ist allgemein anerkannt, daß der Wert einer Zahlung mit der zeitlichen Entfernung zum Bewertungszeitpunkt abnimmt[52]. Daraus ergibt sich die Notwendigkeit, die zu verschiedenen Zeitpunkten anfallenden Zahlungen auf einen Zeitpunkt zu beziehen und sozusagen "gleichnamig" zu machen. Zu diesem Zweck werden die Geldströme abgezinst. Die Summe der abgezinsten Zahlungen ist dann gleich dem Barwert (Kapitalwert) des Finanzierungstitels (siehe Formel III)[53]:

$$\text{(III)} \quad SW_{FT} = \sum_{t=1}^{T} TZ_t \times q^{-t}$$

Legende:
$$
\begin{array}{ll}
SW_{FT} & = \text{Spezieller Wert eines Finanzierungstitels} \\
TZ_t & = \text{Titelinduzierte Zahlung zum Zeitpunkt t} \\
q & = 1 + p \\
p & = \text{Diskontierungszinssatz} \\
t & = \text{(Zahlungs-) Zeitpunkt (Laufindex)} \\
T & = \text{Letzter Zahlungszeitpunkt}
\end{array}
$$

b. Der Kapitalisierungsfaktor

Das Ergebnis der Barwertermittlung wird entscheidend durch die Wahl des Diskontierungszinssatzes beeinflußt. Insoweit ist auf die Erkenntnisse der betriebswirtschaftlichen Investitionstheorie zurückzugreifen. In der betriebswirtschaftlichen Investitionstheorie wird eine einzelne Investition dann als vorteilhaft angesehen, wenn ihr interner Zinsfuß größer ist als der Kalkulations-

---

52 $\quad$ BRETZKE, Prognoseproblem, 1975, S. 44-51, m.w.N.

53 $\quad$ Formel III zeigt die Berechnung des speziellen Werts eines Finanzierungstitels; dieser schließt als der umfassendere den allgemeinen Wert mit ein.

zinsfuß. Dabei stellt der interne Zinsfuß die Effektivrendite der Investition (vor Abzug der mit ihr verbundenen Zinsausgaben), der Kalkulationszinsfuß die geforderte Mindestverzinsung dar[54]. Folglich ist der interne Zinsfuß als theoretisch richtiger Kapitalisierungszinssatz anzusehen[55]. Es ist jedoch praktisch außerordentlich schwierig, den so definierten (theoretisch richtigen) Zinsfuß zu bestimmen[56]. Mithin muß auf Näherungslösungen ausgewichen werden. Dabei findet im Regelfall eine Orientierung am (objektadäquaten) Kalkulationszinsfuß statt[57].

Als Kalkulationszinssatz wird grundsätzlich die Größe verwendet, die als Mindestverzinsung den Kapitalkosten des Investors entsprechen soll[58]. Diese Definition unterstellt die Existenz eines vollkommenen Kapitalmarkts, d.h. daß der Investor zu diesem (einheitlichen) Zinssatz beliebige Summen von Kapital ausleihen bzw. beschaffen kann[59]. In der Realität ist diese Prämisse jedoch nicht haltbar. Es gibt vielmehr sowohl Beschränkungen für die Mittelaufnahme als auch differierende Zinssätze für die Aufnahme und Anlage von Mitteln auf dem Kapitalmarkt[60]. Die Art der Ermittlung des objektadäquaten Kalkulationszinsfußes und dessen Höhe hängen damit von den jeweiligen betrieblichen Anlage- und Finanzierungsmöglichkeiten ab. Werden freigesetzte Mittel eingesetzt, so führt die zu bewertende Investition nicht zu einem effektiven Zinsaufwand; die Belastung des Investors besteht dann im Verzicht auf Erträge, die durch eine andernfalls durchgeführte Investition hätten erzielt werden können. Während in diesem Fall auf den durch den Titelerwerb entstehenden Opportunitätsverlust abgestellt wird[61], sind die tatsächlich angefallenen Zinskosten maßgeblich, wenn der Investor zur Finanzierung der Investition Fremdkapital aufgenommen hat: "Die herrschende Lehre trennt nach eigen- und fremdfinanzierten Investitionen. Bei eigenfinanzierten Objekten sei die 'Normalverzinsung' der Branche, bei fremdfinanzierten der Fremdkapitalzins

---

54 MOXTER, Investitionsentscheidungen, ZfhF 1961, S. 187 f.

55 ROSE, Zinsfüß', StbJb 1973/74, S. 341 f.

56 Zu den Gründen vgl. BLOHM/LÜDER, Investition, 1991, S. 146-148; zu einem modelltheoretischen Lösungsansatz vgl. MOXTER, Investitionsentscheidungen, ZfhF 1961, S. 188-193.

57 Siehe nur ROSE, Zinsfüß', StbJb 1973/74, S. 341 f.

58 WÖHE, Einführung, 1990, S. 778.

59 ALTROGGE, Investition, 1991, S. 37 f.; BLOHM/LÜDER, Investition, 1991, S. 74 f.; PERRIDON/STEINER, Finanzwirtschaft, 1993, S. 84.

60 BLOHM/LÜDER, Investition, 1991, S. 146 f.; PERRIDON/STEINER, Finanzwirtschaft, 1993, S. 84-87. Zu den Gründen für Differenzen zwischen Kapitalaufnahmekosten und -anlageerträgen vgl. FRANKE/HAX, Finanzwirtschaft, 1990, S. 109.

61 Zur Bedeutung der Opportunitätskosten für unternehmerische Entscheidungen vgl. MÜNSTERMANN, Opportunitätskosten, ZfB 1966, Ergänzungsheft 1, S. 18-36.

(versehen mit einem Zuschlag für Risiko und Mindestgewinn) als Kalkulationszinsfuß anzusetzen"[62].

Die beschriebene Vorgehensweise ist praktikabel, wenn der Investor lediglich *eine* Investition tätigt. In der Regel ist diese Voraussetzung jedoch nicht erfüllt. Dann sind Fiktionen notwendig, in welchem Umfang zur Finanzierung der verschiedenen Investitionsmaßnahmen Eigen- und/oder (kurz-, mittel- oder langfristiges) Fremdkapital verwendet wurde[63]. Die Zurechnung bestimmten Kapitals zu bestimmten Anlagen ist jedoch problematisch, selbst bei Zweckbindung der aufgenommenen Mittel: "In der Finanzierungslehre ist heute ... allgemein akzeptiert, daß solche [Zuordnungs-] Regeln nichts über die Finanzierung einzelner Vermögensgegenstände besagen, daß vielmehr eher der Grundsatz gilt, daß alles durch alles finanziert wird"[64]. Schließt man sich dieser Auffassung an, so besteht die Finanzierungsfiktion darin, eine "Mischfinanzierung" der zu bewertenden Investition zu unterstellen.

c. Der Berechnungszeitraum

Der Wert eines Finanzierungstitels wurde in Punkt a als Barwert zukünftiger Nettozahlungen berechnet. Dabei wurden Geldströme in den Perioden $t = 1$ bis $t = T$ berücksichtigt.

Wird der Finanzierungstitel i.e.S. getilgt und bleibt er bis zu diesem Zeitpunkt im Besitz des Titelinhabers, so ist die planmäßige (Rest-) Laufzeit des Finanzierungstitels gleich dem Berechnungszeitraum. Bei vorzeitigem Geldrückfluß (etwa nach Kündigung oder Verkauf) tritt der Kündigungs- oder Verkaufszeitpunkt an die Stelle des vertraglich vereinbarten Rückzahlungstermins. Wurde keine Tilgung

---

62 MOXTER, Investitionsentscheidungen, ZfhF 1961, S. 186: im Original zum Teil kursiv gedruckt.

63 BLOHM/LÜDER, Investition, 1991, S. 146-148; HEINE, Ausleihungen, WPg 1967, S. 366 f.; PERRIDON/STEINER, Finanzwirtschaft, 1993, S. 86.

64 GROH, Darlehen, StuW 1991, S. 301 (Klammerzusatz vom Verfasser), mit Verweis auf GUTENBERG, Finanzen, 1980, S. 272 ff. In allen Fällen ist bei der Bemessung des Kalkulationszinsfußes die Ertragsteuer-, bei verfeinerten Rechnungen zusätzlich die Substanzsteuerbelastung zu berücksichtigen. Beim "Opportunitätskostenansatz" bedeutet dies etwa, daß der Bruttozinsfuß um die auf die Bruttorendite einer Alternativanlage anfallenden Ertragsteuern zu korrigieren ist; als "Korrekturposten" kann bspw. der auf die Basisgröße "Reinertrag" lastende Teilsteuersatz verwendet werden (vgl. ROSE, Steuerlehre, 1992, S. 239 f.). Vgl. allgemein zur Berücksichtigung von Steuern bei der Bemessung des Kalkulationszinsfußes BLOHM/LÜDER, Investition, 1991, S. 134-136, m.w.N.

i.e.S. vereinbart, wie es für Beteiligungstitel üblich ist, ist grundsätzlich der Veräußerungs- oder Liquidationszeitpunkt als letzter Zahlungstermin anzunehmen.

B. Unsicherheiten, Risiken und Chancen bei der Wertermittlung

In Punkt A wurde vollkommene Information des Titelinhabers bezüglich der den Wert eines Finanzierungstitels beeinflussenden Parameter unterstellt. Diese Annahme wird jetzt aufgehoben. Nach Klärung der in diesem Zusammenhang wichtigen Begriffe Unsicherheit, Risiko und Chance werden daher im folgenden Informations- und Prognoseprobleme bei der Wertermittlung erörtert.

1. Begriffserläuterungen
a. Unsicherheit

Der Wert eines Finanzierungstitels wurde beschrieben als Barwert künftiger Zahlungen. Der Bewertende benötigt mithin Informationen über die Parameter, welche die Höhe und Fälligkeiten dieser Zahlungen beeinflussen.

Hinsichtlich des Grades der Informiertheit grenzt die Entscheidungstheorie drei charakteristische Informationssysteme voneinander ab[65]:

(1) Ist der zukünftige wahre (tatsächliche) Umweltzustand bekannt, so handelt es sich um eine *Sicherheitssituation*. Dieses Informationssystem wurde in Punkt A unterstellt.

(2) Können (subjektive oder objektive) Wahrscheinlichkeiten für das Eintreten der verschiedenen Zustände genannt werden, so liegt eine *Risikosituation* vor.

(3) Eine *Unsicherheitssituation* (Ungewißheitssituation) schließlich ist dadurch gekennzeichnet, daß die Wahrscheinlichkeiten für das Eintreten der relevanten nicht-sicheren Umweltzustände unbekannt sind.

In dieser Arbeit wird eine begriffliche Differenzierung von "Unsicherheit" und "Risiko" nach der vorgestellten entscheidungstheoretischen Diktion nicht vorge-

---

[65] Siehe etwa BAMBERG/COENENBERG, Entscheidungslehre, 1991, S. 17; WITTMANN, Information, 1959, S. 18-26. Die Spielsituation als weitere denkbare Umweltlage bei Existenz eines rational handelnden "Gegenspielers" bleibt hier unberücksichtigt (siehe dazu etwa BAMBERG/COENENBERG, a.a.O., S. 147-197).

nommen. Es soll vielmehr der Hinweis genügen, daß die Ermittlung des Werts eines Finanzierungstitels auf der Grundlage einer nicht sicheren, d.h. im weiteren Sinne unsicheren Datenbasis vorgenommen werden muß. Der Terminus "Risiko" soll nämlich einer anderen Interpretation vorbehalten bleiben.

b. Risiko und Chance

Neben der oben vorgestellten entscheidungsorientierten (statistischen) Auffassung von Risiko wird von Teilen der Literatur ein betriebswirtschaftlicher Risikobegriff vertreten. Danach kann Risiko als "die Gefahr [bezeichnet werden], daß sich eine vermögenswirksame Entscheidung ungünstiger auswirkt, als im Zeitpunkt der Entscheidung erwartet wird"[66]. Als positives Äquivalent steht dem Risiko die Chance gegenüber[67].

Während der Begriff Risiko in diesem Sinne mithin stets eine tatsächliche Abweichung der geplanten von der tatsächlichen Entwicklung impliziert, die zu effektiven Verlusten oder Opportunitätskosten führt, ist für den Unsicherheitszustand bereits eine mögliche Abweichung zwischen geplanten und tatsächlichen Größen ausreichend. M.a.W.: Plant ein Wirtschaftssubjekt den Erwerb eines Finanzierungstitels und berechnet es zu diesem Zweck dessen Wert, so ist dieser Wert grundsätzlich ein unsicherer Wert, da er auf einer unsicheren Datenbasis ermittelt wurde. Er kann sich mithin in der Zukunft als niedriger oder höher erweisen als im Bewertungszeitpunkt angenommen. Ein Risiko bzw. eine Chance im Sinne einer Verlustgefahr bzw. Gewinnmöglichkeit entsteht jedoch nur dann, wenn eine positive Entscheidung getroffen, d.h. der Finanzierungstitel tatsächlich erworben wird[68]. Risiken und Chancen in diesem Sinne kann es mithin nur dann geben, "wenn auf der Grundlage der subjektiven Gesamtwertvorstellungen vermögenswirksame Entscheidungen getroffen werden"[69].

---

66 JAENSCH, Wert, 1966, S. 59; Klammerzusatz vom Verfasser. Siehe auch BÜSCHGEN, Bankbetriebslehre, 1991, S. 653 f.; KRELLE, Risiko, ZfSt 1957, S. 633; PHILIPP, Risikopolitik, HWB 1976, Sp. 3459; WITTMANN, Information, 1959, S. 34-37.

67 JAENSCH, Wert, 1966, S. 59; WITTMANN, Information, 1959, S. 37.

68 JAENSCH, Wert, 1966, S. 59.

69 JAENSCH, Wert, 1966, S. 61.

2. Prognose- und Planungsprobleme

Der Wert eines Finanzierungstitels wurde oben[70] als Funktion dreier Komponenten beschrieben, nämlich der titelinduzierten Zahlungen, des Kapitalisierungsfaktors sowie des Berechnungszeitraums. Dabei wurde unterstellt, daß der Bewertende die Ausprägung der genannten Parameter sicher kennt. Aufgrund der Zukunftsbezogenheit der notwendigen Informationen ist dies jedoch grundsätzlich nicht möglich. So ist bspw. fraglich, ob der Emittent seinen Zins- und Tilgungsverpflichtungen vertragsgetreu nachkommen wird. Auch Kapitalisierungsfaktor und Berechnungszeitraum sind nicht eindeutig bekannt.

Das fehlende Wissen um die zukünftige Ausprägung der einzelnen Faktoren macht eine *Prognose* notwendig[71]. Die dabei anzuwendenden Prognoseverfahren lassen sich allgemein "als Operatoren beschreiben, die bestimmte Inputs nach bestimmten, mehr oder weniger präzise definierten Kriterien oder Regeln in bestimmte Outputs umwandeln"[72]. Als "Transformatoren" kommen insbesondere zwei Typen von Prognoseverfahren in Betracht[73]:

Den Ausgangspunkt *kausaler Prognoseverfahren* bilden wissenschaftlich fundierte, intersubjektiv nachprüfbare Kausalzusammenhänge zwischen erklärenden Variablen und zu erklärenden Variablen[74]. Die zu erklärenden Variablen (Prognosevariablen) sind die titelinduzierten Zahlungen, der Kapitalisierungsfaktor und der Berechnungszeitraum, deren Ausprägungen von einer Vielzahl von Einflußfaktoren (Basisvariablen) abhängig sind. Die Prognose dieser Einflußfaktoren führt dann über die unterstellte Verknüpfung mit den letztlich interessierenden Prognosevariablen zum Planwert der Prognosevariablen[75].

---

70 Siehe Punkt A.2, S. 103 ff.

71 Der Begriff "Prognose" kann dabei wie folgt definiert werden: "Eine Prognose ist eine aus einem Modell der Realität abgeleitete überprüfbare Aussage über ein zukünftiges Ereignis oder eine zukünftige Folge von Ereignissen" (BRETZKE, Prognoseproblem, 1975, S. 118); in dem hier interessierenden Zusammenhang muß es sich um eine quantitative Prognose handeln, klassifikatorische oder komparative Verfahren reichen regelmäßig nicht aus (ebenda, S. 119).

72 BRETZKE, Prognoseproblem, 1975, S. 120.

73 Siehe etwa den Überblick bei OPITZ, Prognose, DBW 1985, S. 83.

74 OPITZ, Prognose, DBW 1985, S. 84. Einen wesentlichen Anwendungsfall stellen die Verfahren der Regressionsanalyse dar (siehe dazu etwa BRETZKE, Prognoseproblem, 1975, S. 156-180).

75 Um die Prognosevariablen vorhersagen zu können, ist mithin zunächst die Basisvariable zu prognostizieren. Das Eintreten der Basisvariablen ist aber seinerseits an eine Bedingung geknüpft, so daß sich ein endloser Regreß ergibt, der nur durch eine unbedingte, absolut sichere Prognose unterbrochen werden könnte. Unbedingte Prognosen sind jedoch im Be-

Methoden der *Zeitreihenanalyse* verzichten dagegen auf die Entwicklung von Kausalzusammenhängen in der oben beschriebenen Form. Die Vorgehensweise ist vielmehr die, daß aus einem in der Vergangenheit feststellbaren Trend eher mechanisch Rückschlüsse auf die zukünftige Entwicklung gezogen werden. Zu den klassischen Verfahren der Zeitreihenanalyse zählen bspw. das exponentielle Glätten oder diverse Saisonbereinigungsverfahren[76].

Die Genauigkeit und Verläßlichkeit der Prognose ist außer von der Qualität des Prognoseverfahrens selbst zusätzlich von Qualität und Quantität der Eingangsinformationen abhängig[77]. An dieser Stelle wird der Wert von Informationspflichten des Emittenten und Auskunftsrechten des Titelinhabers deutlich[78]: Sie bedeuten tendenziell eine Verbesserung des Informationsstandes und verringern damit grundsätzlich "... die Differenz zwischen dem objektiv Wißbaren und dem subjektiv Gewußten ..."[79].

Im Rahmen kausaler Prognoseverfahren sind die zu prognostizierenden unmittelbar wertbeeinflussenden Parameter (Prognosevariablen) von der Ausprägung anderer Faktoren (den Basisvariablen) abhängig, auf die der Titelinhaber z.T. Einfluß nehmen kann (sog. "Instrumentvariablen"). Die Größen, die dagegen nicht steuerbar sind, werden als "autonome Variablen" bezeichnet[80]. Die Bedeutung dieser Differenzierung soll mit Hilfe von Abbildung 24 verdeutlicht werden[81]:

---

reich der Wirtschaftswissenschaft schon allein aufgrund der Interdependenz der meisten ökonomischen Variablen kaum erstellbar (BRETZKE, Prognoseproblem, 1975, S. 119). Im übrigen wird bei der beschriebenen Vorgehensweise (implizit) unterstellt, daß die mittelbare Schätzung (über die Basisvariablen) zu einer Verbesserung der Prognosequalität führt und zwar deshalb, weil die Basisvariablen besser vorausgesagt werden können als die Prognosevariablen selbst. Darauf weist BRETZKE (a.a.O., S. 168) zutreffend hin.

76   OPITZ, Prognose, DBW 1985, S. 84.

77   BRETZKE, Prognoseproblem, 1975, S. 121.

78   Siehe oben, 2. Kapitel, § 2, Punkt II.C.2.c, S. 74 f.

79   BRETZKE, Prognoseproblem, 1975, S. 75 f.

80   Zu den Begriffen siehe nur BRETZKE, Prognoseproblem, 1975, S. 87 f.

81   Konzeptionell entnommen aus DIRRIGL, Bewertung, 1988, S. 156; zu den verwendeten Begriffen siehe ebenda. Die dort gewählte Unterscheidung zwischen Basisprognosen erster und zweiter Art entspricht der Unterscheidung zwischen technologischen und nicht-technologischen Prognosen (siehe dazu ALBERT, Theoriebildung, 1964, S. 62).

113

Abbildung 24

Prognose und Planung

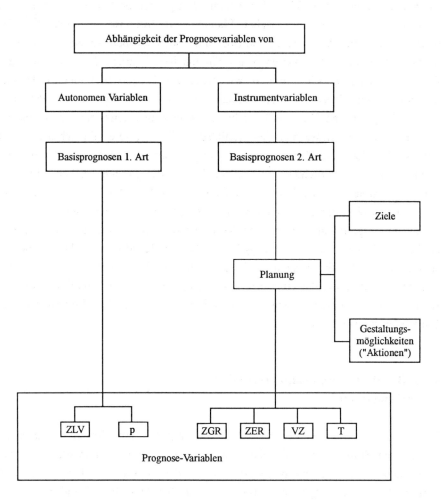

Für die Schätzung der Ausprägung der *autonomen Variablen* sind Basisprognosen *1. Art* anzustellen[82]. Sie haben eine direkte Bedeutung für die eigentlichen Prognosevariablen und sind Basis für die Ableitung der wertbestimmenden Prognosevariablen, soweit die prognostizierten Größen aus Sicht des Titelinhabers als unbeeinflußbar angesehen werden müssen. Im Hinblick auf die Wertermittlung von Finanzierungstiteln trifft dies annähernd für die aus Leistungsverpflichtungen des Emittenten herrührenden Zahlungen ZLV sowie den Kalkulationszinsfuß p zu[83].

---

82   DIRRIGL, Bewertung, 1988, S. 155.

83   Dies gilt allerdings nicht uneingeschränkt, weil die Existenz von Einwirkungsrechten auch die Größe ZLV beeinflußbar macht und weil der Abzinsungsfaktor - zumindest vom Grundsatz her - durch die Wahl der Finanzierungsmethode gesteuert werden kann.

Prognosen der sog. *Instrumentvariablen* sind Basisprognosen *2. Art.* Da Instrumentvariablen vom Titelinhaber zumindest partiell gesteuert werden können, sind die Interdependenzen zwischen Planung und Prognose zu beachten[84]. Das bedeutet, daß die Prognose der wertbestimmenden Größen Annahmen über die diesbezüglich relevanten Aktionen des Titelinhabers bedingt. Die Planung dieser Aktionen beruht jedoch ihrerseits wiederum auf Prognosen planungsrelevanter Einflußfaktoren. Diese Interdependenzen sind bei der Prognose der Parameter ZGR, ZER, VZ und T zu berücksichtigen: Haben titelinduzierte Zahlungen ihre Ursache in Gestaltungsrechten des Titelinhabers (ZGR), so ergibt sich dies bereits daraus, daß der Titelinhaber zur Ausübung dieser Rechte lediglich berechtigt, nicht jedoch verpflichtet ist. Ähnliche Überlegungen gelten für auf Einwirkungsrechten beruhende Zahlungen (ZER). Auch das Ende des Berechnungszeitraums (T) kann vom Titelinhaber, insbesondere durch Ausübung seines ihm regelmäßig zustehenden Veräußerungsrechts, gestaltet werden. Eine ähnliche Wirkung hat ein ihm ggf. zustehendes Kündigungsrecht. Schließlich sollen die Verbundzahlungen (VZ) ebenfalls in diese Kategorie eingeordnet werden. So ist bspw. die Höhe der aus günstigeren Einkaufskonditionen resultierenden Vorteile davon abhängig, in welchem Umfang der Titelinhaber vom Emittenten Waren o.ä. bezieht.

§ 2 : Der Wert eines Finanzierungstitels
I. Vorbemerkungen

Wie ausgeführt, ist der Wert eines Finanzierungstitels vom Grundsatz gleich der abgezinsten Summe der auf Leistungsverpflichtungen des Titelemittenten sowie Einwirkungs-, Gestaltungs- und Bezugsrechten des Titelinhabers beruhenden Zahlungen. Zusätzlich ist ggf. der Verbundeffekt zu beachten. Im folgenden sollen die einzelnen Bewertungskomponenten näher untersucht werden. Dabei wird in der Weise vorgegangen, daß zunächst der Einflußfaktor "Verbundzahlungen" aus den Überlegungen ausgeklammert wird. Punkt II beschäftigt sich folglich, getrennt nach Forderungs- und Beteiligungstiteln, mit der Wertermittlung von Renditetiteln. Den Besonderheiten von Verbundtiteln wird dann in Punkt III Rechnung getragen.

Mit den folgenden Ausführungen wird keine vollständige und detaillierte Darstellung angestrebt. Da betriebswirtschaftlicher Erkenntnisse bei der Bewertung von Finanzierungstiteln (lediglich) als Grundlage zur Lösung der entsprechenden bi-

---

84 Zum Zusammenhang zwischen Prognose und Planung siehe etwa BRETZKE, Prognoseproblem, 1975, S. 87-90.

lanzsteuerlichen Bewertungsprobleme dienen[85], sollen nur die Grundzüge der Bewertung von Finanzierungstiteln skizziert werden. Daher wird zum einen nicht auf jeden denkbaren Kontraktobjekttyp eingegangen. Zum anderen hat die Besteuerung im allgemeinen und die steuerliche Bilanzierung im besonderen den Praktikabilitätsgrundsatz zu beachten[86]. Vereinfachungen und Typisierungen sind mithin unvermeidlich. Es erscheint daher wenig sinnvoll, zunächst komplexe und detaillierte Bewertungsansätze vorzustellen, um daran anschließend wiederum von ihnen zu abstrahieren.

II. Renditetitel
A. Forderungstitel
1. Leistungsverpflichtungen des Titelemittenten
a. Unbedingte Leistungsverpflichtungen

Unbedingte Leistungsverpflichtungen sind für in inländischer Währung denominierte festverzinsliche Forderungstitel charakteristisch. Der aus ihnen zu erwartende Zahlungsstrom ist vertraglich eindeutig fixiert. Die Höhe und der zeitliche Anfall der Zahlungen wird mithin lediglich von der Bonität des Emittenten beeinflußt. Die Gefahr, daß der Titelemittent seinen vertraglichen Zahlungsverpflichtungen nicht, nicht vollständig oder nicht fristgerecht nachkommt, wird als "*Bonitätsrisiko*" (Ausfallrisiko) bezeichnet[87].

Im Zeitpunkt des Erwerbs eines derartigen Forderungstitels geht der Titelinhaber in aller Regel davon aus, daß der Emittent seinen Verpflichtungen vertragsgetreu nachkommen wird. Die vereinbarten Zahlungsströme stellen mithin häufig die Planwerte des Titelinhabers dar. Tatsächlich jedoch sind Zahlungen aus festverzinslichen Forderungstiteln keineswegs "sicher". Als "quasi sicher" gelten lediglich Darlehen an die (inländische!) öffentliche Hand[88] sowie (bereits abgeschwächt) an inländischen Börsen notierte Anleihen, da letztere strengen Zulassungsbestimmungen unterworfen sind[89]. In allen anderen Fällen ist jedoch eine permanente Kontrolle der Bonität des Schuldners notwendig. Für diese sind

---

85 Siehe dazu unten, 3. Teil, 2. Kapitel, § 3, S. 445 ff.

86 Siehe oben, 1. Teil, 2. Kapitel, § 1, Punkt II.A, S. 10 ff.

87 UHLIR/STEINER, Wertpapieranalyse, 1991, S. 58; zu der äußerst seltenen Ausnahme einer "Bonitäts-Chance" vgl. BÜHLER, Anlagestrategien, ZfbF 1983, Sonderheft 16, S. 93, Fn. 20.

88 UHLIR/STEINER, Wertpapieranalyse, 1991, S. 58.

89 UHLIR/STEINER, Wertpapieranalyse, 1991, S. 58; siehe auch §§ 36 ff. BörsG.

sowohl exogene Einflüsse (zu nennen sind insbesondere volkswirtschaftliche Größen wie etwa die allgemeine bzw. branchenbezogene konjunkturelle Entwicklung) als auch endogene Einflußfaktoren bedeutsam[90].

Zur Einschätzung der Bonität des Emittenten kann der Emittent nur in Ausnahmefällen unmittelbar auf Expertenwissen zurückgreifen. Die Ausnahmen stellen in erster Linie international operierende Unternehmungen ab einer bestimmten Größenordnung dar, deren Bonität von Rating-Agenturen öffentlich beurteilt wird[91]. In aller Regel muß der Titelinhaber jedoch die Wahrscheinlichkeit der vereinbarungsgemäßen Darlehensbedienung selbst einschätzen. Zu diesem Zweck sind in erster Linie emittentenspezifische Informationen (Jahresabschlüsse, Auskünfte etc.) einzuholen.

Für die direkte Herleitung des erwarteten Zahlungsstroms ist eine zweistufige Prognose erforderlich[92]. Zunächst müssen die Zustände, die eine Veränderung des versprochenen Zahlungsstromes hervorrufen können, spezifiziert und mit Wahrscheinlichkeiten belegt werden. Danach sind für diese Zustände konkrete Zahlungen zu prognostizieren, wobei ggf. Mahn-, Beitreibungskosten etc. in den Kalkül einzubeziehen sind. Um daraus einen erwarteten Zahlungsstrom abzuleiten, sind die einzelnen Zahlungen mit den bedingten Wahrscheinlichkeiten zu multiplizieren. Zur Wertermittlung werden die prognostizierten Zahlungsströme dann mit Hilfe der oben beschriebenen Barwertmethode auf den Bewertungszeitpunkt abdiskontiert.

Bei der Wahl des Kapitalisierungsfaktors für die Bewertung von Forderungstiteln ist zu beachten, daß dieser Form von Investitionsobjekten "eine eigene Rentabilität im betrieblichen Sinne i.d.R. nicht zugeordnet [werden kann]; nicht die Forderung erwirtschaftet den 'internen Zinsfuß' der Unternehmung, sondern die Kombination aller produktiven Faktoren"[93]. Folglich sind für die Bewertung von Forderungstiteln Referenzgrößen wie "Branchen- oder Unternehmungsrentabilität"[94] oder "erwarteter Grenzzinssatz der zukünftigen Investitionsprogramme"[95] ungeeignet.

---

90 Siehe etwa JAENSCH, Wert, 1966, S. 39; ZINTZEN, Kapitalbeteiligungen, WPg 1957, S. 386.

91 Zu erwähnen sind insbesondere die international anerkannten Ratings von Moody und Standard & Poors (siehe hierzu SERFLING/PRIES, Rating, Die Bank 1990, S. 381-383).

92 UHLIR/STEINER, Wertpapieranalyse, 1991, S. 58 f.

93 ROSE, Forderungen, ZfB 1965, S. 113 (Flexion geändert, Klammerzusatz vom Verfasser).

94 KERN, Investitionsrechnung, 1976, S. 36.

95 BLOHM/LÜDER, Investition, 1991, S. 148.

Vielmehr ist grundsätzlich auf Marktgrößen bzw. Marktzinssätze zurückzugreifen. Da überdies die Investitionsalternative zu wählen ist, die "dem Bewertungsobjekt in möglichst vielen bewertungsrelevanten Eigenschaften gleicht"[96], ist der Kapitalisierungsfaktor in einem zweiten Schritt den Gegebenheiten des jeweiligen Einzelfalles anzupassen. Dabei ist zu berücksichtigen, daß die Zinssätze für kurz-, mittel- und langfristig angelegtes Kapital gewöhnlich verschieden hoch sind[97] mit der Folge, daß auf den fristadäquaten Marktzinssatz abzustellen ist[98]. Da dieser i.d.R. aus Kreditverhältnissen mit bonitätsmäßig einwandfreien Schuldnern gewonnen wird, wird er um eine Risikoprämie erhöht.

b. Bedingte Leistungsverpflichtungen

Die Leistungsverpflichtungen des Emittenten aus einem Forderungstitel sind i.d.R. deterministischer Natur. Es wurde jedoch darauf hingewiesen, daß Höhe und zeitliche Struktur der Zahlungen eines Gläubigers vom Eintritt gewisser Bedingungen abhängig sein können.

(1) Die *wirtschaftliche Lage* des Emittenten ist insbesondere in den Fällen von Bedeutung, in denen eine gewinn- oder umsatzabhängige Verzinsung vereinbart wurde. Da die Gewinnabhängigkeit der Entgeltzahlungen jedoch ein charakteristisches Merkmal von Beteiligungstiteln darstellt, soll dieser Aspekt in Punkt B behandelt werden.

(2) *Entscheidungen des Emittenten* spielen in diesem Zusammenhang in erster Linie für ihm zustehende Kündigungsrechte eine Rolle[99]. Von der Kündigung wird sowohl die vereinbarte Dauer der Kapitalüberlassung als auch die Summe der titelinduzierten Zahlungen betroffen. Der Titelinhaber muß folglich prognostizieren, ob und, wenn ja, zu welchem Zeitpunkt der Emittent von seinem Kündigungsrecht Gebrauch machen wird. Dieser wird seine Entscheidung in

---

96 WASSERMANN, Zinsfuß, 1979, S. 74.

97 Dieses Phänomen kann graphisch mit einer sog. "gekrümmten Zinskurve" abgebildet werden; ist der Zinssatz dagegen für alle Fristen identisch, so liegt eine flache Zinskurve vor. Im Normalfall sind Marktzins und Anlagedauer positiv korreliert, u.U. kann jedoch auch das Gegenteil eintreten; im letzten Fall spricht man von einer "inversen Zinsstruktur" (siehe etwa DUWENDAG, Zinsstruktur, HWF 1976, Sp. 1927-1936; UHLIR/STEINER, Wertpapieranalyse, 1991, S. 30-33).

98 ROSE, Zinsfüß', StbJb 1973/74, S. 342, mit Angabe konkreter Zinssätze.

99 Siehe im folgenden ALTROGGE, Anlagen, ZfB 1982, S. 461 f.; BÜHLER, Anlagestrategien, ZfbF 1983, Sonderheft 16, S. 95 f.; UHLIR/STEINER, Risiken, ZfB 1983, S. 641-644.

erster Linie von der Zinsentwicklung abhängig machen. Der Anreiz zur vorzeitigen Kündigung seitens des Emittenten ist bei sinkenden Zinsen vor allem dadurch gegeben, daß sich der Anleiheschuldner nun billigeres Fremdkapital besorgen kann. Die Kündigung wird dann erfolgen, wenn der Zinssatz soweit absinkt, daß die Kosten der vorzeitigen Tilgung und der Neuverschuldung durch die Vorteile niedrigerer Zinszahlungen überkompensiert werden[100]. Die Position des Investors hat sich dadurch verschlechtert, da er den Rückzahlungsbetrag nur zu ungünstigeren Konditionen anlegen kann. Folglich hat ein mit einem Kündigungsrecht des Emittenten ausgestatteter Finanzierungstitel c.p. für den Titelinhaber einen geringeren Wert als eine Forderung mit unbedingten Leistungsverpflichtungen[101]. Die Gefahr einer vorzeitigen Kündigung des Emittenten bzw. einer (für den Titelinhaber) ungünstigen Zinsentwicklung ist das *"Kündigungsrisiko"* (Tilgungsterminrisiko). Eine "Kündigungs-Chance" gibt es regelmäßig nicht[102]. Ein Kündigungsrecht des Emittenten ist durch eine "Kündigungsrisiko-Prämie" zu berücksichtigen. Theoretische Untersuchungen lassen Aufschläge um 1 % (bei fünfjähriger Laufzeit und einem Kapitalmarktzins zwischen 6 % und 9 %) als durchaus realistisch erscheinen[103].

(3) Durch *Vertragsverletzungen des Emittenten* induzierte Zahlungen spielen bei Forderungstiteln eine gewichtige Rolle. Kommt der Emittent seinen vertraglichen Verpflichtungen nicht nach, so kann der Titelinhaber ggf. auf Personal- oder Sachsicherheiten zurückgreifen, die im günstigsten Fall die ursprünglich vereinbarten Zahlungsströme vollständig substituieren. Da die Verwertung von Sicherheiten mithin ein akut gewordenes Bonitätsrisiko voraussetzt, ist zunächst eine Prognose der Schuldenbedienungsfähigkeit des Emittenten vonnöten. Fällt diese negativ aus, so ist in einem zweiten Schritt die Bonität des Bürgen, Garanten o.ä. (bei Personalsicherheiten) bzw. die Werthaltigkeit der vereinbarten Sachsicherheiten zu schätzen. Im ersten Fall ist (wie bei der Bonitätsprüfung des Schuldners selbst) auf endogene und exogene Einflußfakto-

---

100 Darüber hinaus können bspw. auch Imagegründe oder der Wegfall der Finanzierungserfordernis eine Rolle spielen (ALTROGGE, Anlagen, ZfB 1982, S. 462; UHLIR/STEINER, Wertpapieranalyse, 1991, S. 53).

101 BRENNAN/SCHWARTZ, Bonds, JoFE 1977, S. 84.

102 BÜHLER, Anlagestrategien, ZfbF 1983, Sonderheft 16, S. 95.

103 BRENNAN/SCHWARTZ, Bonds, JoFE 1977, S. 84-86. Zu den im Modell verwendeten Prämissen, v.a. hinsichtlich der zukünftigen Zinsentwicklung, vgl. ebenda, S. 81-84. Empirische Untersuchungen gelangen zu niedrigeren Aufschlägen (vgl. WIEDEY, Anleihekonversion, 1982, S. 197). Allerdings wurden dort Renditen von sofort und erst nach einigen Freijahren kündbaren Anleihen verglichen, so daß das Kündigungsrisiko systematisch unterschätzt wurde (BÜHLER, Anlagestrategien, ZfbF 1983, Sonderheft 16, S. 96).

ren und die entsprechenden Informationen zurückzugreifen. Dingliche Sicherheiten sind auf ihre Werthaltigkeit hin zu überprüfen; außerdem ist die spezifische Marktlage bei Veräußerung des Objekts zu prognostizieren.

Es kann sich jedoch herausstellen, daß bei Verwertung der Sicherheiten die tatsächlich erzielten Erlöse hinter den geplanten zurückbleiben. Dieser Umstand wird mit dem Begriff "*Sicherungsrisiko*" (Besicherungsrisiko) bezeichnet[104], dem (wie beim Bonitäts- und Kündigungsrisiko) grundsätzlich keine "Sicherungs-Chance" gegenübersteht. Sowohl die Existenz von Sicherheiten als auch ein etwaiges Sicherheitsrisiko sind bei der Bemessung des Bonitätsrisikozuschlags auf den Kalkulationszinsfuß zu berücksichtigen.

(4) Einen wesentlichen Einfluß auf den Wert eines Finanzierungstitels üben schließlich *äußere Einflüsse* aus[105].

Dies gilt zunächst in den Fällen, in denen Zins- und/oder Tilgungszahlungen in fremder Währung zu leisten sind. Der Titelinhaber hat hier die zu den künftigen Zahlungszeitpunkten gültigen Austauschverhältnisse zweier Währungen zu prognostizieren, die aus Sicht des Kontraktbeteiligten ausschließlich von exogenen, nicht aber von endogenen Einflußfaktoren beeinflußt werden[106]. Aus Sicht des Titelinhabers ist der Wert der Leistung des Emittenten abhängig von dem Betrag, den er bei Umtausch der betreffenden Devisen erzielen kann. Die Zahlungen sind folglich zu dem (prognostizierten) Kurs umzurechnen, zu dem Banken Devisen ankaufen, d.h. zum Geldkurs. Die Möglichkeit einer Abweichung der geplanten von der tatsächlichen Wechselkursentwicklung ist das "*Wechselkursrisiko*"; es besteht jedoch auch die Möglichkeit, daß sich der Wechselkurs für den Titelinhaber positiv entwickelt ("Wechselkurs-Chance")[107].

Die Streuung der Wechselkurse und damit das Risiko (bzw. die Chance) ist in erster Linie von der Währung sowie dem zwischen dem jeweiligen Land und

104 BÜSCHGEN, Bankbetriebslehre, 1991, S. 709.

105 Außerhalb der Betrachtung bleibt das "Auslosungsrisiko" (bzw. die "Auslosungschance") bei Anleihen, deren Tilgung durch Losentscheid bestimmt wird; der Begriff bezeichnet die Möglichkeit einer negativen (positiven) Abweichung des wahrscheinlichkeitstheoretisch ermittelten vom tatsächlich realisierten Tilgungstermin (siehe hierzu ALTROGGE, Anlagen, ZfB 1982, S. 458-461; UHLIR/STEINER, Risiken, ZfB 1983, S. 644-646; DIES., Wertpapieranalyse, 1991, S. 49-52).

106 Zu den Theorien der Wechselkursentwicklung (insbesondere Kaufkraft- und Zinsparitätentheorie) siehe etwa JARCHOW/RÜHMANN, Außenwirtschaft, 1991, S. 214 ff.

107 BÜSCHGEN, Finanzmanagement, 1986, S. 147.

dem Sitzstaat des Titelinhabers bestehenden Wechselkurssystem abhängig und damit offensichtlich bei (faktisch) festen und stufenflexiblen Paritäten niedriger als in den Fällen, in denen die Wechselkurse mehr oder weniger frei schwanken (floaten)[108]. Insbesondere in den letztgenannten Fällen ist dem Prinzip der kaufmännischen Vorsicht durch eine eher pessimistische Einschätzung der Wechselkursentwicklung Rechnung zu tragen. Ein Zuschlag zum Kalkulationszins ist dann selbstverständlich nicht mehr zulässig.

Domiziliert der Emittent im Ausland, so sind dessen Zahlungen der Gefahr ausgesetzt, daß der ausländische Staat wegen gesamtwirtschaftlicher Devisenknappheit unfähig oder aus politischen Vorstellungen unwillig ist, die Zahlung eines privaten Wirtschaftssubjekts auszuführen, das aus einzelwirtschaftlichem Vermögen in der Lage wäre, den Kredit ordnungsgemäß zu bedienen[109]. Bei der Prognose der Zahlungsfähigkeit und -willigkeit des ausländischen Staates wird der Titelinhaber, wie auch bei der Vorhersage der zukünftigen Wechselkursentwicklung, externes Expertenwissen zu Rate ziehen[110]. Zu nennen sind hier bspw. in einzelnen Zeitschriften publizierte "Länder-Ratings"[111]. Die Möglichkeit einer Abweichung der erwarteten von den tatsächlichen Zahlungsströmen aus der Kreditgewährung an einen im Ausland ansässigen Schuldner wird als "*Länderrisiko*" bezeichnet[112]. Es sind nur negative Abweichungen denkbar, die Existenz von "Länder-Chancen" ist zu verneinen[113]. Diesem Gesichtspunkt ist durch eine entsprechend höhere Risikoprämie Rechnung zu tragen.

---

108 LIPFERT, Devisenhandel, 1992, S. 75-83. Die jüngsten Spannungen im Rahmen des Europäischen Währungssystems sind allerdings ein Beleg dafür, daß Wechselkursrisiken auch in einem System fester bzw. stufenflexibler Wechselkurse zu berücksichtigen sind.

109 BÜSCHGEN, Finanzmanagement, 1986, S. 148.

110 Zu den diesbezüglich angewendeten Prognoseverfahren siehe etwa BÜSCHGEN, Finanzmanagement, 1986, S. 158-161.

111 Hinzuweisen ist insbesondere auf die angesehenen Ratings der Zeitschriften "Institutional Investor" und "Euromoney" (vgl. BÜSCHGEN, Finanzmanagement, 1986, S. 159; KÖGLMAYR/MÜLLER, Länderrisiken, Die Bank 1987, S. 378-384).

112 BÜSCHGEN, Finanzmanagement, 1986, S. 148. Genauer handelt es sich um das Transferrisiko ("country risk"); unter dem Terminus "Länderrisiko" wird nämlich auch die Gefahr verstanden, daß der ausländische Staat seinen Verpflichtungen als unmittelbarer Schuldner nicht nachkommen kann (sog. "sovereign risk"). Dieser Aspekt wird hier jedoch unter das Bonitätsrisiko subsumiert.

113 BÜSCHGEN, Finanzmanagement, 1986, S. 147.

2. Informations- und Einwirkungsrechte des Titelinhabers

Die Prognose der wirtschaftlichen Entwicklung des Emittenten, die für die Abschätzung des Bonitätsrisikos, aber auch der Höhe der Entgeltzahlungen bei gewinnabhängig verzinsten Forderungstiteln von Bedeutung ist, ist regelmäßig mit großen Unsicherheiten behaftet. Diesem Umstand wird i.d.R. durch eine relativ vorsichtige Einschätzung Rechnung getragen mit der Folge, daß der ökonomische Wert des Forderungstitels sinkt. Stehen dem Gläubiger Informationsrechte zu, so können diese zu einer Verringerung der Unsicherheit beitragen und damit die Prognosegenauigkeit erhöhen.

Von größerer Bedeutung als Informationsrechte sind etwaige Einwirkungsrechte des Kreditgebers, die häufig zusätzlich mit Informationsrechten verbunden sind. Ist der Titelinhaber z.B. Großgläubiger oder Gesellschafter, so kann er möglicherweise die Geschäftspolitik des Schuldners zu seinen Gunsten beeinflussen, etwa dadurch, daß ihm bessere Sicherheiten als Außenstehende zur Verfügung stehen und damit endgültige Forderungsausfälle weniger wahrscheinlich sind.

3. Gestaltungsrechte des Titelinhabers
a. Veräußerungsrecht
α. Wertermittlung

In Punkt 1 wurde unterstellt, daß der Titelinhaber den Finanzierungstitel bis zum Ende der Laufzeit bzw. (theoretisch) bis zur Liquidation der emittierenden Unternehmung hält. Tatsächlich jedoch besteht in nahezu allen Fällen die Möglichkeit, sich vor Ablauf der "Selbstliquidationsperiode"[114] (d.h. der Frist, "die bei planmäßigem Geschäftsablauf verstreicht, bis an seine Stelle [an die Stelle des Titels] ein Kassenzugang auftritt"[115]) des Finanzierungstitels von seinem Engagement zu trennen.

Die Ausübung des Veräußerungsrechts hat zur Folge, daß an die Stelle der ab dem Verkaufszeitpunkt noch zu erwartenden, auf Leistungsverpflichtungen des Titelemittenten beruhenden Zahlungen der Veräußerungserlös tritt. Selbstverständlich bedeutet dies gleichzeitig eine Verkürzung des Berechnungszeitraums. Plant der Titelinhaber daher eine Veräußerung, so sind Veräußerungszeitpunkt und -erlös zu

---

114 STÜTZEL, Liquidität, HWB 1975, Sp. 2518.

115 STÜTZEL, Liquidität, HWB 1975, Sp. 2518; Zusatz in eckigen Klammern vom Verfasser.

prognostizieren und die daraus resultierenden Abweichungen hinsichtlich der Höhe des Kalkulationszinsfußes, des Berechnungszeitraums und der titelinduzierten Zahlungen zu berücksichtigen.

Jedoch hat ein Veräußerungsrecht für den Titelinhaber auch dann einen Wert, wenn er keine Veräußerung plant, da diese Befugnis seinen Handlungsspielraum vergrößert. Zum einen kann der Titelinhaber auf unvorhergesehene Liquiditätsengpässe reagieren: Seine Liquidität im Sinne von Flexibilität (Elastizität) wird verbessert[116]. Zum anderen übt die Veräußerungsmöglichkeit einen positiven Einfluß auf seine "Schlagfähigkeit", d.h. seine "Fähigkeit [aus], die bisherige Unternehmensweise in Anpassung an eine andere Datenkonstellation auf eine andere Unternehmensweise"[117] umzustellen. Insoweit sind jedoch die beim Verkauf entstehenden Informations- und Transaktionskosten zu berücksichtigen, die den Wert des Veräußerungsrechts mindern. Aus diesem Grund ist etwa ein Veräußerungsrecht bei Anteilen oder Buchforderungen von geringerem Wert als bei börsengehandelten Anleihen. Dies bestätigen auch die praktischen Erfahrungen. So liegt bspw. der Zinssatz für handelbare Schuldtitel um etwa einen halben Prozentpunkt unter dem für nicht handelbare, sind bundesbankfähige (d.h. an die Bundesbank verkäufliche) Wechsel mit niedrigeren Zinsen belastet als nicht bundesbankfähige[118]. Hieraus läßt sich ableiten, daß der aus der Durchschnittsrendite von Staatsobligationen ermittelte Basiskalkulationszinsfuß um etwa diesen Wert zu erhöhen ist, um der geringeren Fungibilität individuell gehandelter Forderungstitel Rechnung zu tragen.

ß. Risiken

Sowohl bei der geplanten als auch bei der ungeplanten Veräußerung eines Finanzierungstitels kann ein niedrigerer Veräußerungserlös als erwartet erzielt werden. Die Gründe hierfür können in immanenten Qualitätsrisiken, exogenen Preisrisiken oder Elastizitätsrisiken liegen[119].

---

116 STÜTZEL, Liquidität, HWB 1975, Sp. 2516 f.

117 H. KOCH, Sekundäranpassung, ZfbF 1973, S. 774; Klammerzusatz vom Verfasser.

118 FRANKE/HAX, Finanzwirtschaft, 1990, S. 346. Siehe auch den Hinweis bei HELBLING, Unternehmensbewertung, 1993, S. 377 f.

119 Vgl. zu diesen Begriffen und deren Definition STÜTZEL, Liquidität, HWB 1975, Sp. 2518 f.

Immanente Qualitätsrisiken sind Risiken, die im Objekt selbst begründet sind. Hier ist insbesondere das bereits erwähnte Bonitätsrisiko zu nennen. Wird bspw. im Veräußerungszeitpunkt die Bonität des Schuldners einer Ausleihung niedriger eingeschätzt als zum Bewertungszeitpunkt angenommen, wird der Käufer nur zur Zahlung eines niedrigeren Preises bereit sein.

Risiken, die in Änderungen der Nachfrage nach dem selbst unveränderten Objekt liegen, werden "*exogene Preisrisiken*" genannt. Handelt es sich um Titel in ausländischer Währung, deren Austauschverhältnis zur heimischen Devise schwankt, so kann ein akut gewordenes Wechselkursrisiko die Ursache sein. Das "Zinsänderungsrisiko"[120] umschreibt das bekannte Phänomen, daß mit steigendem Marktzins der erzielbare Veräußerungserlös eines festverzinslichen Forderungstitels sinkt et vice versa. Erwirbt bspw. ein Anleger in t_1 eine Anleihe zum Nominalbetrag (= Rückzahlungsbetrag) von 100 GE mit einem Jahreskupon von 10 % und einer Laufzeit von zwei Jahren und steigt der Marktzins in t_2 auf 12 %, so wird der Titelinhaber c.p. bei (vorzeitiger) Veräußerung der Anleihe in t_2 weniger als 100 GE erhalten. Der Dritterwerber wird sich nämlich nur dann mit einem Nominalzinssatz von 10 % zufriedengeben, wenn er effektiv die am Markt realisierbare Rendite von 12 % erzielt. Er wird mithin nur einen niedrigeren Kaufpreis zu zahlen bereit sein; im Beispiel dürfte dieser etwa 98,2 GE betragen[121].

Schließlich bezeichnet der Terminus "*Elastizitätsrisiko*" Risiken, die in der Änderung des Angebots des selbst unveränderten Objekts liegen[122]. Dieser Aspekt wird bspw. dann zu beachten sein, wenn der Titelinhaber durch Verkauf einer nennenswerten Anzahl von Aktien und die damit einhergehende sprunghafte Erhöhung des Angebots mangels ausreichender Nachfrage zu Preisnachlässen gezwungen ist.

Wird der zu veräußernde Finanzierungstitel an der Börse gehandelt, so schlagen sich die genannten Faktoren im Kurs des betreffenden Wertpapiers nieder. Die Veräußerungsrisiken sind dann gleichbedeutend mit dem "*Kursrisiko*".

---

120 Siehe dazu etwa ALTROGGE, Anlagen, ZfB 1982, S. 444-458; UHLIR/STEINER, Risiken, ZfB 1983, S. 633-640; DIES., Wertpapieranalyse, 1991, S. 70-103.

121 Dies entspricht den in t_3 zu erwartenden Zahlungen in Höhe von (10 GE Zins + 100 GE Tilgung =) 110 GE, abgezinst auf den Bewertungszeitpunkt t_2 mit dem Marktzins 12 %; zu verfeinerten Rechnungen siehe UHLIR/STEINER, Wertpapieranalyse, 1991, S. 7-20.

122 STÜTZEL, Liquidität, HWB 1975, Sp. 2519.

b. Kündigungsrecht und sonstige Gestaltungsrechte
α. Die Wertermittlung im allgemeinen

Sind Finanzierungstitel mit einem Kündigungs- oder sonstigen Optionsrecht verbunden, so ist diese Verbindung (gedanklich oder tatsächlich)[123] in zwei Komponenten zerlegbar, nämlich in den "einfachen" Finanzierungstitel einerseits sowie die jeweilige Option andererseits. Der Wert eines mit einem Gestaltungsrecht verbundenen Titels läßt sich mithin als Summe der Werte der beiden Bestandteile auffassen[124].

Das Wesen einer Option läßt sich allgemein so beschreiben, daß sie dem Optionsinhaber (hier: Titelinhaber) das Recht einräumt, vom sog. Stillhalter (hier: Titelemittenten) gegen Zahlung der Optionsprämie eine Leistung

- zu einem im vorhinein vereinbarten[125] (Basis-) Preis (exercice price),
- zu einem bestimmten Zeitpunkt (europäische Option) oder während eines gewissen Zeitraums (amerikanische Option)
- zu fordern (Kaufoption; call) oder zu erbringen (Verkaufsoption; put)[126].

Zur Bewertung von Optionen existiert in der finanzierungstheoretischen Literatur eine nicht mehr überschaubare Fülle von Beiträgen[127]. Unter Beschränkung auf grundsätzliche (und notwendigerweise rudimentäre) Erkenntnisse gelten folgende Zusammenhänge:

(1) Der Wert einer Option kann für seinen Inhaber nicht negativ sein, da er zur Ausübung zwar berechtigt, nicht jedoch verpflichtet ist[128]. Er wird von seinem Optionsrecht, rationales Handeln unterstellt, mithin nur dann Gebrauch machen, wenn es ihm einen Vorteil verspricht.

---

123 Nur theoretisch trennbar ist bspw. das Wandlungsrecht des Wandelobligationärs; dagegen kann etwa der Optionsschein effektiv von der Optionsanleihe gelöst werden (siehe dazu oben, 2. Kapitel, § 2, Punkt II.C.2.d.γ, S. 76 ff.).

124 UHLIR/STEINER, Wertpapieranalyse, 1991, S. 274 f.

125 Die Bewertung von Optionen mit variablem (z.B. aktienkursabhängigem) Basispreis bleibt hier unberücksichtigt. Siehe dazu etwa UHLIR/STEINER, Wertpapieranalyse, 1991, S. 243-246; siehe auch E.O. FISCHER, Optionen, ZfbF 1989, S. 227-230.

126 UHLIR/STEINER, Wertpapieranalyse, 1991, S. 213.

127 Siehe grundlegend BLACK/SCHOLES, Options, JoPE 1973, S. 637-654; siehe auch COX/RUBINSTEIN, Pricing, JoFE 1979, S. 229-263. Aus der deutschsprachigen Literatur siehe nur UHLIR/STEINER, Wertpapieranalyse, 1991, S. 212-290.

128 UHLIR/STEINER, Wertpapieranalyse, 1991, S. 213.

(2) Der Wert einer Option besteht aus zwei Komponenten, dem "inneren Wert" (intrinsic value) und dem "Zeitwert" (time value)[129]. Der *innere Wert* ist gleich der Differenz zwischen dem gegenwärtigen Marktwert der vereinbarten Leistung und dem (niedrigeren) Basispreis. Besitzt der Titelinhaber bspw. die Option zum Bezug (Kaufoption) einer Aktie zum Preis von 120 DM, beträgt der Marktwert jedoch 150 DM, so errechnet sich der innere Wert des Optionsrechts mit 150 DM ./. 120 DM = 30 DM: Der Optionsinhaber könnte vom Stillhalter die Lieferung der Aktie zum Preis von 120 DM verlangen und sie an der Börse unmittelbar zu 150 DM veräußern; unter Vernachlässigung der Optionsprämie[130] und von Transaktionskosten hätte er einen Gewinn von 30 DM erzielt. Liegt diese Situation vor, so ist die Option "im Geld" ("in the money"[131]). Eine Kaufoption ist dann im Geld, wenn, wie in obigem Beispiel, der Basispreis unter dem Marktwert liegt. Im Fall einer Verkaufsoption verhält es sich gerade umgekehrt. Ist der Basispreis gleich dem Marktwert, so ist die Option "am Geld" ("at the money"), ist er beim call höher bzw. beim put niedriger, so lautet die Bezeichnung "aus dem Geld" ("out of (the) money").

Die zweite Komponente des Optionswerts, der *Zeitwert*, ist ein Maßstab für die zukünftige (unbekannte) Wertentwicklung des Optionsobjekts. Im Zeitwert drücken sich mithin die Erwartungen der Investoren aus, daß die Option spätestens zum expiration date im Geld sein wird. Die Streubreite der Marktwerte des Optionsobjekts ist folglich beachtlich. Werden sichere Umweltzustände unterstellt, ist der Zusatzwert gleich Null.

(3) Die Zerlegung des Werts einer Option in die beiden Komponenten Zeitwert und innerer Wert läßt erkennen, daß der Wert einer Kaufoption während der Laufzeit mindestens ihrem inneren Wert entspricht[132]. Berücksichtigt man, daß der Ausübungspreis nicht zum Erwerbszeitpunkt, sondern erst am Ausübungs- bzw. Verfalltag geleistet wird, so ist diese Aussage dahingehend zu präzisieren, daß die Differenz zwischen Marktwert und dem Barwert des Ausübungspreises als Untergrenze angesehen werden muß[133].

---

129 Siehe im folgenden UHLIR/STEINER, Wertpapieranalyse, 1991, S. 213-223.

130 Die Optionsprämie ist für die Optionsausübungsentscheidung irrelevant, da sie (als quasi "fixer" Kostenbestandteil) ohnehin verausgabt ist (FRANKE/HAX, Finanzwirtschaft, 1990, S. 298).

131 Dabei bleiben Transaktionskosten im Regelfall unberücksichtigt.

132 UHLIR/STEINER, Wertpapieranalyse, 1991, S. 217.

133 UHLIR/STEINER, Wertpapieranalyse, 1991, S. 218.

Unter Berücksichtigung der aufgezeigten Zusammenhänge sollen im folgenden die Grundzüge der Bewertung der oben beschriebenen Gestaltungsrechte erläutert werden.

ß. Der Wert einzelner Gestaltungsrechte

Die Anwendung der oben dargelegten Bewertungsgrundsätze auf Kündigungs- und sonstige Gestaltungsrechte führt zu folgenden Ergebnissen:

(1) Ein *Kündigungsrecht* des Titelinhabers kann verstanden werden als (je nach Ausgestaltung: europäische oder amerikanische) Option, den betreffenden Finanzierungstitel zu einem vertraglich ex ante fixierten (Basis-) Preis an den Emittenten (Stillhalter) zu verkaufen[134]. Die Optionsprämie besteht in einem (zu kapitalisierenden) Zinsverzicht gegenüber einem "reinen" Forderungstitel bzw. in einem höheren Ausgabekurs.

Sinkt der Marktwert des Optionsobjekts (d.h. des "einfachen" Titels), etwa aufgrund steigender Marktzinsen, so nimmt der Wert des Kündigungsrechts zu. Bei einem solchen Szenario ist der Options- bzw. Titelinhaber nämlich in der Lage, vom Stillhalter (Emittenten) die Rücknahme des Optionsobjekts zu pari zu verlangen und am Markt eine vergleichbare Anleihe zu einem niedrigeren Kurs zu erwerben[135]. Transaktionskosten können i.d.R. vernachlässigt werden, da die Rückgabe des Titels nicht über den Markt, sondern unmittelbar an den Emittenten erfolgt. Damit entfallen die Kosten der "Partnersuche". Da überdies der Rücknahmepreis ex ante fixiert ist, entstehen auch insoweit keine Aufwendungen.

(2) Als Gegenleistung für eine unter dem Marktzins liegende Verzinsung der einfachen Optionsanleihe erhält der Inhaber einen *Optionsschein*[136], der ihm (im aktienorientierten Grundmodell) zum Bezug von Aktien der emittierenden Unternehmung zu einem bestimmten Basispreis während einer festgelegten Ausübungsfrist berechtigt. Es handelt sich mithin um eine amerikanische Kaufoption. Der Wert der Option korreliert positiv mit dem Kurs der betreffenden Aktie, dem Zinsniveau und der zeitlichen Entfernung zum

---

134 BRENNAN/SCHWARTZ, Bonds, JoFE 1977, S. 83 f.

135 BRENNAN/SCHWARTZ, Bonds, JoFE 1977, S. 77-80, 83 f.

136 Zur Bewertung von Optionsscheinen siehe nur UHLIR/STEINER, Wertpapieranalyse, 1991, S. 286-290.

Ausübungszeitpunkt. Im wesentlichen analoge Überlegungen gelten für debt warrants[137].

(3) Auch für das einer Wandelschuldverschreibung inhärente *Wandlungsrecht*[138] gelten prinzipiell die gleichen Überlegungen wie für einen Optionsschein. Es handelt sich mithin ebenfalls um eine amerikanische Kaufoption. Dabei ist jedoch zu beachten, daß die Ausübung der Option nicht durch Barzahlung, sondern durch Hingabe der Anleihe erfolgt. Die Optionsausübung bedeutet mithin Verzicht auf weitere Verzinsung und Rückzahlung der Anleihe.

(4) Für die diversen Möglichkeiten des Titelinhabers, durch *sonstige Optionen* eine Variation der Leistungsverpflichtungen des Emittenten aus dem der Art nach grundsätzlich unveränderten Finanzierungstitel zu erreichen, gelten die unter (3) angestellten Überlegungen analog. Nur wird nicht eine Schuldverschreibung gegen eine Aktie, sondern eine Anleihe mit Zahlungsverpflichtungen in Währung 1 gegen eine solche in Währung 2 (Währungsoptionsanleihe), eine variabel verzinsliche Schuldverschreibung in eine festverzinsliche (convertible Floating Rate Note), eine mit unbestimmter Laufzeit in eine mit bestimmter (undated Floating Rate Note) usf. getauscht. Die Optionsprämie besteht dabei in einem Zinsverzicht bzw. in einem höheren Ausgabekurs gegenüber einer einfachen Anleihe.

Das Standardmodell zur Bewertung von Optionen wurde Anfang der 70er Jahre von BLACK/SCHOLES entwickelt[139]. Ursprünglich für europäische Kaufoptionen auf Aktien konzipiert, sind die Grundelemente auch auf andere Optionen übertragbar[140]. Insoweit ist auf die einschlägige Literatur zu verweisen. In allen Fällen kann mindestens der relativ problemlos zu ermittelnde (positive) innere Wert angesetzt werden.

---

137 Siehe dazu etwa BÜHLER, Bewertung, ZfbF 1988, S. 851-883.

138 Siehe dazu nur UHLIR/STEINER, Wertpapieranalyse, 1991, S. 275-286.

139 BLACK/SCHOLES, Options, JoPE 1973, S. 637-654; zu den Prämissen des Modells vgl. (zusammenfassend) UHLIR/STEINER, Wertpapieranalyse, 1991, S. 232-243. Siehe auch FRANKE/HAX, Finanzwirtschaft, 1990, S. 300-305.

140 Siehe etwa zur Bewertung des Wandlungsrechts einer Wandelschuldverschreibung und des Optionsscheins einer Optionsanleihe UHLIR/STEINER, Wertpapieranalyse, 1991, S. 275-286. Zur Übertragbarkeit der Optionsbewertungstheorie auf ähnliche ökonomische Sachverhalte (bspw. Bürgschafts- oder Garantievereinbarungen) vgl. FRANKE/HAX, Finanzwirtschaft, 1990, S. 305; KÖPF, Aktienoptionen, 1987, S. 226-233. Letztlich läßt sich jeder Finanzierungstitel als Ganzes als Option (auf das Unternehmensvermögen; sog. "contingent claims") interpretieren (siehe zu diesem sog. anspruchsorientierten Bewertungsansatz UHLIR/STEINER, a.a.O., S. 291 ff.). Dieser Gedanke wird hier jedoch nicht weiter verfolgt.

y. Risiken

Der bedeutsamste Risikofaktor eines Optionsrechts ist der Marktwert des Options-objekts[141]. Da dieser auch bei der Ausübung eines Veräußerungsrechts entschei-dend ist, kann im wesentlichen auf die Ausführungen in Punkt a.ß verwiesen wer-den.

B. Beteiligungstitel
1. Leistungsverpflichtungen des Titelemittenten

Die Ermittlung des Werts eines Beteiligungstitels kann entweder unmittelbar an den titelinduzierten Zahlungen anknüpfen oder aber den "Umweg" über die Er-mittlung des Werts der emittierenden Unternehmung gehen: "Entweder wird der Wert ... von dem Unternehmenswert abgeleitet, oder der Wert der Anteile wird aus ihnen selbst heraus, insbesondere aus dem von ihnen nachhaltig zu erzielenden Ertrag heraus, ermittelt"[142]. Das erste Verfahren wird als "direkte", das zweite als "indirekte Methode" bezeichnet[143].

a. Die direkte Methode

Bei der Wertermittlung nach der direkten Methode ist grundsätzlich auf das bereits erwähnte Barwertkonzept zurückzugreifen. Sie ist die einzig mögliche Methode bei gewinnabhängig verzinsten Forderungstiteln. Darüber hinaus ist sie für Kleinan-teile (distanzierte Beteiligungstitel) anzuwenden[144]. Da die für die Berechnung notwendigen Daten jedoch äußerst unsicher sind, greift man bei Beteiligungstiteln zu erheblichen Vereinfachungen[145]:

(1) Zum einen ist die Bestimmung des Prognosezeitraums problematisch. Ab-strahiert man von der Möglichkeit der Titelveräußerung[146], so wird häufig

---

141 Daneben ist die Entwicklung des Zinsniveaus zu beachten, das zusätzlich jedoch auch für den Marktwert des Optionsobjekts bedeutsam sein kann.

142 BELLINGER/VAHL, Unternehmensbewertung, 1992, S. 335

143 Siehe etwa H. FISCHER, Bewertung, 1992, Tz. 332 f.; HELBLING, Unternehmensbe-wertung, 1993, S. 478 f.

144 HELBLING, Unternehmensbewertung, 1993, S. 478.

145 UHLIR/STEINER, Wertpapieranalyse, 1991, S. 105-107. Siehe auch CHASSOT, Aktien, SAG 1977, S. 47-51.

146 Siehe dazu unten, Punkt 3, S. 138 f.

eine unendliche Lebensdauer der Unternehmung unterstellt. Da aufgrund der Abzinsung bereits Zahlungen zu t > 10 nur noch marginalen Einfluß auf den Barwert haben, wird ein Liquidationserlös regelmäßig vernachlässigt[147].

(2) Da überdies auch Prognosen über einen Zeitraum von zehn Jahren kaum gemacht werden können, wird angenommen, daß alle künftigen Ausschüttungen identisch sind. Eine Schätzung der zukünftigen Unternehmensgewinne hat, wie bei der Bonitätsbeurteilung, endogene und exogene Einflußfaktoren zu berücksichtigen. Darüber hinaus sind Annahmen bezüglich der Bilanz- und Gewinnverwendungspolitik des Emittenten zu treffen.

(3) Da die Abzinsungsrate eine Risikoprämie enthalten muß, die in Abhängigkeit vom im Zeitablauf keineswegs konstanten Unternehmensrisiko zu sehen ist, ist grundsätzlich für jeden Zeitabschnitt ein periodenspezifischer Kalkulationszinsfuß anzusetzen. Üblicherweise wird jedoch von konstanten Abzinsungsraten ausgegangen.

Analytisch ergibt sich der mit Hilfe der direkten Methode ermittelte Wert folglich als Barwert einer ewigen Rente, indem die nachhaltige Dividende durch den Kalkulationszinsfuß dividiert wird, dessen Höhe von den alternativen Anlagemöglichkeiten des Titelinhabers bestimmt wird[148]. Im Fall eines gewinn- oder umsatzabhängig verzinsten Forderungstitels ist die Laufzeit dagegen grundsätzlich begrenzt, so daß die vertragliche bzw. geplante Laufzeit des Engagements zugrundezulegen ist. Die Gefahr, daß die tatsächlichen Gewinnausschüttungen bzw. Zinszahlungen hinter den Erwartungen zurückbleiben, soll als "Ertragsrisiko" bezeichnet werden.

---

147 Etwas anderes gilt selbstverständlich in den Fällen, in denen die Unternehmung von vornherein für eine bestimmte Zeit gegründet wurde oder eine Auflösung der Gesellschaft (etwa durch Konkurs) abzusehen ist.

148 CHASSOT, Aktien, SAG 1977, S. 45; HELBLING, Unternehmensbewertung, 1993, S. 478.

b. Die indirekte Methode

In allen anderen als den in Punkt a genannten Fällen ist - hilfsweise[149] - auf die indirekte Methode zurückzugreifen[150]: "Aufgrund der notwendigen Annäherung an die Praxis werden die Zahlungen oder Ausschüttungen den Einnahmen-überschüssen und in einem weiteren Schritt den Gewinnen des Unternehmens gleichgestellt. Daraus wird dann ... der Wert des Unternehmens als Ganzes ermittelt. Nach dieser Definition wirft ein Unternehmensanteil prozentual für den Eigentümer aus rechtlichen Gründen die gleichen Einnahmen ab wie das ganze Unternehmen für den Alleinbesitzer"[151]. Charakteristisch für die indirekte Methode ist mithin die Anknüpfung an den Unternehmenswert.

Die Ermittlung des Werts einer Unternehmung wird in der betriebswirtschaftlichen Literatur bereits seit langem diskutiert[152]. Es ist heute ganz h.M., daß der Unternehmenswert, die Fortführung der Unternehmungstätigkeit unterstellt[153], aus ihren zukünftigen "Erfolgen"[154] abzuleiten ist[155]. Dabei legt es das investitionstheoretische Verständnis der Unternehmensbewertung nahe, nicht auf den (wie auch immer definierten) Gewinn der Unternehmung, sondern auf die zwischen Emittent und Titelinhaber fließenden Zahlungen abzustellen[156]. In diesem Fall

---

149 Die indirekte Methode kann nur Hilfsmethode sein, da Anteilsrechte einerseits und Unternehmung andererseits trotz ihrer engen Verbindung grundsätzlich voneinander unabhängige Wirtschaftsobjekte sind (ELMENDORFF, Streubesitz, WPg 1966, S. 554; IDW, WP-Handbuch II, 1992, S. 35; SCHÖNE, Wert, GmbHR 1975, S. 121).

150 Darüber hinaus kann die indirekte Methode auch als Kontrollrechnung für die nach der direkten Methode ermittelten Ergebnisse dienen (HELBLING, Unternehmensbewertung, 1993, S. 480).

151 HELBLING, Unternehmensbewertung, 1993, S. 476.

152 Zur Entwicklung der Lehre von der Unternehmensbewertung siehe etwa BELLINGER/VAHL, Unternehmensbewertung, 1992, S. 3-14; LACKMANN, Unternehmensbewertung, 1962, S. 15-131.

153 Andernfalls ist nicht der Zukunftserfolgswert, sondern der Liquidationswert zu ermitteln (siehe nur IDW, WP-Handbuch II, 1992, S. 120-123).

154 Der Begriff "Zukunftserfolgswert" ist mithin dem Begriff "(Zukunfts-) Ertragswert" vorzuziehen, da die Nettogröße "Erfolg" und nicht die Bruttogröße "Ertrag" entscheidend ist (MELLEROWICZ, Unternehmung, 1952, S. 17).

155 Zur Relevanz des "Zukunftserfolgswerts" siehe insbesondere MÜNSTERMANN, Wert, 1966, v.a. S. 79 f.; siehe auch BELLINGER/VAHL, Unternehmensbewertung, 1992, S. 14-17; H. HAX, Zukunftserfolgswert, 1975, S. 326; SIEBEN/SCHILDBACH, Unternehmungen, DStR 1979, S. 455.

156 BUSSE VON COLBE, Gesamtwert, 1992, S. 58; CHASSOT, Aktien, SAG 1977, S. 48; MOXTER, Unternehmungsbewertung, 1983, S. 79 f.; MÜNSTERMANN, Wert, 1966, S. 80, und eingehend H. HAX, Zukunftserfolgswert, 1975, S. 326-346. Nach a.A. stellen die Gewinne der Unternehmung den korrekten Erfolgsmaßstab dar (siehe etwa BELLINGER/VAHL, Unternehmensbewertung, 1992, S. 164 f.); siehe hierzu auch den Überblick

führen direkte und indirekte Methode (bei Vernachlässigung von Einwirkungs-, Gestaltungs- und Informationsrechten) grundsätzlich zum gleichen Ergebnis.

Diese "betriebswirtschaftlich ... allein richtige"[157] Vorgehensweise zur Ermittlung des Unternehmenswerts wird aufgrund der bestehenden Unsicherheiten erschwert bzw. verunmöglicht[158]. Aus diesem Grund wird der Wert einer Unternehmung zum Teil unter Zuhilfenahme ihres (vergleichsweise unproblematisch zu bestimmenden) Substanzwerts[159] ermittelt[160]. Gewöhnlich wird der Unternehmenswert dann auf der Grundlage des Substanzwerts und des prognostizierten "nachhaltigen Reinertrags"[161] festgelegt[162], wobei für das Problem der Verknüpfung dieser beiden Größen eine Vielzahl von Lösungsmöglichkeiten vorgeschlagen werden[163]. Aufgrund der unsicheren Datenbasis wird bei der Bestimmung des Zukunftserfolgs auch von den grundsätzlichen Befürwortern einer zahlungsstromorientierten Unternehmensbewertung als Näherungslösung eine Ausrichtung an Aufwendungen und Erträgen für zulässig gehalten[164], wobei als Schätzgrundlage für die zukünftige Entwicklung die in den letzten drei bis fünf Jahren erzielten Gewinne analysiert, von künftig vermutlich nicht mehr wirksamen Einflüssen bereinigt und unter Beachtung der erwarteten Datenkonstellation in die Zukunft extrapoliert werden[165].

---

bei BUSSE VON COLBE, Zukunftserfolg, 1957, S. 127-129; SIEBEN, Unternehmenserfolg, 1988, S. 361-375.

157 HELBLING, Unternehmensbewertung, 1993, S. 97 (Flexion geändert, im Original kursiv gedruckt); so auch IDW, WP-Handbuch II, 1992, S. 42.

158 HELBLING, Unternehmensbewertung, 1993, S. 97 f.

159 BRETZKE, Prognoseproblem, 1975, S. 107; IDW, WP-Handbuch II, 1992, S. 123-136; siehe auch eingehend SIEBEN, Substanzwert, 1963.

160 IDW (HFA), HFA 2/1983, 1992, S. 126 f.

161 Der Berechnungszeitraum wird analytisch als unendlich angenommen, der Unternehmenswert ist dann, wie bei der Anwendung des Barwertverfahrens auf Beteiligungstitel, der Barwert einer ewigen Rente (BANKMANN, Unternehmensbewertung, DB 1963, S. 181; BUSSE VON COLBE, Zukunftserfolg, 1957, S. 77 f.; ENGELEITER, Unternehmensbewertung, 1970, S. 18-22; KOLBE, Theorie, 1967, S. 94-97; LACKMANN, Unternehmensbewertung, 1962, S. 63-67; MÜNSTERMANN, Wert, 1966, S. 60-63).

162 BELLINGER/VAHL, Unternehmensbewertung, 1992, S. 126 ff.; H. HUSEMANN, Unternehmungen, DB 1951, S. 137-139; IDW, WP-Handbuch II, 1992, S. 111 ff.; JONAS, Bemerkungen, ZfB 1954, S. 20-26; DERS., Bestimmung, ZfB 1954, S. 168-178. Zum Prognoseproblem bei der Unternehmensbewertung siehe BRETZKE, Prognoseproblem, 1975, v.a. S. 68-115; IDW, a.a.O., S. 48-60.

163 Siehe etwa den Überblick bei JAENSCH, Wert, 1966, S. 76-87.

164 HELBLING, Unternehmensbewertung, 1993, S. 476; IDW, WP-Handbuch II, 1992, S. 46-48; IDW (HFA), HFA 2/1983, 1992, S. 102 f.

165 BUSSE VON COLBE, Gesamtwert, 1992, S. 59.

Die in der Zukunft erwarteten Einzahlungsüberschüsse (Gewinne) werden mit Hilfe eines Kapitalisierungsfaktors auf den Bewertungszeitpunkt abgezinst. Dabei wird regelmäßig der sog. "landesübliche Zinsfuß" (Durchschnittsrendite inländischer Staatsobligationen)[166] als Basis zugrundegelegt[167]. Dieser Basiszins wird um die Inflationsrate bereinigt[168] und an die spezifischen Verhältnisse des jeweiligen Falles angepaßt. Insoweit wird in erster Linie dem im Verhältnis zu Staatsobligationen höheren Risiko Rechnung getragen[169]. Die Gefahr einer Abweichung von Soll- und Ist-Größen soll auch hier als *"Ertragsrisiko"* bezeichnet werden.

Aus Vorstehendem ergibt sich, daß der anteilige Unternehmenswert, der sich als Produkt von Unternehmenswert und Kapitalquote errechnet, den Ausgangspunkt der Anteilsbewertung bildet. Die so errechnete "Wertquote"[170] ist in einer noch näher zu bestimmenden Form zu modifizieren. Die konkrete Unternehmenswertermittlung ist dann in Abhängigkeit davon vorzunehmen, in welcher Funktion der Bewertende tätig wird, da unterschiedliche Bewertungszwecke verschiedenartige Bewertungsverfahren bedingen[171]. Hauptfunktionen sind die Beratungs-, die Vermittlungs- und die Argumentationsfunktion. Die daraus resultierenden Werte werden Grenzwert (Entscheidungswert), Arbitriumwert (Schiedsspruchwert) und Argumentationswert genannt, wobei der Arbitriumwert von den subjektiven Präferenzen (bspw. eines Kaufinteressenten) weitgehend unabhängig ist, während der Grenzwert diese Faktoren in den Kalkül einbezieht[172]. Daneben können Unternehmungswerte auch der Bemessung von Steuern und der Übermittlung von In-

---

166 BELLINGER/VAHL, Unternehmensbewertung, 1992, S. 169; HELBLING, Unternehmensbewertung, 1993, S. 377.

167 BODARWE, Kapitalisierungszinsfuß, WPg 1963, S. 309-315; DIEZ, Kapitalisierungsfaktor, WPg 1955, S. 2-5; H. FISCHER, Bewertung, 1992, Rz. 196; HELBLING, Unternehmensbewertung, 1993, S. 377 f.; IDW (HFA), HFA 2/1983, 1992, S. 108; JONAS, Unternehmensbewertung, ZfB 1954, S. 488-497; VIEL, Unternehmungswertberechnung, WPg 1954, S. 367 f.

168 Dabei wird unterstellt, daß ein Unternehmen i.d.R. eine Sachwertanlage mit der Chance einer inflationsbedingten Realwertsteigerung gewisser Vermögensteile und/oder einer geldentwertungsbedingten nominellen Gewinnsteigerung aufgrund der Entwertung der Schulden darstellt (HELBLING, Unternehmensbewertung, 1993, S. 382 f.). Vgl. im einzelnen BALLWIESER, Geldentwertung, 1992, S. 129-136; SIEBEN, Geldentwertung, 1976, S. 255-271.

169 Vgl. im einzelnen HELBLING, Unternehmensbewertung, 1993, S. 377-384, m.w.N. Für den Normalfall wird ein Zuschlag von 2 % bis 4 % angesetzt (ebenda, S. 384).

170 HELBLING, Unternehmensbewertung, 1993, S. 478.

171 Vgl. im folgenden SIEBEN, Unternehmensbewertung, HWB 1993, Sp. 4316-4320; SIEBEN/SCHILDBACH, Unternehmungen, DStR 1979, S. 455-458.

172 Nicht recht einordenbar ist insoweit der - hier nicht bedeutsame - Argumentationswert (vgl. dazu MATSCHKE, Argumentationswert, BFuP 1976, S. 517-524).

formationen dienen. In diesen Fällen ist insbesondere den Forderungen nach Rechtssicherheit und Objektivierung Rechnung zu tragen.

2. Informations- und Einwirkungsrechte des Titelinhabers
a. Distanzierte Beteiligungstitel

Im Zusammenhang mit der Wertermittlung distanzierter Beteiligungstitel sind Einwirkungsrechte in den Fällen von Interesse, in denen ihrem Inhaber zwar juristisch Einwirkungsrechte zustehen, diese jedoch faktisch keine Einflußnahme auf die Geschäftspolitik ermöglichen, wie dies bei einer Stammaktie in der Hand eines Kleinaktionärs der Fall ist.

Die Praxis zeigt, daß dann, wenn sowohl Stamm- als auch Vorzugsaktien einer Unternehmung an der Börse gehandelt werden, der Kurs der Stammaktie regelmäßig über dem der Vorzugsaktie liegt[173], obwohl die Vorzugsaktionäre grundsätzlich bei der Gewinnverteilung bevorzugt werden[174]. Eine Untersuchung dieses Phänomens durch HARTMANN-WENDELS/VON HINTEN[175] läßt den Schluß zu, daß diese Kursdifferenz letztlich nur durch die Hoffnung der "Klein-Stammaktionäre" zu erklären ist, ihre Anteile an einen Investor veräußern zu können, der das Unternehmen beherrschen und zu diesem Zweck die notwendige Anzahl von Stammaktien erwerben will, für die er auch einen höheren Preis zu zahlen bereit ist. Der Wert der Einwirkungsrechte für den Kleinaktionär ist dann gleich dem erwarteten (abgezinsten) Mehrpreis[176]. Mit diesem Erklärungsansatz ist das Problem jedoch nur verschoben; fraglich ist nun, ob und, wenn ja, warum Einwirkungsrechte für einen Titelinhaber mit nicht nur theoretischen, sondern auch tatsächlichen Einflußmöglichkeiten einen Wert besitzen.

---

173 Siehe nur HARTMANN-WENDELS/VON HINTEN, Vorzugsaktien, ZfbF 1989, S. 263, und die dort zitierte Literatur. In neueren empirischen Untersuchungen kann diese Hypothese jedoch nicht voll bestätigt, allerdings auch nicht abgelehnt werden (vgl. WEBER/BERG/KRUSE, Vorzugsaktien, ZfbF 1992, S. 554-557).

174 I.d.R. werden als Vorzugsaktien Aktien mit bevorrechtigten Gewinnverteilungsansprüchen bezeichnet, obwohl das Aktiengesetz (siehe §§ 139-141 AktG) auch andere Vorrechte kennt (siehe dazu etwa HARTMANN-WENDELS/VON HINTEN, Vorzugsaktien, ZfbF 1989, S. 265-268).

175 HARTMANN-WENDELS/VON HINTEN, Vorzugsaktien, ZfbF 1989, S. 263-293.

176 Werden stimmrechtslose Aktien bei der Gewinnverteilung bevorzugt, so muß der Verkaufspreis entsprechend höher ausfallen; dabei sind zusätzlich Zinseffekte zu berücksichtigen.

b. Engagierte Beteiligungstitel

In der Literatur wird allgemein davon ausgegangen, daß der Wert einer bspw. 70%igen Beteiligung grundsätzlich höher ist als das 70fache eines 1%igen Anteils[177]. Die Differenz wird mit dem Schlagwort "Paketzuschlag" umschrieben und mit einem pauschalen, nach Beteiligungshöhe gestaffelten Prozentsatz quantifiziert[178]. Bei der Bemessung des Zuschlags wird neben der absoluten Beteiligungsquote häufig auch ihr Verhältnis zu den Kapitalanteilen anderer Gesellschafter, insbesondere die Existenz eines Großaktionärs[179] berücksichtigt[180]. In gewissen Fällen wird jedoch auch ein Paketabschlag für notwendig gehalten[181].

Als Gründe für einen *Paketzuschlag* werden steuerliche Vorteile[182] oder lediglich dem Hauptaktionär zu Gute kommende - hier jedoch zunächst nicht interessierende - Verbundeffekte[183] genannt. Ein weiteres Argument lautet, der Hauptaktionär könne Höhe und zeitliche Struktur von Gewinnausschüttungen nach seinen persönlichen (z.B. steuerlichen) Verhältnissen (mit-) bestimmen, während Kleinaktionären diese Möglichkeit nicht offenstehe[184]. Als Hauptargument für einen *Pa-*

---

177 Siehe etwa HELBLING, Unternehmensbewertung, 1993, S. 481 f., mit Beispielen aus der Praxis; siehe auch BELLINGER/VAHL, Unternehmensbewertung, 1992, S. 336; LEUNIG, Beteiligungen, 1970, S. 115-119; ZINTZEN, Kapitalbeteiligungen, WPg 1957, S. 387.

178 BELLINGER/VAHL, Unternehmensbewertung, 1992, S. 337; GUDEHUS, Bewertung, 1959, S. 268; HELBLING, Unternehmensbewertung, 1993, S. 479 f.; VAN DER VELDE, Beteiligungen, StbJb 1952/53, S. 218; ZINTZEN, Kapitalbeteiligungen, WPg 1957, S. 387.

179 Im folgenden sollen Haupt- und Kleinaktionär vereinfachend als Prototypen für Gesellschafter mit bzw. ohne nennenswerten Einfluß auf die Geschäftspolitik des Emittenten herangezogen werden. Die diesbezüglichen Aussagen gelten als pars pro toto im wesentlichen auch für die Gesellschafter anderer Rechtsformen.

180 Siehe insbesondere BELLINGER/VAHL, Unternehmensbewertung, 1992, S. 338 f.

181 Siehe die Beispiele bei LEUNIG, Beteiligungen, 1970, S. 121 f.

182 Siehe bspw. BELLINGER/VAHL, Unternehmensbewertung, 1992, S. 339; LEUNIG, Beteiligungen, 1970, S. 119. Erwähnt wird in erster Linie das bewertungsrechtliche bzw. gewerbesteuerliche Schachtelprivileg.

183 Siehe etwa HARTMANN-WENDELS/VON HINTEN, Vorzugsaktien, ZfbF 1989, S. 271-273; LEUNIG, Beteiligungen, 1970, S. 116 f.

184 Siehe bspw. GUDEHUS, Bewertung, 1959, S. 268; LEUNIG, Beteiligungen, 1970, S. 116; ähnlich HELBLING, Unternehmensbewertung, 1993, S. 480 f. Schließlich wird darauf hingewiesen, daß der Mehrheitsaktionär möglicherweise finanzielle Ressourcen der Unternehmung nicht nur für produktive Zwecke, sondern auch für den Konsum sog. "perquisites" verwendet. Es handelt sich dabei um Vorteile, "die dem Mehrheitsaktionär aus dem Recht, die Unternehmung zu leiten, erwachsen" (HARTMANN-WENDELS/VON HINTEN, Vorzugsaktien, ZfbF 1989, S. 268 f.; inhaltlich ähnlich bereits GUDEHUS, Bewertung, 1959, S. 268). Hierzu zählen bspw. überhöhte Gehälter, zu aufwendige Büroausstattungen etc. (vgl. HARTMANN-WENDELS/VON HINTEN, a.a.O., S. 268).

ketabschlag wird in der Literatur vorgebracht, daß der Versuch der Veräußerung eines ganzen Anteilspakets den Anteilspreis unweigerlich stark unter Druck setzen müsse[185]. Als weitere Beispiele werden die Zusicherung von Minderheits- bzw. Sonderrechten oder der Fall des lästigen Gesellschafters genannt[186].

Als Basis für Zu- oder Abschläge kommt entweder der quotale Unternehmenswert oder der nach der direkten Methode ermittelte Anteilswert in Betracht, wobei letzterer in der Literatur[187] häufig durch den Börsenkurs oder durch aus vorangegangenen Verkäufen abgeleitete Preise (jeweils von Kleinanteilen) substituiert wird[188].

Ist der quotale Unternehmenswert Ausgangspunkt für Modifikationen, so ist der Wert einer 100%igen Beteiligung (Kapitalanteil = Stimmanteil) identisch mit dem "quotalen" (hier: vollen) Unternehmenswert, da wirtschaftlich gesehen kaum ein Unterschied zur Situation einer Einzelunternehmung besteht[189]; insbesondere sind die Zahlungsreihen zwischen Emittent und Umwelt sowie Emittent und Titelinhaber nahezu beliebig steuerbar[190]. Beträgt die Beteiligungsquote weniger als 100 %, so sind Anteilsabschläge vorzunehmen, deren Höhe mit sinkender Quote steigt[191]. Umgekehrt sind bei engagierten Beteiligungstiteln (Paket-) Zuschläge auf den Kleinanteilswert erforderlich, während der Anteilswert bei distanzierten Beteiligungstiteln (je nach Beteiligungsquote) mehr oder weniger mit dem direkt ermittelten Kleinanteilswert identisch ist.

Fraglich bleibt, welche Faktoren bei der Bemessung der Zu- bzw. Abschläge zu berücksichtigen sind. Zunächst ist festzuhalten, daß eine bspw. 70%ige Beteiligung, bestehend aus 70 Aktien à 1.000 DM, *einen* Finanzierungstitel darstellt und nicht aus 70 Titeln à 1.000 DM (oder 1 %) besteht. Eine 70%ige Beteiligung ist

---

185 Siehe etwa ROSE, Substanzsteuern, 1991, S. 47 f.

186 Siehe etwa HELBLING, Unternehmensbewertung, 1993, S. 481, 483; LEUNIG, Beteiligungen, 1970, S. 121 f.

187 Vgl. etwa HELBLING, Unternehmensbewertung, 1993, S. 482; ZINTZEN, Kapitalbeteiligungen, WPg 1957, S. 387.

188 Zur Frage, ob der Börsenkurs als "Wertschätzer" geeignet ist, siehe unten, § 4, Punkt II, S. 150 ff.

189 Zur Berücksichtigung der größeren Mobilität von GmbH-Anteilen oder Aktien siehe unten, Punkt 3, S. 138 f.

190 Siehe oben, 2. Kapitel, § 3, Punkt I.A, S. 84 ff.

191 So auch BELLINGER/VAHL, Unternehmensbewertung, 1992, S. 338; GROSSFELD, Anteilsbewertung, 1987, S. 118 f.; VIEL/BREDT/RENARD, Bewertung, 1975, S. 141-143. Zum Fall eines Minderheitszuschlags vgl. HELBLING, Unternehmensbewertung, 1993, S. 481.

mithin nicht nur quantitativ, sondern auch qualitativ ein anderer Vermögenswert als ein 1%iger Anteil[192], so daß eine Orientierung am Wert des jeweils anderen Titels letztlich stets nur die zweitbeste Lösung darstellt. Lehnt man sich dennoch an diese (mangels besserer Alternativen) an, so sind Korrekturen erforderlich.

Verbundvorteile sind an dieser Stelle unbeachtlich, da hier lediglich der Wert von Renditetiteln zur Diskussion steht. Dagegen sind die steuerlichen Konsequenzen aus der Unterschreitung der gewerbesteuerlich und bewertungsrechtlich relevanten 10%-Grenze zu beachten. Mithin kann ein entsprechend höherer Anteilsabschlag bzw. Paketzuschlag gerechtfertigt sein. Zusätzlich ist der von der Beteiligungsquote abhängige Umfang der Einwirkungsrechte zu beachten.

Der Wert von Einwirkungsrechten muß aus Vorteilen bestehen, die einem Titelinhaber aufgrund seiner Einflußmöglichkeiten zukommen, während sie den einflußlosen Titelinhabern vorenthalten bleiben bzw. zu ihren Lasten gehen[193]. Dies bedeutet zum einen, daß ein Paketzuschlag nicht durch die Unterstellung gerechtfertigt werden kann, der potentielle Titelerwerber könne eine erfolgreichere Geschäftspolitik als die tatsächlich Verantwortlichen mit der Folge höherer Gewinne und Ausschüttungen bewirken. Zum einen ist bereits die Annahme problematisch und zum anderen würde eine Erfolgssteigerung um X % in gleicher Weise (entsprechend ihrem Anteil) den Kleinaktionären zugute kommen. Ein prae des Hauptgesellschafters ist auf diese Weise nicht erklärlich[194].

Für einen Paketzuschlag bzw. einen geringeren Anteilsabschlag spricht hingegen, daß der Inhaber eines "Pakets" auf die Zahlungsströme zwischen Emittent und Umwelt - insbesondere aber auf die zwischen Emittenten und seiner Person - einen (nennenswerten) Einfluß ausüben kann, mit der Folge, daß sich dadurch das Risiko einer negativen Abweichung der Soll- zu den Istgrößen verringert. Dies gilt insbesondere für die Prognose der Höhe und des zeitlichen Anfalls von Dividendenzahlungen[195]. Während diese Größe für einen (einflußlosen) Kleinaktionär nicht zu steuern, sondern lediglich zu prognostizieren ist, kann ein Groß- oder gar

---

192 Ähnlich LEUNIG, Beteiligungen, 1970, S. 115.

193 HARTMANN-WENDELS/VON HINTEN, Vorzugsaktien, ZfbF 1989, S. 264, m.w.N.; aufgrund der hier vorgenommenen Beschränkung auf "geldwerte" Vorteile kommt die Bewertung des Stimmrechts als "Konsumgut", das einen selbständigen Nutzen stiftet, aber keinen geldmäßigen Vorteil verschafft, nicht in Frage (siehe dazu RECKINGER, Vorzugsaktien, AG 1983, S. 221).

194 Siehe auch LEUNIG, Beteiligungen, 1970, S. 116.

195 Ähnlich HELBLING, Unternehmensbewertung, 1993, S. 480 f.; siehe auch GROSSFELD, Anteilsbewertung, 1987, S. 119.

Alleingesellschafter die Verwendung des Bilanzgewinnes entscheidend beeinflussen und damit planen.

Zum anderen ist die Werthaltigkeit von Einwirkungsrechten in einer stärkeren Verhandlungsposition des einflußreichen Titelinhabers gegenüber einflußlosen Gesellschaftern zu sehen, die sich bei Interessenkonflikten auszahlen kann. Ein Mehrheitsaktionär kann sich daher in praxi Vorteile verschaffen, die einem Kleinaktionär nicht offenstehen; dies reicht von der Begünstigung von Familienangehörigen bis in den politischen Bereich hinein[196]. Ein weiteres Beispiel stellt die Bestimmung der Höhe der Abfindung sog. "außenstehender" Aktionäre bei Abschluß eines Beherrschungsvertrags oder einer aktienrechtlichen Eingliederung dar[197]. Wird etwa eine Abfindung in Form von Aktien der beherrschenden Gesellschaft vereinbart, so richtet sich das Umtauschverhältnis nach dem "Wert" der Anteile. Dabei hat es der Hauptgesellschafter im wesentlichen in der Hand, durch Beeinflussung des der Wertermittlung zugrunde liegenden Zahlenmaterials eine Bewertung in seinem Sinne zu fördern[198]. In diesem Fall zeigt denn auch die Praxis, daß die außenstehenden Aktionäre nur dann einen wirksamen Schutz genießen, wenn sie über eine geschlossene Sperrminorität verfügen und damit etwa den Abschluß eines Unternehmensvertrags von ihrer Zustimmung abhängig machen können[199]. Ähnliche Überlegungen gelten im Hinblick auf Beschlüsse über Kapitalerhöhungen oder Kapitalherabsetzungen, Auflösung, Verschmelzung, Umwandlung u.ä.

Im Hinblick auf die Quantifizierung des Zuschlags bzw. Abschlags führt letztlich kein Weg an einer pauschalen Abgeltung vorbei. Für die hier interessierenden Renditetitel ist dabei davon auszugehen, daß der quotale Unternehmenswert den Höchstwert bildet[200]: Wird der Fungibilitätsaspekt bereits bei der Bemessung des Kapitalisierungsfaktors berücksichtigt[201], so kann der "Verkehrswert eines Anteils von 70 % ... [nur dann] höher als 70 % des Gesamtwerts des

---

196 Siehe etwa BEUTHIEN, Unternehmenskonzentration, JuS 1970, S. 53 f.; GROSSFELD, Unternehmenskonzentration, 1968, S. 30 f. und 217; LENEL, Konzentration, 1968, S. 373; STÜTZEL, Aktienrechtsreform, 1960, S. 959-962. Zur Frage des Verstoßes einer solchen Praxis gegen den Gleichbehandlungsgrundsatz vgl. ebenda.

197 Siehe dazu §§ 305, 320 Abs. 5 AktG.

198 EMMERICH/SONNENSCHEIN, Konzernrecht, 1992, S. 299 f.

199 BEUTHIEN, Unternehmenskonzentration, JuS 1970, S. 59 f.; EMMERICH/SONNENSCHEIN, Konzernrecht, 1992, S. 299-303, m.w.N.

200 So auch BELLINGER/VAHL, Unternehmensbewertung, 1992, S. 338; BREZING, Beteiligungen, StbJb 1972/73, S. 363.

201 Siehe dazu unten, Punkt 3, S. 138 f.

Unternehmens"[202] sein, wenn es sich um einen Verbundtitel handelt. Hiervon ausgehend wird in der folgenden Abbildung 25 ein (leicht modifizierter[203]) Vorschlag von BELLINGER/VAHL[204] dargestellt, der einen Anhaltspunkt für die Höhe der Abschläge vom quotalen Unternehmenswert geben soll. Dabei wird berücksichtigt, daß die Bedeutung der Beteiligungsquote auch von der Verteilung der übrigen Anteile abhängig ist; hier wird ausschließlich darauf abgestellt, ob ein Großaktionär vorhanden ist oder nicht. Da diese Konstellation nur einen Anwendungsfall der möglichen Quotenverteilungen darstellt, können die angegebenen Zahlen allein schon aus diesem Grund lediglich als Basis für eine individuelle Wertermittlung dienen.

Abbildung 25

Nach der Höhe der Beteiligung gestaffelte Abschläge vom Unternehmenswert

Stufe	Quote (Q)	Abschläge vom quotal errechneten Unternehmenswert	
		Fehlen eines Großaktionärs	Vorhandensein eines Großaktionärs
1	$0 < Q < 5\%$	35 %	55 %
2	$5 \leq Q < 10\%$	30 %	50 %
3	$10 \leq Q < 25\%$	25 %	35 %
4	$25 \leq Q \leq 50\%$	15 %	------
5	$50 < Q < 75\%$	10 %	------
6	$75 \leq Q < 95\%$	5 %	------
7	$95 \leq Q \leq 100\%$	0 %	------

3. Gestaltungsrechte des Titelinhabers

Das wesentliche Gestaltungsrecht des Beteiligungstitel-Inhabers ist das Veräußerungsrecht. Insoweit gelten ähnliche Überlegungen wie im Hinblick auf das Veräußerungsrecht des Inhabers eines Forderungstitels. Zum einen gilt, daß bei ge-

---

202 HELBLING, Unternehmensbewertung, 1993, S. 482; Klammerzusatz vom Verfasser.

203 Es wurde die Stufengrenze von 5 % eingeführt. Zu den Stufengrenzen siehe auch oben, 2. Kapitel, § 3, Punkt I.B, S. 86 ff.

204 BELLINGER/VAHL, Unternehmensbewertung, 1992, S. 338.

planter Veräußerung der prognostizierte Veräußerungserlös in den Bewertungskalkül einbezogen wird. Eine Veräußerungsabsicht ist insbesondere dann zu unterstellen, wenn es sich um börsengehandelte Kleinanteile (Aktien) handelt, die problemlos und ohne nennenswerte Transaktionskosten veräußert werden können, da die Veräußerung häufig das eigentliche Erwerbs- und Besitzmotiv des Kleinaktionärs darstellt[205]. In diesen und auch anderen Fällen ist der Veräußerungserlös zu prognostizieren und auf den Bewertungszeitpunkt abzuzinsen. Zur Berücksichtigung eines eventuell akut werdenden Elastizitätsrisikos beim Verkauf eines Aktienpakets kann dabei durchaus ein (Paket-) Abschlag vom Kleinanteilswert (Börsenkurs) zu berücksichtigen sein, dessen Höhe nur im Einzelfall und in Abhängigkeit von der Marktsituation bestimmt werden kann.

Zum anderen stellt das Veräußerungsrecht aus den oben genannten Gründen für den Titelinhaber auch dann einen Wert dar, wenn eine Veräußerung nicht geplant ist. Dabei ist die Abhängigkeit des Werts des Veräußerungsrechts von der Fungibilität des Beteiligungstitels zu beachten. Da als Basis für den Kapitalisierungszins die Verzinsung voll fungibler Staatsanleihen herangezogen wird, ist dieser - je nach Rechtsform der Gesellschaft[206] - um einen Zuschlag für erschwerte Verkäuflichkeit zu erhöhen, der mit etwa ein bis drei Prozentpunkten angegeben wird[207].

4. Bezugsrechte des Titelinhabers

Werden bei einer Kapitalerhöhung einer Aktiengesellschaft neue Aktien zu einem Kurs ausgegeben, der unter dem bisherigen Kurs der alten Aktien liegt, so hat dies

---

205 R. H. SCHMIDT, Aktienkursprognose, 1976, S. 63; F.-W. WAGNER, Kapitalmarkt, ZfbF 1982, S. 757. Zu den daraus resultierenden Unterschieden zwischen Unternehmensbewertung einerseits und Aktienbewertung andererseits vgl. ELMENDORFF, Streubesitz, WPg 1966, S. 548 f.; F.-W. WAGNER, a.a.O., S. 754-757. Zur Frage, ob für die Wertfindung von börsennotierten Aktien nicht generell auf den Börsenkurs zurückgegriffen werden kann, siehe unten, § 4, Punkt II, S. 150 ff.

206 Der Zuschlag wird für Anteile an Personengesellschaften höher als für GmbH-Anteile und für diese wiederum höher als bei Aktien sein (BARTKE, Unternehmungen, ZfB 1962, S. 174). Die Forderung, für Aktien ggf. überhaupt keinen Zuschlag vorzunehmen (ebenda), vernachlässigt m.E. das Elastizitätsrisiko sowie die gegenüber Staatsobligationen geringere Fungibilität von Aktien*paketen*.

207 HELBLING, Unternehmensbewertung, 1993, S. 377 f. Zur Berücksichtigung der Fungibilität bei der Bemessung des Kapitalisierungsfaktors vgl. auch BODARWE, Kapitalisierungszinsfuß, WPg 1963, S. 315; H. FISCHER, Bewertung, 1992, Rz. 199; HEIGL, Unternehmungen, ZfB 1962, S. 525; VIEL/BREDT/RENARD, Bewertung, 1975, S. 122; ZINTZEN, Kapitalbeteiligungen, WPg 1957, S. 386. Siehe auch bereits SCHMALENBACH, Beteiligungsfinanzierung, 1966, S. 50 f.

i.d.R. zur Folge, daß der Kurs nach der Kapitalerhöhung unter dem vorherigen Niveau liegt. Einen Ausgleich für diese Kurseinbuße bietet den Inhabern alter Aktien das Bezugsrecht, das entweder veräußert wird oder den Bezug neuer Aktien ermöglicht[208]. Die Veräußerung von Bezugsrechten führt dabei zu Einzahlungen, die im Bewertungskalkül zu berücksichtigen sind[209].

Beim Bezugsrecht handelt es sich offensichtlich um eine Option, da dem Altaktionär das Recht zusteht, einen Vermögensgegenstand zu einem im vorhinein festgelegten Preis innerhalb einer bestimmten Frist (amerikanische Option) zu erwerben. Folglich sind die oben angestellten Überlegungen zur Optionsbewertung[210] auch auf Bezugsrechte übertragbar[211]. Unter "normalen" Emissionsbedingungen kann jedoch auf die bekannte "Bezugsrechtsformel" zurückgegriffen werden, da der mit ihrer Hilfe ermittelte sog. "rechnerische Wert" eine gute Approximation der optionspreistheoretischen Bewertungsgleichung darstellt[212]:

$$(IV) \quad X = \frac{K - B}{(m:n) + 1}$$

Legende:
X = Wert des Bezugsrechts
K = Kurs der Altaktien
B = Bezugskurs
m = Anzahl der Altaktien
n = Anzahl der jungen Aktien

Formel IV beschreibt lediglich den Zusammenhang zwischen dem Kurs der Altaktien (K) nach beschlossener Kapitalerhöhung und vor Abtrennung des Bezugsrechts, dem Kurs des Bezugsrechts und erwartetem Kurs nach Kapitalerhöhung[213]. Sie beschränkt sich also auf Zusammenhänge, die erst gelten, nachdem die Kapitalerhöhung beschlossen ist und ihre Auswirkungen im Kurs der Altaktien bereits antizipiert sind[214]. Sie berücksichtigt insbesondere nicht, daß eine

---

208 H. HAX, Bezugsrecht, ZfbF 1971, S. 157.

209 HELBLING, Unternehmensbewertung, 1993, S. 96 f.; LEUNIG, Beteiligungen, 1970, S. 68 f.

210 Siehe Punkt A.3.b, S. 124 ff.

211 Zur optionspreistheoretischen Sicht des Bezugsrechts siehe KRUSCHWITZ, Sicht, Kredit und Kapital 1986, S. 110-121.

212 KRUSCHWITZ, Sicht, Kredit und Kapital 1986, S. 117. Zur Bezugsrechtsformel siehe etwa H. HAX, Bezugsrecht, ZfbF 1971, S. 159.

213 H. HAX, Bezugsrecht, ZfbF 1971, S. 159.

214 H. HAX, Bezugsrecht, ZfbF 1971, S. 159.

Kapitalerhöhung ökonomisch insbesondere dann sinnvoll ist, wenn mit Hilfe der mit den zusätzlichen Eigenmitteln finanzierten Investitionen zusätzliche Gewinne erzielt werden. Es handelt sich also um eine auf die erstmalige Notierung des Bezugsrechts beschränkte Zeitpunktbetrachtung, die die Frage nach der Kursentwicklung im Zeitablauf, insbesondere vom Zeitpunkt vor Beschluß und Bekanntgabe der Kapitalerhöhung bis zum Zeitpunkt unmittelbar vor Abtrennung des Bezugsrechts unberücksichtigt läßt[215].

III. Verbundtitel

Verbundtitel zeichnen sich dadurch aus, daß sie ihrem Inhaber über die unmittelbar titelinduzierten Zahlungen hinaus weitere Vorteile verschaffen. Es ist nicht zweifelhaft, daß diese mittelbaren Vorteile (Verbund- oder Synergieeffekte) bei der Ermittlung des speziellen Werts eines Finanzierungstitels zu berücksichtigen sind[216]. Sie sind theoretisch in der Weise zu berechnen, daß der diesbezüglich erwartete Nettozahlungsstrom auf den Bewertungszeitpunkt diskontiert wird[217]. Aufgrund der bestehenden Prognose-Unsicherheiten bereitet die konkrete Umsetzung jedoch erhebliche Schwierigkeiten. Dies gilt insbesondere im Hinblick auf die Berücksichtigung eines strategischen Unternehmensmehrwerts[218]. In diesen Fällen besteht das Problem, die mit einer Beteiligung verbundene Erweiterung des Handlungsspielraums zu quantifizieren, wobei sehr unsicher ist, ob und, wenn ja, welche Handlungsmöglichkeit wann gewählt wird[219].

Im Ergebnis kann der Zusatzwert eines Beteiligungstitels nur im Einzelfall festgestellt werden. Dabei ist die Gefahr zu berücksichtigen, daß die erwünschten positiven Verbundeffekte nicht bzw. nicht in gewünschtem Maße realisiert werden. Die Gründe hierfür sind vielschichtig; zu nennen sind bspw. mangelnde Kompatibilität von Organisation und Personalstruktur, mangelnde Übertragbarkeit von Produkt-

---

215 MELLWIG, Aktien, DB 1986, S. 1418. Zur Ableitung einer Formel, die die genannten Aspekte einbezieht, siehe H. HAX, Bezugsrecht, ZfbF 1971, S. 160-163.

216 EISENFÜHR, Verbundeffekte, ZfbF 1971, S. 467-479; H. FISCHER, Bewertung, 1992, Rz. 127 ff.; HELBLING, Unternehmensbewertung, 1993, S. 333 f.; KÜTING, Analyse, BFuP 1981, S. 185-189. Strittig ist dagegen, ob Verbundeffekte auch in den Einigungswert (Arbitriumwert) eingehen (vgl. die Nachweise bei GROSSFELD, Anteilsbewertung, 1987, S. 124-127).

217 LEUNIG, Beteiligungen, 1970, S. 72 f.

218 Siehe oben, 2. Kapitel, § 3, Punkt II.A, S. 92.

219 Vgl. hierzu SIEBEN/DIEDRICH, Unternehmensakquisitionen, ZfbF 1990, S. 799-807. Dort wird darauf hingewiesen, daß in diesen Fällen das Ertragswertverfahren möglicherweise nicht anwendbar ist, zumindest nicht im konventionellen Sinne.

und Marktkenntnissen usf.[220]. Dieser Umstand soll mit dem Begriff "*Verbundrisiko*" bezeichnet werden.

§ 3 : Maßnahmen des Titelinhabers zur Verringerung der Risiken aus Finanzierungstiteln
I. Grundlagen

Zur Eliminierung bzw. Begrenzung der oben vorgestellten Risiken kann der Titelinhaber eine Vielzahl von risikopolitischen Maßnahmen ergreifen und sich damit gegen mögliche Vermögenseinbußen absichern. Ziel dieser Maßnahmen ist es, negative Abweichungen zwischen den prognostizierten und den tätsächlichen zukünftigen Zahlungsströmen zu vermeiden. Sie können in die Maßnahmenkomplexe Risikovermeidung, Risikovorsorge, Risikoreduzierung und Risikokompensation untergliedert werden[221].

Die naheliegendste Möglichkeit zur Risikoeliminierung besteht darin, das jeweilige Risiko nicht einzugehen (*Risikovermeidung*). Hierauf braucht nicht näher eingegangen zu werden.

Risikovorsorge bedeutet in erster Linie bilanzielle Risikovorsorge[222]. Dieses Instrument wird hier ebenfalls nicht näher diskutiert, da die bilanzielle Behandlung von Finanzinvestitionen sowie der aus ihnen resultierenden Risiken den eigentlichen Untersuchungsgegenstand darstellt und im 3. Teil der Arbeit ausführlich behandelt wird.

An dieser Stelle sind folglich lediglich Maßnahmen der *Risikoreduzierung* sowie der *Risikokompensation* von Bedeutung. Ohne Anspruch auf Vollständigkeit und unter Beschränkung auf das (für Nichtbankunternehmungen) Wesentlichste soll daher nachfolgend auf die praktisch bedeutsamsten Sicherungsinstrumente eingegangen werden.

---

220 Siehe hierzu etwa die äußerst instruktiven (und pessimistischen) Ausführungen bei KIT-CHING, Mergers, HBR 1967, S. 94; siehe auch die empirischen Untersuchungen in BÜHNER, Jahresabschlußerfolg, ZfB 1990, S. 1275-1294; BÜHNER/SPINDLER, Synergieerwartungen, DB 1986, S. 601-606.

221 Vgl. BÜSCHGEN, Bankbetriebslehre, 1991, S. 708; zu einer alternativen Systematik (ursachenbezogene versus wirkungsbezogene risikopolitische Maßnahmen) vgl. PHILIPP, Risikopolitik, HWB 1976, Sp. 3459 f.

222 BÜSCHGEN, Bankbetriebslehre, 1991, S. 665. Daneben sind - insbesondere im Bereich der Kreditinstitute - eigenkapitalpolitische Vorsorgemaßnahmen zu nennen (ebenda).

II. Darstellung ausgewählter risikopolitischer Maßnahmen

A. Risikoreduzierung

Zur Risikoreduzierung zählen zum einen die Maßnahmen der sog. ursachenbezogenen Risikopolitik, mit denen in erster Linie eine Herabsetzung des Grades der Ungewißheit angestrebt wird[223]. Auf die damit angesprochenen Kreditüberwachungen, Bonitätsprüfungen u.ä. wurde bereits an anderer Stelle eingegangen[224].

Unter das Stichwort "Risikoreduzierung" ist darüber hinaus die Risikostreuung zu subsumieren. Maßnahmen der Risikostreuung können allerdings nicht zur Absicherung der Risiken eines speziellen Finanzierungstitels getroffen werden, sondern sind lediglich im Hinblick auf die Gesamtrisikoposition der Unternehmung einsetzbar[225]. Sie weisen damit eine enge Beziehung zu den oben erwähnten portfoliotheoretischen Bewertungsmethoden auf und können demzufolge - mit gleicher Begründung - im Zusammenhang mit der hier letztlich interessierenden bilanzrechtlichen Fragestellung vernachlässigt werden[226].

Zu der Gruppe der risikoreduzierenden Maßnahmen, die hier von Interesse sind, zählen dagegen die Vereinbarung von Kreditsicherheiten und der Abschluß einer Delkredereversicherung, die beide der Abdeckung des Bonitätsrisikos dienen.

Kreditsicherheiten können als Sach- oder Personalsicherheiten ausgestaltet sein[227]. Sie sind häufig Bestandteil des Darlehensvertrags und dienen der Absicherung des Bonitätsrisikos. Dabei kann ihr Bestand - im Fall akzessorischer Sicherungsgeschäfte - vom Bestand der zu sichernden Forderung abhängig sein, möglich sind jedoch auch isolierte Sicherungsabreden sowie die Vereinbarung abstrakter (fiduziarischer) Sicherheiten. In allen Fällen wird zwar das Bonitätsrisiko vermindert; allerdings ist dann in jedem Fall das Sicherungsrisiko zu beachten[228].

---

223 PHILIPP, Risikopolitik, HWB 1976, Sp. 3459.

224 Siehe oben, § 2, Punkt II.A.1.a, S. 115 f.

225 BÜSCHGEN, Bankbetriebslehre, 1991, S. 726.

226 Siehe oben, § 1, Punkt II.A.1, S. 103 f.

227 Siehe dazu nur BÜSCHGEN, Bankbetriebslehre, 1991, S. 715-723.

228 Siehe oben, § 2, Punkt II.A.1.b, S. 119.

Eine *Delkredereversicherung* (Kreditversicherung)[229] ersetzt dem Versicherungsnehmer unter bestimmten Voraussetzungen den Ausfall an Forderungen aus Lieferungen und Leistungen, der durch die Zahlungsunfähigkeit eines Kunden des Versicherungsnehmers verursacht ist[230]. Eine vollständige Substitution der ursprünglich vereinbarten Zahlungsströme wird allerdings nicht erreicht, da ein Teil des ausgefallenen Betrages regelmäßig als Selbstbehalt vom Versicherungsnehmer zu tragen ist[231]. Neben der Entschädigung der innerhalb der Versicherungsdauer entstehenden Forderungsausfälle wirkt das Kreditversicherungsunternehmen zusätzlich bei der Bonitätsüberwachung mit[232]. Es ist jedoch zu berücksichtigen, daß der Versicherungsanspruch nicht gleichsam automatisch mit Eintritt des Schadensereignisses entsteht. Vielmehr bedarf es der Prüfung im Einzelfall, ob alle Mitwirkungspflichten des Versicherten erfüllt sind, den Nachweispflichten genügt worden ist usf.

In ähnlicher Weise wie Delkredereversicherungen zur Absicherung des Bonitätsrisikos sind *Wechselkursversicherungen* zur Reduzierung des Wechselkursrisikos zu beurteilen. Durch den Abschluß einer Wechselkursversicherung bei der HERMES Kreditversicherungs-AG ist die Gefahr von Wechselkursschwankungen beseitigt, die nach einer sog. Vorlaufzeit von zwei Jahren nach Abschluß des Ausfuhrvertrags anfallen und deren Höhe 3 % gegenüber dem am letzten Tag der Vorlaufzeit an der Frankfurter Devisenbörse amtlich festgestellten Mittelkurs übersteigt[233]. Bewegt sich der Wechselkurs innerhalb dieser Marge, so trägt der Gläubiger das Kursrisiko selbst, kann aber auch einen Kursgewinn voll

229 Die beiden Begriffe sollen hier synonym verwendet werden; zu Kreditversicherungen im allgemeinen vgl. GREULICH, Kreditversicherung, HWF 1976, Sp. 1209-1212.

230 GREULICH, Kreditversicherung, HWF 1976, Sp. 1209; KNÜPPE, Forderungsbewertung, DB 1985, S. 2361; RAU, Debitorenversicherung, DB 1968, S. 1463.

231 KNÜPPE, Forderungsbewertung, DB 1985, S. 2361; RAU, Debitorenversicherung, DB 1968, S. 1463.

232 Im Rahmen inländischer Warenkreditversicherungen ist es üblich, einen sog. Mantelvertrag abzuschließen, durch den der Versicherungsnehmer sämtliche Forderungen ab einer gewissen Größenordnung gegenüber bestimmten Abnehmern dem Versicherungsgeber andient. Der Antrag auf Aufnahme in die Versicherung zieht eine Kreditwürdigkeitsprüfung der Versicherungsunternehmung nach sich, in der Folgezeit findet eine permanente Bonitätsüberwachung statt (vgl. BEUTER, Kreditversicherung, ZfgK 1987, S. 782; GREULICH, Kreditversicherung, HWF 1976, Sp. 1209-1211; OSTHEIMER, Kreditversicherung, FLF 1987, S. 244 f.).

233 BÜSCHGEN, Finanzmanagement, 1986, S. 181; DORMANNS, Hermes, BKB 1972, S. 156-160. BÜSCHGEN zählt die Wechselkursversicherung dort zu den risikokompensatorischen Maßnahmen. Da jedoch die Delkredereversicherung m.E. richtigerweise den risikoreduzierenden Maßnahmen zugerechnet wurde (siehe BÜSCHGEN, Bankbetriebslehre, 1991, S. 723) und beide Instrumente nach Ansicht des Verfassers insoweit gleich zu beurteilen sind, wird die Wechselkursversicherung hier ebenfalls unter das Stichwort Risikoreduzierung subsumiert.

vereinnahmen[234]. Neben dem Wechselkursrisiko sichert die HERMES - im Rahmen der sog. "kombinierten Deckung" - das sog. Fabrikations- und Ausfuhrrisiko ab[235]. In den Bedingungen wird dabei ein Katalog politischer und wirtschaftlicher Risiken erfaßt, die zum Teil unter das Länderrisiko (u.a. das Risiko von Zahlungsverboten, Moratorien, Nichtkonvertierungen, Transferverboten), zum Teil unter das Bonitätsrisiko (Risiko der Insolvenz einschließlich Konkurs, Vergleich und fruchtloser Zwangsvollstreckung) zu subsumieren sind. Insbesondere in diesen Fällen sind die besonderen Schwierigkeiten des "Versicherten"[236] bei der Anspruchsdurchsetzung zu berücksichtigen[237].

B. Risikokompensation

Das Wesen der risikokompensierenden Maßnahmen besteht darin, " ... daß zu einer offenen, risikobehafteten Position eine Gegenposition in der Weise aufgebaut wird, daß durch ein und denselben Sachverhalt entgegengesetzte Wertveränderungen ... ausgelöst werden. Intention ist es hierbei, zu einer offenen Position eine Gegenposition aufzubauen, deren Weiterentwicklung negativ mit der Wertentwicklung der ursprünglichen Position korreliert ist"[238]. Nur wenige Risiken eignen sich zur Kompensation[239]. Dazu zählen insbesondere das Wechselkurs- und das Zinsänderungsrisiko.

Zur Eliminierung von Wechselkursrisiken sind in der Praxis eine Vielzahl von Instrumenten entwickelt worden. Ohne Anspruch auf Vollständigkeit sollen nachfolgend die wichtigsten Möglichkeiten zur Absicherung eines zukünftigen Devisenzuflusses[240] skizziert werden.

---

234 BÜSCHGEN, Finanzmanagement, 1986, S. 181.

235 Vgl. dazu VON WESTPHALEN, Bewertung, BB 1982, S. 712. Siehe auch GREULICH, Kreditversicherung, HWF 1976, Sp. 1211.

236 Rechtlich stellt die Hermes-Versicherung keinen Versicherungsvertrag dar (vgl. VON WESTPHALEN, Bewertung, BB 1982, S. 717).

237 Vgl. VON WESTPHALEN, Bewertung, BB 1982, S. 717.

238 BÜSCHGEN, Bankbetriebslehre, 1991, S. 708; diese Vorgehensweise wird auch als "Hedging" bezeichnet (ebenda).

239 Siehe etwa die Ausführungen von BÜSCHGEN zum Hedging von Bonitäts- und Länderrisiken (BÜSCHGEN, Bankbetriebslehre, 1991, S. 727 und 740).

240 Die dargestellten Instrumente lassen sich mutatis mutandis selbstverständlich auch zum Hedging von zukünftigen Devisenabflüssen einsetzen.

(1) Die naheliegendste Maßnahme zur Sicherung eines zukünftigen Devisenkurses ist der Abschluß eines *Devisentermingeschäfts*, d.h. der Verkauf des erwarteten Devisenzuflusses per Termin[241]. Durch diese Transaktion kann der Umrechnungskurs für zukünftig zu erhaltende Zahlungen bereits im vorhinein sichergestellt und das Wechselkursrisiko ausgeschaltet werden[242].

(2) *Devisen-Futures-Kontrakte*[243] sind standardisierte Devisentermingeschäfte. Wie beim Devisentermingeschäft kann sich der Titelinhaber daher einen zukünftigen Kurs sichern. Im Gegensatz zu diesen zeichnen sich Futures-Kontrakte jedoch durch einen hohen Grad an Standardisierung und damit Fungibilität aus, die einen börsenmäßigen Handel (an den sog. "Futures-Börsen") zuläßt. Des weiteren ist die Gefahr, daß der Vertragspartner seinen Verpflichtungen nicht nachkommen kann, dadurch weitgehend beseitigt, daß der Futures-Kontrakt letztlich stets an das bonitätsmäßig einwandfreie Futures-Börsenorgan des clearing house verkauft bzw. von diesem gekauft wird. Darüber hinaus wird die finanzielle Integrität der Marktteilnehmer durch Depotzahlungen überwacht: Nach Abschluß eines Futures-Geschäfts müssen die Vertragsparteien eine sog. "initial margin" beim clearing house hinterlegen, die zwischen einigen Prozentbruchteilen und 10 % des Kontraktpreises beträgt. Durch Preisbewegungen erzielen die Marktteilnehmer ständig Gewinne oder Verluste, die täglich ermittelt und dem "margin account" belastet oder vergütet werden. Über Gewinne kann der Marktteilnehmer ständig verfügen. Treten Verluste auf und unterschreitet die Sicherheitsleistung ein gewisses Limit ("maintenance margin"), so wird das Unternehmen aufgefordert, seine margin in Höhe des Differenzbetrags ("variation margin") aufzustocken (sog. "margin call"). Dieses Verfahren wird auch als "marking to the market" bezeichnet. Hieraus können sich beträchtliche Liquiditätsanforderungen ergeben.

Die Risikokompensation wird dadurch erreicht, daß ein aus Wechselkursschwankungen resultierender Verlust im zu sichernden Grundgeschäft durch einen Wertzuwachs des Futures-Kontrakts (zumindest zum Teil) ausgeglichen

---

241 FISCHER-ERLACH, Handel, 1991, S. 16-20.

242 Dies gilt jedoch nur für das klassische "Zwei-Zeitpunkt-Modell", in dem dem Unternehmer zum Zeitpunkt 0 bewußt wird, eine offene Position zu haben, die im Zeitpunkt 1 fällig wird. Der Unternehmer muß im Zeitpunkt 0, in dem der Terminkurs eine sichere Größe darstellt, entscheiden, in welchem Umfang er hedgen möchte (vgl. hierzu und zum davon abweichenden "Drei-Zeitpunkt-Modell" SPREMANN, Terminkontrakte, ZfbF 1992, S. 295-312). Dies gilt auch für die Absicherung durch Futures-Kontrakte (ebenda, S. 295).

243 Vgl. hierzu FISCHER-ERLACH, Handel, 1991, S. 88-95; WERMUTH/OCHINSKY, Hedging, 1987, S. 149-153.

wird et vice versa[244]. Der Erfolg aus dem Futures-Geschäft wird regelmäßig nicht durch effektive Lieferung des betreffenden Fremdwährungsbetrags, sondern durch Abschluß eines dem ursprünglichen Futures-Kontrakt genau entgegengesetzten Futures-Geschäfts realisiert.

(3) Die bereits an anderer Stelle[245] erläuterten Optionen treten nicht nur als Annex von Finanzierungstiteln auf, sondern können darüber hinaus auch als Instrumente zur Absicherung von Wechselkursrisiken eingesetzt werden (sog. *Devisenoptionen*)[246]. So kann der Titelinhaber einen erwarteten Fremdwährungseingang durch Erwerb einer put-Option hedgen: Gegen Zahlung der Optionsprämie steht ihm das Recht zu, vom Stillhalter während eines Zeitraums bzw. zu einem bestimmten Zeitpunkt die Abnahme eines exakt fixierten Devisenbetrags zu einem im vorhinein festgelegten Umtauschverhältnis zu verlangen[247]. Ist die Entwicklung des Kassakurses im Vergleich zum vereinbarten Basispreis günstig für ihn, wird er auf die Erfüllung verzichten, andernfalls wird er die Option ausüben.

(4) Wird die Kurssicherung einer Fremdwährungsanlage durch Aufbau einer der offenen Positionen in Währung, Volumen und Laufzeit genau entgegengesetzten Position, d.h. durch Fremdwährungskreditaufnahme, betrieben, so spricht man von *Finanz-Hedging*[248]. Erwartet der Titelinhaber bspw. in drei Monaten eine Tilgungszahlung in Höhe von 100.000 US-Dollar, so kann er das Wechselkursrisiko durch Aufnahme eines dreimonatigen Kredits in dersel-

---

244 Damit wird unterstellt, daß Preisbewegungen auf den Futures-Märkten den gleichen Determinanten unterliegen, welche auch die Preise der "physischen Ware" beeinflussen. Da die Elastizitäten von Bar- und Futures-Preisen jedoch durchaus unterschiedlich sein können, verbleibt ein Absicherungsrisiko, das als "Basisrisiko" bezeichnet wird (vgl. dazu etwa STEINBICHLER, Futures, ÖBA 1982, S. 413-416).

245 Siehe oben, 2. Kapitel, § 2, Punkt II.C.2.d.y, S. 76 ff.

246 FISCHER-ERLACH, Devisenoptionen, Die Bank 1984, S. 329-331; LIPFERT, Devisenhandel, 1992, S. 147-180. Hinsichtlich der Handelbarkeit von Optionen lassen sich bankmäßige Optionen ("over the counter options") und börsengehandelte Optionen unterscheiden. Während erstere von Banken zu individuell vereinbarten Konditionen angeboten werden, handelt es sich bei den börsengehandelten Devisenoptionen um stark standardisierte Geschäfte (vgl. BÜSCHGEN, Bankbetriebslehre, 1991, S. 762; LIPFERT, a.a.O., S. 149-151).

247 Dabei kann entweder die effektive Zurverfügungstellung bzw. Abnahme ("currency options") oder die Lieferung bzw. Übernahme eines Devisen-Futures ("currency future options") vereinbart werden (BÜSCHGEN, Bankbetriebslehre, 1991, S. 762-764; FISCHER-ERLACH, Handel, 1991, S. 95-103).

248 BÜSCHGEN, Bankbetriebslehre, 1991, S. 785; DERS., Finanzmanagement, 1986, S. 180.

ben Währung und Rückführung der Darlehenssumme durch die Tilgungsleistung des Titelemittenten kompensieren.

Neben den beschriebenen Absicherungsfazilitäten gibt es diverse Finanzierungsinstrumente, die, quasi als Nebenwirkung, das Wechselkursrisiko begrenzen. Zu denken ist dabei insbesondere an das (grenzüberschreitende) Factoring und die Forfaitierung[249]. Darüber hinaus können die sog. Swap-Transaktionen[250] als risikopolitische Maßnahmen eingesetzt werden. Da deren Hauptanwendungsgebiet jedoch die Absicherung von Zahlungsverbindlichkeiten ist (sog. "liability swaps")[251], soll auf dieses Sicherungsinstrument hier nicht näher eingegangen werden.

Futures-Kontrakte und Optionen sind nicht nur zur Verhinderung der aus Wechselkursschwankungen resultierenden Vermögenseinbußen, sondern auch zur Kompensation von *Zinsänderungsrisiken* einsetzbar[252]. Hinsichtlich der Wirkungsweise der dann "interest rate futures" bzw. "interest rate options" genannten Sicherungsinstrumente kann daher im wesentlichen auf die obigen Ausführungen verwiesen werden. Gleiches gilt für die bereits erwähnten interest rate swaps[253].

Die beschriebenen risikokompensatorischen Maßnahmen können - zumindest theoretisch - danach differenziert werden, ob es sich um einen sog. Macro- oder einen Micro-Hedge handelt[254]: Während im Rahmen eines Macro-Hedge ein aktivischer

---

249 BÜSCHGEN, Finanzmanagement, 1986, S. 181.

250 Das Grundprinzip einer Swap-Transaktion ist der Tausch von relativen Kostenvorteilen, die zwei Vertragspartner auf verschiedenen Marktsegmenten erzielen können. Gegenstand des Tauschgeschäfts sind neben Währungen ("currency swaps") auch Zinsverpflichtungen ("interest rate swaps") sowie die Kombination aus beiden ("cross currency interest rate swaps"); zum Wesen von Swap-Transaktionen vgl. BÜSCHGEN, Finanzinnovationen, ZfB 1986, S. 321-328; GONDRING/HERMANN, Währungsswaps, ÖBA 1986, S. 327-339; VIERMETZ/SCHWICHT in OBST/HINTNER 1993, S. 696-706.

251 BÜSCHGEN, Bankbetriebslehre, 1991, S. 767.

252 Vgl. im einzelnen BÜSCHGEN, Zinstermingeschäfte, 1988, S. 83-119, 127-142; STEIN-BICHLER, Futures, ÖBA 1982, S. 416-425.

253 Andere risikokompensatorische Maßnahmen zur Eliminierung der aus Marktzinsschwankungen resultierenden Risiken wie etwa forward-forward-Geschäfte, forward rate agreements oder interest rate caps bzw. floors können hier vernachlässigt werden, da sie im Regelfall (aus Sicht von Nichtbankunternehmungen) nicht im Rahmen von (Finanz-) Investitions-, sondern von Finanzierungsmaßnahmen eingesetzt werden. Zu einer Darstellung der genannten Instrumente vgl. BIS, Innovations, 1986, S. 121-129; BÜSCHGEN, Bankbetriebslehre, 1991, S. 753-755, 764-766; DERS., Zinstermingeschäfte, 1988, S. 121-127.

254 BÜSCHGEN, Bankbetriebslehre, 1991, S. 759. Es dürfte jedoch mit PUCKLER davon auszugehen sein, daß in der Praxis "reines" micro- bzw. macro-hedging nur selten vorkommt, sondern daß es sich im Regelfall um Mischformen handelt (vgl. PUCKLER, Aspekte, 1990, S. 143; siehe auch HARTUNG, Kurssicherung, RIW 1990, S. 646).

oder passivischer Überhang in einer Geschäftsperiode mittels eines entsprechenden Gegengeschäfts abgesichert wird, ist das Kompensationsobjekt beim Micro-Hedge eine offene Einzelposition (etwa eine bestimmte Fremdwährungsforderung) und wird die risikopolitische Maßnahme zur Absicherung eines konkreten, spezifischen (Wechselkurs- bzw. Zinsänderungs-) Risikos ergriffen. Ob jeweils eine vollständige Risikoeliminierung gelingt, ist vor allem davon abhängig, inwieweit die ursprünglich offene Position und die geschaffene Gegenposition hinsichtlich ihrer bewertungsrelevanten Eigenschaften (etwa Währung, Fälligkeit, Betrag) kongruent sind. Überdies sind die dem Gegengeschäft wiederum inhärenten Risiken, wie z.B. das Basisrisiko bei Futures- oder das Erfüllungsrisiko bei Devisentermingeschäften, zu beachten.

§ 4 : Abweichungsanalysen
I. Wert und Preis

Im Vertrag über den Finanzierungstitel werden Art, Höhe usf. der Gegenleistung des Erwerbers für die Zurverfügungstellung des Titels und damit der Preis festgelegt[255]. Wie bereits bei der Vorstellung der Marktebene erwähnt[256], ist der Preis das Ergebnis von Angebot und Nachfrage, gewissermaßen also "bezahlter Wert"[257]. Für bestimmte vertretbare fungible Güter besteht ein Markt mit der Folge, daß i.d.R. der Preis dem Wert entspricht[258]. Dies gilt möglicherweise für börsengehandelte Aktien, sicherlich aber für börsengehandelte Anleihen[259]. Aus der Rendite von Obligationen lassen sich darüber hinaus auch "Marktpreise" bzw. Marktzinssätze für individuell gehandelte Rendite-Forderungstitel - z.B. Ausleihungen - ableiten.

Stehen sich Leistung und Gegenleistung in diesen Fällen unausgeglichen gegenüber (Beispiel: Gewährung eines unverzinslichen Darlehens), so ist zu vermuten, daß die Vereinbarung einvernehmlich und bewußt in dieser Weise getroffen wurde. Der Grund hierfür wird im Regelfall in einer - geschäftlichen oder privaten - Interessenverflechtung bestehen. So ist bspw. denkbar, daß eine GmbH ihrem einzigen Gesellschafter oder ein Einzelunternehmer einem Verwandten ein zinsloses, unter- oder überverzinsliches Darlehen gewährt.

---

255 Siehe oben, 2. Kapitel, § 2, Punkt II.B.2.a, S. 57 ff.

256 Siehe oben, 2. Kapitel, § 2, Punkt III, S. 79 ff.

257 HELBLING, Unternehmensbewertung, 1993, S. 47, m.w.N.

258 HELBLING, Unternehmensbewertung, 1993, S. 48.

259 Siehe unten, Punkt II, S. 150 ff.

Bei nicht vertretbaren individuellen Gütern besteht dagegen kein transparenter Markt. Diese Qualifizierung trifft insbesondere für Verbund-Beteiligungstitel zu, da sich der mit ihnen verbundene individuelle Vorteil für den Titelinhaber gerade einer Marktbewertung entzieht. Der Preis ist dann eine Einigungsgröße zwischen den beiden Entscheidungswerten[260], also den subjektiven Vorstellungen der Parteien[261]. Die einzelne Partei empfindet den schließlich festgelegten Preis als Kompromiß, nämlich zwischen dem vom Käufer und Verkäufer je aus ihrer Sicht (subjektiv) berechneten Entscheidungswert[262].

Abweichungen zwischen Wert und Preis sind in diesen Fällen mithin nicht die Ausnahme, sondern die Regel. Insbesondere wird im allgemeinen eine Abweichung zwischen dem Entscheidungswert des Titelinhabers und dem von ihm letztlich gezahlten Betrag bestehen. Darüber hinaus ist ebenfalls, wie oben, denkbar, daß interessenverflochtene Vertragspartner einvernehmlich eine Vereinbarung getroffen haben, die eine Partei bewußt bevorzugt bzw. benachteiligt. Und schließlich besteht die Möglichkeit, daß der Erwerber unbewußt eine unangemessene Gegenleistung erbracht hat, weil er bspw. die Ertragsaussichten einer Unternehmung, deren Anteile er erwirbt, zu optimistisch eingeschätzt hat. Der Grund für die Abweichung von Wert und Preis liegt dann in einer Fehlkalkulation, die v.a. auf Informationsdefizite zurückzuführen ist.

II. Wert und Börsenkurs

Werden Aktien oder Anleihen an der Börse gehandelt, so ergibt sich die Frage, ob die veröffentlichten Kurse (bzw. Preise) mit den nach obigen Grundsätzen ermittelten (Ertrags-) Werten der Wertpapiere identisch oder von ihnen verschieden sind. Trifft die erste Alternative zu, so könnten mehr oder weniger aufwendige Rechnungen vermieden werden. Im zweiten Fall wären die Abweichungsursachen zu analysieren.

Für börsennotierte festverzinsliche Wertpapiere kann eine weitgehende Übereinstimmung zwischen (Ertrags-) Wert und Börsenkurs konstatiert werden. Zumindest die Kurse der an den deutschen Börsen gehandelten (und damit quasi bonitätsrisikofreien) Anleihen stimmen mit ihren rechnerischen Kursen weitgehend über-

---

260 Vgl. hierzu oben, § 2, Punkt II.B.1.b, S. 132 f.

261 JAENSCH, Wert, 1966, S. 146 ff.

262 HELBLING, Unternehmensbewertung, 1993, S. 48.

ein[263]. Vor dem Hintergrund der hier interessierenden Problemstellung erscheint der Börsenkurs als Wertschätzer für börsennotierte Anleihen mithin durchaus geeignet.

Das Verhältnis von Börsenkurs und Ertragswert von Dividendenpapieren wird von den Vertretern der verschiedenen Richtungen der Aktienanalyse höchst unterschiedlich beurteilt[264].

Nur für die Fundamentalanalyse - als kausales Prognoseverfahren[265] - ist der Ertragswert einer Aktie überhaupt von Bedeutung und von dessen Börsenkurs streng zu unterscheiden[266]. Liegt der Ertragswert unter dem Börsenkurs, so sollte man die Aktie nicht kaufen bzw. verkaufen, liegt er darüber, so sollte man die Aktie kaufen bzw. behalten[267]. Während sich Kurs und Ertragswert nach Ansicht der "Fundamentalisten", folgten alle Anleger ihrer Theorie und verwendeten sie gleiche Bewertungsmethoden, langfristig aufeinander zu bewegen, stützt sich die Technische Analyse - als Form der Zeitreihenanalyse - bei ihren Kursprognosen dagegen ausschließlich auf das Verhalten der Kurskurve[268]. Allein aus ihrer Gestalt versucht der "Techniker", die weitere Entwicklung des Aktienkurses zu prognostizieren[269]. Der Börsenkurs ist danach (zumindest kurzfristig) nicht von der Entwicklung interner oder externer Unternehmensdaten determiniert, sondern letztlich lediglich eine Funktion der (des) früheren Börsenkurse(s). Eine dritte Richtung schließlich vertritt die sog. "Random Walk Hypothese"[270]. Danach folgt die Aktienkursentwicklung einem Zufallspfad und ist mithin weder von der Unternehmensentwicklung noch von früheren Kursen abhängig.

---

263 Siehe etwa die Beispielrechnung bei BÜHLER, Anlagestrategien, ZfbF 1983, Sonderheft 16, S. 89.

264 Zu einer knappen Darstellung der Methoden der Aktienanalyse vgl. PERRIDON/STEINER, Finanzwirtschaft, 1993, S. 203-240. Zu dem in diesem Zusammenhang bedeutsamen Aspekt der Informationseffizienz vgl. FRANKE/HAX, Finanzwirtschaft, 1990, S. 315-320.

265 Zu den Prognoseverfahren siehe oben, § 1, Punkt II.B.2, S. 111 ff.

266 Zur Fundamentalanalyse vgl. umfassend BÜSCHGEN, Wertpapieranalyse, 1966, S. 37-261.

267 WELCKER, Aktienanalyse, 1991, S. 17.

268 PERRIDON/STEINER, Finanzwirtschaft, 1993, S. 205 f.; WELCKER, Aktienanalyse, 1991, S. 21.

269 Zur Technischen Analyse vgl. WELCKER, Aktienanalyse, 1991, v.a. S. 25-43.

270 PERRIDON/STEINER, Finanzwirtschaft, 1993, S. 206-208; WELCKER, Aktienanalyse, 1991, S. 24.

Als Ergebnis ist festzuhalten, daß der Börsenkurs einer Aktie von deren individuell ermitteltem Ertragswert (zumindest kurzfristig) abweichen kann. Es ist jedoch zu beachten, daß Fundamentalanalyse nicht nur von einem Anleger, sondern von einer Vielzahl von Anlegern betrieben wird[271]. Die Schätzungen des Ertragswerts von allen diesen Anlegern schlagen sich im Börsenkurs nieder. Daher muß derjenige, der selbst zu einem anderen Ertragswert der Aktie gelangt, diesem äußerst mißtrauisch gegenüberstehen, da er sich bei seiner Bestimmung geirrt haben kann[272]. Aufgrund der beschriebenen Schwierigkeiten bei der Wertermittlung ist diese Gefahr nicht von der Hand zu weisen. Das Vertrauen des Bewertenden in sein eigenes Urteil muß dann schon sehr groß sein, wenn er seiner Einschätzung des inneren Werts mehr vertraut als der der Mehrheit[273]. Daher ist der Börsenkurs nach Ansicht des Verfassers grundsätzlich als der bessere Wertschätzer anzusehen und dem individuell ermittelten Wert vorzuziehen. Dies gilt zumindest dann, wenn zum Börsenkurs nicht nur minimale Umsätze stattgefunden haben. Darüber hinaus wurde bereits an anderer Stelle[274] darauf hingewiesen, daß nur einzelne Aktien und nicht Aktien-"Pakete" an der Börse gehandelt werden. Da insoweit nicht nur quantitative, sondern auch qualitative Unterschiede bestehen, kann der Börsenkurs nicht den Wert eines Aktienpakets repräsentieren, sondern bestenfalls einen Anhaltspunkt bieten.

---

271 WELCKER, Aktienanalyse, 1991, S. 19.

272 WELCKER, Aktienanalyse, 1991, S. 20.

273 WELCKER, Aktienanalyse, 1991, S. 21.

274 Siehe oben, 2. Kapitel, § 2, Punkt III.B, S. 81 ff.

3. TEIL : DAS FINANZVERMÖGEN
AUS BILANZSTEUERLICHER SICHT

Das Problem der Bilanzierung des Finanzvermögens ist in gleicher Weise anzuge-
hen wie bei anderen Bilanzierungsobjekten. Nach der Logik der Bilanzierungsentscheidung steht an erster Stelle die Frage, ob ein Objekt bzw. bestimmter Vorgang in die Bilanz aufzunehmen ist ("Ansatz dem Grunde nach").
Bejahendenfalls ist eine Bepreisung bzw. Bewertung der zu bilanzierenden
Position durchzuführen ("Ansatz der Höhe nach")[1]. Zur ersten Problematik wird
im nachfolgenden 1. Kapitel Stellung genommen, der zweite Aspekt soll im 2.
Kapitel behandelt werden.

1. Kapitel : Die Bilanzierung des Finanzvermögens dem Grunde nach
§ 1 : Grundlagen

Nach § 5 Abs. 1 Satz 1 EStG hat der Gewerbetreibende in seiner Steuerbilanz das
Betriebsvermögen anzusetzen, das nach den handelsrechtlichen Grundsätzen ord-
nungsmäßiger Buchführung (GoB) auszuweisen ist ("Maßgeblichkeitsprinzip")[2].
Mithin sind zunächst die handelsrechtlichen Aktivierungsgrundsätze zu erörtern.

I. Aktivierungsgrundsätze in der Handelsbilanz

Die nach § 242 Abs. 1 Satz 1 HGB aufzustellende Handelsbilanz[3] hat nach § 246
Abs. 1 HGB sämtliche[4] Vermögensgegenstände, Schulden und Rechnungsabgrenzungsposten zu enthalten, soweit gesetzlich nichts anderes bestimmt

---

1   FEDERMANN, Bilanzierung, 1992, S. 176. Daran anschließend ist grundsätzlich zu prü-
    fen, an welcher Stelle der Bilanz das Bilanzierungsobjekt auszuweisen ist ("Ansatz der
    Stelle nach"; ebenda). Es wurde jedoch bereits darauf hingewiesen (siehe oben, 1. Teil, 1.
    Kapitel, § 1, Punkt II, S. 5), daß Ausweisprobleme hier nicht diskutiert werden.

2   Zum Inhalt des Maßgeblichkeitsprinzips vgl. nur den Überblick bei VOGT, Maßgeblich-
    keit, 1991, S. 141-162. Die steuerlichen Ansatzvorschriften (§ 5 Abs. 2-5 EStG) sind für
    die weiteren Überlegungen nicht von Bedeutung.

3   Die übrigen Teile des Jahresabschlusses (Gewinn- und Verlustrechnung und ggf. Anhang
    (vgl. §§ 242 Abs. 2 und 3, 264 Abs. 1 HGB) sowie der Lagebericht (§ 264 Abs. 1 HGB)
    bleiben i.f. unbeachtet.

4   Zum Vollständigkeitsprinzip vgl. etwa BUDDE/KARIG in BBK 1990, HGB § 264 Anm. 2
    f. Ausnahmen vom Vollständigkeitsgebot sind zum einen Bilanzierungswahlrechte und -
    verbote (siehe dazu weiter unten, Punkt D), zum anderen der Grundsatz der Wesentlichkeit
    (materiality), wonach ein Ansatz unterbleiben kann, wenn er für den Informationsempfän-
    ger eine nutzlose Erhöhung der Genauigkeit darstellen würde (vgl. dazu LEFF-
    SON/BÖNKHOFF, Materiality-Entscheidungen, WPg 1982, S. 389-397).

ist. Sieht man von Rechnungsabgrenzungsposten, aber auch von Bilanzierungshilfen und vom Bilanzverlust ab, so ist die Frage nach der Aktivierungsfähigkeit in der Handelsbilanz gleichbedeutend mit der Frage nach dem Vorliegen eines Vermögensgegenstands[5].

Liegt ein Vermögensgegenstand vor (siehe dazu unten, Punkt A), der dem Bilanzierenden subjektiv zuzurechnen ist (Punkt B), und hält dieser den Vermögensgegenstand in seinem Betriebsvermögen (Punkt C), so besteht Ansatzpflicht, wenn nicht ausnahmsweise ein Ansatzverbot oder -wahlrecht zu beachten ist (Punkt D).

A. Das Vorliegen eines Vermögensgegenstands
1. Der Begriff des Vermögensgegenstands

Der im Gesetz in einer Reihe von Vorschriften[6] erwähnte, jedoch an keiner Stelle legal definierte Begriff des Vermögensgegenstands umfaßt nach h.M. sowohl bürgerlich-rechtliche "Gegenstände" (d.h. Sachen und Rechte) als auch nicht mit einem Recht verbundene Güter (z.B. ungeschützte Erfindungen), wenn sie selbständig bewertbar und selbständig verkehrsfähig sind[7]. Das Kriterium der selbständigen Verkehrsfähigkeit wird jedoch unterschiedlich ausgelegt[8]. So ist streitig, ob ein Objekt bereits selbständig verkehrsfähig ist, wenn es lediglich seiner Natur nach (abstrakt), nicht jedoch tatsächlich (konkret) übertragen werden kann[9]. Dieser Aspekt ist insbesondere dann bedeutsam, wenn ein gesetzliches oder vertragliches Übertragungsverbot besteht[10].

Unterschiedliche Auffassungen bestehen überdies hinsichtlich der Frage, ob das Kriterium der selbständigen Verkehrsfähigkeit bereits dann erfüllt ist, wenn ein

---

5 FREERICKS, Bilanzierungsfähigkeit, 1976, S. 141; KUSSMAUL in HdR 1990, Kapitel II, Rn. 180.

6 Vgl. etwa §§ 246 Abs. 1, 248 Abs. 2, 252 Abs. 1 HGB.

7 FREERICKS, Bilanzierungsfähigkeit, 1976, S. 334; KROPFF in G/H/E/K 1973, AktG 1965 § 149 Anm. 47; MOXTER, Aktivierungsgrenzen, BB 1978, S. 823.

8 Zu einer Zusammenfassung der bestehenden Meinungsunterschiede vgl. KUSSMAUL in HdR 1990, Kapitel II, Rn. 180-192; siehe auch LEY, Wirtschaftsgut, 1987, S. 129-143; ROLAND, Begriff, 1980, S. 150-159. Allgemein ist der Vermögensgegenstand-Begriff, nicht zuletzt aufgrund fehlender handelsrechtlicher Rechtsprechung, keineswegs gesichert (TIPKE/LANG, Steuerrecht, 1991, S. 290).

9 Bejahend etwa KNOBBE-KEUK, Unternehmenssteuerrecht, 1991, S. 77; KROPFF in G/H/E/K 1973, AktG 1965 § 149 Rn. 47; PANKOW/REICHMANN in BBK 1990, HGB § 247 Anm. 390; PFEIFFER, Bilanzfähigkeit, StuW 1984, S. 335; ROLAND, Begriff, 1980, S. 155. A.A. COENENBERG, Jahresabschluß, 1993, S. 55; IDW, Bewertungsvorschriften, WPg 1967, S. 666 f.; MAUL, Buchführung, ZfbF 1974, S. 737.

10 Vgl. etwa § 11 Abs. 1 GüKG oder § 29 UrhG.

Objekt nur zusammen mit anderen Vermögensgegenständen[11] bzw. zusammen mit der gesamten Unternehmung[12] veräußert werden kann[13].

2. Die Reichweite des Vermögensgegenstand-Begriffs

Wird die selbständige Verkehrsfähigkeit und selbständige Bewertbarkeit eines Objekts bejaht, so reicht dies, für sich allein genommen, zur Begriffsbestimmung des Vermögensgegenstandes nicht aus. Es ist vielmehr zu beachten, daß häufig auch Teile von Vermögensgegenständen - bis hin zur einzelnen Schraube - selbständig verkehrsfähig und bewertbar sein können[14]. Fraglich ist, ob in diesen Fällen ein (aus einzelnen unselbständigen Bestandteilen bestehender) einheitlicher Vermögensgegenstand vorliegt oder ob die Existenz mehrerer Vermögensgegenstände zu bejahen ist.

Es ist allgemein anerkannt, daß weder eine am rein Gegenständlichen verhaftete noch eine ausschließlich zivilrechtliche Betrachtungsweise zu einer zutreffenden Beantwortung dieser Frage führt[15]. Vielmehr ist zu prüfen, ob die Einzelposten wirtschaftlich in einem betrieblichen Nutzungs- und Funktionszusammenhang stehen[16]. Das bedeutet, daß solche Objekte als Vermögensgegenstand zusammenzufassen sind, die im Hinblick auf wirtschaftliche Wirkungen nur zu gemeinsamem

---

11 So sind Grund und Boden einerseits und aufstehendes Gebäude andererseits zivilrechtlich nur gemeinsam übertragungsfähig (§ 94 Abs. 1 BGB).

12 Dies gilt etwa für das Warenzeichen (vgl. § 8 WZG) oder den Firmenwert.

13 Die weite Auslegung des Vermögensgegenstand-Begriffs wird bspw. befürwortet von BREZING, Gegenstand, HdJ I/4 1991, Rn. 9; LEFFSON, Darstellung, DB 1976, S. 686. Die wohl h.M. ist anderer Ansicht (vgl. etwa FREERICKS, Bilanzierungsfähigkeit, 1976, S. 142; PFEIFFER, Bilanzfähigkeit, StuW 1984, S. 335; WICHMANN, Vermögensgegenstand, DB 1988, S. 192, m.w.N.). Wird auf die tatsächliche Einzelübertragbarkeit abgestellt, wird das Kriterium "selbständige Bewertungsfähigkeit" von einer Reihe von Autoren für überflüssig erachtet (vgl. etwa KUSSMAUL in HdR 1990, Kapitel II, Rn. 181; LEY, Wirtschaftsgut, 1987, S. 139; MÜLLER-DAHL, Bilanzierungsfähigkeit, 1979, S. 94; PANKOW/REICHMANN in BBK 1990, HGB § 247 Anm. 390. A.A. bspw. FREERICKS, a.a.O., S. 156; MOXTER, Aktivierungsvoraussetzung, BB 1987, S. 1846-1851).

14 BREZING, Gegenstand, HdJ I/4 1991, Rn. 11.

15 BUDDE/GEISSLER in BBK 1990, HGB § 252 Anm. 23.

16 BUDDE/GEISSLER in BBK 1990, HGB § 252 Anm. 23; SELCHERT in HdR 1990, HGB § 252 Rn. 50-52. Dieser Grundsatz gilt für alle Arten von Vermögensgegenständen (SELCHERT, a.a.O., Rn. 53). Dabei ist im Zweifel auf die Besonderheiten der jeweiligen Branche und schließlich des einzelnen Betriebs abzustellen (A/D/S 1992, HGB § 252 Tz. 53). Nach anderer Ansicht ist die an der Verkehrsauffassung gemessene selbständige Realisierbarkeit entscheidend (LUDEWIG, Verluste, DB 1974, S. 103; WICHMANN, Vermögensgegenstand, DB 1988, S. 193).

Einsatz gelangen[17]. Umgekehrt gilt: Die Trennung muß der Kaufmann so weit führen, bis Vermögensteile entstehen, über deren Einsatz einheitlich entschieden werden kann und entschieden wird[18]. Dabei können die rechtliche Abgrenzung und die Verkehrsanschauung Anhaltspunkte geben[19].

3. Der Zeitpunkt der Entstehung und des Untergangs des Vermögensgegenstands

Einen dritten Problemkomplex bei der Konkretisierung des Vermögensgegenstand-Begriffs stellt schließlich die Frage dar, zu welchem Zeitpunkt ein Vermögensgegenstand entsteht bzw. untergeht[20]. Wie die Festlegung der Reichweite des Vermögensgegenstand-Begriffs ist auch die Bestimmung des Entstehungs- bzw. Untergangszeitpunkts nach wirtschaftlichen Gesichtspunkten vorzunehmen[21]. Entscheidend ist mithin nicht die formalrechtliche Beurteilung, sondern ob wirtschaftlich durch die Zugehörigkeit eines Vermögensgegenstandes eine Vermögensmehrung eingetreten oder entfallen ist[22]. Eine Bilanzierung kommt daher bereits zu dem Zeitpunkt in Frage, in dem ein Vermögensgegenstand zwar rechtlich noch nicht existent ist, sein Entstehen aber mit Sicherheit am Bilanzstichtag zu erwarten ist[23]. Dabei ist aufgrund des Vorsichtsprinzips[24] jedoch eine zurückhaltende Beurteilung geboten[25].

---

17 SELCHERT in HdR 1990, HGB § 252 Rn. 50.

18 SELCHERT in HdR 1990, HGB § 252 Rn. 50.

19 BREZING, Gegenstand, HdJ I/4 1991, Rn. 11; SELCHERT in HdR 1990, HGB § 252 Rn. 50.

20 Vom Entstehungs- bzw. Untergangszeitpunkt zu trennen ist der Zugangs- bzw. Abgangszeitpunkt. Das zweite Begriffspaar betrifft die Frage der subjektiven Zurechnung (siehe dazu weiter unten, Punkt B, S. 157 ff.).

21 KNOBBE-KEUK, Unternehmenssteuerrecht, 1991, S. 70.

22 A/D/S 1968, AktG 1965 § 149 Anm. 34; KNOBBE-KEUK, Unternehmenssteuerrecht, 1991, S. 70.

23 KNOBBE-KEUK, Unternehmenssteuerrecht, 1991, S. 70.

24 Das in § 252 Abs. 1 Nr. 4 HGB kodifizierte Vorsichtsprinzip betrifft nach h.M. trotz der Überschrift zu § 252 HGB nicht nur die Bilanzierung der Höhe, sondern auch dem Grunde nach (A/D/S 1992, HGB § 252 Tz. 64; BUDDE/GEISSLER in BBK 1990, HGB § 252 Anm. 30; SELCHERT in HdR 1990, HGB § 252 Rn. 65).

25 KNOBBE-KEUK, Unternehmenssteuerrecht, 1991, S. 71.

B. Die subjektive Zurechnung des Vermögensgegenstands

Wird die Existenz eines Vermögensgegenstands bejaht, so kann er nur dann in die Handelsbilanz des Kaufmanns aufgenommen werden, wenn er ihm subjektiv zuzurechnen ist[26]. Ob ein Vermögensgegenstand zum Vermögen des bilanzierenden Unternehmens gehört, richtet sich grundsätzlich nach der zivilrechtlichen Zuordnung, da der zivilrechtlich Berechtigte über den Vermögensgegenstand unumschränkt verfügen, ihn veräußern, nutzen oder als Kreditunterlage einsetzen kann[27].

Von dem Grundsatz, daß es für die Bilanzierung auf die zivilrechtliche Betrachtung ankommt, hat die kaufmännische Praxis im Laufe der Jahre einige Ausnahmen akzeptiert[28]. Diese Fälle sind der Anlaß für die Formulierung, daß für die handelsrechtliche Bilanzierung die "wirtschaftliche Vermögenszugehörigkeit" entscheidend ist[29]. Als wirtschaftlich Berechtigter gilt dabei derjenige, der die tatsächliche Sachherrschaft über einen Vermögensgegenstand in der Weise ausübt, daß dadurch der nach bürgerlichem Recht Berechtigte bei "normalem Lauf der Dinge" wirtschaftlich vollständig und auf Dauer, d.h. für die gewöhnliche Nutzungsdauer des betreffenden Vermögensgegenstands, von der Einwirkung ausgeschlossen ist. Dies ist insbesondere dann der Fall, wenn Letzterer keinen oder nur einen praktisch bedeutungslosen Herausgabeanspruch gegenüber Ersterem hat oder wenn er den Vermögensgegenstand an diesen herauszugeben verpflichtet ist[30]. Die tatsächliche Sachherrschaft über den Vermögensgegenstand hat in der Regel derjenige, bei dem Besitz, Gefahr, Nutzen und Lasten liegen[31]. Auf die Berechtigung, das Wirtschaftsgut auf eigene Rechnung verwerten zu können, kommt es dagegen nicht entscheidend an[32].

---

26   Dies ergibt sich aus § 242 Abs. 1 HGB, wonach der Kaufmann einen das Verhältnis "seines" Vermögens und "seiner" Schulden darstellenden Abschluß aufzustellen hat.

27   KNOBBE-KEUK, Unternehmenssteuerrecht, 1991, S. 59.

28   Zu nennen sind etwa die Treuhandschaft, der Eigentumsvorbehalt oder die Sicherungsübereignung (siehe die Beispiele in BUDDE/KARIG in BBK 1990, HGB § 246 Anm. 7-40; KUSSMAUL in HdR 1990, Kapitel II, Rn. 194).

29   KNOBBE-KEUK, Unternehmenssteuerrecht, 1991, S. 60; siehe auch BUDDE/KARIG in BBK 1990, HGB § 246 Anm. 4-6; KROPFF in G/H/E/K 1973, AktG 1965 § 149 Anm. 53; MELLEROWICZ in GROSSKOMMENTAR 1970, AktG 1965 § 149 Anm. 40.

30   BUDDE/KARIG in BBK 1990, HGB § 246 Anm. 5, m.w.N. Das Handelsbilanzrecht lehnt sich damit eng an die in § 39 Abs. 2 Nr. 1 Satz 1 AO kodifizierte sog. "Seeliger-Formel" an (vgl. SEELIGER, Begriff, 1962, S. 89 f.). Siehe auch unten, Punkt II.B.2, S. 162.

31   BUDDE/KARIG in BBK 1990, HGB § 246 Anm. 6, m.w.N.

32   KROPFF in G/H/E/K 1973, AktG 1965 § 149 Anm. 53, m.w.N. A.A. insbesondere LEFFSON, Darstellung, DB 1976, S. 641. Siehe auch CREZELIUS, Handelsbilanzrecht, ZGR 1987, S. 20 f.

C. Die Zugehörigkeit des Vermögensgegenstands zum Betriebsvermögen

Nach h.M. wird in der Handelsbilanz nur das dem Unternehmen gewidmete Vermögen (Betriebsvermögen), nicht jedoch das Privatvermögen des Kaufmanns ausgewiesen[33]. Die Abgrenzung zwischen Betriebs- und Privatvermögen richtet sich im Zweifel nach ertragsteuerlichen Grundsätzen[34]. Die Notwendigkeit zur Abgrenzung ergibt sich allerdings nur für Einzelunternehmen, nicht jedoch für Kapital-[35] und Personengesellschaften[36].

D. Ansatzverbote und Ansatzwahlrechte

Ist ein Vermögensgegenstand dem Betriebsvermögen des Kaufmanns zuzurechnen, so besteht aufgrund des Vollständigkeitsgebots grundsätzlich Aktivierungspflicht[37]. Eine Ausnahme gilt dann, wenn ein - ggf. gesetzlich kodifiziertes - Ansatzverbot besteht[38] oder der Kaufmann ein ihm zustehendes Aktivierungswahlrecht[39] in der Weise ausübt, daß er auf die Bilanzierung verzichtet.

---

33 BREZING, Gegenstand, HdJ I/4 1991, Rn. 37; FREERICKS, Bilanzierungsfähigkeit, 1976, S. 115; KUSSMAUL in HdR 1990, Kapitel II, Rn. 195. A.A. MERTEN, Abgrenzung, FR 1979, S. 368; WASSERMEYER, Abgrenzung, JDStJG 1980, S. 318. Gesetzlich geregelt ist diese Frage lediglich für solche Personenunternehmungen, die unter das PublG fallen: Nach § 5 Abs. 4 PublG darf "das sonstige Vermögen des Einzelkaufmanns oder der Gesellschafter (Privatvermögen) nicht in die Bilanz ... aufgenommen werden".

34 BREZING, Gegenstand, HdJ I/4 1991, Rn. 44; IDW, WP-Handbuch I, 1992, S. 131; KUSSMAUL in HdR 1990, Kapitel II, Rn. 196. Insoweit kann daher auf die Ausführungen in Punkt II.B.3 (S. 163 ff.) verwiesen werden.

35 BREZING, Gegenstand, HdJ I/4 1991, Rn. 38; KUSSMAUL in HdR 1990, Kapitel II, Rn. 195.

36 In der Handelsbilanz der Personenhandelsgesellschaft ist nicht mehr und nicht weniger als das Gesellschafts- (Gesamthands-) Vermögen auszuweisen; die Art der Nutzung ist damit unbeachtlich (IDW (HFA), HFA 1/1976, 1992, S. 23; siehe auch BREZING, Gegenstand, HdJ I/4 1991, Rn. 58; KUSSMAUL in HdR 1990, Kapitel II, Rn. 196).

37 § 246 Abs. 1 HGB.

38 So dürfen bspw. unentgeltlich erworbene immaterielle Vermögensgegenstände des Anlagevermögens nicht bilanziert werden (§ 248 Abs. 2 HGB). Einen wesentlichen - nicht explizit in das Gesetz aufgenommenen - Anwendungsfall stellt darüber hinaus das Bilanzierungsverbot für schwebende Geschäfte dar (siehe nur L. WOERNER, Grundsatzfragen, FR 1984, S. 489-496, m.w.N.).

39 Ein Aktivierungswahlrecht wird von Teilen der Literatur bspw. für unentgeltlich erworbene nicht immaterielle Vermögensgegenstände angenommen (PANKOW/SCHMIDT-WENDT in BBK 1990 HGB § 246 Anm. 65. A.A. etwa DÖLLERER, Anschaffungskosten, BB 1966, S. 1405; KNOBBE-KEUK, Vermögensgegenstände, StuW 1978, S. 226-231). Die gesetzlich kodifizierten Ansatzwahlrechte betreffen ausschließlich Bilanzierungshilfen und Rechnungsabgrenzungsposten (vgl. §§ 250 Abs. 1 Satz 2 und Abs. 3, 255 Abs. 4, 269 und 274 Abs. 2 HGB); siehe auch KUSSMAUL in HdR 1990, Kapitel II, Rn. 217.

II. Aktivierungsgrundsätze in der Steuerbilanz
A. Das Maßgeblichkeitsprinzip

Nach § 5 Abs. 1 Satz 1 EStG hat der Unternehmer für Zwecke der steuerrechtlichen Gewinnermittlung (in der Steuerbilanz) das Betriebsvermögen anzusetzen, das nach den handelsrechtlichen Grundsätzen ordnungsmäßiger Buchführung
auszuweisen ist. Dieser Maßgeblichkeitsgrundsatz gilt unstreitig für alle Posten,
für die in der Handelsbilanz eine Ansatzpflicht besteht[40]. Da der Kaufmann aufgrund des Vollständigkeitsprinzips seine Vermögensgegenstände grundsätzlich
vollständig bilanzieren muß, ist der Umfang der in beiden Rechenwerken ausgewiesenen Positionen prinzipiell identisch. Dennoch können sich hinsichtlich aller
in Punkt I dargestellten Aktivierungsgrundsätze Kongruenzprobleme ergeben.

B. Maßgeblichkeitsprinzip und Steuerbilanzrecht
1. Vermögensgegenstand und Wirtschaftsgut

Das Einkommensteuergesetz verwendet (neben anderen Steuergesetzen[41]) statt der
Bezeichnung "Vermögensgegenstand" den Begriff (positives[42]) "Wirtschaftsgut"[43]. Trotz des Maßgeblichkeitsprinzips, das grundsätzlich eine Deckungsgleichheit der beiden Termini implizieren müßte[44], ist das Verhältnis dieses Be-
griffspaars durchaus nicht spannungsfrei. Zwar nimmt sowohl die höchstrichterli-

---

40 BUDDE/KARIG in BBK 1990, HGB § 243 Anm. 113; L. SCHMIDT 1993, EStG § 5
    Anm. 12a.aa; J. THIEL, Bilanzrecht, 1990, S. 94; G. WÖRNER, Steuerbilanz, 1987, S.
    81.

41 Siehe bspw. § 14 BerlinFG, §§ 19 Abs. 1 Satz 3, 20 Abs. 3 AStG, §§ 2, 95, 98a BewG,
    § 3 ZonenRFG, § 39 AO. Ob der Terminus Wirtschaftsgut über die verschiedenen Steu-
    erarten hinweg einheitlich gebraucht wird, ist nicht zweifelsfrei. Hinsichtlich des Verhält-
    nisses von EStG und BewG bejahend etwa BFH III R 119/67 vom 7.8.1970, BStBl II
    1970, S. 843; einschränkend dagegen BFH III R 103/81 vom 25.5.1984, BStBl II 1984, S.
    618; vgl. hierzu auch RAMCKE, Einheitlichkeit, DStR 1988, S. 476-483; G. SÖFFING,
    Wirtschaftsgut, JbFSt 1978/79, S. 212-214. Der Wirtschaftsgutbegriff wird im EStG dar-
    über hinaus auch im Zusammenhang mit der Ermittlung von Haushaltseinkünften verwen-
    det (vgl. etwa § 23 Abs. 1 Nr. 2 EStG); Bedeutungsunterschiede bestehen insoweit nicht
    (BIERGANS, Einkommensteuer, 1992, S. 195; kritisch WICHMANN, Einheitlichkeit,
    Stbg 1990, S. 133-135).

42 Zu den Wirtschaftsgütern zählen auch die Schulden (sog. "negative Wirtschaftsgüter").
    Vgl. dazu JACOBS, Ertragsteuerbilanz, 1971, S. 91-96; LEY, Wirtschaftsgut, 1987, S. 4
    f.; MAY, Wirtschaftsgut, 1970, S. 60-62, 154-160.

43 J. THIEL, Bilanzrecht, 1990, S. 145.

44 Siehe die Darstellung des Meinungsstands bei VOGT, Maßgeblichkeit, 1991, S. 141-147.

che Finanzrechtsprechung[45] als auch die herrschende Meinung in der Literatur[46] eine Identitätsbeziehung an; Kritik entzündet sich jedoch an der vom BFH in ständiger Rechtsprechung verwendeten Definition. Danach umfaßt der Begriff des Wirtschaftsguts (und damit auch des Vermögensgegenstandes) nicht nur Sachen und Rechte, sondern auch tatsächliche Zustände, konkrete Möglichkeiten und Vorteile für den Betrieb, deren Erlangung der Kaufmann sich etwas kosten läßt und die nach der Verkehrsauffassung einer gesonderten Bewertung zugänglich sind[47]. In dieser Auffassung wird von Teilen der Literatur die Gefahr gesehen, daß "die Steuerrechtspraxis ... in den handelsrechtlichen Begriff des Vermögensgegenstandes Anklänge an den dynamisch orientierten Wirtschaftsgutsbegriff hineinträgt"[48] und dieser damit überdehnt wird[49]. Dabei wird insbesondere kritisiert, daß das Kriterium "Einzelveräußerungsfähigkeit" für entbehrlich gehalten wird[50]. Nach anderer Ansicht ist der Weg des BFH jedoch durchaus folgerichtig, von der schon im Handelsrecht nicht konsequent eingehaltenen und einhaltbaren Heranziehung des Einzelveräußerbarkeits-Kriteriums abzugehen und sich daran zu orientieren, ob ein als Objekt einzeln greifbarer und rechtlich konkretisierter Vorteil gegeben ist[51].

---

45   BFH GrS 1/69 vom 2.3.1970, BStBl II 1970, S. 383; BFH I R 72/73 vom 26.2.1975, BStBl II 1976, S. 13; BFH I R 202/83 vom 24.3.1987, BStBl II 1987, S. 706; BFH GrS 2/86 vom 26.10.1987, BStBl II 1988, S. 352.

46   BLÜMICH/SCHREIBER 1993, EStG § 5 Rz. 304; BREZING, Gegenstand, HdJ I/4 1991, Rn. 6 f.; IDW, Bewertungsvorschriften, WPg 1967, S. 668; NIELAND in L/B/M 1993, EStG §§ 4, 5 Rn. 603; L. SCHMIDT 1993, EStG § 5 Anm. 16a; G. SÖFFING, Wirtschaftsgut, JbFSt 1978/79, S. 212; L. WOERNER, Wirtschaftsgut, JbFSt 1978/79, S. 229.

47   Siehe etwa BFH I 149/54 S vom 19.7.1955, BStBl III 1955, S. 267; BFH IV 403/62 vom 29.4.1965, BStBl III 1965, S. 415; BFH GrS 2/68 vom 3.2.1969, BStBl II 1969, S. 292; BFH III R 23/71 vom 30.6.1972, BStBl II 1972, S. 753; BFH VIII R 65/72 vom 19.2.1974, BStBl II 1974, S. 337; BFH IV R 79/84 vom 20.2.1975, BStBl II 1975, S. 511; BFH I R 24/73 vom 18.6.1975, BStBl II 1975, S. 811; BFH I R 146/81 vom 30.5.1984, BStBl II 1984, S. 826. Diese Auslegung gilt analog für negative Wirtschaftsgüter (BFH IV R 89/79 vom 20.3.1980, BStBl II 1980, S. 298).

48   KNOBBE-KEUK, Unternehmenssteuerrecht, 1991, S. 76.

49   GLADE 1986, Teil I, Rz. 398-401; SAAGE, Gewinnermittlung, DB 1969, S. 1713; WICHMANN, Vermögensgegenstand, DB 1988, S. 192 f.; DERS., Verständnis, DB 1981, S. 283. Dabei ist zu beachten, daß eine umfassende höchstrichterliche Zivilrechtsprechung fehlt, welcher eine Führungsrolle bei der Rechtsfindung zukommen würde. Die Rechtsprechung des BFH ist daher insoweit auch für die Interpretation der Bezeichnung Vermögensgegenstand von Bedeutung und wird damit zu einer primär handelsrechtlichen umfunktioniert (vgl. hierzu BEISSE, Handelsbilanzrecht, BB 1980, S. 637 f., CREZELIUS, Handelsbilanzrecht, ZGR 1987, S. 3-5).

50   Vgl. beispielhaft WICHMANN, Vermögensgegenstand, DB 1988, S. 192 f.

51   Vgl. etwa KUSSMAUL, Wirtschaftsgut, 1989, S. 258 f. Ähnlich wohl auch TIPKE/LANG, Steuerrecht, 1991, S. 290 f.

Auf den insoweit bestehenden Meinungsstreit soll hier nicht näher eingegangen werden. Es erscheint jedoch sinnvoll, die vom BFH entwickelte und den weiteren Ausführungen zugrunde liegende Definition des Wirtschaftsgutbegriffs etwas näher zu erläutern. Danach lassen sich aus der Rechtsprechung vier Voraussetzungen für das Vorliegen eines Wirtschaftsguts herauskristallisieren[52]:

(1) Die Aktivierung eines Wirtschaftsguts kommt nur dann in Betracht, wenn der Bilanzierende über einen wirtschaftlichen Vorteil verfügt, der über das Ende der Abrechnungsperiode hinausgeht. Ein wirtschaftlicher Wert ist mithin nur dann gegeben, wenn sich ein zukünftiger, über den Bilanzstichtag hinausgehender Nutzen für den Kaufmann ergibt. Werte, die vor dem Bilanzstichtag verbraucht sind, sind nicht bilanzierungsfähig.

(2) Der wirtschaftliche Vorteil muß auf eine andere Person übertragbar sein. Das Kriterium "Übertragbarkeit" ist dabei in der weitesten Fassung zu verstehen: Zum einen ist die zivilrechtliche Veräußerbarkeit nicht erforderlich, sondern genügt die abstrakte Übertragbarkeit. Zum anderen ist es ausreichend, wenn die Veräußerung des wirtschaftlichen Vorteils im Zusammenhang mit der Veräußerung der gesamten Unternehmung möglich ist.

(3) Nicht jeder objektiv vorhandene wirtschaftliche Wert ist bereits durch sein Vorhandensein ein Wirtschaftsgut. Vielmehr ist zusätzlich notwendig, daß der wirtschaftliche Wert als Wirtschaftsgut konkretisiert ist. Das Konkretisierungskriterium erfordert, daß für den wirtschaftlichen Vorteil eine von den übrigen Aufwendungen klar abgrenzbare Leistung in Geld oder geldwerten Gütern erbracht wird.

(4) Ein Wirtschaftsgut liegt schließlich nur in den Fällen vor, in denen ein Objekt unabhängig von anderen Wirtschaftsgütern bewertet werden kann. Ein Vermögensvorteil kann mithin nur dann ein Wirtschaftsgut sein, wenn er sich hinreichend objektiviert erfassen läßt, "greifbar" ist und bei einer (gedachten) Veräußerung des Betriebs als werterhöhende Einheit ins Gewicht fällt. Das ist nicht der Fall, wenn er mit einem Wirtschaftsgut dergestalt verbunden ist, daß nur eine Bewertung in der Gesamtheit durchgeführt werden kann. Der Teil eines Wirtschaftsguts ist daher nicht selbst ein (weiteres) Wirtschaftsgut; vielmehr bilden die Teile zusammen ein einziges Wirtschaftsgut. Das Ab-

---

52   BIERGANS, Einkommensteuer, 1992, S. 196; ähnlich KUSSMAUL, Wirtschaftsgut, 1989, S. 259; MEYER-SCHARENBERG, Wirtschaftsgutbegriff, StStud 1988, S. 300; PFEIFFER, Bilanzfähigkeit, StuW 1984, S. 332 f. Kritisch hierzu STÜDEMANN, Grundlagen, DB 1985, S. 350-352.

grenzungskriterium, nach dem sich beurteilt, ob etwas ein selbständiges Wirtschaftsgut oder Teil eines anderen ist, ist der betriebliche Nutzungs- und Funktionszusammenhang, in den ein Wirtschaftsgut gestellt wird. Auf die selbständige Nutzungsfähigkeit kommt es hingegen nicht an[53].

2. Die subjektive Zurechnung des Wirtschaftsguts

Ist ein Vermögensgegenstand nach den handelsrechtlichen Grundsätzen ordnungsmäßiger Buchführung dem Bilanzierenden zuzurechnen, so ist diese Entscheidung auch für die Steuerbilanz bindend, da das Maßgeblichkeitsprinzip nach h.M. auch für die Frage der subjektiven Zurechnung Gültigkeit besitzt[54]. Im Schrifttum wird die Auffassung vertreten, daß die handelsrechtliche Zurechnung der wirtschaftlichen Betrachtungsweise im Sinne des § 39 AO entspricht[55]. In der weitaus überwiegenden Zahl der Fälle ist daher die in der Literatur kontrovers diskutierte Frage nach der einschlägigen Zuordnungsvorschrift (§ 5 Abs. 1 Satz 1 EStG oder § 39 AO)[56] nicht von materieller, sondern nur von systematischer Bedeutung[57]. Sollten allerdings hinsichtlich einer Spezialfrage in Handels- und Steuerrecht unterschiedliche Maßstäbe angelegt werden[58], so ist nach h.M. auf die handelsrechtlichen Grundsätze ordnungsmäßiger Buchführung abzustellen, da § 5 Abs. 1 Satz 1 EStG insoweit als lex specialis vorrangig ist.

---

53 Letzteres ergibt sich im Umkehrschluß aus § 6 Abs. 2 EStG (BFH IV 289/65 vom 21.7.1966, BStBl III 1967, S. 60; siehe auch HEUER in H/H/R 1993, EStG § 6 Anm. 138; G. SÖFFING, Wirtschaftsgut, JbFSt 1978/79, S. 202); kritisch KÖRNER, Einzelbewertung, WPg 1976, S. 432.

54 DÖLLERER, Leasing, BB 1971, S. 535; HEUER in H/H/R 1993, EStG § 5 Anm. 53a; KNOBBE-KEUK, Unternehmenssteuerrecht, 1991, S. 64-66.

55 NIELAND in L/B/M 1993, EStG §§ 4, 5 Rn. 92; so auch BEISSE, Handelsbilanzrecht, BB 1980, S. 640; BREZING, Gegenstand, HdJ I/4 1991, Rn. 72; PLÜCKEBAUM in K/S 1993, EStG § 4 Rn. B 36; L. SCHMIDT 1993, EStG § 5 Anm. 19a.

56 Die h.M. ist für den Vorrang von § 5 Abs. 1 EStG (siehe nur die umfassende Darstellung des Meinungsstands bei KÖRNER/WEIKEN, Eigentum, BB 1992, S. 1033-1042).

57 STOBBE, Maßgeblichkeitsgrundsatz, BB 1990, S. 518. So im Ergebnis bspw. BREZING, der die Wahl der Zurechnungsvorschrift für eine "Geschmacksfrage" hält (BREZING, Gegenstand, HdJ I/4 1991, Rn. 72).

58 Zu eventuellen Abweichungen vgl. KNOBBE-KEUK, Unternehmenssteuerrecht, 1991, S. 63 f.; STOBBE, Maßgeblichkeitsgrundsatz, BB 1990, S. 518-525.

3. Die Zugehörigkeit des Wirtschaftsguts zum Betriebsvermögen

Die Abgrenzung des steuerlichen Betriebsvermögens ist rechtsformabhängig. Zu unterscheiden sind Einzelunternehmen, Personengesellschaften und Kapitalgesellschaften[59].

Für Zwecke des Betriebsvermögensvergleichs einer *Einzelunternehmung* dürfen in der Steuerbilanz nur Wirtschaftsgüter des Betriebsvermögens, nicht jedoch des Privatvermögens angesetzt werden[60]. Das EStG gibt allerdings keine Antwort auf die Frage, unter welchen Voraussetzungen ein Wirtschaftsgut zu der einen oder anderen Kategorie gehört. Da insoweit, wie gezeigt[61], auch nicht auf die handelsrechtlichen Grundsätze ordnungsmäßiger Buchführung zurückgegriffen werden kann, hat die höchstrichterliche Finanzrechtsprechung Grundsätze entwickelt, nach denen die Zurechnungsentscheidung zu treffen ist[62]. Dabei geht sie von einer Dreiteilung in notwendiges Betriebsvermögen, gewillkürtes Betriebsvermögen und (notwendiges) Privatvermögen aus[63]:

- Wirtschaftsgüter, die objektiv erkennbar zum unmittelbaren Einsatz im Betrieb selbst bestimmt sind, sind notwendiges Betriebsvermögen.

- Stehen sie (lediglich) in einem gewissen objektiven Zusammenhang mit dem Betrieb und sind sie zur Förderung des Betriebs bestimmt und geeignet, so hat der Steuerpflichtige ein Wahlrecht, ob er das Wirtschaftsgut dem Privatvermögen oder dem gewillkürten Betriebsvermögen zurechnet.

---

59   Siehe auch bereits den Hinweis bei der Darstellung der Subjektebene im betriebswirtschaftlichen Teil der Arbeit (2. Teil, 2. Kapitel, § 2, Punkt I.A, S. 47 ff.).

60   TIPKE/LANG, Steuerrecht, 1991, S. 295.

61   Siehe oben, Punkt I.C, S. 158.

62   Eine Darstellung der höchstrichterlichen Finanzrechtsprechung zu diesem Begriffspaar findet sich bei G. SÖFFING, Betriebsvermögen, StbJb 1980/81, S. 455-485.

63   Vgl. L. SCHMIDT/HEINICKE 1993, EStG § 4 Anm. 22-25, m.w.N. Siehe auch Abschnitt 14 und 14a EStR. Vgl. weiterhin grundlegend L. WOERNER, Abgrenzung, StbJb 1974/75, S. 321-350; DERS., Zurechnung, StbJb 1978/79, S. 203-209. Die Differenzierung nach notwendigem und gewillkürtem Betriebsvermögen wird in der Literatur allerdings zunehmend abgelehnt (vgl. insbes. WASSERMEYER, Abgrenzung, JDStJG 1980, S. 317-321; siehe auch KNOBBE-KEUK, Unternehmenssteuerrecht, 1991, S. 56 f.; MERTEN, Abgrenzung, FR 1979, S. 368-370; NIELAND in L/B/M 1993, EStG §§ 4, 5 Rn. 185; PLÜCKEBAUM in K/S 1993, EStG § 4 Rn. B 90-B 92; UELNER, Privatvermögen, StbKonRep 1981, S. 54-58). Für diese Unterscheidung dagegen weiterhin G. SÖFFING, Betriebsvermögen, StbJb 1980/81, S. 500-516, sowie L. WOERNER, Unterscheidung, StbJb 1989/90, S. 207-232. Auch der BFH hält daran fest (siehe etwa BFH X B 11/89 vom 27.4.1990, BFH/NV 1990, S. 769).

- Übt der Unternehmer das Wahlrecht nicht zugunsten des Betriebsvermögens aus, so zählt das grundsätzlich neutrale Wirtschaftsgut[64] zum notwendigen Privatvermögen[65]. Zu dieser Vermögenskategorie zählen auch solche Wirtschaftsgüter, die für Zwecke der privaten Lebensführung verwendet werden.

Die Zuordnung kann im Einzelfall beträchtliche Schwierigkeiten bereiten[66]. Dies hat eine Ursache darin, daß nur wenige Wirtschaftsgüter "ihrer Art nach"[67], in "typisierender Betrachtungsweise"[68] dem Betrieb zugerechnet werden können. Es muß vielmehr im Einzelfall nach "funktionalen Gesichtspunkten"[69], in "konkretisierender Betrachtungsweise"[70] geprüft werden, ob ein sachlicher betrieblicher Zusammenhang besteht. Nach der heute wohl herrschenden, auf WASSERMEYER[71] zurückgehenden Meinung ist (analog zu § 4 Abs. 4 EStG) in erster Linie auf das subjektive Element der betrieblichen Veranlassung ("Bestimmung") abzustellen[72]. Der objektiven Eignung zur Förderung des Betriebs kommt daneben jedoch nach wohl herrschender und auch vom BFH vertretenen Meinung eine eigenständige Bedeutung und nicht nur Indizfunktion zu[73].

---

64   NIELAND in L/B/M 1993, EStG §§ 4, 5 Rn. 180.

65   Die Bezeichnung "gewillkürtes Privatvermögen" ist nicht gebräuchlich (L. SCHMIDT/HEINICKE 1993, EStG § 4 Anm. 22). Der Sache nach trifft die Bezeichnung jedoch für zum Betriebsvermögen gewillkürbare, aber nicht gewillkürte Wirtschaftsgüter durchaus zu (siehe auch FEDERMANN, Bilanzierung, 1992, S. 198).

66   Für bewegliche Wirtschaftsgüter (für Immobilien vgl. Abschnitt 14 EStR), die zum Teil eigenbetrieblichen Zwecken dienen und zum Teil privat genutzt werden, hat der BFH folgende Zurechnungsgrundsätze aufgestellt: Bei einem betrieblichen Nutzungsanteil von mehr als 50 % ist eine Zurechnung zum notwendigen Betriebsvermögen vorzunehmen, liegt er unter 10 %, zählt das Wirtschaftsgut zum notwendigen Privatvermögen. Ein Wirtschaftsgut, das zu 50 % oder weniger, mindestens aber 10 % betrieblich genutzt wird, kann der Steuerpflichtige dem (gewillkürten) Betriebsvermögen oder dem Privatvermögen zurechnen (Abschnitt 14a Abs. 1 Sätze 5-7 EStR). Eine anteilige Zurechnung zum Privat- bzw. Betriebsvermögen ist in keinem Fall zulässig (siehe etwa BFH IV R 160/67 vom 11.9.1969, BStBl II 1970, S. 318; Abschnitt 14a Abs. 1 Satz 4 EStR).

67   L. SCHMIDT/HEINICKE 1993, EStG § 4 Anm. 20b.

68   BIERGANS, Einkommensteuer, 1992, S. 249.

69   L. SCHMIDT/HEINICKE 1993, EStG § 4 Anm. 20b.

70   BIERGANS, Einkommensteuer, 1992, S. 249.

71   WASSERMEYER, Abgrenzung, JDStJG 1980, v.a. S. 321-327.

72   Durch die stärkere Betonung der subjektiven Komponente hat die Rechtsprechung die Grenzlinie vom gewillkürten in Richtung des notwendigen Betriebsvermögens verschoben (L. SCHMIDT/HEINICKE 1993, EStG § 4 Anm. 23a).

73   L. WOERNER, Unterscheidung, StbJb 1989/90, S. 213-221; siehe auch G. SÖFFING, Betriebsvermögen, StbJb 1980/81, S. 507 f. A.A. WASSERMEYER, Abgrenzung, JDStJG 1980, S. 321-327. Im Ergebnis unterscheiden sich die beiden Auffassungen jedoch kaum (L. SCHMIDT/HEINICKE 1993, EStG § 4 Anm. 32c.aa). Zur Darstellung der nicht immer eindeutigen Sichtweise des BFH vgl. L. WOERNER, a.a.O., S. 210 f.

Die vorstehenden Ausführungen sind zu modifizieren, wenn es sich bei der bilanzierenden Unternehmung um eine *Personengesellschaft* handelt. Deren Betriebsvermögen besteht aus dem Gesamthandsvermögen einerseits und etwaigem Sonderbetriebsvermögen der an ihr beteiligten Gesellschafter andererseits[74]. Die Zusammenfassung der Gesamthandsbilanz mit den Sonderbilanzen führt zur sog. Gesamtbilanz[75].

Aus dem Maßgeblichkeitsgrundsatz folgt, daß das Gesamthandsvermögen grundsätzlich auch steuerliches Betriebsvermögen der Personengesellschaft ist[76]. Fehlt jedoch aus der Sicht der Personengesellschaft jeglicher betrieblicher Anlaß für den Erwerb des Wirtschaftsguts, so kann es nicht in deren Betriebsvermögen einbezogen werden und ist damit dem (notwendigen) Privatvermögen zuzuordnen[77]. Gewillkürtes Gesamthands-Betriebsvermögen gibt es nach h.M. allerdings nicht[78].

Als notwendiges Sonderbetriebsvermögen definiert der BFH die Summe der Wirtschaftsgüter, die dem Mitunternehmer einer Personengesellschaft gehören und entweder unmittelbar dem Betrieb der Personengesellschaft dienen (Sonderbetriebsvermögen I), insbesondere ihr zur Nutzung überlassen und für betriebliche Zwecke verwendet werden, oder unmittelbar zur Begründung oder Stärkung der Beteiligung des Mitunternehmers an der Personengesellschaft eingesetzt

---

74 Siehe nur DÖLLERER, Entwicklungen, DStZ/A 1976, S. 435-441; DERS., Personenhandelsgesellschaft, DStZ/A 1974, S. 211-220; BMF IV B 2 - S 2241 - 231/77 vom 20.12.1977, BStBl I 1978, S. 8, Tz. 4. Gehören die Wirtschaftsgüter zu einem Betriebsvermögen eines eigenen (gewerblichen, freiberuflichen oder land- und forstwirtschaftlichen) Betriebs, so ist die Sonderbetriebsvermögens-Eigenschaft vorrangig (Ablehnung der Subsidiaritätsthese; siehe die Nachweise bei L. SCHMIDT 1993, EStG § 15 Anm. 82a). Dies gilt allerdings nicht für die Beteiligung an der Personengesellschaft selbst (siehe aber SCHÖN, Personengesellschaften, 1986, S. 81-91).

75 Die Art der "Zusammenfassung" ist streitig. Während DÖLLERER, in Anlehnung an die konzernrechtlichen Vorschriften, eine "Konsolidierung" befürwortet (DÖLLERER, Gesamtbilanz, DStR 1981, S. 19; DERS., Steuerrecht, DStZ 1993, S. 183), spricht sich UELNER für eine "strukturierte Gesamtbilanz" aus (UELNER, Fremdkapital, JbFSt 1979/80, S. 350; DERS., Mitunternehmergewinne, JbFSt 1978/79, S. 313). Zu den unterschiedlichen Konsequenzen siehe nur L. SCHMIDT 1993, EStG § 15 Anm. 66.

76 BFH IV R 36/79 vom 16.3.1983, BStBl II 1983, S. 461; BFH VIII R 353/82 vom 30.6.1987, BStBl II 1988, S. 420.

77 Vgl. insbesondere BFH IV R 193/71 vom 22.2.1975, BStBl II 1975, S. 806. Siehe im einzelnen auch BMF IV B 2 - S 2241 - 231/77 vom 20.12.1977, BStBl I 1978, S. 8, Tz. 9. Dabei ist strittig, ob in diesen Fällen Privatvermögen der Gesellschaft oder (anteiliges) Privatvermögen der Gesellschafter anzunehmen ist (vgl. L. SCHMIDT/HEINICKE 1993, EStG § 4 Anm. 36c). Zur Kritik an dieser Auffassung vgl. nur KNOBBE-KEUK, Unternehmenssteuerrecht, 1991, S. 371, m.w.N.

78 BFH I R 57/76 vom 15.11.1978, BStBl II 1979, S. 258; BFH X B 11/89 vom 27.4.1990, BFH/NV 1990, S. 771. Siehe auch BLÜMICH/DANKMEYER 1993, EStG § 4 Rz. 167; L. SCHMIDT/HEINICKE 1993, EStG § 4 Anm. 36d. A.A. insbesondere L. WOERNER, Betriebsvermögen, BB 1976, S. 222.

werden sollen (Sonderbetriebsvermögen II)[79]. Gewillkürtes Sonderbetriebsvermögen können grundsätzlich alle Wirtschaftsgüter sein, die auch ein
Alleinunternehmer zu gewillkürtem Betriebsvermögen machen kann, allerdings mit
der bedeutsamen Einschränkung, daß diese Wirtschaftsgüter dem Betrieb der Personengesellschaft bzw. der Beteiligung des Mitunternehmers an dieser zu dienen
imstande sind[80]. Nach Einführung des § 15 Abs. 1 Satz 1 Nr. 2 Satz 2 EStG ist
die Bildung von Sonderbetriebsvermögen dabei auch bei Personen möglich, die an
der Mitunternehmerschaft nicht unmittelbar, sondern lediglich mittelbar durch eine
andere Personengesellschaft beteiligt sind[81].

Wendet man sich schließlich der Bestimmung des Betriebsvermögens von *Kapitalgesellschaften* zu, so gilt, daß diese nach absolut h.M. im Bereich der Einkünfteerzielung nur notwendiges Betriebsvermögen haben können[82]. Ob dies auch für
Wirtschaftsgüter gilt, die im Rahmen einer als "Liebhaberei" zu qualifizierenden
Tätigkeit eingesetzt werden, ist strittig[83], für die weiteren Überlegungen jedoch
nicht von Interesse.

4. Ansatzverbote und Ansatzwahlrechte

Es wurde bereits oben[84] darauf hingewiesen, daß in den Fällen, in denen ein
Vermögensgegenstand in der Handelsbilanz anzusetzen ist, auch in der Steuerbilanz eine Ansatzpflicht besteht. In gleicher Weise sind handelsrechtliche Ansatz-

---

79 BFH I R 149/74 vom 24.9.1976, BStBl II 1977, S. 70; BFH I R 5/82 vom 18.5.1983,
    BStBl II 1983, S. 772; BFH VIII R 286/81 vom 12.11.1985, BStBl II 1986, S. 57; BFH
    VIII R 137/84 vom 6.10.1987, BStBl II 1988, S. 680. In der Literatur wird die Auffassung
    vertreten, die Unterscheidung zwischen dem Sonderbetriebsvermögen I und II sei mit Ein-
    fügung des § 15 Abs. 1 Satz 1 Nr. 2 Satz 2 EStG überholt (AUTENRIETH, Son-
    derbetriebsvermögen, DStZ 1992, S. 276 f.). Im folgenden soll jedoch von der überkom-
    menen Lehrmeinung ausgegangen werden.

80 BFH I R 210/73 vom 23.7.1975, BStBl II 1976, S. 182; BFH IV R 71/73 vom
    21.10.1976, BStBl II 1977, S. 151; BMF IV B 2 - S 2241 - 231/77 vom 20.12.1977,
    BStBl I 1978, S. 8, Tz. 15. Vgl. hierzu auch AUTENRIETH, Einbringung, DStZ 1987,
    S. 43-46. Die Widmungs- und Buchführungspflicht obliegt dabei nach der Rechtsprechung
    nicht dem einzelnen Gesellschafter, sondern der Gesellschaft (BFH VIII R 142/85 vom
    23.10.1990, BStBl II 1991, S. 401). Kritisch AUTENRIETH, Sonderbetriebsvermögen,
    DStZ 1992, S. 277 f.; HOFFMANN, Buchführung, BB 1991, S. 2264 f.; WICHMANN,
    Sonderbetriebsvermögen, BB 1991, S. 2117 f. Obwohl handelsrechtlich insoweit eine
    Buchführungspflicht nicht besteht, soll der Gewinn nach § 5 EStG i.V.m. §§ 238 ff. HGB
    ermittelt werden (BFH XI R 38/89 vom 11.3.1992, BStBl II 1992, S. 797).

81 SEER, Behandlung, StuW 1992, S. 35-47; G. SÖFFING, Beteiligung, FR 1992, S. 188.

82 L. SCHMIDT/HEINICKE 1993, EStG § 4 Anm. 35.

83 Vgl. STRECK 1991, KStG § 8 Anm. 29.

84 Siehe Punkt A, S. 159.

verbote - so auch das Bilanzierungsverbot für schwebende Geschäfte - bei der steuerlichen Gewinnermittlung zu beachten[85]. Besteht handelsrechtlich dagegen ein Aktivierungswahlrecht, so ist nach der Rechtsprechung des BFH[86] das Maßgeblichkeitsprinzip insoweit aufgehoben, als der Bilanzierende das fragliche Wirtschaftsgut[87] in allen Fällen in die Steuerbilanz aufnehmen muß[88].

---

85 BUDDE/KARIG in BBK 1990, HGB § 243 Anm. 113; KNOBBE-KEUK, Unternehmenssteuerrecht, 1991, S. 21.

86 Siehe insbesondere BFH GrS 2/68 vom 3.2.1969, BStBl II 1969, S. 293.

87 Für Bilanzierungshilfen darf in der Steuerbilanz nie ein Aktivposten angesetzt werden (siehe nur Heiner RICHTER, Bilanzhilfsposten, StuW 1988, S. 149, m.w.N.).

88 Unentgeltlich erworbene Wirtschaftsgüter sind daher auch dann bei der steuerlichen Gewinnermittlung anzusetzen, wenn handelsrechtlich ein Aktivierungswahlrecht bejaht wird (vgl. im einzelnen PANKOW/SCHMIDT-WENDT in BBK 1990, HGB § 255 Anm. 98-101). Zu beachten ist § 248 Abs. 2 HGB i.V.m. § 5 Abs. 1 Satz 1 EStG bzw. § 5 Abs. 2 EStG.

§ 2 : Die Wirtschaftsguteigenschaft von Finanzierungstiteln

Die in der Überschrift zum Ausdruck kommende Problemstellung ist in sachlicher und in zeitlicher Hinsicht zu untersuchen.

Mit der *sachlichen* Komponente beschäftigen sich die folgenden Ausführungen. In Punkt I wird die abstrakte Bilanzierungsfähigkeit der diversen Formen von Finanzierungstiteln und deren Einordnung in bilanzrechtliche Vermögenskategorien diskutiert, wobei das Problem der exakten Abgrenzung des Bilanzierungsobjekts ausgeblendet wird. Mit diesem Gesichtspunkt beschäftigen sich dann die Ausführungen in Punkt II, und zwar in zweierlei Hinsicht. Es ist zum einen die Frage zu beantworten, ob in den Fällen, in denen zivilrechtlich mehrere Rechtsgesamtheiten erworben werden, zwingend auch stets mehrere Wirtschaftsgüter zu bilanzieren sind, oder ob eine juristische Vielheit bilanziell nicht auch eine Einheit darstellen kann. Zum anderen ist es umgekehrt denkbar, eine Rechtsgesamtheit bilanziell als Vielheit aufzufassen mit der Folge, daß auf die Wirtschaftsguteigenschaft der Teilrechte einzugehen ist.

Nach der sachlichen Abgrenzung des Wirtschaftsgutbegriffs ist auf die *zeitliche* Dimension einzugehen, die aufgrund ihrer Bedeutung gesondert in § 3 untersucht wird. Dort wird geprüft, zu welchem Zeitpunkt das Wirtschaftsgut Finanzierungstitel entsteht und untergeht.

I. Die Wirtschaftsguteigenschaft von Finanzierungstiteln im allgemeinen
A. Der Regelfall
1. Die unzweifelhafte Wirtschaftsguteigenschaft von Finanzierungstiteln im Regelfall

Finanzierungstitel wurden oben[1] umschrieben als Ansprüche einer Person bzw. Personengruppe auf Zahlung einer anderen Person bzw. Personengruppe. Zumindest in den Fällen, in denen dem Titelinhaber die entsprechenden Ansprüche zivilrechtlich zustehen[2], ist ein Finanzierungstitel damit offensichtlich ein wirtschaftlicher Vorteil, der grundsätzlich übertragbar und konkretisiert ist sowie unabhängig von anderen Wirtschaftsgütern bewertet werden kann. Im Regelfall ist daher völlig

---

1   Siehe 2. Teil, 1. Kapitel, § 1, Punkt III.A, S. 36 ff.

2   Die Frage, ob auch zivilrechtlich nicht entstandene Ansprüche aktivierbar sind, betrifft die zeitliche Komponente des Wirtschaftsgutbegriffs und wird demzufolge in § 3, Punkt I, S. 213 ff., diskutiert.

unstreitig, daß Aktien, Anleihen oder Buchforderungen, um nur einige Beispiele zu nennen, als Wirtschaftsgüter zu qualifizieren sind[3]. Bevor in Punkt B auf einige Zweifelsfälle eingegangen wird, soll aufbauend auf diesem Zwischenergebnis eine Zuordnung des Wirtschaftsguts Finanzierungstitel zu den bilanzrechtlichen Vermögenskategorien vorgenommen werden.

2. Einordnung der Finanzierungstitel in bilanzrechtliche Vermögenskategorien

Innerhalb der hier allein interessierenden positiven (aktiven) Wirtschaftsgüter ist zwischen verschiedenen Vermögenskategorien zu differenzieren. Zu unterscheiden sind (1) materielles, immaterielles und finanzielles Vermögen, (2) bewegliches und unbewegliches Vermögen, (3) abnutzbares und nicht abnutzbares Vermögen sowie (4) Anlagevermögen und Umlaufvermögen[4].

Die korrekte Einordnung eines Wirtschaftsguts ist nicht nur von systematischem Interesse, da das EStG an eine bestimmte Qualifikation materielle Rechtsfolgen knüpft[5]. Im folgenden soll daher untersucht werden, in welcher Weise Finanzierungstitel in dieses Begriffsgebäude eingeordnet werden können.

a. Finanzierungstitel als materielle, immaterielle oder finanzielle Wirtschaftsgüter

In der Literatur wird häufig eine Zweiteilung des bilanziellen Vermögens in materielles (körperliches) Vermögen einerseits und immaterielles (unkörperliches) Vermögen andererseits vorgenommen[6]. Das Finanzvermögen wird dabei dem materiellen Vermögen zugeordnet[7].

---

3   STÜDEMANN, Grundlagen, DB 1985, S. 348 f.; siehe auch LEY, Wirtschaftsgut, 1987, S. 154-156; LÜDERS, Gewinnrealisierung, 1987, S. 52; E. WEBER, Beteiligungen, 1980, S. 59 f.

4   Siehe etwa BORDEWIN in H/B/N/B 1993, EStG §§ 4-5 Anm. 152-155r; L. SCHMIDT 1993, EStG § 5 Anm. 17.

5   Siehe etwa zur Kategorie (1) § 5 Abs. 2 EStG, zu (2) § 7 Abs. 2 EStG, zu (3) § 7 EStG und zu (4) § 6 Abs. 1 Nr. 1 EStG.

6   Siehe etwa BIERGANS, Einkommensteuer, 1992, S. 202 f.; BORDEWIN in H/B/N/B 1993, EStG §§ 4-5 Anm. 155; GAIL, Begriff, BB 1977, S. 136. Siehe auch die diesbezüglichen Abgrenzungsüberlegungen bei KÄHLERT/LANGE, Abgrenzung, BB 1993, S. 613-618.

7   BIERGANS, Einkommensteuer, 1992, S. 203; GAIL, Begriff, BB 1977, S. 136.

Es wird jedoch von anderen Autoren überzeugend dargetan, daß das Finanzvermögen eine (neben dem materiellen und immateriellen Vermögen) eigene, dritte Kategorie darstellt[8]. Als Begründung wird zum einen auf das Maßgeblichkeitsprinzip des § 5 Abs. 1 Satz 1 EStG i.V.m. § 266 Abs. 2 HGB verwiesen, wonach die Gliederung des Anlagevermögens in immaterielle Vermögensgegenstände, Sachanlagen und Finanzanlagen darauf schließen läßt, daß es sich bei letzteren um ein von den beiden ersten verschiedenes aliud handelt[9]. Dabei ist es im übrigen gleichgültig, ob der Finanzierungstitel in einem Wertpapier verbrieft ist - und damit zivilrechtlich eine Sache i.S.d. § 90 BGB darstellt - oder nicht.

Darüber hinaus und insbesondere ist auch aus betriebswirtschaftlicher Sicht eine Trennung des Finanzvermögens vom materiellen Vermögen zu fordern, da sich Finanzierungstitel, wie gezeigt, durch typische betriebswirtschaftlich bedeutsame Eigenschaften auszeichnen, die den Bestandteilen der zweiten Kategorie fehlen. Dies zeigt sich auch daran, daß die Betriebswirtschaftslehre eine Grundunterscheidung in Realgüter einerseits und Nominalgüter andererseits vornimmt und erst in einer zweiten Gliederungsstufe die erste Kategorie nach materiellen und immateriellen Gütern differenziert[10].

---

8 PFEIFFER, Bilanzfähigkeit, StuW 1984, S. 334; L. SCHMIDT 1993, EStG § 5 Anm. 17a. STÜDEMANN nennt das Finanzvermögen "akzessorisch-immateriell" im Gegensatz zu "eigenständig-immateriell", wobei der zweite Begriff die immateriellen Güter im üblichen Sprachgebrauch umschreibt (STÜDEMANN, Grundlagen, DB 1985, S. 347). Siehe auch die Darstellung bei LEY, Wirtschaftsgut, 1987, S. 168-172. An anderer Stelle wird von "immateriellen Wirtschaftsgütern im weiteren Sinne" gesprochen (vgl. BREZING, Gegenstand, HdJ I/4 1991, Rn. 87; DÖLLERER, EG-Richtlinie, DStZ/A 1981, S. 313; LITTMANN, Tragweite, DStR 1969, S. 322; G. SÖFFING, Wirtschaftsgut, JbFSt 1978/79, S. 219).

9 PFEIFFER, Bilanzfähigkeit, StuW 1984, S. 334; L. SCHMIDT 1993, EStG § 5 Anm. 17a und 21. Siehe auch die Ausführungen von K.-H. HUSEMANN, der in seiner Monographie über die Grundsätze ordnungsmäßiger Buchführung für Anlagegegenstände nur die Bilanzierung materieller und immaterieller, nicht jedoch finanzieller Vermögensgegenstände diskutiert: "Dabei bleiben die Finanzanlagen allerdings unberücksichtigt. Obwohl sie ihrem Wesen nach zu den Anlagegegenständen gehören, unterscheiden sie sich doch hinsichtlich ihrer Bilanzierung so sehr von den anderen Anlagewerten, daß es nicht nur gerechtfertigt, sondern sogar zweckmäßig erschien, diese Bilanzposition aus der Betrachtung auszuschließen" (K.-H. HUSEMANN, Grundsätze, 1976, S. VII).

10 Siehe oben, 2. Teil, 1. Kapitel, § 1, Punkt II, S. 33 ff. Es sei darauf hingewiesen, daß weder der herrschende noch der hier vertretene Ansatz mit der verwandten zivilrechtlichen Unterteilung von Gegenständen in Sachen (körperliche Gegenstände) einerseits und Rechte (unkörperliche Gegenstände) andererseits übereinstimmt.

b. Finanzierungstitel als bewegliche oder unbewegliche Wirtschaftsgüter

Nach ganz h.M. in Rechtsprechung[11], Verwaltung[12] und Literatur[13] können nur materielle Güter beweglich oder unbeweglich sein. Eine entsprechende Differenzierung scheidet beim immateriellen Vermögen mithin ebenso aus wie beim Finanzvermögen.

c. Finanzierungstitel als abnutzbare oder nicht abnutzbare Wirtschaftsgüter

Ein Wirtschaftsgut ist abnutzbar, wenn es dem Anlagevermögen zuzuordnen ist[14] und sich seine Nutzung "infolge wirtschaftlichen (einschl. rechtlichen) oder technischen Werteverzehrs erfahrungsgemäß auf einen begrenzten Zeitraum erstreckt"[15]. Der BFH hat entschieden, daß Anteile an Kapitalgesellschaften nicht abnutzbar sind[16]. Nach ganz h.M. in der Literatur trifft diese Qualifizierung auch für alle anderen Nominalgüter zu[17]. Dieser Auffassung ist uneingeschränkt zuzustimmen, da Finanzierungstitel als eigenständige Wirtschaftsgüter streng von den dem Emittenten zuzurechnenden Vermögenswerten zu unterscheiden sind. Mithin kann etwa die Verflüchtigung des Firmenwerts der Gesellschaft nicht als Argument für eine planmäßige Abschreibung der Beteiligung herangezogen werden[18].

---

11   BFH IV 215/62 U vom 6.8.1964, BStBl III 1964, S. 576; BFH III R 7/86 vom 3.7.1987, BStBl II 1987, S. 729; BFH IV R 38/88 vom 24.8.1989, BStBl II 1989, S. 1017.

12   Abschnitt 42 Abs. 2 Satz 1 EStR.

13   BORDEWIN in H/B/N/B 1993, EStG §§ 4-5 Anm. 152a; L. SCHMIDT 1993, EStG § 5 Anm. 17b.

14   HEUER in H/H/R 1993, EStG § 7 Anm. 118. Siehe dazu unten, Punkt d.

15   HEUER in H/H/R 1993, EStG § 6 Anm. 266 "Abnutzbarkeit", § 7 Anm. 118. Das Handelsrecht spricht anstatt von "abnutzbaren" von "Vermögensgegenständen des Anlagevermögens, deren Nutzung zeitlich begrenzt ist" (§ 253 Abs. 2 Satz 1 HGB). Inhaltlich ergeben sich insoweit jedoch keine Differenzen (DÖRING in HdR 1990, HGB § 253 Anm. 107).

16   BFH IV R 144/84 vom 3.10.1985, BStBl II 1986, S. 143.

17   BIERGANS, Einkommensteuer, 1992, S. 209; L. SCHMIDT 1993, EStG § 5 Anm. 17c. Vgl. aus handelsrechtlicher Sicht DÖRING in HdR 1990, HGB § 253 Anm. 107; PANKOW/LIENAU/FEYEL in BBK 1990, HGB § 253 Anm. 214 und 401.

18   Die fehlende Abnutzbarkeit von Kapitalgesellschaftsanteilen ist denn auch der Grund für die grundsätzlichen Vorteile eines "asset deal" gegenüber einem "share deal" beim Unternehmenskauf (siehe nur HERZIG, Grundmodelle, DB 1990, S. 133-138).

d. Finanzierungstitel als Wirtschaftsgüter des Anlage- oder Umlaufvermögens

Sowohl das Handels- als auch das Steuerrecht unterscheidet zwischen Anlagevermögen einerseits und Umlaufvermögen andererseits. Gesetzlich definiert ist
lediglich die erste Vermögenskategorie: Nach § 247 Abs. 2 HGB sind beim Anlagevermögen "nur die Gegenstände auszuweisen, die bestimmt sind, dauernd dem
Geschäftsbetrieb zu dienen"[19]. Umlaufvermögen ist "Nicht-Anlagevermögen":
"Die beiden Komplementärbegriffe erfassen sämtliche Wirtschaftsgüter und dulden
keine weitere Vermögensart zwischen sich"[20].

Entscheidend für die Zuordnung eines Wirtschaftsguts zum Anlage- oder Umlaufvermögen ist die Zweckbestimmung, mit der das Wirtschaftsgut im Betrieb eingesetzt wird, wobei zum einen die Eigenschaften des jeweiligen Vermögenswerts
(objektive Komponente), zum anderen der Wille des Bilanzierenden hinsichtlich
der Art des Einsatzes (subjektive Komponente) ausschlaggebend sind[21]. Da nur
wenige Wirtschaftsgüter "ihrer Art nach" und unabhängig vom Zeitelement An-
lage- bzw. Umlaufvermögen sind, entscheidet im Regelfall die betriebliche Funktion des Wirtschaftsguts, der es nach dem Willen des Bilanzierenden gewidmet
ist[22]: Gebrauchsgüter, die mehrmals betrieblich verwendet werden sollen, sind
dem Anlagevermögen, nur für einen einmaligen Nutzungsvorgang erworbene Gebrauchsgüter dagegen dem Umlaufvermögen zuzurechnen[23].

---

19 Die handelsrechtliche Begriffsumschreibung gilt auch steuerlich (BFH I R 47/71 vom
    13.1.1972, BStBl II 1972, S. 744; BFH I R 178/70 vom 29.11.1972, BStBl II 1973, S.
    150; BFH VIII R 61-62/73 vom 26.11.1974, BStBl II 1975, S. 353 f.).

20 BFH I R 47/71 vom 13.1.1972, BStBl II 1972, S. 745. Siehe auch A/D/S 1968, AktG
    1965 § 151 Tz. 114; GLADE 1986, Teil I, Rz. 717; GODIN/WILHELMI 1971, AktG
    1965 Anm. 2; PANKOW/REICHMANN in BBK 1990, HGB § 247 Anm. 350.

21 BFH VIII R 61-62/73 vom 26.11.1974, BStBl II 1975, S. 352; A/D/S 1968, AktG 1965
    § 152 Rn. 2-5; KROPFF in G/H/E/K 1973, AktG 1965 § 152 Rn. 3; PAN-
    KOW/REICHMANN in BBK 1990, HGB § 247 Anm. 351; REINHARD in HdR 1990,
    HGB § 247 Rn. 21. Die relative Bedeutung der beiden Kriterien wird in der Literatur je-
    doch durchaus unterschiedlich akzentuiert: Während nach der einen Ansicht das subjektive
    Ermessen entscheidend ist (so etwa CLAUSSEN in KÖLNER KOMMENTAR 1971, AktG
    1965 § 152 Anm. 2), stellt die Gegenmeinung in erster Linie auf die objektive
    Komponente ab (so insbesondere ALBACH, Rechnungslegung, NB 1966, S. 182;
    GESSLER, Rechnungslegung, NB 1966, S. 194).

22 PANKOW/REICHMANN in BBK 1990, HGB § 247 Anm. 352.

23 BFH I R 47/71 vom 13.1.1972, BStBl II 1972, S. 745. Ähnlich MELLEROWICZ in
    GROSSKOMMENTAR 1970, AktG 1965 § 152 Anm. 2.

Die Übertragung der genannten Grundsätze auf das Finanzvermögen gestaltet sich schwierig[24]. Zum einen "dienen" Finanzierungstitel nicht dem Betrieb, zumindest nicht unmittelbar[25]. In der Literatur werden daher "äquivalente indirekte Dienste" unterstellt und als ausreichend angesehen[26]. Zum anderen werden auch Finanzierungstitel des Umlaufvermögens nicht "verbraucht", da sie dazu bestimmt sind, dem Geschäftsbetrieb (durch Erzielung von Erträgen) zu dienen. Da folglich das Zeitelement, das "dauernde" Dienen von entscheidender Bedeutung ist[27], stellt die Laufzeit des Titels zum Zeitpunkt des Erwerbs das (objektive) Einstiegskriterium dar, mit dessen Hilfe die Zuordnung zum Anlage- oder Umlaufvermögen vorgenommen werden kann.

Eine vereinbarte Laufzeit von weniger als einem Jahr läßt "dauerndes" Dienen (objektiv) ausgeschlossen erscheinen[28]; in diesem Fall ist der Finanzierungstitel grundsätzlich dem Umlaufvermögen zuzurechnen[29]. Dagegen bedeutet eine Laufzeit von mehr als vier Jahren m.E. nicht notwendigerweise eine Qualifizierung als Anlagevermögen[30]. Vielmehr ist nach Ansicht des Verfassers immer dann, wenn die Laufzeit ein Jahr übersteigt oder der Finanzierungstitel nicht im engeren Sinne

---

24 Diese Frage wird in der Literatur häufig vernachlässigt. So diskutiert bspw. ALBACH in seiner eingehenden Analyse ausschließlich die Zuordnung von materiellen Gütern (vgl. ALBACH, Umlaufvermögen, StbJb 1973/74, S. 265-299). Eine Hilfe bietet lediglich § 271 Abs. 1 HGB, wonach bei Beteiligungstiteln eine gesetzliche Vermutung für die Zugehörigkeit zum Anlagevermögen besteht, wenn die Beteiligungsquote mehr als 20 % beträgt. Diese Vermutung gilt auch für die Steuerbilanz (vgl. NIELAND in L/B/M 1993, EStG §§ 4, 5 Rn. 837 "Gesellschaftsanteil").

25 KROPFF in G/H/E/K 1973, AktG 1965 § 152 Anm. 5; PANKOW/REICHMANN in BBK 1990, HGB § 247 Anm. 353 und 357; REINHARD in HdR 1990, HGB § 247 Rn. 62. Siehe auch die kostentheoretischen Untersuchungen im 2. Teil der Arbeit (1. Kapitel, § 2, Punkt II, S. 41 f.).

26 KRÜMMEL, Bankbeteiligungen, ÖBA 1978, S. 116. Siehe auch BIEG, Handelsbilanzausweis, DB 1985, Beilage 24, S. 6; REINHARD in HdR 1990, HGB § 247 Rn. 62.

27 PANKOW/REICHMANN in BBK 1990, HGB § 247 Anm. 356; siehe auch KROPFF in G/H/E/K 1973, AktG 1965 § 151 Anm. 35.

28 Dabei haftet der Ein-Jahres-Grenze selbstverständlich etwas Willkürliches an. Verwiesen werden kann allerdings auf § 268 Abs. 5 Satz 1 HGB.

29 Gleicher Ansicht PANKOW/REICHMANN in BBK 1990, HGB § 247 Anm. 357; siehe auch GROH, Darlehen, StuW 1991, S. 299. A.A. offensichtlich BIEG, der das Kriterium "Laufzeit" überhaupt nicht in sein Ablaufdiagramm einbaut (vgl. BIEG, Handelsbilanzausweis, DB 1985, Beilage 24, v.a. S. 15, sowie (ihm folgend) REINHARD in HdR 1990, HGB § 247 Anm. 66). Wenn in der Literatur das Kriterium des "dauernden" Dienens als "inhaltsleer" bezeichnet wird (so ALBACH, Umlaufvermögen, StbJb 1973/74, S. 270), so mag dieses Urteil für das materielle Vermögen zutreffend sein; für das finanzielle Vermögen gilt es m.E. nicht. Generell für eine Mindestnutzungsdauer von einem Jahr ist MELLEROWICZ in GROSSKOMMENTAR 1970, AktG 1965 § 152 Anm. 2.

30 So aber PANKOW/REICHMANN in BBK 1990, HGB § 247 Anm. 357.

getilgt wird[31], in erster Linie auf die subjektive (Dauerbesitz-) Absicht des Bilanzierenden abzustellen[32]. Dabei ist jedoch zu berücksichtigen, daß gewisse objektive Merkmale eher eine Zuordnung zu der einen oder anderen Vermögenskategorie induzieren: Bei Forderungstiteln wird, wie erwähnt, insbesondere auf die Laufzeit verwiesen. Als Indiz für die Dauerbesitzabsicht bei Beteiligungstiteln gelten eine hohe Anteilsquote sowie die Existenz zusätzlicher Bindungen (z.B. personeller Art) zum Beteiligungsunternehmen[33]. Nach der hier verwendeten Terminologie bedeutet dies, daß engagierte und Verbundtitel eher dem Anlagevermögen, distanzierte und Renditetitel eher dem Umlaufvermögen zuzurechnen sind. Schließlich wird eine Dauerbesitzabsicht dann zu verneinen sein, wenn bereits zum Erwerbszeitpunkt erkannt wird, daß der Titel aus bestimmten Gründen, z.B. wegen angespannter Liquiditätslage, nicht auf Dauer gehalten werden kann (Kriterium "Haltefähigkeit")[34].

Das Pendant zur Dauerbesitzabsicht ist die Veräußerungsabsicht bzw. -möglichkeit[35]. Da der Ausweis im Umlaufvermögen leichte Liquidierbarkeit vermuten läßt, ist er nur dann gerechtfertigt, wenn nicht nur die Absicht, sondern auch die (objektive) Möglichkeit zur kurzfristigen Veräußerung besteht[36]. Als Voraussetzung für eine kurzfristige Veräußerbarkeit wird daher häufig die Existenz eines funktionsfähigen Marktes genannt[37]. Handelt es sich um Beteiligungstitel, so wird als zusätzliches Kriterium die (relative bzw. absolute) Höhe des Anteilbesit-

---

31 Hinsichtlich der damit in erster Linie angesprochenen Beteiligungstitel wird auch in der Literatur die zentrale Bedeutung der subjektiven Komponente betont (vgl. etwa PANKOW/REICHMANN in BBK 1990, HGB § 247 Anm. 357). So auch hinsichtlich der Zuordnung von Investmentzertifikaten HÄUSELMANN, Spezialfonds, BB 1992, S. 318.

32 Die Dauerbesitzabsicht wird nicht bereits dadurch aufgegeben, daß Anteile an Kapitalgesellschaften in den sogenannten Deckungsbestand im Rahmen der Emission von gedeckten Optionsscheinen (covered warrants) einbezogen werden (BMF IV B 2 - S 2139 - 51/92 vom 13.7.1992, DB 1992, S. 1553).

33 BIEG, Handelsbilanzausweis, DB 1985, Beilage 24, S. 7; KRÜMMEL, Bankbeteiligungen, ÖBA 1978, S. 119 f.; REINHARD in HdR 1990, HGB § 247 Rn. 63; E. WEBER, Beteiligungen, 1980, S. 32 f. Vgl. auch SIEBEN/OSSADNIK, die darauf abstellen, ob die Gesellschaft "mit Hilfe der ihr offenstehenden Möglichkeiten einen Einfluß auf das Beteiligungsunternehmen ausübt" bzw. "mit diesem Engagement unternehmenspolitische Ziele verfolgt werden, die über die bloße Absicht hinausgehen, Kapital auf Dauer gegen angemessene Verzinsung anzulegen" (SIEBEN/OSSADNIK, Dauernd, HuR 1986, S. 111, beide Zitate).

34 BIEG, Handelsbilanzausweis, DB 1985, Beilage 24, S. 7; DERS. in HdR 1990, HGB § 271 Rn. 7; PANKOW/GUTIKE in BBK 1990, HGB § 271 Anm. 23; REINHARD in HdR 1990, HGB § 247 Rn. 64.

35 BIEG, Handelsbilanzausweis, DB 1985, Beilage 24, S. 8.

36 E. WEBER, Beteiligungen, 1980, S. 34.

37 BIEG, Handelsbilanzausweis, DB 1985, Beilage 24, S. 7; E. WEBER, Beteiligungen, 1980, S. 26, m.w.N.

zes für wesentlich erachtet, da mit zunehmender Anteilsquote eine kurzfristige Veräußerung an der Börse (wegen des zu erwartenden Kursdrucks) ausscheide[38]. Der letztgenannte Aspekt läßt sich jedoch ebenfalls unter den Aspekt des Marktorganisationsgrads subsumieren, da "Aktienpakete", wie an anderer Stelle gezeigt, eben nicht marktgängig sind.

Berücksichtigt man zusätzlich, daß eine etwaige Kündigungsmöglichkeit des Titelinhabers als weiteres Indiz für eine kurzfristige "Veräußerbarkeit" anzusehen ist, und werden die genannten Merkmale in die Terminologie des zweiten Teils dieser Arbeit "übersetzt", so sind die auf der Folgeseite in Abbildung 26 dargestellten Tendenzen erkennbar.

Die endgültige Zuordnungsentscheidung kann letzlich nur im Einzelfall getroffen werden. Dabei ist auch nach Ansicht des BFH dem Ermessen des Bilanzierenden ein gewisser (bilanzpolitischer) Spielraum zu lassen, wenn seine Beurteilung über eine längere Zeit gesehen zu einer vertretbaren Gewinnermittlung führt[39].

---

38 BIEG, Handelsbilanzausweis, DB 1985, Beilage 24, S. 7 f.; E. WEBER, Beteiligungen, 1980, S. 29 f.

39 BFH IV R 125/69 vom 8.10.1970, BStBl II 1971, S. 51. Siehe auch HEUER in H/H/R 1993, EStG § 6 Anm. 253.

Abbildung 26

Die Zuordnung von Finanzierungstiteln zum Anlage- oder Umlaufvermögen

Subjektives Kriterium	Objektives Kriterium			AV	UV
	Bezeichnung	Komponente	Ausprägung		
Dauerbesitz-absicht	Dauerbesitzfähigkeit	Laufzeit	< 1 Jahr		xxx
			≥1 Jahr	x	
		Haltefähigkeit	ja	x	
			nein		xxx
	Indizien für Dauer-besitzabsicht	Laufzeit	eher kurz u. ≥ 1 Jahr		xx
			eher lang	xx	
		Einwirkungsrechte	Engagierte Titel	xx	
			Distanzierte Titel		xx
		Verbundeffekt	Verbundtitel	xx	
			Renditetitel		xx
Veräußerungs-möglichkeiten	Kurzfristige Veräußerbarkeit	Markt	Börsenhandel		xx
			Individualhandel	xx	
		Kündigungsrecht	nein	xx	
			ja		xx

Legende: x : Notwendige, nicht jedoch hinreichende Bedingung für die Zuordnung zum Anlage- bzw Umlaufvermögen

xx : Indiz für die Zuordnung zum Anlage- bzw. Umlaufvermögen

xxx : Hinreichende, nicht jedoch notwendige Bedingung für die Zuordnung zum Anlage- bzw. Umlaufvermögen

B. Zweifelsfälle

Finanzierungstitel sind grundsätzlich Wirtschaftsgüter. In einigen Fällen bereitet diese Qualifikation allerdings Schwierigkeiten. Dies gilt insbesondere für

(1) Anteile an Personengesellschaften,
(2) Eigene Anteile und
(3) Ausstehende Einlagen.

Bei der Beantwortung der Frage, ob die Aktivierungsfähigkeit in den genannten Problemfällen zu bejahen ist, sollen jeweils zunächst die in Literatur und Judikatur vertretenen Ansichten dargestellt werden, um daran anschließend die eigene Auffassung zu entwickeln.

1. Anteile an Personengesellschaften

a. Die Auffassungen in Literatur und Judikatur

Untersucht man die Frage der abstrakten Bilanzierungsfähigkeit von Personengesellschaftsanteilen[40] zunächst aus *handelsrechtlicher* Sicht, so ist die Haltung in Rechtsprechung und Schrifttum unzweideutig. Besteht die Beteiligung an einer stillen Gesellschaft, bei der die Einlage in das Vermögen des Geschäftsinhabers übergeht, so stellt die stille Beteiligung zweifellos einen Vermögensgegenstand dar und zwar unabhängig davon, ob die Beteiligung an einer typischen oder atypischen stillen Gesellschaft besteht; fraglich kann bestenfalls die - hier nicht bedeutsame - Frage sein, ob sie unter den Beteiligungen oder den Forderungen ausgewiesen wird[41]. Aber auch Anteile an Gesamthands-Personengesellschaften sind nach absolut herrschender Meinung[42] als Vermögensgegenstände zu qualifizieren; dies gilt nicht nur für die Beteiligung an einer Personenhandelsgesellschaft (OHG, KG), sondern auch für Anteile an einer GbR[43]. Entscheidend ist der zivilrechtliche Hintergrund, daß der einzelne Gesellschafter keine unmittelbare Rechtszuständigkeit hinsichtlich der zum Gesellschaftsvermögen gehörenden Vermögensgegenstände oder eines "Anteils" an diesen besitzt. Die Rechtszuständigkeit liegt bei der Gesellschaft als solcher. Dem Gesellschafter unmittelbar steht

---

40 Es wurde bereits im zweiten Teil der Arbeit (1. Kapitel, § 1, Punkt II, S. 33 ff.) eine Eingrenzung dahingehend vorgenommen, daß "Anteile" an Bruchteilsgemeinschaften bis auf den Sonderfall "Investmentzertifikate" außerhalb der Betrachtung bleiben. Die Vermögensgegenstands- bzw. Wirtschaftsguteigenschaft der letztgenannten Gruppe von Finanzierungstiteln wird allgemein bejaht; eine Begründung hierfür wird in aller Regel jedoch nicht gegeben (vgl. hierzu aber HÄUSELMANN, Spezialfonds, BB 1992, S. 315).

41 Vgl. etwa A/D/S 1992, HGB § 266 Anm. 72.

42 DÖLLERER, Beteiligung, WPg 1977, S. 82; HOFFMANN, Beteiligungen, BB 1988, Beilage 2, S. 3; IDW (HFA), HFA 1/1991, 1992, S. 217; KNOBBE-KEUK, Gesellschaftsanteile, AG 1979, S. 293; MATHIAK, Bilanzsteuerrecht, StuW 1985, S. 277; MELLWIG, Beteiligungen, BB 1990, S. 1162; NIESKENS, Beteiligungen, WPg 1988, S. 493 f.; REISS, Gesamthandsbeteiligungen, StuW 1986, S. 252; SCHULZE-OSTERLOH, Beteiligungen, WPg 1979, S. 629; L. WOERNER, Wirtschaftsgut, JbFSt 1978/79, S. 235. Dies ist auch die Ansicht des BFH (vgl. BFH I R 165/73 vom 23.7.1975, BStBl II 1976, S. 73; BFH IV R 160/76 vom 22.1.1981, BStBl II 1981, S. 428). A.A. ist, soweit ersichtlich, nur G. SÖFFING (vgl. G. SÖFFING, Wirtschaftsgut, JbFSt 1978/79, S. 227). Es ist eine andere und hier wiederum irrelevante Frage, ob Anteile an Personengesellschaften als "Beteiligungen" i.S.d. §§ 266 Abs. 2 Nr. A.III.3, 271 Abs. 1 HGB (§§ 151 Abs. 1 Nr. II.B.1, 152 Abs. 2 AktG 1965) auszuweisen sind (L. WOERNER, a.a.O., S. 238; siehe auch die Darstellung bei NIESKENS, a.a.O., S. 493-495).

43 Für den letztgenannten Kontraktobjekttyp sollen jedoch "... in der handelsrechtlichen Literatur und in der Praxis gewisse Unsicherheiten ..." bestehen (KNOBBE-KEUK, Gesellschaftsanteile, AG 1979, S. 293). Diese Unsicherheiten dürften heute jedoch behoben sein; problematisiert wird regelmäßig lediglich, ob die GbR "Unternehmen" i.S.d. Beteiligungsdefinition des § 271 Abs. 1 HGB sind (vgl. etwa A/D/S 1992, HGB § 271 Rn. 9; BIEG in HdR 1990, HGB § 271 Rn. 13; PANKOW/GUTIKE in BBK 1990, HGB § 271 Anm. 12). So auch bereits MELLEROWICZ in GROSSKOMMENTAR 1970, AktG 1965 § 151 Anm. 34; L. WOERNER, Wirtschaftsgut, JbFSt 1978/79, S. 239.

- wie beim Anteil an einer Kapitalgesellschaft - nur die Beteiligung an der Gesellschaft zu[44].

Aus *steuerlicher* Sicht wird das angesprochene Problem dagegen wesentlich kontroverser diskutiert. Eine Übereinstimmung mit der handelsrechtlichen Behandlung ist noch insoweit feststellbar, als der typischen stillen Beteiligung unstreitig die Wirtschaftsguteigenschaft zuerkannt wird[45]. Demgegenüber vertritt die herrschende Lehre bezüglich des Anteils an einer Gesamthandsgemeinschaft und einer dieser steuerlich gleichgestellten atypischen stillen Beteiligung eine andere Auffassung, die ihre Grundlage in der dem deutschen Steuerrecht eigentümlichen Ertragsbesteuerung nicht rechtsfähiger Personenmehrheiten hat.

Gesamthands-Personengesellschaften und atypische stille Beteiligungen sind als solche weder einkommen- noch körperschaftsteuerpflichtig[46]. Die von ihnen erzielten Einkünfte werden vielmehr in einem besonderen Feststellungsverfahren[47] für die Gesellschaft ermittelt sowie steuerlich unmittelbar (anteilig) bei den Gesellschaftern erfaßt, und zwar, je nachdem ob es sich bei dem Gesellschafter um eine natürliche Person oder um ein körperschaftsteuerpflichtiges Subjekt handelt, durch die Einkommen- oder Körperschaftsteuer. Dabei wird das Ergebnis der einheitlichen und gesonderten Einkünfteermittlung ohne weitere Prüfung in das Veranlagungsverfahren des Gesellschafters übernommen; dies gilt auch dann, wenn die Beteiligung an der Gesellschaft zu einem eigenen Gewerbebetrieb des Gesellschafters gehört[48].

Aus diesem Vorrang der Einkünfteermittlung durch die Gesellschaft vor der des Gesellschafters hat der BFH gefolgert, dem Posten "Beteiligung an einer Personenhandelsgesellschaft" sowie dem diesem steuerlich gleichgestellten Anteil an einer atypischen stillen Gesellschaft[49] komme keine selbständige Bedeutung zu[50],

44 KNOBBE-KEUK, Gesellschaftsanteile, AG 1979, S. 293, m.w.N.

45 Die Frage wird im Regelfall nicht einmal aufgeworfen. Dieser Befund ergibt sich jedoch unzweifelhaft aus dem Umstand, daß der typisch still Beteiligte gerade nicht unter § 15 Abs. 1 Satz 1 Nr. 2 EStG fällt. Diese Vorschrift wird jedoch vielfach als Argument gegen die Wirtschaftsguteigenschaft von Personengesellschaftsanteilen angeführt (siehe sogleich).

46 Zur Steuerrechtsfähigkeit der Personengesellschaft siehe insbesondere BFH GrS 4/82 vom 25.6.1984, BStBl II 1984, S. 751.

47 Siehe §§ 179 ff. AO.

48 KNOBBE-KEUK, Unternehmenssteuerrecht, 1991, S. 389-391.

49 BFH I R 242/81 vom 6.11.1985, BStBl II 1986, S. 334.

50 BFH I R 165/73 vom 23.7.1975, BStBl II 1976, S. 73; BFH I R 171/75 vom 29.9.1976, BStBl II 1977, S. 260; BFH IV R 97/76 vom 26.1.1978, BStBl II 1978, S. 369 f.; BFH IV R 160/76 vom 22.1.1981, BStBl II 1981, S. 429. Dies gilt auch für die Beteiligung einer

sei kein Wirtschaftsgut[51], brauche nicht in der Steuerbilanz aufgeführt zu werden[52]. Dieser Auffassung hat sich ein Teil der Literatur angeschlossen[53].

Nach anderer Ansicht[54] verstößt die Rechtsprechung des BFH gegen den Maßgeblichkeitsgrundsatz des § 5 Abs. 1 Satz 1 EStG sowie die vom BFH selbst postulierte Identität von Vermögensgegenstand- und Wirtschaftsgutbegriff[55], sind Anteile an Gesamthandsgesellschaften mithin als Wirtschaftsgüter zu qualifizieren[56].

Das angeführte steuerliche Schrifttum beschäftigt sich in erster Linie mit der Wirtschaftsguteigenschaft von Anteilen an Personenhandelsgesellschaften. Die Ausführungen besitzen jedoch, analog zur handelsrechtlichen Behandlung, i.d.R. auch dann Gültigkeit, wenn es sich um die Beteiligung an einer gewerblich tätigen Gesamthands-GbR handelt[57]. Betreibt die GbR dagegen Vermögensverwaltung, so

---

Personengesellschaft an einer anderen Personengesellschaft (Hessisches FG 12 K 326/86 vom 18.10.1990, EFG 1991, S. 239, rkr).

51 So explizit in BFH IV R 41/78 vom 19.2.1981, BStBl II 1981, S. 731; BFH GrS 7/89 vom 25.2.1991, BStBl II 1991, S. 700.

52 BFH I R 242/81 vom 6.11.1985, BStBl II 1986, S. 334. Während diese Aussage noch als "Ansatz-" bzw. "Ausweiswahlrecht" interpretiert werden kann, hat der Posten "Beteiligung" nach a.A. in der Steuerbilanz des Gesellschafters "nichts zu suchen" (L. SCHMIDT, Anmerkung, FR 1976, S. 21). HOFFMANN schließt sich ausdrücklich der Auffassung L. SCHMIDTS an; nach seiner Auffassung wird die Beteiligung dennoch in der Steuerbilanz des Gesellschafters aufgeführt, allerdings nur "optisch", nicht "materiell" (HOFFMANN, Beteiligungen, BB 1988, Beilage 2, S. 4, beide Zitate). Die Finanzverwaltung spricht von einem "Bilanzposten 'Beteiligung an Personengesellschaften'" (BMF IV B 2 - S 2139 - 77/92, DB 1992, S. 2526).

53 BLÜMICH/EHMCKE 1993, EStG § 6 Rz. 992; HOFFMANN, Beteiligungen, BB 1988, Beilage 2, S. 4; DERS., Personenhandelsgesellschaften, BB 1991, S. 448; MEYER-SCHARENBERG, Wirtschaftsgutbegriff, StStud 1988, S. 302; NIELAND in L/B/M 1993, EStG §§ 4, 5 Rn. 339; L. SCHMIDT/HEINICKE 1993, EStG § 4 Anm. 44b; G. SÖFFING, Wirtschaftsgut, JbFSt 1978/79, S. 227; J. THIEL, Bilanzrecht, 1990, S. 94.

54 BLAAS, Spiegelbildtheorie, 1988, S. 57-107; FELLMETH, Gesellschaftsanteile, BB 1992, S. 886; KNOBBE-KEUK, Unternehmenssteuerrecht, 1991, S. 390 f.; MATHIAK, Bilanzsteuerrecht, StuW 1985, S. 277; RAUPACH, Systematik, FR 1978, S. 577; REISS, Gesamthandsbeteiligungen, StuW 1986, S. 253; ROOLF, Beteiligung, BB 1978, S. 1308; SCHELLENBERGER, Folgen, DStR 1985, S. 166; SCHÖN, Personengesellschaften, 1986, S. 79; WICHMANN, Personengesellschaften, DB 1984, S. 2258; WREDE, Beteiligungen, FR 1990, S. 294.

55 Siehe oben, § 1, Punkt II.B.1, S. 160 ff.

56 Dabei wird sowohl die eine als auch die andere Richtung von ihren jeweiligen Vertretern als die herrschende angesehen. Siehe etwa HOFFMANN, Personenhandelsgesellschaften, BB 1991, S. 448, versus MATHIAK, Bilanzsteuerrecht, StuW 1985, S. 277, und WREDE, Beteiligungen, FR 1990, S. 294.

57 So explizit KNOBBE-KEUK, Gesellschaftsanteile, AG 1979, S. 305; L. WOERNER, Wirtschaftsgut, JbFSt 1978/79, S. 240.

soll die Gesamthandsgemeinschaft nach Ansicht des Großen Senats[58] zur Vermeidung einer "Besteuerungslücke" wie eine Bruchteilsgemeinschaft behandelt werden mit der Folge, daß dem einzelnen Gesellschafter nicht der Anteil an der Gesamthandsgemeinschaft und dessen Erträgnisse, sondern der Bruchteil der einzelnen zum Gesamthandsvermögen gehörenden Gegenstände und deren Erträgnisse zuzurechnen seien[59].

Hier ist lediglich von Interesse, daß der BFH und diejenigen Autoren, die (bereits) die Wirtschaftsguteigenschaft der Anteile an einer Personenhandelsgesellschaft verneinen, hinsichtlich der Beteiligung an einer vermögensverwaltenden GbR erst recht zu diesem Ergebnis gelangen. Die oben vorgestellte Gegenmeinung qualifiziert zum Teil auch Anteile an einer vermögensverwaltenden Personengesellschaft als Wirtschaftsgüter[60]. Andere halten in diesem Fall (mit Hinweis auf § 39 Abs. 2 Nr. 2 AO) ihre These nicht aufrecht[61].

b. Eigene Auffassung

Die aufgezeigten Meinungsunterschiede lassen sich im Kern auf die Frage zurückführen, ob dem Gesellschafter einer Personengesellschaft steuerlich anteilig die Wirtschaftsgüter der Gesellschaft zuzurechnen sind oder ihm das - davon zu trennende - Wirtschaftsgut Beteiligung zusteht. *Zivilrechtlich* ist unumstritten, daß die Beteiligung an einer Gesamthand nicht - wie bei Bruchteilsgemeinschaften - anteiliges Vermögen der Gesellschaft, sondern ein davon zu unterscheidendes aliud darstellt. Auch *betriebswirtschaftlich* sind Personengesellschaftsanteile, wie gezeigt, als selbständige Nominalgüter zu qualifizieren[62]. Aufgrund ihrer selbständigen Verkehrsfähigkeit[63] und Bewertbarkeit handelt es sich folgerichtig, wie oben dargelegt und auch vom BFH anerkannt, *handelsrechtlich* auch unzweifelhaft um

---

58   BFH GrS 4/82 vom 25.6.1984, BStBl II 1984, S. 763. Aus handelsrechtlicher Sicht ist diese Differenzierung nicht von Bedeutung (vgl. WICHMANN, Personengesellschaften, DB 1984, S. 2258, m.w.N.).

59   Zur Technik der Umqualifizierung hat er sich nicht geäußert (vgl. hierzu HERZIG/KESSLER, Steuerrechtsfähigkeit, DB 1985, S. 2479 f.; LOTHMANN, Personengesellschaft, 1986, S. 565-576).

60   Siehe insbesondere BLAAS, Spiegelbildtheorie, 1988, S. 194-198; KNOBBE-KEUK, Unternehmenssteuerrecht, 1991, S. 488; DIES., Gesellschaftsanteile, AG 1979, S. 294; MATHIAK, Bilanzsteuerrecht, StuW 1985, S. 277; REISS, Gesamthandsbeteiligungen, StuW 1986, S. 253.

61   L. WOERNER, Wirtschaftsgut, JbFSt 1978/79, S. 240 f.

62   Siehe oben, 2. Teil, 1. Kapitel, § 1, Punkt II, S. 33 ff.

63   BGH II ZR 8/53 vom 28.4.1954, JZ 1954, S. 503.

Vermögensgegenstände. Da "Vermögensgegenstand" und "Wirtschaftsgut" nach höchstrichterlicher Finanzrechtsprechung schließlich identische Begriffe sind, stellt sich die Frage, wie die dennoch abweichenden Auffassungen begründet werden.

Als Rechtsgrundlagen für die Ablehnung der Wirtschaftsguteigenschaft von Personengesellschaftsanteilen werden im wesentlichen § 39 Abs. 2 Nr. 2 AO, § 180 Abs. 1 Nr. 2a AO sowie § 15 Abs. 1 Satz 1 Nr. 2 EStG genannt. Alle genannten Rechtsquellen können jedoch nicht als Stütze für diese Ansicht herangezogen werden.

Auf § 39 Abs. 2 Nr. 2 AO kann nicht zurückgegriffen werden, weil die Vorschrift nur dann (subsidiär) anwendbar ist, wenn nicht die Vorschriften der Einzelsteuergesetze etwas anderes ergeben[64]. Diesbezüglich ist hier jedoch § 5 Abs. 1 Satz 1 EStG zu nennen, der auf die handelsrechtlichen GoB verweist, wonach die Mitgliedschaft als Beteiligung und nicht als Anteile an den dem Gesellschafter nicht gehörenden Wirtschaftsgütern zu bilanzieren sind. Es handelt sich um die gleiche Problematik, die bereits bei der Frage nach der Rechtsgrundlage des sogenannten wirtschaftlichen Eigentümers diskutiert wurde (auch insoweit wird allgemein angenommen, daß § 5 Abs. 1 Satz 1 EStG und nicht § 39 Abs. 2 Nr. 1 AO einschlägig ist), nur mit dem Unterschied, daß hinsichtlich dieser Kontroverse beide Begründungen im Regelfall zum gleichen Ergebnis führen[65].

Der Hinweis auf § 180 AO geht nach Ansicht des Verfassers ebenfalls fehl. Dies ergibt sich zum einen daraus, daß es sich um eine reine Verfahrensvorschrift handelt, der für das materielle Steuerrecht keine Bedeutung zukommt. Darüber hinaus ist eine einheitliche und gesonderte Gewinnfeststellung nicht für jede Personengesellschaft vorzunehmen. Auf sie wird bspw. verzichtet, wenn nur ein Gesellschafter unbeschränkt steuerpflichtig ist (§ 180 Abs. 3 Nr. 1 AO)[66]. Da die persönlichen Besteuerungsmerkmale der Gesellschafter einer Personengesellschaft jedoch für die bilanzsteuerliche Qualifikation der Beteiligung unbeachtlich sind, kann die Grundregel des § 180 Abs. 1 Nr. 2a AO ebenfalls nicht als Beleg herangezogen werden.

Es bleibt schließlich die Vorschrift des § 15 Abs. 1 Satz 1 Nr. 2 EStG. Es ist im Grundsatz unstreitig, daß diese Norm im Ergebnis dazu führt, daß der dem Gesellschafter einer Personengesellschaft zuzurechnende Gewinnanteil auf dieser

64   TIPKE/KRUSE 1993, AO § 39 Rn. 2.

65   Siehe oben, § 1, Punkt II.B.2, S. 162 f.

66   Siehe auch den Hinweis bei REISS, Gesamthandsbeteiligungen, StuW 1986, S. 253.

Grundlage - und im Regelfall unter Zuhilfenahme der Verfahrenserleichterung des § 180 Abs. 1 Nr. 2a AO - ermittelt wird und daß Bilanzierungsmaßnahmen in der Steuerbilanz des Anteilseigners insoweit unbeachtlich sind[67]. Trotz der sehr pointiert vorgetragenen Meinungsverschiedenheiten besteht nämlich weitgehende Einigkeit hinsichtlich der den Gesellschaftern letztendlich zuzurechnenden Einkünfte[68]. Es stellt sich nur die Frage, auf welcher Stufe diese Konsequenz zu ziehen ist. Nach Ansicht des Verfassers ist § 15 Abs. 1 Satz 1 Nr. 2 EStG jedenfalls keine Begründung dafür, daß die bilanzrechtlich unstreitig richtige Aktivierung einer Beteiligung durch den Ansatz der anteiligen Wirtschaftsgüter der Gesellschaft ersetzt wird, und zwar deshalb nicht, weil § 15 EStG keine Gewinnermittlungsvorschrift ist. Vielmehr ist diese Regel, betrachtet man die im 1. Teil der Arbeit verwendete Abbildung 3[69], dem "übrigen Steuerrecht" zuzuordnen und kann erst auf der dritten Stufe, d.h. am Übergang vom Steuerbilanzgewinn zum steuerpflichtigen Gewinn, Wirkung entfalten. Sie ist jedoch nicht in der Lage, die handelsrechtlichen Grundsätze ordnungsmäßiger Buchführung außer Kraft zu setzen. Die in Abbildung 3 eingezeichnete Linie zwischen den Feldern "übriges Steuerrecht" und "Steuerliche Bilanzierung" ist bestenfalls in den Fällen von Bedeutung, in denen es keine handelsrechtlichen Vorgaben gibt, wie etwa hinsichtlich der Erstellung von Sonderbilanzen für die Mitunternehmer. Es handelt sich hierbei um eine rein steuerliche Gewinnermittlung, für die zwar nach allgemeiner Meinung die (handelsrechtlichen) Grundsätze ordnungsmäßiger Buchführung, nicht jedoch das Maßgeblichkeitsprinzip gilt. Oder anders und etwas überzeichnet ausgedrückt: Sonderbilanzen dienen der Ermittlung des steuerlichen Gewinns der Mitunternehmer und bedienen sich lediglich bilanztechnischer Hilfsmittel. Die eigentliche Steuerbilanz hingegen ist zuvorderst eine Bilanz, die erst in zweiter Linie der steuerlichen Gewinnermittlung dient. § 15 EStG ist auf dieser Stufe folglich unbeachtlich.

Anteile an Gesamthandsgemeinschaften sind mithin nach Ansicht des Verfassers - wie im übrigen auch im Fall des § 23 Abs. 1 Nr. 1 Buchstabe a EStG[70] oder im

---

67 Siehe aber BLAAS, Spiegelbildtheorie, 1988, S. 182-190.

68 Siehe nur HOFFMANN, Personenhandelsgesellschaften, BB 1991, S. 452, einerseits und WREDE, Beteiligungen, FR 1990, S. 295 f., andererseits.

69 Siehe oben, 1. Teil, 2. Kapitel, § 1, Punkt II.B, S. 15.

70 Die Veräußerung eines (Kommandit-Gesamthands-) Anteils an einem geschlossenen Immobilienfonds ist aufgrund der "Maßgeblichkeit zivilrechtlicher Wertung" nicht mit dem (anteiligen) Verkauf einer Immobilie gleichzusetzen und fällt daher nicht unter § 23 EStG (BFH X R 148/88 vom 4.10.1990, BStBl II 1992, S. 211). Es erscheint wenig überzeugend, wenn der BFH dem im Privatvermögen gehaltenen Anteil an einer Personengesellschaft die Wirtschaftsguteigenschaft zuerkennt, sie ihm jedoch abspricht, wenn er in einem Betriebsvermögen gehalten wird (siehe auch die Urteilsanmerkung von WICHMANN, Ge-

Grunderwerbsteuerrecht[71] - als Wirtschaftsgüter und nicht als Anteile am Vermögen der Gesamthand zu beurteilen[72] und zwar auch dann, wenn die Gesellschaft vermögensverwaltend tätig ist. Die Tätigkeit der Gesellschaft ist insoweit weder betriebswirtschaftlich noch handelsrechtlich von Interesse. Sie berührt auch nicht die Übertragbarkeit, Greifbarkeit oder besondere Bewertungsfähigkeit, d.h. die Wirtschaftsguteigenschaft, der Beteiligung und transformiert die Gesamthandsbeteiligung nicht in Bruchteilseigentum[73]. Die sich aus dem Dualismus der Einkunftsarten ergebenden Probleme rechtfertigen keine "Verbiegung" des Wirtschaftsgutbegriffs.

2. Eigene Anteile

Eigene Anteile zeichnen sich aus betriebswirtschaftlicher Sicht dadurch aus, daß Titelemittent und Titelinhaber identische Personen sind[74]. Hieraus wurde gefolgert, daß sie keine Finanzierungstitel darstellen[75]. Fraglich ist, ob es sich um Vermögensgegenstände bzw. Wirtschaftsgüter handelt.

---

samthand, BB 1991, S. 1545 f.). Die Finanzverwaltung hat auf das genannte Judikat allerdings mit einem Nichtanwendungserlaß reagiert (BdF IV B 3 - S 2256 - 3/92 vom 27.2.1992, BStBl I 1992, S. 125). Dagegen soll der Anteil an einer Mitunternehmergemeinschaft i.S.d. § 16 Abs. 1 Nr. 2 EStG nach h.L. nicht ein Einzel-Wirtschaftsgut, sondern einen "Anteil" an den einzelnen Wirtschaftsgütern der Gesellschaft darstellen (vgl. nur L. SCHMIDT 1993, EStG § 16 Anm. 71).

71   Nach h.M. ist der Wechsel eines oder mehrerer Gesellschafter einer grundbesitzverwaltenden Gesamthandspersonengesellschaft grundsätzlich nicht als grunderwerbsteuerbarer Vorgang zu qualifizieren (BFH II R 161/74 vom 19.1.1977, BStBl II 1977, S. 359; BFH II R 112/71 vom 7.6.1978, BStBl II 1978, S. 605). Ausgenommen sind Mißbrauchsfälle i.S.d. § 42 AO (siehe etwa BFH II 77/61 U vom 27.7.1962, BStBl III 1962, S. 478; BFH II R 18/75 vom 13.2.1980, BStBl II 1980, S. 364).

72   M.E. ist die Wirtschaftsguteigenschaft eines bestimmten Objekts entweder immer oder nie zu bejahen; einen "fallabhängigen" Wirtschaftsgutbegriff gibt es nicht. A.A. offensichtlich HOFFMANN, der den Ausführungen von DÖLLERER, L. WOERNER und KNOBBE-KEUK entnimmt, sie bestätigten die Wirtschaftsguteigenschaft "nur für die Sonderfälle von Einbringungen" (HOFFMANN, Personenhandelsgesellschaften, BB 1991, S. 452).

73   Es ist daher insoweit in vollem Umfang den Ausführungen von REISS zuzustimmen, der sich wie folgt äußert: "Wenn die Beteiligung, wie auch der 1. Senat einräumt, handelsrechtlich ein Vermögensgegenstand ist, bleibt angesichts von § 5 Abs. 1 EStG unerfindlich, weshalb sie bei einer gewerblichen Mitunternehmerschaft in der eigenen Steuerbilanz überhaupt nicht [bzw. nur "optisch", Anmerkung des Verfassers] zu bilanzieren ist und weshalb bei einer nicht gewerblichen Gesamthand an ihrer Stelle Anteile an den Wirtschaftsgütern der Gesamthand in der eigenen Steuerbilanz bilanziert werden dürfen" (REISS, Gesamthandsbeteiligungen, StuW 1986, S. 254).

74   Die nachfolgenden Ausführungen gelten analog für eigene Schuldverschreibungen.

75   Siehe oben, 2. Teil, 2. Kapitel, § 2, Punkt I.B.1, S. 50. Zu den juristischen Grundlagen vgl. ebenda.

a. Die Auffassungen in Literatur und Judikatur

Die Frage der Vermögensgegenstand- bzw. Wirtschaftsgut-Eigenschaft von eigenen Anteilen ist umstritten. Der Regelfall ist der Hinweis auf deren "Doppelnatur": Es handle sich zum einen um die Rückzahlung von und damit reine Korrekturposten zum Eigenkapital, zum anderen um "echte Vermögenswerte"[76]. Im Ergebnis wird die Bilanzierungsfähigkeit eigener Anteile von Rechtsprechung[77] und Verwaltung[78] sowie Teilen des Schrifttums[79] bejaht. Sie seien durch den Erwerb nicht als rechtsverkehrsfähige Gegenstände untergegangen; dazu bedürfe es der Amortisation. Zur Begründung wird auf die Bilanzgliederungsvorschrift hingewiesen, die einen Ausweis der eigenen Anteile im Umlauf-*Vermögen* fordert[80]. Außerdem seien sie, wie andere Anteile auch, i.d.R. entgeltlich veräußerbar[81]. Dies gelte zumindest dann, wenn die Ausgabe an Arbeitnehmer bzw. (bei Aktien) die Abfindung außenstehender Aktionäre anläßlich des Abschlusses von Beherrschungs- und Gewinnabführungsverträgen (§ 305 Abs. 2 AktG) oder einer Eingliederung (§ 320 Abs. 5 AktG) vorgesehen sei[82] bzw. wenn die Anteile "... zum Zweck der Weiterveräußerung erworben werden, die Weiterveräußerung alsbald erfolgt, es sich um marktgängige Anteile handelt und der Nominalbetrag der Anteile im Vergleich zum Grundkapital verhältnismäßig geringfügig ist"[83].

---

76 A/D/S 1992, HGB § 266 Anm. 45; GLADE 1986, HGB § 266 Rz. 465; KNOP in HdR 1990, HGB § 266 Rn. 86; KÜTING in HdR 1990, HGB § 272 Rn. 42; MELLEROWICZ in GROSSKOMMENTAR 1970, AktG 1965 § 151 Anm. 67.

77 RFH I A 359/28, 360/28 vom 8.2.1929, RStBl 1929, S. 244; RFH I A 242/30 vom 10.10.1930, RStBl 1930, S. 760; RFH III 42/41 vom 26.2.1942, RStBl 1942, S. 458; RFH III 166/41 vom 28.7.1943, RStBl 1943, S. 808; BFH I 82/57 U vom 16.9.1958, BStBl III 1959, S. 137; BFH III 451/58 U vom 22.4.1960, BStBl III 1960, S. 364; BFH IV 208/64 U vom 28.10.1965, BStBl III 1965, S. 59. Zum gleichen Ergebnis gelangt die höchstrichterliche Rechtsprechung bei eigenen Schuldverschreibungen (BFH I R 23/74 vom 23.7.1975, BStBl II 1976, S. 40).

78 FinMin NRW S 2540 - 1 - VB 4/S 2133 vom 7.9.1966, StEK EStG § 6b Nr. 8. Siehe auch (zum Bewertungsrecht) Abschnitt 11 Abs. 3 VStR.

79 BLÜMICH/EHMCKE 1993, EStG § 6 Rz. 963; BREUNINGER, Anteile, DStZ 1991, S. 422; DÖLLERER, Rechtsprechung, ZGR 1992, S. 597 f.; HEUER in H/H/R 1993, EStG § 6 Anm. 1500 "Eigene Anteile"; KNOP in HdR 1990, HGB § 266 Rn. 86; KROPFF in G/H/E/K 1973, AktG 1965 § 151 Anm. 62; MELLEROWICZ in GROSSKOMMENTAR 1970, AktG 1965 § 155 Anm. 68. Zur Vermögensgegenstand-Eigenschaft eigener Schuldverschreibungen vgl. KROPFF, a.a.O., Anm. 61.

80 So wohl die Argumentation von CLAUSSEN in KÖLNER KOMMENTAR 1971, AktG 1965 § 151 Anm. 30.

81 KROPFF in G/H/E/K 1973, AktG 1965 § 151 Anm. 62.

82 A/D/S 1992 HGB § 266 Tz. 140; KÜTING in HdR 1990, HGB § 266 Rn. 49, m.w.N.

83 J. THIEL, Behandlung, 1967, S. 43. Ähnlich BFH I R 47/88 vom 31.10.1990, BStBl II 1991, S. 257.

Andere verweisen auf die Wertlosigkeit eigener Anteile im Konkursfall sowie den Umstand, daß ihnen ein gedachter Erwerber des gesamten Betriebs im Rahmen des Gesamtkaufpreises keinerlei Wert beimessen würde, und lehnen eine Aktivierungsfähigkeit grundsätzlich ab[84].

b. Eigene Auffassung

Eigene Aktien oder GmbH-Anteile sind vom äußeren Erscheinungsbild her Finanzierungs- bzw. (genauer) Beteiligungstitel. Aus dem Kontraktobjekt Beteiligungstitel stehen dem Titelinhaber gewöhnlich Tilgungs- und Entgeltzahlungen, Informations-, Einwirkungs-, Gestaltungs- und Bezugsrechte zu[85]. Versteht man die Tilgungszahlung als Anteil am Liquidationserlös, so sollen die diesbezüglichen Rechte aus eigenen Anteilen mittels eines einfachen Beispiels veranschaulicht werden (siehe Abbildung 27):

Abbildung 27

Die Wirtschaftsguteigenschaft eigener Anteile

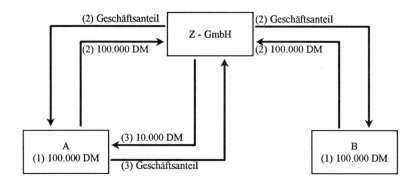

Abbildung 27 zeigt drei Phasen:

(1) A und B besitzen ein Vermögen von jeweils 100.000 DM in bar, insgesamt also 200.000 DM.

---

84 LOOS, Anteile, DB 1964, S. 310-312; H. MEILICKE, Anteile, StuW 1961, Sp. 9; MITTERMÜLLER, Aktien, ZfhF 1955, S. 420-422; SCHMEDEMANN, Behandlung, 1973, S. 78-84; L. SCHMIDT, Anmerkung, FR 1993, S. 169 f.; H. K. WEBER, Erfolgsrechnung, 1988, S. 91. Zumindest für GmbH-Anteile ebenfalls BRANDENBURG, GmbH-Anteile, DB 1974, S. 2317.

85 Siehe oben, 2. Teil, 2. Kapitel, § 2, Punkt II.C.2, S. 66 ff.

(2) A und B gründen die Z-GmbH mit einem Stammkapital von 200.000 DM und erbringen ihre Einlage vollständig und sofort. Das Bankkonto der Z-GmbH weist danach einen Bestand von 200.000 DM auf. A und B besitzen Geschäftsanteile im Wert von jeweils 100.000 DM. Dennoch hat keine "wundersame Vermögensmehrung" stattgefunden, das Vermögen von A und B ist nur in anderer Form gebunden; das Gesamtvermögen bleibt gleich. Dies läßt sich rechnerisch dadurch erreichen, daß die Eigenkapitalkonten der Gesellschafter als Verbindlichkeiten der Gesellschaft gegenüber ihren Gesellschaftern interpretiert werden:

	Vermögen A (Geschäftsanteil)	100.000 DM
+	Vermögen B (Geschäftsanteil)	100.000 DM
+	Vermögen Z-GmbH (Barbestand)	200.000 DM
./.	"Verbindlichkeit" der Z-GmbH gegenüber A und B	200.000 DM
=	Gesamtvermögen	200.000 DM

(3) Die Z-GmbH kauft von A Geschäftsanteile im Wert von 10.000 DM zurück. Das Gesamtvermögen wird durch diesen Vorgang wiederum nicht berührt:

	Vermögen A (Geschäftsanteil)	90.000 DM
	Vermögen A (Bargeld)	10.000 DM
+	Vermögen B (Geschäftsanteil)	100.000 DM
+	Vermögen Z-GmbH (Barbestand)	190.000 DM
./.	"Verbindlichkeit" der Z-GmbH gegenüber A und B	190.000 DM
=	Zwischensumme	200.000 DM
+	Eigene Anteile	X DM
=	Gesamtvermögen	200.000 DM

Es ist offensichtlich, daß zwangsläufig gilt: $X = 0$. Eigene Anteile verkörpern also tatsächlich, nicht nur "scheinbar"[86], keine werthaltige Substanz, kein Vermögen und sind mithin im Liquidationsfall wertlos[87]. Da eigene Anteile darüber hinaus nicht an Gewinnausschüttungen partizipieren, steht dem Titelinhaber weder ein Recht auf Tilgungs- noch auf Entgeltzahlungen zu bzw. hat der Emittent keine Leistungsverpflichtungen zu erfüllen. Auch Einwirkungsrechte existieren nicht.

---

86   So RFH I A 359/28, 360/28 vom 8.2.1929, RStBl 1929, S. 243.

87   Siehe auch das instruktive Beispiel bei L. SCHMIDT, Anmerkung, FR 1993, S. 169 f.

Dem Inhaber eigener Anteile steht zwar ein Bezugsrecht zu; das Bezugsrecht ermächtigt jedoch lediglich zum Erwerb eigener Anteile, die wiederum kein Recht auf Dividendenzahlungen etc. verkörpern. Die einzig wesentliche Befugnis ist das Veräußerungsrecht. Ein Veräußerungsrecht allein macht jedoch noch keinen Finanzierungstitel aus. Daraus ist nach Ansicht des Verfassers zu schließen, daß eigene Anteile lediglich formal als "Anteile" (unter der Position "Wertpapiere"[88]) ausgewiesen werden. Materiell haben sie mit Fremdanteilen jedoch nahezu nichts gemein. Mithin handelt es sich jedenfalls nicht um Wirtschaftsgüter des *finanziellen* Vermögens. Die mit Eigenanteilen möglicherweise verbundenen wirtschaftlichen Vorteile können bestenfalls als immaterielle Wirtschaftsgüter qualifiziert werden[89].

Eine Konkretisierung der mit Eigenanteilen möglicherweise verbundenen wirtschaftlichen Vorteile muß bei dem einzig relevanten Recht des Titelinhabers, dem Veräußerungsrecht, ansetzen. Dabei kann es m.E. jedoch nicht angehen, die Wirtschaftsguteigenschaft von der Zweckbestimmung, d.h. von der Veräußerungsabsicht, abhängig zu machen; eigene Anteile sind entweder Wirtschaftsgüter oder sie sind es nicht[90]. Andernfalls würde der (objektbezogene) Wirtschaftsgutbegriff zum einen eine (subjektive) Komponente erhalten und zum anderen wären die Konsequenzen fraglich, die sich aus der Aufgabe der Veräußerungsabsicht ergeben.

Gegen die (generelle) Wirtschaftsguteigenschaft eigener Anteile ist einzuwenden, daß die bei ihrem Erwerb zwingend zu bildende Rücklage[91] wie eine Ausschüttungssperre wirkt[92], die der Gesetzgeber jedoch sonst nur für Bilanzierungshilfen vorgesehen hat[93]. Dem wird die Regelung in § 272 Abs. 4 Satz 2 HGB entgegengehalten, wonach die Rücklage in dem Umfang aufzulösen ist, in dem die eigenen Anteile auf den niedrigeren beizulegenden Wert abzuschreiben sind. Für diese Ab-

---

88   Dies gilt nach h.M. auch dann, wenn sie, wie im Fall von GmbH-Anteilen, nicht in Wertpapieren verbrieft sind (siehe nur A/D/S 1992, HGB § 266 Tz. 140).

89   Diese Vorentscheidung ist insofern wenig bedeutsam, als eigene Anteile stets im Umlaufvermögen ausgewiesen werden (§ 265 Abs. 3 Satz 2 HGB), mithin ein etwaiger unentgeltlicher Erwerb nicht zu einem Aktivierungsverbot nach § 248 Abs. 2 HGB bzw. § 5 Abs. 2 EStG führen würde.

90   So auch LOOS, Anteile, DB 1964, S. 311. Zu einer "zweckabhängigen" Wirtschaftsguteigenschaft siehe etwa die obige Formulierung von J. THIEL (S. 184, am Ende).

91   Vgl. § 272 Abs. 4 HGB.

92   KÜTING in HdR 1990, HGB § 272 Rn. 11.

93   Vgl. etwa §§ 269 und 274 Abs. 2 HGB. So auch der Hinweis in BFH VIII R 329/84 vom 18.4.1989, BFH/NV 1990, S. 27.

schreibung sei kein Raum, wenn die eigenen Anteile keine Vermögensgegenstände (Wirtschaftsgüter), sondern Gegenposten zum Eigenkapital wären[94].

Der letztgenannte Einwand geht m.E. fehl. Bei der Vorschrift des § 272 Abs. 4 Satz 2 HGB handelt es sich nach Ansicht des Verfassers um eine reine Fiktion, nicht um eine Bewertungsvorschrift im im eigentlichen Sinne. Denn wenn der Börsenkurs, in dem sich der (anteilige) Wert des Unternehmens niederschlägt, Wertmaßstab für die Eigenanteile sein soll und daraus die Wirtschaftsguteigenschaft derselben geschlußgefolgert wird, so muß sich der Wert der Eigenanteile in irgendeiner Weise im Börsenkurs niederschlagen, der jedoch wiederum vom Wert der Eigenanteile abhängig ist. Zu einem stimmigen Bewertungskonzept gelangt man auf diese Weise nicht[95].

Überdies wurde oben herausgearbeitet, daß Fremdanteile und Eigenanteile wesensverschieden sind. Insbesondere handelt es sich bei ersteren unzweifelhaft um finanzielle Wirtschaftsgüter, während die zweite Gruppe, wenn überhaupt, dem immateriellen Vermögen zuzuordnen ist. Entsprechend ergeben sich auch andere steuerliche Wertansätze. Zur Begründung ist darauf hinzuweisen, daß bei der Ermittlung des Teilwerts eines Wirtschaftsguts, wie noch zu zeigen sein wird[96], die spezifische Bedeutung des Bewertungsobjekts für den jeweiligen Betrieb in den Kalkül Eingang findet. Es ist jedoch offensichtlich, daß Anteile für die emittierende Gesellschaft selbst einen anderen Wert besitzen als für Fremde: Während der Erwerb von Fremdanteilen nämlich dazu dient, in der Zukunft Einzahlungsüberschüsse zu erzielen und die Wertermittlungsmethode entsprechend ausgestaltet ist[97], ist ein solches Kalkül für eigene Anteile bereits vom Ansatz her abzulehnen[98]. Der Zweck des Erwerbs von Eigenanteilen liegt vielmehr darin, einen Gesellschafterwechsel, der an sich allein die Gesellschaftersphäre berührt, mit Zwischenschaltung der Gesellschaft herbeizuführen, bspw. den Arbeitnehmern den Bezug einer gewissen Zahl von Aktien zu einem bestimmten Preis zu garantieren. Das gleiche Resultat würde jedoch erreicht, wenn entweder eine Kapitalerhöhung

---

94 DÖLLERER, Rechtsprechung, ZGR 1992, S. 598; J. THIEL, Behandlung, 1967, S. 41.

95 Siehe auch bereits H. MEILICKE, der auf die "mathematische Unmöglichkeit [verweist], Fremdaktien und eigene Aktien gleich zu bewerten" (H. MEILICKE, Anteile, StuW 1961, Sp. 9, Klammerzusatz vom Verfasser).

96 Siehe unten, 2. Kapitel, § 1, Punkt III.B.2.b, S. 378 ff.

97 Siehe im einzelnen oben, 2. Teil, 3. Kapitel, S. 97 ff.

98 Der Hinweis von HEUER (in H/H/R 1993, EStG § 6 Anm. 1500 "Eigene Anteile"), die Stimmrechtslosigkeit der eigenen Anteile rechtfertige für sich allein keine Teilwertabschreibung, da sie beim Erwerb der Anteile bereits bekannt war und daher in den Anschaffungskosten im Zweifel berücksichtigt sei, geht daher fehl, weil er gleichgerichtete Erwerbszwecke unterstellt.

unter Ausschluß des Bezugsrechts der Altgesellschafter durchgeführt würde[99] oder die Gesellschaft einen Gesellschafter zur Zurverfügungstellung der Anteile zu einem festgesetzten Preis verpflichtete und die Differenz zu dessen Einstandspreis selbst trüge bzw. erhielte: Weder die Chance, bei dieser Transaktion einen "Spekulationsgewinn" zu erzielen[100], noch der gegenüber dem letztgenannten Procedere möglicherweise einfachere und kostengünstigere Verfahrensablauf können die Wirtschaftsguteigenschaft eigener Anteile begründen. Diese stellen lediglich das "rechtstechnische Vehikel" dar, mit dessen Hilfe diese Transaktion durchgeführt wird[101]. Wäre es anders, müßte auch die grundsätzlich jederzeit gegebene Möglichkeit, eine Kapitalerhöhung zu einem unter dem Börsenpreis liegenden Emissionskurs durchzuführen, als Wirtschaftsgut qualifiziert werden[102].

Das wesentlichste Argument gegen die Wirtschaftsguteigenschaft eigener Anteile ist jedoch, daß sie im Liquidationsfall wertlos sind, wie das obige Beispiel gezeigt hat. Es gibt m.W. keinen vergleichbaren Fall, in dem ein Objekt in die Bilanz aufgenommen wird, dessen Wertlosigkeit im Liquidationsfall nicht nur möglich oder wahrscheinlich, sondern sicher ist[103].

3. Ausstehende Einlagen

In bestimmten Fällen ergeben sich für den Erwerber eines Finanzierungstitels aus dem Titel selbst Leistungsverpflichtungen gegenüber dem Emittenten[104]. Den bedeutsamsten Anwendungsfall stellen die ausstehenden Einlagen dar. Fraglich ist, ähnlich wie bei eigenen Anteilen, ob in diesem Fall ein eigenständiger Vermögensgegenstand bzw. ein eigenständiges Wirtschaftsgut oder ein Korrekturposten zum Eigenkapital vorliegt.

---

99   Vgl. LOOS, Anteile, DB 1964, S. 311. Siehe auch SCHMEDEMANN, Behandlung, 1973, S. 80.

100 Da Arbeitnehmer die Aktien im Regelfall stark verbilligt erhalten, ist diese Chance im übrigen sehr gering.

101 So die m.E. zutreffende Sichtweise von LOOS, Anteile, DB 1964, S. 310; so auch SCHMEDEMANN, Behandlung, 1973, S. 79.

102 So auch LOOS, Anteile, DB 1964, S. 311.

103 Darüber hinaus weist LOOS zu Recht darauf hin, daß eigene Anteile z.T. - via Einziehung - "vernichtet" werden. Würden sie einen Wert repräsentieren, wäre diese Vorgehensweise nicht erklärlich (LOOS, Anteile, DB 1964, S. 311).

104 Siehe oben, 2. Teil, 2. Kapitel, § 2, Punkt II.C.2.b, S. 73.

a. Die Auffassungen in Literatur und Judikatur

In der Literatur ist, wie bei eigenen Anteilen, allgemein von der "Doppelnatur" der ausstehenden Einlagen die Rede: "Zum einen stellen sie wirtschaftlich betrachtet einen Korrekturposten zum gezeichneten Kapital dar, zum anderen sind sie jedoch rechtlich auch als Forderungen der Gesellschaft an ihre Gesellschafter anzusehen"[105]. Da die Einzahlungsverpflichtung im Regelfall erst nach Aufforderung durch die Gesellschaft entsteht[106], wird den eingeforderten ausstehenden Einlagen der Charakter eines Vermögensgegenstands zuerkannt, während er bei den nicht eingeforderten verneint wird[107].

Der BFH hat in einem Urteil zu § 6 Abs. 1 Satz 2 KStG 1968 entschieden, daß ausstehende Einlagen (nur) dann Wirtschaftsgüter sind, wenn sie eingefordert wurden[108]. In einer Reihe von Judikaten zum BewG[109] hat sich die höchstrichterliche Finanzrechtsprechung jedoch auf den Standpunkt gestellt, dem Einforderungsbeschluß der Kapitalgesellschaft komme keine konstitutive Bedeutung zu. Ob insbesondere dem Urteil III 65/77[110] zu entnehmen ist, daß "Ansprüche einer GmbH auf noch nicht eingeforderte Stammeinlagen ... [immer] zum steuerbaren Vermögen der Gesellschaft"[111] gehören, ist jedoch durchaus zweifelhaft. Die zitierte Entscheidung spricht nämlich an anderer Stelle davon, daß "die noch ausstehenden Beträge auf die von den Gesellschaftern übernommenen Einlagen dem Grunde nach ... als Vermögensposten auch dann anzusetzen [sind], wenn ein Einforderungsbeschluß zwar noch nicht gefaßt ist, *bei wirtschaftlicher Betrachtung*

---

105   A/D/S 1992, HGB § 272 Tz. 37, im Original z.T. fett gedruckt. Siehe auch KROPFF in G/H/E/K 1973, AktG 1965 § 151 Anm. 11; KÜTING in HdR 1990, HGB § 272 Rn. 30; SARX in BBK 1990, HGB § 272 Anm. 13.

106   § 63 Abs. 1 AktG, § 20 GmbHG. Ein Einforderungsbeschluß wird durch eine entsprechende Klausel im Gesellschaftsvertrag einer GmbH (nicht einer Aktiengesellschaft) entbehrlich (vgl. etwa HUECK in BAUMBACH/HUECK 1988, GmbHG § 19 Rn. 6, m.w.N.).

107   GLADE 1986, HGB § 253 Rz. 76; KNOP in HdR 1990, HGB § 268 Rn. 138; MELLEROWICZ in GROSSKOMMENTAR 1970, AktG 1965 § 151 Anm. 15.

108   BFH I 200/65 vom 29.5.1968, BStBl II 1969, S. 12.

109   RFH I D 1/28 vom 13.4.1928, RStBl 1928, S. 171 f.; RFH I A 227/28 vom 21.12.1928, RStBl 1929, S. 212; RFH I Ab 431/29 vom 6.8.1929, RStBl 1929, S. 509; RFH III A 103/29 vom 22.5.1930, RStBl 1930, S. 520; BFH III 354/57 U vom 13.5.1960, BStBl III 1960, S. 400; BFH III 56/58 vom 10.2.1961, HFR 1961, S. 145; BFH III 365/61 U vom 23.10.1964, BStBl III 1965, S. 64; BFH III 258/61 U vom 30.10.1964, BStBl III 1965, S. 41; BFH III R 65/77 vom 19.12.1979, BStBl II 1980, S. 484 f.; BFH III R 91/78 vom 8.2.1980, BStBl II 1980, S. 486.

110   BFH III R 65/77 vom 19.12.1979, BStBl II 1980, S. 483.

111   So die Interpretation in BFH III R 91/78 vom 8.2.1980, BStBl II 1980, S. 486; Klammerzusatz vom Verfasser.

mit der Einforderung jedoch ernstlich zu rechnen ist"[112]. Diese Aussage ist wohl zu interpretieren, daß den ausstehenden Einlagen in bestimmten Fällen nicht die Wirtschaftsgut-Qualifikation zuzuerkennen ist.

b. Eigene Auffassung

Nach Ansicht des Verfassers ist die Frage der Vermögensgegenstand- bzw. Wirtschaftsguteigenschaft von Einlageforderungen abhängig vom wirtschaftlichen Gehalt des zwischen Titelemittent und Titelerwerber abgeschlossenen Kontrakts: Ist der (Gesellschafts-) Vertrag faktisch mit der (Teil-) Zahlung des Titelerwerbers erfüllt, weil eine darüber hinausgehende Inanspruchnahme nicht vorgesehen ist, so ist, wirtschaftlich gesehen, nur der "anteilige" Finanzierungstitel Vertragsgegenstand. Die bestehenbleibende Verpflichtung des Titelinhabers hat in diesem Fall lediglich den Charakter einer Bürgschaft und stellt auf Seiten der Gesellschaft keinen Finanzierungstitel dar[113]. Folglich handelt es sich insofern auch nicht um einen Vermögensgegenstand bzw. ein Wirtschaftsgut.

Ist der Vertrag dagegen so auszulegen, daß nur eine Stundung des Kaufpreises beabsichtigt ist, so hat die Gesellschaft eine Forderung gegenüber dem Gesellschafter auszuweisen. Daß zivilrechtlich bis zu dem Zeitpunkt, in dem der Einforderungsbeschluß gefaßt wird, lediglich eine Anwartschaft, nur ein bedingter Anspruch vorliegt[114], ist bilanzrechtlich nicht von ausschlaggebender Bedeutung[115].

II. Die Reichweite des Wirtschaftsgutbegriffs bei Finanzierungstiteln

Mit der grundsätzlichen Bejahung der abstrakten Bilanzierungsfähigkeit des finanziellen Vermögens ist noch nicht die Frage beantwortet, wie das zu bilanzierende

---

112 BFH III R 65/77 vom 19.12.1979, BStBl II 1980, S. 485, Klammerzusatz und Hervorhebung durch Verfasser. Das Urteil ist insofern widersprüchlich. An gleicher Stelle wird nämlich ausgeführt, daß, solange nach den tatsächlichen Verhältnissen am Stichtag bei vernünftiger wirtschaftlicher Überlegung nicht ernstlich damit zu rechnen ist, daß die ausstehenden Einlagen eingefordert werden, diese mit 0 DM zu bewerten sind. Ansatz- und Bewertungsfragen werden hier miteinander vermengt.

113 Diese Charakterisierung trifft häufig auf Anteile an Versicherungsgesellschaften zu.

114 KÜTING in HdR 1990, HGB § 272 Rn. 33.

115 Ein Anscheinsbeweis für die Einforderung kann bspw. darin gesehen werden, daß sich die Gesellschaft in der Aufbauphase befindet und demzufolge das Kapital benötigt wird (so auch BFH III R 91/78 vom 8.2.1980, BStBl II 1980, S. 487).

Wirtschaftsgut konkret zu bestimmen ist. Dabei sind, wie oben dargestellt[116], zwei Gesichtspunkte zu unterscheiden, nämlich zum einen eine Vielheit von Rechtsgesamtheiten, die möglicherweise bilanzrechtlich eine Einheit bildet (hierauf wird in Punkt A eingegangen), sowie zum anderen eine einzelne Rechtsgesamtheit, die ggf. bilanzrechtlich aus mehreren Wirtschaftsgütern besteht (siehe hierzu Punkt B).

A. Die Reichweite des Wirtschaftsgutbegriffs bei mehreren Rechtsgesamtheiten

1. Die Auffassungen in Literatur und Judikatur

Die Bestimmung der Reichweite des Wirtschaftsgutbegriffs bei mehreren Rechtsgesamtheiten stellt in vielen Fällen kein Problem dar. So ist unstreitig, daß etwa eine aus Stamm- und Ertragsrecht bestehende Ausleihung oder Forderung ein Wirtschaftsgut und nicht mehrere Wirtschaftsgüter darstellt. Sind die Finanzierungstitel dagegen in Wertpapieren verbrieft, so treten Zweifelsfragen auf[117]. Die von Rechtsprechung, Verwaltung und Literatur vertretenen Auffassungen lassen sich am besten an Hand eines Beispiels verdeutlichen, wobei zunächst von eigen- oder sonderverwahrten Wertpapieren ausgegangen wird, deren Eigentümer jederzeit eindeutig identifiziert werden können[118].

Es sei angenommen, eine Aktiengesellschaft weise ein Grundkapital von 100.000 DM auf, das in 1.000 Aktien zu je 100 DM Nennwert gestückelt sei. Gesellschafter A besitze zehn Aktien (Beteiligungsquote = 1 %), die er nacheinander zur Hälfte zu 100 DM und zur Hälfte zu 200 DM pro Stück erworben habe. Im Eigentum des Aktionärs B, der überdies Hauptabnehmer der Produkte der Gesellschaft ist, mögen sich dagegen 600 Aktien (Beteiligungsquote = 60 %) befinden,

---

116 Siehe oben, vor Punkt I, S. 168.

117 Es handelt sich hierbei zuvorderst um eine Frage, die den Ansatz dem Grunde nach betrifft, erst an zweiter Stelle ist auf Bewertungsprobleme - etwa auf die Anwendbarkeit der Durchschnittsbewertung oder von Verbrauchsfolgeverfahren - einzugehen (siehe dazu unten, 2. Kapitel, § 1, Punkt II.B.3.a, S. 341 ff.). In der Literatur wird eine solche Trennung in der Regel nicht vorgenommen, was bereits daraus ersichtlich ist, daß die diesbezüglichen Kommentarmeinungen nahezu ausschließlich unter den Anmerkungen zu § 6 EStG und nicht zu § 5 EStG zu finden sind.

118 Eine Sonderverwahrung (auch "Streifbandverwahrung" genannt) liegt vor, wenn die Wertpapiere unter äußerlich erkennbarer Bezeichnung jedes Hinterlegers von anderen Beständen verwahrt werden (§ 2 DepotG). Der Name des Hinterlegers muß jederzeit festgestellt werden können. Demzufolge erhält der Hinterleger bei Einlieferung der Effekten ein Nummernverzeichnis über die eingelieferten Stücke, mit Hilfe dessen er den ihm gehörenden Bestand identifizieren kann. Siehe hierzu THAN in OBST/HINTNER 1993, S. 589-591.

wovon wiederum die Hälfte zu 100 DM und die andere Hälfte zu 200 DM pro Stück erstanden wurde.

In der Literatur wird allgemein angenommen, daß Gesellschafter A insgesamt zehn Wirtschaftsgüter angeschafft hat[119]. Veräußert A nun fünf Aktien zu 150 DM pro Stück und kann er annahmegemäß die zu verschiedenen Zeitpunkten erworbenen Anteile voneinander unterscheiden, so steht es ihm frei, die veräußerten Anteile zu bestimmen mit der Folge, daß das Veräußerungsgeschäft entweder zu einem Gewinn oder einem Verlust in Höhe von (5 x 50 DM =) 250 DM führt; sind alle zehn Papiere am Bilanzstichtag noch vorhanden und beträgt der Teilwert 150 DM, so ist lediglich eine Teilwertabschreibung auf die zu 200 DM erworbenen Anteile möglich[120].

Die Gesellschafter B zuzurechnenden Anteile sind in der Handelsbilanz als Beteiligung auszuweisen, wobei die gesetzliche Beteiligungsdefinition in § 271 Abs. 1 HGB[121] auch für die Steuerbilanz Gültigkeit besitzt[122]. Nach Ansicht des BFH

---

119 DÖLLERER, Anschaffungskosten, BB 1966, S. 1407; HAGEMANN, Bewertung, StBp 1964, S. 170; HOLZHEIMER, Wertpapiere, AG 1968, S. 322; KUPSCH, Finanzanlagevermögen, HdJ II/3 1987, Rn. 132; MELLWIG, Aktien, DB 1986, S. 1422; NISSEN, Girosammeldepot, DB 1968, S. 1922 f.; UELNER, Bewertung, BB 1964, S. 123; DERS., Stellungnahme, StBp 1964, S. 174. So auch der gleichlautende Ländererlaß vom 20.6.1968, BStBl I 1968, S. 986. Offen lassend BFH I 95/63 vom 15.2.1966, BStBl III 1966, S. 276.

120 HOLZHEIMER, Wertpapiere, AG 1968, S. 324; MELLWIG, Aktien, DB 1986, S. 1423 f.; NISSEN, Girosammeldepot, DB 1968, S. 1922 f.; RASCH, Beteiligungen, BB 1968, S. 80; UELNER, Stellungnahme, StBp 1964, S. 174. Siehe auch die Beispiele bei PFLEGER in HdB 1993, Beitrag 145/1, Rn. 3 f. A.A. HAGEMANN, Bewertung, StBp 1964, S. 172 f.

121 Danach sind Beteiligungen "Anteile an anderen Unternehmen, die bestimmt sind, dem eigenen Geschäftsbetrieb durch Herstellung einer dauernden Verbindung zu jenem Unternehmen zu dienen. Dabei ist es unerheblich, ob die Anteile in Wertpapieren verbrieft sind oder nicht. Als Beteiligung gelten im Zweifel Anteile an einer Kapitalgesellschaft, deren Nennbeträge insgesamt den fünften Teil des Nennkapitals dieser Gesellschaft überschreiten." Nach der hier verwendeten Diktion handelt es sich mithin um engagierte Verbundtitel (siehe oben, 2. Teil, 2. Kapitel, § 3, Punkt III, S. 95 f.). Das Erfordernis von nennenswerten Einflußrechten und damit der Ausschluß distanzierter Verbundtitel ergibt sich auch daraus, daß "die Mitgliedschaft in einer eingetragenen Genossenschaft ... nicht als Beteiligung im Sinne dieses Buches" gilt (§ 271 Abs. 1 Satz 5 HGB); die entgegenstehende Auffassung des BFH (VIII R 13/66 vom 11.8.1971, BStBl II 1972, S. 117) dürfte damit überholt sein. Zum bilanzrechtlichen Beteiligungsbegriff (vor Inkrafttreten des Bilanzrichtlinienegesetzes) siehe auch die Darstellung des Meinungsstands bei HOFBAUER, Abgrenzung, BB 1976, S. 1343-1349; zur neuen Rechtslage vgl. A/D/S 1992, HGB § 271 Tz. 1-25.

122 BLÜMICH/EHMCKE 1993, EStG § 6 Rz. 958 f.; M. SÖFFING in L/S/B 1993, EStG § 6 Anm. 561 f. Allerdings ist nach Ansicht des BFH in einem (jüngeren) Judikat eine Beteiligung jedenfalls dann anzunehmen, wenn die erworbenen Aktien mehr als 25 % des Grundkapitals ausmachen (BFH I R 116/86 vom 7.11.1990, BStBl II 1991, S. 344).

wird eine Beteiligung - zumindest für den Bereich des Betriebsvermögens[123] - hinsichtlich der Bewertung und Bilanzierung wie ein Wirtschaftsgut behandelt, dessen Anschaffungskosten in der Summe aller Aufwendungen für die Kapitalanteile bestehen[124]. In der Literatur wird ebenfalls die Auffassung vertreten, daß "eine Beteiligung, auch wenn sie durch schrittweisen Aufkauf kleiner Aktienposten gebildet wurde, ein einheitliches Wirtschaftsgut darstellt"[125]. Diese These wird jedoch von einigen Autoren eingeschränkt: Zwar werde der Teilwert der Beteiligung zum Bilanzstichtag mit der Summe der Anschaffungskosten (im Beispiel: 300 Stück x 100 DM + 300 Stück x 200 DM = 90.000 DM) verglichen; werde dagegen ein Teil der Beteiligung veräußert, so soll eine Veräußerungsgewinnermittlung auf der Grundlage der für die Stücke seinerzeit tatsächlich aufgewendeten Anschaffungskosten angezeigt sein; in obigem Beispiel kann nach dieser Ansicht entsprechend der Behandlung beim Aktionär A ein Gewinn oder Verlust ausgewiesen werden[126].

Bisher wurde stets angenommen, daß eine Identifikation der jeweils erworbenen Anteile möglich ist. Dies ist bei der Sammelverwahrung[127], die die Einzel- und Sonderverwahrung wegen der rationelleren Abwicklungsmöglichkeiten weitgehend

---

123 Für im Privatvermögen gehaltene wesentliche Beteiligungen i.S.d. § 17 EStG soll es dagegen entscheidend auf die einzelnen Anteile ankommen (BFH VIII R 126/75 vom 10.10.1978, BStBl II 1979, S. 78). Auf diese Differenzierung braucht hier nicht näher eingegangen zu werden.

124 BFH I R 76/71 vom 14.2.1973, BStBl II 1973, S. 398. Siehe auch BFH VIII R 126/75 vom 10.10.1978, BStBl II 1979, S. 78; BFH I R 116/86 vom 7.11.1990, BStBl II 1991, S. 342. Sehr klar FG München I 119/63 vom 12.6.1967, EFG 1967, S. 499.

125 BREZING, Beteiligungen, StbJb 1972/73, S. 341, Fn. 4; so auch BLÜMICH/EHMCKE 1993, EStG § 6 Rz. 1112; FICHTELMANN, Teilwertabschreibung, Inf 1973, S. 49; HEUER, Streifzüge, StbJb 1959/60, S. 406; M. SÖFFING in L/S/B 1993, EStG § 6 Rz. 568. Den Schwerpunkt bildet dabei die Bewertungsfrage: "Bei der Bewertung spielt das 'Aktienpaket' eine Rolle. Das Aktienpaket ist rein äußerlich nichts anderes als eine größere Menge von gleichen Aktien. Auch sachenrechtlich ist es nichts anderes. Vom Standpunkt der Bewertung ist das Aktienpaket allerdings als ein einheitliches Wirtschaftsgut, nicht als eine Summe von Wirtschaftsgütern anzusehen. Es untersteht damit besonderen Bewertungsgrundsätzen" (VAN DER VELDE, Beteiligungen, StbJb 1952/53, S. 242).

126 MELLWIG, Aktien, DB 1986, S. 1423. Siehe auch GRSCHEI, Beteiligungen, 1990, S. 112 f.; E. WEBER, Beteiligungen, 1980, S. 194 f. Dabei ist, wie erwähnt, Voraussetzung, daß eine Identifikation der zu verschiedenen Zeitpunkten erworbenen Anteile möglich ist. Dies gilt nach BLÜMICH/EHMCKE (1993, EStG § 6 Rz. 971 f.) stets für GmbH-Beteiligungen; ähnlich HEUER (in H/H/R 1993, EStG § 6 Anm. 804), der für Genossenschaftsanteile zum gleichen Ergebnis gelangt. Der Hinweis auf die zuletzt genannten Gesellschaftsrechte geht allerdings zumindest nach Inkrafttreten des Bilanzrichtliniengesetzes fehl, weil Genossenschaftsanteile keine Beteiligungen sind (§ 271 Abs. 1 Satz 5 HGB).

127 Die gleichen Grundsätze gelten für in das Bundesschuldenbuch eingetragene Wertrechte (vgl. dazu FABRICIUS, Staatsanleihen, AcP 1963, S. 456-484; ZÖLLNER, Zurückdrängung, 1974, S. 255-259).

abgelöst hat[128], jedoch grundsätzlich nicht der Fall. Die Sammelverwahrung ist dadurch gekennzeichnet, daß das Kreditinstitut für einen Kunden Effekten ein und derselben Art "ungetrennt von seinen eigenen Beständen derselben Art oder von solchen Dritter"[129] aufbewahrt. Der Hinterleger verliert bei "Einlieferung"[130] seiner Papiere das Eigentum an den betreffenden Stücken und erwirbt stattdessen ein Miteigentum am Sammelbestand des Verwahrers. Dementsprechend kann der Hinterleger nicht dieselben, sondern nur gleichartige Papiere zurückfordern.

Nach Ansicht der höchstrichterlichen Rechtsprechung[131] und der Finanzverwaltung[132] kann bei Veräußerungen aus einem Wertpapiersammeldepot die tatsächliche Identität der Veräußerungsobjekte mit bestimmten angeschafften und in Sammelverwahrung gegebenen Wertpapieren nicht mehr ermittelt werden, da der Inhaber sammelverwahrter Wertpapiere an jedem zum Sammelbestand eingelieferten Wertpapier ein und derselben Art einen ideellen Anteil hält. Der Erwerber bilanziert damit nur ein einziges Wirtschaftsgut "Sammeldepotanteil"[133], dessen Anschaffungskosten demzufolge nur als Summe der Aufwendungen im Wege einer Durchschnittsbewertung ermittelt werden können[134]. Im Schrifttum wird demgegenüber auch die Meinung vertreten, daß die einzelnen Wertpapiere mit Einlieferung - in wirtschaftlicher Betrachtungsweise - weiterhin ihre Wirtschaftsguteigenschaft behalten[135].

---

128 Sie ist allerdings noch in den Fällen praktisch relevant, in denen die Feststellung der Identität der einzelnen Urkunde Bedeutung besitzt, so bei nicht voll eingezahlten Aktien oder vinkulierten Namensaktien (siehe hierzu allerdings KÜMPEL, Girosammelverwahrung, WM 1983, Sonderbeilage 8).

129 § 5 Abs. 1 DepotG.

130 Dabei findet eine körperliche Übertragung regelmäßig nicht statt; vielmehr wird über die gesamte Emission meist eine Global- oder Sammelurkunde ausgestellt. Im Fall der Wertrechte kann selbst auf diese verzichtet werden (siehe im einzelnen ZÖLLNER, Zurückdrängung, 1974, S. 251-259).

131 BFH I 95/63 vom 15.2.1966, BStBl III 1966, S. 276 f. Zur Rechtslage bis zu dieser Entscheidung vgl. HOLZHEIMER, Wertpapiere, AG 1968, S. 319 f. Die BFH-Entscheidung wurde in jüngerer Zeit bestätigt durch die Entscheidung des Hessischen FG 2 K 3583/89 vom 12.9.1990, EFG 1991, S. 84 (Rev. eingelegt).

132 Gleichlautende Ländererlasse vom 20.6.1968, BStBl I 1968, S. 986.

133 So auch UELNER, Bewertung, BB 1964, S. 124.

134 Zu Anteilen im Privatvermögen sind Verfahren vor dem BFH anhängig (Niedersächsisches FG XIII 396/88 vom 15.12.1989, EFG 1990, S. 352; Hessisches FG 2 K 3583/89 vom 12.9.1990, EFG 1991, S. 84).

135 HAGEMANN, Bewertung, StBp 1964, S. 170; HOLZHEIMER, Wertpapiere, AG 1968, S. 323; NISSEN, Girosammeldepot, DB 1968, S. 1923; RASCH, Beteiligungen, BB 1968, S. 79; WAHL, Bewertung, DB 1964, S. 931. Die BFH-Auffassung wird dagegen geteilt von UELNER, Bewertung, BB 1964, S. 124.

2. Eigene Auffassung

Nach Ansicht des Verfassers ist zur Abgrenzung des Wirtschaftsgutbegriffs bei Finanzierungstiteln von der bereits erwähnten gesetzlichen Grundlage des Beteiligungsbegriffs in § 271 Abs. 1 HGB auszugehen. Die in dieser Vorschrift erkennbare wirtschaftliche, funktionale Abgrenzung einer Beteiligung von einzelnen Anteilen, die im wesentlichen mit der im zweiten Teil der Arbeit dargestellten betriebswirtschaftlichen Systematik übereinstimmt[136], kann vor dem Hintergrund der Wirtschaftsgutdefinition - Stichwort "betrieblicher Nutzungs- und Funktionszusammenhang"[137] - mit der herrschenden Meinung nur so verstanden werden, daß nicht der einzelne Anteil, sondern eben die Beteiligung abstrakt bilanzierungsfähig ist. Wenn aber der 60%ige Anteil des Aktionärs B in obigem Beispiel die Wirtschaftsguteigenschaft erfüllt, können die 600 einzelnen Anteile nicht ebenfalls Wirtschaftsgüter sein, da Teile eines Wirtschaftsguts nicht ihrerseits Wirtschaftsgüter sind. Dies gilt m.E. dann jedoch nicht nur für den Abgleich des Teilwerts mit dem Buchwert zum Bilanzstichtag, sondern auch für die bilanzsteuerliche Behandlung von Anschaffungs- und Veräußerungsgeschäften. Die Bejahung der Wirtschaftsguteigenschaft muß für alle Bilanzierungs- und Bewertungsvorgänge gelten; es ist keine Rechtsgrundlage für einen "partiellen" Wirtschaftsgutbegriff ersichtlich. Daraus folgt, daß auch bei der Veräußerung des Anteils einer Beteiligung von der Summe aller Aufwendungen für die Kapitalanteile auszugehen und der Veräußerungserlös nicht, auch wenn dies möglich sein sollte, einem bestimmten Anschaffungsvorgang zuzuordnen ist[138]. Dies gilt m.E. auch für GmbH-Anteile; die häufig angeführte Vorschrift des § 15 Abs. 2 GmbHG[139] kann nicht als Argument herangezogen werden, da zum einen auch einzelne zu einer Beteiligung zu zählende Aktien weiterhin selbständig und verkehrsfähig bleiben und zum anderen die Regelung des § 271 Abs. 1 HGB in allen Fällen vorrangig ist.

Wendet man sich nun den von Aktionär A in obigem Beispiel gehaltenen zehn - individuell unterscheidbaren - Aktien (entsprechendes gilt für Anleihen) zu, so ist zunächst zu konstatieren, daß, zivilrechtlich gesehen, jede einzelne Aktie bzw.

---

136 Siehe oben, 2. Teil, 2. Kapitel, § 3, S. 83 ff. Der 20%-Grenze des § 271 Abs. 1 HGB haftet dabei selbstverständlich etwas Willkürliches an, zumal diese Beteiligungsquote gesellschafts- und steuerrechtlich nahezu irrelevant ist (siehe auch Abbildung 21, ebenda).

137 Siehe oben, § 1, Punkt II.B.1, S. 160 f.

138 So auch FG München I 119/63 vom 12.6.1967, EFG 1967, S. 499.

139 GSCHREI, Beteiligungen, 1990, S. 112; E. WEBER, Beteiligungen, 1980, S. 199. § 15 Abs. 2 GmbHG hat folgenden Wortlaut: "Erwirbt ein Gesellschafter zu seinem ursprünglichen Geschäftsanteil weitere Geschäftsanteile, so behalten dieselben ihre Selbständigkeit".

Schuldverschreibung den Gegenstandsbegriff des § 90 BGB erfüllt. Bei rein sachenrechtlicher Betrachtung handelt es sich mithin auch um zehn Wirtschaftsgüter.

Unterstellt man die Richtigkeit dieser Argumentation, so sind die Konsequenzen zu prüfen, die entstehen, wenn Gesellschafter B seine 60%ige Beteiligung auf bspw. 2 % verringert oder Aktionär A seine 1%ige Beteiligung auf 80 % aufstockt mit der Folge, daß B sein Aktienpaket in einzelne Anteile auflöst und A Aktien zu einer Beteiligung zusammenführt[140]. In diesem Fall ist nach Ansicht des Verfassers in dem Zeitpunkt, in dem die Grenze für die Annahme einer Beteiligung durch Zukauf überschritten wird, die Entstehung[141] und im umgekehrten Fall die Auflösung eines Wirtschaftsguts in mehrere Wirtschaftsgüter anzunehmen[142].

Die alternative Lösung besteht darin, auch den 1%igen Anteil als einheitliches Wirtschaftsgut zu qualifizieren. Dafür spricht, daß die Entwicklung der Wertrechte und des Sammelverwahrungswesens die Unterschiede zwischen Wertpapier- und Buchforderungen verwischt hat[143]. Vor diesem Hintergrund erscheint es problematisch, insbesondere im Hinblick auf die im Steuerrecht vorherrschende wohlverstandene wirtschaftliche Betrachtungsweise[144], die selbstverständlich bestehenden zivilrechtlichen Unterschiede zwischen dem Erwerb zweier Obligationen im Nennwert von jeweils 5.000 DM und der Gewährung eines Darlehens in Höhe von 10.000 DM, läßt man einmal den Gesichtspunkt der Fungibilität außer Betracht, bilanziell nutzbar machen zu wollen. Insbesondere kann auch im letztgenannten Fall ein Teilbetrag von 5.000 DM veräußert (abgetreten) werden[145]. Aus diesem -

---

140 Hält ein Steuerpflichtiger eine Beteiligung an einem Unternehmen und erwirbt er weitere Anteile dieses Unternehmens, so ist im allgemeinen anzunehmen, daß es sich hierbei um eine Aufstockung der Beteiligung und nicht um den Erwerb mehrerer einzelner Anteile handelt (BFH I R 76/71 vom 14.2.1973, BStBl II 1973, S. 397).

141 Der Vorgang hat in gewisser Weise eine Parallele zur "Vermischung" i.S.d. § 948 BGB, bei der mehrere bewegliche Sachen miteinander dergestalt verbunden werden, daß sie wesentliche Bestandteile einer einheitlichen Sache werden.

142 A.A. HEUER in H/H/R 1993, EStG § 6 Anm. 804.

143 Siehe im einzelnen KÜMPEL, Fortentwicklung, WM 1983, Sonderbeilage 6, v.a. S. 4 f.; ZÖLLNER, Zurückdrängung, 1974, S. 259 f.

144 Siehe oben, 1. Teil, 2. Kapitel, § 2, Punkt II.A, S. 24 ff. Auf die wirtschaftliche Betrachtungsweise verweist auch HOLZHEIMER: "Das Wirtschaftsgut Wertpapier besteht bei wirtschaftlicher Betrachtungsweise auch nicht in seiner körperlichen Substanz, sondern in den verbrieften gesellschafts- und schuldrechtlichen Rechten. Steuerrechtlich besteht kein überzeugender Grund, Wertpapiere ... anders als nicht verbriefte Anteilrechte (z.B. GmbH-Anteile) und Forderungen zu behandeln" (HOLZHEIMER, Wertpapiere, AG 1968, S. 323).

145 Der Unterschied besteht lediglich in einer einfacheren Handhabung und einem besseren Schutz des Zweiterwerbers (siehe im einzelnen KÜMPEL, Fortentwicklung, WM 1983, Sonderbeilage 6, S. 5 f.).

rein betriebswirtschaftlichen - Blickwinkel könnte man daher zu dem Ergebnis gelangen, daß der Erwerb zweier Aktien oder Anleihen nicht zur Aktivierung von zwei Wirtschaftsgütern, sondern zum Ansatz eines Wirtschaftsguts "Beteiligungsbzw. Forderungstitel des Emittenten X"[146] führt[147]. Damit wären die aus dem Hinein- bzw. Hinauswachsen in bzw. aus eine(r) Beteiligung entstehenden bilanziellen Probleme gelöst; im übrigen entfielen damit auch eine Reihe von Bewertungsproblemen[148].

Dieser Argumentation ist jedoch entgegenzuhalten, daß die Teilbarkeit von Anleihen oder Aktien, im Gegensatz etwa zu Buchforderungen oder GmbH-Anteilen, ihre Grenze in ihrem Nennwert findet, so daß immer nur die Aktie oder Anleihe insgesamt, nicht jedoch ein Teil davon verkehrsfähig ist. Umgekehrt ist das einzelne Wertpapier nicht dergestalt mit anderen verbunden, daß nur eine Bewertung in der Gesamtheit durchgeführt werden kann. Die sachenrechtliche Abgrenzung des Wirtschaftsgutbegriffs hält mithin durchaus einer wirtschaftlichen Betrachtungsweise stand. Insoweit wird auch der Unterschied zu einer Beteiligung i.S.d. § 271 Abs. 1 HGB deutlich, bei der die einzelnen Anteile in einem Nutzungs- und Funktionszusammenhang stehen und eben nur als Gesamtheit bewertet werden können.

Im Ergebnis ist damit davon auszugehen, daß die einzelne Anleihe oder Aktie, wenn letztere nicht in der Einheit "Beteiligung" untergeht, als solche den Wirtschaftsgutbegriff erfüllt. Dies gilt nach Ansicht des Verfassers unabhängig von der Verwahrart. Zwar stellt das beschriebene Procedere der Sammelverwahrung zivilrechtlich einen Tauschvorgang dar[149]. Wirtschaftlich und steuerrechtlich kann dieses Ergebnis jedoch m.E. nicht übernommen werden, weil die Girosammelverwahrung nur als ein technisches Hilfsmittel zur Verbesserung und Erleichterung des Wertpapierverkehrs angesehen werden muß mit der Folge, daß der Erwerb des Miteigentumsanteils gleichbedeutend mit dem Erwerb der Wertpapiere ist[150]. Im Gegensatz etwa zum Vorratsvermögen ist nicht die - ohnehin nur in Aus-

---

146 Es bedarf keiner näheren Erläuterung, daß nur gleichartige Titel zusammengefaßt werden könnten, so daß bspw. Stamm- und Vorzugsaktien einer Gesellschaft voneinander zu trennen wären.

147 Davon zu unterscheiden ist die Frage, ob das einzelne Wertpapier oder eine - wie auch immer zusammenzufassende - Gruppe von Wertpapieren als Einkünfteerzielungsobjekt ("Beurteilungeinheit") anzusehen ist (vgl. hierzu ROSE, Einkünfteerzielungsabsicht, StbJb 1985/86, S. 177-212; STOLLENWERK, Beurteilungseinheit, 1993).

148 Siehe dazu unten, 2. Kapitel, § 1, Punkt II.B.3.a, S. 341 ff.

149 NISSEN, Girosammeldepot, DB 1968, S. 1923.

150 So auch HOLZHEIMER, Wertpapiere, AG 1968, S. 323; NISSEN, Girosammeldepot, DB 1968, S. 1923.

nahmefällen vorhandene - körperliche Substanz, sondern auf die damit verbundenen Ansprüche abzustellen, die durch die Einlieferung in ein Girosammeldepot in keiner Weise berührt werden[151]. Im übrigen hätte die Auffassung des BFH, konsequent angewendet, zur Folge, daß dann auch der Anteil an einem offenen Immobilienfonds, der zivilrechtlich, wie oben dargestellt[152], ebenfalls einen ideellen Anteil an den Vermögenswerten des Sondervermögens darstellt, nicht als Wertpapier, sondern als Miteigentumsanteil an den Vermögenswerten des Fonds auszuweisen wäre. Im Fall der Girosammelverwahrung von Wertpapieren ist es materiell bedeutungslos, ob in der Bilanz das Wirtschaftsgut "Sammeldepotanteil" oder die Wirtschaftsgüter "Wertpapiere" ausgewiesen werden, da es sich stets um finanzielles Vermögen handelt[153]. Das Sondervermögen eines Immobilienfonds setzt sich demgegenüber im wesentlichen aus materiellen Vermögenswerten zusammen; deren anteilige Bilanzierung würde nicht nur erhebliche praktische Schwierigkeiten mit sich bringen[154], sondern hätte auch gravierende materiell-rechtliche Konsequenzen, insbesondere im Hinblick auf die Bewertung. Es wird daher allgemein angenommen, daß Investmentanteile nicht als "Sondervermögensanteile", sondern als Wertpapiere auszuweisen und als solche zu bewerten sind[155]. Dann muß diese Beurteilung jedoch auch für Sammeldepotanteile gelten.

B. Die Reichweite des Wirtschaftsgutbegriffs bei einer Rechtsgesamtheit
1. Finanzierungstitel als Bündel von Rechten und Pflichten

Im zweiten Teil der Arbeit wurde dargelegt, daß sich aus dem Kontraktobjekt Finanzierungstitel für Titelemittent und -inhaber eine Vielzahl von Rechten und Pflichten ergeben. Genannt wurden Leistungsverpflichtungen, Informations- und Einwirkungsrechte, Gestaltungsrechte sowie das Bezugsrecht. Hieraus könnte gefolgert werden, daß der Titelerwerber nicht das einheitliche Wirtschaftsgut Finanzierungstitel, sondern die einzelnen Bestandteile bilanzieren muß. Eine gesonderte Bilanzierung von Informations- und Einwirkungsrechten scheidet aufgrund der

---

151 Siehe auch MERTIN, Wertpapier, BB 1964, S. 1000.

152 Siehe oben, 2. Teil, 1. Kapitel, § 1, Punkt II, S. 33 ff.

153 Aus diesem Grund ist es nach Ansicht des BFH "nicht zu beanstanden, wenn der Steuerpflichtige weiter 'Wertpapiere' bilanziert" (BFH I 95/63 vom 15.2.1966, BStBl III 1966, S. 276).

154 HÄUSELMANN, Spezialfonds, BB 1992, S. 315.

155 A/D/S 1992, HGB § 266 Tz. 85; MAUL, Wertpapiere, HdJ II/7 1986, Rn. 13; PANKOW/GUTIKE in BBK 1990, HGB § 266 Anm. 80.

mangelnden Lösbarkeit vom Stammrecht allerdings aus[156]. Denkbar wäre die beschriebene Vorgehensweise jedoch für Bezugs- und einige Gestaltungsrechte. Zusätzlich ist zu berücksichtigen, daß Substanz und Ertrag eines Finanzierungstitels verschiedenen Personen zustehen können.

Im folgenden wird daher zu diskutieren sein, in welchen Fällen Ertrags-, Bezugs- und Gestaltungsrechte als eigenständige Wirtschaftsgüter oder als unselbständige Bestandteile des Wirtschaftsguts Finanzierungstitel zu charakterisieren sind. Zu diesem Zweck erscheint es notwendig, zunächst auf die Vorfrage einzugehen, zu welchem Zeitpunkt die genannten "Teilrechte" zivilrechtlich als eigenständige Ansprüche entstehen.

2. Zivilrechtliche Entstehung von Ertrags-, Bezugs- und Gestaltungsrechten
a. Ertragsrechte
α. Ertragsrechte von Forderungstiteln

Verzinslichen Forderungstiteln liegt grundsätzlich ein Darlehensvertrag und damit ein Dauerschuldverhältnis zugrunde[157]. Während seiner Laufzeit entstehen daher ständig neue Leistungs-, Neben- und Schutzpflichten[158]. Folglich wächst dem Titelinhaber auch der Entgeltanspruch kontinuierlich mit fortschreitender Laufzeit (pro rata temporis) zu, gibt es nicht einen Entstehungszeitpunkt, sondern eine Vielzahl von Entstehungszeitpunkten[159]. Dies gilt uneingeschränkt zumindest dann, wenn das Ertragsrecht unbedingter Natur ist[160] und unabhängig davon, ob die Zinszahlungen periodisch oder, wie bei Zerobonds, erst am Ende der Laufzeit

---

156 Es ist allerdings theoretisch durchaus denkbar, die zur Zeit de jure untrennbaren Bestandteile vom Stammrecht zu isolieren. So wird bspw. die getrennte Handelbarkeit von Aktienstimmrechten in der betriebswirtschaftlichen Literatur - unter dem Stichwort "Kapitalmarkteffizienz" - diskutiert (siehe etwa ELSCHEN, Kapitalmarkteffizienz, ZfbF 1988, S. 1009-1036). Würde dieses Konzept realisiert, wäre auch die gesonderte Bilanzierung von Informations- und Einwirkungsrechten zu prüfen.

157 Siehe nur PALANDT/PUTZO 1993, BGB Einführung vor § 607 Anm. 1b.

158 PALANDT/HEINRICHS 1993, BGB Einleitung vor § 241 Anm. 5a; die Zinspflicht ist dabei Leistungs- und nicht Nebenpflicht, steht also im Gegenseitigkeitsverhältnis der §§ 320 ff. BGB (ebenda, BGB § 608 Anm. 1c).

159 Der Entstehungszeitpunkt (bzw. die Entstehungszeitpunkte) ist bzw. sind zu trennen vom Fälligkeitstermin. Dieser markiert das Ende einer Zinsabrechnungsperiode, die im gesetzlichen Regelfall ein Jahr umfaßt (§ 608 BGB). An diesem Stichtag hat der Schuldner seine bis dato aufgelaufenen Zinsverpflichtungen zu erfüllen.

160 Zur Differenzierung nach bedingten und unbedingten Entgeltansprüchen siehe oben, 2. Teil, 2. Kapitel, § 2, Punkt II.C.2.a.α, S. 68 ff.

geleistet werden[161]. Auch von äußeren Einflüssen abhängige Ertragsrechte sind in dieser Weise zu charakterisieren, da bspw. Wechselkursschwankungen lediglich für die Höhe der Zinszahlungen, nicht jedoch für den Zeitpunkt der rechtlichen Anspruchsentstehung bedeutsam sind.

Problematisch sind jedoch die Fälle, in denen die Entgeltzahlungen von der wirtschaftlichen Lage und damit, wegen der Anknüpfung der Entgelthöhe an bestimmte Bilanzpositionen (insbesondere den Jahresüberschuß), regelmäßig auch von (bilanzpolitischen) Entscheidungen des Emittenten bestimmt werden, wie dies für partiarische Darlehen, Genußrechte usw., aber auch für den bilanziell vergleichbaren Beteiligungstitel typische stille Beteiligung zutrifft. Hier gehen die Meinungen hinsichtlich des juristischen Entstehungszeitpunkts auseinander: Während die Rechtsprechung des BFH zu § 4 BewG und ein Teil der Literatur gewinnabhängige Entgeltansprüche bereits mit Ablauf des maßgebenden Berechnungszeitraums (Wirtschaftsjahrs) für entstanden ansehen[162], stellt die wohl h.M. auf den Zeitpunkt der Bilanzfeststellung ab, da der Gewinnanteil erst nach Ausübung der rechnungspolitischen Wahlrechte nicht nur der Höhe, sondern ggf. auch dem Grunde nach endgültig bestimmt werden könne[163].

ß. Ertragsrechte von Beteiligungstiteln

Der zivilrechtliche Entstehungszeitpunkt des Entgeltanspruchs von Beteiligungstiteln ist rechtsformabhängig. Zu unterscheiden sind Anteile an Kapital- und Personengesellschaften[164].

---

161 BORDEWIN, Zero-Bonds, WPg 1986, S. 267; KUSSMAUL, Null-Kupon-Anleihen, BB 1987, S. 1566; ULMER/IHRIG, Zero-Bonds, ZIP 1985, S. 1179.

162 BFH III 246/64 vom 11.10.1968, BStBl II 1969, S. 123; BFH III R 98/69 vom 26.6.1970, BStBl II 1972, S. 736. Siehe auch bereits RFH III A 352/31 vom 17.3.1932, RStBl 1932, S. 968. So auch SCHULZE ZUR WIESCHE, Beteiligung, GmbHR 1979, S. 37; unklar STÜTTGEN, Beteiligung, 1988, S. 404.

163 FG München V (IX) 57/76 E 2 vom 5.11.1980, BB 1981, S. 1317; COSTEDE, Steuerrechtsfragen, StuW 1983, S. 316; DÖLLERER, Gesellschafter, DStR 1984, S. 388; HENSE, Gesellschaft, 1990, S. 380 ff.; HEUER in H/H/R 1993, EStG § 5 Anm. 2200 "Forderungen". Der gleichen Ansicht ist die Kommentarliteratur zu § 29 GmbHG hinsichtlich des Entstehungszeitpunkts gewinnabhängiger Ansprüche von Nicht-Gesellschaftern (vgl. BOHL in HdR 1990, GmbHG § 29 Rn. 17; EMMERICH in SCHOLZ 1993, GmbHG § 29 Rn. 91; HUECK in BAUMBACH/HUECK 1988, GmbHG § 29 Rn. 83). Offenlassend BFH VIII R 106/87 vom 19.2.1991, BStBl II 1991, S. 570.

164 Für Genossenschaftsanteile gelten grundsätzlich die für Kapitalgesellschaftsbeteiligungen geltenden Regelungen (vgl. MEYER/MEULENBERGH/BEUTHIEN 1983, GenG § 19 Rn. 4).

Hinsichtlich des Ertragsrechts an *Kapitalgesellschaftsanteilen* ist zwischen dem allgemeinen (mitgliedschaftlichen) Gewinnanspruch und dem konkreten Anspruch auf Gewinnbeteiligung zu differenzieren. Der allgemeine (mitgliedschaftliche) Gewinnanspruch (= Gewinnstammrecht) resultiert unmittelbar aus dem Mitgliedschaftsrecht des Aktionärs bzw. GmbH-Gesellschafters und stellt das Recht auf persönliche Teilhabe am Geschäftsergebnis dar; es ist als solches mit der Mitgliedschaft untrennbar verbunden und nur mit dieser übertragbar[165]. Dagegen ist der konkrete Anspruch auf Gewinnbeteiligung ein selbständiges, von der Mitgliedschaft unabhängiges Gläubigerrecht[166]. Es entsteht (und wird fällig) mit dem wirksam gefaßten Gewinnverwendungsbeschluß[167]. Vor diesem Zeitpunkt besteht lediglich ein bedingter Gewinnanspruch als unselbständiges Neben- und Anwartschaftsrecht[168]. Andere Entstehungszeitpunkte sind allerdings denkbar, so insbesondere im Fall der Dividendengarantie in Form der sog. "Rentengarantie"[169] oder des Gewinn- bzw. Ergebnisabführungsvertrags[170].

In der Literatur ist umstritten, zu welchem Zeitpunkt der allgemeine, von der Beteiligung nicht trennbare Gewinnanspruch des Gesellschafters einer *Personenhandelsgesellschaft* auf "Gewinn" zivilrechtlich in ein individuelles Gläubigerrecht

---

165 Für die Aktiengesellschaft vgl. HEFERMEHL/BUNGEROTH in G/H/E/K 1983, AktG § 58 Anm. 116 und 118; LUTTER in KÖLNER KOMMENTAR 1970, AktG § 58 Anm. 51. Für die GmbH siehe EMMERICH in SCHOLZ 1993, GmbHG § 29 Rn. 43; HUECK in BAUMBACH/HUECK 1988, GmbHG § 29 Rn. 48; ROWEDDER 1990, GmbHG § 29 Rn. 13.

166 Siehe nur HEFERMEHL/BUNGEROTH in G/H/E/K 1983, AktG § 58 Anm. 123, m.w.N.; HUECK in BAUMBACH/HUECK 1988, GmbHG § 29 Rn. 49.

167 BGH II ZR 208/55 vom 24.1.1957, BGHZ 23, S. 154; BGH II ZR 67/73 vom 3.11.1975, BGHZ 65, S. 234. Für das Aktienrecht vgl. etwa HEFERMEHL/BUNGEROTH in G/H/E/K 1983, AktG § 58 Anm. 123 und 126, m.w.N. Für den Entgeltanspruch eines GmbH-Gesellschafters siehe nur ROWEDDER 1990, GmbHG § 29 Rn. 15 f. und 21, m.w.N.

168 BOHL in HdR 1990, GmbHG § 29 Rn. 4; HEFERMEHL/BUNGEROTH in G/H/E/K 1983, AktG § 58 Anm. 116; ROWEDDER 1990, GmbHG § 29 Rn. 13, m.w.N.

169 Steht einem außenstehenden Aktionär eine jährlich gleichbleibende Ausgleichszahlung nach § 304 Abs. 2 Satz 1 AktG zu (Rentengarantie), so ist dieser Entgeltanspruch wie ein unbedingter zu behandeln (siehe dazu oben, Punkt a).

170 Der Anspruch aus einem Gewinnabführungsvertrag und ähnlichen Verträgen (vgl. § 291 AktG) konkretisiert sich zivilrechtlich mit der Bilanzfeststellung durch die abführende Gesellschaft (so auch CLAUSSEN in KÖLNER KOMMENTAR 1971, AktG § 157 Anm. 34; SONNENSCHEIN, Organschaft, 1976, S. 389; E. WEBER, Beteiligungen, 1980, S. 133; BFH II 246/60 U vom 22.4.1964, BStBl III 1964, S. 336). Nach a.A. ist der Bilanzstichtag der Untergesellschaft als Entstehungstermin anzunehmen (vgl. BUDDE/FÖRSCHLE in BBK 1990, HGB § 277 Anm. 17; KNOBBE-KEUK, Gesellschaftsanteile, AG 1979, S. 301). Offenlassend ("nicht vor dem Ende des jeweiligen Wirtschaftsjahres", "frühestens mit Ablauf des Wirtschaftsjahres") BFH II R 92/86 vom 14.3.1990, BStBl II 1990, S. 492.

transformiert wird, über den der Gesellschafter, im Gegensatz zum gesamthänderisch gebundenen Vermögen, allein verfügungsberechtigt ist.

Nach der einen Ansicht entsteht der individuelle Anspruch des Gesellschafters regelmäßig bereits zum Abschlußstichtag der Personenhandelsgesellschaft[171]. Nach
wohl herrschender Auffassung kommt dagegen dem Zeitpunkt der Bilanzfeststellung[172] konstitutive Bedeutung zu[173]. Begründet wird die letztgenannte Meinung
damit, daß es bei Personenhandelsgesellschaften nach den gesetzlichen Vorschriften, die allerdings dispositives Recht sind[174], zwar keines förmlichen Ausschüt-
tungsbeschlusses bedarf; der anteilige Gewinn stehe den Gesellschaftern insofern
"unmittelbar" zu. Jedoch könne der Gewinn(anteil) nach § 120 Abs. 1 HGB nur
auf der Grundlage einer Bilanz ermittelt werden. Erst wenn ein Jahresabschluß im
Rechtssinne vorliege, könne auch ein Gewinnanspruch bestehen[175].

b. Bezugsrechte

Wie beim Gewinnanspruch ist auch beim Bezugsrecht das allgemeine Bezugsrecht
vom konkreten Bezugsanpruch zu unterscheiden.

Das mitgliedschaftliche allgemeine Bezugsrecht eines Aktionärs oder GmbH-Gesellschafters ist ebenso wie der mitgliedschaftliche allgemeine Anspruch auf Ge-

---

171 BUDDE/FÖRSCHLE in BBK 1990, HGB § 275 Anm. 177; U. ROSER, Beteiligung, DB
1977, S. 2242; SCHULZE-OSTERLOH, Beteiligungen, WPg 1979, S. 634; VOL-
KERI/SCHNEIDER, Behandlung, BB 1979, S. 966. Möglicherweise auch SELCHERT in
HdR 1990, HGB § 252 Rn. 86.

172 Die aus dem Recht der Kapitalgesellschaften bekannte Unterscheidung zwischen Aufstellung und Feststellung des Jahresabschlusses hat sich inzwischen auch im Recht der Personenhandelsgesellschaften durchgesetzt. Während die Aufstellung ein Akt der Geschäftsführung ist, obliegt die Feststellung allen Gesellschaftern und wird als gesellschaftsrechtliches
Grundlagengeschäft betrachtet (vgl. HERRMANN, Realisierung, WPg 1991, S. 465,
m.w.N.).

173 Siehe bereits RG II 315/24 vom 23.10.1925, RGZ 112, S. 267. Vgl. auch GESSLER, Beteiligung, WPg 1978, S. 96; HEYMANN/EMMERICH 1989, HGB § 121 Rn. 7; HOFF-
MANN, Beteiligungen, BB 1988, Beilage 2, S. 15 f.; HUBER, Kapitalanteil, 1970, S.
150; KARRENBAUER in HdR 1990, HGB § 253 Rn. 34; W. MEILICKE, Publizität, DB
1986, S. 2448; MELLWIG, Beteiligungen, BB 1990, S. 1170 und 1172; NIESKENS,
Beteiligungen, WPg 1988, S. 500; E. WEBER, Beteiligungen, 1980, S. 110-114;
WREDE, Beteiligungen, FR 1990, S. 298. Mit Einschränkungen DÖLLERER, Beteiligung, WPg 1977, S. 85.

174 Sollte der Gesellschaftsvertrag der Personenhandelsgesellschaft ausnahmsweise einen
förmlichen Gewinnverwendungsbeschluß vorsehen, ist auf den Zeitpunkt der Beschlußfas-
sung abzustellen. In diesem Fall ist der (konkrete) Gewinnanspruch des Gesellschafters einer Personengesellschaft wie der eines Aktionärs oder GmbH-Gesellschafters zu beurteilen.

175 HOFFMANN, Beteiligungen, BB 1988, Beilage 2, S. 15, m.w.N.

winnbeteiligung ein untrennbarer Bestandteil der Aktie und kann nicht verselbstän-
digt, insbesondere nicht getrennt übertragen oder verpfändet werden[176]. Das davon zu unterscheidende konkrete Bezugsrecht entsteht mit dem wirksam gefaßten
Kapitalerhöhungsbeschluß[177] und stellt ein eigenständiges Gläubigerrecht dar. Es
erlischt in dem Zeitpunkt, in dem der Vertrag auf Zeichnung junger Aktien (bzw.
von Options-, Wandel-, Gewinnschuldverschreibungen oder Genußrechten) abgeschlossen wird, spätestens zum Ende der Bezugsfrist[178].

c. Gestaltungsrechte

Zu den Gestaltungsrechten zählen das Veräußerungsrecht, das Kündigungsrecht
und sonstige Optionsrechte[179]. Sie sind nur insoweit isoliert übertragbar, als es
sich nicht um unselbständige (akzessorische) Gestaltungsrechte handelt[180]. Nicht
isoliert übertragbar sind daher neben dem Veräußerungs- und Kündigungsrecht
auch das Wandlungsrecht eines Wandlungsobligationärs sowie die Ansprüche des
Titelinhabers auf Variation der grundsätzlich unveränderten Leistungsmodalitäten[181]. Eine Übertragung ohne das dazugehörige Stammrecht kommt daher lediglich für vom Stammrecht trennbare Optionsrechte, wie insbesondere für den
Optionsschein einer Optionsanleihe, in Frage[182]. Nur für diesen Fall kann daher
ein zivilrechtlicher Entstehungszeitpunkt ermittelt werden. Dabei gilt, daß das
Optionsrecht als eigenständiger Anspruch nicht erst mit der Loslösung von der
Schuldverschreibung, sondern bereits zum Zeitpunkt der Anleiheemission entsteht.

---

176 HEFERMEHL/BUNGEROTH in G/H/E/K 1989, AktG § 186 Anm. 14, m.w.N. Es stellt
rechtlich einen Ausfluß des Mitgliedschafts- und Herrschaftsrechts des Gesellschafters und
nicht etwa - wie die Dividende - eine Frucht der Aktien nach § 99 Abs. 2 BGB dar, weil
das Bezugsrecht kein bestimmungsmäßiger, regelmäßig wiederkehrender Ertrag des Anteils
und damit auch keine Nutzung i.S.d. § 100 BGB ist (vgl. ebenda, Anm. 18).

177 HEFERMEHL/BUNGEROTH in G/H/E/K 1989, AktG § 186 Anm. 16, m.w.N. Die Eintragung des Kapitalerhöhungsbeschlusses in das Handelsregister ist insoweit nicht erforderlich (ebenda).

178 LUTTER in KÖLNER KOMMENTAR 1971, AktG § 186 Anm. 11.

179 Siehe oben, 2. Teil, 2. Kapitel, § 2, Punkt II.C.2.d, S. 75 ff.

180 PALANDT/HEINRICHS 1993, BGB § 413 Anm. 3; STAUDINGER/KADUK 1978, BGB
§ 413 Anm. 37.

181 Siehe oben, 2. Teil, 2. Kapitel, § 2, Punkt II.C.2.d, S. 75 ff.

182 Im Regelfall werden an der Börse daher auch drei Kurse notiert, nämlich der Kurs für die
Optionsanleihe cum Optionsschein, für die reine Anleihe und für den isolierten Optionsschein (siehe etwa die Übersicht bei KOCH/VOGEL, Optionsanleihen, BB 1986, Beilage
10, S. 4).

3. Die Wirtschaftsguteigenschaft zivilrechtlich entstandener Ertrags-, Bezugs- und Gestaltungsrechte

a. Ertragsrechte

α. Bedingte Entgeltansprüche

Untersucht man zunächst die abstrakte Bilanzierungsfähigkeit zivilrechtlich entstandener bedingter Entgeltansprüche, so ist nicht zweifelhaft, daß der Titelinhaber einen vom Stammrecht unabhängigen, konkretisierten, greifbaren und übertragungsfähigen wirtschaftlichen Vorteil und damit ein selbständiges Wirtschaftgut besitzt, das er, wie jedes andere Gläubigerrecht auch, isoliert übertragen bzw., bei Veräußerung des Stammrechts, zurückbehalten kann[183]. Dies wird insbesondere bei bereits entstandenen, aber noch nicht erfüllten Gewinnansprüchen aus Aktien deutlich, die als "abgetrennte Dividendenscheine" bilanziert werden[184].

ß. Unbedingte Entgeltansprüche

Die Rechtslage bei unbedingten Entgeltansprüchen ist ebenfalls eindeutig, wenn der Zinsanspruch für eine abgelaufene Abrechnungsperiode entstanden und fällig, aber noch nicht erfüllt ist. Auch in diesem Fall hat der Inhaber ein eigenständiges Gläubigerrecht zu aktivieren, das im Fall verbriefter Forderungen entsprechend der Behandlung von Dividendenscheinen unter den "abgetrennten Zinsscheinen" auszuweisen ist. Die gleiche Beurteilung trifft auf isoliert, d.h. ohne das dazu gehörige Stammrecht, erworbene Ertragsrechte zu[185]. Fraglich ist jedoch, ob auch zivilrechtlich entstandene, aber noch nicht fällige Zinsansprüche als Wirtschaftsgüter zu qualifizieren sind.

Wie oben ausgeführt, entsteht der unbedingte Entgeltanspruch eines festverzinslichen Forderungstitels anteilig mit fortschreitender Laufzeit. Steht dem Titelinhaber das Ertragsrecht aus einem Forderungstitel *originär* zu und wird die Zinszahlung erst im Folgejahr fällig, so ist nach allgemeiner Auffassung in der Bilanz eine Forderung auszuweisen und zwar insoweit, als der Zinsanspruch bereits entstanden ist[186]. Ist der Forderungstitel allerdings nominell unverzinslich

---

183 Siehe etwa für die Gewinnbeteiligung aus Aktien und GmbH-Anteilen HEFER-MEHL/BUNGEROTH in G/H/E/K 1983, AktG § 58 Anm. 129, m.w.N.; HUECK BAUMBACH/HUECK 1988, GmbHG § 29 Rn. 49.

184 Vgl. etwa A/D/S 1992, HGB § 266 Tz. 146; SARX/PANKOW in BBK 1990, HGB § 266 Anm. 145.

185 PÖLLATH, Zinsschein, BB 1983, S. 1272.

186 Siehe etwa GLADE 1986, HGB § 266 Rz. 465.

(Beispiel: Zerobonds), so wird es für zulässig gehalten, die aufgelaufenen Zinsansprüche als nachträgliche Anschaffungskosten[187] des Titels selbst zu qualifizieren[188].

Wird ein unbedingtes Ertragsrecht *derivativ* erworben, so sind Zinsen in dem Umfang gesondert zu aktivieren, in dem sie auf abgelaufene Zinsabrechnungsperioden entfallen und gesondert vergütet werden (sog. Stückzinsen)[189]. Dagegen stellen mitbezahlte Zinsen aus nominell unverzinslichen Forderungstiteln Anschaffungskostenbestandteile des Titels selbst dar[190].

Die Stückzinsen sind ein Ausgleich dafür, daß dem Neugläubiger gegenüber dem Schuldner zum nächsten Kupontermin ein Zinsanspruch für die gesamte abgelaufene Abrechnungsperiode zusteht, obwohl das Kapital bis zum Übertragungstag vom Altgläubiger zur Verfügung gestellt wurde. Der Anspruch des Veräußerers gegenüber dem Erwerber ergibt sich aus § 101 BGB, wonach Zinsen, Gewinnanteile oder andere regelmäßig wiederkehrende Erträge dem Berechtigten pro rata temporis zustehen, wenn keine andere Vereinbarung getroffen wurde[191]. Werden die bis zur Übertragung aufgelaufenen Zinsen gesondert in Rechnung gestellt, so bedeutet dies nicht, daß der Veräußerer neben dem Wertpapier zusätzlich den Zinsanspruch abtritt, da der Erwerber als neuer Gläubiger dieses Recht ohnehin erhält[192]. Zivilrechtlich ist diese Vereinbarung vielmehr als entgeltlicher Verzicht auf die Geltendmachung des Anspruchs aus § 101 BGB zu interpretieren[193]. Die gesonderte Aktivierung der Stückzinsen beruht damit offensichtlich auf der Vorstellung, der Erwerber erhalte neben dem Wertpapier den Vorteil, die nachfol-

---

187 Siehe dazu unten, 2. Kapitel, § 2, Punkt I.B, S. 409 ff.

188 BÖCKING, Zerobonds, ZfbF 1986, S. 949; BORDEWIN, Zero-Bonds, WPg 1986, S. 266 f.; ULMER/IHRIG, Zero-Bonds, ZIP 1985, S. 1178 f.

189 GROH, Bilanzsteuerrecht, StuW 1975, S. 57; HEUER in H/H/R 1993, EStG § 6 Anm. 1090; KUPSCH, Finanzanlagevermögen, HdJ II/3 1987, Rn. 132; SCHÄFER, Forderungen, 1977, S. 72. Aus der Rechtsprechung siehe BFH VI 22/61 S vom 13.12.1963, BStBl III 1964, S. 184; BFH I 242/59 U vom 3.12.1964, BStBl III 1965, S. 139.

190 KUSSMAUL, Null-Kupon-Anleihen, BB 1987, S. 1567; NEYER, Zero-Bonds, DB 1982, S. 975.

191 § 101 BGB hat keine dingliche Rechtsänderung im Verhältnis zwischen Gläubiger und Schuldner zur Folge, sondern beinhaltet lediglich eine schuldrechtliche Ausgleichsregelung zwischen Alt- und Neugläubiger (PALANDT/HEINRICHS 1993, BGB § 101 Anm. 1).

192 Vgl. die beiden zur Aktivierung von Gewinnbezugsrechten von GmbH-Anteilen ergangenen, m.E. insoweit jedoch auch hier einschlägigen, Judikate BFH I R 199/84 vom 21.5.1986, BStBl II 1986, S. 794; BFH I R 190/81 vom 21.5.1986, BStBl II 1986, S. 815. A.A. INSTFST/VOSS, Beteiligung, 1984, S. 14 ff.

193 Diese Alternative ebenfalls zulassend INSTFST/VOSS, Beteiligung, 1984, S. 14 ff.

gende Zinszahlung in voller Höhe und nicht besitzzeitanteilig vereinnahmen zu können.

Es ist m.E. fraglich, ob es gerechtfertigt ist, insoweit den Erwerb zweier Wirtschaftsgüter anzunehmen[194]. Die Frage kann hier jedoch dahingestellt bleiben, da jedenfalls das Periodizitätsprinzip des § 252 Abs. 1 Nr. 5 HGB eine Gewinnerhöhung der Erwerbsperiode um den vollen Zinsbetrag nicht zuläßt. Zwar ist dieses Resultat prinzipiell auch dadurch zu erreichen, daß die Stückzinsen zu den Anschaffungskosten des Wertpapiers gerechnet werden und am Ende des Wirtschaftsjahres eine Teilwertabschreibung vorgenommen wird. Jedoch gilt die Stückzinsregelung im wesentlichen für inländische börsengehandelte Wertpapiere, die keinem nennenswerten Bonitätsrisiko unterliegen und deren - nahezu ausschließlich vom Zinsniveau abhängiger - Kurs jederzeit ermittelt werden kann, so daß der periodengerechte Zinsertrag mit Hilfe des gesondert aktivierten Gewinnanspruchs stets und besser zuordenbar ist als mit dem weniger präzisen und darüber hinaus zum Teil fakultativ einsetzbaren Instrument der Teilwertabschreibung.

Aus der vorgestellten Argumentation ergibt sich, daß gesondert aktivierte Stückzinsen eine enge Verwandtschaft zu den Posten der Rechnungsabgrenzung aufweisen[195]. Stückzinsen und ähnliche Zahlungen nach dem Bilanzstichtag, soweit sie Aufwand oder Ertrag vor dem Bilanzstichtag darstellen, wurden daher im AktG 1937 noch als (antizipative) Rechnungsabgrenzungsposten ausgewiesen[196]. Die im AktG 1965 enthaltene Neuregelung hätte durch das Bilanzrichtliniengesetz wiederum korrigiert werden können, da Art. 18 der 4. EG-Richtlinie den Mitgliedstaaten ein Wahlrecht zugestanden hatte, die auf das abgelaufene Jahr entfallenden Aufwendungen oder Erträge entweder in die Posten der Rechnungsabgrenzung einzubeziehen oder als Forderungen auszuweisen[197]. Der Gesetzgeber hat dieses Wahlrecht jedoch ausdrücklich nicht zu einer Änderung genutzt. Wenn den gesondert aktivierten Stückzinsen jedoch die Wirt-

---

194 Bedenken äußert auch BFH VIII R 101/71 vom 3.8.1976, BStBl II 1977, S. 65.

195 Würden sie als solche ausgewiesen, müßten sie wohl auch dann gebildet werden, wenn eine gesonderte Inrechnungstellung unterblieben ist. In der Literatur ist ausschließlich die Rede von "Stückzinsen, die beim Erwerb von festverzinslichen Wertpapieren gesondert berechnet werden" (SARX in BBK 1990, HGB § 255 Anm. 307, im Original zum Teil fett gedruckt). Ob hieraus im Umkehrschluß zu folgern ist, daß (etwa versehentlich) nicht gesondert in Rechnung gestellte Stückzinsen nicht als eigenständige Wirtschaftsgüter auszuweisen sind, ist unklar.

196 A/D/S 1968, AktG 1965 § 152 Anm. 174-177.

197 Siehe nur SARX in BBK 1990, HGB § 268 Anm. 93 f.

schaftsguteigenschaft zuerkannt wird, so muß dies in vollem Umfang, also auch für die Bewertung, gelten[198].

b. Bezugsrechte

Der konkrete Bezugsanspruch entsteht mit dem wirksam gefaßten Kapitalerhöhungsbeschluß[199]. Es ist nicht zweifelhaft, daß durch den Kapitalerhöhungsbeschluß aus der alten Aktie ein neues Wirtschaftsgut, eben das Bezugsrecht, entsteht[200]. Dies gilt unabhängig davon, ob das (konkrete) Bezugsrecht originär oder derivativ, isoliert oder zusammen mit dem Stammrecht erworben wird.

c. Gestaltungsrechte

Die Bezeichnung "Wirtschaftsgut" kommt lediglich für solche Gestaltungsrechte in Frage, die vom Stammrecht lösbar sind, da andernfalls zwischen beiden Bestandteilen ein untrennbarer einheitlicher Nutzungs- und Funktionszusammenhang besteht. Veräußerungs- und Kündigungsrechte, das Wandlungsrecht eines Wandelobligationärs und Ansprüche auf Variation der im Grundsatz unveränderten Leistungen sind mithin lediglich unselbständige Bestandteile des Wirtschaftsguts "Finanzierungstitel".

Gesondert bilanzierungsfähig sind folglich nur (sonstige) Optionen, die einen Anspruch auf Lieferung eines Vermögenswertes repräsentieren, insbesondere also der Optionsschein einer Optionsanleihe. Nach h.M. handelt es sich hierbei um ein Wirtschaftsgut[201]. Ein Ansatz als aktiver Rechnungsabgrenzungsposten[202] schei-

---

198 Folglich müßten bspw. die entstandenen, aber erst später fälligen Zinsen abgezinst und im Falle von Bonitätsrisiken auch wertberichtigt werden. Insbesondere die erste Maßnahme wird jedoch regelmäßig nicht einmal in Erwägung gezogen. Dies ist wohl daraus erklärlich, daß der Zinsanspruch zwar als Anspruch bezeichnet, im Grunde jedoch wie ein Rechnungsabgrenzungsposten behandelt wird.

199 Siehe oben, Punkt 2.b, S. 203.

200 GERLACH, Aktien, BB 1985, Beilage 3, S. 6; HEUER in H/H/R 1993, EStG § 6 Anm. 1110; MELLWIG, Aktien, DB 1986, S. 1417; WETTER, Aktien, DB 1962, S. 515. Siehe auch BFH IV R 174/67 vom 6.12.1968, BStBl II 1969, S. 106.

201 Vgl. bereits RFH VI A 1315/31 vom 28.6.1932, RStBl 1932, S. 651. Siehe ausführlich NIEMEYER, Ausweis, 1990, S. 42-49. Siehe auch CYRANKIEWICZ/WENDLAND, Behandlung, ZfgK 1990, S. 1026; DREISSIG, Optionen, BB 1989, S. 1515; HÄUSELMANN, Optionen, DB 1987, S. 1746; HÄUSELMANN/WIESENBART, DTB, DB 1990, S. 643; HERRLER/PROHL, Wertpapieroptionsgeschäfte, WM 1982, S. 812; IDW (BFA),

det aus. Dabei kann dahingestellt bleiben, ob die Voraussetzungen für das Vorliegen eines solchen erfüllt sind; jedenfalls ist ein Optionsrecht unzweifelhaft (auch) ein (immaterielles[203]) Wirtschaftsgut. Nach h.M. hat in diesen Fällen der Ansatz nach § 248 Abs. 2 HGB bzw. § 5 Abs. 2 EStG Vorrang vor § 250 HGB bzw. § 5 Abs. 5 Satz 1 EStG[204]. Verfehlt erscheint es auch, ein bis zur Bilanzaufstellung noch nicht ausgeübtes Optionsrecht aufgrund des Vorsichtsprinzips überhaupt nicht zu bilanzieren[205], da dem Optionsinhaber sehr wohl ein wirtschaftlicher Vorteil zusteht; dem Vorsichtsprinzip ist vielmehr durch eine entsprechende Bewertung Rechnung zu tragen[206].

Der Optionsschein einer Optionsanleihe stellt nicht nur dann ein eigenständiges Wirtschaftsgut dar, wenn er isoliert erworben wird. Vielmehr ist er auch in den Fällen gesondert zu aktivieren, in denen er (originär oder derivativ) zusammen mit dem Stammrecht auf den Erwerber übergegangen ist[207].

4. Die Einordnung von Ertrags-, Bezugs- und Gestaltungsrechten in bilanzrechtliche Vermögenskategorien

Wird die abstrakte und selbständige Bilanzierungsfähigkeit eines Ertrags-, Bezugs- bzw. Gestaltungsrechts bejaht, so ist eine Zuordnung des Wirtschaftsguts zum (1) immateriellen, materiellen oder finanziellen Vermögen, (2) beweglichen oder unbeweglichen Vermögen, (3) abnutzbaren oder nicht abnutzbaren Vermögen sowie (4) Anlage- oder Umlaufvermögen vorzunehmen[208].

BFA 2/1987, 1992, S. 67; JUNG, Aktienoptionsgeschäfte, 1989, S. 125; KNOP in HdR 1990, HGB § 266 Rn. 172; POPP, Bilanzierung, DStR 1976, S. 89; RAESCH, Option, StBp 1973, S. 53; RÖNITZ, Behandlung, WM 1971, Sonderbeilage 2, S. 4; VON TREUBERG/SCHARPF, DTB-Aktienoptionen, DB 1991, S. 663.

202 So GRÜTZEMACHER, Finanzinnovationen, 1989, S. 239.

203 Siehe unten, Punkt 4.

204 FEDERMANN in H/H/R 1993, EStG § 5 Anm. 1914 und 1917; NIELAND in L/B/M 1993, EStG §§ 4, 5 Tz. 801; L. SCHMIDT 1993, EStG § 5 Anm. 24b. A.A. BLÜMICH/SCHREIBER 1993, EStG § 5 Rz. 695. Die umstrittene Frage, ob Rechnungsabgrenzungsposten Wirtschaftsgüter sind oder nicht, soll hier nicht diskutiert werden (zur Darstellung des Meinungsstands siehe nur ROSE, Rechnungsabgrenzungsposten, StbJb 1983/84, S. 160 f.).

205 So FRIEDRICH, Bilanzierung, 1978, S. 98.

206 So zutreffend POPP, Bilanzierung, DStR 1976, S. 89.

207 ARNDT/MUHLER, Optionsanleihen, DB 1988, S. 2170; BREKER, Optionsrechte, 1993, S. 67; DÖLLERER, Optionsanleihen, AG 1986, S. 240; HOLZHEIMER, Optionsanleihen, WM 1986, S. 1174; KNOBBE-KEUK, Optionsanleihen, ZGR 1987, S. 320; PÖLLATH/RODIN, Optionsanleihen, DB 1986, S. 2094.

208 Siehe hierzu auch oben, Punkt I.A.2, S. 169 ff.

(1) Das Ertragsrecht hat durch die Abspaltung vom Stammrecht seinen Charakter als Zins, Dividende usw. verloren und ist zur bloßen Forderung geworden[209]. Es handelt sich mithin um einen eigenständigen Finanzierungstitel, der dem finanziellen Vermögen zuzuordnen ist[210]. Dagegen sind die hier allein interessierenden isoliert übertragungsfähigen Optionsrechte[211] nach ganz h.M. in der Literatur als immaterielle Wirtschaftsgüter zu qualifizieren[212]. Dies dürfte auch für am Bilanzstichtag noch vorhandene Bezugsrechte gelten[213].

(2) Die Frage, ob ein Wirtschaftsgut als beweglich oder unbeweglich zu qualifizieren ist, stellt sich nur beim materiellen Vermögen. Für Ertrags-, Bezugs- und Gestaltungsrechte ist die Alternative mithin nicht von Bedeutung.

(3) Wirtschaftsgüter des finanziellen Vermögens (und damit auch Ertragsrechte) sind stets nicht abnutzbar. Nach h.M. sind Optionsrechte ebenfalls keiner originären, zu einem Werteverzehr führenden Nutzung durch den Optionsinhaber zugänglich[214]. Der gegenteiligen Auffassung NIEMEYERS[215] ist m.E. nicht zu folgen. Zwar trifft es zu, daß der Wert einer Option c.p. mit kürzer werdender Optionsfrist sinkt, weil der Zeitwert (time value) gegen Null konvergiert[216]. Es ist jedoch zu berücksichtigen, daß der innere Wert (intrinsic va-

---

209 PÖLLATH, Zinsschein, BB 1983, S. 1272.

210 Werden gesondert in Rechnung gestellte Stückzinsen allerdings als Gegenleistung des Veräußerers auf Geltendmachung des Ausgleichsanspruchs nach § 101 BGB interpretiert und als solche aktiviert (siehe dazu oben, Punkt 3.a.ß, S. 205 ff.), so ist dieser Vorteil als immaterielles Wirtschaftsgut zu qualifizieren (so wohl auch INSTFST/VOSS, Beteiligung, 1984, S. 33 f.).

211 Zur bilanzsteuerlichen Behandlung nicht übertragungsfähiger Optionsrechte vgl. BREKER, Optionsrechte, 1993, S. 51-54; RÖNITZ, Ertragsbesteuerung, JbFSt 1980/81, S. 38-59.

212 CYRANKIEWICZ/WENDLAND, Behandlung, ZfgK 1990, S. 1026; DREISSIG, Optionen, BB 1989, S. 1515; HÄUSELMANN, Optionen, DB 1987, S. 1746; HÄUSELMANN/WIESENBART, DTB, DB 1990, S. 643; IDW (BFA), BFA 2/1987, 1992, S. 67; JUNG, Aktienoptionsgeschäfte, 1989, S. 125; KNOP in HdR 1990, HGB § 266 Rn. 172; POPP, Bilanzierung, DStR 1976, S. 89; RAESCH, Option, StBp 1973, S. 53; L. SCHMIDT 1993, EStG § 5 Anm. 17a; VON TREUBERG/SCHARPF, DTB-Aktienoptionen, DB 1991, S. 663.

213 In der Literatur finden sich hierzu, soweit ersichtlich, keine Meinungsäußerungen. Da jedoch der Bezugsrechts- wie der Optionsinhaber "eine wirtschaftlich werthaltige Rechtsposition [erhält], nämlich den Hauptvertrag zu schon festgelegten Konditionen in Kraft zu setzen " (HÄUSELMANN, Optionen, DB 1987, S. 1746, Klammerzusatz vom Verfasser), ist m.E. insoweit eine Gleichbehandlung geboten.

214 BREKER, Optionsrechte, 1993, S. 79 f.; CYRANKIEWICZ/WENDLAND, Behandlung, ZfgK 1990, S. 1027; EISELE/KNOBLOCH, Finanzinnovationen, DStR 1993, S. 583; HÄUSELMANN, Optionen, DB 1987, S. 1746; RAESCH, Option, StBp 1973, S. 53.

215 NIEMEYER, Ausweis, 1990, S. 50-58.

216 Siehe oben, 2. Teil, 3. Kapitel, § 2, Punkt II.A.3.b, S. 124 ff.

lue) nicht zeitabhängig ist. Fraglich ist dann, auf welchen Wert planmäßig (!) abzuschreiben ist: Weder eine Vollabschreibung noch eine Abschreibung auf den prognostizierten inneren Wert zum expiration date[217] ist gerechtfertigt, da der Optionsinhaber die Option gerade mit der Hoffnung auf eine positive Entwicklung, d.h. eine Wertsteigerung und nicht einen "Werteverzehr" erworben hat. Dabei ist zu berücksichtigen, daß "planmäßige" Abschreibungen dem Verfahren und der Höhe nach spätestens bei Vornahme der ersten Abschreibung für die gesamte Nutzungsdauer zu bestimmen ist[218]. Eine "marktpreisabhängige" Abschreibungsmethode scheidet mithin aus[219].

Für Bezugsrechte stellt sich die Zuordnungsfrage nicht, da sie stets dem Umlaufvermögen zuzurechnen sind[220].

(4) Es wurde bereits oben[221] dargelegt, daß der Ausweis eines finanziellen Wirtschaftsguts im Anlagevermögen dann nicht zulässig ist, wenn aufgrund der Laufzeit des Finanzierungstitels (weniger als ein Jahr) ein "dauerndes" Dienen von vorneherein ausgeschlossen ist. Demzufolge zählen Bezugsrechte und auch Ertragsrechte zum Umlaufvermögen. Bei Optionsrechten ist bei einer Ausübungsfrist von mehr als einem Jahr[222] auf die beabsichtigte Verwendung abzustellen: Ist eine kurzfristige Veräußerung geplant, so ist das Optionsrecht dem Umlaufvermögen zuzurechnen[223]. Besteht dagegen keine Verkaufsab-

---

217 Der zuletzt genannte "Abschreibungsplan" wäre insofern plausibel, als zum expiration date der Wert einer Option nur noch aus innerem Wert besteht, mithin nur der zeitabhängige time value auf Null DM abgeschrieben worden wäre.

218 PANKOW/LIENAU/FEYEL in BBK 1990, HGB § 253 Anm. 220, m.w.N.

219 Aufgrund der abschließenden Aufzählung in § 7 EStG wäre ein solches Verfahren steuerlich ohnehin nicht zulässig.

220 Siehe die nachfolgenden Ausführungen in Punkt (4).

221 Siehe oben, Punkt I.A.2.d, S. 172 ff.

222 Nach a.A. ist die "Laufzeit" des Optionsrechts irrelevant (HÄUSELMANN, Optionen, DB 1987, S. 1746; RÖNITZ, Ertragsbesteuerung, JbFSt 1980/81, S. 45). Ähnlich wie hier BREKER, Optionsrechte, 1993, S. 75; CYRANKIEWICZ/WENDLAND, Behandlung, ZfgK 1990, S. 1027; JUNG, Aktienoptionsgeschäfte, 1989, S. 127; VON TREUBERG/SCHARPF, DTB-Aktienoptionen, DB 1991, S. 664. Die Anwendung der für das Finanzvermögen in Punkt I.A.2.d vorgestellten Grundsätze auf das immaterielle Wirtschaftsgut "Optionsrecht" ist m.E. zulässig, da in beiden Fällen lediglich ein mittelbares "Dienen" in Betracht kommt, mithin dem Zeitmoment überragende Bedeutung beizumessen ist.

223 HÄUSELMANN, Optionen, DB 1987, S. 1746; NIEMEYER, Optionsgeschäft, BB 1990, S. 1023. An der DTB gehandelte Optionen sind grundsätzlich nicht veräußerlich; die "Glattstellung" erfolgt vielmehr regelmäßig durch Aufbau einer der bestehenden Position entgegengesetzten Position. Der wirtschaftliche Gehalt der "Glattstellung" durch Abschluß eines gegenläufigen Optionsverkaufsgeschäfts entspricht jedoch wirtschaftlich dem eines Verkaufs und ist mithin wohl auch bilanziell wie ein solcher zu behandeln (vgl. HÄU-

sicht, so handelt es sich m.E. um Anlagevermögen, da die Option ihrem Inhaber dann insoweit "dauernd" dient, als sie ihm während der (mindestens einjährigen) Optionsausübungsfrist die Möglichkeit des Erwerbs von jungen Aktien, Wandelschuldverschreibungen etc. zu einem im vorhinein festgelegten Preis ermöglicht: "Das Optionsrecht dient daher bereits vor seiner Ausübung dem Geschäftsbetrieb, indem es dem Optionsberechtigten permanent die Möglichkeit eröffnet, auf den Optionsgegenstand zuzugreifen bzw. [bei einer Verkaufsoption] diesen zu veräußern"[224].

SELMANN/WIESENBART, DTB, DB 1990, S. 644). Aufgrund ihrer Laufzeit sind DTB-Optionen daher dem Umlaufvermögen zuzurechnen (JUNG, Aktienoptionsgeschäfte, 1989, S. 127).

224 NIEMEYER, Optionsgeschäft, BB 1990, S. 1023; Klammerzusatz vom Verfasser. Dagegen kommt es auf die Zuordnung des Optionsobjekts (also bspw. der jungen Aktie) zum Anlage- oder Umlaufvermögen nicht an, da es sich hierbei um zwei verschiedene Wirtschaftsgüter handelt. So auch CYRANKIEWICZ/WENDLAND, Behandlung, ZfgK 1990, S. 1027; HÄUSELMANN, Optionen, DB 1987, S. 1747; NIEMEYER, a.a.O., S. 1023; VON TREUBERG/SCHARPF, DTB-Aktienoptionen, DB 1991, S. 664. A.A. POPP, Bilanzierung, DStR 1976, S. 89; RÖNITZ, Ertragsbesteuerung, JbFSt 1980/81, S. 45.

§ 3 : Entstehung und Untergang des Wirtschaftsguts Finanzierungstitel
I. Der Entstehungszeitpunkt

Wie oben dargelegt, stellen Finanzierungstitel Wirtschaftsgüter dar. Fraglich ist, ab wann ihnen diese Eigenschaft erstmals zuzuerkennen ist. Aus betriebswirtschaftlicher Sicht ist auf den Zeitpunkt des originären Erwerbs abzustellen, da Finanzierungstitel definitionsgemäß zu diesem Termin entstehen. Für die bilanzrechtliche Beurteilung ist dieser Grundsatz jedoch nicht differenziert genug. Nach dem Entstehungsanlaß soll der bilanzielle Entstehungszeitpunkt daher in Abhängigkeit davon bestimmt werden, ob es sich um einen Finanzierungstitel im engeren oder im weiteren Sinne handelt. Darüber hinaus stellt die Bestimmung des Entstehungszeitpunkts von Ertragsrechten ein Spezialproblem dar, auf das gesondert einzugehen ist.

Bevor jedoch die Problematik des Entstehungszeitpunkts von Finanzierungstiteln im einzelnen diskutiert wird, sollen zunächst einige grundsätzliche Überlegungen zum Realisationsprinzip angestellt werden, das in einem engen Zusammenhang zum Entstehungszeitpunkt von Forderungstiteln steht.

A. Grundlagen

Der bilanzrechtliche Entstehungszeitpunkt von Forderungstiteln steht, wie erwähnt, in einem engen Zusammenhang mit dem Realisationszeitpunkt i.S.d. § 252 Abs. 1 Nr. 4 2. Halbsatz HGB. Das Realisationsprinzip ist seinerseits eine Ausprägung des allgemeinen Vorsichtsprinzips[1] und steht in einem Spannungsverhältnis zum Vollständigkeitsgebot des § 246 Abs. 1 HGB und dem Periodizitätsprinzip des § 252 Abs. 1 Nr. 5 HGB[2].

1. Forderungsentstehung und Realisationsprinzip

Nach § 252 Abs. 1 Nr. 4 2. Halbsatz HGB sind Gewinne nur zu berücksichtigen, wenn sie am Abschlußstichtag realisiert sind. Dieses Realisationsprinzip stellt eine

---

1   MOXTER, Bilanztheorie, 1984, S. 114; DERS., Realisationsprinzip, BB 1984, S. 1780.

2   Zum Verhältnis von Vollständigkeitsgebot, Vorsichts- und Realisationsprinzip siehe insbesondere L. WOERNER, Gewinnrealisierung, BB 1988, S. 769-777. Das Vorsichts- und damit auch das Realisationsprinzip ist trotz der Überschrift zu § 252 HGB ("Allgemeine Bewertungsgrundsätze") unstreitig auch bei Ansatzfragen beachtlich (vgl. BUDDE/GEISSLER in BBK 1990, HGB § 252 Anm. 30; L. WOERNER, a.a.O., S. 772).

Ausprägung des allgemeinen Vorsichtsprinzips dar. Sein Zweck besteht darin, den Ausweis und die Ausschüttung (bzw. Besteuerung) (noch) nicht realisierter Gewinne zu verhindern und die Erfolgsneutralität von Beschaffungsvorgängen zu gewährleisten[3]. Die genannte Vorschrift ist hier deshalb von Bedeutung, weil der Realisationszeitpunkt grundsätzlich gleichzeitig den Entstehungzeitpunkt der der Gewinn- bzw. Ertragsrealisation zugrunde liegenden Forderung markiert[4]. Die Frage, zu welchem Zeitpunkt die Gewinnrealisierung bzw. Forderungsentstehung und damit "der Übergang vom Vorsichtsprinzip zum [Vollständigkeits- und] Realisationsgebot"[5] eintritt, wird im bilanzrechtlichen Schrifttum bereits seit langem und in einigen Monographien jüngeren Datums[6] erneut kontrovers diskutiert. Sie kann im Rahmen dieser Arbeit nicht eingehend behandelt werden. An dieser Stelle soll der Hinweis genügen, daß es nach heute wohl h.M. in Literatur und Judikatur[7] letztlich nicht auf den Zeitpunkt der rechtlichen Anspruchsentstehung ankommt, sondern daß entscheidend ist, wann der Gewinn "wirtschaftlich entstanden" ist, wann er "so gut wie sicher" oder "im wesentlichen gesichert" erscheint[8]. Die "statische" Begründung für diese These ist, daß erst bzw. bereits dann eine "hinreichend konkretisierte", "selbständig bewertbare" Forderung und damit ein Wirtschaftsgut vorliegt[9]. Dabei ist zur Bestimmung des wirtschaftlichen Entstehungszeitpunkts durchaus auf rechtliche (im Regelfall: schuldrechtliche) Bestim-

3 LEFFSON, Grundsätze, 1987, S. 251.

4 CREZELIUS, Geschäft, 1988, S. 86 f.; EULER, Gewinnrealisierung, 1989, S. 67; LEFFSON, Grundsätze, 1987, S. 262 f.; LÜDERS, Gewinnrealisierung, 1987, S. 44 f.; LUIK, Rückgaberecht, JDStJG 1981, S. 99; SARX/PANKOW in BBK 1990, HGB § 247 Anm. 30; SCHÖNNENBECK, Forderungen, DB 1962, S. 546; WACKET, Imparitätsprinzip, BB 1990, S. 240; L. WOERNER, Gewinnrealisierung, BB 1988, S. 772. Aus der BFH-Rechtsprechung siehe etwa BFH IV R 52/83 vom 27.2.1986, BStBl II 1986, S. 553.

5 L. WOERNER, Gewinnrealisierung, BB 1988, S. 773; Klammerzusatz vom Verfasser, Flexion geändert. Zur Bedeutung des Klammerzusatzes siehe unten, Punkt 2.

6 EULER, Gewinnrealisierung, 1989; GELHAUSEN, Realisationsprinzip, 1985; LÜDERS, Gewinnrealisierung, 1987.

7 Siehe insbesondere L. WOERNER, Gewinnrealisierung, BB 1988, S. 773; DERS., Grundsatzfragen, FR 1984, S. 494. Vgl. auch DÖLLERER, Bilanzierung, BB 1974, S. 1543; MATHIAK, Bilanzsteuerrecht, StuW 1989, S. 55; MOXTER, Betrachtungsweise, StuW 1989, S. 237; SARX/PANKOW in BBK 1990, HGB § 247 Anm. 80. Aus der Rechtsprechung vgl. BFH I B 49/85 vom 11.12.1985, BFH/NV 1986, S. 595; BFH VIII R 134/80 vom 25.2.1986, BStBl II 1986, S. 788.

8 Zu einer Darstellung und Diskussion alternativer Konzepte vgl. LÜDERS, Gewinnrealisierung, 1987, S. 21-43. Erwähnenswert ist insbesondere das sog. "Barrealisationsprinzip", wonach der Gewinn zum Zeitpunkt des Mittelzuflusses realisiert wird (vgl. hierzu aus steuerrechtlicher Sicht insbesondere D. SCHNEIDER, Realisationsprinzip, 1976, S. 103-117, sowie, mit handelsrechtlicher Begründung, LEMM, Forderungsbilanzierung, 1981, S. 156-193).

9 EULER, Gewinnrealisierung, 1989, S. 120 f.; MOXTER, Aktivierungsvoraussetzung, BB 1987, S. 1850.

mungen zurückzugreifen; diesen kommt jedoch lediglich eine Indiz- und Objekti-vierungsfunktion zu[10].

2. Realisationsprinzip und Vollständigkeitsgebot

Finanzierungstitel im engeren Sinne resultieren aus gegenseitigen Verträgen. Zivil-rechtlich entsteht bereits mit Abschluß des entsprechenden Vertrags ein Anspruch des Verkäufers usw. Unterstellt man, daß damit bereits ein Wirtschaftsgut entstan-den ist[11], so ist dieses aufgrund des Vollständigkeitsgebots (§ 246 Abs. 1 HGB) grundsätzlich bilanzierungspflichtig. Es ist jedoch zu beachten, daß der Anspruch auf Erfüllung in hohem Maße mit Risiken behaftet ist (Beispiele: Einrede des nicht erfüllten Vertrags; Unmöglichkeit; zufälliger Untergang der verkauften oder hergestellten Sache)[12]. Der Ausweis der Forderung auf die Gegenleistung würde daher - selbst wenn man der Forderung eine gleich hohe Verbindlichkeit gegen-überstellt - einen Vermögenswert vorspiegeln, der noch unsicher ist[13]. Der Forde-rungsansatz wird daher durch das Vorsichtsprinzip (speziell: durch den Grundsatz der Nichtbilanzierung schwebender Geschäfte) untersagt[14].

3. Realisationsprinzip und Periodizitätsprinzip

Von der "wirtschaftlichen Entstehung" im Sinne des Realisationsprinzips zu unter-scheiden ist die "wirtschaftliche Verursachung" nach dem Periodizitätsprinzip[15].

---

10   L. WOERNER, Gewinnrealisierung, BB 1988, S. 774. Siehe auch BFH I B 49/85 vom 11.12.1985, BFH/NV 1986, S. 596. Die zivilrechtliche Anspruchsentstehung betonend da-gegen etwa BFH IV 226/58 S vom 28.1.1960, BStBl III 1960, S. 293; BFH I R 142/81 vom 8.12.1982, BStBl II 1983, S. 371. Kritisch zur nicht eindeutigen Haltung des BFH LÜDERS, Gewinnrealisierung, 1987, S. 15-20. Die Notwendigkeit des Abstellens auf die "wirtschaftliche Entstehung" ergibt sich bereits daraus, daß "das wesentlich differenziertere Zivilrecht kein so grobes Rechtsinstitut wie die Gewinnrealisierung kennt" (EULER, Gewinnrealisierung, 1989, S. 71).

11   So L. WOERNER, Gewinnrealisierung, BB 1988, S. 772, insbesondere Fn. 22. Er distan-ziert sich an dieser Stelle von seiner früher vertretenen Auffassung, dem Anspruch aus ei-nem beidseitig noch nicht erfüllten Vertrag komme keine Wirtschaftsguteigenschaft zu (siehe L. WOERNER, Grundsatzfragen, FR 1984, S. 492; so auch DÖLLERER, Aktivie-rungswelle, BB 1980, S. 1335; LÜDERS, Gewinnrealisierung, 1987, S. 71).

12   Siehe im einzelnen CREZELIUS, Geschäft, 1988, S. 85 f.; DÖLLERER, Aktivie-rungswelle, BB 1980, S. 1335; L. WOERNER, Grundsatzfragen, FR 1984, S. 492.

13   L. WOERNER, Gewinnrealisierungen, BB 1988, S. 771.

14   Grundlegend zum Grundsatz der Nichtbilanzierung schwebender Geschäfte VELLGUTH, Bilanzierung, 1937.

15   Ähnlich BEISSE, Handelsbilanzrecht, BB 1980, S. 639.

Nach § 252 Abs. 1 Nr. 5 HGB sind "Erträge des Geschäftsjahres ... unabhängig von den Zeitpunkten der entsprechenden Zahlungen im Jahresabschluß zu berücksichtigen". Kriterium für die Ertragszurechnung ist nach h.M. der Zeitraum (das Geschäfts- bzw. Wirtschaftsjahr) der wirtschaftlichen Verursachung[16]. Letztlich ist das Periodizitätsprinzip für die Frage des Gewinnrealisierungszeitpunkts jedoch m.E. belanglos: Ist der Gewinn sowohl zum Bilanzstichtag wirtschaftlich entstanden als auch im abgelaufenen Wirtschaftsjahr wirtschaftlich verursacht bzw. weder entstanden noch verursacht, so ist eine explizite verursachungsgerechte Zuordnung i.S.d. § 252 Abs. 1 Nr. 5 HGB offensichtlich entbehrlich. In Konfliktfällen ist ausschließlich auf das Realisationsprinzip abzustellen; zur Begründung ist auf das allgemeine Vorsichtsprinzip hinzuweisen. Damit wird der "Zeitpunkt, in dem Erträge zu vereinnahmen sind, ... praktisch durch das Realisationsprinzip bestimmt"[17].

B. Finanzierungstitel im engeren Sinne
1. Beteiligungstitel

Bei der Bestimmung des Entstehungszeitpunkts der Beteiligung an einer neu gegründeten Genossenschaft, Personen- oder Kapitalgesellschaft ist aus bilanzrechtlicher Sicht grundsätzlich nicht auf die Leistung der Einlage abzustellen. Wie E. WEBER überzeugend nachgewiesen hat, ist vielmehr der Zeitpunkt des Abschlusses des Gesellschaftsvertrags entscheidend[18]. Hat der Gesellschafter zum (diesem Zeitpunkt folgenden) Bilanzstichtag seine Einlage noch nicht bzw. noch nicht vollständig geleistet, so ist in entsprechender Anwendung der für ausstehende Einlagen auf Seiten der Gesellschaft entwickelten Grundsätze[19] ggf. eine Einzahlungsverpflichtung zu passivieren.

Werden junge Anteile an einer AG, GmbH oder Genossenschaft durch eine Kapitalerhöhung gegen Einlagen emittiert, so entstehen diese bilanzrechtlich zum Zeit-

---

16 A/D/S 1992, HGB § 252 Rn. 93; BUDDE/GEISSLER in BBK 1990, HGB § 252 Anm. 52; IDW, WP-Handbuch I, 1992, S. 186; SELCHERT in HdR 1990, HGB § 252 Rn. 94.

17 A/D/S 1992, HGB § 252 Rn. 96; ähnlich ROSE, Forderungen, ZfB 1965, S. 125. Zum Verhältnis von Realisationsprinzip und periodengerechter Gewinnermittlung siehe auch BEISSE, Gewinnrealisierung, JDStJG 1981, S. 37 f.; MOXTER, Realisationsprinzip, BB 1984, S. 1784.

18 E. WEBER, Beteiligungen, 1980, S. 66-69; siehe auch GSCHREI, Beteiligungen, 1990, S. 49 f.; KUPSCH, Finanzanlagevermögen, HdJ II/3 1987, Rn. 44. A.A. GLADE, der grundsätzlich auf den Zeitpunkt der Handelsregistereintragung abstellt (vgl. GLADE 1986, HGB § 253 Rz. 393-395).

19 Siehe oben, § 2, Punkt I.B.3, S. 189 ff.

punkt der Eintragung der Durchführung der Kapitalerhöhung in das Handelsregister[20]. Bei Personengesellschaften ist der Zeitpunkt der vertraglichen Verpflichtung entscheidend[21].

2. Durch Geldleistungen des Titelerwerbers generierte Forderungstitel

Im zweiten Teil der Arbeit[22] wurde die (Gegen-) Leistung des Titelerwerbers aus dem Kontrakt u.a. nach dem Kriterium "Art" differenziert. Dabei wurden Geldleistungen, Sachleistungen und sonstige Leistungen unterschieden. Das Charakteristikum der durch eine Geldleistung des Titelinhabers (originär) erworbenen Forderungstitel besteht darin, daß es sich um einen erfolgsunwirksamen Vorgang handelt. Das oben vorgestellte Realisationsprinzip ist mithin unbeachtlich[23].

Wird ein Forderungstitel (betriebswirtschaftlich) durch eine Geldleistung des Erwerbers generiert, wie dies etwa bei Darlehen der Fall ist, so entsteht das Wirtschaftsgut Forderungstitel bilanzrechtlich nach ganz h.M. nicht bereits zum Zeitpunkt der Kreditzusage, sondern erst mit der Inanspruchnahme des Darlehens durch den Emittenten (Kreditnehmer)[24]. Entscheidend ist die Absendung der Darlehensvaluta[25].

3. Durch Sachleistungen des Titelerwerbers generierte Forderungstitel
a. Die Forderungstitel-Entstehung im allgemeinen

Forderungen aus Sachleistungen (insbesondere aus Kauf- und Werklieferungsverträgen[26]) entstehen nach Ansicht des BFH mit "wirtschaftlicher Erfüllung" des Vertrags, d.h. dann, wenn der Verkäufer (im Fall des Verkaufs beweglicher Sachen) "... die verkaufte Sache dem Käufer mit den Rechtsfolgen des § 446 Abs. 1 BGB übergeben hat ... und wenn er zugleich dem Käufer die

---

20 E. WEBER, Beteiligungen, 1980, S. 82; ihm folgend GSCHREI, Beteiligungen, 1990, S. 51.

21 E. WEBER, Beteiligungen, 1980, S. 80.

22 Siehe oben, 2. Teil, 2. Kapitel, § 2, Punkt II.B.2.a, S. 57 ff.

23 Siehe auch die Systematik bei SCHÄFER, Forderungen, 1977, S. 15-17.

24 BEINE, Forderungen, 1960, S. 39; SCHÄFER, Forderungen, 1977, S. 30; E. WEBER, Beteiligungen, 1980, S. 67.

25 SCHÄFER, Forderungen, 1977, S. 11.

26 Vgl. §§ 433 ff. BGB und §§ 651 i.V.m. 631 ff. BGB.

verkaufte Sache auch, zumindest aufschiebend bedingt, wie z.B. beim Verkauf unter Eigentumsvorbehalt, übereignet hat, dieser also zwar nicht rechtlicher, aber doch wirtschaftlicher Eigentümer der verkauften Sache geworden ist und deshalb die verkaufte Sache bilanzrechtlich nicht mehr dem Verkäufer, sondern dem Käufer zuzurechnen ist. Mit der Verwirklichung dieses Sachverhalts hat der Verkäufer 'geliefert'; seine Preisgefahr reduziert sich auf Gewährleistungsansprüche und Zahlungsfähigkeit des Käufers"[27]. Während dieser Äußerung entnommen werden kann, daß eine Gewinnrealisierung bzw. Forderungsentstehung offensichtlich sowohl den Übergang der Preisgefahr als auch des wirtschaftlichen Eigentums zur Voraussetzung hat[28], ist der Übergang des wirtschaftlichen Eigentums nach einem neueren Urteil[29] keine notwendige Voraussetzung der Gewinnrealisierung. Abbildung 28 auf der Folgeseite zeigt beide Komponenten (Spalten 2 und 3) und berücksichtigt überdies den Umstand der zivilrechtlichen (Spalte 1) sowie der wirtschaftlichen Anspruchsentstehung (Spalte 4).

Häufig ist die Bestimmung des Forderungsentstehungszeitpunkts unproblematisch: Ist sowohl die Preisgefahr als auch das wirtschaftliche Eigentum an einer Sache (oder einem Werk[30]) übergegangen, so ist der aus dem Umsatzgeschäft resultierende Gewinn im Regelfall realisiert (Kategorie A 111). Dies ist beim Verkauf beweglicher Sachen grundsätzlich zum Zeitpunkt der Übergabe (§ 446 Abs. 1 BGB), bei der Veräußerung von Immobilien mit Eintragung des Eigentumswechsels im Grundbuch (§ 446 Abs. 2 BGB) sowie bei Werklieferungen mit Übergabe und Abnahme des Werkes (§§ 640, 651 Abs. 1 BGB) zu bejahen[31]. Verbleibt sowohl die Preisgefahr als auch das wirtschaftliche Eigentum beim Verkäufer (Kategorien A 222 und B 222), so ist eine Gewinnrealisierung unzweifelhaft zu verneinen. In einer Reihe von Fällen bereitet die Bestimmung des Forderungsentstehungszeitpunkts jedoch Schwierigkeiten. Dies gilt insbesondere für den Versendungskauf, den Kauf mit Annahmeverzug und den Kauf mit Rückgaberecht. Außerdem sind beim Werklieferungsvertrag einige Besonderheiten zu beachten[32].

---

27 BFH IV R 52/83 vom 27.2.1986, BStBl II 1986, S. 553, mit Hinweis auf BFH I R 121/74 vom 5.5.1976, BStBl II 1976, S. 541. Nahezu wortgleich auch BFH I R 192/82 vom 29.4.1987, BStBl II 1987, S. 798.

28 So auch die Interpretation von CREZELIUS (CREZELIUS, Handelsbilanzrecht, ZGR 1987, S. 40).

29 Vgl. BFH I R 157/84 vom 3.8.1988, BStBl II 1989, S. 21.

30 In Abbildung 28 ist lediglich der Käufer bzw. Verkäufer genannt. Die Aussagen gelten jedoch grundsätzlich analog für die Beteiligten eines Werklieferungsvertrags. Zu Besonderheiten siehe unten, Punkt b.σ.

31 Siehe nur SARX/PANKOW in BBK 1990, HGB § 247 Anm. 80, 95.

32 Eine Gewinnrealisierung ist im übrigen dann zu verneinen, wenn die Höhe des Entgelts auch nicht schätzungsweise angegeben werden kann, so bspw. dann, wenn die Gegenlei-

Abbildung 28

Forderungsentstehung und Gewinnrealisierung bei durch Sachleistungen des Titelinhabers generierten Forderungstiteln

Sachverhaltswürdigung				Bilanzrechtliches Ergebnis	
Indizien			Bilanzrechtliches Kriterium	Forderungsent-stehung?	Gewinn-realisierung?
Juristische Indizien		Wirtschaftliches Indiz	Anspruch auf		
Zivilrechtliche Anspruchsent-stehung?	Träger der Preisge-fahr?	Verkäufer (noch) wirt-schaftlicher Eigentü-mer der Ware?	Gegenleistung "so gut wie sicher"?		
(1)	(2)	(3)	(4)	(5)	(6)
K A T E G O R I E A — JA	Käufer (A 1)	NEIN (A 11)	JA (A 111)	JA	JA
			NEIN (A 112)	JA	NEIN
		JA (A 12)	JA (A 121)	irrelevant	
			NEIN (A 122)	NEIN	NEIN
	Ver-käufer (A 2)	NEIN (A 21)	JA (A 211)	irrelevant	
			NEIN (A 212)	JA	NEIN
		JA (A 22)	JA (A 221)	irrelevant	
			NEIN (A 222)	NEIN	NEIN
K A T E G. B — NEIN	Ver-käufer (B 2)	NEIN (B 21)	JA (B 211)	irrelevant	
			NEIN (B 212)	JA	NEIN
		JA (B 22)	JA (B 221)	irrelevant	
			NEIN (B 222)	NEIN	NEIN

b. Einzelfälle

α. Versendungskauf

Der Versendungskauf ist das bedeutsamste Beispiel für die Konstellation, daß zwar bereits die Preisgefahr, aber noch nicht das wirtschaftliche Eigentum an einer Sache übergegangen sein kann: Versendet der Verkäufer auf Verlangen des Käufers

---

stung erst nach einer unbestimmten Zahl von Jahren nach Maßgabe der dann bestehenden Preise bestimmter Güter festgelegt werden kann (BFH IV 210/61 vom 4.4.1968, BStBl II 1968, S. 411; siehe auch MELLWIG/HASTEDT, Gewinnrealisation, DB 1992, S. 1589-1592; L. WOERNER, Grundsatzfragen, FR 1984, S. 495). Auf den Fall der Veräußerung gegen Rentenzahlung wird hier nicht eingegangen.

die verkaufte Sache nach einem anderen Ort als dem Erfüllungsort, so geht die Gefahr nach § 447 Abs. 1 BGB bereits dann auf den Käufer über, sobald der Verkäufer die Sache der zur Ausführung der Versendung bestimmten Person ausgeliefert hat[33]. Zu diesem Zeitpunkt wird der Käufer jedoch weder zivilrechtlicher noch wirtschaftlicher Eigentümer[34]. Die m.E. zutreffende Meinung in der Literatur bejaht dennoch die gewinnrealisierende Forderungsentstehung[35] (und damit eine Einordnung in Kategorie A 111), da weder ein Abnahme- noch ein Preisrisiko besteht, der Anspruch damit "so gut wie sicher" ist[36].

Fraglich ist, wie in diesen Fällen mit der Ware verfahren wird. Obwohl der Verkäufer (rechtlicher und wirtschaftlicher) Eigentümer bleibt[37], gehen Praxis und h.M. in Literatur und Rechtsprechung davon aus, daß die Ware mit der Forderungsentstehung auszubuchen ist[38]. Es ist jedoch prinzipiell kein Grund ersichtlich, weshalb ein Wirtschaftsgut, das dem Betriebsvermögen des Verkäufers zuzu-

---

33 § 447 Abs. 1 BGB betrifft nur den Fall der sog. Schickschuld. Wird die Sache an den Erfüllungsort versandt, handelt es sich um eine Bringschuld (PALANDT/PUTZO 1993, BGB § 447 Anm. 1c). In diesem Fall geht die Preisgefahr (und das wirtschaftliche Eigentum) nach der Regelvorschrift des § 446 Abs. 1 BGB mit der Übergabe der verkauften Sache an den Käufer über mit der Folge, daß zu diesem Zeitpunkt Kategorie A 111 angesprochen ist (GELHAUSEN, Realisationsprinzip, 1985, S. 306; L. WOERNER, Gewinnrealisierung, BB 1988, S. 775). Eine förmliche Abnahme ist beim "Regelkaufvertrag" dagegen weder zivilrechtlich noch bilanzrechtlich erforderlich (zu weitgehend daher LUIK, Rückgaberecht, JDStJG 1981, S. 103 f., unter Berufung auf ein m.E. nicht einschlägiges BFH-Urteil; differenziert KNOBBE-KEUK, Unternehmenssteuerrecht, 1991, S. 223 f.; wie hier CREZELIUS, Handelsbilanzrecht, ZGR 1987, S. 40 f.; GELHAUSEN, a.a.O., S. 181 f.; LÜDERS, Gewinnrealisierung, 1987, S. 80 f.).

34 GELHAUSEN, Realisationsprinzip, 1985, S. 318-320; L. WOERNER, Gewinnrealisierung, BB 1988, S. 770. So auch BFH I R 157/84 vom 3.8.1988, BStBl II 1989, S. 23 f. A.A. NIESKENS, Postulat, FR 1989, S. 541 f.

35 BORDEWIN in H/B/N/B 1993, EStG §§ 4-5 Rz. 159a; CREZELIUS, Geschäft, 1988, S. 87; GELHAUSEN, Realisationsprinzip, 1985, S. 315 f.; HEUER in H/H/R 1993, EStG § 5 Anm. 49z; KNOBBE-KEUK, Unternehmenssteuerrecht, 1991, S. 223; LÜDERS, Gewinnrealisierung, 1987, S. 78; PIETSCHMANN, Gewinnrealisierung, DStR 1980, S. 647; SARX/PANKOW in BBK 1990, HGB § 247 Anm. 82; L. SCHMIDT 1993, EStG § 5 Anm. 61b; L. WOERNER, Gewinnrealisierung, BB 1988, S. 775. Dabei ist es unerheblich, ob die Versendung durch den Verkäufer, den Käufer oder durch Dritte durchgeführt wird (vgl. GELHAUSEN, a.a.O., S. 316, m.w.N.; a.A. KROPFF in G/H/E/K 1973, AktG 1965 § 149 Anm. 85; SCHÄFER, Forderungen, 1977, S. 21 f.).

36 WASSERMEYER stellt allein auf den Übergang des wirtschaftlichen Eigentums ab, gelangt allerdings im Fall des Versendungskaufs nicht zu einer ihn befriedigenden Lösung (WASSERMEYER, Gewinnrealisierung, StbKonRep 1986, S. 73). Zweifelnd DÖLLERER, Bilanzierung, BB 1974, S. 1543; a.A. wohl auch A/D/S 1992, HGB § 252 Rn. 81.

37 L. WOERNER, Gewinnrealisierung, BB 1988, S. 770.

38 Z.T. findet überhaupt keine Auseinandersetzung mit diesem Problem statt (siehe etwa PIETSCHMANN, Gewinnrealisierung, DStR 1980, S. 647; SARX/PANKOW in BBK 1990, HGB § 247 Anm. 85).

rechnen ist und für das kein Ansatzverbot besteht, nicht in der Bilanz erscheinen soll. Korrekt ist daher wohl grundsätzlich die Vorgehensweise, sowohl die Forderung als auch die Ware auszuweisen und in Höhe des Warenwerts eine Sachleistungsverpflichtung zu passivieren. Zur Begründung und Rechtfertigung der "verkürzten Buchung" kann letztlich "nur" auf den Grundsatz der Klarheit (§ 243 Abs. 2 HGB) sowie auf Praktikabilitätsüberlegungen verwiesen werden[39].

ß. Kauf mit Annahmeverzug

Ähnlich gelagert wie der Versendungskauf ist der Fall des (unstreitigen) Annahmeverzugs: Nach § 293 BGB kommt der Gläubiger in Verzug, wenn er die ihm angebotene Leistung nicht annimmt. Da der Verkäufer den Anspruch auf die Gegenleistung behält (§ 324 Abs. 2 BGB), geht mit dem Annahmeverzug die Preisgefahr auf den Käufer über[40]. Wirtschaftlicher Eigentümer ist er allerdings (noch) nicht[41]. Für die herrschende Lehre ist jedoch der Übergang der Preisgefahr entscheidend[42]. Andere stellen insbesondere auf den Übergang des wirtschaftlichen Eigentums sowie die sich aus der Anspruchsdurchsetzung ergebenden Probleme ab und verneinen eine Gewinnrealisierung[43].

M.E. ist, aus den gleichen Gründen wie unter Punkt α, grundsätzlich der herrschenden Lehre beizupflichten (Einordnung in Kategorie A 111)[44]. Probleme er-

---

39 So, m.E. zutreffend, LÜDERS, Gewinnrealisierung, 1987, S. 83 f. A.A. L. WOERNER, Gewinnrealisierung, BB 1988, S. 770. Zur Problematik aus Sicht des Käufers vgl. NIESKENS, Postulat, FR 1989, S. 541 f.; WACKET, Imparitätsprinzip, BB 1990, S. 245 f. Zu berücksichtigen ist die bedenkliche Konsequenz der "verkürzten" Buchung, daß für eine gewisse Zeit ein "herrenloses Wirtschaftsgut" geschaffen wird, das weder beim Verkäufer noch beim Käufer bilanziert wird (so kritisch WASSERMEYER, Gewinnrealisierung, StbKonRep 1986, S. 73; ablehnend auch NIESKENS, a.a.O., S. 541). Nach Ansicht L. WOERNERS gibt es jedoch keinen Grundsatz, nach dem eine Ware bei irgend einem Unternehmen bilanziert werden muß (vgl. L. WOERNER, Gewinnrealisierung, BB 1988, S. 775; siehe auch KNOBBE-KEUK, Unternehmenssteuerrecht, 1991, S. 223; L. SCHMIDT 1993, EStG § 5 Anm. 19a).

40 PALANDT/HEINRICHS 1993, BGB § 324 Anm. 4a.

41 LÜDERS, Gewinnrealisierung, 1987, S. 83; L. SCHMIDT 1993, EStG § 5 Anm. 61b.

42 A/D/S 1968, AktG 1965 § 149 Tz. 43; CREZELIUS, Geschäft, 1988, S. 87; GELHAUSEN, Realisationsprinzip, 1985, S. 346 f.; LÜDERS, Gewinnrealisierung, 1987, S. 81; SARX/PANKOW in BBK 1990, HGB § 247 Anm. 85; L. SCHMIDT 1993, EStG § 5 Anm. 61b.

43 EULER, Gewinnrealisierung, 1989, S. 101 f.; MATHIAK, Bilanzsteuerrecht, StuW 1988, S. 81; WASSERMEYER, Gewinnrealisierung, StbKonRep 1986, S. 79 f. Wohl auch A/D/S 1992, HGB § 252 Tz. 81. Differenziert SCHÄFER, Forderungen, 1977, S. 23 f.

44 Hinsichtlich der Bilanzierung der Ware wird ebenfalls auf die Ausführungen in Punkt α verwiesen.

geben sich allerdings bei der Abgrenzung des unstreitigen zum streitigen Annahmeverzug. Insofern ist eine vorsichtige Beurteilung geboten[45]. Liegt ein unstreitiger Annahmeverzug vor, so ist das Vorsichtsprinzip dagegen nur für die Forderungsbewertung, nicht jedoch für den Forderungsansatz von Bedeutung[46].

γ. Kauf mit Rückgaberecht

Einen weiteren Problembereich stellt die Vielzahl der Varianten des "Kaufs mit Rückgaberecht" dar, bei denen es dem Empfänger einer Warensendung freisteht, ob er die ihm gelieferte Ware behält und bezahlt oder ob er sie dem Absender zurückgibt und nicht bezahlt. Die jeweils getroffenen Vereinbarungen können zivilrechtlich unterschiedlich qualifiziert werden[47]. Dabei lassen sich grundsätzlich zwei Fallgruppen unterscheiden:

(1) Zwischen Verkäufer und Käufer wird vor Absendung der Ware ein zivilrechtlich wirksamer Vertrag geschlossen (Kategorie A in Abbildung 28). Der Käufer hat es jedoch in der Hand, die Vertragserfüllung zu verhindern. Hierzu gehören insbesondere der Kauf mit Rücktrittsrecht (§§ 346 ff. BGB) und unter einer auflösenden Bedingung (§ 158 Abs. 2 BGB). Die Preisgefahr liegt während des "Schwebezustandes" im ersten Fall beim Käufer (§ 350 BGB, mithin Kategorie A 1), im zweiten nach wohl h.M.[48] beim Verkäufer (Kategorie A 2).

(2) Zwischen den Beteiligten bestehen zum Zeitpunkt der Zusendung der Ware (noch) keine festen vertraglichen Beziehungen (Kategorie B). Unter diese Gruppe fällt neben der Ansichtssendung, bei der zwischen den Beteiligten zum Zeitpunkt der Zusendung keinerlei Abmachungen bestehen, insbesondere der aufschiebend bedingte Kauf (§ 158 Abs. 1 BGB) und der Kauf auf Probe (§ 495 BGB). Die Preisgefahr verbleibt währenddessen in beiden Fällen beim Verkäufer.

---

45 Ist zweifelhaft, ob der Käufer tatsächlich in Verzug geraten ist, weil strittig ist, ob ihm die Leistung vertragsgemäß angeboten wurde, so hat eine Forderungsaktivierung aufgrund des Vorsichtsprinzips zu unterbleiben (BFH I R 192/82 vom 29.4.1987, BStBl II 1987, S. 799; MATHIAK, Bilanzsteuerrecht, StuW 1988, S. 80 f.; SARX/PANKOW in BBK 1990, HGB § 247 Anm. 85; L. WOERNER, Gewinnrealisierung, BB 1988, S. 776).

46 Siehe nur CREZELIUS, Geschäft, 1988, S. 87. A.A. insbesondere EULER, Gewinnrealisierung, 1989, S. 100-102, m.w.N.

47 Vgl. im einzelnen PILTZ, Gewinnrealisierung, BB 1985, S. 1368.

48 PALANDT/PUTZO 1993, BGB § 446 Anm. 3b.aa.

Zivilrechtlich steht dem Verkäufer bei der ersten Konstellation ein Anspruch i.S.d. § 194 BGB zu, dessen Bestand allerdings durch eine mögliche negative Entscheidung des potentiellen Käufers gefährdet ist. In den unter Nr. (2) aufgeführten Fällen liegt dagegen (nur) ein Anwartschaftsrecht vor[49]. Aus diesen unterschiedlichen zivilrechtlichen Konsequenzen schlußfolgert ein Teil des Schrifttums, daß lediglich das Vollrecht, nicht dagegen das Anwartschaftsrecht zu aktivieren sei[50].

Dieser Auffassung ist nicht zu folgen. Es ist vielmehr allein darauf abzustellen, ob die Geltendmachung der Forderung bereits hinreichend sicher ist. Es ist, wirtschaftlich gesehen, unerheblich, ob der Anspruch unter einer auflösenden oder einer aufschiebenden Bedingung steht, ob es sich um ein Voll- oder ein Anwartschaftsrecht handelt[51]. In allen Fällen besteht die vom Verkäufer nicht zu beeinflussende (entscheidende) Gefahr, daß der Empfänger die ihm zugesandte Ware nicht abnimmt[52]. Mithin hat die bilanzielle Behandlung der genannten Fälle nach den gleichen Grundsätzen zu erfolgen; eine Gewinnrealisierung hat aufgrund des Abnahmerisikos grundsätzlich zu unterbleiben[53].

---

49 PALANDT/HEINRICHS 1993, BGB Einführung zu § 158 Anm. 3b.

50 LUIK, Rückgaberecht, JDStJG 1981, S. 104-108; WASSERMEYER, Gewinnrealisierung, StbKonRep 1986, S. 79.

51 So auch (in einem ähnlich gelagerten Fall) BFH I 259/61 S vom 15.1.1963, BStBl III 1963, S. 256. Anders die Finanzverwaltung (vgl. OFD Münster S 2132 - 156 - St 11 - 31 vom 12.6.1989, DStR 1989, S. 402; OFD Köln S 2170 - 78 - St 111 vom 4.12.1989, FR 1990, S. 234).

52 EULER weist zu Recht darauf hin, daß es auf den Übergang der Preisgefahr nicht entscheidend ankommt, da in diesem Fall marginale Abweichungen in der zivilrechtlichen Konstruktion (Kauf mit Rücktrittsrecht einerseits und unter auflösender Bedingung andererseits) zu gegensätzlichen Konsequenzen für den Gewinnausweis führen würden. In wirtschaftlicher Betrachtungsweise erscheint dies aufgrund der vergleichsweise geringen Bedeutung der Gefahr des zufälligen Untergangs im Verhältnis zum Abnahmerisiko nicht gerechtfertigt (EULER, Gewinnrealisierung, 1989, S. 91). Nach LÜDERS ist dagegen ausschließlich auf den Übergang der Preisgefahr abzustellen; er gelangt jedoch durch die etwas gekünstelt anmutende Unterscheidung zwischen dem Übergang der "eigentlichen" Preisgefahr und der Preisgefahr "im technischen Sinne" zum gleichen Ergebnis (LÜDERS, Gewinnrealisierung, 1987, v.a. S. 123 f.).

53 So auch insbesondere PILTZ, Gewinnrealisierung, BB 1985, S. 1369. Siehe auch EULER, Gewinnrealisierung, 1989, S. 90-92; GELHAUSEN, Realisationsprinzip, 1985, S. 201-203; HILD, Forderungen, WPg 1972, S. 123; IDW, WP-Handbuch I, 1992, S. 246; NIELAND in L/B/M 1993, EStG §§ 4, 5 Rn. 837 "Forderungen aus Lieferungen und Leistungen"; SARX/PANKOW in BBK 1990, HGB § 247 Anm. 90-92; SCHÄFER, Forderungen, 1977, S. 24 f. Existiert jedoch kein Rückgaberisiko mehr, z.B. weil dem Veräußerer bekannt ist, daß der Empfänger die Ware bereits veräußert hat, so tritt Gewinnrealisation ein (siehe auch KNOBBE-KEUK, Unternehmenssteuerrecht, 1991, S. 225).

Es ist allerdings zu berücksichtigen, daß die versandte Ware nicht mehr im wirtschaftlichen Eigentum des Verkäufers steht[54]. Sie muß daher notwendigerweise ausgebucht werden[55]. Im Gegenzug ist eine Forderung gegenüber dem Abnehmer zu aktivieren. Da der Veräußerer jedoch nicht "so gut wie sicher" davon ausgehen kann, daß der Zusendungsempfänger die Ware auch abnimmt, handelt es sich dabei allerdings nicht um einen Anspruch auf Zahlung des Kaufpreises, sondern, wegen des Vorsichtsprinzips, auf Rückgabe der Ware und damit um einen Sachleistungsanspruch[56]. Da mithin eine Forderungsentstehung bejaht, eine Gewinnrealisierung im Sinne eines Gewinnausweises dagegen abgelehnt werden muß, ist der Vorgang in Kategorie A 112 (Kauf mit Rücktrittsrecht), A 212 (Kauf unter einer auflösenden Bedingung) bzw. B 212 (aufschiebend bedingter Kauf; Kauf auf Probe) einzuordnen. Liegt ein Versendungskauf vor, so bleibt die Ware, wie in Punkt α gezeigt, im wirtschaftlichen Eigentum des Verkäufers. Der Versendungskauf mit Rücktrittsrecht ist daher unter Kategorie A 122, der Versendungskauf unter einer auflösenden Bedingung unter Kategorie A 222 und der Versendungskauf auf Probe bzw. aufschiebend bedingter Versendungskauf unter Kategorie B 222 zu subsumieren.

Eine Gewinnrealisierung trotz bestehenden Abnahmerisikos könnte bestenfalls dann zulässig sein, wenn, wie insbesondere beim Versandhandel üblich, eine große Anzahl derartiger Geschäfte vorliegt, die statistische Aussagen über die voraussichtliche Höhe der Rückgabequote bei der Gesamtheit der Geschäfte zuläßt. Rechtsprechung[57] und Verwaltung[58] lassen die Zusammenfassung einer Vielzahl von Forderungen zu einem Forderungskollektiv zu. Diese Vorgehensweise ist vor dem Hintergrund des Einzelbilanzierungsgrundsatzes nicht unproblematisch[59],

---

54 Der Kauf mit Rücktrittsrecht fällt daher in Kategorie A 11, der Kauf unter einer auflösenden Bedingung in Kategorie A 21, der aufschiebend bedingte Kauf und der Kauf auf Probe in Kategorie B 21.

55 Unzutreffend daher m.E. PILTZ, der die Bilanzierung beim Verkäufer für zulässig hält (PILTZ, Gewinnrealisierung, BB 1985, S. 1372), sowie SCHÄFER, der dies wohl sogar als einzig denkbare bilanzielle Konsequenz ansieht (SCHÄFER, Forderungen, 1977, S. 24).

56 Nach Auffassung des Verfassers ist daher der zweiten von PILTZ vorgeschlagenen Ausweisalternative zuzustimmen (siehe PILTZ, Gewinnrealisierung, BB 1985, S. 1372). Zum gleichen Ergebnis gelangt man, wenn die Kaufpreisforderung zum Nennwert angesetzt und der Gewinnausweis durch eine Rückstellung storniert wird (IDW, WP-Handbuch I, 1992, S. 246; KNOBBE-KEUK, Unternehmenssteuerrecht, 1991, S. 226).

57 FG Münster I 213/71 F vom 21.10.1971, EFG 1972, S. 173 (rkr).

58 OFD Münster S 2132 - 156 - St 11 - 31 vom 12.6.1989, DStR 1989, S. 402; OFD Köln S 2170 - 78 - St 111 vom 4.12.1989, FR 1990, S. 234.

59 Ablehnend daher PILTZ, Gewinnrealisierung, BB 1985, S. 1371 f.; IDW, WP-Handbuch I, 1992, S. 246.

findet allerdings eine Parallele zur Pauschalwertberichtigung auf einen Forderungsbestand, die allgemein als zulässig angesehen wird[60].

σ. Werklieferungen

Ist Gegenstand eines Werklieferungsvertrages eine nicht vertretbare Sache, so geht die Preisgefahr nach § 640 BGB grundsätzlich erst mit Abnahme des Werkes auf den Besteller über[61]. Die Abnahme in diesem Sinne[62] stellt insofern ein konstitutives Merkmal des Übergangs der Gefahrtragung dar. Nach der Abnahme ist der Werkbesteller regelmäßig auch wirtschaftlicher Eigentümer des Werkes, so daß einer gewinnrealisierenden Forderung nichts im Wege steht (siehe Kategorie A 111 in Abbildung 28). Vor diesem Zeitpunkt ist eine Gewinnrealisation dagegen grundsätzlich nicht zulässig[63].

Möglicherweise befindet sich das Werk jedoch bereits vor der Abnahme in der Verfügungsgewalt des Werkbestellers. Insbesondere im Fall der (zum Bilanzstichtag) halbfertigen Bauten auf fremdem Grund und Boden sind diese damit bürgerlich-rechtlich[64] und wirtschaftlich in dessen Eigentum übergegangen[65]. Dies führt dazu, daß der Werkunternehmer eine Forderung zu aktivieren hat, die allerdings wie ein materielles Wirtschaftsgut zu behandeln, d.h. als solches auszuweisen[66]

---

60 Im Ergebnis befürwortend daher EULER, Gewinnrealisierung, 1989, S. 121-123; KNOBBE-KEUK, Unternehmenssteuerrecht, 1991, S. 225; LUIK, Rückgaberecht, JDStJG 1981, S. 105. Zur Pauschalwertberichtigung siehe unten, 2. Kapitel, § 1, Punkt II.B.3.b, S. 345 ff.

61 Siehe aber die Ausnahmen in § 640 Abs. 1 2. Halbsatz und Abs. 2 BGB.

62 Von der (förmlichen) Abnahme im Sinne des § 640 BGB streng zu trennen ist die "Abnahme" beweglicher Sachen nach § 433 Abs. 2 BGB ("Der Käufer ist verpflichtet, dem Verkäufer ... die gekaufte Sache abzunehmen"). Das Gesetz versteht hier unter dem Begriff "Abnahme" lediglich den tatsächlichen Vorgang, durch den der Verkäufer vom Besitz der Sache befreit wird; es ist damit keine Erklärung verbunden, daß der Besteller die Leistung als "vertragsgemäß" anerkennt (CREZELIUS, Handelsbilanzrecht, ZGR 1987, S. 40 f.; LÜDERS, Gewinnrealisierung, 1987, S. 80 f.).

63 BFH I 84/56 U vom 18.12.1956, BStBl III 1957, S. 27; BFH V R 36/74 vom 28.11.1974, BStBl II 1975, S. 399; BFH VIII R 134/80 vom 25.2.1986, BStBl II 1986, S. 789. Für die absolut h.M. in der Literatur siehe nur LÜDERS, Gewinnrealisierung, 1987, S. 79-81, m.w.N.

64 § 94 BGB.

65 BFH III 85/65 vom 8.3.1968, BStBl II 1968, S. 575; BFH III R 161/66 vom 15.3.1968, BStBl II 1968, S. 578; BFH III R 50/73 vom 17.5.1974, BStBl II 1974, S. 508; BFH V R 36/74 vom 28.11.1974, BStBl II 1975, S. 399.

66 Sie ist im Umlaufvermögen den Vorräten ("unfertige Erzeugnisse, unfertige Leistungen") zuzuordnen (A/D/S 1992, HGB § 266 Tz. 108; KNOP in HdR 1990, HGB § 266 Tz. 47; SARX/PANKOW in BBK 1990, HGB § 266 Anm. 102).

und mit den bis zum Abschlußstichtag angefallenen Herstellungskosten zu bewerten[67] hat[68]. Damit ist der Vorgang grundsätzlich erfolgsneutral zu behandeln (Einordnung in Kategorie B1)[69]. Dies gilt m.E. auch in den Fällen der sog. "langfristigen Fertigung"[70], in denen sich die Herstellung des Werks über mehrere Perioden erstreckt. Zwar mag eine "geglättete" Gewinnverteilung eher dem Periodizitätsprinzip des § 252 Abs. 1 Nr. 5 HGB entsprechen; wie oben[71] dargelegt, ist für positive Erfolgsbeiträge jedoch das Realisationsprinzip vorrangig[72]. Mit der Rechtsprechung[73] ist eine (Teil-) Gewinnrealisierung daher nur dann anzunehmen, wenn bürgerlich-rechtlich selbständig zu erbringende und (endgültig[74]) abzunehmende Teilleistungen vereinbart werden, da erst mit dem Übergang der Preisgefahr für die jeweilige Teilleistung der vereinbarte Anspruch auf die Gegenleistung "so gut wie sicher" ist[75]. Weil in der Praxis im Regelfall jedoch erst das Gesamtwerk endgültig abgenommen wird, dürfte dieser Fall relativ selten auftreten[76]. Auch die etwa von ADLER/DÜRING/SCHMALTZ für eine Teil-

---

67   Siehe insbesondere BFH V R 36/74 vom 28.11.1974, BStBl II 1975, S. 399. Siehe auch GELHAUSEN, Realisationsprinzip, 1985, S. 358 f.; NIELAND in L/B/M 1993, EStG §§ 4, 5 Anm. 837 "Unfertige Leistungen", m.w.N.

68   Die gleichen Grundsätze gelten im übrigen für zum Bilanzstichtag in Ausführung befindliche Dienstleistungen (SARX/PANKOW in BBK 1990, HGB § 266 Anm. 102, m.w.N.).

69   Steht das Werk dagegen (noch) im wirtschaftlichen Eigentum des Werkunternehmers, so ist Kategorie B 22 angesprochen.

70   Zum Begriff der langfristigen Fertigung siehe umfassend ZIEGER, Gewinnrealisierung, 1990, S. 146-151, m.w.N. Zum Problem der Gewinnrealisierung bei langfristiger Fertigung im allgemeinen siehe auch BACKHAUS, Gewinnrealisation, ZfbF 1980, S. 347-360; CLEMM, Auftragsfertigung, JDStJG 1981, S. 117-129.

71   Siehe Punkt A.2.

72   Abzulehnen ist daher die insbesondere im angelsächsischen Rechtskreis verbreitete "percentage of completion" - Methode, die die ertragsmäßige Vereinnahmung der vereinbarten Gesamterlöse nach dem jeweiligen Stand der Auftragsdurchführung erlaubt (siehe etwa CLEMM, Auftragsfertigung, JDStJG 1981, S. 124-128).

73   BFH I R 121/74 vom 5.5.1976, BStBl II 1976, S. 543.

74   BACKHAUS weist zutreffend darauf hin, daß eine Teilabnahme dann nicht ausreichend ist, wenn bei der (endgültigen) Gesamtabnahme auch bereits teilabgenommene Leistungseinheiten nachgebessert werden müssen (BACKHAUS, Gewinnrealisation, ZfbF 1980, S. 356).

75   So auch EULER, Gewinnrealisierung, 1989, S. 95 f.; GELHAUSEN, Realisationsprinzip, 1985, S. 225 f.; LÜDERS, Gewinnrealisierung, 1987, S. 103; SARX in BBK 1990, HGB § 255 Anm. 461. Andere halten u.U. auch dann Teilgewinnrealisierungen für zulässig, wenn keine selbständig abnahmefähigen Teilleistungen vorliegen (siehe etwa BODARWE, Darstellung, DB 1971, S. 1976; SELCHERT in HdR 1990, HGB § 252 Rn. 88 f.). Zu einer umfassenden Darstellung des Meinungsstands vgl. ZIEGER, Gewinnrealisierung, 1990, v.a. S. 216-232.

76   PAAL, Teilgewinne, 1977, S. 68; SARX in BBK 1990, HGB § 255 Anm. 461.

gewinnrealisierung geforderten Voraussetzungen[77] sind so restriktiv, daß eine erfolgswirksame Behandlung nahezu ausgeschlossen erscheint.

Es ist allerdings zu berücksichtigen, daß bei einer am Gesetzeswortlaut orientierten bilanziellen Behandlung langfristiger Fertigungsaufträge nicht nur keine Gewinne, sondern sogar Verluste ausgewiesen werden, da bei der Bewertung der Forderung (des unfertigen Werkes) zu Herstellungskosten einige Kostenbestandteile (insbesondere Vertriebskosten) zwangsläufig unberücksichtigt bleiben[78]. Es wird daher im Schrifttum für vertretbar gehalten, wahlweise eine Erhöhung der Herstellungskosten bis höchstens zu den am jeweiligen Bilanzstichtag erreichten anteiligen Selbstkosten vorzunehmen, falls die zukünftigen Erlöse abzüglich der noch anfallenden Herstellungs- und sonstigen Aufwendungen und abzüglich Gewinnzuschlag den Wertansatz decken[79]. Dem wird jedoch von anderen Autoren[80], nach Ansicht des Verfassers zu Recht, entgegengehalten, daß die Einbeziehung von Vertriebskosten in die Herstellungskosten gegen den klaren Wortlaut des Gesetzes verstößt[81] und daher abzulehnen ist[82].

4. Durch sonstige Leistungen des Titelerwerbers generierte Forderungstitel
a. Die Forderungstitel-Entstehung im allgemeinen

Besteht die Gegenleistung des Titelerwerbers weder in einer Geld- noch in einer Sachleistung, so ist mit der Bestimmung des Forderungsentstehungszeitpunkts gleichzeitig auch der Realisationszeitpunkt i.S.d. § 252 Abs. 1 Nr. 4 2. Halbsatz HGB fixiert. Während insofern eine gewisse Nähe zu der zweitgenannten Fallgruppe besteht, ist andererseits die Abweichung zu berücksichtigen, daß sich die Frage nach dem wirtschaftlichen Eigentümer des Leistungsgegenstands nicht stellt,

---

77   A/D/S 1992, HGB § 252 Tz. 85.

78   Vgl. § 255 Abs. 2 HGB sowie Abschnitt 33 EStR.

79   CLEMM, Auftragsfertigung, JDStJG 1981, S. 117 ff.; HEUER in H/H/R 1993, EStG § 5 Anm. 49z "Langfristige Fertigung"; IDW, WP-Handbuch I, 1992, S. 189; SARX in BBK 1990, HGB § 255 Anm. 459.

80   DÖLLERER, Bilanzierung, BB 1974, S. 1544; EULER, Gewinnrealisierung, 1989, S. 67 ff.; FÜLLING, Vorräte, 1976, S. 206 ff.; LÜDERS, Gewinnrealisierung, 1987, S. 100 ff.; L. WOERNER, Gewinnrealisierung, BB 1988, S. 776.

81   § 255 Abs. 2 Satz 6 HGB; siehe auch Abschnitt 33 Abs. 1 Satz 4 EStR.

82   Eine gewisse Hilfe bietet demgegenüber § 255 Abs. 3 HGB (Abschnitt 33 Abs. 7 EStR), wonach unter bestimmten Umständen Fremdkapitalzinsen in die Herstellungskosten eingerechnet werden dürfen. KNOBBE-KEUK (Unternehmenssteuerrecht, 1991, S. 231 f.) schlägt vor, de lege ferenda - entsprechend der ähnlich gelagerten Problematik bei Ingangsetzungsaufwendungen - handelsrechtlich eine Bilanzierungshilfe mit Ausschüttungssperre zuzulassen, die steuerlich allerdings ohne Belang wäre.

da eine Vermittlungsleistung, Dienstleistung usf. nicht bilanzierungsfähig ist. Darüber hinaus kann auch nicht auf das (auf Sachleistungen zugeschnittene) Kriterium des Preisgefahrenübergangs abgestellt werden. Als Indiz für die bilanzrechtliche Anerkennung einer aus einer sonstigen Leistung resultierenden Forderung kann daher lediglich auf deren zivilrechtlichen Entstehungszeitpunkt zurückgegriffen werden. Es ist jedoch, wie in Punkt 3, in allen Fällen zusätzlich zu prüfen, ob der Anspruch des Titelinhabers "so gut wie sicher" ist (siehe Abbildung 29)[83]:

Abbildung 29

Forderungsentstehung und Gewinnrealisierung bei durch sonstige Leistungen des Titelinhabers generierten Forderungstiteln

Anspruch zivilrechtlich entstanden?	Forderung "so gut wie sicher"?	Forderungsentstehung und Gewinnrealisierung?
JA (Kategorie A)	JA (A 1)	JA
	NEIN (A 2)	NEIN
NEIN (Kategorie B)	JA (B 1)	JA
	NEIN (B 2)	NEIN

Abbildung 29 läßt erkennen, daß es aus bilanzrechtlicher Sicht letztlich nicht auf die zivilrechtliche Anspruchsentstehung ankommt. Allerdings sind im Fall der Kategorie B an das wirtschaftliche Kriterium erhöhte Anforderungen zu stellen.

Die Frage der Anspruchsentstehung wird i.f. hinsichtlich der Fallgruppen der Forderungen aus Vermittlungsleistungen und der Umsatzvergütungsansprüche näher untersucht.

b. Einzelfälle

α. Ansprüche aus Vermittlungsleistungen

Zu den Forderungen aus Vermittlungsleistungen zählen insbesondere die Provisionsansprüche des Handelsvertreters[84] sowie des (Handels-) Maklers[85]. Deren zi-

---

83   Abbildung 29 ist auch für die Bestimmung des Entstehungszeitpunkts der Forderungstitel im weiteren Sinne relevant (siehe dazu unten, Punkt C, S. 236 ff.).

84   Vgl. §§ 84 ff. HGB.

85   Vgl. §§ 93 ff. HGB und §§ 652 ff. BGB.

vil- und bilanzrechtlicher Entstehungszeitpunkt soll anhand von Abbildung 30, die den "typischen" Verfahrensablauf zeigt, bestimmt werden[86]:

Abbildung 30

Typischer Verfahrensablauf bei Vermittlungsleistungen

BETEILIGTE					
Handelsvertreter bzw. (Handels-) Makler und Dritter	Unternehmer bzw. Auftraggeber und Dritter			Unternehmer bzw. Auftraggeber und Handelsvertreter bzw. (Handels-) Makler	
Auftrags- erteilung	Obligatorisches Geschäft	Erfüllung durch Unternehmer bzw. Auftraggeber (Lieferung)	Erfüllung durch Dritten (Zahlung)	Abrechnung Handelsvertreter bzw. (Handels-) Makler	Provisions- zahlung
PHASEN					
t_1	t_2	t_3	t_4	t_5	t_6

Wendet man sich zunächst der Frage des zivilrechtlichen Entstehungszeitpunkts der Provisionsforderung zu, so steht dem Handelsvertreter mit Auftragserteilung durch den Dritten, d.h. mit Abschluß des Vermittlungsgeschäfts, in t_1 gegenüber dem Unternehmer (ehemals Geschäftsherrn) ein aufschiebend bedingter Anspruch, ein Anwartschaftsrecht zu[87]. Dieses Anwartschaftsrecht erstarkt zum Vollrecht, "soweit und sobald der Unternehmer das Geschäft ausgeführt hat"[88] (also in t_3), allerdings unter der auflösenden Bedingung der Erfüllung (Zahlung) durch den

---

86 Ähnlich (verbal) HEUER in H/H/R 1993, EStG § 5 Anm. 1540; VANGEROW, Erläuterungen, StuW 1954, Sp. 349.

87 BFH IV 206/55 U vom 29.11.1956, BStBl III 1957, S. 234. Siehe auch HEYMANN/SONNENSCHEIN 1989, HGB § 87 Rn. 5; VANGEROW, Handelsvertreter, StuW 1957, Sp. 555.

88 § 87a Abs. 1 Satz 1 HGB. In Abweichung davon bestimmt § 92 Abs. 4 (i.V.m. Abs. 5) HGB, daß der Versicherungs- und Bausparkassenvertreter Anspruch auf Provision hat, sobald der Versicherungsnehmer die Versicherungsprämie bzw. der Bausparer die Bausparleistung erbracht hat (zu Einzelheiten vgl. HEYMANN/SONNENSCHEIN 1989, HGB § 92 Rn. 8-17).

Dritten in t_4[89]. Dagegen entsteht der Anspruch des (Handels-) Maklers mit dem Zustandekommen des Geschäfts zwischen Auftraggeber und Drittem (t_2)[90]. Eine mögliche Nichterfüllung seitens des Dritten ist insofern unbeachtlich.

Die Frage, zu welchem Zeitpunkt sich der Provisionsanspruch bilanzrechtlich konkretisiert, soll aufgrund der unterschiedlichen Zivilrechtslage für Handelsvertreter und (Handels-) Makler getrennt erörtert werden.

(1) Handelsvertreter

Grundsätzlich wendet der BFH bei Handelsvertretern die Regeln über die Gewinnverwirklichung bei schwebenden Verträgen an[91]. Fraglich ist, ob der Anspruch, analog zum Kaufvertrag, bereits dann entsteht, wenn "wirtschaftlich erfüllt" ist. Bejahendenfalls wäre auf den Zeitpunkt t_1 abzustellen, in dem der Handelsvertreter durch das Hereinholen des Auftrags geleistet hat[92]. In diesem Sinne hatte auch der RFH entschieden[93].

Nach neuerer Rechtsprechung[94] wird jedoch neben der Erfüllung durch den Handelsvertreter zusätzlich, ähnlich wie beim Werklieferungsvertrag, die Abnahme durch den Unternehmer verlangt, da vorher "meist ein recht erhebliches Risiko

---

89 § 87a Abs. 2 HGB. HEYMANN/SONNENSCHEIN 1989, HGB § 87a Rn. 14; VANGEROW, Handelsvertreter, StuW 1957, Sp. 559.

90 SCHLEGELBERGER/SCHRÖDER 1973, HGB § 99 Anm. 5b; PALANDT/THOMAS 1993, BGB § 652 Anm. 1. Daneben sind weitere Voraussetzungen zu erfüllen; insbesondere muß die Maklerleistung für das Zustandekommen des Vertrags ursächlich (kausal) sein (vgl. SCHLEGELBERGER/SCHRÖDER, a.a.O., Anm. 2-8c; PALANDT/THOMAS, a.a.O.). Ist allerdings der zwischen Auftraggeber und Drittem geschlossene Vertrag aufschiebend bedingt, so kann auch der Mäklerlohn erst verlangt werden, wenn die Bedingung eintritt (§ 652 Abs. 1 Satz 2 BGB).

91 Siehe etwa BFH I 135/53 S vom 12.3.1954, BStBl III 1954, S. 149; BFH I 259/61 S vom 15.1.1963, BStBl III 1963, S. 256; BFH IV 335/59 S vom 17.1.1963, BStBl III 1963, S. 257; BFH I R 150/77 vom 24.11.1983, BStBl II 1984, S. 299.

92 Hat der Handelsvertreter über die reine Vermittlung hinaus noch weitere wesentliche Pflichten, so hat er in t_1 selbstverständlich noch nicht wirtschaftlich erfüllt; eine Forderungsaktivierung kommt dann in keinem Fall in Frage (BFH IV 206/55 U vom 29.11.1956, BStBl III 1957, S. 234; BFH IV 335/59 S vom 17.1.1963, BStBl III 1963, S. 257).

93 RFH VI 839, 840/38 vom 15.2.1939, RStBl 1939, S. 606. Er distanziert sich hier von einer Entscheidung aus dem Jahre 1936, in der er dem Steuerpflichtigen noch ein Wahlrecht zugebilligt hatte (vgl. RFH VI A 924/36 vom 16.11.1936, StuW 1937, Sp. 186). Daß die Entscheidung den Vorläufer des heutigen § 87a HGB betrifft, ist in dem hier interessierenden Zusammenhang unerheblich

94 BFH I 135/53 S vom 12.3.1954, BStBl III 1954, S. 149; BFH IV 206/55 U vom 29.11.1956, BStBl III 1957, S. 234; BFH I 259/61 S vom 15.1.1963, BStBl III 1963, S. 256; BFH IV 335/59 S vom 17.1.1963, BStBl III 1963, S. 257.

[besteht], ob das Geschäft zur Ausführung gelangt"[95]. Zwar wird die Abnahme (bereits) im Vertragsabschluß des Unternehmers (t_2) gesehen; es erscheint dem BFH aufgrund des Vorsichtsprinzips jedoch gerechtfertigt, eine Aktivierungspflicht des Handelsvertreters erst mit der Ausführung des Geschäfts durch den Unternehmer in t_3 zu bejahen, dies aber auch dann, wenn der Provisionsanspruch aufgrund vertraglicher Abrede erst nach Maßgabe der Zahlung durch den Kunden (d.h. in t_4) entstehen soll[96]. Ist vereinbart, daß der Anspruch bereits mit Abschluß des vermittelten Geschäfts geltend gemacht werden kann, ist er zu diesem Zeitpunkt zu aktivieren[97]. Dies gilt auch, wenn der Anspruch unter der auflösenden Bedingung der Ausführung des Geschäfts steht[98].

In der Literatur wird überwiegend auf die überragende Bedeutung der Zivilrechtslage bzw. der vertraglichen Vereinbarung hingewiesen[99]. Dies bedeutet konkret, daß nach Ansicht einer Reihe von Autoren "ein rechtlich noch nicht entstandener Provisionsanspruch ... nicht aktiviert werden"[100] darf. Für den Fall, daß die Entstehung der Vergütungsforderung an die Zahlung des Dritten in t_4 anknüpft, wird daher eine Bilanzierung in t_3 abgelehnt[101]. Nach anderer Ansicht ist jedoch in diesem Fall aufgrund der zu bejahenden "Quasi-Sicherheit" von einer Bilanzierungspflicht auszugehen[102].

Nach Ansicht des Verfassers ist, wie bereits in Punkt a dargelegt, letztlich allein darauf abzustellen, ab welchem Zeitpunkt im Zeitraum von der Auftragserteilung (t_1) bis zur Provisionszahlung (t_6) der Vergütungsanspruch "so gut wie sicher" ist. Die zivilrechtliche Anspruchsentstehung ist insoweit nur von sekundärer Bedeutung. Vielmehr ist zu untersuchen, welche Risiken in t_2 (gegenüber t_1), in t_3

---

95 BFH I 135/53 S vom 12.3.1954, BStBl III 1954, S. 149; Klammerzusatz vom Verfasser.

96 BFH IV 206/55 U vom 29.11.1956, BStBl III 1957, S. 234; BFH I 259/61 S vom 15.1.1963, BStBl III 1963, S. 256; BFH IV 335/59 S vom 17.1.1963, BStBl III 1963, S. 257.

97 BFH I 111/64 vom 3.5.1967, BStBl III 1967, S. 464.

98 BFH III R 179/82 vom 14.3.1986, BStBl II 1986, S. 671.

99 Siehe insbesondere THEIS, Handelsvertreter, DB 1958, S. 1255; DERS., Provisionsforderung, DB 1956, S. 831; VANGEROW, Erläuterungen, StuW 1954, Sp. 353.

100 HEUER in H/H/R 1993, EStG § 5 Anm. 1540, m.w.N.

101 HEUER in H/H/R 1993, EStG § 5 Anm. 1540; THEIS, Handelsvertreter, DB 1958, S. 1255; DERS., Provisionsforderung, DB 1956, S. 831. Von anderen wird dem Handelsvertreter in diesem Fall ein Aktivierungswahlrecht zugestanden (siehe etwa HEUER, Bilanzierungsfragen, FR 1956, S. 483).

102 L. SCHMIDT 1993, EStG § 5 Anm. 31 "Provisionsanspruch"; ähnlich LEMPENAU, Fragen, StbJb 1978/79, S. 165.

(gegenüber t_2) usw. wegfallen, und ob diese vernachlässigt werden können oder nicht[103].

Unterstellt man den gesetzlichen Regelfall, daß der Provisionsanspruch nach Maßgabe des § 87a HGB entsteht, so ist in t_1 zu berücksichtigen, daß es dem Unternehmer frei steht, das vom Handelsvertreter vermittelte Geschäft anzunehmen oder abzulehnen[104]. Dieses Risiko kann m.E. nicht vernachlässigt werden, mithin kommt eine Aktivierung zu diesem Zeitpunkt nicht in Frage[105].

Ist das Geschäft vom Geschäftsherrn abgeschlossen (Zeitpunkt t_2), so wird es möglicherweise nicht von ihm erfüllt. Allerdings hat der Handelsvertreter nach § 87a Abs. 3 Satz 1 HGB auch dann einen Provisionsanspruch, wenn der Unternehmer das Geschäft ganz oder teilweise nicht oder nicht so ausführt, wie es abgeschlossen wurde. Die in Satz 2 der Vorschrift genannten Ausnahmen (vom Unternehmer nicht zu vertretende Unmöglichkeit, Unzumutbarkeit) werden von der Zivilrechtsprechung so eng ausgelegt, daß hieraus für den Handelsvertreter keine nennenswerten Risiken entstehen[106]. Bilanzrechtlich ist der Zeitpunkt t_3 daher m.E. unbeachtlich. Das vom BFH für seine gegenteilige Ansicht bemühte Vorsichtsprinzip wird hier überstrapaziert[107].

Nach § 87a Abs. 2 HGB entfällt der Provisionsanspruch dann, wenn der Dritte nicht leistet (Zeitpunkt t_4). Durch diese Regelung wird die Forderung des Handelsvertreters unmittelbar an den (z.B. Kaufpreis-) Anspruch des Unternehmers gegenüber dem Dritten gekoppelt. Da der Aktivierung der Kaufpreisforderung jedoch eine mögliche Zahlungsunfähigkeit des Dritten nicht entgegensteht, ist dieses Risiko auch für den Ansatz des Provisionsanspruchs bedeutungslos. Die Sachlage

---

103 Ähnlich ERPENBACH, Vertreterprovision, 1959, S. 21-37.

104 BAUMBACH/DUDEN/HOPT 1989, HGB § 87a Anm. 2 B.

105 Zusätzlich ist zu berücksichtigen, daß dem Dritten häufig für eine gewisse Zeit ein Widerrufsrecht zusteht (siehe etwa § 1 des Gesetzes über den Widerruf von Haustürgeschäften und ähnlichen Geschäften). Die Widerrufsfrist ist, analog zum Kauf mit Rückgaberecht (siehe oben, Punkt 3.b.y, S. 222 ff.), grundsätzlich abzuwarten.

106 Vgl. dazu SCHLEGELBERGER/SCHRÖDER 1973, HGB § 87a Anm. 33-41. Siehe auch ebenda, Anm. 29: "Die Nichtausführung des Geschäfts durch den Unternehmer steht also in diesem Sinne als Ereignis, das den Provisionsanspruch zu einem nicht mehr aufschiebend bedingten macht, der Ausführung des Geschäfts gleich". Dazu kommt, daß der Unternehmer insoweit die Beweislast trägt (ebenda, Anm. 42).

107 Siehe etwa BFH IV 305/65 vom 21.10.1971, BStBl II 1972, S. 277. Es wird auch an keiner Stelle spezifiziert, weshalb der Anspruch mit Geschäftsabschluß "wirtschaftlich als noch so vage ... [anzusehen ist], daß eine Aktivierungspflicht nicht angenommen werden muß" (BFH I 259/61 S vom 15.1.1963, BStBl III 1963, S. 256; Klammerzusatz vom Verfasser).

ist so zu beurteilen, als wenn der Handelsvertreter einen unmittelbaren Anspruch gegenüber dem Dritten (und nicht mittelbar über den Unternehmer) hätte. Auch in diesem Fall steht eine mögliche Zahlungsunfähigkeit der Ansatzpflicht nicht im Wege.

Da der Abrechnung des Handelsvertreters in t_5 nach m.E. zutreffender h.M. nur die Funktion eines Beweismittels, nicht eines rechtsgestaltenden Akts zukommt[108], entsteht der Provisionsanspruch folglich im gesetzlichen Regelfall mit Geschäftsabschluß durch den Unternehmer, d.h. in t_2. Da aus zivilrechtlicher Sicht zu diesem Zeitpunkt noch kein Vollrecht vorliegt, ist der Provisionsanspruch des Handelsvertreters mithin insoweit der Kategorie B1 zuzurechnen (siehe Abbildung 29).

Wird jedoch einzelvertraglich vereinbart, daß der Vergütungsanspruch erst mit Zahlung des Dritten oder mit Abrechnung des Handelsvertreters geltend gemacht werden kann, so ist § 87a Abs. 3 HGB nicht mehr einschlägig mit der Folge, daß der dinglichen Erfüllung des Unternehmers in t_3 gegenüber dessen obligatorischer Verpflichtung in t_2 nun eine eigenständige Bedeutung zukommt. In t_3 ist die Forderung dann jedoch m.E. hinreichend konkretisiert, "so gut wie sicher". Es ist unbeachtlich, ob sie unter der aufschiebenden Bedingung oder, wie im gesetzlichen Regelfall (siehe oben), unter der auflösenden Bedingung der Zahlung durch den Dritten steht. Wirtschaftlich sind beide Konstellationen gleich zu behandeln. Dies gilt mutatis mutandis auch bei der Anknüpfung des Provisionsanspruchs an die Abrechnung durch den Handelsvertreter. Bilanzrechtlicher Entstehungszeitpunkt ist in diesen Fällen die Geschäftsausführung durch den Unternehmer in t_3.

(2) (Handels-) Makler

Der BFH hat mit Rekurs auf § 652 Abs. 1 Satz 1 BGB bzw. § 99 HGB erklärt, der Provisionsanspruch des Maklers bzw. Handelsmaklers entstehe im gesetzlichen Regelfall nicht nur zivil-, sondern auch bilanzrechtlich mit Zustandekommen des als möglich nachgewiesenen oder vermittelten Abschlusses[109], d.h. in t_2. Dieser Zeitpunkt sei jedoch auch dann maßgeblich, wenn nach besonderer Vereinbarung der Provisionsanspruch erst später, z.B. mit Zahlung des Kunden (Zeitpunkt t_4)

---

108 VANGEROW, Erläuterungen, StuW 1954, Sp. 353; DERS., Handelsvertreter, StuW 1957, Sp. 562.

109 BFH I 179/54 vom 14.2.1956, StRK EStG § 5 R. 105, S. 110. Siehe auch BFH I 104/65 vom 27.11.1968, BStBl II 1969, S. 297; BFH I R 107/68 vom 15.4.1970, BStBl II 1970, S. 518.

entstehen oder fällig werden soll[110]. Die letztgenannte Ansicht wird von der Literatur mit Hinweis auf die Zivilrechtslage verschiedentlich kritisiert[111].

Der Verfasser tritt der in der Literatur geäußerten Kritik bei. Entsteht der Provisionsanspruch aufgrund einzelvertraglicher Abrede nämlich erst mit Zahlung des Kunden und nicht bereits mit Abschluß des Vertrags zwischen Auftraggeber und Drittem, so besteht für den Makler das Risiko, daß der Auftraggeber in t_3 das jeweilige Geschäft nicht ausführt. Da § 87a Abs. 3 HGB nicht (analog) anwendbar ist[112], steht dem Makler in diesem Fall kein Provisionsanspruch zu. Diese Gefahr hält der BFH offensichtlich für vernachlässigbar. Es ist jedoch durchaus denkbar, daß sich der Auftraggeber bspw. aus dem Vertrag freikauft, um einen günstigeren Abschluß zu erreichen. Aufgrund des Vorsichtsprinzips erscheint daher erst eine Bilanzierung zum Zeitpunkt der Leistungserbringung durch den Auftraggeber, d.h. in t_3, zulässig[113]. Im gesetzlichen Regelfall ist jedoch mit der BFH-Rechtsprechung und der Literatur auf den Vertragsabschluß zwischen Auftraggeber und Drittem in t_2 abzustellen. Eine frühere Aktivierung ist, aus den unter (1) genannten Gründen, m.E. nicht vertretbar. Im Ergebnis ist der Provisionsanspruch des (Handels-) Maklers mithin unter die Kategorie A1 zu subsumieren.

ß. Umsatzvergütungsansprüche

Den in Punkt 3, 4.b.α und 4.b.ß diskutierten Fällen war gemeinsam, daß der Titelinhaber mit dem Titelemittenten vertragliche Beziehungen eingegangen war, aus denen den Beteiligten am Bilanzstichtag zivilrechtlich wirksame und einklagbare Ansprüche bereits zustanden oder noch zustehen sollten. Zu diesem Zeitpunkt hatte der Titelinhaber mithin zumindest ein Anwartschaftsrecht inne.

Fraglich ist, ob die Aktivierung eines Forderungstitels auch dann zulässig bzw. geboten ist, wenn zwischen Titelinhaber und Emittent zwar Absprachen (und insofern, wirtschaftlich gesehen, Kontrakte) bestehen, insbesondere der Anspruch des Titelinhabers aber nicht zivilrechtlich durchsetzbar ist und es auch in Zukunft nicht

---

110 BFH I 104/65 vom 27.11.1968, BStBl II 1969, S. 297.

111 HEUER in H/H/R 1993, EStG § 5 Anm. 1575 "Grundstücksmakler".

112 BAUMBACH/DUDEN/HOPT 1989, HGB § 93 Anm. 5 A; PALANDT/THOMAS 1993, BGB § 652 Anm. 9 B.a. Etwas anderes gilt dann, wenn die Maklerprovision lediglich zu einem späteren Zeitpunkt *fällig* ist (vgl. ebenda).

113 Auf den Zeitpunkt der Vertragserfüllung (Zahlung) durch den Dritten ist jedoch, aus den unter (1) genannten Gründen, nicht abzustellen.

sein wird (sog. "faktische Ansprüche", "faktische Forderungen"[114]). Beispielhaft seien Umsatzvergütungen genannt, die ohne Rechtsanspruch gewährt werden[115]. Der BFH hat eine Aktivierungspflicht bejaht, wenn die Forderung im abgelaufenen Wirtschaftsjahr wirtschaftlich verursacht und mit ihrer Erfüllung fest zu rechnen war[116].

Die Aktivierung von "Ansprüchen" auf freiwillig gewährte Umsatzprämien ist in der Literatur umstritten. Ein Teil des Schrifttums stellt ausschließlich auf die wirtschaftliche Verursachung und Entstehung ab und spricht sich für einen Forderungsansatz aus, wenn der Kaufmann aufgrund langjähriger Übung fest mit der Zahlung rechnen konnte[117]. Nach a.A. ist der Ertrag zum Bilanzstichtag noch nicht realisiert, hat die nach dem Bilanzstichtag eingehende Mitteilung über die freiwillig gewährte Vergütung konstitutiven Charakter und ist als "bestandsbestimmende" Tatsache nicht zu berücksichtigen[118].

M.E. ist die Aktivierung von Umsatzvergütungsansprüchen, auf die der Steuerpflichtige keinen Rechtsanspruch hat, grundsätzlich unzulässig. Etwas anderes kann nur gelten, wenn aus der früheren Übung eine Rechtsverpflichtung entstanden ist, zumindest in der Weise, daß sich der Lieferant nach Treu und Glauben nicht mehr auf den Vorbehalt der Freiwilligkeit berufen kann[119]. Nach Auffas-

---

114 SARX in BBK 1990, HGB § 268 Anm. 94.

115 Angeführt werden könnten auch Ansprüche aus Ehemaklerverträgen (siehe hierzu BFH IV 73/63 vom 17.8.1967, BStBl II 1968, S. 79) sowie aus formnichtigen Grundstückskaufverträgen (siehe hierzu BFH IV R 181/71 vom 29.11.1973, BStBl II 1974, S. 202; BFH I R 121/74 vom 5.5.1976, BStBl II 1976, S. 543).

116 BFH IV R 201/74 vom 9.2.1978, BStBl II 1978, S. 370. Hiervon zu unterscheiden ist die Aktivierung von Umsatzvergütungen, auf die der Steuerpflichtige einen Rechtsanspruch hat. Hier stellt sich, ähnlich wie beim Provisionsanspruch des Handelsvertreters, die Frage, ob ein zum Bilanzstichtag existierendes Anwartschaftsrecht bereits hinreichend konkretisiert ist (vgl. BFH I 103/55 U vom 25.9.1956, BStBl III 1956, S. 349; BFH IV 33/56 U vom 7.11.1957, BStBl III 1958, S. 65). Zu dem ähnlich gelagerten, aber anders entschiedenen Fall der Ansprüche auf verbilligten Nachbezug von Rohstoffen vgl. BFH I R 35/78 vom 6.12.1978, BStBl II 1979, S. 262.

117 BEISSE, Handelsbilanzrecht, BB 1980, S. 639; DÖLLERER, Gedanken, JbFSt 1979/80, S. 204; GROH, Bilanztheorie, StbJb 1979/80, S. 135; MOXTER, Betrachtungsweise, StuW 1989, S. 237; L. SCHMIDT 1993, EStG § 5 Anm. 31 "Umsatzprämie".

118 Siehe insbesondere HANRATHS, Umsatzvergütungen, DB 1975, S. 1433-1435. Vgl. auch CLEMM, Grenzen, JbFSt 1979/80, S. 183 f.; HEUER in H/H/R 1993, EStG § 5 Anm. 2200 "Umsatzvergütung"; LEMPENAU, Fragen, StbJb 1978/79, S. 156-159; LÜDERS, Gewinnrealisierung, 1987, S. 96; MAASSEN, Grundsatz, DB 1978, S. 2043 f.; SARX/PANKOW in BBK 1990, HGB § 247 Anm. 124.

119 LEMPENAU, Fragen, StbJb 1978/79, S. 158. Ob im entschiedenen Fall (siehe BFH IV R 201/74 vom 9.2.1978, BStBl II 1978, S. 370) eine solche Rechtspflicht bestand, ist unklar (siehe auch DÖLLERER, Gedanken, JbFSt 1979/80, S. 204; MAASSEN, Grundsatz, DB 1978, S. 2043).

sung des Verfassers ist es unerheblich, daß die Vergütungen im abgelaufenen Wirtschaftsjahr wirtschaftlich verursacht oder für den Käufer ggf. von erheblicher wirtschaftlicher Bedeutung sind[120]. Zum einen geht insoweit das Realisations-dem Periodizitätsprinzip vor[121] und zum anderen wird der Verkäufer seine Entscheidung, die Umsatzvergütung auch in der Zukunft zu zahlen, nicht davon abhängig machen, ob dieser Vorteil für seinen Vertragspartner einen "nicht unerheblichen Kalkulationsfaktor"[122] darstellt.

C. Finanzierungstitel im weiteren Sinne
1. Die Forderungstitel-Entstehung im allgemeinen

Finanzierungstitel im weiteren Sinne entstehen durch einseitigen Vermögenszugang. Der Titelerwerber hat mithin keine eigene Leistung zu erbringen, sondern der Anspruch steht ihm von Gesetzes wegen zu. Folglich kann, wie in Punkt B.4, ausschließlich auf den zivilrechtlichen Entstehungszeitpunkt des jeweiligen Anspruchs zurückgegriffen werden. Da zusätzlich, wie stets, zu prüfen ist, ob die Forderung "so gut wie sicher" ist, kann hinsichtlich der Frage des Entstehungszeitpunkts von Finanzierungstiteln im weiteren Sinne grundsätzlich auf Abbildung 29 verwiesen werden.

2. Einzelfälle
a. Rückgewähransprüche aus verdeckter Gewinnausschüttung

Eine verdeckte Gewinnausschüttung i.S.d. § 8 Abs. 3 Satz 2 KStG ist eine Vermögensminderung oder verhinderte Vermögensmehrung, die durch das Gesellschaftsverhältnis veranlaßt ist, sich auf die Höhe des Einkommens auswirkt und nicht auf einem den gesellschaftsrechtlichen Vorschriften entsprechenden Gewinnverteilungsbeschluß beruht. Eine Veranlassung durch das Gesellschaftsverhältnis liegt dann vor, wenn ein ordentlicher und gewissenhafter Geschäftsleiter die Vermögensminderung oder verhinderte Vermögensmehrung gegenüber einem Nichtgesellschafter unter sonst gleichen Umständen nicht hingenommen hätte[123]. Verdeckte Gewinnausschüttungen sind, falls sie den Gewinn gemindert haben, diesem wieder hinzuzurechnen. Gleichzeitig liegt, wenn die Gesellschaft in der Rechts-

---

120   A.A. BFH IV R 201/74 vom 9.2.1978, BStBl II 1978, S. 371, 372.

121   Siehe oben, Punkt A.3, S. 215.

122   BFH IV R 201/74 vom 9.2.1978, BStBl II 1978, S. 372.

123   Vgl. Abschnitt 31 Abs. 3 KStR mit Rechtsprechungshinweisen.

form einer AG betrieben wird, ein Verstoß gegen §§ 57, 58 AktG vor mit der Folge, daß der Gesellschaft ein Rückgewähranspruch nach § 62 AktG zusteht[124]. Eine GmbH hat aufgrund der gesetzlichen Kapitalerhaltungsvorschriften einen Rückgewähranspruch nur, soweit das Stammkapital angegriffen wird (§§ 30, 31 GmbHG); die für die AG von Gesetzes wegen geltende Lage kann aber bei der GmbH durch eine gesellschaftsvertragliche Bestimmung (sog. "Satzungsklausel") statuiert werden[125].

Da gleichzeitig mit der Minderung des Gesellschaftsvermögens durch die Vorteils- gewährung an den Gesellschafter eine Mehrung des Gesellschaftsvermögens durch die Entstehung des Rückgewähranspruchs eintritt, wird, bei rein zivilrechtlicher Betrachtungsweise, die Verwirklichung des Tatbestands der verdeckten Ge- winnausschüttung und werden damit deren Rechtsfolgen verhindert[126]. Bilanziell könnte dieses Ergebnis durch die Aktivierung des Rückgewähranspruchs zum Zeitpunkt der Vornahme der verdeckten Gewinnausschüttung erreicht werden.

Nach Ansicht des BFH[127] ist der Rückgewähranspruch jedoch erst dann ein bilan- zierungsfähiges Wirtschaftsgut, wenn er hinreichend konkretisiert ist. Mit Hinweis auf die Rechtsprechung zur Aktivierung von Schadensersatzansprüchen werden weitere Umstände gefordert, die hinzukommen müssen, damit sich die zivilrecht- lich entstandene Forderung als wirtschaftlicher Wert manifestiert: "Hinzukommen muß nämlich die Kenntnis des Anspruchsberechtigten, daß eine verdeckte Ge- winnausschüttung vorgekommen ist, und die Kundgabe seines Willens, die Rück- gewähr von dem durch die Vorteilsgewährung begünstigten Gesellschafter zu verlangen"[128]. Die Entscheidung hat insbesondere Bedeutung in den Fällen, in

---

124 KNOBBE-KEUK, Unternehmenssteuerrecht, 1991, S. 616.

125 KNOBBE-KEUK, Unternehmenssteuerrecht, 1991, S. 616. Daneben können Rückgewähr- oder Ersatzansprüche unter dem Gesichtspunkt des Verstoßes gegen die Kompetenzord- nung, gegen den Gleichbehandlungsgrundsatz oder gegen die Treuepflicht bestehen (vgl. ebenda).

126 DÖLLERER, Gewinnausschüttung, DStR 1980, S. 398 f.

127 Siehe insbesondere BFH I R 266/81 vom 23.5.1984, BStBl II 1984, S. 723; siehe auch BFH I R 37/82 vom 30.1.1985, BStBl II 1985, S. 347; BFH I R 110/88 vom 13.9.1989, BStBl II 1990, S. 27.

128 BFH I R 266/81 vom 23.5.1984, BStBl II 1984, S. 725. In neueren Entscheidungen läßt es der BFH ausdrücklich dahinstehen, zu welchem Zeitpunkt der Rückgewähranspruch erst- mals zu bilanzieren ist; in allen Fällen handle es sich um eine Einlageforderung, die den Gewinn im steuerlichen Sinne nicht erhöhen dürfe und die Rechtsfolgen der Vorteils- gewährung (§ 8 Abs. 3 Satz 2 KStG) nicht verhindern bzw. rückgängig machen könne (BFH I R 176/83 vom 29.4.1987, BStBl II 1987, S. 735; BFH I R 41/86 vom 13.9.1989, BStBl II 1989, S. 1029). Der BFH schließt sich damit der Auffassung der Verwaltung an (vgl. BdF IV B 7 - S 2813 - 23/81 vom 6.8.1981, BStBl I 1981, S. 599). Auf den letztge- nannten Aspekt soll hier nicht näher eingegangen werden (siehe hierzu DÖLLERER,

denen eine verdeckte Gewinnausschüttung erst zu einem späteren Zeitpunkt, etwa im Rahmen einer Betriebsprüfung aufgedeckt wird; da der Rückforderungsanspruch bis zu diesem Zeitpunkt nicht bilanziert wurde, geht der BFH davon aus, daß die Gesellschaft das ihr satzungsmäßig oder gesetzlich zustehende Recht nicht ernst nahm oder es ihr nicht bekannt war. Eine rückwirkende Forderungseinbuchung wird daher abgelehnt[129].

Ein Teil des Schrifttums hat sich dieser Auffassung angeschlossen[130]. Die andere Ansicht argumentiert, wie bereits oben angedeutet, zivilrechtlich: Der Rückgewähranspruch sei keine Forderung auf "Rück-Gewähr" des Zugewendeten; vielmehr sei er dazu bestimmt und jedenfalls im Grundsatz auch geeignet, den Fall einer verdeckten Gewinnausschüttung gar nicht erst eintreten zu lassen[131]. Zusätzlich wird darauf hingewiesen, daß Existenz und Höhe einer verdeckten Gewinnausschüttung für die Gesellschaft häufig nicht klar erkennbar seien. Wenn in diesen Fällen das Finanzamt bzw. das Gericht seine eigenen Vorstellungen an die Stelle derjenigen des Kaufmanns setzten, so sei die Verweigerung der nachträglichen "Änderung der Bilanz"[132] unzulässig.

Ob der Rückgewähranspruch aus einer verdeckten Gewinnausschüttung bereits zu dem Bilanzstichtag, der der Vorteilszuwendung folgt, bilanzierungsfähig ist oder nicht, ist nach Ansicht des Verfassers wiederum davon abhängig, ob die Forderung als "so gut wie sicher" bezeichnet werden kann. Dabei sind hier nur die Fälle interessant, in denen der Rückgewähranspruch im Jahr der verdeckten Gewinnausschüttung zunächst nicht aktiviert wurde, aber ein Ansatz in späteren Jahren

---

Gewinnausschüttung, DStR 1980, S. 399; SEEGER, Gewinnausschüttung, StVj 1992, S. 255 f.). Hier soll nur interessieren, in welchem Zeitpunkt der Rückgewähranspruch als bilanzierungsfähiges Wirtschaftsgut entsteht, unabhängig davon, ob dadurch die Rechtsfolgen einer verdeckten Gewinnausschüttung rückgängig gemacht werden oder nicht.

129 BFH I R 266/81 vom 23.5.1984, BStBl II 1984, S. 725.

130 BLÜMICH/SCHREIBER 1993, EStG § 5 Rz. 485; KNOLLE, Urteil, DB 1985, S. 1265 f.; MOXTER, Aktivierungsvoraussetzung, BB 1987, S. 1850; L. SCHMIDT 1993, EStG § 5 Anm. 31 "Satzungs- und Steuerklauseln".

131 BREZING, Satzungsklauseln, DB 1984, S. 2059; BUDDE/MÜLLER in BBK 1990, HGB § 278 Anm. 126-128; STRECK 1991, KStG § 8 Anm. 112-115; WICHMANN, Gewinnausschüttung, BB 1992, S. 26-28.

132 BREZING, Satzungsklauseln, DB 1984, S. 2059. L. SCHMIDT interpretiert die Aussage BREZINGS und auch DÖLLERERS (DÖLLERER, Kaufmann, BB 1986, S. 98-100) so, daß beide für eine Bilanzberichtigung (§ 4 Abs. 2 Satz 1 EStG) eintreten (vgl. L. SCHMIDT 1993, EStG § 5 Anm. 31 "Satzungs- und Steuerklauseln"). Dagegen tritt KNOBBE-KEUK für eine Bilanzänderung (§ 4 Abs. 2 Satz 2 EStG) ein (KNOBBE-KEUK, Unternehmenssteuerrecht, 1991, S. 619).

(bspw. nach einer Betriebsprüfung) begehrt wird[133]. Zur Prüfung dieser Frage erscheint es sinnvoll, danach zu differenzieren, ob der Gesellschaft (bzw. dem sie vertretenden Organ) die Verletzung gesetzlicher bzw. gesellschaftsvertraglicher Pflichten bekannt war oder nicht. Dabei ist nach h.M. auf die Rechtsfigur des ordentlichen und gewissenhaft handelnden Kaufmanns und damit auf die Ebene des Normativen und nicht des Faktischen abzustellen[134].

Der ordentliche und gewissenhaft handelnde Kaufmann wird im Regelfall dann Kenntnis von dem Rückgewähranspruch haben, wenn die verdeckte Gewinnausschüttung evident ist, insbesondere, wenn ein grobes Mißverhältnis von Leistung und Gegenleistung vorliegt[135]. Wird der Rückgewähranspruch in einem solchen Fall nicht im Jahr der verdeckten Gewinnausschüttung aktiviert, so kann dies nur bedeuten, daß die Gesellschaft den formal entstandenen Anspruch gar nicht als wirtschaftlichen Wert betrachtet[136]. Damit ist aber der Frage nach der "Quasi-Sicherheit" der Forderung die Grundlage entzogen, da eine solche Beurteilung nur für Ansprüche sinnvoll ist, die man durchzusetzen gedenkt. Da die Bilanz folglich nicht falsch ist, ist auch eine (spätere) Bilanzberichtigung nicht möglich[137]. Eine Bilanzänderung kommt jedoch ebenfalls nicht in Frage, da dem Steuerpflichtigen insoweit kein Wahlrecht zusteht[138]. Eine "rückwirkende" Berücksichtigung des Rückgewähranspruchs ist daher in keinem Fall denkbar[139].

Bewegen sich die Vereinbarungen zwischen Gesellschaft und Gesellschafter dagegen in einer Grauzone zwischen "angemessen" und "unangemessen", so wird auch für den ordentlich und gewissenhaft handelnden Kaufmann häufig nicht erkennbar

---

133 Andernfalls ist die Forderung unzweifelhaft anzusetzen. Fraglich ist dann allerdings, ob hierdurch die Rechtsfolgen der verdeckten Gewinnausschüttung (vgl. §§ 8 Abs. 3 Satz 2, 27 ff. KStG) vermieden werden.

134 DÖLLERER, Kaufmann, BB 1986, S. 97-100, m.w.N.

135 KNOBBE-KEUK, Unternehmenssteuerrecht, 1991, S. 619. So auch DÖLLERER, Kaufmann, BB 1986, S. 99.

136 So, m.E. zutreffend, KNOBBE-KEUK, Unternehmenssteuerrecht, 1991, S. 619; siehe auch SEEGER, Gewinnausschüttungen, StVj 1992, S. 254 f.

137 Ähnlich KNOBBE-KEUK, Unternehmenssteuerrecht, 1991, S. 619. Siehe auch BFH IV R 30/71 vom 14.8.1975, BStBl II 1976, S. 92.

138 So auch BFH IV R 30/71 vom 14.8.1975, BStBl II 1976, S. 93. KNOBBE-KEUK hält eine Bilanzänderung jedoch grundsätzlich für zulässig, in diesem Fall aber für willkürlich (KNOBBE-KEUK, Unternehmenssteuerrecht, 1991, S. 619). Die Voraussetzungen für eine Bilanzänderung sind jedoch m.E. nicht gegeben (vgl. nur L. SCHMIDT/HEINICKE 1993, EStG § 4 Anm. 144a).

139 Dieses Ergebnis dürfte auch die Zustimmung BREZINGS finden, der seine Kritik an der BFH-Rechtsprechung nicht auf die Fälle angewendet wissen will, in denen "eine gezielt angestrebte Gewinnausschüttung aufgedeckt wird" (BREZING, Satzungsklauseln, DB 1984, S. 2059).

sein, daß er dem Gesellschafter einen Vorteil gewährt hat. Dann fehlt es im Regelfall aber auch an den Voraussetzungen des § 8 Abs. 3 Satz 2 KStG[140]. Erkennt
die Finanzverwaltung gleichwohl eine verdeckte Gewinnausschüttung, so ist die
Bilanz sowohl subjektiv - aus Sicht des typisierten Bilanzaufstellers - als auch objektiv falsch, da die - gutgläubige - Einschätzung des Bilanzierenden durch die
Prüferfeststellung berichtigt wird[141]. M.E. ist in diesem Fall in gleicher Weise zu
verfahren, wie wenn eine Schadensersatzforderung irrtümlich nicht aktiviert und
dieser Fehler anläßlich einer Betriebsprüfung aufgedeckt wurde. Da es sich jeweils
um Forderungstitel im weiteren Sinne handelt, ist hinsichtlich des Aktivierungszeitpunkts nach den gleichen Grundsätzen zu verfahren. Daß diesbezüglich häufig
unterschiedliche Interessenlagen bestehen, ist für die Tatbestandsmäßigkeit unbeachtlich und bestenfalls im Rahmen der Beweiswürdigung zu berücksichtigen.

b. Steuererstattungs-, Steuervergütungs- und Subventionsansprüche

Steht dem (bilanzierenden) Steuerpflichtigen eine (betriebliche) Forderung gegenüber dem Fiskus zu, so kann es sich um einen (1) Steuererstattungs-, (2) Steuer-
vergütungs- oder (3) Subventionsanspruch handeln[142].

(1) Steuererstattungsansprüche

Ist eine Steuer[143] ohne rechtlichen Grund gezahlt oder zurückgezahlt worden, so
entsteht für den, für dessen Rechnung gezahlt worden ist, ein Erstattungsanspruch[144] und zwar zum Ende des für die Festsetzung der Steuer maßgebenden
Steuerabschnitts. Der Anspruch ist jedoch erst dann zu aktivieren, wenn er als
Wirtschaftsgut hinreichend konkretisiert ist. Diese Voraussetzung ist jedenfalls
dann erfüllt, wenn sich der Erstattungsanspruch aus einem Steuerbescheid oder einem rechtskräftigen Urteilsspruch ergibt, der bei der Bilanzaufstellung vorliegt[145]. Der Rechtsprechung ist m.E. auch insoweit zuzustimmen, als nicht nur

---

140 DÖLLERER, Gewinnausschüttung, DStR 1980, S. 399; L. SCHMIDT, Steuerklauseln,
     JbFSt 1979/80, S. 316 f.

141 Sehr klar INSTFST/NIEMANN, Beurteilung, 1991, S. 94 f. Siehe auch H. MEILICKE,
     Rückgewährpflicht, BB 1990, S. 1232.

142 Vgl. TIPKE/LANG, Steuerrecht, 1991, S. 135 f., 143-145.

143 Entsprechendes gilt für Steuervergütungen, Haftungsbeträge oder steuerliche Nebenlei-
     stungen.

144 § 37 Abs. 2 AO.

145 HEUER in H/H/R 1993, EStG § 5 Anm. 2200 "Steuererstattungsanspruch". Wird der An-
     spruch bestritten, kommt ein Ansatz nicht in Betracht (ebenda). Eine Aktivierung ist auf-

anerkannte, sondern auch wahrscheinliche (und vom Finanzamt nicht bestrittene) Erstattungsansprüche zu aktivieren sind, mit denen der Steuerpflichtige fest rechnen konnte[146]. Dem Risiko, daß das Finanzamt die Erstattung niedriger festsetzt als vom Steuerpflichtigen ermittelt, ist durch eine entsprechend vorsichtige Bewertung Rechnung zu tragen.

(2) Steuervergütungsansprüche

Zu den Steuervergütungsansprüchen zählen insbesondere (a) der (prinzipiell durch Verrechnung mit der Umsatzsteuerschuld gewährte) Vorsteuerabzug sowie (b) der Körperschaftsteueranrechnungs- bzw. -vergütungsanspruch[147].

(a) Vorsteuerverrechnungsanspruch

Nimmt ein Unternehmer von einem anderen Unternehmer vor dem Bilanzstichtag eine umsatzsteuerpflichtige Leistung in Anspruch, wird ihm eine dem § 14 Abs. 1 UStG entsprechende Rechnung mit gesondertem Ausweis der Umsatzsteuer aber erst nach dem Bilanzstichtag zugesandt, so entsteht der Anspruch auf Verrechnung oder Erstattung der Vorsteuer nach § 15 Abs. 1 UStG erst in dem Voranmeldungszeitraum, in dem die Rechnung eingeht. Nach m.E. zutreffender h.M. kann der Steuerpflichtige jedoch im Regelfall fest damit rechnen, daß sein Vertragspartner die ihm obliegende Rechtspflicht[148] erfüllt[149], so daß einem Forderungsansatz nichts im Wege steht[150].

---

grund des Stichtagsprinzips auch nicht rückwirkend (etwa nach einer Betriebsprüfung) möglich, wenn sich die Rechtsansicht des Steuerpflichtigen im nachhinein als falsch herausstellt (so auch BFH I R 120/67 vom 1.10.1969, BStBl II 1969, S. 742).

146 BFH I 356/61 vom 28.4.1964, HFR 1964, S. 344. So auch HEUER in H/H/R 1993, EStG § 5 Anm. 2200 "Steuererstattungsansprüche", m.w.N.

147 TIPKE/LANG, Steuerrecht, 1991, S. 143.

148 Siehe § 14 Abs. 1 Satz 1 2. Alternative UStG.

149 Etwas anderes kann bspw. gelten, wenn unklar ist, ob der Vertragspartner Unternehmer i.S.d. § 2 UStG ist oder die Kleinunternehmerregelung des § 19 Abs. 1 UStG in Anspruch nimmt.

150 BLÜMICH/SCHREIBER 1993, EStG § 5 Rz. 488; KEB, Vorsteuer, StBp 1977, S. 43; DERS., Verbuchung, StBp 1976, S. 137; LEMPENAU, Fragen, StbJb 1978/79, S. 155 f.; MOXTER, Betrachtungsweise, StuW 1989, S. 237; L. SCHMIDT 1993, EStG § 5 Anm. 31 "Vorsteuerabzugsanspruch". Dies soll selbst dann gelten, wenn die Rechnung fehlerhaft ist und damit (noch) nicht zum Vorsteuerabzug berechtigt (Niedersächsisches FG II 438/91 vom 22.10.1992, EFG 1993, S. 388, Rev. eingelegt). Gegen eine vorzeitige Aktivierung HELMIK, Vorsteuer, StBp 1976, S. 264; WENZEL, Behandlung, DB 1978, S. 863.

(b) Körperschaftsteueranrechnungs- bzw. -vergütungsanspruch

Nach § 20 Abs. 1 Nr. 3 EStG zählt zu den Einkünften aus Kapitalvermögen eines unbeschränkt steuerpflichtigen Anteilseigners nicht nur die Bardividende (§ 20 Abs. 1 Nr. 1 EStG), sondern auch die nach § 36 Abs. 2 Nr. 3 EStG anzurechnende bzw. zu vergütende Körperschaftsteuer. Werden die Anteile in einem Betriebsvermögen gehalten, so bejaht die absolut h.M.[151] eine Aktivierung des Anrechnungsanspruchs zeitgleich mit der Dividendenforderung[152]. Verwiesen wird insbesondere auf den Wortlaut des § 20 Abs. 1 Nr. 3 Satz 2 EStG[153].

Nach Ansicht des Verfassers ist der h.M. beizupflichten, wenn der Anrechnungs- bzw. -vergütungsanspruch zum Betriebsvermögen gehört[154]. Unter dieser Voraussetzung ist er auch dann aktivierungspflichtig, wenn die nach § 36 Abs. 2 Nr. 3b EStG notwendige Bescheinigung (§§ 44-46 KStG) noch nicht vorliegt. Dieser kommt nach der zitierten Vorschrift zwar konstitutive Bedeutung zu. Ähnlich wie beim Vorsteuerverrechnungsanspruch ist jedoch im Regelfall fest mit der Ausstellung des Belegs zu rechnen, ist der Anspruch damit "so gut wie sicher"[155].

(3) Subventionsansprüche

Zu den Subventionen, die zu Transferzahlungen durch den Fiskus an den Steuerpflichtigen führen[156], zählen in erster Linie die Investitionszulagen nach § 19 BerlinFG sowie nach dem InvZulG 1991. Sie werden grundsätzlich erst auf Antrag gewährt[157]. Unabhängig davon, ob dem Antrag konstitutive oder lediglich dekla-

---

151 BLÜMICH/SCHREIBER 1993, EStG § 5 Rz. 496; HEUER in H/H/R 1993, EStG § 5 Anm. 2200 "Körperschaftsteueranrechnungs-Anspruch"; LEMPENAU, Fragen, StbJb 1978/79, S. 162; REUTER, Dividenden, BB 1978, S. 83 f.; L. SCHMIDT 1993, EStG § 5 Anm. 31 "Körperschaftsteuer-Anrechnungsanspruch". Siehe auch Abschnitt 154 Abs. 4 Satz 1 EStR. A.A. SCHULZE ZUR WIESCHE, Betriebsvermögen, StBp 1978, S. 129, der eine Aktivierung erst im Jahr der tatsächlichen Ausschüttung für zulässig hält.

152 Zum Aktivierungszeitpunkt der Dividendenforderung siehe unten, Punkt D.1.c, S. 251 ff.

153 § 20 Abs. 1 Nr. 3 2. Satz EStG lautet: "Die anzurechnende oder zu vergütende Körperschaftsteuer gilt ... als zusammen mit den Einnahmen im Sinne der Nummern 1 oder 2 oder des Absatzes 2 Nr. 2 Buchstabe a bezogen".

154 Siehe dazu unten, § 5, Punkt I.A.1.(1), S. 301 ff.

155 Nach der in § 1, Punkt II.B.1 (S. 160) dargestellten und hier nicht problematisierten BFH-Auffassung zum Wirtschaftsgutbegriff berührt die Unübertragbarkeit des Körperschaftsteueranrechnungs- (nicht: -vergütungs-) Anspruchs (vgl. § 46 AO, Abschnitt 213f Abs. 4 EStR) nicht dessen Bilanzierungsfähigkeit (siehe aber NAUSS, Behandlung, DB 1982, S. 1684; vgl. auch MÜLLER-DOTT, Auswirkungen, DStR 1977, S. 437).

156 Vgl. im einzelnen TIPKE/LANG, Steuerrecht, 1991, S. 644-660.

157 § 19 Abs. 5 BerlinFG, § 6 InvZulG 1991.

ratorische Bedeutung zukommt, ist der Anspruch auf Investitionszulage nach h.M. bereits bilanziell zu berücksichtigen, wenn ein förderungswürdiges Investitionsgut angeschafft oder hergestellt ist[158]. Dieser Auffassung ist zuzustimmen. Zur Begründung kann auf die Ausführungen in Punkt (2) verwiesen werden[159].

D. Ertragsrechte aus Finanzierungstiteln als Sonderfall

Es wurde bereits oben[160] erörtert, zu welchem Zeitpunkt Ertragsrechte aus einem Finanzierungstitel zivilrechtlich entstehen und damit grundsätzlich bilanzierungspflichtig sind. Es war jedoch offen geblieben, ob eine Aktivierung nicht bereits zu einem früheren Zeitpunkt zulässig oder geboten ist. Eine gesonderte Problematisierung dieses Gesichtspunkts ist erforderlich, da Ertragsrechte lediglich eine Komponente von Finanzierungstiteln darstellen und insoweit weder unter die Finanzierungstitel im engeren noch im weiteren Sinne subsumiert werden können.

Die Frage des Entstehungszeitpunkts von Ertragsrechten wird im folgenden zunächst für die Konstellation diskutiert, daß der Entgeltanspruch beim Titelinhaber *originär* entsteht. Zu untersuchen ist, wann der Gesellschafter bzw. Gläubiger eine Forderung gegenüber der Gesellschaft bzw. dem Schuldner in die Steuerbilanz einzustellen hat. Da mit der Bestimmung des Aktivierungszeitpunkts eine Gewinnrealisierung verbunden ist, sind die Grundsätze über die Realisation bzw. die Entstehung von Forderungstiteln im allgemeinen anzuwenden[161]. Weil die Entgeltzahlung darüber hinaus nicht im Leistungsaustausch erfolgt, sondern einen einseitigen Vermögenszugang darstellt[162], sind konkret die für Forderungstitel im weiteren Sinne entwickelten Prinzipien anzuwenden.

---

158 HEUER in H/H/R 1993, EStG § 5 Anm. 2200 "Investitionszulage"; LEMPENAU, Fragen, StbJb 1978/79, S. 154 f.

159 Dem Aktivierungszeitpunkt kommt allerdings steuerlich kaum materielle Bedeutung zu, da die genannten Subventionen weder als Einkünfte gelten noch die steuerlichen Anschaffungs- bzw. Herstellungskosten mindern (§ 19 Abs. 9 BerlinFG; § 10 InvZulG 1991).

160 § 2, Punkt II.B.2.a, S. 198 ff.

161 MOXTER, Betrachtungsweise, StuW 1989, S. 237 f.; H.-J. WEBER, Konkretisierung, StBp 1988, S. 186.

162 MELLWIG, Beteiligungen, BB 1990, S. 1164; SCHÄFER, Forderungen, 1977, S. 31; VOLKERI/SCHNEIDER, Behandlung, BB 1979, S. 965; E. WEBER, Beteiligungen, 1980, S. 105 f.; WREDE, Beteiligungen, FR 1990, S. 297 f.

Eine andere Möglichkeit besteht darin, den Entgeltanspruch *derivativ* - entweder isoliert oder zusammen mit dem Stammrecht - anzuschaffen. Aus bilanzrechtlicher Perspektive ist dann zum einen zu prüfen, ob beim Erwerber im Fall des isolierten Erwerbs ein Aktivum entsteht, und zum anderen, ob die Anschaffung zusammen mit dem Stammrecht zur Bilanzierung eines oder mehrerer Wirtschaftsgüter führt.

1. Originär erworbene Entgeltansprüche
a. Forderungstitel und typische stille Beteiligungen

Die Bestimmung des bilanzrechtlichen Entstehungszeitpunktes der Ertragsrechte aus Forderungstiteln braucht nicht näher analysiert zu werden, wenn sie unbedingter Natur sind, da diese mit fortschreitender Laufzeit sowohl zivilrechtlich als auch wirtschaftlich entstehen[163]. Im folgenden sind daher ausschließlich solche Entgeltansprüche zu diskutieren, deren Entstehung vom Eintritt einer Bedingung abhängig ist. Hierunter sind insbesondere partiarische Darlehen, Gewinnschuldverschreibungen und Genußrechte zu subsumieren; aufgrund ihrer engen Verwandtschaft zu den genannten Kontraktobjekttypen zählen typische stille Beteiligungen ebenfalls zu dieser Gruppe.

Hinsichtlich des bilanzrechtlichen Entstehungszeitpunkts der Entgeltansprüche aus gewinnabhängig verzinsten Forderungstiteln finden sich in der Literatur kaum Meinungsäußerungen. Für die bilanzrechtlich gleich zu behandelnde typische stille Beteiligung wird z.T. der Zeitpunkt der Bilanzfeststellung[164], z.T. der Bilanzstichtag des Inhabers des Handelsgeschäfts[165] als maßgeblicher Realisationszeitpunkt angenommen. Der VIII. Senat des BFH läßt die Frage des zivilrechtlichen Entstehungszeitpunkts explizit dahinstehen[166], verlangt in Anlehnung an die Rechtsprechung zur Realisierung von Erträgen aus Kapitalgesellschaftsanteilen[167] aber jedenfalls in den Fällen eine Aktivierung zum Bilanzstichtag des Tätigen,

---

163 Der dagegen erhobene Einwand ALBACHS (Rechnungslegung, NB 1966, S. 187), das Imparitätsprinzip lasse lediglich antizipative Passiva, nicht jedoch antizipative Aktiva zu, geht fehl, da aufgelaufene Zinsen nicht nur eine Erwartung, sondern einen Anspruch auf Zahlung darstellen (siehe auch KROPFF in G/H/E/K 1973, AktG 1965 § 152 Anm. 108, m.w.N.).

164 DÖLLERER, Gesellschafter, DStR 1984, S. 388; HEUER in H/H/R 1993, EStG § 5 Anm. 2200 "Forderungen".

165 SCHULZE ZUR WIESCHE, Beteiligung, GmbHR 1979, S. 37; STÜTTGEN, Beteiligung, 1988, S. 404 f.

166 Siehe dazu oben, Punkt II.B.2.a.α, S. 198.

167 Siehe unten, Punkt c, S. 251 ff.

wenn der stille Beteiligte (bzw. dessen Gesellschafter) das Unternehmen beherrscht bzw. beherrschen[168].

Geht man mit der herrschenden Lehre davon aus, daß die vorbeschriebenen Entgeltansprüche zivilrechtlich mit Feststellung der Bilanz entstehen, so besteht insoweit kein Unterschied zur Situation bei Anteilen an Personenhandelsgesellschaften. Folglich kann auf die Ausführungen in Punkt b verwiesen werden. Da die hier untersuchten Kontraktobjekttypen allerdings nicht zur Entstehung einer steuerlichen Mitunternehmerschaft i.S.d. § 15 Abs. 1 Satz 1 Nr. 2 EStG führen, sind die dort berücksichtigten steuerlichen Besonderheiten insoweit unbeachtlich.

b. Personengesellschaftsanteile

Wie oben[169] dargelegt, ist es *handelsrechtlich* nicht zweifelhaft, daß Anteile an Gesamthandspersonengesellschaften als Vermögensgegenstände zu qualifizieren sind. Das damit zum Ausdruck gebrachte zivilrechtliche Verständnis, daß das Vermögen der Gesamthand wie das einer Kapitalgesellschaft eine vom Vermögen der Gesellschafter streng getrennte Vermögensmasse ist[170], läßt eine spiegelbildliche Erfassung der Beteiligungserträge (bzw. -verluste) entsprechend der Entwicklung des Kapitalkontos des Gesellschafters in der Bilanz der Personengesellschaft[171] nicht zu. Vielmehr sind Gewinne und Verluste der Personengesellschaft nach der herrschenden Lehre erst dann zu berücksichtigen, wenn sie sich nach all-

---

168 BFH VIII R 106/87 vom 19.2.1991, BStBl II 1991, S. 569. Im entschiedenen (Betriebsaufspaltungs-) Fall hatte sich eine BGB-Gesellschaft typisch still an einer GmbH beteiligt, wobei zwischen der GmbH und der BGB-Gesellschaft Personenidentität bestand. Im Zeitpunkt der Bilanzaufstellung bei der GbR stand die Höhe der Gewinnansprüche jedoch noch nicht fest, weil die Bilanzen der GmbH noch nicht erstellt waren. Es bestand allerdings die Besonderheit, daß die Bilanzen der beherrschten Geschäftsinhaber-GmbH jeweils nur einige Tage nach den GbR-Bilanzen aufgestellt wurden. Siehe hierzu auch die kritischen Anmerkungen von HOFFMANN, Anmerkung 2, BB 1991, S. 1302 f.

169 § 2, Punkt I.B.1, S. 176 ff.

170 KNOBBE-KEUK, Gesellschaftsanteile, AG 1979, S. 303.

171 So SCHULZE-OSTERLOH, Beteiligungen, WPg 1979, S. 634 f.; SEICHT, Beteiligungen, 1987, S. 60 ff. Im Ergebnis wohl auch BORCHERT in HdR 1990, HGB § 275 Rn. 79. Dieses Verfahren wurde vom IDW als "Spiegelbildmethode in modifizierter Form" in einer älteren Stellungnahme präferiert (IDW (HFA), HFA 3/1976, WPg 1976, S. 591). Materiell ist die sog. "Spiegelbildmethode" mit der in Punkt c (S. 252) zu besprechenden Equity-Methode nahezu identisch (siehe auch HOFFMANN, Beteiligungen, BB 1988, Beilage 2, S. 14 f.). Die Spiegelbildmethode ist im Grunde kein eigentliches Bewertungsverfahren; vielmehr ist der Beteiligungsansatz in der Gesellschafterbilanz nur ein Reflex des aus der Gewinnermittlung für die Personengesellschaft abgeleiteten Kapitalkontos des Gesellschafters (MELLWIG, Beteiligungen, BB 1990, S. 1163; REGNIET, Ergänzungsbilanzen, 1990, S. 61).

gemeinen Bilanzierungsgrundsätzen in der Bilanz des Gesellschafters auswirken[172]. Legt man den weiteren Überlegungen die ebenfalls angesprochene weitere
zivilrechtliche Lehrmeinung zugrunde, der Gewinnanspruch des Gesellschafters
entstehe im Regelfall mit Feststellung der Bilanz[173], so ist der Ertrag damit jedenfalls in diesem Zeitpunkt realisiert. Möglicherweise kommt jedoch bilanzrechtlich
auch ein früherer als der zivilrechtliche Entstehungszeitpunkt in Betracht.

Nach der Neufassung der IDW-Stellungnahme zur Bilanzierung von Personengesellschaftsanteilen[174] ist der Gewinnanteil dann realisiert und als Forderung
bilanzierungspflichtig, wenn dem Gesellschafter hierauf ein Anspruch zusteht,
über den er individuell und losgelöst von seinem Gesellschaftsanteil verfügen
kann. Dies sei regelmäßig bereits zum Abschlußstichtag der Personengesellschaft
der Fall, es sei denn, der Gewinnanteil sei durch Gesetz, Gesellschaftsvertrag oder
Gesellschafterbeschluß der Verfügungsgewalt des einzelnen Gesellschafters entzogen; soweit die Befugnis des Gesellschafters zur Verfügung über den Gewinn
(ausnahmsweise) einen Gesellschafterbeschluß erfordere, sei die BGH-Rechtsprechung zur Dividendenrealisierung[175] analog anzuwenden. Dabei müsse die
auszuweisende Forderung in allen Fällen der Höhe nach durch das Festliegen aller
wesentlichen Bilanzierungs- und Bewertungsentscheidungen, im Regelfall durch
eine aufgestellte Bilanz, hinreichend konkretisiert sein.

Untersucht man ausschließlich die beiden Grundalternativen, daß der Gewinnanteil
den Gesellschaftern entweder zur freien Verfügung steht oder aber die Gewinnverwendung eines förmlichen Gesellschafterbeschlusses bedarf, so ist dem IDW
nach Ansicht des Verfassers insoweit zuzustimmen, als im letztgenannten Ausnahmefall kein Unterschied zur Situation des Gesellschafters einer Kapitalgesellschaft besteht[176]. Insoweit kann mithin auf die diesbezüglichen Ausführungen in
Punkt c (S. 251 ff.) verwiesen werden.

---

172 Richtungweisend die handelsrechtliche Stellungnahme in BFH I R 165/73 vom 23.7.1975,
BStBl II 1976, S. 73. Aus der Literatur siehe etwa DÖLLERER, Beteiligung, WPg 1977,
S. 83 f.; HOFFMANN, Beteiligungen, BB 1988, Beilage 2, S. 10 f.; KUPSCH, Finanzanlagevermögen, HdJ II/1987, Rn. 60, 128; NIESKENS, Beteiligungen, WPg 1988, S.
499 f.

173 Siehe oben, § 2, Punkt II.B.2.a.ß, S. 201 ff.

174 IDW (HFA), HFA 1/1991, 1992, S. 217-219.

175 Siehe unten, Punkt c, S. 253, Fn. 207.

176 So auch HOFFMANN, Beteiligungen, BB 1988, Beilage 2, S. 18 f.; KNOBBE-KEUK,
Gesellschaftsanteile, AG 1979, S. 304; SAUR/ALTHAUS, Beteiligungen, WPg 1971, S.
6; WREDE, Beteiligungen, FR 1990, S. 298.

Im Normalfall ist jedoch kein Gesellschafterbeschluß über die Verwendung des Jahresüberschusses notwendig. Da der annahmegemäß frei verfügbare Gewinnanteil des Gesellschafters zivilrechtlich, wie gezeigt, erst mit der Bilanzfeststellung entsteht, liegt einer Aktivierung zum Bilanzstichtag der Gesellschaft[177] offensichtlich die Vorstellung zugrunde, der Gewinnanteil sei zu diesem Zeitpunkt hinreichend konkretisiert, "so gut wie sicher". Diese Rechtsauffassung wird von Teilen der Literatur geteilt, wobei einige Autoren mit dem IDW zum Zeitpunkt der Bilanzerstellung beim Gesellschafter das Vorliegen einer festgestellten Gesellschaftsbilanz voraussetzen[178], andere auf dieses Erfordernis verzichten[179]. Ein weiterer Vorschlag lautet, selbst dann, wenn kein förmlicher Gewinnverwendungsbeschluß vonnöten ist, die BGH-Rechtsprechung zur Aktivierung von Dividendenerträgen auf (beherrschende) Gesellschafter einer Personengesellschaft anzuwenden[180]. Es wird jedoch auch die Meinung vertreten, der Beteiligungsertrag sei in jedem Fall erst mit der Bilanzfeststellung realisiert[181].

Wird für eine vorzeitige Erfassung des Gewinnauszahlungsanspruchs gefordert, daß dessen Höhe bei Aufstellung der Gesellschafter-Bilanz festzustehen hat, die Bilanz der Personengesellschaft zu diesem Zeitpunkt mithin vorliegen muß, so ist zum einen zu bedenken, daß die Höhe des ausgewiesenen Gewinns (zumindest auch) von Ereignissen beeinflußt wurde, die nach dem Bilanzstichtag eingetreten sind und daher wegen des Stichtagsprinzips nicht berücksichtigt werden dürfen[182]. Außerdem eröffnet man dem Gesellschafter mit dieser Regelung die Möglichkeit, durch eine entsprechende Abfolge der Bilanzerstellungs- bzw. -

---

177 Dabei wird davon ausgegangen, daß die Geschäftsjahre der Beteiligungsgesellschaft und des Gesellschafters identisch sind. Andernfalls ergeben sich jedenfalls dann keine Bilanzierungsprobleme, wenn der Jahresabschluß der Gesellschaft zum Zeitpunkt der Erstellung der Gesellschafterbilanz bereits festgestellt ist.

178 MELLWIG, Beteiligungen, BB 1990, S. 1170.

179 HERRMANN, Realisierung, WPg 1991, S. 466-469; WREDE, Beteiligungen, FR 1990, S. 298 f.

180 HOFFMANN, Beteiligungen, BB 1988, Beilage 2, S. 16; KNIPPING/KLEIN, Personengesellschaften, DB 1988, S. 1964 f. Diese Erwägung als Alternative offenlassend GESSLER, Beteiligung, WPg 1978, S. 97.

181 GSCHREI, Beteiligungen, 1990, S. 69 f.; NIESKENS, Beteiligungen, WPg 1988, S. 501; E. WEBER, Beteiligungen, 1980, S. 147 f.

182 E. WEBER, Beteiligungen, 1980, S. 147. Dabei ist darauf hinzuweisen, daß der bilanzpolitische Spielraum einer Personengesellschaft - jedenfalls dann, wenn sie keine Einheitsbilanz erstellt - wesentlich größer ist als der einer Kapitalgesellschaft (siehe nur § 253 Abs. 4 HGB).

feststellungstermine den Periodenerfolg mehr oder weniger willkürlich zu beeinflussen[183].

Kommt es für die Bestimmung des Realisationszeitpunktes nicht auf das Vorliegen der Gesellschaftsbilanz an, so erscheint die Schlußfolgerung verständlich, den Gewinnanspruch (nur) in der Höhe anzusetzen, in der er (nach dem Kenntnisstand zum Bilanzstichtag) "so gut wie sicher" ist[184]. Immerhin kann der annahmegemäß frei zur Verfügung stehende Gewinnanteil dem Gesellschafter nicht durch einen Gewinnverwendungsbeschluß vorenthalten werden. Während bei Kapitalgesellschaften stets die Möglichkeit besteht, daß der gesamte Jahresüberschuß in die Rücklagen eingestellt und keine Ausschüttung vorgenommen wird, kann der Jahresüberschuß einer Personengesellschaft zwar noch durch Bilanzierungs- und Bewertungsentscheidungen beeinflußt werden; in vielen Fällen wird sich die wirtschaftliche Lage der Gesellschaft im abgelaufenen Geschäftsjahr jedoch so entwickelt haben, daß unabhängig von den verschiedenen Bilanzierungsmöglichkeiten auf jeden Fall verteilbarer Gewinn entstanden ist. Steht zum Bilanzstichtag fest, daß selbst bei vorsichtigster Bilanzierung ein Gewinn ausgewiesen werden wird, so kann der Entgeltanspruch den daran partizipierenden Gesellschaftern unter den genannten Voraussetzungen nicht mehr vorenthalten werden.

Nach Ansicht des Verfassers ist das vorgeschlagene Verfahren jedoch abzulehnen. Zum einen müßte es konsequenterweise auch in den Fällen angewendet werden, in denen bereits eine Bilanz der Gesellschaft vorliegt. Es erscheint jedoch wenig sinnvoll, neben dieser - zumindest gedanklich - eine hypothetische Bilanz zu erstellen, die auf der Grundlage der zum Bilanzstichtag vorhandenen Erkenntnisse beruht. Zum anderen stellt sich die Frage, auf welcher Datenbasis der Anspruch ermittelt werden soll. Während bestimmte Gesellschaftergruppen - insbesondere die persönlich haftenden - häufig frühzeitig Zugang zu den entsprechenden Informationen haben, erhalten andere - bspw. die Kommanditisten - in vielen Fällen erst mit der Bilanzerstellung Kenntnis vom wirtschaftlichen Verlauf des abgelaufenen Geschäftsjahres. Ist der Gewinn jedoch in gewissem Umfang realisiert, weil "so gut wie sicher", ist er es für alle Gesellschafter; eine unterschiedliche Behandlung - etwa nach Mehrheits- oder Minderheitsgesellschafter - ist demzufolge nicht vertretbar. Und schließlich besteht die Möglichkeit, daß eine verläßliche Schätzung des Gewinns auch für solche Gesellschafter faktisch unmöglich ist, die theoretisch die notwendigen Informationen besitzen, bspw. dann, wenn die Gesell-

---

183 So auch E. WEBER, Beteiligungen, 1980, S. 148.

184 HERRMANN, Realisierung, WPg 1991, S. 466-469; WREDE, Beteiligungen, FR 1990, S. 298 f.

schafterbilanz unmittelbar nach dem Bilanzstichtag der Gesellschaft aufgestellt wird.

Im Ergebnis ist die Schätzung des Gewinnanteils damit aus Gründen der Praktikabilität, der Rechtssicherheit und der Gleichbehandlung abzulehnen. Es bleibt damit allein die Möglichkeit, den Gewinnanspruch erst im Zeitpunkt der Bilanzfeststellung zu realisieren. Für diese Lösung spricht auch, daß sich damit eine durchgängige Regelung für die Festlegung des Bilanzierungszeitpunktes von Beteiligungserträgen, unabhängig von der Gesellschaftsform der Beteiligung, ergibt[185].

Wendet man sich nun der Erfassung von Beteiligungserträgen aus Gesamthandspersonengesellschaftsanteilen in der *Steuerbilanz* zu[186], so ist zu berücksichtigen, daß Rechtsprechung und Teile der Literatur die Wirtschaftsguteigenschaft dieses Kontraktobjekttyps verneinen[187]. Daher wird die Auffassung vertreten, der einheitlich und gesondert festgestellte Gewinnanteil solle außerbilanziell hinzugerechnet werden[188]. Die wohl herrschende Lehre nimmt jedoch an, daß Beteiligungserträge (und -verluste) sowohl der Höhe als auch der Zeit nach mit Hilfe der sogenannten Spiegelbildmethode zu erfassen sind. Diese Meinung wird nicht nur von Autoren unterstützt, die die Wirtschaftsguteigenschaft von Personengesellschaftsanteilen ablehnen[189], sondern auch von solchen, die sie bejahen. Dabei verweisen die Befürworter zum einen auf die handelsrechtliche Zulässigkeit dieser Methode[190], zum anderen (wohl) auf § 15 Abs. 1 Satz 1 Nr. 2 EStG[191].

---

185 So auch E. WEBER, Beteiligungen, 1980, S. 148. Siehe auch unten, Punkt c, S. 251 ff.

186 Das erarbeitete handelsrechtliche Ergebnis gilt auch steuerlich uneingeschränkt für Ertragsrechte aus gewinnabhängig verzinsten Forderungstiteln und typischen stillen Beteiligungen (siehe oben, Punkt a, S. 244 f.).

187 Siehe oben, § 2, Punkt I.B.1.a, S. 177 ff.

188 Aus der Rechtsprechung vgl. BFH IV R 160/76 vom 22.1.1981, BStBl II 1981, S. 427; wohl auch BFH I R 242/81 vom 6.11.1985, BStBl II 1986, S. 333. Aus der Literatur vgl. HEUER in H/H/R 1993, EStG § 6 Anm. 835.

189 BLÜMICH/SCHREIBER 1993, EStG § 5 Rz. 740 "Beteiligungen an PersGes"; DÖLLERER, Beteiligung, WPg 1977, S. 88; HOFFMANN, Personenhandelsgesellschaften, BB 1991, S. 451 f.; MEYER-SCHARENBERG, Wirtschaftsgutbegriff, StStud 1988, S. 302; G. SÖFFING, Wirtschaftsgut, JbFSt 1978/79, S. 226.

190 MATHIAK, Bilanzsteuerrecht, StuW 1985, S. 277 f.

191 REGNIET, Ergänzungsbilanzen, 1990, S. 59 f.; REISS, Gesamthandsbeteiligungen, StuW 1986, S. 253.

M.E. ist die Spiegelbildmethode vom Grundsatz her nicht nur handelsrechtlich, sondern auch steuerlich unzulässig[192]. Zum einen geht der Hinweis auf die handelsrechtliche Handhabung, wie gezeigt, fehl. Zum anderen ist § 15 Abs. 1 Satz 1 Nr. 2 EStG keine Gewinnermittlungsvorschrift, keine Bilanzrechtsnorm. Es ist daher inkonsequent, einerseits die Wirtschaftsguteigenschaft von Personengesellschaftsanteilen zu bejahen und die entgegenstehende Auffassung mit dem Hinweis darauf abzulehnen, § 15 EStG könne die handelsrechtlichen GoB nicht außer Kraft setzen, andererseits genau diese Vorschrift (i.V.m. § 2 EStG bzw. § 8 KStG) als Begründung für die Spiegelbildmethode anzuführen[193]. Vielmehr sind im Prinzip die oben dargestellten handelsrechtlichen Realisierungsgrundsätze auch in der Steuerbilanz anzuwenden. Die Abweichungen zum einheitlich und gesondert festgestellten Gewinnanteil wären dann durch außerbilanzielle Korrekturen zu berücksichtigen[194].

Mit dieser Vorgehensweise ist jedoch der Nachteil verbunden, daß es bspw. im Fall der Liquidation der Gesellschaft zu Doppelbesteuerungen beim Gesellschafter kommen kann[195]. Allein aus diesem Grund - und damit aus Zweckmäßigkeitsüberlegungen heraus - hatte sich der RFH für die Spiegelbildmethode ausgesprochen[196]. Als Lösung schlägt WREDE vor, in Höhe des nicht realisierten Teils der Gewinnanteile einen steuerlichen Ausgleichsposten - ähnlich wie in Organschaftsfällen - zu bilden[197]. Zur Begründung weist er darauf hin, daß zahlreiche Unternehmen nur eine Einheitsbilanz erstellen, die dann die Grundlage der Entscheidung über Kreditwünsche bildet; diese könne ihren Zweck nur dann erfüllen, wenn darin sämtliche aktivierbaren Vermögensgegenstände bzw. Wirtschaftsgüter zutreffend erfaßt seien[198].

Es ist jedoch zu berücksichtigen, daß nach der vorgestellten handelsrechtlichen Bilanzierungsweise eine Einheitsbilanz in keinem Fall erstellt werden kann, da die Spiegelbildmethode handelsrechtlich unzulässig ist und die Bildung steuerlicher Ausgleichsposten gerade eine abweichende Handelsbilanz voraussetzt. Darüber

---

192 Gleicher Ansicht ROOLF, Beteiligung, BB 1978, S. 1307 f.; WREDE, Beteiligungen, FR 1990, S. 300 f.

193 So REISS, Gesamthandsbeteiligungen, StuW 1986, S. 253 f.

194 So auch WREDE, Beteiligungen, FR 1990, S. 300 f. Die Korrekturen wären danach erst auf Stufe III zu berücksichtigen (siehe oben, Abbildung 3, S. 15).

195 Diesen Aspekt vernachlässigt ROOLF (vgl. ROOLF, Beteiligung, BB 1979, S. 1307 f.).

196 RFH VI A 1163/32 vom 25.4.1933, RFHE 33, S. 234. So auch die Interpretation von WREDE, Beteiligungen, FR 1990, S. 301.

197 WREDE, Beteiligungen, FR 1990, S. 301.

198 WREDE, Beteiligungen, FR 1990, S. 296.

hinaus dürften betrieblich gehaltene Personengesellschaftsanteile im wesentlichen nur bei größeren Unternehmen anzutreffen sein, die ohnehin gesetzlich verpflichtet sind, eine Handelsbilanz zu erstellen und zu veröffentlichen[199]. Vor diesem Hintergrund erscheint es vertretbar, in der Steuerbilanz den bilanzrechtlich zutreffenden Wertansatz mit dem Ausgleichsposten zusammenzufassen und den Personengesellschaftsanteil damit letztlich in Höhe des steuerlichen Kapitalkontos des Gesellschafters in der Gesellschaft anzusetzen. Die hier vertretene Meinung unterscheidet sich damit zwar in der Begründung, nicht jedoch im Ergebnis von der herrschenden Auffassung[200].

Stellt der Bilanzposten "Personengesellschaftsanteil" lediglich eine "Kopie" bzw. ein Spiegelbild des steuerlichen Kapitalkontos in der Gesellschaftsbilanz (incl. Ergänzungsbilanz) dar, so ist es in der Tat unbeachtlich, ob er in der Gesellschafterbilanz ausgewiesen wird oder nicht. Da die Höhe des Bilanzansatzes "exogen" vorgegeben ist, spielen darüber hinaus auch Bewertungsfragen keine Rolle. Im weiteren Verlauf der Arbeit soll daher auf Anteile an Mitunternehmergemeinschaften im steuerlichen Sinne nicht mehr eingegangen werden.

c. Kapitalgesellschaftsanteile

Die Frage des bilanzrechtlichen Entstehungszeitpunkts von Dividendenansprüchen wird in Literatur und Judikatur kontrovers diskutiert. Als Extremauffassungen lassen sich die reine Equity-Methode und die reine Zufluß-Methode unterscheiden. Daneben wird eine im folgenden als modifizierte Zufluß-Methode bezeichnete Ansicht - in mehreren Ausprägungen - vertreten.

Nach der *reinen Zufluß-Methode* ist einem Dividendenanspruch erst dann die Wirtschaftsguteigenschaft zuzuerkennen, wenn ein Gewinnverwendungsbeschluß vor-

---

199 Vgl. §§ 325 ff. HGB, § 9 PublG.

200 Wird der nach der Spiegelbildmethode ermittelte Anteilswert allerdings als Summe aus dem bilanzrechtlich "richtigen" Wert und einem Ausgleichsposten zur Anpassung an das Gesellschafterkonto in der Gesellschaftsbilanz verstanden, so besteht handelrechtlich insofern eine Abweichung, als nun, wie bei allen anderen Wirtschaftsgütern auch, steuerlich das Wertbeibehaltungswahlrecht nach § 6 Abs. 1 Nr. 2 Satz 3 EStG bedeutsam ist, das wegen § 280 Abs. 2 HGB auch in der Handelsbilanz von Kapitalgesellschaften gilt. Mit dem "niedrigeren Wertansatz" i.S.d. § 280 Abs. 2 HGB kann dann m.E. ausschließlich die bilanzielle Wertkomponente angesprochen sein. Wird der Wertansatz dagegen als der spiegelbildlich ermittelte Wert als solcher verstanden, so richtigerweise bei Fortfall der Gründe für eine außerplanmäßige Abschreibung handelrechtlich eine Zuschreibung zwingend vorzunehmen, da der niedrigere Wert steuerlich nicht beibehalten werden kann (so konsequenterweise IDW (HFA), HFA 1/1991, 1992, S. 219).

liegt und er damit zivilrechtlich entstanden ist[201]. Zur Begründung wird darauf verwiesen, daß am Bilanzstichtag der Beteiligungsgesellschaft die Höhe des von ihr erwirtschafteten Jahresüberschusses nicht exakt feststeht. So wird möglicherweise erst später entschieden, in welcher Weise Bilanzierungswahlrechte ausgeübt werden. Auch die Höhe des Bilanzgewinns ist eine unbekannte Größe; fraglich ist nämlich, in welchem Umfang Rücklagen dotiert oder aufgelöst werden. Damit ist aber unsicher, wie hoch die Gewinnausschüttung sein wird. Diese Unsicherheit wird endgültig erst mit der Fassung des Gewinnverwendungsbeschlusses (§ 174 AktG; § 29 Abs. 1 GmbHG) beseitigt. Diese Entscheidung stelle jedoch eine nach dem Bilanzstichtag eintretende bestandsbeeinflussende Tatsache dar[202] und dürfe folglich zum Bilanzstichtag nicht berücksichtigt werden.

Während die Vertreter der reinen Zufluß-Methode mithin eine Bilanzierung des Dividendenanspruchs zum Bilanzstichtag der Beteiligungsgesellschaft generell ablehnen, ist die Forderung auf Gewinnbeteiligung nach der *reinen Equity-Methode* in allen Fällen zeitkongruent zu aktivieren. Der Grundgedanke der Equity-Methode besteht darin, von den Anschaffungskosten der Beteiligung die erwirtschafteten Verluste der Tochtergesellschaft unmittelbar abzuziehen und ihnen die erwirtschafteten - nicht die ausgeschütteten - Gewinne unmittelbar zuzurechnen[203]. Der Zuflußzeitpunkt ist damit irrelevant. Als "überragender Vorteil"[204] der Equity-Methode wird die zeit- und betragskongruente Übernahme der anteiligen Erfolge der Beteiligungsgesellschaft und die daraus resultierende höhere Aussagefähigkeit der Bilanz gesehen[205]. Nach h.M. ist die Equity-Bewertung im Einzelabschluß jedoch unzulässig[206].

201 Siehe insbesondere WASSERMEYER, Abfluß, 1988, S. 705-719. Siehe auch CLAUSSEN in KÖLNER KOMMENTAR 1971, AktG 1965 § 151 Anm. 36; KNOBBE-KEUK, Gesellschaftsanteile, AG 1979, S. 300-302; LÜDERS, Gewinnrealisierung, 1987, S. 98-100; E. WEBER, Beteiligungen, 1980, S. 129-132.

202 Nach dem Stichtagsprinzip sind spätere Erkenntnisse bei der Bilanzaufstellung (sowohl bezüglich des Ansatzes dem Grunde als auch der Höhe nach) nur insoweit zu berücksichtigen, als sie sich auf Tatsachen beziehen, die am Bilanzstichtag bereits vorgelegen haben (sog. "wert-" bzw. "bestandsaufhellende Tatsachen"). Soweit sich die bessere Kenntnis dagegen auf Vorgänge bezieht, die sich nach dem Bilanzstichtag überhaupt erst ereignet haben, sind diese "wert-" bzw. "bestandsbeeinflussenden Tatsachen" bei der Bilanzaufstellung nicht zu verwerten (§ 252 Abs. 1 Nr. 4 1. Halbsatz HGB; siehe auch HEUER in H/H/R 1993, EStG § 6 Anm. 181). Zur Frage, zu welchem Zeitpunkt die Bilanz "aufgestellt" oder "fertig" ist, vgl. ROSE, Zeiträume, DB 1974, S. 1031-1035.

203 HAVERMANN, Beteiligungen, WPg 1975, S. 234.

204 SEICHT, Beteiligungen, 1987, S. 65, Flexion geändert.

205 SEICHT, Beteiligungen, 1987, S. 65; siehe auch BUSSE VON COLBE, Bilanzansatz, ZfbF 1972, S. 148 f. Kritisch hierzu E. WEBER, Beteiligungen, 1980, S. 118-125.

206 HAVERMANN, Equity-Bewertung, ZfbF 1987, S. 302; KNOBBE-KEUK, Gesellschaftsanteile, AG 1979, S. 302 f. A.A. BUSSE VON COLBE, Bilanzansatz, ZfbF 1972, S. 150

Die Rechtsprechung nimmt keine der beschriebenen Extrempositionen ein, sondern befürwortet eine *modifizierte Zuflußmethode*. Nach Auffassung des BGH[207] sind Gewinne aus Beteiligungen an Kapitalgesellschaften (Dividenden) beim beteiligten Unternehmen zwar im allgemeinen, gemäß der reinen Zuflußmethode und entsprechend der Zivilrechtslage, erst dann gewinnerhöhend zu berücksichtigen, wenn ein Gewinnverwendungsbeschluß der Beteiligungsgesellschaft vorliegt und hierdurch ein Rechtsanspruch auf einen Gewinnanteil in bestimmter Höhe endgültig begründet worden ist. Eine Aktivierung zum Ende des Geschäftsjahres der Beteiligungsgesellschaft wird jedoch dann für zulässig angesehen, wenn eine mehrheitliche Beteiligung an einer nach § 15 AktG verbundenen Aktiengesellschaft besteht[208], Tochter- und Muttergesellschaft gleiche Geschäftsjahre haben[209], der Jahresabschluß der Untergesellschaft vor Abschluß der Prüfung bei der Obergesellschaft festgestellt worden ist und zum Zeitpunkt der Feststellung der Bilanz der Obergesellschaft mindestens ein entsprechender Gewinnverwendungsvorschlag gemäß §§ 170 Abs. 2, 171 AktG für die Untergesellschaft vorliegt[210].

Der BFH ist der Rechtsauffassung des BGH vom Grundsatz her gefolgt[211]. Allerdings werden für eine zeitkongruente Bilanzierung wesentlich geringere Anforderungen gestellt[212]. Insbesondere sollen die von der Zivilrechtsprechung entwickelten Bilanzierungsgrundsätze nicht nur für konzernverbundene Aktiengesellschaften gelten; die Tochtergesellschaft kann vielmehr auch eine GmbH, der Mehrheitsgesellschafter eine Kapitalgesellschaft, eine Personengesellschaft oder

---

f.; SEICHT, Beteiligungen, 1987, S. 64-67. Auch im Konzernabschluß ist die Equity-Bewertung nicht in allen Fällen erlaubt; insbesondere wird eine gewisse Beteiligungshöhe gefordert (siehe im einzelnen HAVERMANN, a.a.O., S. 302 f.).

207 BGH II ZR 67/73 vom 3.11.1975, BGHZ 65, S. 233 f.

208 Dies hat u.a. auch zur Voraussetzung, daß die Muttergesellschaft die (Mehrheits-) Beteiligung während des gesamten Geschäftsjahres der Tochter gehalten hat (WASSERMEYER, Abfluß, 1988, S. 715).

209 Die BGH-Rechtsprechung dürfte jedoch auch dann und erst recht dann gelten, wenn das Geschäftsjahr der Tochtergesellschaft *vor* dem der Mutterunternehmung endet (so auch KAUFMANN, Beteiligung, DStR 1992, S. 1678, Fn. 6; SCHULZE-OSTERLOH, Dividendenforderungen, ZGR 1977, S. 113, Fn. 31; C. P. WEBER/WILLICH, Aktivierung, WPg 1976, S. 330).

210 Der Dividendenanspruch ist dann im übrigen, weil erst in Zukunft fällig, grundsätzlich abzuzinsen (FORSTER, Anmerkung, AG 1976, S. 43).

211 Entsprechendes soll für Verlustübernahmeansprüche aus einem Beherrschungsvertrag gelten (BFH II R 82/92 vom 12.5.1993, BStBl II 1993, S. 536).

212 BFH I R 75/76 vom 2.4.1980, BStBl II 1980, S. 702; BFH I R 125/77 vom 3.12.1980, BStBl II 1981, S. 184; BFH I R 80/89 vom 11.4.1990, BFH/NV 1991, S. 441; BFH VIII R 106/87 vom 19.2.1991, BStBl II 1991, S. 570. Die BFH-Auffassung wird von der Finanzverwaltung geteilt (vgl. BdF IV B 8 - S 2600 R - 225/76 vom 3.12.1976, BStBl I 1976, S. 679).

ein Einzelunternehmer sein. Darüber hinaus wird es als ausreichend erachtet, wenn die Stimmenmehrheit nicht von einem einzigen Gesellschafter, sondern von einer Gesellschaftergruppe mit gleicher "Interessenlage" gehalten wird[213]. Weiterhin hält die höchstrichterliche Finanzrechtsprechung das Vorliegen des Gewinnverwendungsvorschlags, zumindest in Betriebsaufspaltungsfällen sogar der Bilanz der Tochtergesellschaft zum Zeitpunkt der Feststellung der Bilanz des Gesellschafterunternehmens für entbehrlich[214]. In allen Fällen verdeutliche der Gewinnverwendungsbeschluß "im Regelfall die *schon am Bilanzstichtag bestehende Absicht* des Mehrheitsgesellschafters, sich Gewinne der Gesellschaft durch Ausschüttung zuzuführen. Die auch bei einem Mehrheitsgesellschafter denkbare Alternative, den Gewinn der Gesellschaft zu belassen, ist erkennbar nicht oder nur teilweise verwirklicht worden. Der rechtlich entstandene Gewinnausschüttungsanspruch war *wirtschaftlich* bereits am Bilanzstichtag vorhanden. Die innere Einstellung des Mehrheitsgesellschafters zur Ausschüttung und die Höhe der Ausschüttung sind in einer *objektiv nachprüfbaren Weise* erhellt worden"[215].

Der BGH stützt sich in seinem Judikat in erster Linie auf die Auffassung von ADLER/DÜRING/SCHMALTZ und KROPFF[216]. Der wohl überwiegende Teil des Schrifttums hat die Entscheidung mit Hinweis auf die periodengerechte Zuord-

---

213 Dies betrifft auch, aber nicht nur, die Fälle der Betriebsaufspaltung (vgl. dazu FG Baden-Württemberg X-K 165/83 vom 17.3.1986, BB 1986, S. 1683; BFH VIII R 106/87 vom 19.2.1991, BStBl II 1991, S. 570). Zum Teil wird eine entprechende Handhabung in der Handelsbilanz gefordert (PASDIKA, Dividenden, AG 1977, S. 161).

214 Zu Betriebsaufspaltungsfällen vgl. OFD Hannover S 2741 - 647 - StH 231 / S 2143 - 32 - StO 221 vom 29.1.1992, BB 1992, S. 466 f.; OFD Frankfurt S 2143 A - 43 - St II 2a vom 15.7.1992, BB 1992, S. 2042. Eine zeitgleiche Vereinnahmung von Dividendenerträgen ohne Vorliegen einer Bilanz in anderen Fällen als der der Betriebsaufspaltung wird hier verneint. Nach dem Urteil BFH VIII R 106/87 vom 19.2.1991, BStBl II 1991, S. 570, wurde bereits vermutet, daß dieses Tatbestandsmerkmal generell entbehrlich sei (HOFFMANN, Anmerkung 2, BB 1991, S. 1303).

215 BFH X R 9/86 vom 8.3.1989, BStBl II 1989, S. 717; hervorgehobene Stellen im Original gesperrt gedruckt. Der Vollständigkeit halber sei angemerkt, daß die vom BGH offen gelassene Frage, ob bei Vorliegen der genannten Voraussetzungen eine Aktivierungspflicht oder ein Aktivierungswahlrecht anzunehmen ist, für die steuerliche Gewinnermittlung dahingehend beantwortet wird, daß der Entgeltanspruch zwingend angesetzt werden muß (BFH I R 125/77 vom 3.12.1980, BStBl II 1981, S. 186; BFH X R 9/86, a.a.O.). Sollte handelsrechtlich ein Aktivierungswahlrecht anzunehmen sein, wird auf den Grundsatzbeschluß BFH GrS 2/68 vom 3.2.1969, BStBl II 1969, S. 291, verwiesen (siehe oben, § 1, Punkt II.B.4, S. 166 f.). Damit wird gleichzeitig die in Teilen der Literatur (siehe KNOBBE-KEUK, Gesellschaftsanteile, AG 1979, S. 301) vertretene Auffassung zurückgewiesen, der BGH habe lediglich eine Bilanzierungshilfe gewähren wollen (BFH X R 9/86, a.a.O.). Für ein handelsrechtliches Aktivierungsgebot spricht sich bspw. PASDIKA aus (PASDIKA, Dividenden, AG 1977, S. 159).

216 A/D/S 1968, AktG 1965 § 151 Tz. 173 f.; KROPFF in G/H/E/K 1973, AktG 1965 § 151 Anm. 74. Siehe auch MELLEROWICZ in GROSSKOMMENTAR 1970, AktG 1965 § 151 Anm. 73.

nung von Beteiligungserträgen und den daraus resultierenden besseren Einblick in die Vermögens- und Ertragslage begrüßt[217]. Auf diese Weise werde verhindert, "daß die Aussagefähigkeit einer Bilanz leidet, wenn im gleichen Geschäftsjahr erzielte Gewinne einer Tochtergesellschaft erst im folgenden Geschäftsjahr, bei mehrstufiger Beteiligung sogar erst in einem noch späteren Geschäftsjahr von der Muttergesellschaft vereinnahmt werden"[218].

Insbesondere die weitergehende BFH-Rechtsprechung wird in der Literatur jedoch auch kritisch kommentiert. Die Befürworter der reinen Zuflußmethode kritisieren insbesondere eine Verletzung des Realisations- und Stichtagsprinzips[219].

Nach Ansicht des Verfassers ist für die Frage, ob Dividendenansprüche bereits vor ihrer rechtlichen Entstehung aktiviert werden dürfen bzw. müssen, allein der Gesichtspunkt der "Quasi-Sicherheit" entscheidend. Unbeachtlich ist dagegen das Argument, wenn es denn zutreffend ist, eine an den Bilanzstichtag der Tochtergesellschaft anknüpfende Bilanzierung erlaube einen besseren Einblick in die Ertrags- und Vermögenslage der Mutterunternehmung[220]. Wie bereits an anderer Stelle erwähnt[221], geht bei positiven Erfolgsbeiträgen das Vorsichts- und damit das Realisationsprinzip dem Periodizitätsprinzip vor[222].

---

217 DÖLLERER, Gesellschafter, DStR 1984, S. 388; EGGER, Erfolgsrealisierung, JfB 1986, S. 207-209; FORSTER, Anmerkung, AG 1976, S. 42 f.; IDW, WP-Handbuch I, 1992, S. 208; LEMPENAU, Fragen, StbJb 1978/79, S. 159-163; MOXTER, Betrachtungsweise, StuW 1989, S. 237; PASDIKA, Dividenden, AG 1977, S. 159-161; SCHOOR, Dividenden, BB 1984, S. 829; SCHULZE-OSTERLOH, Dividendenforderungen, ZGR 1977, S. 104-115; VOLKERI/SCHNEIDER, Behandlung, BB 1979, S. 969; H.-J. WEBER, Konkretisierung, StBp 1988, S. 184; C. P. WEBER/WILLICH, Aktivierung, WPg 1976, S. 329 f.

218 KROPFF in G/H/E/K 1973, AktG 1965 § 151 Anm. 74.

219 Siehe insbesondere WASSERMEYER, Abfluß, 1988, S. 705-719. Siehe auch KAUFMANN, Beteiligung, DStR 1992, S. 1677-1680; KNOBBE-KEUK, Gesellschaftsanteile, AG 1979, S. 300-302; E. WEBER, Beteiligungen, 1980, S. 1980. Zusätzlich wird auf die fehlende Richtlinienkonformität der höchstrichterlichen Rechtsprechung hingewiesen (W. MEILICKE, Aktivierung, FR 1990, S. 9 f.).

220 Der Hinweis auf die wirtschaftliche Verursachung geht m.E. fehl, weil Beteiligungserträge ihre wirtschaftliche Ursache nicht unbedingt in dem Geschäftsjahr haben, für das ausgeschüttet wird. Dies wird deutlich, wenn die ausgeschütteten Dividenden nicht aus erwirtschafteten Gewinnen, sondern aus aufgelösten Rücklagen stammen (siehe auch KAUFMANN, Beteiligung, DStR 1992, S. 1679 f.; E. WEBER, Beteiligungen, 1980, S. 131 f.).

221 Siehe oben, Punkt A.3, S. 215.

222 Dies ist im übrigen auch der Grund, weshalb die Equity-Methode im Einzelabschluß nicht zulässig ist.

Untersucht man die Frage des Aktivierungszeitpunkts von Dividendenerträgen mithin ausschließlich aus Sicht des Realisationsprinzips, so ist zunächst unklar, welche Bedeutung der geforderten ganzjährigen Beherrschungsfähigkeit zukommt: Nach der zitierten Rechtsauffassung müßte es theoretisch ausreichend sein, wenn der Mutterunternehmung die Stimmenmehrheit nur zu zwei Zeitpunkten, nämlich am Bilanzstichtag und zum Zeitpunkt der Fassung des Gewinnverwendungsbeschlusses, zusteht[223]. Da derjenige den Dividendenanspruch gegenüber der Gesellschaft geltend machen kann, dem die Aktie bzw. der GmbH-Anteil zu dem letztgenannten Zeit*punkt* zuzurechnen ist[224], ist die Besitzzeit insoweit irrelevant.

Zum anderen ist fraglich, ob die höchstrichterliche Finanzrechtsprechung mit dem Stichtagsprinzip vereinbar ist[225]. Die zitierte BFH-Auffassung ist wohl so zu interpretieren, daß sich der Mehrheitsgesellschafter bereits am Bilanzstichtag über die Ausübung von Bilanzierungswahlrechten, den Umfang der Rücklagendotierung bzw. -auflösung und die Höhe der Gewinnausschüttung im klaren ist. Es spricht jedoch einiges dafür, daß gerade ein Mehrheitsgesellschafter seine Entscheidung über die Ausübung von Bilanzierungswahlrechten und insbesondere die Gewinnverwendung auch von der Geschäftsentwicklung, der allgemeinen wirtschaftlichen Lage usf. in der Zeit *nach* dem Bilanzstichtag abhängig macht. Entwickelt sich die Auftragslage bspw. dergestalt, daß Erweiterungsinvestitionen notwendig werden oder wird aufgrund des unvorhergesehenen Ausfalls eines Aggregats eine Neuanschaffung erforderlich, so wird insbesondere ein eher an langfristigem Unternehmenswachstum denn an Dividendeneinnahmen interessierter Mehrheitsgesellschafter seine möglicherweise bereits am Bilanzstichtag bestehende Gewinnverwendungsabsicht revidieren[226]. Im übrigen wird letztlich doch ein Aktivierungswahlrecht bejaht, wenn es auf die "Entschlossenheit" der Gesellschafter zum Bi-

---

223 Ähnlich WASSERMEYER, Abfluß, 1988, S. 715, der allerdings nur auf den letztgenannten Termin abstellt. Nach der Argumentation in BFH X R 9/86 vom 8.3.1989, BStBl II 1989, S. 717, ist jedoch eindeutig zusätzlich der Bilanzstichtag der Tochtergesellschaft beachtlich. Siehe auch KNOBBE-KEUK, Unternehmenssteuerrecht, 1991, S. 72, Fn. 90; J.-P. VOSS, Veräußerung, 1989, S. 51 f. Wie hier auch KÖSTER, Aktivierung, DB 1993, S. 698.

224 SEIBOLD, Einnahmenerzielung, StuW 1990, S. 168, m.w.N.

225 Kritisch auch KNOBBE-KEUK, Gesellschaftsanteile, AG 1979, S. 301; E. WEBER, Beteiligungen, 1980, S. 130.

226 Dies sieht wohl auch der BFH, wenn er es offen läßt, wie zu entscheiden ist, wenn zwischen Bilanzstichtag und Bilanzierung "unvorhersehbare wesentliche Umstände eintreten" (BFH X R 9/86 vom 8.3.1989, BStBl II 1989, S. 718). In einem anderen Judikat hat der BFH eine vorzeitige Aktivierung verneint, weil der Gewinn laut Satzung nicht ausgeschüttet werden sollte und in der Vergangenheit tatsächlich auch nicht ausgeschüttet wurde (BFH VIII R 97/87 vom 19.2.1991, BFH/NV 1991, S. 808). Die zu erkennende Tendenz, aus dem früheren Ausschüttungsverhalten auf die "innere Einstellung" des Gesellschafters zum Bilanzstichtag zu schließen, ist m.E. bereits vom Ansatz her verfehlt.

lanzstichtag ankommt und die Aktivierung des Dividendenanspruchs als (einziger?) Anhaltspunkt für diese innere Einstellung angesehen wird[227].

M.E. ist zu berücksichtigen, daß zum Bilanzstichtag weder der Jahresüberschuß noch der Dividendenanspruch der Höhe nach exakt bekannt ist. Häufig wird nicht einmal gewiß sein, ob überhaupt ein verteilungsfähiger Gewinn erwirtschaftet wurde; zumindest in diesem Fall scheidet eine zeitkongruente Bilanzierung aufgrund des Vorsichtsprinzips aus. Eine vorzeitige Aktivierung käme höchstens dann in Frage, wenn bereits zum Ende des Geschäftsjahres eindeutig abzusehen ist, daß ein positives Ergebnis erzielt wurde und zu einem bestimmten, vorsichtig geschätzten Teil ausgeschüttet werden wird. Dies kann jedoch zum Bilanzstichtag nicht mit hinreichender Sicherheit bejaht werden. Neben der bereits erwähnten unbekannten wirtschaftlichen Entwicklung ist zusätzlich die Möglichkeit zu berücksichtigen, daß die Beteiligung nach dem Bilanzstichtag veräußert wird und der neue Inhaber anders zu disponieren gedenkt. Im übrigen endete der Werterhellungszeitraum nach bisheriger Rechtsprechung am Tag der Bilanzerstellung. Die Auffassung der Verwaltung, in Betriebsaufspaltungsfällen von dem Erfordernis einer zumindest aufgestellten Bilanz abzusehen, weil insoweit zum einen ohnehin teilweise eine korrespondierende Bilanzierung vorzunehmen sei und zum anderen sonst unvertretbare Gestaltungsmöglichkeiten bestünden[228], ist verfehlt, da der Grundsatz der korrespondierenden Bilanzierung aufgegeben wurde[229] und auch in Nicht-Betriebsaufspaltungsfällen Gestaltungsmöglichkeiten bestehen. Fraglich ist dann auch allgemein, auf welcher Datenbasis der Dividendenanspruch in solchen Fällen eingebucht werden soll[230].

Im Ergebnis entsteht das Wirtschaftsgut Dividendenanspruch nach Ansicht des Verfassers folglich mit der Fassung des Gewinnverwendungsbeschlusses. Zwar wird die Wahrscheinlichkeit des Eintretens von die Gewinnverwendungsabsicht beeinflussenden Faktoren umso geringer, je zeitnäher die Bilanzaufstellung erfolgt.

---

227 Siehe etwa FG Baden-Württemberg I 453/82 vom 2.9.1986, EFG 1987, S. 111 (NZB eingelegt): "Hier lagen weder am Bilanzstichtag ... noch bei der Bilanzaufstellung ... Anhaltspunkte dafür vor, daß die beiden Kommanditisten ... für eine Dividendenausschüttung stimmen würden. Solche Anhaltspunkte hätten in erster Linie darin gesehen werden können, daß die Klägerin ... die Dividenden ... aktiviert hätte. Der vorliegende Rechtsstreit zeichnet sich aber gerade dadurch aus, daß sich die Klägerin gegen eine derartige Aktivierung wehrt".

228 OFD Hannover S 2741 - 647 - StH 231 / S 2143 - 32 - StO 221 vom 29.1.1992, BB 1992, S. 466 f.; OFD Frankfurt S 2143 A - 43 - St II 2a vom 15.7.1992, BB 1992, S. 2042.

229 BFH X R 9/86 vom 8.3.1989, BStBl II 1989, S. 716 f.

230 Kritisch auch HOFFMANN, Anmerkung 2, BB 1991, S. 1303; DERS., Zeitpunkt, DStR 1993, S. 558-560.

Aus Gründen der Rechtssicherheit und der Objektivität sowie zur Vermeidung einer kasuistischen Einzelfallrechtsprechung erscheint es jedoch sinnvoll, in allen Fällen am zivilrechtlichen Entstehungszeitpunkt des Dividendenanspruchs festzuhalten.

2. Derivativ erworbene Entgeltansprüche

Werden Entgeltansprüche veräußert, so gehen sie im Regelfall zusammen mit dem Stammrecht über. Es besteht jedoch auch die Möglichkeit, ausschließlich das Stammrecht zu veräußern und sich das Ertragsrecht vorzubehalten. Und schließlich ist es ebenfalls denkbar, das Ertragsrecht isoliert auf einen Dritten zu übertragen, wobei nach der Rechtsprechung zu Dividendenansprüchen[231] nicht nur bereits entstandene (aber noch nicht erfüllte), sondern auch in der Zukunft zur Entstehung gelangende, ja sogar sämtliche einzelne zukünftig durch Gewinnverteilungsbeschlüsse konkret werdende Gewinnquoten der weiteren Geschäftsjahre hinreichend bestimmt und im vorhinein abtretbar sind[232]. Die isolierte Übertragung des Ertragsrechts ist ebenfalls in der Form des Nießbrauchs nach den §§ 1608 ff. BGB möglich[233]; dabei wird hier angenommen, daß der Nießbraucher nicht wirtschaftlich Berechtigter des nießbrauchbelasteten Finanzierungstitels wird[234].

Im folgenden wird zu prüfen sein, ob der beim Veräußerer noch unselbständige Finanzierungstitel-Bestandteil "Ertragsrecht" durch die Übertragung - entweder isoliert oder zusammen mit dem Stammrecht - beim Erwerber als eigenständiges Wirtschaftsgut zur Entstehung gelangt oder nicht. Dabei werden Forderungstitel und typische stille Beteiligungen einerseits und Kapitalgesellschaftsanteile andererseits gesondert untersucht[235].

---

231 RG II 396/19 vom 16.4.1920, RGZ 98, S. 320; BFH I R 199/84 vom 21.5.1986, BStBl II 1986, S. 795; BFH I R 190/81 vom 21.5.1986, BStBl II 1986, S. 817.

232 Für den Gewinnanspruch eines Aktionärs siehe etwa BARZ in GROSSKOMMENTAR 1973, AktG § 58 Anm. 32; HEFERMEHL/BUNGEROTH in G/H/E/K 1983, AktG § 58 Anm. 129. Für die GmbH vgl. etwa HUECK in BAUMBACH/HUECK 1988, GmbHG § 29 Rn. 58; EMMERICH in SCHOLZ 1993, GmbHG § 29 Rn. 45. Diese Grundsätze sind auf Entgeltansprüche aus Forderungstiteln entsprechend anwendbar.

233 Zu den unterschiedlichen Rechtsfolgen der isolierten Veräußerung von Ertragsrechten einerseits und der Nießbrauchseinräumung andererseits vgl. die anschauliche Darstellung bei PHILIPOWSKI, Verlagerung, DB 1978, S. 1146 f.

234 Siehe dazu unten, § 4, Punkt I.B.3.b, S. 288 ff.

235 Anteile an Mitunternehmergemeinschaften wurden aus den weiteren Überlegungen ausgeklammert (siehe oben, Punkt 1.b, S. 251).

a. Forderungstitel und typische stille Beteiligungen

Werden zivilrechtlich noch nicht entstandene Entgeltansprüche von Forderungstiteln oder typischen stillen Beteiligungen *isoliert* übertragen, so stellen diese beim Erwerber einen greifbaren, hinreichend konkretisierten und übertragbaren wirtschaftlichen Vorteil dar. Mit dem Erwerbsvorgang gelangt damit ein entsprechendes Wirtschaftsgut zur Entstehung[236]. Wird das Ertragsrecht eines Forderungstitels oder einer stillen Beteiligung im Laufe des Wirtschaftsjahres des Gläubigers bzw. Unternehmensinhabers *zusammen mit dem Stammrecht* übertragen, so wird der auf den Vorbesitzer entfallende Zinsanspruch nach herrschender Auffassung jedenfalls dann aktiviert, wenn es sich um ein zivilrechtlich entstandenes Entgelt handelt, das als sog. "Stückzinsen" zur Abgeltung des Anspruchs des Veräußerers aus § 101 BGB gesondert in Rechnung gestellt wurde, wobei es jedoch fraglich ist, ob insoweit ein Wirtschaftsgut entsteht[237].

Die Stückzinsregelung gilt allerdings nur für Schuldverschreibungen und Schuldbuchforderungen, die keinem nennenswerten Bonitätsrisiko unterliegen und deren - nahezu ausschließlich vom Zinsniveau, jedenfalls aber nicht vom Zinszahlungstermin abhängiger - Kurs jederzeit ermittelt werden kann, so daß stets erkennbar und nachprüfbar ist, in welchem Umfang die Zahlung des Erwerbers auf den eigentlichen Kaufpreis einerseits sowie auf aufgelaufene Zinsen andererseits entfällt. Eine einwandfreie Unterscheidung des anteiligen Entgeltanspruchs von anderen wertbestimmenden Faktoren (insbesondere Bonität und Zinsänderungen) ist dagegen bei nicht verbrieften Forderungstiteln sowie typischen stillen Beteiligungen nicht möglich. Wird bspw. eine mit 6 % verzinste Darlehensforderung im Nominalwert von 100.000 DM und jährlicher Zinszahlung für eine Pauschalvergütung von 80.000 DM zur Mitte eines Jahres abgetreten, so läßt sich nicht exakt sagen, in welchem Umfang bei der Preisermittlung Bonitätsaspekte, Marktzinsänderungen und aufgelaufene Zinsen berücksichtigt wurden. Dies gilt erst recht, wenn der Finanzierungstitel mit einem gewinnabhängig ausgestalteten Entgeltanspruch verbunden ist. Mangels konkretisierter, abgrenzbarer Aufwendungen ist eine gesonderte Aktivierung des Ertragsrechts daher jedenfalls dann nicht möglich, wenn der abgegoltene Anspruch des Vorbesitzers nicht spezifiziert wurde[238].

---

236 Handelt es sich um die entgeltliche Einräumung eines Nießbrauchrechts, wird jedoch die Meinung vertreten, die geleistete Zahlung sei als Rechnungsabgrenzungsposten auszuweisen und über die Laufzeit des Nießbrauchrechts zu verteilen (L. SCHMIDT 1993, EStG § 5 Anm. 31 "Nießbrauch", m.w.N.). Für die Aktivierung als Wirtschaftsgut dagegen HEUER in H/H/R 1993, EStG § 5 Anm. 1062, m.w.N.

237 Siehe oben, § 2, Punkt II.B.3.a.ß, S. 201 ff.

238 So im Ergebnis auch STERNER, Steuerfragen, DB 1985, S. 2320.

Wird dagegen für einen zum Teil abgelaufenen Entgeltzahlungszeitraum ein besonderes Entgelt vereinbart, so ist sowohl eine gesonderte Aktivierung des Entgeltanspruchs neben der Forderung bzw. stillen Beteiligung als auch der Ansatz eines einheitlichen Wirtschaftsguts denkbar. Dabei kann eine gesonderte Aktivierung des Entgeltanspruchs nur damit begründet werden, daß der Erwerber als Gegenleistung den Verzicht des Veräußerers auf einen Ausgleichsanspruch i.S.d. § 101 BGB erhält[239]. Es wird vorgebracht, mit der Abgeltung habe der Erwerber eine rechtliche und tatsächliche Position erlangt, die sich für seinen Betrieb als Vorteil darstelle und mithin als Wirtschaftsgut zu qualifizieren sei[240].

Dieser Argumentation kann nach Ansicht des Verfassers nicht gefolgt werden[241]. Entscheidend ist vielmehr der wirtschaftliche Gehalt des zwischen Veräußerer und Erwerber abgeschlossenen Kontrakts. Der - zumindest als Anwartschaftsrecht - aufgelaufene Entgeltanspruch ist dabei lediglich ein Bestimmungsfaktor für die Preisvorstellungen des Veräußerers wie der Marktzins oder die Bonität des Emittenten. Die Ausgleichsregelung des § 101 BGB ist insoweit völlig unbeachtlich. Entscheidend ist, daß der Veräußerer, auch wenn es diese Norm nicht gäbe, die auf seine Besitzzeit entfallenden Zinsen bzw. Gewinnanteile vom Erwerber verlangen würde. § 101 BGB ist lediglich Ausdruck der ökonomischen Grundregel, daß der Wert eines Finanzierungstitels zum Übertragungszeitpunkt auch von der zeitlichen Entfernung zum nächsten Zinszahlungstermin abhängig ist.

Dem steht nicht entgegen, daß der Gewinnanspruch selbständig veräußert werden kann. Zum einen ist die gesonderte Übertragung des Ertragsrechts bei einer Veräußerung zusammen mit dem Stammrecht, wie erwähnt, zivilrechtlich nicht möglich. Zum anderen stellt zwar ein isoliert (d.h. ohne Stammrecht) erworbenes Gewinnbezugsrecht, wie oben dargetellt, eine hinreichend konkretisierte Forderung des Erwerbers und dieser damit ein Wirtschaftsgut dar; jedoch ist eine gesonderte Aktivierung dann abzulehnen, wenn es zusammen mit dem Stammrecht übertragen wird, da es sich in diesem Fall um den unselbständigen Teil eines Wirtschaftsguts und nicht um ein eigenständiges Bilanzierungsobjekt handelt. Die Tatsache, daß Gewinnbezugsrechte isoliert veräußert werden können und dann beim Erwerber zu

---

239 Siehe oben, § 2, Punkt II.B.3.a.ß, S. 205 ff.

240 Siehe INSTFST/VOSS, Beteiligung, 1984, S. 34. Siehe auch oben, § 2, Punkt II.3.a.ß, S. 205 ff.

241 So im Ergebnis auch STERNER, Steuerfragen, DB 1985, S. 2320.

aktivieren sind, spricht nicht unbedingt für deren Wirtschaftsguteigenschaft, wenn beide Komponenten zusammen erworben werden[242].

Weiterhin sind, wie gezeigt, auch zukünftige Entgeltansprüche isoliert abtretbar. Mit dem angeführten Argument könnte auch einer Vereinbarung steuerlich Bedeutung zugemessen werden, daß neben dem Stammrecht isoliert sämtliche zukünftig fällig werdende Zinsansprüche übertragen werden. Ein solches Ergebnis ist jedoch offensichtlich nicht haltbar. Und schließlich ist darauf hinzuweisen, daß die gesonderte Inrechnungstellung insbesondere im Fall bedingter Entgeltansprüche nur eine Schätzung sein kann, deren Sicherheitsgrad von der seit dem letzten Entgeltzahlungstermin abgelaufenen Zeit abhängig ist. Es dürfte daher in vielen Fällen fraglich sein, ob eine hinreichende Konkretisierung bejaht werden kann[243].

Betrachtet man die Gewinnauswirkungen der beiden vertretenen Auffassungen, so werden die später eingehenden Zinsen bzw. Gewinnanteile im Fall der gesonderten Aktivierung des Entgeltanspruchs in dieser Höhe erfolgsneutral, nach der hier vertretenen Auffassung dagegen in vollem Umfang erfolgswirksam vereinnahmt. Theoretisch führen jedoch beide Bilanzierungsmethoden zum gleichen Gewinnausweis. Wandelt man den eben vorgestellten Beispielsfall zur Verdeutlichung dieser Aussage dergestalt ab, daß die mit 6 % p.a. verzinsliche Forderung zum Nominalwert von 100.000 DM zur Mitte eines Jahres für ein Pauschalentgelt von 103.000 DM abgetreten wird, so wirken sich die zum Ende des Jahres eingehenden 6.000 DM zwar in voller Höhe erfolgswirksam aus. Dem steht jedoch eine Teilwertabschreibung in Höhe von 3.000 DM entgegen, da der Buchwert des Darlehens - gleichbleibende Bonität und konstantes Zinsniveau unterstellt - um 3.000 DM über seinem Teilwert liegt[244]. Die gleichen Überlegungen gelten für gewinnabhängig verzinste Forderungstitel sowie typische stille Beteiligungen, nur mit dem Unterschied, daß der dargestellte Effekt durch andere bewertungsrelevante Faktoren verdeckt wird. Damit ist gleichzeitig gezeigt, daß die hier behandelte Problemstellung - im Gegensatz zum originären Erwerb - nicht durch Rückgriff auf das Realisationsprinzip gelöst werden kann, da sowohl der eigentliche Anschaffungsvorgang als auch die spätere Entgeltvereinnahmung in beiden Fällen

---

242 So aber WICHMANN, Behandlung, DB 1986, S. 777. Folgte man dieser Argumentation, so wären etwa die einzelnen Bestandteile eines PKW, die, einzeln veräußert, unzweifelhaft Wirtschaftsgüter sind, auch dann einzeln zu aktivieren, wenn ein komplettes Fahrzeug erworben wird. Dies wäre aber offensichtlich verfehlt.

243 Ähnlich STERNER, Steuerfragen, DB 1985, S. 2320.

244 Siehe dazu im einzelnen unten, 2. Kapitel, § 3, Punkt I.A.1.a, S. 445 ff.

grundsätzlich gleiche Gewinnauswirkungen nach sich ziehen[245]. Im Fall der Aktivierung eines eigenständigen Gewinnbezugsrechts wird der Periodengewinn sogar tendenziell niedriger ausgewiesen, da die Teilwertabschreibung den Mehrertrag nicht "automatisch"[246] und häufig auch nicht exakt kompensiert[247].

b. Kapitalgesellschaftsanteile

Werden Ertragsrechte von Aktien oder GmbH-Anteilen *isoliert* erworben, so gelten die gleichen Grundsätze wie bei isoliert übergegangenen Ertragsrechten von Forderungstiteln oder typischen stillen Beteiligungen, so daß es beim Erwerber zur Aktivierung eines Wirtschaftsguts kommt[248]. Wird der Gewinnanteil *zusammen mit dem dazugehörigen Kapitalgesellschaftsanteil* im Laufe des Wirtschaftsjahres der Kapitalgesellschaft übertragen[249], so wird die Entstehung eines Wirtschaftsguts "Gewinnbezugsrecht" einhellig dann verneint, wenn über den bis zum Erwerbszeitpunkt entstandenen Gewinnanspruch keine besondere Vereinbarung getroffen wurde und damit als zum Stammrecht zugehörig anzusehen ist[250]. Eine gesonderte Aktivierung kommt generell auch nicht in Frage beim

---

245 Mithin ist fraglich, ob die BFH-Rechtsprechung zur Wirtschaftsguteigenschaft von Anwartschaftsrechten, die ausschließlich *gewinnrealisierende* Forderungen betrifft, für die gesonderte Aktivierungsfähigkeit des Entgeltzahlungsanspruchs herangezogen werden kann (so aber - ohne Begründung - INSTFST/VOSS, Beteiligung, 1984, S. 26).

246 So besteht in vielen Fällen keine Abschreibungspflicht, sondern lediglich ein Abschreibungswahlrecht.

247 Infolgedessen wird der Steuerpflichtige im Fall des originären Erwerbs eines Ertragsrechts häufig an der Ablehnung der Wirtschaftsguteigenschaft gelegen sein, während beim derivativen Erwerb im Regelfall eine gerade umgekehrte Interessenlage anzunehmen ist.

248 So auch BFH I R 199/84 vom 21.5.1986, BStBl II 1986, S. 795 f.; BFH I R 190/81 vom 21.5.1986, BStBl II 1986, S. 817. Wird allerdings zunächst das Gewinnbezugsrecht und dann die Beteiligung erworben, so sind die Anschaffungskosten für den Gewinnanspruch und für die Beteiligung mit dem Beteiligungserwerb als Anschaffungskosten anzusehen, die ausschließlich auf die Beteiligung entfallen (ebenda). Die isolierte Veräußerung von Gewinnbezugsrechten dürfte jedoch in der Praxis (zumindest unter Fremden) äußerst selten sein. Zu berücksichtigen ist nämlich, daß der Erwerber des Gewinnbezugsrechts eines Jahres keinerlei Einfluß auf die Jahresabschluß- und Gewinnverwendungspolitik der Gesellschaft hat und mithin ggf. hinnehmen muß, daß der gesamte Bilanzgewinn dieser Periode thesauriert wird. Denkbar wäre aber bspw., daß Gewinnbezugs- und Stammrecht getrennt von Mitgliedern einer Unternehmensgruppe erworben werden (vgl. im einzelnen PFLEGER in HdB 1993, Beitrag 145/1, Rz. 6a-7); kritisch hierzu (v.a. wegen § 42 AO) MATHIAK, Bilanzsteuerrecht, StuW 1987, S. 58.

249 Die Veräußerung eines Kapitalgesellschaftsanteils zusammen mit einem durch den Gewinnverwendungsbeschluß zivilrechtlich entstandenen Ertragsrecht führt unstreitig zur Aktivierung von zwei Wirtschaftsgütern (L. SCHMIDT, Anmerkung, FR 1986, S. 466).

250 INSTFST/VOSS, Beteiligung, 1984, S. 18; J.-P. VOSS, Veräußerung, 1989, S. 170.

Aktienerwerb über die Börse, da nicht ermittelbar ist, wie die Aktie ohne die (unsichere) Dividendenaussicht gehandelt würde[251].

Problematisch ist allein die Konstellation, daß vertraglich ein besonderes Entgelt für die bis zum Übertragungszeitpunkt "aufgelaufenen" Gewinnanteile vereinbart wird. Wird also bspw. ein GmbH-Geschäftsanteil zum 30. Juni (Wirtschaftsjahr = Kalenderjahr) übertragen und stellt der Veräußerer dem Erwerber einen Kaufpreis für die Beteiligung in Höhe von 100.000 DM und zusätzlich 10.000 DM für den im laufenden Jahr bis zum Übertragungstag "aufgelaufenen" Gewinn in Rechnung, so ist zu entscheiden, ob die Anschaffungskosten der Beteiligung 110.000 DM betragen oder ob diese Bilanzposition mit 100.000 DM zu aktivieren und zusätzlich ein Konto "Gewinnbezugsrecht" mit 10.000 DM anzusprechen ist mit der Folge, daß die eingehenden Dividenden in dieser Höhe erfolgsneutral zu vereinnahmen sind. Dabei wurde bereits oben darauf hingewiesen, daß eine solche Vereinbarung zivilrechtlich nicht als gesonderte Übertragung des Gewinnbezugsrechts für das erste Halbjahr, sondern als entgeltlicher Verzicht auf die Geltendmachung des Anspruchs aus § 101 Nr. 2 2. Halbsatz BGB verstanden werden kann[252].

Der BFH hatte zunächst entschieden, daß neben der Beteiligung ein eigenständiges Wirtschaftsgut Gewinnbezugsrecht erworben wird[253]. Später wurde diese Auffassung revidiert[254]. In der Literatur werden, in Anlehnung an die genannten Judikate, beide Meinungen vertreten: Die eine Argumentation lautet, das Gewinnbezugsrecht sei selbständig verkehrsfähig und aufgrund der gesonderten Inrechnungstellung auch hinreichend konkretisiert; folglich handle es sich um ein eigenständig zu bilanzierendes Wirtschaftsgut[255]. Die Gegenmeinung trägt insbesondere vor, der Gewinnanspruch sei vor seiner rechtlichen Entstehung lediglich (wie andere Mitgliedschaftsrechte auch) Bestandteil des Stammrechts und als solches nicht gesondert aktivierungsfähig[256].

---

251 GROH, Bilanzsteuerrecht, StuW 1975, S. 57.

252 Siehe oben, § 2, Punkt II.B.3.a.ß, S. 205 ff.

253 BFH I R 67/72 vom 30.10.1973, BStBl II 1974, S. 234.

254 BFH I R 199/84 vom 21.5.1986, BStBl II 1986, S. 794; BFH I R 190/81 vom 21.5.1986, BStBl II 1986, S. 815.

255 HÖNLE, Gewinn, BB 1993, S. 253 f.; INSTFST/VOSS, Beteiligung, 1984, S. 25-28; KROLLMANN, Dividenden, BB 1963, S. 637; LEMPENAU, Fragen, StbJb 1978/79, S. 161; LITTMANN, Veräußerung, DStR 1981, S. 588 f.; MEYER-ARNDT, Abrechnung, GmbHR 1980, S. 278; J. P. MÜLLER, Anmerkung, DB 1974, S. 268 f.; SEICHT, Beteiligungen, 1987, S. 25; J.-P. VOSS, Veräußerung, 1989, S. 54; WICHMANN, Behandlung, DB 1986, S. 776 f.

256 BLÜMICH/EHMCKE 1993, EStG § 6 Rz. 366; DE, Aktivierung, FR 1979, S. 507; DÖTSCH in D/E/J/W 1992, EStG § 20 Rz. 56 b; GROH, Rechtsprechung, StuW 1975, S.

Nach Ansicht des Verfassers ist der neueren BFH-Rechtsprechung zuzustimmen. Zur Begründung kann im wesentlichen auf die Ausführungen in Punkt a verwiesen werden. Als Rechtfertigung der hier vertretenen Auffassung ist daher in erster Linie auf den wirtschaftlichen Gehalt der zwischen Titelerwerber und -veräußerer getroffenen Vereinbarung abzustellen.

Ausgangspunkt der Preisvorstellungen der Vertragsparteien ist regelmäßig die letzte verfügbare Bilanz der Beteiligungsgesellschaft, auf deren Grundlage der Substanzwert der Beteiligung berechnet wird[257]. Zwischen dem Stichtag dieser Bilanz und dem Übertragungstermin wird jedoch im Regelfall eine gewisse Zeitspanne liegen. Die in dieser Periode entstehenden Vermögensänderungen sind zu schätzen und dem Substanzwert der Beteiligung anteilig (in Höhe der Beteiligungsquote) hinzuzurechnen. Soll diese Vermögensänderung gesondert honoriert werden, so wird damit nicht ein in der Zukunft entstehender Dividendenanspruch, sondern der sich gegenüber dem letzten Bilanzstichtag ergebende "Beteiligungs-Mehrwert" bezahlt. Bei dieser Vereinbarung wird mithin nicht auf die Höhe des Bilanzgewinns oder des Dividendenanspruchs, sondern des Jahresüberschusses abgestellt[258]. Es handelt sich folglich auch nicht um eine Vereinbarung i.S.d. § 101 BGB, weil diese gerade den besitzzeitabhängigen Ausgleich der bezogenen Gewinnanteile (Dividenden) regelt[259]. Die Höhe des zukünftigen Dividendenanspruchs ist insbesondere für den Veräußerer eine ungeeignete Wertkomponente, da der Gewinnanspruch erst durch einen Gewinnverwendungsbeschluß entsteht, den er nicht mehr beeinflussen kann, es sei denn, er bleibt auch nach der Anteilsveräußerung Mehrheitsgesellschafter[260].

Im Ergebnis geht es beim Beteiligungsverkauf incl. "Gewinnbezugsrecht" folglich darum, den Wertveränderungen Rechnung zu tragen, die seit dem letzten Bilanz-

---

56 f.; MATHIAK, Bilanzsteuerrecht, StuW 1987, S. 57 f.; L. SCHMIDT, Anmerkung, FR 1986, S. 465 f.; SCHOLTZ, Beteiligungserträge, DStZ 1990, S. 549; SLOMMA, Anteile, BB 1980, S. 712; H.-J. WEBER, Konkretisierung, StBp 1988, S. 186. Dies ist auch die Auffassung der Verwaltung (siehe BdF IV B 7 - S 2299 b - 3/80 vom 18.3.1980, BStBl I 1980, S. 146).

257   Dies gilt unbeschadet der theoretischen Bedenken in bezug auf den Substanzwert (siehe oben, 2. Teil, 3. Kapitel, § 2, Punkt II.B.1.b, S. 130 ff.).

258   So, m.E. völlig zu Recht, BFH I R 199/84 vom 21.5.1986, BStBl II 1986, S. 796 f.; BFH I R 190/81 vom 21.5.1986, BStBl II 1986, S. 818.

259   So auch BFH I R 199/84 vom 21.5.1986, BStBl II 1986, S. 797.

260   Insoweit besteht ein Unterschied zwischen der Mitveräußerung eines Ertragsrechts eines Forderungstitels bzw. einer typischen stillen Beteiligung einerseits sowie eines Kapitalgesellschaftsanteils andererseits. Die BFH-Rechtsprechung zum letztgenannten Problemkomplex kann daher nicht ohne weiteres auf die zunächst diskutierte Fragestellung übertragen werden (so aber STERNER, Steuerfragen, DB 1985, S. 2321).

stichtag eingetreten sind. Diese Wertveränderungen gehen in die Preisvorstellungen des Veräußerers in gleicher Weise ein wie die Ertragserwartungen, mögliche Synergieeffekte usw. Die gesonderte Inrechnungstellung ändert nichts daran, daß der Erwerber lediglich ein einheitliches Wirtschaftsgut, nämlich die Beteiligung, erwirbt[261]. Andernfalls könnte bspw. auch das Bezugsrecht vor seiner rechtlichen Entstehung gesondert veräußert werden, wenn eine Kapitalerhöhung unmittelbar bevorsteht. Dies wird jedoch allgemein nicht vertreten.

Untersucht man die Gewinnauswirkungen der möglichen Bilanzierungsalternativen, so hätte die gesonderte Aktivierung eines Gewinnbezugsrechts zur Folge, daß die später eingehende Dividendenzahlung insoweit erfolgsneutral vereinnahmt werden könnte[262]. Wird dagegen lediglich ein einheitliches Wirtschaftsgut Beteiligung aktiviert, so steht der Gewinnerhöhung möglicherweise eine gewinnmindernde (ausschüttungsbedingte) Teilwertabschreibung gegenüber[263]. Ob damit gewährleistet werden kann, daß die Gewinnausschüttung letztlich ebenfalls ohne Gewinnauswirkung bezogen wird, kann an dieser Stelle nicht geprüft werden. Insoweit wird vielmehr auf die Ausführungen zur Bestimmung des steuerlichen Teilwerts einer Beteiligung verwiesen[264].

---

261 So auch, für Anteile im Privatvermögen, BFH VIII R 316/83 vom 22.5.1984, BStBl II 1984, S. 747.

262 Wird die Bedeutung des erworbenen "Gewinnbezugsrechts", wie hier, darin gesehen, daß der Veräußerer auf die Geltendmachung eines Anspruchs nach § 101 BGB verzichtet, so handelt es sich dem Wesen nach nicht um ein Ertragsrecht, sondern um ein immaterielles Wirtschaftsgut (siehe oben, § 2, Punkt II.B.4, S. 212). Diese Sichtweise ist mit dem Gedanken unvereinbar, die später eingehende Dividendenzahlung über dieses Konto mit dem Buchungssatz "Bank an Forderung" zu "verrechnen" (so noch BFH I R 67/72 vom 30.10.1973, BStBl II 1974, S. 236). Es ist bestenfalls denkbar, daß die "Ausschüttung der Gewinnanteile an den Erwerber ... zu einer Abschreibung des aktivierten Gewinnbezugsrechts [führt], mit der Folge, daß die Gewinnanteile im Ergebnis steuerfrei bleiben" (BFH VIII R 316/83 vom 22.5.1984, BStBl II 1984, S. 747; Klammerzusatz vom Verfasser). Die gegen diese Formulierung von WICHMANN (Behandlung, DB 1986, S. 776) vorgebrachte Kritik geht offensichtlich von einer anderen Zivilrechtslage aus.

263 Auf diese Möglichkeit weist auch der BFH ausdrücklich hin (BFH I R 199/84 vom 21.5.1986, BStBl II 1986, S. 798). Siehe auch L. SCHMIDT (Anmerkung, FR 1986, S. 465): "Aus der ertragsteuerrechtlichen Perspektive des Erwerbers von Anteilen an einer Kapitalgesellschaft sollte die gesonderte Aktivierung eines neben den Anteilen bestehenden Wirtschaftsgutes 'Gewinnbezugsrecht' ... primär bewirken, daß die spätere Ausschüttung ... im wesentlichen in voller Höhe erfolgsneutral vereinnahmt werden kann, ohne daß es dazu eines Nachweises bedürfte, durch die Ausschüttung sei der Teilwert der erworbenen Anteile in gleicher Höhe gesunken. Die Möglichkeit einer ausschüttungsbedingten Teilwertabschreibung gesteht der I. Senat des BFH dem Erwerber der Anteile - sozusagen als selbstverständlich - ausdrücklich zu; aus diesem Grunde verweist er die Sache zurück an das FG".

264 Siehe unten, 2. Kapitel, § 3, Punkt III.B.1, S. 503 ff.

II. Der Untergangszeitpunkt

Nachdem in Punkt I diskutiert wurde, zu welchem Zeitpunkt das Wirtschaftsgut Finanzierungstitel bilanzrechtlich entsteht, ist hier zu untersuchen, wann der Titel diese Eigenschaft wieder verliert. Es handelt sich hierbei um eine streng objektbezogene Eigenschaft. Zwar führt der Untergang eines Finanzierungstitels stets auch zu einem Abgang, der beim Finanzvermögen "Bestandsminderungen ... [bezeichnet], welche nicht ausschließlich auf einer Wertminderung beruhen"[265]; jedoch ist nicht jeder Abgang eines Finanzierungstitels mit dessen Untergang verbunden. Die Frage, ab bzw. bis zu welchem Zeitpunkt ein Finanzierungstitel einem Titelinhaber zuzurechnen ist, wird daher gesondert problematisiert[266].

A. Beteiligungstitel
1. Kapitalrückzahlungen
a. Bilanzrechtliche Grundsätze

Beteiligungstitel gehen dann unter, wenn die Beteiligungsgesellschaft aufhört zu bestehen. Das ist der Zeitpunkt, zu dem die Rechte und Pflichten der Anteilseigner erlöschen und das Vermögen der Gesellschaft aufgehoben und an die Gesellschafter verteilt wird, d.h. mit Vollbeendigung der Abwicklung der Kapitalgesellschaft[267].

Zum Untergang von Beteiligungstiteln führt darüber hinaus die übertragende Umwandlung. Dabei gehen die Anteile an der umgewandelten Gesellschaft steuerlich zum Umwandlungszeitpunkt und nicht zu dem Stichtag unter, für den die Umwandlungsbilanz aufgestellt ist[268]. Dies gilt auch dann, wenn dieser Stichtag nicht mehr als sechs Monate vor der Anmeldung des Umwandlungsbeschlusses zur Eintragung in das Handelsregister liegt und die Umwandlung nach den Vorschriften des UmwG durchgeführt wurde[269].

---

265 SARX in BBK 1990, HGB § 268 Anm. 65.

266 Siehe unten, § 4, Punkt II, S. 297 f.

267 E. WEBER, Beteiligungen, 1980, S. 155 f. Siehe auch BFH VIII R 328/84 vom 3.10.1989, BFH/NV 1990, S. 361 f.

268 BFH I 180/62 U vom 6.11.1963, BStBl III 1964, S. 209; BFH I 110/64 vom 25.9.1968, BStBl II 1969, S. 67; BFH I R 223/70 vom 10.7.1974, BStBl II 1974, S. 738.

269 Die damit angesprochenen §§ 2 Abs. 3, 20 Abs. 7 UmwStG besagen nur, daß das Einkommen und das Vermögen der aufgelösten Gesellschaft so zu ermitteln sind, als ob die Gesellschaft am Umwandlungsstichtag erloschen wäre; sie besagen nicht, daß die Gesellschaft bzw. die Anteile am Umwandlungsstichtag (tatsächlich) erloschen sind (BFH I 180/62 U vom 6.11.1963, BStBl III 1964, S. 209).

Der Liquidation bzw. übertragenden Umwandlung gemeinsam ist die Tatsache, daß der Titelemittent (die Beteiligungsgesellschaft) danach in dieser Form nicht mehr besteht. Dies gilt nicht für die Kapitalherabsetzung. Zu unterscheiden ist insoweit die nominelle Kapitalherabsetzung, die ohne Rückzahlung an die Gesellschafter erfolgt und dem Ausgleich von Verlusten oder Wertminderungen durch Anpassung des Eigenkapitals dient[270], und die effektive Kapitalherabsetzung mit Rückzahlung eines Teils des Grund- bzw. Stammkapitals an die Gesellschafter[271]. Technisch vollziehen sich beide Formen entweder durch Herabsetzung des Nennbetrags der Anteile[272] oder (bei der AG) durch Zusammenlegung von Aktien[273].

In der Literatur wird allgemein angenommen, daß im Fall einer *nominellen Kapitalherabsetzung* kein mengenmäßiger Abgang vorliegt[274]. M.E. gilt dies jedoch nicht, wenn der Gesellschafter nur wenige Aktien und keine Beteiligung im Betriebsvermögen hält und die Kapitalherabsetzung durch Zusammenlegen der Anteile vollzogen wird. Zur Begründung ist daran zu erinnern, daß die einzelne Aktie den Wirtschaftsgutbegriff erfüllt[275]. Wenn dem Gesellschafter daher nach der Kapitalherabsetzung anstelle von zehn Aktien nur noch sechs verbleiben, so kann dieser Verlust m.E. als Abgang bzw. Untergang von vier Aktien verstanden werden. Man kann den Vorgang jedoch auch so sehen, daß "sämtliche bei der Zusammenlegung wegzugebenden Anteile 'zusammengeworfen' und durch die verkleinerte Zahl an neuen Anteilen ersetzt wird"[276]. Bei dieser Betrachtung handelt es sich im weitesten Sinne um einen Tausch der damit untergehenden "alten" Anteile gegen Erwerb der "neuen" Anteile. Wie bei der formwechselnden Umwandlung[277] und beim Tausch von Kapitalgesellschaftsanteilen gegen anders ausgestattete Anteile an derselben Kapitalgesellschaft (z.B. Altaktien gegen Vorzugsaktien)[278]

---

270 Sie kann bei der AG in vereinfachter Form vollzogen werden (vgl. §§ 229 ff. AktG); für die GmbH besteht diese Möglichkeit mangels entsprechender Regelung nicht. Sowohl bei der AG als auch bei der GmbH kann das Kapital auch durch Einziehung von Anteilen durch die Gesellschaft herabgesetzt werden (§§ 237 ff. AktG; für die GmbH vgl. ZÖLLNER in BAUMBACH/HUECK 1988, GmbHG § 58 Rn. 9).

271 SARX in BBK 1990, HGB § 272 Anm. 53 und 56. Vgl. §§ 222 ff. AktG, § 58 GmbHG.

272 § 222 Abs. 4 Satz 1 Nr. 1 AktG, § 58 GmbHG.

273 § 222 Abs. 4 Satz 1 Nr. 2 AktG. Dies ist nur zulässig, soweit der Mindestnennbetrag für Aktien nicht innegehalten werden kann (ebenda).

274 GSCHREI, Beteiligungen, 1990, S. 83; LOOS, Kapitalherabsetzung, BB 1970, S. 73; SCHEFFLER in BHR 1992, B 213 Anm. 103.

275 Siehe oben, § 2, Punkt II.A.2, S. 196 ff.

276 LOOS, Kapitalherabsetzung, BB 1970, S. 74.

277 Vgl. BdF IV B/2 - S 2170 - 79/69 vom 6.1.1970, BB 1970, S. 113. Siehe auch BLÜMICH/EHMCKE 1993, EStG § 6 Rz. 117.

278 BFH VIII R 64/69 vom 24.9.1974, BStBl II 1975, S. 230.

kommt es jedoch nicht zu einer Vermögensübertragung, sondern lediglich zu einer Art "Umetikettierung".

Die im Wege einer *effektiven Kapitalherabsetzung* an den Gesellschafter geleisteten Beträge werden nach h.M. nicht als (laufende) Erträge bzw. Betriebseinnahmen[279], sondern als Umkehrung der Zuführung von Vermögen an die Gesellschaft und damit als Abgang (Untergang) qualifiziert[280]. Das Abstellen auf die formalrechtliche Unterscheidung zwischen Nominalkapitalherabsetzung und anderen Eigenkapitalverringerungen ist zumindest beim betrieblich Beteiligten unbefriedigend[281]. Gleichwohl sieht der Gesetzgeber - bspw. in § 6 KapErhStG - diese Differenzierung als sachgerecht an[282]. De lege lata ist der h.M. damit zuzustimmen. Allerdings kann die effektive Kapitalherabsetzung bei Vorliegen einer Beteiligung nur mühsam als "mengenmäßiger Abgang" qualifiziert werden, da die Beteiligung ein einziges Wirtschaftsgut darstellt. Hier wird wohl ein "Teil-Abgang" bzw. "Teil-Untergang" angenommen werden müssen.

b. Ertragsteuerliche Besonderheiten

Die in Punkt a aufgezeigten Grundsätze gelten uneingeschränkt für die Handelsbilanz. In der Steuerbilanz wird dagegen im Fall der effektiven Kapitalherabsetzung[283] entscheidend auf die Herkunft der zurückgezahlten Mittel abgestellt, wie sie sich aus § 30 KStG ergibt. Die insoweit relevanten Differenzierungen ergeben sich aus der nachfolgenden Abbildung 31:

---

279 So aber bspw. FICHTELMANN, Teilwertabschreibung, Inf 1973, S. 50 f.; R. THIEL, Herabsetzung, DB 1967, S. 310.

280 BFH I R 158/66 vom 31.7.1968, BStBl II 1969, S. 28. Aus der Literatur vgl. HERZIG, Einzelfragen, JbFSt 1982/83, S. 368; HEUER in H/H/R 1993, EStG § 6 Anm. 817; LOOS, Kapitalherabsetzung, BB 1970, S. 73; OFFERHAUS, Teilwertabschreibungen, StBp 1968, S. 75; VAN DER VELDE, Beteiligungen, StbJb 1952/53, S. 256; E. WEBER, Beteiligungen, 1980, S. 175 f.

281 Vgl. ROSE, Entwicklung, StbJb 1967/68, S. 240; R. THIEL, Herabsetzung, DB 1967, S. 310.

282 § 6 KapErhStG trifft in bestimmten Fällen eine vom Grundfall abweichende Anordnung. Der Regelung bedürfte es nicht, wenn ausgezahlte Kapitalherabsetzungsbeträge grundsätzlich zu den laufenden Betriebseinnahmen zählten. Früher konnte auf § 9 Abs. 1 KStG verwiesen werden (vgl. ROSE, Entwicklung, StbJb 1967/68, S. 240).

283 Zu steuerlichen Besonderheiten bei der nominellen Kapitalherabsetzung im Hinblick auf die körperschaftsteuerliche Eigenkapitalgliederung vgl. WIDMANN, Fragen, JbFSt 1977/78, S. 321 f.

Abbildung 31

Kapitalrückzahlungen - handelsrechtlich und steuerrechtlich

	Rückzahlung von				
	Gezeichnetem Kapital, zuzuordnen dem			Rücklagen, zuzuordnen dem	
	Übrigem EK, EK 04	EK 56, 50, 36, 01, 02	EK 03	EK 56, 50, 36, 01, 02, 03	EK 04
handelsrechtlich	Titeluntergang			Ertrag	
steuerrechtlich	Titeluntergang	Betriebs-einnahme	Titeluntergang; aber § 5 KapErhStG	Betriebs-einnahme	(Teil-) "Titel-untergang"

Nach § 20 Abs. 1 Nr. 2 Satz 1 EStG zählen Bezüge, die auf Grund einer Kapitalherabsetzung oder nach der Auflösung unbeschränkt steuerpflichtiger Kapitalgesellschaften anfallen, zu den Einkünften aus Kapitalvermögen, soweit für Ausschüttungen verwendbares Eigenkapital i.S.d. § 29 KStG als verwendet gilt. Nach
§ 29 Abs. 3 KStG gehört der Teil des Nennkapitals zum verwendbaren Eigenkapital, der durch Umwandlung von Rücklagen entstanden ist, wenn und insoweit die
Rücklagen aus dem Gewinn eines nach dem 31.12.1976 abgelaufenen Wirtschaftsjahrs gebildet wurden, d.h. zu den Eigenkapitalbestandteilen i.S.d. § 30
Abs. 1 Nr. 1 oder 2 oder Abs. 2 Nr. 1 oder 2 KStG (EK 56, EK 50, EK 36, EK
01 und EK 02) zählen[284]. Ist das Nennkapital aus der Umwandlung von zum EK
03 gehörenden Rücklagen entstanden, so stellen Kapitalrückzahlungen ebenfalls
Gewinnanteile dar, wenn die Kapitalherabsetzung innerhalb von fünf Jahren nach
einer Kapitalerhöhung durch Umwandlung von EK 03 stattgefunden hat[285]. Dagegen sind Beteiligungserträge, wenn und insoweit sie aus Eigenkapital i.S.d. § 30
Abs. 2 Nr. 4 KStG (sog. EK 04) gespeist wurden, beim Gesellschafter nach § 20
Abs. 1 Nr. 1 Satz 3 EStG keine Einnahmen aus Kapitalvermögen[286].

Die aufgezeigten Steuerrechtsfolgen gelten nach herrschender Auffassung auch für
den betrieblich beteiligten Gesellschafter. Es besteht demnach Steuerpflicht für
Nennkapitalrückzahlungen, soweit verwendbares Eigenkapital als verwendet

---

284 Dabei gelten die Eigenkapitalteile i.S.d. § 30 Abs. 2 Nr. 3 und 4 (EK 03 und EK 04) in
dieser Reihenfolge als vor den übrigen Eigenkapitalteilen umgewandelt (§ 41 Abs. 3
KStG).

285 Vgl. § 5 Abs. 1 KapErhStG. Zur Frage, welche Teile des Nennkapitals als verwendet gelten, vgl. § 41 Abs. 2 KStG.

286 Dies gilt auch dann, wenn bei einer Kapitalherabsetzung Nennkapital ausgezahlt wird, das
dem EK 04 zuzurechnen ist (§ 20 Abs. 1 Nr. 2 Satz 2 EStG).

gilt[287], und es wird eine Steuerpflicht hinsichtlich der aus EK 04 gespeisten Bezüge grundsätzlich verneint[288]. In der Steuerbilanz des Gesellschafters wird dies dadurch erreicht, daß im ersten Fall laufende Betriebseinnahmen und nicht eine erfolgsneutrale Verrechnung mit dem Beteiligungsbuchwert angenommen wird[289]. Im zweiten Fall behandeln Rechtsprechung[290] und Finanzverwaltung[291] aus EK 04 stammende Beteiligungserträge als (erfolgsneutrale) Anschaffungskostenminderung; übersteigen die Bezüge der genannten Art allerdings den Buchwert der Anteile, so liegen gewinnerhöhende Betriebseinnahmen vor[292]. Nach anderer Auffassung sollen die aus EK 04 ausgeschütteten Beträge zwar erfolgswirksam vereinnahmt werden; im Ergebnis bleibt der Vorgang jedoch durch eine in gleicher Höhe vorzunehmende Teilwertabschreibung erfolgsneutral[293].

Nach Ansicht des Verfassers ist es bilanzrechtlich verfehlt, bei Auskehrungen von Nennkapital nach dessen Herkunft zu differenzieren. Wenn bei gesellschaftsrechtlich veranlaßten Auszahlungen der Gesellschaft an den Gesellschafter "Rück-" Zahlungen von Kapital anders behandelt werden als Gewinnausschüttungen, so kann es keinen Unterschied machen, ob das "zurückgezahlte" Kapital aus Gewinnen oder aus Einlagen entstanden ist. Selbst wenn man insoweit differenzieren

---

287　BdF IV B 2 - S 2143 - 24/86 vom 9.1.1987, BStBl I 1987, S. 171. Siehe auch HERZIG, Einzelfragen, JbFSt 1982/83, S. 364 f.; L. SCHMIDT/GLANEGGER 1993, EStG § 6 Anm. 28.

288　Vgl. etwa FASOLD, Praxis, DStR 1976, S. 630; HERZIG, Einzelfragen, JbFSt 1982/83, S. 364 f., 372; LOOS, Eigenkapital, DB 1977, S. 266; RAUPACH, Systematik, FR 1978, S. 580 f.; L. SCHMIDT/HEINICKE 1993, EStG § 20 Anm. 20a. A.A. DÖLLERER, Körperschaftsteuerrecht, BB 1979, S. 62; PINGGERA, Praxis, DB 1976, S. 1928; R. THIEL, Wegweiser, DB 1976, S. 1495; WIDMANN, Fragen, JbFSt 1977/78, S. 325.

289　BdF IV B 2 - S 2143 - 24/86 vom 9.1.1987, BStBl I 1987, S. 171. Siehe auch HERZIG, Einzelfragen, JbFSt 1982/83, S. 364 f.; L. SCHMIDT/GLANEGGER 1993, EStG § 6 Anm. 28.

290　BFH I R 68/88 vom 7.11.1990, BStBl II 1991, S. 177. Entsprechendes wird für Anteile an einer ausländischen Kapitalgesellschaft angenommen (vgl. BFH I R 1/91 vom 14.10.1992, BStBl II 1993, S. 189).

291　BdF IV B 2 - S 2143 - 24/86 vom 9.1.1987, BStBl I 1987, S. 171.

292　§ 20 Abs. 1 Nr. 1 Satz 2 EStG wird jedoch auch als allgemeine materielle Steuerbefreiung aufgefaßt, die auch für die Beteiligungen im Betriebsvermögen Geltung hat, so daß über den Beteiligungsbuchwert hinausgehende Ausschüttungen aus EK 04 ebenfalls nicht steuerpflichtig sind (siehe etwa CONRADI in L/B/M 1993, EStG § 20 Anm. 154).

293　LOOS, Eigenkapital, DB 1977, S. 266; PEZZER, Entlastung, StuW 1976, S. 318; Heinz RICHTER, Besteuerung, DStR 1977, S. 83. Wohl auch R. THIEL, Herabsetzung, DB 1967, S. 310. Wird die Teilwertabschreibung jedoch nicht "automatisch", sondern nach den allgemeinen Grundsätzen vorgenommen (siehe hierzu DÖLLERER, Körperschaftsteuerrecht, BB 1979, S. 62; WIDMANN, Fragen, JbFSt 1977/78, S. 325), so werden die steuerlichen Folgen beim betrieblich und privat beteiligten Gesellschafter im Regelfall unterschiedlich sein; dieses Ergebnis kollidiert jedoch mit der von der herrschenden (und hier nicht zu diskutierenden) Meinung postulierten Gleichbehandlung der beiden Gesellschaftertypen; auf diese Lösungsvariante wird daher hier nicht weiter eingegangen.

wollte, so bleibt in jedem Fall die Differenzierung nach vor und nach dem 31.12.1976 entstandenen Gewinnen bilanzrechtlich unerklärlich.

Die vom BFH[294] gelieferte bilanzsteuerliche Begründung der Kürzung des Beteiligungsbuchwerts bei Ausschüttungen aus EK 04 kann ebenfalls nicht überzeugen. So ist der Hinweis auf § 20 Abs. 1 Nr. 1 Satz 3 EStG verfehlt, da es sich hierbei nicht um eine Gewinnermittlungsvorschrift handelt, und kann § 5 Abs. 6 EStG nicht herangezogen werden, weil eine niedrigere Bewertung nur über eine Teilwertabschreibung erreicht werden kann[295]. Der Sache nach wird hier offensichtlich für eine Art "equity-Bewertung" plädiert, die jedoch unzulässig ist[296]. Es ist m.E. auch sehr fraglich, ob der Hinweis auf Sinn und Zweck der Regelung in § 20 Abs. 1 Nr. 1 Satz 3 EStG die Annahme eines (Teil-) Abgangs bzw. (Teil-) Untergangs - wie auch in Abbildung 39 dargestellt - rechtfertigt[297]. Der Alternativlösung, eine steuerpflichtige Betriebseinnahme anzusetzen und stets eine gleich hohe Teilwertabschreibung vorzunehmen, kann ebenfalls nicht gefolgt werden, da die (anteilige) Substanzminderung bei der Gesellschaft mit der Minderung des Teilwerts der Beteiligung grundsätzlich nicht deckungsgleich ist[298].

Die ertragsteuerliche Rechtslage ist damit nach Ansicht des Verfassers bilanzrechtlich nicht nachzuvollziehen. Es zeigt sich, daß das Eingreifen von Normen des "übrigen" Steuerrechts in das System der steuerlichen Gewinnermittlungsvorschriften zu Friktionen führt, daß andererseits eine strikte Orientierung am Bilanzrecht in manchen Fällen nicht mit dem "gewünschten" steuerlichen Ergebnis in Einklang zu bringen ist. Es ist dann nur verständlich, systematisch jedoch unbefriedigend, wenn sich Rechtsprechung und Finanzverwaltung in solchen Konfliktfällen am Besteuerungsergebnis und nicht an dessen Ermittlung orientieren[299]. Hier kann nur der Gesetzgeber Abhilfe schaffen.

---

294 BFH I R 68/88 vom 7.11.1990, BStBl II 1991, S. 177.

295 Siehe auch die diesbezügliche Kritik bei HOFFMANN, Anmerkung 1, BB 1991, S. 660.

296 Siehe oben, Punkt I.D.1.c, S. 251 ff.

297 Vgl. HOFFMANN, Anmerkung 1, BB 1991, S. 660.

298 So auch ROSE, Entwicklung, StbJb 1967/68, S. 236-238. Siehe im einzelnen unten, 2. Kapitel, § 3, Punkt III.B.1, S. 503 ff.

299 Ähnlich HOFFMANN: "Die Urteilsgründe verschleiern also, daß der I. Senat eine Entscheidung treffen mußte (oder wollte) zwischen Systematik des Anrechnungsverfahrens und Steuerbilanzrecht" (HOFFMANN, Anmerkung 1, BB 1991, S. 660). Siehe auch bereits die Überlegungen im 1. Teil, 2. Kapitel, § 1, Punkt II, S. 3 ff.

2. Zuweisung von Bezugsrechten

Führt eine Aktiengesellschaft eine Kapitalerhöhung gegen Einlagen durch, so steht den Altgesellschaftern ein Bezugsrecht auf die jungen Aktien zu, das konkret mit der wirksamen Fassung des Kapitalerhöhungsbeschlusses entsteht[300]. Nach der Rechtsprechung[301] und der h.M. in der Literatur[302] ist dieser Vorgang bilanzrechtlich so zu verstehen, daß aus dem Wirtschaftsgut Aktie ein Bestandteil ausscheidet (es damit zu einem "Teiluntergang" kommt) und auf das Bezugsrecht übertragen wird (sog. Substanzabspaltungstheorie)[303]. Zur Begründung wird insbesondere auf den Umstand hingewiesen, daß der Kurs der Aktie im Regelfall durch die Trennung des Bezugsrechts an Wert verliert.

Nach Ansicht des Verfassers ist jedoch der insbesondere von MELLWIG[304] vertretenen Auffassung zuzustimmen, daß das Bezugsrecht nicht durch Abspaltung vom alten Anteil geschaffen wird, sondern neben das in der Substanz unveränderte Stammrecht tritt[305]. Dieses Ergebnis kann sowohl durch eine wirtschaftliche als auch durch eine rechtliche Betrachtungsweise gerechtfertigt werden[306].

In wirtschaftlicher Betrachtungsweise ist bereits der Ansicht entgegenzutreten, daß ein Kapitalerhöhungsbeschluß zwingend eine Minderung des ökonomischen Werts der Altaktien zur Folge haben muß. Vielmehr kann in bestimmten Fällen trotz Ka-

---

300 Das gleiche gilt für den Fall der bedingten Kapitalerhöhung durch Emission von Wandelschuldverschreibungen oder Optionsanleihen.

301 RFH I Aa 591/29 vom 2.7.1930, RStBl 1930, S. 762; BFH IV R 174/67 vom 6.12.1968, BStBl II 1969, S. 105.

302 BAIER, Buchwertanteil, StBp 1962, S. 179; BÖRNSTEIN, Aktie, DStR 1962/63, S. 163; BRÖNNER JR., Aktien, WPg 1960, S. 354; INSTFST/NIEMANN, Einlagen, 1993, S. 26 f.; LUIK, Aktien, BB 1967, S. 995; MAYER-WEGELIN in H/B/N/B 1993, EStG § 6 Rz. 318; H. MEILICKE, Bezugsrecht, BB 1961, S. 1282; MERTIN, Buchgewinn, DB 1957, S. 953; WEISSENBORN/SCHAAF, Bewertung, DStR 1967, S. 634; WETTER, Aktien, DB 1962, S. 515; WOHLGEMUTH, Aktien, AG 1973, S. 296.

303 Die Substanzabspaltungstheorie soll dabei auch bei der Emission von Wandelschuldverschreibungen und Optionsanleihen Anwendung finden (vgl. BAIER, Buchwertanteil, StBp 1962, S. 183; HEUER in H/H/R 1993, EStG § 6 Anm. 1115; RUNGE, Wandelschuldverschreibungen, DB 1970, S. 801-803).

304 MELLWIG, Aktien, DB 1986, S. 1417-1421. Siehe auch BREKER, Optionsrechte, 1993, S. 66 f.; GERLACH, Aktien, BB 1985, Beilage 3, S. 7-11; GSCHREI, Beteiligungen, 1990, S. 85; G. HORN, Gewährung, DB 1954, S. 805 f. Aus der Rechtsprechung siehe VG Berlin VIII A 157/61 vom 9.6.1965, EFG 1966, S. 7 (nkr), sowie das durch den BFH (IV R 174/67 vom 6.12.1968, BStBl II 1969, S. 105) aufgehobene Urteil des FG München I 119/63 vom 12.6.1967, EFG 1967, S. 498.

305 Die nachfolgenden Überlegungen gelten mutatis mutandis auch für die bedingte Kapitalerhöhung.

306 Vgl. MELLWIG, Aktien, DB 1986, S. 1417-1421.

pitalverwässerung eine Werterhöhung eintreten und zwar dann, wenn die Rendite des neuen Kapitals höher ist als die marktübliche Verzinsung bei Aktien der gegebenen Art[307]. Dies hat der BFH in einem Urteil zur Ermittlung des aus der verbilligten Überlassung von Belegschaftsaktien entstehenden geldwerten Vorteils für den Arbeitnehmer anerkannt[308]. Und selbst in den Fällen, in denen es - wie zumindest kurzfristig üblich - zu einem Kursrückgang kommt, kann aus dem "Weniger" an Wert nicht auf ein "Weniger" an Substanz geschlossen werden[309]. So führt auch die mit dem Gewinnausschüttungsbeschluß der Hauptversammlung einhergehende Verselbständigung des Dividendenanspruchs regelmäßig zu einem Kursabschlag. Zu einem "Teiluntergang" der Aktie kommt es jedoch unzweifelhaft nicht. Vielmehr ist sowohl das abgetrennte Bezugs- als auch das abgetrennte Dividendenrecht jeweils Ausfluß des Gesellschaftsrechts, das durch die Trennung in der Substanz unverändert bleibt.

Aus bilanz*rechtlicher* Sicht ist darauf hinzuweisen, daß die Abspaltungstheorie zu einer teilweisen Übertragung der für die Altaktien aufgewendeten Anschaffungskosten auf die abgetrennten Bezugsrechte kommt, obwohl zum Erwerbszeitpunkt das Bezugsrecht unselbständiger Bestandteil des Wirtschaftsguts Aktie war und die Anschaffungskosten für das einheitliche Wirtschaftsgut Aktie aufgewendet wurden. Es ist mit dem finalen Anschaffungskostenbegriff unvereinbar, zu einem späteren Zeitpunkt den Erwerb mehrerer Bilanzierungsobjekte zu fingieren[310].

---

307 Vgl. hierzu auch oben, 2. Teil, 3. Kapitel, § 2, Punkt II.B.4, S. 140 f.

308 Vgl. BFH VI R 47/88 vom 7.4.1989, BStBl II 1989, S. 612: "Der Senat tritt dem FG auch nicht darin bei, daß ein Abschlag vom Wert der Alt-Aktie von 63,75 DM wegen der Ausgabe junger Aktien zu machen ist. Ein solcher Abschlag wäre nach der Entscheidung des Senats im ersten Rechtsgang gerechtfertigt, wenn der Wert der Alt-Aktien infolge der Ausgabe der neuen Aktien gesunken wäre. Das war hier jedoch nicht der Fall. ... Hiernach ist der Wert der Alt-Aktien wegen des Erwerbs der Neu-Aktien durch die Belegschaftsmitglieder gerade nicht gefallen, sondern in den nachfolgenden zwei Wochen rapide gestiegen".

309 So aber INSTFST/NIEMANN, Einlagen, 1993, S. 28 f.

310 Vgl. zu diesem Aspekt auch GERLACH, Aktien, BB 1985, Beilage 3, S. 9. Zum Anschaffungskostenbegriff siehe unten, 2. Kapitel, § 1, Punkt III.A, S. 369 ff.

B. Forderungstitel

Forderungstitel zeichnen sich dadurch aus, daß sie nach einer regelmäßig begrenzten Laufzeit getilgt werden. Mit der planmäßigen Tilgung bzw. der letzten Tilgungsrate erlischt der Anspruch des Titelinhabers. Der Untergang des Wirtschaftsguts Forderungstitel kann jedoch auch auf andere Ursachen zurückzuführen sein. Zu diskutieren sind (1) die Aufrechnung, (2) der Erlaß, (3) die Verjährung und (4) der Eintritt der den Tilgungszeitpunkt determinierenden Bedingung[311].

(1) Aufrechnung

Nach § 387 BGB sind gleichartige Forderungen und Verbindlichkeiten gegeneinander aufrechenbar, sobald der einzelne Vertragspartner "die ihm gebührende Leistung fordern und die ihm obliegende Leistung bewirken kann". Die Aufrechnungserklärung (§ 388 BGB) bewirkt, "daß die Forderungen, soweit sie sich decken, als in dem Zeitpunkt erloschen gelten, in welchem sie zur Aufrechnung geeignet einander gegenübergetreten sind" (§ 389 BGB). Fraglich ist, ob das Bestehen der sog. "Aufrechnungslage" bilanzrechtlich den Untergang des Wirtschaftsguts Forderungstitel zur Folge hat.

Grundsätzlich bestimmt § 246 Abs. 2 HGB, daß Posten der Aktivseite nicht mit Posten der Passivseite verrechnet werden dürfen, um der gesetzlichen Zielvorgabe der Klarheit und Übersichtlichkeit des Jahresabschlusses (§ 243 Abs. 2 HGB) zu genügen[312]. Nach h.M. ist eine Saldierung jedoch jedenfalls dann zulässig, wenn aus Sicht des betrachteten Unternehmens die Aufrechnungslage gegeben ist[313]. Der Untergang des Wirtschaftsguts Forderungstitel wird von einer Reihe von Autoren auch dann befürwortet, wenn die Forderung und die Verbindlichkeit zwar noch nicht fällig (und damit aufrechenbar), aber annähernd gleich befristet und bis zur Aufstellung der Bilanz erloschen sind[314] bzw. damit gerechnet werden kann, daß die Aufrechnung in einem überschaubaren Zeitraum nach dem Bilanzstichtag

---

311 Außer Betracht bleibt die Hinterlegung (§§ 372 ff. BGB) und die Aufhebung durch (gesetzlich nicht geregelten) Aufhebungsvertrag. Siehe auch BOLSENKÖTTER, Forderungen, HdJ II/6 1986, Rn. 26-35, der allerdings auch Zeitpunkte berücksichtigt, die zwar zum Abgang, nicht jedoch zum Untergang des Titels führen.

312 EBKE, Verrechnungsverbot, HuR 1986, S. 365 f.; IDW, WP-Handbuch I, 1992, S. 143.

313 Siehe nur KUSSMAUL in HdR 1990, HGB § 246 Rn. 22, m.w.N.

314 EBKE, Verrechnungsverbot, HuR 1986, S. 370 f.; KROPFF in G/H/E/K 1973, AktG 1965 § 152 Rn. 84.

vorgenommen wird[315]. Dabei wird im allgemeinen von einem Saldierungswahlrecht und nicht von einer Saldierungspflicht ausgegangen[316].

Aus steuerlicher Sicht wird dem Saldierungsverbot keine wesentliche Bedeutung zugemessen[317]. Dem kann m.E. insoweit zugestimmt werden, als es sich um die Frage des saldierten oder unsaldierten Ausweises von Forderung und Verbindlichkeit handelt. Allerdings führt die bilanzsteuerliche Anerkennung der Verrechnungsmöglichkeit gleichzeitig dazu, daß aufgrund der Verrechnung - soweit die Verrechnung reicht - eine eigenständige Bewertung der Forderung einerseits und der Verbindlichkeit andererseits ausgeschlossen wird. Eine solche Vorgehensweise ist jedoch bestenfalls in der engsten Auslegung mit dem Einzelbewertungsgrundsatz vereinbar[318].

(2) Erlaß

Nach § 397 BGB erlischt das Schuldverhältnis, wenn der Gläubiger dem Schuldner durch Vertrag die Schuld erläßt. Ab diesem Zeitpunkt existiert das Wirtschaftsgut Forderungstitel nicht mehr[319].

(3) Verjährung

Die Verjährung einer Forderung gibt dem Schuldner das Recht, die Leistung zu verweigern (§ 222 Abs. 1 BGB). Sie bewirkt nicht den völligen Untergang des Anspruchs. Auch bilanzrechtlich bleibt die Forderung bestehen, bis der Schuldner die Einrede der Verjährung geltend macht[320].

---

315 BUDDE/KARIG in BBK 1990, HGB § 246 Anm. 883.

316 A/D/S 1968, AktG 1965 § 152 Rz. 167; KROPFF in G/H/E/K 1973, AktG 1965 § 152 Rn. 85; KUSSMAUL in HdR 1990, HGB § 246 Rn. 22. A.A. etwa HAMPE, Forderungen, WPg 1955, S. 369-371. Eine Saldierungspflicht wird hingegen allgemein befürwortet, wenn es sich um ein Kontokorrentverhältnis i.S.d. § 355 HGB oder um ein Vertragsverhältnis handelt, das von den Vertragspartnern von vornherein als Abrechnungsverhältnis ausgestaltet wurde (KUSSMAUL, a.a.O., m.w.N.).

317 BUDDE/KARIG in BBK 1990, HGB § 246 Anm. 88.

318 Zum Verständnis des Saldierungsverbots als Ausprägung des Einzelbewertungsgrundsatzes vgl. L. SCHMIDT 1993, EStG § 5 Anm. 14a; ähnlich GROH, Verlustrückstellung, BB 1988, S. 29; MEINCKE in L/B/M 1993, EStG § 6 Rn. 49. Zum Einzelbewertungsgrundsatz siehe unten, 2. Kapitel, § 1, Punkt II, S. 337 ff.

319 Wird die Forderung aus privaten Gründen erlassen, so handelt es sich um eine Entnahme (vgl. L. SCHMIDT/HEINICKE 1993, EStG § 4 Anm. 57f).

320 HEUER in H/H/R 1993, EStG § 6 Anm. 1500 "Verjährung". Eine Ausnahme gilt für Ansprüche aus dem Steuerschuldverhältnis (vgl. § 47 AO). In der Bilanz des *Schuldners* darf die Verbindlichkeit jedoch nicht mehr ausgewiesen werden, wenn anzunehmen ist, daß die

(4) Bedingungseintritt

Im zweiten Teil der Arbeit[321] wurde dargelegt, daß der Tilgungszeitpunkt eines Forderungstitels vom Eintritt einer Bedingung abhängig sein kann. Zu nennen ist etwa die Kündigungsentscheidung des Emittenten oder der Losentscheid. In allen Fällen erlischt damit das Wirtschaftsgut Forderungstitel. Dies gilt nicht, wenn die Forderung zwar noch besteht und lediglich wegen Uneinbringlichkeit ausgebucht wird[322].

Einrede der Verjährung geltend gemacht wird (BFH VIII R 21/92 vom 9.2.1993, BStBl II 1993, S. 543).

321 Siehe oben, 2. Teil, 2. Kapitel, § 2, Punkt II.C.2.a.ß.(2).(c), S. 72.

322 SARX/PANKOW in BBK 1990, HGB § 247 Anm. 114.

§ 4 : Die subjektive Zurechnung von Finanzierungstiteln
I. Die Zurechnungsentscheidung bei Finanzierungstiteln
A. Die Zurechnungsentscheidung bei Finanzierungstiteln im allgemeinen

Wie oben erläutert, sind Wirtschaftsgüter grundsätzlich dem nach Maßgabe des Zivilrechts Berechtigten zuzurechnen[1]. Überträgt man diesen Grundsatz auf Finanzierungstitel, so ist dies bei Forderungstiteln der Gläubiger, bei Beteiligungstiteln der Gesellschafter[2]. Diese Personen können im Regelfall unbeschränkt über den Titel verfügen, ihn veräußern, als Kreditunterlage nutzen und die Erträge daraus ziehen. Die Zurechnung zu einer anderen Person (zum wirtschaftlich Berechtigten) ist nur dann zulässig, wenn diese die tatsächliche Sachherrschaft über das Wirtschaftsgut ausübt, und zwar in einer Weise, daß der zivilrechtlich Berechtigte wirtschaftlich vollständig und auf Dauer (bei normalem Lauf der Dinge) von der Einwirkung ausgeschlossen ist. Dies ist insbesondere der Fall, wenn der zivilrechtlich Berechtigte keinen oder nur einen praktisch bedeutungslosen Herausgabeanspruch gegenüber dem wirtschaftlich Berechtigten hat oder wenn er das Wirtschaftsgut an diesen herauszugeben verpflichtet ist. Fraglich ist, wie diese offensichtlich auf Sachen (im bürgerlich-rechtlichen Sinne) zugeschnittenen Grundsätze[3] auf Rechte (Finanzierungstitel) übertragen werden können[4]. Klärungsbedürftig ist mithin, wie die Begriffe (1) tatsächliche Sachherrschaft, (2) Einwirkung sowie (3) dauernder Ausschluß im Zusammenhang mit der subjektiven Zurechnung von Finanzierungstiteln zu interpretieren sind. Darüber hinaus ist hinsichtlich des genannten Hauptanwendungsfalls die Bedeutung des Kriteriums (4) bedeutungsloser Herausgabeanspruch bzw. Herausgabeverpflichtung zu untersuchen.

---

1   Siehe oben, § 1, Punkt II.B.2, S. 162.

2   Bei Forderungstiteln kann sich die Berechtigung nicht nur aus dem Zivil-, sondern aus dem öffentlichen Recht ableiten. Beispiele sind Steuervergütungs-, Steuererstattungs- und Subventionsansprüche (siehe auch oben, § 3, Punkt I.C.2.b, S. 240 ff.). Insofern ist der Hinweis auf das bürgerliche Recht zu eng. Zur Vermeidung von sprachlichen Abgrenzungsproblemen soll die in der Literatur übliche Diktion jedoch auch hier Anwendung finden.

3   Dieser Befund ergibt sich bereits aus dem in diesem Zusammenhang häufig verwendeten Schlagwort des wirtschaftlichen *Eigentums* oder auch aus dem Begriff der *Sach*herrschaft. Zu weiteren Belegen siehe weiter unten im Text.

4   Dieser Aspekt wird in der Literatur häufig vernachlässigt. So beschäftigt sich etwa die grundlegende Arbeit von SEELIGER, Begriff, 1962, nahezu ausschließlich mit der wirtschaftlichen Zurechnung von körperlichen Gegenständen. Zur Frage, ob § 39 Abs. 2 Nr. 1 Satz 1 AO im Hinblick auf das Finanzvermögen überhaupt einschlägig ist, vgl. HEIDNER, Treuhand, DStR 1989, S. 305.

(1) Tatsächliche Sachherrschaft

Es wurde bereits erläutert, daß prinzipiell derjenige die tatsächliche Sachherrschaft über ein Wirtschaftsgut hat, bei dem Besitz, Gefahr, Nutzen und Lasten liegen. Eine Übertragung dieses Grundsatzes auf Finanzierungstitel scheitert grundsätzlich hinsichtlich des Merkmals "Besitz", da es sich bei Forderungen und Beteiligungen zivilrechtlich im Regelfall nicht um Sachen, sondern um Rechte handelt[5]. Auch der Gesichtspunkt der "Gefahr" (im Sinne des Risikos des zufälligen Untergangs) spielt für Finanzierungstitel prinzipiell keine Rolle. Laufende, regelmäßig wiederkehrende "Lasten" sind grundsätzlich ebenfalls zu vernachlässigen. Was bleibt, ist die "Gefahr" (aber evtl. auch die Chance) von Wertschwankungen sowie der "Nutzen" in Form von Entgeltzahlungen. Dabei stehen die beiden Komponenten nicht isoliert nebeneinander, da nach der vorgestellten Wertermittlungsmethode Entgeltzahlungen und Wert funktional miteinander verknüpft sind. Hier sollen sie jedoch der besseren Anschaulichkeit wegen gesondert beurteilt werden. Im Ergebnis kommt es für die tatsächliche Sachherrschaft über einen Finanzierungstitel mithin darauf an, wer an Wertsteigerungen und -minderungen partizipiert und Zinsen bzw. Dividenden vereinnahmt.

(2) Einwirkung

Bilanzrechtlich kommt die Zuordnung eines Wirtschaftsguts zu einem anderen als dem zivilrechtlich Berechtigten nur dann in Frage, wenn dieser nach dem normalen Verlauf der Dinge dauernd von der Einwirkung auf das Wirtschaftsgut ausgeschlossen ist. Fraglich ist, in welcher Weise auf einen Finanzierungstitel "eingewirkt" werden kann. Einen Gebrauch, wie bei Sachen, gibt es nicht. Eine Einwirkung kann jedoch zum einen in der Ausübung von Gestaltungsrechten gesehen werden, die es erlauben, Rechte und Pflichten aus dem Titel gegenüber dem Emittenten zu verändern; hierunter sind, wie oben erläutert[6], das Veräußerungsrecht, das Kündigungsrecht und sonstige Optionsrechte zu subsumieren. Da das Bezugsrecht eine spezielle Form von Option darstellt, ist es ebenfalls hier zu nennen. Zum anderen können in diesem Zusammenhang die insbesondere Inhabern von Beteiligungstiteln zustehenden Einwirkungsrechte, zu denen vor allem das Stimmrecht zählt, genannt werden. Diese gestatten allerdings nicht eine Einwirkung auf das Bilanzierungsobjekt selbst, dessen subjektive Zurechnung in Rede steht, sondern auf die Geschäftspolitik des Titelemittenten. Es handelt sich damit um ein "Einwirken" in einem übertragenen Sinne, dem ein Pendant beim Sach-

---

5   Eine Ausnahme gilt für in Wertpapieren verbriefte Finanzierungstitel.

6   Siehe oben, 2. Teil, 2. Kapitel, § 2, Punkt II.C.2.d, S. 75 ff.

vermögen fehlt. Mangels anderer Alternativen soll dieser Aspekt jedoch ebenfalls unter den Gesichtspunkt der "Einwirkung" subsumiert werden.

(3) Dauernder Ausschluß

Der geforderte dauernde Ausschluß des zivilrechtlich Berechtigten von der Einwirkung auf das Wirtschaftsgut ist weiterhin auf die zeitliche Komponente hin zu untersuchen. Im Regelfall wird insoweit auf die betriebsgewöhnliche Nutzungsdauer des jeweiligen Wirtschaftsguts abgestellt. Eine betriebsgewöhnliche Nutzungsdauer gibt es allerdings nur bei abnutzbaren Wirtschaftsgütern; Finanzierungstitel gehören jedoch zu den nicht abnutzbaren Wirtschaftsgütern. Es erscheint sachgerecht, in entsprechender Anwendung dieses Grundsatzes auf die (Rest-) Laufzeit des Titels abzustellen, da der Titel und die mit diesem verbundenen Einwirkungsmöglichkeiten mit der Tilgung untergehen. Mithin ist ein dauernder Ausschluß von der Einwirkung jedenfalls dann gegeben, wenn der zivilrechtlich Berechtigte die ihm zustehenden Befugnisse während der Laufzeit des Titels nicht ausüben kann. In entsprechender Anwendung des Leasing-Erlasses[7] wäre es auch denkbar, einen dauernden Ausschluß der Einwirkung bereits dann zu bejahen, wenn mindestens 90 % der Laufzeit davon betroffen sind.

Der Rückgriff auf die Laufzeit des Titels ist allerdings ausschließlich bei Forderungstiteln möglich. Geht es um die subjektive Zurechnung von Beteiligungstiteln, so ist dieses Kriterium nicht anwendbar. Für diese Fälle kann der Begriff dauernd jedenfalls nicht als Zeitraum bis zur "Tilgung" des Titels via Liquidation der Gesellschaft verstanden werden. Dies wird auch in anderen Fällen nicht verlangt, in denen das hier in Rede stehende Kriterium eine Rolle spielt[8]. Nach Ansicht des BFH ist es in solchen Fällen ausreichend, wenn der zivilrechtlich Berechtigte von der Einwirkung auf das Wirtschaftsgut für eine unbestimmte und vorweg nicht bestimmbare Dauer ausgeschlossen wird, z.B. bis zum Tod des Verfügungsberechtigten[9]. Eine exakte zeitliche Bestimmung ist jedoch nicht möglich. Der für eine nicht dauernde Wertminderung angenommene Höchstzeitraum von fünf Jahren[10] dürfte jedoch zu knapp bemessen sein.

---

7   BdF IV B/2 - S 2170 - 31/71 vom 19.4.1971, BStBl I 1971, S. 264.

8   So bei der Abgrenzung von Anlage- und Umlaufvermögen (siehe oben, § 2, Punkt I.A.2.d, S. 172 ff.) oder für die Unterscheidung zwischen dauernder und vorübergehender Wertminderung (siehe unten, 2. Kapitel, § 1, Punkt IV.B, S. 382 ff.).

9   BFH VIII R 180/74 vom 8.3.1977, BStBl II 1977, S. 630, mit Hinweis auf SEELIGER, Begriff, 1962, S. 47.

10   Siehe unten, 2. Kapitel, § 1, Punkt IV.B.3, S. 389 f.

(4) Bedeutungsloser Herausgabeanspruch und Herausgabeverpflichtung

Der Grundsatz, ein dauernder Ausschluß der Einwirkung sei insbesondere dann anzunehmen, wenn der Rechtsinhaber nur einen praktisch bedeutungslosen Herausgabeanspruch hat oder wenn er zur Herausgabe des Wirtschaftsguts verpflichtet ist, kann nur bedingt auf die bilanzrechtliche Zuordnung von Finanzierungstiteln übertragen werden. Zum einen ist zu berücksichtigen, daß es bei Rechten im bürgerlich-rechtlichen Sinne, wenn sie nicht in Wertpapieren verbrieft sind, ein Auseinanderfallen von "Eigentum" und "Besitz" nicht gibt. Der Rechtsinhaber kann daher gegenüber einem etwaigen "wirtschaftlichen Eigentümer" auch keinen Anspruch auf "Herausgabe" besitzen. Ist die Herausgabe ausnahmsweise denkbar (wie bei Wertpapieren), so kann dieser Anspruch beim normalen Verlauf der Dinge grundsätzlich nicht "praktisch bedeutungslos" sein, weil sich Beteiligungen und Forderungen nicht technisch oder wirtschaftlich verbrauchen. Dagegen kann der Rechtsinhaber durchaus (vertraglich) zur Herausgabe des Titels (mittels Übergabe oder Abtretung) verpflichtet sein.

Die auf Finanzierungstitel "zugeschnittenen" Grundsätze der subjektiven Zurechnung von Wirtschaftsgütern sind in der nachfolgenden Abbildung 32 graphisch dargestellt. Die üblichen, für die Zurechnung von Realgütern bedeutsamen Zuordnungskriterien (aufgeführt in der ersten Zeile) wurden in der zweiten Zeile für die Zurechnung von Nominalgütern "übersetzt". Eine stringente Zuordnungsregel der Art, daß die Erfüllung bestimmter Kriterien oder einer bestimmten Anzahl von Kriterien notwendigerweise eine vom Zivilrecht abweichende Entscheidung nach sich zieht, ist aus Abbildung 32 jedoch nicht abzuleiten. Vielmehr ist die Zurechnung im jeweiligen Einzelfall nach dem Gesamtbild der Verhältnisse vorzunehmen[11]. Auf die dargestellten Einzelfälle wird anschließend eingegangen.

---

11   BFH VIII R 150/70 vom 15.3.1973, BStBl II 1973, S. 594; BFH VIII R 262/72 vom 25.11.1975, BStBl II 1976, S. 294.

Abbildung 32

Die subjektive Regelzuordnung von Finanzierungstiteln

		Eigentum	Nutzen	Gefahr	Einwirkung			Herausgabeanspruch	Wirtschaftlicher Eigentümer
		Sachvermögen / Finanzvermögen — Stammrecht	Ertragsrecht	Chancen und Risiken	Gestaltungsrechte	Einwirkungsrechte	Bezugsrechte	Herausgabeanspruch	Wirtschaftlich Berechtigter
Treuhandverhältnisse	Ermächtigungs-Treuhand	TG	TG	TG	TG	TG	TG	TG	TG
	Fiduziarische Treuhand	TH	TG	TG	TG/TH	TG	TG	--	TG
Factoring und Forfaitierung	Echtes Factoring und Forfaitierung	F	F	F	F	--	--	--	F
	Fälligkeitsfactoring	F	A	F	F	--	--	--	F
	Unechtes Factoring	F	F	A	F	--	--	--	A
Nießbrauch	Forderungstitel	NB	NR	NB	NB/NR	--	--	NB	NB
	Kapitalgesellschaftsanteile	NB	NR	NB	NB/NR	NB	NB	NB	NB
Wertpapierpensions- und Wertpapierleihgeschäfte	Echte Pensionsgeschäfte	PN	PN	PG	PN/PG	PN	PN	PG	PG
	Unechte Pensionsgeschäfte	PN	PN	PG/PN	PN/PG	PN	PN	--	PN
	Wertpapierleihgeschäfte	EL	EL	EL	EL	EL	EL	--	EL

Legende:

TH = Treuhänder   A = Anschlußkunde   PN = Pensionsnehmer
TG = Treugeber   NB = Nießbrauchbesteller   PG = Pensionsgeber
F = Factor/Forfaiteur   NR = Nießbraucher   EL = Entleiher

B. Einzelfälle

Ein mögliches Auseinanderfallen von rechtlichem und wirtschaftlichem "Eigentum" an Finanzierungstiteln wird im folgenden für die Anwendungsfälle Treuhandverhältnisse, Factoring und Forfaitierung, Nießbrauch sowie Pensionsgeschäfte untersucht.

1. Treuhandverhältnisse
a. Zivilrechtliche Grundlagen

Der Begriff der Treuhand ist gesetzlich nicht definiert, sondern wurde durch Rechtslehre, Rechtsprechung und wirtschaftliche Praxis entwickelt und ausgefüllt[12]. Die in der wirtschaftlichen Praxis möglichen Anwendungsfälle der Treuhandschaft unterliegen vielfältigen Gestaltungsmöglichkeiten, so daß eine umfassende Systematik bisher nicht entwickelt wurde.

Allen Treuhandverhältnissen ist gemeinsam, daß der Treugeber dem Treuhänder Vermögensrechte überträgt, ihn aber in der Ausübung der sich daraus im Außenverhältnis ergebenden Rechtsmacht im Innenverhältnis nach Maßgabe der schuldrechtlichen Treuhandvereinbarung beschränkt[13]. In dem hier interessierenden Zusammenhang erscheint es sinnvoll, die möglichen Formen der Treuhandschaft nach der Rechtsstellung des Treuhänders zu differenzieren. Danach ist die Ermächtigungstreuhand (unechte Treuhand) von der fiduziarischen (echten) Treuhand zu unterscheiden[14]: Während der Treuhänder bei der fiduziarischen Treuhandschaft vom Treugeber (oder für dessen Rechnung von einem Dritten) das Treugut zu vollem zivilrechtlichen Eigentum erwirbt und lediglich aufgrund der Treuhandabrede das erworbene Recht am Treugut im eigenen Namen, nicht jedoch im eigenen Interesse ausüben darf, findet im Fall der Ermächtigungstreuhandschaft eine Übertragung von zivilrechtlichem Eigentum auf den Treuhänder nicht statt; dem "unechten" Treuhänder wird lediglich die Ermächtigung erteilt, im eigenen

---

12 WÖHE in HdR 1990, Kapitel II, Rn. 324.

13 PALANDT/BASSENGE 1993, BGB § 903 Anm. 6a.

14 Vgl. hierzu und zu weiteren Systematisierungsansätzen PALANDT/BASSENGE 1993, BGB § 903 Anm. 6a; WÖHE in HdR 1990, Kapitel II, Rn. 329-334. Hier ist lediglich die rechtsgeschäftliche, nicht dagegen die gesetzliche Treuhand von Bedeutung; gesetzliche (hoheitliche) Treuhänder sind bspw. Konkursverwalter, Vergleichsverwalter, Abwickler, Nachlaßverwalter oder Testamentsvollstrecker. Insbesondere in diesen Fällen handelt es sich um eine sog. doppelseitige Treuhandschaft (WÖHE, a.a.O., Rn. 330, 334).

Namen (aber für Rechnung des Treugebers) über das Treugut zu verfügen oder daran Rechte zu begründen, zu verändern oder aufzuheben.

b. Bilanzsteuerliche Beurteilung

Gegenstand eines Treuhandverhältnisses kann auch ein Finanzierungstitel sein. Eine *Ermächtigungstreuhandschaft* liegt bspw. vor, wenn ein Kreditinstitut im Rahmen eines Vermögensverwaltungsvertrags die ihm von einem Kunden anvertrauten Gelder optimal zu investieren hat, wobei der Kunde lediglich gewisse Anlagegrundsätze vorgibt, die konkrete Entscheidung jedoch bei der Bank verbleibt. Es ist offensichtlich, daß nur der zivilrechtlich Berechtigte (d.h. der Treugeber) an Wertschwankungen und an den Erträgen der verwalteten Finanzierungstitel partizipiert. In der Literatur ist daher auch völlig unstreitig, daß die verwalteten Wirtschaftsgüter im Fall der Ermächtigungstreuhandschaft bilanziell dem Treugeber zuzurechnen sind[15].

Einer *fiduziarischen Treuhandschaft* kann ebenfalls das Treugut Finanzierungstitel zugrundeliegen. Verbreitet ist dies insbesondere bei der (eigennützigen) Sicherungstreuhandschaft in Form der Sicherungsübereignung von Wertpapieren oder der Sicherungsabtretung von Forderungen[16]. In diesen Fällen geht zwar das juristische Eigentum bzw. die zivilrechtliche Berechtigung auf den Kreditgeber über. Beim Kreditnehmer verbleiben jedoch die Erträge des Titels sowie Chancen und Risiken von Wertschwankungen. Außerdem kann er den zivilrechtlich Berechtigten dauernd von der Einwirkung auf die Wertpapiere, Forderungen usf. ausschließen, wenn er sich, nach Maßgabe der Sicherungsabrede, vertragsgetreu verhält. Der Finanzierungstitel ist daher bilanzrechtlich dem Treugeber zuzurechnen[17].

---

15 BUDDE/KARIG in BBK 1990, HGB § 246 Anm. 13; HEIDNER, Treuhand, DStR 1989, S. 305; HEUER in H/H/R 1993, EStG § 5 Anm. 53a "Treuhandeigentum"; WÖHE in HdR 1990, Kapitel II, Rn. 357; DERS., Probleme, StbKonRep 1979, S. 326-329.

16 WÖHE in HdR 1990, Kapitel II, Rn. 333.

17 Siehe nur BUDDE/KARIG in BBK 1990, HGB § 246 Anm. 15; HEIDNER, Treuhand, DStR 1989, S. 306 f. Durch das Bankbilanzrichtlinien-Gesetz wurde eine entsprechende Regelung in § 246 Abs. 1 HGB aufgenommen. Eine Ausnahme wird dort für als Sicherheit hereingenommene Bareinlagen gemacht, die als Eigenvermögen auszuweisen sind (vgl. hierzu auch MATHEWS, Treuhandvermögen, BB 1992, S. 739). Dieser Fall kann hier unberücksichtigt bleiben, da Bareinlagen nicht zu den Finanzierungstiteln gehören (siehe oben, 2. Teil, 1. Kapitel, § 1, Punkt II, S. 37 ff.).

Die h.M. in der Literatur gelangt bei uneigennützigen Verwaltungstreu-
handschaften - sie ist etwa dann anzunehmen, wenn Beteiligungen von einem
"Strohmann" gehalten werden - zum gleichen Ergebnis[18].

2. Factoring und Forfaitierung
a. Zivilrechtliche Grundlagen

Unter Factoring versteht man den vertraglich festgelegten Ankauf von Forderungen aus Lieferungen und Leistungen des sog. Anschlußkunden durch den Factor[19]. Zivilrechtlich handelt es sich dabei um einen Forderungsverkauf nach § 433
BGB mit anschließender Abtretung nach § 398 BGB. Die wirtschaftliche Bedeutung dieses Instruments ist davon abhängig, welche Funktionen dem Factor von
dem Anschlußkunden übertragen werden. In dem hier interessierenden Zusammenhang sind lediglich die Finanzierungs- und Versicherungsfunktion bedeutsam[20]. Zu prüfen ist damit, ob das Ertragsrecht und/oder das Bonitätsrisiko vom
Factoring-Unternehmen übernommen werden. Zu unterscheiden sind danach drei
Factoring-Typen[21]:

(1) Beim sogenannten *echten Factoring* ("non-recourse factoring") übernimmt der
    Factor beide Funktionen, d.h., die angekauften gegenwärtigen und alle zu-
    künftigen Forderungen werden im Rahmen der im Factoring-Vertrag geregel-
    ten Grenzen bezahlt bzw. vorfinanziert. Während der Factor darüber hinaus
    das Ausfallrisiko trägt, haftet der Anschlußkunde lediglich für den rechtlichen
    Bestand der Forderung. Der Factor übernimmt mithin sowohl die Finanzie-
    rungs- als auch die Versicherungsfunktion.

---

18   BREZING, Gegenstand, HdJ I/4 1991, Tz. 78; BUDDE/KARIG in BBK 1990, HGB
     § 246 Anm. 9; IDW, WP-Handbuch I, 1992, S. 139 f. Nach WÖHE ist das Treugut dann
     in der Bilanz des Treuhänders auszuweisen, wenn es sich um ein Verwaltungstreu-
     handverhältnis handelt, bei dem das Recht auf Aussonderung (§ 43 KO) und Wider-
     spruchsklage (§ 771 ZPO) ausgeschlossen ist (WÖHE in HdR 1990, Kapitel II, Rn. 358).
     Nach dieser Auffassung würde sich im übrigen eine Divergenz zwischen der Zurechnung
     nach § 5 Abs. 1 Satz 1 EStG und § 39 Abs. 2 Nr. 1 Satz 2 AO ergeben, die nach Ansicht
     des Verfassers (siehe oben, § 1, Punkt II.B.2, S. 162) zugunsten des Maßgeblichkeits-
     grundsatzes aufzulösen wäre (so auch WÖHE, a.a.O.).

19   PERRIDON/STEINER, Finanzwirtschaft, 1993, S. 363.

20   LÖHR, Factoring, WPg 1975, S. 458; PERRIDON/STEINER, Finanzwirtschaft, 1993, S.
     364 f.; SCHULTZKE in HdR 1990, Kapitel II, Rn. 390-395. Darüber hinaus werden im
     Rahmen der Dienstleistungsfunktion häufig zusätzlich bestimmte Service-Funktionen (z.B.
     das Führen der Debitorenbuchhaltung) übernommen (ebenda). Dieser Gesichtspunkt ist
     hier jedoch nicht von Bedeutung.

21   Siehe nur LÖHR, Factoring, WPg 1975, S. 458.

(2) Beim sogenannten *Fälligkeits-Factoring* ("maturity factoring") ist die Finanzierungfunktion des Factors dagegen vertraglich ausgeschlossen. Der Factor kauft die Forderungen des Anschlußkunden mit dem Wert des Fälligkeitstags an. Im übrigen übernimmt der Factor wie beim echten Factoring das Ausfallrisiko. Der Factor übernimmt mithin ausschließlich die Versicherungsfunktion.

(3) Das Wesensmerkmal des *unechten Factoring* ("recourse factoring") besteht darin, daß der Factor die Forderungen zwar wie im Fall des echten Factoring ankauft und sie im Rahmen der vertraglich vereinbarten Grenzen vorfinanziert, jedoch nicht für die Einbringlichkeit der angekauften Forderungen haftet. Er übernimmt damit lediglich die Finanzierungs-, nicht jedoch die Versicherungsfunktion.

Dem Exportfactoring sehr ähnlich ist die Forfaitierung von Exportforderungen[22]. Es handelt sich hierbei um den regreßlosen (non-recourse) Ankauf von Forderungen aus dem grenzüberschreitenden Waren- und Dienstleistungsverkehr, wobei der Forfaiteur grundsätzlich neben der Versicherungs- auch eine Finanzierungsfunktion übernimmt.

b. Bilanzsteuerliche Beurteilung

Beim Factoring und bei der Forfaitierung wird der Factor bzw. Forfaiteur in allen Fällen zivilrechtlich Inhaber der Forderung, über die er folglich auch durch erneute Veräußerung (Abtretung) verfügen kann[23]. Für die Frage, ob ihm diese auch wirtschaftlich zuzurechnen ist mit der Folge, daß er sie in seiner Bilanz auszuweisen hat, ist von Bedeutung, welcher Vertragspartner die "Gefahr" (das Ausfallrisiko) trägt und den "Nutzen" (den Zinsertrag) hat. Mithin ist danach zu differenzieren, in welchem Umfang der Factor Versicherungs- und/oder Finanzierungsfunktionen übernimmt[24].

---

22 Siehe etwa BÜSCHGEN, Finanzmanagement, 1986, S. 44; PERRIDON/STEINER, Finanzwirtschaft, 1993, S. 366.

23 Zu beachten sind allerdings die sich aus einem etwaigen Abtretungsverbot des Schuldners (vgl. § 399 BGB) ergebenden Komplikationen (siehe dazu SCHULTZKE in HdR 1990, Kapitel II, Rn. 411 f.).

24 Die von BUDDE/KARIG vertretene Auffassung, daß beim Factoring "die verkauften Forderungen grundsätzlich rechtlich und wirtschaftlich aus dem Vermögen des Forderungsverkäufers ... [ausscheiden] und ... dem Forderungskäufer (Factor) zuzurechnen" sind (BUDDE/KARIG in BBK 1990, HGB § 246 Anm. 39; Klammerzusatz vom Verfasser) ist damit zumindest mißverständlich.

(1) Es besteht kein Zweifel daran, daß bei einem Forderungsverkauf im Wege des *echten Factoring* oder der *Forfaitierung* der Factor nicht nur zivilrechtlicher, sondern auch wirtschaftlich Berechtigter wird. Die verkauften Forderungen scheiden aus dem Vermögen und der Bilanz des Forderungsverkäufers aus. An dessen Stelle entstehen Forderungen an den Factor[25]. Diese Handhabung ergibt sich zwingend daraus, daß auf den Factor sämtliche Rechte und Risiken übergehen.

(2) Die Besonderheit des *Fälligkeits-Factoring* besteht darin, daß der zivilrechtliche Forderungsinhaber zwar das Bonitätsrisiko trägt, jedoch keine Finanzierungsfunktion erfüllt. Der Rückbehalt des "Ertragsrechts" in dem Sinne, daß dem Veräußerer die im später fällig werdenden Kaufpreis einkalkulierten Zinsen zustehen, vermag jedoch kein wirtschaftliches Eigentum zu begründen. Es ist allgemein anerkannt, daß die Nutzung eines Wirtschaftsguts allein die zivilrechtliche Zuordnung nicht korrigiert. Mithin ergeben sich die gleichen Bilanzierungskonsequenzen wie beim echten Factoring[26].

(3) Das *unechte Factoring* ist der Kreditgewährung mit Sicherungsabtretung vergleichbar[27] und zwar insbesondere insofern, als das Ausfallrisiko jeweils nicht auf den zivilrechtlichen Forderungsinhaber übergeht, sondern beim Zedenten (Anschlußkunden bzw. Kreditnehmer) verbleibt. Es ist jedoch die Abweichung zu berücksichtigen, daß der Factor eine Finanzierungsfunktion erbringt, während dem Kreditnehmer die sicherungshalber abgetretene Forderung ungeschmälert, d.h. incl. Zinsanteil, zusteht. Während der Anschlußkunde beim unechten Factoring mithin lediglich die "Gefahr" trägt, verbleibt dem sicherungsabtretenden Kreditnehmer zusätzlich der "Nutzen" der abgetretenen Forderung. Da die im Wege des Factoring angekauften Forderungen aus Lieferungen und Leistungen allerdings grundsätzlich kurzfristig (i.d.R. innerhalb von drei Monaten) fällig sind[28], fällt der Zinsertrag im Verhältnis zum Ausfallrisiko jedoch m.E. nicht wesentlich ins Gewicht. Nach Ansicht des Verfassers ist vielmehr entscheidend auf die "Gefahrtragung" abzustellen. Mithin ist die Forderung - wie bei der Sicherungsabtretung - weiterhin vom Zedenten

---

25 IDW, WP-Handbuch I, 1992, S. 140 f.; SCHULTZKE in HdR 1990, Kapitel II, Rn. 409. Ein im Regelfall einbehaltener Sperrbetrag, der als Ausgleich für Warenrücksendungen, Reklamationen, Skontokürzungen etc. dient, wird einem gesonderten Konto gutgeschrieben (LÖHR, Factoring, WPg 1975, S. 458).

26 So auch LÖHR, Factoring, WPg 1975, S. 460. A.A. SCHEPERS, Factoring, WPg 1974, S. 316.

27 BGH VIII ZR 149/80 vom 14.10.1981, BGHZ 82, S. 50.

28 LÖHR, Factoring, WPg 1975, S. 457.

auszuweisen[29]. Zum gleichen Ergebnis muß man m.E. beim unechten Factoring in offener Form gelangen, da hinsichtlich der Gefahrtragung kein Unterschied besteht[30].

3. Nießbrauch

a. Zivilrechtliche Grundlagen

Der Nießbrauch ist das durch Vertrag oder letztwillige Verfügung an Sachen oder Rechten eingeräumte dingliche, höchstpersönliche Recht zur umfassenden Nutzung des mit ihm belasteten Gegenstandes[31]. Es kann nicht nur an Sachen, sondern auch an Rechten begründet werden[32]. Durch die Nießbraucheinräumung geht ein Teil der dem Inhaber des Finanzierungstitels zustehenden Rechte auf den Nießbraucher über. Insoweit ist danach zu differenzieren, ob der Nießbrauch an einem Forderungstitel oder an einem Kapitalgesellschaftsanteil bestellt wird.

Beim Nießbrauch an einem (verzinslichen[33]) *Forderungstitel* erwirbt der Nießbraucher den Anspruch auf die Zinsen, soweit sie während seiner Nießbrauchszeit fällig werden[34]. Die insbesondere mit wertpapierverbrieften Ansprüchen verbundenen Gestaltungsrechte stehen dem Nießbraucher und dem Nießbrauchbesteller grundsätzlich gemeinschaftlich zu[35]: So kann der Schuldner das Kapital nur an den Nießbraucher und den Gläubiger gemeinschaftlich zahlen, beide können nur gemeinsam kündigen, die Tilgungszahlung nur gemeinsam einziehen, die Wiederanlage nur gemeinsam vornehmen (die Art der - mündelsicheren - Anlage bestimmt allerdings der Nießbraucher). Auch der Besitz des Wertpapiers steht ihnen gemeinschaftlich zu.

---

29 So auch LÖHR, Factoring, WPg 1975, S. 460.

30 So auch BIERGANS, Einkommensteuer, 1992, S. 221; HEUER in H/H/R 1993, EStG § 5 Anm. 2200 "Factoring"; IDW, WP-Handbuch I, 1992, S. 140 f.; L. SCHMIDT 1993, EStG § 5 Anm. 31 "Factoring". A.A. LÖHR, Factoring, WPg 1975, S. 460.

31 Vgl. §§ 1030-1089 BGB.

32 Zum Nießbrauch an Sachen vgl. §§ 1030 ff. BGB, zum Nießbrauch an Rechten siehe §§ 1068 ff. BGB. Der Nießbrauch an einem Vermögen (§§ 1085 ff. BGB) ist in Wahrheit ein Nießbrauch an den einzelnen Gegenständen (RG IV 126/36 vom 30.10.1936, RGZ 153, S. 31).

33 Zum Nießbrauch an einer unverzinslichen Forderung siehe § 1074 BGB. Diese Konstellation bleibt i.f. unberücksichtigt.

34 MITTELBACH/RICHTER, Nießbrauch, 1986, S. 3.

35 Vgl. §§ 1076 ff. BGB. Siehe auch die Übersicht bei PHILIPOWSKI, Verlagerung, DB 1978, S. 1146 f.

Die Rechtsfolgen des Nießbrauchs an einem *Kapitalgesellschaftsanteil* sind umstritten. Insbesondere ist fraglich, welchen Umfang das Nießbrauchsrecht hat. Nach allgemeiner Auffassung stehen der Gewinnanteil[36] dem Nießbraucher, Liquidationsquote und Veräußerungsgewinne dagegen dem Nießbrauchbesteller zu[37]. Auch das Bezugsrecht ist dem Anteilsinhaber zuzurechnen, da es weder eine Frucht des Anteils noch einen Gebrauchsvorteil darstellt[38]. Es werden jedoch unterschiedliche Meinungen vertreten, ob lediglich die Vermögensrechte auf den Nießbraucher übergehen oder ob er sämtliche Gesellschaftsrechte für die Zeit des Nießbrauchs wahrnimmt. Dies gilt insbesondere für die Frage des Stimmrechts. Die wohl h.M. rechnet diese Befugnis dem Nießbrauchbesteller, eine Reihe von Autoren dagegen dem Nießbraucher zu[39]. Jedenfalls sind beide Alternativen einer entsprechenden vertraglichen Vereinbarung zugänglich[40].

b. Bilanzsteuerliche Beurteilung

Die Frage der bilanziellen Zurechnung nießbrauchbelasteter Wirtschaftsgüter wird in Rechtsprechung und Literatur einhellig dahingehend beantwortet, daß der Nießbrauchbesteller als zivilrechtlicher Eigentümer (bzw. Rechtsinhaber)[41] im Regelfall gleichzeitig auch der wirtschaftlich Berechtigte ist[42]. Die zum Teil zugelasse-

---

36   Was unter Gewinn in diesem Zusammenhang zu verstehen ist, ist noch nicht endgültig geklärt. Ganz überwiegend wird dazu bei einem Nießbrauch an einem GmbH-Anteil die gemäß Gewinnverteilungsbeschluß ausschüttungsfähige anteilige Gewinnquote gerechnet (vgl. BFH VIII R 207/85 vom 28.1.1992, BStBl II 1992, S. 607, m.w.N.).

37   PALANDT/BASSENGE 1993, BGB § 1068 Anm. 2a. Damit steht dem Nießbraucher auch nicht ein Anteil an den stillen Reserven der Gegenstände des Anlagevermögens zu (K. SCHMIDT, Handelsrecht, 1991, S. 148, m.w.N.; siehe auch BFH VIII R 207/85 vom 28.1.1992, BStBl II 1992, S. 605). Allerdings hat der Nießbraucher nach Veräußerung des Anteils ggf. einen Anspruch auf erneute Nießbrauchsbestellung nach § 1079 BGB.

38   Vgl. nur TEICHMANN, Nießbrauch, ZGR 1972, S. 18. Siehe auch die differenzierende Darstellung des Meinungsstandes bei LOHR, Nießbrauch, 1989, S. 115-118.

39   Siehe nur die Darstellung der unterschiedlichen Rechtsauffassungen bei LOHR, Nießbrauch, 1989, S. 104-109 (GmbH-Anteile), sowie S. 109-112 (Aktien).

40   Siehe etwa MITTELBACH/RICHTER, Nießbrauch, 1986, S. 25.

41   MITTELBACH/RICHTER, Nießbrauch, 1986, S. 64. Eine Ausnahme gilt für den Nießbrauch an verbrauchbaren Sachen (vgl. § 1067 BGB).

42   BFH VIII R 180/74 vom 8.3.1977, BStBl II 1977, S. 630; BFH VIII R 18/75 vom 21.6.1977, BStBl II 1978, S. 303; BFH VIII R 153/81 vom 7.12.1982, BStBl II 1983, S. 627; BFH IV R 20/82 vom 8.12.1983, BStBl II 1984, S. 203; BFH VIII R 207/85 vom 28.1.1992, BStBl II 1992, S. 607. Aus dem Schrifttum siehe etwa BUDDE/KARIG in BBK 1990, HGB § 246 Anm. 37; HEUER in H/H/R 1993, EStG § 5 Anm. 53a "Nießbrauch"; JANSEN/JANSEN, Nießbrauch, 1985, S. 110; LEY, Besteuerung, 1986, S. 22 f.; DIES., Zurechnung, DStR 1984, S. 678 f.; MITTELBACH/RICHTER, Nießbrauch, 1986, S. 65; WOLFF-DIEPENBROCK, Vorbehaltsnießbrauch, DStR 1983, S. 254.

nen Ausnahmefälle betreffen nahezu ausschließlich das Sachvermögen[43]. Eine diesbezügliche Untersuchung für nießbrauchbelastetes Finanzvermögen hat wiederum auf die in Punkt A entwickelten Grundsätze zurückzugreifen. Abzustellen ist mithin insbesondere darauf, wer Zinsen bzw. Dividenden vereinnahmt, an Wertschwankungen partizipiert sowie Gestaltungs- und Einwirkungsrechte wahrnimmt[44].

Allgemein gilt, daß es im Wesen des Nießbrauchs liegt, daß dem Nießbraucher der "Nutzen" des Wirtschaftsguts (in Form von Zinsen und Dividenden) zusteht. Die Übertragung der Nutzungsbefugnis ist gerade Sinn und Zweck der Nießbraucheinräumung und daher begriffsnotwendig damit verbunden. Dagegen verbleibt die "Gefahr", d.h. das Risiko bzw. die Chance von Wertschwankungen, grundsätzlich beim Nießbrauchbesteller[45]. Zwar trifft es zu, daß eine Verschlechterung der wirtschaftlichen Lage des Schuldners bzw. der Gesellschaft auch den Nießbraucher trifft, da eine solche Entwicklung Auswirkungen auf die Höhe der Zins- bzw. Dividendenzahlungen haben kann[46]. Versteht man jedoch, wie hier, Chancen und Risiken ausschließlich als mögliche Abweichungen zwischen dem erwarteten und dem tatsächlich erzielten Rückzahlungs- bzw. Veräußerungserlös, so ist insoweit ausschließlich der Nießbrauchbesteller betroffen.

Die Nutzung eines Wirtschaftsguts allein begründet jedoch unstreitig noch kein wirtschaftliches Eigentum. Vielmehr ist zusätzlich zu prüfen, ob der Nießbraucher den Nießbrauchbesteller bei normalem Lauf der Dinge dauernd von der Einwirkung ausschließen kann.

Untersucht man diese Frage zunächst für nießbrauchbelastete *Forderungstitel*, so ist zu berücksichtigen, daß diese nur eine begrenzte Laufzeit besitzen und eine et

---

43 Siehe etwa LEY, Zurechnung, DStR 1984, S. 676-680. Während die Frage der Einkünftezurechnung nießbrauchbelasteter Forderungen, Anteile usf. eingehend untersucht wird, finden sich zum Zurechnungsproblem häufig lediglich Aussagen, die das Sachvermögen betreffen; erstaunlicherweise gilt dies selbst für Beiträge, die sich auch mit dem Nießbrauch am Finanz- (bzw. Kapital-) Vermögen beschäftigen (siehe etwa BRANDENBERG, Nießbrauch, 1985, S. 67 f., 110-112; JANSEN/JANSEN, Nießbrauch, 1985, S. 87-90).

44 Die Besonderheiten des Finanzvermögens werden häufig vernachlässigt, wenn die Zurechnung nießbrauchbelasteter Wirtschaftsgüter im allgemeinen problematisiert wird (siehe etwa die Ausführungen von LEY, Zurechung, DStR 1984, S. 678 f.).

45 So auch LEY, Zurechnung, DStR 1984, S. 678.

46 PHILIPOWSKI, Verlagerung, DB 1978, S. 1149. Der Nießbraucher ist auch insoweit von Wertschwankungen betroffen, als ein Wertgewinn oder -verlust zu entsprechenden Konsequenzen für die Wiederanlage (siehe dazu § 1079 BGB) führt, die entsprechend höhere oder niedrigere Erträge des Nutzungsberechtigten zur Folge haben.

waige Wiederanlage (siehe § 1079 BGB) ein anderes Bilanzierungsobjekt darstellt, dessen Laufzeit nicht zu der der Erstanlage hinzugerechnet werden darf. Im verbreiteten Fall des lebenslänglichen Nießbrauchsrechts wird die "Nutzungsdauer" des Nießbrauchgegenstands daher häufig geringer sein als die durchschnittliche Lebenserwartung des Nießbrauchers. Die Voraussetzung des "dauernden" Ausschlusses der Einwirkung des Nießbrauchbestellers wird danach häufig erfüllt sein.

Die "Einwirkung" auf eine Forderung besteht im wesentlichen in der Ausübung von Gestaltungsrechten, da Forderungstitel im Regelfall nicht mit Einwirkungs- (insbesondere Stimmrechten) verbunden sind. Bedeutsam ist damit, wem das Veräußerungsrecht, ein etwaiges Kündigungsrecht sowie sonstige Optionsrechte zustehen. Dem in Punkt a erläuterten Grundsatz folgend, daß Nießbraucher und Nießbrauchbesteller einander zur gegenseitigen Mitwirkung bei allen Maßnahmen verpflichtet sind, die eine ordnungsmäßige Verwaltung erfordert, stehen die diesbezüglichen Befugnisse den Beteiligten grundsätzlich gemeinschaftlich zu[47]. Jedenfalls kann ein vollständiger "Ausschluß" der Einwirkung des Forderungsinhabers nicht angenommen werden. Berücksichtigt man schließlich den bereits erwähnten Verbleib der Chancen- und Risikentragung beim Nießbrauchbesteller, so sind nießbrauchbelastete Forderungstitel notwendigerweise - eine den gesetzlichen Regelungen entsprechende Nießbrauchvereinbarung unterstellt - in dessen Bilanz auszuweisen.

Ähnliche Überlegungen gelten hinsichtlich der bilanziellen Zurechnung nießbrauchbelasteter *Kapitalgesellschaftsanteile*. Es ist jedoch zum einen die Abweichung zu berücksichtigen, daß ein "dauernder" Ausschluß der Einwirkungsrechte aufgrund der unbegrenzten "Laufzeit" von Aktien und GmbH-Anteilen grundsätzlich nicht angenommen werden kann. Insoweit kann auf die Ausführungen in Punkt A verwiesen werden. Eine zweite Abweichung besteht in der Existenz von Bezugsrechten, die, wie gezeigt, dem Nießbrauchbesteller zustehen. Von größerer Bedeutung sind allerdings die mit Kapitalgesellschaftsanteilen üblicherweise verbundenen Einwirkungs- (insbesondere: Stimm-) Rechte[48]. Geht man mit der h.M. davon aus, daß das Stimmrecht beim Nießbrauchbesteller verbleibt, so ist er damit

---

47   Vgl. § 1083 Abs. 1 BGB. Siehe auch die Darstellung bei WITTE, Behandlung, 1985, S. 39-43.

48   Unterstellt wird dabei, daß das Stimmrecht für den Anteilinhaber wirtschaftlich überhaupt Bedeutung besitzt. Wird bspw. ein Nießbrauch an nur wenige Prozentbruchteile ausmachenden Anteilen an einer Publikums-Aktiengesellschaft eingeräumt, so ist es m.E. unerheblich, ob das Stimmrecht vom Nießbraucher oder vom Nießbrauchbesteller ausgeräumt wird.

eindeutig nicht nur zivilrechtlich, sondern auch wirtschaftlich Berechtigter[49], da sich die Möglichkeiten des Nießbrauchers im wesentlichen in der Nutzung der Anteile in Form von Dividenden erschöpfen.

Problematisch ist mithin allein die Konstellation, daß das Stimmrecht dem Nießbraucher zusteht, wie es zumindest vertraglich vereinbart werden kann. Nach Ansicht des BFH führt die Berechtigung zur Ausübung des Stimmrechts jedoch noch nicht zum wirtschaftlichen "Eigentum" des Nießbrauchers[50]. Denkbar ist eine Zurechnung zum Nutzungsberechtigten daher bestenfalls im Fall des Vorbehaltsnießbrauchs unter Angehörigen, wenn von der gesetzlichen Regelung wesentlich abweichende Vereinbarungen - etwa hinsichtlich der Ausübung von Gestaltungs- und Bezugsrechten oder der Beteiligung an Wertschwankungen - getroffen wurden. Im Regelfall hat jedoch auch dann eine Bilanzierung des Gesellschaftsanteils in der Bilanz des Nießbrauchbestellers zu erfolgen, wenn das Stimmrecht durch den Nießbraucher ausgeübt wird[51].

4. Wertpapierpensions- und Wertpapierleihgeschäfte
a. Zivilrechtliche Grundlagen

Pensionsgeschäfte werden in den verschiedensten Formen und Varianten abgeschlossen und entsprechend unterschiedlich definiert[52]. Im Rahmen dieser Arbeit erscheint es zweckmäßig, von der gesetzlichen Definition des § 340b Abs. 1 HGB auszugehen[53]. Danach sind Pensionsgeschäfte Verträge, durch die der Pensionsgeber ihm gehörende Vermögensgegenstände dem Pensionsnehmer "... gegen Zahlung eines Betrags überträgt und in denen gleichzeitig vereinbart wird, daß die Vermögensgegenstände später gegen Entrichtung des empfangenen oder eines im voraus vereinbarten anderen Betrags an den Pensionsgeber zurückübertragen werden müssen oder können"[54]. Dabei ist zwischen echten und unechten Pensionsgeschäften differenziert (vgl. § 340b Abs. 2 und 3 HGB).

---

49   HAMACHER, Behandlung, Die Bank 1982, S. 421.

50   BFH VIII R 207/85 vom 28.1.1992, BStBl II 1992, S. 606.

51   So auch LOHR, Nießbrauch, 1989, S. 157, m.w.N.

52   Siehe im einzelnen JAHN, Pensionsgeschäfte, 1990, S. 11 ff.

53   Diese bankspezifische Definition der Pensionsgeschäfte wird in Literatur, Verwaltung und Rechtsprechung weitestgehend übernommen (siehe die Nachweise bei LOHNER, Pensionsgeschäfte, 1992, S. 3).

54   Von einem Pensionsgeschäft kann dagegen nicht gesprochen werden, wenn den Pensionsnehmer eine Rückübertragungspflicht trifft und der Rückübertragungszeitpunkt von ihm

Ein *echtes Pensionsgeschäft* liegt vor, wenn der Pensionsnehmer die Verpflichtung übernimmt, die Vermögensgegenstände zu einem (im vorhinein) bestimmten oder vom Pensionsgeber zu bestimmenden Zeitpunkt auf den Pensionsgeber zurückzuübertragen. Ein solcher Vertrag wird zivilrechtlich nach allgemeiner Auffassung als Kaufvertrag mit gleichzeitiger Rückkaufvereinbarung qualifiziert[55]. Je nach Ausgestaltung wird jedoch auch die Meinung vertreten, daß Pensionsgeschäfte als Darlehen nach §§ 607 ff. BGB anzusehen sind, zu dem als Sicherungsgeschäft die Übertragung der Vollrechte am Pensionsgegenstand auf Zeit tritt[56].

Wie beim echten Pensionsgeschäft wird der Pensionsnehmer auch beim *unechten Pensionsgeschäft* zivilrechtlicher Eigentümer des Pensionsgutes[57]. Die Abweichung besteht darin, daß der Pensionsnehmer zur Rückübertragung des Pensionsguts zu einem bestimmten oder von ihm selbst zu bestimmenden Zeitpunkt lediglich berechtigt, nicht jedoch verpflichtet ist.

Mit dem Wertpapierpensionsgeschäft eng verwandt ist die sog. "Wertpapierleihe". Sie ist zivilrechtlich keine Leihe i.S.d. §§ 598 ff. BGB, sondern ein Sachdarlehen nach §§ 607 ff. BGB und ist dadurch charakterisiert, daß sich der "Entleiher" verpflichtet, dem "Verleiher" nach Ablauf der meist kurz bemessenen "Leih-" Frist Wertpapiere der gleichen Ausstattung[58] zurückzuübereignen[59]. Als Gegenleistung erhält der "Verleiher" eine "Leihgebühr". Der Unterschied zum Pensionsgeschäft besteht insbesondere darin, daß der Entleiher - im Gegensatz zum Pensionsnehmer - nicht die hingegebenen, sondern lediglich Stücke gleicher Ausstattung zurückzuübereignen hat[60].

---

bestimmt werden kann; § 340b HGB trifft insoweit eine abschließende Regelung (VON TREUBERG/SCHARPF, Pensionsgeschäfte, DB 1991, S. 1236).

55   BFH GrS 1/81 vom 29.11.1982, BStBl II 1983, S. 276. Siehe auch die Nachweise bei LOHNER, Pensionsgeschäfte, 1992, S. 11.

56   Siehe die Nachweise bei LOHNER, Pensionsgeschäfte, 1992, S. 9-11.

57   BFH GrS 1/81 vom 29.11.1982, BStBl II 1983, S. 272. Siehe auch Gleichlautende Ländererlasse vom 10.10.1969, BStBl I 1969, S. 652. Aus dem Schrifttum siehe nur OFFERHAUS, Bilanzierung, BB 1983, S. 871.

58   Bei festverzinslichen Wertpapieren bedeutet dies die Rückübereignung von Papieren des gleichen Emissionsdatums, gleichen Nennbetrags, gleicher Laufzeit und gleicher Verzinsung; bei Aktien müssen Aktienemittent und -gattung identisch sein (HÄUSELMANN/WIESENBART, Bilanzierung, DB 1990, S. 2129).

59   KÜMPEL, Wertpapierleihe, WM 1990, S. 909. Zur wirtschaftlichen Bedeutung von Wertpapierleihgeschäften vgl. HÄUSELMANN/WIESENBART, Bilanzierung, DB 1990, S. 2129 f.

60   HÄUSELMANN/WIESENBART, Bilanzierung, DB 1990, S. 2129 f.

b. Bilanzsteuerliche Beurteilung

Allen Pensionsgeschäften ist gemeinsam, daß dem Pensionsnehmer für die Dauer der Pensionszeit eine grundsätzlich uneingeschränkte zivilrechtliche Eigentümerstellung in bezug auf die verpensionierten Wirtschaftsgüter zusteht[61]. Diese bringt es mit sich, daß der Pensionsgegenstand im Falle eines Konkurses des Pensionsnehmers während der Pensionszeit in dessen Konkursmasse fällt, ohne daß der Pensionsgeber die Möglichkeit hätte, dies zu verhindern[62]. Darüber hinaus stehen dem Pensionsnehmer das Ertragsrecht, Gestaltungs-, Einwirkungs- und Bezugsrechte zu[63]. So kommt er in den Genuß der Erträge und ist - zumindest im Außenverhältnis[64] - uneingeschränkt verfügungsberechtigt, kann mithin das Pensionsgut veräußern, beleihen oder einen Nießbrauch an ihm bestellen[65]. Daneben stehen ihm bei der Verpensionierung von Aktien auch Einwirkungsrechte, insbesondere das Stimmrecht, sowie das Bezugsrecht zu. Allerdings partizipiert aufgrund des im vorhinein festgelegten Rückkaufpreises allein der Pensionsgeber an Wertschwankungen. Dies führt in den Fällen der *unechten Pensionsgeschäfte* jedoch unzweifelhaft nicht zur Annahme wirtschaftlichen Eigentums beim Pensionsgeber, da dieser nur das Risiko der Wertminderung trägt, der Pensionsnehmer dagegen bei Wertsteigerungen die Chance wahrnehmen und von seinem Recht auf Nichtrückgabe Gebrauch machen wird[66].

Umstritten ist demgegenüber, ob der Abschluß eines *echten Pensionsgeschäftes*, bei dem eine Rückgabeverpflichtung des Pensionsnehmers besteht, dazu führt, daß der Pensionsgeber die verpensionierten Wertpapiere in seiner Bilanz auszuweisen hat. Während die handelsrechtliche Literatur diese Frage mit Hinweis auf

---

61 Als Pensionsgegenstände kommen grundsätzlich alle Formen von Wirtschaftsgütern in Betracht (JAHN, Pensionsgeschäfte, 1990, S. 24; VON TREUBERG/SCHARPF, Pensionsgeschäfte, BB 1991, S. 1234).

62 BFH GrS 1/81 vom 29.11.1982, BStBl II 1983, S. 276. Siehe auch OFFERHAUS, Bilanzierung, BB 1983, S. 872.

63 Siehe hierzu BFH GrS 1/81 vom 29.11.1982, BStBl II 1983, S. 276. Vgl. auch OFFERHAUS, Bilanzierung, BB 1983, S. 872; VAN DER VELDE, Behandlung, StuW 1972, S. 270-278.

64 Der gleichzeitig mit dem Kaufvertrag abgeschlossene Rückkaufvertrag führt allerdings zu schuldrechtlichen Bindungen der Vertragspartner, die den Pensionsnehmer ggf. schadensersatzpflichtig machen.

65 BFH GrS 1/81 vom 29.11.1982, BStBl II 1983, S. 275. Siehe auch OFFERHAUS, Bilanzierung, BB 1983, S. 872.

66 BUDDE/KARIG in BBK 1990, HGB § 246 Anm. 23; HEUER in H/H/R 1993, EStG § 5 Anm. 1320; HINZ, Bilanzierung, BB 1991, S. 1154; OFFERHAUS, Bilanzierung, BB 1983, S. 870; STOBBE, Maßgeblichkeitsgrundsatz, BB 1990, S. 523. Dies ist auch die Ansicht der Verwaltung (siehe die gleichlautenden Erlasse der obersten Finanzbehörden der Länder vom 10.10.1969, BStBl I 1969, S. 652).

die dem Pensionsgeber verbleibenden Chancen und Risiken überwiegend bejaht[67], wird im Steuerrecht - eine höchstrichterliche Entscheidung ist hierzu noch nicht ergangen[68] - im Regelfall auf die dem Pensionsnehmer zustehenden Verfügungsbefugnisse abgestellt und demzufolge eine Bilanzierung bei diesem gefordert[69]. Sowohl in der handels- als auch in steuerrechtlichen Literatur wird jedoch einhellig die Meinung vertreten, daß die Ausgestaltung eines echten Pensionsgeschäfts als Kreditsicherungsgeschäft und der Verbleib von Aktienstimmrechten beim Pensionsgeber dazu führen, daß bei ihm das wirtschaftliche Eigentum erhalten bleibt[70].

Nach Ansicht des Verfassers ist es sinnvoll, die subjektive Zurechnung bei Pensionsgeschäften, die wirtschaftlich nicht als wertpapierunterlegte Kreditgeschäfte zu qualifizieren sind, im Zusammenhang mit den bereits diskutierten Fällen der Treuhand, des Factoring, der Forfaitierung und des Nießbrauchs zu sehen. Die Besonderheit echter Pensionsgeschäfte besteht darin, daß Chancen und Risiken einerseits sowie Gestaltungs-, Einwirkungs- und Bezugsrechte andererseits verschiedenen Personen zuzurechnen sind, während sie oben jeweils einer Person zustanden[71]. Fraglich ist mithin, welchem Gesichtspunkt größere Bedeutung zugemessen werden soll.

Untersucht man die Rechte des Pensionsnehmers, so ist zunächst zu berücksichtigen, daß Einwirkungs- und Bezugsrechte nur für verpensionierte Aktien bedeutsam sind. Jedoch sind sie selbst in diesen Fällen häufig wenig bedeutsam, so

---

67 A/D/S 1992, HGB § 246 Tz. 167; BUDDE/KARIG in BBK 1990, HGB § 246 Anm. 22; FREERICKS, Bilanzierungsfähigkeit, 1976, S. 203; HINZ, Bilanzierung, BB 1991, S. 1154; IDW, WP-Handbuch I, 1992, S. 142; KROPFF in G/H/E/K 1973, AktG 1965 § 149 Anm. 61; KUPSCH in BHR 1992, HGB § 246 Rz. 48. A.A. MELLEROWICZ in GROSSKOMMENTAR 1970, AktG 1965 § 149 Anm. 72.

68 Die Finanzgerichte haben sich zum Teil für eine Zurechnung zum Pensionsgeber ausgesprochen (so FG Baden-Württemberg VI 136/69 vom 3.9.1970, EFG 1971, S. 43), zum Teil eine Bilanzierung beim Pensionsnehmer befürwortet (so Hessisches FG I 198/73 vom 13.5.1975, EFG 1975, S. 533). Auch der Vorlagebeschluß des IV. Senats aus dem Jahre 1981 lag auf der Linie des Hessischen FG (BFH IV R 153/75 vom 26.5.1981, BStBl II 1981, S. 733). Der Große Senat hat diese Frage jedoch als nicht entscheidungserheblich angesehen und offengelassen (BFH GrS 1/81 vom 29.11.1982, BStBl II 1983, S. 277). Der Beschluß wurde jedoch allgemein dahingehend interpretiert, daß das Pensionsgut in der Bilanz des Pensionsnehmers zu bilanzieren sei (DÖLLERER, Rechtsprechung, ZGR 1984, S. 629 f.; INSTFST/NIEMANN, Pensionsgeschäfte, 1984, S. 45; OFFERHAUS, Bilanzierung, BB 1983, S. 872).

69 DÖLLERER, Rechtsprechung, ZGR 1984, S. 630; OFFERHAUS, Bilanzierung, BB 1983, S. 872 f.; VAN DER VELDE, Behandlung, StuW 1972, S. 275 f.

70 Siehe nur HEUER in H/H/R 1993, EStG § 5 Anm. 1320; KUSSMAUL in HdR 1990, Kapitel II, Rn. 194. Aus der Rechtsprechung vgl. BFH I R 198/70 vom 6.12.1972, BStBl II 1973, S. 759; BFH I R 147/78 vom 23.11.1983, BStBl II 1984, S. 217.

71 Eine Abweichung gilt für Nießbrauchsfälle, in denen das Stimmrecht u.U. auch vom Nießbraucher ausgeübt werden konnte.

bspw. dann, wenn eine Kapitalerhöhung innerhalb der Pensionszeit nicht zu erwarten ist oder das Stimmrecht aufgrund der geringen Beteiligungsquote keine nennenswerte Einflußnahme ermöglicht[72]. Das gelegentlich erwähnte Risiko des gegenständlichen Untergangs des Pensionsgutes[73] ist hier ebenfalls nicht von Interesse, da zum einen Finanzierungstitel grundsätzlich Rechte und keine Sachen darstellen und zum anderen Wertpapiere in nahezu allen Fällen girosammelverwahrt werden, so daß eine derartige Verlustgefahr nicht besteht. Da darüber hinaus der Hinweis auf die konkursrechtlichen Konsequenzen[74] für eine unter der going-concern-Prämisse (§ 252 Abs. 1 Nr. 4 HGB) aufgestellte Bilanz nicht den Ausschlag geben kann und der Verbleib der Erträge, wie bereits an anderer Stelle gezeigt, ebenfalls nicht entscheidend ist, kommt es im wesentlichen darauf an, das Verfügungsrecht des Pensionsnehmers gegen den Verbleib von Chancen und Risiken beim Pensionsgeber abzuwägen. Dabei ist zu berücksichtigen, daß die Verfügungsrechte des zivilrechtlichen Eigentümers durch vertragliche Abmachungen stark eingeschränkt sind. Da außerdem Wertschwankungen in jedem Fall, die Entscheidungsbefugnis des Pensionsnehmers dagegen im Regelfall nicht ertragswirksam werden, erscheint es sachgerecht, eine Zurechnung des Pensionsgutes beim Pensionsgeber vorzunehmen.

Das erarbeitete Ergebnis wird durch die bereits erwähnte Vorschrift des § 340b HGB bestätigt. Sie bietet nicht nur eine Definition des Pensionsgeschäfts, sondern enthält darüber hinaus eine Zuordnungsregel: Nach § 340b Abs. 4 Satz 1 HGB sind die Vermögensgegenstände im Fall der echten Pensionsgeschäfte in der Bilanz des Pensionsgebers auszuweisen[75]. Entgegen der im Schrifttum geäußerten Meinung, es sei nicht erkennbar, "mit welchem Argument nach der Willensentscheidung des Gesetzgebers für Nicht-Kreditinstitute zukünftig eine andere handelsbilanzielle Behandlung begründet werden könnte"[76], ist § 340b HGB m.E. jedoch für Nicht-Banken nicht unmittelbar geltendes Recht. Hinzuweisen ist insbesondere

---

72 Es ist daher m.E. mehr als zweifelhaft, ob die Ausübung des Stimmrechts zum Pensionsgeber als generell ausschlaggebendes Zurechnungskriterium anzusehen ist.

73 So LOHNER, Pensionsgeschäfte, 1992, S. 36.

74 LOHNER, Pensionsgeschäfte, 1992, S. 33-35; OFFERHAUS, Bilanzierung, BB 1983, S. 872.

75 § 340b Abs. 5 HGB bestätigt im übrigen die herrschende Auffassung hinsichtlich der bilanziellen Zurechnung des Pensionsguts bei unechten Pensionsgeschäften.

76 HÄUSELMANN/WIESENBART, Bilanzierung, DB 1990, S. 2130. Im Ergebnis gleicher Ansicht IDW, WP-Handbuch I, 1992, S. 142; L. SCHMIDT 1993, EStG § 5 Anm. 31 "Pensionsgeschäfte"; VON TREUBERG/SCHARPF, Pensionsgeschäfte, DB 1991, S. 1233; wohl auch STOBBE, Maßgeblichkeitsgrundsatz, BB 1990, S. 523. Dies ist auch die Auffassung der Finanzverwaltung (BMF IV B 2 - S 2134 - 2/90 vom 3.4.1990, DB 1990, S. 863; OFD München S 2241 - 38/4 St 41 vom 7.5.1991, WPg 1991, S. 393).

auf die Stellung des § 340b HGB im Vierten Abschnitt des Dritten Buches des HGB, der ausschließlich ergänzende Rechnungslegungvorschriften für Kreditinstitute enthält. Außerdem ist zu berücksichtigen, daß diese Regelung weniger auf bilanzrechtlichen als vielmehr auf bankaufsichtsrechtlichen und EG-rechtlichen Erwägungen beruht[77]. Die genannte Vorschrift kann jedoch als eine gewisse Bestätigung der bereits vor der Verabschiedung des Bankbilanzrichtlinien-Gesetzes herrschenden Auffassung hinsichtlich der Zurechnung verpensionierter Vermögensgegenstände interpretiert werden[78].

Abschließend ist auf die Bilanzierung von *Wertpapierleihgeschäften* einzugehen. Derartige Transaktionen haben durch das Bankbilanzrichtlinien-Gesetz keine gesetzliche Regelung erfahren[79]. Es ist jedoch allgemein anerkannt, daß der Entleiher nicht nur zivilrechtlicher, sondern auch wirtschaftlicher Eigentümer wird[80]. Die Finanzverwaltung befürwortet dieses Ergebnis[81]. Auch nach Ansicht des Verfassers ist die subjektive Zurechnung zum Entleiher sachgerecht. Entscheidend ist, daß dieser nur zur Rückübereignung gleichartiger und nicht derselben Papiere verpflichtet ist[82]. So wie der Geld-Darlehensnehmer die ihm (temporär) zur Verfügung gestellten Barmittel zu bilanzieren hat, muß auch der Wertpapier-Darlehensnehmer die ihm überlassenen Wirtschaftsgüter ansetzen. Im übrigen stehen dem Entleiher das Ertragsrecht, Gestaltungs-, Einwirkungs- und Bezugsrechte zu und partizipiert er an Wertschwankungen[83].

---

77 Vgl. auch HINZ, Bilanzierung, BB 1991, S. 1155 f.; LOHNER, Pensionsgeschäfte, 1992, S. 48-50; PRAHL, Vorschriften, WPg 1991, S. 402 f. So auch bereits, auf der Basis eines entsprechenden Richtlinienvorschlages, INSTFST/NIEMANN, Pensionsgeschäfte, 1984, S. 52.

78 So auch HINZ, Bilanzierung, BB 1991, S. 1154.

79 Möglicherweise ist die EG-Bankbilanzrichtlinie jedoch insoweit in unzulässiger Weise umgesetzt worden und müßte die deutsche Regelung in § 340b HGB auch die Wertpapierleihe erfassen (vgl. HARTUNG, Wertpapierleihe, BB 1993, S. 1175-1177, m.w.N.).

80 HÄUSELMANN/WIESENBART, Bilanzierung, DB 1990, S. 2130 f.

81 BMF IV B 2 - S 2134 - 2/90 vom 3.4.1990, DB 1990, S. 863; OFD München S 2241 - 38/4 St 41 vom 7.5.1991, WPg 1991, S. 393.

82 Ähnlich HÄUSELMANN/WIESENBART, Bilanzierung, DB 1990, S. 2131.

83 Im Verkehr unter Banken werden allerdings regelmäßig davon abweichende Vereinbarungen getroffen (vgl. HARTUNG, Wertpapierleihe, BB 1993, S. 1176, m.w.N.).

II. Zugangszeitpunkt und Abgangszeitpunkt

Es wurde bereits darauf eingegangen, zu welchem Zeitpunkt Finanzierungstitel bilanzrechtlich entstehen und untergehen[84]. Wurde der Titel originär erworben und bis zu seiner Tilgung gehalten, so ist damit gleichzeitig geklärt, wann der Titel dem Erwerber zugeht und wann er ihm nicht mehr zuzurechnen ist. Zu- und Abgangszeitpunkte sind folglich nur noch für die Fälle zu bestimmen, in denen ein derivativer Erwerb vorliegt bzw. der Titel nicht bis zur Endfälligkeit gehalten wird.

A. Der Zugangszeitpunkt

Grundsätzlich sind derivativ erworbene Finanzierungstitel erstmals dann auszuweisen, wenn dem Erwerber die wirtschaftliche Verfügungsmacht, d.h. Substanz, Ertrag, Wertschwankungschancen und -risiken, über den Titel zusteht. Bei nicht verbrieften Finanzierungstiteln wird dieser Zeitpunkt i.d.R. vertraglich, bspw. in einem Abtretungsvertrag, fixiert[85]. Für Aktien und Obligationen gilt als Übertragungstermin der Zeitpunkt der Auftragsausführungs- und Belastungsanzeige durch das Kreditinstitut[86].

Die Bestimmung des bilanziellen Zugangszeitpunkts kann dann problematisch sein, wenn das dem Titelerwerb zugrundeliegende obligatorische Geschäft, wie insbesondere im Fall des § 24a GWB[87], schwebend unwirksam ist. Wurde der Beteiligungserwerb bis zur Bilanzaufstellung genehmigt bzw. endgültig untersagt, so ist der Finanzierungstitel im ersten Fall ebenso unstreitig zu aktivieren wie er im zweiten nicht in die Bilanz aufzunehmen ist[88]. Eine Bilanzierung wird in der Literatur jedoch auch während des Schwebezustandes für zulässig gehalten, wenn Substanz, Ertrag, Wertschwankungschancen und -risiken beim Erwerber liegen, ein gemeinsames Hinwirken der Vertragspartner auf die Beendigung des Schwebezu-

---

84 Siehe oben, § 3, S. 213 ff.

85 Vgl. insbesondere E. WEBER, Beteiligungen, 1980, S. 69-72.

86 A/D/S 1968, AktG 1965 § 149 Tz. 42; KROPFF in G/H/E/K 1973, AktG 1965 § 149 Anm. 72; SCHÄFER, Forderungen, 1977, S. 38. Bei Tafelgeschäften ist auf den Übergabetermin abzustellen (SCHÄFER, a.a.O., S. 37; E. WEBER, Beteiligungen, 1980, S. 72).

87 Nach § 24a GWB sind Rechtsgeschäfte über gewisse anmeldepflichtige Unternehmenszusammenschlüsse so lange schwebend unwirksam, bis das Bundeskartellamt den Zusammenschluß genehmigt hat.

88 E. WEBER, Beteiligungen, 1980, S. 76, m.w.N.

stands anzunehmen ist und die nachprüfbare Gewißheit des Bilanzierenden besteht, daß die Rechtswirksamkeit von Anfang an eintritt[89].

M.E. ist jedoch zu berücksichtigen, daß der Beteiligungserwerb einen erfolgsneutralen Vorgang darstellt und keinen (unmittelbaren) Einfluß auf den ausgewiesenen Gewinn ausübt. Ist der Erwerber daher (bedingter) wirtschaftlicher Eigentümer der Beteiligung geworden, so ist eine Aktivierung dann zu bejahen, wenn mehr Gründe für als gegen die Annahme sprechen, das Bundeskartellamt werde den Zusammenschluß genehmigen. Die bilanzielle Behandlung in dem Fall, daß diese Voraussetzungen nicht vorliegen, muß sich dann an den Konsequenzen ausrichten, die sich aus der erwarteten endgültigen Unwirksamkeit ergeben[90]. Die von GOERDELER/MÜLLER vorgeschlagene Lösung soll wohl dem Vorsichtsprinzip Rechnung tragen. Es ist jedoch kein Grund für die Annahme ersichtlich, bei der Bilanzierung der Beteiligung würden ggf. "zweifelhafte Aktivposten Eingang in die Bilanz finden"[91], bei der Nichtbilanzierung dagegen nicht[92]. Die "vorsichtigere" Bilanzierung ist vielmehr im Fall des erfolgsunwirksamen derivativen Erwerb diejenige, die den wahrscheinlicheren Geschehensablauf abbildet[93].

B. Der Abgangszeitpunkt

Ist ein Finanzierungstitel nicht mehr seinem Inhaber, sondern einer anderen Person zuzuordnen, so kann dieser Wechsel der subjektiven Zurechnung nur durch eine Veräußerung zustandekommen. Für die Festlegung des Abgangszeitpunkts gelten die in Punkt A für den Zugangszeitpunkt entwickelten Grundsätze analog. Danach wird man im allgemeinen als Abgangszeitpunkt beim Veräußerer den Zugangszeitpunkt beim Erwerber ansehen[94].

---

89 GOERDELER/MÜLLER, Behandlung, WPg 1980, S. 316.

90 Ähnlich E. WEBER, Beteiligungen, 1980, S. 76 f.

91 GOERDELER/MÜLLER, Behandlung, WPg 1980, S. 316.

92 Ähnlich E. WEBER, Beteiligungen, 1980, S. 76: "Dieser Ungewißheit des noch ausstehenden rechtlichen Eigentumsübergangs wird bei der Bilanzierung nicht dadurch besser Rechnung getragen, daß auf eine Aktivierung der Anteile verzichtet" wird.

93 Im übrigen ist anzumerken, daß eine "anhand objektiver Kriterien nachprüfbare *Gewißheit* des bilanzierenden Kaufmanns" (GOERDELER/MÜLLER, Behandlung, WPg 1980, S. 316; Hervorhebung durch Verfasser) endgültig erst mit dem Bescheid des Bundeskartellamts anzunehmen ist. Dann aber liegt kein Schwebezustand mehr vor.

94 So auch E. WEBER, Beteiligungen, 1980, S. 156.

§ 5 : Die Zugehörigkeit von Finanzierungstiteln zum Betriebsvermögen
I. Die Zugehörigkeit zum Betriebsvermögen der Einzelunternehmung

Bei der Untersuchung der Betriebsvermögenseigenschaft von Finanzierungstiteln werden im folgenden zwei Phasen unterschieden: In der "Erwerbsphase" wird analysiert, ob der jeweilige Finanzierungstitel zum Erwerbszeitpunkt notwendiges Betriebsvermögen oder notwendiges Privatvermögen darstellt oder ob dem Steuerpflichtigen ein Wahlrecht zusteht, das Wirtschaftsgut als gewillkürtes Betriebsvermögen oder als (notwendiges) Privatvermögen zu behandeln. Daran anschließend besteht in der sog. "Korrekturphase" ggf. die Möglichkeit oder Notwendigkeit, die Zuordnung durch Entnahme- oder Einlagehandlungen zu korrigieren.

A. Die Erwerbsphase

Allgemein gilt, daß sämtliche Formen von Finanzierungstiteln ihrer Art nach grundsätzlich dazu geeignet sind, betrieblichen Zwecken zu dienen. Nach herrschender Lehre ist eine anteilige Zurechnung zum Betriebs- und Privatvermögen allerdings nicht möglich, auch dann nicht, wenn dem Erwerb eines Finanzierungstitels sowohl private als auch betriebliche Motive zugrunde liegen[1]. Ein Finanzierungstitel ist damit entweder in vollem Umfang Betriebsvermögen oder ausschließlich Privatvermögen.

Die Anknüpfung der Zuordnungsentscheidung an den Veranlassungszusammenhang läßt es sinnvoll erscheinen, eine Grundunterscheidung danach zu treffen, auf welche Ursache der Titelerwerb zurückzuführen ist. Er kann zum einen seine Ursache in einem Vertrag zwischen Titelerwerber und Veräußerer haben, ein solcher kann jedoch auch fehlen. Die damit angesprochene Differenzierung nach Finanzierungstiteln im engeren und im weiteren Sinne soll daher als Einstiegskriterium dienen. Die darauf aufbauenden Systematisierungsmerkmale sind der nachfolgenden Abbildung 33 zu entnehmen, die anschließend erläutert wird[2]:

---

1   Siehe nur PLÜCKEBAUM in K/S 1993, EStG § 4 Rn. B 114. Zum Teil wird jedoch eine quotale Zurechnung gemischt genutzter Wirtschaftsgüter zum Betriebs- und Privatvermögen gefordert (vgl. WASSERMEYER, Abgrenzung, JDStJG 1980, S. 333 ff.). Entsprechend wäre ein Darlehen aufzuteilen, dessen Gewährung sowohl betriebliche als auch private Motive zugrunde liegen (so explizit MERTEN, Abgrenzung, FR 1979, S. 373).

2   Anteile an Personengesellschaften wurden aus den weiteren Überlegungen ausgeschlossen (siehe oben, § 3, Punkt I.D.1.b, S. 251). Abbildung 33 ist ebenfalls nicht einschlägig für Forderungen des Gesellschafters einer Personengesellschaft gegenüber seiner Gesellschaft (siehe dazu unten, Punkt II.B.1.a, S. 325 f.).

Abbildung 33

Die Zuordnung von Finanzierungstiteln zum Betriebsvermögen oder Privatvermögen eines Einzelunternehmers in der Erwerbsphase

				Notwendiges Betriebsvermögen	Gewillkürtes Betriebsvermögen	Notwendiges Privatvermögen
Finanzierungstitel im weiteren Sinne	Betrieblich veranlaßte Entstehung			X		
	Privat veranlaßte Entstehung	Verbundtitel				X
Finanzierungstitel im engeren Sinne	Beteiligungstitel	Renditetitel	Verluste so gut wie sicher	X		
			Verluste nicht so gut wie sicher		X	
		Verbundtitel	Unternehmerische Verbundtitel	X		
	Forderungstitel	Verbundtitel	Nichtunternehmerische Verbundtitel		X	
		Renditetitel	Verluste so gut wie sicher			X
			Verluste nicht so gut wie sicher			X

1. Finanzierungstitel im weiteren Sinne

Die Zuordnung von Finanzierungstiteln im weiteren Sinne zu einer der ertragsteuerlichen Vermögenskategorien richtet sich nach dem allgemeinen Prinzip[3], daß ein
betrieblich veranlaßter Titelerwerb[4] zur Entstehung von Betriebsvermögen, ein
privat veranlaßter Titelerwerb zur Entstehung von Privatvermögen führt. Dieser
Grundsatz soll im folgenden für zwei wesentliche Anwendungsfälle, nämlich (1)
Steuererstattungs- und -vergütungsansprüche sowie (2) Versicherungsansprüche,
konkretisiert werden.

(1) Steuererstattungs- und Steuervergütungsansprüche

Die Zurechnung von Steuererstattungs- und -vergütungsansprüchen[5] zum Betriebs-
oder Privatvermögen bereitet häufig keine Schwierigkeiten. So sind Gewerbe-
steuererstattungs- und Umsatzsteuervergütungsansprüche ebenso eindeutig dem
notwendigen Betriebsvermögen zuzuordnen wie Vermögen- und Einkommensteuererstattungsansprüche als notwendiges Privatvermögen zu qualifizieren sind[6].
Kontrovers diskutiert wird hingegen die Einordnung des Körperschaftsteueran-
rechnungs- bzw. -vergütungsanspruchs[7]. Nach h.M. teilt dieser nicht nur zeitlich[8], sondern auch sachlich das Schicksal der Dividendenforderung[9]. Nach ande-

---

3 Siehe oben, § 1, Punkt II.B.3, S. 163.

4 An dieser Stelle ist allein der *originäre* Erwerb von Finanzierungstiteln im weiteren Sinne
   relevant. Der (seltene) Fall des derivativen Erwerbs ist dagegen nach den in Punkt 2 zu
   entwickelnden Grundsätzen zu beurteilen.

5 Zu den Begriffen siehe oben, § 3, Punkt I.C.2.b, S. 240.

6 BFH VI 12/65 vom 22.7.1966, BStBl III 1966, S. 543, zur Einkommensteuer.

7 Zur Behandlung der bei Dividendenausschüttung einbehaltenen Kapitalertragsteuer (§ 43
   Abs. 1 Satz 1 Nr. 1 EStG) vgl. SCHWEDHELM, Dividendenvereinnahmung, GmbHR
   1992, S. 652 f., m.w.N.).

8 Siehe dazu oben, § 3, Punkt I.C.2.b, S. 241 f. Nach der hier vertretenen Auffassung ist
   eine periodengleiche Dividendenvereinnahmung allerdings ausgeschlossen (siehe oben, § 3,
   Punkt I.D.1.c, S. 262 ff.). Denkbar ist die Aktivierung des Dividenden- und des damit
   verbundenen Körperschaftsteueranrechnungsanspruchs folglich nur bei periodenverschie-
   denen Wirtschaftsjahren der Gesellschaft und des Gesellschafters.

9 DÖLLERER, Anmerkung, BB 1985, S. 36 f.; DERS., Anrechnung, 1985, S. 739 f.;
   HEUER in H/H/R 1993, EStG § 5 Anm. 2200 "Körperschaftsteuer-Anrechnungsanspruch"; KARSTEN, Auswirkungen, BB 1977, S. 1515 f.; W. MEILICKE, Behandlung,
   DB 1982, S. 291 f.; RAUPACH, Systematik, FR 1978, S. 578; L. SCHMIDT/HEINICKE
   1993, EStG § 20 Anm. 50b.aa; SELCHERT, Körperschaftsteueranrechnung, BB 1984, S.
   891; WREDE, Reform, DStZ 1976, S. 414. Siehe auch FG München V (XIII) 53/82 G
   vom 17.9.1984, EFG 1985, S. 128 (rkr); Abschnitt 154 Abs. 4 Satz 1 EStR.

rer Auffassung ist er dagegen in jedem Fall, d.h. auch dann, wenn die Beteiligung im Betriebsvermögen gehalten wird, dem Privatvermögen zuzurechnen[10].

Die bestehenden Meinungsverschiedenheiten sind auf die "Janusköpfigkeit" des Körperschaftsteuerguthabens zurückzuführen, das einerseits eine (steuerlich relevante) Einnahme i.S.d. § 20 Abs. 1 Nr. 3 (hier: i.V.m. Abs. 3) EStG, andererseits eine (steuerlich irrelevante)[11] Steuervorauszahlung i.S.d. § 36 Abs. 2 Nr. 3 EStG darstellt. Die Mindermeinung argumentiert auf der Basis der zuletzt genannten Vorschrift[12]: Wenn Einkommensteuererstattungsansprüche dem notwendigen Privatvermögen zuzurechnen seien, so könne für den Körperschaftsteueranrechnungsanspruch nichts anderes gelten, weil die Anrechnungskörperschaftsteuer wirtschaftlich eine Vorauszahlung auf die Einkommensteuer darstelle. Es könne keinen Unterschied machen, ob ein Erstattungs- bzw. Verrechnungsanspruch auf zuviel abgeführte Körperschaftsteuer oder überbezahlte Einkommensteuer zurückzuführen sei. Am privaten Charakter des Anrechnungsanspruchs ändere auch die Tatsache nichts, daß dieser "seine wirtschaftliche Grundlage im Beteiligungsverhältnis"[13], d.h. im betrieblichen Bereich, habe. Dies gelte u.U. auch für Einkommensteuererstattungsansprüche, so bspw. dann, wenn der Steuerpflichtige ausschließlich Einkünfte aus Gewerbebetrieb bezieht. Jedoch sei die Aktivierung eines Einkommensteuererstattungsanspruchs auch in diesem Fall unzulässig.

Während die eine Auffassung mithin vorrangig auf § 36 Abs. 2 Nr. 3 EStG abstellt und den Schwerpunkt auf den (privaten) "Vorauszahlungscharakter" des Körperschaftsteuerguthabens legt, argumentiert die h.L. auf der Grundlage von § 20 Abs. 1 Nr. 3 i.V.m. Abs. 3 EStG[14]. Der Anrechnungsanspruch wird als "Anspruch auf eine Betriebseinnahme" interpretiert, ist mithin betrieblich veranlaßt und folglich Betriebsvermögen.

---

10 SIMON, Anspruch, BB 1981, S. 134-138; WASSERMEYER, Anrechnung, GmbHR 1989, S. 426. Wohl auch FG Köln IX 264/81 A(F) vom 26.8.1982, EFG 1983, S. 133 (rkr).

11 Siehe § 12 Nr. 3 EStG.

12 Siehe insbesondere SIMON, Anspruch, BB 1981, S. 135-137.

13 KARSTEN, Auswirkungen, BB 1977, S. 1515; ähnlich KNOBBE-KEUK, Unternehmenssteuerrecht, 1991, S. 553.

14 Siehe etwa RAUPACH, Systematik, FR 1978, S. 578; SELCHERT, Körperschaftsteueranrechnung, BB 1984, S. 891 f. Im Ergebnis auch DÖLLERER, Anrechnung, 1985, S. 739 f. Aus der Rechtsprechung siehe FG Hamburg I 384/87 vom 29.5.1989, EFG 1990, S. 370. Offen lassend das Revisionsurteil BFH XI R 24/89 vom 26.6.1991, BStBl II 1991, S. 878.

Nach Ansicht des Verfassers kann es für die aufgezeigte Problematik keine dogmatisch einwandfreie Lösung geben, da das Körperschaftsteuerguthaben untrennbar sich gegenseitig bedingende betriebliche und private Elemente in sich vereint[15]. M.E. ist der Mindermeinung insoweit zu folgen, als es sich beim Körperschaftsteueranrechnungs- bzw. -vergütungsanspruch um eine private Forderung des Einzelunternehmers gegenüber dem Finanzamt handelt, die demzufolge nicht in die Steuerbilanz aufgenommen werden darf[16]. Die diesbezüglich überzeugend vorgetragenen Argumente können allerdings nicht darüber hinweghelfen, daß es angesichts des insoweit klaren Wortlauts des § 20 Abs. 3 EStG nicht zweifelhaft sein kann, daß das Körperschaftsteuerguthaben zu den Betriebseinnahmen zählt, wenn die Beteiligung in einem Betriebsvermögen gehalten wird[17]. M.E. ist im Ergebnis folglich dem Vorschlag WASSERMEYERS[18] der Vorzug zu geben, der eine außerbilanzielle Hinzurechnung der Anrechnungskörperschaftsteuer befürwortet und damit die Aktivierung eines privaten Anspruchs des Titelinhabers gegenüber dem Finanzamt verhindert und gleichzeitig die Erfassung des Erhöhungsbetrags i.S.d. § 20 Abs. 1 Nr. 3 EStG als gewerbliche Einkünfte gestattet[19].

(2) Versicherungsansprüche

Die Zuordnung von Versicherungsansprüchen zum Betriebs- oder Privatvermögen richtet sich allgemein danach, ob betriebliche oder private Risiken abgedeckt wer-

---

15 Einen Vorrang des § 36 Abs. 2 Nr. 3 EStG vor § 20 Abs. 1 Nr. 3 EStG (oder umgekehrt) gibt es folglich nicht. A.A. SIMON, Anspruch, BB 1981, S. 135. Wie hier SELCHERT, Körperschaftsteueranrechnung, BB 1984, S. 889.

16 Nach SELCHERT soll es sich dagegen um einen wirtschaftlichen Vorteil handeln, "der sich im Ergebnis des Betriebes auswirkt". Allerdings: "Weil der Vorteil nur beim Steuerpflichtigen voll verwirklicht werden kann, indem er den Anrechnungsbetrag z.B. in seiner Einkommensteuererklärung geltend macht, ist es zweckmäßig, den Anrechnungsbetrag als Entnahme zu verbuchen" (SELCHERT, Körperschaftsteueranrechnung, BB 1984, S. 891, beide Zitate). Ein Anspruch jedoch, der für den Steuerpflichtigen erst durch Entnahme einen wirtschaftlichen Vorteil darstellt, ist m.E. von Anfang an Privatvermögen. Überdies ist eine Entnahme dann nicht nur "zweckmäßig", sondern zwingend geboten (so auch F. D. ROSER, Holding-Personengesellschaft, DB 1992, S. 850).

17 So auch BFH XI R 24/89 vom 26.6.1991, BStBl II 1991, S. 877. A.A. SIMON, Anspruch, BB 1981, S. 137, der das Körperschaftsteuerguthaben in jedem Fall bei den Einkünften aus Kapitalvermögen erfassen will. Aus der Tatsache, daß der Körperschaftsteueranrechnungsanspruch privater Natur und damit steuerlich unbeachtlich ist, kann jedoch m.E. nicht auf die Zuordnung des Erhöhungsbetrages innerhalb der Gruppe der steuerlich relevanten Einkunftsarten geschlossen werden.

18 WASSERMEYER, Anrechnung, GmbHR 1989, S. 426.

19 Damit gehört der Beteiligungsertrag auch zum Gewinn aus Gewerbebetrieb i.S.d. § 7 GewStG (BFH XI R 24/89 vom 26.6.1991, BStBl II 1991, S. 877). Allerdings ist das gewerbesteuerliche Schachtelprivileg des § 9 Nr. 2a GewStG zu beachten.

den[20]. Dieser allgemeine Grundsatz soll getrennt für (a) Ansprüche aus Personenversicherungen und (b) Ansprüche aus Sachversicherungen spezifiziert werden.

(a) Ansprüche aus Personenversicherungen

Personenversicherungen[21], die zugunsten des Einzelunternehmers selbst abgeschlossen werden[22], fallen im Regelfall in den Bereich der privaten Lebensführung[23] mit der Folge, daß etwaige Versicherungsansprüche grundsätzlich dem Privatvermögen zuzurechnen sind. Deckt die Personenversicherung auch betriebliche Risiken ab[24], so ist die Regelung in § 12 Nr. 1 Satz 2 EStG zu beachten, die die Rechtsprechung[25] als generelles Aufteilungs- und Abzugsverbot für gemischte - d.h. betrieblich/beruflich und gleichzeitig privat veranlaßte - Aufwendungen interpretiert und nach h.M.[26] nicht nur für die Abgrenzung von Erwerbs- und Privataufwendungen, sondern auch für die Zuordnung von Wirtschaftsgütern zum Betriebs- oder Privatvermögen bedeutsam ist. Eine Zuordnung des Versicherungsanspruchs zum Betriebsvermögen kommt danach nur dann in Betracht, wenn das Hineinspielen der Lebensführung unbedeutend ist und nicht ins Gewicht fällt. Demzufolge zählen Ansprüche aus Lebensversicherungen nie, Ansprüche aus Unfall- und Haftpflichtversicherungen nur unter der Voraussetzung zum Betriebsvermögen, daß sie ausschließlich betriebliche Risiken abdecken (z.B. Berufshaftpflichtversicherung) oder die Eigenart des Betriebs erhöhte Unfallgefahren mit sich bringt, wie etwa bei besonders gefahrgeneigter Tätigkeit des Einzelunterneh-

---

20 BFH IV R 32/80 vom 7.10.1982, BStBl II 1983, S. 101; BFH IV R 80/85 vom 21.5.1987, BStBl II 1987, S. 710. Vgl. hierzu umfassend RAUTENBERG, Versicherungen, 1973, S. 19-110.

21 Zu den Personenversicherungen zählen etwa Lebens-, Kranken-, Unfall-, Haftpflicht- und Rechtschutzversicherungen (siehe im einzelnen KOTTKE, Versicherungsprämien, DStZ 1987, S. 605-609).

22 Personenversicherungen zugunsten von Arbeitnehmern sind der betrieblichen Sphäre zuzuordnen. Der Anspruch auf die Versicherungsleistung ist in diesen Fällen als Betriebsvermögen zu qualifizieren, wenn das Bezugsrecht auf die Versicherungsleistung dem Unternehmer zusteht (vgl. KOTTKE, Versicherungsprämien, DStZ 1987, S. 606-608; siehe auch NIELAND in L/B/M 1993, EStG §§ 4, 5 Rn. 186 "Versicherungen" Nr. 2b). Auf die Vorschrift des § 4b EStG wird hingewiesen.

23 Siehe nur L. SCHMIDT/HEINICKE 1993, EStG § 4 Anm. 47e, m.w.N.

24 Beispielhaft seien Unfallversicherungen genannt, die Unfallrisiken in der Freizeit und in der Arbeitszeit abdecken.

25 Siehe insbesondere BFH GrS 2/70 vom 19.10.1970, BStBl II 1971, S. 17; BFH GrS 3/70 vom 19.10.1970, BStBl II 1971, S. 21. Die höchstrichterliche Rechtsprechung zu § 12 Nr. 1 EStG wird in der Literatur allerdings überwiegend abgelehnt (siehe nur die Darstellung in DRENSECK, Abgrenzung, DB 1987, S. 2483-2487).

26 Vgl. L. SCHMIDT/HEINICKE 1993, EStG § 4 Anm. 39d, m.w.N.

mers[27]. Eine Aufteilung des Versicherungsanspruchs in eine betrieblich und eine privat veranlaßte Forderung wird dagegen mangels leicht nachprüfbarer Trennbarkeit von privatem und betrieblichem Risiko generell abgelehnt[28].

(b) Ansprüche aus Sachversicherungen

Werden Gebäude, Fahrzeuge und ähnliche Wirtschaftsgüter gegen Feuer, Diebstahl usw. versichert[29], so ist die Zuordnung eines im Schadensfall entstehenden Versicherungsanspruchs zum Betriebs- oder Privatvermögen im Ergebnis von der ertragsteuerlichen Behandlung der durch den Schaden verursachten Aufwendungen abhängig[30]. Dabei ist zunächst danach zu unterscheiden, ob das geschädigte Wirtschaftsgut dem Betriebs- oder Privatvermögen zuzuordnen ist bzw. war[31].

Während Schäden an Wirtschaftsgütern des Privatvermögens zu nicht abzugsfähigen Aufwendungen für die Lebensführung bzw., wenn es im Rahmen einer Überschußeinkunftsart eingesetzt wird, zu Werbungskosten führen, sind die aus der Beschädigung eines Wirtschaftsguts des Betriebsvermögens resultierenden

---

27 KOTTKE, Versicherungsprämien, DStZ 1987, S. 607 f.; L. SCHMIDT/HEINICKE 1993, EStG § 4 Anm. 47f.

28 Dies ist für die Aktivierung des Versicherungsanspruches insofern nachvollziehbar, als Wirtschaftsgüter nach der Rechtsprechung entweder vollständig Betriebs- oder vollständig Privatvermögen sind (siehe oben). Andererseits ist zu berücksichtigen, daß das generelle Aufteilungs- und Abzugsverbot des § 12 Nr. 1 Satz 2 EStG nicht gilt, wenn Aufwendungen steuerbaren Einkünften einerseits und Sonderausgaben andererseits zuzuordnen sind (BFH IX R 11/86 vom 10.6.1986, StRK EStG § 9 Abs. 1 Nr. 1 R. 16). Da Beiträge zu einer Vielzahl von Personenversicherungen dem Grunde nach als Sonderausgaben berücksichtigungsfähig sind (vgl. § 10 Abs. 1 Nr. 2 EStG), ist insofern eine Aufteilung der Versicherungsprämien in einen betrieblichen/beruflichen und privaten Teil nicht ausgeschlossen. Für eine Aufteilung insbesondere RAUTENBERG, Versicherungen, 1973, S. 49-52.

29 Siehe im einzelnen KOTTKE, Versicherungsprämien, DStZ 1987, S. 609 f. Die (nicht wirtschaftsgutbezogene) Betriebsunterbrechungsversicherung ist nur im betrieblichen Bereich denkbar und damit unproblematisch (vgl. auch BFH IV R 54/80 vom 9.12.1982, BStBl II 1983, S. 371).

30 In Literatur und Judikatur wird auf die Parallelwertung von Betriebsausgaben (Versicherungsprämien) und -einnahmen (Versicherungsleistungen) hingewiesen (siehe etwa L. SCHMIDT/HEINICKE 1993, EStG § 4 Anm. 47a; BFH IV R 78/74 vom 15.12.1977, BStBl II 1978, S. 212). Die Qualifizierung einer Versicherungsleistung als Betriebseinnahme ist dann gleichbedeutend mit der Zuordnung des entsprechenden Anspruchs zum Betriebsvermögen, falls die übrigen Aktivierungsvoraussetzungen erfüllt sind.

31 Siehe im einzelnen NEU, Behandlung, StStud 1990, S. 179, m.w.N. Dabei ist zu berücksichtigen, daß eigenbetrieblich, fremdbetrieblich, zu eigenen und zu fremden Wohnzwecken genutzte Gebäudeteile jeweils eigenständige Wirtschaftsgüter darstellen (siehe im einzelnen Abschnitt 13b EStR); brennt bspw. lediglich der eigenbetrieblich genutzte Gebäudeteil ab, so zählt der Versicherungsanspruch in vollem Umfang zum Betriebsvermögen (L. SCHMIDT/HEINICKE 1993, EStG § 4 Anm. 47d.aa).

Aufwendungen in vollem Umfang Betriebsausgaben. Letztlich entscheidend ist jedoch die "wesentliche" Schadensursache[32]: Ist sie der privaten Lebensführung zuzuordnen (z.B. Unfall auf einer Privatfahrt), so wird der Betriebsausgabenabzug durch eine "Aufwandsentnahme" neutralisiert bzw. bleibt es bei der Nichtabzugsfähigkeit der Aufwendungen. Eine betriebliche Schadensursache (z.B. Unfall auf einer betrieblich bedingten Fahrt) hat entgegengesetzte Konsequenzen[33]. Für die sachliche Zuordnung von Versicherungsansprüchen bedeutet dies, daß letztlich allein auf die Schadensursache abzustellen ist, so daß, unabhängig von der Vermögenszugehörigkeit des geschädigten Wirtschaftsguts, aus betrieblich verursachten Schäden resultierende Versicherungsansprüche dem Betriebsvermögen, aus privat verursachten Schäden resultierende Versicherungsansprüche dem Privatvermögen zuzurechnen sind[34].

2. Finanzierungstitel im engeren Sinne

Eine Auseinandersetzung mit der Zuordnung von Finanzierungstiteln im engeren Sinne zum Betriebs- oder Privatvermögen macht zunächst die Beantwortung der Frage notwendig, in welcher Weise diese Wirtschaftsgüter in dem geforderten objektiven Zusammenhang mit dem Betrieb stehen und diesem dienen können. Aus den Ausführungen im 2. Teil der Arbeit wird ersichtlich, daß der Nutzen für den Betrieb in erster Linie in den unmittelbar und mittelbar titelinduzierten Zahlungen zu sehen ist[35]. Dabei hat die Existenz mittelbar titelinduzierter Zahlungen (Verbundzahlungen) zur Folge, daß der jeweilige Titel, betriebswirtschaftlich bzw. kostentheoretisch gesehen, einen engeren Bezug zum güterwirtschaftlichen Bereich und damit zum Betrieb aufweist[36]. Demgegenüber können die eigentlichen Ent-

---

32 BFH VI 79/60 S vom 2.3.1962, BStBl II 1962, S. 194; BFH GrS 2-3/77 vom 28.11.1977, BStBl II 1978, S. 108; BFH IV R 78/74 vom 15.12.1977, BStBl II 1978, S. 212. Siehe im einzelnen auch NEU, Behandlung, StStud 1990, S. 179, m.w.N.

33 Ungeklärt ist die Konstellation, daß die Schadensursache weder betrieblicher noch privater Natur, sondern "neutral" ist (Beispiel: Kraftfahrzeug des Betriebs-/Privatvermögens wird in der Garage durch Blitzschlag zerstört). In diesem Fall dürfte - wie im Veräußerungsfall - die Vermögenszugehörigkeit entscheidend sein (vgl. die Nachweise bei NEU, Behandlung, StStud 1990, S. 179).

34 So im Ergebnis auch KOTTKE, Versicherungsprämien, DStZ 1987, S. 609 f. Etwas anderes soll gelten, wenn ein PkW des Betriebsvermögens auf einer Privatfahrt durch Fremdeinwirkung zerstört wird. Der Schadensersatzanspruch gegenüber der fremden Haftpflichtversicherung soll dann - als stellvertretenes commodum für den zerstörten PKW - ebenfalls Betriebsvermögen sein (BFH I R 213/85 vom 24.5.1989, BStBl II 1990, S. 8).

35 Ein weiterer Nutzen kann in der Beleihbarkeit (Verpfändbarkeit, Abtretbarkeit) eines Finanzierungstitels gesehen werden, da insoweit die (sog. "verliehene") Liquidität" des Unternehmens verbessert wird (vgl. STÜTZEL, Liquidität, HWB 1975, Sp. 2519).

36 Siehe oben, 2. Teil, 1. Kapitel, § 2, Punkt II, S. 41 f.

gelte (Zins- oder Dividendenzahlungen) sowohl dem Betrieb als auch der Privatsphäre zugute kommen, sind insoweit also neutral.

Hieraus läßt sich ableiten, daß Verbundtitel tendenziell - je nach Intensität der
Verflechtungsbeziehung - als notwendiges Betriebsvermögen zu qualifizieren sind.
Dies gilt allerdings nur dann, wenn es sich um unternehmerische Verbundtitel
handelt[37]. Ein besonderes Problem stellt jedoch die Abgrenzung zu den nichtunternehmerischen Verbundtiteln dar, deren Erwerb per definitionem außerunter-
nehmerische Motive zugrunde liegen. Demgegenüber dürften Renditetitel grundsätzlich gewillkürbar sein, da die Entgeltzahlungen im Regelfall einen Nutzen für
den Betrieb darstellen.

Konkretere Aussagen hinsichtlich der Zurechnung von Finanzierungstiteln zum
Betriebs- oder Privatvermögen machen eine Differenzierung nach Kontraktobjekttypen notwendig[38]. Im folgenden soll daher nach Beteiligungstiteln einerseits sowie Forderungstiteln andererseits unterschieden werden[39].

a. Beteiligungstitel
α. Notwendiges Betriebsvermögen

Beteiligungstitel zählen dann zum notwendigen Betriebsvermögen, wenn sie unmittelbar für eigenbetriebliche Zwecke des Steuerpflichtigen genutzt werden. Nach
der Rechtsprechung ist dies insbesondere dann der Fall, wenn der Titel dazu bestimmt ist, die Betätigung des Steuerpflichtigen entscheidend zu fördern bzw.
wenn er für die Betriebsführung besonderes Gewicht hat und der Stärkung der unternehmerischen Position dient[40]. Analog zur Zuordnung von Beteiligungstiteln

---

37 Siehe oben, 2. Teil, 2. Kapitel, § 3, Punkt II.B, S. 94.

38 Es ist in Erinnerung zu rufen, daß der Titelinhaber annahmegemäß kein Bankgeschäft betreibt. Andernfalls sind insbesondere beim gewillkürten Betriebsvermögen Besonderheiten
zu beachten, da der Titelerwerb dann ein "branchenübliches" Geschäft darstellt (vgl. BFH
I 95/63 vom 15.2.1966, BStBl III 1966, S. 274; BFH I R 10/74 vom 19.1.1977, BStBl II
1977, S. 287). Es wurde auch bereits in der kostentheoretischen Untersuchung darauf hingewiesen, daß die Zuordnung des Finanzvermögens zum sachzielnotwendigen oder sachzielfremden Vermögen branchenabhängig ist (siehe oben, 2. Teil, 1. Kapitel, § 2, Punkt
II.B, S.41 f.).

39 Zur diesbezüglichen Behandlung von isoliert handelbaren Gestaltungsrechten - zu nennen
ist insbesondere die Option einer Optionsanleihe - vgl. CYRANKIEWICZ/WENDLAND,
Behandlung, ZfgK 1990, S. 1028 f.; POPP, Bilanzierung, DStR 1976, S. 88 f. Auf diese
Problematik wird hier nicht näher eingegangen.

40 BFH IV R 103/78 vom 23.7.1981, BStBl II 1982, S. 60; BFH VIII R 159/85 vom
9.9.1986, BStBl II 1987, S. 259; BFH IV R 62/86 vom 6.7.1989, BStBl II 1989, S. 891;
BFH VIII R 328/84 vom 3.10.1989, BFH/NV 1990, S. 362.

zum sachzielnotwendigen oder sachzielfremden Vermögen[41] ist dies jedoch nur, aber nicht immer dann der Fall, wenn dem Titelinhaber über die reinen Beteiligungserträge hinaus zusätzliche Vorteile in Form von externen und/oder internen Verbundzahlungen erwachsen[42]. Mindestvoraussetzung ist mithin, daß es sich um einen Verbundtitel handelt. Nach Ansicht des BFH muß zwischen Titelinhaber und -emittent allerdings ein Verhältnis bestehen, das über die normalen Geschäftsbeziehungen als Lieferant, Abnehmer usw. oder eine organisatorische bzw. finanzielle Zusammenarbeit hinausgeht[43]. Es ist jedoch prinzipiell nicht notwendig, daß der Titelinhaber auf die Geschäftspolitik des Titelemittenten Einfluß nehmen kann; es können daher nicht nur engagierte, sondern auch distanzierte Verbundtitel (insbesondere Genossenschaftsanteile) notwendiges Betriebsvermögen sein[44].

Hieraus wird deutlich, daß die Zuordnung eines Beteiligungstitels zum Privatvermögen oder notwendigen Betriebsvermögen eines Einzelunternehmers grundsätzlich nur im Einzelfall möglich ist. Entscheidend ist insoweit, in welchem Umfang die Gesellschaft den Betrieb des Gesellschafters durch mittelbare Vorteile fördert. Dies gilt m.E. auch dann, wenn zwischen der Einzelunternehmung und der Kapitalgesellschaft eine Betriebsaufspaltung besteht[45].

Vermietet eine Besitzpersonengesellschaft ein Grundstück, einen Maschinenpark o.ä. an eine Betriebskapitalgesellschaft (strukturelle Betriebsaufspaltung), so stellen die Kapitalgesellschafts-Anteile nach der h.L. stets notwendiges Betriebsvermögen des Besitzunternehmens dar, "... da sie die Durchsetzung des einheitlichen geschäftlichen Betätigungswillens gewährleisten und damit im Dienste einer gesicherten Vermögensnutzung durch das Besitzunternehmen stehen"[46]. In

---

41 Siehe dazu oben, 2. Teil, 1. Kapitel, § 1, Punkt II, S. 41 ff.

42 Siehe dazu oben, 2. Teil, 2. Kapitel, § 3, Punkt II, S. 90 ff. Die Verpfändung für Betriebsschulden reicht grundsätzlich nicht aus (BFH IV 186/63 vom 17.3.1966, BStBl III 1966, S. 350; BFH I R 159/71 vom 4.4.1973, BStBl II 1973, S. 628).

43 Vgl. BFH IV 376/62 U vom 12.3.1964, BStBl III 1964, S. 425; BFH I R 223/70 vom 10.7.1974, BStBl II 1974, S. 737 f.; BFH II R 242/83 vom 28.6.1989, BStBl II 1989, S. 825. Siehe auch L. SCHMIDT/HEINICKE 1993, EStG § 4 Anm. 44c.

44 Vgl. BFH IV R 22/77 vom 20.3.1980, BStBl II 1980, S. 440; BFH IV R 147/79 vom 1.10.1981, BStBl II 1982, S. 250.

45 Zu den Voraussetzungen und Formen der Betriebsaufspaltung vgl. G. SÖFFING, Betriebsaufspaltung, 1990, S. 6-57.

46 BFH IV R 103/78 vom 23.7.1981, BStBl II 1982, S. 60. Siehe auch BFH VIII R 57/70 vom 21.5.1974, BStBl II 1974, S. 613; BFH VIII R 159/85 vom 9.9.1986, BStBl II 1987, S. 259. Aus dem Schrifttum siehe etwa FICHTELMANN, Betriebsaufspaltung, 1991, S. 80; KALIGIN, Betriebsaufspaltung, 1988, S. 102. Dies gilt allerdings nicht für die Beteiligungen naher Angehöriger, selbst wenn deren Anteile für die Beherrschungsfrage heran-

der Literatur wird die Zuordnung zum notwendigen "Betriebsvermögen"[47] verschiedentlich kritisiert, da die Anteile nicht unmittelbar dem "Betrieb" der Besitzgesellschaft dienten[48].

Nach Ansicht des Verfassers ist auf die Verhältnisse des Einzelfalls abzustellen.
Akzeptiert man die Auffassung der herrschenden Lehre, das Besitzunternehmen sei
gewerblich tätig, so besteht seine (ggf. durch die Beteiligung an der Betriebskapitalgesellschaft zu fördernde) Tätigkeit in der Vermietung bzw. Verpachtung von
Grundstücken o.ä. Ob die Beteiligung an der Mieter- bzw. Pächter-Unternehmung
diese Tätigkeit "entscheidend fördert" oder der "Stärkung der unternehmerischen
Position dient", ist nach den allgemeinen Grundsätzen zu beurteilen. Es ist folglich
festzustellen, welche Bedeutung die Vermietung gerade an diese Unternehmung
für den Titelinhaber besitzt. Wird bspw. das gesamte Betriebsvermögen der
Besitzunternehmung (z.B. das einzige Grundstück) vermietet, dürfte es schwerfal-
len, für die Immobilie einen anderen Mieter zu finden[49], und ist die Mietdauer
eher kurz, so sichert die Beteiligung dem Besitzunternehmem seinen (ansonsten
gefährdeten) "Absatz an Vermietungsleistungen". Gehören dem Besitzunternehmen
dagegen eine Vielzahl von Grundstücken, von denen eines an die
Betriebskapitalgesellschaft vermietet wird[50], stünden grundsätzlich auch andere
Mieter zur Verfügung und beträgt die Mietzeit bspw. 20 Jahre, so spielt die Beteiligung nur eine untergeordnete Rolle und ist mithin nicht dem notwendigen Betriebsvermögen zuzurechnen[51]. Analoge Überlegungen gelten für den Fall der
umgekehrten strukturellen Betriebsaufspaltung: Hat die Betriebspersonenunter-
nehmung ein erhebliches Interesse an der Nutzung der von der
Betriebskapitalgesellschaft zur Verfügung gestellten Wirtschaftsgüter und ist die
"Beschaffung" dieser Vermietungsleistung ohne die Anteile gefährdet, so stellen
letztere notwendiges Betriebsvermögen dar[52].

---

gezogen werden (BFH IV 87/65 vom 2.8.1972, BStBl II 1972, S. 798; KALIGIN, a.a.O.,
S. 102).

47 Die Berechtigung der Annahme einer gewerblichen Betätigung und damit von Betriebsvermögen bei der Besitzunternehmung soll hier nicht diskutiert werden (siehe nur die vehe-
mente Kritik bei KNOBBE-KEUK, Unternehmenssteuerrecht, 1991, S. 774-781).

48 Siehe etwa DANKMEYER in H/H/R 1993, EStG § 4 Anm. 7h, m.w.N.; KNOBBE-
KEUK, Unternehmenssteuerrecht, 1991, S. 793.

49 Dies dürfte sich nicht selten aus dem Erfordernis der sachlichen Verflechtung ergeben
(siehe die Nachweise bei L. SCHMIDT 1993, EStG § 15 Anm. 143).

50 Es ist zu berücksichtigen, daß das Mietobjekt lediglich aus Sicht der Betriebsgesellschaft
eine wesentliche Betriebsgrundlage darstellen muß (BFH VIII R 342/82 vom 12.11.1985,
BStBl II 1986, S. 299).

51 Ähnlich DANKMEYER in H/H/R 1993, EStG § 4 Anm. 7h.

52 Siehe auch die ähnliche Argumentation in BFH IV R 30/71 vom 14.8.1975, BStBl II 1976,
S. 90.

Die gleichen Grundsätze gelten für den Fall der funktionalen Betriebsaufspaltung: Vertreibt eine Produktions-Personenunternehmung ihre Produkte über eine Vertriebs-Kapitalgesellschaft, so ist die Frage der Betriebsvermögenszugehörigkeit der Kapitalgesellschaftsanteile nach den allgemeinen Grundsätzen zu lösen. Notwendig, aber auch ausreichend, ist demzufolge eine enge, "qualifizierte" geschäftliche Interessenverflechtung. Dieses Merkmal wird im Regelfall erfüllt sein, da die Vertriebs-Kapitalgesellschaft gewöhnlich den überwiegenden Teil der Produkte der Produktions-Einzelunternehmung abnimmt und für diese folglich von entscheidender Bedeutung ist.

ß. Gewillkürtes Betriebsvermögen

Zählt ein Beteiligungstitel nicht zum notwendigen Betriebsvermögen, so steht dem Titelinhaber möglicherweise das Wahlrecht zu, eine Zuordnung des Titels zum gewillkürten Betriebsvermögen oder zum Privatvermögen vorzunehmen. Ob ihm diese Alternative offensteht, ist nach der Rechtsprechung zunächst davon abhängig, welche Einkunftsart der Titelinhaber verwirklicht und welchen Organisationsgrad der Markt aufweist, auf dem der fragliche Titel gehandelt wird: Während Gewerbetreibende grundsätzlich alle Arten von Beteiligungstiteln zum gewillkürten Betriebsvermögen erklären können - es sei denn, durch die Einbeziehung der Anteile würde das Gesamtbild der Tätigkeit so geändert, daß sie den Charakter einer privaten Vermögensverwaltung annimmt[53] - wird der (durch die Beteiligung zu fördernde) wirtschaftliche Bereich von Freiberuflern (und Land- und Forstwirten) enger gezogen; eine Willkürung ist in den letztgenannten Fällen nur dann zulässig, wenn "der Betrieb der Kapitalgesellschaft der betreffenden freiberuflichen Tätigkeit nicht wesensfremd ist"[54] oder es sich um die vorübergehende Anlage liquider Mittel in börsennotierten Aktien handelt[55]. Zusätzlich schränkt der BFH das Zuordnungswahlrecht insofern ein, als Wirtschaftsgüter (und damit auch Beteiligungstitel) generell und unabhängig von der Einkunftsart dann nicht dem gewillkürten Betriebsvermögen zugerechnet werden dürfen, "wenn bereits beim Erwerb erkennbar ist, daß die Wirtschaftsgüter dem Betrieb keinen Nutzen, sondern nur

---

53   BFH IV 167/64 U vom 10.12.1964, BStBl III 1965, S. 377.

54   BFH IV R 107/77 vom 22.1.1981, BStBl II 1981, S. 564. Siehe auch BFH IV 12/61 vom 16.7.1964, StRK EStG § 4 R. 729; BFH IV R 185/71 vom 11.3.1976, BStBl II 1976, S. 381; BFH IV R 198/83 vom 23.5.1985, BStBl II 1985, S. 517. An anderer Stelle verwendet der BFH das Attribut "berufsfremd" (vgl. BFH IV R 146/75 vom 23.11.1978, BStBl II 1979, S. 111, m.w.N.).

55   BFH VIII R 100/69 vom 14.11.1972, BStBl II 1973, S. 291; BFH IV R 198/83 vom 23.5.1985, BStBl II 1985, S. 517. Zu Land- und Forstwirten vgl. BFH IV 20/63 U vom 30.7.1964, BStBl III 1964, S. 574.

Verluste bringen"[56] und "offensichtlich nur der Zweck verfolgt [wird], bisher das Privatvermögen treffende Verluste in den betrieblichen Bereich der Einzelfirma zu verlagern"[57] (sog. "verlustträchtige" bzw. "betriebsschädliche" Wirtschaftsgüter).

Es wurde bereits oben darauf hingewiesen, daß der Nutzen eines Finanzierungstitels für den Betrieb in erster Linie in den unmittelbar und mittelbar titelinduzierten Zahlungen zu sehen ist[58]. Es ist jedoch zu berücksichtigen, daß unmittelbar titelinduzierte Zahlungen unabhängig vom Organisationsgrad des Marktes anfallen, auf dem der betreffende Titel gehandelt wird. Überdies sind Verbundbeziehungen bei individuell gehandelten Beteiligungstiteln wesentlich wahrscheinlicher, wenn nicht gar die Regel. M.E. ist daher kein Grund für die vom BFH vorgenommene Einschränkung des willkürbaren Vermögens von Freiberuflern ersichtlich. Der Aspekt der "Wesensfremdheit" ist zwar für die Zuordnung einer Beteiligung zum notwendigen Betriebsvermögen bedeutsam, da Verbundbeziehungen zu völlig branchenfremden Unternehmen selten sein dürften. Für die Möglichkeit der Zuordnung zum gewillkürten Betriebsvermögen ist dieser Aspekt jedoch m.E. unerheblich, da der Erwerb von GmbH-Beteiligungen ebenso wie von Aktien unmittelbar titelinduzierte Zahlungen und darüber hinaus häufig Verbundeffekte auslöst[59]. Im übrigen ist nach Ansicht des Verfassers, wenn dem Gesichtspunkt der "Wesensfremdheit" für die Frage des betrieblichen Nutzens der Beteiligung Bedeutung beigemessen wird, auf das (betriebswirtschaftliche) Kriterium "Sachziel" und nicht auf das (steuerliche) Indiz "Einkunftsart" abzustellen[60]. Ist die Willkürung der Beteiligung an einer Kapitalgesellschaft nicht mit den steuerlichen Voraussetzungen einer Einkunftsart kompatibel, so ist ggf.

---

56 BFH VIII R 237/83 vom 11.10.1988, BFH/NV 1989, S. 305.

57 BFH IV 121/63 U vom 5.12.1963, BStBl III 1964, S. 132; Flexion geändert, Klammerzusatz vom Verfasser. Siehe auch BFH I R 44/73 vom 27.3.1974, BStBl II 1974, S. 488; BFH IV R 25/78 vom 25.2.1982, BStBl II 1982, S. 461; BFH III R 169/82 vom 8.2.1985, BFH/NV 1985, S. 80.

58 Siehe oben, vor Punkt a, S. 306 f.

59 BFH IV R 107/77 vom 22.1.1981 (BStBl II 1981, S. 564) schießt daher m.E. über das Ziel hinaus, wenn er die Wesensfremdheit der Beteiligungsgesellschaft als Ausschlußkriterium für die Zuordnung eines GmbH-Anteils zum Betriebsvermögen schlechthin qualifiziert. In einem früheren Judikat, auf das sich das genannte Urteil ausdrücklich bezieht, war dieser Grundsatz auch nur für die Zugehörigkeit zum *notwendigen* Betriebsvermögen relevant (vgl. BFH IV R 185/71 vom 11.3.1976, BStBl II 1976, S. 381).

60 Zu erinnern ist insbesondere daran, daß die Abgrenzung der gewerblichen von den freiberuflichen Einkünften einer wirtschaftlich kaum mehr nachvollziehbaren kasuistischen Rechtsprechung vorbehalten ist (siehe nur die Beispiele in Abschnitt 136 Abs. 11 EStR), so daß der mit der Beteiligung zu fördernde wirtschaftliche Bereich bei der Erzielung von Einkünften i.S.d. § 18 EStG nicht notwendigerweise enger ist als der von Gewerbetreibenden.

die Qualifikation der Einkünfte zu korrigieren, nicht jedoch die Entscheidungsfreiheit des Steuerpflichtigen einzuschränken.

Ob betriebsschädliche Wirtschaftsgüter generell nicht in den betrieblichen Bereich verlagert werden können[61] oder ob den voraussichtlichen Verlusten durch eine entsprechend niedrigere Bewertung Rechnung zu tragen ist[62], ist in der Literatur umstritten. M.E. sollte aufgrund der bei Beteiligungstiteln gegebenen Prognoseschwierigkeiten[63] nur in Ausnahmefällen eine Schädigung des Betriebs durch die Beteiligung unterstellt werden. Ausgeschlossen erscheint dies bei (distanzierten) börsennotierten Anteilen: Dem insoweit anzuwendenden (jedermann zugänglichen) Bewertungsmaßstab "Börsenkurs", der durch die Entscheidungen einer Vielzahl von Marktteilnehmern entsteht, sollte grundsätzlich der Vorzug vor der Meinung Einzelner hinsichtlich der zukünftigen Unternehmensentwicklung gegeben werden[64]. Im Fall börsennotierter Anteile würde der Titelinhaber bei einer Willkürung zum Zwecke der Verlagerung von Verlusten in den betrieblichen Bereich im übrigen das nicht geringe Risiko eingehen, im Fall von Wertsteigerungen die in der Privatsphäre im Regelfall unbeachtlichen Kurssteigerungen[65] nun versteuern zu müssen[66]. Dagegen ist dieses Risiko bei engagierten Beteiligungstiteln geringer, da der Titelinhaber die zukünftige Entwicklung nicht nur sicherer prognostizieren, sondern auch planen kann[67]. Wenn der engagiert Beteiligte daher nach Einschätzung der zukünftigen Ertragsaussichten durch einen objektiven Dritten zum geplanten "Willkürungszeitpunkt"[68] von einer anhaltend negativen Unternehmensentwicklung zwingend ausgehen und damit eine Förderung des Betriebs

---

61 Die BFH-Auffassung wird etwa geteilt von NIELAND in L/B/M 1993, EStG §§ 4, 5 Rn. 90; L. SCHMIDT/HEINICKE 1993, EStG § 4 Anm. 33c.

62 Siehe insbesondere KEUK-KNOBBE, Betriebsvermögen, StuW 1976, S. 213; siehe auch DURCHLAUB, Einlage, BB 1989, S. 953.

63 Siehe dazu oben, 2. Teil, 3. Kapitel, § 1, Punkt II.B.2, S. 111 ff.

64 Siehe auch oben, 2. Teil, 3. Kapitel, § 4, Punkt II, S. 150 ff.

65 Siehe allerdings §§ 17, 23 EStG.

66 Dabei ist zu berücksichtigen, daß die Willkürung durch eine zeitnahe Verbuchung in der laufenden Buchführung deutlich gemacht werden muß (BFH I R 51/82 vom 24.11.1982, BStBl II 1983, S. 365).

67 Siehe oben, 2. Teil, 2. Kapitel, § 3, Punkt I.A, S. 84 f.

68 Zum Erwerbszeitpunkt wird der Titelinhaber regelmäßig nicht von einer negativen Beteiligungswertentwicklung ausgehen, da der Erwerb andernfalls unterblieben wäre. Der vom BFH offensichtlich vertretenen gegenteiligen Auffassung kann m.E. nicht gefolgt werden. Unzulässig ist es auch, die zu einem späteren Zeitpunkt vorhandene bessere Erkenntnis auf die Entscheidungssituation zum Zeitpunkt der möglichen Zuführung zum Betriebsvermögen zurückzuprojizieren (siehe auch KEUK-KNOBBE, Betriebsvermögen, StuW 1976, S. 213).

verneinen mußte, dann (und nur dann) ist nach Ansicht des Verfassers die Zuordnung zum Betriebsvermögen unzulässig.

b. Forderungstitel
α. Notwendiges Betriebsvermögen

Analog zu den für die Bilanzierung von Beteiligungstiteln entwickelten Grundsätzen sind Forderungstitel im engeren Sinne im allgemeinen dann dem notwendigen Betriebsvermögen zuzurechnen, wenn zwischen Titelinhaber und -emittent eine *Marktverflechtung* besteht und der Titel damit einen engen Bezug zum güterwirtschaftlichen Bereich der Unternehmung des Titelinhabers aufweist. Zu dieser Vermögenskategorie gehören zweifellos die umsatzinduzierten Forderungen (aus Lieferungen und Leistungen)[69]. Notwendiges Betriebsvermögen liegt jedoch auch in den Fällen vor, in denen der Titelinhaber, über die reinen Zinserträge hinaus, in erster Linie an mittelbaren betrieblichen Vorteilen interessiert ist ("unternehmerischer Verbundtitel"), so etwa bei Darlehen an Arbeitnehmer oder Kredite zur Kundenwerbung, Geschäftsanbahnung oder Sicherung einer betrieblichen Forderung[70].

Besteht zwischen Gläubiger und Schuldner eine *Interessenverflechtung*, so kommt eine Zuordnung des Forderungstitels zum notwendigen Betriebsvermögen nur dann in Betracht, wenn ein *unternehmerischer Verbundtitel* vorliegt, also mittelbare Vorteile für den Betrieb angestrebt werden. Dies ist anzunehmen, wenn ein Gesellschafter mit der Kreditvergabe an seine Gesellschaft eine Werterhöhung seiner Gesellschaftsbeteiligung bezweckt. In Abgrenzung von der rein betriebswirtschaftlichen Differenzierung im zweiten Teil der Arbeit[71] soll im Rahmen der bilanzsteuerlichen Betrachtung allerdings nur dann von einem unternehmerischen Verbundtitel die Rede sein, wenn die zu fördernde Beteiligung im Betriebsvermögen gehalten wird. Dabei ist zu berücksichtigen, daß aus der Vermögenszugehörigkeit der Beteiligung nicht zwingend eine entsprechende Behandlung der Forderung folgt, so daß die Beteiligung Betriebs-, die Forderung Privatvermögen sein kann und umgekehrt[72]. Wird jedoch die Beteiligung im Betriebsvermögen gehalten und

---

69 Siehe auch die entsprechende kostentheoretische Behandlung im 2. Teil, 1. Kapitel, § 2, Punkt II, S. 41 f.

70 Siehe auch die Beispiele in L. SCHMIDT/HEINICKE 1993, EStG § 4 Anm. 41c, mit Rechtsprechungsnachweisen.

71 Siehe oben, 2. Teil, 2. Kapitel, § 3, Punkt II.B, S. 94 f.

72 BFH IV 376/62 U vom 12.3.1964, BStBl III 1964, S. 424; BFH IV R 185/71 vom 11.3.1976, BStBl II 1976, S. 381; BFH I R 41/76 vom 3.8.1977, BStBl II 1978, S. 54.

dient die Darlehensgewährung so gut wie ausschließlich dazu, die wirtschaftliche Lage der Gesellschaft zu verbessern und damit den Wert der im Betriebsvermögen gehaltenen Beteiligung zu erhöhen, so ist dieser Vorgang notwendig der betrieblichen Sphäre zuzuordnen[73]. Handelt es sich dagegen um eine Beteiligung im Privatvermögen, so kommen die mittelbaren Vorteile nicht der betrieblichen Sphäre zugute, so daß die Forderung nicht dem notwendigen Betriebsvermögen zugerechnet werden kann.

Es bleibt zu prüfen, in welchen Fällen eine Kreditgewährung vornehmlich der Förderung der betrieblichen Beteiligung oder in erster Linie der Geldanlage dient, wobei im zweiten Fall zusätzlich eine Zuordnung zum gewillkürten Betriebsvermögen zu untersuchen wäre. Insoweit sind insbesondere die zwischen Gläubiger und Schuldner vereinbarten Konditionen als Indiz heranzuziehen. So wird ein zinsloses Darlehen eines (betrieblich beteiligten) Gesellschafters regelmäßig als notwendiges Betriebsvermögen zu qualifizieren sein. Wird dagegen lediglich ein marktunüblich niedriger Zins vereinbart, so ist zwar das Interesse an einer Förderung der Beteiligung erkennbar; andererseits ist die Darlehensvergabe jedoch auch auf die verzinsliche Anlage liquider Mittel gerichtet, die grundsätzlich bestenfalls gewillkürtes Betriebsvermögen indiziert. Fraglich ist, wie in diesen Fällen die Zuordnungsentscheidung zu treffen ist.

M.E. ist das Motiv "Geldanlage" weder der betrieblichen noch der privaten Sphäre zuordenbar, sondern insoweit neutral. Folglich kann die Rechtsprechung zur Bilanzierung gemischt genutzter Wirtschaftsgüter, die eine Zuordnung zum Betriebsvermögen nur dann zuläßt, wenn die private Nutzung von völlig untergeordneter Bedeutung ist[74], auf diese Fälle nicht übertragen werden. Entscheidend kann danach nur sein, welches Motiv überwiegt. Dabei dürfte eine nicht nur unwesentliche Zinsdifferenz ein starkes Indiz für die vorrangige Absicht

---

73   Ähnlich BFH IV R 38/74 vom 7.3.1978, BStBl II 1978, S. 379 f. Das Judikat betrifft den Fall der Darlehensgewährung im Rahmen einer Betriebsaufspaltung, der jedoch nach Auffassung des BFH nach den allgemeinen Grundsätzen zu behandeln und damit zu verallgemeinern ist. Zum umgekehrten Fall (Beteiligung im Betriebs-, Forderung im Privatvermögen) vgl. BFH IV 376/62 U vom 12.3.1964, BStBl III 1964, S. 424. Siehe auch BFH I R 41/76 vom 3.8.1977, BStBl II 1978, S. 53, zur Darlehensforderung eines Genossen (Einzelhändlers) gegen seine Wareneinkaufsgenossenschaft.

74   Es wurde bereits darauf hingewiesen, daß eine Trennung der betrieblichen und privaten Nutzung von Finanzierungstiteln nicht leicht und einwandfrei möglich ist und sie demzufolge entweder vollständig oder gar nicht dem Betriebsvermögen zuzurechnen sind (siehe oben, vor Punkt a, S. 306 f.).

des Gläubigers sein, die im Betriebsvermögen gehaltene Beteiligung und damit den Betrieb zu fördern[75].

Ist das Darlehen folglich normal verzinslich oder nur leicht unterverzinslich, so tritt der "neutrale" Charakter des Titels in den Vordergrund. Es kann nicht allgemein angenommen werden, durch die Hingabe eines normalverzinslichen Darlehens werde "die Vermögens- und Ertragslage" der Gesellschaft verbessert[76] mit der Folge, daß letztlich jedes Gesellschafterdarlehen als notwendiges Betriebsvermögen zu qualifizieren ist. Zum einen wird die Ertragslage durch die Aufnahme eines Darlehens nicht berührt und auch nicht dadurch besser, daß marktübliche Zinsen an einen Gesellschafter anstatt an einen fremden Dritten gezahlt werden[77]. Zum anderen ist die Vermögenslage nach h.M. eine Kurzbezeichnung dafür, "wie groß der Saldo zwischen den ... [dem Unternehmen] gehörenden Besitzposten und seinen Verbindlichkeiten im weitesten Sinne ist"[78]; das Reinvermögen ändert sich durch die Darlehensaufnahme jedoch nicht. Wenn überhaupt eine Förderung des Betriebs zu bejahen ist, so kann lediglich auf die Finanzlage abgestellt werden, die "über die Herkunft und die Verwendung der im Unternehmen eingesetzten Mittel sowie über deren Fristigkeiten Auskunft geben soll"[79]. Vor diesem Hintergrund kann nur im Einzelfall festgestellt werden, ob das Darlehen überwiegend der Anlage liquider Mittel oder der Förderung der Beteiligung bzw. des Betriebs dient. Als Indizien können die Herkunft der Mittel sowie die Liquiditätssituation des Gesellschafters im Zeitpunkt der Kreditvergabe herangezogen werden.

Darüber hinaus ist die Wahrscheinlichkeit eines Forderungsausfalls in die Überlegungen einzubeziehen. Insoweit erscheint es allerdings wenig überzeugend, von einer im Vergleich zum Eigenkapital hohen Gesellschafterfremdfinanzierung allgemein auf eine betriebliche Veranlassung der Darlehenshingabe zu schließen[80]. Eine hohe Gesellschafterfremdfinanzierung dient nämlich häufig gerade dazu (insbesondere aus steuerlichen Gründen), den Gewinn der Gesellschaft durch die aufzuwendenden Zinsen zu mindern. Eine Werterhöhung der Beteiligung und da-

---

75 H. BITZ nennt in diesem Zusammenhang - allerdings im Hinblick auf die Bilanzierung bei Personengesellschaften (siehe dazu unten, Punkt II.A, S. 321 ff) - eine tolerable Abweichung von zwei Prozentpunkten (H. BITZ in L/B/M 1993, EStG § 15 Anm. 13).

76 So aber wohl FG Rheinland-Pfalz 5 K 352/88 vom 25.9.1989, BB 1990, S. 1239.

77 Siehe auch BFH VIII R 24/90 vom 7.7.1992, BStBl II 1993, S. 333.

78 BUDDE/KARIG in BBK 1990, HGB § 264 Anm. 37.

79 BUDDE/KARIG in BBK 1990, HGB § 264 Anm. 37.

80 So FG Rheinland-Pfalz 5 K 352/88 vom 25.9.1989, BB 1990, S. 1239. Im entschiedenen Fall betrug das Verhältnis 10:1.

mit eine Förderung des Betriebs ist damit regelmäßig gerade nicht beabsichtigt. Eine betriebliche Veranlassung kann allerdings angenommen werden, wenn der Gesellschafter bei der Darlehensvergabe ein hohes (Ausfall-) Risiko eingeht, wie es insbesondere für eigenkapitalersetzende Darlehen zutrifft, wenn der betrieblich beteiligte Gesellschafter seiner Gesellschaft zu einem Zeitpunkt ein Darlehen gewährt, zu dem diese aufgrund ihrer wirtschaftlichen Lage anderweitig kein Fremdkapital beschaffen kann. In diesen Fällen nimmt der Gesellschafter nicht (bzw. nicht nur) eine geringere Verzinsung, sondern - ggf. zusätzlich - ein erhöhtes Bonitätsrisiko in Kauf, um das wirtschaftliche Überleben der Gesellschaft zu sichern und den Wert seiner (betrieblichen) Beteiligung zu erhöhen. Da dieses Motiv gesellschaftsrechtlicher Natur ist und die Beteiligung im Betriebsvermögen gehalten wird, führt dies zwingend zu einer Bilanzierung des Gesellschafterdarlehens als notwendiges Betriebsvermögen.

ß. Gewillkürtes Betriebsvermögen

Zählt ein Forderungstitel im engeren Sinne nicht zum notwendigen Betriebsvermögen, so sind die zu erwartenden Zinserträge im allgemeinen objektiv dazu geeignet, den Betrieb des Titelinhabers zu fördern, so daß einer Willkürung grundsätzlich nichts im Wege steht[81]. Problematisch ist die Willkürung allerdings dann, wenn das neutrale Motiv "Geldanlage" zusammen mit nichtunternehmerischen Beweggründen auftritt, wie es bei einer zwischen den Vertragsparteien bestehenden Interessenverflechtung (z.B. Verwandschaftsbeziehung) der Fall ist: Einerseits schmälert die Verflechtung den Nutzen der Kapitalanlage für den Betrieb nicht und kann dem Einzelunternehmer die Wahl des Schuldners bzw. der Anlageform nicht vorgeschrieben werden, andererseits sind nichtunternehmerische Beweggründe im Spiel, die eine Zuordnung zum Betriebsvermögen fraglich erscheinen lassen. Anders als bei unternehmerischen Verbundtiteln, bei denen eine Entscheidung zwischen notwendigem und gewillkürtem Betriebsvermögen vorgenommen wurde, ist bei Vorliegen eines nichtunternehmerischen Verbundtitels[82] daher zwischen gewillkürtem Betriebsvermögen und Privatvermögen zu wählen.

Nach der Rechtsprechung zu "gemischt genutzten" Wirtschaftsgütern ist eine Aufnahme in das Betriebsvermögen - mangels Aufteilbarkeit - nur dann zulässig, wenn

---

81 Dies gilt insbesondere für in Wertpapieren verbriefte Forderungen (vgl. DURCHLAUB, Einlage, BB 1989, S. 950-952). Wie bereits in Punkt a.ß erläutert, kann es jedoch nicht entscheidend sein, ob der Forderungstitel individuell oder an der Börse gehandelt wird.

82 Nach den Ausführungen in Punkt α liegt ein außerunternehmerisches Motiv auch dann vor, wenn die Förderung einer im Privatvermögen gehaltenen Beteiligung angestrebt wird.

die private Veranlassung nur von völlig untergeordneter Bedeutung ist[83]. Private Beweggründe werden in den genannten Fällen stets in gewissem Umfang anzunehmen sein. Sie können m.E. jedoch dann als völlig untergeordnet qualifiziert werden, wenn das Darlehensverhältnis einem Fremdvergleich standhält und Konditionen wie unter fremden Dritten vereinbart wurden. Hierfür ist erforderlich, daß das Unternehmen nicht aufgrund einer unüblichen, den Darlehensgeber benachteiligenden Vertragsgestaltung (z.b. hinsichtlich der Kündigungsmöglichkeiten oder der Besicherung) bewußt übervorteilt wird[84]. Es handelt sich dabei letztlich um die Ausprägung des allgemeinen Grundsatzes, daß die Willkürbarkeit eines Wirtschaftsguts in Zweifel zu ziehen ist, wenn ein Verlust mit hoher Wahrscheinlichkeit zu erwarten ist, es sich also um ein betriebsschädliches (verlustträchtiges) Wirtschaftsgut handelt[85].

Eine nichtunternehmerische Veranlassung wird darüber hinaus regelmäßig auch dann anzunehmen sein, wenn das Darlehen - aus nichtunternehmerischen Gründen - unverzinslich oder unterverzinslich gewährt wurde[86]. Stellt man insoweit auf das Verhältnis der Zinserträge zu den Refinanzierungskosten ab, so hat die Darlehensvergabe den Ausweis eines effektiven Verlusts zur Folge, so daß eine Zuordnung zum gewillkürten Betriebsvermögen ausscheidet[87]. Nichts anderes kann jedoch für den Ausnahmefall der Darlehensgewährung durch ein vollständig eigenfinanziertes Unternehmen gelten. Denn es kann keinen Unterschied machen, ob es sich bei

---

83 Diese Grundsätze gelten auch für Finanzierungstitel (siehe nur PLÜCKEBAUM in K/S 1993, EStG § 4 Rn. B 115). Die Rechtsprechung hat diese Problematik insbesondere im Bereich von Darlehensvereinbarungen zwischen Ehegatten beschäftigt (vgl. BFH VI 390/65 vom 30.6.1966, BStBl III 1966, S. 583; BFH VI 325/65 vom 23.2.1968, BStBl II 1968, S. 289; BFH I R 50/73 vom 26.2.1975, BStBl II 1975, S. 573). Zu beachten ist die Abweichung zu den teils "neutral", teils betrieblich genutzten Wirtschaftsgütern in Punkt α; auf diese Fälle ist die zitierte Rechtsprechung, wie gezeigt, nicht übertragbar.

84 Es kann hier dahingestellt bleiben, ob die von der Rechtsprechung entwickelten Anforderungen an die steuerliche Anerkennung von Darlehensverträgen zwischen Angehörigen - Stichwort "Fremdvergleich" - Anwendung finden (siehe hierzu nur BMF IV B 2 - S 2144 - 76/92 vom 1.12.1992, DB 1992, S. 2525). Die diesbezüglich von der Rechtsprechung aufgestellten Erfordernisse sollen verhindern, daß private Unterhaltsleistungen im Deckmantel betrieblicher Aufwendungen steuerlich geltend gemacht werden (siehe nur L. SCHMIDT/HEINICKE 1993, EStG § 4 Anm. 99 "Angehörige" Buchstabe a). Wird dies angestrebt, so ist jedoch regelmäßig die umgekehrte Konstellation anzutreffen, nämlich daß der Einzelunternehmer als Darlehens*nehmer* auftritt und der Unternehmensgewinn durch die Zinszahlungen gemindert wird, während der Unterhaltsberechtigte die Zinsen niedrig oder nicht besteuert vereinnahmen kann. Dies gilt insbesondere nach der Verzehnfachung der Sparerfreibeträge in § 20 Abs. 4 EStG.

85 Ähnlich WÜLLENKEMPER, Darlehen, BB 1991, S. 1906.

86 Besteht neben der privaten Interessenverflechtung zusätzlich eine Marktverflechtung und ist die Niedrigverzinslichkeit auf diese Geschäftsbeziehung zurückzuführen, so zählt die Forderung zum notwendigen Betriebsvermögen (siehe dazu oben, Punkt α, S. 313 ff.).

87 So die Argumentation in BFH IV 32/63 vom 2.3.1967, BStBl III 1967, S. 391.

dem aus nichtunternehmerischen Gründen in Kauf genommenen Nachteil um einen effektiven oder (lediglich) um einen Opportunitätsverlust, um aufwandsgleiche oder kalkulatorische Kosten handelt. In beiden Fällen lassen die Zinskonditionen auf eine nicht nur unwesentliche private Veranlassung schließen. Dabei sollte eine gewisse Abweichung des vereinbarten Zinssatzes vom marktüblichen Zinsfuß toleriert werden, nicht zuletzt deshalb, weil das Bonitätsrisiko bei einer nahestehenden Person tendenziell besser eingeschätzt werden kann als bei einem fremden Dritten.

B. Die Korrekturphase
1. Entnahmen

Ist ein Wirtschaftsgut (notwendiges oder gewillkürtes) Betriebsvermögen geworden, so verliert es diese Eigenschaft nur durch Lösung des persönlichen oder sachlichen Betriebszusammenhangs[88].

Die Lösung des *persönlichen* Betriebszusammenhangs bedeutet einen Wechsel der Rechtszuständigkeit und damit der subjektiven Zurechnung durch Übertragung des Wirtschaftsguts auf eine andere Person. Erfolgt diese Wertabgabe für betriebsfremde, insbesondere private Zwecke, so handelt es sich um eine Entnahme. Für die Entnahme von Finanzierungstiteln bestehen insoweit keine Besonderheiten[89]. Es soll der Hinweis genügen, daß eine Entnahme grundsätzlich nur dann anzunehmen ist, wenn zwischen dem alten und neuen Titelinhaber eine Interessenverflechtung besteht und bewußt[90] ein marktunüblich niedriger Preis vereinbart wird[91]. Dagegen sind privat motivierte Vorteilszuwendungen an fremde Dritte i.d.R. auszuschließen und ist die Veräußerung an eine "verbundene" Person zu marktüblichen Konditionen der betrieblichen Sphäre zuzurechnen. Eine Entnahme

---

88   Siehe etwa BFH IV R 130/82 vom 31.1.1985, BStBl II 1985, S. 395. Unerörtert bleibt der Fall der Totalentnahme (Betriebsaufgabe); siehe hierzu § 16 Abs. 3 EStG. Allgemein zu den Voraussetzungen und zur Dokumentation von Entnahmen vgl. AISENBREY/WEINLÄDER, Entnahmen, DB 1986, S. 934-937; RITZROW, Probleme, StBp 1988, S. 241-250.

89   Erwähnt sei, daß die Entnahme einer 100%igen Beteiligung an einer Kapitalgesellschaft als begünstigte Teilbetriebsaufgabe gilt (§ 16 Abs. 3 Satz 1, Abs. 1 Nr. 1 2. Halbsatz EStG; L. SCHMIDT 1993, EStG § 16 Anm. 27).

90   Eine unbewußte Abweichung ist i.d.R. auf Informationsdefizite der oder eines der Vertragspartner zurückzuführen (siehe oben, 2. Teil, 3. Kapitel, § 4, Punkt I, S. 150) und berührt den betrieblichen Charakter des Übertragungsvorgangs nicht (siehe auch PANKOW/SCHMIDT-WENDT in BBK 1990, HGB § 255 Anm. 91).

91   Wird der Titel nicht unentgeltlich, sondern teilentgeltlich aus privaten Gründen übertragen, so liegt lediglich in Höhe des unentgeltlich zugewendeten Anteils eine Entnahme, im übrigen aber ein betrieblicher Vorgang vor (BFH VIII R 280/81 vom 6.8.1985, BStBl II 1986, S. 17; GROH, Schenkung, StuW 1984, S. 222).

durch Lösung des persönlichen Betriebszusammenhangs ist dabei nicht nur dann denkbar, wenn zwischen dem Zuwendenden und dem Zuwendungsempfänger eine private Interessenverflechtung (insbesondere eine verwandtschaftliche Beziehung) besteht; vielmehr wird auch die unentgeltliche oder teilentgeltliche Übertragung eines im Betriebsvermögen eines Einzelunternehmers gehaltenen Wirtschaftsguts auf eine Kapitalgesellschaft, an der der Zuwendende beteiligt ist, in vollem Umfang (d.h. unabhängig von der Beteiligungsquote) als (Teil-) Entnahme qualifiziert[92].

Der *sachliche* Zusammenhang eines Finanzierungstitels zum Betrieb des Einzelunternehmers besteht in der betriebsfördernden und -dienenden Funktion der Beteiligung, der Obligation usw. Zählt der Finanzierungstitel zum notwendigen Betriebsvermögen, so setzt eine Entnahme zunächst voraus, daß der enge und unmittelbare Zusammenhang mit der betrieblichen Leistungserstellung entfällt[93]. Dann handelt es sich jedoch zumindest noch um gewillkürtes Betriebsvermögen, da Finanzierungstitel aufgrund der aus ihnen resultierenden Zahlungen grundsätzlich dem Betrieb zu dienen vermögen[94]. Da die Zuordnung zum Betriebs- oder Privatbereich insoweit dem Ermessen des Steuerpflichtigen unterliegt, ist in diesem Fall - und auch dann, wenn von vorneherein gewillkürtes Betriebsvermögen vorliegt - eine Entscheidung des Steuerpflichtigen erforderlich, die sich zweifelsfrei in einer

---

92 BFH I 138/65 vom 26.7.1967, BStBl III 1967, S. 733; BFH I R 51/66 vom 3.2.1971, BStBl II 1971, S. 410; GROH, Schenkung, StuW 1984, S. 228 f. Siehe aber SEIFRIED, Frage, DB 1990, S. 1473-1478, 1525-1530. Zu Übertragungen von Wirtschaftsgütern (Finanzierungstiteln) aus dem Betriebsvermögen eines Einzelunternehmers in das Betriebsvermögen einer Personengesellschaft, an der der Einzelunternehmer beteiligt ist, siehe BMF IV B 2 - S 2241 - 231/77 vom 20.12.1977, BStBl I 1978, S. 8, Tz. 51-74 (Mitunternehmererlaß).

93 Die bloße Ausbuchung zum notwendigen Betriebsvermögen gehöriger GmbH-Anteile, um sie in das Privatvermögen zu überführen, ist mithin ohne rechtliche Wirkung (BFH I R 223/70 vom 10.7.1974, BStBl II 1974, S. 736).

94 Voraussetzung ist selbstverständlich, daß der Finanzierungstitel noch besteht. Ein privat motivierter Forderungsverzicht bedeutet daher eine Entnahme des Titels mit ausschließender Vermögensminderung in der privaten Sphäre (NIELAND in L/B/M 1993, EStG §§ 4, 5 Anm. 254 "Forderungen aus Lieferungen und Leistungen"). Bedeutsam ist dies im übrigen auch für die Frage der Anwendbarkeit des § 3 Nr. 66 EStG. Zu einer Zwangsentnahme kommt es außer bei der Betriebsaufgabe auch dann, wenn der Finanzierungstitel nicht mehr einem (gewerblichen) Betrieb zuzuordnen ist. So können Veränderungen in den sachlichen oder personellen Voraussetzungen der Betriebsaufspaltung durch bestimmte Handlungen oder sonstige Ereignisse zum Wegfall der Tatbestandsmerkmale der Betriebsaufspaltung führen. Die Folge ist die Betriebsaufgabe des Besitzunternehmens mit Entnahme aller Wirtschaftsgüter, auch der Beteiligung an der Betriebskapitalgesellschaft (siehe im einzelnen L. SCHMIDT 1993, EStG § 15 Anm. 148, m.w.N.).

Entnahmehandlung niederschlagen muß. Der Entnahmewillen wird im Regelfall durch die buchmäßige Behandlung zum Ausdruck kommen[95].

2. Einlagen

Ist ein Finanzierungstitel zum Entstehungszeitpunkt notwendigerweise dem Privatvermögen zuzurechnen oder nimmt der Einzelunternehmer eine ihm zustehende Willkürungsmöglichkeit nicht wahr, so kann die Beteiligung, das Darlehen usw. ggf. zu einem späteren Zeitpunkt mittels Einlage der betrieblichen Sphäre zugeordnet werden. Es wurde bereits darauf hingewiesen, daß eine Zuordnung zum Betriebsvermögen dann nicht in Frage kommt, wenn die (engen) Voraussetzungen für das Vorliegen eines betriebsschädlichen Wirtschaftsguts vorliegen[96]. In allen anderen Fällen steht einer Einlage jedoch m.E. nichts im Wege[97].

Im übrigen kann es, entsprechend der Regelung für Entnahmen, auch zu "Zwangseinlagen" kommen, etwa dann, wenn die tatbestandlichen Voraussetzungen einer Betriebsaufspaltung - bspw. wegen nachträglich eingetretener personeller Verflechtung - zwischenzeitlich erfüllt sind. Ähnliche Konsequenzen können für Gesellschafterdarlehen gelten, wenn die Beteiligung im Betriebsvermögen ausgewiesen wird, die Forderung jedoch dem Privatvermögen zuzurechnen ist[98]. Wird die Gesellschaft in der Folgezeit notleidend und beläßt der Gesellschafter das Darlehen der Gesellschaft als Fremdmittel, obgleich er es - gegebenenfalls nach Kündigung - hätte zurückfordern oder in Eigenkapital umwandeln können, so ist

---

95 AISENBREY/WEINLÄDER, Entnahmen, DB 1986, S. 934-937; RITZROW, Probleme, StBp 1988, S. 241 f. Da die Rechtsprechung den Entnahmebegriff final, d.h. als Anweisung zur Verhinderung der Steuerentstrickung stiller Reserven versteht, kommt sie jedoch auch dort zu einer (Total-) Entnahme, wo nach den Regeln der Bilanzierung nicht davon gesprochen werden könnte (z.B. Überführung eines Wirtschaftsguts ins DBA-Ausland) bzw. verneint sie eine Entnahme wegen Erhaltung der stillen Reserven, wo sie nach den Regeln der Bilanzierung anzunehmen wäre (z.B. Übertragung eines Wirtschaftsguts zwischen mehreren Betrieben des Steuerpflichtigen oder vom Betriebsvermögen des Einzelunternehmers auf dessen Sonderbetriebsvermögen bei einer Personengesellschaft). Zur finalen Entnahmetheorie vgl. nur L. SCHMIDT/HEINICKE 1993, EStG § 4 Anm. 54. Siehe auch die Kritik bei KNOBBE-KEUK, Unternehmenssteuerrecht, 1991, S. 248-255, die sich für die teleologische Reduktion der Entnahmen-Bewertungsbestimmung des § 6 Abs. 1 Nr. 4 EStG anstatt einer "Deformation" des Entnahmetatbestands einsetzt.

96 Siehe oben, Punkt A.2.a.ß, S. 312 f.

97 So auch BFH IV 167/64 U vom 10.12.1964, BStBl III 1965, S. 377. Nach BFH VI 12/65 vom 22.7.1966, BStBl III 1966, S. 542, soll der (unzweifelhaft im Privatvermögen entstehende) Anspruch auf Erstattung überzahlter Einkommensteuer nicht einlegbar sein. Dem ist m.E. nicht zu folgen (kritisch auch DANKMEYER in H/H/R 1993, EStG § 4 Anm. 8i; L. SCHMIDT/HEINICKE 1993, EStG § 4 Anm. 41b).

98 Siehe zu dieser Konstellation oben, Punkt A.2.b.α, S. 316.

diese Passivität durch das Gesellschaftsverhältnis veranlaßt mit der Folge, daß ab diesem Zeitpunkt eine Zuordnung zum Betriebsvermögen vorgenommen werden muß[99].

II. Die Zugehörigkeit zum Betriebsvermögen der Personengesellschaft
A. Gesamthandsvermögen

Die den Gesellschaftern einer Personengesellschaft zur gesamten Hand zustehenden Wirtschaftsgüter stellen grundsätzlich notwendiges Betriebsvermögen dar[100]. Diese Beurteilung trifft grundsätzlich auch für Finanzierungstitel zu[101]. Problematisch sind in diesem Zusammenhang allerdings Forderungen der Personengesellschaft gegenüber ihren Gesellschaftern bzw. diesen nahestehenden Personen[102].

Nach Aufgabe der Bilanzbündeltheorie ist die Selbständigkeit der Personengesellschaft gegenüber ihren Gesellschaftern heute nicht mehr ernsthaft bestritten. Mithin kommt es bei der Gesellschaft grundsätzlich zu einer Aktivierung des Rückzahlungsanspruchs sowie zu einer erfolgswirksamen Vereinnahmung von Zinserträgen[103]. Unzweifelhaft ansatzpflichtig sind demnach bspw. Ansprüche aus der Veräußerung von Wirtschaftsgütern an Gesellschafter oder aus einem laufenden Lieferungs- oder Leistungsverkehr zwischen Gesellschafter und Gesellschaft (umsatzinduzierte Forderungstitel)[104].

---

99 Dieser Gesichtspunkt wird im Zusammenhang mit der Frage zu diskutieren sein, ob ein etwaiger Forderungsverzicht oder Forderungsausfall zu nachträglichen Anschaffungskosten auf die Beteiligung führt; daher wird zu dieser Problematik ausführlich weiter unten Stellung genommen (siehe 2. Kapitel, § 2, Punkt II.B.1.b, S. 431 ff.).

100 Siehe oben, 1. Kapitel, § 1, Punkt II.B.3, S. 165.

101 Hinsichtlich der Bilanzierung von Finanzierungstiteln im weiteren Sinne ist auf die von der Rechtsprechung, entsprechend der Regelung für Einzelunternehmen, aufgestellte Ausnahme für Ansprüche der Personengesellschaft aus auf das Leben ihrer Gesellschafter abgeschlossenen Lebensversicherungen hinzuweisen (BFH IV R 56/87 vom 11.5.1989, BStBl II 1989, S. 657; BFH VIII R 63/88 vom 10.4.1990, BStBl II 1990, S. 1017; BFH IV R 30/91 vom 6.2.1992, BStBl II 1992, S. 653). Dabei ist es gleichgültig, ob die Personengesellschaft oder Gesellschafter die Versicherung abschließt (DÖLLERER, Rechtsprechung, ZGR 1992, S. 612).

102 Darlehensforderungen einer Personengesellschaft gegenüber einer anderen personenidentischen Personengesellschaft sind als Betriebsvermögen zu bilanzieren, da diese kein einheitliches Steuersubjekt bilden und demzufolge § 15 Abs. 1 Satz 1 Nr. 2 EStG nicht anzuwenden ist (BFH VIII R 23/89 vom 31.7.1991, BStBl II 1992, S. 375).

103 DÖLLERER, Steuerrecht, DStZ 1983, S. 182; WÜLLENKEMPER, Darlehen, BB 1991, S. 1905 f. Dies nur als Ausnahme zulassend DELFS, Darlehen, BB 1989, S. 2437 f.

104 Insoweit zustimmend auch DELFS, Darlehen, BB 1989, S. 2437 f.

Handelt es sich dagegen um ein (nicht umsatzinduziertes) Darlehen[105], so ist zunächst zu berücksichtigen, daß in der Gesamthandsbilanz gewillkürtes Betriebsvermögen nicht gebildet werden kann. Daraus ist zu schlußfolgern, daß das an sich neutrale Motiv "Geldanlage" für die Gesamthandsbilanz als für die Bildung von notwendigem Betriebsvermögen ausreichend anzuerkennen ist. Mithin ist die Betriebsvermögens-Zugehörigkeit einer Darlehensforderung gegenüber einem Gesellschafter jedenfalls dann zu bejahen, wenn das Darlehensverhältnis wie unter fremden Dritten abgewickelt wird, insbesondere normal verzinslich und besichert ist, da in diesem Fall nichtunternehmerische Motive bei der Darlehensvergabe keine entscheidende Rolle spielen[106]. Probleme bereiten unübliche Vertragsbedingungen, insbesondere im Hinblick auf Besicherung und Verzinsung. In Literatur und Rechtsprechung wird vorwiegend die Auffassung vertreten, Darlehensforderungen gegenüber einem Gesellschafter seien "in folgerichtiger Anwendung der für die Einlage verlustbringender Wirtschaftsgüter geltenden Grundsätze"[107] als Privatvermögen zu qualifizieren, wenn sie nicht ausreichend besichert und damit "betriebsschädlich" seien[108]. Dagegen soll ein unterverzinsliches Darlehen generell in der Gesamthandsbilanz auszuweisen sein und dem Tatbestand der Unterverzinslichkeit durch Korrektur des durch die Unterverzinslichkeit verursachten abschreibungsbedingten Aufwands[109] bzw. durch periodische Nutzungsentnahmen Rechnung getragen werden[110].

Nach Meinung des Verfassers kann dieser Auffassung nicht gefolgt werden. Zunächst ist bereits die Annahme problematisch, eine der gesamten Hand zuzu-

---

105 Angenommen wird, daß es sich nicht um ein Darlehen aufgrund besonderer Vereinbarung handelt und nicht Beträge im Rahmen gesellschaftsvertraglich eingerichteter Kontokorrentkonten "stehengelassen" wurden (vgl. hierzu WÜLLENKEMPER, Darlehen, BB 1991, S. 1904-1912).

106 Wie hier BORDEWIN, Personengesellschaft, NWB 1991, Fach 3, S. 8112; L. SCHMIDT 1993, EStG § 15 Anm. 95a.cc; WÜLLENKEMPER, Darlehen, BB 1991, S. 1905-1908. A.A. DELFS, Darlehen, BB 1989, S. 2437 f. Die Schuld stellt im übrigen beim Gesellschafter im Regelfall kein negatives Sonderbetriebsvermögen dar, es sei denn, dieser erhält einen Kredit zum Erwerb eines Wirtschaftsguts, das er seinerseits der Gesellschaft zur Nutzung überläßt (L. SCHMIDT 1993, EStG § 15 Anm. 95a.aa); zu weitgehend ("regelmäßig Sonderbetriebsvermögen") daher OFD Münster S 2241 A - St 111 vom 12.11.1990, DStR 1990, S. 768.

107 WÜLLENKEMPER, Darlehen, BB 1991, S. 1906.

108 So auch L. SCHMIDT 1993, EStG § 15 Anm. 95a.cc; L. SCHMIDT/HEINICKE 1993, EStG § 4 Anm. 36c.cc. Siehe aus der Rechtsprechung BFH IV R 193/71 vom 22.5.1975, BStBl II 1975, S. 804; BFH IV R 207/83 vom 19.7.1984, BStBl II 1985, S. 6.

109 BFH I 260/61 U vom 22.1.1963, BStBl III 1963, S. 184. Der BFH hat in dieser Entscheidung die Betriebsvermögens-Zugehörigkeit nicht geprüft. Zur Frage der Teilwertabschreibung vgl. unten, 2. Kapitel, § 3, Punkt I.A.1.a, S. 445 ff.

110 G. SÖFFING in L/S/B 1993, EStG § 15 Anm. 427; WÜLLENKEMPER, Darlehen, BB 1991, S. 1906 f. Wohl auch L. SCHMIDT 1993, EStG § 15 Anm. 95a.cc.

rechnende Darlehensforderung einer gewerblich tätigen Personengesellschaft, die handelsrechtlich unstreitig ausschließlich Betriebsvermögen besitzt, könne als Privatvermögen der Gesellschaft bzw. (anteilig) der Gesellschafter zu qualifizieren sein[111]. Wenn diese Annahme als zutreffend angesehen wird, so kommen für eine Zuordnung zum Privatvermögen zum einen von Anfang an auf Dauer der privaten Lebensführung eines Gesellschafters bzw. mehrerer Gesellschafter dienende, zum anderen betriebsschädliche Wirtschaftsgüter in Frage[112]. Wird auf das erste Tatbestandsmerkmal abgestellt, so wäre im Einzelfall zu prüfen, für welche Zwecke der Gesellschafter die Darlehensvaluta verwenden will. Eine solche Prüfung wird jedoch von der h.M. - m.E. zu Recht - abgelehnt[113].

Sieht man dagegen die "Betriebsschädlichkeit" eines Wirtschaftsguts als Indiz für eine private Veranlassung des Wirtschaftsgut-Erwerbs an, so kann es nicht überzeugen, ungesicherte Darlehen einerseits und unterverzinsliche Darlehen andererseits unterschiedlich zu behandeln. Denn wie bereits oben ausgeführt wurde[114], führt auch die Unterverzinslichkeit - je nach Finanzierungsstruktur bzw. Betrachtungsweise - zu einem effektiven Verlust oder Opportunitätsverlust. Es ist nicht nachvollziehbar, warum die gesellschaftsrechtlich bedingte Vorteilszuwendung[115]

---

111 Vgl. hierzu KNOBBE-KEUK, Unternehmenssteuerrecht, 1991, S. 371. Neben dem Hinweis auf das Handelsrecht ist einkommensteuerlich zusätzlich zu beachten, daß nach § 15 Abs. 3 Nr. 1 EStG sämtliche Einkünfte einer (auch) gewerblich tätigen Personengesellschaft als gewerblich zu qualifizieren sind (Infektionswirkung); fraglich ist dann, wie aus einem Darlehen des *Privatvermögens* resultierende Zinserträge als *gewerbliche* Einkünfte "umqualifiziert" werden sollen. Würden sämtliche Wirtschaftsgüter des Gesamthandsvermögens zum Betriebsvermögen gerechnet, so könnten gesellschaftsrechtlich veranlaßte Aufwendungen durch Anwendung der Entnahme- und Einlageregeln berücksichtigt werden (KNOBBE-KEUK, a.a.O., S. 371, Fn. 5). Damit wäre auch ein Gleichlauf mit der Vorgehensweise bei Kapitalgesellschaften gewährleistet (siehe dazu unten, Punkt III, S. 332).

112 Siehe nur L. SCHMIDT/HEINICKE 1993, EStG § 4 Anm. 36c.

113 H. BITZ in L/B/M 1993, EStG § 15 Anm. 13; BORDEWIN, Personengesellschaft, NWB 1991, Fach 3, S. 8111; L. SCHMIDT 1993, EStG § 15 Anm. 95a.aa; WÜLLENKEMPER, Darlehen, BB 1991, S. 1907. A.A. DELFS, Darlehen, BB 1989, S. 2437 f.; OFD Münster S 2241 A - St 111 vom 12.11.1990, DStR 1990, S. 768 f. Die gegenteilige Meinung ist insofern konsequent, als sie auf die Rechtsprechung zur (unentgeltlichen) Überlassung von materiellen Wirtschaftsgütern (v.a. Grundstücken) an einen Gesellschafter verweisen kann (vgl. etwa BFH VIII R 353/82 vom 30.6.1987, BStBl II 1988, S. 418). Die Rechtsprechung ist insoweit jedoch nicht eindeutig; so soll keine Entnahme vorliegen, wenn ein Grundstück mit einem Erbbaurecht zugunsten eines Gesellschafters belastet und von diesem mit eigenen Wohnzwecken dienenden Gebäuden bebaut wird (BFH VIII R 133/86 vom 10.4.1990, BStBl II 1990, S. 961).

114 Siehe Punkt I.A.2.b.ß, S. 317 f.

115 Besteht neben der geschäftlichen Interessenverflechtung zusätzlich eine Marktverflechtung und ist die Niedrigverzinslichkeit auf diese Geschäftsbeziehung zurückzuführen, so zählt die Forderung zum notwendigen Betriebsvermögen. Den wesentlichsten Anwendungsfall dürften Kredite an einen Gesellschafter zur Finanzierung des Erwerbs eines der Gesellschaft zu überlassenden Wirtschaftsguts (z.B. Grundstücks) darstellen (vgl. WÜLLENKEMPER, Darlehen, BB 1991, S. 1906).

im einen Fall zu einer Nichtaktivierung, im anderen Fall (lediglich) zu einer Gewinnkorrektur mittels Entnahmen führen soll.

Wenn als Begründung für die Betriebsvermögens-Zugehörigkeit unterverzinslicher Darlehen auf den Wortlaut des § 4 Abs. 1 Satz 2 EStG verwiesen wird, der nach Entnahmen von Wirtschaftsgütern und Nutzungen differenziert[116], so wird dabei übersehen, daß die Gewinnkorrektur durch Entnahmen logisch erst dann angegangen werden kann, wenn feststeht, welche Wirtschaftsgüter dem Betriebsvermögen zugerechnet werden und daß nicht umgekehrt der Entnahmetatbestand die Betriebsvermögenszugehörigkeit präjudiziert[117]. Im übrigen müßte der Hinweis auf die Entnahmeregelung dann auch für die Bilanzierung des Einzelunternehmers gelten. Es ist jedoch nicht ersichtlich, in welcher Hinsicht ein unverzinsliches Darlehen des Einzelunternehmers - etwa an einen Angehörigen - die Tatbestandsvoraussetzungen des gewillkürten Betriebsvermögens erfüllen soll[118].

Im Ergebnis sind daher die Merkmale Unterverzinslichkeit und mangelnde Besicherung nach den gleichen Grundsätzen zu beurteilen. Eine Zuordnung zum Privatvermögen kommt danach nur dann in Betracht, wenn es sich um ein betriebsschädliches Wirtschaftsgut handelt. Insbesondere im Hinblick auf das Tatbestandsmerkmal Verzinslichkeit sollte jedoch eine gewisse Unschärfe in Kauf genommen werden, zumal nach der Rechtsprechung § 12 Nr. 1 Satz 2 EStG für das Gesamthandsvermögen irrelevant ist[119] und demzufolge auch nicht nur völlig untergeordnete private Motive toleriert werden sollten. Die in der Literatur genannte Mindestabweichung von zwei Prozentpunkten[120] scheint insoweit einen brauchbaren Anhaltspunkt zu bieten.

Ist ein Finanzierungstitel (notwendiges) Betriebsvermögen geworden, so ist eine Entnahme durch Lösung des sachlichen Betriebszusammenhangs im Regelfall nicht möglich, da Beteiligungen, Obligationen usw. nicht (endgültig) privat "genutzt" werden können. Denkbar sind Entnahmen allerdings bspw. durch einen privat veranlaßten Verzicht auf eine Forderung gegenüber einem Gesellschafter oder durch Lösung des persönlichen Betriebszusammenhangs, etwa durch Übertragung in das

---

116 WÜLLENKEMPER, Darlehen, BB 1991, S. 1906.

117 Die Alternative zum Ansatz einer Nutzungsentnahme ist daher auch nicht die Entnahme des Wirtschaftsguts Darlehnsforderung (so aber WÜLLENKEMPER, Darlehen, BB 1991, S. 1906), sondern die Nichtbilanzierung.

118 Siehe dazu oben, Punkt I.A.2.b.ß, S. 317 f.

119 BFH III R 145/74 vom 4.11.1977, BStBl II 1978, S. 354.

120 H. BITZ in L/B/M 1993, EStG § 15 Anm. 13.

(Privat-) Vermögen eines Gesellschafters[121]. Hinsichtlich der Korrekturfähigkeit des Gesamthandsvermögens durch Einlagen der Gesellschafter ergeben sich keine grundsätzlichen Abweichungen gegenüber der Situation beim Einzelunternehmer[122]; insoweit kann im wesentlichen auf die Ausführungen in Punkt I.B.2 verwiesen werden.

B. Sonderbetriebsvermögen
1. Notwendiges Sonderbetriebsvermögen
a. Notwendiges Sonderbetriebsvermögen I

Im (zivilrechtlichen bzw. wirtschaftlichen) "Eigentum" eines Mitunternehmers stehende Finanzierungstitel zählen zu dessen notwendigem Sonderbetriebsvermögen I, wenn sie dazu geeignet und bestimmt sind, dem Betrieb der Personengesellschaft zu dienen[123]. Hierzu zählen insbesondere Forderungen des Gesellschafters gegenüber der Gesellschaft[124], es sei denn, der Gesellschafter ist Inhaber eines eigenen Betriebs und der Anspruch ist aus dem regelmäßigen Geschäftsverkehr zwischen Gesellschaft und Gesellschafter entstanden, hängt wirtschaftlich nicht mit dem Gesellschaftsverhältnis zusammen und wird wie zwischen Fremden üblich abgewickelt[125]. In die Sonderbilanz aufzunehmen sind darüber hinaus die wirtschaftlichen Surrogate von Gegenständen des Sonderbetriebsvermögens, so

---

121 So ist bspw. das von der Gesellschaft an einen Gesellschafter abgetretene Festgeldguthaben von diesem als entnommen anzusehen (FG Köln 7 K 313/85 vom 10.11.1989, EFG 1990, S. 290, vorläufig nicht rkr). Notwendig ist jedoch eine freie Verfügbarkeit durch den Gesellschafter (FG Baden-Württemberg, Außensenate Freiburg II K 315/86 vom 14.12.1989, EFG 1990, S. 293, rkr). Die Entnahme einer hundertprozentigen Beteiligung ist auch dann als Aufgabe eines Teilbetriebs i.S.d. § 16 Abs. 1 Nr. 1, Abs. 3 EStG anzusehen, wenn diese Beteiligung aus dem Gesamthandsvermögen einer Personenhandelsgesellschaft in das Privatvermögen eines oder mehrerer Gesellschafter übertragen wird (BFH IV R 151/79 vom 24.6.1982, BStBl II 1982, S. 751).

122 Zu berücksichtigen sind allerdings die sich aus der steuerlichen Abgrenzung des Betriebsvermögens der Gesellschaft (Gesamthandsvermögen und Sonderbetriebsvermögen) ergebenden Besonderheiten (vgl. BMF IV B 2 - S 2241 - 231/77 vom 20.12.1977, BStBl I 1978, S. 8, Tz. 21-28 (Mitunternehmererlaß)).

123 Siehe oben, § 1, Punkt II.B.3, S. 164.

124 Die gleichen Überlegungen gelten für typische stille Beteiligungen (BFH IV R 42/75 vom 19.3.1981, BStBl II 1981, S. 570). Zum Sonderbetriebsvermögen zählen nach § 15 Abs. 1 Satz 1 Nr. 2 Satz 2 EStG auch Darlehen mittelbar - d.h. über eine andere Personengesellschaft - beteiligter Gesellschafter (G. SÖFFING, Beteiligung, FR 1992, S. 188).

125 L. SCHMIDT 1993, EStG § 15 Anm. 84a und b, m.w.N. Der Forderungstitel braucht nicht originär von der Gesellschaft erworben worden zu sein. Zum Sonderbetriebsvermögen gehören vielmehr auch von einem Dritten derivativ erworbene Forderungen gegenüber der Gesellschaft (BFH XI R 42, 43/88 vom 18.12.1991, BStBl II 1992, S. 585).

bspw. die Kaufpreisforderung aus der Veräußerung oder die Versicherungsleistung aus der Zerstörung eines Wirtschaftsguts des Sonderbetriebsvermögens[126].

Nach der Rechtsprechung sind darüber hinaus von der Gesellschaft vorübergehend nicht benötigte Mittel, die den Gesellschaftern bis zu einer betrieblichen Nutzung auf Abruf übertragen werden, ebenfalls dem notwendigen Sonderbetriebsvermögen zuzurechnen[127]. M.E. stellt die Übertragung auf einen Gesellschafter grundsätzlich eine Entnahme dar[128]. Eine Zurechnung zum Sonderbetriebsvermögen kommt nur in Betracht, wenn verbindliche Absprachen über eine Rückgabe getroffen wurden. Da es jedoch auch in diesem Fall an der notwendigen unmittelbaren Betriebsförderung mangelt, kann es sich nach Ansicht des Verfassers bei hinreichender Dokumentation eines entsprechenden Widmungswillens bestenfalls um gewillkürtes Sonderbetriebsvermögen handeln.

b. Notwendiges Sonderbetriebsvermögen II

Notwendiges Sonderbetriebsvermögen II liegt vor, wenn ein Wirtschaftsgut unmittelbar zur Begründung oder Stärkung der Beteiligung an der Personengesellschaft eingesetzt wird[129]. Hierzu zählen nach der Rechtsprechung insbesondere die Anteile des Kommanditisten einer GmbH & Co. KG an der Komplementär-GmbH. Zum Sonderbetriebsvermögen II können darüber hinaus auch Anteile an einer Kapitalgesellschaft gehören, mit der die Personengesellschaft in umfangreichen Geschäftsbeziehungen steht (marktverflochtene Kapitalgesellschaft)[130].

---

126 KNOBBE-KEUK, Unternehmenssteuerrecht, 1991, S. 400, m.w.N.

127 FG Baden-Württemberg, Außensenate Freiburg II K 315/86 vom 14.12.1989, EFG 1990, S. 293, rkr. Das FG spricht sich nicht explizit für eine Zuordnung zum Sonderbetriebsvermögen I oder II aus. Die Entscheidungsgründe lassen jedoch auf die erste Alternative schließen (so auch L. SCHMIDT 1993, EStG § 15 Anm. 79a.bb).

128 So auch FG Köln 7 K 313/85 vom 10.11.1989, EFG 1990, S. 290.

129 Siehe oben, § 1, Punkt II.B.3, S. 165.

130 Der Vollständigkeit halber sei darauf hingewiesen, daß der Körperschaftsteueranrechnungs- bzw. -vergütungsanspruch für Dividenden einer im Gesamthandsvermögen gehaltenen Beteiligung nach der hier vertretenen Auffassung (siehe oben, Punkt I.A.1.(1), S. 301 ff.) weder Gesamthandsvermögen der Gesellschaft (wohl unstreitig; siehe nur DÖLLERER, Anrechnung, 1985, S. 733 f., 738; zur Darstellung des aktuellen handelsrechtlichen Meinungsstands vgl. F. D. ROSER, Holding-Personengesellschaft, DB 1992, S. 850-854) noch, entgegen der herrschenden Meinung (FG München V (XIII) 53/82 G vom 17.12.1984, EFG 1985, S. 128 (rkr); DÖLLERER, a.a.O., S. 740), anteilig Sonderbetriebsvermögen der Gesellschafter darstellt.

α. Komplementär-GmbH-Anteile

Nach der Rechtsprechung des BFH gehören die Anteile des Kommanditisten einer GmbH & Co. KG an der Komplementär-GmbH grundsätzlich zum Sonderbetriebsvermögen II, "... weil der Kommanditist durch die Wahrnehmung seiner Rechte aus der Beteiligung an der Komplementär-GmbH die Möglichkeiten seiner Einflußnahme auf die KG erweitert"[131]. Dabei hatte sich die Rechtsprechung zunächst auch dann dafür ausgesprochen, wenn sich die Komplementär-GmbH nicht auf ihre Komplementär-Funktion beschränkte, sondern darüber hinaus einen nicht unwesentlichen eigenen Geschäftsbetrieb unterhielt, da auch in diesem Fall "... die GmbH innerhalb der KG ihr gesamtes wirtschaftliches Gewicht zur Geltung [bringe], was wiederum verstärkten Einfluß der an der GmbH beteiligten Kommanditisten in der KG" bedeute[132]. In einem neueren Judikat zum Bewertungsrecht wurde diese Rechtsprechung jedoch aufgegeben und die Sonderbetriebsvermögens-Eigenschaft der Anteile nur noch dann bejaht, wenn sich die GmbH auf die Komplementär-Tätigkeit für die KG beschränkt oder ein daneben bestehender eigener Geschäftsbetrieb nur von untergeordneter Bedeutung ist[133]. Zwar sei die Zuordnung eines Wirtschaftsguts zum Betriebsvermögen an sich bereits dann geboten, wenn es dem Betrieb zu mehr als 50 % diene. Es sei jedoch nicht möglich, zu entscheiden, "... ob die Beteiligung an einer Komplementär-GmbH mit mehr als nur unbedeutendem eigenen Geschäftsbetrieb in der Hand eines Kommanditisten mehr als Instrument der Einflußnahme auf den Betrieb der KG oder mehr eine Kapitalanlage ist"[134]. Der VIII. Senat hat sich dieser Ansicht für das Ertrag- und Bilanzsteuerrecht angeschlossen[135].

---

131 BFH IV R 271/84 vom 14.4.1988, BStBl II 1988, S. 669. Diese Auffassung geht zurück auf die noch unter dem Einfluß der Bilanzbündeltheorie stehende Entscheidung BFH IV R 139/67 vom 15.11.1967, BStBl II 1968, S. 152; siehe auch BFH I R 16/73 vom 15.10.1975, BStBl II 1976, S. 188. Im Schrifttum wird die BFH-Auffassung etwa geteilt von L. SCHMIDT 1993, EStG § 15 Anm. 114a.

132 BFH I R 16/73 vom 15.10.1975, BStBl II 1976, S. 190; Klammerzusatz vom Verfasser. Aus der Literatur siehe etwa ROSENAU, Folgen, DB 1971, Beilage 13, S. 4. Im gleichen Judikat wurde auch die von Teilen des Schrifttums geforderte anteilige Berücksichtigung der Beteiligung (siehe etwa NISSEN, Ertragsteuern, DB 1971, S. 2232) abgelehnt.

133 BFH III R 35/79 vom 7.12.1984, BStBl II 1985, S. 238. Siehe auch BFH III R 91/81 vom 7.12.1984, BStBl II 1985, S. 241; BFH II R 137/79 vom 7.5.1986, BStBl II 1986, S. 615; BFH II R 187/80 vom 7.10.1987, BStBl II 1988, S. 23.

134 BFH III R 91/81 vom 7.12.1984, BStBl II 1985, S. 242.

135 BFH VIII R 374/83 vom 31.10.1989, BStBl II 1990, S. 678.

Die Sonderbetriebsvermögenseigenschaft der Komplementär-GmbH-Anteile wird in der Literatur insbesondere dann kritisiert, wenn es sich um eine "klassische" GmbH & Co. KG mit identischen Beteiligungsverhältnissen in der KG und in der GmbH handelt. In diesem Fall werde der Einfluß der Kommanditisten durch die GmbH-Beteiligung nicht verbessert, da sich die Situation für alle gleich darstelle und die Machtposition des einzelnen durch die Beteiligung infolgedessen nicht berührt werde[136]. Nach Ansicht des Verfassers wird die Sichtweise des BFH den Gegebenheiten jedoch eher gerecht. Die Alternative zu einer Gesamtschau aller Gesellschafter, wie sie offensichtlich von den Kritikern eingenommen wird, besteht nämlich darin, jeweils nur die Lage eines einzelnen Kommanditisten zu untersuchen. Dann jedoch erweist sich die Beteiligung an der Komplementär-GmbH durchaus als nützlich, da er auf diese Weise mehr Einfluß auf die Geschäftsführung der KG nehmen kann, als wenn diese Beteiligung einem Dritten zustünde. Voraussetzung ist allerdings, daß die GmbH-Beteiligung überhaupt nennenswerte Einwirkungsrechte vermittelt. Ist dies nicht der Fall, so kann eine Förderung m.E. nicht angenommen werden[137].

Während die grundsätzliche Haltung des BFH zur bilanzsteuerlichen Behandlung von Komplementär-GmbH-Anteilen im Schrifttum zum Teil scharf kritisiert wird, ist die Beschränkung dieser Rechtsprechung auf die (nahezu) ausschließlich geschäftsführende Gesellschaft auch und insbesondere bei den Kritikern auf Zustimmung gestoßen[138].

Nach Ansicht des Verfassers ist zunächst hervorzuheben, daß der BFH für die Frage der Zuordnung eines zum Teil "neutral", zum Teil betrieblich genutzten Beteiligungstitels grundsätzlich auf das Überwiegen der einen oder der anderen Motivation abstellt, wie es hier auch für entsprechende Situationen beim Einzelunternehmer vorgeschlagen wurde. Die vom BFH gezogene Schlußfolgerung, mangels Aufteilbarkeit des neutralen und betrieblichen Nutzens einer Beteiligung sei notwendiges (Sonder-) Betriebsvermögen nur dann anzunehmen, wenn der erste Aspekt nur von völlig untergeordneter Bedeutung sei, ist jedoch in dieser Allgemeinheit bedenklich. Eine konsequente Anwendung dieser Argumentation würde

---

136 Siehe insbesondere CZUB, Anteile, StuW 1981, S. 343 f.; KNOBBE-KEUK, Kommanditisten, 1985, S. 379. Siehe auch H. BITZ in L/B/M 1993, EStG § 15 Rn. 47; LEMPENAU, Mitunternehmerschaft, StbJb 1982/83, S. 225.

137 Nach Ansicht des BFH kommt es jedoch auf die Höhe der Beteiligung des Kommanditisten an der Komplementär-GmbH nicht an (vgl. G. SÖFFING, Sonderbetriebsvermögen, NWB 1991, Fach 3, S. 8072).

138 H. BITZ in L/B/M 1993, EStG § 15 Anm. 47; CZUB, Anteile, StuW 1981, S. 343 f.; KNOBBE-KEUK, Unternehmenssteuerrecht, 1991, S. 398 f.

nämlich dazu führen, daß die Beteiligung eines Einzelunternehmers nur dann seinem notwendigen Betriebsvermögen zugeordnet werden könnte, wenn sich die Gesellschaft auf eine dienende Funktion für die Einzelunternehmung beschränkt, d.h. ausschließlich oder so gut wie ausschließlich für den Gesellschafter tätig wird und insoweit keinen darüber hinaus gehenden "eigenen Geschäftsbetrieb" unterhält. Dies wird jedoch allgemein nicht vorausgesetzt[139].

Wenn im Ergebnis der neueren BFH-Rechtsprechung dennoch zuzustimmen ist, so deshalb, weil das Sonderbetriebsvermögen nach dem sog. "Beitragsgedanken"[140] nur solche Wirtschaftsgüter umfaßt, die wirtschaftlich "durch das Gesellschaftsverhältnis ... veranlaßt sind"[141]. Dabei sind strenge Maßstäbe anzusetzen, so daß eine mehr als nur unbedeutende nicht gesellschaftsbezogene Mitveranlassung kein Sonderbetriebsvermögen entstehen läßt[142]. Dabei ist m.E. trotz des neuen § 15 Abs. 1 Satz 1 Nr. 2 Satz 2 EStG Voraussetzung, daß überhaupt eine Beteiligung an der Komplementär-GmbH besteht. Daher stellt die Beteiligung einer Person X an einer Komplementär-GmbH kein Sonderbetriebsvermögen II des X bei der GmbH & Co. KG dar, wenn nicht er selbst, sondern nur eine Personengesellschaft, an der er beteiligt ist, Gesellschafter der KG ist. Da X an der KG nicht beteiligt ist, kann insoweit auch keine Förderung durch die GmbH-Beteiligung vorliegen[143].

ß. Anteile an marktverflochtenen Kapitalgesellschaften

Zum notwendigen Sonderbetriebsvermögen II können auch die Anteile eines Gesellschafters an einer Kapitalgesellschaft gehören, zu der die Personengesellschaft in umfangreichen Geschäftsbeziehungen steht, wie dies insbesondere - aber nicht nur - bei einer Betriebsaufspaltung der Fall ist[144]. Nach DÖLLERER ist die diesbezügliche BFH-Rechtsprechung[145] so zu interpretieren, "daß die Eigenschaft als

---

139 Siehe oben, Punkt I.A.2.a.α, S. 37 ff.).

140 Siehe dazu L. WOERNER, Bilanzbündeltheorie, BB 1974, S. 592-598.

141 Siehe etwa BFH I R 163/77 vom 23.5.1979, BStBl II 1979, S. 757.

142 So auch CZUB, Anteile, StuW 1981, S. 343 f.

143 So auch G. SÖFFING, Beteiligung, FR 1992, S. 188. A.A. L. SCHMIDT 1993, EStG § 15 Anm. 114b. Offen lassend SEER, Behandlung, StuW 1992, S. 46.

144 L. SCHMIDT 1993, EStG § 15 Anm. 79b. Dabei sind strenge Maßstäbe anzulegen (vgl. BFH IV R 2/90 vom 31.1.1991, BStBl II 1991, S. 786).

145 Verweis auf BFH II R 242/83 vom 28.6.1989, BStBl II 1989, S. 824; BFH IV R 62/86 vom 6.7.1989, BStBl II 1989, S. 890; BFH VIII R 374/83 vom 31.10.1989, BStBl II 1990, S. 677.

Sonderbetriebsvermögen gegeben ist, wenn zwei von den folgenden drei Voraussetzungen erfüllt sind:

(1) Beherrschung der Kapitalgesellschaft durch den Gesellschafter der Personengesellschaft.
(2) Erhebliche wirtschaftliche Bedeutung der Geschäftsbeziehungen mit der Kapitalgesellschaft für die Personengesellschaft.
(3) Geringe eigene geschäftliche Tätigkeit der Kapitalgesellschaft.

Liegt nur eine dieser Voraussetzungen vor, dann kann Sonderbetriebsvermögen des Gesellschafters nicht angenommen werden"[146].

Nach Ansicht des Verfassers bedingt die Zuordnung der Beteiligung des Gesellschafters einer Personengesellschaft an einer (z.B. Vertriebs-) Kapitalgesellschaft zum notwendigen Sonderbetriebsvermögen II, daß die Anteile für die Personengesellschaft und damit auch für die Beteiligung an der Personengesellschaft förderlich sind. Dabei kann es sich nur um mittelbare Vorteile handeln, da die unmittelbar titelinduzierten (insbesondere Dividenden-) Zahlungen dem Gesellschafter selbst zugute kommen. Notwendige Voraussetzung ist daher, daß die Geschäftsbeziehung für die *Personengesellschaft* bedeutsam ist. Da der BFH in den genannten Urteilen explizit auf die oben erläuterte neuere Judikatur zur Behandlung der Komplementär-Anteile eines Kommanditisten verweist, ist darüber hinaus zu fordern, daß die Kapitalgesellschaft ausschließlich oder so gut wie ausschließlich eine dienende Funktion für die Personengesellschaft wahrnimmt und andere Aktivitäten von völlig untergeordneter Bedeutung sind. Mithin sind die zweite und dritte der von DÖLLERER genannten Voraussetzungen m.E. unerläßlich. Dagegen stimmt die Forderung nach einer Beherrschung der Kapitalgesellschaft nicht mit der oben zitierten Rechtsprechung zu Komplementär-GmbH-Beteiligungen überein, nach der die Beteiligungsquote unerheblich war. Es ist jedoch kein Grund ersichtlich, insoweit voneinander abweichende Voraussetzungen zu verlangen. Mithin sollte, wie auch oben vorgeschlagen, eine engagierte Beteiligung ausreichend sein.

Die dargestellten Grundsätze sind auf den Fall der strukturellen Betriebsaufspaltung entsprechend anzuwenden. Dies hat zur Folge, daß die Anteile der Gesellschafter der Besitz-Personengesellschaft an der Produktions-Kapitalge-

---

146 DÖLLERER, Rechtsprechung, ZGR 1991, S. 444.

sellschaft entgegen der zumindest bisher vertretenen herrschenden Auffassung[147] grundsätzlich nicht zum notwendigen Sonderbetriebsvermögen II der Gesellschafter gehören, da die Betriebs-Kapitalgesellschaft nicht eine (so gut wie) ausschließlich dienende Funktion für die Besitz-Personengesellschaft ausübt. Die "Beschaffung" der Vermietungsleistung ist zwar für erstere regelmäßig von großer Bedeutung. Eine Zuordnung zum Sonderbetriebsvermögen käme jedoch nur dann in Betracht, wenn die Betriebs-Kapitalgesellschaft über ihre Verbindung mit der Besitzgesellschaft hinaus keine wesentlichen eigenen Aktivitäten entfaltet; davon kann jedoch m.E. in keinem Fall ausgegangen werden[148].

b. Gewillkürtes Sonderbetriebsvermögen

Die Zuordnung von Finanzierungstiteln zum gewillkürten Sonderbetriebsvermögen kommt dann in Betracht, wenn die Anteile zwar nicht schon aufgrund ihrer Funktion, aber doch objektiv geeignet und subjektiv dazu bestimmt sind, der Gesellschaft oder Beteiligung des Mitunternehmers an der Personengesellschaft zu dienen und diese zu fördern[149]. Da eine Förderung der Personengesellschaft bzw. des Anteils daran durch unmittelbar titelinduzierte Zahlungen nicht in Betracht kommt, denn diese stehen dem Gesellschafter selbst zu, ist der Kreis der gewillkürbaren Finanzierungstitel notwendigerweise enger als bei einer Einzelunternehmung. Denkbar sind insbesondere drei Fälle.

Zum einen sind Finanzierungstitel zu nennen, die für Betriebsschulden der Gesellschaft verpfändet wurden[150]. Da diese Sicherungsmaßnahme der Gesellschaft "verliehene Liquidität" verschafft und sie damit fördert, ist eine Willkürung grundsätzlich denkbar.

Einen zweiten Anwendungsfall stellen Beteiligungen an marktverflochtenen Kapitalgesellschaften dar, wenn nur vergleichsweise geringe Verflechtungsbeziehungen bestehen. Der BFH hat in mehreren Judikaten die Zugehörigkeit derartiger Beteili-

---

147 Siehe nur KALIGIN, Betriebsaufspaltung, 1988, S. 101 f., und FICHTELMANN, Betriebsaufspaltung, 1991, S. 79 f., jeweils mit Rechtsprechungs- und weiteren Literaturhinweisen.

148 Zweifelnd auch G. SÖFFING, Aktien, NWB 1990, Fach 3, S. 7432; DERS., Betriebsaufspaltung, 1990, S. 89.

149 BFH XI R 36/88 vom 23.1.1992, BStBl II 1992, S. 723, m.w.N.

150 BFH I R 159/71 vom 4.4.1973, BStBl II 1973, S. 628; BFH VIII R 142/85 vom 23.10.1990, BStBl II 1991, S. 401. Siehe auch AUTENRIETH, Sonderbetriebsvermögen, DStZ 1992, S. 277; KNOBBE-KEUK, Unternehmenssteuerrecht, 1991, S. 400.

gungen zum gewillkürten Sonderbetriebsvermögen erwogen, sie jedoch letztlich mangels eindeutiger Dokumentation in der Buchführung abgelehnt[151]. Danach wird eine nicht nur unbedeutende Förderung der Personengesellschaft ausreichend, aber auch notwendig sein. So wurde mangels objektiver Förderung bspw. die Beteiligung an einer Abschreibungsgesellschaft nicht als zum Sonderbetriebsvermögen gewillkürbar angesehen[152].

Die letzte Gruppe bilden schließlich Finanzierungstitel, die zwar nicht aktuell, aber in absehbarer Zeit dem Betrieb der Gesellschaft zur Verfügung gestellt werden. Dies gilt etwa für die bereits oben erwähnten Festgeldbeträge, die aufgrund einer bindenden Vereinbarung für eine spätere Verwendung durch die Gesellschaft bereit gehalten werden.

III. Die Zugehörigkeit zum Betriebsvermögen der Kapitalgesellschaft

Wie oben dargestellt, können Kapitalgesellschaften im Bereich der Einkünfteerzielung nur notwendiges Betriebsvermögen haben[153]. Dies gilt auch für Finanzierungstitel und zwar selbst dann, wenn eine Darlehensgewährung ausschließlich "privat" motiviert ist und zur Generierung eines nichtunternehmerischen Renditetitels führt. Der gesellschaftsrechtlichen Veranlassung ist in diesen Fällen durch das Institut der verdeckten Gewinnausschüttung Rechnung zu tragen[154].

---

151   Siehe etwa BFH XI R 36/88 vom 23.1.1992, BStBl II 1992, S. 721; BFH VIII R 2/87 vom 7.7.1992, BStBl II 1993, S. 328.

152   BFH IV R 36/83 vom 20.6.1985, BStBl II 1985, S. 654.

153   Siehe oben, § 1, Punkt II.B.3, S. 166. Es ist allerdings zu berücksichtigen, daß die Sonderbetriebsvermögens-Eigenschaft (bspw. eines Gesellschafter-Darlehens an eine Personengesellschaft) vorrangig ist.

154   Siehe dazu unten, 2. Kapitel, § 3, Punkt II.B.2, S. 482 ff.

2. Kapitel : Bilanzierung des Finanzvermögens der Höhe nach
§ 1 : Grundlagen

I. Schlußfolgerungen aus den Entscheidungen bei der Bilanzierung des Finanzvermögens dem Grunde nach für dessen Bilanzierung der Höhe nach

Die im 1. Kapitel erarbeiteten Ergebnisse hinsichtlich der Bilanzierung von Finanzierungstiteln dem Grunde nach begrenzen den notwendigen Umfang der sich anschließenden Überlegungen hinsichtlich ihrer Bilanzierung der Höhe nach nicht unwesentlich. Zunächst ist darauf hinzuweisen, daß ein dem Betriebsvermögen des Titelinhabers zuzurechnender Finanzierungstitel ein positives Wirtschaftsgut darstellt; Bewertungs- und Bepreisungsvorschriften, die sich auf Rückstellungen oder Verbindlichkeiten beziehen, können demzufolge vernachlässigt werden.

Darüber hinaus wurde festgestellt, daß Finanzierungstitel dem finanziellen (bzw. in Ausnahmefällen dem immateriellen[1]) (Anlage- oder Umlauf-) Vermögen zuzurechnen, weder beweglich noch unbeweglich sind und nicht der Abnutzung unterliegen[2]. Hieraus ergeben sich folgende Konsequenzen:

- Die Vorschriften über die Absetzung für (auch: außerplanmäßige) Abnutzung bzw. Substanzverringerung in § 7 EStG sind unbeachtlich.

- Es existieren keine "steuerrechtlichen Abschreibungen" i.S.d. § 254 HGB[3]. Weder werden Abzüge von den Anschaffungs- oder Herstellungskosten gewährt[4] noch sind erhöhte Absetzungen, Sonderabschreibungen und Bewertungsfreiheiten[5] möglich.

---

1   Den Ausnahmefall stellen isolierte Optionsrechte dar (siehe oben, 1. Kapitel, § 2, Punkt II.B.4.(1), S. 210).

2   Siehe oben, 1. Kapitel, § 2, Punkt I.A.2, S. 169 ff.

3   Möglicherweise bestehen allerdings Diskrepanzen zwischen einer handelsrechtlichen außerplanmäßigen Abschreibung und einer steuerlichen Teilwertabschreibung; Fälle dieser Art werden in der Literatur ebenfalls unter § 254 HGB subsumiert (siehe etwa PANKOW/LIENAU in BBK 1990, HGB § 254 Anm. 10).

4   Siehe etwa § 6b EStG, Abschnitt 35 EStR (zur Subsumtion dieser Regelungen unter § 254 HGB vgl. nur PANKOW/LIENAU in BBK 1990, HGB § 254 Anm. 11-24). In einem Spezialfall können auch die Anschaffungskosten eines Finanzierungstitels um Veräußerungsgewinne oder Rücklagen (jeweils nach § 6b EStG) gekürzt werden und zwar dann, wenn es sich um Anteile an Kapitalgesellschaften handelt, die eine Unternehmensbeteiligungsgesellschaft angeschafft hat, soweit der Gewinn bei der Veräußerung von Anteilen an Kapitalgesellschaften entstanden ist (§ 6b Abs. 1 Satz 2 Nr. 5 EStG). Diese Konstellation soll jedoch im folgenden vernachlässigt werden.

5   Siehe etwa §§ 14-15 BerlinFG, § 3 ZRFG, § 7g EStG.

- Es kann weder ein Festwert gebildet werden noch ist eine Gruppenbewertung denkbar[6]. Auch Verbrauchsfolgeverfahren sind nach dem Wortlaut des § 256 Satz 1 HGB für Finanzierungstitel ausgeschlossen[7]. Steuerlich kommt die Anwendung des § 6 Abs. 1 Nr. 2a EStG für Wertpapiere aus dem gleichen Grund ebenfalls nicht in Frage[8].

- Eine weitere Einschränkung des Untersuchungsgegenstands besteht darin, daß Anteile an Personengesellschaften im folgenden unberücksichtigt bleiben. Der Grund hierfür ist darin zu sehen, daß der Ansatz der Höhe nach im Ergebnis mit Hilfe der Spiegelbildmethode bestimmt wird und insoweit lediglich einen Reflex des steuerlichen Kapitalkontos darstellt[9]. Für eine eigenständige Bewertung verbleibt folglich kein Raum[10].

Fraglich ist, ob aus der Zugehörigkeit von Finanzierungstiteln zum finanziellen Vermögen zu schließen ist, daß diese ausschließlich angeschafft, nicht jedoch hergestellt werden können. Die wohl noch herrschende Lehre nennt im Zusammenhang mit Forderungen, Ausleihungen, Beteiligungen usf. ausschließlich die Anschaffungskosten als originären Bewertungsmaßstab[11]. Abweichend davon wird in der älteren Literatur jedoch auch die Meinung vertreten, Forderungen aus Lieferungen und Leistungen würden nicht angeschafft, sondern hergestellt[12]. *GOER-*

---

6   Vgl. § 256 Satz 2 i.V.m. § 240 Abs. 3 und Abs. 4 HGB; Abschnitt 36 Abs. 4 und Abs. 5 EStR. Die Einschränkung ergibt sich daraus, daß die genannten Bewertungsvereinfachungsverfahren nach dem Wortlaut des Gesetzes nur für "Vermögensgegenstände des Sachanlagevermögens sowie Roh-, Hilfs- und Betriebsstoffe" bzw. für "gleichartige Vermögensgegenstände des Vorratsvermögens" Anwendung finden.

7   Es wird jedoch auch die Meinung vertreten, daß der Auschluß anderer Vermögensgegenstände als der zum Vorratsvermögen zählenden nicht zwingend ist (für die Anwendbarkeit von Verbrauchsfolgeverfahren für Wertpapiere etwa A/D/S 1992, HGB § 256 Tz. 24; SARX in BBK 1990, HGB § 256 Anm. 11). A.A. dagegen GLADE 1986, HGB § 256 Rz. 11; MAYER-WEGELIN in HdR 1990, HGB § 256 Rn. 25.

8   Sie wird jedoch zum Teil als Schätzungsgrundlage akzeptiert, allerdings nur für den Fall der Sonderverwahrung (L. SCHMIDT/GLANEGGER 1993, EStG § 6 Anm. 85b.aa). Siehe dazu auch unten, Punkt III.B.3.a, S. 341 ff.

9   Siehe oben, 1. Kapitel, § 3, Punkt I.D.1.b, S. 245 ff.

10 Für die h.L. siehe nur L. SCHMIDT 1993, EStG § 5 Anm. 31 "Beteiligung an PersGes" und § 15 Anm. 84a.

11 Siehe etwa KNOP/KÜTING in HdR 1990, HGB § 255 Rn. 13: "Handelt es sich um einen Vermögensgegenstand [bzw. ein Wirtschaftsgut], der [bzw. das] nur erworben werden kann, so kommt nur eine Bewertung mit Anschaffungskosten in Betracht. Dies dürfte bspw. bei Grund und Boden, Finanzanlagen, Forderungen und sonstigen Vermögensgegenständen denkbar sein" (Klammerzusätze vom Verfasser). Siehe auch A/D/S 1992, HGB § 255 Tz. 51.

12 SCHÖNNENBECK, Geschäfte, DB 1960, S. 1136.

DELER/MÜLLER haben diese These für Beteiligungen aufgestellt[13]. Eine Reihe von Autoren hat sich dieser Meinung angeschlossen[14]. Andere halten diese Rechtsauffassung für unzutreffend[15].

Die Begründung für die in der Tat "befremdliche"[16] Auffassung, beim originären Erwerb einer Beteiligung handele es sich um einen Herstellungs-, nicht um einen Anschaffungsvorgang, liegt in der Abgrenzung des Herstellungskosten- vom Anschaffungskostenbegriff im allgemeinen: "Die Erlangung eines bereits bestehenden Wirtschaftsguts nennt man Anschaffung, die Erlangung eines noch nicht bestehenden nennt man Herstellung"[17]. Hieraus wird gefolgert, daß der originäre Erwerb einer Beteiligung einen Herstellungsvorgang darstellt, da die Beteiligung in diesem Fall erst durch den Erwerbsvorgang generiert wird.

Nach Ansicht des Verfassers werden in der skizzierten Diskussion zum Teil zwei verschiedene Fragestellungen miteinander vermengt, nämlich die Frage nach der Qualifizierung des originären Titelerwerbs als Anschaffungs- oder Herstellungsvorgang einerseits und die rechtliche Würdigung von Vorteilszuwendungen eines Gesellschafters an seine Gesellschaft als *nachträgliche* Anschaffungs- oder Herstellungskosten andererseits[18]. Der Unterschied ist insbesondere deshalb bedeutsam, weil nur bei der erstgenannten Fragestellung - und nur diese ist an dieser Stelle zu problematisieren[19] - der Erwerbsvorgang zur Schaffung des Wirtschaftsguts Finanzierungstitel führt, das bei der Alternative "nachträgliche Anschaffungs- oder Herstellungskosten" dagegen unzweifelhaft bereits vorhanden ist. Darüber

---

13 GOERDELER/MÜLLER, Behandlung, WPg 1980, S. 319.

14 Siehe insbesondere WICHMANN, Beteiligungen, BB 1992, S. 1241-1243; DERS., Herstellung, BB 1986, S. 28-31. Siehe auch FICHTELMANN, Einlagen, GmbHR 1988, S. 76 f.; HOFFMANN, Beteiligungen, BB 1988, Beilage 2, S. 6; PANKOW/GUTIKE in BBK 1990, HGB § 255 Anm. 143, 405.

15 Siehe insbesondere KÜCKEN, Beteiligungen, WPg 1983, S. 579-583; vgl. auch HEUER in H/H/R 1993, EStG § 6 Anm. 792; MELLWIG, Beteiligungen, BB 1990, S. 1163, Fn. 19; NIESKENS, Beteiligungen, WPg 1988, S. 495; WASSERMEYER, Einlagen, StbJb 1985/86, S. 232. Zum Teil wird die Alternative Herstellungskosten nicht einmal in Erwägung gezogen (siehe etwa die Monographie von E. WEBER, Beteiligungen, 1980, S. 179 ff.; siehe auch BREZING, Beteiligungen, StbJb 1972/73, S. 339 ff.).

16 GOERDELER/MÜLLER, Behandlung, WPg 1980, S. 319.

17 HOFFMANN, Beteiligungen, BB 1988, Beilage 2, S. 5, m.w.N.

18 So insbesondere WICHMANN, der etwa KNOBBE-KEUK als Befürworterin der Anschaffungskosten-Qualifikation nennt (vgl. WICHMANN, Beteiligungen, BB 1992, S. 1241, Fn. 6). Die Zitierte nimmt jedoch ausschließlich zur Problematik der nachträglichen Anschaffungs- oder Herstellungskosten Stellung (vgl. KNOBBE-KEUK, Gesellschaftsanteile, AG 1979, S. 297, Fn. 28). Das gleiche trifft für den Hinweis auf NORDMEYER zu (vgl. WICHMANN, a.a.O.; NORDMEYER, Herstellungskosten, 1989, S. 234 f.).

19 Zu der zweiten Fragestellung siehe unten, Punkt III.A.2.b, S. 371 ff.

hinaus handelt es sich im ersten Fall um einen tauschähnlichen Vorgang, der beim zweiten gerade nicht bejaht werden kann[20].

Überdies kann es aus bilanzieller Sicht keinen Unterschied machen, ob der originäre Erwerb des Anteils an einer GmbH, einer Aktiengesellschaft oder einer Genossenschaft untersucht wird; ungeachtet der bestehenden gesellschaftsrechtlichen Unterschiede bedeutet der originäre Erwerb der genannten Beteiligungstitel-Typen, daß diese mit bzw. durch den Erwerbsvorgang entstehen[21]. Es ist dann auch unbeachtlich, ob neue Anteile an einer neu gegründeten oder an einer bereits bestehenden Gesellschaft erworben werden; das von WICHMANN für die Qualifizierung des Erwerbsvorgangs als Herstellung vorgebrachte Argument, erst mit Schaffung der Beteiligung entstehe der Handelnde selbst, mithin könne ein Leistungsaustausch und damit eine Anschaffung nicht vorliegen[22], kann damit bestenfalls für einen Teil der Anwendungsfälle und nicht generell Gültigkeit besitzen. Und schließlich muß das Axiom, "daß der 'erste Akt' eines Vermögensgegenstands Herstellung sein muß und daß jeder Anschaffungsvorgang voraussetzt, daß der angeschaffte Vermögensgegenstand einmal hergestellt wurde"[23], wenn es denn zutreffend wäre[24], zur Folge haben, daß dann auch die Herstellung von Forderungstiteln bejaht werden muß[25].

Ist nach dem Vorgesagten der originäre Erwerb von Finanzierungstiteln jeder Art nach den gleichen Grundsätzen zu beurteilen, so ist zunächst festzuhalten, daß in bezug auf den originären Erwerb von Finanzierungstiteln weder der Anschaffungskostenbegriff des § 255 Abs. 1 HGB noch der Herstellungskostenbegriff des § 255 Abs. 2 HGB überzeugt, da eine Anschaffung im eigentlichen Sinne nicht vorliegt und der zweitgenannte Bewertungsmaßstab erkennbar auf materielle Vermögensgegenstände zugeschnitten ist. M.E. wird dem originären Titelerwerb am

---

20 Siehe auch WASSERMEYER, Einlagen, StbJb 1985/86, S. 232.

21 In der Literatur ist dagegen häufig ausschließlich von GmbH- und Personengesellschaftsanteilen die Rede (vgl. etwa WICHMANN, Beteiligungen, BB 1992, S. 1241).

22 WICHMANN, Beteiligungen, BB 1992, S. 1242.

23 WICHMANN, Beteiligungen, BB 1992, S. 1242.

24 Das Argument erscheint logisch zwingend, eine gesetzliche Regelung gibt es jedoch nicht. Im übrigen gibt es im Bilanzrecht auch (andere) Ausnahmen von diesem Grundsatz, z.B. bei Grundstücken.

25 Diese Auffassung wird jedoch allgemein nicht vertreten (siehe etwa BOLSENKÖTTER, Forderungen, HdJ II/6 1986, Rn. 110; MATHIAK, Bilanzsteuerrecht, StuW 1987, S. 55; PANKOW/SCHMIDT-WENDT in BBK 1990, HGB § 255 Anm. 251; SCHMIDT/GLANEGGER 1993, EStG § 6 Anm. 86a. Vgl. auch die Überlegungen bei M. SÖFFING in L/S/B 1993, EStG § 6 Anm. 769-771). A.A. allerdings WASSERMEYER, Gewinnrealisierung, StbKonRep 1986, S. 74.

ehesten die im zweiten Teil der Arbeit dargestellte Aufspaltung dieses Vorgangs in eine Kontrakt- und eine Kontraktobjektebene gerecht[26], wonach das Kontraktobjekt (der Finanzierungstitel) durch den Titelemittenten generiert und vom Titelerwerber angeschafft wird[27]. Der Gedanke der Herstellung eines Finanzierungstitels erscheint auch deshalb wenig überzeugend, weil es sich bei der Herstellung grundsätzlich um einen Prozeß handelt, der in einem Zeitraum abläuft[28]; dagegen findet die Schaffung eines Finanzierungstitels zu einem bestimmten Zeitpunkt, bspw. in der logischen Sekunde des Übergangs des wirtschaftlichen Eigentums statt. Darüber hinaus umfassen Herstellungskosten nach § 255 Abs. 2 HGB[29] ausschließlich "Aufwendungen, die durch den Verbrauch von Gütern und die Inanspruchnahme von Diensten" entstehen. Es ist nicht ersichtlich, wie etwa die Zurverfügungstellung einer Darlehenssumme oder die Leistung einer (Geld-) Einlage unter diese Kategorie subsumierbar sein könnten. Die Befürworter der Herstellung einer Beteiligung müßten folglich - zumindest im Fall des originären Erwerbs gegen Geldleistung - zu einer Primärbewertung von 0 DM gelangen[30].

Als Ergebnis der vorstehenden Überlegungen ist festzuhalten, daß Herstellungskosten als Bepreisungsmaßstab für Finanzierungstitel ausscheiden.

II. Bewertungsobjekt und Bewertungsfaktoren
A. Einzelbilanzierung und Einzelbewertung

Nach § 252 Abs. 1 Nr. 3 HGB sind alle Vermögensgegenstände zum Abschlußstichtag einzeln zu bewerten. Aufgrund des Maßgeblichkeitsprinzips und

---

26 Siehe oben, 2. Teil, 2. Kapitel, § 2, Punkt II.A, S. 53 f.

27 Ähnlich HEUER für den originären Erwerb von Kapitalgesellschaftsanteilen: "Schon der gesellschaftsrechtliche Vorgang der erstmaligen Ausgabe von Kapitalanteilen an einer neugegründeten KapGes. hat wirtschaftlich den Charakter einer Anschaffung in Form eines Leistungsaustauschs gegen Einlagen" (HEUER in H/H/R 1993, EStG § 6 Anm. 792). In die gleiche Richtung zielt die juristische Argumentation WASSERMEYERS: "Obwohl der Gesellschaftsvertrag ein Vertrag eigener Art ist, hat er insoweit tauschähnlichen Charakter. Dies rechtfertigt es, die offene Einlage des Gesellschafters als dessen Anschaffungskosten zu qualifizieren" (WASSERMEYER, Einlagen, StbJb 1985/86, S. 232).

28 PANKOW/SCHMIDT-WENDT in BBK 1990, HGB § 255 Anm. 23.

29 Die Definition ist auch für die Steuerbilanz maßgeblich (L. SCHMIDT/GLANEGGER 1993, EStG § 6 Anm. 40a).

30 Entgegen der Auffassung WICHMANNS (Beteiligungen, BB 1992, S. 1242) ist es m.E. mit MELLWIG (Beteiligungen, BB 1990, S. 1163, Fn. 19) sehr wohl logisch nachvollziehbar, § 255 Abs. 2 HGB als Argument für den Anschaffungskostenbegriff heranzuziehen: Die "Festlegung des Inhalts der Kostenarten" (WICHMANN, a.a.O.), wie sie in § 255 Abs. 2 HGB erfolgt, ist durchaus für die Beantwortung der Ausgangsfrage - Anschaffung oder Herstellung? - relevant.

kraft ausdrücklicher Anordnung in § 6 Abs. 1 Satz 1 EStG gilt dieser Grundsatz auch für die Steuerbilanz[31]. Das damit gesetzlich explizit erwähnte Einzelbewertungsprinzip stellt zum einen den Gegenbegriff zur Gesamtbewertung des Betriebsvermögens dar[32]. Mit dieser Negativabgrenzung wird klargestellt, daß die Bilanz nicht der Ermittlung des Unternehmenswerts - etwa definiert als diskontierte Summe der zukünftigen Einzahlungsüberschüsse - dient[33]. Vielmehr bestimmt § 6 EStG (positiv), daß die einzelnen Wirtschaftsgüter als Bewertungsobjekte anzusehen sind. Folglich ist auch der Gewinn durch Addition von Einzelwerten zu bestimmen[34]. Damit verbleiben jedoch noch erhebliche Freiheitsgrade, die durch die Grundsätze ordnungsmäßiger Buchführung einzuschränken sind. Die insoweit zu diskutierenden Problemfelder verdeutlicht Abbildung 34:

Abbildung 34

Einzelbilanzierung und Einzelbewertung

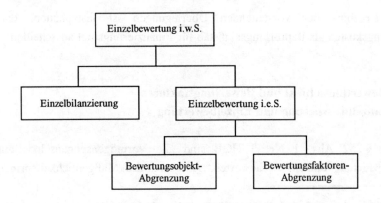

Wenn die bilanzielle Bewertung nicht an das Unternehmen als Ganzes, sondern an das "einzelne Wirtschaftsgut" anknüpft, so stellt sich zunächst die Frage nach der Ermittlung der vorhandenen Einzelobjekte bzw. nach der Reichweite und Abgrenzung des Wirtschaftsgutbegriffs. Insoweit wird in der Literatur auch die Bezeichnung "Einzelbilanzierung" ("Einzelerfassung") verwendet[35]. Diese Problematik

---

31 KNOBBE-KEUK, Unternehmenssteuerrecht, 1991, S. 141; MEINCKE in L/B/M 1993, EStG § 6 Rn. 49; L. SCHMIDT 1993, EStG § 5 Anm. 14a.

32 MOXTER, Gewinnermittlung, 1982, S. 90. Siehe auch FEY, Imparitätsprinzip, 1987, S. 125 f.; MEINCKE in L/B/M 1993, EStG § 6 Rn. 49.

33 Siehe auch bereits oben, 1. Teil, 2. Kapitel, § 1, Punkt II.A, S. 10 ff.

34 MOXTER, Gewinnermittlung, 1982, S. 90.

35 BAETGE in HdR 1990, Kapitel II, Rn. 146; BLÜMICH/SCHREIBER 1993, EStG § 5 Rz. 229 f.; FEDERMANN, Bilanzierung, 1992, S. 129-132.

betrifft den Ansatz dem Grunde nach und wurde daher bereits im 1. Kapitel untersucht[36].

Im Hinblick auf die Einzelbewertung im engeren Sinne, die auf der Stufe des Ansatzes der Höhe nach angesiedelt ist, sind zwei Problemstellungen voneinander zu
unterscheiden, die mit den Schlagworten "Bewertungsobjekt-Abgrenzung" einerseits sowie "Bewertungsfaktoren-Abgrenzung" andererseits belegt werden sollen.
Mit der Abgrenzung des Bewertungsobjekts beschäftigen sich die Ausführungen
im nachfolgenden Punkt B. Dort wird der Frage nachgegangen, ob mit der Bestimmung des Bilanzierungsobjekts gleichzeitig auch das Bewertungsobjekt konkretisiert ist oder ob insoweit Abweichungen denkbar sind. Ist diese Frage geklärt,
so ist in einem zweiten Schritt (in Punkt C) zu prüfen, wie weit der Kreis der bei
der Bewertung dieses Bewertungsobjekts zu berücksichtigenden Bewertungsfaktoren zu ziehen ist.

B. Das Bewertungsobjekt
1. Das Abgrenzungsproblem

Grundsätzlich gebietet der Einzelbewertungsgrundsatz die gesonderte Bewertung
jedes Wirtschaftsguts. Mit der Bestimmung des Bilanzierungsobjekts ist folglich
prinzipiell auch das Bewertungsobjekt hinreichend konkretisiert. Es ist jedoch zu
prüfen, ob es zulässig oder gar geboten sein kann, die Summe bzw. den Saldo von
Wirtschaftsgütern als Bewertungsobjekt zu qualifizieren. So wäre es denkbar,

- positive mit negativen Wirtschaftsgütern,
- negative mit gleichartigen negativen Wirtschaftsgütern oder
- positive mit gleichartigen positiven Wirtschaftsgütern

zu einer Bewertungseinheit bzw. zu einem Bewertungsobjekt zusammenzufassen.
Bezüglich der ersten Möglichkeit ist das grundsätzliche Verbot der Saldierung von
Forderungen und Verbindlichkeiten zu erwähnen, das insoweit eine Ausprägung
des Einzelbewertungsgrundsatzes darstellt[37]. Diesbezüglich kann auf die Ausführungen im 1. Kapitel verwiesen werden[38]. Während die zweite Alternative hier

---

36 Siehe oben, 1. Kapitel, § 2, Punkt II, S. 191 ff.

37 Nach dem hier vertretenen Verständnis des Saldierungsverbots finden sie ihre Rechtferti-
    gung in § 252 Abs. 2 HGB (so auch L. SCHMIDT 1993, EStG § 5 Anm. 14a).

38 Siehe oben, 1. Kapitel, § 3, Punkt II.B, S. 274 ff. Zu den Ausnahmen vom
    Saldierungsverbot siehe ebenda.

nicht von Interesse ist[39], spielt die Aggregation mehrerer gleichartiger Aktiva auch für die Bewertung von Finanzierungstiteln eine Rolle und soll im folgenden näher untersucht werden.

2. Bewertungsobjekt-Abgrenzung und GoB

Im Hinblick auf die Reichweite des Einzelbewertungsprinzips besteht in der Literatur Einigkeit darüber, daß § 252 Abs. 1 Nr. 3 HGB bzw. der Eingangssatz des § 6 Abs. 1 EStG das Bewertungsobjekt eingrenzt mit der oben beschriebenen Folge, daß Bilanzierungs- und Bewertungsobjekt grundsätzlich identisch sind[40]. Abweichungen von der regelmäßig bestehenden Identität von Bilanzierungs- und Bewertungsobjekt sind in erster Linie für Vermögensgegenstände (Wirtschaftsgüter) des materiellen Vermögens zugelassen[41].

Eine Aggregation gleichartiger Aktiva trotz denkbarer Einzelbewertung kommt in der Praxis insbesondere dann in Betracht, wenn homogene Massen-, Füll- oder Schüttgüter, wie Flüssigkeiten oder Gase, während des Lagerungs- und/oder Produktionsprozesses miteinander vermengt werden und damit zwangsläufig ihre Identität verlieren[42]. Will man in solchen Fällen eine Bewertung zu faktischen Ausgaben vornehmen, so müssen zusätzliche organisatorische Maßnahmen im Bereich der Lagerhaltung sicherstellen, daß preisunterschiedliche Elementmengen gleichartiger Güter getrennt aufbewahrt bzw. explizit gekennzeichnet werden. Eine an ökonomischen Maßstäben orientierte Lagerhaltung kann dies im Regelfall jedoch nicht leisten. Akzeptiert man diesen "wirtschaftlichen" Lagermodus als Datum, so können Bilanzansätze nur bei Verzicht auf einen exakten Identitätsnachweis der Güter hergeleitet werden[43].

Die vorgenannten Umstände haben insbesondere zur Entwicklung der in § 256 HGB kodifizierten Bewertungsverfahren (insbesondere Durchschnittsbewertung und Verbrauchsfolgeverfahren) geführt. Die Begründung für das Abgehen von der Einzelbewertung ergibt sich dabei im wesentlichen aus dem Grundsatz der Wirt-

---

39   Hierunter subsumierbar wäre bspw. die Pauschalierung der Dotierung von Garantierückstellungen (FALLER, Einzelbewertung, BB 1985, S. 2023).

40   Siehe nur BUDDE/GEISSLER in BBK 1990, HGB § 252 Anm. 22-26.

41   Siehe die Anwendungsfälle bei FALLER, Einzelbewertung, BB 1985, S. 2017-2023.

42   FALLER, Einzelbewertung, BB 1985, S. 2020, m.w.N.

43   FALLER, Einzelbewertung, BB 1985, S. 2020.

schaftlichkeit[44]. Da es sich hierbei um einen nachgeordneten GoB handelt, ist eine Abkehr vom Einzelbewertungsgrundsatz folglich nur dann zulässig, wenn der Bilanzierungszweck durch die Bildung von Bewertungseinheiten bestenfalls geringfügig beeinträchtigt wird[45].

Die Bildung von Bewertungseinheiten ist jedoch nicht nur beim materiellen, sondern auch beim finanziellen Vermögen möglich. Diesbezüglich sind insbesondere zwei Anwendungsfälle zu nennen, nämlich die Durchschnittsbewertung von Wertpapieren und die Pauschalbewertung von Forderungen.

3. Abweichungen vom formalen Einzelbewertungsgrundsatz
a. Durchschnittsbewertung von Wertpapieren

Beim Erwerb einer Vielzahl gleichartiger Finanzierungstitel - insbesondere Wertpapiere - ist danach zu differenzieren, ob sich die zu verschiedenen Zeitpunkten erworbenen Wirtschaftsgüter[46] in Sonder- bzw. Eigenverwahrung oder in Girosammelverwahrung befinden[47].

Auf *eigen-* und *sonderverwahrten* Wertpapieren ist eine Nummerierung angebracht, die grundsätzlich eine konkrete Identifikation der zu- und abgegangenen Stücke ermöglicht. Aus diesem Grund steht die Finanzverwaltung[48] auf dem Standpunkt, daß dem Veräußerungspreis nur dann die tatsächlichen Anschaffungskosten gegenübergestellt werden können, wenn die Identität des veräußerten Wertpapiers mit einem bestimmten angeschafften Wertpapier nummernmäßig nachge-

---

44   Vgl. FALLER, Einzelbewertung, BB 1985, S. 2017-2023; KÖRNER, Einzelbewertung, WPg 1976, S. 440. Darauf weist auch die Überschrift zu § 256 HGB ("Bewertungsvereinfachungsverfahren") hin.

45   FEY, Imparitätsprinzip, 1987, S. 128. Möglicherweise ist durch die Einführung des § 6 Abs. 1 Nr. 2a EStG partiell eine neue Situation eingetreten, da mit dieser Vorschrift - zumindest auch - der Zweck der Scheingewinneliminierung verfolgt wird (siehe dazu HERZIG/GASPER, Lifo-Diskussion, DB 1992, v.a. S. 1306 f.).

46   Es wurde bereits oben (1. Kapitel, § 2, Punkt II.A.2, S. 196 ff.) herausgearbeitet, daß mehrere Anteile, die als Gesamtheit die Beteiligungsdefinition des § 271 Abs. 1 HGB erfüllen, als ein Wirtschaftsgut zu behandeln sind. Die Anschaffungskosten der ggf. zu verschiedenen Zeitpunkten erworbenen einzelnen Anteile gehen damit in den Wertansatz dieses Wirtschaftsguts ein, so daß das im folgenden zu diskutierende Identifikations- und Bewertungsproblem nicht besteht.

47   Siehe zur Erläuterung dieser Differenzierung oben, 1. Kapitel, § 2, Punkt II.A.1, S. 192 ff.

48   Gleichlautende Erlasse (Entschließung) der obersten Finanzbehörden der Länder vom 20.6.1968, BStBl I 1968, S. 986. Siehe hierzu auch OSWALD, Bewertung, DStZ/A 1969, S. 73-75; RAU, Girosammeldepot, BB 1968, S. 983.

wiesen wird. Danach genügt es nicht, der Veräußerung des Wertpapiers eine bestimmte Anschaffung lediglich durch einen Vermerk in den Büchern zuzuordnen[49].

Die Meinungen in der Literatur sind gespalten. Während sich ein Teil des Schrifttums der vorgestellten Auffassung anschließt[50], wird von anderen Autoren in Anlehnung an zwei Judikate des RFH[51] die Auffassung vertreten, daß dem nummernmäßigen Nachweis für das Steuerrecht keine Bedeutung beigemessen werden sollte[52]. Insbesondere das (ältere) handelsrechtliche Schrifttum spricht sich vielmehr für die Anwendung von Verbrauchsfolgeverfahren oder für ein - durch eine entsprechende buchhalterische Behandlung auszuübendes - Wahlrecht des Bilanzierenden aus, zu bestimmen, welche Papiere als veräußert gelten sollen[53].

Nach Ansicht des Verfassers wird die Zuordnung der zu unterschiedlichen Zeitpunkten angefallenen Anschaffungskosten zu bestimmten Wertpapiernummern den wirtschaftlichen Gegebenheiten nicht gerecht. Die jeweilige Nummerierung ist "eine zu formale Angelegenheit, um für die Bewertung ausschlaggebend sein zu können"[54]. Der Hinweis auf die Behandlung von materiellen Vermögenswerten, wie etwa Warenvorräten[55], geht fehl. Hat der Bilanzierende zu verschiedenen Zeitpunkten gleichartige Waren erworben und an verschiedenen Stellen gelagert und ist bei einem späteren teilweisen Verkauf feststellbar, welche Waren veräußert wurden, steht einer individuellen Zuordnung der Anschaffungskosten zu bestimmten Warenpartien nichts im Wege. Bei Waren kommt das Wirtschaftsgut und seine Individualität allerdings auch in der körperlichen Substanz der einzelnen Sache zum Ausdruck[56].

---

49 Damit wird gleichzeitig auch der nachträglichen Erstellung eines "Identitätsnachweises", etwa durch Anwendung der Lifo- oder Fifo-Methode, die Anerkennung versagt (NISSEN, Girosammeldepot, DB 1968, S. 1924).

50 HEUER in H/H/R 1993, EStG § 6 Anm. 1107; MELLWIG, Aktien, DB 1986, S. 1423; E. WEBER, Beteiligungen, 1980, S. 195 f.

51 RFH VI A 1153/28 vom 3.10.1928, StuW 1928, Sp. 1424; RFH VI A 1047/28 vom 27.10.1928, RStBl 1929, S. 35.

52 FUCHS, Bewertung, ZfhF 1949, S. 213; GLADE, Verletzung, StbJb 1966/67, S. 396; HEIGL, Bestand, DB 1960, S. 707; MERTIN, Wertpapier, BB 1964, S. 999 f.; RASCH, Beteiligungen, BB 1968, S. 79; UELNER, Bewertung, BB 1964, S. 123; WAHL, Bewertung, DB 1964, S. 931.

53 Siehe auch die ausführlichen Nachweise bei FUCHS, Bewertung, ZfhF 1949, S. 206-221, insbesondere S. 217-221.

54 FUCHS, Bewertung, ZfhF 1949, S. 213.

55 Siehe etwa NISSEN, Girosammeldepot, DB 1968, S. 1922 f.

56 HOLZHEIMER, Wertpapiere, AG 1968, S. 324.

Demgegenüber sind für das finanzielle Vermögen lediglich die mit dem einzelnen "Stück Papier" verbundenen gesellschafts- oder schuldrechtlichen Ansprüche entscheidend. Es kann nicht darauf ankommen, daß diese Rechte, weil als Wertpapier verbrieft, sachenrechtlichen Grundsätzen folgen und damit "körperlich" bestimmt werden können, da der Körperlichkeit des Wertpapiers im wesentlichen nur Schutz- und Vereinfachungsfunktion zukommt[57]. Bilanziert wird demzufolge nicht die dem materiellen Vermögen zuzurechnende Sache Wertpapier, sondern das dem finanziellen Vermögen zuzurechnende Gesellschafts- oder Forderungsrecht. Dem steht ihr Ausweis unter den Wertpapieren nicht entgegen, da damit in erster Linie auf deren Liquiditätsnähe hingewiesen werden soll[58]. Im Unterschied zu Waren ist daher auch nicht die physische Beschaffenheit entscheidend: Während insoweit bei Waren - etwa im Hinblick auf die Qualität - Unterschiede bestehen können, gibt es solche Qualitätsdifferenzen bei Wertpapieren gleicher Gattung nicht.

Im Ergebnis sind mithin zwar die Wert-"Papiere", nicht jedoch die damit verbundenen Rechte identifizierbar. Da allein letztere entscheidend sind, ist es nicht nur wirtschaftlich, sondern auch bilanzsteuerlich gleichgültig, in welcher Höhe Anschaffungskosten bestimmten Wertpapiernummern zugeordnet werden können[59]. Mangels individualisierbarer Anschaffungskosten ist mithin eine Zuordnungsschätzung vorzunehmen. Sie kann zumindest in der Objektivierungserwägungen verpflichteten Steuerbilanz[60] nicht im Belieben des Steuerpflichtigen stehen[61]. Insbe-

---

57   Siehe KÜMPEL, Fortentwicklung, WM 1983, Sonderbeilage 6, S. 5-10.

58   Dies ergibt sich daraus, daß nach h.M. (siehe nur PANKOW/GUTIKE in BBK 1990, HGB § 266 Anm. 80) zwar Inhaber- und Orderpapiere, nicht jedoch die auch zu den Wertpapieren zählenden Rektapapiere unter dieser Position auszuweisen sind, umgekehrt leicht veräußerliche Wertrechte trotz fehlender Wertpapiereigenschaft ebenfalls unter diese Bilanzposition subsumiert werden (siehe hierzu aus zivilrechtlicher Sicht auch KÜMPEL, Namensschuldverschreibung, WM 1981, Sonderbeilage 1, S. 3-12, 17-21). Im übrigen sind Inhaber- und Orderpapiere die einzige Gruppe von Wertpapieren, die als solche in der Bilanzgliederung erscheinen; dagegen wird bspw. bei sachenrechtlichen Ansprüchen nicht der Grundschuldbrief u.ä. (anders noch nach § 137 AktG 1937), sondern die Darlehensforderung, bei schuldrechtlichen Forderungen auf Sachleistungen nicht das handelsrechtliche Traditionspapier (etwa der Lagerschein), sondern die Sache selbst, und bei schuldrechtlichen Forderungen auf Geldzahlungen nicht der Warenwechsel, sondern die Forderung ausgewiesen (vgl. MAUL, Wertpapiere, HdJ II/7 1986, Rn. 8-14). Hieraus wird deutlich, daß nicht die körperliche Substanz des Wertpapiers, sondern der damit verbriefte Gegenstand (Sache oder Recht) entscheidend ist.

59   Ähnlich HAGEMANN, Bewertung, StBp 1964, S. 172. Der dagegen von UELNER (Stellungnahme, StBp 1964, S. 174) erhobene Einwand, dieses Ergebnis verstoße zweifelsfrei gegen den Einzelbewertungsgrundsatz, kann nicht überzeugen. Wie im 1. Kapitel (§ 2, Punkt II.A.2, S. 196 ff.) der Arbeit hergeleitet wurde, ist Bilanzierungsobjekt in der Tat das einzelne Wertpapier - allerdings nicht als körperliche Substanz, sondern als das in einer einzelnen Aktie etc. verbriefte Bündel von Rechten und Pflichten. Da die einzelnen "Bündel" jedoch nicht identifiziert werden können, muß auf Bewertungsvereinfachungen zurückgegriffen werden.

60   MOXTER, Bilanztheorie, 1984, S. 111 f.

sondere ist eine entsprechende Dokumentation in der Buchführung nicht ausreichend. Dabei ist zu berücksichtigen, daß der Steuerpflichtige, da kein Verbrauchsfolgeverfahren im eigentlichen Sinne, sondern eine "tatsächliche" Anschaffungskostenzuordnung vorliegt, nicht an das Bewertungsstetigkeitsgebot des § 252 Abs. 1 Nr. 6 HGB gebunden wäre[62]. Da überdies das steuerlich allein zugelassene Verbrauchsfolgeverfahren der Lifo-Bewertung nach dem klaren Wortlaut des § 6 Abs. 1 Nr. 2a EStG nur für das Vorratsvermögen in Frage kommt[63], bleibt lediglich die Durchschnittsbewertung[64].

Gelangt man, wie hier, zu dem Ergebnis, daß für Bestände an nummernmäßig unterscheidbaren Wertpapieren nur die Durchschnittsbewertung in Frage kommt, so muß dies erst recht gelten, wenn es sich um Effekten in *Girosammelverwahrung* handelt, da in diesem Fall eine Identifikation der eingelieferten Stücke tatsächlich nicht möglich ist[65]. Der Verfasser stimmt insoweit im Ergebnis mit der Haltung der Rechtsprechung[66] und der Finanzverwaltung[67] überein. Der im Schrifttum geäußerten Kritik liegt im Regelfall die Vorstellung zugrunde, daß im Fall der Sonder- und Eigenverwahrung eine Einzelbewertung möglich sei und dies dann auch für sammelverwahrte Anteile gelten müsse, da es "schlechterdings keinen Grund [gebe], die Bewertung von Aktien von der bürgerlichrechtlich-technischen Form ihrer Aufbewahrung abhängig zu machen"[68]. Nach der hier vertretenen

---

61 So auch MELLWIG, Aktien, DB 1986, S. 1423. A.A. HEIGL, Bestand, DB 1960, S. 707; HEUER in H/H/R 1993, EStG § 6 Anm. 1108; MERTIN, Wertpapier, BB 1964, S. 1000 f.

62 Ähnlich MELLWIG, Aktien, DB 1986, S. 1423. Auch die Befürworter weitgehender Dispositionsmöglichkeiten des Steuerpflichtigen gestehen zu, daß "die Gestaltungsfreiheit des Kaufmanns ... ihre Grenze in der von allen beteiligten Wirtschaftskreisen anerkannten steuerlichen Maxime [findet], daß Willkür und Manipulation im Bilanzzeitpunkt verhindert werden müssen" (MERTIN, Wertpapier, BB 1964, S. 1002; Klammerzusatz vom Verfasser). Fraglich ist nur, wie diese Grenze bestimmt werden kann.

63 Handelsrechtlich ist umstritten, ob § 256 HGB auch für Wertpapiere Anwendung findet. Verneinend DÖLLERER, Anschaffungskosten, BB 1966, S. 1407; GLADE 1986, HGB § 256, Rz. 11; MAYER/WEGELIN in HdR 1990, HGB § 256 Rn. 25. A.A. A/D/S 1992, HGB § 256 Tz. 24; SARX in BBK 1990, HGB § 255 Anm. 305.

64 So im Ergebnis auch HAGEMANN, Bewertung, StBp 1964, S. 172.

65 Im Ergebnis gleicher Ansicht HAGEMANN, Bewertung, StBp 1964, S. 172.

66 BFH I 95/63 vom 15.2.1966, BStBl III 1966, S. 276. So auch Hessisches FG 2 K 3583/89 vom 12.9.1990, EFG 1991, S. 84. Die Rechtsprechung begründet ihre Auffassung allerdings mit dem - m.E. unzutreffenden (siehe oben, 1. Kapitel, § 2, Punkt II.A.2, S. 199) Argument, im Girosammeldepot verwahrte Anteile seien als "Sammeldepotanteil" und damit als ein von den eingelieferten Wertpapieren verschiedenes aliud zu bilanzieren.

67 Gleichlautende Erlasse (Entschließung) der obersten Finanzbehörden der Länder vom 20.6.1968, BStBl I 1968, S. 986.

68 RASCH, Beteiligungen, BB 1968, S. 79, im Original zum Teil fett gedruckt, Klammerzusatz vom Verfasser. Ähnlich HOLZHEIMER, Wertpapiere, AG 1968, S. 322 f.; NISSEN,

Meinung kommt jedoch bereits für identifizierbare Anteile nur die Durchschnittsbewertung in Betracht; auf die skizzierte Diskussion braucht mithin nicht mehr eingegangen zu werden.

b. Pauschalbewertung von Forderungen

Einen bedeutsamen Anwendungsfall einer faktisch unmöglichen Einzelbewertung spezieller zukunftsbezogener Bilanzierungssachverhalte ist die Bewertung von Forderungen[69]. Es ist sowohl handelsrechtlich[70] als auch steuerrechtlich[71] zulässig, mehrere Forderungen zusammenzufassen und pauschal zu bewerten und zwar dann, wenn die individuelle Ermittlung des Wertes und der Risiken eines einzelnen Bewertungsobjekts unmöglich, schwierig oder unzumutbar erscheint und erst die zusammengefaßte Bewertung mehrerer zu berichtigender Forderungen das Bonitätsrisiko zutreffend berücksichtigt[72].

Auch der Ansatz einer Pauschalwertberichtigung bedeutet steuerlich die Bewertung der Forderungen zum Teilwert[73]. Folglich ist im Rahmen der Pauschalwertberichtigung (nur) den Risiken Rechnung zu tragen, die auch bei der Einzelbewertung eines Forderungstitels zu beachten sind[74]. Forderungstitel stellen jedoch insoweit keine homogene Gruppe dar und können demzufolge nicht mit einem einheitlichen Pauschaldelkrederesatz bewertet werden. Vielmehr sind auf der Basis der im 2. Teil der Arbeit vorgestellten betriebswirtschaftlichen Merkmale Differenzierungen notwendig, die in Abbildung 35 dargestellt sind:

Girosammeldepot, DB 1968, S. 1923 f.; WAHL, Bewertung, DB 1964, S. 932 f. Die Haltung der Verwaltung wird dagegen befürwortet von E. WEBER, Beteiligungen, 1980, S. 195-197.

69 FALLER, Einzelbewertung, BB 1985, S. 2022 f.

70 A/D/S 1992, HGB § 252 Tz. 59; BOLSENKÖTTER, Forderungen, HdJ II/6 1986, Rn. 129; GLADE 1986, HGB § 252 Rz. 23.

71 MEINCKE in L/B/M 1993, EStG § 6 Rn. 54; L. SCHMIDT/GLANEGGER 1993, EStG § 6 Anm. 87d.

72 Vgl. hierzu BFH I 60/57 U vom 1.4.1958, BStBl III 1958, S. 291; BFH IV R 89/80 vom 16.7.1981, BStBl II 1981, S. 767; BFH VIII R 62/85 vom 22.11.1988, BStBl II 1989, S. 359. Siehe auch FALLER, Einzelbewertung, BB 1985, S. 2022 f.; M. SÖFFING in L/S/B 1993, EStG § 6 Anm. 821.

73 BFH IV 73/67 vom 17.8.1967, BStBl II 1968, S. 79.

74 Entsprechend ist m.E. handels- und steuerrechtlich für Personenunternehmen und Kapitalgesellschaften ausschließlich eine aktivische Absetzung vom Forderungsbestand zulässig, ein passivischer Ausweis dagegen nicht erlaubt (so auch BOLSENKÖTTER, Forderungen, HdJ II/6 1986, Rn. 63; L. SCHMIDT/GLANEGGER 1993, EStG § 6 Anm. 87d; a.A. M. SÖFFING in L/S/B 1993, EStG § 6 Anm. 819).

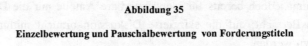

Abbildung 35

Einzelbewertung und Pauschalbewertung von Forderungstiteln

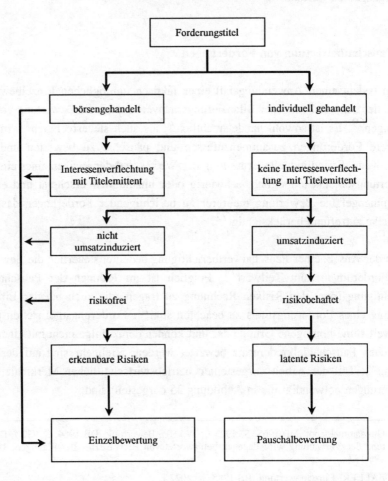

Zunächst ist eine Eingrenzung der pauschal bewertungsfähigen Forderungstitel dahingehend vorzunehmen, daß ausschließlich individuell gehandelte Titel für diese Bewertungsvereinfachungsmethode in Frage kommen, da für börsengehandelte Obligationen ein praktisches Bewertungsproblem nicht besteht. Eine individuelle Ermittlung des Werts und der Risiken des einzelnen Titels erscheint darüber hinaus grundsätzlich auch dann möglich, wenn zwischen Titelinhaber und Titelemittent eine Interessenverflechtung besteht, da dem Gläubiger in diesem Fall häufig die notwendigen Informationen zur Forderungsbewertung vorliegen werden[75].

---

75   Ähnlich SARX in BBK 1990, HGB § 253 Anm. 598, der eine Pauschalwertberichtigung auf Forderungen dann ausschließt, wenn es sich beim Schuldner um ein Beteiligungs- oder

Die verbleibenden Ansprüche gegenüber fremden Personen können aus dem eigentlichen Leistungserstellungsprozeß der Unternehmung entstehen oder zu den nicht umsatzinduzierten Forderungstiteln zählen. Da sich die zweitgenannte Gruppe im Regelfall von der ersten hinsichtlich Laufzeit, Verzinsungsmodalitäten usf. unterscheidet und darüber hinaus bei Nichtbankunternehmen seltener anzutreffen ist, wird insoweit häufig eine Einzelbewertung möglich und wirtschaftlich zumutbar sein. Schließlich sind die risikofreien Ansprüche gegen die inländische öffentliche Hand auszuscheiden, da insoweit ein Bonitätsrisiko nicht besteht[76].

Sind dem Unternehmen im Hinblick auf den verbleibenden Forderungsbestand Umstände bekannt geworden, die den Schluß zulassen, daß die Risiken bei bestimmten Forderungen akut geworden sind, muß es diesen im Wege der Einzelwertberichtigung Rechnung tragen[77]. Lediglich der verbleibende Forderungsbestand steht für eine pauschale Bewertung zur Verfügung[78].

C. Die Bewertungsfaktoren
1. Das Abgrenzungsproblem

Von der Bestimmung des Bewertungsobjekts zu unterscheiden ist die Eingrenzung der bei der Bewertung eines bestimmten Bewertungsobjekts zu berücksichtigenden Bewertungsfaktoren. Wie im 2. Teil der Arbeit dargelegt wurde, ist der Wert eines Finanzierungstitels von einer Vielzahl von Einflußfaktoren abhängig, die zum Teil positiv, zum Teil negativ ausgeprägt sein können[79]. Des weiteren wurde auf die Möglichkeiten hingewiesen, bestimmte Wertminderungsursachen mit Hilfe risikopolitischer Maßnahmen auszuschalten[80]. Dieser Ausgleich positiver und negativer Einzelausprägungen soll als "passiver" oder "aktiver"

---

verbundenes Unternehmen i.S.d. § 271 HGB handelt. In diesem Sinne auch BOLSEN-KÖTTER, Forderungen, HdJ II/6 1986, Rn. 146; KARRENBAUER in HdR 1990, HGB § 253 Rn. 66. Etwas anderes könnte dann gelten, wenn es sich um einen weitverzweigten Konzern mit umfangreichen Leistungsbeziehungen handelt.

76 ROHSE, Wertberichtigungen, StBp 1985, S. 197; SARX in BBK 1990, HGB § 253 Anm. 580.

77 BFH I 128/60 S vom 9.5.1961, BStBl III 1961, S. 336; BFH I 208/61 U vom 26.4.1963, BStBl III 1963, S. 338. Siehe auch KÖRNER, Einzelbewertung, WPg 1976, S. 441; SARX in BBK 1990, HGB § 253 Anm. 569.

78 BFH IV R 89/80 vom 16.7.1981, BStBl II 1981, S. 766; SARX in BBK 1990, HGB § 253 Anm. 579. Zu den bei der Teilwertermittlung von (Rendite-) Forderungstiteln zu berücksichtigenden Einflußfaktoren siehe unten, § 3, Punkt I, S. 445 ff.

79 Siehe 2. Teil, 3. Kapitel, § 2, S. 114 ff.

80 Siehe 2. Teil, 3. Kapitel, § 3, S. 142 ff.

"Nachteilsausgleich" bzw. "Risikoausgleich" bezeichnet werden (siehe Abbildung 36).

Abbildung 36

Bewertungsfaktoren-Abgrenzung

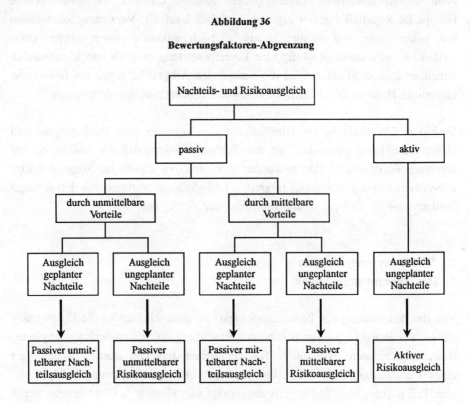

(1) Passiver Nachteils- und Risikoausgleich

Von einem passiven Ausgleich soll die Rede sein, wenn die negative Ausprägung eines für den Wert des Finanzierungstitels bedeutsamen Einflußfaktors quasi "automatisch" und ohne weiteres Zutun des Titelinhabers durch die positive Ausprägung eines anderen ausgeglichen wird. Der Ausgleich erfolgt dabei entweder durch unmittelbare oder mittelbare Vorteile bzw. titelinduzierte Zahlungen. In beiden Fällen kann der isolierte Nachteil bei einem einzelnen Einflußfaktor überdies entweder vom Titelinhaber bewußt eingegangen worden sein (Nachteilsausgleich), er kann jedoch auch ungeplant eintreten (Risikoausgleich)[81].

---

81 Die Differenzierung von geplanten und ungeplanten Nachteilen findet sich bei LEHMANN, Teilwert-Konzept, DB 1990, S. 2481-2486. Die Unterscheidung zwischen "Risikoausgleich" und "Nachteilsausgleich" wurde gewählt, da der betriebswirtschaftliche Begriff des Risikos eine Soll-Ist-Abweichung und damit eine ungeplante Abweichung vor-

Der passive Ausgleich umfaßt damit die in Abbildung 36 dargestellten vier Fallgruppen. Als Beispiel für einen passiven *unmittelbaren* Nachteilsausgleich sei die Gewährung eines Darlehens genannt, wenn die bekanntermaßen geringe Bonität des Schuldners durch eine entsprechend höhere Verzinsung (Risikoprämie) honoriert wird: Die negative Ausprägung des Einflußfaktors "Bonität" war dem Gläubiger bei Darlehensvergabe bekannt ("*geplanter* Nachteil" und damit "*Nachteils*ausgleich"), sie wird jedoch ohne weiteres Zutun ("passiv") durch eine entsprechend höhere Verzinsung und damit durch entsprechend höhere unmittelbar titelinduzierte Zahlungen ("unmittelbar") ausgeglichen. Ein passiver unmittelbarer Risikoausgleich liegt dagegen bspw. vor, wenn sich die Bonität eines ausländischen Schuldners nach der Darlehensvergabe verschlechtert ("*ungeplanter* Nachteil" und damit "*Risiko*ausgleich"), dieser Nachteil jedoch durch einen günstigeren Wechselkurs ("passiv") ausgeglichen wird.

Entsprechende Überlegungen gelten für einen Ausgleich durch mittelbare Vorteile, die ausschließlich bei Verbundtiteln auftreten können. So wird etwa der bewußt eingegangene Nachteil der Unverzinslichkeit des Verbund-Forderungstitels Arbeitgeberdarlehen ("*geplanter* Nachteil" und damit "*Nachteils*ausgleich") ohne weitere Maßnahmen ("passiv") durch die - zumindest erwartete - höhere Betriebstreue des Mitarbeiters und ähnliche ("mittelbare") Vorteile ausgeglichen. Als Anwendungsfall des passiven mittelbaren Risikoausgleichs sei schließlich ein Verbund-Beteiligungstitel genannt, wenn dem unerwarteten Rückgang der Dividendenzahlungen ("*ungeplanter* Nachteil" und damit "*Risiko*ausgleich") aufgrund bestehender Marktverflechtung ("passiv") positive Verbundeffekte ("mittelbar" titelinduzierte Zahlungen) gegenüberstehen.

(2) Aktiver Risikoausgleich

Unter den aktiven Risikoausgleich ist das bereits im zweiten Teil der Arbeit angesprochene risikopolitische Instrumentarium zu subsumieren[82]. Das Adjektiv "aktiv" erklärt sich daraus, daß der Titelinhaber zusätzliche unternehmerische Sicherungsmaßnahmen ergreift, ein Ausgleich mithin nicht "automatisch" erfolgt. Darüber hinaus handelt es sich um einen Fall des "*Risiko*ausgleichs", da regelmäßig ein Schutz vor möglichen, aber nicht "geplanten" nachteiligen Entwicklungen angestrebt wird.

---

aussetzt, die beim Nachteilsausgleich in dem hier verstandenen Sinne gerade nicht vorliegt (siehe oben, 2. Teil, 3. Kapitel, § 1, Punkt II.B.1.b, S. 110).

82 Siehe oben, 2. Teil, 3. Kapitel, § 3, S. 142 ff.

2. Bewertungsfaktoren-Abgrenzung und GoB

Die Ausführungen zur Abgrenzung des Bewertungsobjekts in Punkt B.2 haben deutlich gemacht, daß ein Abgehen vom Prinzip der Bewertung einzelner Wirtschaftsgüter im wesentlichen durch den Grundsatz der Wirtschaftlichkeit begründet werden kann und daß insoweit eine relativ klare Hierarchie der GoB besteht. Dagegen ist die Argumentationsstruktur bei der Abgrenzung der Bewertungsfaktoren wesentlicher komplexer. Dies erklärt sich daraus, daß im Fall der Aggregation von Wirtschaftsgütern zu Bewertungseinheiten die Ableitung eines Schätzwerts voneinander unabhängiger Risiken durch Mittelwertbildung angestrebt wird, das Risiko selbst mithin bilanziell berücksichtigt bleibt[83]. Darüber hinaus sind bei der Zusammenfassung von Bilanzierungs- zu Bewertungsobjekten die Risikoausprägungen unterschiedlich, das Risiko selbst (z.B. das Bonitätsrisiko eines Forderungskollektivs) ist jedoch identisch.

Im Gegensatz dazu heben sich beim Nachteils- bzw. Risikoausgleich werterhöhende und wertmindernde Ursachen idealiter auf, wobei die gegenläufige Entwicklung im Fall des passiven Ausgleichs auf der Verschiedenartigkeit der Bewertungsfaktoren (z.B. Bonitätsrisiko einerseits und Wechselkursentwicklung andererseits), im Fall des aktiven Ausgleichs auf das bewußte Eingehen einer entgegengesetzten Risikoposition (Risikokompensation) bzw. den bedingten Erwerb eines im Fall des Risikoeintritts entstehenden (Versicherungs-) Anspruchs (Risikoreduzierung) zurückzuführen ist[84].

Bilanzrechtlich unproblematisch ist der passive *unmittelbare* Nachteils- und Risikoausgleich, der bei - ausschließlich unmittelbar titelinduzierte Zahlungen auslösenden - Renditetiteln stets zulässig ist. Ist bspw. aufgrund sich verschlechternder Bonität eines ausländischen Titelemittenten an sich eine Teilwertabschreibung geboten, so muß diese unterbleiben, wenn und insoweit der erwartete bonitätsrisikobedingte Ausfall durch einen Wechselkursgewinn kompensiert wird. Bilanzrechtlich beachtlich ist mithin lediglich der "Saldo" der Teilrisiko-Ausprägun-

---

83 Ähnlich BENNE, Bewertungseinheit, DB 1991, S. 2602.

84 Die Verschiedenheit der Bewertungsobjekt- und Bewertungsfaktoren-Abgrenzung wird häufig nicht in dieser Weise akzentuiert (siehe etwa GROH, Bilanzierung, DB 1986, S. 873; JÜTTNER, Imparitätsprinzip, 1993, S. 144). Der mit der Aggregation von Wirtschaftsgütern in der Tat ebenfalls erzielbare Wertausgleich wird hier m.E. überbewertet. Ähnlich wie hier BENNE, Bewertungseinheit, DB 1991, S. 2602; FEY, Imparitätsprinzip, 1987, S. 128; OESTREICHER, Grundsätze, 1992, S. 161 f.; SELCHERT in HdR 1990, HGB § 252 Rn. 54-57.

gen[85]. Die gleichen Überlegungen gelten, wenn der Nachteil der negativen Ausprägung eines Einflußfaktors bewußt in Kauf genommen wird, etwa in dem Fall, in dem sich der Gläubiger die bekanntermaßen geringe Bonität des Schuldners durch eine Risikoprämie auf den Zinssatz oder durch einen entsprechenden Abschlag vom Nominalwert honorieren läßt. Diese Konstellation kann daher im folgenden vernachlässigt werden.

Schwieriger ist dagegen die Behandlung der bei Verbundtiteln anzutreffenden *mittelbar* titelinduzierten Zahlungen. Fraglich ist hier etwa, ob die Einbeziehung der mit der Gewährung eines unverzinslichen Arbeitgeberdarlehens erhofften Vorteile (Bindung an den Betrieb u.ä.) in den Bewertungskalkül für die Darlehensforderung einen Verstoß gegen den Einzelbewertungsgrundsatz darstellt. Besonders deutlich wird die Problematik schließlich in den Fällen des aktiven Risikoausgleichs mit Hilfe risikoreduzierender und risikokompensierender Maßnahmen.

Endgültige Aussagen sind im Zusammenhang mit der jeweiligen Ausprägung des Nachteils- bzw. Risikoausgleichs zu treffen. Dabei wird auf die Problematik des passiven mittelbaren Nachteils- bzw. Risikoausgleichs im Zusammenhang mit der Teilwertermittlung des jeweiligen Verbundtitels eingegangen[86]. Maßnahmen des aktiven Risikoausgleichs sollen dagegen bereits an dieser Stelle behandelt und damit gewissermaßen vor die Klammer gezogen werden, da sie für verschiedene Arten von Finanzierungstiteln bedeutsam sind und es sich darüber hinaus um Faktoren handelt, die nicht im Kontrakt über den Finanzierungstitel vereinbart wurden und sich insoweit von den titelinhärenten Bewertungsfaktoren (Leistungsverpflichtungen, Informations- und Einwirkungsrechte etc.) wesensmäßig unterscheiden.

3. Abweichungen vom formalen Einzelbewertungsgrundsatz

Im Hinblick auf die nachfolgende Diskussion der bilanzrechtlichen Beurteilung aktiver Risikoausgleichsmaßnahmen soll auf Abbildung 37 zurückgegriffen werden, die den Anspruch des Titelinhabers gegenüber dem Titelemittenten zeigt, der ggf. Marktrisiken (v.a. Wechselkurs- und Zinsänderungsrisiken) unterliegt und entwe-

---

85 Ähnlich HEUER in H/H/R 1993, EStG § 6 Anm. 563, mit Verweis auf BFH I 80/57 U vom 26.8.1958, BStBl III 1958, S. 422; BFH I 69/62 U vom 15.5.1963, BStBl III 1963, S. 503.

86 Siehe dazu unten, § 3, Punkt II, S. 476 ff. (Verbund-Forderungstitel), und § 3, Punkt IV, S. 507 ff. (Verbund-Beteiligungstitel).

der via Risikokompensation über den jeweiligen Markt oder in Form der Risikoreduzierung über ein Versicherungsunternehmen abgesichert ist.

Abbildung 37

Risikoreduzierung, Risikokompensation und Titelbewertung

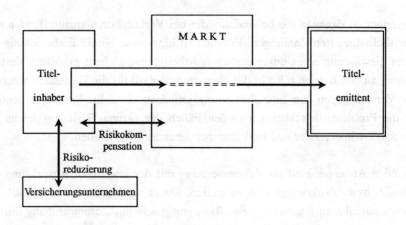

a. Risikoreduzierung und Einzelbewertung
α. Die Auffassungen in Literatur und Judikatur

Zu den risikoreduzierenden Maßnahmen zählen in erster Linie die Vereinbarung von (Personal- oder Sach-) Sicherheiten sowie der Abschluß einer Delkredere- bzw. Wechselkursversicherung zur Abdeckung des Bonitäts- bzw. Wechselkursrisikos[87]. Während die Existenz von Kreditsicherheiten, wenn und insoweit die Realisierbarkeit der Sicherungsrechte nicht gefährdet erscheint[88], wohl unstreitig bei der Bewertung von Forderungstiteln einzubeziehen ist[89], wird die diesbezügliche Bedeutung einer Delkredere- bzw. Wechselkursversicherung kontrovers diskutiert.

---

87 Siehe oben, 2. Teil, 3. Kapitel, § 3, Punkt II.A, S. 143 ff.

88 BFH I 52/64 vom 25.9.1968, BStBl II 1969, S. 18. Aus der Literatur siehe L. SCHMIDT/GLANEGGER 1993, EStG § 6 Anm. 87b. Angesprochen ist damit das Sicherungsrisiko (siehe die Ausführungen im 2. Teil, 3. Kapitel, § 2, Punkt II.A.1.b.(3), S. 118 f.).

89 BFH VIII R 180/85 vom 25.2.1986, BFH/NV 1986, S. 458. Aus der Literatur siehe etwa MEINCKE in L/B/M 1993, EStG § 6 Anm. 327; L. SCHMIDT/GLANEGGER 1993, EStG § 6 Anm. 87b; M. SÖFFING in L/S/B 1993, EStG § 6 Anm. 786. Aus handelsrechtlicher Sicht siehe nur A/D/S 1992, HGB § 253 Anm. 490; PANKOW/GUTIKE in BBK 1990, HGB § 253 Anm. 413; SCHÄFER, Forderungen, 1977, S. 97-99.

Die eine Auffassung nimmt Bezug auf ein Urteil des RFH aus dem Jahre 1931[90] und sieht den Abschluß der Versicherung als einen von der Entstehung der versicherten Forderung streng zu trennenden Geschäftsvorfall an, der nach dem Grundsatz der Einzelbewertung bei der Forderungsbewertung nicht berücksichtigt werden darf[91]. Der Einzelbewertungsgrundsatz verlange, die Bewertung ausschließlich auf die der Forderung "innewohnenden Umstände" oder "Eigenschaften der Forderung selbst" zu beschränken; andernfalls löse sich der Grundsatz der Einzelbewertung in einer jeder Rechtssicherheit entbehrenden Kasuistik auf[92]. Eine abweichende Bilanzierungsweise verletze überdies das Imparitätsprinzip und das Prinzip der Ausweistrennung[93]. Schließlich wird vorgebracht, daß der Versicherungsanspruch keineswegs automatisch, mit starrer Korrelation zum Schadensereignis entstehe; es bedürfe vielmehr häufig einer Prüfung im Einzelfall, ob alle Voraussetzungen für eine Leistungspflicht der Versicherung erfüllt seien[94]. Dies gelte auch und insbesondere für die Risikoabdeckung durch die HERMES-Kreditversicherung[95].

Die wohl h.M. steht dagegen auf dem Standpunkt, das strikte Festhalten am Einzelbewertungsgrundsatz würde die Vermögens- und Ertragslage verfälschen. Wirtschaftlich gesehen sei es gleichgültig, ob die Forderung durch eine Bürgschaft oder durch eine Versicherung gedeckt sei; in beiden Fällen werde aufgrund der gleichen Ursache ein möglicher negativer Erfolgsbeitrag durch einen positiven Erfolgsbeitrag ausgeglichen und damit das Risiko - soweit die Versicherung reicht - eliminiert[96]. Es sei überdies ein unvertretbares Ergebnis, daß für den gleichen

---

90 RFH VI A 1922/31 vom 28.10.1931, RStBl 1932, S. 308.

91 Siehe insbesondere ROSE, Delkredereversicherung, BB 1968, S. 1324 f. So auch DIEDE-RICH, Forderungen, FR 1955, S. 162; GLADE 1986, HGB § 253 Rz. 586; LANGEL, Bewertungsfragen, StbJb 1979/80, S. 330; LUDEWIG, Forderungsbewertung, 1976, S. 146; RAUTENBERG, Versicherungen, 1973, S. 204; SARX in BBK 1990, HGB § 253 Anm. 590; WICHMANN, Pensionszusagen, DB 1984, S. 838 f.

92 JEBENS, Bilanzansatz, DB 1975, S. 1043 f. So auch BIRKHOLZ in L/S/B 1993, EStG §§ 4, 5 Anm. 151 "Delkredere". Siehe auch, mit zivilrechtlicher Argumentation, LEMM, Bilanzansatz, DStR 1979, S. 423-425.

93 ROSE, Delkredereversicherung, BB 1968, S. 1325 f.

94 BENNE, Bewertungseinheit, DB 1991, S. 2603.

95 VON WESTPHALEN, Bewertung, BB 1982, S. 713-717.

96 BEINE, Forderungen, 1960, S. 93 f.; GROH, Bilanzierung, DB 1986, S. 873; KNÜPPE, Forderungsbewertung, DB 1985, S. 2364 f.; KUPSCH, Einzelbewertungsprinzip, 1992, S. 350; RAU, Debitorenversicherung, DB 1968, S. 1463-1465; ROHSE, Wertberichtigungen, StBp 1985, S. 199 ff.; SCHÄFER, Forderungen, 1977, S. 100 f. Aus der Kommentarliteratur siehe HEUER in H/H/R 1993, EStG § 6 Anm. 913; L. SCHMIDT/GLANEGGER 1993, EStG § 6 Anm. 87b. Für das Handelsrecht vgl. A/D/S 1992, HGB § 253 Rz. 490; BOLSENKÖTTER, Forderungen, HdJ II/6 1986, Rn. 142; KARRENBAUER in HdR 1990, HGB § 253 Rn. 50.

Zweck der Risikoabsicherung der Gewinn des abgelaufenen Wirtschaftsjahres zweimal geschmälert werde, nämlich einmal durch die nach allgemeinen Grundsätzen vorzunehmende Wertberichtigung und zum anderen durch die als Betriebsausgaben abgesetzten Versicherungsprämien[97]. Eine Forderungsabwertung habe folglich zu unterbleiben. Es wird auch die Auffassung vertreten, in der Bilanz sei neben dem gekürzten Forderungsbestand "automatisch" ein Anspruch auf Entschädigung aus der Versicherung auszuweisen[98]. Aus den gleichen Gründen sei die Pauschalwertberichtigung niedriger zu bemessen, wenn eine Forderung gegen den Versicherer zwar noch nicht aktiviert werden dürfe, aus den Erfahrungen der Vergangenheit aber zu erwarten sei, daß der Forderungsausfall zu einem bestimmten Teil durch den Versicherer ausgeglichen werde[99].

ß. Eigene Auffassung

Nach dem Einzelbewertungsgrundsatz sind Wirtschaftsgüter einzeln zu bewerten. In dem hier interessierenden Zusammenhang ist das Wirtschaftsgut die Forderung eines bestimmten Titelinhabers gegenüber einem bestimmten Titelemittenten, in Abbildung 37 durch den entsprechenden Pfeil symbolisiert. Davon zu trennen ist das Rechtsverhältnis zur Versicherungsgesellschaft, das auf die Beziehung zwischen Gläubiger und Schuldner keinen Einfluß hat, insbesondere nicht verhindern kann, daß der Schuldner statt des vereinbarten einen geringeren Betrag zahlt. Nach Ansicht des Verfassers ergibt sich hieraus, daß es sich bei der abgesicherten Forderung einerseits und dem Versicherungsverhältnis andererseits - wie auch Abbildung 37 veranschaulicht - um zwei voneinander zu unterscheidende Rechtsverhältnisse, um zwei Bewertungsobjekte handelt[100]. Es kommt daher nicht zur Bildung einer "Bewertungseinheit", etwa in Form der "Summe der wirtschaftlich zu

---

97   GRUNE, Warenkreditversicherung, FR 1968, S. 85 f.

98   BLÜMICH/EHMCKE 1993, EStG § 6 Rz. 1149; KULLA, Forderungen, DStR 1980, S. 614; WERNDL in K/S 1993, EStG § 6 Rn. B 576. Ähnlich GROH, Bilanzierung, DB 1986, S. 873.

99   KULLA, Forderungen, DStR 1980, S. 615; siehe auch KNÜPPE, Forderungsbewertung, DB 1985, S. 2362; RAU, Debitorenversicherung, DB 1968, S. 1465. An diesem Fall wird im übrigen deutlich, daß die Abgrenzung des Bewertungsobjekts (hier: Forderungsbestands) zu trennen ist von der Abgrenzung der bei der Bewertung dieses Bewertungsobjekts zu berücksichtigenden Bewertungsfaktoren.

100   Es sei am Rande angemerkt, daß auch das Umsatzsteuerrecht diese Schlußfolgerung zieht: Die Ersatzleistung der Versicherung stellt nicht die Gegenleistung für eine Lieferung oder sonstige Leistung dar, sondern ist nicht steuerbarer Schadenersatz (Abschnitt 3 Abs. 6 Satz 1 UStR).

sammengehörigen Geschäfte"[101]. Das zu Bewertende bleibt vielmehr der einzelne Finanzierungstitel[102]. Es kann allenfalls zur Bildung von (Teil-) *Risiko*einheiten kommen[103]. Dies ergibt sich bereits aus dem Umstand, daß eine Berücksichtigung der Versicherung lediglich hinsichtlich des zu sichernden Teilrisikos (bspw. des Bonitätsrisikos) möglich ist; hinsichtlich der anderen wertbeeinflussenden Faktoren (z.B. Verzinslichkeit) muß es in allen Fällen bei der Einzelbewertung bleiben[104].

Ausgehend von diesen Vorüberlegungen ist zunächst die Konstellation zu untersuchen, daß der Forderungsausfall feststeht und die Versicherung eine Zahlungsverpflichtung anerkannt hat. Dabei kann nicht ohne weiteres davon ausgegangen werden, daß die Versicherung für den Schaden eintreten wird. Dies gilt insbesondere in den Fällen einer HERMES-Deckung, da insoweit strenge Nachweispflichten bestehen[105]. Es bedarf vielmehr nach den allgemeinen Grundsätzen der Gewinnrealisation einer Prüfung im Einzelfall, ob die Aktivierung zulässig ist[106]. Ist diese Voraussetzung erfüllt, so ist der Versicherungsanspruch unstreitig zu aktivieren und damit ein Ertrag auszuweisen ("Forderung an Ertrag")[107]. Gleichzeitig wird die Forderung abgewertet ("Abschreibung an Kundenforderung"), so daß der Vorgang letztlich - bis auf den Selbstbehalt - ergebnisneutral bleibt[108]. Insoweit bestehen wohl keine Meinungsverschiedenheiten.

Steht der Ausfall der Forderung dagegen noch nicht fest, ist er jedoch vorhersehbar, so ist im Regelfall eine Teilwertabschreibung vorzunehmen. Eine "automatische" Aktivierung des Anspruchs gegenüber der Versicherung, die eine elegante Lösung des Problems ohne Verstoß gegen den Einzelbewertungsgrundsatz

---

101 Hessisches FG IV 359/79 vom 24.11.1982, EFG 1983, S. 337 f., rkr.

102 A.A. wohl KNÜPPE, Forderungsbewertung, DB 1985, S. 2365. Wie hier FINNE, Kurssicherungen, BB 1991, S. 1295 f.; GROH, Bilanzierung, DB 1986, S. 873; MÖHLER, Absicherung, 1992, S. 87 f.; OESTREICHER, Grundsätze, 1992, S. 262; WLECKE Währungsumrechnung, 1989, S. 129-133. Sehr klar KUPSCH, Einzelbewertungsprinzip, 1992, S. 342. Der Begriff "Bewertungseinheit" soll daher nur für die Fälle verwendet werden, in denen mehrere Bilanzierungseinheiten zu einem Bewertungsobjekt zusammengefaßt werden.

103 Der Begriff der Risikoeinheit wird bspw. verwendet von BENNE, Bewertungseinheit, DB 1991, S. 2604.

104 GROH, Bilanzierung, DB 1986, S. 873.

105 Vgl. im einzelnen HUTZLER, Forderungen, AG 1964, S. 64 f.; VON WESTPHALEN, Bewertung, BB 1982, S. 718 f.

106 Siehe hierzu oben, 1. Kapitel, § 3, Punkt I.C, S. 236 ff.

107 KNÜPPE, Forderungsbewertung, DB 1985, S. 2362; KULLA, Forderungen, DStR 1980, S. 614; MÖHLER, Absicherung, 1992, S. 165; RAU, Debitorenversicherung, DB 1968, S. 1465.

108 Vgl. ROSE, Delkredereversicherung, BB 1968, S. 1326, Fn. 38.

darstellen würde, kommt jedoch nicht in Betracht und zwar deshalb nicht, weil zwar möglicherweise feststeht, daß die Versicherung im Schadensfall eintritt[109], jedoch lediglich zu befürchten, nicht aber hinreichend sicher ist, ob der Versicherungsfall überhaupt eintreten wird[110]. Eine ernsthafte Befürchtung ist zwar für eine Teilwertabschreibung ausreichend, nicht jedoch für die erfolgswirksame Aktivierung eines Wirtschaftsguts, die erst dann erfolgen darf, wenn der Anspruch "so gut wie sicher" ist. Diese Rechtsfolge ergibt sich unmittelbar aus dem Realisations- und Imparitätsprinzip. Die automatische Aktivierung des Versicherungsanspruchs wird daher auch von der h.M. zu Recht verworfen.

Dennoch will die herrschende Lehre den Vorgang auch dann, wenn nicht so gut wie sicher vom Eintritt des Versicherungsfalls ausgegangen werden kann, erfolgsneutral behandeln. Dabei wird technisch in der Weise vorgegangen, daß nicht nur die Ertrags-, sondern auch die Aufwandsbuchung unterbleibt. Diese "Saldierung" führt im Hinblick auf den Gewinnausweis zum gleichen Ergebnis wie die Vornahme einer Teilwertabschreibung unter gleichzeitiger Aktivierung eines noch nicht bilanzierungsfähigen - weil noch nicht "so gut wie sicheren" - Anspruchs. Aus diesem Blickwinkel ist der Verstoß gegen das Realisationsprinzip evident.

Die Befürworter der "saldierten" Vorgehensweise argumentieren jedoch anders. Danach wird die Erfolgsneutralität nicht dadurch hergestellt, daß gedanklich Aufwands- und Ertragsbuchung zusammengefaßt werden, sondern dadurch, daß die Ertragsbuchung mangels Realisation und die Abschreibung mangels drohender Verluste unterbleibt[111]. Diese Sichtweise ist allerdings insofern bedenklich, als die Gefahr besteht, daß durch eine Modifikation der "technischen" Behandlung die Grundsätze ordnungsmäßiger Buchführung umgangen bzw. ausgehebelt werden können. Zu prüfen ist daher, ob die von der h.M. geforderte Berücksichtigung der Delkredereversicherung bei der Forderungsbewertung mit den GoB, insbesondere mit dem Einzelbewertungsgrundsatz, vereinbar ist.

---

109 Insoweit gelten die im vorigen Absatz angestellten Überlegungen. Im folgenden wird unterstellt, daß diese Voraussetzung erfüllt ist. Darüber hinaus ist davon auszugehen, daß das Versicherungsunternehmen bonitätsmäßig einwandfrei ist.

110 Dieser Gesichtspunkt wird m.E. von den Vertretern dieser Auffassung (siehe Punkt α) übersehen.

111 Siehe etwa WLECKE, Währungsumrechnung, 1989, S. 183: "Die korrespondierende Bewertung hat daher auch nicht den Ausweis unrealisierter Gewinne zur Folge, wie verschiedentlich dargelegt wird; sie dient vielmehr der Vermeidung des Ausweises von rein fiktiven, tatsächlich mit Sicherheit nicht eintretenden Verlusten". Ähnlich MÖHLER, Absicherung, 1992, S. 88 f.

Wie gezeigt, wird durch die korrespondierende Bewertung kein neues Bewertungsobjekt geschaffen, sondern "lediglich" der Kreis der Bewertungsfaktoren erweitert. Dem wird entgegengehalten, es gebe keinen "vergleichbaren Fall, bei dem nach den Grundsätzen ordnungsmäßiger Buchführung je nach dem zu beurteilenden Risiko einmal von einem einheitlichen Wirtschaftsgut, dann aber von verschiedenen Wirtschaftsgütern auszugehen wäre"[112]. Allerdings will der BFH auch bei der Bewertung von Rückstellungen für ungewisse Verbindlichkeiten bestehende Rückgriffs- bzw. Versicherungsansprüche berücksichtigen[113]. Unabhängig davon, ob dieser Rechtsprechung zuzustimmen ist[114] und ob sie auf die Bilanzierung versicherter Forderungen übertragen werden kann[115], ist damit über die Zulässigkeit einer korrespondierenden Bewertung noch nicht entschieden.

Insoweit ist zu berücksichtigen, daß das Einzelbewertungsprinzip nach h.M. nicht nur für Vermögensgegenstände (Wirtschaftsgüter) und Schulden, sondern auch für schwebende Geschäfte gilt[116]. Vollzieht sich der Nachteils- bzw. Risikoausgleich mithin - bilanzrechtlich gesehen - durch ein schwebendes Geschäft, so bedeutet dessen Einbeziehung in die Bewertung des Aktivums, daß Aktivum und schwebendes Geschäft nicht einzeln, sondern - zumindest partiell - zusammen bewertet werden. Dies bedeutet - zumindest formal - einen Verstoß gegen den

---

112 DIEHL, Kreditinstitute, BB 1977, S. 291, Flexion geändert; so auch DREISSIG, Swap-Geschäfte, BB 1989, S. 325. Ähnlich BENNE, Bewertungseinheit, DB 1991, S. 2602.

113 So bei der Bewertung von Rückstellungen eines Notars bei bestehendem Haftpflichtversicherungsschutz; vgl. BFH IV 95/63 S vom 12.3.1964, BStBl III 1964, S. 404. Zur Berücksichtigung von Rückgriffsmöglichkeiten bei der Bildung von Garantierückstellungen wegen Gewährleistungsverpflichtungen eines Bauträgers vgl. BFH X R 60/89 vom 17.2.1993, BStBl II 1993, S. 437. Im letztgenannten Judikat wird im übrigen die auch hier vorgenommene Unterscheidung zwischen entstandenen und nicht entstandenen Rückgriffsansprüchen vorgenommen.

114 Insbesondere der von BFH X R 60/89 vom 17.2.1993, BStBl II 1993, S. 437, entschiedene Fall ist umstritten (siehe die Literaturnachweise ebenda), die Begründung - insbesondere für die Vereinbarkeit der Entscheidung mit dem Einzelbewertungsgrundsatz - oberflächlich und wenig überzeugend (siehe auch FÜRST/ANGERER, Rückstellungsbildung, WPg 1993, S. 425-428). Im übrigen hat der IX. Senat des BFH in einem anderen Fall judiziert, daß die Absetzung für außergewöhnliche Abnutzung auf die Anschaffungs- oder Herstellungskosten eines durch Brand zerstörten Gebäudes im Veranlagungszeitraum des Schadenseintritts nicht im Hinblick auf eine für einen späteren Veranlagungszeitraum zu erwartende Versicherungsentschädigung versagt werden könne (BFH IX R 189/85 vom 1.12.1992, DStZ 1993, S. 347). Das Urteil ist zwar im Hinblick auf Einkünfte aus Vermietung und Verpachtung ergangen. Der BFH nimmt jedoch in der Begründung ausdrücklich Bezug auf den bilanzrechtlichen Einzelbewertungsgrundsatz.

115 Zu Unterschieden vgl. ROSE, Delkredereversicherung, BB 1968, S. 1327; VON WESTPHALEN, Bewertung, BB 1982, S. 719.

116 BFH VIII R 160/79 vom 19.7.1983, BStBl II 1984, S. 56. Siehe auch A/D/S 1992, HGB § 249 Tz. 82; BENNE, Einzelbewertung, WPg 1992, S. 245; CLEMM/NONNENMACHER in BBK 1990, HGB § 249 Anm. 62; SARX, Verlustrückstellungen, 1985, S. 95.

Einzelbewertungsgrundsatz[117]. Die korrespondierende Bewertung wäre danach unzulässig.

Ein davon abweichendes Ergebnis könnte auf die Generalnorm des § 264 Abs. 2 HGB, auf die Ausnahmeregelung in § 252 Abs. 2 HGB oder auf eine teleologische Interpretation des Einzelbewertungsgrundsatzes gestützt werden.

Die Regelung in § 264 Abs. 2 HGB, wonach der Jahresabschluß unter Beachtung der GoB ein den tatsächlichen Verhältnissen entsprechendes Bild der Vermögens-, Finanz- und Ertragslage zu vermitteln hat, ist in diesem Zusammenhang - zumindest für die Steuerbilanz - nicht hilfreich[118]. Zum einen besitzt diese Vorschrift ausschließlich für Kapitalgesellschaften Gültigkeit, stellt keinen Grundsatz ordnungsmäßiger Buchführung dar und ist damit steuerlich nicht verbindlich[119]. Darüber hinaus ist das Prinzip des "true and fair view" nach allgemeiner Meinung in erster Linie - wenn nicht gar ausschließlich - für den (steuerlich nicht relevanten) Anhang bedeutsam und modifiziert die Ansatz- und Bewertungsvorschriften grundsätzlich nicht[120].

Auch § 252 Abs. 2 HGB, der Abweichungen von den Grundsätzen des § 252 Abs. 1 HGB und damit auch vom Einzelbewertungsgrundsatz für zulässig erklärt, kann nicht als Rechtfertigung herangezogen werden. Zu beachten ist zum einen, daß

---

117 So auch DREISSIG, Swap-Geschäfte, BB 1989, S. 324; GROH, Bilanzierung, DB 1986, S. 873. Siehe auch JÜTTNER, Imparitätsprinzip, 1993, S. 208: "Ein Einbezug objektexterner Faktoren bei der Bewertung einzelner Objekteinheiten ist zwar nicht ausgeschlossen, sofern damit aber Erfolgsbeiträge angesprochen sind, die aus anderen Objekten resultieren, ist die Konstruktion einer Einheit auf der Bewertungsebene unumgänglich, da ansonsten der Einzelbewertungsgrundsatz über die Wertzurechnung ausgehebelt werden könnte. Dies widerspricht der Objektivierungsfunktion einer isolierten Bewertung ebenso wie dem Wortlaut des § 252 Abs. 1 Nr. 3 HGB". A.A. BENNE (Gewinnerwartungen, BB 1979, S. 1654), nach dessen Ansicht der Einzelbewertungsgrundsatz keine Aussage über den Umfang der bei der Bewertung einzubeziehenden Faktoren trifft.

118 So auch - bereits für die Handelsbilanz - JÜTTNER, Imparitätsprinzip, 1993, S. 210; MÖHLER, Absicherung, 1992, S. 66. A.A. BENNE, Bewertungseinheit, DB 1991, S. 2604, 2610; FINNE, Doppelbesteuerung, 1991, S. 207; DERS., Kurssicherungen, BB 1991, S. 1300; LANGENBUCHER, Umrechnung, 1988, S. 144.

119 BEISSE, Bilanzgesetzgebung, StVj 1989, S. 297 f.; DERS., Generalnorm, 1988, S. 30, 42. Nach a.A. ist die Generalnorm als zulässiges Entscheidungskriterium - auch bei der Abgrenzung der wertbeeinflussenden Faktoren - anzusehen (vgl. BENNE, Einzelbewertung, WPg 1992, S. 245-252).

120 BEISSE, Generalnorm, 1988, S. 33 f.; siehe auch BUDDE/KARIG in BBK 1990, HGB § 264 Anm. 25-31.

diese Vorschrift ein Wahlrecht konstituiert[121]. Es kann jedoch wohl kaum dem Kaufmann, auf jeden Fall aber nicht dem Steuerpflichtigen vorbehalten sein, einen Verlust zu antizipieren oder nicht. Dabei ist zu berücksichtigen, daß die korrespondierende Bewertung kaum als Bewertungsmethode i.S.d. § 252 Abs. 1 Nr. 6 HGB qualifiziert werden kann und damit möglicherweise nicht dem Bewertungsstetigkeit-Gebot unterliegt. Des weiteren bedeutet die Beschränkung der Abweichungen von den allgemeinen Bewertungsgrundsätzen auf Ausnahmefälle, daß Abweichungen sich nicht ständig wiederholen und dadurch zum Regelfall werden dürfen[122]. Gegen eine Ausnahmeregelung spricht damit auch die qualitative und quantitative Bedeutung einer Abweichung vom Realisations-, Vorsichts- und Imparitätsprinzip[123].

Es bleibt zu prüfen, ob eine teleologische Auslegung des Einzelbewertungsgrundsatzes zu einem anderen Ergebnis führt. Zu dieser Frage soll abschließend in Punkt b.ß Stellung genommen werden.

b. Risikokompensation und Einzelbewertung

Risikokompensatorische Maßnahmen dienen in erster Linie der Abdeckung von Wechselkursrisiken, können jedoch auch zur Sicherung von Zinsänderungs- und Kursrisiken eingesetzt werden. Auf das Wesen der dabei in erster Linie in Frage kommenden Instrumente Termingeschäft, Futures-Kontrakt, Option und Finanz-Hedging wurde bereits im zweiten Teil der Arbeit eingegangen[124]. Hier ist zu untersuchen, ob die genannten Absicherungsmaßnahmen für die bilanzielle Bewertung des gesicherten Finanzierungstitels von Bedeutung sind. Dabei wird im folgenden vom der Absicherung eines Wechselkursrisikos als wesentlichstem Anwendungsfall ausgegangen; soweit die Instrumente auch zur Kompensation eines Kurs- oder Zinsänderungsrisikos einsetzbar sind, gelten entsprechende Überlegungen.

---

121   Die gegenteilige Auffassung FINNES (Kurssicherungen, BB 1991, S. 1300 f.) läßt sich m.E. nicht mit Wortlaut und Zweck der Vorschrift in Einklang bringen (siehe auch JÜTTNER, Imparitätsprinzip, 1993, S. 209).

122   SELCHERT in HdR 1990, HGB § 252 Rn. 17.

123   So auch BENNE, Bewertung, BB 1992, S. 1176; MÖHLER, Absicherung, 1992, S. 88.

124   Siehe oben, 2. Teil, 3. Kapitel, § 3, Punkt II.B, S. 145 ff.

α. Die Auffassungen in Literatur und Judikatur

Die derzeit für das Handelsrecht wohl herrschende Meinung wird durch den (geänderten) Entwurf einer Verlautbarung des Instituts der Wirtschaftsprüfer zur Währungsumrechnung im Jahres- und Konzernabschluß wiedergegeben[125]. Danach kann[126] die Sicherungsmaßnahme bei der Bewertung eines in Fremdwährung denominierten Finanzierungstitels des Umlaufvermögens[127] Berücksichtigung finden, wenn die gesicherte Position und die Sicherungsmaßnahme eine geschlossene Position bilden. Von einer Reihe von Autoren wird jedoch auch eine Kompensationspflicht vertreten[128]. Dabei liegt eine geschlossene Position dann vor, wenn sich innerhalb einer Währung Ansprüche und Verpflichtungen aus deckungsfähigen Aktiv- und Passivposten untereinander (sog. stochastische Kurssicherung) oder mit schwebenden Geschäften (sog. finale Kurssicherung) ausgleichen[129].

Bestehen gleichzeitig Valutaforderungen und -verbindlichkeiten in der gleichen Währung, liegt also eine *stochastische* Kurssicherung vor, so soll grundsätzlich die Möglichkeit der Kompensation bestehen, soweit die Aktiv- und Passivposten

---

125 Vgl. IDW (HFA), Währungsumrechnung, WPg 1986, S. 665 f.

126 Ebenfalls ein handelsrechtliches Wahlrecht einräumend A/D/S 1992, HGB § 253 Tz. 92 ff.; BURKHARDT, Fremdwährungsgeschäfte, 1988, S. 123 ff.; CLEMM/NONNENMACHER in BBK 1990, HGB § 253 Anm. 78; GMELIN, Währungsumrechnung, WPg 1987, S. 601 f.; JUTZ, Futures, BB 1990, S. 1520; LANGENBUCHER, Umrechnung, 1988, S. 81; DERS. in HdR 1990, Kapitel II, Rn. 529. Für steuerliche Zwecke gleicher Ansicht GMELIN, a.a.O., S. 602; HÄUSELMANN/WIESENBART, DTB, DB 1990, S. 642. Nach HARTUNG ist dies auch die bisherige Praxis der Finanzverwaltung (HARTUNG, Kurssicherung, RIW 1990, S. 636, Fn. 9).

127 Fremdwährungspositionen des Anlagevermögens sollen grundsätzlich nicht deckungsfähig sein (IDW (HFA), Währungsumrechnung, WPg 1986, S. 665).

128 Für ein Kompensationsgebot in der Handelsbilanz BENNE, Bewertungseinheit, DB 1991, S. 2610; BEZOLD, Frage, DB 1987, S. 2216; FINNE, Kurssicherungen, BB 1991, S. 1300 f.; GROH, Bilanzierung, DB 1986, S. 875; TUBBESING, Bilanzierungsprobleme, ZfbF 1981, S. 821 ff.; WLECKE, Währungsumrechnung, 1989, S. 183. Gleicher Ansicht für die steuerliche Gewinnermittlung GROH, a.a.O., S. 875; L. SCHMIDT 1993, EStG § 5 Anm. 14a.

129 Die Begriffe *stochastiche* und *finale* Kurssicherung wurden von WICHMANN geprägt (vgl. WICHMANN, Pensionszusagen, DB 1984, S. 838). Dabei handelt es sich bei der stochastischen Kurssicherung dem Wesen nach nicht um eine risikopolitische Maßnahme, sondern um die mehr oder weniger zufällige Übereinstimmung von Fremdwährungsverpflichtungen und -ansprüchen (siehe auch FINNE, Kurssicherungen, BB 1991, S. 1295, Fn. 8). Aufgrund der engen Verwandtschaft der beiden Sachverhalte soll diese Variante jedoch ebenfalls an dieser Stelle erwähnt werden.

gleichfristig sind. Eine wie auch immer geartete wirtschaftliche Verknüpfung der Bilanzpositionen ist nicht notwendig[130].

Im Fall der *finalen* Kurssicherung werden die Voraussetzungen für eine geschlossene Position im allgemeinen dann als erfüllt angesehen, wenn die kontrahierten Fremdwährungsbeträge und die Zahlungstermine unter Berücksichtigung tatsächlich gegebener Überbrückungsmöglichkeiten übereinstimmen und der Anspruch aus dem Deckungsgeschäft hinsichtlich des Ausfallrisikos so gut wie sicher ist[131]. Dabei wird allerdings eine hinreichend dokumentierte rechtliche[132] bzw. wirtschaftliche[133] Verknüpfung von Grund- und Sicherungsgeschäft gefordert; eine globale Kurssicherung im Rahmen eines sog. "Macro-Hedge"[134] ist danach nicht ausreichend.

Die beschriebenen Grundsätze der Berücksichtigung einer finalen Wechselkurssicherung gelten in erster Linie für das Instrument des Devisentermingeschäfts. Sie werden jedoch (zum Teil) auch auf das Finanz-Hedging[135], auf Futureskontrakte[136], Zinsbegrenzungsverträge[137] und Options-Geschäfte[138] übertragen.

---

130 IDW (HFA), Währungsumrechnung, WPg 1986, S. 665; siehe auch GMELIN, Währungsumrechnung, WPg 1987, S. 601; SCHÄFER, Forderungen, 1977, S. 107 f. Insoweit a.A. GROH, Bilanzierung, DB 1986, S. 874.

131 A/D/S 1992, HGB § 253 Tz. 94 f.; BURKHARDT, Fremdwährungsgeschäfte, 1988, S. 174 f.; CLEMM/NONNENMACHER in BBK 1990, HGB § 253 Anm. 529-532; LANGENBUCHER in HdR 1990, Kapitel II, Rn. 529.

132 TUBBESING, Bilanzierungsprobleme, ZfbF 1981, S. 824. Der Begriff wird allerdings nicht näher erläutert.

133 BURKHARDT, Fremdwährungsgeschäfte, 1988, S. 142-151; GROH, Bilanzierung, DB 1986, S. 872-875; LANGENBUCHER in HdR 1990, Kapitel II, Rn. 529; DERS., Umrechnung, 1988, S. 81.

134 Zur Unterscheidung zwischen Macro- und Micro-Hedge siehe oben, 2. Teil, 3. Kapitel, § 3, Punkt II.B, S. 148.

135 GROH, Bilanzierung, DB 1986, S. 874.

136 GRÜTZEMACHER, Bilanzierung, Die Bank 1990, S. 289; HÄUSELMANN/WIESENBART, DTB, DB 1990, S. 647; JUTZ, Futures, BB 1990, S. 1520; LANGENBUCHER in HdR 1990, Kapitel II, Rn. 544. Insoweit a.A. BENNE, Bewertungseinheit, DB 1991, S. 2607 f.; WLECKE, Währungsumrechnung, 1989, S. 306. Bei der Absicherung eines Aktienbestandes durch einen DAX-Future gilt dies jedoch grundsätzlich nicht, da dieser seiner Natur nach nur geeignet ist, ein gesamtes Aktienportefeuille gegen Kursänderungsrisiken zu sichern, das darüber hinaus die im Index zusammengefaßten Werte entsprechend ihrer dort vorgenommenen Gewichtung umfassen müßte (HÄUSELMANN/WIESENBART, a.a.O.). Zur bilanziellen Behandlung der Margin-Zahlungen vgl JUTZ, a.a.O., S. 1517-1521; DERS. in HdR 1990, Kapitel II, Rn. 663-699.

137 HÄUSELMANN, Bilanzierung, BB 1990, S. 2154.

Die Befürworter der Bildung von Bewertungs- (richtiger: Risiko-) Einheiten begründen ihre Auffassung, wie im Fall der risikoreduzierenden Maßnahmen, im wesentlichen mit dem bereits dort genannten Hinweis auf den Grundsatz eines möglichst zutreffenden Einblicks in die Vermögens-, Finanz- und Ertragslage; eine strenge Einzelbewertung werde der Tatsache nicht gerecht, daß das jeweilige (Wechselkurs-, Zinsänderungs- bzw. Kurs-) Risiko faktisch eliminiert sei, und führe dazu, daß die Unternehmen für ihr kaufmännisch vernünftiges Verhalten bilanziell bestraft würden[139]. Aus diesem Grund sei die Berücksichtigung des Deckungsgeschäfts mit dem Einzelbewertungsgrundsatz vereinbar[140] bzw. wird ein Ausnahmefall im Sinne des § 252 Abs. 2 HGB bejaht[141].

Nach anderer Auffassung verletzt die Berücksichtigung sowohl der finalen als auch der stochastischen Risikokompensation den Grundsatz der Einzelbewertung, das Imparitäts- und das Realisationsprinzip[142]. Außerdem handele es sich bei den beschriebenen risikokompensierenden Maßnahmen um - nicht bilanzierungsfähige - schwebende Geschäfte[143]. Bei der Bildung geschlossener Positionen werde das

---

138 A/D/S 1992, HGB § 253 Tz. 98; GMELIN, Währungsumrechnung, WPg 1987, S. 601; GROH, Bilanzierung, DB 1986, S. 873; KUPSCH, Einzelbewertungsprinzip, 1992, S. 351; LANGENBUCHER in HdR 1990, Kapitel II, Rn. 544. Dabei wird eine Kompensation z.T. nur dann für zulässig erachtet, wenn gewährleistet ist, daß bei Ausübung der Option die entsprechenden Lieferungen tatsächlich aus diesem Bestand erfolgen (vgl. HÄUSELMANN/WIESENBART, DTB, DB 1990, S. 644; SCHMEKEL, Rechnungslegung, DB 1983, S. 897; VON TREUBERG/SCHARPF, DTB-Aktienoptionen, DB 1991, S. 665). Eine umgekehrte Kompensation soll dagegen unzulässig sein; der Kursverfall einer Option kann mithin nicht durch den steigenden Wert der Wertpapiere ausgeglichen werden (BENNE, Bewertungseinheit, DB 1991, S. 2607; VON TREUBERG/SCHARPF, a.a.O.).

139 Siehe etwa BENNE, Bewertungseinheit, DB 1991, S. 2602; DERS., Gewinnerwartungen, BB 1979, S. 1655; BURKHARDT, Fremdwährungsgeschäfte, 1988, S. 122 f.; PRAHL/NAUMANN, Kreditinstitute, WPg 1991, S. 734; WINDMÖLLER, Finanzierungsinstrumente, 1988, S. 110 f.

140 OESTREICHER, Grundsätze, 1992, S. 263 f.; WLECKE, Währungsumrechnung, 1989, S. 183.

141 Vgl. etwa FINNE, Kurssicherungen, BB 1991, S. 1296-1299; POMREHN, Rückführung, DB 1990, S. 1102; SCHLICK, Bewertung, DStR 1993, S. 256; m.E. auch GROH, Bilanzierung, DB 1986, S. 873 (siehe aber HARTUNG, Kurssicherung, RIW 1990, S. 637, Fn. 20). Die genannten Autoren sprechen sich in diesen Fällen generell für ein Kompensationswahlrecht aus; eine Ausnahme bildet FINNE, a.a.O., S. 1300 f.

142 DIEHL, Kreditinstitute, BB 1977, S. 291 f.; DREISSIG, Swap-Geschäfte, BB 1989, S. 324 f.; LANGEL, Bewertungsfragen, StbJb 1979/80, S. 330; WICHMANN, Pensionszusagen, DB 1984, S. 838-840.

143 Dies gilt auch für die Absicherung mittels Option. Zwar ist der Optionsschuldner schon einseitig gebunden, dem Optionsgläubiger bei dessen fristgerechter Optionsausübung das Optionsgut zu übertragen, ist eine Verpflichtung gegenüber einem anderen insofern schon wirksam entstanden. Das Geschäft ist aber noch in der Schwebe, da der auf einen Leistungsaustausch gerichtete Vertrag von dem zur Lieferung Verpflichteten noch nicht erfüllt ist (HÄUSELMANN, Optionen, DB 1987, S. 1748; siehe auch CYRANKIE-

gewinnbringende Deckungsgeschäft im Ergebnis jedoch bilanziert[144]. Schließlich vernachlässige die Bildung von Risikoeinheiten die aus dem schwebenden (z.B. Devisentermin-) Geschäft herrührenden innerbetrieblichen und externen Risiken[145].

ß. Eigene Auffassung

Das Charakteristikum der risikokompensatorischen Maßnahmen besteht darin, daß ein Marktrisiko (insbesondere Wechselkurs- oder Zinsänderungsrisiko) durch das Eingehen einer entgegengesetzten Risikoposition an eben diesem Markt ausgeglichen wird[146]. Wie in den Fällen der Risikoreduzierung ist damit zunächst festzuhalten, daß Forderung einerseits sowie Sicherungsgeschäft andererseits keine Bewertungseinheit, kein einheitliches Bewertungsobjekt, sondern zwei verschiedene Sachverhalte darstellen, die nach dem formalen Einzelbewertungsgrundsatz auch unabhängig voneinander zu bewerten sind. Aus dieser Sichtweise bedeutet die Berücksichtigung des Sicherungsgeschäfts bei der Bewertung der Forderung damit auch einen Verstoß gegen das Realisations- und Imparitätsprinzip, da sich schwebende Geschäfte generell nur dann bilanziell auswirken dürfen, wenn ein Verlust droht, nicht jedoch, wenn ein Gewinn zu erwarten ist. Denn die Berücksichtigung des schwebenden Geschäfts bei der Bewertung der Forderung führt im Ergebnis dazu, daß der positive Erfolgsbeitrag zu einem Zeitpunkt realisiert wird, in dem er - bei isolierter Betrachtung - (noch) nicht realisiert werden darf. Risikoreduzierenden und risikokompensierenden Maßnahmen ist damit gemeinsam, daß sie schwebende Geschäfte darstellen, deren Gewinnrealisierung ausschließlich[147] von der - isoliert betrachtet - negativen Entwicklung eines anderen Bewertungsobjekts abhängt.

Im Gegensatz zu Maßnahmen der Risikoreduzierung, die im Regelfall lediglich Schutz vor negativen Entwicklungen bieten, eliminieren risikokompensatorische Maßnahmen jedoch nicht nur Verlustrisiken, sondern auch Gewinnchancen, da es

WICZ/WENDLAND, Behandlung, ZfgK 1990, S. 1028; POPP, Bilanzierung, DStR 1976, S. 91, m.w.N.).

144 HARTUNG, Kurssicherung, RIW 1990, S. 637; LANGEL, Auswirkungen, IWB 1986, Fach 3, Deutschland, Gruppe 3, S. 860.

145 DREISSIG, Swap-Geschäfte, BB 1989, S. 324 f.; HARTUNG, Kurssicherung, RIW 1990, S. 639-641.

146 Siehe auch die Darstellungsweise in Abbildung 37, S. 352.

147 Auch für risikokompensatorische Maßnahmen gilt unbestritten, daß ihre Berücksichtigung jedenfalls dann unzulässig ist, wenn der Anspruch unsicher ist. Diese Prämisse wird im folgenden unterstellt.

zwar Zinsänderungs- und Wechselkurs-, nicht jedoch Bonitäts- oder Länder-"Chancen" gibt[148]. Daraus ergibt sich weiterhin, daß im Fall der Risikokompensation nicht nur das Grund-, sondern auch das Sicherungsgeschäft zu Verlusten (aus schwebenden Geschäften) führen kann, während dies bei einer Delkredere-Versicherung etc. nicht denkbar ist. Und schließlich ist auf die Abweichung hinzuweisen, daß eine Versicherungsdeckung nur für Sicherungszwecke verwendbar ist, während eine ursprünglich zwecks Risikokompensation ergriffene Maßnahme zu späteren Zeitpunkten möglicherweise mit einer anderen Zielrichtung (insbesondere zur Spekulation) eingesetzt wird.

Die aufgezeigten Unterschiede ändern jedoch nichts an dem Zwischenergebnis, daß der formale Einzelbewertungsgrundsatz eine korrespondierende Bewertung in beiden Fällen ausschließt. Aus den gleichen Gründen wie oben kann - zumindest steuerlich - ein davon abweichendes Ergebnis auch nicht auf § 264 Abs. 2 HGB oder § 252 Abs. 2 HGB gestützt werden. Es bleibt zu untersuchen, ob eine teleologische Interpretation des Einzelbewertungsgrundsatzes zu einem anderen Ergebnis führt.

Wie JÜTTNER überzeugend nachgewiesen hat, ist der Einzelbewertungsgrundsatz kein oberer GoB[149], sondern ein aus den oberen GoB abgeleiteter GoB[150]. Er hat seinen Ursprung in erster Linie im Vorsichtsprinzip und soll verhindern, daß das Imparitätsprinzip durch Saldierung von Wertminderungen und Werterhöhungen ausgehöhlt wird. Da des weiteren nur eine Orientierung an Einzelwerten eine intersubjektive Nachprüfbarkeit des bilanziellen Ergebnisses ermöglicht, besteht eine enge Verbindung zum Objektivierungsprinzip. Weil die beiden Konzeptionsgrundsätze ihrerseits schließlich die Ausprägung des Realisations- und des Imparitätsprinzips determinieren, ist der Grundsatz der Einzelbewertung überdies - mittelbar - Folgeprinzip im Hinblick auf die Gewinnermittlungsgrundsätze[151]: "Wäre der Einzelbewertungsgrundsatz nicht kodifiziert, so würde sich das Gebot einer isolierten Wertzumessung schon aus dem Zusammenspiel von Realisations- und Imparitätsprinzip ergeben"[152]. Ein Zurückgreifen auf den Ein-

---

148 Siehe im einzelnen auch oben, 2. Teil, 3. Kapitel, S. 97 ff.

149 Vgl. dazu auch oben, 1. Teil, 2. Kapitel, § 1, Punkt II.A, S. 10 ff.

150 Vgl. zur Herleitung im einzelnen JÜTTNER, Imparitätsprinzip, 1993, S. 119-149, m.w.N. A.A. BAETGE in HdR 1990, Kapitel II, Rn. 145; FEY, Imparitätsprinzip, 1987, S. 126.

151 Darüber hinaus soll der Einzelbewertungsgrundsatz der Klarheit und Übersichtlichkeit des Jahresabschlusses förderlich sein (FEY, Imparitätsprinzip, 1987, S. 126 f.; KÖRNER, Einzelbewertung, WPg 1976, S. 430).

152 JÜTTNER, Imparitätsprinzip, 1993, S. 133. In diesem Sinne auch SELCHERT in HdR 1990, HGB § 252 Rn. 48.

zelbewertungsgrundsatz zur Auslegung des Imparitätsprinzips bleibt damit zirkulär, da dieser offenläßt, was ein einzelner Verlust im bilanzrechtlichen Sinne ist[153].

Das zentrale Argument der h.L. für die korrespondierende Bewertung besteht darin, daß eine Außerachtlassung der risikoreduzierenden bzw. risikokompensierenden Maßnahme zu einem fehlerhaften Periodenerfolg führen würde[154]. Aus (rein) *betriebswirtschaftlicher* Sicht ist dieser Ansicht m.E. zuzustimmen[155]. Darauf kommt es jedoch nicht entscheidend an. Vielmehr ist ausschlaggebend, ob eine *wirtschaftliche* Betrachtungsweise ebenfalls zu diesem Ergebnis führt[156]. Notwendig ist damit eine teleologische Interpretation[157] des Einzelbewertungsgrundsatzes, die den (primären) Zweck des Jahresabschlusses bzw. der Steuerbilanz an den Anfang der Überlegungen zu stellen hat, der, wie oben ausgeführt[158], in der vorsichtig-objektivierten Bestimmung des als ausschüttbar geltenden Gewinns zu sehen ist.

Da risikopolitische Maßnahmen grundsätzlich dazu in der Lage sind, eine Verlustgefahr auszuschalten und damit eine Gewinnminderung zu vermeiden, würde der ausschüttbare Gewinn tendenziell zu niedrig ausgewiesen, bliebe die Sicherungsmaßnahme unberücksichtigt. Fraglich ist allerdings, ob dieser Gewinn dann noch vorsichtig-objektiviert ermittelt wurde. Davon kann jedenfalls dann nicht ausgegangen werden, wenn unsicher ist, ob der Vertragspartner bei akut werdendem Wechselkurs-, Bonitäts- oder Länderrisiko seinen Verpflichtungen nachkommt bzw. nachkommen kann. Diese Prüfung ist in jedem Fall anzustellen. Führt sie zu einem negativen Ergebnis, so ist eine korrespondierende Bewertung von vorneherein ausgeschlossen.

Bestehen insoweit keine Bedenken, so muß, soll der Einzelbewertungsgrundsatz nicht völlig konturenlos werden, eine gewisse Verbindung zwischen gesicherter Forderung und Sicherungsgeschäft bestehen. Zum einen wirft die Konkretisierung dieses Anspruchs Abgrenzungsprobleme auf, die vor dem Hintergrund des Objek-

---

153 JÜTTNER, Imparitätsprinzip, 1993, S. 133.

154 Siehe etwa SCHÄFER, Forderungen, 1977, S. 101.

155 Siehe oben, 2. Teil, 3. Kapitel, § 3, S. 142 ff. Im Hinblick auf delkredereversicherte Forderungen a.A. ROSE, Delkredereversicherung, BB 1968, S. 1325.

156 Zur Unterscheidung zwischen betriebswirtschaftlicher und wirtschaftlicher Betrachtungsweise siehe oben, 1. Teil, 2. Kapitel, § 2, Punkt II.A, S. 24 ff.

157 Vgl. TIPKE/LANG, Steuerrecht, 1991, S. 94.

158 Siehe oben, 1. Teil, 2. Kapitel, § 1, Punkt II.B, S. 14.

tivierungsgrundsatzes nicht unbedenklich sind. Insofern ist eine Anknüpfung an zivilrechtlichen Einheiten überlegen[159]. Diesem Aspekt kommt bei risikoreduzierenden Maßnahmen im Regelfall geringere Bedeutung zu, da Grund- und Hilfsgeschäft klar voneinander zu unterscheiden sind und das Hilfsgeschäft nur für diesen Zweck einsetzbar ist. Schwierigkeiten bereiten insoweit dagegen Maßnahmen der Risikokompensation. Diesbezüglich wird daher, wie gezeigt, auch von den Verfechtern einer weniger strengen Einzelbewertung eine Verknüpfung der beiden Geschäfte gefordert und dargelegt, daß "eine 'globale' Kurssicherung allein mit dem Ziel, einen entstehenden Kursverlust durch einen Kursgewinn mindestens auszugleichen", nicht ausreichend sei, da es sich hierbei dann "in Wahrheit [um] eine Gegenspekulation zum Wechselkursrisiko" handele[160].

Die damit als relevant angesehene Differenzierung zwischen Hauptgeschäft und Hilfsgeschäft, zwischen Absicherung und Spekulation sowie zwischen Micro- und Macro-Hedging ist jedoch in der Praxis nicht in dieser Schärfe vorzufinden[161]. Da sich der subjektive Wille des Bilanzierenden zur Kurssicherung darüber hinaus im Zeitablauf ändern kann, mithin "rechtliche Bindungen", wie sie vom BFH für die Berücksichtigung von Rückgriffsansprüchen bei der Bewertung von Rückstellungen gefordert werden[162], regelmäßig nicht existieren, ist fraglich, ob eine korrespondierende Bewertung dem Objektivierungs- und Vorsichtsprinzip Rechnung trägt. Wird darüber hinaus berücksichtigt, daß nur Ansprüche gegenüber Schuldnern mit einwandfreier Bonität in Frage kommen[163], verbliebe für eine kompensatorische Bewertung nach den üblicherweise zugrunde gelegten Krite-

---

159 "Die Stärke der juristischen Betrachtungsweise liegt in der leicht nachvollziehbaren Abgrenzbarkeit des Bewertungsobjektes (z.B. Forderungen, Vorräte, Devisen) von den gesondert zu bewertenden schwebenden Geschäften (z.B. Versicherungskontrakt, Terminverkauf)" (BENNE, Gewinnerwartungen, BB 1979, S. 1654).

160 GROH, Bilanzierung, DB 1986, S. 875, beide Zitate; Klammerzusatz vom Verfasser. Ähnlich BENNE, Gewinnerwartungen, BB 1979, S. 1656; LANGENBUCHER in HdR 1990, Kapitel II, Rn. 529; PRAHL/NAUMANN, Kreditinstitute, WPg 1991, S. 734 f.

161 "In Wirklichkeit ... kommen in der Regel eigentlich nur Mischformen vor. Mischformen vor allen Dingen weil, wenn Sie ein Future kaufen oder verkaufen oder Options kaufen oder verkaufen, diese entweder risikobegründend oder risikobegrenzend sind. Je nachdem, was wir wieder Neues dazurechnen wollen oder nicht, ergibt das eine geschlossene Position oder ein Gap. Also, in der Praxis kommen leider nicht so klare Trennstriche vor wie Spekulation und Sicherung" (PUCKLER, Aspekte, 1990, S. 143).

162 BFH X R 60/89 vom 17.2.1993, BStBl II 1993, S. 437.

163 A/D/S 1992, HGB § 253 Tz. 98; SCHLICK, Bewertung, DStR 1993, S. 257; TUBBESING, Bilanzierungsprobleme, ZfbF 1981, S. 818; WLECKE, Währungsumrechnung, 1989, S. 189. Dies wird auch vom BFH als Bedingung für die Berücksichtigung von Rückgriffsansprüchen bei der Bewertung von Rückstellungen genannt (BFH X R 60/89 vom 17.2.1993, BStBl II 1993, S. 437).

rien[164] nur ein geringer Anwendungsbereich, so daß deren materielle Bedeutung möglicherweise überschätzt wird[165].

Im Ergebnis ist festzuhalten, daß auch eine teleologische Auslegung des Einzelbewertungsgrundsatzes eine korrespondierende Bewertung nicht ohne weiteres trägt. Die Tendenz zur Bildung größerer "Bewertungseinheiten" im Interesse "realitätsgerechterer" Jahresabschlüsse ist jedoch unverkennbar. Insbesondere die jüngere Literatur spricht sich - nach Inkrafttreten des Bilanzrichtliniengesetzes - nahezu ausschließlich für die Zulässigkeit einer korrespondierenden Bewertung aus, wobei im Detail jedoch abweichende Meinungen vertreten werden[166]. Dies gilt auch für ähnlich gelagerte Bilanzierungsprobleme. Auf die Rechtsprechung des BFH zur Bewertung von Rückstellungen für ungewisse Verbindlichkeiten bei bestehenden Rückgriffsmöglichkeiten wurde bereits hingewiesen. In die gleiche Richtung zielen Überlegungen hinsichtlich einer großzügigeren bilanziellen Behandlung von Dauerrechtsverhältnissen im Hinblick auf die Bilanzierung von Drohverlustrückstellungen, "die möglicherweise zu einer sachgerechten Abgrenzung der Bilanzierungs- und Bewertungseinheit in dem Sinne beitragen [kann], daß eine formale zugunsten einer funktionalen und damit stärker wirtschaftlich ausgerichteten Abgrenzung zurücktritt"[167]. Eine besondere Dynamik hat diese Entwicklung zudem im Bereich der Rechnungslegung der Kreditinstitute[168].

---

164 Vgl. für viele KUPSCH, Einzelbewertungsprinzip, 1992, S. 347-350, m.w.N. Die dort u.a. geforderte Dokumentation des Absicherungszusammenhangs führt jedoch letztlich zu einem Kompensationswahlrecht, da der Bilanzierende die Dokumentation auch unterlassen kann (BREKER, Optionsrechte, 1993, S. 215 f., m.w.N.).

165 Da nur Wirtschaftsgüter des Umlaufvermögens für eine kompensatorische Bewertung in Frage kommen (siehe Punkt α), wird der bei strenger Einzelbewertung entstehende Mehraufwand im übrigen bereits in der Folgeperiode ausgeglichen. Bei im Zeitablauf gleichbleibender Geschäftsstruktur entsteht damit lediglich eine Ergebnisverschiebung in Höhe der Forderungen a) eines Jahres, die b) gegenüber bonitätsmäßig einwandfreien Schuldnern bestehen *und* c) durch ein zuordenbares micro-hedge abgesichert wurden.

166 Insbesondere die - auch hier als einzig denkbare Möglichkeit angesehene - teleologische Interpretation, die zwingend eine korrespondierende Bewertung verlangt, ohne auf die Ausnahmevorschrift des § 252 Abs. 2 HGB zurückzugreifen, scheint sich mehr und mehr durchzusetzen (vgl. JÜTTNER, Imparitätsprinzip, 1993, v.a. S. 119-149; MÖHLER, Absicherung, 1992, v.a. S. 86-90; OESTREICHER, Grundsätze, 1992, S. 262-264; WLECKE, Währungsumrechnung, 1989, v.a. S. 203).

167 HERZIG, Ganzheitsbetrachtung, ZfB 1988, S. 221 f.; Klammerzusatz vom Verfasser.

168 So wird bspw. vorgeschlagen, nicht mehr die einzelnen Geschäfte, sondern nur noch das gesamte Portfolio eines Kreditinstitutes auf Marktpreisänderungen hin zu untersuchen (vgl. PRAHL/NAUMANN, Portfolio-Approach, WPg 1992, S. 709-719; siehe zu diesem portfoliotheoretischen Ansatz aus betriebswirtschaftlicher Sicht bereits oben, 2. Teil, 3. Kapitel, § 1, Punkt II.A.1, S. 103 f.). Siehe auch den Ansatz von STEINER zur Immunisierung des Zinsänderungsrisikos einer Unternehmung, der jedoch bewußt vom geltenden Bilanzrecht abstrahiert (STEINER, Hedging, ZfbF 1990, S. 778-793). Im Hinblick auf die Bilanzierung innovativer Finanzierungsinstrumente wird eine Annäherung an das angelsächsische Prinzip des "mark to market" gefordert (ROBOL,

Wenn auch die Grundsätze ordnungsmäßiger Buchführung deduktiv zu ermitteln sind, mithin die "Argumente entscheiden, nicht die Anzahl derer, die sie vertreten", so wird man "der Tatsache, daß bestimmte Ansichten eine breite Zustimmung in der Fachwelt gefunden haben, eine gesteigerte Bedeutung einräumen dürfen"[169]. Im Hinblick auf die Abgrenzung der Bewertungsfaktoren geht damit "von einer inzwischen gefestigten Bilanzierungspraxis, ihrer Festschreibung durch sachverständige Organisationen, der gesetzlichen Normierung für das Kreditwesen und einer breiten Zustimmung im Schrifttum eine materielle Bindungswirkung aus"[170]. Letztlich bleibt die derzeitige Bilanzierungspraxis jedoch unbefriedigend, "da sie auf einer - häufig kaum willkürfrei durchführbaren - Zusammenfassung einzelner Geschäfte begründet ist. Die dezidierte Zuordnung eines einzelnen Termingeschäfts zu einer abzusichernden Position stellt in der Praxis der Risikosteuerung ... [jedoch] eher die Ausnahme dar"[171]. Die konsequenterweise geforderte "bilanzielle Berücksichtigung der Risikokompensation *einzelgeschäftsübergreifender* Positionen" mag zwar den "realen Gegebenheiten weitaus mehr entsprechen"[172], ist jedoch in jedem Fall nicht mehr mit geltendem Recht vereinbar.

III. Die Bepreisungs- und Bewertungsmaßstäbe

Nach den Ausführungen in Punkt I kommen als bilanzsteuerliche Bewertungsmaßstäbe für Finanzierungstitel in erster Linie die Anschaffungskosten und der Teilwert in Betracht. Auf sonstige für die Bewertung von Finanzierungstiteln in Frage kommende Werte, wie insbesondere den gemeinen Wert[173] sowie Zwischenwerte[174], soll dagegen nicht explizit eingegangen werden.

Bilanzierungsgrundsätze, ÖBA 1989, S. 498-510). Hinzuweisen ist überdies auf den neu in das HGB eingefügten § 340h HGB, wonach die Bildung geschlossener Positionen bei "besonders gedeckter" Absicherung von Währungspositionen zulässig ist (vgl. dazu GEBHARDT/BREKER, Bilanzierung, DB 1991, S. 1529-1538; KUHNER, Erfolgsperiodisierung, DB 1992, S. 1435-1439; PRAHL, Vorschriften, WPg 1991, S. 408 f.). Siehe zum Ganzen auch BREKER, Optionsrechte, 1993, S. 217-245.

169 BEISSE, Bilanzrecht, StuW 1984, S. 14, beide Zitate.

170 BENNE, Bewertungseinheit, DB 1991, S. 2610. So auch die Einschätzung von HARTUNG, Kurssicherung, RIW 1990, S. 646.

171 BECKMANN, Kurssicherung, RIW 1993, S. 395; Klammerzusatz vom Verfasser. Siehe auch HARTUNG, Kurssicherung, RIW 1990, S. 639; PRAHL/NAUMANN, Kreditinstitute, WPg 1991, S. 734; ähnlich BENNE, Bewertung, BB 1992, S. 1174.

172 BECKMANN, Kurssicherung, RIW 1993, S. 395, beide Zitate.

173 Der gemeine Wert spielt insbesondere beim Tausch von Wirtschaftsgütern eine Rolle. Dieser Aspekt wird im Zusammenhang mit der Bestimmung des Teilwerts erörtert (siehe unten, § 3, S. 445 ff.).

174 Zwischenwerte können im Fall der Wertaufholung beachtlich sein (siehe dazu unten, Punkt IV.A, S. 381 f.).

A. Die Anschaffungskosten

1. Der Anschaffungskostenbegriff

In § 255 Abs. 1 HGB sind Anschaffungskosten definiert als die Aufwendungen, die geleistet werden, um einen Vermögensgegenstand zu erwerben und ihn in einen betriebsbereiten Zustand zu versetzen, soweit sie dem Vermögensgegenstand einzeln zugeordnet werden können. Zu den Anschaffungskosten zählen auch die Nebenkosten sowie die nachträglichen Anschaffungskosten, während Anschaffungspreisminderungen abzusetzen sind. Aufgrund des Maßgeblichkeitsprinzips ist diese Definition auch einkommensteuerlich verbindlich[175].

Bereits aus dem Wortlaut der zitierten Vorschrift wird ersichtlich, daß der Begriff der Anschaffungskosten final zu verstehen ist und dem Zweck einer Aufwendung entscheidende Bedeutung zukommt; ein kausaler und zeitlicher Zusammenhang reicht als solcher nicht aus[176]; Anschaffungsnebenkosten und nachträgliche Anschaffungskosten können demgegenüber auch kausal aufgefaßt werden[177]. Dabei verlangt das Prinzip der Erfolgsneutralität des Beschaffungsvorganges[178] zwingend eine Beschränkung der Bestandteile der Anschaffungskosten auf Ausgaben, die einen Mittelabfluß auf der Aktivseite oder einen Verbindlichkeitszugang auf der Passivseite bedeuten[179]. Die Höhe der Anschaffungskosten wird mithin nach dem Prinzip der Maßgeblichkeit der Gegenleistung durch die Gegenleistung des Erwerbers bestimmt[180]. Schließlich stellen nur solche zweckbezogenen Ausgaben Anschaffungskosten dar, die dem erworbenen Wirtschaftsgut einzeln zugeordnet werden können. Folglich sind nur solche Beträge in die Anschaffungskosten einzubeziehen, von denen grundsätzlich schon bei ihrer Entstehung bekannt ist, für welches Wirtschaftsgut sie anfallen[181].

---

175 L. SCHMIDT/GLANEGGER 1993, EStG § 6 Anm. 23; WOHLGEMUTH, Anschaffungskosten, HdJ I/9 1988, Rn. 4. A.A. MATHIAK, Herstellungskosten, JDStJG 1984, S. 103.

176 Vgl. neben dem Wortlaut des § 255 Abs. 1 Satz 1 HGB nur L. SCHMIDT 1993, EStG § 6 Anm. 23. Siehe auch bereits BFH IV R 160/78 vom 13.10.1983, BStBl II 1984, S. 101, sowie Abschnitt 32a Abs. 1 EStR.

177 Für die h.M. siehe nur L. SCHMIDT/GLANEGGER 1993, EStG § 6 Anm. 23.

178 Der Anschaffungsvorgang führt grundsätzlich zu einer erfolgsneutralen Vermögensumschichtung (siehe auch PANKOW/SCHMIDT-WENDT in BBK 1990, HGB § 255 Anm. 20).

179 WOHLGEMUTH, Anschaffungskosten, HdJ I/9 1988, Rn. 8.

180 A/D/S 1992, HGB § 255 Tz. 11; KNOP/KÜTING in HdR 1990, HGB § 255 Rn. 7; PANKOW/SCHMIDT-WENDT in BBK 1990, HGB § 255 Anm. 20; WOHLGEMUTH, Anschaffungskosten, HdJ I/9 1988, Rn. 2.

181 WOHLGEMUTH, Anschaffungskosten, HdJ I/9 1988, Rn. 10.

2. Der Umfang der Anschaffungskosten

Die Anschaffungskosten eines Wirtschaftsguts setzen sich aus mehreren Komponenten zusammen. Nach deren zeitlichem Anfall soll zwischen den ursprünglichen Anschaffungskosten und den nachträglichen Erhöhungen bzw. Minderungen der Anschaffungskosten differenziert werden.

a. Ursprüngliche Anschaffungskosten

Unter die ursprünglichen Anschaffungskosten werden die Bestandteile subsumiert, die zeitlich und sachlich unmittelbar zusammen mit dem Anschaffungsvorgang anfallen. Hierzu zählen der Anschaffungspreis, die Anschaffungspreisminderungen sowie die Anschaffungsnebenkosten[182].

Der *Anschaffungspreis* bildet regelmäßig den Hauptbestandteil der Anschaffungskosten. Da es sich hierbei um den Betrag handelt, der unmittelbar für den zu erwerbenden Gegenstand entrichtet werden muß, ist das Erfordernis der Einzelzurechenbarkeit regelmäßig erfüllt[183]. Zu den *Anschaffungspreisminderungen* zählen in erster Linie Rabatte, Boni und Skonti[184]. Sie sind für die Ermittlung der Anschaffungskosten von Finanzierungstiteln im Regelfall ohne Bedeutung. *Anschaffungsnebenkosten* können sowohl unternehmensintern als auch unternehmensextern anfallen[185]. Hierzu gehören insbesondere die Nebenkosten der Anlieferung und der Inbetriebnahme sowie des Erwerbs. Für die Bewertung von Finanzierungstiteln kommt lediglich die letztgenannte Gruppe in Betracht. Nach Fortfall der Börsenumsatzsteuer zum 1.1.1991 sowie der Gesellschaftsteuer zum 1.1.1992 sind in erster Linie die an Externe zu entrichtenden Notariatskosten, Maklergebühren etc. zu nennen[186]. Die Kosten der Entscheidungsfindung - etwa

---

182 Siehe etwa PANKOW/SCHMIDT-WENDT in BBK 1990, HGB § 255 Anm. 50-73.

183 WOHLGEMUTH, Anschaffungskosten, HdJ I/9 1988, Rn. 11.

184 Siehe etwa A/D/S 1992, HGB § 255 Tz. 56-62.

185 A/D/S 1982, HGB § 255 Tz. 56-62.

186 In den Fällen des § 1 Abs. 3 GrEStG ist zusätzlich Grunderwerbsteuer zu berücksichtigen. Im Schrifttum wird z.T. die Auffassung vertreten, im Hinblick auf den Grundsatz der Wirtschaftlichkeit der Rechnungslegung seien typische Anschaffungsnebenkosten für Wertpapiere unmittelbar aufwandswirksam zu verbuchen; damit seien gleichzeitig die Probleme bei der Folgebewertung beseitigt (vgl. A/D/S 1992, HGB § 253 Tz. 456; HÄUSELMANN, Spezialfonds, BB 1992, S. 317). Rechtsprechung (siehe BFH VI 226/64 vom 15.7.1966, BStBl III 1966, S. 643; BFH I R 199/69 vom 22.3.1972, BStBl II 1972, S. 489), Verwaltung (siehe etwa OFD Münster S 2522 - 64 - St 11 - 31 vom 28.7.1986, BB 1986, S. 2243) sowie die h.M. in der Literatur (siehe nur L. SCHMIDT/GLANEGGER 1993, EStG § 6 Anm. 62 "Wertpapiere") gehen jedoch von einer Einbeziehungspflicht aus.

eines Bewertungsgutachtens beim Erwerb einer Beteiligung - gehören dagegen ebensowenig zu den Anschaffungsnebenkosten wie für den Titelerwerb aufgewendete Fremdkapitalzinsen[187].

b. Nachträgliche Modifikationen

Der Anschaffungsvorgang ist abgeschlossen, wenn das Wirtschaftsgut in die wirtschaftliche Verfügungsgewalt des Erwerbers gelangt und ggf. in einen betriebsbereiten Zustand versetzt ist. Jedoch können sich die ursprünglich aktivierten Anschaffungskosten nach diesem Zeitpunkt erhöhen oder vermindern[188].

Eine nachträgliche *Erhöhung* der Anschaffungskosten kann zum einen ausnahmsweise bei einer nachträglichen Erhöhung des Anschaffungspreises oder der Anschaffungsnebenkosten vorliegen[189], so bspw. dann, wenn der Kaufpreis teilweise von späteren Ereignissen abhängig gemacht oder durch ein Gerichtsurteil ex tunc korrigiert wird[190]. Dieser Grundsatz gilt für alle Formen von Wirtschaftsgütern und wird daher nicht weiter untersucht.

Von größerer Bedeutung sind hier nachträgliche Anschaffungskosten-Erhöhungen in der Form anschaffungsbedingter werterhöhender Maßnahmen[191]. Sie liegen dann vor, "wenn sie in einem gewissen zeitlichen Zusammenhang mit der Anschaffung stehen und ihr Anfall bei der Kaufpreisbemessung berücksichtigt worden ist"[192]. Ein zeitlicher Zusammenhang und eine Berücksichtigung beim Kaufpreis sollen dagegen nicht notwendig sein, wenn es sich um Wirtschaftsgüter handelt,

---

187 A/D/S 1992, HGB § 255 Tz. 35, 87 f.; KNOP/KÜTING in HdR 1990, HGB § 255 Rn. 42 f. Für Eigenkapitalzinsen gilt dies ohnehin, da sie kalkulatorische Kosten darstellen (vgl. ebenda).

188 Die Begriffe "nachträgliche Anschaffungskostenminderungen" bzw. "nachträgliche Anschaffungskostenerhöhungen" sind streng genommen nicht korrekt, da damit grundsätzlich Modifikationen des *Buchwerts* - der nicht mit den Anschaffungskosten identisch sein muß - gemeint sind. Im folgenden soll jedoch der auch im Schrifttum verbreitete Sprachgebrauch verwendet werden.

189 Grundsätzlich ist eine Änderung von Kaufpreisen nicht auf den Anschaffungszeitpunkt zurückzubeziehen, da die Anschaffungskosten zum Zeitpunkt des Übergangs der wirtschaftlichen Verfügungsmacht in Höhe der Kaufpreisverbindlichkeit zu bestimmen und fortan Anschaffungskosten und Kaufpreisschuld getrennt zu sehen sind (L. SCHMIDT/GLANEGGER 1993, EStG § 6 Anm. 27a).

190 A/D/S 1992, HGB § 255 Tz. 52-55; PANKOW/SCHMIDT-WENDT in BBK 1990, HGB § 255 Anm. 65. Siehe auch MEINCKE in L/B/M 1993, EStG § 6 Rn. 104-108.

191 L. SCHMIDT/GLANEGGER 1993, EStG § 6 Anm. 27b.

192 A/D/S 1992, HGB § 255 Tz. 49; im Original zum Teil fett gedruckt.

für die begriffsnotwendig nur Anschaffungs- und keine Herstellungskosten vorliegen können[193]. Den wesentlichsten Anwendungsfall stellen Vorteilszuwendungen des Gesellschafters an seine Kapitalgesellschaft dar. Insoweit soll es nach Ansicht des BFH genügen, daß die Aufwendungen dazu geeignet sind, eine Werterhöhung[194] herbeizuführen; eine tatsächliche Werterhöhung ist nicht erforderlich[195]. Ist diese Vorausetzung erfüllt, werden die Aufwendungen als *nachträgliche Anschaffungskosten* i.S.d. § 255 Abs. 1 Satz 2 HGB charakterisiert.

Nach anderer Auffassung kommt eine Aktivierung der betreffenden Aufwendungen nur dann in Betracht, wenn ihnen die Qualität *nachträglicher Herstellungskosten* zuzuerkennen ist[196]. Da regelmäßig weder die Identität der bereits vorhandenen Beteiligung verändert wird noch eine Erweiterung der Beteiligungsrechte bezweckt oder erreichbar ist, sind danach nachträgliche Herstellungskosten nur dann zu bejahen, wenn die Beteiligung über deren bisherigen Zustand hinaus wesentlich verbessert wird. Dies wiederum ist nur dann der Fall, wenn sich der Verkehrswert der Beteiligung erhöht[197].

Hier soll der von der Rechtsprechung verwendete Begriff der nachträglichen Anschaffungskosten verwendet werden. Dabei kann dahingestellt bleiben, ob die Qualifizierung von Aufwendungen als nachträgliche Herstellungskosten eine Erhöhung des Verkehrswerts des betreffenden Wirtschaftsguts bedingt oder nicht[198].

---

193 A/D/S 1992, HGB § 255 Tz. 51.

194 Es wird regelmäßig nicht näher erläutert, um welche Wertkategorie es sich handelt (siehe auch oben, 2. Teil, 3. Kapitel, § 1, Punkt I.A, S. 97 ff.). Es ist wohl davon auszugehen, daß der gemeine Wert (Verkehrswert) angesprochen ist (PANKOW/GUTIKE in BBK 1990, HGB § 255 Anm. 405).

195 BFH X R 136/87 vom 4.6.1991, BStBl II 1992, S. 70. Vgl. aus dem Schrifttum nur DÖLLERER, Einlagen, 1990, S. 212 f.; DERS., Verlust, FR 1992, S. 234.

196 HOFFMANN, Fremdkapital, BB 1992, S. 680 f.; PANKOW/GUTIKE in BBK 1990, HGB § 255 Anm. 405; WATERMEYER, Veräußerungsverlust, BB 1993, S. 406.

197 PANKOW/GUTIKE in BBK 1990, HGB § 255 Anm. 405. Dahinter verbirgt sich die bei der Unterscheidung von nachträglichen Herstellungskosten und Erhaltungsaufwand zu prüfende Frage, ob das Wirtschaftsgut nach der Maßnahme gegenüber dem Zustand davor ein "aliud", "secundum" oder "plus" darstellt (vgl. dazu POUGIN, Erhaltungsaufwand, DB 1983, S. 241-245).

198 Nach der Ansicht einer Reihe von Autoren hat die Begriffswahl keine materiellen Auswirkungen (vgl. DÖLLERER, Einlagen, 1990, S. 212; KNOBBE-KEUK, Unternehmenssteuerrecht, 1991, S. 195; KUPSCH, Anschaffungskosten, StbJb 1989/90, S. 125). Allerdings stellt der BFH bei der Prüfung nachträglicher Herstellungskosten nicht, wie bei nachträglichen Anschaffungskosten, auf den Verkehrswert, sondern auf den Nutzungswert ab (BFH IX B 293/89 vom 12.6.1990, BFH/NV 1991, S. 88; BFH XI R 59/89 vom 30.7.1991, FR 1992, S. 293); es wird auch die Meinung vertreten, daß Werterhöhungsgesichtspunkte insoweit für Abgrenzungsfragen ausscheiden (L. SCHMIDT/GLANEGGER 1993, EStG § 6 Anm. 43a).

Jedenfalls setzt die Aktivierung von Aufwendungen auf dem Beteiligungskonto voraus, daß sie zumindest dazu geeignet sind, zu einer Werterhöhung des Wirtschaftsguts zu führen. Dabei wird nicht verkannt, daß die Subsumtion der bezeichneten Aufwendungen unter die Anschaffungskosten kaum mit dem Gesetzeswortlaut in Einklang zu bringen ist; insbesondere fehlt es an dem in § 255 Abs. 1 HGB geforderten finalen Element[199]. Die gleiche Problematik stellt sich jedoch auch bei nachträglichen Herstellungskosten[200].

Neben einer nachträglichen Erhöhung kommt auch eine nachträgliche *Minderung* der Anschaffungskosten in Betracht. Hierbei kann es sich wiederum zum einen um eine - hier nicht interessierende - nachträgliche Minderung des Anschaffungspreises bzw. der Anschaffungsnebenkosten handeln. Eine nachträgliche Minderung der Anschaffungskosten in der Form anschaffungsbedingter wertmindernder Maßnahmen ist dagegen kaum denkbar und wird in der Literatur, soweit ersichtlich, auch nicht diskutiert. Eine nachträgliche Minderung der Anschaffungskosten ist jedoch im Hinblick auf Kapitalgesellschaftsanteile zu prüfen, wenn der Gesellschafter an die Gesellschaft erbrachte Leistungen ganz oder zum Teil zurückerhält[201].

B. Der Teilwert
1. Der Teilwertbegriff

Nach § 6 Abs. 1 Nr. 1 Satz 3 EStG handelt es sich beim Teilwert um den Betrag, "den ein Erwerber des ganzen Betriebs im Rahmen des Gesamtkaufpreises für das einzelne Wirtschaftsgut ansetzen würde; dabei ist davon auszugehen, daß der Erwerber den Betrieb fortführt". Die zitierte - seit dem EStG 1934 gültige - Definition des Teilwertbegriffs verdankt seine Entwicklung[202] und Formulierung der Erkenntnis, daß der auf den Absatzmarkt bezogene Wertmaßstab des gemeinen Werts für die Bewertung zum Zweck der Gewinnermittlung nicht geeignet ist[203]. Nach wohl h.M. war es das zentrale Anliegen der klassischen Teilwertlehre, für die einzelnen Vermögensgegenstände (Wirtschaftsgüter) Einzelwerte zu finden, die sich in ihrer Addition mit dem - ertragsabhängigen - Gesamtwert des Betriebs decken, um so die gewünschte Übereinstimmung zwischen der Summe der Ein-

---

199 Siehe auch HOFFMANN, Beteiligungsbewertung, BB 1991, S. 2262.

200 Dies zeigt sich insbesondere bei der Behandlung von Erschließungsbeiträgen (vgl. hierzu KUPSCH, Anschaffungskosten, StbJb 1989/90, S. 122-124).

201 Siehe dazu unten, § 2, Punkt II.B.2, S. 442 ff.

202 Vgl. hierzu insbesondere MAASSEN, Teilwert, 1968, S. 8-12.

203 KNOBBE-KEUK, Unternehmenssteuerrecht, 1991, S. 158.

zelwerte und dem Gesamtwert des Betriebes zu erreichen[204]. Da es jedoch nach allgemeiner Auffassung denkgesetzlich nicht möglich ist, aus dem Gesamtwert des Unternehmens die Einzelwerte abzuleiten[205], wird im Schrifttum die Berechtigung, Zweckmäßigkeit und praktische Anwendbarkeit des Teilwertbegriffs bestritten[206]. Die Rechtsprechung hat sich denn auch mit der Entwicklung sog. "Teilwertvermutungen"[207] weitgehend von diesem Anspruch gelöst[208].

Heute wird der Teilwertbegriff im wesentlichen mit dem in § 252 Abs. 1 Nr. 2 HGB kodifizierten "going-concern-Prinzip" verbunden, das berücksichtigt, daß der Verkehr die in den Rahmen eines lebenden Betriebs eingefügten Wirtschaftsgüter zum Teil höher, zum Teil niedriger bewertet als mit dem gemeinen Wert[209]. Da die genannte Vorschrift jedoch bereits über das Maßgeblichkeitsprinzip in das Bilanzsteuerrecht Eingang gefunden hat, bedeutet der Teilwertbegriff insoweit keine Erweiterung des steuerlichen Bilanzierungsrahmens.

Des weiteren wird der Teilwertabschreibung nach herrschendem - jedoch nicht unumstrittenen - Verständnis die Funktion einer *vermögensorientierten* Verlustantizipation[210] zugewiesen. Im Gegensatz zu der alternativ denkbaren *an künftigen Aufwandsüberschüssen orientierten* Verlustantizipation, an der sich möglicherweise der beizulegende Wert des Handelsrechts orientiert[211], bedeutet

---

204 ALBACH, Teilwert, WPg 1963, S. 627; JACOB, Steuerbilanzen, 1961, S. 101; LUHMER, Logik, ZfbF 1985, S. 1052-1057; SCHULT/RICHTER, Teilwert, DStR 1991, S. 1262; WÖHE, Bilanzpolitik, 1992, S. 420 f. A.A. DORALT, Teilwert, JDStJG 1984, S. 145-150.

205 Siehe etwa EULER, Teilwert, JDStJG 1984, S. 161-164; JACOB, Steuerbilanzen, 1961, S. 109-114; KNOBBE-KEUK, Unternehmenssteuerrecht, 1991, S. 158 f., jeweils m.w.N. Anderer Ansicht wohl LUHMER, Logik, ZfbF 1985, S. 1057-1061, 1067.

206 Siehe die Nachweise bei HEUER in H/H/R 1993, EStG § 6 Anm. 584; H. KOCH, Problematik, ZfbF 1960, S. 320 f. Zur Kritik an der Teilwertkritik vgl. insbesondere DORALT, Teilwert, JDStJG 1984, S. 141-153.

207 Siehe dazu unten, Punkt 3, S. 380 f.

208 A.A. DORALT, Teilwert, JDStJG 1984, S. 147 f.

209 DORALT, Teilwert, JDStJG 1984, S. 144; HEUER in H/H/R 1993, EStG § 6 Anm. 584; MEINCKE in L/B/M 1993, EStG § 6 Rn. 172; SCHULT/RICHTER, Teilwert, DStR 1991, S. 1263. Die Prämisse gilt jedoch sowohl handels- als auch steuerrechtlich nur, solange mit der Unternehmensfortführung zu rechnen ist, somit nicht mehr, wenn sie unmöglich oder nicht mehr wahrscheinlich ist (PANKOW/LIENAU/FEYEL in BBK 1990, HGB § 253 Anm. 304). Im folgenden wird stets die Fortführung der Unternehmenstätigkeit unterstellt.

210 Zu den verwendeten Begriffen und zur Kritik an diesem Teilwertverständnis vgl. MOXTER, Teilwertverständnis, 1991, S. 473-480.

211 Nach LEHMANN (Teilwert-Konzept, DB 1990, S. 2485) wird die Antizipation entgehender Gewinne lediglich durch den (steuerlichen) Teilwertbegriff, nicht jedoch durch das (handelsrechtliche) Imparitätsprinzip gedeckt: "*Das Spezifische des Teilwerts* ist das bilan-

dies, daß eine Teilwertabschreibung auch dann vorzunehmen ist, wenn sich der vorwegzunehmende Verlust nicht in der (handels- bzw. steuerrechtlichen) Gewinn- und Verlustrechnung niederschlägt, sondern in entgehenden Gewinnen bzw. Opportunitätsnachteilen besteht[212].

2. Teilwert und ökonomischer Wert

Es besteht weitgehende Einigkeit darüber, daß der steuerliche Teilwert - wie auch der beizulegende Wert des Handelsrechts[213] - "auf den 'eigentlichen', d.h. be- triebswirtschaftlichen Wert, den ein Wirtschaftsgut am Bilanzstichtag für das Un- ternehmen hat, völlig losgelöst von den historischen Anschaffungs- oder Her- stellungskosten und etwaigen zwischenzeitlichen Abschreibungen"[214], abzielt.

Im zweiten Teil der Arbeit wurde der ökonomische Wert eines Finanzierungstitels als Barwert zukünftiger Einzahlungsüberschüsse ermittelt. Fraglich ist, ob die da- bei gewonnenen Erkenntnisse bei der Teilwertbestimmung nutzbar gemacht wer- den können. Diese Problematik soll unter zwei Blickwinkeln untersucht werden:

(1) Ist der Teilwert ein "Ertragswert" oder ein "Substanzwert"?
(2) Ist der Teilwert ein "objektiver" oder ein "subjektiver" Wert?

---

zielle Erfassen von Opportunitätsnachteilen ... - im übrigen ist er neben dem (älteren) Im- paritätsprinzip überflüssig. Weder die steuerbilanzrechtliche Literatur hat erörtert, ob diese spezifische Funktion mit dem Zweck der Ermittlungsrechnung, die Steuerbemessungs- grundlage zu quantifizieren, vereinbar ist, noch hat sich die handelsbilanzrechtliche Lite- ratur gegen die Übernahme der mittels des niedrigeren Teilwerts bilanzierten Opportuni- tätsnachteile (der gesunkene Wiederbeschaffungspreis!) in die Handelsbilanz zur Wehr ge- setzt". Nach Ansicht von MOXTER läßt es sich dagegen "keinesfalls mit dem Sinn und Zweck der Teilwertvorschrift vereinbaren, in der Steuerbilanz höhere Verluste zu anti- zipieren, als dies in der Handelsbilanz geboten ist" (MOXTER, Teilwertverständnis, 1991, S. 479; siehe auch DERS., Bilanzrecht, WPg 1984, S. 406). Siehe zu diesem Problemkreis ergänzend BÖCKING, Bilanzrechtstheorie, 1988, S. 146 f.; GROH, Darlehen, StuW 1991, S. 297 ff.; DERS., Teilwertdiskussion, StuW 1976, S. 35 f.

212   Siehe auch LUHMER, Logik, ZfbF 1985, S. 1051 f.; OESTREICHER, Marktzinsände- rungen, BB 1993, Beilage 12, S. 7.

213   Im allgemeinen wird, trotz des aufgezeigten und weiterer Bedeutungsunterschiede, von ei- ner weitgehenden Deckungsgleichheit von beizulegendem Wert und Teilwert ausgegangen (DORALT, Teilwert, JDStJG 1984, S. 151; EULER, Verlustantizipation, ZfbF 1991, S. 208) bzw. die BFH-Rechtsprechung zum Teilwert als Anhaltspunkt für den beizulegenden Wert angesehen (A/D/S 1992, HGB § 253 Tz. 423; HAEGER/KÜTING in HdR 1990, HGB § 254 Rn. 35; PANKOW/LIENAU/FEYEL in BBK 1990, HGB § 253 Anm. 299). Vorsichtiger ("Beide Begriffe liegen sachlich beieinander, ohne identisch zu sein. Sie fol- gen beide den GoB") MÜLLER-DOTT, Auslandsbeteiligungen, StbJb 1988/89, S. 168 f.; ähnlich BREZING, Wertansätze, HdJ I/12 1988, Rn. 23. Siehe zum Ganzen auch INSTFST/UNVERDORBEN, Wert, 1988, S. 24-36.

214   BREZING, Wertansätze, HdJ I/12 1988, Rn. 23.

a. Der Teilwert als Ertrags- oder Substanzwert

In der Literatur werden unterschiedliche Auffassungen hinsichtlich der in der Überschrift genannten Fragestellung vertreten. Nach der einen Meinung ist grundsätzlich der Substanzwert des einzelnen Wirtschaftsguts maßgeblich, da andernfalls die getrennte Bewertung des Geschäftswerts einerseits und der übrigen Wirtschaftsgüter andererseits nicht gewährleistet sei[215]. Die gegenteilige Auffassung verweist auf das Verständnis des Teilwerts als Gebrauchswert - im Gegensatz zum gemeinen Wert als Tauschwert - und bezieht die gegenteilige Position[216].

Aus betriebswirtschaftlicher Sicht ist bei der Wertermittlung, wie gezeigt, grundsätzlich auf die mit Hilfe des jeweiligen Wirtschaftsguts in der Zukunft erzielbaren diskontierten Einzahlungsüberschüsse abzustellen. Der "Substanzwert" eines Wirtschaftsguts (oder eines Unternehmens) ist so gesehen nichts anderes als eine pessimistische Ertragswertvorstellung[217]. In diesem Sinne ist jeder Wert ein "Ertragswert", ist der diskutierte Gegensatz nur ein scheinbarer[218]. Die in Punkt 1 zitierte Auffassung, der Teilwert ziele auf den "eigentlichen" - d.h. betriebswirtschaftlichen - Wert des jeweiligen Wirtschaftsguts ab, läßt dann konsequenterweise nur eine Interpretation des Teilwerts als (so verstandener) Ertragswert zu. Die ökonomische Interpretation des Teilwerts findet jedoch seine Grenzen in den bilanzrechtlichen Restriktionen, insbesondere in den Grundsätzen ordnungsmäßiger Buchführung. Dabei ist insbesondere zu beachten, daß eine ertragsorientierte Bewertung nicht zu einer unzulässigen Aktivierung des originären Firmenwerts führen darf.

Es kann hier dahingestellt bleiben, ob diese Problematik mit Hilfe von Zurechnungsfiktionen gelöst werden kann[219]. Jedenfalls ist der Teilwert dann ein

---

215 Siehe insbesondere DORALT, Teilwert, JDStJG 1984, S. 146 f. Siehe auch HEUER in H/H/R 1993, EStG § 6 Anm. 582; HOHENLEITNER, Bewertung, DStZ 1988, S. 428; MEINCKE in L/B/M 1993, EStG § 6 Anm. 183; L. SCHMIDT/GLANEGGER 1993, EStG § 6 Anm. 50. Siehe auch BFH III R 88/69 vom 2.3.1973, BStBl II 1973, S. 475.

216 ALBACH, Teilwert, WPg 1963, S. 627; MÜLLER-DOTT, Auslandsbeteiligungen, StbJb 1988/89, S. 167; VOGEL, Werte, DStZ/A 1979, S. 33; WÖHE, Bilanzpolitik, 1992, S. 421.

217 ALBACH, Teilwertlehre, StbJb 1965/66, S. 315.

218 Ähnlich BUSSE VON COLBE, Bewertung, JDStJG 1984, S. 49-51; CLEMM, Verzinslichkeit, JDStJG 1984, S. 239; VOGEL, Werte, DStZ/A 1979, S. 33. Siehe auch ROSE, Zinsfüß', StbJb 1973/74, S. 309 f.: "Jedes wirtschaftliche Gut kann als eine künftig erwartete Einnahme oder Einnahmenkette ... angesehen werden".

219 Bejahend ALBACH, Teilwert, WPg 1963, S. 628-631; DERS., Teilwertlehre, StbJb 1965/66, S. 318-321; wohl auch EULER, Verlustantizipation, ZfbF 1991, S. 191-212. A.A. insbesondere DORALT, Teilwert, JDStJG 1984, S. 144-150.

"Ertragswert" bzw. sind die Ertragsaussichten des Einzel-Wirtschaftsguts dann beachtlich, wenn sie unzweifelhaft ihm und nicht dem Geschäftswert zugerechnet werden können[220]. Dies gibt es "von der Natur der Sache her"[221] nicht nur bei Beteiligungen und Wertpapieren[222], sondern bei allen Formen von Finanzierungstiteln, da die daraus resultierenden Einzahlungen grundsätzlich verursachungsgerecht dem Finanzierungstitel (und nicht dem Geschäftswert) zuordenbar sind[223]. Hieraus wird deutlich, daß die Schwierigkeiten bei der verursachungsgerechten Zuordnung von Zahlungsströmen je nach bilanzrechtlicher Vermögenskategorie unterschiedlicher Natur sind: Handelt es sich bei dem Bewertungsobjekt um ein materielles bzw. immaterielles Wirtschaftsgut, so lassen sich die damit wirtschaftlich in Zusammenhang stehenden Auszahlungen noch relativ leicht zurechnen; dagegen bereitet die verursachungsgerechte Berücksichtigung von Einzahlungen erhebliche Schwierigkeiten, da die einzelnen Güter (isoliert) keine Erträge erzielen[224]. Beim Finanzvermögen stellt sich die Situation dagegen gerade umgekehrt dar: Hier sind es die Einzahlungen, die im Regelfall unproblematisch zuzuordnen (nicht unbedingt: zu ermitteln[225]) sind[226], während die Bestimmung und Zuordnung der damit im Zusammenhang stehenden Auszahlungen[227] Probleme bereitet[228]. Die Befürchtung, das Verständnis des Teilwerts als Ertragswert führe zur (unzulässigen) Bilanzierung eines originären Firmenwerts, besitzt damit für das Finanzvermögen - zumindest, soweit es sich um

---

220 L. SCHMIDT/GLANEGGER 1993, EStG § 6 Anm. 59b.

221 L. SCHMIDT/GLANEGGER 1993, EStG § 6 Anm. 59b.

222 L. SCHMIDT/GLANEGGER 1993, EStG § 6 Anm. 59b.

223 Siehe insbesondere CLEMM, Verzinslichkeit, JDStJG 1984, S. 225, m.w.N. Ähnlich, für das gesamte Finanz*anlage*vermögen, ANDERS, Arbeitnehmerdarlehen, Stbg 1990, S. 306; E. WEBER, Beteiligungen, 1980, S. 222 f. Nach BAETGE/BROCKMEYER sind die Voraussetzungen für die Anwendung des "theoretisch-exakten Ertragswertkonzepts ... nicht selten bei Finanzanlagen erfüllt" (BAETGE/BROCKMEYER, Wertminderung, HuR 1986, S. 380, Flexion geändert). Zur Frage, ob diese Aussage auch für die Bewertung von Verbundtiteln zutreffend ist, siehe unten, Punkt b.

224 Siehe auch EULER, Teilwert, JDStJG 1984, S. 156 f.

225 So bereitet die Prognose der unmittelbar titelinduzierten Dividendenzahlungen aus einem Beteiligungstitel häufig erhebliche Schwierigkeiten. Das damit angesprochene Informationsproblem ist jedoch für die hier in Rede stehende Problematik irrelevant.

226 Dies gilt nicht für die bei der Bewertung von Verbundtiteln zu berücksichtigenden mittelbaren Vorteile (siehe hierzu unten, Punkt b, S. 378 ff.).

227 Dabei können die "Auszahlungen", wie in Punkt 1 dargelegt, nach der herrschenden Lehre durchaus auch in Opportunitätskosten bestehen.

228 Auch dieser Gesichtspunkt ist im übrigen ein Argument für die hier vertretene Auffassung von der Dreiteilung des bilanziellen Vermögens in materielle, immaterielle und finanzielle Vermögensgegenstände bzw. Wirtschaftsgüter (siehe dazu oben, 1. Kapitel, § 2, Punkt I.A.2.a, S. 169 f.).

Renditetitel handelt - keine Bedeutung. Daraus ergibt sich, daß die im 2. Teil der Arbeit[229] dargestellte investitionstheoretische, "ertragswertorientierte" Wertermittlungsmethode vom Grundsatz her auch für die Ermittlung des steuerlichen Teilwerts eines Finanzierungstitels anwendbar ist[230].

b. Der Teilwert als objektiver oder subjektiver Wert

Nach h.M.[231] ist der Teilwert "... ein *objektiver*[232] Wert, der nicht auf der persönlichen Auffassung des einzelnen Kaufmanns über die zukünftige wirtschaftliche Entwicklung, sondern auf einer allgemeinen Werteinschätzung beruht, wie sie in der Marktlage am Bilanzstichtag ihren Ausdruck findet"[233]. Dies bedeutet jedoch nicht, daß der Wert eines Wirtschaftsguts einheitlich für alle Betriebe gilt, da das einzelne Wirtschaftsgut ja gerade "im Rahmen des Gesamtkaufpreises" des Betriebs, d.h. unter Berücksichtigung seiner Bedeutung für diesen Betrieb, bewertet werden soll[234], so daß "der Teilwert ... jeweils nur unter Berücksichtigung aller Umstände des einzelnen Falles und der Eigenart des Betriebes"[235] ermittelt werden kann[236]. Da der Teilwert nur im Wege der Schätzung zu ermitteln ist und die Verhältnisse des einzelnen Betriebs berücksichtigen muß, kann die Beurteilung der für den Teilwert maßgebenden Umstände durch den Steuerpflichtigen überdies nicht unberücksichtigt bleiben, da er die Verhältnisse seines Betriebs am besten

---

229   3. Kapitel, § 1, Punkt II, S. 103 ff.

230   Siehe auch CLEMM, der unter die "ertragswertorientierten Aktiva" u.a. Wertpapiere, Ausleihungen, Forderungen aus Lieferungen und Leistungen, Wechselforderungen und Beteiligungen subsumiert (CLEMM, Verzinslichkeit, JDStJG 1984, S. 239).

231   HEUER in H/H/R 1993, EStG § 6 Anm. 604; MEINCKE in L/B/M 1993, EStG § 6 Rn. 167.

232   Zu den Bedenken gegen die Dichotomie von "objektivem" und "subjektivem" Wert siehe oben, 2. Teil, 3. Kapitel, § 1, Punkt I.A.2, S. 99 ff. Siehe auch ALBACH, Teilwertlehre, StbJb 1965/66, S. 313.

233   BFH I R 116/86 vom 7.11.1990, BStBl II 1991, S. 342 (Hervorhebung durch Verfasser), mit Verweis auf BFH IV 566/54 U vom 26.1.1956, BStBl III 1956, S. 113; ähnlich BFH IV R 31/90 vom 31.1.1991, BStBl II 1991, S. 627. Siehe auch die Rechtsprechungshinweise in HEUER in H/H/R 1993, EStG § 6 Anm. 604. Evtl. a.A. BREZING, Beteiligungen, StbJb 1972/73, S. 358 f. Vgl. auch die Darstellung der Bedeutung der beiden Wertbegriffe für das Steuerrecht im allgemeinen bei JACOB, Steuerbilanzen, 1961, S. 13-21.

234   HEUER in H/H/R 1993, EStG § 6 Anm. 604.

235   BFH I 275/60 U vom 24.7.1962, BStBl III 1962, S. 440.

236   In dieser Sichtweise ist der Teilwert mithin im Grunde ein "subjektiver" Wert: "Nicht mehr der Nutzen der Sache für 'jeden' Besitzer, sondern der Nutzen für 'einen' Besitzer ist entscheidend" (ALBACH, Teilwert, WPg 1963, S. 626). So auch BREZING, Beteiligungen, StbJb 1972/73, S. 359.

kennt und folglich am besten beurteilen kann, was ein Erwerber voraussichtlich zahlen würde[237].

Das Gesagte bedeutet im Ergebnis, daß zwar die spezifische Bedeutung des Wirtschaftsguts für den Betrieb in den Kalkül Eingang findet, die spezifischen Erwartungen eines bestimmten (potentiellen) Erwerbers bzw. des Betriebsinhabers selbst dagegen - objektivierungsbedingt - unberücksichtigt bleiben müssen[238]. Für die Ermittlung des steuerlichen Teilwerts von Finanzierungstiteln bedeutet dies, daß die im 2. Teil der Arbeit aufgestellte Formel I[239] in abgewandelter Form verwendet werden kann. Danach ist der Teilwert eines Finanzierungstitels gleich der Summe aus modifiziertem gemeinem Wert und Zusatzwert[240].

(V) TW = GW (mod.) + ZW

Der Term "GW (mod.)" bezeichnet den für bilanzsteuerliche Zwecke modifizierten gemeinen Wert. Dabei besteht die Modifikation darin, daß zwar die unternehmensspezifischen, nicht jedoch die unternehmerspezifischen Ertragserwartungen berücksichtigt werden. Bspw. sind die aufgrund einer Marktverflechtung zu erwartenden Mehrausschüttungen der Beteiligungsgesellschaft einzubeziehen[241]. Eine uneingeschränkte Übernahme des Summanden "MAW" aus Formel I auf S. 109 ist dagegen nicht zulässig, da dieser auch bestimmte - für den Teilwert unbeachtliche - (subjektive) Absichten und Pläne des Erwerbers einschließt[242].

Durch den Summanden "ZW" werden die besonderen Vorteile des Finanzierungstitels für den jeweiligen Betrieb berücksichtigt[243], die per definitionem nur bei Verbundtiteln auftreten können. Fraglich ist, ob nicht der Einzelbewertungsgrundsatz eine Berücksichtigung dieser Vorteile bei der Teilwertermittlung aus-

---

237 BFH I 137/59 U vom 29.11.1960, BStBl III 1961, S. 154; HEUER in H/H/R 1993, EStG § 6 Anm. 605.

238 Ähnlich BRENNER, Finanzanlagen, StbJb 1991/92, S. 109 f.

239 Siehe oben, 2. Teil, 3. Kapitel, § 1, Punkt I.A.2, S. 101.

240 BREZING, Beteiligungen, StbJb 1972/73, S. 356-362. Ähnlich DIRRIGL, Bewertung, 1988, S. 83.

241 Es handelt sich hierbei um die sog. externen Verbundzahlungen (EVZ). Siehe dazu oben, 2. Teil, 2. Kapitel, § 3, Punkt II.A, S. 90 ff., v.a. Abbildung 22.

242 BRENNER, Finanzanlagen, StbJb 1991/92, S. 110.

243 Es handelt sich hierbei um die sog. "internen Verbundzahlungen" (IVZ). Siehe dazu oben, 2. Teil, 2. Kapitel, § 3, Punkt II.A, S. 90 ff., v.a. Abbildung 22.

schließt. Ausgehend von der Annahme, daß im Anschaffungszeitpunkt nur ein Wirtschaftsgut und nicht mehrere Wirtschaftsgüter erworben wurden[244], ist eine Berücksichtigung des Zusatzwerts nach Ansicht des BFH (nur) dann möglich und geboten, wenn es sich um konkrete, greifbare und abgrenzbare Vorteile handelt[245]. Hierauf wird bei der Bewertung von Verbund-Forderungstiteln und Verbund-Beteiligungstiteln zurückzukommen sein[246]. Insoweit ist zu berücksichtigen, daß sich mittelbare Vorteile für den Titelinhaber regelmäßig aus anderen Vertragsverhältnissen mit dem Titelemittenten ergeben, die sich bilanziell häufig als schwebende Geschäfte darstellen. Folglich stellt eine Einbeziehung des Zusatzwerts in die Teilwertermittlung stets - zumindest formal - einen Verstoß gegen den Einzelbewertungsgrundsatz dar, der jedoch durch das Spezifische des Teilwerts gerechtfertigt werden kann.

3. Die Teilwertvermutungen

Um den Teilwertbegriff praktikabel zu gestalten, hat die Rechtsprechung Teilwertvermutungen und Teilwertgrenzen aufgestellt[247]. Da es sich beim Finanzvermögen stets um Umlaufvermögen oder nicht abnutzbares Anlagevermögen handelt[248], das nur angeschafft und nicht hergestellt werden kann[249], werden nur die insoweit relevanten Grundsätze skizziert.

Danach ist der Teilwert eines Wirtschaftsguts zum Zeitpunkt der Anschaffung grundsätzlich identisch mit dessen Anschaffungskosten. Dies gilt für Wirtschaftsgüter des Anlagevermögens grundsätzlich auch zu darauf folgenden Bilanzstichtagen. Für Wirtschaftsgüter des Umlaufvermögens sind dagegen die Wiederbeschaffungskosten am jeweiligen Bilanzstichtag beachtlich; handelt es sich um ein entbehrliches Wirtschaftsgut, so soll dagegen auf dessen Einzelveräußerungspreis abzustellen sein.

---

244 Andernfalls ist der Anschaffungspreis auf die erworbenen Wirtschaftsgüter aufzuteilen, wie dies etwa bei der Optionsanleihe der Fall ist (siehe hierzu unten, § 2, Punkt I.A.1.b.α, S. 396 ff.). Eine Berücksichtigung der sich aus dem einen Wirtschaftsgut ergebenden Vorteile bei der Teilwertermittlung des jeweils anderen kommt dann nicht in Betracht (siehe auch BFH IV R 35/78 vom 9.7.1981, BStBl II 1981, S. 734).

245 BFH I R 38/66 vom 9.7.1969, BStBl II 1969, S. 744; BFH I R 236/72 vom 23.4.1975, BStBl II 1975, S. 875; BFH IV R 35/78 vom 9.7.1981, BStBl II 1981, S. 734.

246 Siehe unten, § 3, Punkt II, S. 476 ff. (Verbund-Forderungstitel), und § 3, Punkt IV, S. 507 ff. (Verbund-Beteiligungstitel).

247 Siehe im folgenden HEUER in H/H/R 1993, EStG § 6 Anm. 589-599, 614-616, m.w.N.

248 Siehe oben, 1. Kapitel, § 2, Punkt I.A.2, S. 169 ff.

249 Siehe oben, Punkt I, S. 334 ff.

Die vorgenannten Grundsätze werden zum einen generell dadurch eingeschränkt, daß der Teilwert die Wiederbeschaffungskosten nicht übersteigen, den Einzelveräußerungspreis nicht unterschreiten darf. Die andere Einschränkung besteht darin, daß die Teilwertvermutungen lediglich auf Erfahrungen gestützte allgemeine Schätzungsgrundlagen darstellen, die widerlegbar sind, insbesondere durch den Nachweis, daß der tatsächliche Teilwert des Wirtschaftsguts am Bilanzstichtag vom vermuteten Teilwert abweicht oder daß die Anschaffung des Wirtschaftsguts eine Fehlmaßnahme war.

IV. Die Wertansatzentscheidung
A. Niederstwertprinzip und Wertaufholung

Zu jedem auf den Erwerbszeitpunkt folgenden Bilanzstichtag ist zu überprüfen, ob der beizulegende Wert[250] bzw. Teilwert des aktivierten Wirtschaftsguts über oder unter dessen Buchwert liegt. Liegt er darunter und ist das Bilanzierungsobjekt (hier: der Finanzierungstitel) dem *Umlaufvermögen*[251] zuzurechnen, so ist handelsrechtlich nach § 253 Abs. 3 Sätze 1 und 2 HGB notwendig eine außerplanmäßige Abschreibung vorzunehmen. Aufgrund des Maßgeblichkeitsprinzips ist steuerlich - trotz des entgegenstehenden Wortlauts des § 6 Abs. 1 Nr. 2 Satz 2 EStG - ebenfalls zwingend der niedrigere Teilwert anzusetzen[252]. Diese Regelung gilt auch für (hier: nicht abnutzbare) Wirtschaftsgüter des *Anlagevermögens*, wenn die Wertminderung voraussichtlich dauernd ist[253]. Ist die Wertminderung dagegen nur vorübergehender Natur, so steht dem Bilanzierenden sowohl handelsrechtlich[254] als auch steuerrechtlich[255] ein Abschreibungswahlrecht zu, das er nach § 5 Abs. 1 Satz 2 EStG in beiden Rechenwerken in gleicher Weise auszuüben hat.

---

250 Entsprechendes gilt für den sich aus dem Börsen- oder Marktpreis ergebenden Wert (§ 253 Abs. 3 Satz 1 HGB). Die Nicht-Kapitalgesellschaften (vgl. § 279 Abs. 1 Satz 1 HGB) offenstehende Möglichkeit der Abschreibung nach vernünftiger kaufmännischer Beurteilung ist steuerlich unbeachtlich (vgl. PANKOW/LIENAU/FEYEL in BBK 1990, HGB § 253 Anm. 661). Das handelsrechtliche Wahlrecht nach § 253 Abs. 3 Satz 3 HGB, beim Umlaufvermögen unter bestimmten Voraussetzungen auf den niedrigeren Zukunftstagewert herabzugehen, gilt wegen § 5 Abs. 6 EStG steuerlich ebenfalls nicht (SARX in BBK 1990, HGB § 253 Anm. 626).

251 Zur Frage der Zugehörigkeit von Finanzierungstiteln zum Anlage- oder Umlaufvermögen siehe oben, 1. Kapitel, § 2, Punkt I.A.2.d, S. 172 ff.

252 Siehe nur L. SCHMIDT/GLANEGGER 1993, EStG § 6 Anm. 52b.

253 Vgl. aus handelsrechtlicher Sicht § 253 Abs. 2 Satz 3 1. Halbsatz HGB. Steuerlich gilt wiederum § 6 Abs. 1 Nr. 2 Satz 2 EStG. Zur Maßgeblichkeit der handelsrechtlichen Wertung für die Steuerbilanz vgl. L. SCHMIDT/GLANEGGER 1993, EStG § 6 Anm. 52b.

254 Vgl. § 253 Abs. 2 Satz 3 2. Halbsatz HGB. Für die hier interessierenden Finanzanlagen steht dieses Wahlrecht auch Kapitalgesellschaften offen (§ 279 Abs. 2 Satz 2 HGB). Zur Frage, ob die Teilwertabschreibung auf Gegenstände des Sachanlagevermögens mit voraus-

Sind die Gründe für den niedrigeren Wertansatz entfallen, so darf dieser handelsrechtlich und steuerrechtlich beibehalten werden (Beibehaltungs- bzw. Zuschreibungswahlrecht)[256]. Wird zugeschrieben, so darf aufgrund des Realisations- bzw. Anschaffungswertprinzips weder der beizulegende Wert bzw. Teilwert zum Zuschreibungszeitpunkt noch der primäre Wertansatz (im Regelfall die Anschaffungskosten) überschritten werden, wobei auch ein Ansatz zu einem Zwischenwert zulässig ist[257]. Dabei ist darauf hinzuweisen, daß das Zuschreibungs- bzw. Beibehaltungswahlrecht für das einzelne Wirtschaftsgut gilt. Da auch ein aus einer Vielzahl von Forderungen bestehender Forderungsbestand[258] aus Einzelwirtschaftsgütern besteht und die Zusammensetzung der umsatzinduzierten Ansprüche im Zeitablauf variiert, ist das Pauschaldelkredere an jedem Bilanzstichtag zwingend neu zu ermitteln. Mithin ist es nach Ansicht des Verfassers nicht zulässig, ein einmal gebildetes Pauschaldelkredere mit Hinweis auf das Zuschreibungswahlrecht beizubehalten[259].

B. Die Abgrenzung der vorübergehenden von der dauernden Wertminderung

1. Grundlagen

Liegt der Teilwert eines Finanzierungstitels des Anlagevermögens unter dessen Buchwert, so ist die Unterscheidung von Bedeutung, ob diese Wertminderung dauerhaft oder nur vorübergehend ist[260], da, wie gezeigt, im ersten Fall eine Ab-

---

sichtlich nicht dauernder Wertminderung durch § 279 Abs. 1 Satz 2 HGB auch steuerlich ausgeschlossen ist, oder ob der Grundsatz der umgekehrten Maßgeblichkeit dazu führt, daß die Teilwertabschreibung trotz des handelsrechtlichen Abwertungsverbots zulässig ist, braucht hier mithin nicht eingegangen zu werden (vgl. INSTFST/UNVERDORBEN, Wert, 1988).

255 § 6 Abs. 1 Nr. 2 Satz 2 EStG.

256 Die handelsrechtliche Rechtfertigung ergibt sich aus § 253 Abs. 5 HGB. Das für Kapitalgesellschaften in § 280 Abs. 2 HGB als Ausnahme kodifizierte Beibehaltungswahlrecht gilt nahezu uneingeschränkt, da steuerlich grundsätzlich ein Beibehaltungswahlrecht besteht (§ 6 Abs. 1 Nr. 1 Satz 4, Nr. 2 Satz 3 EStG) und die umgekehrte Maßgeblichkeit gilt (§ 5 Abs. 1 Satz 2 EStG). Eine Ausnahme gilt, wie zu zeigen sein wird, für Anteile an Personengesellschaften.

257 PANKOW/LIENAU/FEYEL in BBK 1990, HGB § 253 Anm. 666.

258 Siehe dazu oben, Punkt II.B.3.b, S. 345 ff.

259 So aber wohl BEINE, Forderungen, 1960, S. 154. Wie hier HEUER in H/H/R 1993, EStG § 6 Anm. 919; WERNDL in K/S 1993, EStG § 6 Rn. B 587.

260 Dabei gelten steuerlich und handelsrechtlich die gleichen Grundsätze (vgl. HEUER in H/H/R 1993, EStG § 6 Anm. 561).

schreibungspflicht, bei der zweiten Alternative dagegen ein Abschreibungswahl-recht besteht[261].

Hinweise für die Abgrenzung einer vorübergehenden von einer dauernden Wert-minderung sind dem Gesetz nicht zu entnehmen. Einigkeit besteht darüber, daß eine dauernde Wertminderung nicht erst dann zu bejahen ist, wenn der beizu-legende Wert bzw. Teilwert während der gesamten Restnutzungs- bzw. -haltedauer geringer als der jeweilige Buchwert ist, da der Bilanzierende andernfalls aufgrund der bestehenden Prognoseprobleme durch den Hinweis auf künftige Perioden mit positiver Entwicklung nahezu jede Abschreibung abwenden könnte; dies verbietet jedoch das Vorsichtsprinzip[262]. Hinsichtlich der konkreten Ausprägung werden im Schrifttum jedoch verschiedene Ansichten vertreten. So will ein Teil der Lite-ratur eine vorübergehende Wertminderung im Regelfall nur dann annehmen, wenn ihre Gründe bis zum Bilanzerstellungstag entfallen sind[263]. Nach a.A. sind Wert-minderungen dann dauerhaft, wenn sie sich nicht bis zum nächsten Bilanzstich-tag[264] bzw. innerhalb mehrerer Jahre[265] ausgleichen.

Nach Ansicht des Verfassers kann der Zeitraum je nach Art des zu bewertenden Wirtschaftsguts von unterschiedlicher Länge sein[266]. So ist eine Differenzierung nach bilanzsteuerlichen Vermögenskategorien insoweit hilfreich, als eine Orientie-rung an der Restnutzungsdauer zum Bilanzstichtag, wie sie z.T. in der Literatur vorgenommen wird[267], bei nicht abnutzbaren Wirtschaftsgütern des finanziellen

---

261 Die Abgrenzung vorübergehender von dauerhaften Wertminderungen bei Finanzierungsti-teln wird in der Literatur häufig vernachlässigt, selbst in Beiträgen, die sich speziell mit der Bilanzierung des Finanzanlagevermögens beschäftigen (siehe etwa KUPSCH, Finanzanlagevermögen, HdJ II/3 1987). Dabei wird andererseits betont, daß vorüberge-hende Wertminderungen im Grunde nur bei Finanzanlagen praktisch bedeutsam sind (vgl. etwa PANKOW/LIENAU/FEYEL in BBK 1990, HGB § 253 Anm. 295).

262 BAETGE/BROCKMEYER, Wertminderung, HuR 1986, S. 384 f.

263 EULER, Verlustantizipation, ZfbF 1991, S. 198. Ähnlich DÖRING in HdR 1990, HGB § 253 Rn. 155.

264 H.K. WEBER, Erfolgsrechnung, 1988, S. 169.

265 GLADE 1986, HGB § 253 Rz. 35. Siehe auch die Nachweise bei KROPFF in G/H/E/K 1973, AktG 1965 Anm. 35. BAETGE/BROCKMEYER schlagen einen Zeitraum von fünf Jahren vor (BAETGE/BROCKMEYER, Wertminderung, HuR 1986, S. 385).

266 So auch BFH I R 123/73 vom 27.11.1974, BStBl II 1975, S. 294. Gleicher Ansicht HEUER in H/H/R 1993, EStG § 6 Anm. 561; PANKOW/LIENAU/FEYEL in BBK 1990, HGB § 253 Anm. 295.

267 Vgl. PANKOW/LIENAU/FEYEL in BBK 1990, HGB § 253 Anm. 295, die eine dauer-hafte Wertminderung dann annehmen, wenn die zum Abschlußstichtag eingetretene Wert-minderung voraussichtlich weniger als die halbe Restnutzungsdauer bestehen wird. Zu weiteren Abgrenzungskriterien beim materiellen Vermögen vgl. KROPFF in G/H/E/K 1973, AktG 1965 § 154 Anm. 35.

Vermögens notwendigerweise ausscheidet. Dagegen kann nicht unterstellt werden, daß bei letzteren grundsätzlich eher eine dauernde Wertminderung anzunehmen ist, weil durch die fehlende planmäßige Abschreibung ein möglicher Bewertungsfehler nicht automatisch korrigiert wird[268]. Dabei wird m.E. übersehen, daß die "automatische" Korrektur mittels planmäßiger Abschreibung erst zum nachfolgenden Bilanzstichtag möglich ist und zu diesem Zeitpunkt auch erneut die Vornahme einer Teilwertabschreibung geprüft werden muß; liegt der Teilwert zu diesem Zeitpunkt jedoch erneut unter dem Buchwert, so ist dies als starkes Indiz für eine dauerhafte Wertminderung anzusehen, mit der Folge, daß im Regelfall eine Abschreibungspflicht besteht, die die gleiche Wirkung wie die beim abnutzbaren Vermögen vorzunehmende Absetzung für Abnutzung entfaltet. Diese Auffassung bedeutet jedoch keine wesentliche Abweichung von den in der Literatur vertretenen Ergebnissen, da ohnehin - aufgrund des Vorsichtsprinzips - im Zweifel von einer dauernden Wertminderung auszugehen ist[269].

Als Zwischenergebnis ist festzuhalten, daß die in der Literatur genannten Differenzierungsmerkmale für die Abgrenzung einer vorübergehenden von einer dauerhaften Wertminderung entweder für das Finanzanlagevermögen nicht anwendbar oder nicht genügend konkretisiert sind. Ein zweckentsprechender Ansatz besteht nach Ansicht des Verfassers darin, die im zweiten Teil der Arbeit aufgezeigten betriebswirtschaftlichen Merkmale von Finanzierungstiteln in die Überlegungen einzubeziehen.

Als Ausgangspunkt dient die Erkenntnis, daß die Abgrenzung einer "vorübergehenden" von einer "dauernden" Wertminderung offensichtlich eine zeitliche Komponente beinhaltet. Da diese bei Forderungs- und Beteiligungstiteln verschiedenartig ausgeprägt ist, erscheint es naheliegend, den Kontraktobjekttyp als Einstiegskriterium zu wählen. Zusätzlich ist zu berücksichtigen, daß die festgestellte Wertminderung auf verschiedenen Ursachen beruhen kann. Da der Teilwert von seiner Konzeption her, wie gezeigt, auf den "eigentlichen", betriebswirtschaftlichen Wert eines Wirtschaftsguts abzielt[270], kann hinsichtlich dieses Kriteriums auf die bei der betriebswirtschaftlichen Bewertung zu berücksichtigenden Risiken[271] rekurriert werden. Aufgrund der Funktion der Teilwertabschreibung

---

268 So aber die herrschende Meinung (vgl. insbesondere A/D/S 1992, HGB § 253 Tz. 432; so auch DÖRING in HdR 1990, HGB § 253 Rn. 155).

269 A/D/S 1992, HGB § 253 Tz. 425; DÖRING in HdR 1990, HGB § 253 Rn. 154; PANKOW/LIENAU/FEYEL in BBK 1990, HGB § 253 Anm. 295.

270 Siehe oben, Punkt III.B.2, S. 375.

271 Siehe oben, 2. Teil, 3. Kapitel, § 2, S. 114 ff.

als vermögensorientierte Verlustantizipation[272] ist es dagegen - zumindest nach herrschender und hier nicht näher zu problematisierender Auffassung - unerheblich, ob die jeweiligen Risiken erst im Veräußerungsfall oder auch während des Haltens der Beteiligung, der Anleihe usf. aufwandswirksam werden; eine Differenzierung nach den sich aus den Leistungsverpflichtungen des Emittenten einerseits sowie bei der Veräußerung andererseits entstehenden Risiken ist danach nicht zweckadäquat[273].

Die aufgezeigte Abgrenzungsproblematik ist im Kern ein Prognoseproblem und betrifft daher neben der eigentlichen Tatbestandsfrage auch den Gesichtspunkt der intersubjektiven Nachprüfbarkeit und Beweiswürdigung. Auch insoweit kann auf die Ausführungen im zweiten Teil der Arbeit zurückgegriffen werden. Dabei ist zum einen die Marktebene von Bedeutung, da bei börsengehandelten Finanzierungstiteln auf die Erwartungen einer Vielzahl von Marktteilnehmern bzw. auf externes Expertenwissen zurückgegriffen werden kann, wodurch die intersubjektive Nachprüfbarkeit der Einschätzung des Bilanzierenden erleichtert wird. Ähnliche Überlegungen gelten hinsichtlich der Prognose der Zins- oder Wechselkursentwicklung. Dabei bedingt das Vorsichtsprinzip in allen Fällen die Unterstellung eher pessimistischer Annahmen. Geht es dagegen um Wertminderungsrisiken, die ihre Ursachen in der zukünftigen wirtschaftlichen Entwicklung des Emittenten haben und werden diese nicht nach außen hin - etwa durch die Börsenkursentwicklung - sichtbar, so bleibt im Regelfall allein der Rückgriff auf eine individuelle Einschätzung. Informationsermittlung und -dokumentation werden jedoch dann erleichtert, wenn Interessenverflechtungen bestehen, wie sie insbesondere bei engagierten Finanzierungstiteln anzutreffen sind, und die dem Titelinhaber mittels Informations- und Einwirkungsrechten diesbezügliche Einblicke und/oder Einflußnahmen ermöglichen[274].

2. Forderungstitel

Im Hinblick auf die angesprochene zeitliche Komponente ist zunächst festzuhalten, daß Forderungstitel eine begrenzte Laufzeit haben. Da sich die Begriffe "dauernd" bzw. "vorübergehend" sinnvoll nur auf das in Rede stehende Wirtschaftsgut bezie-

---

272 Siehe oben, Punkt III.B.1, S. 374 f.

273 Zur wohl abweichenden handelsrechtlichen Sichtweise vgl. GROH, Darlehen, StuW 1991, S. 299; vgl. auch BÖCKING, Bilanzrechtstheorie, 1988, S. 146 f. Siehe aber EULER, Verlustantizipation, ZfbF 1991, S. 199 f.

274 Siehe dazu oben, 2. Teil, 3. Kapitel, § 2, Punkt II.B.2, S. 133 ff.

hen können, ist daraus zu folgern, daß es entscheidend auf den Zeitraum bis zur Tilgung ankommt und damit Wertminderungen, die während der gesamten (Rest-) Laufzeit anhalten, als dauernd zu qualifizieren sind. Darüber hinausgehende Aussagen können demgegenüber nur im Hinblick auf einzelne Wertminderungsursachen getroffen werden[275].

Die für Forderungstitel im allgemeinen bedeutsamste Wertminderungsursache ist das Ausfallrisiko. Ist die Bonität des Emittenten zum Bilanzstichtag negativ zu beurteilen, so kann nur im Einzelfall festgestellt werden, ob die Schuldenbedienungsprobleme vorübergehender oder dauerhafter Natur sind[276]. Da Bonitätsrisiken nur bei individuell gehandelten Titeln praktisch bedeutsam sind, kann der Bilanzierende insoweit im Regelfall nicht auf Marktprognosen zurückgreifen, sondern ist auf eine eigene Einschätzung angewiesen[277]. Im Regelfall dürfte jedoch dann, wenn der Schuldner mit der Darlehensbedienung nicht unwesentlich in Rückstand gerät, aufgrund des Vorsichtsprinzips von einer dauerhaften Wertminderung auszugehen sein, wenn dem Bilanzierenden keine entgegenstehenden Erkenntnisse vorliegen[278]. Hier hat auch das Wertaufhellungsprinzip (§ 252 Abs. 1 Nr. 4 HGB) seine Bedeutung. Zwar wird grundsätzlich, wie eingangs erwähnt, auf die Laufzeit des Titels abgestellt. Der Zeitpunkt von Zins- und Tilgungszahlungen wird jedoch gerade durch ein akut werdendes Bonitätsrisiko verkürzt; fällt der Emittent bspw. bis zur Bilanzaufstellung in Konkurs und handelt es sich hierbei um ein wertaufhellendes Ereignis, so ist die Wertminderung auch dann als dauernd zu qualifizieren, wenn die vereinbarte Laufzeit weit über den Wertaufhellungszeitraum hinausgeht.

Zu den Risiken, die sowohl bei individuell als auch bei börsengehandelten Forderungstiteln bedeutsam sind, zählt das den exogenen Preisrisiken zuzurechnende

---

275 Zu den im folgenden angesprochenen Risikoarten siehe oben, 2. Teil, 3. Kapitel, § 2, Punkt II.A, S. 115 ff.

276 Dabei sind vorhandene Sicherheiten - soweit sie nach den Ausführungen in Punkt II.C (S. 347 ff.) berücksichtigt werden dürfen - in die Überlegungen einzubeziehen, aber auch ein eventuelles Besicherungsrisiko zu beachten.

277 Diese wird, wie gezeigt, dann erleichtert, wenn zwischen ihm und dem Schuldner eine Interessenverflechtung besteht. Bei internationalen Schuldnern können ggf. die Ergebnisse internationaler Rating-Agenturen zu Rate gezogen werden, die die individuelle Einschätzung ersetzen oder zumindest erleichtern. Dies gilt auch für die Beurteilung eines in diesem Zusammenhang zu beobachtenden Länderrisikos.

278 Eine Bonitätsbeurteilung ist mithin insbesondere dann schwierig, wenn der Schuldner erst am Ende der (womöglich langen) Laufzeit seinen Leistungsverpflichtungen nachkommen muß und keine periodischen Zinszahlungen zu erbringen hat.

Zinsänderungsrisiko, das sich bei börsennotierten Anleihen als Kursrisiko darstellt[279].

Wird die Un(ter)verzinslichkeit eines Forderungstitels grundsätzlich als teilwertmindernder Umstand anerkannt[280], so wird in der Literatur die Auffassung vertreten, es handele sich insoweit stets um eine vorübergehende Wertminderung, da
die Forderung spätestens im Zeitpunkt der Rückzahlung ihren Anschaffungswert
wiedererlangt habe[281]. Dem kann m.E. nicht gefolgt werden. Unterstellt man
zunächst der Einfachheit halber eine unverzinsliche Ausleihung, so wird der
Teilwert dieses Wirtschaftsguts bis zum Tilgungszeitpunkt dauernd unter seinen
Anschaffungskosten liegen[282], weil dem Bilanzierenden stets (aufwandsgleiche
oder kalkulatorische) Kosten entstehen. Daß zum Ende der Laufzeit der volle Betrag zurückgezahlt wird, ist unerheblich, da das Wirtschaftsgut Finanzierungstitel
mit der Tilgung untergeht[283] und die Vollwertigkeit des zeitgleich entstehenden
Wirtschaftsguts "Bankguthaben" o.ä. nicht als Rechtfertigung der Werthaltigkeit
der Ausleihung herangezogen werden kann. Im übrigen erscheint es vor dem Hintergrund des Vorsichtsprinzips nicht sachgerecht, bei einer Ausleihung mit einer
Laufzeit von bspw. zehn Jahren eine nur vorübergehende Wertminderung anzunehmen, obwohl der Teilwert an mindestens neun Bilanzstichtagen unter den
Anschaffungskosten liegt[284].

Ist danach eine vorübergehende Wertminderung nur bei verzinslichen Forderungstiteln möglich, so ist dann, wenn die Verzinsung am Bilanzstichtag unter einem
noch zu bestimmenden Maßzinssatz liegt[285], die zukünftige Entwicklung des
Maßzinssatzes bzw. - bei börsengehandelten Obligationen - des Börsenkurses zu
prognostizieren, wobei auf externes Expertenwissen zurückgegriffen werden kann.

---

279 Das Elastizitätsrisiko spielt bei Forderungstiteln im Regelfall keine Rolle, da durch ver-
     mehrte Verkauforders im allgemeinen kein Druck auf die Anleihekurse erfolgt.

280 Nach der in Punkt III.B.1, S. 373 ff., dargestellten h.M. gilt dies unabhängig davon, ob
     eine Veräußerungsabsicht besteht oder nicht.

281 GROH, Darlehen, StuW 1991, S. 299; OESTREICHER, Grundsätze, 1992, S. 180. So
     auch, für Wertpapiere, BECKMANN, Zerobonds, BB 1991, S. 941; KUSSMAUL, Null-
     Kupon-Anleihen, BB 1987, S. 1567; NEYER, Zero-Bonds, DB 1982, S. 976.

282 Zur Ermittlung der Anschaffungskosten siehe unten, § 2, Punkt I.A.1.b, S. 396 ff.

283 Siehe oben, 1. Kapitel, § 3, Punkt II.B, S. 274.

284 Kritisch auch CLEMM, Verzinslichkeit, JDStJG 1984, S. 227; MARX/RECK-
     TENWALD, Ausleihungen, BB 1992, S. 1528; SIEPE, Teilwertansatz, 1992, S. 620. Die
     gegenteilige Auffassung setzt den Begriff "dauernd" z.T. dem Begriff "endgültig" gleich
     (so offensichtlich OESTREICHER, Grundsätze, 1992, S. 180).

285 Siehe dazu unten, § 3, Punkt I.A.1.a.ß, S. 450 ff.

Dabei ist zu berücksichtigen, daß sich der Kurswert bzw. der Teilwert eines Forderungstitels mit abnehmender Restlaufzeit mehr und mehr dem Rückzahlungsbetrag nähert. Von daher und weil die Restlaufzeit eines Forderungstitels eine gewisse Nähe zur Restnutzungsdauer abnutzbarer Wirtschaftsgüter aufweist, erscheint es gerechtfertigt, eine vorübergehende Wertminderung dann anzunehmen, wenn die zum Abschlußstichtag eingetretene Wertminderung voraussichtlich weniger als die halbe Restlaufzeit bestehen wird. Dagegen spielt der Wertaufhellungszeitraum des § 252 Abs. 1 Nr. 4 HGB m.E. nur eine untergeordnete Rolle, zumindest dann, wenn er im Verhältnis zur Restlaufzeit kurz ist, da die im Zeitraum bis zur Bilanzerstellung gewonnene Erkenntnis über die weitere Zinsentwicklung für die Beurteilung eines etwa zehnjährigen Titels nur gering sein wird[286].

Zusätzliche Wertminderungsursachen können auftreten, wenn die Leistungsverpflichtungen des Emittenten bedingter Natur sind, d.h. Entgelt- und/oder Tilgungszahlungen von der wirtschaftlichen Lage oder von äußeren Einflüssen abhängig sind[287]. Zu der ersten Gruppe zählen insbesondere Forderungstitel mit an Gewinn- oder Umsatzgrößen gekoppelten Entgeltzahlungen. Hinsichtlich der Prognose der Teilwerte dieser Wirtschaftsgüter soll jedoch auf die Ausführungen in Punkt 3 verwiesen werden[288]. Das bedeutsamste Beispiel für von äußeren Einflüssen abhängige Risiken ist das Wechselkursrisiko[289]. Sind Entgelt- und/oder Tilgungszahlungen in Fremdwährung denominiert, so ist eine Prognose des zukünftigen Marktgeschehens notwendig, bei der im Regelfall, wie bei der Prognose der Zinsentwicklung, auf externes Expertenwissen zurückgegriffen werden kann. Allerdings ist die wesentliche Abweichung zu beachten, daß das Wechselkursrisiko mit abnehmender Laufzeit nicht gegen Null konvergiert. Demzufolge ist eine - gegenüber der Zinsentwicklung - vorsichtigere Prognose anzustellen[290]. Im Ergebnis kann nur eine Einzelfallbetrachtung vorgenommen werden. Eine dauerhafte Wertminderung dürfte jedoch stets dann anzunehmen sein, wenn in einem System

---

286 Zu weitgehend daher m.E. DÖRING in HdR 1990, HGB § 253 Rn. 155. Allgemein birgt das Wertaufhellungsprinzip ohnehin das Problem in sich, daß mit größer werdendem zeitlichen Abstand zwischen Bilanzstichtag und Bilanzaufstellung die Unterscheidung zwischen wertbeeinflussenden und wertaufhellenden Umständen schwierig wird.

287 Risiken, die von Entscheidungen des Emittenten abhängig sind, wie insbesondere das Kündigungsrisiko, bleiben hier unberücksichtigt. Das bei Vertragsverletzungen des Emittenten akut werdende Sicherungsrisiko wurde bereits bei der Besprechung des Bonitätsrisikos erwähnt.

288 Dabei ist jedoch der Unterschied zu bedenken, daß das Engagement etwa des partiarischen Darlehensgebers oder des Gewinnobligationärs grundsätzlich zeitlich begrenzt ist.

289 Das Länderrisiko wurde bereits bei der Erörterung des Bonitätsrisikos angesprochen. Das Auslosungsrisiko kann hier vernachlässigt werden.

290 Die Auffassung, Wechselkursänderungen seien i.d.R. als nicht dauerhaft zu qualifizieren (so SCHLICK, Bewertung, DStR 1993, S. 254, Fn. 6) ist daher m.E. unzutreffend.

fester oder stufenflexibler Wechselkurse eine Paritätsänderung vorgenommen wurde oder eine Währung aus dem Währungssystem ausschert, um eine förmliche Abwertung zu vermeiden[291].

3. Beteiligungstitel

Der Inhaber eines Beteiligungstitels stellt dem Titelemittenten grundsätzlich unbefristetes Kapital zur Verfügung. Mithin kann für eine Differenzierung zwischen vorübergehender und dauernder Wertminderung nicht, wie oben, auf die (Rest-) Laufzeit des Titels abgestellt werden. Auch eine Untersuchung der Wertminderungsursachen (Ertrags- und/oder Verbundrisiko) bringt keinen Erkenntnisgewinn.

Im (handelsrechtlichen) Schrifttum wird die Wertminderung eines Beteiligungstitels allgemein dann als vorübergehend qualifiziert, wenn sie auf Anlaufverlusten beruht oder wenn konkret geplante oder bereits getroffene Maßnahmen erwarten lassen, daß sich die Situation des Beteiligungsunternehmens innerhalb eines wirtschaftlich überschaubaren Zeitraums verbessert[292]. Da die Umsetzung - die zitierte Auffassung nennt nicht nur bereits getroffene, sondern auch geplante Maßnahmen - unternehmenspolitischer Maßnahmen grundsätzlich nur mit einer gewissen zeitlichen Verzögerung wirksam werden können, erscheint eine Konkretisierung des unbestimmten Begriffs "wirtschaftlich überschaubar" durch einen Zeitraum von drei bis fünf Jahren angebracht, wobei bei Teilwertminderungen, die nicht auf Anlaufverlusten beruhen, aufgrund der bereits vorhandenen Organisationsstrukturen eher auf die kürzere Frist abzustellen ist. Dabei kann die Höhe der Wertminderung durchaus als Indiz herangezogen werden, da zwar der Gesetzeswortlaut allein auf die Dauer der Wertminderung abstellt, die prozentuale Abweichung vom Buchwert jedoch als objektiv nachprüfbarer Maßstab zur Beurteilung der Abschreibungsnotwendigkeit herangezogen werden kann[293].

---

291 Dieser Gesichtspunkt ist zur Zeit für die im Europäischen Währungssystem verbundenen Währungen von Bedeutung. Ähnlich - im Hinblick auf die Abwertung des US-Dollars beim Zusammenbruch des Bretton-Woods-Systems Anfang der 70er Jahre - HILD, Auswirkung, DB 1973, S. 783.

292 KROPFF in G/H/E/K 1973, AktG 1965 § 154 Anm. 34. So auch DÖRING in HdR 1990, HGB § 253 Rn. 155. Ähnlich A/D/S 1992, HGB § 253 Tz. 426: "Weitere Beispiele nur vorübergehender Wertminderung bilden Anlaufverluste oder nur vorübergehende Ertragseinbrüche bei Beteiligungsgesellschaften". Es wird an anderer Stelle (siehe unten, § 3, Punkt III.A.1.a.ß, S. 489 ff.) auf die Frage eingegangen werden, ob Anlaufverluste eine Teilwertabschreibung überhaupt zulassen.

293 Vgl. DÖRING in HdR 1990, HGB § 253 Rn. 155.

§ 2 : Die Anschaffungskosten von Finanzierungstiteln

Zur Ermittlung der Anschaffungskosten der diversen Formen von Finanzierungstiteln bietet es sich an, die im zweiten Teil der Arbeit gewonnenen Erkenntnisse zu berücksichtigen und die sich dem Titelerwerber aus dem Kontrakt über den Finanzierungstitel ergebenden Leistungsverpflichtungen[1] hinsichtlich Existenz, Art, Bedingtheit, Zeitpunkt und Höhe zu untersuchen. Dabei wird die Bestimmung der ursprünglichen Anschaffungskosten und eventueller Anschaffungskosten-Modifikationen für die Kontraktobjekt-Typen Forderungs- und Beteiligungstitel[2] problematisiert. Das jeweilige Einstiegskriterium stellt dabei das Merkmal "*Art*" dar; es wird danach differenziert, ob es sich bei der kontraktbedingten Leistung des Titelerwerbers um eine Sach- bzw. sonstige Leistung oder um eine Geldleistung handelt. Das Merkmal "*Bedingtheit*" ist in diesem Zusammenhang regelmäßig unbeachtlich.

I. Forderungstitel
A. Ursprüngliche Anschaffungskosten
1. Originärer Erwerb
a. Erwerb gegen Sach- oder sonstige Leistung

Den Hauptanwendungsfall des Erwerbs eines Forderungstitels gegen Sach- oder sonstige Leistung stellen die umsatzinduzierten Forderungen (aus Lieferungen und Leistungen) dar, die auch den weiteren Überlegungen zugrundeliegen. Die Ausführungen können jedoch auch auf Forderungen aus Hilfsgeschäften übertragen werden.

Würde sich die Ermittlung der Anschaffungskosten einer umsatzinduzierten Forderung an der Höhe der kontraktbedingten Leistungen des Titelerwerbers orientieren, wie dies im betriebswirtschaftlichen Teil der Arbeit angenommen wurde, so wäre der primäre Wertansatz eines umsatzinduzierten Forderungstitels mit den Aufwendungen des Titelinhabers zu quantifizieren, wobei bilanzrechtlich nach § 255 Abs. 1 HGB ausschließlich Einzelkosten Berücksichtigung finden dürften. Es wurde jedoch bereits darauf hingewiesen, daß der Entstehungszeitpunkt einer umsatzinduzierten Forderung gleichzeitig den

---

1   Wie zu zeigen sein wird, kommt es bei der Gruppe der gegen Sach- oder sonstige Leistung erworbenen Forderungstitel auf die kontrakt*objekt*bedingte Leistung des Titel*emittenten* an (siehe dazu unten, Punkt I.A.1.a).

2   Die Ermittlung der Anschaffungskosten von Ertrags-, Options- und Gestaltungsrechten wird im jeweiligen Sinnzusammenhang erörtert.

Gewinnrealisationszeitpunkt determiniert[3]. Mithin wird bei der Bestimmung der Anschaffungskosten einer gewinnrealisierenden Forderung das Anschaffungswertprinzip, welches den Anschaffungsvorgang als erfolgsneutrale Vermögensumschichtung versteht, durch das Realisationsprinzip verdrängt. Die heute absolut herrschende Meinung geht daher davon aus, daß es Anschaffungskosten einer umsatzinduzierten Forderung im eigentlichen Sinne nicht gibt[4], sondern daß diese grundsätzlich deren Nennwert (Nennbetrag) entsprechen[5], für dessen Höhe die Aufwendungen des Titelerwerbers unbeachtlich sind. Folglich sind für die weiteren Überlegungen die Verpflichtungen des Titel-*emittenten* (Schuldners) von Belang.

α. Höhe

Mit der Gleichsetzung der Anschaffungskosten mit dem Nennwert ist das Merkmal "Höhe" weitgehend unstreitig bestimmt. Zu diskutieren bleiben Forderungen, die (1) bereits zum Zeitpunkt ihrer Entstehung zweifelhaft sind und (2) auf einem Kontrakt beruhen, bei dem Leistung und Gegenleistung in einem Mißverhältnis zueinander stehen.

(1) Bereits im Entstehungszeitpunkt zweifelhafte Forderungen sind insbesondere bei Exportgeschäften in Länder mit unsicheren politischen oder Währungs-Verhältnissen anzutreffen. Nach MELLEROWICZ[6] soll die Forderung in diesen Fällen mit dem Wert angesetzt werden, mit dem die verkaufte Ware zulässigerweise bilanziert wurde; wird ein niedrigerer Zahlungseingang erwartet,

---

3   Siehe oben, 1. Kapitel, § 3, Punkt I.A.1, S. 213 ff.

4   BFH I R 236/72 vom 23.4.1975, BStBl II 1975, S. 876. Siehe auch DÖLLERER, Problematik, JbFSt 1976/77, S. 199; MEINCKE in L/B/M 1993, EStG § 6 Rn. 318.

5   Siehe nur DÖLLERER, Problematik, JbFSt 1976/77, S. 198; GROH, Bilanzsteuerrecht, StuW 1975, S. 344; DERS., Darlehen, StuW 1991, S. 297; MATHIAK, Herstellungskosten, JDStJG 1984, S. 105 f.; PANKOW/SCHMIDT-WENDT in BBK 1990, HGB § 255 Anm. 252; L. SCHMIDT 1993, EStG § 5 Anm. 31 "Forderungen". Aus der Rechtsprechung siehe insbesondere BFH IV 123/63 vom 23.11.1967, BStBl II 1968, S. 176. Die Auseinandersetzung mit der abweichenden Auffassung KOTTKES ist nicht mehr aktuell (vgl. KOTTKE, Vorfinanzierung, BB 1953, S. 762 f., sowie die Replik von SPILGER, Vorfinanzierung, BB 1954, S. 707 f.; siehe allerdings in jüngerer Zeit erneut KOTTKE, Forderungen, BB 1987, S. 1577-1581). Unter dem Forderungsnennwert versteht man dabei "den Kapitalbetrag, der unabhängig von Zinsleistungen vom Schuldner aufgebracht werden muß" (MEINCKE in L/B/M 1993, EStG § 6 Rn. 321).

6   MELLEROWICZ, Forderungen, WPg 1961, S. 345-352.

so sei dieser Wertansatz zu wählen. Nach der h.M. ist jedoch auch hier mit dem Nennwert zu bewerten[7].

Der h.M. ist zuzustimmen. Zum einen ist der Vorschlag MELLEROWICZS nur dann anwendbar, wenn die kontraktbedingte Leistung des Titelerwerbers in einer Sachleistung besteht. Wird dagegen eine nicht bilanzierungsfähige Dienstleistung geschuldet, so entfällt eine Forderungsbewertung mit dem Bilanzwert der hingegebenen Leistung; erbringt der Unternehmensinhaber die (z.B. Beratungs-) Leistung selbst, so können nicht einmal die angefallenen Aufwendungen als Hilfsmaßstab herangezogen werden. Darüber hinaus schließt eine Bewertung unter dem Nennwert aus, daß dann, wenn die Gründe für den erwarteten niedrigeren Zahlungseingang entfallen sind, eine Wertaufholung vorgenommen wird[8]. Infolgedessen ist die Forderung mit dem Nennbetrag anzusetzen; den bestehenden Risiken ist ggf. mit Hilfe einer Teilwertabschreibung Rechnung zu tragen.

(2) Wurden Leistung und Gegenleistung - unter Berücksichtigung auch mittelbarer Vorteile - bewußt[9] nicht nach kaufmännischen Gesichtspunkten gegeneinander abgewogen, so wird dadurch die Höhe der Anschaffungskosten der Forderung nicht berührt. Da die Abweichung ihre Ursache jedoch im Regelfall in einer privaten oder geschäftlichen Interessenverflechtung hat, bedingt dies ggf. eine Korrektur des steuerlichen Ergebnisses. Diese besteht im Fall einer *privaten Interessenverflechtung* (Beispiel: verwandtschaftliche Beziehungen) darin, daß die unentgeltliche oder teilentgeltliche Überlassung von Sach- oder (aufwandswirksamen) Dienstleistungen als (im Fall der Teilentgeltlichkeit: verdeckte[10]) Entnahme dem Gewinn hinzuzurechnen ist[11]. Besteht zwischen Titelinhaber und Titelemittent eine *geschäftliche Interessenverflechtung*, d.h. insbesondere eine gesellschaftsrechtliche Beziehung, so führen teil- und unentgeltliche Übertragungen zwischen *Personengesellschaften* und ihren Ge-

---

7 PANKOW/SCHMIDT-WENDT in BBK 1990, HGB § 255 Anm. 252; SCHÄFER, Forderungen, 1977, S. 45 f.

8 So, zu Recht, PANKOW/SCHMIDT-WENDT in BBK 1990, HGB § 253 Anm. 252.

9 Eine unbewußte Abweichung, die im Regelfall auf Informationsdefizite oder auf unterschiedlich starke Verhandlungspositionen zurückzuführen ist, führt zu keinen steuerlichen Konsequenzen.

10 Vgl. FELIX, Einkommensteuer, FR 1987, S. 606; L. SCHMIDT/GLANEGGER 1993, EStG § 6 Anm. 35c.

11 Der Vollständigkeit halber sei erwähnt, daß die Entnahme im Regelfall Umsatzsteuer auf Eigenverbrauch (§ 1 Abs. 1 Nr. 2 UStG) auslöst oder die Mindestbemessungsgrundlage des § 10 Abs. 4 UStG zum Tragen kommt.

sellschaftern nicht zwingend zu Gewinnkorrekturen[12]. Dagegen werden Veräußerungsvorgänge zwischen *Kapitalgesellschaften* und ihren Gesellschaftern prinzipiell[13] nach den Grundsätzen des Fremdvergleichs behandelt[14]. Veräußert die Kapitalgesellschaft an ihren Gesellschafter daher zu einem zu niedrigen Preis oder überläßt der Gesellschafter seiner Gesellschaft eine Ware zu einem überhöhten Entgelt, so liegt eine verdeckte Gewinnausschüttung vor, die den steuerlichen Gewinn der Gesellschaft nicht mindern darf und beim Gesellschafter zu Einkünften führt. Im umgekehrten Fall (die Kapitalgesellschaft verlangt einen zu hohen oder der Gesellschafter einen zu geringen Preis) führt dies bei der Gesellschaft in Höhe des unangemessenen Teils zu einer steuerfreien Vermögensmehrung, beim Gesellschafter zu nachträglichen Anschaffungskosten für die Gesellschaftsanteile[15].

ß. Art

Da der Titelemittent seine Leistung stets in Geld zu erbringen hat, ist hier auschließlich der Fall bedeutsam, daß die Zahlung in einer fremden Währung vereinbart wurde. Dann ist der Nennwert zum Anschaffungszeitpunkt[16] in Inlandswährung umzurechnen. Dabei ist nach h.M. der Geldkurs entscheidend, da die hereinkommende Währung in DM getauscht werden muß[17]. Eine Umrechnung zum Mittelkurs[18] verletzt das Realisationsprinzip und ist deshalb abzulehnen.

---

12 Zu Einzelheiten siehe nur L. SCHMIDT 1993, EStG § 15 Anm. 100-107, sowie BMF IV B 2 - S 2241 - 231/77 vom 20.12.1977, BStBl I 1978, S. 8 (Mitunternehmererlaß).

13 Zu Ausnahmen siehe nur L. SCHMIDT/GLANEGGER 1993, EStG § 6 Anm. 101 "Einlage aus BV".

14 Vgl. für viele HEUER in H/H/R 1993, EStG § 6 Anm. 820, 823a, 824b. Auf die Beteiligungsquote kommt es grundsätzlich nicht an. Folglich ist auch zwischen einer Kapitalgesellschaft und ihrem einzigen Gesellschafter nach Fremdvergleichsgrundsätzen zu verfahren (kritisch hierzu SEIFRIED, Frage, DB 1990, S. 1473-1478, 1525-1530).

15 Zu dem letztgenannten Aspekt siehe unten, Punkt II.B.1.a, S. 427 ff.

16 Siehe dazu oben, 1. Kapitel, § 2, Punkt I.B.3 und 4, S. 217 ff. Für die h.M. zur Relevanz dieses Zeitpunkts für die Währungsumrechnung siehe die Nachweise bei FINNE, Doppelbesteuerung, 1991, S. 97.

17 H. GÜLDENAGEL, Wechselkurse, DB 1970, S. 1148; HEUER in H/H/R 1993, EStG § 6 Anm. 20; LANGEL, Auswirkungen, IWB 1986, Fach 3, Deutschland, Gruppe 3, S. 853; DERS., Bewertungsfragen, StbJb 1979/80, S. 295; PANKOW/SCHMIDT-WENDT in BBK 1990, HGB § 253 Anm. 258; TUBBESING, Bilanzierungsprobleme, ZfbF 1981, S. 813. Kritisch zu einer Umrechnungsnotwendigkeit vor dem Bilanzstichtag im allgemeinen BEZOLD, Frage, DB 1987, S. 2213-2217.

18 BLÜMICH/EHMCKE 1993, EStG § 6 Rn. 1138; SCHULZE ZUR WIESCHE, Wechselkurse, DB 1970, S. 605. So auch FinMin Niedersachsen S 3224 - 46 - 34 vom 27.6.1975, BB 1975, S. 1100.

Nach den Ausführungen in § 1[19] ist eine Umrechnung zum Terminkurs auch dann bedenklich, wenn das Devisentermingeschäft dem Grundgeschäft vorgelagert ist[20].

γ. Zeitpunkt

Aus den obigen Ausführungen ergibt sich, daß für die Bestimmung der Anschaffungskosten der umsatzinduzierten Forderungen nicht die Leistung des Titelerwerbers (Gläubigers), sondern die des Titelemittenten (Schuldners) entscheidend ist. Dies gilt nicht nur für Höhe und Art, sondern auch für den Zeitpunkt der Leistung. Wurde vereinbart, daß der Kaufpreis nicht unmittelbar nach der Leistungserbringung zu zahlen ist, so stellt sich die Frage, ob auch dann die Anschaffungskosten durch den Nennwert repräsentiert und zusätzlich die Zinsanteile mit einem Rechnungsabgrenzungsposten über den Kreditierungszeitraum verteilt werden. Alternativ zu dieser sog. Bruttomethode kommt eine Bewertung der Forderung mit ihrem Barwert in Betracht (Nettomethode), der sich ggf. eine ratierliche Zuschreibung der Zinsen anschließt.

Im Ergebnis besteht weitgehend Einigkeit darüber, daß in diesen Fällen "realistischerweise von einem niedrigeren Barverkaufspreis und dem höheren gestundeten [oder kreditierten] vereinbarten Kaufpreis auszugehen [ist], weil nach der Lebenserfahrung die niedrig verzinsliche Stundung [oder Kreditierung] des Kaufpreises im Vergleich zum Barpreis zu einer höheren Kaufpreisforderung geführt hat"[21]. Folglich liegt ein gewinnrealisierender Veräußerungsvorgang zum Barverkaufspreis und zusätzlich eine Kreditgewährung in Höhe des Barverkaufspreises vor[22].

Wird ein Wirtschaftsgut des Betriebsvermögens gegen Raten veräußert, so wird im allgemeinen eine Bewertung der Forderung mit dem Barwert verlangt[23]. Bspw.

---

19 Siehe oben, § 1, Punkt II.C.3.b, S. 359 ff.

20 Siehe aber die wohl h.M. bei LANGENBUCHER in HdR 1990, Kapitel II, Rn. 539-542. Kritisch auch BENNE, Bewertung, BB 1992, S. 1175 f.

21 PANKOW/SCHMIDT-WENDT in BBK 1990, HGB § 255 Anm. 256; Klammerzusätze vom Verfasser.

22 So auch CLEMM, Verzinslichkeit, JDStJG 1984, S. 230; DÖLLERER, Problematik, JbFSt 1976/77, S. 198. A.A. BOLSENKÖTTER, Forderungen, HdJ II/6 1986, Rn. 115.

23 Rentenansprüche wurden aus den Überlegungen ausgeklammert (siehe oben, 2. Teil, 2. Kapitel, § 2, Punkt II.C.2.a.ß, S. 70, Fn. 100a), Zu den bilanzrechtlichen Konsequenzen in diesen Sonderfällen vgl. NIEPOTH, Renten, 1993, S. 131.

befürwortet die Finanzverwaltung im Leasing-Erlaß die Nettomethode hinsichtlich der Bilanzierung der Forderung des Leasinggebers gegenüber dem Leasingnehmer, falls Letzterem das Leasingobjekt zugerechnet wird[24]. Auch das Schrifttum geht regelmäßig von der Bilanzierung einer umsatzinduzierten Ratenforderung zum Barwert aus[25].

Streitig sind hingegen die konkreten Bilanzierungskonsequenzen bei (längerfristiger) unterverzinslicher Stundung der Kaufpreisforderung. Nach Ansicht des Verfassers ist insoweit in gleicher Weise wie beim Ratenverkauf zu verfahren und die Forderung mit ihrem Barwert anzusetzen[26]. Zur Begründung ist darauf hinzuweisen, daß es für den Gläubiger - wirtschaftlich gesehen - gleichgültig ist, ob der Schuldner seine Verpflichtungen in einem Betrag oder in mehreren Raten zu erfüllen hat; entscheidend ist allein die Effektivverzinsung des hingegebenen Kredits. Kann jedoch für eine Stundung der gleiche Effektivzins vereinbart werden wie für einen Ratenverkauf, so ist kein Grund für eine abweichende Behandlung ersichtlich. Auch erfüllungshalber bzw. an Erfüllungs Statt erhaltene Handelswechsel sind demzufolge mit dem Barwert anzusetzen[27].

b. Erwerb gegen Geldleistung

Zu den gegen Geldleistung erworbenen Forderungstiteln zählen insbesondere Darlehensforderungen sowie in Wertpapieren verbriefte Ansprüche. Der bedeut-

---

24 BdF IV B/2 - S 2170 - 31/71 vom 19.4.1971, BStBl I 1971, S. 264.

25 BÖCKING, Bilanzrechtstheorie, 1988, S. 195; GROH, Bilanzsteuerrecht, StuW 1975, S. 348; ROSE, Ertragsteuern, 1992, S. 118, 121. Nach Ansicht des BFH ist es dabei unerheblich, wenn der Verkäufer auf eine Verzinsung verzichtet, der Barpreis also nicht niedriger als der Ratenpreis ist, da die Aufteilung in Kaufpreis und Zins dem Willen der Vertragschließenden entzogen sei (BFH VIII R 163/71 vom 25.6.1974, BStBl II 1975, S. 431). Zu den Ausnahmefällen, in denen bei Barzahlung tatsächlich kein geringerer Preis als die Summe der Raten akzeptiert worden wäre, siehe GROH, a.a.O.

26 Gleicher Ansicht BÖCKING, Bilanzrechtstheorie, 1988, S. 194 f.; CLEMM, Verzinslichkeit, JDStJG 1984, S. 231; GROH, Darlehen, StuW 1991, S. 297 f.; KARRENBAUER in HdR 1990, HGB § 253 Rn. 57; PANKOW/SCHMIDT-WENDT in BBK 1990, HGB § 253 Anm. 255; L. SCHMIDT/GLANEGGER 1993, EStG § 6 Anm. 87c. Siehe auch BFH IV R 222/84 vom 11.12.1986, BStBl II 1987, S. 556: Umfaßt die vom Schuldner versprochene Leistung Kapital und Zinsen in einer Summe, so muß eine Aufteilung erfolgen, um den Forderungsnennbetrag aus dem Gesamtumfang herauszulösen; dies gilt grundsätzlich auch dann, wenn die Vertragsparteien eine Verzinsung ausdrücklich ausgeschlossen haben (BFH VIII R 163/71 vom 25.6.1974, BStBl II 1975, S. 431). Siehe dazu auch MEINCKE in L/B/M 1993, EStG § 6 Rn. 321. Für die Bruttobilanzierung DÖLLERER, Problematik, JbFSt 1976/77, S. 201; HEUER in H/H/R 1993, EStG § 6 Anm. 908; SCHÄFER, Forderungen, 1977, S. 54 f.

27 So auch CLEMM, Verzinslichkeit, JDStJG 1984, S. 231; GROH, Darlehen, StuW 1991, S. 298. Für die Bruttomethode HEUER in H/H/R 1993, EStG § 6 Anm. 1124.

samste Unterschied der hier in Rede stehenden gegenüber den in Punkt a behandelten Forderungstiteln besteht dabei darin, daß beim originären Erwerb eines Forderungstitels gegen Geldleistung keine Gewinnrealisierung eintritt. Das Anschaffungswertprinzip wird mithin nicht durch das Realisationsprinzip verdrängt mit der Folge, daß es - wie bei "üblichen" Anschaffungsvorgängen - nicht auf die Leistung des Titelemittenten (Schuldners), sondern auf die des Titelerwerbers (Gläubigers) ankommt. Der Hinweis auf die Bewertung mit dem Nennwert[28] - analog zur Behandlung bei umsatzinduzierten Forderungen - ist daher verfehlt[29]. Untersucht man vor diesem Hintergrund die betriebswirtschaftlichen Merkmale der damit wieder relevanten *kontrakt*bedingten Leistungen des Titel*erwerbers*, so kann das Merkmal "*Existenz*" vernachlässigt werden. Zu untersuchen bleiben die Beurteilungskriterien Höhe und Art[30].

α. Höhe

Bei gegen Geldleistung erworbenen Forderungstiteln sind drei Größen zu unterscheiden, die für die Bestimmung der Anschaffungskosten von Bedeutung sein können. Es sind dies der vom Titelerwerber (Gläubiger) verauslagte Auszahlungsbetrag, der bereits oben erwähnte Nennbetrag sowie der vom Titelemittenten (Schuldner) zu erwartende Rückzahlungsbetrag. Wie bereits im betriebswirtschaftlichen Teil der Arbeit erläutert[31], können alle drei Größen voneinander abweichen oder identisch sein (siehe Abbildung 38):

---

28 So etwa DÖLLERER, Problematik, JbFSt 1976/77, S. 198 f.; siehe auch BÖCKING, Bilanzrechtstheorie, 1988, S. 178 f.; D. SCHNEIDER, Investition, 1992, S. 301.

29 Ähnlich GROH, Darlehen, StuW 1991, S. 298: "Man sollte die Bezeichnung [Nennwert] den Forderungen aus erfolgsrealisierenden Leistungen vorbehalten, für die das Anschaffungswertprinzip nicht gilt" (Klammerzusatz vom Verfasser).

30 Die Frage, ob das einem Aktionär bei der Emission von Optionsanleihen und Wandelschuldverschreibungen zustehende Bezugsrecht (§ 221 Abs. 4 AktG) zu den Anschaffungskosten der genannten Forderungstitel zählt, wurde oben (siehe 1. Kapitel, § 3, Punkt II.A.2, S. 272 f.) im Hinblick auf die Problematik diskutiert, ob das durch einen Kapitalerhöhungsbeschluß entstehende Bezugsrecht einen "Teiluntergang" der Altanteile nach sich zieht.

31 Siehe oben, 2. Teil, 2. Kapitel, § 2, Punkt II.B.2.a.(5), S. 58 f., und Punkt II.C.2.a.ß.(5), S. 73.

Abbildung 38

Das Verhältnis von Auszahlungsbetrag, Nennbetrag und Rückzahlungsbetrag

Grundvariante	Auszahlungsbetrag (AZB)	Nennbetrag (NB)	Rückzahlungsbetrag (RZB)	Bezeichnung relevanter Konstellationen
AZB < NB	80	100	70	---
			80	---
			90	---
			100	Disagio/Damnum/Diskont
			110	---
AZB = NB	100	100	90	---
			100	Pari
			110	Rückzahlungsagio
AZB > NB	120	100	90	---
			100	Erwerbs-/Begebungsagio
			110	---
			120	---
			130	---

Ausgangspunkt ist das Verhältnis von Auszahlungsbetrag und Nennbetrag eines Forderungstitels. Der Auszahlungsbetrag kann vom Nennwert nach unten bzw. oben abweichen oder ihm entsprechen, der Rückzahlungsbetrag kann die eine und/oder die andere Größe unter- bzw. überschreiten. Der besseren Anschaulichkeit wegen sind die dreizehn[32] theoretisch denkbaren Kombinationsmöglichkeiten mit konkreten Zahlen dargestellt. Davon sind jedoch nur vier von praktischer Relevanz[33]. Die sich aus diesen vier Konstellationen ergebenden Konsequenzen für die Anschaffungskosten des Forderungstitels zeigt Abbildung 39:

---

32 FEDERMANN hält lediglich neun Kombinationsmöglichkeiten für denkbar (vgl. FEDERMANN, Steuerbilanz, StStud 1986, S. 266; DERS. in H/H/R 1993, EStG § 5 Anm. 1945).

33 Eine gewisse Bedeutung hat die fünfte Variante (Auszahlungsbetrag < Nennbetrag < Rückzahlungsbetrag; vgl. dazu BIERGANS, Einkommensteuer, 1992, S. 354). Sie bleibt hier jedoch unberücksichtigt.

Abbildung 39

Das Verhältnis von Auszahlungs-, Nenn- und Rückzahlungsbetrag

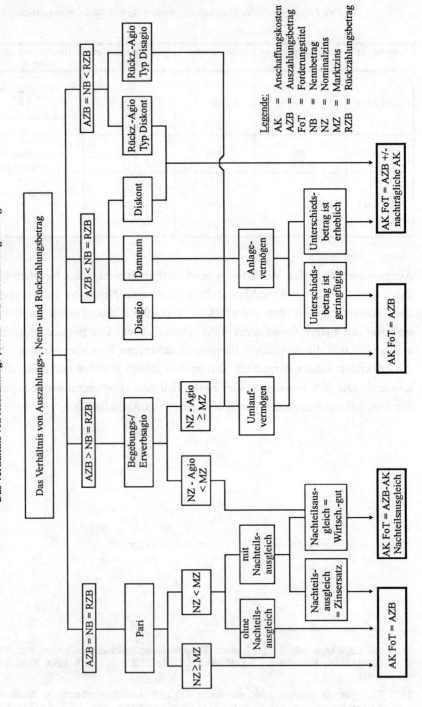

Legende:

AK = Anschaffungskosten
AZB = Auszahlungsbetrag
FoT = Forderungstitel
NB = Nennbetrag
NZ = Nominalzins
MZ = Marktzins
RZB = Rückzahlungsbetrag

(1) Erwerb zu pari (Auszahlungsbetrag = Nennbetrag = Rückzahlungsbetrag)

Im Grundfall sind Auszahlungsbetrag, Rückzahlungsbetrag und Nennwert identisch. Wurden dabei (mindestens) marktübliche Zinsen[34] vereinbart, ist also der vereinbarte Nominalzins[35] gleich dem Marktzins, so besteht Einigkeit darüber, daß die Anschaffungskosten des Forderungstitels (unter Vernachlässigung von Anschaffungsnebenkosten[36]) dem Auszahlungsbetrag - und damit dem Nennwert und dem Rückzahlungsbetrag - entsprechen. Nach m.E. zutreffender Ansicht des BFH gilt dies grundsätzlich auch dann, wenn das Darlehen un(ter)verzinslich ist[37]. Diese Meinung wird vom Schrifttum mehrheitlich geteilt[38]. Der abweichenden Auffassung, im Fall der Un(ter)verzinslichkeit sei eine Primärbewertung mit dem Darlehensbarwert vorzunehmen[39], kann weder handels- noch steuerrechtlich gefolgt werden, da der Darlehensgeber tatsächlich den Nominalbetrag und nicht den Barwert aufwendet. Die der gegenteiligen Auffassung zugrunde liegende Vorstellung, der Darlehensgeber gewähre ein vollverzinsliches Darlehen in Höhe des Barwerts und schenke dem Darlehnsnehmer den erforderlichen Zinsbetrag, ist eine reine Fiktion und entspricht nicht der Realität[40].

---

34 Zur Frage, wie der Marktzins zu konkretisieren und wann eine Unterverzinslichkeit anzunehmen ist, siehe unten, § 3, Punkt I.A.1.a.ß, S. 450 ff.

35 Bei Identität von Ausgabebetrag, Nominalwert und Rückzahlungsbetrag ist der Nominalzins - von denkbaren Einflüssen der Zinsverrechnungsmethode abgesehen - gleich dem Effektivzins.

36 Zum Problem der Anschaffungsnebenkosten vgl. BÖCKING, Zerobonds, ZfbF 1986, S. 950-953.

37 BFH I R 236/72 vom 23.4.1975, BStBl II 1975, S. 875; BFH I R 114/84 vom 30.11.1988, BStBl II 1990, S. 117; BFH I R 157/85, I R 145/86 vom 24.1.1990, BStBl II 1990, S. 639.

38 BRUNK, Ansatz, BB 1973, S. 190; DÖLLERER, Problematik, JbFSt 1976/77, S. 198 f.; GG, Darlehnsforderungen, FR 1975, S. 529; GROH, Darlehen, StuW 1991, S. 298; HEUER in H/H/R 1993, EStG § 6 Anm. 908; KARRENBAUER in HdR 1990, HGB § 253 Rn. 42; KNOBBE-KEUK, Unternehmenssteuerrecht, 1991, S. 206; KUPSCH, Finanzanlagevermögen, HdJ II/3 1987, Rn. 136, 141; MARX/RECKTENWALD, Ausleihungen, BB 1992, S. 1527; MAYER-WEGELIN, Arbeitnehmer-Darlehen, BB 1990, S. 23; PANKOW/SCHMIDT-WENDT in BBK 1990, HGB § 255 Anm. 254.

39 A/D/S 1992, HGB § 268 Tz. 82; HEINE, Ausleihungen, WPg 1967, S. 369; MATHIAK, Bilanzsteuerrecht, DStR 1989, S. 661; DERS., Bilanzsteuerrecht, DStR 1990, S. 691; SIEPE, Teilwertansatz, 1992, S. 619 f. Die Auffassung von HARRMANN (Darlehensforderungen, BB 1990, S. 1451), handelsrechtlich gelte der Barwert als Anschaffungskosten, steuerlich könne (Wahlrecht!) jedoch auch der Nennwert angesetzt werden, ist abzulehnen, da der Anschaffungskostenbegriff im Handels- und Steuerrecht deckungsgleich ist (siehe oben, § 1, Punkt III.A.1, S. 369).

40 So, m.E. zutreffend, GROH, Darlehen, StuW 1991, S. 298. Es sei darauf hingewiesen, daß der beim Darlehensnehmer entstehende Nutzungsvorteil auch dann nicht in der Bilanz des Darlehensgebers Berücksichtigung finden kann, wenn der Darlehensnehmer Gesellschafter des Gläubiger-Unternehmens ist (BFH GrS 2/86 vom 26.10.1987, BStBl II 1988, S. 348).

Etwas anderes gilt nur in den Fällen, in denen der Ausgleich in einem bilanzierungsfähigen Wirtschaftsgut besteht. Diese Konstellation liegt insbesondere[41] bei der Emission von Optionsanleihen in der Variante vor, daß das Gläubigerrecht zu pari begeben, aber unüblich niedrig verzinst wird[42]. Es wurde bereits darauf hingewiesen[43], daß der Gläubiger einer Optionsanleihe cum Optionsrecht zwei Wirtschaftsgüter erworben hat, nämlich zum einen ein Gläubiger-, zum anderen ein Optionsrecht. Die Anschaffungskosten des Optionsrechts werden dabei unstreitig durch den kapitalisierten Wert des Zinsnachteils (aus Sicht des Gläubigers) bestimmt[44]. Die wirtschaftliche Bedeutung der Optionsrechtsemission wird allerdings unterschiedlich interpretiert[45]. Wird bspw. eine - der Einfachheit halber unverzinsliche - Optionsanleihe im Nennwert von 100 begeben und beträgt die kapitalisierte Zinsdifferenz zu einer marktkonform verzinslichen Schuldverschreibung 20 (= Anschaffungskosten des Optionsrechts), so versteht die h.M. diesen Vorgang als Kauf- oder kaufähnlichen Vertrag über eine unverzinsliche Anleihe im Nennwert von 100 zum Kaufpreis von 80 einerseits und über ein Optionsrecht zum Kaufpreis von 20 andererseits (Barzahlungstheorie); die Anschaffungskosten der "reinen" Anleihe betragen mithin 80[46]. Nach anderer Auffassung

---

41 Der Erwerb eines selbständigen Wirtschaftsguts wird bspw. auch im Fall von unverzinslichen Wohnungsbaudarlehen mit Belegungsrecht angenommen (vgl. HEUER in H/H/R 1993, EStG § 6 Anm. 943, m.w.N.; MARX/RECKTENWALD, Ausleihungen, BB 1992, S. 1528 f.).

42 Zu der Alternativkonstellation (marktüblicher Nominalzins mit Ausgabeaufgeld) siehe unten, Punkt (2). Dabei kann das Optionsrecht auch zum Bezug von Aktien der Muttergesellschaft der emittierenden Unternehmung berechtigen (vgl. zu den diversen Gestaltungsmöglichkeiten DÖLLERER, Optionsanleihen, AG 1986, S. 238-240; HOLZHEIMER, Optionsanleihen, WM 1986, S. 1169 f.; KOCH/VOGEL, Optionsanleihen, BB 1986, Beilage 10, S. 4 f.). Die letztgenannte Konstruktion soll hier jedoch vernachlässigt werden. Darüber hinaus kann die Emission auch bei unüblich niedrigem Zins über oder unter pari erfolgen (siehe hierzu PÖLLATH/RODIN, Optionsanleihen, DB 1986, S. 2095 f.). Dieser Fall wird jedoch von Schaubild 48 aus Gründen der Übersichtlichkeit nicht erfaßt.

43 Siehe oben, 1. Kapitel, § 2, Punkt II.B.3.c, S. 209.

44 ARNDT/MUHLER, Optionsanleihen, DB 1988, S. 2170 f.; PÖLLATH/RODIN, Optionsanleihen, DB 1986, S. 2094. Eine Ableitung der Anschaffungskosten der Option aus dessen Kurswert ist aufgrund der insoweit bestehenden spekulativen Einflüsse abzulehnen (gleicher Ansicht ARNDT/MUHLER, a.a.O., S. 2171).

45 Dabei wird davon ausgegangen, daß sich die handels- und steuerrechtliche Behandlung decken (DÖLLERER, Optionsanleihen, AG 1986, S. 243; KOCH/VOGEL, Optionsanleihen, BB 1986, Beilage 10, S. 10). Die eigentlichen Probleme bei der Bilanzierung von Optionsanleihen ergeben sich allerdings auf Seiten des Emittenten (siehe dazu nur KROPFF, Optionsanleihen ZGR 1987, S. 285-311).

46 DÖLLERER, Optionsanleihen, AG 1986, S. 240; HOLZHEIMER, Optionsanleihen, WM 1986, S. 1171; KNOBBE-KEUK, Optionsanleihen, ZGR 1987, S. 320; KOCH/VOGEL, Optionsanleihen, BB 1986, Beilage 10, S. 16 f.; KROPFF, Optionsanleihen, ZGR 1987, S. 305 f.; PÖLLATH/RODIN, Optionsanleihen, DB 1986, S. 2094. Die Vorgehensweise von KOCH/VOGEL (a.a.O., S. 13), zusätzlich eine Zinsforderung in Höhe der Anschaffungskosten des Optionsrechts (= 20) einzubuchen, die durch einen passiven Rechnungsabgrenzungsposten ausgeglichen wird, ist unverständlich, da sich Anspruch und Gegenlei-

stellt das Optionsrecht vorausbezahlten Zins dar mit der Folge, daß die reine An- leihe mit dem Nennbetrag von 100 zu aktivieren ist; als Gegenposten für das er- haltene Optionsrecht sei ein passiver Rechnungsabgrenzungsposten zu bilden, der über die Laufzeit der Anleihe aufgelöst wird[47].

Der Verfasser tritt der herrschenden Meinung bei. Entscheidend ist, daß für Gläu- biger- und Optionsrecht zwar ein einheitlicher Kaufpreis bezahlt wird, die Teil- rechte jedoch im Erwerbszeitpunkt voneinander getrennt werden. Es handelt sich also, wirtschaftlich gesehen, um den Erwerb zweier Wirtschaftsgüter[48]. Dies hat die - auch aus anderen Erwerbsvorgängen (bspw. dem Grundstückskauf) bekannte - Konsequenz, das Gesamtentgelt auf die einzelnen erworbenen Wirtschaftsgüter aufteilen zu müssen. Der präferierten Lösung steht auch nicht entgegen, daß nach den Anleihebedingungen in den Fällen vorzeitiger Beendigung der Anleihelaufzeit gewöhnlich eine Rückzahlung zum Nennbetrag zuzüglich aufgelaufener Zinsen vorgesehen ist. Dieser Einwand mag möglicherweise eine Nettobilanzierung beim Emittenten verbieten[49]; für den Gläubiger ist dieser Aspekt jedenfalls irrelevant. Eine Bewertung zum Nennbetrag käme bestenfalls dann in Betracht, wenn die Dif- ferenz zum Barwert aus einem Verrechnungsvorgang hervorgegangen wäre[50]; ein solcher liegt hier jedoch nicht vor.

Für die hier bevorzugte Auffassung spricht weiterhin, daß die Vertreter der Min- dermeinung zum nachfolgenden Bilanzstichtag eine Teilwertabschreibung der "reinen" Anleihe wegen Minderverzinslichkeit befürworten[51]. Eine Teilwertab- schreibung hätte jedoch zur Folge, daß im ersten Jahr ein Aufwandsüberschuß ausgewiesen würde, der sich aus der Differenz zwischen der (gewinnmindernden) Abschreibung der Anleihe von 100 auf (etwa) 80 und der anteiligen (gewinnerhöhenden) Auflösung des Rechnungsabgrenzungspostens ergibt; tatsäch- lich hat der Gläubiger - bei sonst gleichen Bedingungen - jedoch keinen Verlust

---

stung offensichtlich entsprechen und mithin nach den Grundsätzen der Bilanzierung schwe- bender Geschäfte nicht auszuweisen sind (so auch BÖCKING, Bilanzrechtstheorie, 1988, S. 252).

47 ARNDT/MUHLER, Optionsanleihen, DB 1988, S. 2171; BÖCKING, Bilanzrechtstheorie, 1988, S. 254-256; LOOS, Optionsanleihen, BB 1988, S. 374.

48 Abzulehnen ist dagegen m.E. die Auffassung DÖLLERERS, das Optionsrecht sei durch den Zinsverzicht entstanden (DÖLLERER, Optionsanleihen, AG 1986, S. 239); dem steht bereits die Rechtsprechung zur Nichteinlagefähigkeit von (schlichten) Nutzungen entgegen (so auch ARNDT/MUHLER, Optionsanleihen, DB 1988, S. 2169 f.).

49 So ARNDT/MUHLER, Optionsanleihen, DB 1988, S. 2169.

50 Siehe dazu unten, Punkt (3), S. 403 ff.

51 ARNDT/MUHLER, Optionsanleihen, DB 1988, S. 2171. Kritisch PÖLLATH/RODIN, Optionsanleihen, DB 1986, S. 2095.

erlitten. Dies zeigt sich insbesondere im Vergleich zu der Variante, daß Anleihe und Option isoliert erworben werden: Die dann wohl unstreitige Bilanzierungsweise (Aktivierung der Anleihe mit 80, des Optionsrechts mit 20) stimmt mit der hier vertretenen Barzahlungstheorie überein und hat keine Gewinnauswirkungen zur Folge.

Abschließend sei darauf hingewiesen, daß die Qualifizierung des Optionsrechts als im vorhinein erhaltenes Nutzungsentgelt, wenn sie denn zuträfe, dann auch im Fall der normalverzinslichen, aber mit Aufgeld begebenen Optionsanleihe Gültigkeit besitzen müßte[52]. Wie in Punkt (2) zu zeigen sein wird, wird diese Auffassung jedoch allgemein nicht vertreten.

(2) Erwerb mit Begebungsagio (Auszahlungsbetrag > Nennbetrag = Rückzahlungsbetrag)

Ein den Nennwert (= Rückzahlungsbetrag) übersteigender Auszahlungsbetrag kommt insbesondere bei börsennotierten Anleihen vor und dient im Regelfall der Feineinstellung des Zinses. In diesen Fällen stellt der Auszahlungsbetrag grundsätzlich die Anschaffungskosten dar[53]. Eine Primärbewertung mit dem Nennwert unter gleichzeitiger Passivierung eines Rechnungsabgrenzungspostens[54] ist abzulehnen. Zur Begründung ist auf die Ausführungen in Punkt (3) zu verweisen.

Ein Begebungsagio tritt darüber hinaus häufig bei Optionsanleihen auf. In diesem Fall ist die "reine" Anleihe - im Gegensatz zu der oben (siehe Punkt (1)) vorgestellten Variante - normal verzinslich. Das Aufgeld stellt dann die Gegenleistung für das erhaltene Optionsrecht dar. Folglich ist die "reine" Anleihe unstreitig mit dem Nennwert, das Optionsrecht mit dem Agio zu bewerten[55].

---

52 So auch PÖLLATH/RODIN, Optionsanleihen, DB 1986, S. 2096.

53 KUSSMAUL, Null-Kupon-Anleihen, BB 1987, S. 1568; PANKOW/GUTIKE in BBK 1990, HGB § 255 Anm. 176 und 250.

54 Vgl. BÖCKING, Bilanzrechtstheorie, 1988, S. 178 f.; SCHÄFER, Forderungen, 1977, S. 75 f.

55 ARNDT/MUHLER, Optionsanleihen, DB 1988, S. 2171; DÖLLERER, Optionsanleihen, AG 1986, S. 242; HOLZHEIMER, Optionsanleihen, WM 1986, S. 1170. Entspricht im Ausgabezeitpunkt die ausgewiesene Verzinsung nicht ganz genau der Marktverzinsung, so ergibt sich zur Feinsteuerung ein kleines Agio oder Disagio. Auf die Schuldverschreibung entfällt dann genaugenommen der Pari-Betrag abzüglich Disagio oder zuzüglich Agio, auf das Optionsrecht der Betrag des Aufgeldes zuzüglich Disagio oder abzüglich Agio der gedachten Anleihe ohne Optionsrecht (vgl. PÖLLATH/RODIN, Optionsanleihen, DB 1986, S. 2094). Siehe zu diesem Problem unten, Punkt 2, S. 407 ff.

(3) Erwerb mit Disagio, Diskont oder Damnum (Auszahlungsbetrag < Nennbetrag = Rückzahlungsbetrag)

Unterschreitet der Auszahlungsbetrag den - hier mit dem Rückzahlungsbetrag identischen - Nennwert, so handelt es sich um ein Disagio, ein Damnum oder einen Diskont. In Anlehnung an die Terminologie RODINS[56] soll das Disagio den Unterschiedsbetrag bei der Emission festverzinslicher Wertpapiere[57], der Diskont den Unterschiedsbetrag bei der Emission nominell unverzinslicher Anleihen und das Damnum den Unterschiedsbetrag bei der Ausreichung von Krediten[58] bezeichnen.

Werden festverzinsliche Anleihen unter pari begeben, so ist der Auszahlungsbetrag als Anschaffungskosten anzusetzen[59]. Nach absolut h.M. gilt dies auch für mit einem Diskont ausgegebene nominell unverzinsliche Wertpapiere (insbesondere Zerobonds[60]); bilanziert wird mithin nach der Nettomethode[61]. Die Primärbewertung mit dem tatsächlich aufgewendeten Betrag entspricht Wortlaut und Sinngehalt der Anschaffungswertkonzeption. Einer Bewertung zum Nennwert bei gleichzeitiger Passivierung bzw. - im Fall des Begebungsagios (siehe oben, Punkt (2)) - Aktivierung eines Rechnungsabgrenzungspostens liegt die Vorstellung zugrunde, der Gläubiger zahle den vollen Nennbetrag aus und erhalte die Differenz im Wege eines Verrechnungsvorgangs zurück. Eine solche Sichtweise stimmt jedoch mit dem tatsächlichen Geschehensablauf nicht überein: "Der Erwerber, auch der Erster-

---

56   Vgl. RODIN, Disagio, 1988, S. 1.

57   Diese Definition ist im Grunde zu eng, daß auch variabel verzinsliche Schuldverschreibungen (etwa Floating Rate Notes) mit einem Disagio (oder Agio) begeben werden können. Diese Variante soll hier jedoch vernachlässigt werden.

58   Betrachtet werden ausschließlich Damnen mit Zinscharakter (vgl. hierzu BGH XI ZR 231/89 vom 29.5.1990, BGHZ 111, S. 287).

59   DÖLLERER, Disagio, BB 1988, S. 885; PANKOW/SCHMIDT-WENDT in BBK 1990, HGB § 255 Anm. 250; RODIN, Disagio, 1988, S. 26 f.

60   Gleiche Überlegungen gelten für andere Kontraktobjekt-Typen, bei denen die Zinsen erst mit dem Kapitalbetrag gezahlt werden, wie etwa den (scheinbar) unverzinslichen Schatzanweisungen und Schatzwechseln, den normalen Handelswechseln und den Sparbriefen ohne laufende Verzinsung (vgl. GROH, Darlehen, StuW 1991, S. 298).

61   BAXMANN, Zerobonds, WPg 1990, S. 288; BECKMANN, Zerobonds, BB 1991, S. 940 f.; BÖCKING, Zero-Bonds, ZfbF 1986, S. 948; BORDEWIN, Zero-Bonds, WPg 1986, S. 266; IDW (HFA), HFA 1/1986, 1992, S. 143 f.; KUSSMAUL, Null-Kupon-Anleihen, BB 1987, S. 1566; SIEGEL, Zerobonds, WPg 1990, S. 449; ULMER/IHRIG, Zero-Bonds, ZIP 1985, S. 1178 f. Dies ist auch die Ansicht der Finanzverwaltung (vgl. BdF IV B 2 - S 2133 - 1/87 vom 5.3.1987, BStBl I 1987, S. 394). Handels- und steuerrechtlich bestehen insoweit keine Differenzen (siehe nur BECKMANN, a.a.O., S. 940, m.w.N.). Zu theoretisch denkbaren Bilanzausweis-Alternativen vgl. ULMER/IHRIG, a.a.O., S. 1178. Für die Nettomethode bei Finanzierungsschätzen auch BMF IV B 2 - S 2170 - 5/91 vom 15.3.1991, DB 1991, S. 878.

werber, zahlt, was er schuldet: einen Kaufpreis, der um den Betrag des Disagios [bzw. Diskonts] unter dem Rückzahlungsbetrag liegt"[62].

Während hinsichtlich der Behandlung von Disagio und Diskont im Schrifttum weitgehende Einigkeit besteht, ist die Bilanzierung eines mit einem Damnum ausgereichten Kredits umstritten. Die wohl h.M. geht nach der bereits vorgestellten rechtlichen Beurteilung von einem Verrechnungsvorgang dergestalt aus, daß das Darlehen in voller Höhe ausgezahlt und das Damnum als im vorhinein entrichteter Zins zurückbezahlt worden ist[63]. Folglich sei das Darlehen mit dem Nennwert (= Rückzahlungsbetrag) zu aktivieren und in Höhe des Disagios ein passiver Rechnungsabgrenzungsposten zu bilden[64]. Nach anderer Ansicht sind die Anschaffungskosten jedoch mit dem Auszahlungsbetrag zu bestimmen[65].

Nach Ansicht des Verfassers ist im Ergebnis der zuletzt genannten Meinung beizupflichten. Zwar trifft es zu, daß der Darlehensauszahlung unter Damnumeinbehalt ein Verrechnungsvorgang zugrunde liegt, der an sich das Verständnis einer - über die Laufzeit abzugrenzenden - Zinsvorauszahlung nahelegt. Jedoch ist nach dem m.E. klaren Wortlaut des Gesetzes davon auszugehen, daß diese Bilanzierungsweise beim Gläubiger (!) unzulässig ist. Denn der durch das Bankbilanzrichtliniengesetz eingefügte § 340e Abs. 2 Satz 1 HGB bestimmt, daß "abweichend von § 253 Abs. 1 Satz 1 [HGB] ... Hypothekendarlehen und andere Forderungen mit ihrem Nennbetrag angesetzt werden [dürfen], soweit der Unterschiedsbetrag zwischen dem Nennbetrag und dem Auszahlungsbetrag oder den Anschaffungskosten Zinscharakter hat"[66]. Daraus ergibt sich m.E. zwingend, daß die für Kreditinstitute geltende Regelung für Nicht-Banken unzulässig ist[67]. Da der Anschaf-

---

62   BFH VIII R 156/84 vom 13.10.1987, BStBl II 1988, S. 257; Klammerzusatz vom Verfasser. Siehe auch DÖLLERER, Disagio, BB 1988, S. 885; PANKOW/SCHMIDT-WENDT in BBK 1990, HGB § 255 Anm. 250.

63   GROH, Darlehen, StuW 1991, S. 298.

64   FEDERMANN, Steuerbilanz, StStud 1986, S. 269; GROH, Darlehen, StuW 1991, S. 298; KNOBBE-KEUK, Unternehmenssteuerrecht, 1991, S. 205; PANKOW/SCHMIDT-WENDT in BBK 1990, HGB § 255 Anm. 254; L. SCHMIDT/GLANEGGER 1993, EStG § 6 Anm. 86a.

65   KARRENBAUER in HdR 1990, HGB § 253 Rn. 43; KUPSCH, Finanzanlagevermögen, HdJ II/3 1987, Rn. 137; RODIN, Disagio, 1988, S. 28; SCHÄFER, Forderungen 1977, S. 60.

66   Klammerzusätze vom Verfasser. In Satz 2 der genannten Vorschrift wird die Bildung eines passiven Rechnungsabgrenzungspostens explizit verlangt.

67   Zweifelnd auch bereits H. MEYER, Zinsen, 1985, S. 143, unter Bezug auf § 25 Abs. 1 Satz 1 Hypothekenbankgesetz; wie hier (nach Einfügung des § 340e HGB) WINDMÖLLER, Nominalwert, 1992, S. 695 f. Die gegenteilige Ansicht, § 340e Abs. 2 HGB sei gerade ein Argument für eine entsprechende Anwendung dieser Regelung bei Nicht-Banken (so GROH, Darlehen, StuW 1991, S. 298), ist m.E. unzutreffend.

fungskostenbegriff des § 255 Abs. 1 HGB steuerlich verbindlich ist, gilt diese Beurteilung auch für die Steuerbilanz.

Das von DÖLLERER[68] vorgebrachte Argument, nur für wertpapiermäßig unterlegte Gläubigerrechte gelte das Anschaffungswertprinzip, nicht dagegen für Buchforderungen - letztere seien vielmehr zwingend mit dem Nennwert anzusetzen - vermag ebenfalls nicht zu überzeugen. Zum einen ist die Bewertung zum Nennwert, wie oben gezeigt, ausschließlich gewinnrealisierenden Forderungen vorbehalten. Zum anderen ist der Wertpapiercharakter eines Forderungstitels für den wirtschaftlichen Gehalt des zwischen Gläubiger und Schuldner bestehenden Schuldverhältnisses grundsätzlich unbeachtlich; in beiden Fällen erhält der Titel-"Erwerber" einen Anspruch auf Zahlungen, den es mit den Anschaffungskosten zu bewerten gilt[69].

(4) Erwerb mit Rückzahlungsagio (Auszahlungsbetrag = Nennbetrag < Rückzahlungsbetrag)

Ein Rückzahlungsagio kann bei der Emission von Wertpapieren vereinbart werden und sowohl der Feineinstellung des Zinses bei festverzinslichen Wertpapieren ("Rückzahlungsagio, Typ Disagio") als auch als Zinsersatz bei nominell unverzinslichen Titeln ("Rückzahlungsagio, Typ Diskont") dienen[70]. Auch in diesen Fällen sind die Anschaffungkosten - analog zu der in Punkt (3) vorgestellten Lösung - mit den tatsächlichen Ausgaben (= Auszahlungsbetrag = Nennwert) zu be-

---

68 DÖLLERER, Disagio, BB 1988, S. 883.

69 Im übrigen sei darauf hingewiesen, daß die Zurückdrängung der wertpapierrechtlichen Verkörperung bei den hier interessierenden Massenpapieren des Kapitalmarkts (d.h. den Effekten) durch die Entwicklung der Wertrechte und des Sammelverwahrungswesens die Unterschiede zwischen Wertpapier- und Buchforderungen verwischt hat: "In der auf Übertragung gerichteten Einigung kann man eine Abtretung nach §§ 398, 413 BGB ebenso leicht sehen wie eine dingliche Einigung samt Übergabeersatzvereinbarung ... . In gleicher Weise relativiert sich der mittelbare 'Besitz' an verkörperten Sammelbeständen, der sich in Buchungsposten rein kontenmäßig widerspiegelt und damit seine Denaturierung zum bloßen Anspruch deutlich offenbart. Selbst das vom Depotgesetz überformte Miteigentum an den Sammelbeständen öffnet sich unter buchhalterischer Regie einem forderungsrechtlichen Verständnis" (ZÖLLNER, Zurückdrängung, 1974, S. 259 f.). Es erscheint wenig sinnvoll, vor dem Hintergrund der im Steuerrecht vorherrschenden wohlverstandenen wirtschaftlichen Betrachtungsweise (siehe oben, 1. Teil, 2. Kapitel, § 2, Punkt II.A, S. 24 ff.) die selbstverständlich bestehenden zivilrechtlichen Unterschiede bilanziell nutzbar machen zu wollen.

70 Da es ein sprachliches Pendant zum Begriff Diskont nicht gibt, kann die oben verwendete Unterscheidung (Disagio einerseits und Diskont andererseits) nicht auf das Agio übertragen werden. Der Terminus "Agio" umfaßt mithin beide Fallgestaltungen.

stimmen, da Rückzahlungsagio und Disagio bzw. Diskont wirtschaftlich die gleiche Funktion erfüllen[71].

ß. Art

Da die kontraktbedingte Leistung des Titelerwerbers in einer Geldleistung besteht, ist für das Merkmal "Art" ausschließlich die Variante von Bedeutung, daß eine Zahlung in Fremdwährung vereinbart wurde. In der Literatur wird häufig ohne weitere Differenzierung davon ausgegangen, daß auf Fremdwährung lautende schuldrechtliche Ansprüche ganz allgemein zum Geldkurs umzurechnen sind[72]. Da jedoch für gegen Geldleistung erworbene Forderungstitel die Anschaffungswertkonzeption und damit das Prinzip der Maßgeblichkeit der Gegenleistung gilt[73], ist richtigerweise eine Umrechnung zum (höheren) Briefkurs vorzunehmen[74]. Dabei ist - wie oben[75] - auf die Verhältnisse zum Zeitpunkt des Titelzugangs abzustellen, der hier grundsätzlich mit dem Zahlungszeitpunkt übereinstimmt. Eine Verletzung des Realisationsprinzips kann hierin ebenso wenig gesehen werden wie in der Einbuchung unterverzinslicher Darlehen zum Nennwert (= Auszahlungsbetrag)[76]. Aus dieser Sichtweise ergeben sich überdies zwanglos eindeutige Bilanzierungskonsequenzen für die Anschaffungskostenermittlung von Doppelwährungsanleihen: Erfolgt die Darlehensauszahlung in fremder, die Rückzahlung in heimischer Währung, so ist zum Briefkurs umzurechnen; im umgekehrten Fall entfällt im Erwerbszeitpunkt dagegen eine Umrechnungsnotwendigkeit.

---

71 Siehe für das Rückzahlungsagio (Typ Disagio) bei festverzinslichen Wertpapieren PANKOW/GUTIKE in BBK 1990, HGB § 255 Anm. 176. Zur Anschaffungskostenermittlung bei aufzuzinsenden Zerobonds vgl. BdF IV B 2 - S 2133 - 1/87 vom 5.3.1987, BStBl I 1987, S. 394; siehe auch BECKMANN, Zerobonds, BB 1991, S. 939; BORDEWIN, Zero-Bonds, WPg 1986, S. 264; RODIN, Disagio, 1988, S. 11 f. Für aufzuzinsende Bundesschatzbriefe (Typ B) vgl. BMF IV B 2 - S 2170 - 5/91 vom 15.3.1991, DB 1991, S. 878.

72 Vgl. neben den in Punkt a.ß (S. 393, Fn. 17) Genannten insbesondere HÖTZEL, Bilanzierung, 1980, S. 34 f. Ein Wahlrecht zulassend LANGENBUCHER in HdR 1990, Kapitel II, Rn. 468.

73 Siehe oben, § 1, Punkt III.A.1, S. 369 f.

74 So auch BURKHARDT, Fremdwährungsgeschäfte, 1988, S. 88 f.; FINNE, Doppelbesteuerung, 1991, S. 91 f.; GEBHARDT/BREKER, Bilanzierung, DB 1991, S. 1531.

75 Siehe Punkt a.ß, S. 393.

76 Siehe oben, Punkt a.α.(1), S. 399 ff.

c. Erwerb ohne Gegenleistung

Ein originärer Erwerb ohne Gegenleistung ist nur bei Forderungstiteln im weiteren Sinne möglich. Da der Titelerwerb zu einer Gewinnrealisierung führt und es überdies Aufwendungen des Titelerwerbers nicht gibt, sind die Anschaffungskosten von Rückgewähr-, Steuererstattungs-, Steuervergütungs-, Subventions-, bestrittenen Ansprüchen usf. grundsätzlich in der gleichen Weise wie bei gegen Sach- oder sonstigen Leistungen erworbenen Titeln zu bestimmen, d.h. mit dem "Nennwert" der erwarteten Zahlung. Ist diese in Fremdwährung zu leisten, ist eine Umrechnung zum Geldkurs vorzunehmen. Ein Abzinsungsproblem ergibt sich im Regelfall nicht, da gesetzliche Ansprüche prinzipiell sofort fällig sind. Sollte der Anspruch im Einzelfall gestundet oder in Raten abbezahlt werden, so handelt es sich um eine Novation mit der Folge, daß der daraus entstehende Forderungstitel im engeren Sinne nach den allgemeinen Grundsätzen zu behandeln und damit mit dem Barwert anzusetzen ist.

2. Derivativer Erwerb

Die Ermittlung der Anschaffungskosten eines derivativ erworbenen Forderungstitels ist insofern unproblematisch, als in allen Fällen unstreitig das Prinzip der Maßgeblichkeit der Gegenleistung zum Tragen kommt, mithin allein die Aufwendungen des Titelerwerbers entscheidend sind[77]. Nicht zweifelhaft ist weiterhin, daß in dieser Hinsicht für individuell und börsengehandelte Forderungstitel die gleichen Grundsätze gelten[78]. Das Kriterium *Zeitpunkt* der kontraktbedingten Zahlung des Titelerwerbers ist im Regelfall unbeachtlich. Die aus einer fehlenden Gegenleistung (Merkmal: *Existenz*) resultierenden bilanziellen Konsequenzen weisen keine Besonderheiten gegenüber dem unentgeltlichen Erwerb anderer Wirtschaftsgüter auf[79]. Ist der Titel in Fremdwährung denominiert (Merkmal: *Art*), so

---

77 Folglich handelt es sich um "Anschaffungskosten im engeren Sinne" (vgl. BFH I R 236/72 vom 23.4.1975, BStBl II 1975, S. 876; DÖLLERER, Problematik, JbFSt 1976/77, S. 199). Eine Ausnahme gilt für gegen Sachleistung derivativ erworbene Forderungstitel; insoweit ist nach den Grundsätzen über die bilanzsteuerliche Behandlung von Tauschvorgängen eine Gewinnrealisierung und eine Bewertung des erworbenen Titels mit dem gemeinen Wert des hingegebenen Wirtschaftsguts geboten (siehe nur L. SCHMIDT 1993, EStG § 5 Anm. 62). Zu dem diesbezüglich bestehenden Wahlrecht in der handelsrechtlichen Gewinnermittlung vgl. nur IDW, WP-Handbuch I, 1992, S. 194 f.

78 Siehe nur PANKOW/SCHMIDT-WENDT in BBK 1990, HGB § 255 Anm. 250, m.w.N.

79 Ist der unentgeltliche Erwerb betrieblich veranlaßt, ist der Forderungstitel mit seinem gemeinen Wert anzusetzen (§ 7 Abs. 2 EStDV). Eine Schenkung aus privaten Gründen, die bei Vorliegen einer privaten Interessenverflechtung denkbar ist, führt im Rahmen einer Betriebsübergabe im Ganzen zur zwingenden Übernahme der Buchwerte des Übertragen-

ist, wie oben, eine Umrechnung zum Briefkurs zum Zeitpunkt der erstmaligen Zurechnung des Titels vorzunehmen.

Bei der Bestimmung der *Höhe* der Anschaffungskosten ist insbesondere beim derivativen Erwerb börsennotierter Anleihen zu berücksichtigen, daß der vereinbarte Kaufpreis ggf. ein Entgelt für bis zum Übertragungszeitpunkt aufgelaufene Zinsen umfaßt. Wie bereits oben[80] dargestellt, werden im Fall der festverzinslichen Anleihen dann zwei Wirtschaftsgüter erworben, wobei sich die Anschaffungskosten der Anleihe aus dem Gesamtentgelt abzüglich der zu zahlenden Stückzinsen berechnen[81].

Eine andere Bilanzierungsweise ist jedoch dann zu wählen, wenn die erworbene Schuldverschreibung nominell unverzinslich ist (Beispiel: Zero-Bonds). Wie ebenfalls bereits angesprochen, werden die aufgelaufenen Zinsen als Bestandteil der Anschaffungskosten behandelt. Dies ist zumindest dann unproblematisch, wenn der rechnerische Aufzinsungswert dem Kaufpreis entspricht, was angenommen werden kann, wenn der Marktzins seit Emission der Zero-Bonds unverändert geblieben ist. Die h.M. gelangt jedoch auch dann zur Anschaffungskostenbewertung mit dem aufgewendeten Betrag, wenn aufgrund eines gestiegenen (gefallenen) Marktzinsniveaus[82] eine niedrigere (höhere) kontraktbedingte Zahlung zu leisten ist[83]. Eine Primärbewertung mit dem "rechnerischen" Barwert - auf der Basis des vertraglichen Zinses (der Erwerbsrendite) - unter gleichzeitiger Bildung eines aktiven bzw. passiven Rechnungsabgrenzungspostens[84] ist abzulehnen. Der Sache nach handelt es sich um ein Disagio oder ein Begebungs- bzw. Erwerbsagio, das im Zusammenhang mit einem mit Diskont bzw. Rückzahlungsagio emittierten

---

den (§ 7 Abs. 1 EStDV), bei Übertragung des einzelnen Titels ist der Teilwertansatz geboten (L. SCHMIDT/GLANEGGER 1993, EStG § 6 Anm. 35c, m.w.N.). Kontrovers diskutiert wird die Konstellation, daß zwischen dem unentgeltlich Übertragendem und dem Übertragungsempfänger geschäftliche Interessenverflechtungen - insbesondere gesellschaftsrechtliche Beziehungen - bestehen. Zu der Frage, ob aus der Vorteilsgewährung beim Übertragenden nachträgliche Anschaffungskosten auf die Beteiligung resultieren, siehe unten, Punkt II.B.1, S. 427 ff.

80 Siehe 1. Kapitel, § 2, Punkt II.B.3.a.ß, S. 205 ff.

81 Dabei wird der Zinsanspruch mit seinem Nennbetrag bewertet. Eine Abzinsung unterbleibt ebenso wie eine anteilige Berücksichtigung der beim Anleiheerwerb anfallenden Anschaffungsnebenkosten (z.B. Bankspesen).

82 Andere wertbestimmende Faktoren, wie insbesondere das Bonitätsrisiko, sollen dabei unberücksichtigt bleiben.

83 KUSSMAUL, Null-Kupon-Anleihen, BB 1987, S. 1568; ULMER/IHRIG, Zero-Bonds, ZIP 1985, S. 1178.

84 So, als Alternative offenlassend, BÖCKING, Zerobonds, ZfbF 1986, S. 949, sowie, ihm folgend, BAXMANN, Modifikation, WPg 1990, S. 454.

Forderungstitel auftritt; zur Begründung kann mithin insoweit auf die Ausführungen hinsichtlich gegen Geldleistung originär erworbener Forderungstitel verwiesen werden[85].

B. Nachträgliche Anschaffungskosten-Modifikationen

Ist der Auszahlungs- und/oder Rückzahlungsbetrag eines Forderungstitels kleiner bzw. größer als dessen Nennwert, so stellt sich die Frage, ob und ggf. wie diese Differenz planmäßig auf die Laufzeit des Titels zu verteilen ist. Da in Punkt A eine Bilanzierung zum Nennwert unter gleichzeitiger Bildung eines Rechnungsabgrenzungspostens grundsätzlich abgelehnt wurde, bleibt lediglich die Alternative, das Auf- oder Abgeld ratierlich den Anschaffungskosten hinzuzurechnen bzw. von ihnen abzuziehen; alternativ ist die Bilanzierung einer (sonstigen) Forderung bzw. Verbindlichkeit denkbar. Dabei wird zunächst untersucht, ob eine nachträgliche Anschaffungskosten-Modifikationen überhaupt zulässig sind. Daran anschließend ist der Frage nachzugehen, wie diese Minderung bzw. Erhöhung zu quantifizieren ist.

1. Zulässigkeit

Die Problematik nachträglicher Anschaffungskosten-Modifikationen kann bei nominell unverzinslichen und laufend verzinslichen Anleihen sowie bei Ausleihungen auftreten. Je nach Art des Unterschiedsbetrags können mithin drei Gruppen gebildet werden.

(1) Diskont und Rückzahlungsagio (Typ Diskont)

Handelt es sich bei dem Unterschiedsbetrag um einen Diskont bzw. um ein - dem Diskont entsprechendes - Rückzahlungsagio, so geht aus den Vereinbarungen zwischen Emittenten und Gläubiger hervor, daß letzterer den auf das jeweils abgelaufene Jahr entfallenden Zinsbetrag dem Emittenten zusätzlich als verzinsliches Darlehen gewährt; aus Vereinfachungsgründen wird lediglich auf die Zinszahlung und die postwendende Rückzahlung als (zusätzliche) Darlehensvaluta verzichtet[86]. Es ist daher unstreitig, daß die bis zum Bilanzstichtag aufgelaufenen Zinsen - ins-

---

85 Siehe oben, Punkt 1.b.α, S. 396 ff.
86 BORDEWIN, Zero-Bonds, WPg 1986, S. 267.

besondere bei Zero-Bonds - als nachträgliche Anschaffungskosten zu qualifizieren sind[87].

Die beschriebene Bilanzierungsmethode gilt zumindest dann, wenn der Titelerwerber exakt den rechnerischen Wert des Zero-Bonds usf. aufgewendet hat, was im Fall des Zweiterwerbs grundsätzlich nur in den Fällen zutrifft, in denen das Zinsniveau seit der Emission unverändert geblieben ist. Zahlt der Erwerber hingegen einen Preis, der aufgrund von Marktzinsschwankungen über bzw. unter dem rechnerischen Wert (= Emissionskurs zuzüglich bis zum Erwerbszeitpunkt aufgelaufener Zinsen) liegt, so ist fraglich, ob diese Differenz ebenfalls planmäßig auf die Laufzeit verteilt werden kann oder erst durch Titelabgang (Veräußerung, Tilgung) bzw. mittels Teilwertabschreibung erfolgswirksam wird[88]. Die zweitgenannte Alternative soll die "derzeit verbreitete Verbuchungsmethode"[89] darstellen. Es mehren sich jedoch die Stimmen im Schrifttum, nicht den Unterschied zwischen rechnerischem Wert und Einlösungsbetrag, sondern zwischen Ankaufspreis und Einlösungsbetrag auf die einzelnen Perioden zu verteilen[90]. Als ausschlaggebendes und m.E. zutreffendes Argument wird die periodengerechte Verteilung des tatsächlichen Unterschiedsbetrags angeführt. Es erscheint in der Tat verfehlt, den Unterschiedsbetrag zwischen Erwerbspreis und rechnerischem Wert, der wirtschaftlich der gesamten Restlaufzeit des Titels zuzurechnen ist, von einer planmäßigen Verteilung auszuschließen. Darüber hinaus führt die "verbreitete Buchungsmethode" zu dem wenig sinnvollen Ergebnis, daß eine negative Differenz (Erwerbspreis < rechnerischer Wert) erst zum Tilgungs- bzw. Veräußerungszeitpunkt, ein positiver Unterschiedsbetrag (Erwerbspreis > rechnerischer Wert) unter sonst gleichen (insbesondere: Zins-) Bedingungen über (ggf. mehrere) Teilwertabschreibungen realisiert wird, wobei im Fall der Zugehörigkeit zum Anlagevermögen darüber hinaus häufig ein Abschreibungswahlrecht besteht. Die hier vertretene Auffassung kollidiert auch nicht mit dem Vorsichtsprinzip, da eine Er-

---

87 BAXMANN, Zerobonds, WPg 1990, S. 288; BORDEWIN, Zero-Bonds, WPg 1986, S. 267; SIEGEL, Zerobonds, WPg 1990, S. 449. Siehe auch BdF IV B 2 - S 2133 - 1/87 vom 5.3.1987, BStBl I 1987, S. 394. Dies gilt auch für andere mit Diskont begebenen Forderungstitel, wie etwa Schatzwechsel (vgl. HEUER in H/H/R 1993, EStG § 5 Anm. 2200 "Diskont"; L. SCHMIDT/GLANEGGER 1993, EStG § 6 Anm. 86b).

88 Es handelt sich dann nicht um einen "reinen" Diskont bzw. ein "reines" Rückzahlungsagio; vielmehr umfaßt der Unterschiedsbetrag daneben ein Erwerbsagio bzw. -disagio; insoweit liegt eine enge Verwandtschaft zu den in Punkt (2) zu behandelnden Konstellationen vor.

89 So die Einschätzung von KUSSMAUL, Null-Kupon-Anleihen, BB 1987, S. 1568.

90 BAXMANN, Modifikation, WPg 1990, S. 454; BÖCKING, Zero-Bonds, ZfbF 1986, S. 949; KUSSMAUL, Null-Kupon-Anleihen, BB 1987, S. 1568; SIEGEL, Zerobonds, WPg 1990, S. 450.

höhung des Bilanzwertes über den Marktpreis hinaus durch das Institut der Teilwertabschreibung verhindert wird[91].

(2) Begebungs-/Erwerbsagio, Disagio und Rückzahlungsagio (Typ Disagio)

Weichen Auszahlungs- und/oder Rückzahlungsbetrag vom Nennwert eines Forderungstitels mit *laufender* Verzinsung ab, so soll die übliche Bilanzierungsweise[92], wie oben, darin bestehen, von einer periodengerechten Zurechnung des Unterschiedsbetrags abzusehen und den Unterschiedsbetrag erst bei Tilgung bzw. Veräußerung des Titels bzw. via Teilwertabschreibung erfolgswirksam werden zu lassen. Analog zu den Ausführungen unter (1) ist jedoch zu beachten, daß Disagien und Agien Zinscharakter haben, also materiell Zinsen sind[93], da es für den Erwerber gleichgültig ist, ob er "ein 7%iges oder ein 5%iges Papier erwirbt, wenn nur der Erwerbskurs [bzw. der Rückzahlungskurs] so gestellt wird, daß sich eine Effektivverzinsung von ebenfalls 7 % p.a. ergibt"[94]. Mithin ist mit der im Vordringen befindlichen Meinung davon auszugehen, daß der Unterschiedsbetrag auch im Fall laufend verzinslicher Forderungstitel planmäßig zu verteilen ist[95]. Materiell handelt es sich dabei allerdings nicht um nachträgliche Anschaffungskosten, sondern um eine selbständige Forderung (Erwerbsdisagio-Fall) bzw. Verbindlichkeit (Erwerbsagio-Fall); es ist eine Frage der Zweckmäßigkeit, ob diese besonders

---

91 Materiell stellen die Auflösungsbeträge des marktbedingten Unterschiedsbetrags jedoch keine nachträglichen Anschaffungskosten dar, da insoweit ein bei Zerobonds grundsätzlich zu unterstellender Zinszahlungsverzicht (siehe oben: Zinszahlung und postwendende Rückzahlung als zusätzliche Darlehensvaluta) nicht vorliegt; es handelt sich vielmehr um eine selbständige (Zins-) Forderung bzw. (Zins-) Verbindlichkeit, die ggf. zusammen mit der eigentlichen Anleihe ausgewiesen wird (siehe dazu unten, Punkt (2)).

92 So KUSSMAUL, Null-Kupon-Anleihen, BB 1987, S. 1568; siehe auch SCHÄFER, Forderungen, 1977, S. 75 f.

93 H. MEYER, Zinsen, 1985, S. 142, m.w.N; siehe auch BÖCKING, Bilanzrechtstheorie, 1988, S. 174.

94 H. MEYER, Zinsen, 1985, S. 142; Klammerzusatz vom Verfasser.

95 KUSSMAUL, Null-Kupon-Anleihen, BB 1987, S. 1568; H. MEYER, Zinsen, 1985, S. 142 f.; SCHÄFER, Forderungen, 1977, S. 75 f. Bei niedrig verzinslichen Optionsanleihen spricht sich HOLZHEIMER für jährliche "Zuschreibungen" auf den um den Wert des Optionsrechts gekürzten Anschaffungsbetrags der "reinen" Anleihe aus (vgl. HOLZHEIMER, Optionsanleihen, WM 1986, S. 1176; siehe dazu oben, Punkt (1)). Vgl. auch BÖCKING, der dieses Ergebnis jedoch über eine entsprechende Minderung des im Erwerbszeitpunkt gebildeten Rechnungsabgrenzungspostens erreichen will (BÖCKING, Bilanzrechtstheorie, 1988, S. 179; DERS., Zero-Bonds, ZfbF 1986, S. 949). A.A. DÖLLERER, der nachträgliche Anschaffungskosten nur dann annimmt, wenn der Schuldner - wie bei Zerobonds - das Disagio bei vorzeitiger Tilgung der Anleihe anteilig zu vergüten hat (DÖLLERER, Disagio, BB 1988, S. 883).

kenntlich gemacht oder als Bestandteil des eigentlichen Gläubigerrechts ausgewiesen wird[96].

Die gegenteilige Auffassung verletzt m.E. das Realisations- und das Periodizitätsprinzip. Überdies ist kein Grund ersichtlich, bei Forderungstiteln mit laufender Verzinsung anders zu verfahren als hinsichtlich des in Punkt (1) diskutierten Unterschiedsbetrags zwischen rechnerischem Wert und Ankaufspreis, da diese Differenz - etwa im Fall der Zero-Bonds - nicht in die Zinseszinsrechnung eingeht und somit (wie bei laufend verzinslichen Papieren) ausschließlich einen Reflex der Marktzinsentwicklung darstellt[97]. Weiterhin führt die derzeit wohl herrschende Bilanzierungsweise dazu, daß nur im Fall eines Über-pari-Erwerbs (tendenziell) eine periodengerechte Gewinnermittlung durchgeführt wird, da durch das Imparitätsprinzip aufgrund der Kurssenkung im Zeitablauf negative Erfolgsbeiträge der Zukunft antizipiert werden[98]. Wirtschaftlich gesehen ist ein Erwerb unter und über pari jedoch völlig gleich zu beurteilen, wenn die Effektivverzinsung der beiden Alternativanlagen identisch ist.

Das beschriebene Verfahren der anteiligen Vereinnahmung von Zusatzzinsen eignet sich aber nur für solche Papiere mit laufender Verzinsung, die längerfristig im Bestand gehalten werden[99]. Mithin ist - auch aus Vereinfachungsgründen - von einer "Zuschreibung" bei Forderungstiteln des Umlaufvermögens abzusehen.

(3) Damnum

Es ist in der Literatur unumstritten, daß das bei Ausreichung eines Darlehens einbehaltene Damnum periodengerecht zu verteilen ist[100]. Die Befürworter einer Primärbewertung der Forderung mit dem Nennbetrag gelangen zum gleichen Ergebnis mittels ratierlicher Auflösung des gleichzeitig gebildeten Rechnungsabgrenzungspostens[101]. Wird dagegen, wie hier, die Meinung vertreten, der Auszah

---

96 So auch SCHÄFER, Forderungen, 1977, S. 76.

97 Im übrigen sind die Übergänge zwischen Forderungstiteln ohne und mit laufender Verzinsung - wirtschaftlich gesehen - fließend. Es erscheint jedoch nicht sachgerecht, den Unterschiedsbetrag bei Forderungstiteln mit niedriger laufender Verzinsung (bspw. 1 %) und ohne laufende Verzinsung bilanziell unterschiedlich zu behandeln. Zu einem Abgrenzungsversuch vgl. EISELE/KNOBLOCH, Finanzinnovationen, DStR 1993, S. 580.

98 SCHÄFER, Forderungen, 1977, S. 76.

99 H. MEYER, Zinsen, 1985, S. 143.

100 Vgl. für viele SCHÄFER, Forderungen, 1977, S. 58.

101 Siehe etwa FEDERMANN, Steuerbilanz, StStud 1986, S. 269.

lungsbetrag des Darlehens stelle den primären Wertansatz dar, so stellen die Damnum-Teilbeträge nachträgliche Anschaffungskosten dar[102] bzw. sind als selbständige Zinsforderung zu qualifizieren[103].

2. Ermittlung

Gelangt man zu dem Ergebnis, daß die Anschaffungskosten um den anteiligen Unterschiedsbetrag zu erhöhen (bzw. zu vermindern) sind, so bleibt zu untersuchen, in welcher Weise diese Zurechnung zu erfolgen hat.

(1) Diskont und Rückzahlungsagio (Typ Diskont)

Wie bereits in Punkt 1 erläutert, ist bei nominell unverzinslichen Forderungstiteln (Beispiel: Zero-Bonds) danach zu differenzieren, ob der Erwerb zum rechnerischen Wert oder zu einem davon abweichenden Marktpreis stattgefunden hat. Die erste Alternative bereitet keine Schwierigkeiten, da der vom Schuldner zugesicherte Emissions-Zinssatz auf den Anschaffungskostenbetrag angewendet werden kann; das Produkt aus diesen beiden Größen stellt den Zuschreibungsbetrag dar[104].

Problematisch sind wiederum die Fälle, in denen eine Kombination von Diskont bzw. Rückzahlungsagio und Disagio bzw. Begebungsagio vorliegt. Es wurde bereits darauf hingewiesen, daß zum einen die Anschaffungskosten in diesen Fällen - wie beim Erwerb ohne Erwerbsagio bzw. -disagio - mit dem tatsächlich aufgewendeten Betrag und nicht mit dem rechnerischen Wert zu bestimmen sind und zum anderen auch der Unterschiedsbetrag zwischen den beiden Größen auf die Laufzeit zu verteilen ist. Für die Verteilmethode ist daraus zu schlußfolgern, daß konsequenterweise aus den Größen Anschaffungspreis, Einlösungsbetrag und Laufzeit eine interne Verzinsung zu errechnen und auf den Anschaffungspreis anzuwenden

---

102 KUPSCH, Finanzanlagevermögen, HdJ II /1987, Rn. 137; SCHÄFER, Forderungen, 1977, S. 58.

103 Als Alternative offenlassend WINDMÖLLER, Nominalwert, 1992, S. 695.

104 Siehe nur NEYER, Zero-Bonds, DB 1982, S. 976. Zur Ermittlung der nachträglichen Anschaffungskosten variabel verzinslicher Zero-Bonds vgl. BECKMANN, Zerobonds, BB 1991, S. 940 f. Stimmt der Zinszahlungszeitpunkt nicht mit dem Bilanzstichtag des Titelinhabers überein, so sind entsprechende Abgrenzungen vorzunehmen.

ist[105]. Eine "Zuschreibung" in Höhe der rechnerischen Zinsen mit linearer Verteilung der Differenz zwischen Anschaffungspreis und rechnerischem Wert[106] ist abzulehnen, da sie der Tatsache nicht gerecht wird, daß die Zuschreibungsbeträge progressiv steigen[107]. In der Tat inkonsequent[108] ist der Standpunkt, im Fall einer positiven Differenz zwischen Anschaffungskosten und rechnerischem Wert sei die zuerst genannte, im Fall einer negativen Abweichung die zweite Alternative anzuwenden[109].

(2) Begebungs-/Erwerbsagio, Disagio und Rückzahlungsagio (Typ Disagio)

Wird eine laufend verzinsliche und zu pari getilgte Schuldverschreibung unter oder über pari erworben, so ist es ein der Betriebswirtschaftslehre geläufiges Phänomen, daß die Marktwertänderung der Anleihe bei zunehmender Verkürzung der Restlaufzeit zunimmt[110]. Eine verursachungsgerechte Bilanzierung von "Zuschreibungserträgen" muß mithin der aktivierten (Zins-) Forderung jährlich steigende Beträge zuführen, so daß im Tilgungszeitpunkt die Summe der Bilanzwerte von Zinsforderung und Anleihe - falls letztere nicht abgewertet wurde - exakt dem Tilgungsbetrag entspricht[111]. Ein Erwerb über pari hat gegenläufige Konsequenzen: Die (Zins-) Verbindlichkeit ist in Höhe des Rückzahlungsagios einzubuchen und mit im Zeitablauf steigenden Teilbeträgen aufzulösen[112].

Für die Bestimmung der konkreten Höhe der Zuführungs- bzw. Auflösungsbeträge gelten grundsätzlich die Ausführungen hinsichtlich der zeitlichen Verteilung eines Unterschiedsbetrags zwischen Auszahlungsbetrag und rechnerischem Wert analog:

---

105 So auch die wohl herrschende Meinung (vgl. BECKMANN, Zerobonds, BB 1991, S. 941; BÖCKING, Zero-Bonds, ZfbF 1986, S. 949; EISELE/KNOBLOCH, Finanzinnovationen, DStR 1993, S. 580; KUSSMAUL, Null-Kupon-Anleihen, BB 1987, S. 1568; H. MEYER, Zinsen, 1985, S. 141; SIEGEL, Zerobonds, WPg 1990, S. 450).

106 BAXMANN, Modifikation, WPg 1990, S. 454 f.; DERS., Zerobonds, WPg 1990, S. 290 f.

107 Siehe dazu unten, Punkt (2).

108 KUSSMAUL, Zero-Bonds, BB 1987, S. 1568.

109 NEYER, Zero-Bonds, DB 1982, S. 976 f.; RODIN, Disagio, 1988, S. 45 f. Vgl. auch die z.T. weitere Alternativen aufzeigenden Aufstellungen bei KUSSMAUL, Null-Kupon-Anleihen, BB 1987, S. 1567 f.; SIEGEL, Zerobonds, WPg 1990, S. 449.

110 Siehe nur UHLIR/STEINER, Wertpapieranalyse, 1991, S. 14. In entsprechender Weise nähert sich eine mit Rückzahlungsagio zu tilgende Anleihe dem Rückzahlungsbetrag.

111 So wohl auch SCHÄFER, Forderungen, 1977, S. 76.

112 Wird die (Zins-) Verbindlichkeit durch eine entsprechend niedrigere Bewertung der Anleihe berücksichtigt, so hat eine im Zeitablauf steigende (progressive) "Abschreibung" des Bilanzpostens Anleihe zu erfolgen.

Aus den Größen Auszahlungsbetrag, Rückzahlungsbetrag und Nennwert ist ein interner Zins (Effektivzins) zu berechnen und auf dieser Grundlage eine verursachungsgerechte Zuordnung des Disagios bzw. Agios auf die Restlaufzeit vorzunehmen. Aus Vereinfachungsgründen erscheint jedoch auch eine lineare Zurechnung vertretbar, wenn der Unterschiedsbetrag gering und/oder die Restlaufzeit kurz ist[113].

(3) Damnum

Nach der rechtlichen Gestaltung ist davon auszugehen, daß einem Damnumseinbehalt eine Verrechnungsvereinbarung zugrundeliegt, so daß der Gläubiger an sich den vollen Nennbetrag auszuzahlen und der Schuldner eine einmalige Zinsvorauszahlung zu leisten hat, dieses umständliche Verfahren jedoch durch Auszahlung des um das Damnum verminderten Nennwerts abgekürzt wird[114]. Das Damnum stellt mithin eine Vorleistung des Schuldners dar und wird entsprechend dem Anfall der eigentlichen Hauptleistung, nämlich der Zinszahlungen, verteilt. Die Verteilung wird im Verhältnis der auf die einzelnen Jahre entfallenden Zinsen zu den Gesamtzinsen vorgenommen[115], wobei als Verteilperiode grundsätzlich die Laufzeit des Forderungstitels, bei kürzerer Zinsbindungsfrist diese zugrunde gelegt wird[116]. Im Ergebnis wird damit auf den Tilgungsmodus abgestellt: Wird das Darlehen in einem Betrag am Ende der Laufzeit zurückgezahlt, so wird eine jährlich gleichbleibende Verteilung vorgenommen[117]. Handelt es sich um ein Til-

---

113 So auch SCHÄFER, Forderungen, 1977, S. 76. Werden bspw. Anleihen im Nennwert von 100.000 DM zu 95.000 DM erworben und beträgt die Restlaufzeit fünf Jahre, so führt eine lineare Verteilung zu einer jährlichen Forderungszuschreibung in Höhe von 1.000 DM; eine Zurechnung nach Maßgabe der internen Verzinsung führt zu Beträgen von 979,45 DM im ersten und 1.021,22 DM im fünften Jahr. Aus Vereinfachungsgründen erscheint hier eine lineare Verteilung durchaus akzeptabel.

114 Siehe oben, Punkt A.1.b.α.(3), S. 404.

115 IDW, WP-Handbuch I, 1992, S. 181. Siehe auch A/D/S 1992, HGB § 250 Tz. 90; GLADE 1986, HGB § 250 Rz. 52.

116 BFH IV R 47/85 vom 21.4.1988, BStBl II 1989, S. 726; siehe auch BROSCH, Disagio, DB 1990, S. 654.

117 Für Fälligkeitsdarlehen vgl. A/D/S 1992, HGB § 250 Tz. 90; GLADE 1986, HGB § 250 Rz. 52. Für Anleihen siehe SCHÄFER, Forderungen, 1977, S. 76.

gungs- oder Annuitätendarlehen, so wird der Tatsache der im Zeitablauf sinkenden Zinsbestandteile entsprechend Rechnung getragen[118].

Nach a.A. soll die Zinsvorauszahlung dagegen mit Hilfe der sog. effektivzinskonstanten Methode verteilt werden[119]. Nach diesem Verfahren wird der Unterschiedsbetrag so verteilt, daß die Summe aus Zinsen und Auflösungsbetrag pro Periode gleich ist; dies führt zu progressiv steigenden Zuschreibungsbeträgen. Mit diesem Verfahren ist gewährleistet, daß eine Darlehensauszahlung zu pari im Ergebnis gleich behandelt wird wie ein mit gleichem Effektivzins ausgestattetes Darlehen mit Damnumeinbehalt. Nach Ansicht des BFH[120] und der Verwaltung[121] soll dieses Verfahren jedoch unzulässig sein.

II. Beteiligungstitel
A. Ursprüngliche Anschaffungskosten
1. Originärer Erwerb
a. Erwerb gegen Geldleistung
α. Höhe

Als Anschaffungskosten von Kapitalgesellschaftsanteilen, welche durch Bareinlage bei Gesellschaftsgründung erworben werden, sind nach einhelliger Auffassung der Bctrag der Einlage zuzüglich eventueller vom Gesellschafter getragener Nebenkosten anzusehen; bei den Nebenkosten kommen insbesondere Beurkundungs- oder Eintragungsgebühren, Kosten einer Gründungsprüfung oder Druckkosten in Betracht[122]. Insoweit ergeben sich keine prinzipiellen Bilanzierungsprobleme. Einer genaueren Untersuchung wert ist dagegen die Anschaffungswertermittlung junger Aktien.

---

118 Als dafür grundsätzlich geeignetes Verfahren gilt die Zinsstaffelmethode (BFH I R 195/72 vom 17.7.1974, BStBl II 1974, S. 684; BFH II R 29/86 vom 8.11.1989, BStBl II 1990, S. 207). Dies ist auch die Ansicht der Verwaltung (vgl. BdF IV B 2 - S 2170 - 33/78 vom 4.9.1978, BStBl I 1978, S. 352). Siehe auch BLÜMICH/SCHREIBER 1993, EStG § 5 Rz. 740 "Disagio", sowie die entsprechenden Formeln bei A/D/S 1992, HGB § 250 Tz. 91-94; H. BAUER in K/S 1993, EStG § 5 Rn. F 261; GLADE 1986, HGB § 250 Rz. 52 f. Zum Teil wird auch eine digitale Verteilung für zulässig erachtet (SLOMMA, Auflösung, BB 1978, S. 842; ablehnend H. BAUER in K/S 1993, EStG § 5 Rn. F 259).

119 BÖCKING, Bilanzrechtstheorie, 1988, S. 46-52; BROSCH, Bewertungsrecht, DB 1984, S. 1696; DERS., Disagio, DB 1990, S. 653 f.; E. WAGNER, Effektivverzinsung, DB 1985, S. 142.

120 BFH I R 195/75 vom 17.7.1974, BStBl II 1974, S. 684.

121 BdF IV B 2 - S 2133 - 18/77 vom 24.11.1977, StEK EStG § 5 Bil. Nr. 40.

122 Siehe nur PANKOW/GUTIKE in BBK 1990, HGB § 255 Anm. 145.

Es wurde bereits oben darauf hingewiesen, daß ein Kapitalerhöhungsbeschluß nicht zu einem Teiluntergang der Altaktien bzw. zu einer Abspaltung des Bezugsrechts von den Altaktien führt[123]. Mithin sind den Bezugsrechten Anschaffungskosten von null DM zuzuordnen mit der Folge, daß die jungen Aktien ausschließlich mit dem dafür aufgewendeten Betrag zu bewerten sind[124]. Die von den Vertretern der Substanzabspaltungstheorie geforderte Vorgehensweise, Anschaffungskostenbestandteile der Altaktien auf das Bezugsrecht zu übertragen und diese dann als Anschaffungsnebenkosten der jungen Aktien zu behandeln[125], ist daher folgerichtig abzulehnen. Lediglich die Anschaffungskosten derivativ (an der Börse) erworbener Bezugsrechte können als Anschaffungsnebenkosten der jungen Aktien behandelt werden[126].

Beschließt die Hauptversammlung eine bedingte Kapitalerhöhung durch Emission von Wandelschuldverschreibungen oder Optionsanleihen, so steht den Altaktionären ebenfalls ein Bezugsrecht zu. Insoweit gelten die für die ordentliche Kapitalerhöhung geltenden Grundsätze. Zu einer Substanzabspaltung mit den oben beschriebenen Folgen kommt es mithin nicht. Gibt der Altaktionär oder ein Zweiterwerber die Wandelschuldverschreibung bzw. das Optionsrecht in einem zweiten Schritt her, so zählt der Erwerbspreis der Wandelschuldverschreibung zu den Anschaffungskosten der im Austausch erhaltenen[127] jungen Aktien, wobei die Ausübung des Wandlungsrechts selbst dann nicht zur Gewinnverwirklichung führt, wenn auf die Wandelschuldverschreibung eine Teilwertabschreibung vorgenommen wurde[128]. Wird das Optionsrecht einer Optionsanleihe ausgeübt, so sind die für den Erwerb des immateriellen Wirtschaftsguts Option[129] aktivierten Options

---

123 Siehe oben, 1. Kapitel, § 3, Punkt II.A.2, S. 272 f.

124 MELLWIG, Aktien, DB 1986, S. 1420 f.

125 Siehe nur BFH IV R 174/67 vom 6.12.1968, BStBl II 1969, S. 105.

126 Siehe nur HEUER in H/H/R 1993, EStG § 6 Anm. 1115.

127 Nach allgemeiner Auffassung handelt es sich bei der Begebung der Anleihe und der späteren Lieferung der Aktien steuerlich um einen einheitlichen Rechtsvorgang und nicht um einen - grundsätzlich zur Gewinnrealisierung zwingenden - Tausch (vgl. RFH I 21/44 vom 24.8.1944, RFHE 54, S. 128).

128 BAIER, Buchwertanteil, StBp 1962, S. 183; GOLDMANN, Wandelschuldverschreibungen, DB 1963, S. 1297; HEUER in H/H/R 1993, EStG § 6 Anm. 1500 "Wandelschuldverschreibungen"; KO, Wandelschuldverschreibungen, DB 1961, S. 723; PLÜCKEBAUM, Wandelschuldverschreibungen, DB 1960, S. 1438; SÖFFING/JEBENS, Gewinnchancen, BB 1979, S. 1447. Dies ist auch die Ansicht der Finanzverwaltung (vgl. Erlaß Nordrhein-Westfalen S 2150 - Eo - VB 1 vom 2.11.1961, StEK EStG § 4 GewVerw Nr. 1).

129 Siehe dazu oben, 1. Kapitel, § 2, Punkt II.B.4.(1), S. 210.

prämien ebenfalls als Anschaffungsnebenkosten auf die Anschaffungskosten der jungen Aktien umzubuchen[130]. Die dargestellte Vorgehensweise erscheint vor dem Hintergrund des finalen Anschaffungskosten-Begriffs[131] allerdings nicht bedenkenfrei, da mit dem Erwerb der Wandelschuldverschreibung bzw. der Option noch keineswegs feststeht, daß es zu einem Aktienkauf kommt und mit dieser Transaktion möglicherweise auch oder in erster Linie andere (z.B. Spekulations-) Absichten verfolgt werden[132].

ß. Art

Wird die Geldleistung des originären Erwerbers eines Beteiligungstitels in Fremdwährung erbracht, so hat eine Umrechnung in Inlandswährung zum Entstehungszeitpunkt des Titels[133] zu erfolgen. Maßgeblich ist der Briefkurs[134].

γ. Zeitpunkt

Beim originären Erwerb eines Beteiligungstitels ist die Gegenleistung des Erwerbers grundsätzlich sofort in voller Höhe zu erbringen. Wurde - im Rahmen des gesetzlich Zulässigen - eine spätere Zahlung vereinbart, so ergibt sich die bereits aus der Sicht der Kapitalgesellschaft bekannte Problematik der ausstehenden Einlagen[135]. Nach Ansicht der Finanzverwaltung[136] und Teilen der Literatur[137] ist beim Gesellschafter der volle Ausgabebetrag anzusetzen und die noch bestehende Einzahlungsverpflichtung zu passivieren (Bruttobilanzierung). Nach a.A. soll die

---

130 Siehe insbesondere IDW (BFA), BFA 2/1987, 1992, S. 67. Siehe auch EISELE/KNOBLOCH, Finanzinnovationen, DStR 1993, S. 583; HÄUSELMANN, Optionen, DB 1987, S. 1747; HÄUSELMANN/WIESENBART, DTB, DB 1990, S. 643 f.; NIEMEYER, Optionsgeschäft, BB 1990, S. 1024; RAESCH, Option, StBp 1973, S. 53; RÖNITZ, Ertragsbesteuerung, JbFSt 1980/81, S. 45.

131 Siehe oben, § 1, Punkt III.A.1, S. 369.

132 Vgl. DREISSIG, Optionen, BB 1989, S. 1515 f.

133 Siehe dazu oben, 1. Kapitel, § 3, Punkt I.B.1, S. 216 f.

134 Siehe nur LANGEL, Bewertungsfragen, StbJb 1979/80, S. 270.

135 Siehe oben, 1. Kapitel, § 2, Punkt I.B.3, S. 189 ff.

136 FinMin Niedersachsen S 2171 - 3 - 31 1 vom 30.1.1989, FR 1989, S. 215.

137 KARRENBAUER in HdR 1990, HGB § 253 Rn. 29; KNOBBE-KEUK, Unternehmenssteuerrecht, 1991, S. 193; KUPSCH, Finanzanlagevermögen, HdJ II/3 1987, Rn. 106; E. WEBER, Beteiligungen, 1980, S. 191.

Bewertung mit dem tatsächlich aufgewendeten Betrag (Nettobilanzierung) zumindest dann zulässig bzw. geboten sein, wenn der Restbetrag noch nicht eingefordert wurde[138].

Nach Ansicht des Verfassers ist entsprechend der Behandlung auf Seiten der Gesellschaft davon auszugehen, daß, solange mit der Geltendmachung der Rest-Einzahlungsverpflichtung nicht ernsthaft gerechnet werden muß, der Gesellschafter wirtschaftlich nicht mehr als die tatsächlich geleisteten Einlagen aufgewendet hat[139]. Von diesen Ausnahmefällen abgesehen, die insbesondere bei Beteiligungen an Versicherungsgesellschaften auftreten, verlangt das Saldierungsverbot jedoch grundsätzlich die Bruttobilanzierung.

b. Erwerb gegen Sach- oder sonstige Leistung

Werden Anteile an einer Kapitalgesellschaft gegen Leistung einer offenen[140] gesellschaftsrechtlichen Sacheinlage erworben[141], so handelt es sich nach ständiger Rechtsprechung des BFH um einen tauschähnlichen Vorgang, der grundsätzlich eine Erfolgsrealisierung zur Folge hat[142]. Die daraus resultierenden Konsequenzen sowie die allgemeinen Ausnahmen von diesem Grundsatz sollen in Punkt α unter dem Stichwort "*Höhe*" erörtert werden. Von einer Primärbewertung originär erworbener Beteiligungstitel nach Tauschgrundsätzen kann darüber hinaus jedoch auch dann abgewichen werden, wenn es sich bei den durch den Titelerwerber hin

---

138 A/D/S 1968, AktG 1965 § 151 Tz. 49; MELLEROWICZ in GROSSKOMMENTAR 1970, AktG 1965 § 151 Anm. 34. Diese Bilanzierungsweise als Alternative offenlassend PANKOW/GUTIKE in BBK 1990, HGB § 255 Anm. 144.

139 So auch HEUER in H/H/R 1993, EStG § 6 Anm. 1500 "Nicht eingezahltes Stammkapital einer GmbH".

140 Ursprüngliche Anschaffungskosten originär erworbener Beteiligungstitel sind im Regelfall das Resultat einer offenen Einlage in die Kapitalgesellschaft. Der Fall der verdeckten Einlage wird im Zusammenhang mit der Ermittlung nachträglicher Anschaffungskosten-Modifikationen diskutiert (siehe unten, Punkt B.1.a, S. 427 ff.).

141 Aufgrund der zivilrechtlichen Problematik des originären Anteilserwerbs mittels Erbringung sonstiger Leistungen (siehe bspw. § 27 Abs. 2 AktG), soll diese Konstellation hier vernachlässigt werden.

142 BFH I R 17/74 vom 15.7.1976, BStBl II 1976, S. 748; BFH I R 183/81 vom 25.1.1984, BStBl II 1984, S. 422. Aus der Literatur siehe etwa ACHENBACH in D/E/J/W 1992, KStG § 8 Tz. 53e; DÖLLERER, Problematik JbFSt 1976/77, S. 205; GROH, Sacheinlagen, FR 1990, S. 529; HERZIG/FÖRSTER, Vorteilsgewährung, WPg 1986, S. 297; KUPSCH, Finanzanlagevermögen, HdJ II/3 1987, Rn. 119; WASSERMEYER, Bewertungsfragen, JDStJG 1984, S. 180. A.A. insbesondere KNOBBE-KEUK, Gesellschaftsanteile, AG 1979, S. 293. Zu einer knappen Darstellung der Problematik, auch aus handelsrechtlicher Sicht, vgl. PANKOW/GUTIKE in BBK 1990, HGB § 255 Anm. 146.

gegebenen Wirtschaftsgütern um bestimmte Formen von Finanzierungstiteln handelt; hierauf wird in Punkt ß (Merkmal: "*Art*") eingegangen. Das Beurteilungskriterium *Zeitpunkt* kann hier dagegen vernachlässigt werden[143].

α. Höhe

Die Anwendung der Tauschgrundsätze auf originär erworbene Beteiligungstitel hat zur Folge, daß der Einbringungsvorgang steuerlich prinzipiell zu einer Gewinnrealisierung führt und die Anschaffungsaufwendungen des durch Tausch erworbenen Wirtschaftsguts (hier: des Kapitalgesellschaftsanteils) nach dem gemeinen Wert (Verkehrswert) des hingegebenen Vermögenswerts bestimmt werden[144]. Für Anteile an unbeschränkt steuerpflichtigen Kapitalgesellschaften gibt es von diesem Prinzip allerdings eine Reihe von Ausnahmen, die insbesondere der steuerlichen Erleichterung gesellschaftsrechtlicher Umstrukturierungsmaßnahmen dienen[145]. Da der Untersuchungsgegenstand jedoch auf die Bilanzierung in der regulären Steuerbilanz beschränkt wurde, bleiben daher die in Umwandlungs-, Verschmelzungsbilanzen etc. zu untersuchenden Bilanzierungsfolgen unberücksichtigt.

Eine Billigkeitsregelung gilt darüber hinaus im Fall der echten Betriebsaufspaltung. Wird eine Personenunternehmung in der Weise aufgeteilt, daß ein Teil des Betriebsvermögens auf die Betriebs-Kapitalgesellschaft übertragen und wesentliche Betriebsgrundlagen beim nunmehrigen Besitzunternehmen verbleiben und der Betriebsgesellschaft zur Nutzung überlassen werden, so können die übertragenen

---

143 Der zeitliche Aspekt ist hier deshalb wenig bedeutsam, weil zum einen die Möglichkeiten, eine Sacheinlage zu einem späteren Zeitpunkt zu erbringen, begrenzt sind (siehe oben, 2. Teil, 2. Kapitel, § 2, Punkt II.B.2.a.(4), S. 58), und zum anderen dann, falls dies doch zulässig sein sollte, nach den Regeln für nur zum Teil geleistete Bareinlagen zu verfahren ist (siehe oben, Punkt a.y, S. 418 f.).

144 Siehe etwa BFH VIII R 53/81 vom 14.12.1982, BStBl II 1983, S. 303; BFH I R 183/81 vom 25.1.1984, BStBl II 1984, S. 422. Aus der Literatur siehe nur ACHENBACH in D/E/J/W 1992, KStG § 8 Tz. 42b; L. SCHMIDT/GLANEGGER 1993, EStG § 6 Anm. 32.

145 Vgl. zur Einbringung eines Betriebs, Teilbetriebs oder Mitunternehmeranteils in eine Kapitalgesellschaft mit Sitz im Inland oder in einem anderen Mitgliedstaat der Europäischen Gemeinschaft § 20 UmwStG sowie zur Verschmelzung von Kapitalgesellschaften § 16 UmwStG. Die formwechselnde Umwandlung einer Kapitalgesellschaft oder Genossenschaft bewirkt keinen gewinnverwirklichenden Tausch der Anteile; die Frage der Anschaffungskosten stellt sich nicht, da kein Vermögensübergang vorliegt (PANKOW/SCHMIDT-WENDT in BBK 1990, HGB § 255 Anm. 325 "Umwandlung"). Die steuerrechtlichen Vorschriften über die Verschmelzung sind bis zu der in Aussicht genommenen Bereinigung des Umwandlungsrechts und des Umwandlungssteuerrechts aus Billigkeitsgründen im Fall der Realteilung (Spaltung) von Kapitalgesellschaften und Genossenschaften sinngemäß anzuwenden (vgl. BdF IV B 7 - S 1978 - 37/91 vom 9.1.1992, BStBl I 1992, S. 47).

Wirtschaftsgüter zu Buchwerten aus dem Betriebsvermögen der Personenunternehmung ausscheiden. Der Buchwert der ausgeschiedenen Wirtschaftsgüter gilt als Anschaffungskosten der Anteile an der Betriebs-Kapitalgesellschaft[146].

ß. Art

Bringt der Titelerwerber als Gegenleistung für die erworbenen Gesellschaftsrechte seinerseits eine Beteiligung an einer anderen Kapitalgesellschaft ein, so wird dieser (aus Sicht des Gesellschafters: originäre[147]) Erwerbsvorgang als Anteilstausch behandelt, der grundsätzlich nach den allgemeinen Besteuerungsregeln zur Aufdeckung der stillen Reserven führt[148]. In bestimmten Fällen gilt jedoch der Buchwert der hingegebenen Anteile als Anschaffungskosten der erworbenen Beteiligungstitel. Gesetzlich geregelt ist diese Möglichkeit, wenn die übernehmende Kapitalgesellschaft mit Sitz in einem Mitgliedsstaat der Europäischen Gemeinschaft aufgrund ihrer Beteiligung einschließlich der übernommenen Anteile nachweislich unmittelbar die Mehrheit der Stimmrechte an der Gesellschaft hält, deren Anteile eingebracht werden[149]. Ist diese Bedingung nicht erfüllt, so kann der Anteilstausch bei Vorliegen der weiteren Voraussetzungen nach den - auf Richterrecht beruhenden - Grundsätzen des Tauschgutachtens steuerfrei vollzogen werden, das auch beim originären Erwerb von Anteilen an (inländischen und ausländischen[150]) Kapitalgesellschaften einschlägig ist[151].

---

146 BdF IV B 2 - S 1909 - 2/85 vom 22.1.1985, BStBl I 1985, S. 97.

147 Aus Sicht der Kapitalgesellschaft liegt ein derivativer Erwerb vor (siehe dazu unten, Punkt 2, S. 423 ff.).

148 BFH I R 183/81 vom 25.1.1984, BStBl II 1984, S. 422.

149 § 20 Abs. 6 UmwStG. Bei Auslandssachverhalten ist allerdings die siebenjährige Veräußerungssperre des § 25 Abs. 4 UmwStG zu beachten. Vgl. im einzelnen GROTHERR, Anteilstausch, BB 1992, S. 2259-2271; HERZIG/DAUTZENBERG/HEYERES, System, DB 1991, Beilage 12; KNOBBE-KEUK, Regelung, DStZ 1992, S. 675-679.

150 ZEITLER, Holding-Konstruktionen, NWB 1990, Fach 3, S. 7351.

151 BFH I D 1/57 S vom 16.12.1958, BStBl III 1959, S. 36. Siehe auch KNOBBE-KEUK, Unternehmenssteuerrecht, 1991, S. 837; J. THIEL, Einlagen, DStR 1992, S. 7; WASSERMEYER, Tausch, DB 1990, S. 856 f. § 20 Abs. 6 UmwStG stellt auch in seiner Neufassung keine die Anwendung des Tauschgutachtens ausschließende Sonderregelung dar. Insbesondere wurde § 21 Abs. 1 Satz 5 UmwStG beibehalten (GROTHERR, Anteilstausch, BB 1992, S. 2270 f.; J. THIEL, a.a.O.). Zu einer Abgrenzung der Anwendungsbereiche vgl. auch THÖMMES, EG-Fusionsrichtlinie, IWB 1990, Fach 5, Europäische Gemeinschaften, Gruppe 2, S. 142 f. Zum Tauschgutachten soll im Zusammenhang mit der Ermittlung der Anschaffungskosten derivativ erworbener Beteiligungstitel Stellung genommen werden (siehe unten, Punkt 2, S. 423 ff.).

Eine erfolgsneutrale Behandlung des originären Erwerbs von Kapitalgesellschaftsanteilen im Austausch gegen andere Beteiligungstitel ist überdies dann möglich,
wenn der Gesellschafter für die erworbenen Gesellschaftsanteile (z.B. Stammaktien) anders ausgestattete Anteile an derselben Kapitalgesellschaft (z.B. Vorzugsaktien) hingibt. Dieser Vorgang wird als ein abgekürztes Verfahren an Stelle einer
Kapitalherabsetzung durch Einziehung der Vorzugsaktien einerseits und einer
gleichzeitigen Kapitalerhöhung gegen Sacheinlage andererseits angesehen und
führt nicht zur Gewinnverwirklichung[152].

c. Erwerb ohne Gegenleistung

Erhöht eine Kapitalgesellschaft ihr Nennkapital durch Umwandlung von Rücklagen, so haben die Gesellschafter insoweit keine Gegenleistung zu erbringen.
Wurde die Kapitalerhöhung nach den Grundsätzen des Kapitalerhöhungsgesetzes
bzw. den entsprechenden aktienrechtlichen Vorschriften[153] durchgeführt, so gelten als Anschaffungskosten der vor der Erhöhung des Nennkapitals erworbenen
Anteilsrechte und der auf sie entfallenden neuen Anteilsrechte die Beträge, die sich
für die einzelnen Anteilsrechte ergeben, wenn die Anschaffungskosten (oder die
inzwischen angesetzten niedrigeren Teilwerte[154]) der vor der Erhöhung des
Nennkapitals erworbenen Anteilsrechte auf diese und auf die auf sie entfallenen
neuen Anteilsrechte nach dem Verhältnis der Nennbeträge verteilt werden[155]. Die
Anschaffungskosten der neuen Anteile bestehen mithin in der Wertminderung der
alten Beteiligungstitel[156].

---

152   BFH VIII R 64/69 vom 24.9.1974, BStBl II 1975, S. 230. Siehe auch HEUER in H/H/R
      1993, EStG § 6 Anm. 1500 "Umwandlung".

153   Vgl. §§ 207 ff. AktG.

154   HEUER in H/H/R 1993, EStG § 6 Anm. 1118.

155   § 3 KapErhStG; zu Besonderheiten bei Anteilsrechten an ausländischen Kapitalgesell-
      schaften vgl. § 7 KapErhStG. Vgl. aus handelsrechtlicher Sicht auch § 220 AktG sowie
      § 17 KapErhG. Die genannten Vorschriften können, entgegen der wohl h.M. (siehe nur
      BFH IV R 174/67 vom 6.12.1968, BStBl II 1969, S. 105), nicht als Beleg für die Sub-
      stanzabspaltungsthese bei der Kapitalerhöhung gegen Einlagen herangezogen werden, da es
      sich um zwei gänzlich verschiedene wirtschaftliche Vorgänge handelt (MELLWIG, Aktien,
      DB 1986, S. 1419; siehe zu dieser Problematik auch oben, 1. Kapitel, § 3, Punkt II.A.2,
      S. 272 f., sowie 2. Kapitel, § 2, Punkt II.A.1.a.α, S. 417).

156   Siehe auch MELLWIG, Aktien, DB 1986, S. 1419. Insoweit handelt es sich im eigentli-
      chen Sinne auch nicht um einen "unentgeltlichen" Erwerb (siehe etwa KNOP/KÜTING in
      HdR 1990, HGB § 255 Rn. 108).

2. Derivativer Erwerb

Die Bestimmung der Anschaffungskosten eines derivativ erworbenen Beteiligungstitels wirft im Regelfall keine größeren Probleme auf. Sowohl der Erwerb gegen
Geldleistung als auch der Erwerb gegen Sach- oder sonstige Leistung ist prinzipiell
nach den allgemeinen Grundsätzen zu beurteilen. Die Anschaffungskosten des Kapitalgesellschaftsanteils bemessen sich mithin nach dem aufgewendeten Geldbetrag, wobei ggf. eine Abzinsung vorzunehmen ist (Merkmal "*Zeitpunkt*"), bzw.
dem gemeinen Wert der Gegenleistung. Dies gilt auch dann, wenn ein Verbund-
Beteiligungstitel erworben wird. Der im Hinblick auf erwartete Verbundvorteile
(Synergieeffekte u.ä.) über den modifizierten gemeinen Wert hinaus gezahlte Betrag zählt ebenfalls zu den Anschaffungskosten und stellt nicht - weil Aufwendungen auf den eigenen Firmenwert - sofort abzugsfähigen Aufwand dar[157].

Hinsichtlich des Kriteriums "*Existenz*" kann auf die Ausführungen zu unentgeltlich
derivativ erworbenen Forderungstiteln verwiesen werden[158]. Hinsichtlich der
Höhe der Gegenleistung ist ergänzend zur Problematik der Anschaffungskosten-
Ermittlung originär erworbener Beteiligungstitel auf § 1 Abs. 3 GrEStG hinzuweisen. Nach dieser Vorschrift unterliegen der Grunderwerbsteuer Rechtsgeschäfte,
die den Anspruch auf Übertragung eines oder mehrerer Anteile einer Gesellschaft
begründen, wenn der Gesellschaft mindestens ein inländisches Grundstück gehört
und durch die Übertragung alle Anteile der Gesellschaft in der Hand des Erwerbers vereinigt werden. Die Grunderwerbsteuer zählt dann zu den Anschaffungsnebenkosten der Beteiligung[159].

Eine Besonderheit gilt hinsichtlich des Beurteilungsmerkmals "*Art*" und zwar
dann, wenn die Gegenleistung des Titelerwerbers ebenfalls in der Übertragung von
Kapitalgesellschaftsanteilen besteht[160]. Zwar führt auch dieser Vorgang

---

157 INSTFST/PILTZ, Beteiligungen, 1985, S. 68-70. A.A. EULER/KRÜGER, Beteiligungs-
     bewertungen, BB 1983, S. 568 f. Etwas anderes soll für den Aufwand zum Erwerb von
     Beteiligungen zwecks Stillegung der Beteiligungsgesellschaft gelten (BFH I R 85/74 vom
     31.3.1976, BStBl II 1976, S. 475).

158 Siehe oben, Punkt I.A.2, S. 407, v.a. Fn. 79).

159 PANKOW/GUTIKE in BBK 1990, HGB § 255 Anm. 141. Aktivierte Optionen zählen,
     wie im Fall des originären Erwerbs, ebenfalls zu den Anschaffungsnebenkosten (siehe
     oben, Punkt 1.a.α, S. 417 f.).

160 Ist der Erwerber eine Kapitalgesellschaft und werden als Gegenleistung junge Anteile im
     Rahmen einer Kapitalerhöhung übertragen, so handelt es sich um das Pendant zum ori-
     ginären Beteiligungstitel-Erwerb durch den Gesellschafter (siehe oben, Punkt 1.b, S. 419
     f.). Die Gesellschaft hat die im Wege der offenen Sacheinlage erhaltenen Anteile mit dem
     Teilwert anzusetzen (siehe nur STRECK 1991, KStG § 8 Anm. 38, m.w.N.). In diesem

prinzipiell nach den allgemeinen Grundsätzen zur Gewinnrealisierung[161]. Wie jedoch bereits für den Fall des originären Erwerbs angedeutet, kann nach dem Tauschgutachten des BFH[162] von einer Gewinnrealisierung abgesehen werden, wenn es sich um den Tausch von Anteilsrechten an Kapitalgesellschaften handelt, bei denen wegen der Wert-, Art- und Funktionsgleichheit der getauschten Anteile die Nämlichkeit der hingegebenen und der erhaltenen Anteile bejaht werden kann[163]. Dabei ist die Bedingung der "Gleichwertigkeit" in der Regel erfüllt[164], so daß den Voraussetzungen der Art- und Funktionsgleichheit entscheidende Bedeutung zukommt, wobei das erste Merkmal eher auf juristische (formale), das zweite eher auf wirtschaftliche (materielle) Gesichtspunkte abzielt[165].

Abschnitt wird jedoch davon ausgegangen, daß die Gegenleistung des derivativen Titelerwerbers in Anteilen an einer fremden Kapitalgesellschaft besteht.

161 BFH I D 1/57 S vom 16.12.1958, BStBl III 1959, S. 30; BFH I 169/63 U vom 2.11.1965, BStBl III 1966, S. 128.

162 BFH I D 1/57 S vom 16.12.1958, BStBl III 1959, S. 30. Die EG-Fusionsrichtlinie ist in diesen Fällen nicht anwendbar (vgl. THÖMMES, EG-Fusionsrichtlinie, IWB 1990, Fach 5, Europäische Gemeinschaften, Gruppe 2, S. 138).

163 Für die Anwendung des § 20 Abs. 6 UmwStG sind diese Gesichtspunkte dagegen nicht von Bedeutung (GROTHERR, Anteilstausch, BB 1992, S. 2270). Den Grundsätzen des Tauschgutachtens ist nach h.M. die Qualität von Gewohnheitsrecht zuzusprechen (vgl. KNOBBE-KEUK, Unternehmenssteuerrecht, 1991, S. 836; L. SCHMIDT 1993, EStG § 5 Anm. 62a; ZEITLER, Holding-Konstruktionen, NWB 1990, Fach 3, S. 7351). Davon geht auch der Gesetzgeber aus (vgl. § 21 Abs. 1 Satz 5 UmwStG). Kritisch zur fehlenden Rechtsgrundlage des Tauschgutachtens WASSERMEYER, Bewertungsfragen, JDStJG 1984, S. 190 f.; DERS., Tausch, DB 1990, S. 855.

164 BFH I D 1/57 S vom 16.12.1958, BStBl III 1959, S. 32. Zum Teil wird dieses Kriterium auch als "inhaltsleer" bezeichnet (vgl. R. THIEL, Tausch, DB 1958, S. 1431). Da es insoweit nicht auf den Teilwert, sondern auf den gemeinen Wert der Wirtschaftsgüter ankommt, sind allerdings durchaus Fälle denkbar, in denen ein Tauschpartner eine Zwangslage des anderen Beteiligten ausnutzt und Anteilsrechte eintauscht, die einen erheblich höheren Wert als die hingegebenen Anteile haben; eine wirtschaftliche Nämlichkeit soll dann zu verneinen sein (BFH I D 1/57 S, a.a.O.). Die Gleichwertigkeit könnte u.U. auch dann zu verneinen sein, wenn ein Tauschpartner bare Zuzahlungen leistet (vgl. THÖMMES, EG-Fusionsrichtlinie, IWB 1990, Fach 5, Europäische Gemeinschaften, Gruppe 2, S. 138). Der BFH sieht im übrigen die Problematik, daß die Anteilsrechte für die beteiligten Anteilseigner grundsätzlich eben nicht "gleich wertig" sein können, da andernfalls ein Anteilstausch unterbliebe (siehe auch oben, 2. Teil, 3. Kapitel, § 4, Punkt I, S. 149 f.). Die gleichen Bedenken gelten selbstverständlich für die Kriterien Funktions- und Artgleichheit (siehe hierzu auch R. THIEL, a.a.O., S. 1432; WASSERMEYER, Tausch, DB 1990, S. 855).

165 In Rechtsprechung und Literatur wird stets betont, daß die beiden Begriffe "ineinander übergehen" (vgl. BFH I D 1/57 S vom 16.12.1958, BStBl III 1959, S. 32; BFH I 169/63 U vom 2.11.1965, BStBl III 1966, S. 128; BLÜMICH, Tausch, 1973, S. 47; GRIEGER, Tausch, DStZ/A 1959, S. 37). Es ist jedoch anzunehmen, daß die vom BFH verwendeten Begriffe einen unterschiedlichen Sinngehalt besitzen. Infolgedessen erscheint es verwunderlich, daß nicht einmal in Monographien zur Problematik des Anteilstausches der Versuch einer Differenzierung unternommen wird (siehe etwa BLÜMICH, a.a.O., S. 42-48).

Allgemein gilt, daß beide Begriffe einer rein juristischen Abgrenzung nicht zugänglich, sondern nach wirtschaftlichen Gesichtspunkten auszulegen sind; dies macht eine Würdigung aller Umstände des Einzelfalls erforderlich. Weiterhin ist festzuhalten, daß subjektive Elemente für die Interpretation keine besondere Bedeutung besitzen; unerheblich ist daher, ob der Tausch aus Gefälligkeit und/oder mit der Absicht einer Gewinnverwirklichung vorgenommen wurde[166].

Zur Bejahung des Merkmals *Artgleichheit* ist es unzweifelhaft nicht erforderlich, daß die hingegebenen und die eingetauschten Anteile an der gleichen Gesellschaft bestehen[167]. Andernfalls wäre der Ratio des Tauschgutachtens die Grundlage entzogen. Der BFH hat sich außerdem dahingehend geäußert, daß beim Tausch von stimmrechtslosen Vorzugsaktien gegen stimmberechtigte Stammaktien die Gleichartigkeit verneint werden müsse[168]. Dagegen soll es nicht erforderlich sein, daß es sich um Anteile an Kapitalgesellschaften gleicher Rechtsform handelt. So steht der Anwendung des Tauschgutachtens grundsätzlich nicht entgegen, daß Anteile an einer inländischen Aktiengesellschaft gegen Beteiligungsrechte an einer US-amerikanischen Kapitalgesellschaft getauscht werden[169]. Nicht entschieden ist, ob daraus gefolgert werden kann, daß auch ein erfolgsneutraler Tausch von Aktien gegen GmbH-Anteile möglich ist.

Von entscheidender Bedeutung ist das Merkmal der *Funktionsgleichheit*[170]. Nach dem Tauschgutachten kann sie "... deshalb zu bejahen sein, weil die eingetauschten Anteile bei objektiver Betrachtung die gleiche betriebliche Funktion erfüllen wie die hingegebenen Anteile oder bei wirtschaftlicher Betrachtung die gleichen Wirtschaftsgüter repräsentieren und deshalb nur eine formale Änderung einer Beteiligung am Betriebsvermögen vorliegt. Eine bedeutsame Erhöhung oder der Verlust der Herrschaftsbefugnis über das durch das Anteilsrecht repräsentierte Be-

---

166 BFH I D 1/57 S vom 16.12.1958, BStBl III 1959, S. 32, 33, 35. Wohl auch aufgrund der Irrelevanz subjektiver Absichten soll es überdies gleichgültig sein, ob die Anteilsrechte zum Anlage- oder Umlaufvermögen gehören (ebenda, S. 39).

167 BFH I 169/63 U vom 2.11.1965, BStBl III 1966, S. 127.

168 BFH I D 1/57 S vom 16.12.1958, BStBl III 1959, S. 39. Dabei bestanden die unterschiedlich ausgestatteten Anteilsrechte an verschiedenen Kapitalgesellschaften (siehe zur anderen Konstellation oben, Punkt 1.b.ß, S. 422).

169 BFH I 169/63 U vom 2.11.1965, BStBl III 1966, S. 128. Siehe im einzelnen auch GROT-HERR, Anteilstausch, BB 1992, S. 2270; WASSERMEYER, Tausch, DB 1990, S. 856. Aufgrund der verschiedenen ausländischen Rechtssysteme dürfte die Abgrenzung "artgleicher" Kapitalgesellschaftsanteile im Einzelfall schwierig sein; innerhalb der Europäischen Gemeinschaft könnte die mit der Umsetzung der Mutter-Tochter-Richtlinie eingefügte Anlage zu § 44 KStG einen Anhaltspunkt bieten.

170 THÖMMES, EG-Fusionsrichtlinie, IWB 1990, Fach 5, Europäische Gemeinschaften, Gruppe 2, S. 138.

triebsvermögen, der Erwerb oder Verlust des Schachtelprivilegs, eine bedeutende Veränderung der Beteiligungsquote und der Verlust oder Erwerb ins Gewicht fallender, mit der Beteiligung verbundener betrieblicher Vorteile oder Nachteile führen in der Regel zur Verneinung der Funktionsgleichheit"[171].

Die von der höchstrichterlichen Rechtsprechung aufgestellten Abgrenzungsmerkmale lassen sich nach Ansicht des Verfassers in die im zweiten Teil der Arbeit[172] vorgestellte Systematik des Finanzvermögens einordnen. Danach ist das Tauschgutachten grundsätzlich dann anwendbar, wenn es sich bei den hingegebenen und den eingetauschten Anteilen jeweils um *Verbundtitel* handelt[173], wobei es nach Ansicht des BFH nicht zwingend erforderlich ist, daß es sich um Gesellschaften der gleichen Branche handelt[174]. Es wird jedoch insoweit in jedem Fall notwendig sein, daß die Kapitalgesellschaften, deren Anteile getauscht werden, die gleiche betriebliche Funktion erfüllen, d.h. bspw. beide als Einkaufsgesellschaft tätig sind. Nach der zitierten Rechtsauffassung des BFH dürfte dagegen ein Tausch von Verbund- gegen *Renditetitel* der wirtschaftlichen Nämlichkeit entgegenstehen. Fraglich ist, ob ein Tausch von Renditetiteln den Anforderungen der Funktionsgleichheit genügt. Die Rechtsprechung ist insoweit nicht einheitlich. Das Tauschgutachten kommt hier zu einer Gewinnrealisierung, da "... der eingetauschte Anteil ein völlig anderes Betriebsvermögen repräsentiert als der hingegebene Anteil und der Eintausch des hingegebenen Anteils im Rahmen seiner Zweckbestimmung liegt"[175]. In einem späteren Judikat stellt der BFH dagegen fest, daß dann, wenn die Funktion der Anteile nur in der Kapitalanlage besteht, die Funktionsgleichheit ohne weiteres bejaht werden müsse[176]. Die allgemeine Anwendung dieser Rechtsauffassung hätte eine erhebliche Verbreiterung des Anwendungsbereichs des Tauschgutachtens zur Folge, die nicht durch das Tauschgutachten abgedeckt und beabsichtigt war. Die Finanzverwaltung wendet das letztgenannte Urteil daher insoweit nicht an[177].

---

171 BFH I D 1/57 S vom 16.12.1958, BStBl III 1959, S. 32 f.

172 Siehe oben, 2. Teil, 2. Kapitel, § 3, S. 84 ff.

173 Damit sind die zitierten "mit der Beteiligung verbundenen betrieblichen Vorteile oder Nachteile" angesprochen.

174 BFH I 169/63 U vom 2.11.1965, BStBl III 1966, S. 127. Im Tauschgutachten wurde der Aspekt der Branchengleichheit noch unter dem Aspekt der *Gleichartigkeit* diskutiert (siehe BFH I D 1/57 S vom 16.12.1958, BStBl III 1959, S. 33).

175 BFH I D 1/57 S vom 16.12.1958, BStBl III 1959, S. 38.

176 BFH I 169/63 U vom 2.11.1965, BStBl III 1966, S. 128.

177 OFD Münster S 2173 - 28 - St 11 - 31 vom 19.2.1968, StEK EStG § 4 GewVerw. Nr. 9. Siehe auch RAU, Aktientausch, DB 1967, S. 795; R. THIEL, Anmerkung, StRK 1966, Anmerkungen KStG § 6 Abs. 1 S. 1 Allg. R. 97.

Von großer Bedeutung ist neben der Qualifizierung der Anteile als Verbund- oder Renditetitel die Zuordnung zu den *engagierten* oder *distanzierten* Beteiligungstiteln[178]. Dabei ist nach Ansicht des Verfassers grundsätzlich auf die in Abbildung 21[179] dargestellten Beteiligungsgrenzen abzustellen. Entscheidend ist allerdings nicht allein die absolute Beteiligungsquote. Vielmehr ist zusätzlich zu berücksichtigen, daß die Verteilung der übrigen Anteile von erheblicher Bedeutung sein kann[180]. Daneben besteht die Möglichkeit, das Ausmaß der bisherigen Einflußmöglichkeiten trotz veränderter Beteiligungsquoten auch durch vertragliche Vereinbarungen aufrechtzuerhalten[181].

B. Nachträgliche Anschaffungskosten-Modifikationen

1. Nachträgliche Anschaffungskosten-Erhöhungen

a. Nachträgliche Anschaffungskosten-Erhöhungen bei Beteiligungstiteln im allgemeinen

Maßnahmen des Gesellschafters einer Kapitalgesellschaft sind als nachträgliche Anschaffungskosten zu qualifizieren, wenn es sich um Aufwendungen handelt, die dazu geeignet sind, den Verkehrswert des Titels, für den in erster Linie die Ertragserwartungen entscheidend sind[182], zu erhöhen[183]. Grundvoraussetzung ist

---

178 Hierunter subsumierbar ist der vom BFH genannte Aspekt der "bedeutenden Veränderung der Beteiligungsquote" sowie der "bedeutsamen Erhöhung oder der Verlust der Herrschaftsbefugnis über das durch das Anteilsrecht repräsentierte Betriebsvermögen", wobei beide Umschreibungen im Regelfall (Kapitalanteil = Stimmanteil) inhaltsgleich sind. Mittelbar ebenfalls durch die Einteilung in engagierte und distanzierte Beteiligungstitel erfaßt ist der erwähnte "Erwerb oder Verlust des Schachtelprivilegs" (siehe auch oben, 2. Teil, 2. Kapitel, § 3, Punkt I.B, S. 88, Fn. 154). Es erscheint jedoch problematisch, die Funktionsgleichheit von Anteilen generell dann zu verneinen, wenn als Folge des Tauschs die Bundesrepublik ihr Recht, den Anteilsveräußerungsgewinn zu besteuern, nicht durchsetzen kann. Diese Bedenken gelten insbesondere für im Privatvermögen gehaltene Anteile, können jedoch auch Anteile im Betriebsvermögen betreffen (siehe insbesondere BFH I R 194/78 vom 28.3.1979, BStBl II 1979, S. 774; OFD Düsseldorf S 2244 A - St 11 H 1 vom 26.10.1989, DStR 1989, S. 782: Eine Funktionsgleichheit wird im Privatvermögen nur dann angenommen, wenn sowohl die hingegebenen als auch die empfangenen Anteile eine wesentliche Beteiligung i.S.d. § 17 EStG sind). Die Prüfung der wirtschaftlichen Nämlichkeit erhält dann plötzlich ausschließlich steuerrechtliche Züge (siehe auch WASSERMEYER, Tausch, DB 1990, S. 856).

179 Siehe oben, S. 98.

180 Siehe auch oben, 2. Teil, 2. Kapitel, § 3, Punkt I.B, S. 85 ff., sowie Abbildung 25 (S. 138). Der BFH hat in einem Fall die Funktionsgleichheit einer 4%igen und einer 25,4%igen Beteiligung aus eben diesen Erwägungen bejaht (vgl. BFH I 169/63 U vom 2.11.1965, BStBl III 1966, S. 127).

181 RAU, Aktientausch, DB 1967, S. 795. So auch HEUER in H/H/R 1993, EStG § 6 Anm. 342.

182 Siehe 2. Teil, 3. Kapitel, § 1, Punkt II (S. 103 ff.) und § 2 (S. 114 ff.).

demnach, daß der Gesellschafter Aufwendungen tätigt. Überläßt er daher bspw. seiner Gesellschaft unentgeltlich Räume zur Nutzung, so wirkt sich diese Maßnahme zwar positiv auf den Ertragswert seiner Beteiligung aus, da die erwarteten zukünftigen Einzahlungsüberschüsse - aufgrund verringerter Auszahlungen - steigen; eine Behandlung der diskontierten Mietersparnis als nachträgliche Anschaffungskosten scheitert jedoch daran, daß dem Gesellschafter keine Aufwendungen, sondern lediglich Opportunitätskosten entstehen. Wendet der Gesellschafter im Hinblick auf die Nutzungsüberlassung etwas auf (z.B. Instandhaltungskosten der vermieteten Räume), so führen diese ebenfalls nicht zu nachträglichen Anschaffungskosten, weil sie nicht dazu geeignet sind, den Wert der Beteiligung zu erhöhen[184]. Auf Seiten der Gesellschaft sind die Nutzungen nach dem Beschluß des Großen Senats vom 26.10.1987[185] nicht einlagefähig[186].

Liegen Aufwendungen des Gesellschafters vor und stehen sie nicht mit einer Nutzungsüberlassung im Zusammenhang, so kann Begünstigter zum einen ein Mitgesellschafter sein. Als Anwendungsfall wird in der Literatur die Zahlung eines zu 50 % beteiligten Gesellschafters an den anderen, ebenfalls zu 50 % beteiligten Mitgesellschafter zum Erwerb des gesellschaftsvertraglich eingeräumten Stichentscheidrechts erwähnt[187]. Als weiteres Beispiel sei die von einem Gesellschafter an ein Konkurrenzunternehmen der Gesellschaft geleistete Zahlung genannt, um dieses zur Einstellung der Produktion eines bestimmten Gutes zu bewegen. Da der Aufwand in beiden Fällen dazu geeignet ist, die zukünftigen Einzahlungsüberschüsse der Gesellschaft zu erhöhen, handelt es sich jeweils um nachträgliche Anschaffungskosten.

Wesentlich bedeutsamer sind Vorteile, die der Gesellschafter seiner Gesellschaft zuwendet. Die erforderliche Wertsteigerung der Beteiligung kann in diesen Fällen ausschließlich auf eine Wertsteigerung des Unternehmens insgesamt zurückzuführen sein. Fraglich ist, ob hierfür eine steuerbilanzielle Eigenkapitalerhöhung erfor-

---

183 Siehe oben, § 1, Punkt III.A.2.b, S. 371 f.

184 SEIBOLD, Einlagen, DStR 1990, S. 720.

185 BFH GrS 2/86 vom 26.10.1987, BStBl II 1988, S. 348.

186 Im Anwendungsbereich des § 1 AStG führt jedoch auch die Zuwendung nicht bilanzierungsfähiger Vorteile zu einer Einkunftsmehrung beim Gesellschafter. Allerdings soll die Zuwendung nicht zu nachträglichen Anschaffungskosten führen, sondern außerbilanziell berücksichtigt werden. Für eine Teilwertabschreibung ist folglich kein Raum. Vgl. dazu BFH I R 97/88 vom 30.5.1990, BStBl II 1990, S. 875. Auf diese Konstellation soll im folgenden nicht mehr eingegangen werden.

187 DÖLLERER, Verlust, FR 1992, S. 234.

derlich ist bzw. ob die Annahme nachträglicher Anschaffungskosten beim Gesell-schafter stets eine (verdeckte) Einlage auf Seiten der Gesellschaft voraussetzt[188].

Die Rechtsprechung ist insoweit nicht einheitlich. Während der I. Senat die These aufstellt, "daß die Darlehenshingaben der Klägerin nur dann zu nachträglichen An-schaffungskosten auf die Beteiligung führen, wenn sie steuerrechtlich als Einlagen zu beurteilen sind"[189], wird diese Auffassung vom VIII. Senat nicht vertreten[190]. Auch die Meinungen in der Literatur sind kontrovers. Während nach der einen Auffassung "die Annahme nachträglicher Anschaffungskosten eine Einlage und die Einlage eine bei der Gesellschaft eintretende Vermögensmehrung voraussetzt"[191], lehnen andere Autoren eine derartige Verknüpfung der Bilanzrechtsfolgen bei Ge-sellschaft und Gesellschafter ab[192].

Nach Ansicht des Verfassers kann die bilanzielle Behandlung von Gesellschafter-aufwendungen in der Bilanz der Beteiligungsgesellschaft prinzipiell nicht aus-schlaggebend für den Verkehrswert einer Beteiligung sein. So werden bspw. die zukünftigen Erträge und damit der - nach betriebswirtschaftlichen Grundsätzen zu ermittelnde - Verkehrswert einer Beteiligung nicht davon berührt, ob ein Gesell-schafterdarlehen (rechtlich) als bilanzielles Fremd- oder Eigenkapital der Gesell-

---

188 Die Frage stellt sich nur dann, wenn Zuwendungsempfänger die Gesellschaft ist; diese Einschränkung wird in der Literatur häufig nicht gemacht (siehe etwa KNOBBE-KEUK, Einlagen, DStZ 1984, S. 336; WASSERMEYER, Leistungen, ZGR 1992, S. 656).

189 BFH I R 97/88 vom 30.5.1990, BStBl II 1990, S. 875. Siehe auch BFH I R 60/90 vom 31.7.1991, DB 1992, S. 356: "Insoweit ist davon auszugehen, daß es keinen Unterschied machen kann, ob die Einlage aus der Sicht der Gesellschaft oder aus der des Gesellschaf-ters zu beurteilen ist".

190 Vgl. insbesondere BFH VIII R 24/90 vom 7.7.1992, BStBl II 1993, S. 333. Siehe auch BFH VIII R 276/82 vom 9.8.1983, BStBl II 1984, S. 29; BFH VIII R 36/83 vom 2.10.1984, BStBl II 1985, S. 320; BFH VIII R 328/84 vom 3.10.1989, BFH/NV 1990, S. 361.

191 WASSERMEYER, Leistungen, ZGR 1992, S. 656; siehe auch DERS., Gesellschafterdar-lehen, GmbHR 1991, S. 68; DERS., Steuerrecht, StbJb 1991/92, S. 351 f. Gleicher An-sicht BACHEM, Eigenkapitalersatz, DStZ 1992, S. 716; KNOBBE-KEUK, Einlagen, DStZ 1984, S. 336 f.; MEIER, Verlust, DStR 1987, S. 153; NIEMANN/MERTZBACH, Darlehen, DStR 1992, S. 934. Wohl auch KUPSCH, Anschaffungskosten, StbJb 1989/90, S. 126 f. Der beschriebene Konnex wird z.T. implizit angenommen und nicht näher begründet. So können nach L. SCHMIDT 1993, EStG § 17 Anm. 24d, laufende Nutzun-gen und die dadurch veranlaßten Aufwendungen "nicht Gegenstand einer verdeckten Ein-lage sein und begründen *daher* keine zusätzlichen Anschaffungskosten" (Hervorhebung durch Verfasser).

192 Siehe insbesondere DÖLLERER, Verlust, FR 1992, S. 234 f. Gleicher Ansicht EPPLER, Quasi-Eigenkapital, DB 1991, S. 198; FICHTELMANN, Einlagen, GmbHR 1988, S. 75; J. THIEL, Streifzug, GmbHR 1992, S. 23; K. WEBER, Gesellschaft, BB 1992, S. 530. APITZ (Beteiligung, FR 1992, S. 126) nennt als mögliche Formen von nachträglichen An-schaffungskosten Darlehen, verdeckte Einlagen, Bürgschaften und Nachschüsse.

schaft verstanden und ausgewiesen wird[193]. Andererseits stellt eine Erhöhung des bilanziellen Eigenkapitals im Regelfall auch eine Mehrung des Substanzwerts im Sinne der Theorie der Unternehmensbewertung dar, die sich tendenziell positiv auf die Zahlungsströme aus der Beteiligung auswirkt. Daher wird die unentgeltliche oder teilentgeltliche Zuwendung eines Wirtschaftsguts sowohl als verdeckte Einlage als auch als nachträgliche Anschaffungskosten behandelt[194]. Nach der neueren BFH-Rechtsprechung[195] gilt dies im übrigen auch für immaterielle Wirtschaftsgüter, und zwar selbst dann, wenn der Gesellschafter diese unentgeltlich erworben und daher nicht bilanziert hatte[196].

Die im Schrifttum kontrovers diskutierte Frage der Bewertung der Vorteilszuwendung, nämlich ob beim Gesellschafter ein Gewinn realisiert wird mit der Folge, daß der gemeine Wert des hingegebenen Wirtschaftsguts nachträgliche Anschaffungskosten bildet[197], oder ob - mangels Umsatzakt - eine erfolgsneutrale Umbuchung des übertragenden Wirtschaftsguts auf die Beteiligung vorzunehmen ist[198], dürfte vom Gesetzgeber durch die Vorschrift des § 1 Abs. 1 Satz 2 DDR-IG[199] zugunsten der ersten Alternative entschieden sein[200].

---

193   Zur Problematik der Gesellschafterdarlehen siehe unten, Punkt b, S. 431 ff.

194   Der Einfluß auf den Verkehrswert ist dabei aufgrund der Dominanz der Ertragserwartungen allerdings nur begrenzt (PANKOW/GUTIKE in BBK 1990, HGB § 255 Anm. 405). Da es nach Ansicht des BFH jedoch bereits ausreicht, daß die Aufwendungen eine Werterhöhung herbeizuführen *in der Lage sind*, kommt diesem Aspekt keine Bedeutung zu.

195   BFH I R 150/82 vom 20.8.1986, BStBl II 1987, S. 455; BFH I R 202/83 vom 24.3.1987, BStBl II 1987, S. 705. Die entgegenstehende frühere Rechtsprechung (vgl. BFH IV R 90/72 vom 25.11.1976, BStBl II 1977, S. 467) wurde aufgegeben. So bspw. auch DÖLLERER, Einlagen, 1990, S. 195; HERZIG/FÖRSTER, Vorteilsgewährung, WPg 1986, S. 296 f.

196   Dagegen generell für einen Vorrang der §§ 5 Abs. 2 EStG, 248 Abs. 2 HGB insbesondere KNOBBE-KEUK, Unternehmenssteuerrecht, 1991, S. 532. Nach a.A. soll die unentgeltliche Übertragung immaterieller Wirtschaftsgüter (nur) dann zu nachträglichen Anschaffungskosten auf die Beteiligung führen, wenn der *Gesellschafter* sie zuvor entgeltlich erworben und aktiviert hatte (vgl. SEIBOLD, Einlagen, DStR 1990, S. 720). Siehe auch die Darstellung des Meinungsstands bei SIEGERS, Einlage, DStR 1992, S. 1570-1576.

197   So, mit der Rechtsprechung (vgl. BFH I 138/65 vom 26.7.1967, BStBl III 1967, S. 734; BFH VIII R 114/77 vom 12.2.1980, BStBl II 1980, S. 497), ACHENBACH in D/E/J/W 1992, KStG § 8 Rz. 53e; GROH, Sacheinlagen, FR 1990, S. 530 f.; HERZIG/FÖRSTER, Vorteilsgewährung, WPg 1986, S. 296 f.; HEUER in H/H/R 1993, EStG § 6 Anm. 823.

198   Siehe etwa RÖHRKASTEN, Sacheinlage, BB 1974, S. 829-831; SEIBOLD, Einlagen, DStR 1990, S. 721; SEIFRIED, Frage, DB 1990, S. 1473-1478, 1525-1530; WISMETH, Sacheinlagen, FR 1990, S. 277 f.

199   Die zitierte Vorschrift lautet (Hervorhebungen durch Verfasser): "Besteht bereits eine Beteiligung an einer Kapitalgesellschaft ... und werden in einem solchen Fall zum Anlagevermögen eines inländischen Betriebs gehörende abnutzbare Wirtschaftsgüter ohne Gewährung neuer Anteile und ohne eine sonstige Gegenleistung, die dem Wert der überführten Wirtschaftsgüter entspricht, überführt, gilt Satz 1 mit der Maßgabe entsprechend, daß im

Die Problematik der Behandlung von Vorteilszuwendungen des Gesellschafters an die Gesellschaft soll im folgenden für den Sonderfall der (eigenkapitalersetzenden) Gesellschafterdarlehen näher untersucht werden[201].

b. Gesellschafterdarlehen
α. Zivilrechtliche Grundlagen und Systematik

Der Gesellschafter einer Kapitalgesellschaft kann seiner Gesellschaft gegenüber schuldrechtliche Leistungsbeziehungen aufnehmen, die aufgrund des Trennungsprinzips zweifellos auch bilanzsteuerlich anzuerkennen sind[202]. Insbesondere steht es ihm prinzipiell - auch steuerlich - frei, der Gesellschaft anstelle von Eigenkapital Fremdkapital zur Verfügung zu stellen[203].

Die Trennlinie zwischen Gesellschafter- und Gläubigerstellung verschwimmt jedoch spätestens dann, wenn der Gesellschafter seiner Gesellschaft zu einem Zeitpunkt einen Kredit gewährt, in dem ein ordentlicher Kaufmann Eigenkapital zugeführt hätte. Dieser Tatbestand ist nach ständiger Rechtsprechung und der h.L. im Schrifttum dann erfüllt, wenn die Gesellschaft kreditunwürdig wird und deshalb den betreffenden Kredit von dritter Seite zu marktüblichen Bedingungen nicht erhalten hätte (sog. eigenkapitalersetzendes Darlehen)[204]. Die zivilrechtlichen Folgen bestehen darin, daß der Gesellschafter zum einen seine Forderung nach §§

Wirtschaftsjahr der Überführung *bis zur Höhe des infolge der unentgeltlichen oder teilunentgeltlichen Überführung entstandenen Gewinns* eine Rücklage gebildet werden kann".

200 L. SCHMIDT/GLANEGGER 1993, EStG § 6 Anm. 32b; J. THIEL, Einlagen, DStR 1992, S. 6. Auf die umstrittene Frage der Vorteilsbewertung auf Seiten der Gesellschaft (Teilwert oder gemeiner Wert) soll hier nicht eingegangen werden (siehe nur den Überblick bei DÖLLERER, Einlagen, 1990, S. 207-209). Stammt das der Kapitalgesellschaft zugewendete Wirtschaftsgut aus dem Privatvermögen des (betrieblich beteiligten) Gesellschafters, so gilt es zunächst als in dessen Betriebsvermögen eingelegt, bevor es der Gesellschaft zugeführt wird (GROH, Sacheinlagen, FR 1990, S. 530; SEIBOLD, Einlagen, DStR 1990, S. 721 f.; WISMETH, Sacheinlagen, FR 1990, S. 278).

201 Zu der ähnlichen Problematik der Behandlung eigenkapitalersetzender Bürgschaften vgl. BFH VIII R 36/83 vom 2.10.1984, BStBl II 1985, S. 320. Aus der Literatur siehe insbesondere FICHTELMANN, Einlagen, GmbHR 1988, S. 72-79.

202 Vgl. TIPKE/LANG, Steuerrecht, 1991, S. 422.

203 BFH I 44/57 U vom 13.1.1959, BStBl III 1959, S. 197; BFH I R 135/74 vom 10.12.1975, BStBl II 1976, S. 226; BFH I R 127/90 vom 5.2.1992, BStBl II 1992, S. 532.

204 Vgl. die Nachweise bei LUTTER/HOMMELHOFF 1991, GmbHG §§ 32a/b Rn. 18. Auf die Besonderheiten eigenkapitalersetzender Aktionärsdarlehen wird hier nicht eingegangen (vgl. dazu JUNKER, Aktionärsdarlehen, ZHR 1992, S. 394-412).

32a, 32b GmbHG im Konkursfall nicht geltend machen kann[205]. Zum anderen dürfen eigenkapitalersetzende Gesellschafterdarlehen nach den von der Rechtsprechung des BGH entwickelten Grundsätzen insoweit nicht an den Gesellschafter zurückgezahlt werden, als sie einen Verlust am Stammkapital und eine etwaige Überschuldung ausgleichen; wird hiergegen verstoßen, sind erhaltene Beträge seitens des Gesellschafters zurückzuführen[206]. Sowohl in der Handels- als auch in der Steuerbilanz der Gesellschaft wird das eigenkapitalersetzende Darlehen allerdings weiterhin als Fremdkapital ausgewiesen. Es ist auch geeignet, eine Zinsverbindlichkeit gegenüber dem Gesellschafter entstehen zu lassen, die ebenfalls - zu Lasten des Gewinns - zu passivieren ist[207].

Die Auszahlungssperre nach § 30 GmbHG analog tritt jedoch nicht nur ein, wenn die Gesellschaft zum Zeitpunkt der Kreditvergabe notleidend ist. Zu den gleichen Zivilrechtsfolgen kommt es vielmehr auch dann, wenn die Gesellschaft später notleidend wird und der Gesellschafter das Darlehen der Gesellschaft als Darlehen beläßt, obgleich er es - gegebenenfalls nach Kündigung - hätte zurückfordern oder in Eigenkapital umwandeln können[208]. Ist die Möglichkeit einer Darlehenskündigung gegeben[209] und hat der Gesellschafter Kenntnis von der Krise[210], so muß er "unter Inkaufnahme der Illiquidität seiner Gesellschaft alle ihm zur Verfügung stehenden rechtlichen Möglichkeiten nutzen ..., um sein Darlehen vor Entstehen ei-

---

205 Zur Bestimmung der Kreditunwürdigkeit gemäß § 32a GmbHG aus dem Jahresabschluß der Gesellschaft vgl. BRAUN, Ableitung, WPg 1990, S. 553-562, S. 593-597. Die gleichen Grundsätze gelten für die GmbH & Co. KG (vgl. §§ 129a, 172a HGB).

206 Siehe nur die Übersicht bei PRIESTER, Gesellschafterdarlehen, DB 1991, S. 1919 f., m.w.N.

207 BFH I R 127/90 vom 5.2.1992, BStBl II 1992, S. 532. Das von der Finanzverwaltung in bestimmten Fällen angenommene sog. "verdeckte Nennkapital" (vgl. BMF IV B 7 - S 2742 - 3/87 vom 16.3.1987, BStBl I 1987, S. 373) hat danach keine rechtliche Grundlage.

208 BGH II ZR 104/77 vom 26.11.1979, BGHZ 75, S. 334; BGH II ZR 132/84 vom 6.5.1985, NJW 1985, S. 2719. Siehe auch HUECK in BAUMBACH/HUECK 1988, GmbHG § 32a Rn. 34; LUTTER/HOMMELHOFF 1991, GmbHG §§ 32a, b, Rn. 40. Ob insoweit ein reines "Unterlassen" ausreichend ist (so BGH II ZR 154/91 vom 17.2.1992, DStR 1992, S. 687) oder zumindest eine konkludente Handlung notwendig ist, ist streitig (vgl. die Nachweise bei LUTTER/HOMMELHOFF 1991, GmbHG § 32a/b Rn. 40-46).

209 Grundsätzlich steht dem Darlehensgeber das außerordentliche Kündigungsrecht nach § 610 BGB analog wegen sich verschlechternder Vermögenslage der Gesellschaft zu; notfalls muß er das Gesellschaftsverhältnis kündigen (BGH II ZR 255/87 vom 19.9.1988, BGHZ 105, S. 186; BGH II ZR 43/89 vom 27.11.1989, BB 1990, S. 164). Zu den Fällen, in denen das außerordentliche Darlehnskündigungsrecht gesellschaftsvertraglich abbedungen ist, vgl. BACHEM, Eigenkapitalersatz, DStZ 1992, S. 714 f.

210 BGH II ZR 114/89 vom 24.9.1990, DStR 1990, S. 2365. Dies wird bei einer Beteiligungsquote von mehr als 25 % vermutet (BGH II ZR 154/91 vom 17.2.1992, DStR 1992, S. 687).

ner Unterbilanz zurückzubekommen"[211]. Die Einschränkung, ein Stehenlassen dürfe dann nicht angenommen werden, wenn es dem Gesellschafter unmöglich oder unzumutbar ist, das Darlehen vor Beginn der Krise zu kündigen und abzuziehen[212], ist praktisch wenig bedeutsam, da ein Unternehmen im Regelfall nicht von einem auf den anderen Tag notleidend wird und überdies der Gesellschafter für eine fehlende Kenntnisnahmemöglichkeit die Darlegungslast trägt[213]. Unter diesen Voraussetzungen ist im Ergebnis damit "praktisch jedes bei Kreditunwürdigkeit oder im Konkurs einer Gesellschaft verlorengehende Gesellschafterdarlehen ein eigenkapitalersetzendes Darlehen"[214].

Maßgeblicher Zeitpunkt für die Gesellschaftereigenschaft ist nach § 32a Abs. 1 GmbHG grundsätzlich der Zeitpunkt der Gewährung oder Belassung des Darlehens. Demnach berührt das Ausscheiden des Gesellschafters nach dem Eintritt der Voraussetzungen des § 32a Abs. 1 GmbHG die Einschränkungen des Rückgewähranspruchs nicht, wobei der Grund des Ausscheidens unerheblich ist. Erwirbt ein Darlehnsgläubiger der GmbH später einen Geschäftsanteil, so gelten für seinen Rückforderungsanspruch die Rechtsfolgen des § 32a Abs. 1 GmbHG nur, wenn er entweder das Darlehen bereits im sachlichen Zusammenhang mit dem vorgesehenen Eintritt in die Gesellschaft gegeben oder es nach dem Anteilserwerb kapitalersetzend stehengelassen hat[215].

Die sich aus der Vergabe eines Gesellschafterdarlehens ergebenden bilanzsteuerlichen Konsequenzen für den betrieblich beteiligten Gesellschafter werden mit Hilfe der nachfolgenden Abbildung 40 erläutert. Die fett eingerahmten Felder symbolisieren die wirtschaftliche Lage der Kapitalgesellschaft in den Zeiträumen t_1 bis t_3, das Schicksal der Darlehensforderung wird in den einfach eingerahmten Feldern gezeigt. Dabei wird lediglich danach unterschieden, ob die Gesellschaft in den einzelnen Perioden in der Lage ist, am Markt zu marktüblichen Bedingungen Fremdkapital in der gewünschten Höhe aufzunehmen oder nicht; im ersten Fall wird sie als "solvent" bezeichnet, andernfalls gilt sie als "notleidend" mit der möglichen Folge eines Konkurses[216].

---

211 BACHEM, Eigenkapitalersatz, DStZ 1992, S. 715.

212 BGH II ZR 238/87 vom 21.3.1988, BGHZ 104, S. 37.

213 BACHEM, Eigenkapitalersatz, DStZ 1992, S. 715, m.w.N.

214 BACHEM, Eigenkapitalersatz, DStZ 1992, S. 715.

215 K. SCHMIDT in SCHOLZ 1993, GmbHG §§ 32a, 32b Anm. 28-30, m.w.N.

216 Dabei sind die Übergänge selbstverständlich fließend. Allerdings kann es nicht zu einem Konkurs kommen, ohne daß die Gesellschaft vorher notleidend wird. Dieser Umstand wird für die weiteren Überlegungen noch von Bedeutung sein.

434

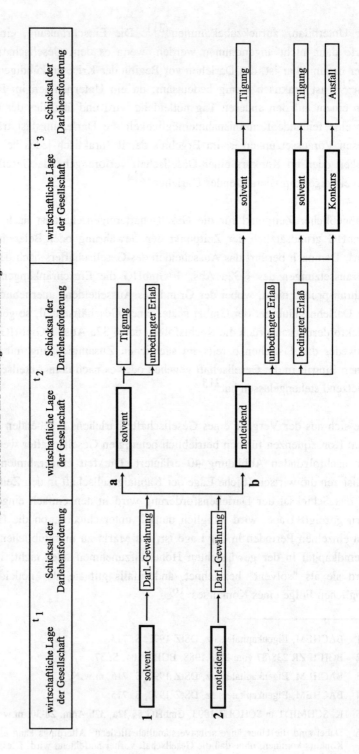

Abbildung 40

Gesellschafterdarlehen und nachträgliche Anschaffungskosten

Den Ausgangspunkt der Überlegungen bildet der Zeitpunkt der Darlehensgewährung in t_1. Zu diesem Zeitpunkt kann die Gesellschaft entweder solvent (Alternative 1) oder bereits notleidend (Alternative 2) sein. In t_1 handelt es sich mithin nur im zweiten Fall um ein eigenkapitalersetzendes Darlehen. Jedoch trifft diese Beurteilung nach den obigen Ausführungen in t_2 auch für die erste Alternative zu, wenn die Gesellschaft in diesem Zeitraum notleidend wird und der Gesellschafter das Kreditverhältnis nicht kündigt[217]. Die in Abbildung 40 erkennbare Variante 1, Fall b, ist damit insoweit gleich zu beurteilen wie die Variante 2, Fall b[218]. Getrennt zu untersuchen sind mithin Darlehen an die solvente Gesellschaft, die bis zum Untergang des Forderungstitels solvent bleibt (siehe Punkt ß), sowie zum anderen Darlehen an die notleidende Gesellschaft bzw. das Stehenlassen eines Darlehens, obwohl die zunächst solvente Gesellschaft notleidend wird (siehe Punkt y).

ß. Die solvente Gesellschaft

Gewährt der - annahmegemäß stets betrieblich beteiligte[219] - Gesellschafter "seiner" Kapitalgesellschaft zu einem Zeitpunkt ein Darlehen, in dem auch fremde Dritte Fremdkapital in dieser Höhe zur Verfügung gestellt hätten (Variante 1 in Abbildung 40), so ist die Schlußfolgerung, das Darlehen sei generell "nicht durch das Gesellschaftsverhältnis veranlaßt, sondern ... zur Erzielung einer Rendite gewährt"[220] worden, in dieser Allgemeinheit unzulässig. Eine gesellschaftsrechtliche Veranlassung ist bspw. zu vermuten, wenn das Darlehen unverzinslich gewährt wurde, da unter fremden Dritten gewöhnlich nichts verschenkt wird. Da die Beteiligung zum Betriebsvermögen gehört und die zinslose Darlehensgewährung

---

217 Dabei und auch im folgenden wird angenommen, daß die o.g. Voraussetzungen (Kündigungsmöglichkeit und Kenntnis von der wirtschaftlichen Lage) erfüllt sind.

218 So auch BACHEM, Eigenkapitalersatz, DStZ 1992, S. 715. Siehe auch NIEMANN/MERTZBACH, Darlehen, DStR 1992, S. 934; K. WEBER, Gesellschaft, BB 1992, S. 530. So jetzt auch BFH VIII R 24/90 vom 7.7.1992, BStBl II 1993, S. 333. Anders noch BFH VIII R 100/87 vom 16.4.1991, BStBl II 1992, S. 234, der diese Frage nicht geprüft hat. M.E. insoweit überholt ist daher OFD Düsseldorf S 2244 A - St 11 H vom 8.10.1990, DB 1990, S. 2298 (so auch BULLINGER, Fragen, DStR 1993, S. 227).

219 In der Diskussion über die steuerliche Behandlung eigenkapitalersetzender Darlehen steht im allgemeinen der wesentlich beteiligte Gesellschafter i.S.d. § 17 EStG im Mittelpunkt der Diskussion. Da jedoch der Anschaffungskostenbegriff im betrieblichen und privaten Bereich inhaltsgleich ist (vgl. BFH I R 43/67 vom 10.12.1969, BStBl II 1970, S. 310; BFH VIII R 114/77 vom 12.2.1980, BStBl II 1980, S. 494; Hessisches FG 13 K 390b/83 vom 7.12.1989, EFG 1990, S. 352 (Rev. eingelegt); FICHTELMANN, Einlagen, GmbHR 1988, S. 76; KNOBBE-KEUK, Einlagen, DStZ 1984, S. 336), können die dabei vorgetragenen Argumente auch bilanzsteuerlich verwertet werden.

220 APITZ, Beteiligung, FR 1992, S. 127.

die Beteiligung fördert, ist das Darlehen daher im Regelfall ebenfalls (notwendiges) Betriebsvermögen[221].

Eine Bilanzierung der kapitalisierten Zinsdifferenzen als nachträgliche verdeckte Einlage bzw. Anschaffungkosten scheitert allerdings, wie gezeigt, daran, daß die entgehenden Zinsen beim Gesellschafter keine Aufwendungen, sondern lediglich Opportunitätskosten darstellen; entstehen ihm (z.B. Refinanzierungs-) Aufwendungen, so sind diese nicht dazu geeignet, den Wert der Beteiligung zu erhöhen. Der Vorteil der Zinslosigkeit wirkt sich aufgrund der mangelnden Einlagefähigkeit von Nutzungen auch bei der Gesellschaft nicht aus. Da das Darlehen überdies ein von der Beteiligung zu unterscheidendes Bilanzierungsobjekt darstellt, kommt eine Behandlung der Darlehensvaluta selbst als nachträgliche Anschaffungskosten unstreitig ebenfalls nicht in Betracht[222]. Folglich wird in der Bilanz des betrieblich beteiligten Gesellschafters neben der Beteiligung ein Forderungstitel - falls zum Betriebsvermögen gehörend - ausgewiesen, wobei Bestand und Bewertung beider Wirtschaftsgüter nach dem Grundsatz der Einzelbewertung grundsätzlich unabhängig voneinander zu beurteilen sind[223]. Die von derselben Person ausgeübten Funktionen - Gesellschafter einerseits sowie Darlehensgeber andererseits - werden damit streng voneinander getrennt.

Bleibt die Gesellschaft in t_2 solvent (Variante 1, Fall a) und wird die Forderung planmäßig verzinst und getilgt, so bleiben Forderungs- und Beteiligungstitel bis zum Laufzeitende zwei verschiedene Wirtschaftsgüter. Verzichtet der Gesellschafter allerdings auf seine Forderung (unbedingter Erlaß)[224], so ist diese Maßnahme nur aus dem Gesellschaftsverhältnis erklärlich. Da der Gesellschafter mit dem Forderungsverzicht etwas aufwendet und der Wegfall einer Verbindlichkeit bei der Gesellschaft überdies dazu geeignet ist, deren Verkehrswert und damit auch den Verkehrswert der Beteiligung zu erhöhen, handelt es sich beim Gesellschafter um nachträgliche Anschaffungskosten[225]. Dies gilt auch dann, wenn das

---

221 Siehe oben, 1. Kapitel, § 5, Punkt I.A.2.b.α, S. 316.

222 Die vorstehenden Ausführungen gelten entsprechend, wenn das Darlehen ursprünglich von einer anderen Person gewährt wurde und der Gesellschafter die Forderung derivativ erwirbt.

223 BACHEM, Eigenkapitalersatz, DStZ 1992, S. 716; KNOBBE-KEUK, Einlagen, DStZ 1984, S. 336; NIEMANN/MERTZBACH, Darlehen, DStR 1992, S. 933.

224 Zivilrechtlich handelt es sich um einen Erlaßvertrag i.S.d. § 397 BGB, die zum Erlöschen der Forderung führt und von einer bloßen Nichtgeltendmachung der Forderung zu unterscheiden ist (WASSERMEYER, Gesellschafterdarlehen, GmbHR 1991, S. 69; siehe auch oben, 1. Kapitel, § 3, Punkt II.B.(2), S. 275).

225 BFH I 187/65 vom 29.5.1968, BStBl II 1968, S. 722. Entsprechendes soll für die Übernahme des Verlustes der Organtochter durch die Organmutter gelten (BFH I R 96/88 vom

Darlehen nicht zum Betriebsvermögen gehört; in diesem Fall gilt der Anspruch mit dem Verzicht als in das Betriebsvermögen eingelegt. In der Bilanz der Gesellschaft führt der Wegfall eines Passivpostens handelsrechtlich zu einem Ertrag und steuerlich zu einer verdeckten Einlage[226].

Die Höhe der nachträglichen Anschaffungskosten bemißt sich nach dem gemeinen Wert des aufgegebenen Anspruchs[227]. Da der Buchwert der Forderung niedriger oder höher als ihr gemeiner Wert sein kann, führt dieser Vorgang möglicherweise zu einer Gewinn- bzw. Verlustrealisation[228]; in der Mehrzahl der Fälle wird jedoch eine erfolgsneutrale Umbuchung vorzunehmen sein. Nach dem Grundsatz der Maßgeblichkeit der Gegenleistung[229], der m.E. nicht nur für ursprüngliche, sondern auch für nachträgliche Anschaffungskosten Gültigkeit besitzt, muß dies auch dann gelten, wenn der verzichtende Gesellschafter-Gläubiger nicht zu 100 % an der Gesellschaft beteiligt ist[230]. Eine Beschränkung der Aktivierung auf den beteiligungsquotalen Darlehenswert kommt nicht in Betracht[231].

16.5.1990, BStBl II 1990, S. 797). Dieser Sonderfall bleibt hier unberücksichtigt (kritisch hierzu LAENGNER, Organschaft, BB 1991, S. 1239-1241).

226 Unstreitig; siehe nur OFD Düsseldorf S 2244 A - St 11 H vom 8.10.1990, DB 1990, S. 2298. Dabei kann es auf eine "entsprechende bilanzielle Darstellung" (ebenda) bei der Gesellschaft nicht ankommen, da der Verkehrswert der Beteiligung unabhängig davon steigt, ob und wie die Gesellschaft den Vorgang bilanziell behandelt (so im Ergebnis, allerdings mit anderer Begründung, auch WASSERMEYER, Gesellschafterdarlehen, GmbHR 1991, S. 69).

227 BFH I R 203/74 vom 9.3.1977, BStBl II 1977, S. 515; BFH I R 183/81 vom 25.1.1984, BStBl II 1984, S. 422; BFH VIII R 100/87 vom 16.4.1991, BStBl II 1992, S. 236; BFH VIII R 24/90 vom 7.7.1992, BStBl II 1993, S. 333. Siehe auch KNOBBE-KEUK, Besserungsschein, StuW 1991, S. 307; DIES., Einlagen, DStZ 1984, S. 337; PANKOW/GUTIKE in BBK 1990, HGB § 255 Anm. 164; SEIBOLD, Einlagen, DStR 1990, S. 722; WASSERMEYER, Einlage, DB 1990, S. 2288; K. WEBER, Gesellschaft, BB 1992, S. 526.

228 Ein Gewinn entsteht, wenn die Forderung zu einem früheren Zeitpunkt auf den niedrigeren Teilwert abgeschrieben und - nachdem die Gründe hierfür in der Zwischenzeit entfallen sind - von einer Zuschreibung abgesehen wurde. Zu einem Verlust kann es kommen, wenn der Steuerpflichtige eine vorübergehende Wertminderung - bspw. wegen Unterverzinslichkeit - nicht zum Anlaß einer Niedrigerbewertung genommen hat.

229 Siehe oben, § 1, Punkt III.A.1, S. 369.

230 Die Argumentation, der Wert des Anteils des zuschießenden Gesellschafters erhöhe sich nur insoweit, als dieser an der Gesellschaft beteiligt sei (KNOBBE-KEUK, Gesellschaftsanteile, AG 1979, S. 297), geht daher m.E. fehl, da auch in anderen Fällen nicht geprüft wird und geprüft werden kann, ob die getätigte Aufwendung einen entsprechenden Gegenwert erbringt.

231 So auch die Rechtsprechung (vgl. BFH IV R 135/82 vom 18.7.1985, BStBl II 1985, S. 635). Aus der Literatur vgl. DÖLLERER, Fragen, DStR 1989, S. 337; H/H/R 1993, EStG § 5 Anm. 2200 "Kapitalgesellschaft"; L. SCHMIDT 1993, EStG § 5 Anm. 31 "Beteiligungen an KapGes". A.A. KNOBBE-KEUK, Bilanzsteuerrecht, 1991, S. 197; DIES., Gesellschaftsanteile, AG 1979, S. 297; PANKOW/GUTIKE in BBK 1990, HGB § 255 Anm. 405.

y. Die notleidende Gesellschaft

Ist die Gesellschaft zum Zeitpunkt der Darlehensgewährung bereits notleidend (Variante 2), so ist die Kreditvergabe nur aus der Gesellschafterstellung des Gläubigers erklärlich und damit gesellschaftsrechtlich veranlaßt[232]. Nach den Ausführungen in Punkt α gilt das gleiche für das Stehenlassen der Darlehensvaluta, nachdem die Gesellschaft notleidend geworden ist, wenn der Gesellschafter die Möglichkeit der Darlehenskündigung hatte und ihm die wirtschaftliche Lage des Schuldners bekannt war.

Die gesellschaftsrechtliche Veranlassung der Gewährung bzw. des Stehenlassens des Darlehens hat m.E. zunächst zur Folge, daß der Forderungstitel mit der Kreditvergabe bzw. mit dem Stehenlassen (im zweiten Fall ggf. via Einlage) notwendiges Betriebsvermögen ist bzw. wird[233]. Zu einem Beteiligungszugang kommt es durch diese Maßnahmen entsprechend der zivilrechtlichen Behandlung nicht[234]. Nachträgliche Anschaffungskosten auf die Beteiligung liegen ebenfalls nicht vor, da ein erfolgsneutraler Vorgang und keine Aufwendung vorliegt[235]. Allerdings hat der Gesellschafter wegen dauernder Wert- (hier: Bonitäts-) Minderung zwingend eine Teilwertabschreibung auf die Forderung vorzunehmen[236]. Die daraus resultierenden Aufwendungen sind nach der Rechtsprechung des VIII. Senats[237]

---

232 BACHEM, Eigenkapitalersatz, DStZ 1992, S. 713; DÖLLERER, Ertragsteuerrecht, StbJb 1981/82, S. 205 f.; NIEMANN/MERTZBACH, Darlehen, DStR 1992, S. 934; J. THIEL, Einlagen, DStR 1992, S. 4; K. WEBER, Gesellschaft, BB 1992, S. 530.

233 Diese Frage wird in der Literatur regelmäßig nicht diskutiert. Die Betriebsvermögenseigenschaft ergibt sich jedoch m.E. daraus, daß die Geldüberlassung an die notleidende Gesellschaft nur aus dem Gesellschaftsverhältnis erklärlich ist. Da die Beteiligung im Betriebsvermögen gehalten wird, dient das Darlehen mithin der Förderung des Betriebs. Entsprechendes gilt für das Stehenlassen einer zunächst im Privatvermögen gehaltenen Darlehensforderung.

234 BFH VIII R 16/88 vom 19.5.1992, BStBl II 1992, S. 902.

235 Davon zu trennen ist die Frage, ob spätere Aufwendungen (z.B. Darlehensausfall oder -verzicht) zu nachträglichen Anschaffungskosten *mit Wirkung auf den Zeitpunkt der Kreditvergabe* führen können (so auch DÖLLERER, Ertragsteuerrecht, StbJb 1981/82, S. 205 f.; WASSERMEYER, Gesellschafterdarlehen, GmbHR 1991, S. 69). Eindeutig insoweit BULLINGER, Fragen, DStR 1993, S. 226. Zumindest mißverständlich daher BFH VIII R 328/84 vom 3.10.1989, BFH/NV 1990, S. 362.

236 J. THIEL, Einlagen, DStR 1992, S. 3 f. Er wird dazu im Regelfall nicht (nur) "berechtigt" (so BACHEM, Eigenkapitalersatz, DStZ 1992, S. 715), sondern verpflichtet sein.

237 BFH VIII R 276/82 vom 9.8.1983, BStBl II 1984, S. 29; BFH VIII R 36/83 vom 2.10.1984, BStBl II 1985, S. 320; BFH VIII R 100/87 vom 16.4.1991, BStBl II 1992, S. 234; BFH VIII R 24/90 vom 7.7.1992, BStBl II 1993, S. 333; BFH VIII R 90/89 vom 18.8.1992, BFH/NV 1993, S. 158.

sowie der wohl herrschenden Meinung im Schrifttum[238] als nachträgliche Anschaffungskosten auf die Beteiligung zu qualifizieren.

Orientiert man sich an der Definition nachträglicher Anschaffungskosten auf Beteiligungen als Aufwendungen, die dazu geeignet sind, den Verkehrswert der Beteiligung zu erhöhen, so ist die Teilwertabschreibung sicherlich eine Aufwendung. Sie ist allerdings weder durch die Gesellschafter- noch durch die Gläubigerstellung, sondern schlicht durch § 6 Abs. 1 Nr. 2 Satz 3 EStG i.V.m. § 253 Abs. 2 Satz 3 HGB "veranlaßt". Sinnvollerweise kann mithin nur das Ereignis, das von der Bilanzierungsmaßnahme antizipiert wird, d.h. der Forderungsausfall, untersucht werden[239]. Jedoch ist auch der Forderungsausfall nicht gesellschaftsrechtlich veranlaßt, sondern Resultat der wirtschaftlichen Lage der Gesellschaft. Einerseits hat damit die Darlehensgewährung (bzw. das Stehenlassen) ihre (seine) Ursache im Gesellschaftsverhältnis, zählt jedoch nicht zu den Aufwendungen; andererseits stellt der Darlehensverlust zwar eine Aufwendung dar, ist jedoch nicht gesellschaftsrechtlich veranlaßt. Dieses Dilemma läßt sich m.E. auch nicht durch die Formulierung beseitigen, das risikobehaftete Darlehen erweise sich "rückblickend als Zuschuß"[240]: Wenn der Gesellschafter für eine Mittelzuführung an "seine" Gesellschaft zivilrechtlich die Form des Darlehens wählt, so läßt sich dieses nicht zu einem späteren Zeitpunkt mit Wirkung ex tunc als Zuschuß interpretieren; war ein endgültiger Verbleib der Mittel bei der Gesellschaft gewollt, so hätte ein Zuschuß gegeben werden können. Das Tatbestandsmerkmal der gesellschaftsrechtlichen Veranlassung der Aufwendungen ist daher m.E. nicht erfüllt[241].

Entsprechende Überlegungen gelten für die Frage, ob der Forderungsausfall dazu geeignet ist, den Verkehrswert der Beteiligung zu erhöhen. Sie wird von den Be-

---

238 APITZ, Beteiligung, FR 1992, S. 125 f.; BULLINGER, Fragen, DStR 1993, S. 227; DÖLLERER, Ertragsteuerrecht, StbJb 1981/82, S. 205 f.; DERS., Verlust, FR 1992, S. 234; MEERMANN, Darlehen, StBp 1988, S. 112 f.; L. SCHMIDT 1993, EStG § 17 Anm. 24e; J. THIEL, Einlagen, DStR 1992, S. 3 f.; WATERMEYER, Veräußerungsverlust, BB 1993, S. 406; K. WEBER, Gesellschaft, BB 1992, S. 530; WELZEL, Beteiligung, DStZ 1987, S. 513 f. Für den privat (wesentlich) beteiligten Gesellschafter wird dies im Regelfall nur dann angenommen, wenn die Gesellschaft bereits zum Zeitpunkt der Kreditvergabe notleidend war (siehe nur OFD Düsseldorf S 2244 A - St 11 H vom 8.10.1990, DB 1990, S. 2298). Nach dem Judikat BFH VIII R 24/90 vom 7.7.1992, BStBl II 1993, S. 333, dürfte diese Ansicht überholt sein.

239 Mithin besteht insoweit ein Gleichlauf mit dem wesentlich beteiligten Gesellschafter i.S.d. § 17 EStG, der bekanntlich eine Teilwertabschreibung nicht vornehmen kann.

240 DÖLLERER, Ertragsteuerrecht, StbJb 1981/82, S. 206.

241 Ähnlich KUPSCH (Anschaffungskosten, StbJb 1989/90, S. 127), der daran erinnert, "daß die Anschaffungskosten grundsätzlich final bestimmt sind, so daß der Ausweitung der nachträglichen Anschaffungskosten auch unter diesem Aspekt Schranken gesetzt sind, die nicht durch Fiktionen beseitigt werden können".

fürwortern nachträglicher Anschaffungskosten merkwürdigerweise im Regelfall nicht geprüft, sondern wohl implizit bejaht, obwohl die Verbindlichkeit trotz Teilwertabschreibung in voller Höhe bestehen bleibt[242], es mithin nicht zu einer Mehrung des bilanziellen Eigenkapitals bzw. des Substanzwerts der Gesellschaft kommt. Hieraus wird von anderen Autoren denn auch die Schlußfolgerung gezogen, nachträgliche Anschaffungskosten lägen nicht vor[243]. Dem könnte entgegengehalten werden, daß ein potentieller Beteiligungskäufer berücksichtigen würde, daß die überlassenen bzw. nicht abgezogenen Mittel gerade in der prekären wirtschaftlichen Situation der Gesellschaft für deren finanzielle Stabilität bedeutsam sind und daher ein Zusammenbruch wegen Illiquidität tendenziell weniger wahrscheinlich ist[244]. Unter Zugrundelegung einer weiten Auslegung der notwendigen Werterhöhung könnte ein gewisser Förderungszusammenhang daher durchaus bejaht werden[245]. Jedoch ist auch diese Werterhöhung nicht auf den Forderungsausfall, sondern auf die Gewährung bzw. das Stehenlassen des Darlehens zurückzuführen, was wiederum nicht zu Aufwendungen geführt hat.

Im Ergebnis kann der Ausfall eines eigenkapitalersetzenden Gesellschafterdarlehens daher nicht zu nachträglichen Anschaffungskosten auf die Beteiligung führen[246]. Notwendig ist vielmehr ein Verzicht[247], der allerdings aufgrund der Bewertung mit dem gemeinen Wert dann häufig zu nachträglichen Anschaffungsko-

---

242   Siehe auch oben, 1. Kapitel, § 3, Punkt II.B, S. 276.

243   BACHEM, Eigenkapitalersatz, DStZ 1992, S. 716; KNOBBE-KEUK, Einlagen, DStZ 1984, S. 337; KUPSCH, Anschaffungskosten, StbJb 1989/90, S. 126 f.; MEIER, Verlust, DStR 1987, S. 153; NIEMANN/MERTZBACH, Darlehen, DStR 1992, S. 934.

244   Zu erinnern ist an die zivilrechtliche Vorgabe (siehe oben, Punkt α, S. 433), daß das Darlehen auch nach Veräußerung der Beteiligung eigenkapitalersetzend bleibt und damit weiterhin den genannten Rückzahlungsrestriktionen unterliegt.

245   Dabei ist zusätzlich zu berücksichtigen, daß die Aufwendungen nach der Rechtsprechung lediglich *dazu geeignet* sein müssen, eine Werterhöhung herbeizuführen, eine *tatsächliche* Werterhöhung dagegen nicht erforderlich ist.

246   Problematisch wäre andernfalls im übrigen der ebenfalls in Abbildung 40 dargestellte Fall, daß sich die Gesellschaft in t_3 wieder erholt. Fraglich ist dann, ob das Darlehen wieder aus der Beteiligung "herauswächst" (vgl. K. WEBER, Gesellschaft, BB 1992, S. 527). Zusätzlich ist zu berücksichtigen, daß die Behandlung stehengelassener Darlehen als nachträgliche Anschaffungkosten zu erheblichen praktischen Schwierigkeiten führt, da die Kreditwürdigkeit der Unternehmung dann nicht nur zu einem Zeitpunkt, sondern permanent zu prüfen ist. Zu weiteren Folgeproblemen vgl. BACHEM, Eigenkapitalersatz, DStZ 1992, S. 716, m.w.N.

247   So auch NIEMANN/MERTZBACH, Darlehen, DStR 1992, S. 936. Allerdings steht nicht jeder Verzicht im Zusammenhang mit der Beteiligung; eine gesellschaftsrechtliche Veranlassung ist jedoch insbesondere dann anzunehmen, wenn fremde Dritte nicht gleichzeitig auf Forderungen verzichten (BFH I R 64/85 vom 14.3.1990, BStBl II 1990, S. 454; BFH VIII R 23/89 vom 31.7.1991, BStBl II 1992, S. 375). Die Abgrenzung ist insbesondere bedeutsam für die Anwendung des § 3 Nr. 66 EStG, wird im folgenden jedoch nicht näher untersucht.

sten von Null DM führt[248]. Verzichtet der Gesellschafter endgültig auf seinen Anspruch, so gelten dem Grunde nach mithin die bereits in Punkt ß aufgezeigten Bilanzierungsgrundsätze.

Denkbar ist im Fall der Krise jedoch auch ein bedingter Erlaß. Der Begriff soll sowohl den Forderungsverzicht unter der auflösenden Bedingung einer Besserung der wirtschaftlichen Lage der Gesellschaft (Forderungsverzicht mit Besserungsklausel) als auch die Rangrücktrittserklärung umfassen. Das mit beiden Instrumenten verfolgte Ziel, eine Überschuldung im Überschuldungsstatus zu vermeiden, kann nur erreicht werden, wenn die Forderung ausschließlich aus künftigen Jahresüberschüssen, aus dem Liquidationsüberschuß oder aus weiterem, die sonstigen Schulden der Gesellschaft übersteigendem Vermögen getilgt werden soll[249], wie auch im folgenden angenommen wird.

Es ist streitig, ob die bedingt erlassene Verbindlichkeit in der Bilanz der Gesellschaft wie gewinnabhängige Schulden nicht (mehr) passivierungsfähig oder (weiterhin) als "normale" Verbindlichkeiten oder als Sonderposten zwischen Eigen- und Femdkapital auszuweisen sind[250]. Nach der hier vertretenen Auffassung kann diese Frage aus Sicht des Gesellschafters dahingestellt bleiben, denn der Verkehrswert einer Beteiligung ist nicht abhängig von Bilanzierungsmaßnahmen bei der Beteiligungsgesellschaft. Entscheidend ist vielmehr ausschließlich, ob es sich um eine gesellschaftsrechtlich veranlaßte Aufwendung handelt, die dazu ge-

---

248 OFD Düsseldorf S 2244 A - St 11 H vom 8.10.1990, DB 1990, S. 2298. Siehe auch APITZ, Beteiligung, FR 1992, S. 127; ELBERG, Verzicht, DStZ 1992, S. 113 f.; MEERMANN, Darlehen, StBp 1988, S. 112; J. THIEL, Einlagen, DStR 1992, S. 4. Zu Lösungsmöglichkeiten für den wesentlich beteiligten Gesellschafter i.S.d. § 17 EStG, der den Ausfall der Forderung nicht im Wege der Teilwertabschreibung gewinnmindernd geltend machen kann, vgl. KNOBBE-KEUK, Einlagen, DStZ 1984, S. 338. Die Rechtsprechung des BFH ist m.E. letztlich nur mit dem Bemühen zu erklären, dem privat beteiligten Anteilseigner die steuerliche Berücksichtigung von Vermögensverlusten, die im Zusammenhang mit seiner Beteiligung stehen, zu ermöglichen; es handelt sich damit im Kern um eine Billigkeitsentscheidung (so auch BACHEM, Eigenkapitalersatz, DStZ 1992, S. 712; KNOBBE-KEUK, Unternehmenssteuerrecht, 1991, S. 535).

249 KNOBBE-KEUK, Rankrücktrittsvereinbarung, ZIP 1983, S. 128; PRIESTER, Gläubigerrücktritt, DB 1977, S. 2429.

250 Der VIII. Senat sieht es als ernstlich zweifelhaft an, ob eine Rangrücktrittsvereinbarung zu einer gewinnerhöhenden Auflösung der Verbindlichkeit führt (BFH VIII R 100/87 vom 16.4.1991, BStBl II 1992, S. 234). Der IV. Senat hat judiziert, eine Rangrücktrittsvereinbarung führe nicht zur gewinnerhöhenden Auflösung der Verbindlichkeit (BFH IV R 57/91 vom 30.3.1993, DStR 1993, S. 871). Der I. Senat ist für die Dauer der Krise anderer Ansicht (BFH I R 41/87 vom 30.5.1990, BStBl II 1991, S. 588). Auch in der Literatur wird die Frage streitig diskutiert (vgl. EPPLER, Quasi-Eigenkapital, DB 1991, S. 195-198; JANKA/LÖWENSTEIN, Behandlung, DB 1992, S. 1648-1652; KNOBBE-KEUK, Besserungsschein, StuW 1991, S. 306-310; PRIESTER, Gesellschafterdarlehen, DB 1991, S. 1920 f.; J. THIEL, Streifzug, GmbHR 1992, S. 25 f.).

eignet ist, den Verkehrswert der Beteiligung zu erhöhen. Der gesellschaftsrechtliche Anlaß ist annahmegemäß gegeben[251]. Es liegt auch eine Aufwendung vor, da der Gläubiger - zumindest für eine bestimmte Zeit - ein Vermögensopfer bringt. Diese Aufwendung wird ein potentieller Erwerber der Beteiligung bei seinen Preisvorstellungen zudem berücksichtigen, da das Unternehmen ohne den bedingten Erlaß in der hier angenommenen Form überschuldet und damit nicht mehr lebensfähig wäre. M.a.W. ist der bedingte Verzicht im Regelfall Voraussetzung dafür, daß ein fremder Dritter sich überhaupt für die Beteiligung interessiert. Im Ergebnis führt mithin der bedingte wie der unbedingte Verzicht zu nachträglichen Anschaffungskosten auf die Beteiligung in Höhe des gemeinen Werts des - zumindest zeitweise - aufgegebenen Anspruchs[252].

2. Nachträgliche Anschaffungskosten-Minderungen

Eine nachträgliche Minderung der Anschaffungskosten eines Beteiligungstitels ist dann anzunehmen, wenn das betreffende Wirtschaftsgut ganz oder teilweise untergeht. Insoweit wurden im 1. Kapitel zwei Fallgestaltungen diskutiert, die Zuweisung von Bezugsrechten sowie die Kapitalrückzahlung[253]. Im Fall der Zuweisung von Bezugsrechten wurde jedoch ein Teiluntergang verneint mit der logischen Konsequenz, daß es nicht zu der von der h.M. angenommenen Minderung der Anschaffungskosten der Altaktien kommt. Das von den Vertretern der Substanzabspaltungstheorie zu lösende Problem der Quantifizierung der Anschaffungskostenminderung kann hier demzufolge dahingestellt bleiben[254].

Untersucht man die damit allein interessierenden Kapitalrückzahlungsvorgänge, so wurde dargestellt, daß die effektive Kapitalherabsetzung, soweit auf Seiten der Kapitalgesellschaft übriges Eigenkapital als verwendet gilt, sowie die Ausschüttung von Eigenkapitalbestandteilen i.S.d. § 30 Abs. 2 Nr. 4 KStG (EK

---

251 Für die Abgrenzung des gesellschaftsrechtlich vom betrieblich veranlaßten Verzicht gelten die allgemeinen Grundsätze (siehe oben, Fn. 247).

252 So auch NIEMANN/MERTZBACH, Darlehen, DStR 1992, S. 935. Das Problem liegt in der Wertermittlung, die die Wahrscheinlichkeit des Auflebens der Forderung zu berücksichtigen hat.

253 Siehe oben, 1. Kapitel, § 3, Punkt II.A, S. 266 ff.

254 Die h.M. ermittelt die Anschaffungskostenminderung nach der Gesamtwertmethode (siehe etwa BFH IV R 174/67 vom 6.12.1968, BStBl II 1969, S. 107). Zum - damit entschiedenen - Methodenstreit vgl. BAIER, Buchwertanteil, StBp 1962, S. 178-183; BÖRNSTEIN, Aktie, DStR 1962/63, S. 162-166; BRÖNNER JR., Aktien, WPg 1960, S. 355-357; MERTIN, Buchgewinn, DB 1957, S. 953 f.; WEISSENBORN/SCHAAF, Bewertung, DStR 1967, S. 634-636; WOHLGEMUTH, Aktien, AG 1973, S. 296-299.

04) als Untergang des betreffenden Beteiligungstitels verstanden wird[255]. Liegt nicht ein völliger, sondern lediglich ein teilweiser Untergang vor, so ist die Höhe der damit einhergehenden Anschaffungskostenminderung zu bestimmen.

Keine Probleme ergeben sich insoweit bei einer aus EK 04 gespeisten Ausschüttung; sie wird in voller Höhe vom Beteiligungsbuchwert gekürzt[256]. Liegt dagegen eine effektive Kapitalherabsetzung (bei ausschließlicher Verwendung von übrigem Eigenkapital) vor, so sind zwei Lösungsmöglichkeiten denkbar, nämlich die volle Absetzung und die Absetzung entsprechend dem Verhältnis der Rückzahlung zum Nennkapital. Sie sollen der besseren Anschaulichkeit wegen anhand eines Beispiels erläutert werden[257].

Ein Gesellschafter besitze eine Beteiligung von nominal 100.000 DM mit Anschaffungskosten von 110.000 DM. Angenommen sei eine Kapitalherabsetzung in Höhe von 40 % des Stammkapitals einer GmbH; auf den genannten Gesellschafter entfallen mithin 40.000 DM. Der Teilwert (= Buchwert) betrage a) 110.000 DM (= Anschaffungskosten), b) 90.000 DM, c) 30.000 DM.

Bei voller Absetzung[258] vermindert sich der Buchwert des Beteiligungstitels um den Rückzahlungsbetrag. Ist der Rückzahlungsbetrag größer als der Buchwert, so wird ein Gewinn ausgewiesen (Fall c); zu einem Verlust kommt es bei dieser Methode in keinem Fall. Bei Absetzung entsprechend dem Verhältnis der Rückzahlung zum Nennkapital[259] (40.000 : 100.000 DM = 40 %) wird der Buchwert um 40 % gemindert. Im Fall a) entsteht mithin ein Verlust in Höhe von 4.000 DM, da die Buchwertminderung (40 % von 110.000 DM =) 44.000 DM die Kapitalrückzahlung um 40.000 DM übersteigt. In den beiden anderen Fällen entstehen jeweils Gewinne, in Fall b) in Höhe von 4.000 DM, in Fall c) in Höhe von 28.000 DM.

Nach Ansicht des Verfassers ist der ersten Alternative zu folgen. Es erscheint wenig überzeugend, wenn Ausschüttungen aus EK 04 in voller Höhe vom Beteili-

---

255 Siehe oben, 1. Kapitel, § 3, Punkt II.A.1.b, S. 268 ff.

256 Siehe nur BdF IV B 2 - S 2143 - 24/86 vom 9.1.1987, BStBl I 1987, S. 171. Übersteigt die diesbezügliche Ausschüttung den Buchwert, so soll die Differenz eine steuerpflichtige Betriebseinnahme darstellen (ebenda).

257 Vgl. HEUER in H/H/R 1993, EStG § 6 Anm. 817.

258 Für dieses Verfahren BFH I R 1/91 vom 14.10.1992, BStBl II 1993, S. 189. Aus der Literatur vgl. HERZIG, Einzelfragen, JbFSt 1982/83, S. 368; HEUER in H/H/R 1993, EStG § 6 Anm. 817; LOOS, Kapitalherabsetzung, BB 1970, S. 73 f.; VAN DER VELDE, Beteiligungen, StbJb 1952/53, S. 256; E. WEBER, Beteiligungen, 1980, S. 173.

259 So wohl noch BFH I R 158/66 vom 31.7.1968, BStBl II 1969, S. 28. Gleicher Ansicht SARX in BBK 1990, HGB § 272 Anm. 53.

gungsbuchwert abgezogen werden, Rückzahlungen von "echtem" Nennkapital dagegen nur quotal. In beiden Fällen bleibt die Beteiligungsquote gleich und damit - entsprechend der Behandlung bei der nominellen Kapitalherabsetzung - der Anteil an den stillen Reserven der Unternehmung. Darin liegt der Unterschied zu einem Veräußerungsvorgang[260], so daß auch kein Raum für eine Verlustrealisierung ist, wie er bei der quotalen Absetzung - im Fall a) - entstehen kann.

Abschließend sei darauf hingewiesen, daß eine Kapitalherabsetzung dann nicht zu einer Anschaffungskosten- bzw. Buchwertminderung führt, wenn zwar Nennkapital i.S.d. § 29 Abs. 1 KStG ausgekehrt wird, die Kapitalherabsetzung jedoch innerhalb von fünf Jahren nach einer Kapitalerhöhung aus Gesellschaftsmitteln erfolgt, bei der Eigenkapital i.S.d. § 30 Abs. 2 Nr. 3 KStG (EK 03) umgewandelt wurde. Insoweit greifen die Spezialvorschriften der §§ 5 und 6 KapErhStG ein mit der Folge, daß der Buchwert der Anteile durch die Kapitalherabsetzung nicht berührt wird.

---

260 LOOS, Kapitalherabsetzung, BB 1970, S. 73.

§ 3 : Der Teilwert von Finanzierungstiteln

Der Teilwert eines Finanzierungstitels wurde oben[1] formal beschrieben als Summe aus gemeinem Wert und Zusatzwert. Da ein Zusatzwert nur bei Verbundtiteln zu berücksichtigen ist, erscheint es sinnvoll, Rendite- und Verbundtitel gesondert zu untersuchen. Da überdies die Kontraktobjekttypen Forderungstitel einerseits sowie Beteiligungstitel andererseits wesensmäßig verschieden sind, soll bei der Teilwertdiskussion eine Unterscheidung nach Rendite-Forderungstiteln (Punkt I), Verbund-Forderungstiteln (Punkt II), Rendite-Beteiligungstiteln (Punkt III) sowie Verbund-Beteiligungstiteln (Punkt IV) vorgenommen werden.

Wie im betriebswirtschaftlichen Teil der Arbeit wird bei der bilanzsteuerlichen (Teil-) Wertermittlung in der Weise vorgegangen, daß der jeweilige Finanzierungstitel gedanklich in seine Bestandteile - Leistungsverpflichtungen, Informations- und Einwirkungsrechte, Gestaltungsrechte sowie ggf. Bezugsrechte[2] - zerlegt wird. Die daraus resultierenden Einzelwerte ergeben in der Summe dann den Wert des Finanzierungstitels.

I. Rendite-Forderungstitel
A. Leistungsverpflichtungen des Titelemittenten
1. Unbedingte Leistungsverpflichtungen

Sind Höhe und zeitlicher Anfall von Entgelt- und Tilgungszahlungen aus einem Forderungstitel nicht vom Eintritt einer Bedingung abhängig, so sind für den Teilwert des Titels lediglich die Einflußfaktoren "Zins" und "Bonität" von Bedeutung. Zunächst wird unterstellt, daß die Schuldenbedienungsfähigkeit des Emittenten außer Zweifel steht (Punkt a). Daran anschließend wird das Bonitätsrisiko in die Überlegungen einbezogen (Punkt b).

a. Zinsänderungsrisiko und Unterverzinslichkeit
α. Unterverzinslichkeit und Teilwert

Hinsichtlich des bei der Bewertung von Forderungstiteln zu berücksichtigenden Zinselements ist danach zu differenzieren, ob die Abweichung vom noch zu be-

---

1   Siehe § 1, Punkt II.B.2.b, S. 378 ff.

2   Siehe oben, 2. Teil, 2. Kapitel, § 2, Punkt II.C.2, S. 66 ff.

stimmenden Maßzinssatz[3] bereits zum Erwerbszeitpunkt des Titels vorlag oder erst später eingetreten ist. Da die Zinsabweichung im ersten Fall regelmäßig bewußt in Kauf genommen wurde (andernfalls wäre der Titelerwerb unterblieben)[4], im zweiten Fall dagegen durch die - nicht beeinflußbare - Änderung des Maßzinssatzes hervorgerufen wurde, soll im folgenden von "geplanter" bzw. von "ungeplanter" Unterverzinslichkeit die Rede sein[5].

(1) Geplante Unterverzinslichkeit

Wird ein Darlehen ohne Verzinsung oder nur gegen unüblich niedrige Zinsen gewährt[6], so ist zu prüfen, weshalb der Gläubiger diesen Nachteil in Kauf nimmt. Als Gründe kommen insbesondere eine Markt- oder Interessenverflechtung in Betracht. Da dem Nachteil der Unterverzinslichkeit in diesen Fällen regelmäßig andere Vorteile (mittelbar titelinduzierte Zahlungen) gegenüberstehen, die den Mangel der Unterverzinslichkeit (tendenziell) ausgleichen (sollen), die jeweiligen Forderungstitel damit als Verbundtitel zu qualifizieren sind, soll diese Problematik in Punkt II aufgegriffen werden.

Eine Besonderheit gilt dagegen für die Ermittlung des Teilwerts umsatzinduzierter Forderungen (aus Lieferungen und Leistungen). Zwar besteht zwischen Titelinhaber und Titelemittent auch in diesem Fall eine Marktverflechtung und ist mit der regelmäßig fehlenden gesonderten Zinsvereinbarung keine Vorteilszuwendung an den Abnehmer beabsichtigt, sondern wurde diesem Umstand durch entsprechende Preisaufschläge Rechnung getragen, die - betriebswirtschaftlich betrachtet - als Verbundzahlungen qualifiziert werden können. Im Gegensatz zu den oben erwähnten Fallgestaltungen kann der Gläubiger jedoch nach der Forderungsentstehung nicht mehr mit anderen Vorteilen rechnen, die noch nicht in den Anschaf-

---

3   Siehe dazu unten, Punkt ß, S. 450 ff.

4   Denkbar ist auch, daß der Erwerber aufgrund mangelnden Marktüberblicks oder sonstiger Informationsdefizite eine unüblich niedrige Verzinsung erhält bzw. - ökonomisch betrachtet - für den Forderungstitel mit der jeweiligen Verzinsung einen zu hohen Preis zahlt (siehe auch die Überlegungen hinsichtlich möglicher Abweichungsursachen von Wert und Preis im 2. Teil, 3. Kapitel, § 4, Punkt I, S. 149 f.). Dieser Aspekt spielt in erster Linie bei der Teilwert-Ermittlung von Beteiligungstiteln eine Rolle (Stichwort: "Fehlmaßnahme") und soll hier vernachlässigt werden.

5   Siehe auch die Überlegungen bei LEHMANN, Teilwertkonzept, DB 1990, S. 2481-2486. Die geplante Unterverzinslichkeit nach der hier verwendeten Diktion entspricht dabei dem von ihm gebildeten Fall-Typ 1, die ungeplante Unterverzinslichkeit dem Fall-Typ 4 (ebenda, S. 2483).

6   Ein Überschreiten der Anschaffungskosten wegen Überverzinslichkeit ist wegen des Realisationsprinzips unzulässig. Es ist jedoch denkbar, daß die Überverzinslichkeit - im Rahmen des internen Nachteilsausgleichs (siehe oben, § 1, Punkt II.C.2, S. 350 f.) - eine bonitätsbedingte Wertminderung ganz oder teilweise ausgleichen kann.

fungskosten - d.h. im Forderungsnennbetrag - antizipiert sind. Oder anders ausgedrückt: Man kann "nicht mehr von Aufwandtragung durch einen Dritten ... [sprechen], sobald ein Aufwandersatz schon gewinnerhöhend gewirkt hat, d.h. schon als Ertrag eingebucht worden ist und damit für den Aufwand buchmäßig nicht mehr kompensatorisch wirksam werden kann"[7]. Aus bilanzrechtlicher Perspektive ist es daher unbeachtlich, aus welchen Kalkulationselementen die Forderung entstanden ist[8]. Daraus ist zu schlußfolgern, daß der Aufschlag auf den Barverkaufspreis für Zwecke der Bilanzierung nicht als Verbundzahlung interpretiert werden kann. Forderungen aus Lieferungen und Leistungen sind vielmehr - bilanzrechtlich gesehen - Renditetitel und als solche - mangels gesondert vereinbarter Verzinsung - regelmäßig unverzinslich.

Da dem Nachteil der Unterverzinslichkeit mithin weder der Vorteil eines selbständig bilanzierungsfähigen Wirtschaftsguts gegenübersteht noch die Forderung selbst mit einem Vorteil ausgestattet ist, den ein gedachter Erwerber im Rahmen des Gesamtkaufpreises bei dessen Bewertung berücksichtigen würde[9], ist die Forderung damit nicht nur nominal, sondern auch effektiv unterverzinslich[10]. Die Folge ist ein niedrigerer Teilwert: "Es ist im Grundsatz einhellige Auffassung, daß die Unverzinslichkeit oder die geringe Verzinslichkeit den Wert einer Forderung mindert ..."[11]. Die Abzinsungsnotwendigkeit ergibt sich unmittelbar aus dem Teilwertgedanken, da ein gedachter Erwerber beim Erwerb einer Forderung eine betriebswirtschaftliche Bewertung anstellen[12] und folglich für eine unterverzinsliche Forderung nicht den Nennwert, sondern einen niedrigeren Preis zah-

---

7   FALKENROTH, Unverzinslichkeit, NB 1958, S. 71.

8   FALKENROTH, Unverzinslichkeit, NB 1958, S. 71; HEUER in H/H/R 1993, EStG § 6 Anm. 937; ROSE, Forderungen, ZfB 1965, S. 107 f.; VAN DER VELDE, Finanzierungsmethoden, StBJb 1961/62, S. 387 f. A.A. BEINE, Forderungen, 1960, S. 81.

9   Vgl. hierzu im allgemeinen HEUER in H/H/R 1993, EStG § 6 Anm. 939; KARREN-BAUER in HdR 1990, HGB § 253 Anm. 44, 45; MARX/RECKTENWALD, Ausleihungen, BB 1992, S. 1528 f. Siehe hierzu auch unten, Punkt II, S. 476 ff.

10   ROSE, Forderungen, ZfB 1965, S. 109-111.

11   ROSE, Forderungen, ZfB 1965, S. 107. Siehe auch FALKENROTH, Unverzinslichkeit, NB 1958, S. 71; HARRMANN, Darlehensforderungen, BB 1990, S. 1452; HEUER in H/H/R 1993, EStG § 6 Anm. 939; LANTAU, Schuld, BB 1954, S. 769; ROHSE, Wertberichtigungen, StBp 1985, S. 197; L. SCHMIDT/GLANEGGER 1993, EStG § 6 Anm. 87c; SCHÖNNENBECK, Abzinsung, NB 1960, S. 51; M. SÖFFING in L/S/B 1993, EStG § 6 Anm. 796; VAN DER VELDE, Finanzierungsmethoden, StBJb 1961/62, S. 381. Aus der Rechtsprechung siehe insbesondere BFH I R 236/72 vom 23.4.1975, BStBl II 1975, S. 875; siehe auch BFH I R 114/84 vom 30.11.1988, BStBl II 1990, S. 117; BFH I R 157/85, I R 145/86 vom 24.1.1990, BStBl II 1990, S. 640.

12   Siehe dazu oben, 2. Teil, 3. Kapitel, S. 97 ff.

len würde[13]. Zudem stellt der Zinsverlust eine Kategorie der Erfolgsrechnung dar, so daß die Abzinsung eine aus erfolgsrechnerischen Gründen erforderliche Periodenabgrenzung darstellt[14]. Diese Begründung trifft jedenfalls für umsatzinduzierte Forderungen zu, deren Aktivierung eine Gewinnrealisation zur Folge hat. Dagegen ist die Gewährung eines unverzinslichen Darlehens bilanziell ein Aktivtausch und damit ein erfolgsneutraler Vorgang. Die Abzinsung kann in diesen Fällen jedoch mit dem Opportunitätsgedanken gerechtfertigt werden[15].

Das allgemeine Erfordernis einer Teilwertabschreibung bei Unterverzinslichkeit wird allerdings in engen Grenzen durch den Grundsatz der Wesentlichkeit durchbrochen. Zum einen kann der Ansatz eines niedrigeren Teilwerts nur dann gefordert werden, wenn die Differenz zum Maßzinssatz eine gewisse Mindestabweichung übersteigt[16]. Hierfür spricht auch, daß die Vergleichsverzinsung ihrer Art nach mit der tatsächlichen Verzinsung nicht stets vollständig deckungsgleich ist und daher eine gewisse Unschärfe in Kauf genommen werden muß. Zum anderen ist in Ausnahmefällen die Laufzeit des Titels beachtlich, mit der Folge, daß bei extrem kurzfristigen Forderungen und gleichzeitig geringem Forderungsbestand eine Abwertung unterbleiben kann[17].

---

13 BFH IV 33/56 U vom 7.11.1957, BStBl III 1958, S. 65; BFH I 60/57 U vom 1.4.1958, BStBl III 1958, S. 291; BFH I 301/61 vom 20.3.1963, StRK EStG § 5 R. 356.

14 Siehe nur ROSE, Forderungen, ZfB 1965, S. 107, m.w.N.

15 Siehe auch oben, § 1, Punkt III.B.1, S. 374 f. Das Bilanzrecht folgt der ökonomischen Betrachtung jedoch nur halbherzig, denn aus betriebswirtschaftlicher Sicht müßte in späteren Perioden eine (anteilige) Zuschreibung der zwischenzeitlich "verdienten" Zinsen erfolgen. Es besteht jedoch keine Zuschreibungspflicht (siehe oben, § 1, Punkt IV.A, S. 382), so daß "in den Folgejahren regelmäßig eine Diskrepanz zwischen ökonomischem Wert der Darlehensforderung und ihrem bilanziellen Abbild" besteht (MARX/RECKTENWALD, Ausleihungen, BB 1992, S. 1527).

16 So auch ROSE, Forderungen, ZfB 1965, S. 118, Fn. 67. Dabei ist ein Wert von 2,5 Prozentpunkten sicherlich nicht vertretbar (ebenda). Dagegen dürfte die von HEUER (in H/H/R 1993, EStG § 6 Anm. 946) geforderte Grenze von einem Prozentpunkt (so auch SARX in BBK 1990, HGB § 253 Anm. 596) einen guten Anhaltspunkt bieten.

17 Grundsätzlich sind jedoch auch kurzfristige Forderungen abzuzinsen. Eine Mindestlaufzeit von einem Jahr (so etwa A/D/S 1992, HGB § 253 Tz. 88; VELDER, Abzinsung, Der Wirtschaftsprüfer 1934, S. 195) ist sicherlich als zu weitgehend anzusehen (so auch FALKENROTH, Unverzinslichkeit, NB 1958, S. 73; ROSE, Forderungen, ZfB 1965, S. 109; SCHÖNNENBECK, Abzinsung, NB 1960, S. 53; VAN DER VELDE, Finanzierungsmethoden, StbJb 1961/62, S. 387 f). Das Volumen des Forderungsbestandes ist deshalb von Bedeutung, weil die Unterverzinslichkeit regelmäßig im Zusammenhang mit dem Bonitätsrisiko beurteilt und in den Fällen umsatzinduzierter Forderungstitel im Rahmen einer Pauschalbewertung berücksichtigt wird (siehe dazu oben, § 1, Punkt III.B.3.b, S. 345 ff.).

(2) Ungeplante Unterverzinslichkeit

Von den Fällen der geplanten Unterverzinslichkeit zu unterscheiden ist die Konstellation, daß der Forderungstitel anfänglich normalverzinslich ist und erst nachträglich - durch ein Ansteigen des Maßzinssatzes - unterverzinslich wird. Wie im zweiten Teil der Arbeit gezeigt, wird dieses Phänomen als Zinsänderungsrisiko bezeichnet[18].

Für börsengehandelte festverzinsliche Forderungstitel, bei denen sich das Zinsänderungsrisiko als Kursrisiko darstellt, ist allgemein anerkannt, daß ihr Teilwert durch das ungeplante Abgleiten in die Unterverzinslichkeit sinkt[19]. Die Begründung ist darin zu sehen, daß es aus Sicht des gedachten Erwerbers gleichgültig ist, ob die zum Zeitpunkt des fiktiven Erwerbs zu bejahende Unterverzinslichkeit bereits von Anfang an vorgelegen hat oder erst später eingetreten ist und er den Verzinsungsmangel in jedem Fall bei seinen Preisvorstellungen berücksichtigen wird. Nichts anderes kann aber für individuell gehandelte Titel - z.B. Ausleihungen - gelten, und zwar unabhängig davon, ob eine Veräußerungsabsicht besteht oder nicht[20], da die oben vorgestellte h.M. das Teilwertkonzept nicht nur als Instrument zur Antizipation zukünftiger effektiver Verluste, sondern auch von Opportunitätsnachteilen versteht[21]. Es ist daher kein Grund ersichtlich, für den Gesichtspunkt der Unterverzinslichkeit die Marktebene als relevanten Bewertungsfaktor heranzuziehen.

---

18 Siehe oben, 2. Teil, 3. Kapitel, § 2, Punkt II.A.3.a.ß, S. 123. Im Fall der geplanten Unterverzinslichkeit ist der Begriff "Zinsänderungsrisiko" dagegen nicht verwendbar, da die erwarteten Entgeltzahlungen mit den tatsächlich vereinnahmten übereinstimmen, eine Diskrepanz zwischen "Soll" und "Ist" daher nicht vorliegt (siehe dazu oben, 2. Teil, 3. Kapitel, § 1, Punkt II.B.1.b, S. 110). Eine "Zinsänderungschance" ist wegen des Realisationsprinzips bilanzrechtlich unbeachtlich.

19 CLEMM, Verzinslichkeit, JDStJG 1984, S. 240 f.; KUPSCH, Finanzanlagevermögen, HdJ II/3 1987, Rn. 163; PANKOW/GUTIKE in BBK 1990, HGB § 253 Anm. 415; L. SCHMIDT/GLANEGGER 1993, EStG § 6 Anm. 62 "Wertpapiere".

20 So auch BÖCKING, Bilanzrechtstheorie, 1988, S. 146; CLEMM, Verzinslichkeit, JDStJG 1984, S. 227 f.; GROH, Bilanzsteuerrecht, StuW 1975, S. 345; OESTREICHER, Grundsätze, 1992, S. 180; DERS., Marktzinsänderungen, BB 1993, Beilage 12, S. 13 f. Anders noch CLEMM, Grenzen, JbFSt 1979/80, S. 189. Für ein Abschreibungsverbot bei - nicht börsengängigen - Namensschuldverschreibungen BECKMANN, Zerobonds, BB 1991, S. 941.

21 Siehe oben, § 1, Punkt III.B.1, S. 374 f. Siehe auch nochmals LEHMANN, Teilwertkonzept, DB 1990, S. 2485. Handelsrechtlich soll dies anders sein (vgl. die Nachweise bei OESTREICHER, Marktzinsänderungen, BB 1993, Beilage 12, S. 7-9).

ß. Maßzinssatz und Kalkulationszinssatz

Der Begriff der Unterverzinslichkeit setzt die Anwendung eines Ver-
gleichsmaßstabs voraus. Dieser Vergleichsmaßstab kann als Maßzinssatz
(Maßzinsfuß) bezeichnet werden[22]. Da bei dessen Bestimmung "von subjektiven
Verhältnissen zu abstrahieren" ist, der Maßzinsfuß "in bezug auf den zu beurteilenden Sachverhalt also 'neutral' zu sein" hat[23], kommen ausschließlich exogene
(Markt-) Größen in Frage[24]. Aufgrund der Laufzeitabhängigkeit der Marktzinssätze ist nach heute wohl h.M. nicht auf den gesetzlichen Zinsfuß in § 12 Abs. 3
BewG[25], sondern auf den sog. "fristadäquaten Marktzinssatz" abzustellen[26]. Für
die hier in Rede stehenden Forderungstitel kann dieser gleichzeitig als Kalkulationszinssatz bei der Bewertung herangezogen werden[27].

Die Bestimmung des Kalkulationszinssatzes ist ein Problem, das bereits bei der
betriebswirtschaftlichen Wertermittlung von Finanzierungstiteln behandelt
wurde[28]. Dort wurde aufgezeigt, daß die Bestimmung des Kapitalisierungsfaktors
aufgrund der Unvollkommenheit des Kapitalmarkts die Annahme von Finanzie-
rungsfiktionen notwendig macht: Je nach angenommener Finanzierungsweise war
die vom Investor berücksichtigte Mindestverzinsung gleich dem durch den Titelerwerb entstehenden Opportunitätsverlust bzw. entgangenen Ertrag (bei ausschließlicher Eigenfinanzierung) oder gleich den effektiven Finanzierungskosten
(bei ausschließlicher Fremdfinanzierung); ggf. war ein Mischsatz zu verwenden.

Der BFH hat für den Bereich der Kreditinstitute entschieden, daß eine Teilwertabschreibung auf Kreditforderungen nicht gerechtfertigt ist, wenn zuvor der

---

22   ROSE, Zinsfüß', StbJb 1973/74, S. 339 f.

23   ROSE, Zinsfüß', StbJb 1973/74, S. 339, beide Zitate.

24   Gegen die Berechnung der Abzinsung nach dem sog. innerbetrieblichen Zinsverlust, der
     nach der Verzinsung des Eigenkapitals in dem betreffenden Unternehmen bemessen wird,
     auch BFH I 60/57 U vom 1.4.1958, BStBl III 1958, S. 293; BFH I 296/61 vom
     17.4.1962, HFR 1962, S. 226. So auch NOLTE, Wertberichtigung, DB 1964, S. 748 f.
     A.A. FG Nürnberg I 139-141/58 vom 27.10.1960, EFG 1961, S. 246 (rkr); GEISLER,
     Bewertung, DB 1961, S. 1592; ZACHARIAS, Streitpunkte, StbJb 1963/64, S. 213 f.

25   So teilweise Rechtsprechung und Verwaltung (siehe die Nachweise bei HEUER in H/H/R
     1993, EStG § 6 Anm. 936). So auch neuerdings - ohne Begründung - HARRMANN,
     Darlehensforderungen, BB 1990, S. 1452.

26   ROSE, Forderungen, ZfB 1965, S. 114 ff.; DERS., Zinsfüß', StbJb 1973/74, S. 339 f.
     Siehe auch A/D/S 1992, HGB § 253 Anm. 388; CLEMM, Verzinslichkeit, JDStJG 1984,
     S. 224; HEUER in H/H/R 1993, EStG § 6 Anm. 936; MARX/RECKTENWALD, Auslei-
     hungen, BB 1992, S. 1530.

27   ROSE, Zinsfüß', StbJb 1973/74, S. 342.

28   Siehe oben, 2. Teil, 3. Kapitel, § 1, Punkt II.A.2.b, S. 106 ff.

marktübliche Zins für Ausleihungen seit der Darlehnsgewährung über den vereinbarten Zins gestiegen, die Spanne zwischen dem Zins für die Refinanzierungsmit-
tel und dem vereinbarten Zins jedoch unverändert geblieben ist[29]. Das Urteil orientiert sich damit an den effektiv angefallenen Finanzierungsaufwendungen. Es
kann im Rahmen dieser Arbeit, die lediglich die Bilanzierung bei Nichtbanken
zum Gegenstand hat, dahingestellt bleiben, ob dieser Rechtsauffassung für den genannten Wirtschaftszweig gefolgt werden kann[30]. Hier ist bedeutsam, daß von einigen Autoren die Meinung vertreten wird, daß die Abzinsung einer an sich
unterverzinslichen Forderung auch bei Nichtbankunternehmen unterbleiben kann
bzw. muß, wenn sich der Darlehensgeber zu gleich niedrigem oder noch niedrigerem Zinssatz refinanziert[31].

Nach Ansicht des Verfassers ist die zitierte Entscheidung nicht auf Produktions-
und Handelsunternehmen übertragbar[32]. Es widerspricht - zumindest im Hinblick
auf die Bilanzierung von Nichtbankunternehmen - dem Grundsatz der Einzelbewertung, den Zinssatz, der für die Refinanzierung der unverzinslichen bzw. niedrig
verzinslichen Forderung maßgeblich ist oder wäre, als Vergleichs- bzw. Rech-
nungszinssatz heranzuziehen[33], da Forderung und Verbindlichkeit zwei verschiedene Wirtschaftsgüter darstellen. Die Zurechnung von Finanzierungsaufwendungen zu konkreten Finanzinvestitionen ist zudem problematisch und letztlich lediglich eine Fiktion. Das Vorsichtsprinzip müßte im Zweifel zur Wahl der ungünstig-
sten Finanzierung mit dem höchsten Zinssatz führen, die überdies überverzinslich
sein könnte[34]. Dann aber würde die vereinbarte Verzinsung des Passivpostens

---

29 BFH I R 157/85, I R 145/86 vom 24.1.1990, BStBl II 1990, S. 639.

30 Zustimmend MATHIAK, Bilanzsteuerrecht, DStR 1990, S. 692. So auch bereits CLEMM,
    Verzinslichkeit, JDStJG 1984, S. 240 f.; HOHENLEITNER, Bewertung, DStZ 1988, S.
    430; H. MEYER, Zinsen 1985, S. 151-154. A.A. LEHMAN, Teilwertkonzept, DB 1990,
    S. 2486.

31 Siehe etwa die Ausführungen von HEINE (Ausleihungen, WPg 1967, S. 370), der auch
    bestimmte Finanzierungsfiktionen aufstellt. Für eine Orientierung an den Refinanzierungs-
    kosten (zumindest in bestimmten Fällen) auch A/D/S 1992, HGB § 253 Tz. 488; FAL-
    KENROTH, Unverzinslichkeit, NB 1958, S. 72; HARRER, Außenstände, WPg 1954, S.
    467; KROPFF in G/H/E/K 1973, AktG 1965 § 155 Anm. 49; VAN DER VELDE, Finan-
    zierungsmethoden, StbJb 1961/62, S. 391 f.

32 So auch BRENNER, Finanzanlagen, StbJb 1991/92, S. 103; DÖLLERER, Rechtspre-
    chung, ZGR 1991, S. 429; MATHIAK, Bilanzsteuerrecht, DStR 1990, S. 692.

33 So auch BFH I 60/57 U vom 1.4.1958, BStBl III 1958, S. 291. Gleicher Ansicht HEUER
    in H/H/R 1993, EStG § 6 Anm. 936; KARRENBAUER in HdR 1990, HGB § 253 Anm.
    48. Nach HUTZLER (Forderungen, AG 1964, S. 40) würde der (fiktive) Erwerber "bei
    der Wertfindung niemals Gründe gelten lassen, die allein mit der speziellen Eigenart des
    Betriebs in Verbindung stehen, also auch nicht Gründe der Refinanzierung".

34 EULER, Verlustantizipation, ZfbF 1991, S. 199 f.

sowohl für dessen eigenen Teilwert[35] als auch für die Bewertung der Forderung herangezogen.

Vielmehr ist vom Opportunitätsgedanken der mangelnden Verzinslichkeit auszugehen. Bei der Barwertermittlung muß es sich mithin um "denjenigen Zinsabschlag handeln, auf den der ordentliche Kaufmann wegen der Nichtexistenz einer monetären Gegenleistung verzichtet"[36]. Diese Sichtweise wird ohne weiteres bei börsengehandelten Forderungstiteln eingenommen und zwar unabhängig davon, ob sie zum Anlage- oder Umlaufvermögen gehören[37]. Der Börsenkurs einer festverzinslichen Schuldverschreibung ist jedoch so gut wie ausschließlich von der Zinsentwicklung vergleichbarer Alternativanlagen abhängig[38]. Wenn - aus betriebswirtschaftlicher bzw. investitionstheoretischer Sicht durchaus vertretbar - die Höhe des Kapitalisierungsfaktors von den konkreten Finanzierungskosten des betrachteten Unternehmens abhängen soll, so ist eine davon abweichende Behandlung bei börsengehandelten Titeln nicht erklärlich.

Überdies ist zu berücksichtigen, daß es sich bei Geldforderungen um Wirtschaftsgüter handelt, die "denselben Wert besitzen, gleichviel ob sie, zu einem Betriebsvermögen gehören oder nicht"[39] und es mithin nicht auf die Situation des Gläubigerunternehmens, sondern allein auf die voraussichtliche Realisierbarkeit der zu

---

35 Siehe nur L. SCHMIDT/GLANEGGER 1993, EStG § 6 Anm. 91.

36 MARX/RECKTENWALD, Ausleihungen, BB 1992, S. 1530. So auch CLEMM, Verzinslichkeit, JDStJG 1984, S. 223 ff.; HEUER in H/H/R 1993, EStG § 6 Anm. 936; LEMPENAU, Fragen, StbJb 1978/79, S. 183 f.; LUDEWIG, Forderungsbewertung, 1976, S. 144 f.; NOLTE, Wertberichtigung, DB 1964, S. 748 f.; PANKOW/GUTIKE in BBK 1990, HGB § 253 Anm. 411; SARX in BBK 1990, HGB § 253 Anm. 411; L. SCHMIDT/GLANEGGER 1993, EStG § 6 Anm. 87c; WASSERMANN, Zinsprobleme, BB 1979, S. 1601. Gleicher Ansicht - allerdings mit Rechtfertigung durch Abgrenzungs-, Vereinfachungs- und Objektivierungsüberlegungen - EULER, Verlustantizipation, ZfbF 1991, S. 199 f. Im Ergebnis auch OESTREICHER, Marktzinsänderungen, BB 1993, Beilage 12, S. 10. Siehe auch GROH, Bilanzsteuerrecht, StuW 1975, S. 346. Nach seiner Ansicht ist die Zinsfußbestimmung nur für den handelsrechtlichen beizulegenden Wert strittig, dagegen komme "für den steuerlichen Teilwert ... ohnehin nur dieser Zinssatz [Marktzins für Forderungen gleicher Fälligkeit] in Betracht" (ebenda; Klammerzusatz vom Verfasser). Ob Handels- und Steuerrecht insoweit unterschiedliche Wege gehen, kann hier dahingestellt bleiben.

37 SARX in BBK 1990, HGB § 253 Anm. 614.

38 Siehe auch oben, 2. Teil, 3. Kapitel, § 4, Punkt II, S. 150 f.

39 BFH III 133, 134/54 S vom 26.8.1955, BStBl III 1955, S. 278; BFH I 296/61 vom 17.4.1962, HFR 1962, S. 226. Zur Begründung ist darauf zu verweisen, daß es sich um Renditetitel handelt, bei denen ein Zusatzwert per definitionem nicht zu berücksichtigen ist (siehe aber unten, Punkt II, S. 476 ff.). A.A., zumindest für den Bereich der Kreditinstitute, HOHENLEITNER, Bewertung, DStZ 1988, S. 430.

bewertenden Forderung ankommt[40]. Dieser Anspruch kann nicht erfüllt werden, wenn auf die betriebsindividuellen Finanzierungsmöglichkeiten abgestellt wird.

y. Teilwertermittlung

Die konkrete Ermittlung des Teilwerts eines Rendite-Forderungstitels erfordert dann keine besonderen Berechnungen, wenn der Titel an der Börse gehandelt wird, da insoweit auf den Börsenkurs zurückgegriffen werden kann[41].

Wird der zu bewertende Rendite-Forderungstitel mit annahmegemäß unbedingten Leistungsverpflichtungen dagegen individuell gehandelt, so ist eine Barwertberechnung nach finanzmathematischen Grundsätzen vorzunehmen, die vom Grundsatz her bereits im zweiten Teil der Arbeit vorgestellt wurde[42]. Bei Fälligkeitsdarlehen ist danach der Kapitalbarwert, bei Tilgungsdarlehen der Rentenbarwert zu berechnen[43]. Kurzfristige Forderungen (insbesondere aus Lieferungen und Leistungen) können nach der einfachen Zinsformel abgezinst werden[44]. Für nominell unverzinsliche Titel wird i.d.R. ein Kurswert feststellbar sein[45].

Die Bestimmung der Laufzeit des Titels ist dann unproblematisch, wenn ein fester Tilgungstermin vereinbart wurde. In diesen Fällen ist der Diskontierungszeitraum eindeutig fixiert, es sei denn, der Gläubiger plant die Veräußerung des Titels. Steht die Laufzeit dagegen nicht fest, wie es insbesondere für Forderungen aus

---

40 JACOB, Steuerbilanzen, 1961, S. 183; ROSE, Forderungen, ZfB 1965, S. 114.

41 Dabei kann der Börsenkurs festverzinslicher Wertpapiere uneingeschränkt als Wertschätzer für den Teilwert herangezogen werden (siehe auch oben, 2. Teil, 3. Kapitel, § 4, Punkt II, S. 150 f.), diesbezügliche Probleme wie bei börsennotierten Aktien (Stichwort: Zufallskurse) existieren hier nicht. Siehe dazu sowie zum Problem der Berücksichtigung von Anschaffungsnebenkosten bei der Teilwertermittlung unten, Punkt III.A.1.a.α, S. 485 ff.

42 Siehe oben, 2. Teil, 3. Kapitel, § 1, Punkt II.A.2, S. 104 ff.

43 Siehe nur MARX/RECKTENWALD, Ausleihungen, BB 1992, S. 1530.

44 ROSE, Forderungen, ZfB 1965, S. 112. Zur Konstellation, daß eine zunächst normalverzinsliche Forderung später unterverzinslich wird oder umgekehrt vgl. ebenda, S. 120; siehe auch MARX/RECKTENWALD, Ausleihungen, BB 1992, S. 1530. Zu Sonderfällen hinsichtlich des zeitlichen Anfalls von Tilgungs- bzw. Entgeltzahlungen vgl. LANTAU, Schuld, BB 1954, S. 769-772; MARX/RECKTENWALD, a.a.O., S. 1530.

45 BECKMANN, Zerobonds, BB 1991, S. 941. Andernfalls ist der Teilwert als Barwert der noch ausstehenden Zahlungen unter Zugrundelegung des aktuellen Marktzinses zu ermitteln (ebenda). Zur Ermittlung des rechnerischen Werts vgl. KUSSMAUL, Null-Kupon-Anleihen, BB 1987, S. 1566.

Lieferungen und Leistungen zutrifft, ist das durchschnittliche Zahlungsziel zugrunde zu legen[46].

δ. Teilwertabschreibung und Rückstellungsbildung

Im Hinblick auf die Ermittlung des Kalkulationszinssatzes wurde unter anderem auf den Vorschlag eingegangen, auf die der Unternehmung entstandenen Zinsaufwendungen (Finanzierungskosten) abzustellen. Die damit unterstellte bilanzrechtliche Relevanz des Zusammenhangs zwischen (Finanz-) Investition einerseits und Finanzierung andererseits wurde jedoch für die Frage der bilanzsteuerlichen Bewertung des Wirtschaftsguts Forderung, Ausleihung usw. abgelehnt. Es ist zu prüfen, ob der Konnex zwischen dem "Absatz" von Kreditleistungen und der "Beschaffung" von Kreditmitteln bilanziell in der Weise berücksichtigt werden kann bzw. muß, daß ggf. eine Rückstellung für drohende Verluste zu bilden ist[47].

Nach der Rechtsprechung können Rückstellungen für drohende Verluste aus schwebenden Geschäften nicht nur für Absatz- und Beschaffungsgeschäfte, sondern auch für Dauerschuldverhältnisse gebildet werden[48]. GROH leitet hieraus die Notwendigkeit ab, die aus der Ausleihung von Geldern resultierenden (Zins-) Vorteile den Finanzierungsaufwendungen gegenüberzustellen; ein sich aus dieser Gegenüberstellung ergebender negativer Erfolgsbeitrag sei als Verlustrückstellung zu passivieren[49], allerdings nur dann, wenn eine Abwertung der Darlehensforde-

---

46 Siehe hierzu R. BAUER, Abzinsung, NB 1965, S. 14-16.

47 Die Frage wird in der Literatur vernachlässigt (siehe generell zu Überlassungsverträgen HERZIG, Rückstellungen, JDStJG 1991, S. 223). Werden Darlehensverhältnisse genannt, so wird regelmäßig auf eine explizite Behandlung verzichtet (siehe etwa W. MÜLLER, Verluste, BFuP 1987, S. 323; SARX, Verlustrückstellungen, 1985, S. 95). Eine vergleichbare Problematik besteht jedoch bei Banken hinsichtlich der bilanziellen Behandlung solcher Geldanlagefazilitäten, die mit im Zeitablauf steigenden Zinssätzen ausgestattet sind, sog. "Zuwachssparen" (vgl. hierzu HEUSSNER, Zinsrückstellungen, BB 1988, S. 2417-2428; KALVERAM, Zinsverpflichtungen, WPg 1990, S. 535-541; SCHEITERLE, Verzinsung, WPg 1983, S. 558-560; W. SCHOLZ, Bilanzierung, WPg 1973, S. 53-57); der BFH hat eine Rückstellungsbildung in diesen Fällen abgelehnt (BFH I R 115/91 vom 20.1.1993, BStBl II 1993, S. 373).

48 Vgl. insbesondere BFH VIII R 160/79 vom 19.7.1983, BStBl II 1984, S. 56. Für die Finanzverwaltung vgl. Abschnitt 31c Abs. 11 Satz 5 Nr. 3 EStR. Siehe aus der Literatur nur DÖLLERER, Rückstellungen, DStR 1987, S. 68. Die grundsätzlich ablehnende Auffassung BIENERS hat sich nicht durchgesetzt (vgl. BIENER, Verluste, 1988, S. 45-64).

49 GROH, Darlehen, StuW 1991, S. 299 f. Ähnliche Überlegungen wurden bereits von HAAS (Forderungsbewertung, WPg 1955, S. 249-251) angestellt, der aus dem Forderungsdelkredere die Finanzierungskosten ausscheiden und als Verlustrückstellung passivieren will. Siehe auch VAN DER VELDE (Finanzierungsmethoden, StbJb 1961/62, S. 409-411), der für eine "Rückstellung für Zinsunterschiede" eintritt.

rung aufgrund des gemilderten Niederstwertprinzips unterblieben ist[50]. Nach OESTREICHER besteht bei fehlender Veräußerungsabsicht des Forderungstitels steuerlich für Nichtbankunternehmen im Ergebnis ein Wahlrecht zwischen Darlehensabwertung und Rückstellungsbildung[51].

Nach Ansicht des Verfassers kann dieser Meinung - zumindest für die Bilanzierung von Nichtbankunternehmen - nicht gefolgt werden[52]. Zum einen ist darauf hinzuweisen, daß der Darlehensgläubiger im Gegensatz etwa zum Vermieter oder Verpächter Inhaber des genutzten Vermögens wird und es demzufolge zur Aktivierung der Darlehensforderung etc. kommt, während die übrigen Dauerrechtsverhältnisse bilanzunwirksame Geschäfte darstellen. Damit stellt sich zunächst die grundsätzliche Frage nach dem Verhältnis von aktivischer Abwertung einerseits und Verlustrückstellung andererseits. Von der h.M. wird mit dem Hinweis auf den Grundsatz der verlustfreien Bewertung der Korrektur auf der Aktivseite der Vorrang eingeräumt[53]. Folglich geht auch die Abschreibung des Forderungstitels der Rückstellungsbildung vor. Das Vorsichtsprinzip dürfte jedoch grundsätzlich eine Rückstellung erfordern, wenn die Wertminderung beim Finanz*anlage*vermögen nur vorübergehend ist und der Bilanzierende von seinem Abschreibungswahlrecht keinen Gebrauch macht[54].

Der Bildung einer Verlustrückstellung bei Darlehensverhältnissen begegnen jedoch auch in diesem Fall grundsätzliche Bedenken. Es ist allgemein anerkannt, daß der Bereich, innerhalb dessen Ansprüche und Verpflichtungen zur Ermittlung eines

---

50 Es ist allerdings zu berücksichtigen, daß der Maßzinssatz für die Prüfung einer Teilwertabschreibung ein (Alternativ-) Anlagezinssatz ist und damit im Regelfall unter den Refinanzierungskosten liegt. Denkbar wäre daher auch, eine Rückstellung immer dann zu bilden, wenn die Refinanzierungsaufwendungen die Zinserträge übersteigen, bei der Rückstellungsbewertung jedoch den durch die ggf. vorzunehmende Teilwertabschreibung "verbrauchten" Verlustbetrag in Abzug zu bringen (ähnlich in der Tat VAN DER VELDE, Finanzierungsmethoden, StbJb 1961/62, S. 409-411).

51 OESTREICHER, Marktzinsänderungen, BB 1993, Beilage 12, S. 8-10.

52 Im Ergebnis ebenfalls ablehnend BÖCKING, Bilanzrechtstheorie, 1988, S. 153; MARX/RECKTENWALD, Ausleihungen, BB 1992, S. 1528.

53 A/D/S 1992, HGB § 249 Tz. 77, m.w.N.; JÜTTNER, Imparitätsprinzip, 1993, S. 196 f.; SARX in BBK 1990, HGB § 253 Anm. 524. Die Problematik wurde im Hinblick auf die Konkurrenz von Teilwertabschreibungen und Rückstellungen *für ungewisse Verbindlichkeiten* in jüngerer Zeit von HERZIG aufgegriffen (vgl. HERZIG, Konkurrenz, WPg 1991, S. 610-619). Die dort erarbeiteten Grundsätze betreffen allerdings das Verhältnis von Realisations- und Imparitätsprinzip, während hier nicht nur die Teilwertabschreibung, sondern auch die Verlustrückstellung Ausfluß des Imparitätsprinzips ist (HERZIG, a.a.O.).

54 So auch, für das Konkurrenzverhältnis Teilwertabschreibung und Rückstellung für ungewisse Verbindlichkeiten, HERZIG, Konkurrenz, WPg 1991, S. 617.

drohenden Verlustes zu saldieren sind, nach dem Einzelbewertungsgrundsatz nur das einzelne schwebende Vertragsverhältnis umfaßt[55]. (Finanz-) Investitions- und Finanzierungsmaßnahmen haben ihre Ursache jedoch in zwei voneinander unabhängigen Vertragsverhältnissen. Allerdings stellt die h.M. insoweit nicht auf die kleinste zivilrechtlich isolierbare Einheit, sondern auf das sog. "bilanzrechtliche Synallagma" ab, so daß das (schwebende) Geschäft alle Ansprüche und Verpflichtungen umfaßt, die sich als Leistung und Gegenleistung gegenüberstehen und ein wirtschaftlich abgrenzbares Austauschverhältnis bilden[56]. Auch diese (wirtschaftliche) Betrachtungsweise hat jedoch das Erfordernis der Bestimmbarkeit zu beachten, wonach Aufwendungen und Erträge nach kaufmännischen Gesichtspunkten feststellbar sein müssen[57].

Das Erfordernis der Bestimmbarkeit ist hier nicht erfüllt[58]. Der Ansatz einer Verlustrückstellung macht die Gegenüberstellung der sich während der (Rest-) Laufzeit[59] der Finanzinvestition ergebenden Erträge zu den diesen zuzurechnenden Finanzierungsaufwendungen notwendig. Letztere können jedoch nicht hinreichend sicher bestimmt werden. So können keine Aussagen darüber getroffen werden, in welchem Umfang zukünftig eine Finanzierung durch Eigen- oder Fremdmittel erfolgt[60]. Darüber hinaus sind die Finanzierungskosten eines ggf. notwendig werdenden Anschlußkredits zu schätzen; fraglich ist dann nicht nur, ob dieser Kredit wiederum durch Eigen- oder Fremdkapital abgelöst wird und inwieweit die Investition durch das eine oder das andere finanziert wird, sondern auch, wie hoch

---

55 Siehe nur BFH VIII R 160/79 vom 19.7.1983, BStBl II 1984, S. 56.

56 HERZIG, Ganzheitsbetrachtung, ZfB 1988, S. 215. So auch A/D/S 1992, HGB § 249 Tz. 80; CLEMM/NONNENMACHER in BBK 1990, HGB § 249 Anm. 62.

57 BFH VIII R 134/80 vom 25.2.1986, BStBl II 1986, S. 788; BFH I R 68/87 vom 16.12.1987, BStBl II 1988, S. 339.

58 Im Ergebnis gleicher Ansicht OESTREICHER, Marktzinsänderungen, BB 1993, Beilage 12, S. 10. Die dort als Ausnahmefall angenommene Zuordnungsmöglichkeit von Darlehensforderung und Refinanzierung ist m.E. zu verneinen. Gleicher Ansicht für die erwähnten Anlageformen mit steigender Verzinsung bei Banken HEUSSNER, Zinsrückstellungen, BB 1988, S. 2423; KALVERAM, Zinsverpflichtungen, WPg 1990, S. 538.

59 Die Finanzverwaltung (vgl. Abschnitt 38 Abs. 5 Satz 1 EStR) und die h.M. in der Literatur ermitteln den rückstellungspflichtigen Verlust bei Dauerrechtsverhältnissen durch eine sog. Stichtagsbetrachtung, die ausschließlich auf die zukünftigen Leistungen und Verpflichtungen abstellt; nach der sog. Ganzheitsbetrachtung reicht der Schwebezustand dagegen in die Vergangenheit zurück und setzt bereits beim ursprünglichen Vertragsabschluß ein. Zur Darstellung des Meinungsstands vgl. A/D/S 1992, HGB § 249 Tz. 87-91; HERZIG, Ganzheitsbetrachtung, ZfB 1988, S. 216 f. Die Rechtsprechung ist nicht eindeutig (siehe die Nachweise bei L. SCHMIDT 1993, EStG § 5 Anm. 45c).

60 Dabei ist zu berücksichtigen, daß die Verlustrückstellung ausschließlich der Antizipation zukünftiger Verluste, dagegen nicht entgehender Gewinne dient (siehe nur BFH I R 68/87 vom 16.12.1987, BStBl II 1988, S. 339). Demzufolge können kalkulatorische Eigenkapitalkosten nicht berücksichtigt werden.

die Zinsbelastung der Fremdmittelaufnahme sein wird. Da diese Fragen nur mit Hilfe mehr oder weniger vager Fiktionen gelöst werden können[61], ist die Bildung einer Verlustrückstellung mangels ausreichender Bestimmbarkeit abzulehnen.

b. Bonitätsrisiko

α. Bonitätsrisiko und Teilwert

Ist ein Forderungstitel mit unbedingten Leistungsverpflichtungen normal verzinslich oder sofort fällig, so kommt eine Teilwertabschreibung regelmäßig nur dann in Betracht, wenn die Bonität des Schuldners negativ zu beurteilen ist[62]. Aus diesem Umstand erwachsen dem Gläubiger regelmäßig Aufwendungen. Es ist der Frage nachzugehen, inwieweit diese bei der Teilwertbestimmung berücksichtigt werden können.

Es ist allgemein anerkannt, daß ein vollständiger oder teilweiser Forderungsausfall als bestimmender Faktor für die Bemessung des Delkredere anzusehen ist[63]. Das Imparitätsprinzip verlangt dabei nicht nur die Berücksichtigung im Bilanzierungszeitpunkt feststehender, sondern auch vorhersehbarer Risiken und Verluste, die bis zur Bilanzaufstellung bekannt werden[64]. Danach muß ein Ausfall nicht notwendigerweise "feststehen", die Zahlungseinstellung oder Zahlungsunfähigkeit des Schuldners nicht notwendigerweise zu bejahen sein. Es ist vielmehr ausreichend, daß die Forderung zweifelhaft ist und ein Verlust mit einiger Wahrscheinlichkeit droht oder begründete Bedenken hinsichtlich der Zahlungsfähigkeit bestehen[65].

---

61 Auch GROH konzediert: "Sonderlich zuverlässig sind derartige Verlustrückstellungen nach allem nicht ..." (GROH, Darlehen, StuW 1991, S. 301).

62 Eine Ausnahme gilt für vom Schuldner möglicherweise in Anspruch genommene Skontobeträge. Vgl. hierzu BFH I 301/61 vom 20.3.1963, StRK EStG § 5 R. 356; BFH IV 117/65 vom 19.1.1967, BStBl III 1967, S. 337. Siehe auch ROHSE, Wertberichtigungen, StBp 1985, S. 198; H.J. SCHNEIDER, Delkredere, DB 1965, S. 754.

63 BFH I 60/57 U vom 1.4.1958, BStBl III 1958, S. 292; BFH VI 299/62 vom 8.4.1964, StRK EStG § 5 R. 356; BFH IV 392/61 vom 16.9.1964, HFR 1965, S. 108.

64 BUDDE/GEISSLER in BBK 1990, HGB § 252 Anm. 37. Allerdings dürfen wegen des Stichtagsprinzips lediglich wertaufhellende, nicht jedoch wertbeeinflussende Maßnahmen berücksichtigt werden (vgl. dazu LUDEWIG, Forderungsbewertung, 1976, S. 146-150, mit Literatur- und Rechtsprechungsnachweisen; siehe auch ROHSE, Wertberichtigungen, StBp 1985, S. 195 f.).

65 SARX in BBK 1990, HGB § 253 Anm. 565, mit Rechtsprechungsnachweisen.

458

Führt die Prognose der Schuldenbedienungsfähigkeit des Titelemittenten zu einem negativen Ergebnis, so ist bei der Teilwertbestimmung nicht nur die bonitätsbedingte Minderzahlung zu berücksichtigen. Vielmehr sind auch negative zeitliche Abweichungen aufgrund verspäteter Zahlungseingänge einzubeziehen, wie sie insbesondere bei nicht verzinsten umsatzinduzierten Forderungen (aus Lieferungen und Leistungen) auftreten[66]. Allerdings wird dem Zeitfaktor bereits durch eine entsprechende Abzinsung der Forderungen Rechnung getragen, wobei es gleichgültig ist, ob der zeitliche Abstand des Zahlungseingangs vom Bilanzstichtag von vornherein vereinbart oder vom Schuldner eigenmächtig beansprucht wird[67]. Zweckmäßigerweise wird die zu erwartende bonitätsbedingte Verspätung des Zahlungseingangs daher bereits bei der Abschätzung der Laufzeit berücksichtigt. Insoweit kann folglich auf die Ausführungen in Punkt a verwiesen werden. Dies gilt auch für die Wahl des Kalkulationszinssatzes, so daß auch im Fall verzögerter Zahlungseingänge nicht auf den dadurch möglicherweise verursachten "innerbetrieblichen Zinsverlust" abgestellt werden kann.

Ist ein vollständiger und pünktlicher Zahlungseingang nicht zu erwarten, so entstehen zusätzlich i.d.R. Mahn- und Beitreibungskosten. Soweit diese Kosten voraussichtlich nicht vom Schuldner ersetzt werden, sind sie bei der Teilwertbestimmung zu berücksichtigen[68]. Dagegen mindern die - unabhängig von der Bonitätssituation anfallenden - Aufwendungen für die Verwaltung der Forderungen als selbständige Betriebsvorgänge den Gewinn in dem Jahr, in dem der Aufwand anfällt[69].

Ergänzend sei darauf hingewiesen, daß das Ausfallrisiko auch einen Einfluß auf die Wahl des Maß- und Kalkulationszinssatzes ausübt. Zur Begründung ist darauf hinzuweisen, daß die insoweit zu verwendenden exogenen Marktzinssätze regelmäßig eine einwandfreie Bonität des Schuldners unterstellen. Da die Geldbeschaf-

---

66 Diesbezüglich wird verschiedentlich auch der Begriff "Verzögerungsrisiko" verwendet (FG Nürnberg I 139-141/58 vom 27.10.1960, EFG 1961, S. 246 (rkr); siehe auch HUTZLER, Forderungen, AG 1964, S. 63; H.J. SCHNEIDER, Delkredere, DB 1965, S. 753 f.; VAN DER VELDE, Finanzierungsmethoden, StbJb 1961/62, S. 384 f.).

67 ROSE, Forderungen, ZfB 1965, S. 108, m.w.N.

68 BFH I 301/61 vom 20.3.1963, StRK EStG § 5 R. 356; BFH IV 117/65 vom 19.1.1967, BStBl III 1967, S. 337. Aus der Literatur siehe DIEDERICH, Forderungen, FR 1955, S. 159; HUTZLER, Forderungen, AG 1964, S. 63; MEINCKE in L/B/M 1993, EStG § 6 Anm. 325; NOLTE, Wertberichtigung, DB 1964, S. 749; H.J. SCHNEIDER, Delkredere, DB 1965, S. 754.

69 BFH I 13/59 vom 22.3.1960, StRK EStG § 7 R. 62. So auch HEUER in H/H/R 1993, EStG § 6 Anm. 1500 "Einziehung der Forderung"; ROHSE, Wertberichtigungen, StBp 1985, S. 198. A.A. FALKENROTH, Unverzinslichkeit, NB 1958, S. 73. ZACHARIAS (Streitpunkte, StbJb 1963/64, S. 214) will für diese Kosten grundsätzlich eine Rückstellung bilden.

fungskosten jedoch regelmäßig eine Risikoprämie enthalten, ist diese bei der Zins-
fuß-Bemessung in den Kalkül einzubeziehen[70].

ß. Teilwertermittlung

Ist das Bonitätsrisiko als (teil-) wertmindernder Faktor anerkannt, so ist auf die
Frage einzugehen, in welcher Weise die Höhe der Wertminderung zu ermitteln ist.
Dabei wurde bereits an anderer Stelle darauf hingewiesen, daß in bestimmten Fällen nicht jeder schuldrechtliche Anspruch einzeln zu bewerten ist, sondern ggf.
auch eine Vielzahl von Forderungstiteln pauschal bewertet werden kann[71]. Da jedoch auch der Ansatz einer Pauschalwertberichtigung steuerlich eine Bewertung
zum Teilwert darstellt[72], ergeben sich aus der Wahl der Wertermittlungsmethode
keine grundsätzlichen Unterschiede.

In Punkt α wurde ausgeführt, daß die Vornahme einer Teilwertabschreibung nicht
einen endgültigen und sicheren Forderungsausfall voraussetzt, sondern daß es genügt, wenn die Forderung zweifelhaft ist und ein Verlust mit einiger Wahrscheinlichkeit droht. Notwendig ist folglich eine Abschätzung der Schuldenbedienungsfähigkeit des Titelemittenten. Damit stellt sich das bereits im zweiten Teil der Arbeit
angesprochene Prognoseproblem; insoweit kann auf die dortigen Ausführungen
verwiesen werden[73]. Die Prognose wird bilanzrechtlich dadurch erschwert, daß
eine Teilwertabschreibung nach h.M. nur die sog. speziellen Kreditrisiken ab-
deckt, während dem allgemeinen Kreditrisiko durch eine - nur handelsrechtlich
zulässige[74] - Abschreibung auf den niedrigeren Zukunftstagewert i.S.d. § 253
Abs. 3 Satz 3 HGB Rechnung getragen werden kann[75].

---

70 Siehe dazu oben, 2. Teil, 3. Kapitel, § 1, Punkt II.A.2.b, S. 106 ff. Es ist dafür Sorge zu
    tragen, daß das Bonitätsrisiko auf diese Weise nicht doppelt berücksichtigt wird.

71 Siehe oben, § 1, Punkt II.B.3.b, S. 345 ff.

72 BFH IV 73/63 vom 17.8.1967, BStBl II 1968, S. 79.

73 Siehe oben, 2. Teil, 3. Kapitel, § 2, Punkt II.A.1.a, S. 115 ff.

74 KARRENBAUER in HdR 1990, HGB § 253 Rn. 166; SARX in BBK 1990, HGB § 253
    Anm. 561. Siehe auch bereits oben, § 1, Punkt IV.A, S. 381, Fn. 250.

75 A/D/S 1992, HGB § 253 Tz. 489; SARX in BBK 1990, HGB § 253 Anm. 560. Der Be-
    griff des allgemeinen Kreditrisikos wurde in § 152 Abs. 6 Satz 1 AktG 1965 verwendet.
    Die   entsprechende   -   auf   der   Passivseite   gesondert   auszuweisende   -
    "Pauschalwertberichtigung" war auch während der Geltungszeit des AktG 1965 zu unter-
    scheiden von der pauschal ermittelten Wertberichtigung wegen spezieller Risiken. Vgl.
    hierzu auch A/D/S 1968, AktG 1965 § 152 Tz. 85; LUDEWIG, Forderungsbewertung,
    1976, S. 151 f.; STORN, Bemessung, WPg 1975, S. 131-139.

Im Hinblick auf das spezielle Kreditrisiko ist eine Einschätzung der Aus-
fallwahrscheinlichkeit vorzunehmen. Dabei ist - sowohl aus betriebswirtschaftlicher als auch aus bilanzrechtlicher Sicht - darauf hinzuweisen, daß letztlich
die *zukünftigen* Verhältnisse ausschlaggebend sind[76]. Allerdings müssen und können die Erfahrungen der Vergangenheit als Anhaltspunkt zu Rate gezogen werden.
Die insoweit anzustellenden Überlegungen sollen mit Hilfe von Abbildung 41 verdeutlicht werden (siehe Folgeseite).

Die bei der Einschätzung des Bonitätsrisikos zu berücksichtigenden Einflußfaktoren werden hier danach differenziert, ob dem Gläubiger die diesbezüglichen Erkenntnisse bereits bei Abschluß des Vertrags über den Forderungstitel vorlagen oder erst später bekannt wurden.

(1) Erkenntnisse vor Vertragsschluß

Im Hinblick auf die vorvertraglichen Erkenntnisse sind bestimmte betriebskonstitutionsbezogene Eigenschaften des Schuldners[77], Sicherungsrechte sowie dem Gläubiger ggf. zustehende Informations- und Einwirkungsrechte[78] relevant.

---

76 Siehe die Nachweise bei SARX in BBK 1990, HGB § 253 Anm. 588. Zur diesbezüglichen
    Kritik an der Vorgehensweise der Finanzverwaltung vgl. GEISLER, Bewertung, DB 1961,
    S. 1592; STORN, Bemessung, WPg 1975, S. 133 f.

77 Siehe hierzu oben, 2. Teil, 2. Kapitel, § 2, Punkt I.A, S. 47 ff.

78 Auf diesen Aspekt wird gesondert in Punkt B eingegangen werden (siehe unten, S. 472 f.).

461

Abbildung 41

Bonitätsbeurteilung bei Forderungstiteln

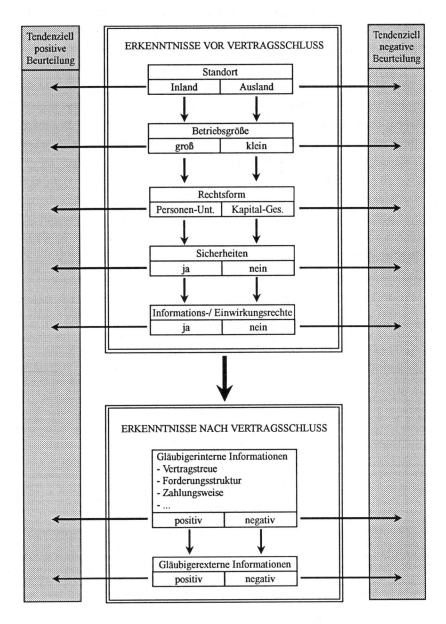

Hinsichtlich der betriebskonstitutionsbezogenen Eigenschaften des Schuldners ist zunächst von Interesse, ob dessen Standort im Inland oder im Ausland belegen ist. Insoweit ist insbesondere auf die bei grenzüberschreitenden Kreditbeziehungen bestehenden Informationsprobleme sowie Schwierigkeiten bei der Anspruchsdurchsetzung hinzuweisen[79], die für Auslandsforderungen eine vorsichtigere Beurteilung notwendig machen[80]. Darüber hinaus ist die Bonität großer Konzerne tendenziell günstiger zu beurteilen als die von Klein- oder Kleinstunternehmen[81]. Allgemein gesprochen kann damit auch die Betriebsgröße als Anhaltspunkt für die Schätzung des Ausfallrisikos dienen. Des weiteren sind Ansprüche gegen Unternehmen, deren Trägerhaftung der Höhe nach beschränkt ist, wie dies insbesondere für Kapitalgesellschaften zutrifft[82], ceteris paribus ungünstiger zu beurteilen als Forderungen gegenüber Personenunternehmen, da dem Gläubiger im erstgenannten Fall per definitionem kein unternehmensexternes Kapital als Haftungsbasis zur Verfügung steht. Dieser Nachteil kann allerdings durch - bilanziell berücksichtigungsfähige[83] - Sicherheiten ausgeglichen werden, die das Ausfallrisiko - selbstverständlich auch in anderen Fällen - verringern[84]. Insoweit ist allerdings stets das Besicherungsrisiko in den Kalkül einzubeziehen.

---

79 Vgl. HARTUNG, Kurssicherung, RIW 1990, S. 640; VON WESTPHALEN, Bewertung, BB 1982, S. 718. Insoweit wird auch der Begriff "Adressenrisiko" verwendet (LUCKEY, Länderrisiken, 1987, S. 291; SCHOBERT, Auslandsforderungen, StBp 1986, S. 74); die Folge ist eine geringere Prognosesicherheit sowie eine andere Qualität des Besicherungsrisikos (siehe auch den Hinweis bei JUNGA/TUSSING, Praxis, StBp 1991, S. 65).

80 So auch GEISLER, Bewertung, DB 1961, S. 1591; HEUER in H/H/R 1993, EStG § 6 Anm. 22; SARX in BBK 1990, HGB § 253 Anm. 586. Siehe auch den Hinweis in BFH IV R 61/73 vom 19.1.1978, BStBl II 1978, S. 298.

81 H.J. SCHNEIDER, Delkredere, DB 1965, S. 753.

82 Die gleiche Beurteilung trifft für Personengesellschaften zu, wenn letztlich die Haftung aller Träger beschränkt ist, wie dies insbesondere für die GmbH & Co. KG zutrifft.

83 Siehe dazu oben, § 1, Punkt III.C.3, S. 351 ff. Eine Abschreibung hat auch zu unterbleiben, wenn und insoweit der Gläubiger eine aufrechenbare betriebliche Verbindlichkeit gegenüber dem Schuldner hat (BFH IV 215/65 vom 30.9.1965, BStBl III 1965, S. 686). Ist die Verbindlichkeit allerdings privater Natur, steht die Aufrechenbarkeit einer Teilwertabschreibung nicht entgegen (SARX in BBK 1990, HGB § 253 Anm. 575).

84 IDW, WP-Handbuch I, 1992, S. 1203. Eine durch Wechsel gesicherte Forderung soll jedoch grundsätzlich nicht sicherer sein als eine gewöhnliche Forderung (RFH VI A 1483-1485/30 vom 28.10.1931, RStBl 1932, S. 144; DIEDERICH, Forderungen, FR 1955, S. 159; ZACHARIAS, Streitpunkte, StbJb 1963/64, S. 217). Dem kann m.E. nicht zugestimmt werden. Außer acht gelassen wird dabei die wechselrechtliche Strenge des Art. 17 WG, insbesondere die Loslösung von dem zugrunde liegenden Rechtsgeschäft, mit der Folge, daß Einwendungen aus dem Grundgeschäft nicht geltend gemacht werden können. Dies gilt erst recht, wenn Indossanten zwischengeschaltet werden, da jeder Indossant die Haftung für die Wechseleinlösung übernimmt (Art. 15 WG). Darüber hinaus ist auf die höhere Fungibilität einer Wechselforderung hinzuweisen (siehe dazu unten, Punkt C.1, S. 473 ff.). Der These, es gebe "keinen bewertungsrechtlichen Unterschied zwischen ... Buch- und Wechselforderungen" (SCHÖNNENBECK, Abzinsung, NB 1960, S. 52), ist daher keinesfalls zu folgen.

(2) Erkenntnisse nach Vertragsschluß

Die genannten vorvertraglichen Erkenntnisse allein werden regelmäßig nicht zur Folge haben, daß die Existenz eines akuten Risikos zu bejahen und damit eine Einzelwertberichtigung erforderlich ist, da andernfalls die Kreditgewährung im allgemeinen unterblieben wäre[85]. Die Risikosituation kann sich jedoch aufgrund später eintretender Ereignisse verändern. Dabei können die diesbezüglichen Informationen zum einen aus der Geschäftsverbindung mit dem Schuldner ("gläubigerintern") oder aus anderen Quellen ("gläubigerextern") gewonnen werden.

Zu den relativ problemlos zu beurteilenden *gläubigerinternen* Einflußfaktoren zählt die Feststellung der Vertragstreue des Schuldners[86]. Es ist insbesondere zu prüfen, ob und in welchem Umfang Forderungsausfälle, Zielüberschreitungen[87] oder andere Abweichungen von den getroffenen Vereinbarungen[88] vorliegen und welche Reaktionen auf entsprechende Gegenmaßnahmen (z.B. Mahnungen) zu beobachten sind[89].

Darüber hinaus ist auch die Forderungsstruktur sowie die Zahlungsweise zu analysieren. So ist eine Vielzahl kleinerer Forderungen positiver zu beurteilen als wenige große, sind im Zeitablauf wachsende Außenstände eines Schuldners kritisch zu untersuchen[90]. Im Hinblick auf die - sich im Rahmen der Vereinbarungen haltende - Zahlungsweise kann etwa der Verzicht auf den Skontoabzug und damit die Inanspruchnahme eines (teuren) Lieferantenkredits ein Indiz für einen Liquiditätsengpaß darstellen.

Die Beschaffung und Auswertung *gläubigerexterner* Informationen gestaltet sich bei Nichtbankunternehmen häufig schwierig, insbesondere dann, wenn der Kreis der Schuldner umfangreich und heterogen zusammengesetzt ist. Erfährt der Gläu-

---

85 Etwas anderes kann gelten, wenn zwischen Gläubiger und Schuldner eine Interessenverflechtung besteht (siehe dazu unten, Punkt II.B, S. 480 ff.).

86 Siehe hierzu die Übersicht bei REICHE, Forderungen, BB 1993, S. 1247-1250.

87 GRIEGER, Forderung, BB 1962, S. 952; IDW, WP-Handbuch I, 1992, S. 1203; H.J. SCHNEIDER, Delkredere, DB 1965, S. 753.

88 So etwa willkürliche Skontoabzüge oder Abrundungen (siehe hierzu und zu weiteren Beispielen HUTZLER, Forderungen, AG 1964, S. 63).

89 Vgl. hierzu insbesondere IBERT/KUXDORF, Schätzung, WPg 1985, S. 218-223; PUCKLER, Forderungsbewertung, WPg 1986, S. 415 f. Siehe auch die nach Mahnstufen und Alter der Forderung gestaffelte Übersicht bei PFLEGER, Bilanzpolitik, 1988, S. 323. Zu Besonderheiten bei Forderungen aus wiederkehrenden Bezügen vgl. FRÜCHTNICHT, Wertberichtigung, WPg 1973, S. 293 f.; ZIEGLER, Forderungen, StBp 1973, S. 267 f.

90 IDW, WP-Handbuch I, 1992, S. 1203.

biger von der Eröffnung des Konkurs- oder Vergleichsverfahrens oder von Zahlungsbefehlen, erfolglosen Pfändungen und ähnlichen Zwangsmaßnahmen, so darf nach der allgemeinen Lebenserfahrung aus diesen Umständen die Annahme eines Forderungsausfalls hergeleitet werden[91].

Die aufgeführten - vor und nach Vertragsschluß gewonnenen - Erkenntnisse können lediglich einen Anhaltspunkt für die Einschätzung des Ausfallwagnisses geben. Letztlich führt kein Weg an einer Einzelfallbetrachtung vorbei. Dabei ist grundsätzlich die Beurteilung des Bilanzierenden maßgebend, soweit sie objektiv durch die Gegebenheiten des Unternehmens gestützt wird und nicht offensichtlich unrichtig oder willkürlich ist[92]. Wird für eine Gruppe umsatzinduzierter Forderungen eine Pauschalbewertung vorgenommen, so kann der Betrag der Pauschalwertberichtigung mit einem geschätzten Prozentsatz der ausstehenden Summe der Forderungen, für die noch keine Einzelwertberichtigung vorgenommen wurde[93], angesetzt werden[94]. Auch hinsichtlich der Bemessung des Pauschaldelkrederesatzes ist auf die Verhältnisse des Einzelfalles abzustellen. Die Finanzverwaltung[95] erkennt im allgemeinen ein dem Grunde nach berechtigtes Pauschaldelkredere zur Abgeltung des Ausfallwagnisses, der Mahn- und Beitreibungskosten sowie des Zinsverlustes bis zu 3 % der Forderungen ohne nähere Prüfung an[96].

---

91 BFH I 10/63 vom 31.8.1965, StRK EStG § 6 Abs. 1 Nr. 2 R. 185.

92 BFH I 60/57 U vom 1.4.1958, BStBl III 1958, S. 291; BFH IV 117/65 vom 19.1.1967, BStBl III 1967, S. 336.

93 Siehe oben, § 1, Punkt II.B.3.b, S. 345 ff. Allerdings ist es *handelsrechtlich* m.E. sehr wohl zulässig - und nicht "abwegig" (so M. SÖFFING in L/S/B 1993, EStG § 6 Anm. 822) - , die bereits einzelwertberichtigten Forderungen in die Bemessungsgrundlage der im Hinblick auf das *allgemeine* Kreditrisiko pauschal wertzuberichtigenden Forderungen einzubeziehen (vgl. DOMEIER JR., Einbeziehung, WPg 1973, S. 320-323). Daß es sich hierbei um einen "Ergänzungstatbestand" und nicht um einen "Ersatztatbestand" handelt (LUDEWIG, Forderungsbewertung, 1976, S. 150-152), ergibt sich - zumindest nach Inkrafttreten des Bilanzrichtliniengesetzes - daraus, daß die Berücksichtigung des allgemeinen Kreditrisikos, wie oben gezeigt, einen Anwendungsfall der Abschreibung nach § 253 Abs. 3 Satz 3 HGB darstellt, die nicht alternativ, sondern kumulativ zur "eigentlichen" Abschreibung nach § 253 Abs. 3 Satz 1 oder 2 HGB vorzunehmen ist.

94 SARX in BBK 1990, HGB § 253 Anm. 585.

95 FinMin NRW S 1540 - 25 - VA 1 / O 2000 - 3 - II C 2 vom 4.3.1980, StEK AO 1977 § 194 Nr. 2 Tz. 3.144.

96 Dabei soll hinsichtlich des Ausfallwagnisses der ausstehende Betrag excl. Umsatzsteuer die Bemessungsgrundlage darstellen (BFH IV R 89/80 vom 16.7.1981, BStBl II 1981, S. 766). Die Entscheidung ist nicht unbedenklich, da damit letztlich eine Saldierung mit Ansprüchen gegenüber dem Finanzamt vorgenommen wird (vgl. A. GÜLDENAGEL, Umsatzsteuer, DB 1972, S. 1043 f.; REICHEL, Mehrwertsteuer, Inf 1972, S. 343). Soweit die Wertberichtigung jedoch Zinsverluste sowie Mahn- und Beitreibungskosten abdekken soll, ist der Bruttobetrag der Forderung zugrunde zu legen (OFD Düsseldorf S 1471 A - 129/71 - St 41 H vom 12.7.1971, DB 1971, S. 1387). Geplant ist eine Absenkung des Delkrederesatzes auf 1 % (RENDELS, Schwerpunkte, DStR 1993, S. 1094).

2. Bedingte Leistungsverpflichtungen

Sind die Leistungsverpflichtungen des Emittenten eines Forderungstitels bedingter Natur, so sind über die Einflußfaktoren Verzinslichkeit und Bonität eine Reihe zusätzlicher Gesichtspunkte zu beachten. Dabei kann danach differenziert werden, ob Entgelt- und/oder Tilgungszahlungen von der wirtschaftlichen Lage, Entscheidungen des Schuldners, Vertragsverletzungen des Schuldners oder von äußeren Einflüssen abhängig sind[97]. Im Hinblick auf die wirtschaftliche Lage soll nachfolgend auf das Ertragsrisiko (Punkt a), bezüglich bestimmter Entscheidungen des Schuldners auf das Kündigungsrisiko eingegangen werden (Punkt b), während das nach einer Vertragsverletzung des Schuldners relevant werdende Besicherungsrisiko bereits bei der Diskussion bonitätsbedingter Wertminderungen angesprochen wurde. Im Zusammenhang mit äußeren Einflüssen stehen schließlich das Wechselkursrisiko (Punkt c) sowie das Länderrisiko (Punkt d).

a. Ertragsrisiko

Das Ertragsrisiko spielt bei Forderungstiteln dann eine Rolle, wenn die Höhe des Entgelts nicht fest vereinbart wurde, sondern von der Gewinnsituation des Schuldner-Unternehmens abhängig ist. Dies trifft insbesondere für partiarische Darlehen sowie bilanzrechtlich gleich zu beurteilende typische stille Beteiligungen zu. Insoweit gilt jedoch grundsätzlich das gleiche wie bei Beteiligungen an Kapitalgesellschaften[98]. Auf die entsprechenden Ausführungen wird daher verwiesen[99].

b. Kündigungsrisiko

Die Bedeutung eines Schuldner-Kündigungsrechts für den Teilwert eines Forderungstitels wird in der Literatur, soweit ersichtlich, nicht problematisiert. Es kann jedoch nicht zweifelhaft sein, daß ein gedachter Erwerber diesen Umstand bei seinen Preisvorstellungen berücksichtigen würde. Problematisch ist allein die Quantifizierung der dadurch verursachten Wertminderung, wenn der Titel nicht an der Börse gehandelt wird. Insoweit kann auf die Ausführungen im zweiten Teil der

---

[97] Siehe oben, 2. Teil, 2. Kapitel, § 2, Punkt II.C.2.a, S. 66 ff.

[98] HEUER in H/H/R 1993, EStG § 6 Anm. 838. Muß der stille Gesellschafter ausnahmsweise den Verlust durch Einzahlung decken, so hat er eine entsprechende Verbindlichkeit - ggf. mit einem geschätzten Betrag - zu passivieren (ebenda).

[99] Siehe dazu unten, Punkt III, S. 484 ff.

Arbeit verwiesen werden[100]. Danach wird der Schuldner für ein ihm eingeräumtes Kündigungsrecht regelmäßig eine Prämie in Form einer höheren Verzinsung zahlen müssen. Bei der Teilwertermittlung kann diesem Umstand dadurch Rechnung getragen werden, daß der für unbedingte Leistungsverpflichtungen ermittelte Maß- und Kalkulationszinssatz entsprechend erhöht wird.

c. Wechselkursrisiko

Ist ein Forderungstitel in Fremdwährung denominiert, so besteht nicht nur im Erwerbszeitpunkt, sondern auch zu jedem folgenden Bilanzstichtag, an dem der Anspruch noch besteht, die Notwendigkeit einer Umrechnung in heimische Währung[101]. Hat sich dabei eine negative Wechselkursentwicklung ergeben, so ist im Grundsatz völlig unstreitig, daß dieser Umstand bei der Teilwertermittlung berücksichtigt werden muß[102]. Fraglich ist allerdings, welcher Kurs zugrundezulegen ist.

Die Wahl der Umrechnungsrate macht eine Prognose der zukünftigen Kursentwicklung notwendig, da aus Sicht des gedachten Erwerbers insoweit der Zeitpunkt entscheidend ist, in dem der Fremdwährungsbetrag voraussichtlich eingehen wird[103]. Von Teilen der Literatur wird daher gefordert, eine Umrechnung zu dem jeweiligen Terminkurs vorzunehmen, der am Bilanzstichtag - zumindest für Standardwährungen - bekannt ist[104].

Dieser Ansicht ist nicht zu folgen. In der Praxis spielt für die Bildung des Terminkurses bei frei konvertierbaren Währungen das Zinsgefälle zwischen den beiden betroffenen Währungen auf dem nicht durch nationale Einschränkungen eingeengten Markt, dem sog. Euromarkt, die entscheidende Rolle. Die Terminkurse wer-

---

100 Siehe oben, 2. Teil, 3. Kapitel, § 2, Punkt II.A.1.b.(2), S. 117 f.

101 Handelt es sich um eine Doppelwährungsanleihe, so besteht die Umrechnungsnotwendigkeit jedoch lediglich entweder zum Erwerbszeitpunkt oder zum Bilanzstichtag.

102 Siehe nur LANGEL, Bewertungsfragen, StbJb 1979/80, S. 297; SARX in BBK 1990, HGB § 253 Anm. 605. Relevant sind ausschließlich Wechselkursrisiken, während Wechselkurschancen aufgrund des Realisationsprinzips nicht zu einer Höherbewertung führen dürfen (ebenda).

103 Sind titelinduzierte Zahlungen zu mehreren Zeitpunkten zu erwarten, wie es bei Darlehen mit periodischen Zinszahlungen regelmäßig der Fall ist, so sind mehrstufige Prognosen anzustellen (siehe dazu BURKHARDT, Fremdwährungsgeschäfte, 1988, S. 97-100).

104 LEMPENAU, Fragen, StbJb 1978/79, S. 184 f.; RÄDLER, Ausland, StbJb 1975/76, S. 454.

den nicht in erster Linie durch Angebot und Nachfrage auf dem Terminmarkt, sondern durch die Zinsdifferenzen auf den jeweiligen Geldmärkten bestimmt[105]. Es ist nicht nachvollziehbar, weshalb dem Terminkurs ein höheres Maß an Objektivität und Nachprüfbarkeit zukommen soll als dem Kassakurs, da sich beide im wesentlichen - gleiche Geldmarktzinssatz-Differenzen vorausgesetzt - gleich entwickeln[106]. Folglich ist bei der Prognose grundsätzlich von Kassakursen - genauer: von Geld-Kassakursen[107] - auszugehen[108].

Mit der Festlegung auf den Kassakurs ist jedoch "ein Kernproblem bei der Bewertung von Fremdwährungsforderungen"[109] noch nicht gelöst. Fraglich ist nämlich, welche Bedeutung die zwischen Bilanzstichtag und Bilanzerstellung auftretenden Kursänderungen für den steuerlichen Teilwert haben. Grundsätzlich ist davon auszugehen, daß Kursveränderungen nach dem Bilanzstichtag nicht als wertaufhellende Tatsachen anzusehen sind und somit bei der Bewertung keine Rolle spielen, da "schon der Wechselkurs am 2. Januar ... ein Ereignis des neuen Jahres [ist], so daß er für die Bilanzierung zum 31. Dezember unberücksichtigt bleiben muß"[110]. Liegen jedoch am Bilanzstichtag konkrete Anzeichen für eine Kursveränderung vor und tritt eine solche später auch tatsächlich ein, so sollen Kursveränderungen nach dem Stichtag als wertaufhellende Tatsache zu beurteilen sein mit der zwingenden Konsequenz der Berücksichtigung bei der Bewertung am Stichtag[111]. Es wird jedoch auch die Meinung vertreten, daß Wechselkursände-

---

105 LIPFERT, Devisenhandel, 1992, S. 106-109; WERMUTH/OCHYNSKI, Strategien, 1987, S. 75 ff. Der von SCHNICKER (Bewertung, WPg 1978, S. 325-331, m.w.N.) vertretenen Auffassung, entscheidender Bestimmungsfaktor der Kursbildung auf dem Divisenterminmarkt sei der Außenhandel, kann - zumindest unter heutigen Verhältnissen - nicht gefolgt werden.

106 GROH, Bilanzierung, DB 1986, S. 870. Vgl. auch A/D/S 1992, HGB § 253 Tz. 87; FINNE, Doppelbesteuerung, 1991, S. 98, 101 f.; LANGENBUCHER in HdR 1990, Kapitel II, Rn. 434. Siehe auch die Ergebnisse empirischer Untersuchungen bei WENTZ, Bewertungsmaßstäbe, WPg 1979, S. 252-257; WLECKE, Währungsumrechnung, 1989, S. 143-150.

107 FINNE, Doppelbesteuerung, 1991, S. 104; GROH, Bilanzierung, DB 1986, S. 870; H. GÜLDENAGEL, Wechselkurse, DB 1970, S. 1148; LANGENBUCHER in HdR 1990, Kapitel II, Rn. 436; SARX in BBK 1990, HGB § 253 Anm. 604; TUBBESING, Bilanzierungsprobleme, ZfbF 1981, S. 813; WLECKE, Währungsumrechnung, 1989, S. 229.

108 Zu - von der Finanzverwaltung akzeptierten - Vereinfachungsverfahren bei umfangreichen Forderungsbeständen vgl. SCHLICK, Bewertung, DStR 1993, S. 255 f.

109 LANGEL, Bewertungsfragen, StbJb 1979/80, S. 297.

110 TUBBESING, Bilanzierungsprobleme, ZfbF 1981, S. 811; Klammerzusatz vom Verfasser. Siehe auch A/D/S 1992, HGB § 253 Tz. 90; LANGEL, Bewertungsfragen, StbJb 1979/80, S. 282; LANGENBUCHER in HdR 1990, Kapitel II, Rn. 445.

111 LANGEL, Bewertungsfragen, StbJb 1979/80, S. 299; LANGENBUCHER in HdR 1990, Kapitel II, Rn. 445; SCHÄFER, Forderungen, 1977, S. 133 f. So auch bereits RFH VI 717/38 vom 7.12.1938, RStBl 1939, S. 196. Ähnlich BFH IV R 61/73 vom 19.1.1978,

rungen ausschließlich das Ergebnis von wirtschaftlichen Prozessen des jeweiligen Zeitraumes seien[112].

Nach Ansicht des Verfassers berücksichtigt die strenge Stichtagsbetrachtung nicht in genügendem Maße, daß für den gedachten Erwerber der Forderung nicht der Umrechnungskurs zum Bilanzstichtag, sondern zum Rückzahlungszeitpunkt entscheidend ist. Fraglich kann daher nur sein, ob der Kurs zum Bilanzstichtag oder eine Vorhersage im Einzelfall den verläßlicheren Schätzer darstellt. Aufgrund der ungenügenden Ergebnisse selbst professioneller Prognoseverfahren[113] - zumindest bei Hartwährungen[114] - und des Objektivierungserfordernisses[115] sollte dabei grundsätzlich der Stichtagskurs zugrundegelegt werden. Den wesentlichsten Ausnahmefall dürften dabei solche Währungen darstellen, die im Verhältnis zur heimischen Devise nicht frei floaten, sondern in ein System fester oder stufenflexibler Wechselkurse eingebunden sind: Ist bereits am Bilanzstichtag abzusehen, daß nach diesem Termin ein Realignment stattfinden wird und wird ein solches bis zur Bilanzaufstellung tatsächlich durchgeführt, so ist die bessere Erkenntnis bei der Bewertung im alten Jahr zu berücksichtigen, da für das ökonomisch "richtige" Umtauschverhältnis nicht die Einschätzung des Marktes vorliegt[116]. In einem System freier Wechselkurse dürfte die Wechselkursentwicklung im Wertaufhellungszeitraum dagegen (bei Hartwährungen) im wesentlichen für die Frage der Abgrenzung der vorübergehenden von der dauernden Wertminderung[117] sowie für eine eventuelle - steuerlich allerdings unzulässige - Abschreibung auf den niedrigeren Zukunftstagewert i.S.d. § 253 Abs. 3 Satz 3 HGB[118] in Betracht kommen[119].

BStBl II 1978, S. 298; das Urteil ist m.E. auch bilanzsteuerlich einschlägig (a.A. GROH, Bilanzierung, DB 1986, S. 870, Fn. 10; wie hier HARTUNG, Wechselkursrisiko, RIW 1990, S. 999).

112   GROH, Bilanzierung, DB 1986, S. 870; MÜLLER-DOTT, Auslandsbeteiligungen, StbJb 1988/89, S. 179; STRUNZ, Bilanzierung, DStR 1979, S. 74; TUBBESING, Bilanzierungsprobleme, ZfbF 1981, S. 811. Für eine ausnahmslose Orientierung am Kurswert noch RFH I A 97/34 vom 4.9.1934, RStBl 1934, S. 1366.

113   Siehe die Nachweise bei WLECKE, Währungsumrechnung, 1989, S. 143 f.

114   Eine negative Wechselkursentwicklung bei Weichwährungen, die bspw. in Hochinflationsländern Südamerikas anzutreffen sind, ist dagegen vergleichsweise gut prognostizierbar (siehe die Nachweise bei WLECKE, Währungsumrechnung, 1989, S. 143).

115   Siehe auch den Hinweis bei DIEDERICH, Forderungen, FR 1955, S. 162.

116   Diese Konstellation wird auch von TUBBESING (Bilanzierungsprobleme, ZfbF 1981, S. 812) als Ausnahme zugelassen. Siehe auch HAVERMANN, Aufwertung, WPg 1961, S. 202. Nach STRUNZ (Bilanzierung, DStR 1979, S. 74) soll es sich insoweit um einen Anwendungsfall des § 155 Abs. 3 Nr. 1 AktG 1965 (entspricht § 253 Abs. 3 Satz 3 HGB) handeln; siehe dazu weiter unten im Text.

117   Siehe dazu oben, § 1, Punkt IV.B.2, S. 385 ff.

118   LANGENBUCHER in HdR 1990, Kapitel II, Rn. 446 f. Siehe auch, zum Vorläufer dieser Regelung in § 152 Abs. 3 Nr. 1 AktG 1965, SCHNICKER, Bewertung, WPg 1978, S.

Schließlich ist zu beachten, daß für die Abzinsung von Fremdwährungsforderungen nicht der inländische, sondern der ausländische fristadäquate Marktzinssatz heranzuziehen ist[120]. Demnach ist die Forderung mit dem Auslandszinsfuß abzuzinsen und der so errechnete Barwert in heimische Währung umzurechnen[121]. Folglich kann eine etwaige positive Differenz des ausländischen zum inländischen Zinsniveau nicht - in Form eines unmittelbaren passiven Nachteilsausgleichs - zum Ausgleich eines Währungsverlustes herangezogen werden[122].

d. Länderrisko

Es ist im Grundsatz unstreitig, daß das sog. Länderrisiko bei der Teilwertermittlung von Auslandsforderungen zu berücksichtigen ist, da für eine Abweichung der tatsächlichen von den erwarteten Zahlungseingängen nicht nur die Bonität des Schuldners, sondern auch die Fähigkeit und Bereitschaft des Domizilstaates bedeutsam ist, seinen Devisenverpflichtungen fristgerecht nachzukommen[123]. Das materielle Problem ist der Schätzungsrahmen. Nach Ansicht des Verfassers empfiehlt es sich, zunächst eine Globalanalyse anzustellen, die zu einer allgemeinen Einschätzung der Risikosituation des betreffenden Landes gelangt, und diese in einem zweiten Schritt durch eine Einzelfallanalyse zu ergänzen, die den Besonderheiten der zu untersuchenden Kreditbeziehung Rechnung trägt.

(1) Globalanalyse

Bei der globalen Einschätzung des Länderrisikos zum Zweck der Ermittlung des Teilwerts einer Auslandsforderung kann der Gläubiger auf externes Expertenwis-

---

325-327. Die Unterscheidung zur Pflichtabschreibung nach § 253 Abs. 3 Sätze 1 und 2 HGB verwischend GROH, Bilanzierung, DB 1986, S. 870.

119 Zur Währungsumrechnung bei Hyperinflation vgl. BARDY, Wechselkursänderungen, 1988, S. 300-302.

120 So auch GROH, Bilanzierung, DB 1986, S. 870. Dagegen will LEMPENAU eine Kapitalisierung mit dem Inlandszinssatz vornehmen (LEMPENAU, Fragen, StbJb 1978/79, S. 185).

121 BURKHARDT, Fremdwährungsgeschäfte, 1988, S. 96 f.; GROH, Bilanzierung, DB 1986, S. 870; WENTZ, Bewertungsmaßstäbe, WPg 1979, S. 255.

122 A.A. LEMPENAU, Fragen, StbJb 1978/79, S. 185.

123 Siehe nur SARX in BBK 1990, HGB § 253 Anm. 573; dabei kann das Länderrisiko sowohl bei Währungs- als auch bei DM-Forderungen bestehen (IDW, WP-Handbuch I, 1992, S. 246; SARX, a.a.O.). Die Bedeutung des Länderrisikos für den Teilwert wird auch von der Finanzverwaltung anerkannt (vgl. BdF IV B 2 - S 2174 - 5/83 vom 7.3.1983, WPg 1986, S. 137); das Schreiben bezieht sich zwar auf Kreditinstitute, dürfte jedoch vom Grundsatz her auch für Nichtbankunternehmen gelten.

sen zurückgreifen. Insoweit besteht zum einen die Möglichkeit, auf die bereits im zweiten Teil der Arbeit genannten Länder-Ratings, vor allem auf das des Institutional Investor, zurückzugreifen. Die Einstufung in diesem Rating basiert auf Befragungen von 75 bis 100 führenden internationalen Banken, die für jedes Land auf einer Skala von 100 Punkten - mit 0 Punkten den höchsten und 100 Punkten den niedrigsten Länderrisikograd repräsentierend - Punkte vergeben[124]. Eine direkte Herleitung des Einzelwertberichtigungssatzes, etwa durch Subtraktion der Ratings von 100, können diese Verfahren jedoch nicht leisten[125]. Ausgehend von einem Urteil des Hessischen FG zur Höhe der Teilwertabschreibung auf Polen-Kredite[126], wird daher die Relation des dort anerkannten Abschlags (50 %) zum Rating des Landes Polen im betreffenden Jahr in eine Relation gebracht und aus der Formel Wertberichtigungssätze für andere Länder errechnet[127]. In ähnlicher Weise geht das sog. "Hamburger Modell" vor, das den Bonitätsindex - allerdings unabhängig von der FG-Entscheidung - in Wertberichtigungssätze transformiert[128]. Beide Ansätze unterstellen überdies, daß ein bestimmter Bonitätsindex unterschritten werden muß, um überhaupt eine Wertberichtigung vornehmen zu können[129].

Eine Alternative zur Abschätzung des Länderrisikos mit Hilfe von Rating-Verfahren stellt die Orientierung an von marktkundigen Brokern veröffentlichten "Kursen" für am Sekundärmarkt gehandelte Problemländerkredite dar[130]. Trotz

---

124 Vgl. im einzelnen KÖGLMAYR/MÜLLER, Länderrisiken, Die Bank 1987, S. 378-384.

125 JUNGA/TUSSING, Praxis, StBp 1991, S. 66. Andernfalls wären bei Forderungen gegenüber einer Reihe von EG-Mitgliedstaaten Abschläge bis zu 25 % vorzunehmen.

126 Hessisches FG IV 232-233/82 vom 16.9.1983, BB 1984, S. 36 (rkr). Es ist dies, soweit ersichtlich, der einzige Rechtsspruch zu diesem Bereich. Die Verwaltung erkennt das Urteil an, gibt selbst jedoch keine Leitlinien in Gestalt bestimmter Prozentsätze; es wird lediglich allgemein ein Wertberichtigungsbedarf für Forderungen gegenüber nigerianischen (BMF IV B 2 - S 2174 - 18/85 vom 29.7.1985, WPg 1986, S. 137) und irakischen (OFD Münster S 2174 - 148 - St 11 - 31 vom 23.1.1991, DStR 1991, S. 245) Schuldnern anerkannt.

127 SCHOBERT, Auslandsforderungen, StBp 1986, S. 76 f. Allerdings wurde die Zulässigkeit eines Abschlags in der genannten Entscheidung lediglich durch den Hinweis auf zwei Zeitungsartikel begründet und dessen Höhe überhaupt nicht argumentativ belegt (kritisch auch ANDERS, Kreditforderungen, DStR 1985, S. 243 f.; DIELMANN, Umschuldungen, RIW 1984, S. 460 f.).

128 JUNGA/TUSSING, Praxis, StBp 1991, S. 66 f.

129 Die Grenze beträgt 66,3 beim Modell von Schobert (SCHOBERT, Auslandsforderungen, StBp 1986, S. 77) und 50 beim Hamburger Modell (JUNGA/TUSSING, Praxis, StBp 1991, S. 67). Dagegen ist nach der ersten Formel lediglich ein maximaler Abschlag von 66,3 % möglich, während nach der zweiten Berechnungsmethode auch eine Vollabschreibung denkbar ist; die Unterstellung eines Mindestwerts ist jedoch logisch nicht nachvollziehbar (kritisch auch JUNGA/TUSSING, a.a.O.).

130 JUNGA/TUSSING, Praxis, StBp 1991, S. 66.

der im Schrifttum geäußerten Bedenken hinsichtlich der Funktionsweise des Sekundärmarktes und dessen mangelnder Repräsentativität[131] können diese Werte zumindest einen wesentlichen Anhaltspunkt darstellen[132].

(2) Einzelfallanalyse

Die mit Hilfe von Länderratings und/oder Sekundärmarktpreisen gewonnene Einschätzung des Länderrisikos unterstellt einen ungebundenen Finanzkredit eines Kreditinstituts an einen ihm fremden ausländischen Schuldner[133]. Tatsächlich jedoch kann die zu beurteilende Kreditbeziehung völlig anders geartet sein[134]. Diesem Umstand ist durch eine Einzelfallanalyse Rechnung zu tragen, die die Ergebnisse der Globalanalyse ergänzt. Insoweit kann auf die im zweiten Teil der Arbeit vorgenommene Bildung von Analyseebenen zurückgegriffen werden[135].

Im Hinblick auf die *Subjektebene* kann insbesondere die Person des Schuldners sowie dessen Beziehung zum Gläubiger von Bedeutung sein. Es ist bspw. durchaus denkbar, daß staatliche Stellen nicht in gleichem Umfang wie private Einrichtungen, große Unternehmungen nicht in gleichem Maße wie kleine Firmen von einem Transferstop bedroht sind[136]. Darüber hinaus kann das Länderrisiko bei bestehender Interessenverflechtung zwischen Gläubiger und Schuldner (etwa im Rahmen eines Konzerns) möglicherweise geringer einzuschätzen sein, etwa deshalb, weil ein interessenverflochtener Schuldner die ihm zur Verfügung stehenden Devisen in erster Linie zur Begleichung konzerninterner Forderungen verwenden wird.

Im Hinblick auf die *Kontraktebene* hat die Vergangenheit gezeigt, daß (umsatzinduzierte) Forderungen aus kurzfristigen Handelsgeschäften in der Vergangenheit meist problemlos abgewickelt wurden, weil die Schuldnerländer den Warenverkehr möglichst ungestört aufrechterhalten wollen[137]. Entsprechend wäre ein entsprechender Abschlag auf den Einzelwertberichtigungssatz vorzuneh-

---

131 LUCKEY, Länderrisiken, 1987, S. 292.

132 Vgl. hierzu umfassend BAXMANN, Auslandsforderungen, ZfB 1990, S. 497-522.

133 SCHOBERT, Auslandsforderungen, StBp 1986, S. 77.

134 Dieser Aspekt wird bei der Beurteilung von Länderratings auch als Kritikpunkt angeführt (siehe etwa KÖGLMAYR/MÜLLER, Länderrisiken, Die Bank 1987, S. 383).

135 Siehe oben, 2. Teil, 2. Kapitel, § 2, S. 47 ff.

136 Siehe zu ähnlichen Differenzierungsansätzen MERTIN, Auslandsrisiken, ZfgK 1978, S. 102.

137 BAXMANN, Auslandsforderungen, ZfbF 1990, S. 512; JUNGA/TUSSING, Praxis, StBp 1991, S. 65; LUCKEY, Länderrisiken, 1987, S. 294 f.

men[138]. Ähnliche Überlegungen gelten für börsengehandelte Anleihen (*Marktebene*), die bis dato aus Gründen des internationalen Kreditstandings ebenfalls pünktlicher bedient wurden als Bankenkredite[139].

Im Ergebnis ist die Einschätzung des Länderrisikos und die Festlegung der Höhe einer eventuellen Teilwertabschreibung das Ergebnis einer Einzelfallbetrachtung[140]. Die Finanzverwaltung sträubt sich daher gegen die Veröffentlichung von Leitlinien in Gestalt länderspezifischer Prozentsätze[141]. Nach Ansicht des Verfassers wäre es aus Objektivierungsgründen jedoch hilfreich, den betroffenen Unternehmen widerlegbare Vermutungen für von ihr akzeptierte Ergebnisse der Globalanalyse an die Hand zu geben, die im Rahmen der Einzelfallanalyse ggf. zu modifizieren wären[142].

B. Informations- und Einwirkungsrechte des Titelinhabers

In Punkt B wurde dargestellt, daß das Ausfallrisiko einen wesentlichen Einflußfaktor für den Teilwert eines Forderungstitels darstellt und daß dessen Einschätzung erhebliche praktische Prognoseprobleme mit sich bringt. Die Bonitätsbeurteilung wird jedoch erleichtert, wenn dem Titelinhaber "Insider-Informationen" über die wirtschaftliche Lage des Schuldners vorliegen, wie es etwa für Gesellschafterdarlehen und Großkredite zutrifft. Die damit angesprochenen Maßnahmen der ursachenbezogenen Risikopolitik[143] führen überdies nach Ansicht des BFH zu einer Verringerung des Ausfallrisikos[144]. Dieser Auffassung ist zuzustimmen, da

---

138 M.E. zu weitgehend JUNGA/TUSSING (Praxis, StBp 1991, S. 65), die in diesen Fällen keinerlei Wertberichtigungsbedarf sehen. Vorsichtiger (wie hier) LUCKEY, Länderrisiken, 1987, S. 294 f.; SCHOBERT, Auslandsforderungen, StBp 1986, S. 77.

139 BAXMANN, Auslandsforderungen, ZfbF 1990, S. 512; LUCKEY, Länderrisiken, 1987, S. 294 f.; SCHOBERT, Auslandsforderungen, StBp 1986, S. 75.

140 Zu beachten ist der passive interne Risikoausgleich: Wurde dem Länderrisiko bereits durch eine Risikoprämie in Form einer höheren Verzinsung Rechnung getragen, so darf eine Wertberichtigung nur insoweit erfolgen, als das Risiko den Zinsaufschlag übersteigt, da es andernfalls zu einer Doppelberücksichtigung des Länderrisikos kommt.

141 BMF IV B 2 - S 2174 - 18/85 vom 29.7.1985, WPg 1986, S. 137.

142 Der Einwand SCHOBERTS (Auslandsforderungen, StBp 1986, S. 76), "Leitlinien" der Verwaltung würden dem Grundsatz der Schätzung widersprechen, ist nicht stichhaltig, da andernfalls auch die "Vorgabe" von ungeprüft anerkannten Pauschalwertberichtigungssätzen (siehe oben, Punkt 1.b.ß, S. 464), AfA-Nutzungsdauern etc. unzulässig wäre. Die von ihm darüber hinaus angeführten "politischen Gründe" (ebenda) werden nicht näher erläutert.

143 Siehe dazu oben, 2. Teil, 3. Kapitel, § 3, Punkt II.A, S. 143.

144 Vgl. BFH I 301/61 vom 20.3.1963, StRK EStG § 5 R. 356: Das Finanzgericht "konnte feststellen, daß die Möglichkeit der Einsichtnahme in die Prüfungsberichte ... eine Siche-

Informationsrechte tendenziell zu einer Herabsetzung des Grades der Ungewißheit und damit c.p. zu einem höheren (ökonomischen) Wert des Anspruchs führen.

Eine ähnliche Beurteilung gilt für dem Gläubiger zustehende Einwirkungsrechte, die eine "gläubigerfreundliche" Unternehmenspolitik und damit eine leichtere Durchsetzbarkeit der Ansprüche zur Folge haben können; dieser Umstand kann eine Teilwertabschreibung ganz oder teilweise hindern[145]. Umgekehrt kann sich die Gesellschafterposition des Darlehensgebers als unvorteilhaft darstellen, insbesondere dann, wenn das Darlehen zivilrechtlich als kapitalersetzend einzustufen ist. In diesen Fällen stehen dem Gesellschafter weniger Rechte als Drittgläubigern zu mit der Folge, daß eine vorsichtigere Bewertung vorzunehmen ist[146].

C. Gestaltungsrechte des Titelinhabers
1. Veräußerungsrecht

Forderungstitel sind im allgemeinen veräußerlich mit der Folge, daß die Existenz eines Veräußerungsrechts nicht zu einer Werterhöhung des Titels führt. Es ist vielmehr umgekehrt zu untersuchen, ob ein fehlendes oder eingeschränktes Veräußerungsrecht einen Wertabschlag nach sich zieht.

Die diesbezügliche Rechtsprechung hat die Frage bisher, soweit ersichtlich, ausschließlich bei der Bestimmung des gemeinen Werts einer Forderung geprüft. Dieser wird nach Ansicht des RFH durch ein Abtretungsverbot nicht gemindert, da der innere Wert einer Forderung in erster Linie durch ihre Sicherung und die Höhe des Zinssatzes bestimmt werde[147]. Auch ein zeitlich befristetes Veräußerungsverbot wurde für die Bewertung des geldwerten Vorteils aus der verbilligten

---

rung bietet, die das Ausfallrisiko mindert. Die Prüfungsberichte sind eine wertvolle Information und bieten jedenfalls eine bessere Überwachungsmöglichkeit, als sie anderen Gläubigern zur Verfügung steht".

145 HEUER in H/H/R 1993, EStG § 6 Anm. 1922; KARRENBAUER in HdR 1990, HGB § 253 Rn. 66; PANKOW/GUTIKE in BBK 1990, HGB § 253 Anm. 409.

146 KARRENBAUER in HdR 1990, HGB § 253 Rn. 50; PANKOW/GUTIKE in BBK 1990, HGB § 253 Anm. 409. Siehe im einzelnen E. WEBER, Darlehen, WPg 1986, S. 37-39. Zu den zivilrechtlichen Grundlagen siehe oben, § 2, Punkt II.B.1.b.α, S. 431 ff. Dort wurde auch ausgeführt, daß die Wertberichtigung nicht zu nachträglichen Anschaffungskosten auf die Beteiligung führt (Punkt y, S. 438 ff.).

147 RFH III A 426/33 vom 19.4.1934, RStBl 1934, S. 647; RFH III A 121/35 vom 29.5.1935, RStBl 1935, S. 902. Gleicher Ansicht M. SÖFFING in L/S/B 1993, EStG § 6 Anm. 815. Zu beachten ist allerdings, daß ein Abtretungsverbot im Grunde auch für den "gedachten Erwerber" gelten muß, dieser die nicht übertragungsfähige Forderung mithin im Grunde nicht erwerben kann.

Ausgabe von Genußscheinen an Belegschaftsmitglieder von der Rechtsprechung nicht als wertmindernder Umstand anerkannt[148].

Im zweiten Teil der Arbeit wurde jedoch deutlich gemacht, daß ein Veräußerungsrecht für den Gläubiger sehr wohl einen Wert darstellt und zwar selbst dann, wenn eine Veräußerung nicht geplant ist[149]. Diesen Umstand wird auch ein rational handelnder (gedachter) Erwerber in seinen Kalkül einbeziehen. Die Argumente der Rechtsprechung können zumindest bilanzsteuerlich nicht überzeugen. So hatte der BFH zum einen wesentlich auf die - hier unbeachtlichen - Vorstellungen des Gesetzgebers hinsichtlich der einkommensteuerlichen Begünstigung von Vermögensbeteiligungen in Arbeitnehmerhand abgestellt[150]. Zum anderen wurde ausgeführt, die Verfügungsbeschränkung sei ein ungewöhnlicher bzw. persönlicher Umstand, der nach § 9 Abs. 2 Satz 3 BewG bei der Ermittlung des gemeinen Werts unberücksichtigt bleiben müsse. Es kann dahingestellt bleiben, ob diese Auffassung auf § 9 Abs. 2 Satz 3 BewG gestützt werden kann[151]. Jedenfalls ist die Veräußerungssperre bei der Teilwertermittlung von Bedeutung, da für diesen Wertmaßstab eine entsprechende Regelung nicht besteht.

Nach Ansicht des Verfassers kann es damit vom Grundsatz her keinen Zweifel geben, daß ein gedachter Erwerber für einen Forderungstitel, über den er jahrelang oder überhaupt nicht verfügen kann, nicht den gleichen Kaufpreis bezahlen wird wie für das gleiche Wirtschaftsgut ohne eine solche Beschränkung. Zu lösen bleibt allerdings das Problem der Quantifizierung des Wertabschlags. Dabei ist zu berücksichtigen, daß der Wert des Veräußerungsrechts auch davon abhängig ist, in welchem Umfang bei dessen Ausübung Informations- und Transaktionskosten anfallen. Das Veräußerungsrecht eines börsengehandelten Finanzierungstitels ist folglich höher zu bewerten als das Veräußerungsrecht eines individuell gehandelten Finanzierungstitels. Dies erklärt, warum die Verzinsung einer Buchforderung

---

148 BFH VI R 73/86 vom 7.4.1989, BStBl II 1989, S. 927. Das Urteil nimmt Bezug auf ein Judikat, das zur Bewertung entsprechend ausgestalteter Belegschaftsaktien ergangen ist (vgl. BFH VI R 47/88 vom 7.4.1989, BStBl II 1989, S. 608).

149 Siehe oben, 2. Teil, 3. Kapitel, § 2, Punkt II.A.3.a.α, S. 122.

150 Hingewiesen wurde auf § 19a EStG (bzw. dessen Vorläufer). Nach dieser Vorschrift wird die Steuervergünstigung nur gewährt, wenn eine sechsjährige Veräußerungssperre eingehalten wird (§ 19a Abs. 1 Satz 2 EStG). Dennoch soll als gemeiner Wert der Vermögensbeteiligung der Kurswert angesetzt werden (§ 19a Abs. 8 EStG).

151 Die Frage wird insbesondere im Hinblick auf Verfügungsbeschränkungen bei Beteiligungstiteln diskutiert. Siehe dazu unten, Punkt III.A.3, S. 501 ff.

c.p. etwa einen halben Prozentpunkt über der einer börsengehandelten Anleihe liegt[152].

Aus Vorstehendem ist für die Teilwertermittlung zunächst zu schlußfolgern, daß der Maß- bzw. Bewertungszinsfuß, wenn er sich, wie üblich, an der Rendite börsengehandelter Schuldverschreibungen orientiert, für die Beurteilung von Buchforderungen entsprechend zu korrigieren ist. Dabei erscheint ein Aufschlag in der genannten Höhe von einem halben Prozentpunkt durchaus angemessen. Da ein Veräußerungsverbot (und auch eine Veräußerungsbeschränkung) vom Schuldner ebenfalls mit einer Zinserhöhung honoriert werden muß[153], gelten insoweit grundsätzlich die gleichen Überlegungen. Allerdings muß ein fehlendes Veräußerungsrecht bei einer Anleihe, wie gezeigt, zu einem höheren Abschlag führen als bei einer Buchforderung. Es erscheint sogar denkbar, daß die bei der Veräußerung eines nicht verbrieften Anspruchs anfallenden Informations- und Transaktionskosten so hoch sind, daß die Veräußerung gegenüber der Alternativlösung Kreditaufnahme keine oder nur geringfügige Vorteile aufweist. Ist das Veräußerungsverbot allerdings mit einem Beleihungsverbot verknüpft[154], so daß auch die sog. "verliehene Liquidität" sinkt, so kann im Einzelfall - insbesondere bei langer Laufzeit der Forderung - ein Wertabschlag angebracht sein. Eine Quantifizierung dieses Faktors ist allerdings naturgemäß schwierig[155]. Jedoch dürfte der oben angeführte Aufschlag von einem halben Prozentpunkt auf den Kapitalisierungsfaktor einen brauchbaren Anhaltspunkt bieten. Einschränkungen des Veräußerungsrechts führen entsprechend zu geringeren Korrekturen.

2. Sonstige Gestaltungsrechte

Andere Gestaltungsrechte als das Veräußerungsrecht treten in erster Linie im Zusammenhang mit börsennotierten Anleihen auf. Im Regelfall sind sie vom Titel nicht trennbar und stellen demzufolge kein eigenständiges Bewertungsobjekt dar, sondern bilden lediglich einen wertbildenden Faktor des Wirtschaftsguts "Schuldverschreibung". Dies trifft etwa für ein Kündigungsrecht eines "callable bond" oder das Wandlungsrecht einer Wandelschuldverschreibung zu. Der Wert

---

152 Siehe zum Ganzen auch oben, 2. Teil, 3. Kapitel, § 2, Punkt II.A.3.a.α, S. 122.

153 FRANKE/HAX, Finanzwirtschaft, 1990, S. 347.

154 Dies wird nicht selten der Fall sein, da andernfalls über den "Umweg" der Forderungspfändung dennoch ein Gläubigerwechsel stattfinden kann.

155 Das Fehlen objektiver Anhaltspunkte für die Schätzung von Abschlägen wird vom BFH als Grund für die Nichtberücksichtigung genannt (BFH VI R 73/86 vom 7.4.1989, BStBl II 1989, S. 927).

dieses Rechts kann, wie der Wert jeder Option, nicht negativ sein, da der Inhaber zur Ausübung berechtigt, nicht jedoch verpflichtet ist. Die konkrete Wertermittlung ist abhängig von den im zweiten Teil der Arbeit dargestellten Einflußfaktoren. Eine Berechnung erübrigt sich jedoch meist, da im Regelfall Kurswerte veröffentlicht werden, die bei der Teilwertermittlung herangezogen werden können.

Ist das Gestaltungsrecht trennbar und selbständig handelbar, so gelten vom Grundsatz her die gleichen Überlegungen. Der Unterschied besteht darin, daß für die - von der Optionsanleihe gelöste - Option selbst ein Börsenkurs notiert wird, der für Zwecke der Sekundärbewertung zu verwenden ist[156].

II. Verbund-Forderungstitel
A. Marktverflechtung

Der Mangel der Verzinslichkeit einer Forderung kann durch die Ausstattung der Forderung mit besonderen Vorteilen ausgeglichen werden, wenn diese nach dem Inhalt des Vertrags oder nach den Vorstellungen beider Vertragsteile eine Gegenleistung für die Gewährung des Darlehens darstellen[157]. Eine Darlehensforderung ist danach nur dann unterverzinslich, "wenn die Summe aller als Entgelt für die Kreditgewährung anzusehenden Leistungen (Barleistungen und andere Leistungen) nicht jene Verzinsung erbringt, die unter Anwendung des Maßzinssatzes in Betracht käme"[158]. Dabei ist stets zu prüfen, ob ein Vorteil besteht, den ein gedachter Erwerber im Rahmen des Gesamtkaufpreises bei der Darlehensbewertung berücksichtigen würde[159], ob dieser genügend konkretisiert ist und ob er schließlich auch tatsächlich dem Zinsverlust entspricht[160]. Denkbar ist jedoch auch, daß der Zinsverzicht zu Anschaffungskosten eines Wirtschaftsguts führt[161]. Den Aus-

---

156 HÄUSELMANN, Optionen, DB 1987, S. 1747; VON TREUBERG/SCHARPF, DTB-Aktienoptionen, DB 1991, S. 663. Zur Wertermittlung nicht börsennotierter Optionsrechte vgl. BREKER, Optionsrechte, 1993, S. 82-87.

157 BFH I R 38/66 vom 9.7.1969, BStBl II 1969, S. 744. Siehe auch BFH IV R 35/78 vom 9.7.1981, BStBl II 1981, S. 734.

158 ROSE, Forderungen, ZfB 1965, S. 110.

159 HEUER in H/H/R 1993, EStG § 6 Anm. 939; KARRENBAUER in HdR 1990, HGB § 253 Anm. 44, 45; MARX/RECKTENWALD, Ausleihungen, BB 1992, S. 1528 f.

160 ROSE, Forderungen, ZfB 1965, S. 111, mit Rechtsprechungsnachweisen.

161 BFH I R 38/66 vom 9.7.1969, BStBl II 1969, S. 744; HEUER in H/H/R 1993, EStG § 6 Anm. 939, m.w.N. Siehe auch oben, § 2, Punkt I.A.1.b.α, S. 396 ff.

gangspunkt der Überlegungen bildet damit die Frage, ob die mittelbaren Vorteile hinreichend konkretisiert sind oder nicht[162]:

(1) Die mittelbaren Vorteile sind hinreichend konkretisiert. In diesem Fall ist zusätzlich zu prüfen, ob der Gläubiger damit ein Wirtschaftsgut erworben hat oder ob die mittelbaren Vorteile als Zinsersatz bei der Bewertung der Forderung selbst zu qualifizieren sind.

(2) Die mittelbaren Vorteile sind nicht hinreichend konkretisiert. Dann entfällt sowohl der Ansatz eines Wirtschaftsguts als auch eine Berücksichtigung des Vorteils bei der Forderungsbewertung.

Die Frage der ausreichenden Konkretisierung eines Vorteils kann naturgemäß nur im Einzelfall beantwortet werden. Die diesbezüglichen Abgrenzungsprobleme werden besonders deutlich bei unterverzinslichen Arbeitgeberdarlehen.

Der BFH hatte zunächst entschieden, daß unverzinsliche Darlehen an Betriebsangehörige, denen keine bestimmten Gegenleistungen der Darlehensempfänger gegenüberstehen, nicht mit dem Nennbetrag, sondern mit dem niedrigeren Teilwert (Barwert) zu bilanzieren sind[163]. In einem späteren Judikat wurde diese Auffassung jedoch revidiert[164]. Als Begründung für den Meinungswandel wird angeführt, daß der Wert des Darlehens "für das Unternehmen nicht in konkreten Gegenleistungen der Arbeitnehmer und dem damit zu erzielenden Gewinn, sondern in der Erwartung eines durch ein gutes Betriebsklima günstig beeinflußten Betriebsablaufs oder einer verbesserten Arbeitsleistung" liegt und daß "ein gedachter Erwerber ... die mit zinsverbilligten Darlehen an Betriebsangehörige verbundenen Vorteile bei der Bewertung dieser Darlehen berücksichtigen" würde[165]. Die angenommenen Vorteile für den Arbeitgeber werden damit bei der Forderungsbewertung berücksichtigt; ein Wirtschaftsgut "Bindung an den Betrieb" ent-

---

162 Es wird unterstellt, daß der Wert der mittelbar titelinduzierten Vorteile dem Zinsverzicht der Höhe nach entspricht.

163 BFH I R 236/72 vom 23.4.1975, BStBl II 1975, S. 875.

164 BFH I R 114/84 vom 30.11.1988, BStBl II 1990, S. 117. Siehe auch die Bestätigungen in BFH I R 157/85, I R 145/86 vom 24.1.1990, BStBl II 1990, S. 639; BFH VIII R 7/86 vom 22.1.1991, BFH/NV 1991, S. 451.

165 BFH I R 114/84 vom 30.11.1988, BStBl II 1990, S. 118, beide Zitate.

steht nicht[166]. Die Finanzverwaltung hat sich der jeweils herrschenden Rechtsprechung angeschlossen[167].

Die neuere BFH-Judikatur wird vom Handelsrecht nicht übernommen[168]. Auch in der steuerrechtlichen Literatur wird die Kehrtwendung überwiegend kritisch beurteilt[169]. Insbesondere wird darauf hingewiesen, daß die Einbeziehung der erwarteten positiven Effekte der Darlehensvergabe auf Imponderabilien wie Betriebstreue, Arbeitsmoral etc. letztlich "zu einer Aktivierung eines Teils des originären Geschäftswerts durch die Hintertür"[170] führe. Zu den Befürwortern zählt insbesondere GROH[171]. Seine Begründung unterscheidet sich allerdings von der des BFH dadurch, daß der Arbeitnehmer nach seiner Ansicht sehr wohl eine wertentsprechende, abgrenzbare Gegenleistung erbringe. Der Vorteil der Zinslosigkeit sei in Wahrheit eine Lohn-Nebenleistung des Arbeitgebers, die neben anderen Vergütungen für die Leistung des Arbeitnehmers erbracht werde. Da der Anspruch auf die Arbeitsleistung wertmäßig der Verpflichtung auf das Entgelt entspreche, sei eine Aufspaltung und Bewertung der auf die Darlehensnutzung entfallenden Arbeitnehmerleistung entbehrlich.

Nach Auffassung des Verfassers kann der Ansicht des BFH im Ergebnis nicht gefolgt werden. Es ist zwar zutreffend, daß der Teilwert gerade die besonderen Vorteile des zu bewertenden Wirtschaftsguts - den Zusatzwert - einzubeziehen hat. Insoweit ist der Ansicht BRENNERS zuzustimmen, daß in den Fällen, in denen "bestimmte positive Auswirkungen eines Wirtschaftsguts auf das Gesamtunternehmen noch in einem deutlichen Zusammenhang mit diesem Wirtschaftsgut

---

166 Vgl. MAYER-WEGELIN/TIMMER, Betriebsangehörige, BB 1974, S. 546, m.w.N.

167 Siehe zunächst BdF IV B 2 - S 2174 - 7/80 vom 28.3.1980, BB 1980, S. 559. Nach der Rechtsprechungsänderung vgl. BdF IV B 2 - S 2174 - 3/90 vom 17.1.1990, BStBl I 1990, S. 71; BdF IV B 2 - S 2174 - 29/90 vom 5.6.1990, BStBl I 1990, S. 239.

168 BOLSENKÖTTER, Forderungen, HdJ II/6 1986, Rn. 122; IDW, WP-Handbuch I, 1992, S. 245, Fn. 670; KUPSCH, Einzelbewertungsprinzip, 1992, S. 353. Auch der BFH will seine Rechtsprechung nicht auf das Handelsrecht übertragen wissen (BFH I R 114/84 vom 30.11.1988, BStBl II 1990, S. 118 f.).

169 ANDERS, Arbeitnehmerdarlehen, Stbg 1990, S. 306 f.; DÖLLERER, Rechtsprechung, ZGR 1991, S. 428 f.; GONDERT, Bilanzierung, BB 1979, S. 773 f.; MAYER-WEGELIN, Arbeitnehmer-Darlehen, BB 1990, S. 23 f.; DERS. in H/B/N/B 1993, EStG § 6 Rz. 482; MAYER-WEGELIN/TIMMER, Betriebsangehörige, BB 1974, S. 546-548; PANKOW/GUTIKE in BBK 1990, HGB § 253 Anm. 410; SIEPE, Teilwertansatz, 1992, S. 621 f. Wohl auch HARRMANN, Darlehensforderungen, BB 1990, S. 1452.

170 SLOMMA, Betriebsangehörige, DB 1989, S. 1106 f.

171 GROH, Darlehen, StuW 1991, S. 302 f., 304 f.; DERS., Rechtsprechung, StuW 1992, S. 181 f. Im Ergebnis gleicher Ansicht, jedoch z.T. mit anderer Begründung, BRENNER, Finanzanlagen, StbJb 1991/92, S. 109; LEHMANN, Teilwertkonzept, DB 1990, S. 2483 f. Differenzierend BRUNK, Ansatz, BB 1973, S. 191.

[stehen], ... [diese] in die Bewertung dieses Wirtschaftsguts einfließen [sollten], bevor ein Geschäftswert als Auffangaktivum ins Auge gefaßt wird"[172]. Das Vorsichts- und Objektivierungsprinzip erfordern jedoch intersubjektiv nachprüfbare Vorteile, vage Hoffnungen oder Vermutungen reichen nicht aus[173]. Der Arbeitnehmer wird durch die zinsgünstige Darlehensgewährung einseitig bevorzugt. Ihm wird meist keine faktische Verpflichtung auferlegt, die Vorteilserwartungen des Arbeitgebers zu erfüllen. Insofern kann auch die Begründung GROHS nicht überzeugen, da die vertraglich vereinbarte Leistung des Arbeitnehmers auch ohne den Zinsverzicht zu erlangen ist[174]. Mithin ist völlig offen, ob der Arbeitgeber eine Gegenleistung erhält und wie diese ggf. zu quantifizieren ist. Folglich ist auch kein Grund ersichtlich, weshalb der gedachte Erwerber den Nennwert zahlen würde[175]. Etwas anderes kann bestenfalls dann gelten, wenn der Arbeitnehmer eine Gegenleistung - etwa in Form eines Kündigungsverzichts - erbringt[176]. Ob dies für den Arbeitgeber allerdings stets von Vorteil ist - in Zeiten schlechter Konjunktur mit ausreichendem Angebot an qualifizierten Arbeitskräften dürfte dies bspw. fraglich sein - kann nur im Einzelfall festgestellt werden[177].

---

172 BRENNER, Finanzanlagen, StbJb 1991/92, S. 109; Klammerzusätze vom Verfasser. Die Berücksichtigung mittelbarer Vorteile bei der Darlehensbewertung verstößt allerdings - zumindest formal - gegen den Einzelbewertungsgrundsatz, da erhoffte positive Erfolgsbeiträge aus dem schwebenden Geschäft "Arbeitsverhältnis" in den Bewertungskalkül des Wirtschaftsguts "Forderung" eingehen. Allerdings würde eine völlige Negierung von Zusatzwerten im Ergebnis eine Bilanzierung zum gemeinen Wert bedeuten und das Spezifische des Teilwerts unberücksichtigt lassen. Siehe dazu bereits oben, § 1, Punkt III.B.2.b, S. 378 ff.

173 Aus diesem Grund ist insoweit das ökonomisch überzeugende Modell LEHMANNS (Teilwert-Konzept, DB 1990, v.a. S. 2483 f.) m.E. bilanzrechtlich nicht haltbar. Nach Ansicht des Verfassers handelt es sich hierbei um einen klassischen Anwendungsfall einer bilanzrechtlich unzulässigen betriebswirtschaftlichen Betrachtungsweise (siehe dazu auch oben, 1. Teil, 2. Kapitel, § 2, Punkt II.A, S. 24 ff.).

174 JÜTTNER, Imparitätsprinzip, 1993, S. 252.

175 Siehe auch MAYER-WEGELIN, Arbeitnehmer-Darlehen, BB 1990, S. 23; MAYER-WEGELIN/TIMMER, Betriebsangehörige, BB 1974, S. 547; SIEPE, Teilwertansatz, 1992, S. 622.

176 Siehe hierzu HEUER in H/H/R 1993, EStG § 6 Anm. 941; JÜTTNER, Imparitätsprinzip, 1993, S. 253.

177 Eine Verbindung zum Lohnsteuerrecht schlägt im übrigen Heinz RICHTER, Arbeitnehmer-Darlehen, NWB 1990, Fach 3, S. 7480: Die Argumentation des BFH, Sozialdarlehen an Betriebsangehörige würden in erster Linie zur Verbesserung des Betriebs- oder Arbeitsklimas gewährt, lasse den Schluß zu, der Vorteilszuwendung liege ein "ganz überwiegend eigenbetriebliches Interesse" zugrunde mit der Folge, daß eine Einkünfterelevanz beim Arbeitnehmer zu verneinen sei.

Gelangt man zu dem Ergebnis, daß eine hinreichende Konkretisierung der mittelbar titelinduzierten Zahlungen zu verneinen ist[178], so kommt es weder zur Aktivierung eines Wirtschaftsguts noch zur Berücksichtigung der Vorteile bei der Teilwertermittlung der Forderung. Andernfalls ist zu prüfen, ob diese Vorteile beim Darlehensgeber ein bilanzierungsfähiges Wirtschaftsgut darstellen[179] oder bei der Forderungsbewertung zu berücksichtigen sind. Auch insoweit kann nur eine Einzelfallbetrachtung Klarheit bringen. Besondere Probleme bereiten dabei Nutzungsvorteile, da generell weitgehend ungeklärt ist, ob diese - ggf. in Abhängigkeit von den Zahlungsmodalitäten - ein nicht bilanzierungsfähiges schwebendes Geschäft oder ein Wirtschaftsgut darstellen[180].

B. Interessenverflechtung

Besteht zwischen Gläubiger und Schuldner eine Interessenverflechtung, so sind die zu bewertenden Verbundtitel danach zu differenzieren, ob der Gläubiger mit der Darlehensvergabe betriebliche (unternehmerische) oder außerbetriebliche (nichtunternehmerische) Ziele verfolgt, m.a.W. ob ein unternehmerischer oder nichtunternehmerischer Verbundtitel vorliegt[181].

1. Unternehmerische Verbundtitel

Den wesentlichsten Anwendungsfall eines unternehmerischen Verbundtitels stellen Darlehen eines Gesellschafters an seine Kapitalgesellschaft dar, wenn die Beteiligung im Betriebsvermögen gehalten wird und die Darlehenskonditionen - insbesondere im Hinblick auf den Zinssatz - den Schuldner bewußt bevorteilen. Inso-

---

178 Insoweit sind strenge Maßstäbe anzulegen (siehe auch die Beispiele bei ROSE, Forderungen, ZfB 1965, S. 110 f.). Immerhin wird ein exakt quantifizierbarer Zinsanspruch gegen mehr oder weniger unsichere Erwartungen ausgetauscht (vgl. BENNE, Einzelbewertung, WPg 1992, S. 249). Fällt der Zusatzwert weg, so ist eine Abwertung vorzunehmen (vgl. im einzelnen EL, Vorteilswegfall, DB 1962, S. 1554; ROSE, a.a.O., S. 119-121).

179 Dies wurde bereits bejaht für den Erwerb einer unterverzinslichen Optionsanleihe, bei der der Zinsverzicht die Anschaffungskosten des Wirtschaftsguts "Option" bildet (siehe oben, § 2, Punkt I.A.1.b.α, S. 399 f.).

180 Vgl. im einzelnen BÖCKING, Bilanzrechtstheorie, 1988, S. 215-233; ROSE, Forderungen, ZfB 1965, S. 122-126. Zu den unterschiedlichen Ergebnisauswirkungen siehe ebenda. Zur angesprochenen Grundsatzfrage vgl. die Übersicht bei FABRI, Bilanzierung, 1986, S. 158-164, m.w.N.

181 Siehe oben, 2. Teil, 2. Kapitel, § 3, Punkt II.B, S. 94. Dabei ist daran zu erinnern, daß bilanzrechtlich ein unternehmerischer Verbundtitel nur dann anzunehmen ist, wenn das zu fördernde Wirtschaftsgut im Betriebsvermögen des Titelinhabers gehalten wird.

weit ist vorab festzustellen, daß der Gesellschafter Beteiligung und Darlehensforderung als zwei getrennte Wirtschaftsgüter in der Bilanz auszuweisen und zu
bewerten hat[182] und eine Aktivierung des Zinsverzichts als (nachträgliche) Anschaffungskosten der Beteiligung bereits an der Nichteinlagefähigkeit von Nutzungen scheitert. Fraglich kann nur sein, ob die - bei isolierter Betrachtung zweifellos
bestehende - zinsinduzierte Abschreibungsnotwendigkeit bzw. -möglichkeit deshalb zu verneinen ist, weil dem Nachteil der Unterverzinslichkeit mittelbare Vorteile für die Gesellschaft und damit für die im Betriebsvermögen gehaltene Beteiligung entgegenstehen.

In der Literatur wird die Berücksichtigungsfähigkeit der genannten mittelbaren
Vorteile bei der Forderungsbewertung verneint[183]. Zur Begründung wird darauf
hingewiesen, daß die Vorteile nicht unmittelbar dem Betrieb des Gesellschafters,
sondern dem seiner Gesellschaft zugute kommen. Des weiteren wirke sich die
Zinslosigkeit bei mehrgliedrigen Gesellschaften nicht nur beim darlehensgebenden
Gesellschafter aus. Und schließlich sei zweifelhaft, ob der der Gesellschaft gewährte Vorteil jemals in das Vermögen des Gesellschafters gelange. Demzufolge
sei nicht anzunehmen, daß ein gedachter Erwerber den Nennwert vergüten würde.

Nach Ansicht des Verfassers ist dieser Auffassung zwar im Ergebnis, nicht jedoch
in der Begründung zu folgen. M.E. wirkt sich der Finanzierungsvorteil der Gesellschaft - allerdings ggf. nur anteilig - unmittelbar auch beim Gesellschafter aus, da
eine Werterhöhung des Beteiligungsunternehmens c.p. auch eine Werterhöhung
der Beteiligung zur Folge hat. Entscheidend ist jedoch, daß der Finanzierungsvorteil bereits bei der Ermittlung des Teilwerts der Beteiligung als werterhöhender
Umstand in der Weise berücksichtigt wird, daß die zukünftigen Erfolge c.p. höher
ausfallen als bei marktgerechten Finanzierungskosten. Würde zusätzlich eine Teilwertabschreibung der Forderung unterbleiben, so käme es im Ergebnis zu einer
Doppelerfassung, die auch durch den Teilwertgedanken nicht gerechtfertigt werden kann.

---

182 BFH I R 197/70 vom 31.1.1973, BStBl II 1973, S. 391. Siehe auch HEUER in H/H/R
     1993, EStG § 6 Anm. 1922; FICHTELMANN, Teilwertabschreibung, Inf 1973, S. 50;
     OFFERHAUS, Teilwertabschreibungen, StBp 1968, S. 75. Siehe auch oben, § 2, Punkt
     II.B.1.b.ß, S. 436. A.A. RFH I A 393/31 vom 31.10.1933, RStBl 1934, S. 686; A.
     VOSS, Teilwertabschreibung, StWa 1965, S. 88.

183 GECK, Darlehensgewährung, GmbHR 1991, S. 472 f.; ihm folgend WERNDL in K/S
     1993, EStG § 6 Rn. B 578. Die Frage wird erstaunlicherweise weitgehend vernachlässigt.

2. Nichtunternehmerische Verbundtitel

Die für den Erwerb eines nichtunternehmerischen Verbundtitels maßgebende Interessenverflechtung kann privater oder geschäftlicher Natur sein. Im Fall einer *privaten Interessenverflechtung* bestehen zwischen Gläubiger und Schuldner verwandtschaftliche oder ähnliche zwischenmenschliche Beziehungen. Die Unterverzinslichkeit eines Darlehens führt in diesen Fällen in aller Regel dazu, daß der Titel - mangels Förderungszusammenhangs - nicht dem Betriebsvermögen zuzurechnen ist und damit bereits der Ansatz dem Grunde nach verneint werden muß[184]. Handelt es sich dagegen um eine *geschäftliche Interessenverflechtung*, so wird die Zugehörigkeit zum Betriebsvermögen häufig bereits aufgrund der Rechtsform des Gläubigers zu bejahen sein. Als Beispiel sei das einem GmbH-Gesellschafter von seiner Gesellschaft gewährte unterverzinsliche Darlehen genannt. Denkbar ist auch, daß eine Darlehensgewährung ohne ausreichende Besicherung erfolgt.

Der Unterverzinslichkeit des Forderungstitels stehen aus Sicht der Kapitalgesellschaft keine betrieblichen Vorteile gegenüber. Da dieser Umstand auch von einem gedachten Erwerber berücksichtigt würde, kommt es damit zwangsläufig zu einer gewinnmindernden Teilwertabschreibung. Bei geplant unterverzinslichen Darlehen einer Kapitalgesellschaft an ihren Gesellschafter[185] ist jedoch zu beachten, daß eine gesellschaftsrechtlich veranlaßte Vorteilszuwendung und damit eine verdeckte Gewinnausschüttung i.S.d. § 8 Abs. 3 Satz 2 KStG vorliegt, die dem Einkommen der Kapitalgesellschaft hinzugerechnet werden muß[186]. Dabei geht die einschlägige Kommentarliteratur davon aus, daß jährliche Einkommenshinzurechnungen[187] in Höhe des Fremdvergleichszinses[188] vorzunehmen sind.

---

184 Siehe oben, 1. Kapitel, § 5, Punkt I.A.2.b.ß, S. 316 ff. Ähnlich BRUNK, Ansatz, BB 1973, S. 191.

185 Nicht eingegangen wird auf die von der Rechtsprechung bei der Darlehensvergabe an den beherrschenden Gesellschafter postulierte Notwendigkeit einer klaren und im voraus abgeschlossenen Vereinbarung (siehe die Nachweise in Abschnitt 31 Abs. 5 KStR), da sich insoweit keine Abweichungen gegenüber anderen schuldrechtlichen Vereinbarungen ergeben.

186 BFH I 116/63 U vom 25.11.1964, BStBl III 1965, S. 176; BFH VIII R 102/80 vom 23.6.1981, BStBl II 1982, S. 245.

187 So ausdrücklich ZENTHÖFER in KLÄSCHEN 1991, KStG § 8 Anm. 97. Wohl auch ACHENBACH in D/E/J/W 1992, KStG Anh. 3 zu § 8 "Darlehen"; STAIGER in LADEMANN 1993, KStG § 8 Anm. 300 "Darlehen der Gesellschaft an den Gesellschafter".

188 Siehe zu dieser Problematik ACHENBACH in D/E/J/W 1992, KStG Anh. 3 zu § 8 "Darlehen", mit m.E. zutreffender Lösung. Vgl. auch FG Saarland 1 K 254/92 vom 12.11.1992, EFG 1993, S. 407, rkr. Danach stellt die Gewährung von Krediten zum Zinssatz von Festgeldanlagen durch eine (vollständig eigenfinanzierte) GmbH an ihre Gesellschafter keine verdeckte Gewinnausschüttung dar.

Die zitierten Literaturbeiträge lassen ohne nähere Begründung den Umstand außer Betracht, daß auch der durch die zinsinduzierte Teilwertabschreibung verursachte Aufwand eine Vermögensminderung darstellt, die durch das Gesellschaftsverhältnis veranlaßt ist, sich auf die Höhe des Einkommens auswirkt und nicht auf einem den gesellschaftsrechtlichen Vorschriften entsprechenden Gewinnverwendungsbeschluß beruht: Bei der Gewährung eines marktüblich verzinsten Darlehens an einen fremden Dritten (Fremdvergleich) würden nicht nur Zinsen vereinnahmt, sondern es bestünde c.p. auch keine Möglichkeit bzw. Notwendigkeit einer Teilwertabschreibung. Folglich liegt im Fall der verbilligten Darlehensgewährung an den Gesellschafter nicht nur eine verhinderte Vermögensmehrung in Form des Zinsverzichts, sondern zusätzlich eine Vermögensminderung aufgrund der Teilwertabschreibung vor[189]. Mithin ist nicht nur der entgangene Zinsertrag, sondern auch der abschreibungsbedingte Aufwand dem Einkommen als verdeckte Gewinnausschüttung außerbilanziell hinzuzurechnen.

Allerdings entsteht spätestens im Zeitpunkt der Darlehensrückzahlung bilanziell ein Ertrag[190], der bei einem Fremdvergleich nicht angefallen wäre und mithin ebenfalls zu korrigieren ist. Da insoweit eine verdeckte Einlage mangels Zuwendung nicht vorliegt, ist in teleologischer Auslegung des § 8 Abs. 3 Satz 2 KStG auch der entstehende Ertrag - durch eine Art "umgekehrte verdeckte Gewinnausschüttung" - außerbilanziell zu berichtigen[191]. Für die hier vertretene Lösung spricht, daß die Darlehensgewährung steuerlich damit im Ergebnis wie eine solche unter fremden Dritten behandelt wird, während die von der h.M. vertretene Auffassung die Stundung der auf den abschreibungsbedingten Aufwand entfallenden Steuer bis zur Darlehensrückzahlung zur Folge hat.

Die hier für Kapitalgesellschaften vertretene Lösung entspricht im Ergebnis der Haltung des BFH bei der Darlehensgewährung durch eine Personengesellschaft oder Einzelunternehmung. So darf nach einem älteren Judikat des BFH eine auf

---

189　Auf Teilwertabschreibung kann nicht verzichtet werden, da ein gedachter Erwerber nur den Barwert vergüten würde. Ertragsteuerliche Korrekturen aufgrund gesellschaftsrechtlich veranlaßter Vorteilszuwendungen sind daher außerbilanziell zu berücksichtigen. Eine andere Beurteilung hätte überdies eine Abweichung zwischen Handels- und Steuerbilanz zur Folge. Die möglicherweise von der h.L. (implizit) vertretene andere Auffassung ist nicht haltbar.

190　Der Ertrag ensteht in Höhe der Differenz von Teilwert und Nennwert. Er kann auch (partiell) zu einem früheren Zeitpunkt entstehen, wenn von der Möglichkeit der Zuschreibung Gebrauch gemacht wird.

191　Fraglich ist, ob hinsichtlich der abschreibungsbedingten Vermögensminderung die Ausschüttungsbelastung herzustellen ist. Mangels Abflusses dürfte die Frage zu verneinen sein. Folglich ergeben sich beim darlehensnehmenden Gesellschafter (mangels Zuflusses) keine steuerlichen Folgen.

(geschäftliche oder private) Interessenverflechtungen zurückzuführende Teilwertabschreibung den Gewinn nicht mindern, sondern ist zu Lasten des jeweiligen Gesellschafters (wohl als Entnahme) zu buchen[192]. Konsequenterweise muß dann jedoch der spätestens bei Darlehensrückzahlung entstehende Ertrag - durch eine Art "negative Entnahme" - korrigiert werden.

Wie im Fall der Unterverzinslichkeit sind auch im Hinblick auf den teilwertbestimmenden Faktor "Bonität" ertragsteuerliche Besonderheiten zu beachten, wenn eine Darlehensgewährung einer Gesellschaft an ihren Gesellschafter oder eines Einzelunternehmers an eine ihm nahestehende Person vorliegt. Wurde das Darlehen ohne ausreichende Besicherung gewährt und ist Darlehensgeber eine Kapitalgesellschaft, so stellt die aufwandswirksame Ausbuchung des Anspruchs eine verdeckte Gewinnausschüttung i.S.d. § 8 Abs. 3 Satz 2 KStG dar[193]. Entsprechende Grundsätze gelten bei Personenunternehmen; der bonitätsbedingte Abschreibungsaufwand wird hier als Entnahme behandelt, wenn er auf außerbetriebliche Ursachen zurückzuführen ist[194].

III. Rendite-Beteiligungstitel

Im Zusammenhang mit der Teilwertermittlung von Forderungstiteln wurde darauf hingewiesen, daß der durch eine Teilwertabschreibung induzierte Aufwand in bestimmten Fällen zwar den Steuerbilanzgewinn, nicht jedoch den steuerpflichtigen

---

192 BFH I 260/61 U vom 22.1.1963, BStBl III 1963, S. 184; die Frage nach der betrieblichen oder privaten Veranlassung einer Teilwertabschreibung ist dabei nach denselben Grundsätzen zu beurteilen, wie sie für Betriebsausgaben entwickelt wurden (FG Köln V K 13/86 vom 18.4.1986, EFG 1986, S. 483). In der Literatur wird demgegenüber regelmäßig eine Korrektur durch jährliche Nutzungsentnahmen befürwortet (siehe etwa WÜLLENKEMPER, Darlehen, BB 1991, S. 1908). Zur Frage des anzuwendenden Vergleichszinses siehe ebenda.

193 BFH I R 6/89 vom 14.3.1990, BStBl II 1990, S. 795. Diese Rechtsprechung ist im übrigen ein weiteres Argument für eine außerbilanzielle Hinzurechnung zinsinduzierter Teilwertabschreibungen. Ungeklärt ist die Frage, ob und wann die Ausschüttungsbelastung herzustellen ist. Ist die Darlehensrückzahlung schon bei Darlehnshingabe offensichtlich unmöglich oder wurde eine Laufzeit vereinbart, die einem Rückzahlungsverzicht gleichkommt, so wird bereits die "Darlehens-" Hingabe als verdeckte Gewinnausschüttung behandelt (siehe dazu ZENTHÖFER in KLÄSCHEN 1991, KStG § 8 Anm. 97; STAIGER in LADEMANN 1993, KStG § 8 Anm. 300 "Darlehen der Gesellschaft an den Gesellschafter"); hierauf wird hier nicht näher eingegangen.

194 BFH I 260/61 U vom 22.1.1963, BStBl III 1963, S. 184; BFH IV R 207/83 vom 19.7.1984, BStBl II 1985, S. 6 (Abschreibung eines von einer Personengesellschaft an eine andere Personengesellschaft gewährten Darlehens, wobei das Darlehen im Hinblick auf die Beteiligung eines Gesellschafters an der anderen Personengesellschaft gewährt wurde). Siehe auch Niedersächsisches FG IV 194/67 vom 21.8.1968, EFG 1969, S. 67 (rkr), zu einer auf familiären Gründen beruhenden Forderungsabschreibung.

Gewinn mindert. Dieser Aspekt ist für Beteiligungstitel von ungleich größerer Bedeutung. Infolgedessen wird im folgenden in der Weise vorgegangen, daß zunächst - in Punkt A - die bilanzrechtlichen Grundsätze der Teilwertmittlung vorgestellt werden. Ertragsteuerliche Besonderheiten werden daran anschließend - in Punkt B - kurz skizziert. In gleicher Weise soll bei der Teilwertermittlung von Verbund-Beteiligungstiteln verfahren werden[195].

A. Bilanzrechtliche Grundsätze
1. Leistungsverpflichtungen des Titelemittenten
a. Inlands-Beteiligungstitel

Die Ermittlung des Teilwerts eines Rendite-Inlands-Beteiligungstitels gestaltet sich unterschiedlich schwierig, je nachdem, ob der Titel an der Börse oder individuell gehandelt wird. Es bietet sich daher an, im folgenden nach der Marktebene zu differenzieren.

α. Börsengehandelte Titel

Die Ermittlung des Teilwerts börsengehandelter Rendite-Beteiligungstitel bereitet im allgemeinen keine Schwierigkeiten, da der durch die Aktionen einer Vielzahl von Marktteilnehmern zustandegekommene Kurswert (beim amtlichen Handel) bzw. Einheitspreis (beim geregelten Markt) den Teilwert determiniert[196], wobei es gleichgültig ist, ob die Aktien im Anlage- oder Umlaufvermögen gehalten werden[197]. Etwas anderes soll für "Zufallskurse" gelten. Insoweit geht die h.M. davon aus, daß "vorübergehende, völlig außergewöhnliche Umstände" eine Teilwertabschreibung auf Wertpapiere nicht begründen können, wenn "weder ihr innerer Wert noch die eine reguläre Preisbildung beeinflussenden Faktoren sich wesentlich geändert haben"[198]. Handelsrechtlich soll eine solche Abweichung aller-

---

195 Siehe unten, Punkt IV, S. 507 ff.

196 Siehe nur HEUER in H/H/R 1993, EStG § 6 Anm. 1095.

197 BFH VI 226/64 vom 15.7.1966, BStBl III 1966, S. 644; SARX in BBK 1990, HGB § 253 Anm. 614. Dies gilt grundsätzlich auch dann, wenn die Wertpapiere an einer ausländischen Börse gehandelt werden (A/D/S 1992, HGB § 253 Tz. 459); Sonderprobleme entstehen, wenn der Titel an mehreren Börsen zum Handel zugelassen wird sowie bei variabler Notierung (vgl. dazu A/D/S 1992, HGB § 253 Tz. 459, 462).

198 HEUER in H/H/R 1993, EStG § 6 Anm. 1096, beide Zitate; im Original z.T. kursiv gedruckt, Klammerzusatz vom Verfasser. Vgl. dazu RFH VI A 1657/32 vom 30.5.1933, RStBl 1933, S. 1012; RFH I 72/39 vom 14.3.1939, RStBl 1939, S. 746; BFH IV 119/52 S

dings nur dann zulässig sein, wenn der Zufallskurs *über* "dem allgemeinen Kursniveau" liegt[199]. Nach Ansicht des Verfassers ist es allerdings bedenklich, wenn die Einschätzung einer einzelnen Person der Wertermittlung des anonymen Marktes mit einer Vielzahl von Marktteilnehmern vorgezogen wird[200]. Fraglich ist auch, wann derart ungewöhnliche Umstände vorliegen, daß auf eine individuelle Ermittlung zurückgegriffen werden muß und auf welcher Datenbasis diese vorzunehmen ist. Im Zweifel sollte daher dem Börsenkurs der Vorzug gegeben werden, wenn zu diesem Kurs nicht nur unerhebliche Umsätze getätigt wurden.

Wird die Aktie weder im amtlichen Handel noch am geregelten Markt, sondern im Freiverkehr gehandelt, so stellt sich die Frage, ob der veröffentlichte Geld- oder Briefkurs zugrundezulegen und damit ein fiktiver Erwerb (Beschaffungsmarkt) oder eine fiktive Veräußerung (Absatzmarkt) zugrundezulegen ist[201]. Die selbe Problematik stellt sich für Investmentzertifikate, für die Ausgabe- und Rücknahmepreise festgesetzt werden[202]. Gleichgelagert ist schließlich die Frage, ob die bei einem (fiktiven) Aktienerwerb anfallenden Aufwendungen hinzuzurechnen oder die bei einer (fiktiven) Veräußerung zu erwartenden Veräußerungskosten abzusetzen sind.

Das handelsrechtliche Schrifttum stellt darauf ab, ob zum Bilanzstichtag eine Veräußerungsabsicht besteht oder nicht. Bejahendenfalls sollen die bei einer Veräußerung erzielbaren Netto-Veräußerungserlöse, andernfalls die Wiederbeschaffungskosten angesetzt werden[203]. Dabei wird zum Teil die Ansicht vertreten, für Wertpapiere des Umlaufvermögens sei grundsätzlich eine Veräußerung geplant und damit stets eine Bewertung mit dem Netto-Veräußerungserlös vorzuneh-

---

vom 16.4.1953, BStBl III 1953, S. 192. Für eine ausnahmslose Übernahme der Aktienkurswerte dagegen INSTFST/PILTZ, Beteiligungen, 1985, S. 100.

199 A/D/S 1992, HGB § 253 Tz. 467, 468. Gleicher Ansicht DÖRING in HdR 1990, HGB § 253 Rn. 120; KROPFF in G/H/E/K 1973, AktG 1965 § 155 Anm. 38; SARX in BBK 1990, HGB § 253 Anm. 514.

200 Zu den Gründen siehe oben, 2. Teil, 3. Kapitel, § 4, Punkt II, S. 151 f.

201 Voraussetzung für die steuerliche Verwertbarkeit des Geld- oder Briefkurses ist, daß überhaupt nennenswerte Umsätze stattgefunden haben (vgl. dazu BFH II R 78/86 vom 21.2.1990, BStBl II 1990, S. 490).

202 Investmentzertifikate wurden oben der Gruppe der börsengehandelten Finanzierungstitel zugeordnet, da die Rücknahmeverpflichtung der Kapitalanlagegesellschaft den Anteilscheinen eine Fungibilität verleiht, die denen börsengehandelter Aktien nahekommt.

203 A/D/S 1992, HGB § 253 Tz. 459, 465; IDW, WP-Handbuch I, 1992, S. 247 f.; SARX in BBK 1990, HGB § 253 Anm. 609 f. Für Investmentzertifikate vgl. HÄUSELMANN, Spezialfonds, BB 1992, S. 318 f.

men[204]. Nach anderer Auffassung gilt diese Vermutung nicht; vielmehr sei stets eine Bewertung zu Wiederbeschaffungskosten vorzunehmen[205].

Aus steuerlicher Sicht ist für die Frage des Teilwerts eines börsengehandelten Rendite-Beteiligungstitels deren Zugehörigkeit zum Anlage- oder Umlaufvermögen ohne Bedeutung[206]. In allen Fällen ist nach einem Judikat des VI. Senats auf die Wiederbeschaffungskosten abzustellen, so daß Anschaffungsnebenkosten dem Börsenkurs hinzuzurechnen sind[207]. In zwei Entscheidungen zum Teilwert von Investmentzertifikaten hat der I. Senat diese Aussage jedoch dahingehend modifiziert, daß für sog. "entbehrliche" Wertpapiere der Veräußerungserlös, für "entbehrliche" Investmentzertifikate daher der Rücknahmepreis anzusetzen sei[208]. Dabei seien Wertpapiere z.B. dann *nicht* entbehrlich, "wenn sie zur erforderlichen Kapitalausstattung des Betriebes gehören oder als Kreditunterlage dienen oder zu dienen bestimmt sein können", und generell erst dann, wenn kein "zeitlicher Zusammenhang mit der Willkürung" der Anteile mehr besteht[209].

Nach Ansicht des Verfassers ist bei der Teilwertermittlung grundsätzlich auf die Wiederbeschaffungskosten zurückzugreifen, da der Teilwertbegriff "nun einmal nicht auf den dem Steuerpflichtigen im Fall der Veräußerung des Betriebs netto verbleibenden Erlös, sondern auf den vom Erwerber aufzuwendenden Betrag abstellt"[210]. Folglich sind im Freiverkehr gehandelte Aktien mit dem Geldkurs, Investmentzertifikate mit dem Ausgabepreis zu bewerten, da der gedachte Erwerber diesen Betrag aufwenden würde[211]. Eine Hinzurechnung von Erwerbsnebenkosten zum Börsenkurs bzw. Marktpreis scheidet jedoch aus, da die Nebenkosten nicht

---

204 A/D/S 1968, AktG 1965 § 155 Tz. 227; DÖRING in HdR 1990, HGB § 253 Rn. 177; SCHÄFER, Forderungen, 1977, S. 129.

205 KROPFF in G/H/E/K 1973, AktG 1965 § 155 Anm. 47.

206 BFH VI 226/64 vom 15.7.1966, BStBl III 1966, S. 644; SARX in BBK 1990, HGB § 253 Anm. 614.

207 BFH VI 226/64 vom 15.7.1966, BStBl III 1966, S. 643. So auch OFD Münster S 2522 - 64 - St 11 - 31 vom 28.7.1986, BB 1986, S. 2243.

208 BFH I R 199/69 vom 22.3.1972, BStBl II 1972, S. 489; BFH IV R 118/70 vom 5.10.1972, BStBl II 1973, S. 207.

209 BFH IV R 118/70 vom 5.10.1972, BStBl II 1973, S. 209, beide Zitate.

210 HEUER in H/H/R 1993, EStG § 6 Anm. 1095. So auch BIEDERMANN, Beteiligungen, DStR 1968, S. 699; CHRISTIANSEN, Ermittlung, StBp 1985, S. 210 f.; HEUER, Teilwert, Inf 1962, S. 43; OFFERHAUS, Teilwertabschreibungen, StBp 1968, S. 76. Im Ergebnis auch LITTMANN, Entscheidungen, Inf 1967, S. 147 f. Siehe auch BFH VI 226/64 vom 15.7.1966, BStBl III 1966, S. 643.

211 So auch ALBROD/FRIELE, Teilwert, FR 1975, S. 235-238; HÄUSELMANN, Spezialfonds, BB 1992, S. 318; HEUER in H/H/R 1993, EStG § 6 Anm. 1500 "Investmentanteile".

dem Unternehmensinhaber zufließen und folglich nicht im Gesamtkaufpreis im Sinne der Teilwertdefinition enthalten sein können[212]. Wenn insoweit darauf verwiesen wird, daß sie zuvor auch als Anschaffungsnebenkosten behandelt wurden[213], so wird damit der Unterschied zwischen Bewertung und Bepreisung vernachlässigt. Im übrigen stellt sich das gleiche Problem bei Kaufoptionen, die nach h.M. ebenfalls als Anschaffungsnebenkosten der damit erworbenen Aktien behandelt werden[214], jedoch sicherlich nicht bei der Teilwertermittlung zu berücksichtigen sind[215]. Auch in diesem Fall ist ein Teil der Anschaffungskosten - gleichbleibende Kursverhältnisse unterstellt - zwingend abzuschreiben. Die beschriebenen Probleme gäbe es nicht, wenn die Nebenkosten bereits im Anschaffungszeitpunkt unberücksichtigt blieben; hierfür spräche auch der Grundsatz der Wirtschaftlichkeit der Rechnungslegung[216].

Die vom BFH in diesem Zusammenhang verwendete Differenzierung zwischen entbehrlichen und nicht entbehrlichen Wertpapieren kann nicht überzeugen. Zum einen sind Wertpapiere prinzipiell stets dazu geeignet, als Kreditunterlage zu dienen und damit - nach der obigen Definition - in keinem Fall entbehrlich. Zum anderen stellt die Annahme, der Teilwert eines entbehrlichen Wirtschaftsguts entspreche dem Einzelveräußerungspreis, lediglich eine Teilwertvermutung und damit eine auf Erfahrungen gestützte allgemeine Schätzungsgrundlage ohne Rechtsverbindlichkeit dar[217]. Ein Schätzungsproblem besteht jedoch nicht, vielmehr geht es um die Auswahl zwischen zwei möglichen Wertkategorien. Des weiteren steht dieser Interpretation der Wortlaut der Teilwertdefinition entgegen, die ausdrücklich den Erwerberstandpunkt einnimmt. Und schließlich ist nicht nachzuvollziehen, weshalb Investmentzertifikate "im zeitlichen Zusammenhang" mit ihrer Willkürung betriebsnotwendig, danach aber entbehrlich sein sollen: Die

---

212 SOCHER, Teilwertermittlung, FR 1963, S. 540; G. SÖFFING, Teilwertabschreibung, BB 1965, S. 284 f. Kritisch auch SCHUWARDT, Teilwert-Theorie, DB 1967, S. 1475 f.

213 HEUER in H/H/R 1993, EStG § 6 Anm. 1095.

214 Siehe oben, § 2, Punkt II.A.1.a.α, S. 416 f.

215 Es kann nicht unterstellt werden, der gedachte Erwerber würde zunächst eine Option und dann die Aktie erwerben.

216 So auch HEUER in H/H/R 1993, EStG § 6 Anm. 1095. Dabei ist zu berücksichtigen, daß die aktivierten Nebenkosten nach der Rechtsprechung (BFH VI 226/64 vom 15.7.1966, BStBl III 1966, S. 643) nicht pauschal, sondern nur entsprechend dem Rückgang des Werts der Wertpapiere, berechnet ohne Berücksichtigung der Nebenkosten, abgeschrieben werden dürfen. Im Hinblick auf die Aktivierung von Aktienoptionen als Anschaffungsnebenkosten ist zusätzlich auf die im Hinblick auf den finalen Anschaffungskostenbegriff bestehenden Bedenken hinzuweisen (siehe oben, § 2, Punkt II.A.1.a.α, S. 417 f.).

217 HEUER in H/H/R 1993, EStG § 6 Anm. 589.

"Anteile sind entweder entbehrlich, dann bereits vom Erwerb an, oder sie sind es nicht"[218].

ß. Individuell gehandelte Titel

Soll der Teilwert eines individuell gehandelten Beteiligungstitels ermittelt werden, so kann bei der Wertfindung nicht unmittelbar auf objektive Wertmaßstäbe wie Börsenkurse oder Ausgabepreise zurückgegriffen werden, vielmehr ist eine individuelle Wertfindung erforderlich. Da individuell gehandelte Beteiligungstitel i.d.R. zum Anlagevermögen gehören, soll im folgenden ausschließlich auf diese Vermögenskategorie eingegangen werden.

Nach der Rechtsprechung des BFH sind für den Teilwert einer Beteiligung der Substanzwert, der Ertragswert sowie die - ausschließlich für Verbundtitel relevanten, hier demzufolge unbeachtlichen - "besonderen Vorteile" ausschlaggebend, die sich für den Beteiligten im konkreten Einzelfall aus der Beteiligung ergeben[219]. Darüber hinaus dient der Liquidationswert als Teilwertuntergrenze[220]. Obwohl sich die Rechtsprechung hinsichtlich der Gewichtung der einzelnen Wertkomponenten bisher nicht festgelegt hat, läßt sich aus den Urteilsbegründungen entnehmen, daß dem Substanzwert die entscheidende Rolle beigemessen wird, wogegen die Ertragsaussichten eher von untergeordneter Bedeutung sind[221].

Im zweiten Teil der Arbeit wurde allerdings herausgearbeitet, daß der Wert jedes Finanzierungstitels grundsätzlich als Barwert der zukünftigen Zahlungsüberschüsse zu ermitteln ist[222]. Dies gilt auch für die Bewertung in der Steuerbilanz, denn der Teilwert zielt, wie gezeigt, auf den "eigentlichen", betriebswirtschaftlichen Wert

---

218 Siehe auch HEUER in H/H/R 1993, EStG § 6 Anm. 1500 "Investmentzertifikate". Der Grund für diese Einschränkung liegt darin, daß es dem Steuerpflichtigen verwehrt werden soll, Investmentzertifikate zunächst zum Ausgabepreis in die Bilanz aufzunehmen, um sie unmittelbar danach zum Rücknahmepreis - und damit mit Verlust - zu entnehmen.

219 Siehe aus jüngerer Zeit insbesondere BFH I R 104/84 vom 27.7.1988, BStBl II 1989, S. 274.

220 BFH IV R 37/68 vom 12.10.1972, BStBl II 1973, S. 76.

221 Vgl. die Nachweise bei OESTERLE/GAUSS, Beteiligungen, WPg 1991, S. 318, 321 f. Die Rechtsprechung ist jedoch nicht eindeutig. Es scheint, "daß sich die Rechtsprechung bei diesen Fragen noch im Stadium des unreflektierten Tastens befindet" (BREZING, Beteiligungen, StbJb 1972/73, S. 357). Gleicher Ansicht DIRRIGL, Bewertung, 1988, S. 72-74; EULER/KRÜGER, Beteiligungsbewertungen, BB 1983, S. 568. Siehe auch die Rechtsprechungsnachweise bei INSTFST/PILTZ, Beteiligungen, 1985, S. 14-16.

222 Siehe oben, 2. Teil, 3. Kapitel, § 1, Punkt II.A.2, S. 104 ff.

ab[223]. Entgegen der Rechtsprechung vertritt die m.E. zutreffende h.M. im steuerrechtlichen[224] und handelsrechtlichen[225] Schrifttum denn auch die Auffassung, daß der Teilwert bzw. beizulegende Wert eines Rendite-Beteiligungstitels in erster Linie von den Ertragserwartungen determiniert wird[226]. Diesbezüglich kann mithin auf die im zweiten Teil der Arbeit gewonnenen betriebswirtschaftlichen Erkenntnisse verwiesen werden. Dies gilt auch für die Bestimmung des anzuwendenden Kapitalisierungsfaktors[227].

Die theoretisch richtige Methode, den Teilwert eines Beteiligungstitels aus den daraus fließenden zukünftigen Einzahlungsüberschüssen zu ermitteln, stößt allerdings auf die bereits im zweiten Teil der Arbeit dargestellten Prognoseprobleme. Bilanzrechtlich ist diesbezüglich auf den Objektivierungsgrundsatz sowie auf das Prinzip der Rechtssicherheit und Gleichmäßigkeit der Besteuerung zu verweisen. Danach erfordert eine Bewertung den Rückgriff auf objektive, intersubjektiv nachprüfbare Größen.

---

223 Zum Verhältnis von betriebswirtschaftlicher und steuerlicher Wertermittlung bei Beteiligungstiteln vgl. auch INSTFST/PILTZ, Beteiligungen, 1985, S. 29-32, 35; MÜLLER-DOTT, Auslandsbeteiligungen, StbJb 1988/89, S. 170 f.; OESTERLE/GAUSS, Beteiligungen, WPg 1991, S. 319.

224 BREZING, Besteuerung, StbJb 1975/76, S. 252 f.; DIRRIGL, Bewertung, 1988, S. 82 ff.; DERS., Gewinnverkauf, DB 1990, S. 1050; EULER/KRÜGER, Beteiligungsbewertungen, BB 1983, S. 569; INSTFST/PILTZ, Beteiligungen, 1985, S. 36-49; MÜLLER-DOTT, Auslandsbeteiligungen, StbJb 1988/89, S. 170; DERS., Entgegnung, FR 1987, S. 492; OESTERLE/GAUSS, Beteiligungen, WPg 1991, S. 321. A.A. BREITWIESER, Beteiligungen, StBp 1973, S. 249 f.; SCHULZE ZUR WIESCHE, Auslandsbeteiligungen, FR 1987, S. 610 f.; DERS., Teilwertabschreibungen, FR 1987, S. 388 f.; A. VOSS, Teilwertabschreibung, StWa 1965, S. 88. Zu Bedenken im Hinblick auf bestimmte Sachziele der Beteiligungsgesellschaft (insbesondere Grundstücksunternehmen) vgl. BRENNER, Finanzanlagen, StbJb 1991/92, S. 107 f. Prinzipiell bestehen insoweit jedoch keine Unterschiede (vgl. im einzelnen und zu Besonderheiten PENSEL, Grundstücksunternehmen, WPg 1993, S. 365-374, m.w.N.).

225 IDW, WP-Handbuch I, 1992, S. 239. Siehe auch A/D/S 1992, HGB § 253 Tz. 419; DÖRING in HdR 1990, HGB § 253 Rn. 151; GLADE 1986, HGB § 253 Rz. 42; GSCHREI, Beteiligungen, 1990, S. 118; KROPFF in G/H/E/K 1973, AktG 1965 § 154 Anm. 26; KUPSCH, Finanzanlagen, HdJ II/3 1987, Rn. 149 f.; PANKOW/GUTIKE in BBK 1990, HGB § 253 Anm. 403; SCHEFFLER, Wert, 1992, S. 6 f., 10; UHLIG/LÜCHAU, Beteiligungen, WPg 1971, S. 554; VAN DER VELDE, Beteiligungen, StbJb 1952/53, S. 258 f. A.A. L. SCHMIDT/GLANEGGER 1993, EStG § 6 Anm. 62 "Beteiligungen an Kapitalgesellschaften im Anlagevermögen"; E. WEBER, Beteiligungen, 1980, S. 230-234. Zu einer Übersicht über mögliche andere Einflußfaktoren und daraus resultierenden Wertkategorien vgl. UHLICH/LÜCHAU, a.a.O., S. 554-556.

226 Dies gilt auch für die Beteiligung an einer stillen Gesellschaft sowie gewinnabhängig verzinste Forderungstitel (vgl. HENSE, Gesellschaft, 1990, S. 358-362, m.w.N.).

227 Der Kapitalisierungszinsfuß "wird im allgemeinen aus dem landesüblichen Zins, erhöht um einen Risikozuschlag für gewerblich investiertes Kapital, abgeleitet. Daraus ergibt sich ein auch von der Rechtsprechung akzeptierter Zins von 11 vH bis 14 vH" (vgl. BRENNER, Finanzanlagen, StbJb 1991/92, S.108).

Ist das Bewertungsobjekt ein - per definitionem nicht börsengehandeltes - Aktienpaket, so besteht möglicherweise ein zweckentsprechender Objektivierungsansatz darin, den Börsenkurs der Einzelaktie als Anhaltspunkt heranzuziehen, da auch ein Renditeaktien-Paket eine Kapitalanlage darstellt und eine mittelbare Förderung des Unternehmens nicht beabsichtigt ist. Zu beachten sind allerdings die regelmäßig verschiedenen Erwerbsmotive und der unterschiedliche Fungibilitätsgrad der beiden Anlageformen. Von daher kann zwar grundsätzlich, nicht jedoch in jedem Fall davon ausgegangen werden, daß der Teilwert eines Aktienpakets parallel zum Kurswert verläuft[228]. Wird bspw. ein von der Rechtsprechung akzeptierter durchschnittlicher Kalkulationszinsfuß von 11 % bis 14 % unterstellt, so führt dies zu einem Ertragswert in Höhe des Sieben- bis Neunfachen des durchschnittlichen Jahresertrags. Wenn der Börsenkurs jedoch bspw. das 30fache des Jahresertrags ausmacht, so dürfte er i.d.R. als Mindestwert ungeeignet sein[229].

Kann auf den Hilfsmaßstab Börsenkurs nicht zurückgegriffen werden und fanden auch keine zeitnahen Verkäufe statt[230], so muß notwendigerweise eine individuelle Schätzung vorgenommen werden. Der BFH löst dieses Problem durch die Vermutung, daß der Teilwert sowohl zum Erwerbszeitpunkt als auch zu späteren Bilanzstichtagen den Anschaffungskosten entspricht[231]. Diese Vermutung kann

---

228 BFH I R 116/86 vom 7.11.1990, BStBl II 1991, S. 343. A.A. noch BFH I R 76/71 vom 14.2.1973, BStBl II 1973, S. 398. Wie hier auch HERZIG/EBELING, Vorzugsaktien, AG 1989, S. 226-228; OFFERHAUS, Teilwertabschreibungen, StBp 1968, S. 75; SCHEFFLER, Wert, 1992, S. 9; SCHIEBLER, Beteiligungen, 1986, S. 94-96, 184-186; TROLL, Aktien, 1989, S. 42 f. Für eine uneingeschränkte Übernahme der Aktienkurswerte als Basis für den Beteiligungswert INSTFST/PILTZ, Beteiligungen, 1985, S. 102; UHLIG/LÜCHAU, Beteiligungen, WPg 1971, S. 558; VAN DER VELDE, Beteiligungen, StbJb 1952/53, S. 265. Zur Anwendbarkeit des Börsenkurswerts bei abweichendem (individuell ermitteltem) "innerem Wert" für Zwecke der Vermögensbesteuerung vgl. ROSE, Beteiligungsbesitz, FR 1960, S. 565-567. Die Ansicht GROHS (Rechtsprechung, StuW 1992, S. 179), eine Anlehnung an den Börsenkurs komme keinesfalls in Betracht, wenn die zu bewertende Beteiligung die Summe der börsengehandelten Anteile übersteigt, verkennt m.E. die Zusammenhänge zwischen Kleinanteils- und Beteiligungswert.

229 BRENNER, Finanzanlagen, StbJb 1991/92, S. 108. Zu beachten ist überdies, daß der Objektivierungsgrundsatz in vielen Fällen einen Rückgriff auf die Unternehmenssubstanz notwendig machen wird. In diesen Fällen sind die Abweichungen vom Börsenkurswert jedoch erheblich (vgl. die Untersuchungen im Hinblick auf die Abweichungen zwischen gemeinen Wert nach dem Stuttgarter Verfahren und Börsenkurswert bei BINZ/SORG, Folgen, BB 1987, S. 1997).

230 Siehe auch § 11 Abs. 2 Satz 2 BewG. Vgl. zur Orientierung an Vergleichspreisen INSTFST/PILTZ, Beteiligungen, 1985, S. 105-107. Die dort angeführten Bedenken wegen der Nichtberücksichtigung "besonderer Vorteile" sind hier unbeachtlich, da Verbundeffekte per definitionem nicht auftreten.

231 Zu den Teilwertvermutungen im allgemeinen siehe oben, § 1, Punkt III.B.3, S. 380. Vgl. speziell zu Beteiligungstiteln BFH I R 104/84 vom 27.7.1988, BStBl II 1989, S. 274; BFH I R 116/86 vom 7.11.1990, BStBl II 1991, S. 342. Dies gilt auch für durch Kapitalerhöhung entstandene neue Anteile (BFH I R 104/84, a.a.O.).

vom Steuerpflichtigen durch den Nachweis widerlegt werden, daß er entweder bereits beim Erwerb eine Fehlmaßnahme getätigt hat oder daß der Wert nach dem Erwerb gesunken ist, wobei als Wertobergrenze die Wiederbeschaffungskosten, als Wertuntergrenze der Liquidationserlös gilt. Anlaufverluste in der - mit drei Jahren angenommenen[232] - Anlaufphase sollen allerdings unbeachtlich sein.

Die vorstehend beschriebene BFH-Rechtsprechung stellt an den Anfang ihrer Überlegungen die - m.E. nur durch Objektivierungsüberlegungen zu rechtfertigende - Annahme, daß der Kaufmann für einen Beteiligungstitel nicht mehr aufwendet, als er für das Unternehmen wert ist, Wert (Teilwert) und Preis (Anschaffungskosten) des Titels folglich identisch sind[233]. Diese Annahme kann sich jedoch als unrichtig herausstellen, so daß Wert und Preis - ungewollt[234] - voneinander abweichen. In diesem Fall spricht der BFH von einer Fehlmaßnahme. Eine solche kann angenommen werden, "wenn bei einem Anschaffungsgeschäft ein Irrtum über teilwertbestimmende Faktoren vorherrschte und ursächlich dafür war, daß mehr aufgewendet wurde, als bei voller Kenntnis der Sachlage bezahlt worden wäre"[235]. Entscheidend ist danach, ob die Erwartungen des Titelinhabers mit der tatsächlichen Entwicklung übereinstimmen. Nicht entscheidend ist dagegen, daß effektive Verluste entstehen. Vielmehr ist der Begriff der Fehlmaßnahme entscheidungsbezogen (planbezogen) und damit betriebswirtschaftlich zu

---

232 So auch die Finanzverwaltung im Hinblick auf die Bewertung von Kapitalgesellschaftsanteilen für substanzsteuerliche Zwecke (vgl. Abschnitt 89 Abs. 1 Satz 4 VStR). Für einen Zeithorizont von einem Jahr aufgrund der heutigen Dynamik von Produkten und Märkten MÜLLER-DOTT, Einzelfragen, StbJb 1983/84, S. 272-274; siehe auch INSTFST/PILTZ, Beteiligungen, 1985, S. 78.

233 Vgl. zum Verhältnis von Wert und Preis auch oben, 2. Teil, 3. Kapitel, § 4, Punkt I, S. 149 f. Die Annahme läßt sich deshalb nur mit Vereinfachungs- und Objektivierungsüberlegungen rechtfertigen, weil der Teilwert nach der Rechtsprechung ein "objektiver" Wert ist (siehe oben, § 1, Punkt III.B.2.b, S. 378 ff.). Mit der Gleichsetzung von Anschaffungskosten und Teilwert werden jedoch die Ertragserwartungen eines unabhängigen (objektiven) Dritten mit den subjektiven Vorstellungen des konkreten Betriebsinhabers gleichgesetzt; diese Identität wird jedoch nur ausnahmsweise vorliegen (kritisch auch BREZING, Beteiligungen, StbJb 1972/73, S. 350-354; EBLING, Teilwert, DStR 1990, S. 328; MÜLLER-DOTT, Auseinandersetzung, 1992, S. 52; DERS., Einzelfragen, StbJb 1983/84, S. 269 f.; DERS., Entgegnung, FR 1987, S. 489 f.; OESTERLE/GAUSS, Beteiligungen, WPg 1991, S. 321).

234 Bewußte Abweichungen von Wert und Preis bleiben hier unberücksichtigt (siehe dazu HEUER in H/H/R 1993, EStG § 6 Anm. 800). Sie sind bspw. dann denkbar, wenn ein Gesellschafter von seiner Gesellschaft eine Beteiligung an einer anderen Gesellschaft erwirbt. Diese Konstellation weist jedoch keine Besonderheiten im Vergleich zu anderen Fällen einer unangemessenen Entgeltvereinbarung zwischen interessenverflochtenen Personen auf.

235 BREZING, Beteiligungen, StbJb 1972/73, S. 354 f. Zu einer ähnlichen Begriffsabgrenzung vgl. MÜLLER-DOTT, Einzelfragen, StbJb 1983/84, S. 272; OFFERHAUS, Teilwertabschreibungen, StBp 1968, S. 74. Zu Anwendungsfällen vgl. BREZING, a.a.O; INSTFST/PILTZ, Beteiligungen, 1985, S. 76; MÜLLER-DOTT, a.a.O.

interpretieren[236]. Eine Fehlmaßnahme ist folglich stets dann zu bejahen, wenn ein angestrebtes bzw. geplantes Ergebnis tatsächlich nicht erreicht wird, d.h. wenn sich herausstellt, daß Ist-Werte von geplanten Soll-Werten negativ abweichen[237]. Stimmen Ist- und Soll-Werte dagegen überein, so liegt keine Fehlmaßnahme vor, auch dann nicht, wenn negative Erfolgsbeiträge erwartet werden und tatsächlich eintreten. Insofern ist dem BFH zuzustimmen, daß Anlaufverluste eine Teilwertabschreibung nicht rechtfertigen[238] - allerdings nur dann nicht, wenn sie vom Erwerber erwartet wurden[239].

Der Teilwert eines Beteiligungstitels kann jedoch auch dann von den Anschaffungskosten abweichen, wenn sich die Erwartungen des Titelinhabers erfüllen. Dieser Fall tritt regelmäßig dann ein, wenn die prognostizierten Zahlungsreihen in den einzelnen Perioden voneinander abweichen. Beispielhaft sei der Fall genannt, daß der Titelinhaber für die Perioden t_1 bis t_3 Einzahlungsüberschüsse von 100, ab der Periode t_4 dagegen Einzahlungsüberschüsse von 20 erwartet. Stimmen die Erwartungen mit der Realität überein, so liegt definitionsgemäß keine Fehlmaßnahme vor. Dennoch ist der Wert der Beteiligung in t_4 deutlich niedriger als in t_1, wird ein gedachter Erwerber mithin nur einen - im Verhältnis zu den historischen Erwerbskosten - niedrigeren Kaufpreis zu zahlen bereit sein. Nach der im Bilanzrecht vorherrschenden Stichtagsbetrachtung[240] ist m.E. eine Teilwertabschreibung die Folge[241].

236 So auch OESTERLE/GAUSS, Beteiligungen, WPg 1991, S. 325: "Diese umfassendere, entscheidungs- bzw. planorientierte Interpretation der Fehlmaßnahme stünde auch eher auf dem Boden betriebswirtschaftlicher Erkenntnisse". Siehe auch die Hinweise ebenda, Fn. 63. Der BFH ist wohl anderer Ansicht, wie der Begriff "Anlauf*verluste*" und die bisher entschiedenen Fälle vermuten lassen (so auch OESTERLE/GAUSS, a.a.O.; ähnlich MÜLLER-DOTT, Einzelfragen, StbJb 1983/84, S. 266 f.). Andeutungsweise wie hier allerdings BFH VIII R 124/74 vom 31.10.1978, BStBl II 1979, S. 108.

237 BREITWIESER, Beteiligungen, StBp 1973, S. 252; EBLING, Teilwert, DStR 1990, S. 328; MÜLLER-DOTT, Auseinandersetzung, 1992, S. 54; DERS., Einzelfragen, StbJb 1983/84, S. 272 f.; OESTERLE/GAUSS, Beteiligungen, WPg 1991, S. 325; SCHIEBLER, Beteiligungen, 1986, S. 139-141.

238 Anlaufverluste und Fehlmaßnahmen schließen sich mithin gegenseitig aus (BFH VIII R 124/74 vom 31.10.1978, BStBl II 1979, S. 108; BFH I R 104/84 vom 27.7.1988, BStBl II 1989, S. 275; MÜLLER-DOTT, Einzelfragen, StbJb 1983/84, S. 270).

239 Wie hier INSTFST/PILTZ, Beteiligungen, 1985, S. 73-76; OESTERLE/GAUSS, Beteiligungen, WPg 1991, S. 324; SCHIEBLER, Beteiligungen, 1986, S. 164.

240 Der bilanzrechtliche Konflikt zwischen Stichtagsbetrachtung und Ganzheitsbetrachtung ist geläufiger im Zusammenhang mit der Bildung von Rückstellungen für drohende Verluste aus schwebenden Geschäften; dort wird die Stichtagsbetrachtung präferiert (siehe oben, S. 456, Fn. 59). Da Drohverlustrückstellungen und Teilwertabschreibungen das gleiche Ziel verfolgen, sind insoweit die gleichen Maßstäbe anzulegen.

241 So auch OESTERLE/GAUSS, Beteiligungen, WPg 1991, S. 324. Nach ihrer Auffassung würde die derzeitige Rechtsprechung in diesem Fall jedoch eine Teilwertabschreibung nicht zulassen (ebenda).

Gerät die Beteiligungsgesellschaft in wirtschaftliche Schwierigkeiten, so wird der Gesellschafter die Gesellschaft häufig durch Vorteilszuwendungen in Form von Kapitalerhöhungen, Barzuschüssen, Forderungsverzichten u.ä. unterstützen. Diese Maßnahmen stellen bei der Gesellschaft regelmäßig (verdeckte) Einlagen dar und führen damit zu einer Erhöhung des bilanziellen Eigenkapitals. Auch in diesen Fällen wendet die Rechtsprechung die Teilwertvermutung an. Danach wird grundsätzlich unterstellt, daß nachträgliche Anschaffungskosten zu einer entsprechenden Teilwerterhöhung führen[242]. Eine Abschreibung ist nur gerechtfertigt, wenn die Vorteilszuwendungen nicht das Ziel verfolgen, die Rentabilität wiederherzustellen, sondern um den Konkurs abzuwehren[243].

Der Auffassung des BFH kann nach Ansicht des Verfassers nicht gefolgt werden. Wird das Eigenkapital einer Unternehmung durch anhaltende Verluste aufgezehrt und führt der Gesellschafter neues Kapital zu, um mit veränderten Produktionsmitteln, anderer Marketingstrategie o.ä. wieder die Gewinnzone zu erreichen, so ist nicht nachvollziehbar, weshalb ein gedachter Erwerber den bereits verlorengegangenen Betrag vergüten sollte[244]. Dies wird deutlich, wenn der Einfachheit halber unterstellt wird, das gesamte Vermögen einer ausschließlich eigenfinanzierten Tochtergesellschaft bestehe aus einer Anleihe im Nominalwert (= Teilwert) von einer Million DM. Fällt der Schuldner der Anleihe in Konkurs, so ist die Gesellschaft wertlos. Stattet der Gesellschafter die Gesellschaft mit einer weiteren Million DM aus, um den Erwerb einer Anleihe eines anderen Emittenten zu finanzieren, so beträgt der Wert der Beteiligung eine Million DM und nicht zwei Millionen DM[245]. Nichts anderes kann gelten, wenn die Gesellschaft dem produzierenden Gewerbe o.ä. angehört.

Zusammenfassend ist festzuhalten, daß der Teilwert eines Rendite-Beteiligungstitels vom Grundsatz her als Barwert der zum jeweiligen Bilanzstichtag für die Zukunft erwarteten Einzahlungsüberschüsse zu ermitteln ist. Liegt dieser Wert unter dem Buchwert, so kommt es - zwingend oder wahlweise - zu einer Teilwertabschreibung, umgekehrt wird eine Höherbewertung durch das Realisations-

---

242 BFH IV 49/65 U vom 20.5.1965, BStBl III 1965, S. 503; BFH I 133/65 vom 27.3.1968, BStBl II 1968, S. 521.

243 BFH I R 203/74 vom 9.3.1977, BStBl II 1977, S. 515; BFH VIII R 158/86 vom 18.12.1990, BFH/NV 1992, S. 15.

244 Ähnlich BREZING, Beteiligungen, StbJb 1972/73, S. 352-354; INSTFST/PILTZ, Beteiligungen, 1985, S. 83-87; MÜLLER-DOTT, Einzelfragen, StbJb 1983/84, S. 268 f.; SCHIEBLER, Beteiligungen, 1986, S. 155. Vgl. auch die ausführliche Darstellung bei REUTER, Beteiligungsabschreibung, BB 1982, S. 25-28.

245 Siehe auch das ähnliche Beispiel bei MÜLLER-DOTT, Auseinandersetzung, 1992, S. 55 f.

prinzip verhindert. Die uneingeschränkte Anwendung dieser Grundsätze scheitert jedoch am Objektivierungsgrundsatz, so daß häufig auch der Substanzwert in den Kalkül einbezogen werden muß. Grundsätzlich sind daher sämtliche betriebswirtschaftlichen Methoden zur Anteilsbewertung anwendbar. Insoweit kann auf die Ausführungen im zweiten Teil der Arbeit verwiesen werden[246].

Aus Gründen der Rechtssicherheit und der Gleichmäßigkeit der Besteuerung ist es allerdings unbefriedigend, daß bisher kein geeignetes Rechenverfahren zur Teilwertermittlung entwickelt wurde. Es gilt, die diesbezüglichen Vorschläge[247], die den betriebswirtschaftlichen Erfordernissen eher gerecht werden als die Teilwertvermutungen des BFH, erneut zu überdenken. In diesem Kontext ist der Aspekt der Beweiswürdigung zu berücksichtigen: Eine Orientierung an den Ertragserwartungen setzt voraus, daß der Titelinhaber die Wertfindung durch geeignete Unterlagen (Unternehmenswertanalysen etc.) dokumentiert und damit sein Wertkalkül intersubjektiv nachprüfbar ist. Andernfalls ist einer schlüssigen Beweisführung seitens des Steuerpflichtigen von vornherein die Grundlage entzogen[248].

b. Auslands-Beteiligungstitel

Der Teilwert eines Rendite-Beteiligungstitels ist vom Grundsatz her unabhängig davon zu ermitteln, ob der Emittent im Inland oder im Ausland domiziliert[249]. Allerdings sind zum einen die Rahmenbedingungen im jeweiligen Land im Regelfall von denen im Inland verschieden[250]. Insofern unterscheiden sich Auslands-

---

246 Vgl. im einzelnen oben, 2. Teil, 3. Kapitel, § 2, Punkt II.B, S. 130 ff.

247 So spricht sich PILTZ für eine Übernahme des Stuttgarter Verfahrens in modifizierter Form aus (vgl. INSTFST/PILTZ, Beteiligungen, 1985, S. 59-64). Zu einer Methode, die stärker auf die Ertragserwartungen abstellt, vgl. SCHEFFLER, Wert, 1992, S. 10-14.

248 OESTERLE/GAUSS, Beteiligungen, WPg 1991, S. 327.

249 Zu beachten ist die Besonderheit, daß bei ausländischen Gesellschaftsformen zunächst zu prüfen ist, ob sie "nach den leitenden Gedanken des Einkommensteuer- und Körperschaftsteuergesetzes" (BFH I 121/64 vom 17.7.1968, BStBl II 1968, S. 695) als Kapital- oder Personengesellschaft zu qualifizieren ist. Dies ist hier deshalb von Bedeutung, weil nur Anteile an Kapitalgesellschaften einer Teilwertabschreibung im eigentlichen Sinne zugänglich sind (vgl. den Fall in FG Baden-Württemberg XII K 300/85 vom 17.1.1990, BB 1990, S. 1804).

250 Siehe die Beispiele bei INSTFST/PILTZ, Beteiligungen, 1985, S. 111. Von der Rechtsprechung wird daraus gefolgert, daß infolgedessen von einer längeren Anlaufphase von etwa fünf Jahren auszugehen ist (BFH I R 104/84 vom 27.7.1988, BStBl II 1989, S. 274). So auch der Erlaß zur substanzsteuerlichen Bewertung von Auslandsbeteiligungen; danach kann sich diese Aufbauphase "jedoch auch bis zu 10 Jahren, in Sonderfällen sogar darüber hinaus, verlängern" (BMF IV C 3 - S 3263 - 5/90 vom 9.3.1990, IWB 1990, Fach 3, Deutschland, Gruppe 8, S. 55). Für einen Fünfjahreszeitraum als Anhaltspunkt auch BARANOWSKI, Auslandsbeziehungen, 1978, S. 171; DAHNKE, Auslandsbeteiligungen,

von Inlandsbeteiligungstiteln jedoch nur graduell, nicht prinzipiell. Dies gilt nicht für Wechselkurs- und Länderrisiken, auf die daher im folgenden eingegangen wird.

α. Wechselkursrisiko

In der Literatur wird z.T. die Auffassung vertreten, daß "grundsätzlich davon auszugehen [ist], daß Wechselkursänderungen auf den Teilwert einer Beteiligung keinen Einfluß haben"[251]. Begründet wird diese Auffassung insbesondere damit, daß eine Abwertung der Auslandswährung gegenüber der inländischen Devise ihren Niederschlag in einem Ansteigen der Börsenkurse finde bzw. das Substanzvermögen mit einem höheren Nominalwert in der Landeswährung zu bewerten sei, was wiederum dazu führe, daß sich durch die Abwertung keine Wertminderung der Beteiligung ergäbe[252].

Wie jedoch insbesondere von MÜLLER-DOTT hervorgehoben wurde, besteht zwischen den Inflationsraten-Differenzen zweier Länder und der Wechselkursentwicklung nicht in jedem Fall die unterstellte funktionale Abhängigkeit[253]. Vielmehr ist eine Einzelfallbetrachtung notwendig. Entscheidend ist, ob es der ausländischen Gesellschaft gelingt, "ihre Erträge in Landeswährung soweit zu erhöhen, daß sie nach Umrechnung in DM wieder den bei der Gründung erzielten DM-Betrag erreichen", wobei es keine Rolle spielt, "ob die ausländische Gesellschaft diese Ertragsverbesserung aufgrund der Inflation oder sonstiger Faktoren erzielt"[254]. Methodisch ist das Wechselkursrisiko damit in gleicher Weise zu be-

1992, S. 36 f. Zu einer Differenzierung nach Ländergruppen (EG-Länder, andere Industrieländer, Entwicklungsländer) vgl. SCHULZE ZUR WIESCHE, Auslandsbeteiligungen, FR 1987, S. 609 f. Für einen wesentlich kürzeren Zeithorizont MÜLLER-DOTT, Auseinandersetzung, 1992, S. 54 f.; DERS., Entgegnung, FR 1987, S. 489; ähnlich INSTFST/PILTZ, a.a.O., S. 112 f.

251 SCHULZE ZUR WIESCHE, Teilwertabschreibungen, FR 1987, S. 386, Flexion geändert, Klammerzusatz vom Verfasser; siehe auch DERS., Wechselkurse, DB 1970, S. 604 f. Gleicher Ansicht BADER/HABER, Auslandsbeteiligungen, StBp 1976, S. 203. Siehe auch den Hinweis bei BARANOWSKI, Auslandsbeziehungen, 1978, S. 173. Abgeschwächt SCHULZE ZUR WIESCHE, Auslandsbeteiligungen, FR 1987, S. 610.

252 Vgl. NEUBAUER, Erfahrungen, JbFSt 1974/75, S. 272.

253 MÜLLER-DOTT, Auslandsbeteiligungen, StbJb 1988/89, S. 172-179. Der von der Gegenmeinung offensichtlich unterstellten - nicht jedoch so benannten - Kaufkraftparitätentheorie wird auch im volkswirtschaftlichen Schrifttum zumindest kurz- und mittelfristig nur geringe Bedeutung zugemessen (vgl. JARCHOW/RÜHMANN, Außenwirtschaft, 1991, S. 214-221, m.w.N.).

254 INSTFST/PILTZ, Beteiligungen, 1985, S. 115, beide Zitate. Im Ergebnis gleicher Ansicht EBLING, Teilwert, DStR 1990, S. 330; LANGEL, Auswirkungen, IWB 1986, Fach 3, Deutschland, Gruppe 3, S. 850 f.; DERS., Bewertungsfragen, StbJb 1979/80, S. 291;

rücksichtigen wie bei der Teilwertermittlung von Forderungstiteln. Allerdings werden aufgrund der größeren Unsicherheit im Hinblick auf Höhe und Zeitpunkte der eingehenden Zahlungen an die Prognosefähigkeit des Bewertenden erhöhte Anforderungen gestellt.

ß. Länderrisiko

Länderrisiken sind im Hinblick auf die Bewertung von Beteiligungstiteln insbesondere dann von Bedeutung, wenn eine Enteignung oder ein Transferverbot für ausgeschüttete Dividenden droht[255]. Waren die genannten Entwicklungen bereits beim Anteilserwerb absehbar und wurden sie bei der Preisgestaltung berücksichtigt, so kommt eine Teilwertabschreibung nicht in Frage[256]. Andernfalls wird ein Gewinntransferverbot vom Schrifttum[257] und - für *Rendite*-Beteiligungstitel - wohl auch von (Vertretern) der Finanzverwaltung[258] als teilwertmindernder Umstand anerkannt. Dabei werden - bei vollständigem Transferverbot - in der Literatur Abschläge von 50 %[259] genannt oder vorgeschlagen, bei längerfristigem Transferverbot die Ertragserwartungen vollständig aus dem Kalkül herauszunehmen[260]. Nach Ansicht des Verfassers kann auch eine konkrete Enteignungsgefahr[261] nicht dem allgemeinen Unternehmerrisiko zugerechnet werden[262], sondern ist teilwertmindernd zu berücksichtigen[263].

SCHIEBLER, Beteiligungen, 1986, S. 200-202. Diese Grundsätze liegen auch dem Urteil RFH VI 152/43 vom 18.8.1943, RStBl 1943, S. 710, zugrunde. Wird hilfsweise der Substanzwert in den Bewertungskalkül einbezogen, so ist zu berücksichtigen, daß Preissteigerungen je nach Vermögensart (materielles, immaterielles oder finanzielles Vermögen) und Finanzierungsform (Eigen- bzw. Fremdfinanzierung) unterschiedliche reale Effekte auslösen (vgl. BREZING, Beteiligungen, StbJb 1972/73, S. 368; MÜLLER-DOTT, Auslandsbeteiligungen, StbJb 1988/89, S. 178; RÄDLER/RAUPACH, Auslandsbeziehungen, 1966, S. 84).

255 Vgl. INSTFST/PILTZ, Beteiligungen, 1985, S. 116-118, 121 f.

256 EBLING, Teilwert, DStR 1990, S. 330; INSTFST/PILTZ, Beteiligungen, 1985, S. 116-118, 121 f.

257 HAKE/AAS, Anteile, RIW 1992, S. 654; M. HORN, Anteile, Inf 1981, S. 494; INSTFST/PILTZ, Beteiligungen, 1985, S. 117 f.; RÄDLER/RAUPACH, Auslandsbeziehungen, 1966, S. 84 f.

258 SCHULZE ZUR WIESCHE, Teilwertabschreibungen, FR 1987, S. 386. Weniger eindeutig BARANOWSKI, Auslandsbeziehungen, 1978, S. 173; DAHNKE, Auslandsbeteiligungen, 1992, S. 41.

259 RÄDLER/RAUPACH, Auslandsbeziehungen, 1966, S. 85.

260 HAAKE/AAS, Anteile, RIW 1992, S. 654.

261 Das allgemeine politische Risiko ist nicht ausreichend für eine Teilwertabschreibung (BFH III R 83/75 vom 25.2.1977, BStBl II 1977, S. 404). Dabei ist jedoch nicht Voraussetzung, daß die Enteignung bereits mittels Gesetzentwurf eingeleitet wurde bzw. eine entsprechende Verordnung vorliegt (a.A. SCHULZE ZUR WIESCHE, Teilwertabschreibungen,

2. Informations- und Einwirkungsrechte des Titelinhabers

Bisher wurde bei der Teilwertermittlung von Rendite-Beteiligungstiteln der Umstand außer Betracht gelassen, daß dieser Kontraktobjekttypus seinem Inhaber in den meisten Fällen Informations- und Einwirkungsrechte vermittelt. Dieser Aspekt soll nun in die Überlegungen einbezogen werden. Dabei wird nach distanzierten (Punkt a) und engagierten (Punkt b) Beteiligungstiteln differenziert[264].

a. Distanzierte Beteiligungstitel

Distanzierte Beteiligungstitel vermitteln ihren Inhabern grundsätzlich keine wesentlichen Informations- und Einwirkungsrechte. Die mit ihnen verbundenen Stimmrechte sind jedoch zumindest dann nicht wertlos, wenn es sich um börsengehandelte Anteile handelt, denn das Börsenpublikum mißt dem mit einem distanzierten Beteiligungstitel verbundenen Stimmrecht offenbar einen größeren wirtschaftlichen Wert bei als dem mit der Vorzugsaktie üblicherweise verbundenen Dividendenvorzug[265]. Werden Stamm- und Vorzugsaktien eines Unternehmens an der Börse gehandelt, so schlägt sich dieser Umstand unmittelbar im Börsenkurs und damit im Teilwert nieder.

Ist dagegen nur eine Aktiengattung - stimmberechtigte Stammaktien oder stimmrechtslose Vorzugsaktien - an der Börse notiert, so stellt sich die Frage, ob bei der Teilwertermittlung für den individuell gehandelten Titeltypus auf den Börsenkurs der notierten Aktiengattung zurückgegriffen werden kann. Diesen Weg geht die Finanzverwaltung für substanzsteuerliche Zwecke. Dabei wurde zunächst dem Kurs der börsennotierten Stammaktie der dreifache Dividendenunterschied hin-

---

FR 1987, S. 388). Diese Auffassung verletzt m.E. das Vorsichts- und Imparitätsprinzip. Keinesfalls kann der Meinung gefolgt werden, daß es nach "den Erfahrungen der Praxis ... kein allgemeines Auslandsrisiko mehr" gebe (OFD Frankfurt S 3263 A - 14 - St III 42 vom 13.5.1981, WPg 1981, S. 444). Zur Begründung siehe oben, 2. Teil, 3. Kapitel, § 2, Punkt II.A.1.b, S. 120.

262   Zu undifferenziert daher BADER/HABER, Auslandsbeteiligungen, StBp 1976, S. 203; BARANOWSKI, Auslandsbeziehungen, 1978, S. 172; RÄDLER/RAUPACH, Auslandsbeziehungen, 1966, S. 83.

263   EBLING, Teilwert, DStR 1990, S. 330; INSTFST/PILTZ, Beteiligungen, 1985, S. 121 f.

264   Dabei zählen die aus unterschiedlichen Informations- und Einwirkungsrechten resultierenden Wertdifferenzen m.E. nicht zum Zusatzwert (so aber INSTFST/PILTZ, Beteiligungen, 1985, S. 17). Dagegen spricht, daß diese Umstände schon bei der Ermittlung des gemeinen Werts nach § 11 Abs. 3 BewG (Stichwort: "Paketzuschlag") zu berücksichtigen sind.

265   Siehe oben, 2. Teil, 3. Kapitel, § 2, Punkt II.B.2.a, S. 133.

zugerechnet, das fehlende Stimmrecht dagegen explizit vernachlässigt[266]. Dies führte dazu, daß mit einem Dividendenvorteil ausgestattete Vorzugsaktien generell höher bewertet wurden als Stammaktien.

Diese Auffassung wurde in der Literatur zu Recht kritisiert[267]. In einer Verfügung aus dem Jahre 1989 ist die Finanzverwaltung denn auch - ohne Angabe von Gründen - zu einer anderen Berechnungsmethode übergegangen. Danach wird nun unterstellt, daß Stammaktien grundsätzlich zu einem höheren Kurs als Vorzugsaktien gehandelt werden. Der Zuschlag wird vom BMF anhand der Kurswertliste unter Berücksichtigung der durchschnittlichen Wertabweichung von im Börsenhandel notierten Stamm- und Vorzugsaktien der jeweils selben Gesellschaft ermittelt[268]. Im Hinblick auf das Stimmrecht ist diese Neuorientierung zu begrüßen[269]. Sie trägt allerdings nicht der unterschiedlichen Marktgängigkeit notierter und nicht notierter Anteile Rechnung. Auf diesen Aspekt wird in Punkt 3 einzugehen sein.

b. Engagierte Beteiligungstitel

Einwirkungsrechte sind für den Wert eines Beteiligungstitels insbesondere dann von Bedeutung, wenn sie dem Gesellschafter einen Einfluß auf die Geschäftsführung vermitteln. Für Zwecke der Substanzbesteuerung wird diesem Umstand in § 11 Abs. 3 BewG Rechnung getragen. Die Finanzverwaltung geht insoweit in der Weise vor, daß der gemeine Wert eines Aktienpakets entweder durch einen Paketzuschlag auf den nach der direkten Methode ermittelten Kleinanteilswert[270] bzw. umgekehrt der gemeine Wert eines distanzierten Titels durch negative Modifika-

---

266 FinMin NRW S 3259 - 21 - VC 1 vom 14.11.1963, AG 1964, S. 75. Zur umgekehrten Vorgehensweise - Ableitung der Vermögensteuerwerte nichtnotierter Stammaktien von den Börsenkursen notierter Vorzugsaktien - vgl. FinMin NRW S 3263 - 54 - VA 4 vom 5.11.1985, BB 1985, S. 2158.

267 BINZ/SORG, Folgen, BB 1987, S. 1997.

268 OFD Koblenz S 3102 A - St 44 3 vom 24.2.1989, StEK BewG 1965 § 11 Nr. 61, Tz. 2b. Für den Bewertungsstichtag 31.12.1989 ergibt sich für die Wertableitung der nichtnotierten Stammaktie (Vorzugsaktie) aus dem Börsenkurs der Vorzugsaktie (Stammaktie) nach FinMin NRW 3263 - 54 - VA 4 vom 19.7.1990, DB 1990, S. 1592, ein Aufschlag (Abschlag) von 15 % (25 %).

269 Voraussetzung für eine Ableitung des Teilwerts der nichtnotierten vom Börsenkurs der notierten Aktiengattung ist allerdings, daß Stamm- und Vorzugsaktien zumindest annähernd vergleichbar sind. Diese Vergleichbarkeit kann jedoch in vielfacher Hinsicht eingeschränkt sein (siehe die Beispiele bei BINZ/SORG, Folgen, BB 1987, S. 1997 f.; HERZIG/EBELING, Vorzugsaktien, AG 1989, S. 226 f.).

270 Vgl. Abschnitt 74 Abs. 4 VStR.

tionen des quotalen Unternehmenswerts[271] errechnet wird. Beide Verfahren sind nach Ansicht des Verfassers vom Grundsatz her positiv zu würdigen[272]. Fraglich ist die Bestimmung der Höhe des Korrekturwerts[273].

Zunächst ist darauf hinzuweisen, daß für den Wert von Einwirkungsrechten nicht die absolute, sondern die relative Höhe der Beteiligungs- bzw. Stimmrechtsquote entscheidend ist. Insoweit kann ein zehnprozentiger Anteil völlig unterschiedlich beurteilt werden, je nachdem, ob die übrigen Anteile weit verstreut oder in einer Hand vereinigt sind[274]. Einen weiteren entscheidenden Einflußfaktor stellt die Funktion dar, die die Anteile für den Gesellschafter besitzen. Die Finanzverwaltung trifft im Hinblick auf die Ermittlung des gemeinen Werts insoweit keine Differenzierung[275]. Zumindest für die Bestimmung des steuerlichen Teilwerts kann jedoch nicht zweifelhaft sein, daß die mit einem Rendite-Beteiligungstitel verbundenen Einwirkungsrechte von geringerem Wert sind als die einem Verbund-Beteiligungstitel anhaftenden Einwirkungsrechte[276]. Wenn daraus m.E. auch nicht gefolgert werden kann, für Rendite-Beteiligungstitel komme ein Zuschlag überhaupt nicht in Betracht[277], so wird dieser jedoch geringer ausfallen müssen[278].

---

271 Vgl. Abschnitt 80 VStR.

272 Siehe auch oben, 2. Teil, 3. Kapitel, § 2, Punkt II.B.2.b, S. 134 ff. Zur Differenzierung nach direkter und indirekter Methode siehe 2. Teil, 3. Kapitel, § 2, Punkt II.B.1, S. 128 ff.

273 Darüber hinaus wurde bereits in Punkt 1.a.α (S. 491) darauf hingewiesen, daß die Kurswerte börsengehandelter Aktien aufgrund ihrer unterschiedlichen Zwecksetzung und Fungibilität nicht in jedem Fall als Anhaltspunkt für den Teilwert von Aktienpaketen herangezogen werden können.

274 Siehe auch bereits oben, 2. Teil, 2. Kapitel, § 3, Punkt I.B, S. 88. So auch BFH III R 4/73 vom 24.1.1975, BStBl II 1975, S. 374; BFH II R 108/85 vom 28.3.1990, BStBl II 1990, S. 493. Siehe im einzelnen BARTH, Anteile, DB 1973, S. 2159-2161; GEBHARDT, Anteile, 1988, S. 213-223.

275 Vgl. Abschnitt 74 Abs. 4 und 80 VStR.

276 Kritisch auch BREZING, Beteiligungen, StbJb 1972/73, S. 364; LEUNIG, Beteiligungen, 1970, S. 120 f.

277 A.A. BREZING (Beteiligungen, StbJb 1972/73, S. 362-364), der im Hinblick auf das Verhältnis von Paketzuschlag und Zusatzwert zu dem Ergebnis gelangt, daß der um den Paketzuschlag erhöhte gemeine Wert einer Beteiligung "nichts anderes [sei] als der einen nivellierten Zusatzwert enthaltende Quasi-Teilwert der Beteiligung" (a.a.O., S. 363; Klammerzusatz vom Verfasser). Zu den Gründen für die hier vertretene Meinung siehe oben, 2. Teil, 3. Kapitel, § 2, Punkt II.B.2.b, S. 134 ff.

278 Zu Fällen, in denen ggf. ein Paketabschlag vorzunehmen ist, vgl. LEUNIG, Beteiligungen, 1970, S. 121 f., m.w.N.

3. Gestaltungsrechte des Titelinhabers

Zu den Gestaltungsrechten des Inhabers eines Rendite-Beteiligungstitels zählt in erster Linie das Veräußerungsrecht. Zu prüfen ist, ob und, wenn ja, in welchem Umfang eine Veräußerungsbeschränkung als teilwertbeeinflussender Faktor anzuerkennen ist. Zu nennen sind zum einen Auslandsbeteiligungstitel, deren Übertragung nach dem Recht des jeweiligen Staates nur an bestimmte Personen zulässig sein kann[279]. Da das Veräußerungsrecht, wie oben gezeigt, auch dann einen Wert repräsentiert, wenn der Anteilinhaber nicht plant, sich von seinem Engagement zu trennen, wirkt sich dieser Umstand zwingend teilwertmindernd aus[280].

Für Inlandsbeteiligungstitel existieren Beschränkungen der genannten Art nicht. Allerdings können ähnliche Vorkehrungen durch entsprechende Vereinbarungen der Gesellschafter untereinander oder durch Verfügungen von Todes wegen getroffen werden. Dies trifft insbesondere für Familiengesellschaften zu[281]. In diesen Fällen gelten die Beschränkungen i.d.R. für alle Gesellschafter und dienen regelmäßig dazu, das Unternehmen vor familienfremden Einflüssen zu bewahren. Es ist fraglich, ob damit Vorteile wie "innere Stärke, Straffung der Verwaltung, Geschäftspolitik auf lange Sicht"[282] verbunden sind[283]. Hinter solchen Regelungen verbergen sich vielmehr in erster Linie private Gründe wie Tradition, Erbfolgeüberlegungen etc., die jedoch für die Höhe des Teilwerts unbeachtlich sind[284]. Für den gedachten Erwerber stellen sie daher im Regelfall wertmindernde Umstände dar.

Die Rechtsprechung zu § 11 BewG ignoriert Verfügungsbeschränkungen allerdings dann, wenn der Anteilsinhaber allein oder mit einer Gruppe gleichgerichtete wirt-

---

279 M. HORN, Anteile, Inf 1981, S. 494.

280 A.A. GEBHARDT, Anteile, 1988, S. 227; SCHULZE ZUR WIESCHE, Teilwertabschreibungen, FR 1987, S. 388. Im Ergebnis wie hier BINZ/SORG, Folgen, BB 1987, S. 1997; HAKE/AAS, Anteile, RIW 1992, S. 655. Zu einer Abschreibung führt dieser Umstand jedoch c.p. nur dann, wenn die Verfügungsbeschränkung nach dem Erwerbsvorgang dekretiert wurde, da andernfalls anzunehmen ist, daß sie sich im Preis und damit in den Anschaffungskosten niedergeschlagen hätte (INSTFST/PILTZ, Beteiligungen, 1985, S. 111 f.).

281 BARTH, Anteile, DB 1973, S. 2159.

282 BFH III R 80/67 vom 22.5.1970, BStBl II 1970, S. 610.

283 Kritisch auch BARTH, Anteile, DB 1973, S. 2165.

284 SEICHT, Beteiligungen, 1987, S. 32 f.

schaftliche Interessen verfolgender Personen[285] die Verfügungsbeschränkung aufheben kann[286]. Verfügungsbeschränkungen sind folglich dann nicht zu berücksichtigen, wenn der Gesellschafter, der davon betroffen ist, die Möglichkeit hat, sie jederzeit zu beseitigen, was wiederum davon abhängt, ob er in der Gesellschafterversammlung soviel Einfluß hat, daß er deren Aufhebung jederzeit erreichen kann[287]. In diesen Fällen stellt die Beschränkung für den Gesellschafter keine wirtschaftliche Belastung dar. Vielmehr kann sie sich sogar positiv auswirken, wenn sie dazu dient, die im Zeitpunkt der Gründung bestehende Machtverteilung im Unternehmen dauerhaft festzuschreiben[288].

Die Quantifizierung des Teilwertabschlags in den dafür in Frage kommenden Fällen hat zunächst Art und Dauer der Verfügungsbeschränkung zu beachten[289]. Darüber hinaus ist die Bedeutung eines Veräußerungsrechts - aufgrund unterschiedlich hoher Informations- und Transaktionskosten - von der Art des Marktes abhängig, auf dem der betreffende Titel gehandelt wird. Folglich muß der Teilwertabschlag bei börsennotierten Aktien c.p. höher sein als für GmbH-Anteile[290].

---

285 Nach Auffassung des BFH können gleichgerichtete wirtschaftliche Interessen im Regelfall bei Familiengesellschaften (BFH III R 41/70 vom 23.7.1971, BStBl II 1972, S. 4; BFH III R 4/73 vom 24.1.1975, BStBl II 1975, S. 374) und für die Gruppe der Gründungsgesellschafter (BFH III 21/64 vom 11.7.1967, BStBl III 1967, S. 666; BFH III R 43/70 vom 10.12.1971, BStBl II 1972, S. 313) angenommen werden. Kritisch hierzu VIETMEIER/KRIBBEN, Bewertung, GmbHR 1978, S. 89-92. Auf diesen Gesichtspunkt wird hier nicht näher eingegangen.

286 BFH III 359/61 vom 15.10.1964, HFR 1965, S. 153; BFH III 21/64 vom 11.7.1967, BStBl III 1967, S. 666; BFH III R 43/70 vom 10.12.1971, BStBl II 1972, S. 313; BFH III R 156/72 vom 17.5.1974, BStBl II 1974, S. 626.

287 BFH III R 43/70 vom 10.12.1971, BStBl II 1972, S. 313; TROLL, Aktien, 1989, S. 29; VIETMEIER/KRIBBEN, Bewertung, GmbHR 1978, S. 89. Folglich sind die sich aus vinkulierten Namensaktien ergebenden Einschränkungen für einen Kleinaktionär als wertmindernder Umstand zu berücksichtigen: "Geht man ... davon aus, daß der gemeine Wert der Alt-Aktie im Zeitpunkt des Erwerbs durch den Kläger zumindest 63,75 DM betrug, so hat der Umstand der vinkulierten Namensaktie bereits in diesem gemeinen Wert der Alt-Aktien seinen Niederschlag gefunden" (BFH VI R 47/88 vom 7.4.1989, BStBl II 1989, S. 612).

288 Dieser Umstand ist möglicherweise nicht beim gemeinen Wert, in jedem Fall aber bei der Teilwertbestimmung zu beachten (VIETMEIER/KRIBBEN, Bewertung, GmbHR 1978, S. 91 f.). Zu berücksichtigen ist, daß sich die Einschätzung im Laufe der Zeit durch Schenkung, Erbschaft oder Zukauf von Anteilen ändern kann (ebenda, S. 87).

289 Liegt bspw. nur ein Vorkaufsrecht der übrigen Gesellschafter (zum Verkehrswert) vor, so rechtfertigt dieser Umstand keinen Abschlag (BFH III R 4/73 vom 24.1.1975, BStBl II 1975, S. 374). Daß die Dauer von Verfügungsbeschränkungen für deren Wert von Bedeutung ist, bedarf keiner näheren Begründung. So hatte die Finanzverwaltung bei Arbeitnehmeraktien für jedes Sperrjahr einen Abschlag von 5 % vorgenommen (HEUER in H/H/R 1993, EStG § 19 Anm. 107). Siehe allerdings die Anmerkungen in nachfolgender Fußnote.

290 Verfügungsbeschränkungen im Hinblick auf börsennotierte Aktien sollen nach der Rechtsprechung für die Ermittlung des gemeinen Werts von zugewendeten Arbeitnehmeraktien für lohnsteuerliche Zwecke jedoch unbeachtlich sein (BFH VI R 47/88 vom 7.4.1989, BStBl II 1989, S. 608). Das Judikat läßt sich nur aus den Besonderheiten der

Wenn für Veräußerungsbeschränkungen für börsennotierte Aktien Abschläge von 6 bis 10 % genannt werden[291], muß dieser Wert für individuell gehandelte Beteiligungstitel mithin nach unten korrigiert werden.

4. Bezugsrechte des Titelinhabers

Als Teilwert eines derivativ erworbenen Bezugsrechts läßt sich ohne weiteres dessen Börsenkurs annehmen. Wird das Bezugsrecht nicht notiert, so kann er nach der Bezugsrechtsformel problemlos individuell ermittelt werden. Darüber hinaus wirken sich zukünftige Zuweisungen von Bezugsrechten bei der Teilwertermittlung von Beteiligungstiteln aus[292].

B. Ertragsteuerliche Besonderheiten

Teilwertabschreibungen auf Beteiligungen an Kapitalgesellschaften mindern grundsätzlich nicht nur den Steuerbilanzgewinn, sondern auch den steuerpflichtigen Gewinn des Gesellschafters. In einigen Fällen wird diese Regel jedoch durchbrochen und der abschreibungsinduzierte Aufwand storniert. In diesem Zusammenhang ist zum einen die sog. ausschüttungsbedingte Teilwertabschreibung zu erwähnen, der in gewissen Fällen die steuerliche Anerkennung versagt wird (Punkt 1). Die gleiche Rechtsfolge kann eintreten, wenn die Gesellschaft bestimmte Sachziele verfolgt, für die der Steuergesetzgeber eine uneingeschränkte Verlustverrechnung mit anderen positiven Einkünften nicht zuläßt (Punkt 2).

1. Die ausschüttungsbedingte Teilwertabschreibung

Gewinnausschüttungen der Beteiligungsgesellschaft rechtfertigen eine Teilwertabschreibung auf individuell gehandelte Beteiligungstitel grundsätzlich nicht, jeden-

---

Regelung in § 19a EStG (bzw. dessen Vorläufer) erklären und ist auf andere Fälle nicht übertragbar (kritisch auch GÖRBING, Aktien, BB 1960, S. 260-263; KNEPPER, Belegschaftsaktie, ZGR 1985, S. 439 f.; LUTHER, Arbeitnehmer-Aktien, DB 1980, S. 2257 f.; REUTER, Sachzuwendungen, StVj 1990, S. 246 f.; SUNDER-PLASSMANN, Lohnsteuererrecht, StuW 1990, S. 71). Auch die Finanzverwaltung ist zunächst für einen Wertabschlag eingetreten (BdF IV B/3 - S 2220 - 23/61 vom 4.3.1961, DB 1961, S. 1210), hat diese Ansicht jedoch später - ohne nähere Begründung - aufgegeben (FinMin Niedersachsen S 2220 - 444 - 314 vom 29.12.1966, DB 1967, S. 19). Auf der Linie der BFH-Rechtsprechung HEUER in H/H/R 1993, EStG § 19 Anm. 107.

291 INSTFST/PILTZ, Beteiligungen, 1985, S. 103.

292 Siehe oben, 2. Teil, 3. Kapitel, § 2, Punkt II.B.4, S. 139 ff.

falls dann nicht, wenn der "normale Jahresgewinn" ausgeschüttet wird[293]. Dieses Ergebnis ergibt sich aus dem Wesen der oben vorgestellten Bewertungsmethode, wonach der Teilwert vom Grundsatz durch den Barwert der zukünftigen Zahlungsüberschüsse repräsentiert wird. Da eine Orientierung an Zahlungsüberschüssen einen Mittelabfluß bei der Gesellschaft voraussetzt, wird der Ertragswert unter der Annahme ermittelt, daß die prognostizierten (durchschnittlichen) Erträge die Sphäre des Titelemittenten verlassen. Solange die erzielten Gewinne mit den ausgeschütteten Dividenden der Höhe und der Zeit nach übereinstimmen, bleibt der Ertragswert mithin konstant[294].

Etwas anderes kann gelten, wenn Ausschüttungen über den "normalen Jahresgewinn" hinaus vorgenommen werden. Die Substanzminderung führt unter sonst gleichen Bedingungen - insbesondere gleichbleibender Rentabilität des eingesetzten Kapitals - zu geringeren Einzahlungsüberschüssen und damit zu einem niedrigeren Teilwert. Den Hauptanwendungsfall bildet der derivative Erwerb einer Beteiligung, wenn die Beteiligungsgesellschaft erhebliche offene und/oder stille Reserven aufweist, die unmittelbar nach dem Erwerbsvorgang[295] ggf. aufgelöst und daran anschließend an den Käufer ausgekehrt werden[296].

Die Zulässigkeit ausschüttungsbedingter Teilwertabschreibungen ist heute nicht mehr ernsthaft bestritten[297]. Jedoch werden auch betriebswirtschaftlich und bi-

---

293 Etwas anderes kann sich für börsengehandelte Titel ergeben; hier ist der Börsenkurs "ex Dividende" regelmäßig niedriger als vor der Ausschüttung (INSTFST/PILTZ, Beteiligungen, 1985, S. 87).

294 Die Ansicht, Ausschüttungen führten stets und zwangsläufig zu einem entsprechend geringeren Teilwert der Beteiligung (so wohl R. THIEL, Fragen, StbJb 1966/67, S. 264-267), verkennt, daß zwischen Substanz des Beteiligungsunternehmens einerseits und dem Teilwert einer Beteiligung an diesem Unternehmen nur ein loser Zusammenhang besteht (FASOLD, Wertminderungen, DB 1976, S. 884-887; ROSE, Entwicklung, StbJb 1967/68, S. 236-239; DERS., Kapitalgesellschaften, StbJb 1971/72, S. 210 f.). Wie hier auch INSTFST/PILTZ, Beteiligungen, 1985, S. 87-89; RABALD, Anteile, Wpg 1986, S. 12 f.

295 Wird zu einem späteren Zeitpunkt ausgeschüttet, so kann die teilwertmindernde Ursache "Substanzminderung" durch teilwerterhöhende andere Umstände (über)kompensiert werden. Jedoch muß auch eine unmittelbar nach dem Erwerb vorgenommene Ausschüttung logisch nicht zwingend eine Teilwertabschreibung zur Folge haben. So ist es bspw. theoretisch denkbar, daß der Erwerber eine Zwangslage des Veräußerers ausgenutzt und zu einem so günstigen Preis gekauft hat, daß der Teilwert auch nach der Ausschüttung über den Anschaffungskosten liegt.

296 Dieser Sachverhalt liegt insbesondere dem sog. Kombinationsmodell zugrunde (vgl. dazu HERZIG/HÖTZEL, Unternehmenskauf, DBW 1990, S. 519 f.).

297 Sie ergibt sich bereits im Umkehrschluß aus § 50c EStG (siehe zu dieser Vorschrift weiter unten im Text). Zu verweisen ist überdies auf BFH I 189/65 vom 17.9.1969, BStBl II 1970, S. 109; BFH I R 54-55/70 vom 2.2.1972, BStBl II 1972, S. 397. Aus der Literatur siehe HEUER in H/H/R 1993, EStG § 6 Anm. 815, m.w.N. A.A. RABALD, Anteile, WPg 1986, S. 16.

lanzrechtlich zulässige bzw. notwendige Teilwertabschreibungen steuerlich in einigen Fällen nicht anerkannt. Die diesbezüglichen Steuerrechtsnormen greifen in erster Linie dann ein, wenn entweder der Titelemittent (die Beteiligungsgesellschaft) oder der Veräußerer nicht im Inland ansässig bzw. nicht unbeschränkt steuerpflichtig ist[298].

Domiziliert die *Beteiligungsgesellschaft* im Ausland und hat der Gesellschafter die Rechtsform der Kapitalgesellschaft, so werden ausschüttungsbedingte Teilwertabschreibungen nach § 26 Abs. 8 KStG nicht anerkannt, wenn die Dividenden im Inland aufgrund eines Doppelbesteuerungsabkommens (ggf. i.V.m. der Absenkung der Schachtelgrenze durch § 26 Abs. 7 KStG) steuerfrei vereinnahmt[299] oder die Begünstigungen nach § 26 Abs. 2 oder 3 KStG in Anspruch genommen wurden. Andernfalls könnte der Gesellschafter nicht nur die Dividende steuerfrei bzw. begünstigt vereinnahmen, sondern darüber hinaus mit Hilfe der Abschreibung eine Gewinnminderung herbeiführen. Die mithin im wesentlichen aus fiskalischen Motiven eingefügte Vorschrift[300] vermengt jedoch die Ebenen der steuerlichen Behandlung der Einkünfte aus dem Wirtschaftsgut Beteiligung mit der Ebene der steuerlichen Behandlung dieses Wirtschaftsguts selbst und ist damit systemwidrig. Wie gezeigt, ist darüber hinaus der unterstellte Kausalzusammenhang zwischen Gewinnausschüttung und Teilwertminderung nur schwierig herzustellen. Die Norm des § 26 Abs. 8 KStG ist daher in der Literatur weitestgehend auf Ablehnung gestoßen[301].

---

298 Nach der im zweiten Teil der Arbeit verwendeten betriebswirtschaftlichen Diktion ist damit die betriebskonstitutionsbezogene Eigenschaft "Standortbezogenheit" angesprochen. Allerdings besteht insoweit keine völlige Übereinstimmung, da zum einen der Standort nicht in jedem Fall mit dem Sitz bzw. Ort der Geschäftsleitung übereinstimmen muß und zum anderen das Steuerrecht an das Merkmal der vorhandenen oder nicht vorhandenen unbeschränkten Steuerpflicht anknüpft, die nicht nur standortabhängig ist (vgl. § 2 Nr. 2 KStG).

299 Die steuerliche Wirksamkeit der Teilwertabschreibung kann hierbei grundsätzlich nicht durch § 3c EStG aufgehoben werden (BFH I R 170/71 vom 19.9.1973, BStBl II 1973, S. 873; BFH I R 39/85 vom 14.3.1989, BStBl II 1989, S. 599). Vgl. hierzu MANKE, Teilwertabschreibung, DStZ 1990, S. 4-10; WASSERMEYER, Teilwertabschreibung, FR 1989, S. 518-521. Eine Ausnahme galt für das DBA-Italien 1925 (BFH I R 78/80 vom 9.12.1981, BStBl II 1982, S. 243; EBLING, Teilwert, DStR 1990, S. 331; INSTFST/PILTZ, Beteiligungen, 1985, S. 123).

300 MÜLLER-DOTT, Auslandsbeteiligungen, StbJb 1988/89, S. 179-181.

301 Vgl. MÜLLER-DOTT, Auslandsbeteiligungen, StbJb 1988/89, S. 179-185; DERS., Teilwertabschreibung, GmbHR 1990, S. 269-276; STAHL, Abzugsverbot, KÖSDI 1989, S. 7853-7855. Zu bezweifeln ist auch die Wirksamkeit der Vorschrift, da sie relativ leicht zu umgehen ist (vgl. HERZIG/HÖTZEL, Teilwertabschreibungen, DB 1988, S. 2271; KAUFMANN, Teilwertabschreibungen, RIW 1989, S. 806-810).

Ist der *Veräußerer* im Ausland ansässig bzw. nicht zur Anrechnung von Körperschaftsteuer berechtigt, so ist - unabhängig von der Rechtsform des Erwerbers - § 50c EStG zu beachten. Danach werden ausschüttungsbedingte Teilwertabschreibungen steuerlich nicht anerkannt, wenn ein anrechnungsberechtigter Steuerpflichtiger einen Anteil an einer unbeschränkt steuerpflichtigen Kapitalgesellschaft von einem nichtanrechnungsberechtigten Anteilseigner erwirbt, soweit die Teilwertabschreibung ausschließlich auf Gewinnausschüttungen zurückzuführen ist[302]. Damit soll verhindert werden, daß Nichtanrechnungsberechtigte mittelbar in den Genuß der Steuergutschrift gelangen, indem sie ihre Anteile an einen Anrechnungsberechtigten veräußern und sich den Wert der Steuergutschrift für die von der Kapitalgesellschaft gebildeten Rücklagen - zumindest teilweise - im Kaufpreis mitbezahlen lassen[303].

Die (außerbilanzielle[304]) Hinzurechnung ausschüttungsbedingter Teilwertabschreibungen nach § 26 Abs. 8 KStG sowie § 50c EStG wirkt sich über § 7 GewStG auch auf den Gewerbeertrag aus[305]. Zusätzliche Einschränkungen ergeben sich aus § 8 Nr. 10 GewStG. Danach kommt es zur Hinzurechnung von Gewinnminderungen, soweit der Ansatz des niedrigeren Teilwerts auf Gewinnausschüttungen der Körperschaft zurückzuführen ist und auf die Gewinnausschüttungen § 9 Nr. 2a, 7 oder 8 GewStG angewendet wird. Von dieser Regelung sind insbesondere Gesellschafter in der Rechtsform der Personenunternehmung sowie Inlands-Schachtelbeteiligungen betroffen. Aufgrund des vergleichbaren Regelungsgehalts bestehen ähnliche Bedenken wie im Hinblick auf § 26 Abs. 8 KStG[306].

---

302 Zusätzlich wird gefordert, daß die Gewinnminderungen insgesamt den Sperrbetrag i.S.d. § 50c Abs. 4 EStG, der im Regelfall dem Unterschiedsbetrag zwischen den Anschaffungskosten und dem Nennbetrag des Anteils entspricht, nicht übersteigen.

303 K. KOCH, Teilwertabschreibungen, DStZ 1980, S. 339. Siehe zu Einzelheiten auch DÖTSCH, Teilwertabschreibungen, DB 1980, S. 1562-1567; GRÜTZNER, Wertminderungen, NWB 1991, Fach 3, S. 7835-7843; LITTMANN, Anteilseigner, DStZ 1981, S. 355-362; NEYER/BECKER, Vermeidung, RIW 1980, S. 635-639.

304 Nach h.M. werden die Korrekturen nach § 26 Abs. 8 KStG und § 50c EStG außerbilanziell berücksichtigt. Ist der Gesellschafter eine Kapitalgesellschaft, so ist daher eine entsprechende Anpassung des verwendbaren Eigenkapitals vorzunehmen (vgl. nur Abschnitt 83 Abs. 1 Satz 3 Nr. 4 KStR). Im Anwendungsbereich des § 26 Abs. 8 KStG a.A. WASSERMEYER, Tausch, DB 1990, S. 859.

305 GRÜTZNER, Wertminderung, NWB 1991, Fach 3, S. 7835; PAUKA, Änderungen, DB 1988, S. 2227; STAHL, Abzugsverbot, KÖSDI 1989, S. 7856.

306 Vgl. HERZIG/HÖTZEL, Teilwertabschreibungen, DB 1988, S. 2272; SCHNÄDTER, Gewerbesteuergesetz, FR 1989, S. 576-578; STAHL, Abzugsverbot, KÖSDI 1989, S. 7856.

2. Teilwertabschreibung und Verlustverrechnungsbeschränkungen

Erzielt ein unbeschränkt Steuerpflichtiger im Rahmen einer Einkunftsart negative Einkünfte (Verluste), so ist grundsätzlich zunächst ein sog. horizontaler Verlustausgleich mit positiven Einkünften der gleichen Einkunftsart, daran anschließend ggf. ein sog. vertikaler Verlustausgleich mit positiven Einkünften anderer Einkunftsarten vorzunehmen[307]. Dieser Grundsatz wird im Gesetz jedoch an einigen Stellen durchbrochen[308]. Aus bilanzsteuerlicher Sicht ist § 2a Abs. 1 und 2 EStG zu nennen. Davon betroffen sind Teilwertabschreibungen auf Kapitalgesellschaftsanteile, wenn die Gesellschaft im Ausland ansässig ist und nicht ein begünstigtes Sachziel i.S.d. § 2a Abs. 2 EStG verfolgt oder zwar im Inland domiziliert, aber steuerschädliche negative ausländische Einkünfte erzielt[309]. Sind die Tatbestandsvoraussetzungen erfüllt, ist nur ein Ausgleich der Gewinnminderung mit positiven Einkünften aus demselben Staat bzw. aufgrund von Tatbeständen der jeweils selben Art aus demselben Staat möglich. Ein Überhang ist unbegrenzt vortragsfähig[310].

IV. Verbund-Beteiligungstitel
A. Bilanzrechtliche Grundsätze
1. Der Verbundeffekt als teilwertbestimmender Faktor

Im zweiten Teil der Arbeit wurde erläutert, daß ein Beteiligungstitel seinem Inhaber häufig nicht nur unmittelbar titelinduzierte Zahlungen in Form von Dividenden, sondern auch - ggf. sogar in erster Linie - mittelbare Vorteile (Verbundeffekte) verspricht, die aus betriebswirtschaftlicher Sicht in den Bewertungskalkül einbezogen werden. Im Hinblick auf die bilanzrechtliche Bewertung geht die h.M. in der handelsrechtlichen Literatur[311] und im steuerlichen Schrifttum[312] sowie

---

307 Siehe nur ROSE, Ertragsteuern, 1992, S. 72; zu einer Ausnahme von dieser Regel siehe ebenda.

308 Es handelt sich dann um sog. "verrechnungsbeschränkte Verluste". Vgl. dazu KRÖNER, Verluste, 1986, v.a. S. 153-339.

309 Beteiligungsverluste werden erstmals ab dem Veranlagungszeitraum 1992 von § 2a EStG erfaßt (vgl. hierzu nur L. SCHMIDT/HEINICKE 1993, EStG § 2a Anm. 16, 19).

310 Zu Einzelheiten vgl. L. SCHMIDT/HEINICKE 1993, EStG § 2a Anm. 20-22.

311 A/D/S 1992, HGB § 253 Tz. 419; LEUNIG, Beteiligungen, 1970, S. 72-77; MUTZE, Beteiligungen, AG 1977, S. 11 f.; PANKOW/GUTIKE in BBK 1990, HGB § 253 Anm. 402; SCHIEBLER, Beteiligungen, 1986, S. 97; UHLIG/LÜCHAU, Beteiligungen, WPg 1971, S. 556 f.; E. WEBER, Beteiligungen, 1980, S. 238 f.

die Steuerrechtsprechung[313] ebenfalls davon aus, daß interne Verbundzahlungen[314] bei der Ermittlung des beizulegenden Werts bzw. Teilwerts einer Beteiligung zu berücksichtigen sind[315]. Eine Mindermeinung vertritt jedoch die Auffassung, daß der Zusatzwert keinen wertbestimmenden Faktor des Wirtschaftsguts "Beteiligungstitel", sondern einen Bestandteil des - nicht bilanzierungsfähigen - originären Geschäftswerts darstellt[316] bzw. im Einzelfall zu prüfen ist, ob Verbundvorteile der Beteiligung oder dem eigenen Geschäftswert zuzurechnen sind[317].

Nach Ansicht des Verfassers ist der herrschenden Lehre zu folgen, da eine Einbeziehung mittelbarer Vorteile bzw. eines Zusatzwerts das Spezifikum des Teilwertgedankens darstellt. Dessen Außerachtlassung würde die Betriebsverbundenheit des zu bewertenden Wirtschaftsguts nicht genügend berücksichtigen. Insoweit bestehen m.E. keine prinzipiellen Unterschiede gegenüber der Teilwertermittlung von Verbund-Forderungstiteln[318]. Folglich ist der Zusatzwert einer Beteiligung primär bei der Beteiligungsbewertung zu berücksichtigen, bevor er dem Auffangposten Firmenwert zugeordnet wird[319]. Entsprechend muß auch hier geprüft werden, ob die angesprochenen mittelbaren Vorteile vom gedachten Erwerber i.S.d. § 6 Abs. 1 Nr. 1 Satz 3 EStG im Rahmen des Gesamtkaufpreises bei der Bewertung berücksichtigt werden und genügend konkretisiert sind[320].

---

312 BRENNER, Finanzanlagen, StbJb 1991/92, S. 109; BREZING, Beteiligungen, StbJb 1972/73, S. 359-362; HEUER in H/H/R 1993, EStG § 6 Anm. 811; INSTFST/PILTZ, Beteiligungen, 1985, S. 49-53.

313 RFH I A 720/28 vom 30.9.1929, RStBl 1930, S. 92; RFH I A 244/30 vom 10.3.1931, RStBl 1931, S. 302; RFH VI A 500/32 vom 19.5.1932, RStBl 1932, S. 728; BFH I 48/60 vom 11.6.1963, HFR 1963, S. 440; BFH I 386/61 U vom 22.4.1964, BStBl III 1964, S. 362; BFH I R 104/84 vom 27.7.1988, BStBl II 1989, S. 274.

314 Externe Verbundzahlungen, d.h. Vorteile, die sich bei der Beteiligungsgesellschaft aufgrund des Beteiligungsverhältnisses ergeben, stellen Modifikationen des gemeinen Werts dar (siehe oben, § 1, Punkt III.B.2.b, S. 378 ff.) und werden im Ertragswert der Beteiligungsgesellschaft selbst berücksichtigt (SCHIEBLER, Beteiligungen, 1986, S. 99).

315 Einzubeziehen sind insoweit nur finanzielle, nicht jedoch außerökonomische (z.B. politische) Ziele (SEICHT, Beteiligungen, 1987, S. 32 f.).

316 DELFS, Geschäftswert, DB 1978, S. 1194; EULER/KRÜGER, Beteiligungsbewertungen, BB 1983, S. 569; SIEBEN, Unternehmensmehrwerte, 1991, S. 206.

317 PANKOW/GUTIKE in BBK 1990, HGB § 253 Anm. 404.

318 Siehe dazu oben, Punkt II, S. 476 ff.

319 In diesem Sinne auch DIRRIGL, Bewertung, 1988, S. 81.

320 Auch die Rechtsprechung will funktionale Vorteile nur berücksichtigen, wenn sie sich konkretisiert haben (BFH I 104/84 vom 27.7.1988, BStBl II 1989, S. 274) bzw. wenn sie in Geld abschätzbar sind (RFH VI A 500/32 vom 19.5.1932, RStBl 1932, S. 728). Gleicher Ansicht BREZING (Beteiligungen, StbJb 1972/73, S. 360 f.), der dies als eine "Selbstverständlichkeit" ansieht. Wenn demgegenüber Vertreter der Finanzverwaltung die Ansicht vertreten, es sei "steuerlich nicht überzeugend, Teilwertabschreibungen auf den

Im Hinblick auf das Merkmal der hinreichenden Konkretisierung ist eine Einzelfallbetrachtung anzustellen[321]. Insoweit sind insbesondere strategische Unternehmensmehrwerte[322] mit großen Unsicherheiten behaftet, so daß das Vorsichtsprinzip in vielen Fällen eine Teilwertabschreibung erforderlich machen wird[323]. Jedoch kann der Zusatzwert aufgrund der bestehenden Prognoseschwierigkeiten auch in Fällen "normaler" Synergieeffekte nicht exakt berechnet werden. Das Vorsichtsprinzip verlangt auch hier eine eher pessimistische Einschätzung. Wurde der betreffende Verbundtitel derivativ erworben, so sind jedoch in erster Linie - objektivierungsbedingt - die sich in den Anschaffungskosten niederschlagenden Erwartungen des Erwerbers entscheidend, so daß es an ihm liegt, den Nachweis einer Minderung des Zusatzwerts zu führen.

2. Teilwertabschreibung und Rückstellungsbildung

Der Erwerb eines Verbund-Beteiligungstitels führt zur Aktivierung eines Wirtschaftsguts mit der Folge, daß der Schwebezustand "Erwerbsgeschäft" beendet ist. Ab diesem Zeitpunkt ist insoweit für eine Rückstellung kein Raum mehr[324] und kann das in der Überschrift angedeutete Konkurrenzverhältnis demzufolge nicht (mehr) bestehen[325]. Etwas anderes gilt jedoch möglicherweise dann, wenn zwischen Gesellschafter und Gesellschaft ein Gewinnabführungsvertrag (§ 291 AktG) geschlossen wurde und aufgrund der damit verbundenen Verlustübernahmeverpflichtung (§ 302 AktG) ein Aufwandsüberschuß zu erwarten ist[326].

Wert einer Beteilgung ausschließlich mit Bewertungsformeln zu begründen" (DAHNKE, Auslandsbeteiligungen, 1992, S. 38), so verstößt dies m.E. gegen den Grundsatz der Tatbestandsmäßigkeit der Besteuerung sowie gegen das Objektivierungsprinzip.

321 Dies gilt auch hinsichtlich der aus Wechselkursveränderungen für den Zusatzwert von Auslands-Beteiligungstiteln herrührenden Folgen (vgl. BREZING, Beteiligungen, StbJb 1972/73, S. 369 f.; LANGEL, Bewertungsfragen, StbJb 1979/80, S. 291 f.; RÄDLER, Ausland, StbJb 1975/76, S. 464 f.; WLECKE, Währungsumrechnung, 1989, S. 143).

322 Siehe oben, 2. Teil, 2. Kapitel, § 3, Punkt II.A, S. 92.

323 SIEBEN, Unternehmensmehrwerte, 1991, S. 206.

324 FRIEDRICH, Bilanzierung, 1978, S. 24 f.; L. WOERNER, Grundsatzfragen, FR 1984, S. 491.

325 Die Bildung einer Rückstellung für drohende Verluste aus schwebenden Geschäften vor diesem Zeitpunkt ist jedoch denkbar, bspw. dann, wenn zwischen dem Übernahmevertrag und der späteren Übernahme der Beteiligung ein Bilanzstichtag liegt und Umstände eintreten, die den (Ertrags-) Wert unter die Anschaffungskosten sinken lassen (CLEMM/NONNENMACHER in BBK 1990, HGB § 249 Anm. 67). Dieser Hinweis gilt für alle Formen von Wirtschaftsgütern und bleibt hier unberücksichtigt.

326 In diesen Fällen besteht im Regelfall eine Marktverflechtung. Da überdies weiter unten (siehe Punkt B, S. 514 ff.) zu diskutieren sein wird, welche Konsequenzen sich aus einem steuerlich anerkannten Organschaftsverhältnis ergeben und eine Organschaft neben einer finanziellen und organisatorischen auch eine wirtschaftliche Eingliederung bedingt (§ 14

Ein bestehender Ergebnisabführungsvertrag hat zur Folge, daß die Bilanz der Beteiligungsgesellschaft kein Ergebnis aufweist, da sowohl Gewinnabführungen an bzw. Verlustübernahmen durch die Obergesellschaft als auch Zahlungen an außenstehende Aktionäre nach § 304 AktG bereits bei der Ermittlung des Jahresüberschusses zu berücksichtigen sind[327]. Hieraus kann jedoch nicht geschlußfolgert werden, daß der Teilwert der Beteiligung damit quasi "eingefroren" wird, weil die Substanz der Untergesellschaft in gewissem Umfang unverändert bleibt[328]. Vielmehr ist die Teilwertermittlung nach den allgemeinen Grundsätzen vorzunehmen. Ein bestehender Ergebnisabführungsvertrag schließt eine Teilwertabschreibung damit nach absolut h.M. nicht generell aus[329]. Wird der Beteiligungs-Teilwert nach der reinen Ertragswertmethode berechnet, ist der Einfluß des Gewinnabführungsvertrags sogar nur sehr gering[330].

Es ist jedoch denkbar, daß für die aus einem Ergebnisübernahmevertrag entstehenden Verlustübernahmeverpflichtungen eine Rückstellung zu passivieren ist. Dabei kommt entweder eine Rückstellung für ungewisse Verbindlichkeiten oder eine Rückstellung für drohende Verluste aus schwebenden Geschäften in Betracht[331].

KStG), ist auch insoweit im Regelfall eine Zugehörigkeit zu den Verbundtiteln anzunehmen (zu Ausnahmen siehe die Rechtsprechungsnachweise in Abschnitt 50 Abs. 2 KStR). Es ist anzumerken, daß ein Ergebnisabführungsvertrag auch zwischen Unternehmen abgeschlossen werden kann, die nicht kapitalmäßig miteinander verbunden sind. Auf diese Variante ist hier jedoch nicht einzugehen.

327 A/D/S 1992, HGB § 277 Tz. 64-69.

328 Zu einer völligen "Erstarrung" des Substanzwerts kommt es jedoch nicht (vgl. BREZING, Besteuerung, StbJb 1975/76, S. 256-258; ROSE, Berücksichtigung, DB 1960, S. 1165).

329 BREITWIESER, Beteiligungen, StBp 1973, S. 253 f.; BREZING, Besteuerung, StbJb 1975/76, S. 254-258; DERS., Ermittlung, StBp 1975, S. 222 f.; FICHTELMANN, Teilwertabschreibung, Inf 1973, S. 51 f.; HEUER in H/H/R 1993, EStG § 6 Anm. 819; HÜBL, Organschaft, DStZ/A 1972, S. 149; OFFERHAUS, Teilwertabschreibungen, StBp 1968, S. 75; ROSE, Berücksichtigung, DB 1960, S. 1164 f.; VAN DER VELDE, Beteiligungen, StbJb 1952/53, S. 266 f.; VON WALLIS, Schachtelbeteiligungen, DStZ/A 1963, S. 220.

330 DÖTSCH/BUYER, Organbeteiligungen, DB 1991, S. 10 f. Des weiteren wird häufig ein Zusatzwert vorhanden sein, der etwaige negative Ertragsaussichten kompensiert (BREZING, Ermittlung, StBp 1975, S. 223); so auch ROSE (Berücksichtigung, DB 1960, S. 1164), der in diesen Fällen von "nur scheinbar verlustbringenden Ergebnisabführungsverträgen" spricht.

331 Die z.T. im Schrifttum vertretene Auffassung, die Drohverlustrückstellung sei ein Unterfall der Verbindlichkeitsrückstellung und folglich sei die Entscheidung für die eine oder andere Alternative ein rein terminologisches Problem (siehe etwa HEUER in H/H/R 1993, EStG § 5 Anm. 1429; RAUPACH/CLAUSEN, Verluste, BB 1974, S. 690), ist mit der heute wohl h.M. abzulehnen. Die genannten Rückstellungsarten sind vielmehr grundverschieden; insbesondere folgt die erste dem Imparitäts-, die zweite dem Realisationsprinzip (vgl. im einzelnen GROH, Verlustrückstellung, BB 1988, S. 27-33, m.w.N.). Die Alternative "Aufwandsrückstellung" bleibt hier, weil steuerlich unbeachtlich, unberücksichtigt (bereits für die Handelsbilanz ablehnend KROPFF, Rückstellungen, 1988, S. 366 f.).

Eine Rückstellung für ungewisse Verbindlichkeiten ist nach h.M. für Verpflichtungen zu bilden, die im abgelaufenen Geschäftsjahr rechtlich wirksam entstanden oder wenigstens wirtschaftlich verursacht sind[332]. Im Fall übereinstimmender Geschäftsjahre von Ober- und Untergesellschaft hat die Obergesellschaft daher in jedem Fall einen Passivposten für den Ausgleich eines im abgelaufenen Jahr bei der Untergesellschaft entstandenen Verlustes auszuweisen[333]. Stimmen die Geschäftsjahre von Ober- und Untergesellschaft nicht überein, so ist die Verlustübernahmeverpflichtung anteilig anzusetzen[334]. Dagegen erfüllen die hier interessierenden erwarteten zukünftigen Verpflichtungen mangels rechtlicher Entstehung und wirtschaftlicher Verursachung bzw. Entstehung[335] diese Voraussetzungen eindeutig nicht[336].

Gewichtige Stimmen im Schrifttum halten darüber hinaus auch die Bildung einer Drohverlustrückstellung zwecks Antizipation zu erwartender Verpflichtungsüberschüsse für unzulässig. Begründet wird dies insbesondere damit, daß der Ergebnisabführungsvertrag seinem Wesen nach kein auf Leistungsaustausch gerichtetes schwebendes Geschäft, sondern ein gesellschaftsrechtlicher Organisationsvertrag sei, auf den die Regelung des § 249 Abs. 1 Satz 1 HGB keine Anwendung finden könne[337]. Die wohl h.M. in der Literatur[338] sowie die - vor Einführung der

---

332 Siehe nur CLEMM/NONNENMACHER in BBK 1990, HGB § 249 Anm. 39, m.w.N.

333 CLEMM/NONNENMACHER in BBK 1990, HGB § 249 Anm. 100 "Verlustübernahme"; KROPFF, Rückstellungen, 1988, S. 359, m.w.N.

334 CLEMM/NONNENMACHER in BBK 1990, HGB § 249 Anm. 100 "Verlustübernahme"; KROPFF, Rückstellungen, 1988, S. 359 f. Die Ausführungen von A/D/S (1992, HGB § 277 Tz. 72) sind wohl so zu verstehen, daß sie für diesen Fall für eine Drohverlustrückstellung eintreten; dem kann m.E. nicht gefolgt werden (gleicher Ansicht CLEMM/NONNENMACHER, a.a.O.), da nur die Verbindlichkeitsrückstellung Vergangenes abgilt (GROH, Verlustrückstellung, BB 1988, S. 27).

335 Zu dem damit angesprochenen "Dogmenstreit" im Hinblick auf den Passivierungszeitpunkt von Verbindlichkeitsrückstellungen siehe den Überblick bei KAMMANN, Stichtagsprinzip, 1988, S. 186-205.

336 So auch, mit eingehender Begründung, KROPFF, Rückstellungen, 1988, S. 358-366. Gleicher Ansicht CLEMM/NONNENMACHER in BBK 1990, HGB § 249 Anm. 100 "Verlustübernahme". A.A. FLOHR, Verluste, Inf 1983, S. 297 f.

337 Vgl. eingehend KROPFF, Rückstellungen, 1988, S. 352-358. Gleicher Ansicht CLEMM/NONNENMACHER in BBK 1990, HGB § 249 Anm. 100 "Verlustübernahme"; MAYER-WEGELIN in HdR 1990, HGB § 249 Rn. 48.

338 Eingehend FORSTER, Verluste, 1985, S. 759-770. Siehe auch A/D/S 1992, HGB § 249 Tz. 80; HEUER in H/H/R 1993, EStG § 5 Anm. 1429; IDW, WP-Handbuch I, 1992, S. 166; KEUK, Organschaft, StuW 1975, S. 66; NIEMANN, Rückstellungen, StbJb 1974/75, S. 301 f.; RAUPACH/CLAUSEN, Verluste, BB 1974, S. 689; ROSE, Berücksichtigung, DB 1960, S. 1166; DERS., Kapitalgesellschaften, StbJb 1971/72, S. 218 f.; STORCK, Organverluste, StuW 1976, S. 217 f.

Organschaft ergangene[339] - BFH-Rechtsprechung[340] spricht sich dagegen für die Bildung einer Rückstellung für drohende Verluste aus schwebenden Geschäften aus, da das bilanzrechtliche Synallagma weiter zu fassen sei als das zivilrechtliche und deshalb auch gesellschaftsvertragliche, organisationsrechtliche oder auch öffentlich-rechtliche Rechtsverhältnisse unter den Begriff des schwebenden Geschäfts fallen[341].

Geht man mit der h.M. davon aus, daß Drohverlustrückstellungen für Verpflichtungsüberschüsse aus Ergebnisabführungsverträgen grundsätzlich in Betracht kommen, so ist zu jedem Bilanzstichtag zu prüfen, ob während der restlichen[342] Vertragslaufzeit[343] die diskontierten[344] künftigen Forderungen aus der Gewinnübernahmeberechtigung unter dem Wert der diskontierten künftigen Verbindlichkeiten aus der Verlustübernahmeverpflichtung des einzelnen Vertrages[345] liegen oder nicht[346]. Ist diese Frage zu bejahen, so stellt sich das Problem, daß dieser

---

339 Zur danach vertretenen Meinung siehe unten, Punkt B.2, S. 516 f.

340 Siehe BFH I 163/56 U vom 5.11.1957, BStBl III 1958, S. 24. Siehe auch BFH I 122/56 U vom 25.9.1956, BStBl III 1956, S. 333; BFH I 75/57 U vom 15.4.1958, BStBl III 1958, S. 260; BFH I 324/56 U vom 9.9.1958, BStBl III 1958, S. 432.

341 Siehe hierzu auch HERZIG, Ganzheitsbetrachtung, ZfB 1988, S. 214-216.

342 Nach h.M. ist bei Verlustrückstellungen eine sog. Stichtagsbetrachtung anzustellen (siehe oben, S. 456, Fn. 59).

343 Ähnlich FORSTER, Verluste, 1985, S. 770. So jetzt auch A/D/S 1992, HGB § 253 Tz. 232. In der Vorauflage (vgl. A/D/S 1968, AktG 1965 § 152 Tz. 134; ihnen folgend NIEMANN, Rückstellungen, StbJb 1974/75, S. 301 f.) wurde der Zeitraum prinzipiell auf ein Jahr begrenzt, nur bei "nachhaltiger Ertraglosigkeit" sollte auf die "voraussichtlichen Zahlungen" abgestellt werden. Im Regelfall sind Ergebnisabführungsverträge allerdings kündbar, ist die effektive Vertragslaufzeit folglich unsicher. Die Einschätzung sollte sich dann daran orientieren, ob der Vertrag unter Berücksichtigung sonstiger Vorteile (insbesondere des Zusatzwerts, aber auch steuerlicher Vorteile) für die Vertragspartner - aufgrund der beherrschenden Stellung der Obergesellschaft ist regelmäßig auf diese abzustellen - von Vorteil ist. Bejahendenfalls ist von einer Fortführung, andernfalls von einer frühestmöglichen Kündigung des Vertrags auszugehen.

344 So auch FORSTER, Verluste, 1985, S. 766; RAUPACH/CLAUSEN, Verluste, BB 1974, S. 690; STORCK, Organverluste, StuW 1976, S. 225. Siehe generell zur Abzinsungsproblematik bei Drohverlustrückstellungen den Überblick bei BÖCKING, Bilanzrechtstheorie, 1988, S. 281-290.

345 Beim Abschluß von Gewinnabführungsverträgen mit mehreren Tochtergesellschaften ist jeder Vertrag isoliert zu betrachten (FICHTELMANN, Teilwertabschreibung, Inf 1973, S. 52; FORSTER, Verluste, 1985, S. 769; HEUER in H/H/R 1993, EStG § 6 Anm. 819; A. VOSS, Teilwertabschreibung, StWa 1965, S. 88 f.).

346 ROSE, Berücksichtigung, DB 1960, S. 1166. Gegen eine Saldierung von Gewinnabführungserträgen und Verlustübernahmeaufwendungen FORSTER, Verluste, 1985, S. 768. Streitig ist, ob ein eventueller Zusatzwert in den Saldierungsbereich einzubeziehen ist (so ROSE, Berücksichtigung, DB 1960, S. 1164; STORCK, Organverluste, StuW 1976, S. 225), oder ob der Einzelbewertungsgrundsatz eine Einbeziehung verbietet (so FORSTER, a.a.O., S. 767). Folgte man der letztgenannten Ansicht, so wären solche Gewinne bzw.

Aufwand möglicherweise auch durch eine Teilwertabschreibung antizipiert werden kann. Fraglich ist dann, welchem Instrument der Vorzug gegeben werden soll. Dabei dürfte Einigkeit darüber bestehen, daß eine Doppelerfassung ausscheidet[347].

Zunächst ist festzustellen, daß der Anwendungsbereich des Instruments Teilwertabschreibung einerseits und Drohverlustrückstellung andererseits nicht deckungsgleich ist. Zum einen ist der Anwendungsbereich der Teilwertabschreibung insofern größer, als sie auch dann in Betracht kommt, wenn die Beteiligungsgesellschaft Gewinne erzielt, diese jedoch unter den Erwartungen bleiben[348]. Dagegen dient die Drohverlustrückstellung ausschließlich der Antizipation von effektiven Aufwandsüberschüssen[349]. Solange die Untergesellschaft in der Gewinnzone bleibt, ist damit für eine Rückstellungsbildung kein Raum.

Zum anderen ist eine Abweichung in zeitlicher Hinsicht zu beachten. Eine Rückstellungsbildung ist nur im Hinblick auf die erwartete Restlaufzeit des Vertrages möglich, während die Teilwertabschreibung nicht dieser Restriktion unterliegt[350]. Zwar wird die Laufzeit eines Gewinnabführungsvertrags - aus steuerlichen Gründen[351] - regelmäßig mindestens fünf Jahre betragen und sind Prognosen über diesen Zeitraum hinaus außerordentlich problematisch. Jedoch kann die *Rest*laufzeit kürzer sein, so daß bei einem (tatsächlich) verlustbringenden Vertrag[352] das beschriebene Konkurrenzverhältnis möglicherweise nur noch für ein Jahr besteht.

Schließlich kann die Höhe des antizipationsfähigen Verlusts unterschiedlich sein. So ist einerseits eine Teilwertabschreibung unter den Erinnerungswert unzulässig, während eine über den Beteiligungsbuchwert hinausgehende Verlustübernahmeverpflichtung problemlos mit Hilfe einer Rückstellung berücksichtigt werden kann. Andererseits enthält der Beteiligungsbuchwert möglicherweise stille Reserven in

---

Verluste der Untergesellschaft zu eliminieren, die aus marktunüblichen Konditionen im Leistungsverkehr mit der Obergesellschaft resultieren.

347 Vgl. für das Verhältnis von Verbindlichkeitsrückstellung und Teilwertabschreibung HERZIG, Konkurrenz, WPg 1991, S. 615 f.

348 Siehe oben, Punkt III.A.1.a.ß, S. 489 ff.

349 BFH I R 68/87 vom 16.12.1987, BStBl II 1988, S. 339.

350 ROSE, Berücksichtigung, DB 1960, S. 1165.

351 Vgl. § 14 Nr. 4 KStG.

352 Geht man davon aus, daß der Zusatzwert bei der Festlegung des Saldierungsbereichs nicht zu berücksichtigen ist (siehe oben, Fn. 355), so besteht das Konkurrenzverhältnis auch insoweit nicht, als die Existenz eines Zusatzwerts zwar möglicherweise eine Teilwertabschreibung ausschließt (siehe oben, Punkt 1, S. 507 ff.), jedoch eine Rückstellungsbildung zuläßt.

einem Umfang, daß eine aktivische Abwertung nicht in Betracht kommt. Eine passivische Berücksichtigung ist damit jedoch nicht ausgeschlossen.

Ein Konkurrenzverhältnis liegt mithin nur im Hinblick auf Verluste vor, die während der erwarteten Restvertragslaufzeit entstehen, soweit sie die im Beteiligungsbuchwert enthaltenen stillen Reserven übersteigen, jedoch nicht größer sind als der Beteiligungsbuchwert selbst. Innerhalb dieser Schnittmenge ist die Konkurrenz von Drohverlustrückstellung und Teilwertabschreibung, wie bereits an anderer Stelle erwähnt, in der Weise aufzulösen, daß der aktivischen Abwertung grundsätzlich der Vorzug zu geben ist, es sei denn, die Wertminderung ist nur vorübergehender Natur und der Bilanzierende macht von seinem Abschreibungswahlrecht keinen Gebrauch[353]. Wird allerdings aufgrund der aufgezeigten Prognoseschwierigkeiten bei der Teilwertermittlung nicht (nur) auf die zukünftige Ertragsentwicklung, sondern (auch) auf den - aufgrund des Ergebnisabführungsvertrags wenig beweglichen - Substanzwert abgestellt, so erscheint - auch aus Praktikabilitätsüberlegungen - der Vorschlag ROSES vertretbar, während der Vertragslaufzeit anfallende Aufwandsüberschüsse mit Hilfe einer Drohverlustrückstellung, spätere negative Ertragsentwicklungen durch eine Teilwertabschreibung zu antizipieren[354]. Zu beachten sind allerdings die erwähnten unterschiedlichen Anwendungsbereiche der beiden Instrumente, die ggf. dazu führen, daß sie auch nebeneinander und gleichzeitig angewendet werden.

B. Ertragsteuerliche Besonderheiten

Die in Punkt A angestellten bilanzrechtlichen Überlegungen gelten über das Maßgeblichkeitsprinzip grundsätzlich auch für die Steuerbilanz. Allerdings sind ertragsteuerliche Besonderheiten zu beachten, wenn zwischen Gesellschafter und Gesellschaft ein Organschaftsverhältnis besteht. Die diesbezüglichen Konsequenzen werden im folgenden kurz skizziert.

1. Teilwertabschreibung und Organschaft

Besteht zwischen Gesellschafter und Gesellschaft ein nach den §§ 14 ff. KStG steuerlich anerkanntes Organschaftsverhältnis mit Gewinnabführungsvertrag, so

---

353 Siehe oben, Punkt I.A.1.a.δ, S. 454 ff.
354 ROSE, Berücksichtigung, DB 1960, S. 1165.

hält die Rechtsprechung[355] Abschreibungen auf die Organbeteiligung nicht schon deshalb für gerechtfertigt, weil die Organgesellschaft ständig mit Verlusten abschließt. Begründet wird dies damit, daß der Organträger die Verluste des Organs ohnehin mittels Ergebnisabführungsvertrag übernehme. Im übrigen wird auf den Zweck der Organschaft mit Ergebnisabführung im Ertragsteuerrecht hingewiesen, eine rechtlich selbständige Kapitalgesellschaft im Verhältnis zum beherrschenden Unternehmen ähnlich wie eine Betriebstätte dieses Unternehmens zu behandeln.

Aus bilanzrechtlicher Sicht ist allerdings darauf hinzuweisen, daß für den Teilwert einer Beteiligung in erster Linie der durch den Zusatzwert modifizierte Ertragswert von Bedeutung ist. Beide Wertkategorien werden jedoch durch den Ergebnisabführungsvertrag nur geringfügig berührt[356]. M.E. hat sich der I. Senat dieser Argumentation auch nicht vollständig verschlossen[357]. Dieses Ergebnis wird überdies bestätigt durch einen Seitenblick auf die Vorgehensweise beim Stuttgarter Verfahren zur Ermittlung des gemeinen Werts nicht notierter Anteile, wo gleichfalls "bei der Ermittlung des gemeinen Werts ... [der] Anteile [an einer Organgesellschaft] das Geschäftsergebnis als eigener Betriebsgewinn anzusehen und für den Ertragshundertsatz maßgebend" ist[358]. Da überdies insbesondere der Zusatzwert Vorteile für den Organträger erfaßt, die nicht im Wege der Ergebnisübernahme auf ihn übergehen, erscheint insoweit auch der Hinweis auf das Institut der körperschaftsteuerlichen Organschaft nicht begründet[359].

Ein weiterer Anwendungsfall einer auch in Organschaftsfällen zulässigen aktivischen Abwertung ist die ausschüttungsbedingte bzw. abführungsbedingte Teil-

---

355 BFH I 170/65 vom 17.9.1969, BStBl II 1970, S. 48; BFH IV R 37/68 vom 12.10.1972, BStBl II 1973, S. 76. Gleicher Ansicht die Finanzverwaltung (vgl. Abschnitt 60 Abs. 1 KStR).

356 Siehe oben, Punkt A.1, S. 510.

357 So konnte aufgrund der Besonderheiten des entschiedenen Falles unentschieden bleiben, ob zum einen "allgemein der Substanzwert der Beteiligung die entscheidende Rolle spielt und der Ertragswert von untergeordneter Bedeutung ist" und ob zum anderen "eine Teilwertabschreibung im Falle ständiger Verluste bei der Organgesellschaft z.B. dann in Frage kommen könnte, wenn sich mit der Zeit der dauernden Verlustsituation angezeigt hat, daß der mit der Eingliederung des Unternehmens der Organgesellschaft verbundene wirtschaftliche Vorteil ganz oder zum Teil entfallen ist und damit die funktionale Bedeutung des Unternehmens der Organgesellschaft für das Unternehmen des Organträgers an Erheblichkeit verloren hat" (BFH I 170/65 vom 17.9.1969, BStBl II 1970, S. 49, beide Zitate).

358 Abschnitt 84 Abs. 3 Satz 1 VStR, mit Rechtsprechungshinweis; Klammerzusätze vom Verfasser. Da der gemeine Wert eine Komponente des Teilwerts darstellt, lassen sich diese Grundsätze m.E. auf die Teilwertermittlung übertragen (siehe auch ROSE, Berücksichtigung, DB 1960, S. 1165; a.A. BFH IV R 37/68 vom 12.10.1972, BStBl II 1973, S. 78).

359 Im übrigen kann einer Teilwertabschreibung jedenfalls dann nicht die Anerkennung versagt werden, wenn sie auf nachvertraglichen Ergebnisverschlechterungen der Organgesellschaft beruht (siehe hierzu auch ROSE, Kapitalgesellschaften, StbJb 1971/72, S. 218 f.).

wertabschreibung, da diese gerade nicht Organverluste antizipiert, sondern ihre Ursache in geballten Gewinnausschüttungen bzw. Gewinnabführungen hat[360]. Jedoch führt diese Abschreibung nicht in jedem Fall zu einer entsprechenden Einkommensminderung. Zum einen ist die bereits an anderer Stelle erwähnte Vorschrift des § 50c EStG zu nennen[361], die nicht nur bei ausschüttungsbedingten, sondern auch bei abführungsbedingten Teilwertabschreibungen Anwendung finden soll[362]. Zum anderen wollen Rechtsprechung[363] und Finanzverwaltung[364] bilanzsteuerrechtlich zulässigen Teilwertabschreibungen auf Organbeteiligungen die gewerbesteuerliche Anerkennung versagen. Begründet wird dies mit dem Hinweis auf die Betriebstättenfiktion des § 2 Abs. 2 Satz 2 GewStG[365]. Die h.M. in der Literatur hält diese Rechtsauffassung jedoch für die Fälle der ausschüttungs- bzw. abführungsbedingten Teilwertabschreibung[366] für unzutreffend[367].

2. Rückstellungsbildung und Organschaft

Nach dem Inkrafttreten des § 7a KStG, dem Vorläufer der jetzigen §§ 14 ff. KStG, hat die Rechtsprechung ihre bisher vertretene Ansicht zur Passivierung von

---

360 Vgl. zur ausschüttungsbedingten Teilwertabschreibung im allgemeinen oben, Punkt III.B.1, S. 504 ff.

361 Siehe oben, Punkt III.B.1, S. 504 ff. Der an gleicher Stelle angeführte § 26 Abs. 8 KStG ist hier dagegen in keinem Fall einschlägig, da diese Regelung eine ausländische Untergesellschaft voraussetzt und damit ein Organschaftsverhältnis generell ausgeschlossen ist (vgl. § 14 KStG, § 2 Abs. 2 Satz 2 GewStG).

362 Vgl. Abschnitt 227d Abs. 4 Satz 3 EStR. Gleicher Ansicht L. SCHMIDT 1993, EStG § 50c Anm. 14. Zweifelnd DÖTSCH/BUYER, Organbeteiligungen, DB 1991, S. 14 f.

363 Für auf Organverluste zurückzuführende Abwertungen BFH I R 56/82 vom 6.11.1985, BStBl II 1986, S. 73. Für abführungsbedingte Teilwertabschreibungen vgl. FG Rheinland-Pfalz 3 K 1315/91 vom 13.11.1992, EFG 1993, S. 333, Rev. eingelegt.

364 Vgl. Abschnitt 42 Abs. 1 Sätze 7-12 GewStR.

365 Die oben (siehe Punkt III.B.1, S. 506) genannte Vorschrift des § 8 Nr. 10 GewStG ist hier nicht einschlägig, da die gewerbesteuerliche Organschaft dem gewerbesteuerlichen Schachtelprivileg als lex specialis vorgeht. Eine Ausnahme gilt für die Ausschüttung vororganschaftlicher Rücklagen (vgl. HERZIG, Grundmodelle, DB 1990, S. 136, m.w.N.).

366 Die gewerbesteuerliche Organschaft setzt keinen Ergebnisübernahmevertrag voraus (§ 2 Abs. 2 Satz 2 GewStG). Folglich kann es in gewerbesteuerlichen Organschaftsfällen nicht nur abführungs-, sondern auch ausschüttungsbedingte Teilwertabschreibungen geben.

367 Vgl. GOUTIER, Organschaft, DB 1989, S. 244-246; HERZIG, Grundmodelle, DB 1990, S. 136 f.; KAUSEMANN, Wirksamkeit, DB 1989, S. 2450-2454; LANGE, Organschaft, BB 1990, S. 1039 f.; PÖLLATH/WENZEL, Organschaften, DB 1989, S. 797 f.; SCHNÄDTER, Gewerbesteuergesetz, FR 1989, S. 576-578; STAHL, Abzugsverbot, KÖSDI 1989, S. 7856. Für die Zulässigkeit auch verlustinduzierter Abwertungen KILLINGER, DStR 1970, S. 749-751. Zu den Befürwortern der Verwaltungsauffassung zählt insbesondere PAUKA, Änderungen, DB 1988, S. 2227 f.; gleicher Ansicht GRÜTZNER, Wertminderung, NWB 1991, Fach 3, S. 7844.

Rückstellungen für drohende Verluste aus Ergebnisübernahmen[368] revidiert. Zur Vermeidung einer doppelten Erfassung des Organverlustes soll eine Rückstellung in der Steuerbilanz des Organträgers nun nicht mehr zulässig sein[369]. Die Finanzverwaltung[370] und ein Teil des Schrifttums[371] haben sich dieser Auffassung angeschlossen. Nach anderer Ansicht verstößt diese Vorgehensweise gegen das Maßgeblichkeitsprinzip und ist auch eine außerbilanzielle Hinzurechnung abzulehnen[372]. Soweit die Rückstellung später durch tatsächlich übernommene Verluste in Anspruch genommen wird, stellen die Auflösungen dann allerdings auch steuerpflichtige, die negativen Organeinkommen kompensierende Erträge dar[373].

3. Besondere Ausgleichsposten bei Organschaft

Stellt die Organgesellschaft aus dem Jahresüberschuß Beträge in die Gewinnrücklagen ein oder bildet sie steuerlich nicht anzuerkennende stille Reserven, so werden die Rücklagen mit dem zuzurechnenden Einkommen beim Organträger bzw. dessen Gesellschaftern versteuert. Um sicherzustellen, daß im Falle einer Veräußerung der Organbeteiligung die bei der Organgesellschaft so gebildeten Rücklagen nicht noch einmal beim Organträger steuerrechtlich erfaßt werden, ist in der Steuerbilanz des Organträgers nach h.M.[374] nicht der Beteiligungsansatz zu erhöhen[375], sondern ein aktiver Ausgleichsposten in Höhe des Teils der versteuerten Rücklagen einkommensneutral zu bilden, der dem Verhältnis der Beteiligung des Organträgers am Nennkapital der Organgesellschaft entspricht. Löst die Organgesellschaft die Rücklagen in den folgenden Jahren ganz oder teilweise zugunsten des an den Organträger abzuführenden Gewinns auf, so ist der

---

368 Siehe oben, Punkt A.2, S. 511 f.

369 BFH I R 101/75 vom 26.1.1977, BStBl II 1977, S. 441.

370 Vgl. Abschnitt 58 Abs. 2 KStR.

371 BIRKHOLZ, Organschaftserlaß, FR 1971, S. 550; KLEMPT/WINTER, Organschaft, StBp 1970, S. 54; L. SCHMIDT, Organschaft, StuW 1969, Sp. 455 f.

372 FLOHR, Verluste, Inf 1983, S. 298-301; KEUK, Organschaft, StuW 1975, S. 64-66; KNOBBE-KEUK, Unternehmenssteuerrecht, 1991, S. 656; NIEMANN, Rückstellungen, StbJb 1974/75, S. 302-309; RAUPACH/CLAUSEN, Verluste, BB 1974, S. 690-694; STORCK, Organverluste, StuW 1976, S. 226.

373 ROSE, Kapitalgesellschaften, StbJb 1971/72, S. 219 f.

374 Vgl. die Nachweise bei WITT in D/E/J/W 1992, KStG § 14 Tz. 84a-108. Aus der Rechtsprechung siehe insbesondere BFH I R 240/72 vom 29.10.1974, BStBl II 1975, S. 126. Für die Verwaltung vgl. Abschnitt 59 KStR.

375 Denkbar wäre auch, eine verdeckte Einlage anzunehmen (vgl. DÖTSCH, Organschaft, DB 1993, S. 755 f.).

Ausgleichsposten entsprechend einkommensneutral aufzulösen[376]. Im einzelnen ist vieles streitig[377]. Insbesondere ist problematisch, daß der Bildung von Ausgleichsposten eine Rechtsgrundlage fehlt[378].

---

376 Zu weiteren Anwendungsfällen sowie näheren Einzelheiten vgl. WITT in D/E/J/W 1992, KStG § 14 Tz. 85-95.

377 Siehe nur die "Fragenliste" bei DÖTSCH, Organschaft, DB 1993, S. 752. Siehe umfassend auch bereits ROSE, Ergebnisdifferenzen, DB 1966, S. 515-519, 556-558.

378 Allerdings bestimmt § 95 Abs. 1 BewG, daß organschaftliche Ausgleichsposten nicht zum bewertungsrechtlichen Betriebsvermögen gehören. Insofern ist die Anerkennung durch den Gesetzgeber - indirekt und nachträglich - erkennbar.

4. TEIL : SCHLUSSBEMERKUNGEN

Ziel der vorliegenden Arbeit war es, die steuerliche Bilanzierung des Finanzvermögens auf dem Boden geltenden Rechts und auf der Grundlage betriebswirtschaftlicher Erkenntnisse umfassend zu analysieren. Die im zweiten Teil erarbeitete betriebswirtschaftliche Abgrenzung und Charakterisierung sowie Analyse und
Systematisierung stellte daher das Gerüst für die bilanzsteuerrechtlichen Untersuchungen des dritten Teils dar. Daneben konnten die Erkenntnisse im Hinblick auf
die betriebswirtschaftliche Bewertung bei der Ermittlung des steuerlichen Teilwerts nutzbar gemacht werden. Die Beachtung der rechtlichen Rahmenbedingungen - insbesondere der GoB - ließ allerdings eine uneingeschränkte Übernahme der
ökonomischen Erkenntnisse nicht zu. Damit wurde die These bestätigt, daß die
hier angegangene Problemstellung eine interdisziplinäre Zusammenarbeit mehrerer
Wissenschaftsdisziplinen notwendig macht. Gleichzeitig konnte gezeigt werden,
daß das Finanzvermögen eine eigenständige Vermögenskategorie darstellt mit der
Folge, daß eine Reihe von Bilanzierungsproblemen die Entwicklung spezifischer
Lösungsansätze erforderlich machte.

Die Abgrenzung des Untersuchungsgebiets brachte es mit sich, daß auf Gestaltungsfragen nicht eingegangen wurde[1]. Die hier erarbeiteten Resultate können jedoch als Basis für eine Steuerbilanzpolitik dienen, die die Periodenzuordnung von
Erfolgsbestandteilen beeinflußt. Dabei ist sowohl an Sachverhaltsgestaltungen als
auch an die Ausübung rechnungspolitischer Wahlrechte bzw. die Nutzung rechnungspolitischer Spielräume zu denken[2]. Als Beispiele für Sachverhaltsgestaltungen seien die Wahl der Bilanzaufstellungszeitpunkte bei Konzernunternehmen
im Hinblick auf die Aktivierung von Dividendenforderungen oder die Ausführung
von Geschäften vor oder nach dem Bilanzstichtag zwecks Gewinnrealisation im
alten bzw. neuen Wirtschaftsjahr genannt. Als wesentlichstes (Bewertungs-) Wahlrecht soll das Abwertungswahlrecht für das Finanzanlagevermögen angeführt werden, das nach § 279 Abs. 1 Satz 2 HGB auch Kapitalgesellschaften offensteht.
Spielräume bestehen etwa bei der Zuordnung von Finanzierungstiteln zum Anlage-
oder Umlaufvermögen, bei der Qualifikation einer Wertminderung als dauernd
oder vorübergehend oder bei der Ermittlung des steuerlichen Teilwerts, insbesondere von Beteiligungstiteln.

---

1   Vgl. umfassend zur Methodik der Gestaltungssuche RÖDDER, Gestaltungssuche, 1991.

2   Vgl. zu dieser Unterscheidung nur PFLEGER, Bilanzpolitik, 1988, S. 27-39. Zu den -
     hier nicht interessierenden - Instrumenten der formellen Bilanzpolitik siehe ebenda, S. 39-
     45.

Die - nur angedeuteten - Ansätze für eine gestaltende Beratung beeinflussen allerdings nicht nur den steuerlichen Gewinn, sondern auch - über das Maßgeblichkeitsprinzip und das umgekehrte Maßgeblichkeitsprinzip - die Darstellung der Vermögens-, Finanz- und Ertragslage im handelsrechtlichen Jahresabschluß. Darüber hinaus sind die Auswirkungen auf die Vermögensaufstellung zu beachten, die seit dem 1.1.1993 über die sog. "verlängerte Maßgeblichkeit" mit dem steuerlichen Rechenwerk verknüpft ist[3]. Den insoweit möglicherweise bestehenden Zielkonflikten ist folglich Rechnung zu tragen[4].

Die vorgestellten klassischen Felder der Bilanzpolitik führen lediglich zu einer Periodenverschiebung von steuerlichen Gewinnen und damit - unter Vernachlässigung von Zins- und Progressionseffekten - nicht zu einer effektiven Steuerersparnis. In diesem Sinne nicht unter das Instrumentarium der Steuerbilanzpolitik subsumierbar ist daher die Entscheidung für (gewillkürtes) Betriebsvermögen oder notwendiges Privatvermögen, die steuerlich auf eine Reihe von Steuerarten ausstrahlt und damit die Gesamtsteuerbelastung erheblich beeinflussen kann. Insbesondere Gesetzesänderungen jüngerer Zeit machen insoweit - v.a. im Hinblick auf das Finanzvermögen - ggf. eine Neuorientierung erforderlich.

Gegen eine Aufnahme von Finanzierungstiteln in das Betriebsvermögen spricht insbesondere die Tatsache, daß Veräußerungsgewinne grundsätzlich nur im Betriebsvermögen steuerlich relevant sind und - neben den laufenden Zins- bzw. Dividendeneinnahmen - ggf. der Gewerbesteuer unterliegen. Die Verzehnfachung der Sparer-Freibeträge von 600 bzw. (bei Zusammenveranlagung) 1.200 DM auf 6.000 bzw. 12.000 DM ab dem 1.1.1993 verstärkt diese Wirkung, da der Freibetrag nur bei Einkünften aus Kapitalvermögen, nicht jedoch bei den Gewinneinkunftsarten, gewährt wird[5].

Andererseits ist zu berücksichtigen, daß sich bei einer Veräußerung von Betriebsvermögen nicht nur Veräußerungsgewinne, sondern auch Veräußerungsverluste steuerlich auswirken und darüber hinaus mit Hilfe einer Teilwertabschreibung antizipiert werden können. Des weiteren ist die Verwahrung und Verwaltung von

---

3   Vgl. hierzu HERZIG, Bilanzpolitik, DB 1992, S. 1053 f. Für das Finanzvermögen ergeben sich durch diese Neuregelung jedoch kaum Änderung, da Kapitalforderungen bereits zuvor aus der Steuerbilanz abgeleitet wurden (vgl. § 109 Abs. 4 BewG a.F.) und es für Anteile an Kapitalgesellschaften bei einer eigenständigen bewertungsrechtlichen Gewinnermittlung bleibt (vgl. § 109 Abs. 3 BewG a.F., § 109 Abs. 4 BewG n.F.).

4   Vgl. zur diesbezüglichen Bedeutung der umgekehrten Maßgeblichkeit F. W. WAGNER, Maßgeblichkeit, StuW 1990, S. 3-14. Siehe zu den Auswirkungen der verlängerten Maßgeblichkeit HEINHOLD, Steuerbilanzpolitik, DBW 1993, S.331-344.

5   L. SCHMIDT/HEINICKE 1993, EStG § 20 Anm. 51.

Wertpapieren seit dem 1.1.1991 nicht mehr umsatzsteuerfrei[6]. Zwar ist eine ertragsteuerliche Willkürung nicht notwendige Voraussetzung für eine analoge umsatzsteuerliche Behandlung[7]. Faktisch kommt der ertragsteuerlichen Zuordnungsentscheidung für das Umsatzsteuerrecht jedoch durchaus Bedeutung zu[8]. Insofern kann sich folglich eine Willkürung von depotverwahrten Wertpapieren als vorteilhaft erweisen. Dieser Vorteil vergrößert sich bei allen Formen von Finanzierungstiteln, wenn zusätzlich die substanzsteuerliche Entlastung durch § 117a BewG in den Kalkül einbezogen wird, der zum einen einen Freibetrag für Betriebsvermögen vorsieht, der mit Wirkung vom 1.1.1993 auf 500.000 DM erhöht wurde, und zum anderen den darüber hinausgehenden Betrag nur zu 75 % berücksichtigt. Der Effekt wird verstärkt durch § 10 VStG in der durch das Föderale Konsolidierungsprogramm[9] geänderten Fassung, indem der Vermögensteuersatz für nicht in Kapitalgesellschaftsanteilen verbrieftes sonstiges Vermögen ab 1995 auf 1 % erhöht wird, während er für das Betriebsvermögen natürlicher Personen weiterhin lediglich 0,5 % beträgt. Und schließlich führt das Standortsicherungsgesetz zu weiteren steuerlichen Anreizen für die Willkürung von Finanzierungstiteln, da die daraus resultierenden Einkünfte der Tarifbegrenzung des § 32c EStG n.F. unterliegen - womit der Gewerbesteuernachteil ganz oder zum Teil ausgeglichen wird - und der erbschaft- und schenkungsteuerliche Freibetrag in Höhe von 500.000 DM (§ 13 Abs. 2a ErbStG n.F.) in Anspruch genommen werden kann.

Eine weitere Einschränkung des Untersuchungsgegenstands bestand darin, daß der Arbeit der derzeit gültige Rechtszustand zugrundeliegt, der im Hinblick auf das Bilanzsteuerrecht insbesondere durch den Maßgeblichkeitsgrundsatz bestimmt wird. Eine derart enge Bindung zwischen Handels- und Steuerrecht ist in ausländischen Steuerrechtsordnungen allerdings wenig verbreitet. Auch die über das Maßgeblichkeitsprinzip für das Steuerrecht verbindlichen handelsrechtlichen GoB - insbesondere das Verhältnis des Vorsichtsprinzips zum Grundsatz des "true and fair view" - stehen im Konflikt zu den Rechnungslegungsvorschriften anderer Staaten, insbesondere des angelsächsischen Raums. Da sich im Rahmen einer zu-

---

6   § 4 Nr. 8 Buchstabe e UStG, zuletzt geändert durch das zweite Gesetz zur Änderung des Umsatzsteuergesetzes vom 30.3.1990 (BGBl I 1990, S. 597).

7   BFH V R 135/71 vom 13.4.1972, BStBl II 1972, S. 653; Abschnitt 8 Abs. 1 Satz 2 UStR. Zum Verhältnis von (ertragsteuerlichem) Betriebsvermögen und (umsatzsteuerlichem) Unternehmensvermögen vgl. ROSE, Entscheidung, StuW 1978, S. 97 f.

8   Vgl. im einzelnen STADIE, Recht, 1989, S. 63-103.

9   Gesetz über Maßnahmen zur Bewältigung der finanziellen Erblasten im Zusammenhang mit der Herstellung der Einheit Deutschlands, zur langfristigen Sicherung des Aufbaus in den neuen Ländern, zur Neuordnung des bundesstaatlichen Finanzausgleichs und zur Entlastung der öffentlichen Haushalte (Gesetz zur Umsetzung des Föderalen Konsolidierungsprogramms), BStBl I 1993, S. 510.

nehmenden Vernetzung der Volkswirtschaften und Kapitalmärkte und einem damit einhergehenden Bedarf an vergleichbaren Informationsinstrumenten in der Zukunft ein weltweiter Harmonisierungsdruck entwickeln dürfte, wird es in der Zukunft möglicherweise zu einer Abkehr von historisch gewachsenen Bilanzierungsgrundsätzen kommen[10]. Diese Entwicklung wird auch die Grundsätze der Bilanzierung des Finanzvermögens nicht unberührt lassen.

10   Vgl. hierzu im einzelnen BIENER, Auswirkungen, BFuP 1993, S. 345-356; KÜTING, Internationalisierung, BB 1993, v.a. S. 36-38; SCHRUFF, Gefahr, BFuP 1993, S. 400-426. Im Rahmen dieses Harmonisierungsprozesses spielt insbesondere das International Accounting Standards Committee (IASC) eine gewichtige Rolle (siehe dazu HALLER, Rechnungslegung, DB 1993, S. 1297-1305).

LITERATURVERZEICHNIS

Die beim Zitieren verwendeten Kurztitel sind jeweils in Klammern angegeben. Die Arbeit wurde im August 1993 abgeschlossen.

ADLER, Hans / DÜRING, Walther / SCHMALTZ Kurt (A/D/S 1968): Rechnungslegung und Prüfung der Aktiengesellschaft, 4. Aufl., Stuttgart 1968, Band I (Rechnungslegung).

ADLER, Hans / DÜRING, Walther / SCHMALTZ, Kurt (A/D/S 1992): Rechnungslegung und Prüfung der Unternehmen. Kommentar zum HGB, AktG, GmbHG, PublG nach den Vorschriften des Bilanzrichtliniengesetzes, 5. Aufl., Stuttgart 1987/92.

AISENBREY, F. / WEINLÄDER, H. (Entnahmen, DB 1986): Entnahmen aus dem gewillkürten Betriebsvermögen - Gedanken aus Anlaß des BFH-Urteils vom 31.1.1985 IV R 130/82, BStBl II 1985, S. 395 = DB 1985 S. 1720 -, in: DB 1986, S. 934-937.

ALBACH, Horst (Rechnungslegung, NB 1966): Rechnungslegung im neuen Aktienrecht, in: NB 1966, S. 178-192.

ALBACH, Horst (Teilwert, WPg 1963): Zur Bewertung von Wirtschaftsgütern mit dem Teilwert, in: WPg 1963, S. 624-631.

ALBACH, Horst (Teilwertlehre, StbJb 1965/66): Neue Entwicklungstendenzen in der Teilwertlehre, in: StbJb 1965/66, S. 307-329.

ALBACH, Horst (Umlaufvermögen, StbJb 1973/74): Steuerliche Probleme der Abgrenzung von Anlage- und Umlaufvermögen, in: StbJb 1973/74, S. 265-299.

ALBERT, Hans (Theoriebildung, 1964): Probleme der Theoriebildung, Entwicklung, Struktur und Anwendung sozialwissenschaftlicher Theorien, in: Hans Albert (Hrsg.): Theorie und Realität. Ausgewählte Aufsätze zur Wissenschaftslehre der Sozialwissenschaften. Die Einheit der Gesellschaftswissenschaften. Studien in den Grenzbereichen der Wirtschafts- und Sozialwissenschaften, Band 2, Tübingen 1964, S. 3-70.

ALBROD, Peter / FRIELE, Klaus (Teilwert, FR 1975): Der Teilwert von Investmentanteilen. Kritische Anmerkungen zur Rechtsprechung des Bundesfinanzhofs, in: FR 1975, S. 235-238.

ALTROGGE, Günter (Anlagen, ZfB 1982): Zur Abschätzung von Risiken und Chancen bei Anlagen in festverzinslichen Wertpapieren, in: ZfB 1982, S. 442-469.

ALTROGGE, Günter (Investition, 1991): Investition, 2., aktualisierte Aufl., München 1991.

ANDERS, Josef (Arbeitnehmerdarlehen, Stbg 1990): Arbeitnehmerdarlehen - Neue steuerliche Behandlung, in: Stbg 1990, S. 306-307.

ANDERS, Josef (Kreditforderungen, DStR 1985): Teilwertabschreibung auf Kreditforderungen, in: DStR 1985, S. 243-244.

APITZ, Wilfried (Beteiligung, FR 1992): Darlehensforderungen eines Gesellschafters als Verluste bei wesentlicher Beteiligung, in: FR 1992, S. 124-130.

ARIANS, Georg (Sonderbilanzen, 1984): Sonderbilanzen. Bilanzen aus besonderem Anlaß und Grundsätze ordnungsmäßiger Bilanzierung, Köln/Berlin/Bonn/München 1984.

ARNDT, Hans-Wolfgang / MUHLER, Manfred (Optionsanleihen, DB 1988): Optionsanleihen im Ertragsteuerrecht, in: DB 1988, S. 2167-2173.

AUTENRIETH, Karlheinz (Einbringung, DStZ 1987): Einbringung von Grundstücken in das gewillkürte Sonderbetriebsvermögen im Hinblick auf die erhöhten AfA-Sätze für Wirtschaftsgebäude (§ 7 Abs. 4 und 5 EStG), in: DStZ 1987, S. 43-46.

AUTENRIETH, Karlheinz (Sonderbetriebsvermögen, DStZ 1992): Neue Entwicklungen zum Sonderbetriebsvermögen, in: DStZ 1992, S. 275-279.

BACHEM, Wilfried (Eigenkapitalersatz, DStZ 1992): Eigenkapitalersatz durch Stehenlassen von Darlehen und nachträgliche Anschaffungskosten auf die Beteiligung. Festbeitrag zum 65. Geburtstag von Adalbert Uelner am 27. Oktober 1992, in: DStZ 1992, S. 712-717.

BACKHAUS, Klaus (Gewinnrealisation, ZfbF 1980): Die Gewinnrealisation bei mehrperiodigen Lieferungen und Leistungen in der Aktienbilanz, in: ZfbF 1980, S. 347-360.

BADER, Helmuth / HABER, Meinrad (Auslandsbeteiligungen, StBp 1976): Teilwertabschreibungen auf Auslandsbeteiligungen, in: StBp 1976, S. 203.

BAETGE, Jörg / BROCKMEYER, Klaus (Wertminderung, HuR 1986): Voraussichtlich dauernde Wertminderung, in: HuR, hrsg. von Ulrich Leffson, Dieter Rückle und Bernhard Großfeld, Köln 1986, S. 377-386.

BAIER, Willy (Buchwertanteil, StBp 1962): Der Buchwertanteil von Aktienbezugsrechten, in: StBp 1962, S. 178-183.

BALLWIESER, Wolfgang (Geldentwertung, 1992): Die Wahl des Kalkulationszinsfußes bei der Unternehmensbewertung unter Berücksichtigung von Risiko und Geldentwertung, in: Walther Busse von Colbe, Adolf G. Coenenberg (Hrsg.): Unternehmensakquisition und Unternehmensbewertung. Grundlagen und Fallstudien, Stuttgart 1992, S. 121-136.

BAMBERG, Günter / COENENBERG, Adolf Gerhard (Entscheidungslehre, 1989): Betriebswirtschaftliche Entscheidungslehre, 5., überarbeitete Aufl., München 1989.

BANK FOR INTERNATIONAL SETTLEMENTS (Innovations, 1986): Recent Innovations in International Banking, Basel 1986.

BANKMANN, Jörg (Unternehmensbewertung, DB 1963): Der Gedanke der ewigen Rente in der Unternehmensbewertung, in: DB 1963, S. 181.

BARANOWSKI, Karl-Heinz (Auslandsbeziehungen, 1978): Besteuerung von Auslandsbeziehungen, Herne/Berlin 1978.

BARDY, Roland (Wechselkursänderungen, 1988): Wechselkursänderungen und Grundsätze ordnungsmäßiger Buchführung, in: Jörg Baetge (Hrsg.): Bilanzanalyse und Bilanzpolitik, Düsseldorf 1988, S. 269-303.

BARTH, Kuno (Anteile, DB 1973): Bewertung der Anteile ohne und mit Einfluß auf die Geschäftsführung, die Frage des Paketzuschlags und die Auswirkung von Veräußerungsbeschränkungen, in: DB 1973, S. 2159-2165.

BARTKE, Günther (Unternehmungen, ZfB 1962): Die Bewertung von Unternehmungen und Unternehmungsanteilen. Ein Diskussionsbeitrag zu der gleichnamigen Veröffentlichung der Union Européenne des Experts Comptables, Economiques et Financiers (U.E.C.), in: ZfB 1962, S. 165-175.

BARTKE, Günther (Unternehmungsbewertung, WPg 1961): Ist die Problematik der Berechnungsformel für die Unternehmungsbewertung gelöst? Eine kritische Betrachtung des Buches von Kolbe "Ermittlung von Gesamtwert und Geschäftswert der Unternehmung", in: WPg 1961, S. 285-292.

BAUER, Jörg (Rechnungspolitik, 1981): Grundlagen einer handels- und steuerrechtlichen Rechnungspolitik der Unternehmung, Band 11 der Schriftenreihe "Besteuerung der Unternehmung", hrsg. von Gerd Rose, zugleich Diss. rer. pol. Univ. Köln 1980, Wiesbaden 1981.

BAUER, Richard (Abzinsung, NB 1965): Zur Abzinsung unverzinslicher Forderungen aus Warenlieferungen und Leistungen, in: NB 1965, S. 14-16.

BAUMBACH, Adolf / DUDEN, Konrad / HOPT, Klaus J. (BAUMBACH/DUDEN/HOPT 1989): Handelsgesetzbuch mit GmbH & Co., Recht der Allgemeinen Geschäftsbedingungen und Handelsklauseln, Bank- und Börsenrecht, Transportrecht (ohne Seerecht), 28., neubearbeitete und erweiterte Aufl., München 1989.

BAUMBACH, Adolf / HUECK, Alfred (BEARBEITER in BAUMBACH/HUECK 1988): GmbH-Gesetz. Gesetz betreffend die Gesellschaften mit beschränkter Haftung, 15., erweiterte und völlig überarbeitete Aufl., München 1988.

BAXMANN, Ulf G. (Auslandsforderungen, ZfB 1990): Zur Bewertung risikobehafteter Auslandsforderungen mittels Sekundärmarktpreisen, in: ZfB 1990, S. 497-522.

BAXMANN, Ulf G. (Modifikation, WPg 1990): Zur Modifikation des Beibehaltungswahlrechts im Fall von Zerobonds - Erwiderung zur Stellungnahme von Siegel -, in: WPg 1990, S. 452-455.

BAXMANN, Ulf G. (Zerobonds, WPg 1990): Zerobonds und Beibehaltungswahlrecht, in: WPg 1990, S. 288-291.

BECKMANN, Reinhard (Kurssicherung, RIW 1993): Zur Bilanzierung bei Kurssicherung durch Termingeschäfte. Ein Beitrag zu den Kapitalerhaltungsgrundsätzen ordnungsmäßiger Buchführung, in: RIW 1993, S. 387-395.

BECKMANN, Reinhard (Zerobonds, BB 1991): Bilanzierung und Besteuerung von Zerobonds und Zerofloatern, in: BB 1991, S. 938-944.

BECK'SCHER BILANZKOMMENTAR (BEARBEITER in BBK 1990): Beck'scher Bilanzkommentar. Der Jahresabschluß nach Handels- und Steuerrecht. Das Dritte Buch des HGB, 2., neubearbeitete und erweiterte Aufl., München 1990.

BEINE, Günther (Forderungen, 1960): Die Bilanzierung von Forderungen in Handels-, Industrie- und Bankbetrieben, Band 2 der Schriftenreihe für Kreditwirtschaft und Finanzierung, hrsg. von K. Hagemüller, Wiesbaden 1960.

BEISSE, Heinrich (Betrachtungsweise, StuW 1981): Die wirtschaftliche Betrachtungsweise bei der Auslegung der Steuergesetze in der neueren deutschen Rechtsprechung, in: StuW 1981, S. 1-14.

BEISSE, Heinrich (Bilanzgesetzgebung, StVj 1989): Die steuerrechtliche Bedeutung der neuen deutschen Bilanzgesetzgebung, in: StVj 1989, S. 295-310.

BEISSE, Heinrich (Bilanzrecht, StuW 1984): Zum Verhältnis von Bilanzrecht und Betriebswirtschaftslehre, in: StuW 1984, S. 1-14.

BEISSE, Heinrich (Generalnorm, 1988): Die Generalnorm des neuen Bilanzrechts, in: Brigitte Knobbe-Keuk, Franz Klein, Adolf Moxter (Hrsg.): Handelsrecht und Steuerrecht, FS Georg Döllerer, Düsseldorf 1988, S. 25-44.

BEISSE, Heinrich (Gewinnrealisierung, JDStJG 1981): Gewinnrealisierung - Ein systematischer Überblick über Rechtsgrundlagen, Grundtatbestände und grundsätzliche Streitfragen, in: Hans Georg Ruppe (Hrsg.): Gewinnrealisierung im Steuerrecht. Theorie und Praxis der Gewinnverwirklichung durch Umsatzakt und durch Steuerentstrickung sowie des Besteuerungsaufschubs, JDStJG 4, Köln 1981, S. 13-43.

BEISSE, Heinrich (Handelsbilanzrecht, BB 1980): Handelsbilanzrecht in der Rechtsprechung des Bundesfinanzhofs. Implikationen des Maßgeblichkeitsgrundsatzes, in: BB 1980, S. 637-646.

BEISSE, Heinrich (Wesen, FR 1975): Über Wesen und Tragweite des Nominalwertprinzips, in: FR 1975, S. 472-477.

BELLINGER, Bernhard / VAHL Günter (Unternehmensbewertung, 1992): Unternehmensbewertung in Theorie und Praxis, 2., vollständig überarbeitete Aufl., Wiesbaden 1992.

BENNE, Jürgen (Bewertung, BB 1992): Bewertung bei geschlossenen Positionen, in: BB 1992, S. 1172-1177.

BENNE, Jürgen (Bewertungseinheit, DB 1991): Einzelbewertung und Bewertungseinheit, in: DB 1991, S. 2601-2610.

BENNE, Jürgen (Einzelbewertung, WPg 1992): Einzelbewertung bei wechselseitigen Leistungsbeziehungen, in: WPg 1992, S. 245-252.

BENNE, Jürgen (Gewinnerwartungen, BB 1979): Die Bedeutung von Gewinnerwartungen aus schwebenden Geschäften für die Bewertung der Aktiva und Passiva. Ein Beitrag zum Problem der Einzelbesteuerung, in: BB 1979, S. 1653-1656.

BEUTER, Hubert B. (Kreditversicherung, ZfgK 1987): Kreditversicherung heute, in: ZfgK 1987, S. 780-784.

BEUTHIEN, Volker (Unternehmenskonzentration, JuS 1970): Unternehmenskonzentration und Kleinaktionärsschutz, in: JuS 1970, S. 53-60.

BEYER, Horst-Thilo / BESTMANN, Uwe (Finanzlexikon, 1989): Finanzlexikon, 2., völlig neubearbeitete und erweiterte Aufl., München 1989.

BEZOLD, Andreas (Frage, DB 1987): Objektivierung der Währungsumrechnung - Zur Frage des maßgeblichen Wechselkurses, in: DB 1987, S. 2213-2217.

BIEDERMANN, Franz (Beteiligungen, DStR 1968): Zur Behandlung von Beteiligungen, Anteilen und Wertpapieren in der Handelsbilanz und Steuerbilanz, in: DStR 1968, S. 695-700.

BIEG, Hartmut (Handelsbilanzausweis, DB 1985, Beilage 24): Ermessensentscheidungen beim Handelsbilanzausweis von "Finanzanlagen" und "Wertpapieren des Umlaufvermögens" - auch nach neuem Bilanzrecht, in: DB 1985, Beilage 24.

BIENER, Herbert (Auswirkungen, BFuP 1993): Die Rechnungslegungempfehlungen des IASC und deren Auswirkungen auf die Rechnungslegung in Deutschland, in: BFuP 1993, S. 345-356.

BIENER, Herbert (Verluste, 1988): Rückstellungen für drohende Verluste aus schwebenden Geschäften bei Dauerrechtsverhältnissen, in: Brigitte Knobbe-Keuk, Franz Klein, Adolf

Moxter (Hrsg.): Handelsrecht und Steuerrecht, FS Georg Döllerer, Düsseldorf 1988, S. 45-64.

BIERGANS, Enno (Einkommensteuer, 1978): Einkommensteuer. Systematische Darstellung und Kommentar, München 1978.

BIERGANS, Enno (Einkommensteuer, 1992): Einkommensteuer. Systematische Darstellung und Kommentar, 6., völlig überarbeitete und wesentlich erweiterte Aufl., München 1992.

BINZ, Mark K. / SORG, Martin H. (Folgen, BB 1987): Vermögensteuerliche Folgen das going-public von Familienunternehmen, in: BB 1987, S. 1996-1998.

BIRK, Dieter (Stellenwert, StuW 1992): Der Stellenwert des Steuerrechts bei der Juristenausbildung. Zum Grundlagenbeschluß des Deutschen Juristen-Fakultätentags vom 25.5.1990 zur Effektivierung des Studiums und Verringerung der Studiendauer, in: StuW 1992, S. 88-91.

BIRKHOLZ, Hans (Organschaftserlaß, FR 1971): Gedanken zum Organschaftserlaß 1971, in: FR 1971, S. 545-553.

BITZ, Michael (Investition, Vahlens Kompendium der BWL 1993): Investition, in: Michael Bitz et al. (Hrsg.): Vahlens Kompendium der Betriebswirtschaftslehre, Band 1, 3. Aufl., München 1993, S. 457-519.

BLAAS, Ulrich (Spiegelbildtheorie, 1988): Darstellung und Kritik der Spiegelbildtheorie bei der Bilanzierung von Beteiligungen an Personengesellschaften im Bilanzsteuerrecht, Diss. iur. Univ. Köln 1988.

BLACK, Fisher / SCHOLES, Myron (Options, JoPE 1973): The Pricing of Options and Corporate Liabilities, in: JoPE 1973, S. 637-654.

BLOHM, Hans / LÜDER, Klaus (Investition, 1991): Investition. Schwachstellen im Investitionsbereich des Industriebetriebes und Wege zu ihrer Beseitigung, 7. Aufl., München 1991.

BLÜMICH, Eckart (BLÜMICH/*BEARBEITER* 1993): Einkommensteuergesetz. Körperschaftsteuergesetz. Gewerbesteuergesetz. Kommentar, hrsg. von Klaus Ebling und Wolfgang Freericks, 14. Aufl., Loseblatt, Stand Januar 1993, München 1993.

BLÜMICH, Eckart (Tausch, 1973): Betriebswirtschaftliche Beurteilung handelsrechtlicher und steuerrechtlicher Grundsätze der Gewinnrealisierung beim Tausch von Anteilsrechten, Berlin 1973.

BODARWE, Ernst (Darstellung, DB 1971): Bewertung und Darstellung nicht abgerechneter Leistungen bei "langfristiger Fertigung" im Jahresabschluß, in: DB 1971, S. 1973-1977.

BODARWE, Ernst (Kapitalisierungszinsfuß, WPg 1963): Überlegungen zum Kapitalisierungszinsfuß bei der Berechnung des Ertragswertes von Unternehmungen, in: WPg 1963, S. 309-315.

BÖCKING, Hans-Joachim (Bilanzrechtstheorie, 1988): Bilanzrechtstheorie und Verzinslichkeit, zugleich Diss. rer. pol. Univ. Frankfurt, Wiesbaden 1988.

BÖCKING, Hans-Joachim (Zero-Bonds, ZfbF 1986): Der Grundsatz der Nettobilanzierung von Zero-Bonds, in: ZfbF 1986, S. 930-955.

BÖRNSTEIN, Ulrich (Aktie, DStR 1962/63): Die steuerliche Bewertung des Aktienbezugsrechts und die Auswirkung der Kapitalerhöhung auf den Buchwert der alten Aktie, in: DStR 1962/63, S. 162-166.

BOLSENKÖTTER, Heinz (Forderungen, HdJ II/6 1986): Die kurzfristigen Forderungen, in: HdJ, hrsg. von Klaus von Wysocki und Joachim Schulze-Osterloh, Abteilung II/6, Köln 1986.

BONNER HANDBUCH DER RECHNUNGSLEGUNG (*BEARBEITER* in BHR 1992): BHR, hrsg. von Max A. Hofbauer et al., Loseblatt, Stand Dezember 1992, Bonn 1992.

BORDEWIN, Arno (Personengesellschaft, NWB 1991, Fach 3): Lieferungen und Leistungen der Personengesellschaft an ihre Gesellschafter, in: NWB 1991, Fach 3, S. 8101-8112.

BORDEWIN, Arno (Zero-Bonds, WPg 1986): Bilanzierung von Zero-Bonds, in: WPg 1986, S. 263-267.

BRANDENBERG, Hermann B. (Nießbrauch, 1985): Nießbrauch an Privatgrundstücken, Betriebsgrundstücken und Kapitalvermögen. Systematische Darstellung mit Problemfällen aus der Praxis, 2. Aufl., Herne/Berlin 1985.

BRANDENBURG, Walther (GmbH-Anteile, DB 1974): Handels- und steuerrechtliche Bewertung eigener GmbH-Anteile, in: DB 1974, S. 2317.

BRAUN, Eberhard (Ableitung, WPg 1990): Die Ableitung der Kreditunwürdigkeit gem. § 32a GmbHG aus dem Jahresabschluß der Gesellschaft - Zugleich eine Anmerkung zu BGHZ 105, 168 ff. (Hamburger Stahlwerke Fall) -, in: WPg 1990, S. 553-562, S. 593-597.

BREITWIESER, Otto (Beteiligungen, StBp 1973): Der Teilwert bei der ertragsteuerlichen Bewertung des beweglichen Anlagevermögens und der Beteiligungen, in: StBp 1973, S. 248-255.

BREKER, Norbert (Optionsrechte, 1993): Optionsrechte und Stillhalteverpflichtungen im handelsrechtlichen Jahresabschluß, Band 1 der Schriftenreihe "Rechnungslegung und Kapitalmarkt", hrsg. von Günther Gebhardt, zugleich Diss. rer. pol. Univ. Münster 1992, Düsseldorf 1993.

BRENNAN, Michael J. / SCHWARTZ, Eduardo S. (Bonds, JoFE 1977): Savings Bonds, Retractable Bonds And Callable Bonds, in: JoFE 1977, S. 67-88.

BRENNER, Dieter (Finanzanlagen, StbJb 1991/92): Teilwertabschreibungen auf Finanzanlagen, in: StbJb 1991/92, S. 99-111.

BRETZKE, Wolf-Rüdiger (Prognoseproblem, 1975): Das Prognoseproblem bei der Unternehmungsbewertung, Band 1 der Schriftenreihe des Seminars für Allgemeine Betriebswirtschaftslehre und für Wirtschaftsprüfung der Universität zu Köln, hrsg. von Günter Sieben, Düsseldorf 1975.

BRETZKE, Wolf-Rüdiger (Wertkonventionen, WPg 1975): Funktionen und Folgen der Verwendung objektivistischer Wertkonventionen bei der Unternehmungsbewertung, in: WPg 1975, S. 125-131.

BREUNINGER, Gottfried (Anteile, DStZ 1991): Zur Rechtsnatur eigener Anteile und ihre ertragsteuerliche Bedeutung. Festbeitrag zum 70. Geburtstag von Georg Döllerer, in: DStZ 1991, S. 420-425.

BREZING, Klaus (Besteuerung, StbJb 1975/76): Neues zur Besteuerung der Kapitalgesellschaften und ihrer Gesellschafter, in: StbJb 1975/76, S. 235-262.

BREZING, Klaus (Beteiligungen, StbJb 1972/73): Die Bewertung von Beteiligungen in der Steuerbilanz, in: StbJb 1972/73, S. 339-374.

BREZING, Klaus (Ermittlung, StBp 1975): Zur Ermittlung des Teilwerts von Beteiligungen an Kapitalgesellschaften, in: StBp 1975, S. 221-223.

BREZING, Klaus (Gegenstand, HdJ I/4 1991): Der Gegenstand der Bilanzierung und seine Zurechnung im Handels- und Steuerrecht, in: HdJ, hrsg. von Klaus von Wysocki und Joachim Schulze-Osterloh, Abteilung I/4, 2., neubearbeitete Aufl., Köln 1991.

BREZING, Klaus (Satzungsklauseln, DB 1984): Ein Urteil des Bundesfinanzhofs zu Satzungsklauseln - Anmerkungen zu dem BFH-Urteil vom 23.5.1984 I R 266/81 -, in: DB 1984, S. 2059.

BREZING, Klaus (Wertansätze, HdJ I/12 1988): Niedrigere Wertansätze in der Steuerbilanz, in: HdJ, hrsg. von Klaus von Wysocki und Joachim Schulze-Osterloh, Abteilung I/12, Köln 1988.

BRÖNNER JR., Herbert (Aktien, WPg 1960): Die steuerliche Behandlung von Bezugsrechten auf junge Aktien, in: WPg 1960, S. 354-357.

BROSCH, Wolfgang (Bewertungsrecht, DB 1984): Das Disagio im Bewertungsrecht, in: DB 1984, S. 1696-1702.

BROSCH, Wolfgang (Disagio, DB 1990): Das Disagio als Schuldposten im Bewertungsrecht - Anmerkungen zum BFH-Urteil vom 8.11.1989 II R 29/86 -, in: DB 1990, S. 652-654.

BRUNK, Hans Jürgen (Ansatz, BB 1973): Der Ansatz einer unverzinslichen Darlehensforderung in der Steuerbilanz, in: BB 1973, S. 190-191.

BUDDE, Wolfgang Dieter / FORSTER, Karl-Heinz: (BUDDE/FORSTER 1991): D-Markbilanzgesetz (DMBiLG) 1990, Kommentar, München 1991.

BÜHLER, Wolfgang (Anlagestrategien, ZfbF 1983, Sonderheft 16): Anlagestrategien zur Begrenzung des Zinsänderungsrisikos von Portefeuilles aus festverzinslichen Titeln, in: ZfbF 1983, Sonderheft 16, S. 82-137.

BÜHLER, Wolfgang (Bewertung, ZfbF 1988): Rationale Bewertung von Optionsrechten auf Anleihen, in: ZfbF 1988, S. 851-883.

BÜHNER, Rolf (Jahresabschlußerfolg, ZfB 1990): Der Jahresabschlußerfolg von Unternehmenszusammenschlüssen, in: ZfB 1990, S. 1275-1294.

BÜHNER, Rolf / SPINDLER, Hans-Joachim (Synergieerwartungen, DB 1986): Synergieerwartungen bei Unternehmenszusammenschlüssen, in: DB 1986, S. 601-606.

BÜSCHGEN, Hans Egon (Bankbetriebslehre, 1991): Bankbetriebslehre, Bankgeschäfte und Bankmanagement, 3., überarbeitete Aufl., Wiesbaden 1991.

BÜSCHGEN, Hans Egon (Finanzinnovationen, ZfB 1986): Finanzinnovationen - Neuerungen und Entwicklungen an nationalen und internationalen Finanzmärkten, in: ZfB 1986, S. 301-336.

BÜSCHGEN, Hans Egon (Finanzmanagement, 1986): Internationales Finanzmanagement, Frankfurt 1986.

BÜSCHGEN, Hans Egon (Wertpapieranalyse, 1966): Wertpapieranalyse. Die Beurteilung von Kapitalanlagen in Wertpapieren, Stuttgart 1966.

BÜSCHGEN, Hans Egon (Zinstermingeschäfte, 1988): Zinstermingeschäfte. Instrumente und Verfahren zur Risikoabsicherung an Finanzmärkten, Frankfurt 1988.

BULLINGER, Michael (Fragen, DStR 1993): Steuerliche Fragen von Gesellschafterdarlehen an die GmbH, in: DStR 1993, S. 225-229.

BURKHARDT, Dietrich (Fremdwährungsgeschäfte, 1988): Grundsätze ordnungsmäßiger Bilanzierung für Fremdwährungsgeschäfte, zugleich Diss. rer. pol. Univ. Frankfurt, Düsseldorf 1988.

BUSSE VON COLBE, Walther (Beteiligungen, HWB 1974): Beteiligungen, in: HWB, hrsg. von Erwin Grochla und Waldemar Wittmann, Band 1, 4., völlig neu gestaltete Aufl., Stuttgart 1974, Sp. 530-541.

BUSSE VON COLBE, Walther (Bewertung, JDStJG 1984): Bewertung als betriebswirtschaftliches Problem - Betriebswirtschaftliche Grundüberlegungen, in: Arndt Raupach (Hrsg.): Werte und Wertermittlung im Steuerrecht. Steuerbilanz, Einheitsbewertung, Einzelsteuern und Unternehmensbewertung, JDStJG 7, Köln 1984, S. 39-53.

BUSSE VON COLBE, Walther (Bilanzansatz, ZfbF 1972): Zum Bilanzansatz von Beteiligungen, in: ZfbF 1972, S. 145-157.

BUSSE VON COLBE, Walther (Gesamtwert, 1992): Gesamtwert der Unternehmung, in: Walther Busse von Colbe, Adolf G. Coenenberg (Hrsg.): Unternehmensakquisition und Unternehmensbewertung. Grundlagen und Fallstudien, Stuttgart 1992, S. 55-65.

BUSSE VON COLBE, Walther (Zukunftserfolg, 1957): Der Zukunftserfolg. Die Ermittlung des künftigen Unternehmenserfolges und seine Bedeutung für die Bewertung von Industrieunternehmen, Wiesbaden 1957.

CHASSOT, Marcel (Aktien, SAG 1977): Die Bewertung nichtkotierter Aktien, in: SAG 1977, S. 45-63.

CHMIELEWICZ, Klaus (Wirtschaftsgut, ZfbF 1969): Wirtschaftsgut und Rechnungswesen, in: ZfbF 1969, S. 85-122.

CHRISTIANSEN, Alfred (Ermittlung, StBp 1985): Die Bewertung von Wertpapieren des Umlaufvermögens - Begriff und Ermittlung des Teilwerts, in: StBp 1985, S. 210-212.

CLEMM, Hermann (Auftragsfertigung, JDStJG 1981): Grundprobleme der Gewinn- und Verlustsituation bei langfristiger Auftragsfertigung und langfristiger Vermietung, in: Hans Georg Ruppe (Hrsg.): Gewinnrealisierung im Steuerrecht. Theorie und Praxis der Gewinnverwirklichung durch Umsatzakt und durch Steuerentstrickung sowie des Besteuerungsaufschubs, JDStJG 4, Köln 1981, S. 117-135.

CLEMM, Hermann (Grenzen, JbFSt 1979/80): Grenzen der zivilrechtlichen Betrachtungsweise für das Bilanzrecht - Kritische Würdigung der neueren BFH-Rechtsprechung, in: JbFSt 1979/80, S. 173-194.

CLEMM, Hermann (Verzinslichkeit, JDStJG 1984): Der Einfluß der Verzinslichkeit auf die Bewertung der Aktiva und Passiva, in: Arndt Raupach (Hrsg.): Werte und Wertermittlung im Steuerrecht. Steuerbilanz, Einheitsbewertung, Einzelsteuern und Unternehmensbewertung, JDStJG 7, Köln 1984, S. 219-243.

COENENBERG, Adolf G. (Jahresabschluß, 1993): Jahresabschluß und Jahresabschlußanalyse. Betriebswirtschaftliche, handels- und steuerrechtliche Grundlage, 14., überarbeitete Aufl., Landsberg am Lech 1993.

COSTEDE, Jürgen (Steuerrechtsfragen, StuW 1983): Steuerrechtsfragen der GmbH & Still, in: StuW 1983, S. 308-317.

COX / RUBINSTEIN (Pricing, JoFE 1979): Option pricing: A simplified approach, in: JoFE 1979, S. 229-263.

CREZELIUS, Georg (Geschäft, 1988): Das sogenannte schwebende Geschäft in Handels-, Gesellschafts- und Steuerrecht, in: Brigitte Knobbe-Keuk, Franz Klein, Adolf Moxter (Hrsg.): Handelsrecht und Steuerrecht, FS Georg Döllerer, Düsseldorf 1988, S. 81-95.

CREZELIUS, Georg (Handelsbilanzrecht, ZGR 1987): Das Handelsbilanzrecht in der Rechtsprechung des Bundesfinanzhofs, in: ZGR 1987, S. 1-45.

CREZELIUS, Georg (Steuerrecht, 1991): Steuerrecht II. Besonderes Steuerrecht, München 1991.

CYRANKIEWICZ, Heinrich / WENDLAND, Holger (Behandlung, ZfgK 1990): Die bilanzielle Behandlung von Wertpapieroptionsgeschäften, in: ZfgK 1990, S. 1026-1031.

CZUB, Hans-Joachim (Anteile, StuW 1981): Die steuerliche Behandlung der Anteile an der Komplementär-GmbH in der Hand von Kommanditisten bei der GmbH & Co. KG, in: StuW 1981, S. 333-345.

DAHNKE, Horst (Auslandsbeteiligungen, 1992): Bewertung von Auslandsbeteiligungen aus der Sicht der Finanzverwaltung, in: Norbert Herzig (Hrsg.): Bewertung von Auslandsbeteiligungen, Köln 1992, S. 24-47.

DE (Aktivierung, FR 1979): Zur gesonderten Aktivierung von Gewinnbezugsrechten beim Erwerb von Anteilen an Kapitalgesellschaften, in: FR 1979, S. 507.

DELFS, Edgar (Darlehen, BB 1989): Darlehen von Personengesellschaften an ihre Gesellschafter in der Steuerbilanz. Darlehen als Wirtschaftsgut und Zinsen als Betriebseinnahme?, in: BB 1989, S. 2437-2438.

DELFS, Edgar (Geschäftswert, DB 1978): Derivativer oder originärer Geschäftswert (§ 153 Abs. 5 AktG)?, in: DB 1978, S. 1194.

DELORME, Hermann (Wertpapiere, HWF 1976): Wertpapiere, in: HWF, hrsg. von Hans Egon Büschgen, Stuttgart 1976, Sp. 1828-1834.

DEUTSCHE BUNDESBANK (Aufgaben, 1989): Die Deutsche Bundesbank. Geldpolitische Aufgaben und Instrumente, Sonderdruck der Deutschen Bundesbank Nr. 7, 5. Aufl., Frankfurt 1989.

DEUTSCHE BUNDESBANK (Jahresabschlüsse, 1983): Jahresabschlüsse der Unternehmen in der Bundesrepublik Deutschland 1965 bis 1981, Sonderdruck der Deutschen Bundesbank Nr. 5, 3. Aufl., Frankfurt 1983.

DEUTSCHE BUNDESBANK (Monatsberichte, verschiedene Ausgaben): Monatsberichte der Deutschen Bundesbank, verschiedene Ausgaben, Frankfurt.

DIEDERICH, H. (Forderungen, FR 1955): Bewertung von Forderungen in der Steuerbilanz, in: FR 1955, S. 157-163.

DIEHL, Wolfram (Kreditinstitute, BB 1977): Die Bilanzierung von Devisengeschäften durch Kreditinstitute, in: BB 1977, S. 290-293.

DIELMANN, Heinz J. (Umschuldungen, RIW 1984): Teilwertberichtigungen auf Bankkredite bei internationalen Umschuldungen, in: RIW 1984, S. 460-461.

DIEZ, Werner (Kapitalisierungsfaktor, WPg 1955): Der Kapitalisierungsfaktor als Bestandteil der Ertragswertrechnung bei der Gesamtbewertung von Unternehmungen und Unternehmungsanteilen, in: WPg 1955, S. 2-5.

DIRRIGL, Hans (Bewertung, 1988): Die Bewertung von Beteiligungen an Kapitalgesellschaften - Betriebswirtschaftliche Methoden und steuerlicher Einfluß -, Band 3 der Schriften zum Steuer-, Rechnungs- und Prüfungswesen, hrsg. von Lothar Haberstock et al., Hamburg 1988.

DIRRIGL, Hans (Gewinnverkauf, DB 1990): Gewinnverkauf bei der Anteilsveräußerung - Vorteilhaftigkeit und steuerliche Probleme -, in: DB 1990, S. 1045-1052.

DÖLLERER, Georg (Aktivierungswelle, BB 1980): Droht eine neue Aktivierungswelle?, in: BB 1980, S. 1333-1337.

DÖLLERER, Georg (Anmerkung, BB 1985): Anmerkung zum Urteil FG München vom 17.9.1984 - V [XIII] 53/82 - 9 -, in: BB 1985, S. 36-37.

DÖLLERER, Georg (Anrechnung, 1985): Die Anrechnung der Körperschaftsteuer bei Beteiligung einer Personenhandelsgesellschaft an einer Kapitalgesellschaft, in: Marcus Lutter, Hans-Joachim Mertens, Peter Ulmer (Hrsg.): FS Walter Stimpel, Berlin/New York 1985, S. 729-742.

DÖLLERER, Georg (Anschaffungskosten, BB 1966): Anschaffungskosten und Herstellungskosten nach neuem Aktienrecht unter Berücksichtigung des Steuerrechts, in: BB 1966, S. 1405-1409.

DÖLLERER, Georg (Beteiligung, WPg 1977): Die Beteiligung einer Kapitalgesellschaft an einer Personenhandelsgesellschaft nach Handelsrecht und Steuerrecht, in: WPg 1977, S. 81-91.

DÖLLERER, Georg (Bilanzierung, BB 1974): Zur Bilanzierung des schwebenden Vertrags, in: BB 1974, S. 1541-1548.

DÖLLERER, Georg (Disagio, BB 1988): Disagio als Kapitalertrag des Gläubigers bei Schuldverschreibungen. Bemerkungen zu dem Urteil des Bundesfinanzhofs vom 13.10.1987 - VIII R 156/84, in: BB 1988, S. 883-886.

DÖLLERER, Georg (EG-Richtlinie, DStZ/A 1981): Die Vierte EG-Richtlinie und das Steuerrecht, in: DStZ/A 1981, S. 311-318.

DÖLLERER, Georg (Einlagen, 1990): Verdeckte Gewinnausschüttungen und verdeckte Einlagen bei Kapitalgesellschaften, 2., neubearbeitete und erweiterte Aufl., Heidelberg 1990.

DÖLLERER, Georg (Entwicklungen, DStZ/A 1976): Neuere Entwicklungen im Steuerrecht der Personengesellschaft, in: DStZ/A 1976, S. 435-441.

DÖLLERER, Georg (Ertragsteuerrecht, StbJb 1981/82): Die wesentliche Beteiligung im Ertragsteuerrecht, in: StbJb 1981/82, S. 195-222.

DÖLLERER, Georg (Fragen, DStR 1989): Verdeckte Gewinnausschüttungen, verdeckte Einlagen - neue Rechtsprechung, neue Fragen, in: DStR 1989, S. 331-338.

DÖLLERER, Georg (Gedanken, JbFSt 1979/80): Gedanken zur "Bilanz im Rechtssinne", in: JbFSt 1979/80, S. 195-205.

DÖLLERER, Georg (Gesamtbilanz, DStR 1981): Steuerbilanz der Gesellschaft und Gesamtbilanz der Mitunternehmerschaft bei Anwendung des § 15a EStG, in: DStR 1981. S. 19-22.

DÖLLERER, Georg (Gesellschafter, DStR 1984): Die Kapitalgesellschaft und ihre Gesellschafter in der neueren Rechtsprechung des Bundesfinanzhofs, in: DStR 1984, S. 383-390.

DÖLLERER, Georg (Gewinnausschüttung, DStR 1980): Die verdeckte Gewinnausschüttung und ihre Rückabwicklung nach neuem Körperschaftsteuerrecht, in: DStR 1980, S. 395-400.

DÖLLERER, Georg (Grundsätze, BB 1959): Grundsätze ordnungsmäßiger Bilanzierung, deren Entstehung und Ermittlung, in: BB 1959, S. 1217-1221.

DÖLLERER, Georg (Kaufmann, BB 1986): Der ordentliche Kaufmann bei Aufstellung der Bilanz. Bemerkungen zu dem Urteil des Bundesfinanzhofs vom 23.5.1984 - I R 266/81, in: BB 1986, S. 97-100.

DÖLLERER, Georg (Körperschaftsteuerrecht, BB 1979): Verdeckte Gewinnausschüttungen und verdeckte Einlagen nach neuem Körperschaftsteuerrecht, in: BB 1979, S. 57-63.

DÖLLERER, Georg (Leasing, BB 1971): Leasing - wirtschaftliches Eigentum oder Nutzungsrecht, in: BB 1971, S. 535-540.

DÖLLERER, Georg (Optionsanleihen, AG 1986): Die Kapitalrücklage der Aktiengesellschaft bei Ausgabe von Optionsanleihen nach Handelsrecht und Steuerrecht, in: AG 1986, S. 237-243.

DÖLLERER, Georg (Personenhandelsgesellschaft, DStZ/A 1974): Die Steuerbilanz der Personenhandelsgesellschaft als konsolidierte Bilanz einer wirtschaftlichen Einheit, in: DStZ/A 1974, S. 211-220.

DÖLLERER, Georg (Problematik, JbFSt 1976/77): Zur Problematik der Anschaffungs- und Herstellungskosten, in: JbFSt 1976/77, S. 196-212.

DÖLLERER, Georg (Rechtsprechung, ZGR 1984): Die Rechtsprechung des Bundesfinanzhofs zum Steuerrecht der Unternehmen, in: ZGR 1984, S. 629-654.

DÖLLERER, Georg (Rechtsprechung, ZGR 1991): Die Rechtsprechung des Bundesfinanzhofs zum Steuerrecht der Unternehmen, in: ZGR 1991, S. 423-451.

DÖLLERER, Georg (Rechtsprechung, ZGR 1992): Die Rechtsprechung des Bundesfinanzhofs zum Steuerrecht der Unternehmen, in: ZGR 1992, S. 587-620.

DÖLLERER, Georg (Rückstellungen, DStR 1987): Ansatz und Bewertung von Rückstellungen in der neueren Rechtsprechung des Bundesfinanzhofs, in: DStR 1987, S. 67-72.

DÖLLERER, Georg (Steuerrecht, DStZ 1983): Neues Steuerrecht der Personengesellschaft, in: DStZ 1983, S. 179-184.

DÖLLERER, Georg (Verlust, FR 1992): Verlust eines eigenkapitalersetzenden Gesellschafterdarlehens als nachträgliche Anschaffungskosten einer wesentlichen Beteiligung. Bemerkungen zum BFH-Urteil vom 16.4.1991 VIII R 100/87, in: FR 1992, S. 233-236.

DÖTSCH, Ewald (Organschaft, DB 1993): Die besonderen Ausgleichsposten bei der Organschaft - Ein kompliziertes Regelungsgebäude ohne Rechtsgrundlage, in: DB 1993, S. 752-756.

DÖTSCH, Ewald (Teilwertabschreibungen, DB 1980): Einschränkung ausschüttungsbedingter Teilwertabschreibungen und ausschüttungsbedingter Veräußerungsverluste - Neuer § 50c EStG anstelle des weggefallenen § 39 KStG -, in: DB 1980, S. 1562-1567.

DÖTSCH, Ewald / BUYER, Christoph (Organbeteiligungen, DB 1991): Teilwertabschreibung auf Organbeteiligungen - Die Grenzen der körperschaftsteuerlichen Anerkennung -, in: DB 1991, S. 10-15.

DÖTSCH, Ewald / EVERSBERG, Horst / JOST, Werner F. / WITT, Georg (*BEARBEITER* in D/E/J/W 1992): Die Körperschaftsteuer. Kommentar zum Körperschaftsteuergesetz und zu den einkommensteuerrechtlichen Vorschriften des Anrechnungsverfahrens, Loseblatt, Stand Dezember 1992, Stuttgart 1992.

DOMEIER JR., Max (Einbeziehung, WPg 1973): Die Einbeziehung einzelwertberichtigter Forderungen in die Basis für die Berechnung der Pauschalwertberichtigung, in: WPg 1973, S. 320-323.

DORALT, Werner (Teilwert, JDStJG 1984): Der Teilwert als Anwendungsfall des Going-Concern-Prinzips - Eine Kritik an der Teilwertkritik -, in: Arndt Raupach (Hrsg.): Werte und Wertermittlung im Steuerrecht. Steuerbilanz, Einheitsbewertung, Einzelsteuern und Unternehmensbewertung, JDStJG 7, Köln 1984, S. 141-153.

DORMANNS, Albert (Hermes, BKB 1972): Wechselkurssicherung durch Versicherung - Das Angebot der Hermes, in: BKB 1972, S. 156-160.

DREISSIG, Hildegard (Optionen, BB 1989): Bilanzsteuerrechtliche Behandlung von Optionen, in: BB 1989, S. 1511-1517.

DREISSIG, Hildegard (Swap-Geschäfte, BB 1989): Swap-Geschäfte aus bilanzsteuerrechtlicher Sicht, in: BB 1989, S. 322-327.

DRENSECK, Walter (Abgrenzung, DB 1987): Die Abgrenzung der Betriebsausgaben und Werbungskosten von den Lebenshaltungskosten, in: DB 1987, S. 2483-2487.

DURCHLAUB, Wolfgang (Einlage, BB 1989): Einlage von Wirtschaftsgütern - insbesondere von Wertpapieren - in das gewillkürte Betriebsvermögen, in: BB 1989, S. 949-953.

DUWENDAG, Dieter (Zinsstruktur, HWF 1976): Zinsstruktur, in: HWF, hrsg. von Hans Egon Büschgen, Stuttgart 1976, Sp. 1927-1936.

EBISCH, Hellmuth / GOTTSCHALK, Joachim (EBISCH/GOTTSCHALK 1977): Preise und Preisprüfungen bei öffentlichen Aufträgen einschließlich Bauaufträge, 4., neubearbeitete Aufl., München 1977.

EBKE, Werner (Verrechnungsverbot, HuR 1986): Verrechnungsverbot, in: HuR, hrsg. von Ulrich Leffson, Dieter Rückle und Bernhard Großfeld, Köln 1986, S. 365-374.

EBLING, Klaus (Teilwert, DStR 1990): Der Teilwert von Beteiligungen an ausländischen Kapitalgesellschaften im Anlagevermögen, in: DStR 1990, S. 327-331.

EGGER, Anton (Erfolgsrealisierung, JfB 1986): Erfolgsrealisierung bei Beteiligungen - Wann findet das Ergebnis der Tochtergesellschaft in der Handelsbilanz der Muttergesellschaft ihren Niederschlag?, in: JfB 1986, S. 206-216.

EILENBERGER, Guido (Finanzwirtschaft, 1991): Betriebliche Finanzwirtschaft. Einführung in die Finanzpolitik und das Finanzmanagement von Unternehmungen, Investition und Finanzierung, 4., verbesserte Aufl., München 1991.

EISELE, Wolfgang / KNOBLOCH, Alois (Finanzinnovationen, DStR 1993): Offene Probleme bei der Bilanzierung von Finanzinnovationen, in: DStR 1993, S. 577-586, 617-623.

EISENFÜHR, Franz (Verbundeffekt, ZfbF 1971): Preisfindung für Beteiligungen mit Verbundeffekt, in: ZfbF 1971, S. 467-479.

EL (Vorteilswegfall, DB 1962): Zinslose Darlehen und Vorteilswegfall, in: DB 1962, S. 1554.

ELBERG, Kurt (Verzicht, DStZ 1992): Verzicht auf eine nicht mehr werthaltige Gesellschafterforderung - Einlage zum Nennwert? -, in: DStZ 1992, S. 113-114.

ELMENDORFF, Wilhelm (Streubesitz, WPg 1966): Bewertung von Unternehmensanteilen im Streubesitz, in: WPg 1966, S. 548-555.

ELSCHEN, Rainer (Kapitalmarkteffizienz, ZfbF 1988): Die getrennte Handelbarkeit von Aktienstimmrechten - Verbesserung der Kapitalmarkteffizienz und Leitidee einer ökonomischen Theorie der Unternehmensverfassung?, in: ZfbF 1988, S. 1009-1036.

EMMERICH, Volker / SONNENSCHEIN, Jürgen (Konzernrecht, 1992): Konzernrecht. Das Recht der verbundenen Unternehmen bei Aktiengesellschaften, GmbH, Personengesellschaften und Genossenschaften, 4., völlig neubearbeitete Aufl., München 1992.

ENGELEITER, Hans-Joachim (Unternehmensbewertung, 1970): Unternehmensbewertung, Stuttgart 1970.

ENGELS, Wolfram (Bewertungslehre, 1962): Betriebswirtschaftliche Bewertungslehre im Licht der Entscheidungstheorie, Köln/Opladen 1962.

EPPLER, Gerold (Quasi-Eigenkapital, DB 1991): Das Quasi-Eigenkapital bei der GmbH als steuerrechtliches Problem - Zugleich Besprechung des BFH-Urteils vom 30.5.1990 I R 41/87 -, in: DB 1991, S. 195-198.

ERPENBACH, Marianne (Vertreterprovision, 1959): Die Vertreterprovision im Einkommensteuerrecht, Diss. iur. Univ. Köln 1959.

EULER, Walter (Gewinnrealisierung, 1989): Grundsätze ordnungsmäßiger Gewinnrealisierung, zugleich Diss. rer. pol. Univ. Frankfurt, Düsseldorf 1989.

EULER, Walter (Teilwert, JDStJG 1984): Gemeiner Wert und Teilwert - Eine vergleichende Betrachtung -, in: Arndt Raupach (Hrsg.): Werte und Wertermittlung im Steuerrecht. Steuerbilanz, Einheitsbewertung, Einzelsteuern und Unternehmensbewertung, JDStJG 7, Köln 1984, S. 155-168.

EULER, Walter (Verlustantizipation, ZfbF 1991): Zur Verlustantizipation mittels des niedrigeren beizulegenden Wertes und des Teilwertes, in: ZfbF 1991, S. 191-212.

EULER, Walter / KRÜGER, Dietrich (Beteiligungsbewertungen, BB 1983): Die Probleme steuerlicher Beteiligungsbewertungen, in: BB 1983, S. 567-570.

FABRI, Stephan (Bilanzierung, 1986): Grundsätze ordnungsmäßiger Bilanzierung entgeltlicher Nutzungsverhältnisse, Bergisch Gladbach/Köln 1986.

FABRICIUS, Fritz (Staatsanleihen, AcP 1963): Zur Theorie des stückelosen Effektengiroverkehrs mit Wertrechten aus Staatsanleihen. Zugleich ein Beitrag zur Frage der Abgrenzung von Schuldrecht und Sachenrecht, in: AcP 1963, S. 456-484.

FALKENROTH, Günther (Unverzinslichkeit, NB 1958): Unverzinslichkeit und Buchhaltungskosten in ihrer Auswirkung auf die Bewertung von Außenständen, in: NB 1958, S. 71-73.

FALLER, Eberhard (Einzelbewertung, BB 1985): Der Grundsatz der Einzelbewertung und die Notwendigkeit zu seiner Durchbrechung unter Berücksichtigung des Bilanzrichtlinien-Gesetzentwurfs, in: BB 1985, S. 2017-2023.

FASOLD, Rudolf W. (Praxis, DStR 1976): Die Praxis der Anrechnung im neuen KStG 77, in: DStR 1976, S. 627-635.

FASOLD, Rudolf W. (Wertminderungen, DB 1976): Ausschüttungsbedingte Wertminderungen bei Anteilen in der Körperschaftsteuerreform, in: DB 1976, S. 884-887.

FEDERMANN, Rudolf (Bilanzierung, 1992): Bilanzierung nach Handelsrecht und Steuerrecht. Gemeinsamkeiten, Unterschiede und Abhängigkeiten von Handels- und Steuerbilanz mit über 100 Abbildungen, 9., aktualisierte und erweiterte Aufl., Berlin 1992.

FEDERMANN, Rudolf (Steuerbilanz, StStud 1986): Der Darlehens-Unterschiedsbetrag in Handels- und Steuerbilanz, in: StStud 1986, S. 266-270.

FELIX, Günther (Einkommensteuer, FR 1987): Teilentgeltliche Rechtsgeschäfte in der Einkommensteuer, in: FR 1987, S. 601-608.

FELLMETH, Peter (Gesellschaftsanteile, BB 1992): Gesellschaftsanteile an einer Personengesellschaft im Bilanzsteuerrecht, in: BB 1992, S. 885-890.

FEY, Dirk (Imparitätsprinzip, 1987): Imparitätsprinzip und GoB-System im Bilanzrecht 1986, Band 7 der Forschungsergebnisse aus dem Revisionswesen und der Betriebswirtschaftlichen Steuerlehre, hrsg. von E. Loitlsberger et al., Berlin 1987.

FICHTELMANN, Helmar (Betriebsaufspaltung, 1991): Betriebsaufspaltung im Steuerrecht, 7., völlig neubearbeitete und erweiterte Aufl., Heidelberg 1991.

FICHTELMANN, Helmar (Einlagen, GmbHR 1988): Bürgschaften des Gesellschafters einer Kapitalgesellschaft als verdeckte Einlagen?, in: GmbHR 1988, S. 72-79.

FICHTELMANN, Helmar (Teilwertabschreibung, Inf 1973): Teilwertabschreibung auf Beteiligungen, in: Inf 1973, S. 49-53.

FINNE, Thomas (Doppelbesteuerung, 1991): Bilanzierung von Fremdwährungsgeschäften und internationale Doppelbesteuerung. Band 16 der Schriften des Instituts für Ausländisches und Internationales Finanz- und Steuerwesen der Universität Hamburg, zugleich Diss. rer. pol Univ. Hamburg, Baden-Baden 1991.

FINNE, Thomas (Kurssicherungen, BB 1991): Bilanzielle Berücksichtigung von Kurssicherungen, in: BB 1991, S. 1295-1301.

FISCHER, Edwin O. (Optionen, ZfbF 1989): Bewertung von Optionen mit aktienkursabhängigem Basispreis. Anmerkungen zu einer Arbeit von Büchel, in: ZfbF 1989, S. 227-230.

FISCHER, Edwin O. / ZECHNER, Josef (Optionsanleihen, ZfbF 1990): Die Lösung des Risikoanreizproblems durch Ausgabe von Optionsanleihen, in: ZfbF 1990, S. 334-342.

FISCHER, Helmut (Bewertung, 1992): Bewertung beim Unternehmens- und Beteiligungskauf, in: Wolfgang Hölters (Hrsg.): Handbuch des Unternehmens- und Beteiligungskaufs. Grundfragen - Bewertung - Finanzierung - Steuerrecht - Arbeitsrecht - Vertragsrecht - Kartellrecht - Vertragsbeispiele, 3., völlig überarbeitete und erweiterte Aufl., Köln 1992, S. 61-197.

FISCHER-ERLACH, Peter (Devisenoptionen, Die Bank 1984): Wie funktionieren Devisenoptionen?, in: Die Bank 1984, S. 329-331.

FISCHER-ERLACH, Peter (Handel, 1991): Handel und Kursbildung am Devisenmarkt, 4., überarbeitete Aufl., Stuttgart/Berlin/Köln 1991.

FLOHR, Eckhard (Verluste, Inf 1983): Rückstellungen für drohende Verluste aus Verlustübernahme, in: Inf 1983, S. 296-302.

FLUME, Werner (Personengesellschaft, 1977): Allgemeiner Teil des Bürgerlichen Rechts. Erster Band, erster Teil: Die Personengesellschaft, Berlin/Heidelberg/New York 1977.

FORSTER, Karl-Heinz (Anmerkung, AG 1976): Anmerkung zum Urteil BGH II ZR 67/73 vom 3.11.1975, in: AG 1976, S. 42-43.

FORSTER, Karl-Heinz (Verluste, 1985): Überlegungen zur Bildung von Rückstellungen für drohende Verluste aus Gewinnabführungsverträgen, in: Marcus Lutter, Hans-Joachim Mertens, Peter Ulmer (Hrsg.): FS Walter Stimpel, Berlin/New York 1985, S. 759-770.

FRANKE, Günter / HAX, Herbert (Finanzwirtschaft, 1990): Finanzwirtschaft des Unternehmens und Kapitalmarkt, 2., verbesserte Aufl., Berlin/Heidelberg/New York 1990.

FREERICKS, Wolfgang (Bilanzierungsfähigkeit, 1976): Bilanzierungsfähigkeit und Bilanzierungspflicht in Handels- und Steuerbilanz, Köln 1976.

FRIEDRICH, Hartmut (Bilanzierung, 1978): Grundsätze ordnungsmäßiger Bilanzierung für schwebende Geschäfte, Schriften der Schmalenbach-Gesellschaft, Beiträge zu den Grundsätzen ordnungsmäßiger Bilanzierung, Band 4, 2. Aufl., Düsseldorf 1978.

FRÜCHTNICHT, H. (Wertberichtigung, WPg 1973): Wertberichtigung von Forderungen aus Wiederkehr-Schuldverhältnissen, in: WPg 1973, S. 293-294.

FUCHS, Hermann (Bewertung, ZfhF 1949): Grundsätze für die Bewertung von Wertpapieren bei unterschiedlichen Anschaffungspreisen und ihre Anwendung auf die Bewertung von Warenvorräten, in: ZfhF, n.F., 1949, S. 206-224.

FÜLLING, Friedhelm (Vorräte, 1976): Grundsätze ordnungsmäßiger Bilanzierung für Vorräte, Schriften der Schmalenbach-Gesellschaft, Beiträge zu den Grundsätzen ordnungsmäßiger Buchführung, Band 6, Düsseldorf 1976.

FÜRST, Walter / ANGERER, Hans-Peter (Rückstellungsbildung, WPg 1993): Die vernünftige kaufmännische Beurteilung in der neuesten Rechtsprechung des BFH bei der Rückstellungsbildung, in: WPg 1993, S. 425-428.

GAIL, Winfried (Begriff, BB 1977): Der Begriff des Wirtschaftsgutes und seine aktuelle Bedeutung im Steuerrecht, in: BB 1977, S. 135-139.

GEBHARDT, Christian (Anteile, 1988): Die Bewertung nichtnotierter Anteile an Kapitalgesellschaften im Rahmen der vermögensteuerlichen Steuerbemessungsfunktion. Eine kritische Analyse des Stuttgarter Verfahrens, zugleich Diss. rer. pol. Univ. Würzburg, Frankfurt 1988.

GEBHARDT, Günther / BREKER, Norbert (Bilanzierung, DB 1991): Bilanzierung von Fremdwährungstransaktionen im handelsrechtlichen Einzelabschluß - unter Berücksichtigung von § 340h HGB, in: DB 1991, S. 1529-1538.

GECK, Reinhard (Darlehensgewährung, GmbHR 1991): Verbilligte Darlehensgewährung und Zinsverzicht eines Gesellschafters einer GmbH aus bilanz- und steuerrechtlicher Sicht, in: GmbHR 1991, S. 472-473.

GEISLER, E. (Bewertung, DB 1961): Die Bewertung von Forderungen und Wechselobligo im Handels- und Steuerrecht, in: DB 1961, S. 1590-1592.

GELHAUSEN, Hans-Friedrich (Realisationsprinzip, 1985): Das Realisationsprinzip im Handels- und Steuerbilanzrecht, Europäische Hochschulschriften, Reihe II: Rechtswissenschaft, Band 480, Frankfurt/Bern/New York 1985.

GERLACH, Karl-Heinz (Aktien, BB 1985, Beilage 3): Die Anschaffungskosten von Aktien und Bezugsrechten im Privatvermögen, in: BB 1985, Beilage 3.

GESSLER, Ernst (Beteiligung, WPg 1978): Der Ausweis der Beteiligung an einer Personenhandelsgesellschaft in der aktienrechtlichen Bilanz, in: WPg 1978, S. 93-100.

GESSLER, Ernst (Rechnungslegung, NB 1966): Rechnungslegung nach neuem Aktienrecht, in: NB 1966, S. 193-197.

GESSLER, Ernst / HEFERMEHL, Wolfgang / ECKARDT, Ulrich / KROPFF, Bruno (*BEARBEITER* in G/H/E/K 1989): Aktiengesetz. Kommentar, Band IV, §§ 179-191, München 1989.

GESSLER, Ernst / HEFERMEHL, Wolfgang / ECKARDT, Ulrich / KROPFF, Bruno (HEFERMEHL/BUNGEROTH in G/H/E/K 1983): Aktiengesetz. Kommentar, Band I, §§ 53a-75, München 1983.

GESSLER, Ernst / HEFERMEHL, Wolfgang / ECKARDT, Ulrich / KROPFF, Bruno (KROPFF in G/H/E/K 1973): Aktiengesetz. Kommentar, Band III, §§ 148-178, München 1973.

GG (Darlehnsforderungen, FR 1975): Bewertung unverzinslicher Darlehnsforderungen, in: FR 1975, S. 529-530.

GLADE, Anton (Erkenntnisse, FR 1975): Die Bedeutung betriebswirtschaftlicher Erkenntnisse für steuerrechtliche Entscheidungen des Bundesfinanzhofs, in: FR 1975, S. 468-472.

GLADE, Anton (GLADE 1986): Rechnungslegung und Prüfung nach dem Bilanzrichtlinien-Gesetz. Systematische Darstellung und Kommentar, Herne/Berlin 1986.

GLADE, Anton (Verletzung, StbJb 1966/67): Die Verletzung handelsrechtlicher Bilanzierungsgrundsätze in der Steuerbilanz, in: StbJb 1966/67, S. 375-406.

GMELIN, Hans Jörg (Währungsumrechnung, WPg 1987): Währungsumrechnung im Einzel- und Konzernabschluß, in: WPg 1987, S. 597-605.

GODIN, Freiherr von / WILHELMI, Sylvester (GODIN/WILHELMI 1971): Aktiengesetz vom 6. September 1965. Kommentar. Band I, 4. Aufl., Berlin/New York 1971.

GÖRBING (Aktien, BB 1960): Zur steuerlichen Behandlung der Zuwendung von Aktien an Arbeitnehmer, in: BB 1960, S. 260-263.

GOERDELER, Reinhard / MÜLLER, Welf (Behandlung, WPg 1980): Die Behandlung von nichtigen oder schwebend unwirksamen Anschaffungsgeschäften, von Forderungsverzichten und Sanierungszuschüssen im Jahresabschluß - zugleich Besprechung der Entscheidung BGHZ vom 31. Oktober 1978, KZR 5/77, in: WPg 1980, S. 313-322.

GOLDMANN, Ernst (Wandelschuldverschreibungen, DB 1963): Die Emission von Wandelschuldverschreibungen im Steuerrecht, in: DB 1963, S. 1297-1298.

GONDERT, Heinz-Günter (Bilanzierung, BB 1979): Zur Bilanzierung unverzinslicher und niederverzinslicher Arbeitnehmerdarlehen, in: BB 1979, S. 773-774.

GONDRING, Hanspeter / HERMANN, Albrecht (Währungsswaps, ÖBA 1986): Zins- und Währungsswaps aus bankbetrieblicher Sicht, in: ÖBA 1986, S. 327-339.

GOUTIER, Klaus (Organschaft, DB 1989): § 8 Nr. 10 GewStG n.F. und die gewerbesteuerliche Organschaft, in: DB 1989, S. 244-246.

GREULICH, Heinrich (Kreditversicherung, HWF 1976): Kreditversicherung, in: HWF, hrsg. von Hans Egon Büschgen, Stuttgart 1976, Sp. 1208-1213.

GRIEGER, Rudolf (Forderung, BB 1962): Zur Ermittlung des Teilwerts einer jahrelang nicht eingehenden Forderung, in: BB 1962, S. 951-952.

GRIEGER, Rudolf (Tausch, DStZ/A 1959): Die Gewinnverwirklichung beim Tausch und tauschähnlichen Vorgängen, insbesondere beim Tausch von Anteilsrechten an Kapitalgesellschaften - BFH-Gutachten I D 1/57 S vom 16.12.1958 (BStBl III 1959 [Nr. 2] Seite 30) -, in: DStZ/A 1959, S. 33-40.

GROCHLA, Erwin (Finanzierung, HWF 1976): Finanzierung, Begriff der, in: HWF, hrsg. von Hans Egon Büschgen, Stuttgart 1976, Sp. 413-431.

GROCHLA, Erwin (LSP, DB 1954): Die Ermittlung des betriebsnotwendigen Kapitals nach den neuen LSP, in: DB 1954, S. 501-503.

GROH, Manfred (Betätigung, StuW 1989): Die wirtschaftliche Betätigung im rechtlichen Sinne, in: StuW 1989, S. 227-231.

GROH, Manfred (Bilanzierung, DB 1986): Zur Bilanzierung von Fremdwährungsgeschäften, in: DB 1986, S. 869-877.

GROH, Manfred (Bilanzsteuerrecht, StuW 1975): Zum Bilanzsteuerrecht, in: StuW 1975, S. 344-350.

GROH, Manfred (Bilanztheorie, StbJb 1979/80): Zur Bilanztheorie des BFH, in: StbJb 1979/80, S. 121-139.

GROH, Manfred (Darlehen, StuW 1991): Unterverzinsliche Darlehen in der Handels- und Steuerbilanz, in: StuW 1991, S. 297-305.

GROH, Manfred (Rechtsprechung, StuW 1975): Rechtsprechung zum Bilanzsteuerrecht, in: StuW 1975, S. 52-60.

GROH, Manfred (Rechtsprechung, StuW 1992): Rechtsprechung zum Bilanzsteuerrecht, in: StuW 1992, S. 178-185.

GROH, Manfred (Sacheinlagen, FR 1990): Anschaffungskosten aus Sacheinlagen, in: FR 1990, S. 528-531.

GROH, Manfred (Schenkung, StuW 1984): Gemischte Schenkung und gemischte Sacheinlage im Ertragsteuerrecht, in: StuW 1984, S. 217-229.

GROH, Manfred (Teilwertdiskussion, StuW 1976): Künftige Verluste in der Handels- und Steuerbilanz, zugleich ein Beitrag zur Teilwertdiskussion, in: StuW 1976, S. 32-42.

GROH, Manfred (Verlustrückstellung, BB 1988): Verbindlichkeitsrückstellung und Verlustrückstellung: Gemeinsamkeiten und Unterschiede, in: BB 1988, S. 27-33.

GROH, Manfred (Wende, BB 1989): Vor der dynamischen Wende im Bilanzsteuerrecht? Zugleich eine Würdigung der Dissertation von Thomas Borstell, "Aufwandsrückstellungen nach neuem Bilanzrecht", in: BB 1989, S. 1586-1588.

GROSSFELD, Bernhard (Anteilsbewertung, 1987): Unternehmens- und Anteilsbewertung im Gesellschaftsrecht. Zur Barabfindung ausscheidender Gesellschafter, 2., neubearbeitete Aufl., Köln 1987.

GROSSFELD, Bernhard (Unternehmenskonzentration, 1968): Aktiengesellschaft, Unternehmenskonzentration und Kleinaktionär, Band 21 der Tübinger Rechtswissenschaftlichen Abhandlungen, Tübingen 1968.

GROSSKOMMENTAR AKTIENGESETZ (*BEARBEITER* in GROSSKOMMENTAR 1970): Aktiengesetz, Großkommentar, hrsg. von Carl Hans Barz et al., 2. Band, §§ 148-178, 3., neu bearbeitete Aufl., Berlin 1970.

GROSSKOMMENTAR AKTIENGESETZ (*BEARBEITER* in GROSSKOMMENTAR 1973): Aktiengesetz, Großkommentar, hrsg. von Carl Hans Barz et al., 1. Band, 1. Halbband, §§ 1-75, 3., neu bearbeitete Aufl., Berlin 1973.

GROTHERR, Siegfried (Anteilstausch, BB 1992): Der Anteilstausch als gesellschaftsrechtlicher Einbringungsvorgang nach Umsetzung der Fusionsrichtlinie durch das StÄndG 1992, in: BB 1992, S. 2259-2271.

GRÜTZEMACHER, Thomas (Bilanzierung, Die Bank 1990): Bilanzierung und Bewertung von Interest-Rate-Futures, in: Die Bank 1990, S. 287-295.

GRÜTZEMACHER, Thomas (Finanzinnovationen, 1989): Bewertung und bilanzielle Erfassung der Preisrisiken ausgewählter Finanzinnovationen, dargestellt am Beispiel der Behandlung der Aktienoptionsgeschäfte und der interest rate futures in der Rechnungslegung von Aktienbanken, Band 70 der Hochschulschriften zur Betriebswirtschaftslehre, hrsg. von D. Beschorner und M. Heinhold, München 1989.

GRÜTZNER, Dieter (Wertminderung, NWB 1991, Fach 3): Wertminderung von Anteilen durch Gewinnausschüttungen, in: NWB 1991, Fach 3, S. 7831-7844.

GRUNE, Günter (Warenkreditversicherung, FR 1968): Bewertung von Warenforderungen bei Bestehen einer Warenkreditversicherung (Delkredereversicherung), in: FR 1968, S. 85-86.

GSCHREI, Michael Jean: (Beteiligungen, 1990): Beteiligungen im Jahresabschluß und Konzernabschluß, Band 7 der Schriftenreihe "Hagener betriebswirtschaftliche Abhandlungen", zugleich Diss. rer. pol. Univ. Hagen, Heidelberg 1990.

GUDEHUS, Herbert (Bewertung, 1959): Bewertung und Abschreibung von Anlagen, Wiesbaden 1959.

GÜLDENAGEL, Armin (Umsatzsteuer, DB 1972): Behandlung der Umsatzsteuer bei Berechnung der Debitoren-Wertberichtigung, in: DB 1972, S. 1043-1044.

GÜLDENAGEL, Hans (Wechselkurse, DB 1970): Änderungen der Wechselkurse und Bilanzierung von Umlaufvermögen und Schulden, in: DB 1970, S. 1147-1148.

GUTENBERG, Erich (Finanzen, 1980): Grundlagen der Betriebswirtschaftslehre. Band III: Die Finanzen, 8. Aufl., Berlin/Heidelberg/New York 1980.

GUTENBERG, Erich (Unternehmung, 1929): Die Unternehmung als Gegenstand betriebswirtschaftlicher Theorie, Berlin/Wien 1929.

HAAS. G. (Forderungsbewertung, WPg 1955): Zahlungsbedingte Forderungsbewertung in der Erfolgsteuerbilanz, in: WPg 1955, S. 249-251.

HABERSTOCK, Lothar (Kostenrechnung, 1987): Kostenrechnung I. Einführung, 8., durchgesehene Aufl., Hamburg 1987.

HABERSTOCK, Lothar (Steuerlehre, 1989): Einführung in die Betriebswirtschaftliche Steuerlehre, 7., völlig überarbeitete Aufl., Hamburg 1989.

HÄUSELMANN, Holger (Bilanzierung, BB 1990): Bilanzierung und Besteuerung von Zinsbegrenzungsverträgen. Caps, Floors und Collars, in: BB 1990, S. 2149-2156.

HÄUSELMANN, Holger (Optionen, DB 1987): Die Bilanzierung von Optionen aus handelsrechtlicher Sicht, in: DB 1987, S. 1745-1748.

HÄUSELMANN, Holger (Spezialfonds, BB 1992): Zur Bilanzierung von Investmentanteilen, insbesondere von Anteilen an Spezialfonds, in: BB 1992, S. 312-321.

HÄUSELMANN, Holger / WIESENBART, Thomas (Bilanzierung, DB 1990): Die Bilanzierung und Besteuerung von Wertpapier-Leihgeschäften, in: DB 1990, S. 2129-2134.

HÄUSELMANN, Holger / WIESENBART, Thomas (DTB, DB 1990): Fragen zur bilanzsteuerlichen Behandlung von Geschäften an der Deutschen Terminbörse (DTB), in: DB 1990, S. 641-647.

HAGEMANN, Heribert (Bewertung, StBp 1964): Das Problem der Bewertung von Wertpapieren in der Steuerbilanz, in: StBp 1964, S. 169-173.

HAHN, Oswald (Kapitalformen, 1971): Die Kapitalformen: Eigen- und Fremdfinanzierung, in: Oswald Hahn (Hrsg.): Handbuch der Unternehmensfinanzierung, München 1971, S. 27-62.

HAKE, Thomas / AAS, Ulrich (Anteile, RIW 1992): Die Anwendung des Stuttgarter Verfahrens auf Anteile an ausländischen Kapitalgesellschaften, in: RIW 1992, S. 647-656.

HALLER, Axel (Rechnungslegung, DB 1993): Die Rolle des International Accounting Standards Committee bei der weltweiten Harmonisierung der externen Rechnungslegung, in: DB 1993, S. 1297-1305.

HAMACHER, Rolfjosef (Behandlung, Die Bank 1982): Die einkommensteuerliche Behandlung des Nießbrauchs an Kapitalvermögen, in: Die Bank 1982, S. 420-428.

HAMPE, Hugo (Forderungen, WPg 1955): Verrechnungsverbot und Verrechnungspflicht von Verbindlichkeiten mit Forderungen in der aktienrechtlichen Jahresbilanz, in: WPg 1955, S. 369-371.

HANDBUCH DER BILANZIERUNG (*BEARBEITER* in HdB 1993): Handbuch der Bilanzierung, hrsg. von Rudolf Federmann, begründet von Arnulf Gnam, Loseblatt, Stand Juni 1993, Freiburg 1993.

HANDBUCH DER RECHNUNGSLEGUNG (*BEARBEITER* in HdR 1990): Handbuch der Rechnungslegung. Kommentar zur Bilanzierung und Prüfung, hrsg. von Karlheinz Küting und Claus-Peter Weber, 3., grundlegend überarbeitete und wesentlich erweiterte Aufl., Stuttgart 1990.

HANRATHS, J. (Umsatzvergütungen, DB 1975): Zur Aktivierung von Umsatzvergütungen. Zugleich eine Anmerkung zum Urteil des FG Nürnberg vom 11.10.1974, in: DB 1975, S. 1433-1435.

HARMS, Jens E. / KÜTING, Karlheinz (Konzernbesteuerung, BB 1982): Perspektiven der Konzernbesteuerung. Einheitsbesteuerung versus Einzelbesteuerung, in: BB 1982, S. 445-455.

HARRER, Herbert (Außenstände, WPg 1954): Zur Frage der Ermittlung von Zinsverlusten auf Außenstände, in: WPg 1954, S. 466-467.

HARRMANN, Alfred (Darlehensforderungen, BB 1990): Unverzinsliche oder niedrig verzinsliche langfristige Darlehensforderungen, in: BB 1990, S. 1450-1453.

HARTER, Winfried / FRANKE, Jörg / HOGREFE, Jürgen / SEGER, Rolf (Wertpapiere, 1990): Wertpapiere in Theorie und Praxis, 3., überarbeitete Aufl., Stuttgart 1990.

HARTMANN / BÖTTCHER / NISSEN / BORDEWIN (*BEARBEITER* in H/B/N/B 1993): Kommentar zum Einkommensteuergesetz, hrsg. von Gotthard Baumdicker et al., Loseblatt, Stand Juni 1993, Wiesbaden 1993.

HARTMANN-WENDELS, Thomas / VON HINTEN, Peter (Vorzugsaktien, ZfbF 1989): Marktwert von Vorzugsaktien. Zur Begründung der Kursdifferenzen von Stammaktien und stimmrechtslosen Vorzugsaktien, in: ZfbF 1989, S. 263-293.

HARTUNG, Werner (Kurssicherung, RIW 1990): Zur Bilanzierung bei Kurssicherung, in: RIW 1990, S. 635-646.

HARTUNG, Werner (Wechselkursrisiko, RIW 1990): Verlustrückstellungen und Wechselkursrisiko, in: RIW 1990, S. 999-1006.

HARTUNG, Werner (Wertpapierleihe, BB 1993): Wertpapierleihe und Bankbilanz. Ist § 340b HGB richtlinienkonform?, in: BB 1993, S. 1175-1177.

HAUSER, Manfred (Beteiligung, o.J.) : Die Beteiligung an Kapitalgesellschaften als Mittel wirtschaftlicher Einflußnahme und ihr Ausweis in Handels- und Steuerbilanz, Diss. rer. pol. Univ. Würzburg o.J.

HAVERMANN, Hans (Aufwertung, WPg 1961): Die Aufwertung der DM - ein Bilanzierungsproblem?, in: WPg 1961, S. 201-205.

HAVERMANN, Hans (Beteiligungen, WPg 1975): Zur Bilanzierung von Beteiligungen an Kapitalgesellschaften in Einzel- und Konzernabschlüssen, in: WPg 1975, S. 233-242.

HAVERMANN, Hans (Equity-Bewertung, ZfbF 1987): Die Equity-Bewertung von Beteiligungen, in: ZfbF 1987, S. 302-309.

HAX, Herbert (Bezugsrecht, ZfbF 1971): Bezugsrecht und Kursentwicklung von Aktien bei Kapitalerhöhungen, in: ZfbF 1971, S. 157-163.

HAX, Herbert (Finanzierung, Vahlens Kompendium der BWL 1993): Finanzierung, in: Michael Bitz et al. (Hrsg.): Vahlens Kompendium der Betriebswirtschaftslehre, Band 1, 3., überarbeitete und erweiterte Aufl., München 1993, S. 397-455.

HAX, Herbert (Zukunftserfolgswert, 1975): Der Einfluß der Investitions- und Ausschüttungspolitik auf den Zukunftserfolgswert der Unternehmung, in: Herbert Hax, Helmut Laux (Hrsg): Die Finanzierung der Unternehmung, Köln 1975, S. 326-346.

HAX, Karl (Gewinnbegriff, 1926): Der Gewinnbegriff in der Betriebswirtschaftslehre, Ergänzungsband zur ZfhF, Band 5, Leipzig 1926.

HEIDNER, Hans-Hermann (Treuhand, DStR 1989): Die rechtsgeschäftliche Treuhand im Steuerrecht, in: DStR 1989, S. 305-309.

HEIGL, Anton (Bestand, DB 1960): Die Veräußerung von Wertpapieren aus einem Bestand von zu verschiedenen Anschaffungskosten beschafften Wertpapieren gleicher Art, in: DB 1960, S. 706-708.

HEIGL, Anton (Unternehmungen, ZfB 1962): Die Bewertung von Unternehmungen und Unternehmungsanteilen. Zugleich ein weiterer Diskussionsbeitrag zu der gleichnamigen Veröffentlichung der Union Européenne des Experts Comptables, Economiques et Financiers (U.E.C.), in: ZfB 1962, S. 513-528.

HEINE, Klaus-Henning (Ausleihungen, WPg 1967): Bilanzierungsprobleme bei langfristigen Ausleihungen nach dem AktG 1965, in: WPg 1967, S. 365-371.

HEINEN, Edmund (Investition, BFuP 1957): Zum Begriff und Wesen der betriebswirtschaftlichen Investition, in: BFuP 1957, S. 16-31, 85-98.

HEINHOLD, Michael (Steuerbilanzpolitik, DBW 1993): Zum Einfluß der verlängerten Maßgeblichkeit auf eine rationale Steuerbilanzpolitik, in: DBW 1993, S. 331-344.

HELBLING, Carl (Unternehmensbewertung, 1993): Unternehmensbewertung und Steuern, 7., nachgeführte Aufl., Düsseldorf 1993.

HELMIK (Vorsteuer, StBp 1976): Steuerbilanzmäßige Behandlung der Vorsteuer beim Jahresabschluß bei nachträglichem Eingang von: a) Rechnungen; b) Gutschriften für Jahresrabatte oder Boni, in: StBp 1976, S. 264-265.

HENSE, Heinz Hermann (Gesellschaft, 1990): Die stille Gesellschaft im handelsrechtlichen Jahresabschluß, Schriften des Instituts für Revisionswesen der Westfälischen Wilhelms-Universität Münster, hrsg. von Jörg Baetge, zugleich Diss. rer. pol. Univ. Münster, Düsseldorf 1990.

HERLER, Hans / PROHL, Ulla (Wertpapieroptionsgeschäfte, WM 1982): Wertpapieroptionsgeschäfte im Einkommensteuerrecht, in: WM 1982, S. 810-816.

HERRMANN, Carl / HEUER, Gerhard / RAUPACH, Arndt (*BEARBEITER* in H/H/R 1993): Einkommensteuer- und Körperschaftsteuergesetz. Kommentar, 20. Aufl., Loseblatt, Stand: März 1993, Köln 1993.

HERRMANN, Horst (Realisierung, WPg 1991): Die Realisierung von Gewinnanteilen und die Berücksichtigung von Verlusten bei Kapitalgesellschaften aus Anteilen an Personenhandelsgesellschaften, in: WPg 1991, S. 461-469, 505-508.

HERZIG, Norbert (Bilanzpolitik, DB 1992): Verlängerte Maßgeblichkeit und Bilanzpolitik, in: DB 1992, S. 1053-1054.

HERZIG, Norbert (Einzelfragen, JbFSt 1982/83): Einzelfragen des Körperschaftsteuerrechts, in: JbFSt 1982/83, S. 359-384.

HERZIG, Norbert (Ganzheitsbetrachtung, ZfB 1988): Bilanzrechtliche Ganzheitsbetrachtung und Rückstellung bei Dauerrechtsverhältnissen - dargestellt am Beispiel von Arbeitsverhältnissen -, in: ZfB 1988, S. 212-225.

HERZIG, Norbert (Grundmodelle, DB 1990): Steuerorientierte Grundmodelle des Unternehmenskaufs, in: DB 1990, S. 133-138.

HERZIG, Norbert (Konkurrenz, WPg 1991): Konkurrenz von Rückstellungsbildung und Teilwertabschreibung bei Altlastenfällen, in: WPg 1991, S. 610-619.

HERZIG, Norbert (Rückstellungen, JDStJG 1991): Rückstellungen als Instrument der Risikovorsorge in der Steuerbilanz. Ausgewählte Fragen zur Bilanzierung von Rückstellungen, in: JDStJG 14, Köln 1991, S. 199-230.

HERZIG, Norbert (Umweltschutz, DB 1993, Heft 28): Der Umweltschutz hat den Bundesfinanzhof erreicht, Gastkommentar, in: DB 1993, Heft 28, S. I.

HERZIG, Norbert / DAUTZENBERG, Norbert / HEYERES, Ralf (System, DB 1991, Beilage 12): System und Schwächen der Fusionsrichtlinie, in: DB 1991, Beilage 12.

HERZIG, Norbert / EBELING, Ralf Michael (Vorzugsaktien, AG 1989): Substanzsteuerliche Folgen der Börseneinführung stimmrechtsloser Vorzugsaktien, in: AG 1989, S. 221-230.

HERZIG, Norbert / FÖRSTER, Guido (Vorteilsgewährung, WPg 1986): Vorteilsgewährung zwischen verbundenen Kapitalgesellschaften, in: WPg 1986, S. 289-299.

HERZIG, Norbert / GASPER, Richard (Lifo-Diskussion, DB 1992): Eine Zwischenbilanz zur Lifo-Diskussion, in: DB 1992, S. 1301-1307.

HERZIG, Norbert / HÖTZEL, Oliver (Teilwertabschreibungen, DB 1988): Ausschüttungsbedingte Teilwertabschreibungen - Zugleich kritische Auseinandersetzung mit § 26 Abs. 8 KStG und § 8 Nr. 10 GewStG -, in: DB 1988, S. 2265-2272.

HERZIG, Norbert / HÖTZEL, Oliver (Unternehmenskauf, DBW 1990): Steuerorientierte Gestaltungsinstrumente beim Unternehmenskauf, in: DBW 1990, S. 513-523.

HERZIG, Norbert / KESSLER, Wolfgang (Steuerrechtsfähigkeit, DB 1985): Die begrenzte Steuerrechtsfähigkeit von Personenmehrheiten nach dem Beschluß des Großen Senats des BFH vom 25.6.1984, in: DB 1985, S. 2476-2480 und S. 2528-2531.

HEUER, Gerhard (Bilanzierungsfragen, FR 1956): Bilanzierungsfragen bei Handelsvertretern, in: FR 1956, S. 483-486.

HEUER, Gerhard (Streifzüge, StbJb 1959/60): Streifzüge durch das geltende Einkommensteuerrecht, in: StbJb 1959/60, S. 327-418.

HEUER, Gerhard (Teilwert, Inf 1962): Der Teilwert von Wertpapieren, in: Inf 1962, S. 43

HEUSSNER, Jürgen (Zinsrückstellungen, BB 1988): Die bilanzielle Behandlung von Zinsrückstellungen. Unter Berücksichtigung der neuen BFH-Rechtsprechung zur Verbindlichkeits- und Verlustrückstellung, in: BB 1988, S. 2417-2428.

HEYMANN, Ernst (HEYMANN/BEARBEITER 1989): Handelsgesetzbuch (ohne Seerecht). Kommentar, Berlin/New York 1989.

HILD, Dieter (Auswirkung, DB 1973): Zur bilanziellen Auswirkung der U.S.-Dollar-Abwertung, in: DB 1973, S. 783-785.

HILD, Dieter (Forderungen, WPg 1972): Zur Bilanzierung warenrückgabebedingter Forderungen, in: WPg 1972, S. 117-127.

HINZ, Michael (Bilanzierung, BB 1991): Bilanzierung von Pensionsgeschäften, in: BB 1991, S. 1153-1156.

HÖNLE, Bernd (Gewinn, BB 1993): Systemwidrigkeiten beim mitgekauften Gewinn und der ausschüttungsbedingten Teilwertabschreibung, in: BB 1993, S. 252-260.

HÖTZEL, Walter (Bilanzierung, 1980): Die Bilanzierung von Devisengeschäften, Schriftenreihe zur Finanzpraxis international operierender Unternehmen, Band 3, Frankfurt 1980.

HOFBAUER, Max A. (Abgrenzung, BB 1976): Zur Abgrenzung des bilanzrechtlichen Beteiligungsbegriffes, in: BB 1976, S. 1343-1349.

HOFFMANN, Wolf-Dieter (Anmerkung 1, BB 1991): Anmerkung zum BFH-Urteil vom 7.11.1990 - I R 68/88, in: BB 1991, S. 659-660.

HOFFMANN, Wolf-Dieter (Anmerkung 2, BB 1991): Anmerkung zum BFH-Urteil vom 19.2.1991 VIII R 106/87, in: BB 1991, S. 1302-1303.

HOFFMANN, Wolf-Dieter (Beteiligungen, BB 1988, Beilage 2): Die Bilanzierung von Beteiligungen an Personenhandelsgesellschaften. Ein Vorschlag zur Neufassung der IdW-Stellungnahme HFA 3/1976, in: BB 1988, Beilage 2.

HOFFMANN, Wolf-Dieter (Beteiligungsbewertung, BB 1991): Beteiligungsbewertung und kapitalersetzendes Darlehen - Anmerkung zum BFH-Urteil vom 16.4.1991 VIII R 100/87, in: BB 1991, S. 2262-2264.

HOFFMANN, Wolf-Dieter (Buchführung, BB 1991): Notwendiges Sonderbetriebsvermögen: Buchführung und Bilanzierung - Anmerkung zum BFH-Urteil IV R 2/90 vom 31.1.1991, in: BB 1991, S. 2264-2265.

HOFFMANN, Wolf-Dieter (Fremdkapital, BB 1992): Kapitalersetzende Darlehen als Fremdkapital - Anmerkung zum BFH-Urteil vom 5.2.1992 - I R 127/90, in: BB 1992, S. 680-681.

HOFFMANN, Wolf-Dieter (Personenhandelsgesellschaften, BB 1991): Die Beteiligung an Personenhandelsgesellschaften in der Steuerbilanz, in: BB 1991, S. 448-452.

HOFFMANN, Wolf-Dieter (Zeitpunkt, DStR 1993): Zum Zeitpunkt der Aktivierung von Dividendenansprüchen bei Betriebsaufspaltung - Eine Entgegnung zur konzertierten Aktion von Oberfinanzdirektionen -, in: DStR 1993, S. 558-560.

HOHENLEITNER, Gottfried (Bewertung, DStZ 1988): Bewertung von Forderungen bei Kreditinstituten, in: DStZ 1988, S. 428-430.

HOLZHEIMER, Dieter (Optionsanleihen, WM 1986): Die steuerliche Behandlung von Optionsanleihen, insbesondere beim Erwerber, in: WM 1986, S. 1169-1179.

HOLZHEIMER, Dieter (Wertpapiere, AG 1968): Die Bewertung der Wertpapiere bei der Einkommen- und Körperschaftsteuer, in: AG 1968, S. 319-327.

HORN, Günther (Gewährung, DB 1954): Die Gewährung und Veräußerung von Bezugsrechten, in: DB 1954, S. 805-806.

HORN, Max (Anteile, Inf 1981): Bewertung nichtnotierter Aktien und Anteile ausländischer Kapitalgesellschaften, in: Inf 1981, S. 493-495.

HUBER, Ulrich (Kapitalanteil, 1970): Vermögensanteil, Kapitalanteil und Gesellschaftsanteil an Personalgesellschaften des Handelsrechts, Heidelberg 1970.

HÜBL, Leo (Organschaft, DStZ/A 1972): Die gesetzliche Regelung der körperschaftsteuerrechtlichen Organschaft - Gedanken zu ihrer Interpretation -, in: DStZ/A 1972, S. 145-150.

HUMMEL, Siegfried / MÄNNEL, Wolfgang (Kostenrechnung, 1986): Kostenrechnung 1, Grundlagen, Aufbau und Anwendung, 4., völlig neu bearbeitete und erweiterte Aufl., Wiesbaden 1986.

HUSEMANN, Heinrich (Unternehmungen, DB 1951): Ermittlung des Ertragswertes von Unternehmungen, in: DB 1951, S. 137-139.

HUSEMANN, Karl-Heinz (Anlagegegenstände, 1976): Grundsätze ordnungsmäßiger Bilanzierung für Anlagegegenstände, Band 1 der Beiträge zu den Grundsätzen ordnungsmäßiger Buchführung, Schriften der Schmalenbach-Gesellschaft, 2. Aufl., Düsseldorf 1976.

HUTZLER, Adolf (Forderungen, AG 1964): Probleme des Ausweises langfristiger Forderungen gegen ausländische Abnehmer in der Steuerbilanz, in: AG 1964, S. 37-41, S. 63-66.

IBERT, Wolfgang / KUXDORF, Wolfgang (Schätzung, WPg 1985): Die Schätzung des Einzelwertberichtigungsbedarfs im Teilzahlungskreditgeschäft, in: WPg 1985, S. 217-225.

IDW (Bewertungsvorschriften, WPg 1967): Zur Frage der Bedeutung aktienrechtlicher Bewertungsvorschriften für das Steuerrecht, in: WPg 1967, S. 666-669.

IDW (WP-Handbuch I, 1992): Wirtschaftsprüfer-Handbuch, Band I, 10. Aufl., Düsseldorf 1992.

IDW (WP-Handbuch II, 1992): Wirtschaftsprüfer-Handbuch, Band II, 10. Aufl., Düsseldorf 1992.

IDW (BFA) (BFA 2/1987, 1992): Stellungnahme BFA 2/1987: Zur bilanziellen Behandlung von Optionsgeschäften, in: IDW (Hrsg.): Die Fachgutachten und Stellungnahmen des IDW auf dem Gebiete der Rechnungslegung und Prüfung, Loseblatt, Stand Mai 1992, Düsseldorf 1992, Stellungnahmen des Bankenfachausschusses (BFA), S. 67-69.

IDW (HFA) (HFA 1/1976, 1992): Stellungnahme HFA 1/1976: Zur Bilanzierung bei Personenhandelsgesellschaften, in: IDW (Hrsg.): Die Fachgutachten und Stellungnahmen des IDW auf dem Gebiete der Rechnungslegung und Prüfung, Loseblatt, Stand Mai 1992, Düsseldorf 1992, Stellungnahmen des Hauptfachausschusses (HFA), S. 23-35.

IDW (HFA) (HFA 3/1976, WPg 1976): Stellungnahme HFA 3/1976: Zur Bilanzierung von Beteiligungen an Personenhandelsgesellschaften nach aktienrechtlichen Grundsätzen, in: WPg 1976, S. 591-594.

IDW (HFA) (HFA 2/1983, 1992): Stellungnahme HFA 2/1983: Grundsätze der Unternehmensbewertung, in: IDW (Hrsg.): Die Fachgutachten und Stellungnahmen des IDW auf dem Gebiete der Rechnungslegung und Prüfung, Loseblatt, Stand Mai 1992, Düsseldorf 1992, Stellungnahmen des Hauptfachausschusses HFA, S. 99-130.

IDW (HFA) (HFA 1/1986, 1992): Stellungnahme HFA 1/1986: Zur Bilanzierung von Zero-Bonds, in: IDW (Hrsg.): Die Fachgutachten und Stellungnahmen des IDW auf dem Gebiete der Rechnungslegung und Prüfung, Loseblatt, Stand Mai 1992, Düsseldorf 1992, Stellungnahmen des Hauptfachausschusses HFA, S. 143-144.

IDW (HFA) (HFA 1/1991, 1992): Stellungnahme HFA 1/1991: Zur Bilanzierung von Anteilen an Personenhandelsgesellschaften im Jahresabschluß der Kapitalgesellschaften, Grundsätze der Unternehmensbewertung, in: IDW (Hrsg.): Die Fachgutachten und Stellungnahmen des IDW auf dem Gebiete der Rechnungslegung und Prüfung, Loseblatt, Stand Mai 1992, Düsseldorf 1992, Stellungnahmen des Hauptfachausschusses HFA, S. 217-219.

IDW (HFA) (Währungsumrechnung, WPg 1984): Entwurf einer Verlautbarung des HFA "Zur Währungsumrechnung im Jahres- und Konzernabschluß", in: WPg 1984, S. 585-588.

IDW (HFA) (Währungsumrechnung, WPg 1986): Entwurf einer Verlautbarung des HFA "Zur Währungsumrechnung im Jahres- und Konzernabschluß", in: WPg 1986, S. 664-667.

INSTFST/NIEMANN (Beurteilung, 1991): Zur handelsrechtlichen und steuerrechtlichen Beurteilung verdeckter Zuwendungen von Kapitalgesellschaften an Gesellschafter und der sich daraus ergebenden Rückgewähransprüche, Brief Nr. 304, Bonn 1991; Bearbeiterin: Ursula Niemann.

INSTFST/NIEMANN (Einlagen, 1993): Kapitalerhöhung gegen Einlagen. Keine Gewinnrealisierung beim Vorhandensein einbringungsgeborener Anteile, Brief Nr. 315, Bonn 1993; Bearbeiterin: Ursula Niemann.

INSTFST/NIEMANN (Pensionsgeschäfte, 1984): Pensionsgeschäfte. Zugleich eine Stellungnahme zum Beschluß des Großen Senats des BFH vom 29.11.1982 (BStBl 1983 II, S. 272), Brief Nr. 239, Bonn 1984; Bearbeiterin: Ursula Niemann.

INSTFST/PILTZ (Beteiligungen, 1985): Teilwertabschreibungen auf Beteiligungen an Kapitalgesellschaften, Brief Nr. 123, Bonn 1985; Bearbeiter: Detlev-Jürgen Piltz.

INSTFST/UNVERDORBEN (Wert, 1988): Zur Teilwertabschreibung auf Gegenstände des Anlagevermögens mit schwankendem Wert - Maßgeblichkeit der Handelsbilanz oder umgekehrte Maßgeblichkeit der Steuerbilanz? -, Brief Nr. 280, Bonn 1988; Bearbeiterin: Reinhild Unverdorben.

INSTFST/VOSS (Beteiligung, 1984): Getrennte Aktivierung einer erworbenen Beteiligung und des gleichzeitig miterworbenen Gewinnbezugsrechts, Brief Nr. 235, Bonn 1984; Bearbeiter: Jörg-Peter Voß.

INVESTMENT-HANDBUCH (BEARBEITER in INVESTMENT-HANDBUCH 1993): Investment. Ergänzbares Handbuch für das gesamte Investmentwesen. Kommentar zu den Rechtsvorschriften einschließlich der steuerlichen Regelungen, Erläuterungen und Materialien zu den wirtschaftlichen Grundlagen, bearbeitet von Klaus Beckmann und Rolf-Detlev Scholtz, Loseblatt, Stand Juni 1993, Berlin 1993.

JACOB, Herbert (Preispolitik, 1963): Preispolitik, Wiesbaden 1963.

JACOB, Herbert (Steuerbilanzen, 1961): Das Bewertungsproblem in den Steuerbilanzen, Wiesbaden 1961.

JACOBS, Otto J. (Ertragsteuerbilanz, 1971): Das Bilanzierungsproblem in der Ertragsteuerbilanz. Ein Beitrag zur steuerlichen Lehre vom Wirtschaftsgut, Stuttgart 1971.

JAENSCH, Günter (Wert, 1966): Wert und Preis der ganzen Unternehmung, Band 23 der Beiträge zur betriebswirtschaftlichen Forschung, Köln/Opladen 1966.

JAHN, Olaf (Pensionsgeschäfte, 1990): Pensionsgeschäfte und ihre Behandlung im handelsrechtlichen Jahresabschluß von Kapitalgesellschaften, zugleich Diss. rer. pol. Univ. München, Frankfurt 1990.

JANKA, Wolfgang / LÖWENSTEIN, Ulrich W. (Behandlung, DB 1992): Zur steuerlichen Behandlung des rechtsgeschäftlichen Rangrücktritts, in: DB 1992, S. 1648-1652.

JANSEN, Rudolf / JANSEN, Martin (Nießbrauch, 1985): Der Nießbrauch im Zivil- und Steuerrecht, 4., erneuerte Aufl., Herne/Berlin 1985.

JARCHOW, Hans-Joachim / RÜHMANN, Peter (Außenwirtschaft, 1991): Monetäre Außenwirtschaft. Band I: Monetäre Außenwirtschaftstheorie, 3., neubearbeitete und erweiterte Aufl., Göttingen 1991.

JEBENS, Carsten Thomas (Bilanzansatz, DB 1975): Der Einfluß der Debitorenversicherung auf den Bilanzansatz der versicherten Forderungen, in: DB 1975, S. 1043-1045.

JOA, Willi F. (Zinsen, DB 1963): Zum Problem der Zinsen auf Eigen- und Fremdkapital in Kalkulation und betrieblicher Preispolitik, in: DB 1963, S. 665-668, 701-705.

JONAS, H. (Bemerkungen, ZfB 1954): Einige Bemerkungen zur Bestimmung des Verkehrswertes von Unternehmungen, in: ZfB 1954, S. 18-27.

JONAS, H. (Bestimmung, ZfB 1954): Die Bestimmung des zukünftigen Reinertrages bei der Unternehmungsbewertung, in: ZfB 1954, S. 168-178.

JONAS, H. (Unternehmungsbewertung, ZfB 1954): Die Bestimmung des Kapitalisierungszinsfußes bei der Unternehmungsbewertung, in: ZfB 1954, S. 488-497.

JÜTTNER, Uwe (Imparitätsprinzip, 1993): GoB-System, Einzelbewertungsgrundsatz und Imparitätsprinzip. Betriebswirtschaftliche Studien. Rechnungs- und Finanzwesen, Organisation und Institution, hrsg. von Wolfgang Ballwieser und Dieter Ordelheide, Band 18, zugleich Diss. rer. pol. Univ. Hannover 1992, Frankfurt u.a. 1993.

JUNG, Jürgen (Aktienoptionsgeschäfte, 1989): Aktienoptionsgeschäfte aus rechtlicher, bilanzieller und steuerlicher Sicht, in: Jörg Franke, Bruno Hidding, Ernst Padberg (Hrsg.): Per Termin in die Kasse, Frankfurt 1989, S. 121-131.

JUNGA, Siegfried / TUSSING, Werner (Praxis, StBp 1991): Aktuelle Fragen aus der Praxis der Außenprüfung. Plausibilitätsprüfung zur Einschätzung von Einzelwertberichtigungen auf länderrisikobehaftete Forderungen von Kreditinstituten, in: StBp 1991, S. 64-68.

JUNKER, Abbo (Aktionärsdarlehen, ZHR 1992): Das eigenkapitalersetzende Aktionärsdarlehen, in: ZHR 1992, S. 394-412.

JUTZ, Manfred (Futures, BB 1990): Bilanzierung und Bewertung von Financial Futures. Dargestellt am geplanten Bund-Futures-Kontrakt der Deutschen Terminbörse (DTB), in: BB 1990, S. 1515-1521.

KÄFER, Karl (Unternehmung, 1946): Zur Bewertung der Unternehmung als Ganzes, in: Rechnungsführung in Unternehmung und Staatsverwaltung, Festgabe für Otto Juzi, Zürich 1946, S. 71-98.

KÄHLERT, Jens-Peter / LANGE, Sabine (Abgrenzung, BB 1993): Zur Abgrenzung immaterieller von materiellen Vermögensgegenständen, in: BB 1993, S. 613-618.

KALIGIN, Thomas (Betriebsaufspaltung, 1988): Die Betriebsaufspaltung. Ein Leitfaden für die Rechts-, Steuer- und Wirtschaftspraxis, 2., neubearbeitete und erweiterte Aufl., Berlin 1988.

KALVERAM, Thomas (Zinsverpflichtungen, WPg 1990): Die Behandlung steigender Zinsverpflichtungen in Handels- und Steuerbilanz, in: WPg 1990, S. 535-541.

KAMMANN, Evert (Stichtagsprinzip, 1988): Stichtagsprinzip und zukunftsorientierte Bilanzierung, Steuerwissenschaft Band 27, hrsg. von Wolfgang Freericks et al., Köln 1988.

KARSTEN, Johann-Friedrich (Auswirkungen, BB 1977): Die Auswirkungen der Körperschaftsteuerreform auf die aktienrechtliche Rechnungslegung, in: BB 1977, S. 1513-1517.

KAUFMANN, Jürgen F. (Beteiligung, DStR 1992): Der Zeitpunkt der Aktivierung von Gewinnansprüchen aus der Beteiligung an Kapitalgesellschaften, in: DStR 1992, S. 1677-1680.

KAUFMANN, Jürgen F. (Teilwertabschreibungen, RIW 1989): Ausschüttungsbedingte Teilwertabschreibungen auf Auslandsbeteiligungen. Gestaltungsmöglichkeiten nach Inkrafttreten des Steuerreformgesetzes 1990, in: RIW 1989, S. 806-810.

KAUSEMANN, Ernst-Peter (Wirksamkeit, DB 1989): Gewerbesteuerliche Wirksamkeit abführungsbedingter Teilwertabschreibungen in Verbindung mit dem besonderen Ausgleichsposten nach Abschn. 59 KStR, in: DB 1989, S. 2450-2454.

KEB (Verbuchung, StBp 1976): Sonderfälle der Verbuchung von Vorsteuern, in: StBp 1976, S. 137-139.

KEB (Vorsteuer, StBp 1977): Nochmals: Bilanzsteuerliche Behandlung der Vorsteuer beim nachträglichen Rechnungseingang, in: StBp 1977, S. 43-44.

KERN, Werner (Analyse, ZfbF 1985): Analyse von Steuerwirkungen in investitionstheoretischen Kalkülen, in: ZfbF 1985, S. 867-881.

KERN, Werner: (Investitionsrechnung, 1976): Grundzüge der Investitionsrechnung, Stuttgart 1976.

KEUK, Brigitte (Organschaft, StuW 1975): Zur verdeckten Gewinnausschüttung und zur Organschaft, in: StuW 1975, S. 61-66.

KEUK-KNOBBE, Brigitte (Betriebsvermögen, StuW 1976): Das Betriebsvermögen bei Personengesellschaften und ihren Gesellschaftern, in: StuW 1976, S. 211-216.

KILLINGER, Wolfgang (Organgesellschaften, DStR 1970): Gewerbesteuerliche Behandlung von Teilwertabschreibungen auf Beteiligungen an Organgesellschaften, in: DStR 1970, S. 749-751.

KIRCHHOF, Paul / SÖHN, Hartmut (*BEARBEITER* in K/S 1993): Einkommensteuergesetz. Kommentar, hrsg. von Paul Kirchhof und Hartmut Söhn, Loseblatt, Stand April 1993, Köln 1993

KITCHING, John (Mergers, HBR 1967): Why do mergers miscarry? Useful lessons can be learned from the "track record" of companies with acquisition programs, in: HBR November-December 1967, S. 84-101.

KLÄSCHEN, Kay D. (*BEARBEITER* in KLÄSCHEN 1991): Körperschaftsteuer. Kommentar, Loseblatt, Stand Mai 1991, Bonn 1991.

KLEMPT, Walter / WINTER, Wilhelm (Organschaft, StBp 1970): Die Organschaft im Körperschaftsteuerrecht (§ 7a KStG), in: StBp 1970, S. 49-58.

KLOOCK, Josef / SIEBEN, Günter / SCHILDBACH, Thomas (Leistungsrechnung, 1991): Kosten- und Leistungsrechnung, 5., überarbeitete Aufl., Düsseldorf 1991.

KNELLER, Robert (Bilanzierung, 1926): Die Bilanzierung der unverbrieften Forderungen mit heimischer Währung, Diss. rer. pol. Univ. Köln, Bergisch-Gladbach 1926.

KNEPPER, Karl-Heinz (Belegschaftsaktie, ZGR 1985): Die Belegschaftsaktie in Theorie und Praxis, in: ZGR 1985, S. 419-443.

KNIPPING, Erhard / KLEIN, Burkhard (Personengesellschaften, DB 1988): Beteiligungserträge aus Personengesellschaften und deren Erfassung im handelsrechtlichen Jahresabschluß einer Kapitalgesellschaft, in: DB 1988, S. 1964-1966.

KNOBBE-KEUK, Brigitte (Besserungsschein, StuW 1991): Rangrücktrittsvereinbarung und Forderungserlaß mit oder ohne Besserungsschein, in: StuW 1991, S. 306-310.

KNOBBE-KEUK, Brigitte (Einlagen, DStZ 1984): Verdeckte Einlagen in Kapitalgesellschaften und Werbungskosten bei den Einkünften aus Kapitalvermögen, in: DStZ 1984, S. 335-342.

KNOBBE-KEUK, Brigitte (Gesellschaftsanteile, AG 1979): Gesellschaftsanteile in Handels- und Steuerbilanz, in: AG 1979, S. 293-306.

KNOBBE-KEUK, Brigitte (Kommanditisten, 1985): Die Anteile der Kommanditisten einer GmbH und Co KG an der Komplementär-GmbH, in: Franz Klein, Klaus Vogel (Hrsg.): Der Bundesfinanzhof und seine Rechtsprechung, Grundfragen - Grundlagen, FS Hugo von Wallis, Bonn 1985, S. 373-381.

KNOBBE-KEUK, Brigitte (Optionsanleihen, ZGR 1987): Steuerrechtliche Fragen der Options- anleihen, in: ZGR 1987, S. 312-323.

KNOBBE-KEUK, Brigitte (Rangrücktrittsvereinbarung, ZIP 1983): Stille Beteiligungen und Verbindlichkeiten mit Rangrücktrittsvereinbarung im Überschuldungsstatus und in der Handelsbilanz des Geschäftsinhabers, in: ZIP 1983, S. 127-131.

KNOBBE-KEUK, Brigitte (Regelung, DStZ 1992): Die Regelung des Anteilstausches in § 20 Abs. 6 UmStG und die Fusionsrichtlinie. Festbeitrag zum 65. Geburtstag von Adal- bert Uelner am 27. Oktober 1992, in: DStZ 1992, S. 675-679.

KNOBBE-KEUK, Brigitte (Unternehmenssteuerrecht, 1991): Bilanz- und Unternehmenssteuer- recht, 8., völlig überarbeitete und erweiterte Aufl., Köln 1991

KNOBBE-KEUK, Brigitte (Vermögensgegenstände, StuW 1978): Die Bilanzierung unentgeltlich erworbener Vermögensgegenstände in Handels- und Steuerbilanz, in: StuW 1978, S. 226-231.

KNOLLE, Andreas (Urteil, DB 1985): Ein Urteil des Bundesfinanzhofs zur Rückgängigmachung verdeckter Gewinnausschüttungen - Anmerkung zum BFH-Urteil vom 23.5.1984 I R 266/81 und Erwiderung auf Brezing in DB 1984 S. 2059 -, in: DB 1985, S. 1265- 1266.

KNÜPPE, Wolfgang (Forderungsbewertung, DB 1985): Die Berücksichtigung einer Delkredere- versicherung bei der Forderungsbewertung, in: DB 1985, S. 2361-2365.

KO (Wandelschuldverschreibungen, DB 1961): Zur Gewinnverwirklichung bei der Ausübung des Wandelschuldverschreibungen anhaftenden Umtausch- und Bezugsrechts, in: DB 1961, S. 723.

KOCH, Helmut (Problematik, ZfhF 1960): Zur Problematik des Teilwertes, in: ZfhF, n.F., 1960, S. 319-353.

KOCH, Helmut (Sekundäranpassung, ZfbF 1973): Zur Diskussion über die Theorie der Sekun- däranpassung. Die Problematik der Risikonutzentheorie, in: ZfbF 1973, S. 773-791.

KOCH, Karl (Teilwertabschreibungen, DStZ 1980): Verbot ausschüttungsbedingter Teilwertab- schreibungen und ausschüttungsbedingter Veräußerungsverluste - § 50c EStG -, in: DStZ 1980, S. 339-341.

KOCH, Karl / VOGEL, Horst A. (Optionsanleihen, BB 1986, Beilage 10): Zur handels- und steuerrechtlichen Behandlung von Optionsanleihen, in: BB 1986, Beilage 10.

KÖGLMAYR, Hans-Georg / MÜLLER, Stefan (Länderrisiken, Die Bank 1987): Bewertung von Länderrisiken, in: Die Bank 1987, S. 378-384.

KÖHLER, Richard (Finanzierungsbegriff, ZfB 1969): Zum Finanzierungsbegriff einer entschei- dungsorientierten Betriebswirtschaftslehre, in: ZfB 1969, S. 435-456.

KÖLNER KOMMENTAR (CLAUSSEN in KÖLNER KOMMENTAR 1971): Kölner Kommentar zum Aktiengesetz, hrsg. von Wolfgang Zöllner, Band 2, 1. Lieferung, §§ 148-178, Köln/Berlin/Bonn/München 1971.

KÖLNER KOMMENTAR (LUTTER in KÖLNER KOMMENTAR 1970): Kölner Kommentar zum Aktiengesetz, hrsg. von Wolfgang Zöllner, Band 1, 2. Lieferung, §§ 54-75, Köln/Berlin/Bonn/München 1970.

KÖPF, Georg (Aktienoptionen, 1987): Ansätze zur Bewertung von Aktienoptionen. Eine kritische Analyse, zugleich Diss. rer. pol. Univ. Mannheim, München 1987.

KÖRNER, Werner (Einzelbewertung, WPg 1976): Das Prinzip der Einzelbewertung, in: WPg 1976, S. 430-441.

KÖRNER, Werner / WEIKEN, Heinz (Eigentum, BB 1992): Wirtschaftliches Eigentum nach § 5 Abs. 1 Satz 1 EStG. Ausweis fremder Wirtschaftsgüter in der Bilanz aufgrund zeitlich begrenzter Nutzungsrechte, in: BB 1992, S. 1033-1042.

KÖSTER, Beate-Katrin (Aktivierung, DB 1993): Gestaltungsfragen beim Unternehmenskauf: Zeitkongruente Aktivierung von Dividendenansprüchen und ausschüttungsbedingte Teilwertabschreibung - Zugleich eine Auseinandersetzung mit OFD Hannover, Verfügung vom 29.1.1992 -, in: DB 1993, S. 696-699.

KOLBE, Kurt (Theorie, 1967): Theorie und Praxis des Gesamtwertes und Geschäftswertes der Unternehmung, 3. Aufl., Düsseldorf 1967.

KOLBECK, Rosemarie (Effekten, HWB 1974): Effekten, Arten der, in: HWB, hrsg. von Erwin Grochla und Waldemar Wittmann, Stuttgart 1974, Sp. 1223-1231.

KONITZER, Clemens (Reichsmark, 1938): Grundsätze ordnungsmäßiger Bilanzierung für Darlehensforderungen und Schulden in Reichsmark und Währung, Diss. rer. pol. Univ. Köln 1938.

KOSIOL, Erich (Buchhaltung, 1977): Buchhaltung als Erfolgs-, Bestands- und Finanzrechnung. Grundlagen - Verfahren - Anwendungen, Berlin/New York 1977.

KOSIOL, Erich (Einführung, 1968): Einführung in die Betriebswirtschaftslehre. Die Unternehmung als wirtschaftliches Aktionszentrum, Wiesbaden 1968.

KOTTKE, Klaus (Forderungen, BB 1987): Vorfinanzierung der Einkommensteuer durch jahrzehntelange unrichtige Bewertung von Forderungen, in: BB 1987, S. 1577-1581.

KOTTKE, Klaus (Versicherungsprämien, DStZ 1987): Versicherungsprämien und Versicherungsleistungen - Einkommensteuerliche Behandlung bei Personen- und Sachversicherungen -, in: DStZ 1987, S. 585-588, 605-614.

KOTTKE, Klaus (Vorfinanzierung, BB 1953): Vorfinanzierung der Einkommensteuer durch unrichtige Bewertung von Forderungen?, in: BB 1953, S. 762-763.

KRELLE, Wilhelm (Preistheorie, 1976): Preistheorie I. Teil. Monopol- und Oligopoltheorie, 2. Aufl., Tübingen 1976.

KRELLE, Wilhelm (Risiko, ZfSt 1957): Unsicherheit und Risiko in der Preisbildung, in: ZfSt 1957, S. 632-677.

KRÖNER, Michael (Verluste, 1986): Verrechnungsbeschränkte Verluste im Ertragsteuerrecht. Materiellrechtliche Grundlagen und systematische Gestaltungssuche, Band 14 der Schriftenreihe "Besteuerung der Unternehmung", hrsg. von Gerd Rose, zugleich Diss. rer. pol. Univ. Köln, Wiesbaden 1986.

KROLLMANN, Heinz (Dividenden, BB 1963): Kaufpreis für Dividenden beim Kauf von Anteilsrechten, in: BB 1963, S. 636-637.

KROPFF, Bruno (Optionsanleihen, ZGR 1987): Handelsrechtliche Bilanzierungsfragen der Optionsanleihen, in: ZGR 1987, S. 285-311.

KROPFF, Bruno (Rückstellungen, 1988): Rückstellungen für künftige Verlustübernahmen aus Beherrschungs- und/oder Gewinnabführungsverträgen?, in: Brigitte Knobbe-Keuk, Franz Klein, Adolf Moxter (Hrsg.): Handelsrecht und Steuerrecht, FS Georg Döllerer, Düsseldorf 1988, S. 349-367.

KRÜMMEL, Hans-Jacob (Bankbeteiligungen, ÖBA 1978): Bankbeteiligungen oder über eine nützliche Anstrengung des Begriffs, in: ÖBA 1978, S. 114-128.

KRUSCHWITZ, Lutz (Investitionsrechnung, 1993): Investitionsrechnung, 5., durchgesehene Aufl., Berlin/New York 1993.

KRUSCHWITZ, Lutz (Sicht, Kredit und Kapital 1986): Bezugsrechtsemissionen in optionspreistheoretischer Sicht, in: Kredit und Kapital 1986, S. 110-121.

KÜBLER, Friedrich (Gesellschaftsrecht, 1990): Gesellschaftsrecht. Die privatrechtlichen Ordnungsstrukturen und Regelungsprobleme von Verbänden und Unternehmen. Ein Lehrbuch, 3., neubearbeitete und erweiterte Aufl., Heidelberg 1990.

KÜBLER, Friedrich / MENDELSON, Morris / MUNDHEIM, Robert H. (Kosten, AG 1990): Die Kosten des Bezugsrechts. Eine rechtsökonomische Analyse des amerikanischen Erfahrungsmaterials, in: AG 1990, S. 461-475.

KÜCKEN, Norbert (Beteiligungen, WPg 1983): Herstellungskosten für Beteiligungen?, in: WPg 1983, S. 579-583.

KÜMPEL, Siegfried (Fortentwicklung, WM 1983, Sonderbeilage 6): Praktische Bedürfnisse für die Fortentwicklung des Wertpapierbegriffs, in: WM 1983, Sonderbeilage 6.

KÜMPEL, Siegfried (Girosammelverwahrung, WM 1983, Sonderbeilage 8): Zur Girosammelverwahrung und Registerumschreibung der vinkulierten Namensaktien. Rationalisierung des Depot- und Effektengeschäfts, in: WM 1983, Sonderbeilage 8.

KÜMPEL, Siegfried (Namens-Schuldverschreibung, WM 1981, Sonderbeilage 1): Zur Problematik des Vorlegungserfordernisses bei Namens-Papieren am Beispiel der Namens-Schuldverschreibung und des Sparbuches - Versuch einer Neudefinition des Wertpapierbegriffes -, in: WM 1981, Sonderbeilage 1.

KÜMPEL, Siegfried (Wertpapierleihe, WM 1990): Die Grundstruktur der Wertpapierleihe und ihre rechtlichen Aspekte, in: WM 1990, S. 909-916.

KÜTING, Karlheinz (Analyse, BFuP 1981): Zur Bedeutung und Analyse von Verbundeffekten im Rahmen der Unternehmungsbewertung, in: BFuP 1981, S. 175-189.

KÜTING, Karlheinz (Einheitsbesteuerung, DB 1990): Ein erneutes Plädoyer für eine Einheitsbesteuerung - Fortschrittliches Konzernrechnungswesen als Grundlage einheitlicher Konzernbesteuerung -, in: DB 1990, S. 489-497.

KÜTING, Karlheinz (Internationalisierung, BB 1993): Europäisches Bilanzrecht und Internationalisierung der Rechnungslegung, in: BB 1993, S. 30-38.

KÜTING, Karlheinz (Plädoyer, BB 1991, Beilage 4): Rechnungslegung im Umbruch. Ein Plädoyer für ein Rechnungswesen des Konzerns, in: BB 1991, Beilage 4.

KÜTING, Karlheinz (Wachstumspolitik, 1980): Unternehmerische Wachstumspolitik. Eine Analyse unternehmerischer Wachstumsentscheidungen und die Wachstumsstrategien deutscher Unternehmen, Betriebswirtschaftliche Studien Nr. 38, Berlin 1980.

KÜTING, Karlheinz / KUHN, Ulrich (Verschuldungseffekt, BB 1990): Der Verschuldungseffekt des Beteiligungserwerbs, in: BB 1990, S. 2443-2454.

KULLA, Peter-Lothar (Forderungen, DStR 1980): Wertberichtigung auf Forderungen aus Lieferungen und Leistungen trotz Warenkreditversicherung, in: DStR 1980, S. 612-615.

KUPSCH, Peter (Anschaffungskosten, StbJb 1989/90): Zur Problematik der Ermittlung von Anschaffungskosten. Zuwendungen, Abgrenzung von Anschaffungsnebenkosten und von nachträglichen Aufwendungen, in: StbJb 1989/90, S. 93-127.

KUPSCH, Peter (Einzelbewertungsprinzip, 1992): Zum Verhältnis von Einzelbewertungsprinzip und Imparitätsprinzip, in: Adolf Moxter, Hans-Peter Müller, Rolf Windmöller, Klaus v. Wysocki (Hrsg.): Rechnungslegung. Entwicklungen bei der Bilanzierung und Prüfung von Kapitalgesellschaften, FS Karl-Heinz Forster, Düsseldorf 1992, S. 339-357.

KUPSCH, Peter (Finanzanlagevermögen, HdJ II/3 1987): Das Finanzanlagevermögen, in: HdJ, hrsg. von Klaus von Wysocki und Joachim Schulze-Osterloh, Abteilung II/3, Köln 1987.

KUSSMAUL, Heinz (Null-Kupon-Anleihen, BB 1987): Betriebswirtschaftliche Überlegungen bei der Ausgabe von Null-Kupon-Anleihen, in: BB 1987, S. 1562-1572.

KUSSMAUL, Heinz (Wirtschaftsgut, 1989): Ertragsteuerliche Bedeutung des Begriffs "Wirtschaftsgut", in: Gerd John (Hrsg.): Besteuerung und Unternehmenspolitik, FS Günter Wöhe, München 1989, S. 253-276.

LACKMANN, Fritz (Unternehmensbewertung, 1962): Theorien und Verfahren der Unternehmensbewertung, Betriebswirtschaftliche Forschungen der Fakultät für Wirtschaftswissenschaften an der Technischen Univ. Berlin, hrsg. von K. Mellerowicz, H. Hohlfeld und O. Schnutenhaus, Band 2, 2. Aufl., Berlin 1962.

LADEMANN (BEARBEITER in LADEMANN 1993): Kommentar zum Körperschaftsteuergesetz, Loseblatt, Stand Januar 1993, Stuttgart/München/Hannover/Berlin/Weimar 1993.

LADEMANN / SÖFFING / BROCKHOFF (BEARBEITER in L/S/B 1993): Kommentar zum Einkommensteuergesetz, Loseblatt, Stand Januar 1993, Stuttgart/München/Hannover 1993.

LAENGNER, Dieter (Organschaft, BB 1991): Gewinnabführungsvertrag bei verunglückter Organschaft, in: BB 1991, S. 1239-1241.

LAMERS, Alfons (Werte, 1981): Aktivierungsfähigkeit und Aktivierungspflicht immaterieller Werte, Band 2 der Hochschulschriften zur Betriebswirtschaftslehre, hrsg. von D. Beschorner und M. Heinhold, München 1981.

LANG, Joachim (Einkommensteuer, 1988): Die Bemessungsgrundlage der Einkommensteuer. Rechtssystematische Grundlagen steuerlicher Leistungsfähigkeit im deutschen Einkommensteuerrecht, Kölner Habilitationsschrift 1981, Köln 1988.

LANGE, Joachim (Organschaft, BB 1990): Gewerbesteuerliche Organschaft und Teilwertabschreibung. Zum Erlaß des Finanzministers des Landes Nordrhein-Westfalen vom 14.3.1989, in: BB 1990, S. 1039-1040.

LANGEL, Horst (Auswirkungen, IWB 1986, Fach 3, Deutschland, Gruppe 3): Auswirkungen von Wechselkursänderungen auf die Bilanzierung, in: IWB 1986, Fach 3, Deutschland, Gruppe 3, S. 845-860.

LANGEL, Horst (Bewertungsfragen, StbJb 1979/80): Bilanzierungs- und Bewertungsfragen bei Wechselkursänderungen, in: StbJb 1979/80, S. 259-331.

LANGENBUCHER, Günther (Umrechnung, 1988): Die Umrechnung von Fremdwährungsgeschäften. Eine Untersuchung nach handels- und steuerrechtlichen Grundsätzen, Band 2 der Schriften zur Bilanz- und Steuerlehre, hrsg. von Karlheinz Küting und Günter Wöhe, Stuttgart 1988.

LANTAU, Karl-Heinz (Schuld, BB 1954): Die Bemessung des Teilwertes einer unverzinslichen, befristeten Forderung oder Schuld nach ihrem Barwert, in: BB 1954, S. 769-772.

LARENZ, Karl (Methodenlehre, 1991): Methodenlehre der Rechtswissenschaft, 6., neubearbeitete Aufl., Berlin/Heidelberg/New York 1991.

LAUX, Manfred / OHL, Karl (Immobilienfonds, 1988): Grundstücks-Investment - Die offenen Immobilienfonds -, 2., völlig neu überarbeitete Aufl., Frankfurt am Main 1988.

LEFFSON, Ulrich (Darstellung, DB 1976): Die Darstellung von Leasing-Verträgen im Jahresabschluß, in: DB 1976, S. 637-641, 685-690.

LEFFSON, Ulrich (Grundsätze, 1987): Die Grundsätze ordnungsmäßiger Buchführung, 7., revidierte und erweiterte Aufl., Düsseldorf 1987.

LEFFSON, Ulrich / BÖNKHOFF, Franz J. (Materiality-Entscheidungen, WPg 1982): Zu Materiality-Entscheidungen bei Jahresabschlußprüfungen, in: WPg 1982, S. 389-397.

LEHMANN, Matthias (Teilwert-Konzept, DB 1990): Das Teilwert-Konzept und das Bilanzieren von Änderungen zwischen Entscheidungszeitpunkt und Bilanzstichtag - Zugleich eine Besprechung des BFH-Urteils vom 24.1.1990 I R 157/85, I R 145/86, BStBl II 1990 S. 639 = DB 1990, S. 1214 -, in: DB 1990, S. 2481-2486.

LEMM, Wolfgang (Bilanzansatz, DStR 1979): Der Einfluß von Debitorenversicherungen auf den Bilanzansatz risikobehafteter Forderungen, in: DStR 1979, S. 423-425.

LEMM, Wolfgang (Forderungsbilanzierung, 1981): Forderungsbilanzierung bei alternativer Auslegung des Realisationsprinzips unter besonderer Berücksichtigung der steuerlichen Gewinnermittlung, Europäische Hochschulschriften, Reihe V: Volks- und Betriebswirtschaft, Band 302, Frankfurt am Main 1981.

LEMPENAU, Gerhard (Fragen, StbJb 1978/79): Aktuelle bilanzrechtliche Fragen aus der Sicht des Stichtagsprinzips, in: StbJb 1978/79, S. 149-200.

LEMPENAU, Gerhard (Mitunternehmerschaft, StbJb 1982/83): Neuere Entwicklungen zur steuerlichen Mitunternehmerschaft aus der Sicht des Beraters, in: StbJb 1982/83, S. 201-228.

LENEL, Hans Otto (Konzentration, 1968): Ursachen der Konzentration unter besonderer Berücksichtigung der deutschen Verhältnisse, 2., neubearbeitete Aufl., Tübingen 1968.

LEUNIG, Manfred (Beteiligungen, 1970): Die Bilanzierung von Beteiligungen. Eine bilanztheoretische Untersuchung. Bochumer Beiträge zur Unternehmensführung und Unternehmensforschung, hrsg. von Hans Besters et al., Band 8, Düsseldorf 1970.

LEY, Ursula (Besteuerung, 1986): Besteuerung des Nießbrauchs an Betriebsgrundstücken, Privatgrundstücken und an Wertpapieren, Bergisch-Gladbach/Köln 1986.

LEY, Ursula (Wirtschaftsgut, 1987): Der Begriff "Wirtschaftsgut" und seine Bedeutung für die Aktivierung, 2., überarbeitete und erweiterte Aufl., Bergisch-Gladbach/Köln 1987.

LEY, Ursula (Zurechnung, DStR 1984): Steuerrechtliche Zurechnung von Nießbrauchsgegenständen, in: DStR 1984, S. 676-680.

LIPFERT, Helmut (Devisenhandel, 1992): Devisenhandel und Devisenoptionshandel, 4., neu bearbeitete und erweiterte Aufl., Frankfurt 1992.

LITTMANN, Eberhard (Anteilseigner, DStZ 1981): Besteuerung von Gewinnausschüttungen an Anteilseigner nach Erwerb von einem nicht anrechnungsberechtigten Anteilseigner - § 50c EStG, in: DStZ 1981, S. 355-362.

LITTMANN, Eberhard (Entscheidungen, Inf 1967): Entscheidungen des BFH zum Bilanzsteuerrecht. Eine Übersicht aus dem Jahre 1966, in: Inf 1967, S. 121-126, 145-152.

LITTMANN, Eberhard (Tragweite, DStR 1969): Zur Tragweite der neugefaßten §§ 5, 6 EStG, in: DStR 1969, S. 321-325.

LITTMANN, Eberhard (Veräußerung, DStR 1981): Veräußerung von Anteilen mit Gewinnansprüchen - Besteuerung des Kapitalvermögens, in: DStR 1981, S. 588-589.

LITTMANN, Eberhard / BITZ, Horst / MEINCKE, Jens Peter (*BEARBEITER* in L/B/M 1993): Das Einkommensteuerrecht. Kommentar zum Einkommensteuergesetz, begründet von Eberhard Littmann, hrsg. von Horst Bitz und Peter Hellwig, 15., völlig neubearbeitete Aufl., Loseblatt, Stand Januar 1993, Stuttgart 1993.

LÖFFLER, Antje-Ulrike (Anleihen, 1987): Anleihen. Nationale und internationale Anleiheformen als Finanzierungsinstrumente und Kapitalanlage, Bern/Stuttgart 1987.

LÖHR, Dieter (Factoring, WPg 1975): Factoring und Bilanzierung, in: WPg 1975, S. 457-460.

LOHNER, Achim (Pensionsgeschäfte, 1992): Echte Pensionsgeschäfte, ihre ertragsteuerliche Behandlung und ihr Einsatz als Sachverhaltsgestaltungen im Rahmen der Steuerplanung, Europäische Hochschulschriften, Reihe V, Volks- und Betriebswirtschaft, Band 1322, zugleich Diss. rer. pol. Univ. Köln, Frankfurt 1992.

LOHR, Jörg-Andreas (Nießbrauch, 1989): Der Nießbrauch an Unternehmen und Unternehmensanteilen. Grundlagen und Gestaltungsmöglichkeiten für Anteilseigner und deren Angehörige aus ertrag- und erbschaftsteuerlicher Sicht, zugleich Diss. rer. pol. Univ. Köln, Düsseldorf 1989.

LOOS, Gerold (Anteile, DB 1964): Die Bewertung eigener Anteile von Kapitalgesellschaften - Schachtelprivileg für eigene Anteile, in: DB 1964, S. 310-312.

LOOS, Gerold (Eigenkapital, DB 1977): Die Überführung von verwendbarem Eigenkapital einer Kapitalgesellschaft auf ihre Gesellschafter nach der Körperschaftsteuerreform. Ausschüttung/Kapitalherabsetzung/Liquidation/Umwandlung, in: DB 1977, S. 217-221, 265-271.

LOOS, Gerold (Kapitalherabsetzung, BB 1970): Minderung von Anschaffungskosten oder der Buchwerte bei Kapitalherabsetzung, in: BB 1970, S. 72-74.

LOOS, Gerold (Optionsanleihen, BB 1988): Steuerliche und handelsrechtliche Einstufung von Aufgeld und Unterverzinslichkeit bei Optionsanleihen. Aufgeld bei Optionsanleihen Einlage nicht des Anleihezeichners, sondern der (Alt-) Aktionäre!, in: BB 1988, S. 369-376.

LOTHMANN, Werner (Personengesellschaft, 1986): Die vermögensverwaltende Personengesellschaft im Bereich der Einkommensteuer, zugleich Diss. rer. pol. Univ. Köln, Bergisch Gladbach/Köln 1986.

LUCKEY, Eberhard-Rainer (Länderrisiken, 1987): Bewertung von Länderrisiken in der Bankbilanz, in: Jürgen Krumnow, Matthias Metz (Hrsg.): Rechnungswesen im Dienste der Bankpolitik, FS Klaus Mertin, Stuttgart 1987, S. 287-296.

LUDEWIG, Rainer (Forderungsbewertung, 1976): Forderungsbewertung und Rückwirkungen der strengeren Rechtsprechung des BFH auf handelsrechtliche Bewertungsgrundsätze, in: Jörg Baetge, Adolf Moxter, Dieter Schneider (Hrsg.): Bilanzfragen, FS Ulrich Leffson, Düsseldorf 1976, S. 137-152.

LUDEWIG, Rainer (Verluste, DB 1974): Bildung von Rückstellungen für drohende Verluste aus dem Auftragsbestand, in: DB 1974, S. 101-104.

LÜDERS, Jürgen (Gewinnrealisierung, 1987): Der Zeitpunkt der Gewinnrealisierung im Handels- und Steuerbilanzrecht, Band 6 der Schriftenreihe "Rechtsordnung und Steuerwesen", hrsg. von Brigitte Knobbe-Keuk, zugleich Diss. jur. Univ. Bonn, Köln 1987.

LUHMER, Alfred (Logik, ZfbF 1985): Zur Logik des Teilwerts, in: ZfbF 1985, S. 1051-1069.

LUIK, Hans (Aktien, BB 1967): Die Ermittlung des Buchwerts bei Bezugsrechten und jungen Aktien, in: BB 1967, S. 994-996.

LUIK, Hans (Rückgaberecht, JDStJG 1981): Grundprobleme des Realisationszeitpunktes, dargestellt an den Fällen der Lieferung mit Rückgaberecht, des Umtauschgeschäftes und der Liquidation, in: Hans Georg Ruppe (Hrsg.): Gewinnrealisierung im Steuerrecht. Theorie und Praxis der Gewinnverwirklichung durch Umsatzakt und durch Steuerentstrickung sowie des Besteuerungsaufschubs, JDStJG 4, Köln 1981, S. 97-115.

LUTHER, Siegfried (Arbeitnehmer-Aktien, DB 1980): Zufluß und Bewertung des geldwerten Vorteils bei der Überlassung von Arbeitnehmer-Aktien, in: DB 1980, S. 2256-2258.

LUTTER, Marcus / HOMMELHOFF, Peter (LUTTER/HOMMELHOFF 1991): GmbH-Gesetz. Kommenar, 13., neubearbeitete und erweiterte Aufl., Köln 1991.

MAASSEN, Kurt (Grundsatz, DB 1978): Das "umgekehrte" Imparitätsprinzip - ein neuer Grundsatz steuerlicher Gewinnermittlung?, in: DB 1978, S. 2041-2044.

MAASSEN, Kurt (Teilwert, 1968): Der Teilwert im Steuerrecht, Köln 1968.

MANKE, Klaus (Teilwertabschreibung, DStZ 1990): Teilwertabschreibung auf Beteiligungen an ausländischen Kapitalgesellschaften - BFH-Urteil vom 14.3.1989. Beitrag zu den Anmerkungen von Wassermeyer, in: DStZ 1990, S. 4-10.

MARKOWITZ, H. M. (Portfolio, JoF 1952): Portfolio Selection, in: JoF 1952, S. 77-91.

MARX, Franz Jürgen / RECKTENWALD, Roland (Ausleihungen, BB 1992): Periodengerechtes Bilanzieren von unterverzinslichen Ausleihungen. Ein Beitrag zur Abbildung von Dauersachverhalten in Handels- und Steuerbilanz, in: BB 1992, S. 1526-1532.

MATHEWS, Kurt (Treuhandvermögen, BB 1992): Bilanzierung von Treuhandvermögen. Die endgültige Regelung nach Umsetzung der EG-Bankbilanzrichtlinie in deutsches Recht, in: BB 1992, S. 738-740.

MATHIAK, Walter (Bilanzsteuerrecht, StuW 1985): Zum Bilanzsteuerrecht, in: StuW 1985, S. 273-279.

MATHIAK, Walter (Bilanzsteuerrecht, StuW 1987): Rechtsprechung zum Bilanzsteuerrecht, in: StuW 1987, S. 51-59.

MATHIAK, Walter (Bilanzsteuerrecht, StuW 1988): Rechtsprechung zum Bilanzsteuerrecht, in: StuW 1988, S. 79-85.

MATHIAK, Walter (Bilanzsteuerrecht, DStR 1989): Rechtsprechung zum Bilanzsteuerrecht, in: DStR 1989, S. 661-668.

MATHIAK, Walter (Bilanzsteuerrecht, DStR 1990): Rechtsprechung zum Bilanzsteuerrecht, in: DStR 1990, S. 691-696.

MATHIAK, Walter (Herstellungskosten, JDStJG 1984): Anschaffungs- und Herstellungskosten, in: Arndt Raupach (Hrsg.): Werte und Wertermittlung im Steuerrecht. Steuerbilanz, Einheitsbewertung, Einzelsteuern und Unternehmensbewertung, JDStJG 7, Köln 1984, S. 97-139.

MATSCHKE, Manfred Jürgen (Argumentationswert, BFuP 1976): Der Argumentationswert der Unternehmung - Unternehmungsbewertung als Instrument der Beeinflussung in der Verhandlung, in: BFuP 1976, S. 517-524.

MAUL, Karl-Heinz (Buchführung, ZfbF 1974): Offene Probleme der Ermittlung von Grundsätzen ordnungsmäßiger Buchführung, in: ZfbF 1974, S. 726-745.

MAUL, Karl-Heinz (Wertpapiere, HdJ II/7 1986) : Die Wertpapiere des Umlaufvermögens und die flüssigen Mittel, in: HdJ, hrsg. von Klaus von Wysocki und Joachim Schulze-Osterloh, Abteilung II/7, Köln 1986.

MAY, Erich (Wirtschaftsgut, 1970): Das Wirtschaftsgut. Kritische Analyse der steuerlichen Lehre vom Wirtschaftsgut aus betriebswirtschaftlicher Sicht, Band 2 der Schriftenreihe "Besteuerung der Unternehmung", hrsg. von Gerd Rose, zugleich Diss. rer. pol. Univ. Köln, Wiesbaden 1970.

MAYER-WEGELIN, Eberhard (Arbeitnehmer-Darlehen, BB 1990): Der Teilwert von unverzinslichen Arbeitnehmer-Darlehen, in: BB 1990, S. 23-24.

MAYER-WEGELIN, Eberhard / TIMMER, Ludger (Betriebsangehörige, BB 1974): Zur Abzinsung unverzinslicher Darlehensforderungen an Betriebsangehörige, in: BB 1974, S. 546-548.

MEERMANN, Albert Matthias (Darlehen, StBp 1988): Kapitalersetzende Darlehen und Bürgschaften des GmbH-Gesellschafters, in: StBp 1988, S. 110-115.

MEFFERT, Heribert (Marketing, 1986): Marketing. Grundlagen der Absatzpolitik. Mit Fallstudien, Einführung und Relaunch des VW-Golf, 7., überarbeitete und erweiterte Aufl., Wiesbaden 1986.

MEIER, Norbert (Verlust, DStR 1987): Verlust eines Gesellschafterdarlehens infolge Auflösung einer Kapitalgesellschaft - Anschaffungskosten i.S.d. § 17 Abs. 2 EStG?, in: DStR 1987, S. 152-153.

MEILICKE, Heinz (Anteile, StuW 1961): Handelsrecht und Steuerrecht der eigenen Anteile. Inwieweit sind der Erwerb und die Veräußerung eigener Anteile von Kapitalgesellschaften als einfache Kapitalveränderungen zu behandeln?, in: StuW 1961, Sp. 1-14.

MEILICKE, Heinz (Bezugsrecht, BB 1961): Das Bezugsrecht des Aktionärs bei Kapitalerhöhungen, in: BB 1961, S. 1281-1284.

MEILICKE, Heinz (Rückgewährpflicht, BB 1990): Verdeckte Gewinnausschüttung ohne Ausschüttung bei Rückgewährpflicht?, in: BB 1990, S. 1231-1234.

MEILICKE, Wienand (Aktivierung, FR 1990): Zum Zeitpunkt der Aktivierung von Dividendenansprüchen, in: FR 1990, S. 9-10.

MEILICKE, Wienand (Behandlung, DB 1982): Zur Behandlung der anrechenbaren Körperschaftsteuer und Kapitalertragsteuer im Jahresabschluß von Personengesellschaften - Eine Diskussion -, in: DB 1982, S. 291-293.

MEILICKE, Wienand (Publizität, DB 1986): Gestaltungen zur Vermeidung der Publizität, in: DB 1986, S. 2445-2450.

MELLEROWICZ, Konrad (Forderungen, WPg 1961): Verbuchung und Bilanzierung von bereits im Entstehungszeitpunkt zweifelhaften Forderungen, dargestellt an Exportgeschäften in Ländern mit unsicheren politischen oder Währungs-Verhältnissen, in: WPg 1961, S. 345-352.

MELLEROWICZ, Konrad (Kosten, 1973): Kosten und Kostenrechnung. Band I: Theorie der Kosten, 5. Aufl., Berlin/New York 1973.

MELLEROWICZ, Konrad (Unternehmung, 1952): Der Wert der Unternehmung als Ganzes, Essen 1952.

MELLEROWICZ, Konrad (Wert, 1952): Wert und Wertung im Betrieb, Essen 1952.

MELLWIG, Winfried (Aktien, DB 1986): Zur Ermittlung der Anschaffungskosten von Aktien und Bezugsrechten, in: DB 1986, S. 1417-1425.

MELLWIG, Winfried (Beteiligungen, BB 1990): Beteiligungen an Personengesellschaften in der Handelsbilanz, in: BB 1990, S. 1162-1172.

MELLWIG, Winfried (Bilanzrechtsprechung, BB 1983): Bilanzrechtsprechung und Betriebswirtschaftslehre. Zu einigen Grundlagen der steuerlichen Bilanzrechtsprechung und ihrer betriebswirtschaftlichen Kritik, in: BB 1983, S. 1613-1620.

MELLWIG, Winfried / HASTEDT, Uwe-Peter (Gewinnrealisation, DB 1992): Gewinnrealisation bei Unbestimmbarkeit der Gegenleistung - dargestellt am Beispiel des Wärmelieferungsvertrags, in: DB 1992, S. 1589-1592.

MERTEN, Henning (Abgrenzung, FR 1979): Die einkommensteuerliche Abgrenzung des Betriebsvermögens vom Privatvermögen beim Einzelunternehmer. Ein Diskussionsbeitrag zur Lübecker Jahrestagung der Deutschen Steuerjuristischen Gesellschaft, in: FR 1979, S. 365-373.

MERTIN, Klaus (Auslandsrisiken, ZfgK 1978): Bewertung von Auslandsrisiken, in: ZfgK 1978, S. 101-104.

MERTIN, Klaus (Buchgewinn, DB 1957): Der steuerpflichtige Buchgewinn bei Bezugsrechtsverkäufen aus Betriebsvermögen, in: DB 1957, S. 953-954.

MERTIN, Klaus (Wertpapier, BB 1964): Das Wirtschaftsgut Wertpapier und seine Bewertung in der Steuerbilanz, in: BB 1964, S. 999-1002.

MEYER, Emil H. / MEULENBERGH, Gottfried / BEUTHIEN, Volker (MEYER/MEULENBERGH/BEUTHIEN 1983): Genossenschaftsgesetz. Kommentar, 12. Aufl., München 1983.

MEYER, Heinrich (Zinsen, 1985): Zinsen und Bankbilanzierung - Gedanken zum Einfluß der Verzinslichkeit auf die Bewertung der Aktiva und Passiva in der Bankbilanz -, in: Karl-Heinz Forster (Hrsg.): Beiträge zur Bankaufsicht, Bankbilanz und Bankprüfung - unter Berücksichtigung der Dritten KWG-Novelle, FS Walter Scholz, Düsseldorf 1985, S. 137-154.

MEYER-ARNDT, Lüder (Abrechnung, GmbHR 1980): Abrechnung zwischen Verkäufer und Käufer bei der Übertragung von Geschäftsanteilen innerhalb eines Geschäftsjahres. Steuerliche Fragen der Aktivierung und der KSt.-Anrechnung, in: GmbHR 1980, S. 277-278.

MEYER-SCHARENBERG, Dirk E. (Wirtschaftsgutbegriff, StStud 1988): Vermögensgegenstands- und Wirtschaftsgutbegriff, in: StStud 1988, S. 299-303.

MITTELBACH, Rolf / RICHTER, Heinz (Nießbrauch, 1986): Nießbrauch. Zivilrecht. Steuerrecht, 8. Aufl., Köln 1986.

MITTERMÜLLER, Horst (Aktien, ZfhF 1955): Das Wesen und die Bewertung eigener Aktien, in: ZfhF, n.F., 1955, S. 412-432.

MÖHLER, Thomas (Absicherung, 1992): Absicherung des Wechselkurs-, Warenpreis- und Erfüllungsrisikos im Jahresabschluß. Zulässigkeit und Grenzen der Berücksichtigung von Kompensationsgeschäften bei der Bewertung, zugleich Diss. rer. pol. Univ. Bamberg, Düsseldorf 1992.

MOEWS, Dieter (Leistungsrechnung, 1989): Kosten- und Leistungsrechnung, 3., völlig überarbeitete und erweiterte Aufl., München 1989.

MOXTER, Adolf (Aktivierungsgrenzen, BB 1978): Aktivierungsgrenzen bei "immateriellen Anlagewerten", in: BB 1978, S. 821-825.

MOXTER, Adolf (Aktivierungsvoraussetzung, BB 1987): Selbständige Bewertbarkeit als Aktivierungsvoraussetzung, in: BB 1987, S. 1846-1851.

MOXTER, Adolf (Betrachtungsweise, StuW 1989): Zur wirtschaftlichen Betrachtungsweise im Bilanzrecht, in: StuW 1989, S. 232-241.

MOXTER, Adolf (Bilanzrecht, WPg 1984): Fremdkapitalbewertung nach neuem Bilanzrecht, in: WPg 1984, S. 397-408.

MOXTER, Adolf (Bilanzsteuerrecht, StuW 1983): Wirtschaftliche Gewinnermittlung und Bilanzsteuerrecht, in: StuW 1983, S. 300-307.

MOXTER, Adolf (Bilanztheorie, 1984): Bilanzlehre. Band I: Einführung in die Bilanztheorie, 3., vollständig umgearbeitete Aufl., Wiesbaden 1984.

MOXTER, Adolf (Gewinnermittlung, 1982): Betriebswirtschaftliche Gewinnermittlung, Tübingen 1982.

MOXTER, Adolf (Grundfragen, 1957): Methodologische Grundfragen der Betriebswirtschaftslehre, Band 4 der Beiträge zur betriebswirtschaftlichen Forschung, hrsg. von E. Gutenberg, W. Hasenack, K. Hax und E. Schäfer, Köln/Opladen 1957.

MOXTER, Adolf (Investitionsentscheidungen, ZfhF 1961): Die Bestimmung des Kalkulationszinsfußes bei Investitionsentscheidungen. Ein Versuch zur Koordination von Investitions- und Finanzierungslehre, in: ZfhF, n.F., 1961, S. 186-200.

MOXTER, Adolf (Realisationsprinzip, BB 1984): Das Realisationsprinzip - 1884 und heute, in: BB 1984, S. 1780-1786.

MOXTER, Adolf (Rechtsprechung, 1982): Bilanzierung nach der Rechtsprechung des Bundesfinanzhofs, Tübingen 1982.

MOXTER, Adolf (Teilwertverständnis, 1991): Funktionales Teilwertverständnis, in: Dieter Rückle (Hrsg.): Aktuelle Fragen der Finanzwirtschaft und der Unternehmensbesteuerung, FS Erich Loitlsberger, Wien 1991, S. 473-481.

MOXTER, Adolf (Unternehmungsbewertung, 1983): Grundsätze ordnungsmäßiger Unternehmensbewertung, 2., vollständig umgearbeitete Aufl., Wiesbaden 1983.

MOXTER, Adolf (Zweck, 1987): Zum Sinn und Zweck des handelsrechtlichen Jahresabschlusses nach neuem Recht, in: Hans Havermann (Hrsg.): Bilanz- und Konzernrecht, FS Reinhard Goerdeler, Düsseldorf 1987, S. 361-374.

MÜLLER, Johannes P. (Anmerkung, DB 1974): Anmerkung zum BFH-Urteil vom 30.10.1973 I R 67/72, in: DB 1974, S. 268-269.

MÜLLER, Welf (Verluste, BFuP 1987): Rückstellungen für drohende Verluste aus Dauerrechtsverhältnissen, in: BFuP 1987, S. 322-331.

MÜLLER-DAHL, Frank P. (Bilanzierungsfähigkeit, 1979): Betriebswirtschaftliche Probleme der handels- und steuerrechtlichen Bilanzierungsfähigkeit, Band 82 der "Betriebswirtschaftlichen Forschungsergebnisse", hrsg. von Erich Kosiol u.a., Berlin 1979.

MÜLLER-DOTT, Johannes Peter (Auseinandersetzung, 1992): Kritische Auseinandersetzung mit der Rechtsprechung des Bundesfinanzhofs zur Bewertung von Auslandsbeteiligungen, in: Norbert Herzig (Hrsg.): Bewertung von Auslandsbeteiligungen, Köln 1992, S. 48-57.

MÜLLER-DOTT, Johannes Peter (Auslandsbeteiligungen, StbJb 1988/89): Teilwertabschreibung auf Auslandsbeteiligungen, in: StbJb 1988/89, S. 163-185.

MÜLLER-DOTT, Johannes Peter (Auswirkungen, DStR 1977): Auswirkungen der Körperschaftsteuerreform, in: DStR 1977, S. 432-441.

MÜLLER-DOTT, Johannes Peter (Einzelfragen, StbJb 1983/84): Einzelfragen aus der steuerlichen Betriebsprüfung, in: StbJb 1983/84, S. 265-290.

MÜLLER-DOTT, Johannes Peter (Entgegnung, FR 1987): Teilwertabschreibung auf Auslandsbeteiligungen. Entgegnung zu den Ausführungen von Schulze zur Wiesche in FR 1987, 385, in: FR 1987, S. 489-492.

MÜLLER-DOTT, Johannes Peter (Teilwertabschreibung, GmbHR 1990): Die ausschüttungsbedingte Teilwertabschreibung nach § 26 Abs. 8 KStG, in: GmbHR 1990, S. 269-276.

MÜNSTERMANN, Hans (Opportunitätskosten, ZfB 1966, Ergänzungsheft 1): Bedeutung der Opportunitätskosten für unternehmerische Entscheidungen, in: ZfB 1966, Ergänzungsheft 1, S. 18-36.

MÜNSTERMANN, Hans (Wert, 1966): Wert und Bewertung der Unternehmung, Band 11 der "Betriebswirtschaftlichen Beiträge", hrsg. von Hans Münstermann, Wiesbaden 1966.

MUTZE, Otto (Beteiligungen, AG 1977): Zur Bilanzierung und Bewertung von Beteiligungen an Kapitalgesellschaften, in: AG 1977, S. 7-14.

NAUSS, Fritz (Behandlung, DB 1982): Die Behandlung der anrechenbaren Körperschaftsteuer und der Kapitalertragsteuer im Jahresabschluß, in: DB 1982, S. 1681-1684, 1733-1737.

NEU, Norbert (Behandlung, StStud 1990): Ertragsteuerliche Behandlung des Aufwands bei gemischt genutzten Wirtschaftsgütern, in: StStud 1990, S. 175-181.

NEUBAUER, Heinz (Erfahrungen, JbFSt 1974/75): Erfahrungen des Bundesamtes für Finanzen bei der Prüfung von Auslandsbeziehungen, dargestellt an Hand von Fällen, in: JbFSt 1974/75, S. 269-290.

NEYER, Wolfgang (Zero-Bonds, DB 1982): Zur ertragsteuerlichen Behandlung sog. Zero-Bonds, in: DB 1982, S. 975-977.

NEYER, Wolfgang / BECKER, Frank (Vermeidung, RIW 1980): § 50c des Einkommensteuergesetzes - Zielsetzung, Auswirkungen und Vermeidung, in: RIW 1980, S. 635-639.

NIEMANN, Ursula (Rückstellungen, StbJb 1974/75): Rückstellungen im Handels- und Steuerrecht nach gegenwärtigem Recht, in: StbJb 1974/75, S. 259-319.

NIEMANN, Walter / MERTZBACH, Markus (Darlehen, DStR 1992): Eigenkapitalersetzende Darlehen in der Handels- und Steuerbilanz von Gesellschaften mit beschränkter Haftung - Die Entscheidung des BFH 5.2.1992, I R 127/90 und ihre Bedeutung für die Gesellschafter-Fremdfinanzierung -, in: DStR 1992, S. 929-936.

NIEMEYER, Markus (Ausweis, 1990): Bilanzierung und Ausweis von Optionsgeschäften nach Handelsrecht und Steuerrecht, Frankfurt/Bern/New York/Paris 1990.

NIEMEYER, Markus (Optionsgeschäft, BB 1990): Ausweisfragen beim Optionsgeschäft, in: BB 1990, S. 1022-1028.

NIEPOTH, Daniela (Renten, 1992): Renten und rentenähnliche Leistungen im Einkommensteuerrecht, Band 19 der Schriftenreihe "Besteuerung der Unternehmung", hrsg. von Gerd Rose, zugleich Diss. rer. pol. Univ. Köln 1991, Wiesbaden 1992.

NIESKENS, Hans (Beteiligungen, WPg 1988): Die Bilanzierung und Bewertung von Beteiligungen an Personenhandelsgesellschaften im handelsrechtlichen Jahresabschluß, in: WPg 1988, S. 493-502.

NIESKENS, Hans (Postulat, FR 1989): Schwebende Geschäfte und das Postulat des wirtschaftlichen Eigentums, in: FR 1989, S. 537-542.

NISSEN, Karl Heinz (Ertragsteuern, DB 1971): Die Ertragsteuern bei der GmbH & Co. KG - unter besonderer Berücksichtigung der Gewinnverteilung -, in: DB 1971, S. 2226-2235.

NISSEN, Karl Heinz (Girosammeldepot, DB 1968): Die Bewertung von Wertpapieren im Girosammeldepot in der Steuerbilanz, in: DB 1968, S. 1921-1925.

NOLTE, K. H. (Wertberichtigung, DB 1964): Die pauschale Wertberichtigung auf Forderungen (Delkredere), in: DB 1964, S. 746-750.

NORDMEYER, Andreas (Herstellungskosten, 1989): Anschaffungs- und Herstellungskosten nach neuem Recht, in: Jörg Baetge (Hrsg.): Bilanzanalyse und Bilanzpolitik - Vorträge und Diskussionen zum neuen Recht, Düsseldorf 1989, S. 215-241.

OBST, Georg / HINTNER, Otto (*BEARBEITER* in OBST/HINTNER 1993): Geld-, Bank- und Börsenwesen, hrsg. von Norbert Kloten und Johann Heinrich von Stein, 39., völlig neu bearbeitete Aufl., Stuttgart 1993.

OESTERLE, Berthold / GAUSS, Herbert (Beteiligungen, WPg 1991): Betriebswirtschaftliche Überlegungen zur Teilwertabschreibung auf Beteiligungen an Kapitalgesellschaften in der Rechtsprechung des BFH, in: WPg 1991, S. 317-327.

OESTREICHER, Andreas (Grundsätze, 1992): Grundsätze ordnungsmäßiger Bilanzierung von Zinsterminkontrakten. Das Prinzip der Einzelbewertung bei funktional verknüpften Finanzgeschäften, zugleich Diss. rer. pol. Univ. Mannheim 1991, Düsseldorf 1992.

OESTREICHER, Andreas (Marktzinsänderungen, BB 1993, Beilage 12): Die Berücksichtigung von Marktzinsänderungen bei Finanzierungsverträgen in der Handels- und Steuerbilanz, in: BB 1993, Beilage 12.

OFFERHAUS, Klaus (Bilanzierung, BB 1983): Zur Bilanzierung von in Pension gegebenen Wirtschaftsgütern. Zugleich eine Anmerkung zum Beschluß des Großen Senats des Bundesfinanzhofs vom 29.11.1982 - GrS. 1/81, in: BB 1983, S. 870-874.

OFFERHAUS, Klaus (Teilwertabschreibungen, StBp 1968): Teilwertabschreibungen auf Beteiligungen, in: StBp 1968, S. 73-76.

OPITZ, Otto (Prognose, DBW 1985): Modelle und Verfahren der Prognose, in: DBW 1985, S. 83-95.

OSTHEIMER, Dieter (Kreditversicherung, FLF 1987): Kreditversicherung, in: FLF 1987, S. 243-247.

OSWALD, Franz (Bewertung, DStZ/A 1969): Die Bewertung von Wertpapieren - Die neuen Ländererlasse vom 20.6. und vom 20.9.1968 -, in: DStZ/A 1969, S. 73-75.

PAAL, Eberhard (Teilgewinne, 1977): Realisierung sog. Teilgewinne aus langfristigen, auftragsbezogenen Leistungen im Jahresabschluß der AG. Möglichkeiten und Grenzen unter besonderer Berücksichtigung des Gebots, einen möglichst sicheren Einblick in die Vermögens- und Ertragslage der Gesellschaft zu geben, Düsseldorf 1977.

PALANDT, Otto (PALANDT/*BEARBEITER* 1993): Bürgerliches Gesetzbuch mit Einführungsgesetz, Verschollenheitsrecht, Gesetz zur Regelung des Rechts der Allgemeinen Geschäftsbedingungen, Abzahlungsgesetz, Gesetz über den Widerruf von Haustürgeschäften und ähnlichen Geschäften (§ 13a), Gesetz gegen den unlauteren Wettbewerb, Gesetz zur Regelung der Miethöhe (Art. 3 des 2. WKSchG), Produkthaftungsgesetz, Erbbaurechtsverordnung, Wohnungseigentumsgesetz, Ehegesetz, Hausratsverordnung. Kommentar, 52., neubearbeitete Aufl., München 1993.

PALITZSCH, Werner (Anrechnung, BB 1979): Phasengleiche Vereinnahmung des Dividendenanspruchs und phasengleiche Anrechnung der Körperschaftsteuer im Konzern, in: BB 1979, S. 1391-1393.

PASDIKA, Helmut (Dividenden, AG 1977): Zur zeitkongruenten Gewinnvereinnahmung der Dividenden von Tochtergesellschaften. Überlegungen zu BGHZ 65, 230, in: AG 1977, S. 159-161.

PAUKA, Dietmar (Änderungen, DB 1988): Änderungen des Gewerbesteuerrechts durch das StRefG 1990, in: DB 1988, S. 2224-2228 und S. 2275-2279.

PENSEL, Jens (Grundstücksunternehmen, WPg 1993): Bemerkungen zur Bewertung von Grundstücksunternehmen, in: WPg 1993, S. 365-374.

PERRIDON, Louis / STEINER, Manfred (Finanzwirtschaft, 1993): Finanzwirtschaft der Unternehmung, 7., überarbeitete Aufl., München 1993.

PEZZER, Heinz-Jürgen (Entlastung, StuW 1976): Die Entlastung ausgeschütteter Gewinne von der Körperschaftsteuer nach dem Körperschaftsteuergesetz 1977 (Anrechnungsverfahren), in: StuW 1976, S. 311-324.

PFEIFFER, Thomas (Bilanzfähigkeit, StuW 1984): Begriffsbestimmung und Bilanzfähigkeit des immateriellen Wirtschaftsgutes, in: StuW 1984, S. 326-339.

PFLEGER, Günter (Bilanzpolitik, 1988): Die neue Praxis der Bilanzpolitik. Gestaltungsmöglichkeiten in der Handels- und Steuerbilanz nach der Bilanzreform, 3., durchgesehene und aktualisierte Aufl., Freiburg im Breisgau 1988.

PHILIPOWSKI, Rüdiger (Verlagerung, DB 1978): Verlagerung von Einkünften durch unentgeltliche Bestellung eines Nießbrauchs an Wertpapieren, in: DB 1978, S. 1145-1150.

PHILIPP, Fritz (Risikopolitik, HWB 1976): Risiko und Risikopolitik, in: HWB, hrsg. von Erwin Grochla und Waldemar Wittmann, Band 3, 4., völlig neu gestaltete Aufl., Stuttgart 1976, Sp. 3453-3460.

PICKERT, Gisela (GoB, DStR 1989): Gelten die handelsrechtlichen GoB auch für die steuerbilanzielle Gewinnermittlung nach § 4 Abs. 1 EStG?, in: DStR 1989, S. 374-378.

PIETSCHMANN, Lothar (Gewinnrealisierung, DStR 1980): Gewinnrealisierung und Veräußerung, insbesondere der Zeitpunkt der Gewinnrealisierung, in: DStR 1980, S. 645-648.

PILTZ, Detlev Jürgen (Gewinnrealisierung, BB 1985): Die Gewinnrealisierung bei Kaufverträgen mit Rückgaberecht des Käufers, in: BB 1985, S. 1368-1372.

PILTZ, Detlev Jürgen (Rechtsprechung, 1989): Die Unternehmensbewertung in der Rechtsprechung, 2., völlig neu bearbeitete Aufl., Düsseldorf 1989.

PINGGERA, Dietmar (Praxis, DB 1976): Erste Erkenntnisse zur Praxis des neuen Körperschaftsteuerrechts, in: DB 1976, S. 1927-1936.

PLÜCKEBAUM, Konrad (Wandelschuldverschreibungen, DB 1960): Zur Gewinnverwirklichung bei der Ausübung des Wandelschuldverschreibungen anhaftenden Umtausch- und Bezugsrechts, in: DB 1960, S. 1438.

PÖLLATH, Reinhard (Zinsschein, BB 1983): Kapitalanlagen in Schuldverschreibungen unter Trennung von Stammrecht und Zinsschein, in: BB 1983, S. 1271-1272.

PÖLLATH, Reinhard / RODIN, Andreas (Optionsanleihen, DB 1986): Besteuerung niedrig verzinslicher Optionsanleihen, in: DB 1986, S. 2094-2097.

PÖLLATH, Reinhard / WENZEL, Birgit (Organschaften, DB 1989): Gewerbesteuerliche Teilwertabschreibungen bei Organschaften? - Anmerkungen zu dem Erlaß des FinMin. NRW vom 14.3.1989, DB 1989 S. 656 -, in: DB 1989, S. 797-798.

POMREHN, Siegfried (Rückführung, DB 1990): Handelsrechtliche Bewertung bei zu bilanzierenden Fremdwährungsgeschäften und Rückführung auf die durch das Steuerrecht gezogenen Grenzen, in: DB 1990, S. 1102-1103.

POPP, Michael (Bilanzierung, DStR 1976): Die Bilanzierung von Optionsgeschäften, in: DStR 1976, S. 87-91.

POUGIN, Erwin (Erhaltungsaufwand, DB 1983): Die Abgrenzung zwischen Herstellungs- und Erhaltungsaufwand in der Handels- und Steuerbilanz, in: DB 1983, S. 241-245.

POUGIN, Erwin (Genußrechte, 1985): Genußrechte, in: Walter Jagenburg, Georg Maier-Reimer, Thomas Verhöfen (Hrsg.): FS Walter Oppenhoff, München 1985, S. 275-290.

PRAHL, Reinhard (Vorschriften, WPg 1991): Die neuen Vorschriften des Handelsgesetzbuches für Kreditinstitute, in: WPg 1991, S. 401-409, 438-445.

PRAHL, Reinhard / NAUMANN, Thomas K. (Kreditinstitute, WPg 1991): Zur Bilanzierung von portfolio-orientierten Handelsaktivitäten der Kreditinstitute, in: WPg 1991, S. 729-739.

PRAHL, Reinhard / NAUMANN, Thomas K. (Portfolio-Approach, WPg 1992): Moderne Finanzinstrumente im Spannungsfeld zu traditionellen Rechnungslegungsvorschriften: Barwertansatz, Hedge-Accounting und Portfolio-Approach, in: WPg 1992, S. 709-719.

PRIESTER, Hans-Joachim (Gesellschafterdarlehen, DB 1991): Sind eigenkapitalersetzende Gesellschafterdarlehen Eigenkapital?, in: DB 1991, S. 1917-1924.

PRIESTER, Hans-Joachim (Gläubigerrücktritt, DB 1977): Gläubigerrücktritt zur Vermeidung der Überschuldung, in: DB 1977, S. 2429-2434.

PUCKLER, Godehard (Aspekte, 1990): Steuerliche und bilanzielle Aspekte von Options- und Futures-Geschäften, in: Hermann Göppl, Wolfgang Bühler, Rüdiger von Rosen (Hrsg.): Optionen und Futures, Frankfurt am Main 1990, S. 141-156.

PUCKLER, Godehard (Forderungsbewertung, WPg 1986): Forderungsbewertung im Ratenkreditgeschäft, in: WPg 1986, S. 413-417.

RABALD, Bernd (Anteile, WPg 1986): Zur Berücksichtigung von Steuerguthaben beim Erwerb nichtnotierter Anteile, in: WPg 1986, S. 7-16.

RÄDLER, Albert J. (Ausland, StbJb 1975/76): Deutsches Steuerrecht und inflationäre Entwicklung im Ausland, in: StbJb 1975/76, S. 449-472.

RÄDLER, Albert / RAUPACH, Arndt (Auslandsbeziehungen, 1966): Deutsche Steuern bei Auslandsbeziehungen, München, Berlin 1966.

RAESCH, Otto (Option, StBp 1973): Die Option im Steuerrecht, in: StBp 1973, S. 52-55.

RAFFEE, Hans (Gegenstand, Vahlens Kompendium der BWL 1993): Gegenstand, Methoden und Konzepte der Betriebswirtschaftslehre, in: Michael Bitz et. al. (Hrsg.): Vahlens Kompendium der Betriebswirtschaftslehre, Band 1, 3., überarbeitete und erweiterte Aufl., München 1993, S. 1-46.

RAMCKE, Udo (Einheitlichkeit, DStR 1988): Die Einheitlichkeit des Wirtschaftsgut-Begriffes als überflüssiges, dem jeweiligen Normzweck nicht entsprechendes Postulat. Gleichzeitig auch ein Beitrag zu den Beschlüssen des I. Senats vom 20.8.1986 und des Großen Senats vom 26.10.1987, in: DStR 1988, S. 476-483.

RASCH, Harold (Beteiligungen, BB 1968): Einzel- oder Durchschnittsbewertung von Wertpapieren und Beteiligungen?, in: BB 1968, S. 78-81.

RAU, Hans-Gerd (Aktientausch, DB 1967): Gewinnrealisierung beim Aktientausch, in: DB 1967, S. 794-795.

RAU, Hans-Gerd (Debitorenversicherung, DB 1968): Bewertung von Forderungen bei Abschluß einer Debitorenversicherung, in: DB 1968, S. 1463-1465.

RAU, Hans-Gerd (Girosammeldepot, BB 1968): Zur Bewertung von Wertpapieren im Girosammeldepot, in: BB 1968, S. 983.

RAUPACH, Arndt (Systematik, FR 1978): Die Systematik der Grundvorschriften des Körperschaftsteuerlichen Anrechnungsverfahrens (§§ 20, 36 EStG, §§ 27, 41, 43 KStG), in: FR 1978, S. 570-581.

RAUPACH, Arndt / CLAUSEN, Uwe (Verluste, BB 1974): Rückstellungen für drohende Verluste aus Gewinnabführungsverträgen. Zugleich ein Beitrag zur Auslegung des § 7a KStG, in: BB 1974, S. 689-694.

RAUTENBERG, Hans Günter (Versicherungen, 1973): Betriebliche Versicherungen und ihre Bilanzierung, Band 63 der Schriften zur wirtschaftswissenschaftlichen Forschung, zugleich Diss. rer. pol. Technische Hochschule Aachen, Meisenheim am Glan 1973.

RECKINGER, Gabriele (Vorzugsaktien, AG 1983): Vorzugsaktien in der Bundesrepublik, in: AG 1983, S. 216-222.

REGNIET, Michael (Ergänzungsbilanzen, 1990): Ergänzungsbilanzen bei der Personengesellschaft. Sonderbilanzen der Gesellschafter und Wertkorrekturen der Gesellschaftsbilanz, Band 12 der Schriftenreihe "Rechtsordnung und Steuerwesen" hrsg. von Brigitte Knobbe-Keuk, zugleich Diss. iur. Univ. Münster, Köln 1990.

REICHE, Klaus (Forderungen, BB 1993): Prüfung von Forderungen aus Lieferungen und Leistungen. Prüfungsgebiete und Prüfungshandlungen, in: BB 1993, S. 1247-1250.

REICHEL, Fritz (Mehrwertsteuer, Inf 1972): Forderungsbewertung und Mehrwertsteuer, in: Inf 1972, S. 343.

REISS, Wolfram (Gesamthandsbeteiligungen, StuW 1986): Ertragsteuerliche Behandlung von Gesamthandsbeteiligungen und Beteiligungserträgen, in: StuW 1986, S. 232-255.

RENDELS, Heinz J. (Schwerpunkte, DStR 1993): Schwerpunkte des Standortsicherungsgesetzes: Änderung des KStG, sonstige Änderungen, Ausblick, in: DStR 1993, S. 1089-1094.

REUSCH, Peter (Gesellschaft, 1989): Die stille Gesellschaft als Publikumspersonengesellschaft, Berlin 1989.

REUTER, Hans-Peter (Beteiligungsabschreibung, BB 1982): Beteiligungsabschreibung trotz Mittelzuführung an die Tochtergesellschaft. Insbesondere zur Frage der Sanierungszuschüsse, in: BB 1982, S. 25-28.

REUTER, Hans-Peter (Dividenden, BB 1978): Vereinnahmung noch nicht ausgeschütteter Dividenden nach der Körperschaftsteuer-Reform, in: BB 1978, S. 83-84.

REUTER, Hans-Peter (Sachzuwendungen, StVj 1990): Überzogene Lohnsteuer bei Sachzuwendungen, in: StVj 1990, S. 237-253.

RICHTER, Heiner (Bilanzhilfsposten, StuW 1988): Bilanzhilfsposten in Handelsbilanz und Steuerbilanz, in: StuW 1988, S. 149-157.

RICHTER, Heinz (Arbeitnehmer-Darlehen, NWB 1990, Fach 3): Zur steuerlichen Behandlung unverzinslicher und niedrig verzinslicher Arbeitnehmer-Darlehen, in: NWB 1990, Fach 3, S. 7479-7482.

RICHTER, Heinz (Besteuerung, DStR 1977): Die Besteuerung der ausgeschütteten (Körperschafts-) Gewinne bei den Anteilseignern, in: DStR 1977, S. 81-84.

RITZROW, Manfred (Probleme, StBp 1988): Besondere ertragsteuerliche Probleme bei Entnahmevorgängen, in: StBp 1988, S. 241-250.

ROBOL, Günther (Bilanzierungsgrundsätze, ÖBA 1989): Bilanzierungsgrundsätze für neue Finanzinstrumente, in: ÖBA 1989, S. 498-510.

RODIN, Andreas (Disagio, 1988): Disagio, Diskont und Damnum im Einkommensteuerrecht. Band 11 der Schriftenreihe "Rechtsordnung und Steuerwesen", hrsg. von Brigitte Knobbe-Keuk, zugleich Diss. iur. Univ. München, Köln 1988.

RÖDDER, Thomas (Gestaltungssuche, 1991): Gestaltungssuche im Ertragsteuerrecht. Entwicklung von Gestaltungsmöglichkeiten und Gestaltungsbeispiele, Band 17 der Schriftenreihe "Besteuerung der Unternehmung", hrsg. von Gerd Rose, zugleich Diss. rer. pol. Univ. Köln, Wiesbaden 1991.

RÖHRKASTEN, Burkhard (Sacheinlage, BB 1974): Die Gewinnauswirkungen der Sacheinlage in Kapitalgesellschaften, in: BB 1974, S. 825-832.

RÖLLER, Wolfgang (Fremdfinanzierung, 1988): Langfristige Fremdfinanzierung deutscher Unternehmen: von den Industrieobligationen zu Finanzinnovationen, in: F. Wilhelm Christians (Hrsg.): Finanzierungshandbuch, 2., völlig überarbeitete und erweiterte Aufl., Wiesbaden 1988, S. 289-300.

RÖNITZ, Dieter (Behandlung, WM 1971, Sonderbeilage 2): Die ertragsteuerrechtliche Behandlung von Optionsgeschäften, in: WM 1971, Sonderbeilage 2.

RÖNITZ, Dieter (Ertragsbesteuerung, JbFSt 1980/81): Ertragsbesteuerung von Optionsrechten, in: JbFSt 1980/81, S. 38-59.

ROHSE, Heinz Werner (Wertberichtigungen, StBp 1985): Wertberichtigungen für Kundenforderungen und Rückstellungen für Wechsel- und Bürgschaftsobligo, in: StBp 1985, S. 193-204.

ROLAND, Helmut (Begriff, 1980): Der Begriff des Vermögensgegenstandes im Sinne der handels- und aktienrechtlichen Rechnungslegungsvorschriften, Diss. rer. pol. Göttingen 1980.

ROOLF, Willy J. (Beteiligung, BB 1978): Zur Bilanzierung einer Beteiligung an einer Personenhandelsgesellschaft in der Steuerbilanz, in: BB 1978, S. 1306-1308.

ROSE, Gerd (Berücksichtigung, DB 1960): Die Berücksichtigung verlustbringender Ergebnisabführungsverträge in den Bilanzen des Organträgers, in: DB 1960, S. 1164-1167.

ROSE, Gerd (Beteiligungsbesitz, FR 1960): Zur Bewertung von Beteiligungsbesitz in überhöht notierten Aktien bei der Vermögensteuer-Hauptveranlagung 1960, in: FR 1960, S. 565-567.

ROSE, Gerd (Betrachtungsweise, FR 1968): Die Rechtsprechung des Bundesfinanzhofs zur wirtschaftlichen Betrachtungsweise aus der Sicht der betriebswirtschaftlichen Steuerlehre, in: FR 1968, S. 433-437.

ROSE, Gerd (Betriebsvermögen, FR 1993): Zur gewerbesteuerlichen Behandlung von Erfolgen aus der Veräußerung hundertprozentiger Kapitalgesellschaftsbeteiligungen in einem gewerblichen Betriebsvermögen, in: FR 1993, S. 253-258.

ROSE, Gerd (Delkredereversicherung, BB 1968): Forderungsbewertung und Delkredereversicherung, in: BB 1968, S. 1323-1327.

ROSE, Gerd (Einkünfteerzielungsabsicht, StbJb 1985/86): Einkünfteerzielungsabsicht - Steuerbetriebswirtschaftliche Überlegungen zu den Thesen des Bundesfinanzhofs, in: StbJb 1985/86, S. 177-212.

ROSE, Gerd (Entscheidung, StuW 1978): Entscheidung für Unternehmens- oder Privatgegenstand? Betriebswirtschaftliche Untersuchungen zur optimalen Ausübung des Behandlungswahlrechts hinsichtlich nur teilweise unternehmerisch verwendeter Anlagegegenstände, in: StuW 1978, S. 97-107.

ROSE, Gerd (Entwicklung, StbJb 1967/68): Zur gegenwärtigen Entwicklung der Besteuerung von Kapitalgesellschaften, in: StbJb 1967/68, S. 211-267.

ROSE, Gerd (Ergebnisdifferenzen, DB 1966): Rücklagen-Veränderungen und steuerliche Ergebnisdifferenzen im Rahmen organschaftlicher Ergebnisabführungsvereinbarungen, in: DB 1966, S. 515-519 und S. 556-558.

ROSE, Gerd (Ertragsteuern, 1992): Betrieb und Steuer. 1. Buch: Die Ertragsteuern, 12., überarbeitete Aufl., Wiesbaden 1992.

ROSE, Gerd (Forderungen, ZfB 1965): Zur Behandlung unterverzinslicher Forderungen in der Ertragsteuerbilanz, in: ZfB 1965, S. 104-126.

ROSE, Gerd (Kapitalgesellschaften, StbJb 1971/72): Ausgewählte Probleme der Besteuerung von Kapitalgesellschaften und Konzernen, in: StbJb 1971/72, S. 183-230.

ROSE, Gerd (Rechnungsabgrenzungsposten, StbJb 1983/84): Die Rechnungsabgrenzungsposten im Lichte der neueren Rechtsprechung des Bundesfinanzhofs, StbJb 1983/84, S. 141-168.

ROSE, Gerd (Steuerplanung, HWPlan 1989): Steuerplanung, in: HWPlan, hrsg. von Norbert Szyperski mit Unterstützung von Udo Winand, Stuttgart 1989, Sp. 1866-1876.

ROSE, Gerd (Steuerlehre, 1992): Betriebswirtschaftliche Steuerlehre. Eine Einführung für Fortgeschrittene, 3., vollständig überarbeitete und aktualisierte Aufl., Wiesbaden 1992.

ROSE, Gerd (Steuerpraxis, FR 1966): Über den gegenwärtigen Einfluß der Betriebswirtschaftslehre auf die Steuerpraxis, in: FR 1966, S. 467-470.

ROSE, Gerd (Steuerwirkungslehre, 1982): Grundgerüst einer theoretischen betriebswirtschaftlichen Steuerwirkungslehre, in: Helmut Koch (Hrsg.): Neuere Entwicklungen in der Unternehmenstheorie, Wiesbaden 1982, S. 221-245.

ROSE, Gerd (Substanzsteuern, 1991): Betrieb und Steuer. 3. Buch: Die Substanzsteuern, 8., erneut überarbeitete Aufl., Wiesbaden 1991.

ROSE, Gerd (Zeiträume, DB 1974): Zeiträume und Zeitpunkte der Aufstellung, der Fertigstellung und der Einreichung von Jahresabschlüssen und Steuerbilanzen, in: DB 1974, S. 1031-1035.

ROSE, Gerd (Zinsfüß', StbJb 1973/74): Verachtet mir die Zinsfüß' nicht! Zinssatzfragen in der Steuerpraxis, in: StbJb 1973/74, S. 301-348.

ROSE, Gerd / GLORIUS, Cornelia (Unternehmungsformen, 1992): Unternehmungsformen und -verbindungen. Rechtsformen, Beteiligungsformen, Konzerne, Kooperationen, Umwandlungen, Verschmelzungen und Spaltungen, Wiesbaden/Köln 1992.

ROSENAU, Heinz (Folgen, DB 1971, Beilage 13): Die GmbH & Co. KG, ihre rechtliche Gestaltung und die steuerlichen Folgen, in: DB 1971, Beilage 13.

ROSER, Frank D. (Holding-Personengesellschaft, DB 1992): Anrechenbare Körperschaftsteuern im Jahresabschluß einer Holding-Personengesellschaft, in: DB 1992, S. 850-854.

568

ROSER, Ulrich (Beteiligung, DB 1977): Ausweis der Beteiligung an einer Personenhandelsgesellschaft in der aktienrechtlichen Bilanz, in: DB 1977, S. 2241-2243.

ROWEDDER, Heinz et. al. (ROWEDDER[/BEARBEITER] 1990): Gesetz betreffend die Gesellschaften mit beschränkter Haftung (GmbHG), 2., neubearbeitete Aufl., München 1990.

RUNGE, Berndt (Wandelschuldverschreibungen, DB 1970): Bewertung von Bezugsrechten bei Ausgabe von Wandelschuldverschreibungen, in: DB 1970, S. 801-803.

SAAGE, Gustav (Gewinnermittlung, DB 1969): Veränderte Grundlagen der Gewinnermittlung nach Handels- und Steuerrecht, in: DB 1969, S. 1661-1667, 1709-1714.

SARX, Manfred (Verlustrückstellungen, 1985): Aktuelle Probleme der Verlustrückstellungen für Dauerschuldverhältnisse aus der Sicht der Handelsbilanz, in: Gerhard Gross (Hrsg.): Der Wirtschaftsprüfer im Schnittpunkt nationaler und internationaler Entwicklungen, FS Klaus von Wysocki, Düsseldorf 1985, S. 91-109.

SAUR, Johannes / ALTHAUS, Wolfgang (Beteiligungen, WPg 1971): Bilanzierung von Beteiligungen an Personengesellschaften - Einfluß des Jahresergebnisses auf den Bilanzansatz -, in: WPg 1971, S. 1-7.

SCHÄFER, Wolf (Forderungen, 1977): Grundsätze ordnungsmäßiger Bilanzierung für Forderungen, Band 3 der Schriftenreihe der Schmalenbach-Gesellschaft "Beiträge zu den Grundsätzen ordnungsmäßiger Bilanzierung", 2. Aufl., Düsseldorf 1977.

SCHEFFLER, Eberhard (Wert, 1992): Der beizulegende Wert von Auslandsbeteiligungen im handelsrechtlichen Jahresabschluß, in: Norbert Herzig (Hrsg.): Bewertung von Auslandsbeteiligungen, Köln 1992, S. 1-14.

SCHEITERLE, Walter (Verzinsung, WPg 1983): Die Bilanzierung von Verbindlichkeiten mit steigender Verzinsung, in: WPg 1983, S. 558-560.

SCHELLENBERGER, Heinz (Folgen, DStR 1985): Der Bundesfinanzhof-Beschluß vom 25.6.1984, GrS 4/82 - Folgen und Folgerungen, in: DStR 1985, S. 163-171.

SCHEPERS, Georg (Factoring, WPg 1974): Factoring in Deutschland, in: WPg 1974, S. 314-317.

SCHIEBLER, Gundel (Beteiligungen, 1986): Abschreibungen auf Beteiligungen an Kapitalgesellschaften nach Handels- und Steuerrecht, Diss. rer. pol. Hamburg 1986.

SCHLEGELBERGER, Franz (SCHLEGELBERGER/BEARBEITER 1973): Handelsgesetzbuch. Kommentar, 5., neubearbeitete und erweiterte Aufl., München 1973.

SCHLICK, Uwe (Bewertung, DStR 1993): Bewertung von Fremdwährungspositionen im handelsrechtlichen Jahresabschluß, in: DStR 1993, S. 254-260.

SCHMALENBACH, Eugen (Aktiengesellschaft, 1950): Die Finanzierung der Betriebe. Band 3: Die Aktiengesellschaft, 7. Aufl., Köln/Opladen 1950.

SCHMALENBACH, Eugen (Beteiligungsfinanzierung, 1966): Die Beteiligungsfinanzierung, 9. Aufl., bearbeitet von R. Bauer, Köln/Opladen 1966.

SCHMALENBACH, Eugen (Bilanz, 1962): Dynamische Bilanz, 13., verbesserte und erweiterte Aufl., Köln und Opladen 1962.

SCHMALENBACH, Eugen (Wert, ZfhF 1918): Theoretische Studie über den gemeinen Wert, in: ZfhF 1918, S. 129-151.

SCHMEDEMANN, Peter (Behandlung, 1973): Die steuerliche Behandlung der Rücknahme und Wiederausgabe eigener GmbH-Anteile, Köln 1973.

SCHMEKEL, Helmut (Rechnungslegung, DB 1983): Rechnungslegung von Zinstermingeschäften für Banken und Industrieunternehmen, in: DB 1983, S. 893-898.

SCHMIDT, Fritz (Tageswertbilanz, 1951): Die organische Tageswertbilanz, unveränderter Nachdruck der 3. Aufl., Wiesbaden 1951.

SCHMIDT, Hartmut (Wertpapierbörsen, 1988): Wertpapierbörsen. Strukturprinzip, Organisation, Kassa- und Terminmärkte, München 1988.

SCHMIDT, Karsten (Gesellschaftsrecht, 1991): Gesellschaftsrecht, 2. völlig neu bearbeitete und erweiterte Aufl., Köln/Berlin/Bonn/München 1991.

SCHMIDT, Ludwig (Anmerkung, FR 1976): Anmerkung zum BFH-Urteil vom 23.7.1975 - I R 165/73, in: FR 1976, S. 21.

SCHMIDT, Ludwig (Anmerkung, FR 1986): Anmerkung zum BFH-Urteil BFH I R 199/84 vom 21.5.1986, in: FR 1986, S. 465-466.

SCHMIDT, Ludwig (Anmerkung, FR 1993): Anmerkung zum BFH-Urteil I R 31/91 vom 29.7.1992, FR 1993, S. 169-170.

SCHMIDT, Ludwig (Organschaft, StuW 1969): Die gesetzliche Regelung der Organschaft im Körperschaftsteuerrecht, in: StuW 1969, Sp. 441-462.

SCHMIDT, Ludwig (SCHMIDT[/BEARBEITER] 1993): Einkommensteuergesetz. Kommentar, 12., völlig neubearbeitete Aufl., München 1993

SCHMIDT, Ludwig (Steuerklauseln, JbFSt 1979/80): Steuerklauseln, in: JbFSt 1979/80, S. 314-334.

SCHMIDT, Reinhard H. (Aktienkursprognose, 1976): Aktienkursprognose - Aspekte positiver Theorien über Aktienkursänderungen, Wiesbaden 1976.

SCHNÄDTER, Helmut (Gewerbesteuergesetz, FR 1989): § 8 Nr. 10 Gewerbesteuergesetz - "sachgerecht"?, in: FR 1989, S. 576-578.

SCHNEIDER, Dieter (Deduktion, StuW 1983): Rechtsfindung durch Deduktion von Grundsätzen ordnungsmäßiger Buchführung aus gesetzlichen Jahresabschlußzwecken, in: StuW 1983, S. 141-160.

SCHNEIDER, Dieter (Investition, 1992): Investition, Finanzierung und Besteuerung, 7., vollständig überarbeitete und erweiterte Aufl., Wiesbaden 1992.

SCHNEIDER, Dieter (Realisationsprinzip, 1976): Realisationsprinzip und Einkommensbegriff, in: Jörg Baetge, Adolf Moxter, Dieter Schneider (Hrsg.): Bilanzfragen, FS Ulrich Leffson, Düsseldorf 1976, S. 101-117.

SCHNEIDER, Hans J. (Delkredere, DB 1965): Die pauschale Wertberichtigung auf Forderungen (Delkredere), in: DB 1965, S. 751-754.

SCHNICKER, Heinrich (Bewertung, WPg 1978): Devisenterminkurse und die Bewertung von Fremdwährungsforderungen. Einige Bemerkungen zum Abwertungswahlrecht gemäß § 155 Abs. 3 Nr. 1 AktG, in: WPg 1978, S. 325-331.

SCHOBERT, Anton (Auslandsforderungen, StBp 1986): Wertberichtigungen auf Auslandsforderungen, insbesondere bei Kreditinstituten, in: StBp 1986, S. 73-78.

SCHÖN, Wolfgang (Personengesellschaften, 1986): Gewinnübertragungen bei Personengesellschaften nach § 6b EStG, Band 2 der Schriftenreihe "Rechtsordnung und Steuerwesen", hrsg. von Brigitte Knobbe-Keuk, Köln 1986.

SCHÖNE, Wolf-Dieter (Wert, GmbHR 1975): Wert und Bewertung von GmbH-Anteilen, in: GmbHR 1975, S. 121-129.

SCHÖNNENBECK, Hermann (Abzinsung, NB 1960): Abzinsung von Forderungen in der Handels- und Steuerbilanz?, in: NB 1960, S. 51-53.

SCHÖNNENBECK, Hermannn (Forderungen, DB 1962): Die Eigengesetzlichkeit von Forderungen im Jahresabschluß, in: DB 1962, S. 545-548.

SCHÖNNENBECK, Hermann (Geschäfte, DB 1960): Bilanzierungsfragen schwebender Geschäfte, in: DB 1960, S. 1133-1137.

SCHOLTZ, Rolf-Detlev (Beteiligungserträge, DStZ 1990): Kein eigenständiger Besteuerungsgegenstand für Beteiligungserträge, in: DStZ 1990, S. 547-553.

SCHOLZ, Franz (*BEARBEITER* in SCHOLZ 1993): Kommentar zum GmbH-Gesetz mit Nebengesetzen und den Anhängen Konzernrecht sowie Umwandlung und Verschmelzung, 8., neubearbeitete und wesentlich erweiterte Aufl., Band I, Köln 1993.

SCHOLZ, Walter (Bilanzierung, WPg 1973): Die Bilanzierung von Verbindlichkeiten mit steigender Verzinsung und der Begriff des "Rückzahlungsbetrages" im Sinne des § 156 Abs. 2 und 3 AktG, in: WPg 1973, S. 53-57.

SCHOOR, Hans Walter (Dividenden, BB 1984): Aktivierung von Dividenden bei verbundenen Unternehmen, in: BB 1984, S. 828-830.

SCHRUFF, Wienand (Gefahr, BFuP 1993): Die internationale Vereinheitlichung der Rechnungslegung nach den Vorschlägen des IASC - Gefahr oder Chance für die deutsche Bilanzierung? -, in: BFuP 1993, S. 400-426.

SCHULT, Eberhard / RICHTER, Heiner (Teilwert, DStR 1991): Wider den Teilwert - cinc Schimäre des Steuerrechts, in: DStR 1991, S. 1261-1265.

SCHULZE-OSTERLOH, Joachim (Beteiligungen, WPg 1979): Beteiligungen an Personengesellschaften unter Berücksichtigung der Besonderheiten von Publikums-Kommanditgesellschaften, in: WPg 1979, S. 629-641.

SCHULZE-OSTERLOH, Joachim (Dividendenforderungen, ZGR 1977): Die Bilanzierung künftiger Dividendenforderungen - Besprechung der Entscheidung BGHZ 65, 230 -, in: ZGR 1977, S. 104-117.

SCHULZE ZUR WIESCHE, Dieter (Auslandsbeteiligungen, FR 1987): Nochmals: Teilwertabschreibung auf Auslandsbeteiligungen, in: FR 1987, S. 609-612.

SCHULZE ZUR WIESCHE, Dieter (Beteiligung, GmbHR 1979): Die stille Beteiligung an einer GmbH, in: GmbHR 1979, S. 33-42 und 62-68.

SCHULZE ZUR WIESCHE, Dieter (Betriebsvermögen, StBp 1978): Ertragsteuerliche Behandlung von Anteilen im Betriebsvermögen, in: StBp 1978, S. 123-132.

SCHULZE ZUR WIESCHE, Dieter (Teilwertabschreibungen, FR 1987): Teilwertabschreibungen auf Auslandsbeteiligungen, in: FR 1987, S. 385-389.

SCHULZE ZUR WIESCHE, Dieter (Wechselkurse, DB 1970): Steuerliche Probleme bei Änderung der Wechselkurse, in: DB 1970, S. 604-606.

SCHUMANN, Jochen (Theorie, 1992): Grundzüge der mikroökonomischen Theorie, 6., überarbeitete und erweiterte Aufl., Berlin/Heidelberg/New York/Paris/Tokyo 1992.

SCHUWARDT, Günter (Teilwert-Theorie, DB 1967): Gedanken zur Teilwert-Theorie. Zugleich Besprechung des BFH-Urteils vom 15.7.1966, in: DB 1967, S. 1475-1476.

SCHWEDHELM, Rolf (Dividendenvereinnahmung, GmbHR 1992): Bilanzielle Behandlung der Körperschaftsteuer und Kapitalertragsteuer bei zeitgleicher Dividendenvereinnahmung, in: GmbHR 1992, S. 652-653.

SCHWEITZER, Marcell / KÜPPER, Hans-Ulrich (Kostenrechnung, 1986): Systeme der Kostenrechnung, 4., überarbeitete und erweiterte Aufl., Landsberg am Lech 1986.

SEEGER, Siegbert F. (Gewinnausschüttungen, StVj 1992): Zur Rückgängigmachung verdeckter Gewinnausschüttungen, in: StVj 1992, S. 249-256.

SEELIGER, Gerhard (Begriff, 1962): Der Begriff des wirtschaftlichen Eigentums im Steuerrecht, Stuttgart 1962.

SEER, Roman (Behandlung, StuW 1992): Die ertragsteuerliche Behandlung der doppelstöckigen Personengesellschaft unter besonderer Berücksichtigung des Steueränderungsgesetzes 1992, in: StuW 1992, S. 35-47.

SEIBOLD, Felix (Einlagen, DStR 1990): Die ertragsteuerliche Behandlung sogenannter verdeckter Einlagen, in: DStR 1990, S. 719-724.

SEIBOLD, Felix (Einnahmenerzielung, StuW 1990): Der Tatbestand der Einnahmenerzielung unter besonderer Berücksichtigung der Einkünfte aus Kapitalvermögen, in: StuW 1990, S. 165-172.

SEICHT, Gerhard (Beteiligungen, 1987): Grundsätze ordnungsmäßiger Bilanzierung für Beteiligungen, in: Gerhard Seicht (Hrsg.): Jahrbuch für Controlling und Rechnungswesen '87 - Bilanzreform, Controlling, Logistik, Arbeitszeitflexibilisierung, Wien 1987, S. 11-80.

SEIFRIED, Max (Frage, DB 1990): Zur Frage der Gewinnrealisierung bei Ausgliederung einzelner Wirtschaftsgüter, in: DB 1990, S. 1473-1478, 1525-1530.

SELCHERT, Friedrich Wilhelm (Körperschaftsteueranrechnung, BB 1984): Körperschaftsteueranrechnung bei Anteilen im Betriebsvermögen einer Mitunternehmergemeinschaft, in: BB 1984, S. 888-892.

SERFLING, Klaus / PRIES, Andreas (Rating, Die Bank 1990): Möglichkeiten und Grenzen des Rating, in: Die Bank 1990, S. 381-383.

SIEBEN, Günter (Beratungsfunktion, 1977): Die Beratungsfunktion der Unternehmensbewertung, in: Wolfgang Goetzke, Günther Sieben (Hrsg.): Moderne Unternehmensbewertung und Grundsätze ihrer ordnungsmäßigen Durchführung, Bericht von der 1. Kölner BFuP-Tagung am 18. und 19. November 1976 in Köln, GEBERA-Schriften, Band 1, Köln 1977, S. 57-71.

SIEBEN, Günter (Geldentwertung, 1976): Zur Problematik einer auf Bilanzgewinnen basierenden Unternehmensbewertung in Zeiten der Geldentwertung, in: Jörg Baetge, Adolf Moxter, Dieter Schneider (Hrsg.): Bilanzfragen, FS Ulrich Leffson, Düsseldorf 1976, S. 255-271.

SIEBEN, Günter (Substanzwert, 1963): Der Substanzwert der Unternehmung, Band 5 der Schriftenreihe "Betriebswirtschaftliche Beiträge", hrsg. von Hans Münstermann, Wiesbaden 1963.

SIEBEN, Günter (Unternehmensbewertung, HWB 1993): Unternehmungsbewertung, in: HWB, hrsg. von Waldemar Wittmann et al., 5., völlig neu gestaltete Aufl., Stuttgart 1993, Sp. 4315-4332.

SIEBEN, Günter (Unternehmenserfolg, 1988): Der Unternehmenserfolg als Determinante des Unternehmenswerts - Berechnung auf der Basis künftiger Entnahme- oder künftiger Ertragsüberschüsse, in: FS Busse von Colbe, Wiesbaden 1988, S. 361-375.

SIEBEN, Günter (Unternehmensmehrwerte, 1991): Zur bilanziellen Behandlung strategischer Unternehmensmehrwerte nach Handels- und Steuerrecht, in: Norbert Herzig (Hrsg.): Betriebswirtschaftliche Steuerlehre und Steuerberatung, FS Gerd Rose, Wiesbaden 1991, S. 191-214.

SIEBEN, Günter / DIEDRICH, Ralf (Unternehmensakquisitionen, ZfbF 1990): Aspekte der Wertfindung bei strategisch motivierten Unternehmensakquisitionen, in: ZfbF 1990, S. 794-809.

SIEBEN, Günter / OSSADNIK, Wolfgang (Dauernd, HuR 1986): Dauernd, in: HuR, hrsg. von Ulrich Leffson, Dieter Rückle und Bernhard Großfeld, Köln 1986, S. 105-113.

SIEBEN, Günter / SCHILDBACH, Thomas (Unternehmungen, DStR 1979): Zum Stand der Entwicklung der Lehre von der Bewertung ganzer Unternehmungen, in: DStR 1979, S. 455-461.

SIEGEL, Theodor (Metamorphosen, 1992): Metamorphosen des Realisationsprinzips?, in: Adolf Moxter, Hans-Peter Müller, Rolf Windmöller, Klaus von Wysocki (Hrsg.): Rechnungslegung. Entwicklung bei der Bilanzierung und Prüfung von Kapitalgesellschaften, FS Karl-Heinz Forster, Düsseldorf 1992, S. 585-605.

SIEGEL, Theodor (Zerobonds, WPg 1990): Zur Bewertung von Zerobonds bei Inanspruchnahme des Beibehaltungswahlrechts - Stellungnahme zu einem Beitrag von Baxmann -, in: WPg 1990, S. 449-452.

SIEGERS, Dirk (Einlage, DStR 1992): Die verdeckte Einlage immaterieller Wirtschaftsgüter - Ansatz in der Steuerbilanz und Gewinnrealisierung?, in: DStR 1992, S. 1570-1576.

SIEPE, Günter (Teilwertansatz, 1992): Darf ein ertragsteuerlicher Teilwertansatz den handelsrechtlich gebotenen Wertansatz überschreiten?, in: Adolf Moxter, Klaus-Peter Müller, Rolf Windmüller, Klaus v. Wysocki (Hrsg.): Rechnungslegung. Entwicklungen bei der Bilanzierung und Prüfung von Kapitalgesellschaften, FS Karl-Heinz Forster, Düsseldorf 1992, S. 607-624.

SIMON, Peter (Anspruch, BB 1981): Der Anspruch auf Körperschaftsteueranrechnung bei Anteilen im Betriebsvermögen, in: BB 1981, S. 133-140.

SLOMMA, Hans (Anteile, BB 1980): Anschaffungskosten für Anteile an Kapitalgesellschaften bei Vereinbarung eines gesonderten Entgelts für den Anspruch des Veräußerers auf den zeitanteiligen Gewinn, in: BB 1980, S. 712-713.

SLOMMA, Hans (Auflösung, BB 1978): Degressive Auflösung aktiver Rechnungsabgrenzungsposten für Geldbeschaffungskosten, in: BB 1978, S. 842.

SLOMMA, Hans (Betriebsangehörige, DB 1989): Bilanzierung unverzinslicher oder niedrig verzinslicher Darlehen an Betriebsangehörige, in: DB 1989, S. 1106-1107.

SOCHER, Claus (Teilwertermittlung, FR 1963): Zur Teilwertermittlung, insbesondere bei Wertpapieren, in: FR 1963, S. 540-542.

SÖFFING, Günter (Aktien, NWB 1990, Fach 3): Aktien als Sonderbetriebsvermögen - BFH-Urteil v. 31.10.1989 - VIII R 374/83 -, in: NWB 1990, Fach 3, S. 7431-7432.

SÖFFING, Günter (Beteiligung, FR 1992): Mittelbare Beteiligung bei Personengesellschaften. Beschluß des Großen Senats des BFH vom 25.2.1991 und § 15 Abs. 1 Satz 1 Nr. 2 Satz 2 EStG - eingefügt durch das Steueränderungsgesetz 1992, in: FR 1992, S. 185-192.

SÖFFING, Günter (Betriebsaufspaltung, 1990): Die Betriebsaufspaltung, 2., erweiterte Aufl., Stuttgart 1990.

SÖFFING, Günter (Betriebsvermögen, StbJb 1980/81): Gewillkürtes Betriebsvermögen, in: StbJb 1980/81, S. 451-523.

SÖFFING, Günter (Sonderbetriebsvermögen, NWB 1991, Fach 3): Sonderbetriebsvermögen II bei doppelstöckiger GmbH & Co. KG - BFH-U. v. 11.12.90 - VIII R 14/87 (BStBl 1991 II S. 510) -, in: NWB 1991, Fach 3, S. 8071-8072.

SÖFFING, Günter (Teilwertabschreibung, BB 1965): Teilwertabschreibung bei Wertpapieren, in: BB 1965, S. 284-285.

SÖFFING, Günter (Wirtschaftsgut, JbFSt 1978/79): Zum Begriff Wirtschaftsgut, in: JbFSt 1978/79, S. 199-227.

SÖFFING, Günter / JEBENS, Thomas (Gewinnchancen, BB 1979): Berücksichtigung von Gewinnchancen bei Teilwertabschreibungen und Rückstellungen in: BB 1979, S. 1447-1448.

SONNENSCHEIN, Jürgen (Organschaft, 1976): Organschaft und Konzerngesellschaftsrecht unter Berücksichtigung des Wettbewerbsrechts und des Mitbestimmungsrechts, Baden-Baden 1976.

SPILGER, Hans (Vorfinanzierung, BB 1954): Vorfinanzierung der Einkommensteuer durch unrichtige Bewertung von Forderungen? Zum Gutachten von Kottke, BB 1953, S. 72, in: BB 1954, S. 707-708.

SPREMANN, Klaus (Investition, 1991): Investition und Finanzierung, 4., verbesserte Aufl., München/Wien 1991.

SPREMANN, Klaus (Terminkontrakte, ZfbF 1991): Kann man mit Terminkontrakten hedgen?, in: ZfbF 1991, S. 295-312.

STACKELBERG, Heinrich von (Volkswirtschaftslehre, 1951): Grundlagen der theoretischen Volkswirtschaftslehre, 2. Aufl., Tübingen/Zürich 1951.

STADIE, Holger (Recht, 1989): Das Recht des Vorsteuerabzugs, Köln 1989.

STAHL, Rudolf (Abzugsverbot, KÖSDI 1989): Abzugsverbot ausschüttungsbedingter Teilwertabschreibungen auf Beteiligungen nach der Steuerreform 1990, in: KÖSDI 1989, S. 7853-7857.

STAUDINGER, J. von (STAUDINGER/KADUK 1978): Kommentar zum Bürgerlichen Gesetzbuch mit Einführungsgesetz und Nebengesetzen, 2. Band: Recht der Schuldverhältnisse, Teil 1.d, §§ 328-432, 10./11. neubearbeitete Aufl., Berlin 1978.

STEINER, Peter (Hedging, ZfbF 1990): Das Hedging von zinsreagiblen Bilanzpositionen, in: ZfbF 1990, S. 778-793.

STEINBICHLER, Alois (Futures, ÖBA 1982): Financial Futures - ein Instrument der Absicherung gegen Zinsschwankungen, in: ÖBA 1982, S. 410-425.

STERNER, Friedrich (Steuerfragen, DB 1985): Steuerfragen beim Ausscheiden eines typischen stillen Gesellschafters, in: DB 1985, S. 2316-2321.

STOBBE, Thomas (Maßgeblichkeitsgrundsatz, BB 1990): Ist der Maßgeblichkeitsgrundsatz bei der Zurechnung des wirtschaftlichen Eigentums anwendbar? Eine Analyse am Beispiel des Leasings und der Pensionsgeschäfte, in: BB 1990, S. 518-525.

STÖRRLE, Winfried (Mischformen, 1971): Eigen- oder Fremdfinanzierung unter Berücksichtigung von Mischformen, in: Oswald Hahn (Hrsg.): Handbuch der Unternehmensfinanzierung, München 1971, S. 377-415.

STOLLENWERK, Arnd (Beurteilungseinheit, 1993): Beurteilungseinheit der ertragsteuerlichen Steuerbarkeit, Band 20 der Schriftenreihe "Besteuerung der Unternehmung", hrsg. von Gerd Rose, zugleich Diss. rer. pol. Univ. Köln 1992, Wiesbaden 1993.

STORCK, Alfred (Organverluste, StuW 1976): Die Zurechnung des Organeinkommens und die Bildung einer Rückstellung für drohende Organverluste, in: StuW 1976, S. 217-227.

STORN, Harro (Bemessung, WPg 1975): Bemessung und Ausweis der Pauschalwertberichtigung zu Forderungen, in: WPg 1975, S. 131-139.

STRECK, Michael (STRECK 1991): Körperschaftsteuergesetz mit Nebengesetzen. Kommentar, 3., neubearbeitete Aufl., München 1991.

STRUNZ, Willi (Bilanzierung, DStR 1979): Auswirkungen von Wechselkursänderungen auf die Bilanzierung, in: DStR 1979, S. 72-75.

STÜDEMANN, Klaus (Betrachtungsweise, FR 1984): Über das Wirtschaftliche der wirtschaftlichen Betrachtungsweise, in: FR 1984, S. 545-556.

STÜDEMANN, Klaus (Betriebswirtschaftslehre, 1990): Einführung in die Allgemeine Betriebswirtschaftslehre, 2. Aufl., München 1990.

STÜDEMANN, Klaus (Grundlagen, DB 1985): Grundlagen zur Unterscheidung von materiellen und immateriellen Gütern und zu ihrer Aktivierung in der Bilanz, in: DB 1985, S. 345-352.

STÜDEMANN, Klaus (Nominalrepräsentanten, 1976): Theorie der Nominalrepräsentanten, Berlin 1976.

STÜTTGEN, Hans-Gerd (Beteiligung, 1988): Die stille Beteiligung an der gewerblichen Familien-GmbH. Grundlagen und Gestaltungsmöglichkeiten für Anteilseigner und deren Angehörige aus ertrag-, erbschaft- und vermögensteuerlicher Sicht, zugleich Diss. rer. pol. Univ. Köln, Düsseldorf 1988.

STÜTZEL, Wolfgang (Aktienrechtsreform, 1960): Aktienrechtsreform und Konzentration, in: H. Arndt (Hrsg.): Die Konzentration in der Wirtschaft, Schriften des Vereins für Sozialpolitik, Band 20 II n. F., Berlin 1960, S. 907-987.

STÜTZEL, Wolfgang (Liquidität, HWB 1975): Liquidität, betriebliche, in: HWB, hrsg. von Erwin Grochla und Waldemar Wittmann, Band I/2, 4., völlig neu gestaltete Aufl., Stuttgart 1975, Sp. 2515-2624.

STÜTZEL, Wolfgang (Wert, HWB 1976): Wert und Preis, in: HWB, hrsg. von Erwin Grochla und Waldemar Wittmann, Band 3, 4., völlig neu gestaltete Aufl., Stuttgart 1976, Sp. 4404-4425.

SUNDER-PLASSMANN, Reinhard (Lohnsteuerrecht, StuW 1990): Rechtsprechung zum Lohnsteuerrecht, in: StuW 1990, S. 66-73.

TEICHMANN, Arndt (Nießbrauch, ZGR 1972): Der Nießbrauch an Gesellschaftsanteilen - gesellschaftsrechtlicher Teil -, in: ZGR 1972, S. 1-23.

THEIS, J. (Handelsvertreter, DB 1958): Wann muß der Handelsvertreter seine Provisionsforderungen aktivieren?, in: DB 1958, S. 1255.

THEIS, J. (Provisionsforderung, DB 1956): Wann muß der Handelsvertreter seine Provisionsforderung aktivieren?, in: DB 1956, S. 830-832.

THIEL, Jochen (Behandlung, 1967): Die steuerliche Behandlung eigener Anteile von Kapitalgesellschaften, Heft 6 der Schriftenreihe "Steuerrecht und Steuerpolitik", hrsg. von der Studiengesellschaft zur Neugestaltung des Finanz- und Steuerrechts e.V. Stuttgart, Heidelberg 1967.

THIEL, Jochen (Bilanzrecht, 1990): Bilanzrecht. Handelsbilanz - Steuerbilanz, 4., völlig neubearbeitete und erweiterte Aufl., Heidelberg 1990.

THIEL, Jochen (Einlagen, DStR 1992): Einlagen in Kapitalgesellschaften - Aktuelle Steuerfragen bei der Gesellschaft und beim Gesellschafter, in: DStR 1992, S. 1-7.

THIEL, Jochen (Streifzug, GmbHR 1992): Im Grenzbereich zwischen Eigen- und Fremdkapital - Ein Streifzug durch die ertragsteuerrechtlichen Probleme der Gesellschafter-Fremdfinanzierung, in: GmbHR 1992, S. 20-29.

THIEL, Rudolf (Anmerkung, StRK 1966): Anmerkung zum BFH-Urteil I 169/63 U vom 2.11.1965, BStBl III 1966, S. 127, in: StRK 1966, Anmerkungen KStG § 6 Abs. 1 S. 1 Allg. R. 97.

THIEL, Rudolf (Fragen, StbJb 1966/67): Aktuelle Fragen des Einkommensteuer- und Körperschaftsteuerrechts, in: StbJb 1966/67, S. 247-278.

THIEL, Rudolf (Herabsetzung, DB 1967): Die Herabsetzung des Nennkapitals einer Kapitalgesellschaft im Lichte des Einkommensteuerrechts, in: DB 1967, S. 309-313.

THIEL, Rudolf (Tausch, DB 1958): Die Gewinnverwirklichung beim Tausch, in: DB 1958, S. 1431-1434.

THIEL, Rudolf (Wegweiser, DB 1976): Wegweiser durch den Irrgarten der körperschaftsteuerlichen Anrechnungsvorschriften, in: DB 1976, S. 1495-1502.

THÖMMES, Otmar (EG-Fusionsrichtlinie, IWB 1990, Fach 5, Europäische Gemeinschaften, Gruppe 2): Auswirkungen der EG-Fusionsrichtlinie auf die steuerliche Behandlung des Anteilstausches, in: IWB 1990, Fach 5, Europäische Gemeinschaften, Gruppe 2, S. 137-148.

TIPKE, Klaus (Privatsphäre, StuW 1979): Zur Abgrenzung der Betriebs- oder Berufssphäre von der Privatsphäre im Einkommensteuerrecht. Zur Lübecker Jahrestagung der Deutschen Steuerjuristischen Gesellschaft e.V. am 20./21. September 1979, in: StuW 1979, S. 193-208.

TIPKE, Klaus / KRUSE, Heinrich Wilhelm (TIPKE/KRUSE 1993): Abgabenordnung. Finanzgerichtsordnung. Kommentar zur AO 1977 und FGO (ohne Steuerstrafrecht), 14. Aufl., Loseblatt, Stand Mai 1993, Köln 1993.

TIPKE, Klaus / LANG, Joachim (Steuerrecht, 1991): Steuerrecht. Ein systematischer Grundriß, 13., völlig überarbeitete Aufl., Köln 1991.

TREUBERG, Hubert Graf von / SCHARPF, Paul (DTB-Aktienoptionen, DB 1991): DTB-Aktienoptionen und deren Abbildung im Jahresabschluß von Industrieunternehmen, in: DB 1991, S. 661-668.

TREUBERG, Hubert Graf von / SCHARPF, Paul (Pensionsgeschäfte, DB 1991): Pensionsgeschäfte und deren Behandlung im Jahresabschluß von Kapitalgesellschaften nach § 340b HGB, in: DB 1991, S. 1233-1238.

TROLL, Max (Aktien, 1989): Bewertung der Aktien und GmbH-Anteile bei der Vermögensteuer, 5., neubearbeitete Aufl., Heidelberg 1989.

TUBBESING, Günter (Bilanzierungsprobleme, ZfbF 1981): Bilanzierungsprobleme bei Fremdwährungsposten im Einzelabschluß, in: ZfbF 1981, S. 804-826.

UELNER, Adalbert (Bewertung, BB 1964): Die Bewertung von Wertpapieren in der Steuerbilanz. Unter besonderer Berücksichtigung der Wertpapiere im Giro-Sammeldepot, in: BB 1964, S. 123-125.

UELNER, Adalbert (Fremdkapital, JbFSt 1979/80): Das Eigen- und Fremdkapital der Personengesellschaft in ertragsteuerrechtlicher Sicht, in: JbFSt 1979/80, S. 338-365.

UELNER, Adalbert (Mitunternehmergewinn, JbFSt 1978/79): Der Mitunternehmergewinn als Betriebsvermögensmehrung des Mitunternehmers, in: JbFSt 1978/79, S. 300-321.

UELNER, Adalbert (Privatvermögen, StbKonRep 1981): Betriebsvermögen - Privatvermögen, in: StbKonRep 1981, S. 47-68.

UELNER, Adalbert (Stellungnahme, StBp 1964): Stellungnahme zu den vorstehenden Ausführungen, in: StBp 1964, S. 174-176.

UHLIG, Bernhard / LÜCHAU, Henning (Beteiligungen, WPg 1971): Bewertung von Beteiligungen an Kapitalgesellschaften in der Handelsbilanz, in: WPg 1971, S. 553-559.

UHLIR, Helmut (Wertpapieranalyse, HWB 1993): Finanz- und Wertpapieranalyse, in: HWB, hrsg. von Waldemar Wittmann et al., 5., völlig neu gestaltete Aufl., Stuttgart 1993, Sp. 1011-1023.

UHLIR, Helmut / STEINER, Peter (Risiken, ZfB 1983): Analyse anleihespezifischer Risiken, in: ZfB 1983, S. 632-657.

UHLIR, Helmut / STEINER, Peter (Wertpapieranalyse, 1991): Wertpapieranalyse, 2., neubearbeitete und erweiterte Aufl., Heidelberg 1991.

ULMER, Peter / IHRIG, Christoph (Zero-Bonds, ZIP 1985): Ein neuer Anleihetyp: Zero-Bonds. Zivil- und bilanzrechtliche Probleme, in: ZIP 1985, S. 1169-1180.

URBAS, Helmut (Betrachtungsweise, 1987): Die wirtschaftliche Betrachtungsweise im Steuerrecht, Europäische Hochschulschriften, Reihe V: Volks- und Betriebswirtschaft, Band 785, zugleich Diss. rer. pol. Univ. Köln, Frankfurt 1987.

VANGEROW, Friedrich (Erläuterungen, StuW 1954): Erläuterungen zur Rechtsprechung zur Einkommensteuer, in: StuW 1954, Sp. 347-364.

VANGEROW, Friedrich (Handelsvertreter, StuW 1957): Zur Aktivierung von Provisionsansprüchen der Handelsvertreter (Zugleich Besprechung des BFH-Urteils 29.11.56 IV 206/55 StW 1957 Nr. 143), in: StuW 1957, Sp. 553-566.

VELDE, Kurt van der (Behandlung, StuW 1972): Steuerliche Behandlung von Pensionsgeschäften mit Wertpapieren und steuerfreien Zinsen, in: StuW 1972, S. 270-278.

VELDE, Kurt van der (Beteiligungen, StbJb 1952/53): Die Bewertung von Beteiligungen, in: StbJb 1952/53, S. 233-290.

VELDE, Kurt van der (Finanzierungsmethoden, StbJb 1961/62): Steuerliche Probleme neuzeitlicher Finanzierungsmethoden, in: StbJb 1961/62, S. 379-414.

VELDER, Franz (Abzinsung, Der Wirtschaftsprüfer 1934): Die Abzinsung von Forderungen und Schulden in der Bilanz, in: Der Wirtschaftsprüfer 1934, S. 195-196.

VELLGUTH, Hans Karl (Bilanzierung, 1937): Grundsätze ordnungsmäßiger Bilanzierung für schwebende Geschäfte, Diss. rer. pol. Köln, Würzburg 1937.

VIEL, Jakob (Unternehmungswertberechnung, WPg 1954): Die Ermittlung des Sach- und Ertragswertes bei der Unternehmungswertberechnung, in: WPg 1954, S. 364-369.

VIEL, Jakob / BREDT, Otto / RENARD, Maurice (Bewertung, 1975): Die Bewertung von Unternehmungen und Unternehmungsanteilen. Ein Leitfaden mit Bewertungsbeispielen, 5., neu bearbeitete und erweiterte Aufl., Stuttgart 1975.

VIETMEIER, Friedel / KRIBBEN, Helmut (Bewertung, GmbHR 1978): Die Berücksichtigung von Verfügungsbeschränkungen bei der Bewertung von GmbH-Anteilen, in: GmbHR 1978, S. 86-92.

VOGEL, Klaus (Werte, DStZ/A 1979): Verkehrswert, Ertragswert und andere Werte. Bemerkungen zum Begriff des "Wertes" im Steuerrecht, in: DStZ/A 1979, S. 28-33.

VOGT, Stefan (Maßgeblichkeit, 1991): Die Maßgeblichkeit des Handelsbilanzrechts für die Steuerbilanz. - Reichweite, Rechtfertigung und Perspektiven unseres Bilanzrechts -, zugleich Diss. rer. pol. Univ. Münster (Westfalen), Düsseldorf 1991.

VOLKERI, Friedrich / SCHNEIDER, Lieselotte (Behandlung, BB 1979): Bilanzielle Behandlung von Beteiligungserträgen im aktienrechtlichen Jahresabschluß, in: BB 1979, S. 964-969.

VORMBAUM, Herbert (Finanzierung, 1990): Finanzierung der Betriebe, 8., vollständig überarbeitete Aufl., Wiesbaden 1990.

VOSS, Achim (Teilwertabschreibung, StWa 1965): Die Teilwertabschreibung notleidender Beteiligungen an Kapitalgesellschaften - eine zusammenfassende Übersicht, in: StWa 1965, S. 87-89.

VOSS, Jörg-Peter (Veräußerung, 1989): Die Veräußerung von Anteilen an einer Kapitalgesellschaft und deren Auswirkung auf die steuerliche Behandlung des Gewinnanspruchs des Gesellschafters - unter besonderer Berücksichtigung des Rechts der Gesellschaften mit beschränkter Haftung, Europäische Hochschulschriften, Reihe II: Rechtswissenschaft, Band 863, zugleich Diss. iur. Univ. Bochum, Frankfurt/Bern/New York/Paris 1989.

WACKET, Karl Heinz (Imparitätsprinzip, BB 1990): Realisations- und Imparitätsprinzip bei monetärer Interpretation von Warenbeschaffung und -absatz, in: BB 1990, S. 239-247.

WAGNER, Eckehard (Effektivverzinsung, DB 1985): Effektivverzinsung und Disagio-Abgrenzung, in: DB 1985, S. 142-143.

WAGNER, Franz W. (Kapitalmarkt, ZfbF 1982): Zur Informations- und Ausschüttungsbemessungsfunktion des Jahresabschlusses auf einem organisierten Kapitalmarkt, in: ZfbF 1982, S. 749-771.

WAGNER, Franz W. (Maßgeblichkeit, StuW 1990): Die umgekehrte Maßgeblichkeit der Handelsbilanz für die Steuerbilanz - Eine Analyse ihrer ökonomischen Wirkungen -, in: StuW 1990, S. 3-14.

WAGNER, Franz W. (Steuerbilanz, 1983): Kann es eine betriebswirtschaftliche Sicht der Steuerbilanz geben?, in: Lutz Fischer (Hrsg.): Unternehmung und Steuer, FS Peter Scherpf, Wiesbaden 1983, S. 39-49.

WAHL, Herbert (Bewertung, DB 1964): Zur Bewertung von Anteilsrechten in der Steuerbilanz, in: DB 1964, S. 930-933.

WALB, Ernst (Wertarten, ZfhF 1940): Betrachtung über Wertarten und stille Reserven im Zusammenhang mit der Frage der Bewertung von Unternehmungen und Unternehmungsanteilen sowie der Gesellschafterabfindung, in: ZfhF 1940, S. 1-13.

WALLIS, Hugo von (Schachtelbeteiligungen, DStZ/A 1963): Bewertung von Schachtelbeteiligungen in der Erfolgsbilanz, in: DStZ/A 1963, S. 218-221.

WASSERMANN, Bernd (Zinsfuß, 1979): Der Zinsfuß als Bewertungsfaktor in der Ertragsteuerbilanz. Ein systematischer Ansatz zur Lösung praktischer Bewertungsprobleme auf der Grundlage des geltenden Bilanzsteuerrechts unter besonderer Berücksichtigung der höchstrichterlichen Finanzrechtsprechung. Band 6 der Reihe "Steuerwissenschaft", hrsg. von Heinz Mösbauer und Wolfgang Freericks, zugleich Diss. rer. pol. Univ. Köln 1977, Köln 1979.

WASSERMANN, Bernd (Zinsprobleme, BB 1979): Zinsprobleme in der Steuerbilanz. Beeinflussung des steuerlichen Gewinns mittels Abzinsung, in: BB 1979, S. 1598-1602.

WASSERMEYER, Franz (Abfluß, 1988): Der Zu- und Abfluß von Gewinnausschüttungen - bilanzrechtlich und steuerrechtlich gesehen, in: Franz Klein, Brigitte Knobbe-Keuk, Adolf Moxter (Hrsg.): Handelsrecht und Steuerrecht, FS Georg Döllerer, Düsseldorf 1988, S. 705-719.

WASSERMEYER, Franz (Abgrenzung, JDStJG 1980): Die Abgrenzung des Betriebsvermögens vom Privatvermögen, in: Hartmut Söhn (Hrsg.): Die Abgrenzung der Betriebs- oder Berufssphäre von der Privatsphäre, JDStJG 3, Köln 1980, S. 315-337.

WASSERMEYER, Franz (Anrechnung, GmbHR 1989): Rund um die Anrechnung der Körperschaftsteuer, in: GmbHR 1989, S. 423-429.

WASSERMEYER, Franz (Bewertungsfragen, JDStJG 1984): Bewertungsfragen beim Tausch und bei tauschähnlichen Vorgängen, in: Arndt Raupach (Hrsg.): Werte und Wertermittlung im Steuerrecht. Steuerbilanz, Einheitsbewertung, Einzelsteuern und Unternehmensbewertung, JDStJG 7, Köln 1984, S. 169-193.

WASSERMEYER, Franz (Einlage, DB 1990): Zur Einlage nicht mehr werthaltiger Gesellschafter-Forderungen in das Vermögen einer Kapitalgesellschaft, in: DB 1990, S. 2288-2289.

WASSERMEYER, Franz (Einlagen, StbJb 1985/86): Einlagen in Kapital- und Personengesellschaften und ihre ertragsteuerliche Behandlung, in: StbJb 1985/86, S. 213-235.

WASSERMEYER, Franz (Gesellschafterdarlehen, GmbHR 1991): Wesentliche Beteiligungen i.S. des § 17 EStG - Nachträgliche Anschaffungskosten bei Gesellschafterdarlehen. Anmerkungen zur Verfügung der OFD Düsseldorf vom 8.10.1990, in: GmbHR 1991, S. 68-70.

WASSERMEYER, Franz (Gewinnrealisierung, StbKonRep 1986): Neues zum Zeitpunkt der Gewinnrealisierung - Konkretisiert sich die BFH-Rechtsprechung?, in: StbKonRep 1986, S. 69-85.

WASSERMEYER, Franz (Leistungen, ZGR 1992): Eigenkapitalersetzende Leistungen aus der Sicht des Steuerrechts - Hintergrundinformationen zu den BFH-Urteilen vom 5.2.1992 -, in: ZGR 1992, S. 639-661.

WASSERMEYER, Franz (Steuerrecht, StbJb 1991/92): Eigenkapitalersetzende Leistungen im Steuerrecht, in: StbJb 1991/92, S. 345-362.

WASSERMEYER, Franz (Tausch, DB 1990): Tausch und Einlage von Anteilen an Kapitalgesellschaften über die Grenze, in: DB 1990, S. 855-859.

WASSERMEYER, Franz (Teilwertabschreibung, FR 1989): Teilwertabschreibung auf die Beteiligung an einer indischen Kapitalgesellschaft. Anmerkungen zu dem BFH-Urteil vom 14.3.1989 I R 39/85, in: FR 1989, S. 518-521.

WATERMEYER, H. J. (Veräußerungsverlust, BB 1993): § 17 Abs. 4 EStG - Veräußerungsverlust durch eigenkapitalersetzende Gesellschafterdarlehen?, in: BB 1993, S. 403-407.

WEBER, Claus-Peter / WILLICH, Martin (Aktivierung, WPg 1976): Aktivierung von Dividendenansprüchen, in: WPg 1976, S. 329-330.

WEBER, Eberhard (Beteiligungen, 1980): Grundsätze ordnungsmäßiger Bilanzierung für Beteiligungen, Beiträge zu den Grundsätzen ordnungsmäßiger Bilanzierung, Schriften der Schmalenbach-Gesellschaft, Band 7, zugleich Diss. rer. pol. Univ. Münster, Düsseldorf 1980.

WEBER, Eberhard (Darlehen, WPg 1986): Bilanzierung und Prüfung von kapitalersetzenden Darlehen an Aktiengesellschaften beim Darlehnsgeber, in: WPg 1986, S. 1-7, 37-43.

WEBER, Hans-Jürgen (Konkretisierung, StBp 1988): Die Konkretisierung von Gewinnbezugsrechten im Handels- und Steuerrecht bei Kapitalgesellschaften, in: StBp 1988, S. 179-188.

WEBER, Helmut Kurt (Erfolgsrechnung, 1988): Betriebswirtschaftliches Rechnungswesen, Band 1: Bilanz- und Erfolgsrechnung, 3., neubearbeitete Aufl., München 1988.

WEBER, Klaus (Gesellschaft, BB 1992): Eigenkapitalersetzende Darlehen des GmbH-Gesellschafters. Bilanzielle, handelsrechtliche und steuerliche Behandlung bei der Gesellschaft und dem Gesellschafter, in: BB 1992, S. 525-531.

WEBER, Manfred (Wirtschaftsgut, 1969): Zur Lehre vom Wirtschaftsgut. Zugleich ein Beitrag zur Lösung von Bilanzierungsproblemen bei schwebenden Geschäften. Band 4 der Schriften zum Steuerrecht, zugleich Diss. jur. Univ. Köln, Berlin 1969.

WEBER, Martin / BERG, Erik / KRUSE, Hermann (Vorzugsaktien, ZfbF 1992): Kurs- und Renditevergleich von Stamm- und Vorzugsaktien, in: ZfbF 1992, S. 548-565.

WEISSENBORN, Hans-Ulrich / SCHAAF, Herbert (Bewertung, DStR 1967): Bewertung von Bezugsrechten und jungen Aktien (Anteilen an einer GmbH), die zum Betriebsvermögen gehören, in: DStR 1967, S. 633-636.

WELCKER, Johannes (Aktienanalyse, 1991): Technische Aktienanalyse. Die Methoden der Technischen Analyse mit Chart-Übungen, 6., überarbeitete und erweiterte Aufl., Zürich 1991.

WELZEL, Peter (Beteiligung, DStZ 1987): Gesellschafterbürgschaften und Gesellschafterdarlehen als Anschaffungskosten für die Beteiligung an einer Kapitalgesellschaft, in: DStZ 1987, S. 511-514.

WENTZ, Rolf-Christian (Bewertungsmaßstäbe, WPg 1979): Bewertungsmaßstäbe für Fremdwährungsforderungen und -verbindlichkeiten im empirischen Bewährungstest, in: WPg 1979, S. 252-257.

WENZEL, Werner (Behandlung, DB 1978): Steuerliche Behandlung von noch nicht entstandenen Vorsteuerverrechnungsansprüchen, in: DB 1978, S. 863.

WERMUTH, Dieter / OCHYNSKI, Walter (Strategien, 1987): Strategien an den Devisenmärkten. Eine Anleitung für die Praxis, 3., völlig überarbeitete und erweiterte Aufl., Wiesbaden 1987.

WESTPHALEN, Friedrich Graf von (Bewertung, BB 1982): Bilanzrechtliche Bewertung Hermes-gesicherter Auslandsforderungen, in: BB 1982, S. 711-719.

WETTER, Peter (Aktien, DB 1962): Bewertung von Bezugsrechten und jungen Aktien, in: DB 1962, S. 515-516.

WICHMANN, Gerd (Behandlung, DB 1986): Die Frage nach der zutreffenden einkommensteuerlichen Behandlung von Gewinnbezugsrechten - Kritische Würdigung des BFH-Urteils vom 22.5.1984 VIII R 316/83 -, in: DB 1986, S. 776-778.

WICHMANN, Gerd (Beteiligungen, BB 1992): Herstellung von Beteiligungen, in: BB 1992, S. 1241-1243.

WICHMANN, Gerd (Einheitlichkeit, Stbg 1990): Die Frage nach der Einheitlichkeit des Wirtschaftsgutbegriffes im Einkommensteuerrecht, in: Stbg 1990, S. 133-135.

WICHMANN, Gerd (Gesamthand, BB 1991): Die Beteiligung an einer Gesamthand als Wirtschaftsgut. Anmerkungen zum BFH-Urteil vom 4.10.1990 - X R 148/88, in: BB 1991, S. 1545-1546.

WICHMANN, Gerd (Gewinnausschüttung, BB 1992): Bilanzierungsfragen im Zusammenhang mit einer verdeckten Gewinnausschüttung, in: BB 1992, S. 26-29.

WICHMANN, Gerd (Gewinnermittlungsvorschrift, BB 1990): § 4 Abs. 1 EStG als Gewinnermittlungsvorschrift, in: BB 1990, S. 1448-1450.

WICHMANN, Gerd (Herstellung, BB 1986): Herstellung von Rechten - dargestellt am Beispiel des Nießbrauchs und der GmbH-Anteile, in: BB 1986, S. 28-33.

WICHMANN, Gerd (Pensionszusagen, DB 1984): Die Frage nach der zutreffenden Bilanzierung kongruent rückgedeckter Pensionszusagen - beantwortet anhand der Behandlung anderer verknüpfter Geschäftsvorfälle, in: DB 1984, S. 837-841.

WICHMANN, Gerd (Personengesellschaften, DB 1984): Das Verständnis des Bundesfinanzhofs von der Bilanzierung bei Personengesellschaften und der Behandlung von Anteilen an Personengesellschaften - Kritische Anmerkungen zu Einzelfragen, in: DB 1984, S. 2257-2259.

WICHMANN, Gerd (Sonderbetriebsvermögen, BB 1991): Das Sonderbetriebsvermögen in Buchführung und Bilanz, in: BB 1991, S. 2117-2118.

WICHMANN, Gerd (Vermögensgegenstand, DB 1988): Der Vermögensgegenstand als Bilanzierungsobjekt nach dem HGB. Begriffliche Grundlagen und besondere Probleme bei bebauten Grundstücken, in: DB 1988, S. 192-194.

WICHMANN, Gerd (Verständnis, DB 1981): Das Verständnis der Bilanzierung im Steuerrecht und dessen Beurteilung, in: DB 1981, S. 282-285.

WIDMANN, Siegfried (Fragen, JbFSt 1977/78): Aktuelle Fragen des Körperschaftsteuerrechts, in: JbFSt 1977/78, S. 310-327.

WIEDEY, Gustav (Anleihekonversion, 1982): Anleihekonversion. Eine empirische und entscheidungsorientierte Analyse, München 1982.

WINDMÖLLER, Rolf (Finanzierungsinstrumente, 1988): Bilanzierung neuer Finanzierungsinstrumente, in: Erik Sonnemann (Hrsg.): Bankbilanzierung und Bankprüfung, Wiesbaden 1988, S. 101-118.

WINDMÖLLER, Rolf (Nominalwert, 1992): Nominalwert und Buchwert - Überlegungen zur bilanziellen Behandlung des Disagios -, in: Adolf Moxter, Hans-Peter Müller, Rolf Windmöller, Klaus v. Wysocki (Hrsg.): Rechnungslegung. Entwicklungen bei der Bilanzierung und Prüfung von Kapitalgesellschaften, FS Karl-Heinz Forster, Düsseldorf 1992, S. 689-701.

WISMETH, Siegfried (Sacheinlagen, FR 1990): Ertragsteuerliche Auswirkungen von offenen und verdeckten Sacheinlagen in eine Kapitalgesellschaft am Beispiel einer wesentlichen Beteiligung im Sinne von § 17 EStG, in: FR 1990, S. 275-279.

WITTE, Rolf (Behandlung, 1985): Zur einkommensteuerrechtlichen Behandlung des Nießbrauchs an Wertpapieren. Band 29 der Schriften zum Steuerrecht, Berlin 1985.

WITTMANN, Waldemar (Information, 1959): Unternehmung und unvollkommene Information. Unternehmerische Voraussicht - Ungewißheit und Planung, Köln/Opladen 1959.

WITTMANN, Waldemar (Wertbegriff, 1962): Der Wertbegriff in der Betriebswirtschaftslehre, Band 2 der Beiträge zur betriebswirtschaftlichen Forschung, hrsg. von E. Gutenberg, W. Hasenack, K. Hax und E. Schäfer, Köln/Opladen 1962.

WLECKE, Ulrich (Währungsumrechnung, 1989): Währungsumrechnung und Gewinnbesteuerung bei international tätigen deutschen Unternehmen, zugleich Diss. rer. pol. Univ. Münster 1988, Düsseldorf 1989.

WÖHE, Günter (Bilanzpolitik, 1992): Bilanzierung und Bilanzpolitik. Betriebswirtschaftlich - Handelsrechtlich - Steuerrechtlich, 8., völlig neubearbeitete und erweiterte Aufl., München 1992.

WÖHE, Günter (Einführung, 1990): Einführung in die Allgemeine Betriebswirtschaftslehre, 17., überarbeitete und erweiterte Aufl., München 1990.

WÖHE, Günter (Probleme, StbKonRep 1979): Probleme des Treuhandwesens aus betriebswirtschaftlicher und steuerrechtlicher Sicht, in: StbKonRep 1979, S. 301-352.

WÖHE, Günter (Steuerlehre I/1, 1988): Betriebswirtschaftliche Steuerlehre. Band I, 1. Halbband: Die Steuern der Unternehmung - Das Besteuerungsverfahren, 6., völlig neubearbeitete Aufl., München 1988.

WÖHE, Günter (Steuerlehre I/2, 1992): Betriebswirtschaftliche Steuerlehre. Band I, 2. Halbband: Der Einfluß der Besteuerung auf das Rechnungswesen des Betriebes. Steuerbilanz - Vermögensaufstellung - Steuerliche Betriebsprüfung, 7., völlig neubearbeitete Aufl., München 1992.

WÖHE, Günter (Wertfreiheit, 1983): Die Aufgaben der Betriebswirtschaftlichen Steuerlehre und das Postulat der Wertfreiheit, in: Lutz Fischer (Hrsg.): Unternehmung und Steuer, FS Peter Scherpf, Wiesbaden 1983, S. 5-20.

WÖHE, Günter / BILSTEIN, Jürgen (Unternehmensfinanzierung, 1991): Grundzüge der Unternehmensfinanzierung, 6., überarbeitete und erweiterte Aufl., München 1991.

WÖRNER, Georg (Steuerbilanz, 1987): Handels- und Steuerbilanz - nach neuem Recht -, 3., überarbeitete und erweiterte Aufl. von "Praktisches Lehrbuch der Handels- und Steuerbilanz", Landsberg am Lech 1987.

WOERNER, Lothar (Abgrenzung, StbJb 1974/75): Steuerliche Fragen der Abgrenzung des Betriebsvermögens bei der Einkommensteuer. Versuch einer Neubestimmung der Begriffe notwendiges und gewillkürtes Betriebsvermögen, in: StbJb 1974/75, S. 321-350.

WOERNER, Lothar (Betriebsvermögen, BB 1976): Das gewerbliche Betriebsvermögen, insbesondere bei Personengesellschaften und ihren Gesellschaftern. Zur neueren Rechtsprechung des Bundesfinanzhofs, in: BB 1976, S. 220-223.

WOERNER, Lothar (Bilanzbündeltheorie, BB 1974): Mitunternehmerbegriff und Bilanzbündeltheorie bei der Gewerbesteuer. Probleme und Tendenzen der Rechtsprechung, in: BB 1974, S. 592-598.

WOERNER, Lothar (Gewinnrealisierung, BB 1988): Die Gewinnrealisierung bei schwebenden Geschäften - Vollständigkeitsgebot, Vorsichts- und Realisationsprinzip -, in: BB 1988, S. 769-777.

WOERNER, Lothar (Grundsatzfragen, FR 1984): Grundsatzfragen zur Bilanzierung schwebender Geschäfte, in: FR 1984, S. 489-496.

WOERNER, Lothar (Unterscheidung, StbJb 1989/90): Notwendiges und gewillkürtes Betriebsvermögen - eine überholte Unterscheidung?, in: StbJb 1989/90, S. 207-232.

WOERNER, Lothar (Wirtschaftsgut, JbFSt 1978/79): Korreferat zum Referat Dr. Söffing ("Zum Begriff Wirtschaftsgut"), in: JbFSt 1978/79, S. 228-241.

WOERNER, Lothar (Zurechnung, StbJb 1978/79): Die Zurechnung von Wirtschaftsgütern zum Betriebsvermögen bei Einzelunternehmern und Mitunternehmern. Der Mitunternehmererlaß vom 20.12.77 - eine "Lebenshilfe" für die Praxis?, in: StbJb 1978/79, S. 201-234.

WOHLGEMUTH, Michael (Aktien, AG 1973): Die Auswirkungen von Bezugsrechtsverkäufen auf den Buchwert der alten Aktien, in: AG 1973, S. 296-299.

WOHLGEMUTH, Michael (Anschaffungskosten, HdJ I/9 1988): Die Anschaffungskosten in der Handels- und Steuerbilanz, 2., überarbeitete Aufl., in: HdJ, hrsg. von Klaus von Wysocki und Joachim Schulze-Osterloh, Abteilung I/9, Köln 1988.

WOLFF-DIEPENBROCK, Johannes (Vorbehaltsnießbrauch, DStR 1983): Der Vorbehaltsnießbrauch in der neueren Rechtsprechung des BFH, in: DStR 1983, S. 250-255, 291-298.

WOLL, Artur (Volkswirtschaftslehre, 1987): Allgemeine Volkswirtschaftslehre, 9., überarbeitete und ergänzte Aufl., München 1987.

WREDE, Friedrich (Beteiligungen, FR 1990): Beteiligungen an Personenhandelsgesellschaften in der Handelsbilanz und der Steuerbilanz, in: FR 1990, S. 293-302.

WREDE, Friedrich (Reform, DStZ 1976): Grundüberlegungen zur Reform der Körperschaftsteuer, in: DStZ 1976, S. 411-418.

WÜLLENKEMPER, Dirk (Darlehen, BB 1991): Steuerliche Behandlung von Darlehen einer Personengesellschaft an ihre Gesellschafter. Ergänzende Bemerkungen zu Edgar Delfs, BB 1989, S. 2437, in: BB 1991, S. 1904-1912.

WYSOCKI, Klaus von / WOHLGEMUTH, Michael (Konzernrechnungslegung, 1986): Konzern-rechnungslegung, 3., auf der Grundlage des Bilanzrichtlinien-Gesetzes neubearbeitete und erweiterte Aufl., Düsseldorf 1986.

ZACHARIAS, O. H. (Streitpunkte, StbJb 1963/64): Streitpunkte bei Betriebsprüfungen, in: StbJb 1963/64, S. 207-232.

ZEITLER, Franz-Christoph (Holding-Konstruktionen, NWB 1990, Fach 3): Anwendung des Tauschgutachtens bei grenzüberschreitenden Holding-Konstruktionen, in: NWB 1990, Fach 3, S. 7351-7354.

ZIEGER, Martin (Gewinnrealisierung, 1990): Gewinnrealisierung bei langfristiger Fertigung. Ein richtlinienkonformer Ansatz, zugleich Diss. rer. pol. Univ. Göttingen 1989, Wiesbaden 1990.

ZIEGLER, Franz (Forderungen, StBp 1973): Die Bewertung von Forderungen aus Warenliefe-rungen insbesondere bei wiederkehrenden Bezügen, in: StBp 1973, S. 265-268.

ZIMMERMANN, Gebhard (Kostenrechnung, 1985): Grundzüge der Kostenrechnung, 3., ver-besserte Aufl., Stuttgart 1985.

ZINTZEN, H. (Kapitalbeteiligungen, WPg 1957): Zur Bewertung von Kapitalbeteiligungen. Gleichzeitig eine Stellungnahme zum BGH-Urteil vom 20.12.1956 - II ZR 341/55, in: WPg 1957, S. 385-389.

ZÖLLNER, Wolfgang (Zurückdrängung, 1974): Die Zurückdrängung des Verkörperungsele-ments bei den Wertpapieren, in: Fritz Baur, Josef Esser, Friedrich Kübler, Ernst Stein-dorff (Hrsg.): Funktionswandel der Privatrechtsinstitutionen, FS Ludwig Raiser, Tübingen 1974, S. 249-285.

RECHTSQUELLENVERZEICHNIS

AktG   Aktiengesetz vom 6.9.1965, BGBl I 1965, S. 1089, zuletzt geändert durch die fünfte Zuständigkeitsanpassungsverordnung vom 26.2.1993, BGBl I 1993, S. 278.

AO   Abgabenordnung (AO 1977) vom 16.3.1976, BGBl I 1976, S. 613, ber. BGBl I 1977, S. 269, zuletzt geändert durch Gesetz vom 21.12.1992, BGBl I 1992, S. 2109, S. 2118 und S. 2150.

AStG   Gesetz über die Besteuerung bei Auslandsbeziehungen (Außensteuergesetz) vom 8.9.1972, BGBl I 1972, S. 1713, zuletzt geändert durch Steueränderungsgesetz 1992 vom 25.2.1992, BGBl. I 1992, S. 297.

BerlinFG   Gesetz zur Förderung der Berliner Wirtschaft (Berlinförderungsgesetz 1990 - BerlinFG 1990) in der Fassung der Bekanntmachung vom 2.2.1990, BGBl I 1990, S. 173, zuletzt geändert durch Steueränderungsgesetz 1992 vom 25.2.1992, BGBl I 1992, S. 297.

BewG   Bewertungsgesetz (BewG) in der Fassung der Bekanntmachung vom 1.2.1991, BGBl I 1991, S. 230, zuletzt geändert durch Zinsabschlagsgesetz vom 9.11.1992, BGBl I 1992, S. 1853.

BGB   Bürgerliches Gesetzbuch vom 18.8.1896, RGBl 1896, S. 195, mit einer Maßgabe für das Gebiet der ehemaligen DDR durch Anlage I Kapitel VIII Sachgebiet A Abschnitt III Nr. 1 Einigungsvertrag vom 31.8.1990, BGBl II 1990, S. 889, 1020, zuletzt geändert durch Gesetz zur Änderung des bürgerlichen Gesetzbuchs (Bauhandwerkersicherung) und anderer Gesetze vom 27.4.1993, BGBl I 1993, S. 509.

BörsG   Börsengesetz in der Fassung der Bekl. vom 27.5.1908, RGBl 1908, S. 215, zuletzt geändert durch Art. 1 Ges. vom 11.7.1989, BGBl I 1989, S. 1412.

DDR-IG   Gesetz zum Abbau von Hemmnissen bei Investitionen in der Deutschen Demokratischen Republik einschließlich Berlin (Ost) (DDR-Investitionsgesetz - DDR-IG) vom 26.6.1990, BGBl I 1990, S. 1143, zuletzt geändert durch Einigungsvertrag vom 31.8.1990, BGBl II 1990, S. 889, 978.

DepotG   Gesetz über die Verwahrung und Anschaffung von Wertpapieren (Depotgesetz - DepotG) vom 4.2.1937, RGBl I 1937, S. 171, zuletzt geändert durch Gesetz zur Änderung des Gesetzes über die Verwahrung und Anschaffung von Wertpapieren sowie anderer wertpapierrechtlicher Vorschriften vom 17.7.1985, BGBl I 1985, S. 1507.

EStDV   Einkommensteuer-Durchführungsverordnung 1990 (EStDV 1990) in der Fassung der Bekanntmachung vom 28.7.1992, BGBl I 1992, S. 1418.

EStG   Einkommensteuergesetz 1990 (EStG 1990) in der Fassung der Bekanntmachung vom 7.9.1990, BGBl I 1990, S. 1898, ber. BGBl I 1991, S. 808, zuletzt geändert durch Verbrauchsteuer-Binnenmarktgesetz vom 21.12.1992, BGBl I 1992, S. 2150, ber. BGBl I 1993, S. 169.

ErbStG   Erbschaftsteuer- und Schenkungsteuergesetz (ErbStG) in der Fassung der Bekanntmachung vom 19.2.1991, BGBl I 1991, S. 468, zuletzt geändert durch Zinsabschlagsgesetz vom 9.11.1992, BGBl I 1992, S. 1853.

FördergebietsG   Gesetz über Sonderabschreibungen und Abzugsbeträge im Fördergebiet (Fördergebietsgesetz) vom 24.6.1991, BGBl I 1991, S. 1322.

GenG	Gesetz betreffend die Erwerbs- und Wirtschaftsgenossenschaften vom 1.5.1889 in der Fassung der Bekanntmachung vom 20.5.1898, RGBl 1898, S. 369, 810, zuletzt geändert durch Gesetz zur Durchführung der Richtlinie des Rates der Europäischen Gemeinschaften über den Jahresabschluß und den konsolidierten Abschluß von Banken und anderen Finanzinstituten (Bankbilanzrichtlinie-Gesetz) vom 30.11.1990, BGBl I 1990, S. 2570.
GmbHG	Gesetz betreffend die Gesellschaften mit beschränkter Haftung in der Fassung der Bekanntmachung vom 20.5.1898, RGBl 1898, S. 846, zuletzt geändert durch Gesetz zur Durchführung der Zwölften Richtlinie des Rates der Europäischen Gemeinschaften auf dem Gebiet des Gesellschaftsrechts betreffend Gesellschaften mit beschränkter Haftung mit einem einzigen Gesellschafter vom 18.12.1991, BGBl I 1991, S. 2206.
GrEStG	Grunderwerbsteuergesetz (GrEStG 1983) vom 17.12.1982, BGBl I 1982, S. 1777, zuletzt geändert durch Verbrauchsteuer-Binnenmarktgesetz vom 21.12.1992, BGBl I 1992, S. 2150.
HGB	Handelsgesetzbuch vom 10.5.1887, RGBl 1887, S. 219, mit Maßgabe für das Gebiet der ehemaligen DDR durch Anlage I Kapitel III Sachgebiet D Abschnitt III Nr. 1 und Anlage I Kapitel VIII Sachgebiet A Abschnitt III Nr. 2 Einigungsvertrag vom 31.8.1990, BGBl II 1990, S. 889, 959. 1020, zuletzt geändert durch Gesetz zur Änderung des Gesetzes über das Kreditwesen und andere Vorschriften über Kreditinstitute vom 21.12.1992, BGBl I 1992, S. 2211.
InvZulG	Investitionszulagengesetz 1991 (InvZulG 1991) vom 24.6.1991, BGBl I 1991, S. 1322, zuletzt geändert durch Verbrauchsteuer-Binnenmarktgesetz vom 21.12.1992, BGBl I 1992, S. 2150, ber. BGBl I 1993, S. 169.
KAGG	Gesetz über Kapitalanlagegesellschaften (KAGG) in der Fassung der Bekanntmachung vom 14.1.1970, BGBl I 1970, S. 127, zuletzt geändert durch Zinsabschlagsgesetz vom 9.11.1992, BGBl I 1992, S. 1853.
KapErhG	Gesetz über die Kapitalerhöhung aus Gesellschaftsmitteln und über die Verschmelzung von Gesellschaften mit beschränkter Haftung vom 23.12.1959, BGBl I 1959, S. 789, zuletzt geändert durch Gesetz zur Durchführung der Vierten, Siebenten und Achten Richtlinie des Rates der Europäischen Gemeinschaften zur Koordinierung des Gesellschaftsrechts (Bilanzrichtlinien-Gesetz - BiRiLiG) vom 19.12.1985, BGBl I 1985, S. 2355.
KapErhStG	Gesetz über steuerrechtliche Maßnahmen bei Erhöhung des Nennkapitals aus Gesellschaftsmitteln in der Fassung vom 10.10.1967, BGBl I 1967, S. 977, zuletzt geändert durch Gesetz vom 22.12.1983, BGBl I 1983, S. 1592.
KStG	Körperschaftsteuergesetz 1991 (KStG 1991) in der Fassung der Bekanntmachung vom 11.3.1991, BGBl I 1991, S. 638, zuletzt geändert durch Steueränderungsgesetz 1992 vom 25.2.1992, BGBl I 1992, S. 297.
PublG	Gesetz über die Rechnungslegung von bestimmten Unternehmen und Konzernen (Publizitätsgesetz) vom 15.8.1969, BGBl I 1969, S. 1189, ber. BGBl I 1970, S. 1113, zuletzt geändert durch Art. 4 Bankbilanzrichtlinie-Gesetz vom 30.11.1990, BGBl I 1990, S. 2570.
UmwG	Umwandlungsgesetz in der Fassung der Bekanntmachung vom 6.11.1969, BGBl I 1969, S. 2081, zuletzt geändert durch Gesetz zur Durchführung der Vierten, Siebenten und Achten Richtlinie des Rates der Europäischen Gemeinschaften zur Koordinierung des Gesellschaftsrechts (Bilanzrichtlinien-Gesetz - BiRiLiG) vom 19.12.1985, BGBl I 1985, S. 2355.

UmwStG   Gesetz über steuerliche Maßnahmen bei Änderung der Unternehmensform (UmwStG 1977) vom 6.9.1976, BGBl I 1976, S. 2641, zuletzt geändert durch Steueränderungsgesetz 1992 vom 25.2.1992, BGBl I 1992, S. 297.

UrhG   Gesetz über Urheberrecht und verwandte Schutzrechte (Urheberrechtsgesetz) vom 9.9.1965, BGBl I 1965, S. 1273, mit Maßgaben für das Gebiet der ehemaligen DDR durch Anlage I Kapitel III Sachgebiet E Abschnitt II Nr. 2 Einigungsvertrag vom 31.8.1990, BGBl II 1990, S. 889, 963, zuletzt geändert durch Gesetz zu den am 24.7.1971 in Paris unterzeichneten Übereinkünften auf dem Gebiet des Urheberrechts vom 17.8.1973, BGBl II 1973, S. 1069.

UStG   Umsatzsteuergesetz 1991 (UStG 1991) in der Fassung der Bekanntmachung vom 27.4.1993, BGBl I 1993, S. 565.

VStG   Vermögensteuergesetz (VStG) in der Fassung der Bekanntmachung vom 14.11.1990, BGBl I 1990, S. 2467, zuletzt geändert durch Zinsabschlagsgesetz vom 9.11.1992, BGBl I 1992, S. 1853

WZG   Warenzeichengesetz (WZG) in der Fassung der Bekanntmachung vom 2.1.1968, BGBl I 1968, S. 29, mit Maßgaben für das Gebiet der ehemaligen DDR durch Anlage I Kapitel III Sachgebiet E Abschn. II Einigungsvertrag vom 31.8.1990, BGBl II 1990, S. 889, 962, zuletzt geändert durch Gesetz zur Änderung des Sortenschutzgesetzes vom 9.12.1974, BGBl I 1974, S. 3416.

URTEILSVERZEICHNIS

1. Bundesverfassungsgericht

Datum	Aktenzeichen	Fundstelle
22.02.1984	1 BvL 10/80	BVerfGE 66, S. 214-226

2. Reichsgericht

Datum	Aktenzeichen	Fundstelle
16.04.1920	II 396/19	RGZ 98, S. 318-323
23.10.1925	II 315/24	RGZ 112, S. 19-27
01.04.1935	IV 179/34	RGZ 147, S. 233-247
30.10.1936	IV 126/36	RGZ 153, S. 29-37

3. Bundesgerichtshof

Datum	Aktenzeichen	Fundstelle
28.04.1954	II ZR 8/53	JZ 1954, S. 503-504
24.01.1957	II ZR 208/55	BGHZ 23, S. 150-157
03.11.1975	II ZR 67/73	BGHZ 65, S. 230-238
12.11.1975	VIII R ZR 142/74	BGHZ 65, S. 246-253
26.11.1979	II ZR 104/77	BGHZ 75, S. 334-339
02.06.1980	VIII ZR 64/79 (KG)	NJW 1980, S. 2408-2410
14.10.1981	VIII ZR 149/80	BGHZ 1982, S. 50-66
06.05.1985	II ZR 132/84	NJW 1985, S. 2719-2720
21.03.1988	II ZR 238/87	BGHZ 104, S. 33-43
19.09.1988	II ZR 255/87	BGHZ 105, S. 168-189
27.11.1989	II ZR 43/89	BB 1990, S. 164-166
29.05.1990	XI ZR 231/89	BGHZ 111, S. 287-294
24.09.1990	II ZR 114/89	DB 1990, S. 2365-2366
17.02.1992	II ZR 154/91	DStR 1992, S. 687-688

4. Reichsfinanzhof

Datum	Aktenzeichen	Fundstelle
13.04.1928	I D 1/28	RStBl 1928, S. 171-172
03.10.1928	VI A 1153/28	StuW 1928, Sp. 1424-1427
27.10.1928	VI A 1047/28	RStBl 1929, S. 35-36
21.12.1928	I A 227/28	RStBl 1929, S. 212
08.02.1929	I A 359/28, 360/28	RStBl 1929, S. 243-244
06.08.1929	I Ab 431/29	RStBl 1929, S. 509
30.09.1929	I A 720/28	RStBl 1930, S. 92-95
22.05.1930	III A 103/29	RStBl 1930, S. 520
02.07.1930	I Aa 591/29	RStBl 1930, S. 762-763
10.10.1930	I A 242/30	RStBl 1930, S. 760-761
28.10.1931	VI A 1483-1485/30	RStBl 1932, S. 144-145
28.10.1931	VI A 1922/31	RStBl 1932, S. 308
17.03.1932	III A 352/31	RStBl 1932, S. 968-969
19.05.1932	VI A 500/32	RStBl 1932, S. 728-730
28.06.1932	VI A 1315/31	RStBl 1932, S. 651
25.04.1933	VI A 1163/32	RFHE 33, S. 234-248
30.05.1933	VI A 1657/32	RStBl 1933, S. 1012-1013
31.10.1933	I A 393/31	RStBl 1934, S. 686-687
19.04.1934	III A 426/33	RStBl 1934, S. 647-648
04.09.1934	I A 97/34	RStBl 1934, S. 1366-1367
29.05.1935	III A 121/35	RStBl 1935, S. 902-903
16.11.1936	VI A 924/36	StuW 1937, Sp. 186-187
17.12.1938	VI 717/38	RStBl 1939, S. 196-197
15.02.1939	VI 839, 840/39	RStBl 1939, S. 606-607
14.03.1939	I 72/39	RStBl 1939, S. 746-747
26.02.1942	III 42/41	RStBl 1942, S. 586-587
28.07.1943	III 166/41	RStBl 1943, S. 807-809
18.08.1943	VI 152/43	RStBl 1943, S. 710-711
24.08.1944	I 21/44	RFHE 54, S. 128-129

5. Bundesfinanzhof

Datum	Aktenzeichen	Fundstelle
12.03.1954	I 135/53 S	BStBl III 1954, S. 149-150
16.04.1953	IV 119/52 S	BStBl III 1953, S. 192-194
19.07.1955	I 149/54 S	BStBl III 1955, S. 266-267
26.08.1955	III 133, 134/54 S	BStBl III 1955, S. 278-280
26.01.1956	IV 566/54 U	BStBl III 1956, S. 113-114
14.02.1956	I 179/54	StRK EStG § 5 R. 105
25.09.1956	I 103/55 U	BStBl III 1956, S. 349-351
25.09.1956	I 122/56 U	BStBl III 1956, S. 333-334
29.11.1956	IV 206/55 U	BStBl III 1957, S. 234-235
18.12.1956	I 84/56 U	BStBl III 1957, S. 27-28
05.11.1957	I 163/56 U	BStBl III 1958, S. 24-25
07.11.1957	IV 33/56 U	BStBl III 1958, S. 65-68
01.04.1958	I 60/57 U	BStBl III 1958, S. 291-293
15.04.1958	I 27/57 U	BStBl III 1958, S. 260-261
26.08.1958	I 80/57 U	BStBl III 1958, S. 420-422
09.09.1958	I 324/56 U	BStBl III 1958, S. 432
16.09.1958	I 82/57 U	BStBl III 1959, S. 136-137
16.12.1958	I D 1/57 S	BStBl III 1959, S. 30-39
13.01.1959	I 44/57 U	BStBl III 1959, S. 197-201
28.01.1960	IV 226/58 S	BStBl III 1960, S. 291-294
22.03.1960	I 13/59	StRK EStG § 7 R. 62
22.04.1960	III 451/58 U	BStBl III 1960, S. 364
13.05.1960	III 354/57 U	BStBl III 1960, S. 400
29.11.1960	I 137/59 U	BStBl III 1961, S. 154
10.02.1961	III 56/58	HFR 1961, S. 145-146
09.05.1961	I 128/60 S	BStBl III 1961, S. 336-337
02.03.1962	VI 79/60 S	BStBl III 1962, S. 192-195
17.04.1962	I 296/61	HFR 1962, S. 226-228
24.07.1962	I 275/60 U	BStBl III 1962, S. 440-443
27.07.1962	II 77/61 U	BStBl III 1962, S. 478-480
15.01.1963	I 259/61 S	BStBl III 1963, S. 256-257
17.01.1963	IV 335/59 S	BStBl III 1963, S. 257-258
22.01.1963	I 260/61 U	BStBl III 1963, S. 184-185
20.03.1963	I 301/61	StRK EStG § 5 R. 356
26.04.1963	I 208/61 U	BStBl III 1963, S. 338-339

15.05.1963	I 69/62 U	BStBl III 1963, S. 503-505
11.06.1963	I 48/60	HFR 1963, S. 440-441
06.11.1963	I 180/62 U	BStBl III 1964, S. 209-211
05.12.1963	IV 121/63 U	BStBl III 1964, S. 132-134
13.12.1963	VI 22/61 S	BStBl III 1964, S. 184-185
12.03.1964	IV 95/63 S	BStBl III 1964, S. 404-406
12.03.1964	IV 376/62 U	BStBl III 1964, S. 424-426
08.04.1964	VI 299/62	StRK EStG § 5 R. 356
22.04.1964	I 386/61 U	BStBl III 1964, S. 362-363
22.04.1964	II 246/60 U	BStBl III 1964, S. 334-336
28.04.1964	I 356/61	HFR 1964, S. 344-345
16.07.1964	IV 12/61	StRK EStG § 4 R. 729
30.07.1964	IV 20/63 U	BStBl III 1964, S. 574-575
06.08.1964	IV 215/62 U	BStBl III 1964, S. 575-576
16.09.1964	IV 392/61	HFR 1965, S. 108-109
15.10.1964	III 359/61	HFR 1965, S. 153-155
23.10.1964	III 365/61 U	BStBl III 1965, S. 64
30.10.1964	III 258/61 U	BStBl III 1965, S. 41-42
25.11.1964	I 116/63 U	BStBl III 1965, S. 176
03.12.1964	I 242/59 U	BStBl III 1965, S. 139-143
10.12.1964	IV 167/64 U	BStBl III 1965, S. 377-379
29.01.1965	VI 317/63 U	BStBl III 1965, S. 179-181
29.04.1965	IV 403/62	BStBl III 1965, S. 414-416
20.05.1965	IV 49/65 U	BStBl III 1965, S. 503
31.08.1965	I 10/63	StRK EStG § 6 Abs. 1 Nr. 2 R. 185
30.09.1965	IV 215/65	BStBl III 1965, S. 686
28.10.1965	IV 208/64 U	BStBl III 1965, S. 59-60
02.11.1965	I 169/63 U	BStBl III 1966, S. 127-128
15.02.1966	I 95/63	BStBl III 1966, S. 274-277
17.03.1966	IV 186/63	BStBl III 1966, S. 350-352
30.06.1966	VI 390/65	BStBl III 1966, S. 583-584
15.07.1966	VI 226/64	BStBl III 1966, S. 643-645
21.07.1966	IV 289/65	BStBl III 1967, S. 59-61
22.07.1966	VI 12/65	BStBl III 1966, S. 542-544
19.01.1967	IV 117/65	BStBl III 1967, S. 336-337
02.03.1967	IV 32/63	BStBl III 1967, S. 391-392
03.05.1967	I 111/64	BStBl III 1967, S. 464-466
11.07.1967	III 21/64	BStBl III 1967, S. 666-668
26.07.1967	I 138/65	BStBl III 1967, S. 733-734

17.08.1967	IV 73/63	BStBl II 1968, S. 79-80
15.11.1967	IV R 139/67	BStBl II 1968, S. 152-161
23.11.1967	IV 123/63	BStBl II 1968, S. 176-177
23.02.1968	VI 325/65	BStBl II 1968, S. 289-292
08.03.1968	III 85/65	BStBl II 1968, S. 575-578
15.03.1968	III R 161/66	BStBl II 1968, S. 578-579
27.03.1968	I 133/65	BStBl II 1968, S. 521-522
04.04.1968	IV 210/61	BStBl II 1968, S. 411-413
29.05.1968	I 187/65	BStBl II 1968, S. 722-723
29.05.1968	I 200/65	BStBl II 1969, S. 11-12
17.07.1968	I 121/64	BStBl II 1968, S. 695-697
31.07.1968	I R 158/66	BStBl II 1969, S. 28-29
25.09.1968	I 52/64	BStBl II 1969, S. 18-26
25.09.1968	I 110/64	BStBl II 1969, S. 67-69
11.10.1968	III 246/64	BStBl II 1969, S. 123-124
27.11.1968	I 104/65	BStBl II 1969, S. 296-297
06.12.1968	IV R 174/67	BStBl II 1969, S. 105-108
03.02.1969	GrS 2/68	BStBl II 1969, S. 291-294
24.06.1969	I R 15/68	BStBl II 1969, S. 581-584
09.07.1969	I R 38/66	BStBl II 1969, S. 744-747
11.09.1969	IV R 160/67	BStBl II 1970, S. 317-318
17.09.1969	I 170/65	BStBl II 1970, S. 48-49
17.09.1969	I 189/65	BStBl II 1970, S. 107-109
01.10.1969	I R 120/67	BStBl II 1969, S. 742-744
10.12.1969	I R 43/67	BStBl II 1970, S. 310-311
02.03.1970	GrS 1/69	BStBl II 1970, S. 382-383
15.04.1970	I R 107/68	BStBl II 1970, S. 517-518
22.05.1970	III R 80/67	BStBl II 1970, S. 610-614
26.06.1970	III R 98/69	BStBl II 1972, S. 735-736
07.08.1970	III R 119/67	BStBl II 1970, S. 842-845
08.10.1970	IV R 125/69	BStBl II 1971, S. 51-53
19.10.1970	GrS 2/70	BStBl II 1971, S. 17-21
19.10.1970	GrS 3/70	BStBl II 1971, S. 21-22
03.02.1971	I R 51/66	BStBl II 1971, S. 408-411
23.07.1971	III R 41/70	BStBl II 1972, S. 4-5
21.10.1971	IV 305/65	BStBl II 1972, S. 274-277
10.12.1971	III R 43/70	BStBl II 1972, S. 313
13.01.1972	I R 47/71	BStBl II 1972, S. 744-746
02.02.1972	I R 54-55/70	BStBl II 1972, S. 397-399

22.03.1972	I R 199/69	BStBl II 1972, S. 489-490
13.04.1972	V R 135/71	BStBl II 1972, S. 653-654
30.06.1972	III R 23/71	BStBl II 1972, S. 752-754
02.08.1972	IV 87/65	BStBl II 1972, S. 796-798
05.10.1972	IV R 118/70	BStBl II 1973, S. 207-209
12.10.1972	IV R 37/68	BStBl II 1973, S. 76-78
14.11.1972	VIII R 100/69	BStBl II 1973, S. 289-291
29.11.1972	I R 178/70	BStBl II 1973, S. 148-150
06.12.1972	I R 198/70	BStBl II 1973, S. 759-760
31.01.1973	I R 197/70	BStBl II 1973, S. 391-393
14.02.1973	I R 76/71	BStBl II 1973, S. 397-398
02.03.1973	III R 88/69	BStBl II 1973, S. 475-477
15.03.1973	VIII R 150/70	BStBl II 1973, S. 593-594
04.04.1973	I R 159/71	BStBl II 1973, S. 628-630
19.09.1973	I R 170/71	BStBl II 1973, S. 873-874
30.10.1973	I R 67/72	BStBl II 1974, S. 234-236
29.11.1973	IV R 181/71	BStBl II 1974, S. 202-205
19.02.1974	VIII R 65/72	BStBl II 1974, S. 337-338
27.03.1974	I R 44/73	BStBl II 1974, S. 488-490
17.05.1974	III R 50/73	BStBl II 1974, S. 508-509
17.05.1974	III R 156/72	BStBl II 1974, S. 626-629
21.05.1974	VIII R 57/70	BStBl II 1974, S. 613-616
25.06.1974	VIII R 163/71	BStBl II 1975, S. 431-433
10.07.1974	I R 223/70	BStBl II 1974, S. 736-740
17.07.1974	I R 195/72	BStBl II 1974, S. 684-686
24.09.1974	VIII R 64/69	BStBl II 1975, S. 230-232
29.10.1974	I R 240/72	BStBl II 1975, S. 126-129
26.11.1974	VIII R 61-62/73	BStBl II 1975, S. 352-354
27.11.1974	I R 123/73	BStBl II 1975, S. 294-295
28.11.1974	V R 36/74	BStBl II 1975, S. 398-400
24.01.1975	III R 4/73	BStBl II 1975, S. 374-377
20.02.1975	IV R 79/84	BStBl II 1975, S. 511
26.02.1975	I R 50/73	BStBl II 1975, S. 573-574
26.02.1975	I R 72/73	BStBl II 1976, S. 13-16
23.04.1975	I R 236/72	BStBl II 1975, S. 875-878
22.05.1975	IV R 193/71	BStBl II 1975, S. 804-806
18.06.1975	I R 24/73	BStBl II 1975, S. 809-811
23.07.1975	I R 23/74	BStBl II 1976, S. 40-41
23.07.1975	I R 165/73	BStBl II 1976, S. 73-74

23.07.1975	I R 210/73	BStBl II 1976, S. 180-182
14.08.1975	IV R 30/71	BStBl II 1976, S. 88-93
15.10.1975	I R 16/73	BStBl II 1976, S. 188-190
25.11.1975	VIII R 262/72	BStBl II 1976, S. 293-295
10.12.1975	I R 135/74	BStBl II 1976, S. 226-228
11.03.1976	IV R 185/71	BStBl II 1976, S. 380-381
31.03.1976	I R 85/74	BStBl II 1976, S. 475-476
05.05.1976	I R 121/74	BStBl II 1976, S. 541-543
15.07.1976	I R 17/74	BStBl II 1976, S. 748-750
03.08.1976	VIII R 101/71	BStBl II 1977, S. 65-66
24.09.1976	I R 149/74	BStBl II 1977, S. 69-71
29.09.1976	I R 171/75	BStBl II 1977, S. 259-261
21.10.1976	IV R 71/73	BStBl II 1977, S. 150-152
25.11.1976	IV 90/72	BStBl II 1977, S. 467-472
19.01.1977	I R 10/74	BStBl II 1977, S. 287-289
19.01.1977	II R 161/74	BStBl II 1977, S. 359-362
26.01.1977	I R 101/75	BStBl II 1977, S. 441-442
25.02.1977	III R 83/75	BStBl II 1977, S. 404-406
08.03.1977	VIII R 180/74	BStBl II 1977, S. 629-631
09.03.1977	I R 203/74	BStBl II 1977, S. 515-516
21.06.1977	VIII R 18/75	BStBl II 1978, S. 303-304
03.08.1977	I R 41/76	BStBl II 1978, S. 53-54
04.11.1977	III R 145/74	BStBl II 1978, S. 353-355
28.11.1977	GrS 2-3/77	BStBl II 1978, S. 105-109
15.12.1977	IV R 78/74	BStBl II 1978, S. 212-213
19.01.1978	IV R 61/73	BStBl II 1978, S. 295-299
19.01.1978	IV R 153/72	BStBl II 1978, S. 262-265
26.01.1978	IV R 97/76	BStBl II 1978, S. 368-370
09.02.1978	IV R 201/74	BStBl II 1978, S. 370-372
07.03.1978	VIII R 38/74	BStBl II 1978, S. 378-379
07.06.1978	II R 112/71	BStBl II 1978, S. 605
10.10.1978	VIII R 126/75	BStBl II 1979, S. 77-78
31.10.1978	VIII R 124/74	BStBl II 1979, S. 108-109
15.11.1978	I R 57/76	BStBl II 1979, S. 257-259
23.11.1978	IV R 146/75	BStBl II 1979, S. 109-111
06.12.1978	I R 35/78	BStBl II 1979, S. 262-263
28.03.1979	I R 194/78	BStBl II 1979, S. 774-777
23.05.1979	I R 163/77	BStBl II 1979, S. 757-763
19.12.1979	III R 65/77	BStBl II 1980, S. 483-485

08.02.1980	III R 91/78	BStBl II 1980, S. 485-487
12.02.1980	VIII R 114/77	BStBl II 1980, S. 494-497
13.02.1980	II R 18/75	BStBl II 1980, S. 364-365
20.03.1980	IV R 22/77	BStBl II 1980, S. 439-441
20.03.1980	IV R 89/79	BStBl II 1980, S. 298
02.04.1980	I R 75/76	BStBl II 1980, S. 702-704
03.12.1980	I R 125/77	BStBl II 1981, S. 184-186
22.01.1981	IV R 107/77	BStBl II 1981, S. 564-566
22.01.1981	IV R 160/76	BStBl II 1981, S. 427-430
19.02.1981	IV R 41/78	BStBl II 1981, S. 730-731
19.03.1981	IV R 42/75	BStBl II 1981, S. 570-572
26.05.1981	IV R 153/75	BStBl II 1981, S. 733
23.06.1981	VIII R 102/80	BStBl II 1982, S. 245-246
09.07.1981	IV R 35/78	BStBl II 1981, S. 734-735
16.07.1981	IV R 89/80	BStBl II 1981, S. 766-767
23.07.1981	IV R 103/78	BStBl II 1982, S. 60-62
01.10.1981	IV R 147/79	BStBl II 1982, S. 250-253
09.12.1981	I R 78/80	BStBl II 1982, S. 243-245
25.02.1982	IV R 25/78	BStBl II 1982, S. 461-463
24.06.1982	IV R 151/79	BStBl II 1982, S. 751-753
07.10.1982	IV R 32/80	BStBl II 1983, S. 101-104
24.11.1982	I R 51/82	BStBl II 1983, S. 365-367
29.11.1982	GrS 1/81	BStBl II 1983, S. 272-277
07.12.1982	VIII R 153/81	BStBl II 1983, S. 627-629
08.12.1982	I R 142/81	BStBl II 1983, S. 369-371
09.12.1982	IV R 54/80	BStBl II 1983, S. 371-373
14.12.1982	VIII R 53/81	BStBl II 1983, S. 303-306
16.03.1983	IV R 36/79	BStBl II 1983, S. 459-463
18.05.1983	I R 5/82	BStBl II 1983, S. 771-775
19.07.1983	VIII R 160/79	BStBl II 1984, S. 56-59
09.08.1983	VIII R 276/82	BStBl II 1984, S. 29-31
13.10.1983	IV R 160/78	BStBl II 1984, S. 101-105
23.11.1983	I R 147/78	BStBl II 1984, S. 217-221
24.11.1983	I R 150/77	BStBl II 1984, S. 299-301
08.12.1983	IV R 20/82	BStBl II 1984, S. 202-204
25.01.1984	I R 183/81	BStBl II 1984, S. 422-424
22.05.1984	VIII R 316/83	BStBl II 1984, S. 746-747
23.05.1984	I R 266/81	BStBl II 1984, S. 723-726
25.05.1984	III R 103/81	BStBl II 1984, S. 617-620

30.05.1984	I R 146/81	BStBl II 1984, S. 825-827
25.06.1984	GrS 4/82	BStBl II 1984, S. 751-770
19.07.1984	IV R 207/83	BStBl II 1985, S. 6-8
02.10.1984	VIII R 36/83	BStBl II 1985, S. 320-323
07.12.1984	III R 35/79	BStBl II 1985, S. 236-238
07.12.1984	III R 91/81	BStBl II 1985, S. 241-243
30.01.1985	I R 37/82	BStBl II 1985, S. 345-347
31.01.1985	IV R 130/82	BStBl II 1985, S. 395-398
08.02.1985	III R 169/82	BFH/NV 1985, S. 80
23.05.1985	IV R 198/83	BStBl II 1985, S. 517-518
20.06.1985	IV R 36/83	BStBl II 1985, S. 654-655
18.07.1985	IV R 135/82	BStBl II 1985, S. 635-636
06.08.1985	VIII R 280/81	BStBl II 1986, S. 17-21
03.10.1985	IV R 144/84	BStBl II 1986, S. 142-143
06.11.1985	I R 56/82	BStBl II 1986, S. 73-76
06.11.1985	I R 242/81	BStBl II 1986, S. 333-335
12.11.1985	VIII R 286/81	BStBl II 1986, S. 55-58
12.11.1985	VIII R 342/82	BStBl II 1986, S. 299-301
11.12.1985	I B 49/85	BFH/NV 1986, S. 595-596
25.02.1986	VIII R 134/80	BStBl II 1986, S. 788-790
25.02.1986	VIII R 180/85	BFH/NV 1986, S. 458-460
27.02.1986	IV R 52/83	BStBl II 1986, S. 552-554
14.03.1986	III R 179/82	BStBl II 1986, S. 669-672
07.05.1986	II R 137/79	BStBl II 1986, S. 615-619
21.05.1986	I R 190/81	BStBl II 1986, S. 815-820
21.05.1986	I R 199/84	BStBl II 1986, S. 794-798
10.06.1986	IX R 11/86	StRK EStG § 9 Abs. 1 Nr. 1 R. 16
20.08.1986	I R 150/82	BStBl II 1987, S. 455-459
09.09.1986	VIII R 159/85	BStBl II 1987, S. 257-259
11.12.1986	IV R 222/84	BStBl II 1987, S. 553-557
24.03.1987	I R 202/83	BStBl II 1987, S. 705-707
29.04.1987	I R 176/83	BStBl II 1987, S. 733-735
29.04.1987	I R 192/82	BStBl II 1987, S. 797-800
21.05.1987	III R 80/85	BStBl II 1987, S. 710-711
30.06.1987	VIII R 353/82	BStBl II 1988, S. 418-421
03.07.1987	III R 7/86	BStBl II 1987, S. 728-732
07.10.1987	II R 187/80	BStBl II 1988, S. 23-25
13.10.1987	VIII R 156/84	BStBl II 1988, S. 252-257
26.10.1987	GrS 2/86	BStBl II 1988, S. 348-357

16.12.1987	I R 68/87	BStBl II 1988, S. 338-342
14.04.1988	IV R 271/84	BStBl II 1988, S. 668-670
21.04.1988	IV R 47/85	BStBl II 1989, S. 722-727
27.07.1988	I R 104/84	BStBl II 1989, S. 274-276
03.08.1988	I R 157/84	BStBl II 1989, S. 21-24
11.10.1988	VIII R 237/83	BFH/NV 1989, S. 305-307
22.11.1988	VIII R 62/85	BStBl II 1989, S. 359-363
30.11.1988	I R 114/84	BStBl II 1990, S. 117-119
08.03.1989	X R 9/86	BStBl II 1989, S. 714-718
14.03.1989	I R 39/85	BStBl II 1989, S. 599-602
07.04.1989	VI R 47/88	BStBl II 1989, S. 608-612
07.04.1989	VI R 73/86	BStBl II 1989, S. 927-932
18.04.1989	VIII R 329/84	BFH/NV 1990, S. 27-28
11.05.1989	IV R 56/87	BStBl II 1989, S. 657-658
24.05.1989	I R 213/85	BStBl II 1990, S. 8-10
09.06.1989	VI R 27/88	BStBl II 1990, S. 123-126
28.06.1989	II R 242/83	BStBl II 1989, S. 824-826
06.07.1989	IV R 62/86	BStBl II 1989, S. 890-891
24.08.1989	IV R 38/88	BStBl II 1989, S. 1016-1018
13.09.1989	I R 41/86	BStBl II 1989, S. 1029-1030
13.09.1989	I R 110/88	BStBl II 1990, S. 24-28
03.10.1989	VIII R 328/84	BFH/NV 1990, S. 361-362
31.10.1989	VIII R 374/83	BStBl II 1990, S. 677-679
08.11.1989	II R 29/86	BStBl II 1990, S. 207-210
24.01.1990	I R 157/85, I R 145/86	BStBl II 1990, S. 639-643
21.02.1990	II R 78/86	BStBl II 1990, S. 490-491
14.03.1990	I R 6/89	BStBl II 1990, S. 795-797
14.03.1990	I R 64/85	BStBl II 1990, S. 810-813
14.03.1990	II R 92/86	BStBl II 1990, S. 491-492
28.03.1990	II R 108/85	BStBl II 1990, S. 493-495
10.04.1990	VIII R 63/88	BStBl II 1990, S. 1017-1018
10.04.1990	VIII R 133/86	BStBl II 1990, S. 961-962
11.04.1990	I R 80/89	BFH/NV 1991, S. 440-441
27.04.1990	X B 11/89	BFH/NV 1990, S. 769-771
16.05.1990	I R 96/88	BStBl II 1990, S. 797-799
30.05.1990	I R 41/87	BStBl II 1991, S. 588-593
30.05.1990	I R 97/88	BStBl II 1990, S. 875-878
12.06.1990	IX B 293/89	BFH/NV 1991, S. 87-88
04.10.1990	X R 148/88	BStBl II 1992, S. 211-212

23.10.1990	VIII R 142/85	BStBl II 1991, S. 401-404
31.10.1990	I R 47/88	BStBl II 1991, S. 255-258
07.11.1990	I R 68/88	BStBl II 1991, S. 177-181
07.11.1990	I R 116/86	BStBl II 1991, S. 342-345
18.12.1990	VIII R 158/86	BFH/NV 1992, S. 15-16
22.01.1991	VIII R 7/86	BFH/NV 1991, S. 451-452
31.01.1991	IV R 2/90	BStBl II 1991, S. 786-789
31.01.1991	IV R 31/90	BStBl II 1991, S. 627-628
19.02.1991	VIII R 97/87	BFH/NV 1991, S. 808
19.02.1991	VIII R 106/87	BStBl II 1991, S. 569-570
25.02.1991	GrS 7/89	BStBl II 1991, S. 691-703
16.04.1991	VIII R 100/87	BStBl II 1992, S. 234-237
04.06.1991	X R 136/87	BStBl II 1992, S. 70-73
26.06.1991	XI R 24/89	BStBl II 1991, S. 877-878
30.07.1991	XI R 59/89	FR 1992, S. 293
31.07.1991	I R 60/90	DB 1992, S. 355-356
31.07.1991	VIII R 23/89	BStBl II 1992, S. 375-378
18.12.1991	XI R 42, 43/88	BStBl II 1992, S. 585-588
23.01.1992	XI R 36/88	BStBl II 1992, S. 721-723
28.01.1992	VIII R 207/85	BStBl II 1992, S. 605-607
05.02.1992	I R 127/90	BStBl II 1992, S. 532-537
06.02.1992	IV R 30/91	BStBl II 1992, S. 653
11.03.1992	XI R 38/89	BStBl II 1992, S. 797-798
19.05.1992	VIII R 16/88	BStBl II 1992, S. 902-904
07.07.1992	VIII R 2/87	BStBl II 1993, S. 328-331
07.07.1992	VIII R 24/90	BStBl II 1993, S. 333-336
14.10.1992	I R 1/91	BStBl II 1993, S. 189-191
01.12.1992	IX R 189/85	DStZ 1993, S. 347
20.01.1993	I R 115/91	BStBl II 1993, S. 373-376
09.02.1993	VIII R 21/92	BStBl II 1993, S. 543-544
17.02.1993	X R 60/89	BStBl II 1993, S. 437-441
30.03.1993	IV R 57/91	BStBl II 1993, S. 502-504
12.05.1993	II R 82/92	BStBl II 1993, S. 536-538

6. Finanzgerichte

Datum	Finanzgericht	Aktenzeichen	Fundstelle
27.10.1960	Nürnberg	I 139-141/58	EFG 1961, S. 246-247
09.06.1965	Berlin (VG)	VIII A 157/61	EFG 1966, S. 7-8
12.06.1967	München	I 119/63	EFG 1967, S. 498-500
21.08.1968	Niedersachsen	IV 194/67	EFG 1969, S. 67
03.09.1970	Baden-Württemberg	VI 136/69	EFG 1971, S. 42-43
27.10.1971	Münster	I 213/71 F	EFG 1972, S. 173
13.05.1975	Hessen	I 198/73	EFG 1975, S. 533
05.11.1980	München	V (IX) 57/76 E 2	BB 1981, S. 1315-1317
26.08.1982	Köln	IX 264/81 A(F)	EFG 1983, S. 133
24.11.1982	Hessen	IV R 359/79	EFG 1983, S. 337-338
16.09.1983	Hessen	IV 232-233/82	BB 1984, S. 36
17.09.1984	München	V (XIII) 53/82 G	EFG 1985, S. 128-129
17.03.1986	Baden-Württemberg	X K 165/83	BB 1986, S. 1683
18.04.1986	Köln	V K 13/86	EFG 1986, S. 483
02.09.1986	Baden-Württemberg	I 453/82	EFG 1987, S. 111
29.05.1989	Hamburg	I 384/87	EFG 1990, S. 370-371
25.09.1989	Rheinland-Pfalz	5 K 352/88	BB 1990, S. 1239-1240
10.11.1989	Köln	7 K 313/85	EFG 1990, S. 290-293
07.12.1989	Hessen	13 K 390b/83	EFG 1990, S. 351-352
14.12.1989	Baden-Württemberg, Außensenate Freiburg	II K 315/86	EFG 1990, S. 293-294
15.12.1989	Niedersachsen	XIII 396/88	EFG 1990, S. 352-353
17.01.1990	Baden-Württemberg	XII K 300/85	BB 1990, S. 1804-1805
12.09.1990	Hessen	2 K 3583/89	EFG 1991, S. 84-85
18.10.1990	Hessen	12 K 326/86	EFG 1991, S. 239
22.10.1992	Niedersachsen	II 438/91	EFG 1993, S. 388-390
12.11.1992	Saarland	1 K 254/92	EFG 1993, S. 407
13.11.1992	Rheinland-Pfalz	3 K 1315/91	EFG 1993, S. 333-335

VERZEICHNIS DER VERWALTUNGSANWEISUNGEN

1. Richtlinien

EStR	Einkommensteuer-Richtlinien 1990 (EStR 1990) in der Fassung der Bekanntmachung vom 10.11.1990, BStBl I 1990, Sondernummer 4.
GewStR	Gewerbesteuer-Richtlinien 1990 (GewStR 1990) vom 21.8.1990, BStBl I 1990, Sondernummer 2.
KStR	Körperschaftsteuer-Richtlinien 1990 (KStR 1990) in der Fassung der Bekanntmachung vom 14.3.1991, BStBl I 1991, Sondernummer 1.
UStR	Umsatzsteuer-Richtlinien 1992 (UStR 1992) in der Fassung der Bekanntmachung vom 25.2.1992, BStBl I 1992, Sondernummer 1.
VStR	Vermögensteuer-Richtlinien für die Vermögensteuer-Hauptveranlagung 1989 (VStR 1989) in der Fassung der Bekanntmachung vom 9.3.1989, BStBl I 1989, Sondernummer 1.

2. Sonstige Verwaltungsanweisungen

Datum	Verfasser und Aktenzeichen	Fundstelle
04.03.1961	BdF IV B/3 - S 2220 - 23/61	DB 1961, S. 1210-1211
02.11.1961	FinMin NRW S 2150 - Eo - VB 1	StEK EStG § 4 GewVerw. Nr. 1
14.11.1963	FinMin NRW S 3259 - 21 - VC 1	AG 1964, S. 74-76
07.09.1966	FinMin NRW S 2540 - 1 - VB 4 / S 2133	StEK EStG § 6b Nr. 8
29.12.1966	FinMin Niedersachsen S 2220 - 444 - 314	DB 1967, S. 19
19.02.1968	OFD Münster S 2173 - 28 - St 11 - 31	StEK EStG § 4 GewVerw. Nr. 9
20.06.1968	Gleichlautende Erlasse (Entschließung) der obersten Finanzbehörden der Länder	BStBl I 1968, S. 986
10.10.1969	Gleichlautende Erlasse (Entschließung) der obersten Finanzbehörden der Länder	BStBl I 1969, S. 652
06.01.1970	BdF IV B/2 - S 2170 - 79/69	BB 1970, S. 113
19.04.1971	BdF IV B/2 - S 2170 - 31/71	BStBl I 1971, S. 264-266
12.07.1971	OFD Düsseldorf S 1471 A - 129/71 - St 41 H	DB 1971, S. 1387
27.06.1975	FinMin Niedersachsen S 3224 - 46 - 34	BB 1975, S. 1100
03.12.1976	BdF IV B 8 - S 2600 R - 225/76	BStBl I 1976, S. 679-680
24.11.1977	BdF IV B 2 - S 2133 - 18/77	StEK EStG § 5 Bil. Nr. 40
20.12.1977	BMF IV B 2 - S 2241 - 231/77	BStBl I 1978, S. 8

04.09.1978	BdF IV B 2 - S 2170 - 33/78	BStBl I 1978, S. 352
04.03.1980	FinMin. NRW S 1540 - 25 - VA 1 /	
	O 2000 - 3 - II C 2	StEK AO § 194 Nr. 2
18.03.1980	BdF IV B 7 - S 2299 b - 3/80	BStBl I 1980, S. 146
28.03.1980	BdF IV B 2 - S 2174 - 7/80	BB 1980, S. 559
13.05.1981	OFD Frankfurt S 3263 A - 14 - St III 42	WPg 1981, S. 444
06.08.1981	BdF IV B 7 - S 2813 - 23/81	BStBl I 1981, S. 599
07.03.1983	BdF IV B 2 - S 2174 - 5/83	WPg 1986, S. 137
22.01.1985	BdF IV B 2 - S 1909 - 2/85	BStBl I 1985, S. 97
29.07.1985	BMF IV B 2 - S 2174 - 18/85	WPg 1986, S. 137
05.11.1985	FinMin NRW S 3263 - 54 - VA 4	BB 1985, S. 2158
28.07.1986	OFD Münster S 2522 - 64 - St 11 - 31	BB 1986, S. 2243
09.01.1987	BdF IV B 2 - S 2143 - 24/86	BStBl I 1987, S. 171
05.03.1987	BdF IV B 2 - S 2133 - 1/87	BStBl I 1987, S. 394
16.03.1987	BMF IV B 7 - S 2742 - 3/87	BStBl I 1987, S. 373
30.01.1989	FinMin Niedersachsen S 2171 - 3 - 31 1	FR 1989, S. 215
24.02.1989	OFD Koblenz S 3102 A - St 44 3	StEK BewG 1965, § 11 Nr. 61
12.06.1989	OFD Münster S 2132 - 156 - St 11 - 31	DStR 1989, S. 402
26.10.1989	OFD Düsseldorf S 2244 A - St 11 H 1	DStR 1989, S. 782
04.12.1989	OFD Köln S 2170 - 78 - St 111	FR 1990, S. 234-235
17.01.1990	BdF IV B 2 - S 2174 - 3/90	BStBl I 1990, S. 71
09.03.1990	BMF IV C 3 - S 3263 - 5/90	IWB 1990, Fach 3, Deutschland,
		Gruppe 8, S. 55-57
03.04.1990	BMF IV B 2 - S 2134 - 2/90	DB 1990, S. 863
05.06.1990	BdF IV B 2 - S 2174 - 29/90	BStBl I 1990, S. 239
19.07.1990	FinMin NRW 3263 - 54 - VA 4	DB 1990, S. 1592
08.10.1990	OFD Düsseldorf S 2244 A - St 11 H	DB 1990, S. 2298-2299
12.11.1990	OFD Münster S 2241 A - St 111	DStR 1990, S. 768-769
23.01.1991	OFD Münster S 2174 - 148 - St 11 - 31	DStR 1991, S. 245
15.03.1991	BMF IV B 2 - S 2170 - 5/91	DB 1991, S. 878
07.05.1991	OFD München S 2241 - 38/4 St 41	WPg 1991, S. 393
09.01.1992	BdF IV B 7 - S 1978 - 37/91	BStBl I 1992, S. 47-48
29.01.1992	OFD Hannover S 2741 - 647 -	
	StH 231 / S 2143 - 32 - StO 221	BB 1992, S. 466-467
27.02.1992	BdF IV B 3 - S 2256 - 3/92	BStBl I 1992, S. 125-126
13.07.1992	BMF IV B 2 - S 2139 - 51/92	DB 1992, S. 1553
15.07.1992	OFD Frankfurt S 2143 A - 43 - St II 2a	BB 1992, S. 2041-2042
10.11.1992	BMF IV B 2 - S 2139 - 77/92	DB 1992, S. 2526-2527
01.12.1992	BMF IV B 2 - S 2144 - 76/92	DB 1992, S. 2525-2526